주해상속법

[제1112조~제1118조] · [상속관습법] · [국제상속법]
[남북 주민 사이의 가족관계와 상속 등에 관한 특례법]

편집대표 윤진수

박영사

머리말

지난 2015년에 주해친족법을 발간하였는데, 4년 만에 주해상속법을 발간하게 되었다. 주해친족법의 머리말에서도 언급했던 것처럼, 종전에는 친족법과 상속법 분야에 관하여는 민법의 다른 분야에 비하여 판례도 많지 않았고, 연구의 절대량도 부족하였다. 특히 상속법은 친족법과 비교하여도 다소 소홀하게 취급되었다. 그러나 근래에는 상속법에 관하여 많은 판례가 나오고 있고, 연구도 늘어나고 있다. 이는 우리나라의 경제성장에 따라 상속할 재산이 늘어남에 따른 자연적인 현상이라고 할 수 있다. 이번에 펴내는 주해상속법은 이러한 현재까지의 상속법에 관한 상황을 쉽게 파악할 수 있게 하기 위한 것이다.

그 집필방침은 주해친족법과 마찬가지로, 국내의 학설과 판례는 되도록 빠짐없이 다루려고 하였고, 외국에서의 논의도 필요한 경우에는 소개하였다. 그러나 장황한 학설상의 논의는 되도록 줄이고, 어디까지나 실무에 도움이 될 수 있는 내용을 담으려고 하였다. 집필자의 개인적인 견해도 여러 군데 개진하였으나, 객관성을 잃지 않으려고 노력하였다. 다만 집필자의 구성에 관하여는 다소 변동이 있었는데, 주해친족법의 집필자 가운데 석광현 교수와 권재문 교수 대신 장준혁 교수와 이봉민 판사가 같이 참여하게 되었다.

이 책은 민법의 상속편 외에도 남북가족특례법과 국제상속법을 같이 다루고 있다. 이들에 대하여는 국내 최초의 주석서가 된다. 또한 현재에도 많이 문제되는 상속관습법에 대하여도 포괄적으로 다루어, 재판실무에 도움이 되고자 하였다.

주해상속법의 집필자들로서는 이 책이 연구자는 물론 법관이나 변호사뿐만 아니라 그 외에도 가족법 관계 업무에 종사하는 실무자들에게 많은 참고가 될 것을 희망한다.

끝으로 주해상속법의 발간을 쾌히 수락하여 주신 박영사 안종만 회장님과 여러 가지 사무를 처리하여 주신 조성호 이사님, 교정을 훌륭하게 마쳐 주신 한두희 대리님께 감사의 뜻을 표한다.

2019년 3월

편집대표 윤진수

상속편 집필자

윤진수(尹眞秀) 서울대학교 법학전문대학원 교수

이동진(李東珍) 서울대학교 법학전문대학원 교수

이봉민(李鳳敏) 수원고등법원 판사

장준혁(張埈赫) 성균관대학교 법학전문대학원 교수

최준규(崔竣圭) 서울대학교 법학전문대학원 부교수

현소혜(玄昭惠) 성균관대학교 법학전문대학원 부교수

(가나다순. 현직은 2019년 4월 1일 기준)

상속편 집필 내용

범 례

1. 조문

§779 ① i ← 민법 제779조 제1항 제1호

§842-2 ← 민법 제842조의2

民訴 §266 ② ← 민사소송법 제266조 제2항

家訴 §2 ① i 가. ← 가사소송법 제2조 제1항 제1호 가목

* '국제상속법'에서는 민법 앞에 "民"을 붙여 인용한다.

2. 판례

(1) 우리나라 판례

1) 통상의 인용방법을 따른다.

예) 서울중앙지방법원 2011. 5. 6. 선고 2007가합49582 판결.

대법원 2012. 6. 7.자 2012므768 결정.

2) 법고을LX나 종합법률정보를 통하여 검색할 수 있는 판례는 따로 출전을 표기하지 아니한다. 출전을 표기하는 경우에는 다음 약호에 의한다.

예) 집29-2, 민226 ← 대법원판례집 29권 2집, 민사편 226면

공1982, 66 ← 판례공보(법원공보), 1982년, 66면

각공2005, 215 ← 각급법원(제1, 2심) 판례공보 제18호(2005. 2. 10), 215면

고집1976민3, 85 ← 고등법원판례집 1976년 민사편 제3권 85면

하집2002-1, 287 ← 하급심판결집 2002년 제1권, 287면

總覽11-2, 1042-2 ← 判例總覽, 第11卷 2號, 1042-2면

新聞1656, 10 ← 法律新聞 第1656號, 10면

(2) 외국 판례

외국 판례를 인용할 때에는 각 그 나라의 표기방법에 따르되, 일본 판례는 앞에 "日"을 붙이고, 서기로 셈한 연도를 표시한 다음 괄호 안에 다음 축약된 연호를 표기한다.

明治 → 明, 大正 → 大, 昭和 → 昭, 平成 → 平

예) 日最判 1974(昭 49). 4. 26. 民集28-3, 503.

3. 법령약어

(1) 다음의 법령은 다음 약호에 의하여 인용할 수 있다. 다음 약호의 시행령, 시행규칙 등은 (아래에 해당 약호가 없더라도) 약호 뒤에 "令", "規"를 붙여 인용할 수 있다.

가등기담보 등에 관한 법률 …… 假擔
가사소송법 …… 家訴
가사소송규칙 …… 家訴規
가사심판법(폐) …… 家審
가사재판, 가사조정 및 협의이혼 절차의 상담에 관한 예규 …… 상담예규
가족관계의 등록 등에 관한 법률 …… 家登
가족관계의 등록 등에 관한 규칙 …… 家登規
공익법인의 설립 운영에 관한 법률 …… 公益法人
공증인법 …… 公證
국적법 …… 國籍
국제사법 …… 國私
남북 주민 사이의 가족관계와 상속 등에 관한 특례법 …… 南北特
민사 및 가사소송의 사물관할에 관한 규칙 …… 사물관할규칙
민법(필요한 경우에 한함) …… 民
민사소송법 …… 民訴
민사소송규칙 …… 民訴規
민사조정법 …… 民調
민사집행법 …… 民執
민사집행규칙 …… 民執規
법원조직법 …… 法組
변호사법 …… 辯
부동산등기법 …… 不登
부동산 실권리자명의 등기에 관한 법률 …… 不登實名
부재선고에 관한 특별조치법 … 不在特措
비송사건절차법 …… 非訟
상가건물 임대차보호법 …… 商賃
상법 …… 商
상속세 및 증여세법 …… 相贈
섭외사법(폐) …… 涉私
소득세법 …… 所得
소송촉진 등에 관한 특례법 …… 訴促
소액사건심판법 …… 少額
신원보증법 …… 身保
신탁법 …… 信託
약관의 규제에 관한 법률 …… 約款
인사소송법(폐) …… 人訴
장기등 이식에 관한 법률 …… 臟器移植
주택임대차보호법 …… 住賃
채무자 회생 및 파산에 관한 법률 …… 債務回生

파산법(폐) ·· 破産
헌법 ·· 憲
협의이혼의 의사확인사무 및 가족관계
등록사무 처리지침 ········ 협의이혼예규
형법 ·· 刑
형사소송법 ··· 刑訴
호적법(폐) ··· 戶籍

(2) 대법원 예규나 선례는, 「등기예규 제○호」 등으로 표기하되, 제목은 생략할 수 있다. 다만, 가족관계등록예규와 가족관계등록선례는 각 등록예규, 등록선례로 표기한다.

(3) 외국법령은 한글로 국가명을 붙인 뒤 한 칸을 띄고, 법명을 적는다. 법명은 통용되는 한글 번역어가 있으면 한글 번역어를 적고 괄호 안에 원어를 병기하되, 각국 민법(스위스채무법 포함)은 원어를 병기하지 아니하며, 원어를 병기하기 곤란하거나 통용되는 한글 번역어가 없는 경우에는 한글 번역어를 생략할 수 있다.

예) 독일 민법 §2289

독일의 등록된 생활동반자법(Lebenspartnerschaftsgesetz; LPartG) §1

독일의 Wohn- und Betreuungsvertragsgesetz(WBVG) §2 ①

4. 문헌약어

(1) 교과서 · 체계서

1) 국내 교과서 · 체계서

고정명, 韓國家族法: 親族相續法, 敎文社(1983) → 고정명

고정명 · 조은희, 친족 · 상속법, 제주대학교출판부(2011) → 고정명 · 조은희

郭潤直, 相續法[民法講義IV], 改訂版, 博英社(2004) → 곽윤직, 상속법

권대우 외, (로스쿨) 가족법, 세창출판사(2010) → 권대우 외

김민중 외, 로스쿨 가족법, 청림출판(2007) → 김민중 외

金相瑢, 家族法硏究 I, II, III, Ⅳ → 김상용, 연구 I, II, III, Ⅳ

김연 · 박정기 · 김인유, 국제사법, 제3판보정판, 法文社(2014) → 김연 외, 국제사법

金容漢, 親族相續法論, 補訂版, 2003 → 김용한

金容漢 · 趙明來, 國際私法, 全訂版, 正一出版社(1992) → 김용한 외, 국제사법

김주수 · 김상용, 친족 · 상속법 -가족법-, 제15판, 法文社(2018) → 김주수 · 김상용

金辰, 新國際私法, 法文社(1962) → 김진

김현선 · 정기웅, 친족 · 상속 · 가사실무, 박영사(2007) → 김현선 · 정기웅
박동섭, 친족상속법, 제4판, 博英社(2013) → 박동섭, 친족상속
박동섭, 가사소송실무: 가족법, 가사소송법의 개정에 따른 이론실무 및 가족관계등록비송까지 해설 上, 下, 제5판, 법률문화원(2013) → 박동섭, 가사소송(상), (하)
박동섭, 주석 가사소송법, 3정판, 박영사(2004) → 박동섭, 주석
朴秉濠, 家族法, 韓國放送通信大學教 出版部(1999) → 박병호
朴正基 · 金演, 家族法: 親族相續法, 三英社(2013) → 박정기 · 김연
裵慶淑 · 崔錦淑, 親族相續法講義: 家族財産法, 改訂增補版(2006) → 배경숙 · 최금숙
백성기, 친족상속법, 제3판, 진원사(2015) → 백성기
법무부, 국제사법 해설, 법무부(2001) → 법무부, 해설
徐希源, 國際私法講義, 改訂新版, 一潮閣(1999) → 서희원
석광현, 국제사법, 박영사(2013) → 석광현
소성규, 가족법, 동방문화사(2010) → 소성규
송덕수, 친족상속법, 제4판, 박영사(2018) → 송덕수
신영호 · 김상훈, 가족법강의, 제3판 세창출판사(2018) → 신영호 · 김상훈
신창선 · 윤남순, 국제사법, 제2판, fides(2016) → 신창선 외
신창섭, 국제사법, 제3판, 세창출판사(2015) → 신창섭
안춘수, 국제사법, 法文社(2017) → 안춘수
양수산, 친족상속법: 가족법, 한국외국어대학교출판부(1998) → 양수산
吳始暎, 親族相續法, 제2판, 학현사(2011) → 오시영
윤대성, 가족법강의, 한국학술정보(2010) → 윤대성
尹種珍, 改訂 現代 國際私法, 한올출판사(2003) → 윤종진
尹眞秀, 民法論攷 IV 親族法, 博英社(2009) → 윤진수, 민법논고[IV]
尹眞秀, 民法論攷 V 相續法, 博英社(2011) → 윤진수, 민법논고[V]
尹眞秀, 民法論攷 VII, 博英社(2015) → 윤진수, 민법논고[VII]
윤진수, 친족상속법강의, 제2판, 박영사(2018) → 윤진수
이경희, 가족법, 9訂版, 法元社(2017) → 이경희
이영규, (새로운)가족법 강의, 大明出版社(2008) → 이영규
李好珽, 國際私法, 經文社(1981) → 이호정
李好珽, 涉外私法, 韓國放送通信大學校出版部(1991) → 이호정, 섭외사법
이희배, (判例 · 參考 · 整理)親族·相續法 要解: 家族法, 第一法規(1995) → 이희배

林正平, 現代家族法, 法律文化比較學會(2003) → 임정평

鄭光鉉, 新親族相續法要論, 修正增補4版, 法文社(1961) → 정광현, 요론

鄭光鉉, 韓國家族法硏究, 서울大學校出版部(1967) → 정광현, 연구

曺承鉉, 친족 · 상속, 新潮社(2014) → 조승현

池元林, 民法講義, 제16판(2019) → 지원림

千宗淑, (新)韓國家族法論: 親族·相續法, 東民出版社(1997) → 천종숙

崔錦淑, 로스쿨 親族法(1), (2), 第一法規(2010) → 최금숙, 친족(1), (2)

최문기, 民法講義 5: 親族· 相續法(家族法), 세종출판사(2007) → 최문기

한복룡, 家族法講義, 제2개정판, 충남대학교출판문화원(2012) → 한복룡

한복룡, 國際私法, 수정판(제2판), 충남대학교출판문화원(2013) → 한복룡, 국제사법

한봉희 · 백승흠, 가족법, 三英社(2013) → 한봉희 · 백승흠

黃山德 · 金容漢, 新國際私法, 第9版, 博英社(1977) → 황산덕 외

2) 국외 교과서 · 체계서

內田 貴, 民法 IV, 補訂版(2004) → 內田 貴

大村敦志, 家族法, 第3版(2010) → 大村敦志

二宮周平, 家族法, 第2版(2004) → 二宮周平

泉 久雄, 親族法(1997) → 泉 久雄

櫻田嘉章, 國際私法, 第6版, 有斐閣(2012) → 櫻田嘉章

横山潤, 國際私法, 三省堂(2012) → 横山潤

Bernard Audit et Louis d'Avout, Droit international privé, 7e éd.(2013) → Audit et d'Avout

Dominique Bureau et Horatia Muir Watt, Droit international privé, tome II : Partie spéciale, 4e éd,(2017) → Bureau et Muir Watt

Rainer Frank/Tobias Helms, Erbrecht, 7. Aufl.(2018) → Frank/Helms

Gerhard Kegel & Klaus Schurig, Internationales Privatrecht, 9. Aufl.(2004) → Kegel/Schurig

Jan Kropholler, Internationales Privatrecht, 6. Aufl.(2006) → Kropholler

Heinrich Lange/Kurt Kuchinke, Erbrecht, 5. Aufl.(2011) → Lange/Kuchinke

Knut Werner Lange, Erbrecht(2011) → Lange

Pierre Mayer et Vincent Heuzé, Droit international privé, 11e éd.(2014) → Mayer et Heuzé

Karlheinz Muscheler, Erbrecht Bd. 1, 2, (2010) → Muscheler 1, 2

Marie-Laure Niboyet et Géraud de Geouffre de la Pradelle, Droit international privé, 6e éd.(2017) → Niboyet et La Pradelle

François Terré, Yves Lequette et Sophie Gaudemet, Droit civil – Les successions, Les libéralités, 4e éd.(2014) → Terré, Lequette et Gaudemet

Martin Wolff, Das Internationale Privatrecht Deutschlands, 3. Aufl.(1954) → Wolff

(2) 판례교재

金疇洙 編著, (註釋)判例 家族法, 三英社(1978) → 김주수, 판례

이희배, (註釋)家族法判例研究, 三知院(2007) → 이희배, 판례

김상용 · 문흥안 · 민유숙 · 신영호 · 윤진수 · 이경희 · 이은정 · 이화숙 · 전경근 · 최금숙 · 최진섭 · 한웅길, 가족법 판례해설, 세창출판사(2009) → 가족법 판례해설

(3) 연구서

문숙자, 조선시대 재산상속과 가족, 경인문화사, 2004 → 문숙자

鄭肯植, 韓國近代法史攷, 博英社, 2002 → 정긍식, 근대법사고

양현아, 한국 가족법 읽기 – 전통, 식민지성, 젠더의 교차로에서, 창비, 2011 → 양현아

鄭光鉉, 姓氏論考: 朝鮮家族法論考, 東光堂(1940) → 정광현, 성씨

李光信, 우리나라 民法上의 姓氏制度 硏究, 法文社(1973) → 이광신, 성씨

金疇洙, 婚姻法研究: 婚姻 및 離婚의 自由와 관련하여, 法文社(1969) → 김주수, 혼인

이화숙, 비교부부재산관계법, 세창출판사(2000) → 이화숙, 부부재산관계

崔鎭涉, 離婚과 子女, 三知院(1994) → 최진섭, 이혼과 자녀

권재문, 親生子關係의 決定基準, 景仁文化社(2011) → 권재문, 친생자관계

윤진수 · 현소혜, 2013년 개정민법 해설, 법무부 민법개정총서 (5)(2013) → 윤진수 · 현소혜

李凞培, 民法上의 扶養法理: 私的 扶養法理의 三原論的 二元論, 三英社(1989) → 이희배, 부양

申榮鎬, 가족관계등록법, 세창출판사(2009) → 신영호, 등록

申榮鎬, 공동상속론, 나남출판사(1997) → 신영호, 공동상속

정동호, 한국가족법의 개변맥락, 세창출판사(2014) → 정동호, 한국가족법

현소혜, 유언의 해석, 景仁文化社(2010) → 현소혜, 유언

李庚熙, 遺留分制度, 三知院(1995) → 이경희, 유류분

박동섭, 유류분 청구의 이론과 실무, 법률정보센터(2011) → 박동섭, 유류분

李和淑, (2005년)改正家族法 해설 및 평가, 세창출판사(2005) → 이화숙, 2005년 개정가족법

이화숙, 가족, 사회와 가족법, 세창출판사(2012) → 이화숙, 가족법

김상훈, 미국상속법, 세창출판사(2012) → 김상훈, 미국상속법

임채웅, 상속법연구, 박영사(2011) → 임채웅, 상속법연구

(4) 주석서

1) 국내 주석서

郭潤直 編輯代表 民法注解[I]~[XIX], 博英社 → 주해[권호], 면수(분담집필자)

金龍潭 編輯代表, 第4版 註釋民法[總則/物權/債權總則(권호)], 韓國司法行政學會 → 주석총칙/물권/채총(권호), 면수(분담집필자)

朴埈緖 編輯代表, 第3版 註釋民法[債權各則(권호)], 韓國司法行政學會 → 주석채각(권호), 면수(분담집필자)

윤진수 편집대표, 주해친족법(1), (2) → 주해친족(권호), 면수(분담집필자)

金疇洙·金相瑢, 註釋民法 親族(1), (2), (3), (4), 제5판, 韓國司法行政學會(2016) → 주석친족(1), (2), (3), (4)

金疇洙·金相瑢, 註釋民法 相續(1), (2), 제4판, 韓國司法行政學會(2015) → 주석상속(1), (2)

金疇洙 編, 註釋相續法(上), (下), 韓國司法行政學會(1996) → 주석상속(1996)(상), (하)

2) 국외 주석서

谷口知平 外 編集代表, 新版 注釋民法(권호), 有斐閣 → 新注民(권호), 면수(분담집필자)

中川善之助 外 編集代表, 注釋民法(권호), 有斐閣 → 注民(권호), 면수(분담집필자)

櫻田嘉章·道垣內正人 編, 注釋國際私法, 有斐閣(2011) → 注國私(권호), 면수(분담집필자)

Dirk Looschelders, Internationales Privatrecht: Art. 3－46 EGBGB, Springer(2004) → Looschelders

Münchener Kommentar zum BGB, 7. Auflage → Münchener Komm/집필자

Staudingers Kommentar zum Bürgerlichen Gesetzbuch mit Einführungsgesetz und Nebengesetzen, Neubearbeitung 2015 → Staudinger/집필자

(5) 실무서류

법원행정처 편, 법원실무제요 가사[1], 2010 → 제요[1]

법원행정처 편, 법원실무제요 가사[2], 2010 → 제요[2]

법원행정처 편, 가족관계등록실무[I], 2012 → 등록실무[I]

법원행정처 편, 가족관계등록실무[II]. 2012 → 등록실무[II]

법원행정처 편, 상속등기실무, 2012 → 상속등기실무

법원공무원교육원 편, 2009 가족관계등록실무 → 등록실무

법원공무원교육원 편, 2009 국제가족관계등록 → 국제가족관계등록

법원도서관편, 상속법의 제문제, 1998 → 상속법의 제문제

(6) 상속관습에 관한 자료

鄭肯植, 國譯 慣習調査報告書, 韓國法制硏究院, 1992 → 보고서

親族相續에 관한 舊慣習(裁判資料 제29집), 法院行政處, 1986 → 자료

朝鮮高等法院 判決錄 → 록

民事慣習回答彙集 → 휘집

5. 참고문헌 및 논문 인용

(1) 위 문헌 약어표에 있는 문헌은 '저자명, 면수'로 표기하고, "면", "쪽", "p." 등은 표시하지 아니한다.

(2) 본문의 <참고문헌>에 특별히 표시한 경우, 해당 부분에서 '저자명(출간연도), 면수'로 표기하여 인용한다. 저자의 같은 해의 여러 문헌이 참고문헌에 있는 경우 출간연도에 a, b 등의 구분기호를 붙여 인용한다.

(3) 문헌 약어표 외의 국내 저서 및 논문을 인용하는 경우에는, '저자명, 제목(출간연도), 면수'로 표기한다. 저자명과 제목은 본래 한자인 때에도 한글로 하고, 부제도 원칙적으로 생략하되, 필요한 때에는 넣을 수 있다.

6. 기타

법령은 2019. 2. 28.자를 기준으로 함.

차 례

[제 2 권 차례]

第 3 章　遺留分

상속관습법

국제상속법

남북 주민 사이의 가족관계와 상속 등에 관한 특례법

[제 1 권 차례]

相續法 總說

第 1 章 相續

第2章 遺言

* 『주해상속법』 1권과 2권의 본문 페이지는 연결됩니다(2권은 913면에서 시작합니다). 판례색인과 사항색인의 내용은 1, 2권 모두 동일합니다(단, 1권과 2권의 페이지 서체를 달리하여 1권에 나오는 색인과 2권에 나오는 색인을 구분하였습니다).

第 3 章　遺留分

[前注]

▮ **참고문헌**: 김상용, "자녀의 유류분권과 배우자 상속분에 관한 입법론적 고찰", 민사법학36(2007); 김수정, "유류분제도의 헌법적 근거와 법정책적 논의", 家研20－2(2006); 김형석, "우리 상속법의 비교법적 위치", 家研23－2(2009); 변동열, "유류분 제도", 民判研25(2003); 소재선·양승욱, "유류분제도의 새로운 방향성 모색과 북한의 유류분", 법학연구53－2(2012); 윤진수, "상속제도의 헌법적 근거", 헌법논총10(1999); 이경희, "현행 유류분제도의 제정경위와 그 구조상의 문제점", 민법학의회고와전망(1993); 이봉민, 프랑스법상 유류분 제도, 서울대석사논문(2009); 정구태, "유류분제도의 법적 구조에 관한 연구", 고려대박사논문(2009a); 정구태, "유류분제도의 존재이유에 대한 현대적 조명", 법학논총33－2(2009b); 최준규, "유류분과 기업승계", 사법37 (2016); Rainer Frank/김상용 번역, "자녀의 유류분권은 여전히 우리 시대와 맞는가?", 법학논문집34－3(2010).

Ⅰ. 유류분 제도의 의의, 연혁, 근거

1. 의의

민법은 유언의 자유를 인정한다. 따라서 피상속인은 자신의 상속재산을 제3자에게 유증할 수 있고, 법정상속인 중 일부에게 법정상속분을 초과하여 유증할 수도 있으며, 생전에 법정상속인이나 제3자에게 증여할 수도 있다. 유류분제도는 이러한 유언의 자유를 제한한다. 기본적으로 유언의 자유는 생전에 자신의 재산을 처분할 자유만큼 보장하기 어려운 측면이 있다. 이를 전적으로 보장하면 결과적으로 망인(亡人)이 현재 세계를 영구히 지배하는 것을 허용하는 결과가 되기 때문이다. 피상속인의 유증이나 증여가 있더라도 상속재산 중 일정비율은 상속인에게 유보되어야 한다. 이렇게 유보되는 몫을 유류분이라 한다. 즉 유류분 제도는 유언의 자유와 친족에 의한 상속이라는 두 가지 원칙의 타협이라 할 수 있다.[1] 결국 상속재산의 귀속은 유언, 법정상속, 유류분이라는 세 가지 제도에 의해 결정된다고 할 수 있다.

2. 연혁

우리 유류분 제도는 기본적으로 서구(西歐)의 제도를 일본의 입법례를 참조하여 이식한 것이다.[2] 즉 조선시대에는 현 유류분 제도에 정확히 대응하는 제도가 없었다. 그러나 유언의 자유 자체가 제한적으로 인정되었고, 법정상속에 크게 어긋나는 유언은 난명(亂命)으로 보아 그 효력을 부정하였다.[3][4] 한편 일제의 조선총독부가 편찬한 관습조사보고서는 "조선에서는 상속인이 받을 유류분에 대하여 확실한 관습이 없다."고 하고 있으며, 조선고등법원 1930. 2. 25. 선고 1929민상제584호 판결도 같은 취지의 판시[5]를 하고 있다.[6] 유류분 제도는 1958년 민법제정 시에는 도입되지 않았다가 1977년에 도입되었다.[7] 도입 당시 법사위안에 대한 국회심사보고서(1977. 12. 16)는 유류분 제도 신설의 이유를 다음과 같이 밝히고 있다. "현행법상 유언절대자유의 원칙에 따른 무사려한 유증으로 부양가족의 생활을 곤란케 할 위험이 있으며 상속재산의 성격상 당연히 유류분제도가 필요함." 즉, 피상속인의 재산에 의존하던 자들의 생활보장 및 피상속인 명의의 재산에 대한 잠재적 지분의 청산을 유류분 제도의 근거로 보고 있는 것이다.

3. 유류분 제도의 기능과 헌법적 근거

헌법재판소 2010. 4. 29. 선고 2007헌바144 결정은 "유류분제도는 피상속

---

1) 윤진수 557.

2) 김형석(2009) 119는 일본 민법의 유류분 제도는 명백히 프랑스 민법을 계수한 것으로 평가되고 있으므로, 결과적으로 우리 민법의 유류분 규정도 대부분 프랑스 민법으로 소급할 수 있다고 한다.

3) 윤진수 558; 이경희(1993) 1057~1058; 정구태(2009a) 6~7.

4) 난명은 본래 피상속인이 사망 직전에 정신이 혼미한 상태에서 한 유언을 뜻한다.

5) 해방 이후 대법원 판례도 마찬가지로 유류분 관습의 존재를 부정하였다고 한다. 대법원 1958. 4. 3. 선고 4290민상643 판결. 이경희(1993) 1061 참조.

6) 그러나 이에 대해서는 유언의 자유가 제한적으로 인정되었기 때문에 굳이 유류분 제도를 둘 필요가 없었던 것이고, 가산(家産)의 유출을 막기 위한 장치는 존재하였으므로, 우리 상속관습을 왜곡한 것이라는 비판이 많다. 우선 이경희(1993) 1060~1061; 정구태(2009a) 10. 다만 조선 후기 장자 우대상속 또는 단독상속이 보편화되는 과정에서 이를 문제삼는 경우가 거의 없었던 점을 고려할 때, 현대의 유류분 제도에 정확히 대응되는 제도가 없었던 것은 사실이다.

7) 참고로 북한에도 유류분 제도가 존재한다. 이에 관한 소개로는 소재선·양승욱(2012) 131 이하.

인의 재산처분의 자유·유언의 자유와 근친자의 상속권 확보에 의한 생활보장의 필요성과의 타협의 산물로 입법화된 것으로, 피상속인의 재산처분행위로부터 유족들의 생존권을 보호하고, 법정상속분의 일정비율에 상당하는 부분을 유류분으로 산정하여 상속재산형성에 대한 기여, 상속재산에 대한 기대를 보장하려는 것이 유류분제도의 입법취지이다."라고 한다. 또한 헌법재판소 2013. 12. 26. 선고 2012헌바467 결정은 "유류분권리자는 일반적으로 혈연이나 가족 공동생활을 통하여 피상속인을 중심으로 긴밀한 유대관계를 가졌던 사람들로서, 유류분은 피상속인이 법정상속에서 완전히 벗어난 형태로 재산을 처분하는 것을 일정 부분 제한함으로써 가족의 연대가 종국적으로 단절되는 것을 저지하는 기능을 갖는다."고 한다. 그 밖에 공동상속인들 간의 공평 유지도 유류분제도의 근거 또는 기능으로 들 수 있다.

유류분제도의 헌법적 근거로는 헌법 36조 1항("혼인과 가족생활은 개인의 존엄과 양성의 평등을 기초로 성립되고 유지되어야 하며, 국가는 이를 보장한다.")을 들 수 있다.[8] 헌법 36조 1항은 제도보장으로서의 성격을 갖기 때문에, 입법자는 제도의 본질적 내용을 훼손하지 않는 한에서 법률로써 유류분 제도의 내용을 자유로이 형성할 수 있다.

유류분제도를 폐지하면 헌법에 위반되는가? 유류분제도가 없더라도 당연히 위헌이라고 할 수는 없다는 견해[9]와 유류분제도를 폐지하면 헌법 36조 1항이 보장하는 '가족생활에 대한 헌법적 보호'에 반하므로 위헌이라는 견해[10]가 있다. 후자의 견해에 공감하면서 다만, 현행 유류분제도를 폐지하되 부양필요성이 있는 상속인에 한하여 상속재산에 대한 권리를 인정하는 제도를 마련하는 것은, 위헌이 아니라는 견해[11]도 있다(후자의 견해도 이러한 경우까지 위헌으로 보는 취지는 아니라고 사료된다).

참고로 독일연방헌법재판소는 독일 유류분제도가 독일 기본법 14조 1항 1문(상속권 보호조항), 6조 1항(혼인 및 가족의 보호조항)에 의해 보호된다고 한다.[12]

유류분제도의 헌법적 근거를 인정한다 하더라도 현행 유류분제도의 구체적 내용이 타당한지는 별개의 문제이다. 가령 '원물반환 원칙'을 고수하는 것,

8) 윤진수 559.
9) 변동열(2003) 802~804("가산이라는 개념이 퇴화한 오늘날, 유류분 제도는 단순히 일반 국민들의 법감정, 통념, 혹은 역사적인 관성 이외에 아무 것도 아니라고 할 것이다").
10) 윤진수(1999) 199~200; 정구태(2009b) 719.
11) 최준규(2016) 355.
12) 이에 관해서는 김수정(2006) 172~184; Rainer Frank/김상용 번역(2010) 95 이하.

'유류분의 사전 포기'나 '유류분의 박탈·감축'을 허용하지 않는 것, 공동상속인이 피상속인으로부터 생전증여받은 것을 유류분으로 반환할 경우 증여기간의 제한을 두지 않고 반환대상으로 하는 것 등에 대해서는 입법론, 해석론의 차원에서 재고(再考)가 필요하다.[13] 또한 유류분제도와 유언의 자유가 충돌하는 경우 가급적 유언의 자유를 중시하는 방향으로 해석론을 전개할 필요가 있다. 참고로 대법원 2014. 5. 29. 선고 2012다31802 판결은 "대습상속인이 대습원인의 발생 이전에 피상속인으로부터 증여를 받은 경우 이는 상속인의 지위에서 받은 것이 아니므로 상속분의 선급으로 볼 수 없다. 그렇지 않고 이를 상속분의 선급으로 보게 되면, 피대습인이 사망하기 전에 피상속인이 먼저 사망하여 상속이 이루어진 경우에는 특별수익에 해당하지 아니하던 것이 피대습인이 피상속인보다 먼저 사망하였다는 우연한 사정으로 인하여 특별수익으로 되는 불합리한 결과가 발생한다. 따라서 대습상속인의 위와 같은 수익은 특별수익에 해당하지 않는다고 봄이 상당하다."고 하면서, "이는 유류분제도가 상속인들의 상속분을 일정 부분 보장한다는 명분 아래 피상속인의 자유의사에 기한 자기 재산의 처분을 그의 의사에 반하여 제한하는 것인 만큼 그 인정 범위를 가능한 한 필요최소한으로 그치는 것이 피상속인의 의사를 존중한다는 의미에서 바람직하다는 관점에서 보아도 더욱 그러하다."고 판시하였다.

Ⅱ. 우리 유류분 제도의 특색

우리 유류분 제도는 독일, 프랑스, 일본의 제도와 비교해 다음과 같은 특색이 있다.[14]

① 우리 민법은 유류분비율을 유류분권자의 법정상속분의 1/2 또는 1/3로 규정한다. 이는 프랑스나 일본이 유류분을 법정상속분이 아니라 상속재산의 일정비율로 정하는 것과 구별된다. 즉 우리 민법은 프랑스나 일본과 달리 전체 상속재산 중 피상속인이 처분가능한 재산이라는 '자유분' 개념을 알지 못한다.[15]

13) 최준규(2016) 368 이하. 자녀에 대하여 예외없이 유류분을 인정하는 지금의 유류분 제도에 문제를 제기하면서, ① 자녀에 대한 부양필요성이 존재하지 않는 경우 피상속인이 유언에 의하여 자녀의 유류분을 감축시키거나, ② 피상속인에 대하여 자녀가 신의에 반하는 행위를 한 경우에는 피상속인이 유언에 의하여 유류분을 상실시키는 제도의 도입이 필요하다는 주장으로 김상용(2007) 669 이하.

14) 윤진수 558.

15) 그러나 이봉민(2009) 161의 각주 824는 民1113조 1항의 유류분산정의 기초재산에서 民1112조의 개별 유류분 합산액을 공제하면 자유분이 된다고 하면서, 자유분 개념을 사용하지 않는다고

② 판례 및 다수설에 의하면 우리 민법상 유류분반환은 원물반환이 원칙이고, 가액반환은 제한적으로 인정된다. 이는 유류분반환을 가액반환으로 구성하는 독일, 프랑스와 다르고, 원물반환이 원칙이지만 유류분반환의무자가 가액변상을 선택할 수 있도록 한 일본과도 다르다(2018년 개정전 일본민법 1041조).

③ 우리 민법은 프랑스, 일본과 달리 감쇄(減殺)에 관한 규정이 없다. 그러나 2018년 일본민법 개정으로 유류분청구권은 금전채권이 되었고, 따라서 감쇄라는 단어도 삭제되었다.

④ 우리 민법은 독일, 프랑스, 일본과 달리 유류분의 사전포기에 관한 조항을 두고 있지 않다.

⑤ 우리 민법은 독일과 달리 피상속인에 의한 유류분 박탈 제도를 마련하고 있지 않다.

⑥ 우리 민법은 유류분 반환 대상이 제3자에게 양도된 경우 일정한 범위 내에서는 양수인에게 반환을 청구할 수 있다는 2018년 개정전 일본민법 1040조와 같은 규정을 두고 있지 않다.

⑦ 우리 민법은 형제자매도 유류분권자의 범위에 포함된다는 점에서 유류분권자의 범위가 넓다.

Ⅲ. 유류분과 세금[16]

피상속인 A가 자신의 전 재산인 X부동산을 B에게 유증하였고 단독상속인으로 C가 있는 경우, X부동산을 둘러싼 세금문제는 어떻게 처리되는가?

수유자 B는 X부동산 전체에 관하여 상속세 납부의무를 부담한다. 유류분반환청구권을 행사하기 전 단계에서 X부동산 중 1/2지분이 C에게 반환될 가능성이 있다는 사정만으로 B가 부담할 세금을 감액할 수는 없다.

C가 유류분권을 행사하면, X부동산 중 1/2지분은 상속개시시부터 C가 소유자이다(유류분반환청구권의 법적 성격이 형성권이라고 볼 경우). B는 C와의 유류분반환청구소송의 확정판결이 있은 후 6개월 이내에 경정청구를 할 수 있다(相贈 79조 1항 1호, 相贈 令 81조 2항). C는 X부동산 중 1/2지분에 관하여 상속세를 납부해야 한다.

해서 유류분 제도를 보는 기본적 시각이 달라져야 하는 것인지에 대해 의문을 제기한다.

16) 관련 문헌으로 우선 박동섭, 유류분 179 이하; 김두형, "유류분청구를 둘러싼 상속세 과세문제에 관한 연구", 조세법연구 16－2(2010), 67.

상속인 또는 유증을 받는 자는 각자가 받았거나 받을 재산을 한도로 연대하여 상속세를 납부할 의무를 부담하고, 그 중 1인이 상속세를 납부하거나 자기의 출재로 연대납세의무를 소멸시킴으로써 공동면책이 된 때에는 다른 연대납세의무자의 부담부분에 대하여 구상권을 행사할 수 있으며, 연대납세의무자 사이의 부담비율은 특별한 사정이 없는 한 전체 상속재산 중 구상의무를 부담하는 자가 상속 또는 유증받은 재산 비율이다(相贈 3조의2, 국세기본법 25조의2, 民424, 425조). 따라서 B가 자신의 출재로 연대납세의무를 소멸시킴으로써 C도 공동면책이 되었다면, C의 부담부분에 대하여 B는 C에게 구상권을 행사할 수 있다.[17]

유류분권자가 원물반환 대신 가액반환을 받은 경우는 어떠한가? 형성권설에 따르면 유류분권자는 유류분권 행사로 자신에게 귀속된 X부동산 지분을 B에게 대가를 받고 양도한 것으로 구성할 여지도 있다. 이와 같이 구성하면 유류분권자의 양도소득세 부담이 추가로 문제된다.[18]

17) 서울중앙지방법원 2014. 7. 24. 선고 2010가합113651 판결 등.

18) 한편 일본 최고재판소는 수유자가 가액변상을 하면 — 2018년 개정전 일본민법 1041조는 유류분반환의무자의 가액변상 선택권을 명문으로 규정한다 — 유증의 효력이 부활한다고 보아, 수유자가 처음부터 X부동산 전체를 유증받은 경우와 조세법률관계 측면에서 달라질 것이 없다고 한다. 日最判 1992(平 4). 11. 16(判時 1441, 66). 이에 관해서는 三木義一, "遺留分減殺請求と税", 遺言と遺留分 2巻 2版(2014), 347 이하(판례찬성) 및 二宮周平, "遺留分減殺請求と税", 遺言と遺留分 2巻 2版(2014), 365 이하(판례반대) 참조.

第1112條(遺留分의 權利者와 遺留分)

相續人의 遺留分은 다음 各號에 의한다.

1. 被相續人의 直系卑屬은 그 法定相續分의 2分의 1
2. 被相續人의 配偶者는 그 法定相續分의 2分의 1
3. 被相續人의 直系尊屬은 그 法定相續分의 3分의 1
4. 被相續人의 兄弟姉妹는 그 法定相續分의 3분의 1

[本條新設 1977. 12. 31]

참고문헌: 고상현, "독일 민법상 상속 및 유류분의 사전포기제도", 家研29-1(2015); 김능환, "유류분반환청구", 재판자료78(1998); 김민중, "유류분제도의 개정에 관한 검토", 동북아법연구4-2(2010); 김상용, "자녀의 유류분권과 배우자 상속분에 관한 입법론적 고찰", 민사법학36(2007); 김세준, "유류분제한의 필요성과 그 요건", 家研28-3(2014); 김수정, "유류분제도의 헌법적 근거와 법정책적 논의", 家研20-2(2006); 김자영 · 백경희, "대습상속인의 특별수익 및 유류분 반환의무에 관한 고찰", 강원법학43(2014); 변동열, "유류분 제도", 民判研25(2003); 전경근, "특별수익, 유류분 그리고 재혼", 家研24-3(2010); 조성필, "판례를 중심으로 한 유류분 실무", 인권과정의466(2017); 松原正明, 判例先例 相続法Ⅴ(2012).

Ⅰ. 유류분권과 유류분반환청구권

유류분권은 상속이 개시되면 일정범위의 상속인이 상속분 중 일정비율에 상당하는 피상속인의 재산을 취득할 수 있는 권리를 뜻한다.[1] 민법은 이러한 권리를 가진 자를 유류분권리자라 부른다. 상속개시 전의 유류분권은 엄밀히 말하여 권리라고 할 수 없다. 즉 양도 등 처분할 수 없고, 이 유류분권을 기초로 가압류, 가처분, 가등기 등을 할 수 없다.[2] 유류분권과 관련해 확인청구를

1) 윤진수 560.
2) 곽윤직 451; 주석상속(2) 423; 김능환(1998) 13.

할 수도 없다[3](확인 청구를 한다면 각하될 것이다).

유류분반환청구권은 유류분을 침해하는 행위가 있을 때 그 반환을 구할 수 있는 권리로서 유류분권에서 파생되어 나온 권리이다.[4] 유류분권리자라고 하더라도 자신의 유류분이 침해되지 않으면 유류분반환청구권은 발생하지 않는다. 유류분이 침해되었고 유류분권자가 유류분반환청구권을 행사할 수 있는 상황이라 하더라도, 그 사실 자체만으로 해당 유증이나 생전증여계약이 무효인 것도 아니다. 피상속인이 상속개시 전에 전재산을 상속인이 아닌 제3자에게 증여하였거나 유증하였다고 해서 그 자체로 해당 증여나 유증이 民103조에 위반되어 무효라고 볼 수도 없다.[5]

유류분권자에게는, 상속개시 이후 수증자나 수유자에 대하여 증여나 유증에 관한 정보제공을 요구할 권리가 신의칙상 발생할 수 있다.[6]

Ⅱ. 유류분권자의 범위

우리 민법상 유류분권은 법정상속권을 기초로 하므로(가령, 법정상속인이 아니고 피상속인을 사망 직전까지 부양한 자는 유류분권자가 될 수 없다), 유류분권자의 자격과 범위, 순위는 법정상속권에 관한 법리가 그대로 적용된다.

우리 민법은 피상속인의 직계비속, 배우자, 직계존속, 형제자매를 유류분권자로 규정한다. 따라서 피상속인의 4촌 이내의 방계혈족이 상속인인 때에는 유류분권이 인정되지 않는다. 피상속인의 형제자매까지 유류분권자로 규정하는 것이 바람직한지 입법론적으로 의문이다. 유류분제도는 모든 친족이 아니라 가까운 친족 내지 가정의 보호를 위한 것이기 때문이다.[7]

1. 직계비속

친생자이든 양자이든, 혼인 중의 자이든 혼인 외의 자이든, 성별, 혼인여부, 국적 등과 상관없이 상속권을 갖고 있는 직계비속은 1순위 유류분권자이다.

---

3) 박동섭, 유류분 9. 日最判 1957(昭4). 9. 19(ジュリスト42.62)도 참조.
4) 윤진수 560.
5) 日新注民28/中川淳 452.
6) 변동열(2003) 804.
7) 윤진수 561; 변동열(2003) 807; 박동섭, 유류분 34; 김민중(2010) 122.

2. 배우자

직계비속이 있으면 그와 동순위로, 직계비속이 없고 직계존속이 있으면 그와 동순위로, 직계비속이나 존속이 없으면 단독으로 유류분권자가 된다. 사실혼배우자는 상속권이 없으므로 유류분권도 없다.

3. 직계존속

부계이든 모계이든, 양가이든 생가이든 관계없이 상속권을 갖고 있는 직계비속은 유류분권자가 된다. 친양자 입양의 경우 입양 전 친족관계는 친양자 입양이 확정된 때 종료하므로(民908조의3 2항), 친생부모는 양자가 먼저 사망한 경우 상속인이 될 수 없고 따라서 유류분권자도 될 수 없다.

4. 형제자매

형제자매는 유류분권자이다. 동복형제자매(어머니가 같은 형제자매)나 이복형제자매(아버지는 같고, 어머니가 다른 형제자매)도 포함됨은 물론이다.

5. 기타

가. 태아

태아는 상속순위에 관하여 이미 출생한 것으로 보므로(民1000조 3항), 피상속인 사망 시 태아였던 자도 출생하면 유류분권자가 될 수 있다. 판례는 태아가 살아서 출생하면 권리능력취득의 효과가 상속개시시로 소급한다는 정지조건설을 취하고 있다.[8] 정지조건설에 따르면 상속개시 후 태아 출생 전에 태아의 유류분권 보전을 위한 조치를 취하기는 어렵다.[9]

나. 대습상속인

대습상속인도 피대습자의 상속분의 범위 내에서 유류분권을 갖는다(民1118조는 民1001조, 1010조를 준용하고 있다).

---

8) 대법원 1982. 2. 9. 선고 81다534 판결.

9) 그러나 박동섭, 유류분 36은 해제조건설을 전제로 산모가 태아의 법정대리인 지위에서 태아의 유류분반환청구권 보전을 위해 처분금지가처분신청을 할 수 있다고 한다. 松原正明 294~295도 해제조건설을 기초로 태아의 법정대리인이 형성권인 유류분반환청구권을 행사하는 것을 인정할 필요가 있다고 한다. 이러한 대리권 행사를 인정하더라도 이익상반행위에 해당하는지 여부를 추가로 검토해야 할 것이다.

다. 상속결격자 및 상속포기자

상속결격자나 상속포기자[10]는 상속인이 아니므로 유류분권자가 아니다. 상속결격의 경우 대습상속이 인정되므로 결격자의 대습상속인이 유류분권자가 될 수 있다(民1118조에 의한 民1001조의 준용). 상속포기의 경우 대습상속이 인정되지 않으므로, 그 다음 순위 상속인이 유류분권자가 된다.

라. 포괄수유자

포괄수유자는 상속인이 아니므로 유류분권자가 아니다.[11]

마. 유류분 침해행위 이후 상속인 자격을 취득한 자

가령, 피상속인이 생전증여를 한 뒤 재혼을 한 경우 재혼배우자는 피상속인의 생전증여 상대방에 대하여 유류분권을 행사할 수 있는가? 생전증여 당시 유류분권자가 상속인일 필요가 없다고 보면, 유류분반환의무자는 뜻밖의 손실을 입고, 유류분권리자는 뜻밖의 이익을 얻을 수 있다. 이러한 이유에서 위와 같은 재혼배우자는 유류분권자가 아니라는 견해도 있다.[12] 그러나 법문상 위와 같이 볼 근거가 없고, 그와 같은 내용으로 법형성을 할 필요성이 있는지도 의문이다. 유류분 침해행위 이후 상속인 자격을 취득한 자도 – 유류분권 행사가 예외적으로 권리남용에 해당하는지 여부는 별론으로 하고 – 유류분권자로서 유류분반환청구를 할 수 있다.[13]

마찬가지로 피상속인이 자녀들에게 재산을 증여한 후 입양을 통하여 피상속인의 양자가 된 자도 유류분반환청구를 할 수 있다고 보아야 한다.[14]

Ⅲ. 유류분 비율

직계비속과 배우자의 유류분 비율은 그 법정상속분의 1/2이고, 직계존속과 형제자매의 유류분 비율은 그 법정상속분의 1/3이다. 프랑스 민법과 일본 민법은 유류분을 전체 상속재산 중 일정비율로 정하고 있으나, 독일 민법은 법

---

10) 대법원 2012. 4. 16.자 2011스191, 192 결정.

11) 윤진수 561; 변동열(2003) 808; 박동섭, 유류분 41.

12) 전경근(2010) 429 이하. 독일판례도 유류분권자 생전 증여 당시 상속인 지위에 있어야 한다는 입장이다. BGHZ 59, 210; BGH NJW 1997, 2676.

13) 서울가정법원 2010. 10. 12.자 2009느합101, 165 심판. 同旨 박동섭, 유류분 41; 김자영·백경희(2014) 107; 조성필(2017) 93.

14) 전경근(2010) 447은 이러한 양자는 유류분반환청구권을 행사할 수 없고, 다만 자녀들에게 재산을 증여한 후에 출생한 친생자에 대해서는 유류분반환청구권을 인정할 수 있다고 한다. 그러나 그와 같이 볼 근거가 없다.

정상속분의 1/2로 정하고 있다. 이 점에서 우리 민법은 독일법과 비슷하다.

유류분이 법정상속분의 1/2 또는 1/3이라는 것은 그 유류분의 크기를 말하는 것이고, 유류분이 상속분 자체의 일부라는 뜻으로 이해할 필요는 없다.[15]

공동상속인 중 한 명이 상속을 포기하면 다른 공동상속인의 법정상속분이 증가하고 이에 따라 다른 공동상속인의 유류분권도 증가한다.[16]

대습상속인의 유류분은 피대습인의 유류분과 같다(民1118조, 1010조 1항). 대습상속인이 수인인 경우 피대습인의 유류분의 한도에서 자신들의 상속분 비율에 따라 유류분권을 취득한다(民1118조, 1010조 2항).

Ⅳ. 유류분권의 포기

1. 상속개시 전 포기

상속개시 전 유류분의 사전포기는 허용되지 않는다(통설, 판례).[17] 불확실한 내용의 장래 권리인 유류분권에 대하여 사전포기를 허용하면 이를 악용하여 유류분권 포기를 강제하거나 성급한 포기를 유발할 수 있는 점을 고려할 때, 이러한 입장은 일면 타당하다. 충분한 반대급부를 받고 유류분을 사전포기한 경우에도 포기의 효력을 인정하기는 어렵다. 다만 입법론으로는 상속인의 유연한 상속계획을 뒷받침하기 위해 일정한 절차나 방식요건 하에 유류분의 사전포기를 허용함이 타당하다.[18] 다만 유류분의 사전포기를 허용하더라도 부양필요성이 있는 추정상속인의 사전포기 효력은 제한함이 타당할 것이다.[19]

2. 상속개시 후 포기

상속개시 후 상속포기 요건에 따라 적법하게 상속포기가 이루어지면 유류분권도 포기한 것이 된다. 상속포기를 하지 않으면서 유류분권만 포기하는 것

---

15) 윤진수 562.

16) 참고로 독일 민법 2310조는 공동상속의 경우, 한 공동상속인의 상속배제, 상속결격 및 상속포기가 있더라도, 유류분 산정의 기초가 되는 법정상속분을 정함에 있어 이러한 공동상속인도 포함하여 정한다고 규정한다. 우리의 경우 이러한 규정이 없으므로 본문과 같이 보아야 한다. 윤진수 562.

17) 주석상속(2) 423; 윤진수 561; 박동섭, 유류분 24; 곽윤직 282; 이경희, 유류분 98; 변동열(2003) 805; 김능환(1998) 66. 대법원 1994. 10. 14. 선고 94다8334 판결; 대법원 1998. 7. 24. 선고 98다9021 판결. 이에 반하여 해석론으로 유류분 사전 포기의 가능성을 긍정하는 듯한 견해로 김민중(2010) 145~146.

18) 同旨 변동열(2003) 805~806; 고상현(2015) 358~359.

19) 최준규(2016) 386.

도 가능하다. 상속포기를 할 수 있는 기간이 지났더라도 유류분권만 포기하는 것도 물론 가능하다. 이 경우 법에 별도 요건을 규정하고 있지 않으므로, 상속인인 유류분권자는 자유롭게 자신의 유류분권만 포기할 수 있다. 포기방법은 상속포기와 달리 특별한 방식이 없고, 반환청구의 상대방인 수증자나 수유자에 대한 명시적, 묵시적 의사표시가 있으면 된다.[20] 유류분권을 포괄적으로 포기할 수도 있고, 여러 개의 유증이나 증여 중 일부에 대해서만 유류분반환청구권을 포기할 수도 있다. 유류분에 미달하는 내용의 상속재산분할 협의가 이루어진 경우 유류분권의 묵시적 포기를 인정할 여지도 있다.[21] 그러나 포기의사의 인정은 신중히 이루어져야 한다.

상속포기와 함께 유류분권 포기도 이루어진 경우, 상속포기는 상속개시된 때에 소급하여 그 효력이 있으므로(民1042조), 그에 따라 다시 정해진 상속인 및 상속비율에 따라 유류분권의 내용도 정해진다. 유류분권만 사후 포기한 경우, 상속개시에 따라 확정된 상속권의 내용이 달라지지 않으므로, 다른 유류분권자의 권리에 영향을 미치지 않는다.[22]

유류분권 포기가 사해행위가 될 수 있는가? 부정하는 견해가 있다.[23] 판례는 유류분권리자에게 유류분반환청구권 행사의 확정적 의사가 있다고 인정되는 경우가 아닌 한, 유류분반환청구권은 채권자대위권의 목적이 될 수 없다고 한다.[24] 이 판례의 취지에 비추어 볼 때, 유류분권자가 권리를 행사할 확정적 의사를 표시한 이후 이를 포기하였다면 사해행위가 될 여지가 있다. 참고로 판례는 상속포기가 상속인의 '인적 결단'으로서의 성질을 가진다는 점 등을 들어 채권자취소의 대상이 되지 않는다고 보는데,[25] 비슷한 맥락에서 유류분권 포기도 '항상' 채권자취소의 대상이 되지 않는다고 이론 구성할 수 있을까? 필자의 견해로는 양자를 동일선상에서 비교하기는 어려우며, 상속포기가 채권자취소의 대상이 될 수 없는지도 의문이 있다.[26]

---

20) 이에 대하여 개별 유류분반환청구권의 포기가 아니라, 포괄적 권리로서 유류분권의 포기는 다른 공동상속인에 대한 의사표시로 해야 한다는 견해로는 김능환(1998) 67.

21) 김능환(1998) 67.

22) 박동섭, 유류분 37; 곽윤직 284; 김능환(1998) 68; 이경희, 유류분 99; 변동열(2003) 805. 反對 주석상속(2) 424(유류분권자가 유류분권을 포기하면 처음부터 그 유류분권자는 없었던 것으로 하여 유류분을 산정해야 한다고 주장한다. 그러나 그와 같이 볼 근거가 없다).

23) 김능환(1998) 68; 박동섭, 유류분 27; 조성필(2017) 102.

24) 대법원 2010. 5. 27. 선고 2009다93992 판결.

25) 대법원 2011. 6. 9. 선고 2011다29307 판결.

26) 판례에 반대하는 최근 문헌으로는 윤진수, "상속포기의 사해행위 취소와 부인", 家研30－3 (2016), 183이하.

V. 유류분권 박탈(감축) 제도

우리 민법은 상속결격 제도 이외에 별도로 유류분 박탈(감축) 제도를 두고 있지 않다. 그러나 상속결격 요건에 해당하지 않는 상속인의 패륜행위, 상속인의 귀책사유로 인한 피상속인과의 관계 단절 등 상속인에게 유류분권을 보장할 정당한 이유가 없는 경우, 피상속인의 재산처분의 자유를 폭넓게 인정해 주어 피상속인이 상속인의 유류분권을 박탈(감축)시킬 수 있는 제도를 마련하는 것이 입법론상 바람직하다.[27]

해석론으로는 이러한 상속인의 유류분반환청구권 행사는 권리남용에 해당할 여지가 있을 것이다.[28]

Ⅵ. 유류분권의 양도와 사해행위

상속개시 이후 유류분권자가 자신의 유류분권을 특정 채권자에게 대물변제조로 양도하는 행위가 사해행위가 될 수 있는가? 유류분권리자에게 유류분반환청구권 행사의 확정적 의사가 있다고 인정되는 경우가 아닌 한, 유류분반환청구권은 채권자대위권의 목적이 될 수 없다는 판례(대법원 2010. 5. 27. 선고 20009다93992 판결)를 근거로, 사해행위가 아니라는 입론이 가능하다. 유류분권자의 양도의 의사표시 전까지 유류분반환청구권은 – 일반채권자들의 압류 및 환가가 가능한 – 유류분권자의 책임재산이 아니기 때문이다.

그러나 이러한 경우까지 유류분권자의 처분의 자유를 인정하는 것은, 유류분반환청구권에 대한 채권자대위권 행사나 압류 및 환가를 불허하는 취지를 넘어선다는 점에서, 사해행위 취소가 가능하다는 입론이 타당하다고 사료된다.[29]

---

27) 김상용(2007) 683~684; 김수정(2006) 161 이하; 김세준(2014) 343 이하; 김민중(2010) 148.

28) 유류분반환청구권 행사와 권리남용은 1115조 주석 Ⅸ 부분 참조.

29) 참고로 독일법상 유류분반환청구권은 계약을 통해 승인되거나 소송계속 중인 경우에만 압류가 가능한데(독일민사소송법 852조 1항), 판례는 유류분반환청구권이 압류가능한 채권이 되기 전에도 **유류분권자의 채권자들은 정지조건부 유류분반환청구권을 압류할 수 있는 점**(위 규정은 유류분권자의 의사결정의 자유를 보장하기 위한 것이므로 **유류분권자의 의사결정 자유를 침해하지 않는 압류는 가능하다**)을 근거로 유류분반환청구권의 양도가 사해행위 취소나 부인의 대상이 될 수 있다고 본다. BGHZ 123, 183. 우리법에서도 이러한 유류분반환청구권의 **압류는 허용하되 압류에 기초한 환가만 불허해도 충분한 것 아닌지** 검토의 여지가 있다.

第1113條(遺留分의 算定)

① 遺留分은 被相續人의 相續開始時에 있어서 가진 財産의 價額에 贈與財産의 價額을 加算하고 債務의 全額을 控除하여 이를 算定한다.

② 條件附의 權利 또는 存續期間이 不確定한 權利는 家庭法院이 選任한 鑑定人의 評價에 의하여 그 價格을 정한다.

[本條新設 1977. 12. 31]

참고문헌: 김능환, "유류분반환청구", 재판자료78(1998); 김민중, "유류분산정의 기초가 되는 재산의 범위", 사법14(2010a); 김민중, "유류분제도의 개정에 관한 검토", 동북아법연구4-2(2010b); 김형석, "유류분의 반환과 부당이득", 民判硏24(2007); 변동열, "상속재산분할과 유류분반환청구", 법조47-3(1998); 변동열, "유류분 제도", 民判硏25(2003); 오병철, "유류분 부족액의 구체적 산정방법에 관한 연구", 家硏20-2(2006); 윤진수, "유류분 침해액의 산정방법", 서울대법학48-3(2007); 이은정, "특별수익의 반환기준에 관한 재검토", 家硏10(1996); 임채웅, "유류분 부족분의 계산방법에 관한 연구", 사법13(2010); 정구태, "유류분 침해액의 산정방법에 관한 소고", 고려법학51(2008); 정구태, "공동상속인 간에 있어서 유류분반환을 고려한 상속재산분할의 가부", 법학연구12-3(2009); 정구태, "유류분반환의 방법으로서 원물반환의 원칙과 가액반환의 예외", 영남법학30(2010a); 정구태, "공동상속인 간의 유류분반환과 특별수익", 家硏24-3(2010b); 정구태, "유류분 기초재산 산정을 위한 평가기준 및 기준시기", 민사법연구21(2013); 정구태, "2015년 상속법 관련 주요 판례 회고", 사법35(2016); 조성필, "판례를 중심으로 한 유류분 실무", 인권과정의466(2017); 최준규, "유류분과 기업승계", 사법37(2016); 松原正明, 判例先例 相続法Ⅴ(2012).

Ⅰ. 유류분 및 유류분 부족액의 산정

유류분 비율은 법정상속분에 대한 일정비율이지만, 유류분 산정의 기초재산은 상속재산과 같지 않다. 民1113조 1항은 유류분은 피상속인의 상속개시시에 가진 재산의 가액에 증여재산의 가액을 가산하고 채무 전액을 공제하여 이를 산정한다고 규정한다. 여기에 해당 상속인의 유류분 비율을 곱하면 구체적 유류분액이 나온다. 구체적 유류분액에서 해당 유류분권자의 특별수익액과 순상속액을 공제하면 유류분 부족액이 나온다(1단계).[1]

이와 같이 산정된 유류분 부족액을 기준으로 유류분반환대상인 증여나 유증 목적물 자체 또는 증여나 유증 목적물 가액에 대하여 구체적 반환범위를 결정한다(2단계).

1단계와 2단계의 유류분 산정방법을 정리하면 다음과 같다. 2단계 산정방법에 관해서는 民1115조 주석 부분에서 살펴보고, 아래에서는 民1113조 1항의 해석론과 관련된 문제인, 1단계 산정방법을 살펴본다.

기본적으로 유류분 부족액 산정시 가산되는 항목인 상속개시시 적극재산이나 산입되는 증여재산에 관해서는 유류분권자에게, 감산되는 항목인 상속채무에 관해서는 유류분반환의무자에게 각 주장·증명책임이 있다고 봄이 타당하다.[2]

1단계 계산방법(유류분 부족액의 산정)[3]

유류분 부족액(X) = A(유류분 산정의 기초가 되는 재산액) × B(그 상속인의 유류분 비율) − C(그 상속인의 특별수익액) − D(그 상속인의 순상속액) A = 상속개시시 적극적 상속재산 + 산입될 증여 − 상속채무액 B = 법정상속분의 1/2 또는 1/3 C = 당해 유류분권리자의 수증액 + 수유액 D = 당해 유류분권리자의 구체적 상속분 − (소극재산×상속분) ※ C+D를 '결과적 취득분'이라 부르기도 한다.

2단계 계산방법(유류분반환청구권의 구체적 내용 확정)

원물반환의 경우 유류분 부족액 = X 유류분반환대상인 증여 또는 유증 목적물의 '상속개시시' 가액 = α , β , γ

1) 상속인에게 기여분이 인정되는 경우 유류분 부족액 산정에 관해서는 별도로 살펴본다. 民1115조 주석 Ⅷ. 부분 참조.
2) 松原正明 415~416 참조.
3) 윤진수 568.

각 증여 또는 유증 목적물에 대하여 $\frac{1}{\alpha+\beta+\gamma} \times X$, $\frac{1}{\alpha+\beta+\gamma} \times X$, $\frac{1}{\alpha+\beta+\gamma} \times X$ 만큼의 지분(이하 '지분비율'이라 함)반환 청구

가액반환의 경우

① 상속개시 전 수증자의 목적물 처분

판례(?)[4]의 입장 : 지분비율에 '사실심변론종결 당시' 목적물 가액(α'', β'', γ''은 각 증여 또는 유증 목적물의 **사실심변론 종결시** 가액)을 곱한 금액만큼의 가액반환 청구. 즉 $\frac{1}{\alpha+\beta+\gamma} \times X \times \alpha''$, $\frac{1}{\alpha+\beta+\gamma} \times X \times \beta''$, $\frac{1}{\alpha+\beta+\gamma} \times X \times \gamma''$ 만큼의 가액반환 청구.

소수설[5] : 1단계 계산시 유류분 산정의 기초재산(A)에 산입할 증여액을 상속개시시 목적물 가액이 아니라, 처분 당시 목적물의 객관적 가액에 상속개시시까지 물가상승률을 반영한 금액(이하 α', β', γ')으로 보고,[6] 이에 따라 산정된 유류분부족액(X')과 지분비율에 곱할 목적물 가액(2단계 계산)도 α', β', γ'를 기준으로 함. 즉 $\frac{1}{\alpha'+\beta'+\gamma'} \times X' \times \alpha'$, $\frac{1}{\alpha'+\beta'+\gamma'} \times X' \times \beta'$, $\frac{1}{\alpha'+\beta'+\gamma'} \times X' \times \gamma'$ 만큼의 가액반환 청구.

② 상속개시 후 수증자(수유자)의 목적물 처분

판례(?)[7]의 입장 : $\frac{1}{\alpha+\beta+\gamma} \times X \times \alpha''$, $\frac{1}{\alpha+\beta+\gamma} \times X \times \beta''$, $\frac{1}{\alpha+\beta+\gamma} \times X \times \gamma''$ 만큼의 가액반환 청구(α'', β'', γ''은 각 증여 또는 유증 목적물의 **사실심 변론 종결시** 가액)

---

4) 대법원 2005. 6. 23. 선고 2004다51887 판결. 이 판례 사안에서 증여대상은 **주식**이었고, 이 주식이 **상속개시 전에 처분**된 것으로 보인다. 그러나 위 판시가 생전증여 대상이 통상의 특정물인 경우에도 일반적으로 적용될 수 있는지에 대해서는 의문이 있다. 1단계 계산에서 유류분산정의 기초재산을 산정할 때 증여대상 목적물의 '상속개시시' 가액을 기준으로 하였다면, 2단계 계산에서 지분비율에 곱할 금액도 '상속개시 당시' 목적물 가액이라고 보는 것이 수미일관하다고 사료된다. 정구태(2010a) 171~172; 지원림, 민법강의15판(2017), 2124 참조.

5) 최준규(2016) 382~384. 한편 김형석(2007) 176은 1단계에서는 상속개시시 가액을 기준으로 유류분부족액을 산정하고, 2단계에서는 그렇게 산정된 유류분반환비율에 "처분시 목적물의 객관적 가액"을 곱하자는 취지이다.

6) 유류분부족액(X) 산정시, A(유류분 산정의 기초가 되는 재산액)뿐만 아니라 C(그 상속인의 특별수익액) 항목을 계산할 때에도 α', β', γ'를 기준으로 계산.

7) 대법원 2005. 6. 23. 선고 2004다51887 판결("반환의무자가 증여받은 재산의 시가는 상속개시 당시를 기준으로 산정하여야 하고, 당해 반환의무자에 대하여 반환하여야 할 재산의 범위를 확정한 다음 그 **원물반환이 불가능하여 가액반환을 명하는 경우에는 그 가액은 사실심 변론종결**

반대견해[8] : $\frac{1}{\alpha+\beta+\gamma} \times X \times \alpha$ ^, $\frac{1}{\alpha+\beta+\gamma} \times X \times \beta$ ^, $\frac{1}{\alpha+\beta+\gamma} \times X \times \gamma$ ^ 만큼의 가액반환 청구(α ^, β ^, γ ^은 각 증여 또는 유증 목적물의 처분시 객관적 가액)

③ 원물반환이 가능함에도 가액반환을 명하는 경우

$\frac{1}{\alpha+\beta+\gamma} \times X \times \alpha''$, $\frac{1}{\alpha+\beta+\gamma} \times X \times \beta''$, $\frac{1}{\alpha+\beta+\gamma} \times X \times \gamma''$ 만큼의 가액반환 청구(α'', β'', γ''은 각 증여 또는 유증 목적물의 **사실심변론 종결시** 가액)

Ⅱ. 상속개시시에 가진 재산

상속개시시 적극재산만을 뜻한다. 피상속인이 증여하였으나 아직 이행이 되지 않은 재산, 유증(특정유증, 포괄유증 모두 포함)한 재산은 상속재산에 포함된다.[9] 사인증여는 유증과 같이 보아 상속개시시에 가진 재산에 포함된다.[10] 제사용 재산(民1008조의3)과 상속되지 않는 피상속인의 일신전속적 권리는 상속재산에 포함되지 않는다.[11]

피상속인이 상속인에 대하여 가지고 있는 채권은 상속인이 단순 승인하는 경우 혼동으로 소멸하지만, 유류분 산정시에는 상속개시시에 가진 재산에 포함된다.[12]

한편, 회수불가능한 채권의 경우 그 실질가치가 0이고 유류분산정의 기초재산은 실질가치를 가산해야 하므로, 결과적으로 회수불가능한 채권은 유류분 산정의 기초재산에서 제외된다는 견해가 있다.[13]

시를 기준으로 산정하여야 한다"). 그러나 이 판례사안은 생전증여 대상인 주식이 상속개시 전에 처분된 것이므로, **상속개시 후 목적물 처분시 유류분 반환가액 산정 문제**에 관한 현재 판례의 입장은 불명확하다고 볼 여지도 있다.

8) 김형석(2007) 176; 최준규(2016) 383.

9) 이경희, 유류분 108은 포괄유증의 경우 증여가 있었던 경우에 준해서 가산시켜야 한다고 본다. 어떻게 보든 결과는 같다.

10) 대법원 2001. 11. 30. 선고 2001다6947 판결.

11) 곽윤직 285; 윤진수 563.

12) 박동섭, 유류분 53; 변동열(2003) 831; 이경희, 유류분 108.

13) 김민중(2010a) 45.

Ⅲ. 증여재산의 가산

民1114조 주석 부분 참조.

Ⅳ. 공제될 상속채무

피상속인의 사법상 채무뿐만 아니라 공법상 채무(조세채무, 벌금, 과태료 등)도 공제되어야 한다.[14] 피상속인의 보증채무나 연대보증채무도 포함된다.[15] 피상속인이 부담하는 채무를 뜻하므로 유증으로 상속인이 지게 될 채무는 포함되지 않는다.[16] 유증으로 상속인이 지게 될 채무는 상속인인 유류분권자의 순상속액 산정시 고려된다. 피상속인의 일신전속적 채무는 공제될 수 없다.[17] 포괄유증이 이루어져 포괄수유자가 채무도 당연승계하는 경우,[18] 포괄유증의 대상이 되는 적극재산이 상속개시시 재산에 포함되고, 포괄수유자가 당연승계하는 채무(소극재산)도 공제되어야 함은 물론이다.

피상속인이 증여하였으나 아직 이행되지 않은 부분을 피상속인의 채무로 보아 여기서 공제할 것은 아니다. 이를 공제하면 결과적으로 미이행증여분을 상속재산에 빼는 것이 되기 때문이다.[19] 다만 이러한 피상속인의 채무는 상속인인 유류분권자의 순상속액 산정시 고려된다.

상속세, 상속재산의 관리 · 보존을 위한 소송비용 등 상속재산에 관한 비용은 피상속인의 채무가 아니므로, 공제될 상속채무에 해당하지 않는다는 것이 판례이다.[20] 그러나 이에 대하여 유류분권은 가상의 상속재산의 순플러스 부

---

14) 박동섭, 유류분 71.

15) 일본 하급심 판례 중에는 주채무자가 변제자력이 없고 (연대)보증인이 보증채무 이행 후 주채무자에 구상권을 행사하여도 구상을 받을 가능성이 없는 경우에 한해, 유류분 산정의 기초재산에서 공제된다는 것이 있고 日東京高判 1996(平8). 11. 7(判時1637.31), 우리 학설 중에도 이에 동의하는 견해가 있다. 김민중(2010a) 67~68; 조성필(2017) 90. 그러나 (연대)보증채무의 상속성 자체를 문제삼는 것은 별론으로 하고, 일단 상속채무로 본다면 유류분산정의 기초재산에서 공제하지 않을 이유가 없다고 생각한다. 이처럼 기초재산에서 공제하되 구상권의 실질 가치가 있다면 이는 가산되어야 할 것이다.

16) 곽윤직 286; 변동열(2003) 840.

17) 박동섭, 유류분 73{구 건축법 상 이행강제금은 구 건축법의 위반행위에 대하여 시정명령을 받은 후 시정기간 내에 당해 시정명령을 이행하지 아니한 건축주 등에 대하여 부과되는 간접강제의 일종으로서 그 이행강제금 납부의무는 상속인 기타의 사람에게 승계될 수 없는 일신전속적인 성질의 것이므로(대법원 2006. 12. 8.자 2006마470 결정), 공제할 수 없다}.

18) 대법원 1980. 2. 26. 선고 79다2078 판결.

19) 변동열(2003) 828~829; 박동섭, 유류분 73; 김민중(2010a) 66.

20) 대법원 2015. 5. 14. 선고 2012다21720 판결; 주석상속(2) 431; 이경희, 유류분 119; 신영호 · 김

분에 대하여만 인정하면 충분하고, 공제될 상속채무에 포함시키지 않으면 상속비용 문제로 또 다시 분쟁이 생길 수 있음을 들어 분쟁의 일회적 해결을 위해 공제함이 타당하다는 반대견해가 있다.[21)]

참고로 일본에서는 입법론으로 유류분반환의무자가 위와 같이 공제되는 상속채무를 대신 변제한 경우 그 한도에서 유류분 반환의무를 감축시키는 규정을 두는 것이 타당하다는 주장이 있다.[22)] 실질적으로 유류분반환의무자가 유류분권리자에게 상속채무 변제자금을 마련해 준 것이므로 유류분반환의무를 감축시켜 유류분권자가 수증재산이나 수유재산을 그대로 보전할 수 있도록 하는 것이 타당하다는 취지이다.

V. 기초재산 중 적극재산이 소극재산과 같거나 적지만 제3자에 대한 증여가 있는 경우

소극재산으로 인해 유류분산정의 기초재산이 0 또는 음수가 되는 경우에도 제3자에 대한 증여에 관하여 유류분반환을 청구할 수 있는가? 상속개시시 적극재산이 1,000, 소극재산이 1,500, 유류분 산정의 기초재산에 산입되는 제3자에 대한 증여가 500이고 상속인이 1인인 경우를 생각해 보자. 이 경우 유류분 산정의 기초재산이 결과적으로 0이므로 유류분이 인정될 수 없다는 견해[23)]와 유류분 산정의 기초재산(A)이 0이거나 음수이더라도 유류분권자의 순상속분(D)도 음수(위 사안에서는 −500)이므로 그대로 계산하여 유류분부족액을 산정해야 한다는 견해(위 사안에서 유류분부족액은 결국 500이다)가 있다.[24)25)]

상훈 479.

21) 박동섭, 유류분 72~73; 곽윤직 286; 김능환(1998) 32; 송덕수 447; 변동열(2003) 841; 김민중(2010a) 65; 정구태(2016) 59. 반대학설은, 일본민법의 경우 885조 2항은 "상속재산에 관한 비용은 유류분권리자가 증여의 반환에 의하여 얻은 재산으로써 이를 지급할 것을 요하지 아니한다." 고 규정하고 있고, 1021조 단서는 "유언의 집행에 관한 비용에 의하여 유류분을 감할 수 없다." 고 규정하고 있는 반면, 우리민법에는 그와 같은 규정이 없음을 근거로 들기도 한다.

22) 小池泰 "「遺留分制度に関する見直し」について", 論究ジュリスト20(2017), 43~44. 2018년 일본민법 개정에 따라 1047조 3항으로 입법되었다

23) 윤진수 567; 김능환(1998) 36; 박병호 478.

24) 곽윤직 291; 변동열(2003) 852; 정구태(2008) 474~478; 김민중(2010b) 129; 조성필(2017) 92.

25) 일본에서 이 견해는 자유분이라는 개념을 근거로 주장되기도 한다. 즉 유류분산정의 기초재산이 0이라는 것은 자유분이 0이라는 뜻이므로, 증여재산 전체가 유류분반환대상이 되어야 한다는 것이다. 潮見佳男, "贈与·遺贈その他の遺言処分, 相続債務の存在と遺留分", 新家族法実務大系4(2008) 396. 그러나 본문에서 보는 것처럼 자유분이라는 개념을 사용하지 않더라도, 위 견해를 주장할 수 있다.

여기서 문제되는 핵심 지점은, 유류분권자가 유류분반환을 받더라도 종국적으로 상속채권자의 몫으로 돌아가고 유류분권자는 결과적으로 아무런 이득이 없거나 손해를 보게 되는데(유류분권자가 한정승인이나 상속포기를 하지 않았으므로), 이러한 상황에서도 유류분반환청구를 인정할 것인지 여부이다. 전자의 견해는, 유류분제도는 증여나 유증이 없었더라면 상속인이 누렸을 최소한의 '이익'을 보장해주는 것일 뿐이고, 상속인이 '손해를 덜 보게 하는 것'까지 목적으로 하지는 않는다는 입장이다. 반면 후자는 상속인이 '손해를 덜 보게 하는 것'도 유류분제도의 규범목적에 포함된다는 취지이다.

전자의 견해에 따를 경우, 유류분산정의 기초재산이 0보다 크면 순상속분이 음수이더라도(즉 적극재산보다 소극재산이 많더라도) 이는 전부 고려되어 유류분침해액이 산정되지만. 0 이하로 되는 순간 전혀 유류분반환을 청구할 수 없게 된다. 그 순간 제3자인 수증자는 유류분반환을 할 필요가 없게 되어 뜻밖의 횡재를 하게 된다. 이러한 계산결과가 공평한지는 의문이다.[26] 원물을 보유하고 싶어하는 유류분권자로서는 결과적으로 손해를 보더라도 유류분권 행사로 원물을 반환받고, 그보다 더 큰 액수의 상속채무를 자신의 자금으로 변제하는 것을 선호할 수 있다. 법이 이러한 유류분권자의 소망을 굳이 좌절시킬 필요는 없다. 후자의 견해에 찬성한다.

이 경우 유류분권자는 한정승인을 하거나 상속포기를 하는 경우가 많을 것이다. 피상속인의 적극재산보다 소극재산이 많은 상황에서 유류분권자가 한정승인을 하였다면 그의 순상속분은 음수가 아니라 0이므로 결과적으로 유류분부족액은 없다. 유류분권자인 상속인이 상속채무 과다를 이유로 상속포기를 하였다면 유류분권을 행사할 수 없음은 물론이다.

Ⅵ. 기초가 되는 재산의 평가기준 및 평가방법

1. 평가기준

상속개시시를 기준으로 목적물 가액을 산정한다. 목적물의 객관적 교환가치를 기준으로 함이 원칙이다. 다만 증여 이후 수증자나 수증자에게서 증여재산을 양수한 사람이 자기 비용으로 증여재산의 성상 등을 변경하여 상속개시 당시 가액이 증가되어 있는 경우, 변경된 성상 등을 기준으로 상속개시 당시의

26) 변동열(2003) 851~852.

가액을 산정하면 유류분권리자에게 부당한 이익을 주게 되므로, 이러한 경우에는 그와 같은 변경을 고려하지 않고 증여 당시의 성상 등을 기준으로 상속개시 당시의 가액을 산정하여야 한다.27) 농지와 같이 통상 상속인에 의해 거래의 대상이 되는 것이 아니고, 그 경영이 승계되는 것에 관하여는 거래가격(교환가치)이 아니라 수익가격에 의해 평가해야 한다는 견해가 있다.28) 그러나 이 경우에도 거래가격에 의해 계산하면 충분하다는 반론이 유력하다.29)

증여나 유증 대상 목적물이 상속개시 후 처분, 멸실된 경우에도 상속개시 시점을 기준으로 한 목적물 가액에 따라 유류분 산정의 기초재산을 계산해야 한다. 다만, 증여대상 목적물이 상속개시 전에 처분, 멸실된 경우 목적물 가액을 어떻게 평가하여 유류분 산정의 기초재산에 산입할 것인지에 대해서는 논란이 있다. 이에 대해서는 民1114조 및 1115조 주석 부분에서 살펴본다.

증여재산의 평가기준에 관한 그 밖의 논의는 民1114조 주석 참조.

2. 평가방법

조건부의 권리 또는 존속기간이 불확정한 권리는 가정법원이 선임한 감정인의 평가에 의하여 그 가격을 정한다(民1113조 2항). 감정인의 선임은 라류 가사비송사건이다(家訴 2조 1항 2호 가목). 감정인의 선임은 유류분권자가 청구할 수 있다.30) 상속개시지의 가정법원이 관할하며(家訴 44조 6호), 청구가 인용된 경우 감정인선임심판에 소요된 비용 및 감정인의 감정에 소요된 비용은 모두 상속재산에서 부담한다(家訴規 82조). 유류분반환사건은 민사사건인데 가정법원이 감정인을 선임하도록 규정한 것은 입법의 오류이다.31)

조건부 권리의 평가와 관련하여 입법론으로 ① 해제조건부 권리는 무조건의 권리로서 산입하고, 조건이 성취되었을 경우에는 변경된 권리상태에 상응하는 보상을 하도록 하며, 정지조건부 권리는 산입하지 않는 것이 타당하다는 견해,32) ② 정지조건부 권리와 해제조건부 권리 모두 산입대상에서 제외시키자는 견해33)가 있다.

27) 대법원 2015. 11. 12. 선고 2010다104768 판결.
28) 이경희, 유류분 119; 松原正明 354.
29) 김능환(1998) 34; 변동열(2003) 844; 정구태(2013) 295.
30) 실무제요 가사2 389(유류분권리자가 아닌 이해관계인은 감정인 선임을 청구할 수 없다고 한다).
31) 변동열(2003) 850; 박동섭, 유류분 75.
32) 이경희, 유류분 107; 변동열(2003) 849.
33) 정구태(2013) 297~298.

증여재산의 평가방법에 관한 그 밖의 논의는 民1114조 및 1115조 주석 참조.

Ⅶ. 유류분권리자의 수증액 또는 수유액 공제

유류분부족액을 산정하기 위해서는 구체적 유류분액에서 우선 유류분권자 자신이 받은(혹은 앞으로 받을) 수증액이나 수유액을 공제해야 한다.

유류분권자 자신이 받은 생전증여는 그것이 특별수익에 해당한다면 유류분 산정의 기초재산에 기간제한 없이 산입된다. 이러한 생전증여는 수증액으로서 기간제한 없이 공제되어야 한다.

그러나 유류분권자 자신이 받은 생전증여가 특별수익에 해당하지 않는 경우라면, 상속개시 전 1년 이내의 것만 유류분 산정의 기초재산에 산입함이 타당하다. 이러한 생전증여는 1년 이내의 것만 수증액으로 공제함이 타당하다.[34]

유류분권자가 생전 증여를 받을 당시 상속인 지위에 있지 않았다면, − 당사자 쌍방이 유류분권리자에 손해를 가할 것을 알고 증여가 이루어진 경우를 제외하고 − 상속개시 전 1년 이내의 증여만 기초재산에 산입하고, 공제하는 경우에도 1년 이내의 것만 수증액으로 공제함이 타당하다.

공제하는 수증액의 평가시점 및 방법 등에 관해서는 유류분 산정의 기초재산에 산입하는 증여재산에 관련된 논의가 그대로 적용된다.

Ⅷ. 유류분권리자의 순상속분 공제

1. 구체적 상속분 산정방법

유류분반환청구권을 인정하는 이유는 상속인의 상속분이 유류분에 미치지 못하는 경우 이를 보충하기 위함이다. 따라서 유류분부족액 산정시 공제되어야 할 순상속액은 상속재산분할을 통해 얻을 수 있는 이익인 구체적 상속분을 반영해야 한다. 民1118조도 유류분에 관하여 특별수익을 고려해 구체적 상속분을 산정하라는 취지인 民1008조를 준용하고 있다.[35][36]

---

34) 최준규(2016) 379~380.

35) 통설이다. 윤진수 569 및 윤진수(2007) 265~273; 정구태(2008) 457; 오병철(2006) 205~208; 임채웅(2010) 220 이하; 변동열(2003) 854~855; 박동섭, 유류분 127.

36) 원칙적으로 구체적 상속분으로 계산해야 하나, 구체적 상속분을 알 수 없는 경우 법정상속분으로 계산해도 무방하다는 견해로는 조성필(2017) 105.

구체적 상속분을 반영할 경우, 가장 이상적인 방법은 상속재산분할이 먼저 이루어지고 그에 따라 결정된 구체적 상속분을 기준으로 유류분부족액이 확정되는 것이다. 그러나 현행 제도상 유류분반환청구 사건은 민사사건이고, 상속재산분할 사건은 가사사건이다. 상속재산분할이 먼저 이루어진 뒤에만 유류분반환을 청구할 수 있는 것도 아니다. 유류분반환청구권 행사의 경우 소멸시효가 문제되는데, 상속재산분할의 경우 기간제한이 없으므로 전자가 먼저 청구되는 경우가 많다. 따라서 구체적 상속분을 고려해 이를 공제한다고 해서, 가정법원의 상속재산분할절차를 반드시 기다려야 하는 것은 아니고, 민사법원이 이를 독자적으로 판단할 수 있고, 판단해야 한다.[37] 민사법원이 고려한 구체적 상속분 및 특별수익과 가정법원이 실제 산정한 구체적 상속분이 달라지더라도 이는 부득이하다. 입법론으로는 유류분반환청구사건도 가정법원 관할사건으로 규정하여 두 사건을 병합할 수 있도록 할 필요가 있다.[38] 다만 유류분반환청구를 심리하는 민사법원이 구체적 상속분을 고려한다고 할 때, 기여분을 고려할 수 있는지에 관해서는 民1115조 주석 부분에서 별도로 살펴본다. 아래에서는 주로 '특별수익'을 고려한 구체적 상속분 산정 문제에 관하여 살펴본다.

초과특별수익자가 있는 경우 그 초과특별수익은 유류분을 침해하지 않는 한 반환할 필요가 없고, 초과특별수익자가 없는 것으로 보고 다른 공동상속인들의 구체적 상속분을 산정한다(초과특별수익자 부존재 의제설).[39] 이와 같이 구체적 상속분을 산정하더라도 상속채무는 – 초과특별수익자가 상속을 포기하지 않는 한 – 초과특별수익자를 포함한 공동상속인들 모두가 '법정상속분'의 비율에 따라 승계한다.[40] 구체적 상속분 산정 시 특별수익을 어느 시점을 기준으로 어떻게 평가할 것인지에 대해서는 民1008조 주석 부분 참조. 여기서 유의할 점은 ① 구체적 상속분 산정 시 특별수익의 평가시점 및 평가방법(民1113조 주석 본문 Ⅰ.의 1단계 산정방법 표에서 D항목)과, ② 유류분 산정의 기초재산에 산입되는

---

37) 松原正明 512는 만약 상속재산분할결과를 기다려야 한다면, 유류분권자의 권리행사에 큰 장애가 되고, 유류분반환청구권을 형성권으로 보고 유류분권자에게 물권적 청구권을 부여한 취지에 배치된다고 한다.

38) 윤진수(2007) 270; 박동섭, 유류분 12. 그러나 정구태(2009) 91~93은 견련관계를 요건으로 하여 가사사건과 민사사건을 병합할 수 있는 일반규정을 마련하자고 제안한다.

39) 정구태(2008) 453~454; 윤진수(2007) 260; 오병철(2006) 210.

40) 대법원 2013. 3. 14. 선고 2010다42624 판결; 대법원 1995. 3. 10. 선고 94다16571 판결. 정구태(2008) 454; 윤진수(2007) 259~260; 오병철(2006) 211~212. 다만 전부포괄유증이나 비례적 포괄유증이 있다면 포괄수유자가 그 비율에 따라 상속채무도 포괄승계하므로 포괄수유자가 아닌 다른 상속인들은 해당 상속채무를 부담하지 않는다. 이러한 상속인들의 구체적 상속분 산정시에는 해당 상속채무를 공제해서는 안된다.

(1단계 산정방법 표에서 A항목) 그리고 유류분 부족액 산정시 공제되는(1단계 산정방법 표에서 C항목) 공동상속인에 대한 생전증여의 평가시점 및 평가방법은 반드시 동일한 문제는 아니라는 것이다.[41]

위와 같은 기준에 따라 유류분 부족액을 산정해 보면 다음과 같다.

甲은 적극재산 5,000만 원과 채무 3,000만 원을 남기고 2005. 6. 30. 사망하였고, 상속인으로는 자녀 乙과 丙이 있다. 그런데 甲은 2003. 5. 30. 유류분 침해사실을 모르는 乙과 丁에게 각각 7,000만원 씩을 증여하기로 하였고, 같은 날 그 채무를 이행하였다. 또한 甲은 남은 재산 2,000만 원을 사회복지단체 戊에 기증하도록 자필증서에 의한 유언을 하였다. ☆ 유류분 산정의 기초재산 : 9,000만 원(=5,000만 원 + 7,000만 원[42] − 3,000만 원) ☆ 丙의 구체적 유류분액 : 2,250만 원(=9,000만 원 × 1/4) ☆ 丙의 특별수익액 : 0 ☆ 丙의 순상속액 : 乙이 초과특별수익자이므로, 丙이 단독상속한다고 가정하고 구체적 상속분 산정. 즉, 상정상속재산은 3,000만 원(=5,000만 원 − 제3자에 대한 유증액 2,000만 원)[43]이므로 丙의 본래 상속분은 3,000만 원(=3,000만 원 × 1)이다. 丙은 특별수익이 없으므로 특별수익으로 공제할 것이 없고, 따라서 丙의 구체적 상속분은 3,000만 원이다. 또한 丙의 상속채무 부담액은 1,500만 원(=상속채무 3,000만 원 × 법정상속분 비율 1/2)이므로, 결과적으로 丙의 순상속분은 1,500만 원이다. ∴ 丙의 유류분 부족액 : 750만 원(=2,250만 원 − 1,500만 원) 丙은 수유자 戊에게 750만 원의 유류분반환을 주장할 수 있다.

상속재산분할이 먼저 이루어졌는데, 구체적 상속분과 다른 비율로 분할된 경우(협의분할의 경우 그럴 가능성이 높고, 심판분할의 경우에도 이러한 가능성을 배제할 수는 없다), ① '공동상속인들 사이의 유류분반환청구가 문제되는 경우', 특단의 사정이 없는 한 유류분권을 포기한 것으로 보는 것이 타당하다는 견해가 있다.

41) 최준규(2016) 380~384.

42) 만약 초과특별수익자가 상속을 포기하여 결과적으로 상속인이 아닌 자가 되었더라도, 그에 대한 생전증여는 기간제한 없이 유류분 산정의 기초재산에 산입되어야 한다. 정구태(2008) 473~474; 변동열(2003) 836~837; 조성필(2017) 104. 이에 대하여 상속을 포기한 공동상속인에 대한 증여는 民1114조에 해당하는 증여만 유류분 산정의 기초재산에 산입되어야 한다는 견해도 있다. 오병철(2006) 227. 그러나 이렇게 보면 초과특별수익자는 상속을 포기함으로써 유류분반환의무를 면할 수 있게 되어 부당하다.

상속을 포기한 초과특별수익자가 유류분반환의무를 부담하는 경우 자기 자신에게 인정되는 유류분만큼은 공제되어야 한다는 주장을 할 수 있는지에 대해서는 논란이 있으나, 상속인이 아니어서 유류분권자가 아닌 이상 부정함이 타당하다고 사료된다. 民1115조 주석 Ⅶ 부분 참조.

43) 제3자에 대한 유증액은 상속개시시 적극재산에서 확정적으로 빠져 나간 것으로 보아 구체적 상속분 산정시 상정상속재산에서 제외한다. 정구태(2008) 453(공동상속인에 대한 유증액은 일단 상속개시시의 적극재산에는 포함되고, 구체적 상속분 산정을 위해 각 상속인의 특별수익액을 공제할 때 각 상속인별로 공제된다); 오병철(2006) 216. 변동열(1998) 115~119도 참조.

이 견해는 '제3자에 대하여 유류분반환청구'를 하는 경우에는 ② 법률상 보장된 구체적 상속분보다 실제 분할을 많이 받은 상속인은 실제 분할받은 상속분을 기준으로 해야 하고, ③ 실제 분할받은 상속분이 작은 상속인은 법률상 보장된 구체적 상속분을 기준으로 해야 한다고 주장한다. 적어도 법률상 보장된 구체적 상속분과의 차액만큼에 대해서는 유류분권도 포기하였다고 보는 것이 타당하기 때문이다.[44]

이에 대해서는 상속재산분할이 먼저 이루어졌다면 거기서 결정된 구체적 상속분을 기준으로 유류분 부족액을 산정하면 족하다는 반론이 있다.[45]

협의분할의 경우 공동상속인들 사이의 '조정'을 통해 제3자인 유류분반환의무자의 부담을 늘리는 것은 부당하므로 전자의 견해가 타당한 측면이 있다. 다만 심판분할의 경우에는 법률상 보장된 구체적 상속분과 큰 차이가 없는 한 후자의 견해대로 처리하는 것이 간명하다. 또한 공동상속인 사이의 유류분반환청구가 문제되는 경우 당사자들이 유류분반환문제도 함께 인식하면서 상속재산분할에 합의하였다면, 유류분 문제도 일거에 정리하려는 취지에서 합의가 이루어졌다고 보아 향후 유류분권 행사도 포기하였다고 의사해석하는 것이 타당할 수 있다. 그러나 유류분권 포기의 묵시적 의사를 추단하기 어려운 경우라면, 후자의 견해처럼 실제 취득분을 기준으로 하거나, 아니면 법률상 보장된 구체적 상속분을 기준으로 하여 유류분반환청구를 허용할 여지가 있다고 사료된다.

2. 유류분권자가 한정승인을 한 경우

유류분권자가 한정승인을 한 경우 유류분권자의 순상속분은 마이너스가 아니라 0으로 계산해야 한다.[46] 순상속액을 마이너스로 계산하면 유류분권자는 상속채권자에 대해서는 상속재산의 한도에서만 책임을 지면서(유류분반환에 따라 유류분권자가 반환받는 재산은 유류분권자의 고유재산이지 상속재산이 아니다), 구체적 유류분액(본문 Ⅰ.의 1단계 계산방법 표에서 A×B)보다 더 큰 액수의 유류분반환을 받게 되는데 — 순상속액이 마이너스로 계산되었기 때문에 이러한 결과가 발생한다 — 이는 부당하다.

한정승인을 하더라도 유류분 산정의 기초재산이 0이나 마이너스가 아니라

44) 변동열(1998) 125.
45) 정구태(2008) 467.
46) 박동섭, 유류분 128; 변동열(2003) 857.

면 유류분권자는 유류분반환청구를 할 수 있음은 물론이다.

상속재산분리의 경우에도 한정승인의 경우와 마찬가지로 상속재산과 상속인의 고유재산은 분리되지만(民1045조), 이 경우 상속채권자는 상속재산으로부터 변제받지 못하는 부분에 대하여 비록 상속인의 고유채권자보다 후순위이기는 하나 고유재산으로부터 변제를 받을 수 있다(民1052조). 따라서 한정승인의 경우와 달리 단순승인 시의 순상속분 산정방식에 따라(따라서 유류분권자의 순상속분이 마이너스가 될 수 있다) 유류분 부족액을 산정함이 타당하다.[47)]

3. 피상속인이 특별수익 조정 면제 의사표시를 한 경우

피상속인이 특별수익을 받은 공동상속인 1인에 대하여 특별수익 조정을 면제한 경우에도 해당 특별수익은 기간의 제한 없이 유류분 산정의 기초재산에 산입되어야 하고, 유류분반환의 대상이 될 수 있다. 즉 특별수익 조정 면제의 의사표시가 있더라도 해당 특별수익은 유류분을 침해하는 한도에서 유류분권자에게 반환되어야 한다.[48)] 다만, 위 경우 유류분 부족액을 산정하려면 유류분권자의 구체적 상속분을 공제해야 하는데 구체적 상속분은 특별수익 반환 면제의 효력이 있다[49)]는 전제 하에 계산해야 한다.

47) 변동열(2003) 860.
48) 정구태(2010b) 475; 이은정(1996) 546.
49) 기본적으로 피상속인의 이러한 면제 의사표시는 효력이 있다고 봄이 타당하다. 윤진수 404. 反對 송덕수, 328.

第1114條(算入될 贈與)

贈與는 相續開始전의 1年間에 행한 것에 한하여 第1113條의 規定에 의하여 그 價額을 算定한다. 當事者 雙方이 遺留分權利者에 損害를 加할 것을 알고 贈與를 한 때에는 1年전에 한 것도 같다.
[本條新設 1977. 12. 31]

참고문헌: 고상현, "유류분제도와 공익출연", 家硏24-3(2010); 광장신탁법연구회, 주석신탁법(2013); 김능환, "유류분반환청구", 재판자료78(1998); 김민중, "유류분산정의 기초가 되는 재산의 범위", 사법14(2010); 김자영·백경희, "대습상속인의 특별수익 및 유류분 반환의무에 관한 고찰", 강원법학43(2014); 김형석, "유류분의 반환과 부당이득", 民判硏24(2007); 변동열, "유류분 제도", 民判硏25(2003); 소재선·양승욱, "한·독·일 유류분 제한규정의 비교법적 고찰", 성균관법학24-1(2012); 엄복현, "신탁제도와 유류분반환청구권과의 관계", 가족법연구32-3(2018); 오수원, "유류분 산정에 가산되는 증여의 기준시점", 법학논총17-1(2010); 우병창, "현행 민법상 유류분제도 소고", 家硏10(1996); 이근영, "수익자연속신탁에 관한 고찰", 재산법연구27-3(2011); 이계정, "신탁의 기본 법리에 관한 연구", 서울대박사논문(2016); 이봉민, 프랑스법상 유류분 제도, 서울대석사논문(2009); 이은영, "유류분의 개정에 관한 연구", 家硏18-1(2004); 이은정, "특별수익의 반환기준에 관한 재검토", 家硏10(1996); 이은정, "특별수익분과 상속분의 산정", 가족법의 변동요인과 현상(1998); 이은정, "특별수익 반환가액의 산정", 법학논고35(2011); 이진만, "유류분의 산정", 民判硏19(1997); 이충상, "유류분제도 시행전에 증여된 재산도 유류분반환의 대상인가", 법률신문3950(2011); 이화연, "재산승계수단으로서의 신탁과 상속 -신탁의 재산승계수단으로서의 활용가능성과 유류분 반환의 문제를 중심으로-", 사법논집65(2017); 이환승, "증여재산이 금전인 경우 유류분가액 산정방법", 판례해설81(2010); 임채웅, "유언신탁 및 유언대용신탁의 연구", 인권과 정의397(2009); 정구태, "공동상속인 간의 유류분반환과 특별수익", 家硏24-3(2010a); 정구태, "유류분반환의 방법으로서 원물반환의 원칙과 가액반환의 예외", 영남법학30(2010b); 정구태, "생명보험금과 특별수익,

그리고 유류분", 고려법학62(2011); 정구태, "유류분제도 시행 전 증여된 재산에 대한 유류분 반환", 홍익법학14-1(2013); 정구태, "대습상속과 특별수익, 그리고 유류분", 안암법학45(2014); 정구태, "신탁제도를 통한 재산승계 -유류분과의 관계를 중심으로-", 인문사회21 9-1(2018); 정소민, "신탁제도를 통한 재산승계", 신탁법의쟁점2권(2015); 정소민, "신탁을 통한 재산승계와 유류분반환청구권", 한양법학28-2(2017); 조성필, "판례를 중심으로 한 유류분 실무", 인권과정의466(2017); 최준규, "유류분과 신탁", 사법34(2015); 최준규, "유류분과 기업승계", 사법37(2016); 최정희, "대습상속인의 특별수익과 유류분 반환", 민사법연구22(2014); 홍진희·김판기, "생명보험금과 유류분반환청구에 관한 민·상법적 고찰", 재산법연구29-3(2012); 황정규, "상속재산분할사건 재판실무", 재판자료102(2003); 松原正明, 判例先例 相続法Ⅴ(2012).

Ⅰ. 의의

① 상속개시 전 1년간에 행하여진 증여, ② 당사자 쌍방이 유류분권리자에 손해를 가할 것을 알고 한 증여는 유류분 산정의 기초재산에 포함된다. 또한 판례는 아래 Ⅳ.에서 보는 것처럼 공동상속인에 대한 생전증여(특별수익)는 증여 시기를 묻지 않고 유류분 산정의 기초재산에 산입시키고 있다.

가산되는 증여재산이란, 증여계약에 따라 증여목적물의 소유권이 수증자에게 이전된 재산을 뜻한다. 피상속인의 재산에 관하여 상속개시 전에 증여계약이 체결되었으나 상속개시 시까지 수증자에게 소유권이 이전되지 않았다면, 위 재산은 상속재산에 포함되지 증여재산으로 가산되는 것이 아니다.[1)]

유류분 제도가 생기기 전에 피상속인이 상속인이나 제3자에게 재산을 증여하고 이행을 완료하여 소유권이 수증자에게 이전된 때에는, 피상속인이 1977. 12. 31. 법률 제3051호로 개정된 민법(이하 '개정 민법') 시행 이후에 사망하여 상속이 개시되더라도 소급하여 증여재산이 유류분 제도에 의한 반환청구의 대상이 되지는 않는다. 개정 민법의 유류분 규정을 개정 민법 시행 전에 이루어지고 이행이 완료된 증여에까지 적용한다면 수증자의 기득권을 소급입법에 의하여 제한 또는 침해하는 것이 되어 개정 민법 부칙 2항("이 법은 종전의 법률에 의하여 생긴 효력에 대하여 영향을 미치지 아니한다.")의 취지에 반하기 때문이다. 한

1) 대법원 1996. 8. 20. 선고 96다13682 판결. 이 경우 상속인은 피상속인에 의해 아직 이행되지 않은 증여재산의 소유권을 상속함과 동시에 피상속인의 수증자에 대한 증여계약상 채무도 상속한다. 다만, 이 때 유류분액을 산정함에 있어서는 그 소유권이전등기의무를 상속채무로 공제해서는 안 된다. 미이행증여를 상속개시 시의 상속재산에 포함시키고도 다시 상속채무로 공제해 버리면, 이는 결국 계산상 그 미이행 증여분을 이미 상속재산에서 빠져나간 것으로 하는 것과 마찬가지 결과가 되기 때문이다. 변동열(2003) 828.

편 개정 민법 시행 이전에 증여계약이 체결되었더라도 이행이 완료되지 않은 상태에서 개정 민법이 시행되고 그 이후 증여계약이 이행이 이루어지고 나서 상속이 개시된 경우에는 상속 당시 시행되는 개정 민법에 따라 증여계약의 목적이 된 재산도 유류분반환 대상에 포함된다.[2)]

Ⅱ. 상속개시 전 1년간에 행하여진 증여

1. '1년 간에 행하여진' 증여

상속개시 전 1년간인지 여부는 증여계약 체결시를 기준으로 하며, 따라서 증여계약이 상속개시보다 1년 전에 이루어졌으면, 그 이행이 1년 내에 이루어졌더라도 상속재산에 가산되지 않는다는 견해가 많다.[3)]

그러나 증여가 행해졌다는 것은 그 이행이 완료된 때를 의미하고, 따라서 부동산의 경우 등기시를, 동산의 경우 인도시를 기준으로 판단해야 한다.[4)] 채권을 증여한 경우 아직 대항요건을 구비하지 않았더라도 채권처분행위가 이루어진 이상 증여가 이행되었다고 해석해도 무방하다고 사료된다. 생전처분으로 부동산을 무상양도하여 재단법인을 설립한 때에는 − 民48조 1항의 해석에 관한 판례의 입장을 따른다면[5)] − 법인성립 시점에 이행이 완료되었다고 봄이 타당하다.

증여자인 피상속인이 언제든지 철회할 수 있는 증여의 경우 수증자에게 소유권이 이전되었더라도 그 이행이 '실질적으로' 완료되었다고 볼 수 없으므로, 마치 유증이나 사인증여처럼 취급하여, 이전등기 시점을 불문하고 항상 증여재산으로 가산되어야 한다는 견해도 있을 수 있다.[6)] 그러나 이전등기가 이루어진 이상 이행이 완료되었다고 보아 이전등기 이후 1년이 지나 피상속인이

---

2) 대법원 2012. 12. 13. 선고 2010다78722 판결. 판례에 찬성하는 견해로 정구태(2013) 843 이하; 이충상(2011). 그러나 개정 민법 시행 전에 이행이 완료된 증여재산이 유류분 산정을 위한 기초재산에서 제외된다고 하더라도, 위 재산은 당해 유류분 반환청구자의 유류분 부족액 산정시 특별수익으로 공제되어야 한다(대법원 2018. 7. 12. 선고 2017다278422 판결).

3) 박동섭, 유류분 54; 주석상속(2) 434; 곽윤직 457; 이경희, 유류분 108; 변동렬(2003) 833; 김능환(1998) 25; 조성필(2017) 85; 이진만(1997) 372.

4) 윤진수 564; 정구태(2013) 861; 오수원(2010) 317; 김민중(2010) 52~53.

5) 대법원 1979. 12. 11. 선고 78다481, 482 전원합의체 판결(출연자와 법인 사이의 관계에서는 民187조가 적용되어 등기없이도 소유권이 이전하고, 제3자에 대한 관계에서는 民186조가 적용되어 등기가 이루어져야 소유권이 이전한다고 본다).

6) 스위스 민법 527조 3항은 이를 명문으로 규정한다. 참고로 이와 관련된 독일 논의를 소개한 우리 문헌으로는 소재선·양승욱(2012) 121~126.

사망하였다면 원칙적으로 증여재산에 산입할 수 없다고 생각한다.

2. '증여'의 개념

실질적 관점에서 피상속인의 재산감소를 가져오는 무상처분이라면 民554조 이하의 전형계약인 증여계약에 해당하지 않더라도, 民1114조상의 증여로 보아 유류분반환의 대상으로 삼아야 한다. 그것이 계약인지 단독행위인지가 중요한 것은 아니다. 위와 같이 해석하는 것이 民1114조의 입법목적에 부합한다.

民1114조상 증여의 예로 다음과 같은 것들을 들 수 있다. ① 소유권 등 권리를 무상으로 양도하는 것(공익법인에 대한 기부행위 등도 포함[7]), ② 수증자에게 무상으로 용익물권을 설정해 주는 것, ③ 대가없이 상대방의 채무를 담보하려는 목적에서 상대방의 채권자에게 물적담보를 제공하는 것, ④ 대가없이 상대방의 채무에 관하여 (연대)보증인이 되는 것, ⑤ 채무면제(계약), ⑥ 노무의 무상급부, ⑦ 무상의 법인 설립을 위한 출연행위, ⑧ 사용대차나 무이자 소비대차, ⑨ 상대방과 공유하고 있는 물건에 관하여 공유지분을 대가없이 포기하는 행위,[8] ⑩ 피상속인이 자기재산을 매각하고 그 매매대금은 피상속인이 사망할 때에 제3자에게 직접 지급하도록 약정한 것(실질적으로 매매대금을 증여한 것이다).[9]

부의금이나 조의금 등 소액으로 일상적으로 행하여지는 의례적 증여는 유류분 산정시 가산되지 않는다.[10]

이하에서는 民1114조상 '증여' 해당여부가 문제될 수 있는 구체적 사례들을 살펴본다.

가. 생명보험

상속인을 보험수익자로 지정한 생명보험계약을 체결한 후 보험계약자 겸 피보험자인 피상속인이 사망한 경우, 상속인은 보험수익권을 원시취득한 것이고 피상속인으로부터 보험수익권을 승계취득한 것은 아니다. 그러나 보험계약자와 수익자 사이의 내부관계에서는 보험수익자가 보험료를 지급한 보험계약자로부터 무상의 이익을 얻었다고 평가할 수 있다.[11] 이러한 실질을 고려하여

---

7) 따라서 유류분 제도는 공익적 목적을 위한 재산출연에 장애가 될 수 있다. 고상현(2010) 221 이하.

8) 변동열(2003) 20; 조성필(2017) 86. 반대 김민중(2010) 59(공유지분의 포기에 의하여 다른 공유자에게 그 지분이 귀속하는 효력은 증여와 달리 포기자의 의사가 아니라 民267조 의해 비로소 인정되는 효력에 불과하므로 공유지분의 포기를 증여와 동일시하기는 곤란하다).

9) 윤진수 564; 주석상속(2) 436; 박동섭, 유류분 68.

10) 곽윤직 457; 변동열(2003) 832; 윤진수 564.

상속세 부과국면에서는 보험계약자가 보험금에 상당하는 금액(엄밀히 말하면 지급된 보험금액 × 보험계약자인 피상속인이 부담한 보험료액 / 피상속인의 사망시까지 불입된 보험료의 총액)을 수익자에게 무상출연한 것으로 보아 세금을 부과한다(相贈 令 4조 1항). 이러한 무상출연은 ① 수익자가 보험계약자 겸 피보험자의 상속인 중 1인인 경우 특별수익으로 고려될 수 있고, ② 유류분반환의 대상이 될 수 있으며, ③ 보험계약자의 채권자에 의한 사해행위취소나 부인권 행사 대상이 될 수도 있다.

다만 무엇을 무상출연한 것인지에 대해서는 보험료설,[12] 보험금설,[13] 보험사고 발생 시점(피상속인 사망시) 기준 해약환급금설[14] 등으로 견해가 나뉜다.

---

11) 그러나 홍진희·김판기(2012) 303 이하는 보험계약자가 상속인 이외의 자나 상속인을 보험수익자로 지정한 경우 이를 수익자에 대한 증여나 유증으로 볼 수 없고, 예외적으로 이를 상속인에 대한 특별수익에 준하는 것으로 볼 수 있는 경우 생명보험금이 유류분반환의 대상이 된다고 한다. 이는 생명보험계약자의 의사를 존중하고, 보험금청구권이 상속재산이 아닌 수익자의 고유재산인 점, 생명보험제도의 독자적 존재가치 등을 강조하는 입장이다. 일본 판례가 이와 비슷한 입장을 취하고 있다. 日最判 2002(平 14). 11. 5(民集 56-8, 2069)(자신을 피보험자로 하는 **생명보험계약자가 보험금수취인을 변경하는 행위는 유류분반환대상인 증여나 유증에 해당하지 않고 그에 준하는 것으로도 볼 수 없다**). 日最判 2004(平 16). 10. 29(民集 58-7, 1979)(피상속인이 자신을 보험계약자 겸 피보험자로 하고 공동상속인 중 1인을 보험수익자로 하여 양로보험계약을 체결하였고, 이에 기초하여 보험수익자인 상속인이 사망보험금을 취득한 경우 이는 **특별수익에 해당하지 않고**, 다만 **보험금의 액수, 그 액이 상속재산 총액에서 차지하는 비율, 보험수익자인 상속인과 다른 상속인들의 관계, 각 공동상속인들의 생활실태 등을 고려해, 공동상속인들 사이의 불공평이 특별수익 조정관련 규정의 취지에 비추어 도저히 시인할 수 없을 정도로 심한 경우**, 위 규정을 유추하여 **특별수익에 준하여 취급**할 수 있다). 그러나 유류분반환청구가 가능한 예외가 언제 인정될 수 있는지 불명확하고, 당사자들이 생명보험제도를 악용할 여지를 열어 준다는 점에서 찬성할 수 없다.
한편 김민중(2010) 61~62는 보험계약자가 상속인이나 제3자를 보험수익자로 지정한 경우, 보험금청구권이 수익자인 상속인의 고유재산이므로 유류분과는 무관하고, 다만 피상속인이 자기를 피보험자로 하는 생명보험계약을 체결한 후에 갑자기 보험수익자를 제3자로 변경하는 경우 이를 제3자에게 사망보험금 상당액을 증여하거나 유증하는 취지라면 유류분반환의 대상이 되며, 공동상속인 중 어느 한 사람을 보험수익자로 지정한 때에는 보험금청구권을 특별수익에 준하여 포함시킬 수 있다고 본다.

12) B(수익권)라는 권리의 가격이 A(보험료)인 경우, 피상속인이 A를 대신 지급하고 상속인 또는 제3자가 B를 취득하게 하였다면, 피상속인은 보험수익자에게 A를 무상출연한 것으로 볼 수도 있다. 변동열(2003) 839(보험수익자가 상속인이 아닌 제3자인 경우에는 상속개시 전 1년 간 지급된 보험료만 산입된다); Staudinger Kommentar zum BGB/Wolfgang Olshausen §2325 Rn.38. 프랑스의 경우 보험금이나 보험료는 원칙적으로 유류분반환의 대상이 되지 않고, 특별수익으로도 고려되지 않는다. 그러나 예외적으로 보험료가 보험계약자의 자력에 비해 명백히 과다한 경우 유류분반환의 대상이 되고 특별수익으로도 고려된다(프랑스 보험법 L.132-13조 2항).

13) 사망시까지 납입된 보험료 총액 중 일부만 보험계약자가 납입하였다면, 지급된 보험금 중 그 보험료 납입 비율만큼만 무상출연된 것으로 보아야 할 것이다. 곽윤직 191; 김능환(1998) 30; 박동섭, 유류분 69; 조성필(2017) 88. 오스트리아 판례도 이러한 입장을 따른다. OGH 10.6.1997 4Ob136/97x.

14) 주석상속(2) 436; 박병호 477; 송덕수 446; 정구태(2011) 275 이하; 이경희, 유류분 111~112; 이진만(1997) 374. 스위스 민법은 명문으로 이를 채택하였고(476, 529조), 독일 판례는 과거 보험료 기준설을 취하다 해약환급금 기준설로 변경하였다(BGHZ 185, 252).

이 문제에 관하여 하나의 정답이 있다고 보긴 어렵다. 그러나 상속세 및 증여세법 규정과의 정합성, 제3자에게 직접 재산을 출연하는 경우보다 생명보험을 이용한 재산출연을 더 유리하게 취급할 합리적 근거가 미약한 점을 고려할 때 보험금설이 무난하다고 생각한다. 즉 수익자는 보험계약자와의 관계에서 보험금을 '사인증여'받은 것으로 취급하여[15)16)] 유류분 산정의 기초재산에 가산함이 타당하다.

보험금은 상속개시시에 취득하는 것이므로 생명보험계약이 상속개시 전 1년 간에 체결되었는지 여부와 관계없이 보험금 상당액이 증여재산에 준하여 가산되어야 한다.[17)]

나. 유언대용신탁과 유언신탁

(1) 유언대용신탁

수익자가 될 자로 지정된 자가 위탁자의 사망 시에 수익권을 취득하는 신탁, 또는 수익자가 위탁자의 사망 이후에 신탁재산에 기한 급부를 받는 신탁을 뜻한다(신탁법 59조 1항 1, 2호).

유언대용신탁에서 유류분 산정의 기초가 되는 재산을 어떻게 산정할 것인지에 대해서는 ① 위탁자로부터 수탁자에게 신탁목적물의 소유권이 이전된 것이 民1114조에서 정한 증여에 해당한다고 보는 견해,[18)] ② 수익자에게 수익권의 사인증여가 이루어졌다고 보아 수익권의 가치만큼을 유류분 산정의 기초재산에 가산시키는 견해,[19)] ③ 유언대용신탁의 위탁자는 언제라도 수익자를 변

15) 김능환(1998) 30; 박동섭, 유류분 69.
16) 해약환급금을 사인증여 받은 것으로 구성하는 견해로는 정구태(2011) 290; 이진만(1997) 374; 이경희, 유류분 113.
17) 同旨 정구태(2011) 290(다만 해약환급금설을 취한다). 그러나 상속개시 전 1년간에 행한 증여란 증여계약이 상속개시 전 1년간에 체결된 경우를 뜻한다는 학설이 타당하다는 전제 하에, 보험수익자로 제3자를 상속개시 전 1년 이내에 지정한 경우에만 보험금을 증여재산에 가산해야 한다는 견해로는 조성필(2017) 88~89.
18) 광장신탁법연구회(2013) 267; 이근영(2011) 148~150; 이화연(2017) 497.
19) 임채웅(2009) 141; 최준규(2015) 236 이하(다만 수익자가 존재하지 않거나 이러한 방식이 유류분권자에게 현저히 부당하다는 등 특별한 사정이 있으면 수탁자에 대한 신탁재산 이전청구 방식으로 유류분 반환청구를 할 수 있고, 이 경우 신탁재산의 가치는 신탁재산 이전시기를 불문하고 유류분 산정의 기초재산에 산입되어야 한다고 주장한다); 이계정(2016) 277~282(수익자에 대한 유류분 반환청구가 불가능하거나 위탁자와 수탁자 쌍방이 유류분권리자에게 손해를 가할 것을 알면서 유언대용신탁을 설정한 경우, 수탁자에 대한 유류분반환청구가 가능하고, 전자의 경우 위탁자 사망 1년 내에 신탁재산이 이전된 경우에 한하여 유류분반환청구가 가능하다고 한다. 또한 수탁자에 대한 유류분 반환청구가 허용되더라도 신탁법률관계를 보호하기 위해 가액반환을 인정함이 타당하다고 한다); 엄복현(2018) 176(공익신탁 등으로 수익자가 특정되지 않아 유류분권자가 불리해지더라도 신탁재산을 유류분 산정의 기초재산으로 볼 수는 없다고 한다); 정구태(2018) 661~663.

경하거나 신탁을 종료한 후 신탁재산을 위탁자 명의로 복귀시킬 수 있으므로 신탁재산은 여전히 상속재산으로 남아있다고 보는 견해[20]가 있다.

유류분 반환 상대방 및 반환방법에 관하여, ①견해에 따르면 수탁자에 대하여 원칙적으로 신탁재산의 원물반환을 – 지분이전의 형태로 – 청구할 수 있을 것이고, ②견해에 따르면 수익자에 대하여 수익권의 양도를 청구할 수 있을 것이다. ③견해는 수익자를 상대로 할 수도 있고, 수탁자를 상대로 할 수도 있다는 취지로 보인다.[21] 수익자를 상대로 할 경우 수익자가 아직 신탁원본을 지급받지 않았고 신탁수익만을 지급받고 있는 경우 수익자를 상대로 신탁원본의 반환을 구할 수는 없고, 수익권의 전부 또는 일부의 양도를 구할 수 있다고 한다. 분명하지는 않지만, 수익자에게 수익권 양도형태로 유류분 반환을 청구하는 경우에도, 유류분 산정의 기초재산에 '수익권의 가치'가 아니라 '신탁원본'의 가치를 가산해야 한다는 취지로 보인다.[22]

유류분반환 순서와 관련하여 ①견해에 따르면 증여와 같게 취급할 것이고, ②, ③견해에 따르면 사인증여와 같게 취급할 것으로 보인다. 판례는 유류분 반환순서와 관련하여 사인증여도 유증과 동일하게 취급하므로,[23] ②, ③견해에 따르면 결과적으로 유증과 동순위, 생전증여보다 선순위가 될 것이다.

(2) 유언신탁

신탁자와 수탁자 사이의 계약에 의해서가 아니라 유언에 의해 설정되는 신탁을 뜻한다(신탁법 3조 1항 2호). 유언대용신탁의 경우 신탁재산이 위탁자 생전에 이미 수탁자에게 이전되는 반면, 유언신탁의 경우 신탁재산은 위탁자 사망 후 유언이 집행됨으로써 비로소 수탁자에게 이전된다. 유언신탁의 경우 유류분반환청구의 대상 및 상대방에 대하여, ① 수탁자를 상대로 한 신탁재산 반환이나 수익자를 상대로 한 수익권 반환이 모두 가능하다는 견해,[24] ② 수탁자를 상대로 한 유류분반환청구는 신탁법률관계의 안정성을 고려해 가액반환 방식으로 허용함이 타당하고, 수익자를 상대로 한 수익권 반환도 가능하다는 견

---

20) 정소민(2015) 150~151.

21) 정소민(2017) 230~231.

22) 정소민(2017) 228~230이 ②견해를 비판하는 취지에 비추어, 이 경우에도 신탁원본의 가치를 가산해야 한다는 취지로 추측된다. 그런데 수익자를 유류분반환의무자로 삼아 수익권의 양도를 구하면서, 유류분산정의 기초재산에 '수익권의 가치'가 아니라 '신탁원본의 가치'를 산입하는 것이 균형에 맞는지 의문이다.

23) 대법원 2001. 11. 30. 선고 2001다6947 판결.

24) 최준규(2015) 261~262.

해[25], ③ 수탁자를 상대로 한 반환청구만 가능하다는 견해[26]가 있다.

유류분반환 순서와 관련하여 유언신탁의 경우 유증과 동순위로 취급해야 한다.

다. 상당하지 않은 대가를 받고 한 유상행위

가령 피상속인이 부동산을 시가보다 싸게 판 경우, 매수인은 싸게 산만큼 증여를 받았다고 보아 유류분반환의무를 부담하는가? 해당 거래가 무상처분에 해당하는지는 제3자의 객관적 관점이 아니라, 거래당사자의 주관적 관점을 기준으로 판단함이 원칙이다. 따라서 시가보다 싸게 팔았다고 그 차액만큼을 매수인에게 증여했다고 단정할 수는 없다.

그러나 그 차액이 사회통념상 일정 한도를 넘는 경우라면 그 차액에 대하여 증여가 이루어졌다고 볼 수 있다.[27] 학설 중에는 2018년 개정전 일본민법 1039조를 참조하여 상당하지 않은 대가로 이루어진 유상행위로서 당사자 쌍방이 유류분권리자에게 손해를 가할 것을 알고 한 경우 그 실질적 증여액을 산입할 수 있고, 이 경우 기간제한을 받지 않고 증여재산으로 가산될 수 있다는 견해가 있다.[28] 당사자 쌍방이 유류분권리자에게 손해를 가할 것을 알고 한 경우라면 民1114조 2문이 적용될 수 있을 것이다. 그러나 그러한 경우가 아니더라도 시가와 거래가격의 차이가 일정 수준을 넘어서는 경우로서 상속개시 전 1년간 이루어진 거래에 대해서는 民1114조 1문을 적용하여 그 차액을 증여한 것으로 취급할 수 있다.[29]

라. 유족급여

공무원연금법상 유족급여는 공무원의 사망에 대하여 적절한 급여를 실시함으로써 공무원에 대한 사회보장제도를 확립하고 유족의 경제적 생활안정과 복리향상에 기여함을 목적으로 하여 지급되는 것이므로, 유족급여를 지급하는

25) 이계정(2016) 286~287; 정소민(2017) 223.
26) 엄복현(2018) 178; 이화연(2017) 503~504.
27) 변동열(2003) 850은 "대가의 불상당성이라는 객관적 징표에 의하여 무상의 합의가 사실상 추정될 여지가 있다"고 한다.
28) 주석상속(2) 437; 박병호 477; 이경희, 유류분 113; 박동섭, 유류분 69. 2018년 개정전 일본민법 1039조는 이 경우 반환방법에 관하여, 유상행위 전체를 감쇄의 대상으로 하고 그 대신 유류분권자가 대가를 반환하도록 규정하고 있다. 이러한 규정이 없는 우리법에서는 유류분권자가 대가를 지급하는 방식의 유류분 반환은 원칙적으로 허용될 수 없다. 가액반환이 간명할 것이다. 한편, 2018년 개정된 일본민법 1045조 2항은 상당하지 않은 대가로 이루어진 유상행위는 당사자쌍방이 유류분권자에 손해를 가한다는 점을 알았던 경우에 한해 그 대가를 부담의 가액으로 하는 부담부 증여로 본다고 규정하고 있다.
29) 윤진수 564~565; 이진만(1997) 375 참조.

제도와 공무원의 사망으로 공무원의 상속인이 재산을 상속하는 제도는 헌법적 기초나 제도적 취지를 달리한다. 또한 수급권자인 유족은 상속인으로서가 아니라 공무원연금법 규정에 의하여 직접 자기 고유의 권리로서 취득하는 것이므로 각 급여의 수급권은 상속재산에 속하지 않는다.[30] 수급권자가 공무원연금법이나 산업재해보상보험법상 유족급여액만큼을 망인으로부터 유증 또는 증여받았다고 구성하여 유류분반환의 대상으로 삼기는 어려울 것이다.[31] 다른 법령상 유족급여도 크게 다르지 않을 것이다.

마. 사망퇴직금

사망퇴직금은 근로계약의 존속 중에 근로자가 사망함에 따라 지급되는 퇴직금을 뜻한다. 유족에게 지급되는 사망퇴직금은 법령이나 취업규칙, 사기업의 내부규정에 의하여 유족에게 지급되는 것이고, 피상속인의 의사와는 관계가 없으므로, 특별수익과는 다르며 따라서 유류분반환청구의 대상이 되지 않는다는 견해가 있다.[32] 한편 상속인이 수급자로 정해져 있는 경우 이를 상속재산으로 보아야 한다는 견해가 있다.[33]

바. 부담부 증여

증여목적물의 가액에서 부담의 가액을 공제한 차액 상당을 증여받은 것으로 봄이 간명하다.[34] 2018년 개정된 일본민법 1045조 1항은 이를 명문으로 규정하고 있다. 따라서 유류분 산정의 기초재산에 가산할 증여가액은 위 차액상당이 될 것이다.[35][36] 증여가액을 이와 같이 차액으로 보면, 유류분반환의무자

---

30) 대법원 2000. 9. 26. 선고 98다50340 판결; 서울고등법원 2012. 10. 24. 선고 2012나3168, 3175 판결.

31) 박동섭, 유류분 70; 김능환(1998) 30; 이진만(1997) 376; 변동렬(2003) 840.

32) 김민중(2010) 62~63; 조성필(2017) 89; 이진만(1997) 376(사망퇴직금이 특별히 사후임금의 성질을 갖지 않는 한 유족급여과 같이 보아야 한다고 주장한다). 일본 판례도 사망퇴직금은 그 수급권자의 범위, 순위가 민법상 상속인과 같지 않다는 점 등을 들어 수급권은 수급권자의 고유재산이고, 망인이 수급권을 유증한 것으로 볼 수 없다고 한다. 日最判 1980(昭 55). 11. 27(民集 34-6, 815); 日最判 1983(昭 58). 10. 14(民集 140, 115).

33) 김능환(1998) 32; 박동섭, 유류분 70.

34) 김능환(1998) 33; 변동열(2003) 848~849(부담의 수익자가 피상속인이라면 피상속인이 수증자에 대하여 가지는 권리는 상속재산에 포함되므로 이를 공제한 나머지만 가산하면 되지만, 부담의 종기가 피상속인 사망시까지로 되어 있다면 부담으로 인한 수익이 상속재산에 포함될 여지가 없으므로 전액을 가산해야 한다고 본다. 또한 부담의 수익자가 제3자인 경우에는 부담부분은 제3자에 대한 증여로 취급하면 되므로 잔액만 가산하면 된다); 주석상속(2) 432; 이경희, 유류분 193.

35) 다만, 부담부 증여에서 그 부담이 피상속인의 채무를 인수하는 내용의 것인 경우 그 채무는 따로 공제되어야 할 것이므로 증여 가액 전액을 가산해야 할 것이다. 김능환(1998) 33. 이 경우 수증자가 증여목적물 가액에서 부담의 가액을 공제한 차액 상당을 증여받았다고 단정하기 어렵다. 상속채권자로서는 다른 상속인들에게 상속채권을 행사하여 변제를 받을 수 있기 때문이다.

가 반환할 가액은 이 차액의 한도 내에서 정해진다.

참고로 부담부 유증의 경우 유증전체의 가액을 유류분반환의 대상으로 삼되, 유류분으로 반환하는 비율만큼 부담도 감액하는 방식이 원칙이라고 사료된다.[37] 즉 부담부 유증의 경우 民1088조 2항이 유추되어 유류분반환에 의해 부담부 유증의 목적의 가액이 감소된 때에는 수유자는 그 감소된 한도에서 부담할 의무를 면한다고 보아야 한다. 민법 제정 당시 유류분제도가 없었기 때문에 民1088조 2항에서도 유류분반환청구가 있는 경우에 관하여 규정할 필요가 없었지만, 1977년부터 유류분제도가 시행되었으므로 그에 따라 民1088조 2항도 개정되어야 했다(일본민법 1003조 참조). 그러나 입법자는 이를 간과한 것으로 보인다.[38]

부담부 유증에서 부담이 상속채무인 경우, 民1088조 2항에 따라 부담이 축소됨으로 인해 상속채무가 부활하는 상황이 생길 수 있다. 이 경우 유류분권자의 유류분부족액은 그만큼 늘어난다. 이 부분은 해당 부담부 유증이나 다른 유증에 대한 유류분반환청구로 회복되어야 하고, 생전증여자에게 해당 부족분의 유류분을 청구할 수는 없다(民1116조).[39]

부담부 증여의 경우 부담을 공제한 순증여액만 유류분반환 대상으로 삼는 반면, 부담부 유증의 경우 전체 유증가액이 유류분반환 대상이 되고 그에 비례해 부담도 감액된다면, 부담부 증여와 부담부 유증의 최종계산결과가 달라질

---

36) 이에 대하여 부담부분은 상속개시시의 적극재산으로든(수익자가 피상속인인 경우) 또는 증여재산으로든(수익자가 상속인이거나 제3자인 경우) 유류분 산정의 기초재산에 산입되므로 부담을 고려하지 않고 증여가액 전액을 산입하면 된다는 반론으로는 이경희, 유류분 120; 정구태(2013) 296; 이진만(1997) 377. 유류분 산정의 기초재산은 어느 견해에 따르더라도 계산결과가 같다. 그러나 수증자가 무상으로 받은 것을 위 차액상당으로 볼 것인지, 증여목적물 가액 전체로 볼 것인지에 따라 유류분반환 범위 등은 달라질 수 있다.

37) 부담부 유증의 경우에도 **유증가액에서 부담을 제외한 부분만** 수유자에게 무상처분이 이루어졌다고 보고, 제3의 수익자도 그 부담의 가액만큼 무상의 이익을 얻었다고 보아 수유자에 준하게 취급함으로써, **수유자 및 수익자**에 대한 유류분반환청구가 가능한가? 논란의 여지가 있는 문제이다. 수익자는 수유자에 대한 권리를 원시취득한 것이지 피상속인으로부터 수익권을 승계취득한 것이 아니므로, 수익자는 유류분반환의무를 부담하지 않는다고 볼 가능성이 크다. 그러나 법'형식'보다 '실질'을 중시하여 수익자를 유류분반환의무자로 포함시킬 여지도 있다(부담부 수유자, 수익자 모두에게 유류분반환 청구를 할 경우, – 民1088조 2항을 근거로 – 부담부 수유자에게 인정된 유류분반환의무 범위를 고려해 그의 부담을 감축시키는 것은, **수익자에게 이중의 불이익을 주는 것**으로서 타당하지 않다고 사료된다). 또한 수익자 자신이 유류분권자인 경우 수익자의 유류분부족액 산정 시, 수유자의 부담부 유증의무 이행을 통해 수익자가 취득한 이익은 유증에 준하여 공제하는 것이 타당하다고 생각한다. 이에 관한 시론적 문제제기로 常岡史子, "共同相続人間の遺留分減殺請求と負担付遺贈に関する問題", 家事事件の理論と実務(2016), 51~55 참조.

38) 윤진수 547~548.

39) 日新注民28/高木多喜男 507.

수 있다.[40] 전자의 경우 부담의 수익자가 별도로 유류분반환청구 대상이 될 수 있다. 그러나 후자의 경우 기본적으로 수유자가 유류분반환의무를 부담한다.

이러한 결론의 차이가 생기는 것을 막기 위해서는, 부담부 유증과 부담부 증여의 계산방식을 동일하게 해야 한다. 그 방안으로는 두 가지를 생각해 볼 수 있다.

① 부담부 증여의 경우에도 증여목적물 전체를 유류분반환 대상으로 삼되 (우리민법은 2018년 개정된 일본민법 1045조 1항과 같은 규정이 없다) 부담액도 民1088조 2항을 유추하여 비례적으로 감소시키는 방법이 있다.

② 부담부 유증의 경우에도 유증전체의 가액에서 부담의 가액을 공제한 차액 상당을 유증받은 것으로 보고 民1088조 2항도 적용하며, 부담부 증여의 경우에도 마찬가지로 차액만 증여받은 것으로 보고 民1088조 2항을 유추적용하는 방법이 있다.

그러나 부담부 수증자가 이미 부담을 이행한 경우에는 위 두 방식을 선택하기 부적절하다.[41] 이 경우 증여목적물의 가액에서 부담의 가액을 공제한 차액 상당을 증여받은 것으로 처리함이 간명하고, 부담부 증여와 부담부 유증에 있어 계산결과가 달라지는 것은 부득이하다.[42] 보다 근본적으로는, 부담부 증여와 부담부 유증의 각 계산결과가 달라진다고 해서 불합리하다고 단정할 수 있는지 의문이다.

사. 증여에 포함되기 어려운 사안

① 상대방에 대한 채권을 행사하지 않아 소멸시효가 완성되도록 해 주는 것, ② 소멸시효가 완성된 채무의 이행은 모두 증여가 아니다.[43] 상대방에 대하여 행사할 수 있는 법적 권리를 행사하지 않아 결과적으로 상대방이 재산상 유리한 위치에 놓이게 되었더라도 이는 증여에 포함되지 않는다. 즉 장래의 재산상 이익취득을 단념하는 것은 증여가 아니다.[44] 가령 상대방의 청약에 대하여 승낙을 하지 않는 것, 상대방과 체결한 무효인 계약을 추인하지 않는 것, 상대방과의 법률행위에 관하여 취소권을 행사하지 않는 것 등은 증여에 해당하지 않는다. 비슷한 맥락에서 상속포기나 유류분권 포기로 상대방이 재산상 이

---

40) 구체적 계산은 日新注民28/高木多喜男 506.
41) 日新注民28/高木多喜男 507.
42) 常岡史子(주 36) 49도 참조.
43) Staudinger/Wolfgang Olshausen §2325 Rn.45.
44) Staudinger/Wolfgang Olshausen §2325 Rn.47.

익을 얻더라도 이는 증여에 해당하지 않는다.[45)]

3. 증여가액의 산정 방법

가. 가액평가 기준시점

증여재산의 가액은 상속개시시를 기준으로 평가한다.[46)]

(1) 상속개시 전 증여 목적물이 처분 · 수용된 경우

판례[47)]와 다수설[48)]은 상속개시시 목적물 가액을 기준으로 유류분을 산정한다. 이에 따르면 처분 이후 상속개시 시점까지 목적물 가액 변동에 따른 위험은 수증자가 부담한다. 수증자가 공동상속인인 경우 民1118조가 民1008조를 준용하는 결과 수증자는 증여시기와 관계없이 유류분반환의무를 부담하므로, 수십년 전에 증여받아 이미 처분한 부동산의 상속개시 시점 가액이 처분시보다 현저히 상승한 경우에도 상승한 가액을 기준으로 유류분반환의무를 부담한다. 헌법재판소 2010. 4. 29. 선고 2007헌바144 결정은 "증여받은 목적물이 처분되거나 수용된 경우 수증자는 그 처분이나 수용으로 인하여 얻은 금원 등의 이용기회를 누리는 점, 수증자가 증여받은 재산의 가액이 상속개시 시에 이르러 처분 당시나 수용 시보다 낮게 될 가능성도 배제할 수 없는 점"을 들어 수증재산이 피상속인 사망 전에 처분되거나 수용되었는지를 묻지 않고 모두 상속개시시를 기준으로 그 가액을 평가하는 것이 현저히 자의적이어서 기본권제한의 한계를 벗어난 것이라고 할 수 없다는 입장이다.

그러나 유류분반환의무자를 부당하게 불리하게 취급하거나 유류분반환권리자에게 필요이상의 이득을 주는 것을 막기 위해서는 처분시 객관적 가액에 상속개시시까지의 물가상승률을 고려한 금액을 기준으로 유류분반환 가액을 산정함이 타당하다.[49)] 다만 유류분침해액 산정 시 구체적 상속분을 반영할 필

---

45) 윤진수 564; Staudinger/Wolfgang Olshausen §2325 Rn.49.

46) 곽윤직 459; 이경희, 유류분 123; 김능환(1998) 34; 변동열(2003) 843. 대법원 1996. 2. 9. 선고 95다17885 판결; 대법원 1995. 6. 30. 선고 93다11715 판결; 대법원 2011. 4. 28. 선고 2010다29409 판결(나대지로 증여받은 후 수증자가 그 지상에 건물을 축조한 경우 나대지임을 상정하여 상속개시 당시 가액을 산정한다) 등.

47) 대법원 2011. 4. 28. 선고 2010다29409 판결 등

48) 이진만(1997) 378; 정구태(2013) 299~302; 김능환(1998) 35, 57; 변동열(2003) 841~843, 867; 이희영(1997) 389; 이경희, 유류분 123.

49) 최준규(2016) 382~384. 비슷한 취지로는 内田貴, 民法Ⅳ, (2004), 516; 松原正明 444~445; 日東京地判 1988(昭63). 2. 29. 金商 802.15. 이은정(2011) 17은 처분시를 기준으로 하면서, 수증재산을 처분하여 얻은 가액으로 새로운 재산을 취득한 경우 그 취득재산의 가액을 상속개시시에 평가하는 것이 타당하다고 한다. 그러나 처분시 객관적 가액을 수증자의 수증액으로 '고정'하여 이를 기초로 가액반환을 명하는 것이 타당하다고 사료된다.

요가 있을 수 있는데, 구체적 상속분 산정 시 특별수익의 가액은 통설,[50] 판례[51]에 따라 해당 특별수익의 상속개시 전 처분, 수용 등의 구체적 사정을 불문하고 – 다만 불가항력 등을 이유로 한 멸실 등의 경우를 제외하고는 – 상속개시시를 기준으로 함이 타당하다.[52]

(2) 상속개시 전 목적물이 멸실된 경우

학설은 대체로 목적물이 수증자의 귀책사유로 멸실, 훼손된 경우에는 증여 당시에도 그대로 현존하는 것으로 보고 가액을 산정해야 하나, 천재지변 기타 불가항력에 의한 멸실, 훼손의 경우에는 유류분 산정에서 제외하는 것이 타당하다고 한다.[53] 한편 수증물이 자연히 후폐(朽廢)된 경우에는 수증당시대로 상속개시 시에 있는 것으로 평가해야 한다고 본다.[54] 상속개시 시점의 수증재산의 가치가 수증자의 행위로 인해 종전보다 상승하거나 감소한 경우, 이는 유류분 산정시 고려하지 않는 것이 타당하다. 유류분권자의 행위로 인한 수증재산의 가치상승이나 감소 위험은 유류분반환의무자에게 귀속되어야 한다.[55] 통설에 찬성한다.

멸실, 훼손으로 인해 보험금이나 손해배상채권 등을 취득하였고 그에 따라 보상을 받았다면 그 보상가액에 상속개시 시까지의 물가상승률을 반영하여 유류분침해액을 산정할 수 있음은 물론이다.[56]

(3) 수증자의 행위로 인해 수증재산의 가치변동이 있는 경우

증여 이후 수증자나 수증자에게서 증여재산을 양수한 사람이 자기 비용으로 증여재산의 성상 등을 변경하여 상속개시 당시 가액이 증가되어 있는 경우, 변경된 성상 등을 기준으로 상속개시 당시의 가액을 산정하면 유류분권리자에

50) 김주수 · 김상용 702; 윤진수 400. 反對 곽윤직 108(상속개시시 설은 법적 근거가 전혀 없다고 비판하면서 증여목적물의 소유권은 그 증여가 이행된 때에 수증자에게 귀속되므로 이행기를 기준으로 평가하고 상속개시시까지의 화폐가치 변동을 고려하자고 주장한다); 이은정(1998) 145 및 황정규(2003) 57은 목적물이 수용, 처분된 경우 해당 시점의 객관적 가액에 상속개시 시점까지의 화폐가치 변동율을 감안하여 특별수익을 산정하자고 주장한다.

51) 대법원 1996. 2. 9. 선고 95다17885 판결; 대법원 1997. 3. 21.자 96스62 결정.

52) 최준규(2016) 380~382(상속 후 상속재산을 잃어버린 상속인이 다시 상속재산을 나누자고 주장할 수 없듯이, 상속분의 선급인 특별수익을 잃어버렸다고 해서 이를 고려하여 상속재산을 나누자고 주장할 수 없는 것이 원칙이다).

53) 김능환(1998) 35; 변동열(2003) 842~843(증여 목적물이 상속개시 전 소멸되는지 여부와 무관하게 수증자는 가액반환의무를 지는 것이 원칙이라는 전제 하에, 다만 불가항력에 의한 멸실의 경우 그 증여재산이 피상속인 수중에 있었다 하더라도 멸실될 가능성이 높았을 것이라는 점과 수증자에게 지나친 부담을 지운다는 점을 고려하여 신의칙에 기초해 반환청구를 부정할 수 있다고 한다); 이경희, 유류분 123; 정구태(2013) 300~302.

54) 이경희, 유류분 123.

55) 이은정(2011) 20은 수증자 고유의 능력으로 인해 발생한 이득과 손실은 수증자에게 귀속되는 것이 공평하다고 한다.

56) 변동열(2013) 842~843; 이경희, 유류분 123; 정구태(2016) 57.

게 부당한 이익을 주게 되므로, 이러한 경우에는 그와 같은 변경을 고려하지 않고 증여 당시의 성상 등을 기준으로 상속개시 당시의 가액을 산정하여야 한다.[57] 따라서 피상속인으로부터 주식을 생전 증여 받아 경영권을 이전받음으로써 회사를 운영해 오던 상속인 중 1인이 그의 능력으로 회사가치를 상승시켜 상속개시 시 주식가치가 상승하였다면, 수증자 개인의 능력으로 주식가치가 상승한 부분은 감액하여 유류분을 산정해야 한다.

반대로 수증자의 행위로 인해 수증재산의 가치가 감소된 경우에는 감소분을 고려하지 않고 유류분을 산정해야 한다. 수증자가 경영을 잘못하여 수증받은 주식의 가치가 0이 되었더라도, 수증자 개인 능력으로 인한 주식가치 감소분은 반영하지 않은 상속개시시 주식가액이 기준이 되어야 한다.

나. 가액평가 방법

(1) 수증재산이 금전인 경우

증여시 금전가액을 상속개시시의 화폐가치로 환산한 가격으로 평가한다.[58] 공동상속인에 대한 증여의 경우 증여시점과 상속개시시점 사이에 오랜 시간이 경과하였을 수 있으므로, 이와 같이 보는 것이 공평한 측면이 있다. 증여받은 금전으로 투자를 하여 상속개시 시에 증여액을 초과하는 수익을 올렸더라도 그 수익을 유류분산정의 기초재산에 산입하지는 않는다.[59]

(2) 물적부담이 있는 부동산의 증여

근저당권이 설정되어 있는 부동산을 증여한 경우, 그 피담보 채무액을 공제한 나머지를 증여한 것으로 보고 증여액을 결정해야 한다.[60] 다만 피담보채무가 상속채무로 이미 공제된 경우에는 별도로 공제할 필요가 없다.[61] 부동산

---

57) 대법원 2015. 11. 12. 선고 2010다104768 판결.

58) 대법원 2009. 7. 23. 선고 2006다28126 판결. 반대 ① 변동열(2003) 846~847 및 지원림, 민법강의15판(2017), 2115(증여 당시의 액면가를 산입한다); ② 김능환(1998) 34~35(실제 증여액에 증여일로부터 상속개시일까지의 시중 금리 상당액을 더한 금원을 상속 개시 당시의 평가액으로 보아야 한다); ③ 이경희, 유류분 124(금전이 소비되었으면 증여 당시의 액으로, 다른 재산 취득에 사용되어 그 재산이 남아 있으면 그 재산의 상속개시 당시 가액이 산입되어야 한다).

59) 수증자가 증여재산인 금전을 이용하여 대위물을 취득한 경우 그 대위물의 상속개시시 가액을 가산해야 한다는 견해도 있다. 이경희, 유류분 124; 이은정(2011) 17~18. 그러나 이를 부정하는 견해로는 변동열(2003) 847; 김형석(2007) 180~183; 정구태(2010b) 162. 참고로 프랑스민법 922조 2항은 대위물이 있는 경우 그 새로운 재산을 취득당시의 상태에 따라 상속개시시의 가액으로 계산하여 산입한다. 다만 대위물로 취득한 새로운 재산의 가치하락이 그 성질상 불가피한 경우에는, 양도시 증여재산 가액을 산입한다. 이봉민(2009) 67~69. 대위물(대상물)의 반환문제에 관해서는 1115조 주해 Ⅵ. 5. 아. 참조.

60) 변동열(2003) 851.

61) 정구태(2013) 294; 松原正明 354.

소유자가 피담보채무의 채무자가 아니어서 구상권을 취득할 것이 예정되어 있는 경우 구상권의 실질 가치만큼은 가산되어야 한다.

피상속인 부동산을 증여하면서 자신을 지상권자로 설정한 경우(피상속인의 생존시까지 존속하는 것을 조건으로 설정된 지상권으로서 피상속인이 사망하면, 수증자는 지상권의 부담이 없는 소유권자가 된다)는 어떠한가? 이 경우 피상속인이 수증자에게 부담이 없는 소유권을 사인증여한 것과 비슷하므로 소유권이전등기를 마쳤더라도 증여가 완료된 것이 아니며, 피상속인 사망시 완전한 소유권에 대한 증여가 이루어진 것으로 보아 이를 유류분반환의 대상으로 삼는 것이 바람직하다는 생각을 해 볼 수 있다. 그러나 이전등기 시점에서 수증자는 이미 일정 가치(부동산의 전체 가치에서 일정기간 동안의 사용수익 가치를 공제한 금액, 즉 처분가치 +제한된 사용가치)를 무상으로 얻었다. 따라서 이전등기 이후 1년이 지나 피상속인이 사망하였다면 위 증여분에 대해서는 원칙적으로 증여재산으로 가산할 수 없다고 사료된다. 다만 '공동상속인'에 대한 생전증여의 경우라면 결과적으로 부동산 전체가치를 증여(정확히 표현하면 전체가치 중 일부는 증여, 나머지는 사인증여)받았다고 보아 이를 가산해야 할 것이다. 제3자에 대한 생전증여가 이루어진 후 1년이 지나지 않아 증여자인 피상속인이 사망한 경우도 마찬가지로 부동산 전체가치를 가산해야 한다.

(3) 채권

채권액면가를 기준으로 하지 않고, 채무자의 자력, 인적·물적 담보 유무 등을 고려해 그 실질 가치를 산입한다.

(4) 조건부 권리, 존속기간이 불확정한 권리

가정법원이 선임한 감정인의 평가에 의하여 그 가격을 정한다(民1113조 2항).

(5) 증여물에 대한 과실이나 이자의 가산 여부

증여물에 대하여 증여시점부터 상속개시시까지 발생한 과실이나 이자도 증여재산으로 보아 가산해야 하는가?

수증재산이 금전인 경우 증여시 금전가액을 상속개시시 화폐가치로 환산하는 것 이외에 추가로 이자까지 가산할 이유는 없다.

수증재산이 금전 이외의 물건인 경우에도 상속개시시점의 물건가액을 가산하는 것으로 충분하고, 그 원물로부터 발생한 과실까지 증여재산으로 보아 가산할 것은 아니라고 생각한다.[62] 즉 교환가치 이외에 추가로 사용가치를 가

62) 이환승(2010) 328.

산할 것은 아니다.[63] 상속개시 시점 이후 과실이나 이자의 반환문제에 관해서는 民1115조 주석 부분에서 살펴본다.

(6) 집합물

개개의 동산, 부동산, 그밖의 권리가 결합하여 1개의 영업이나 설비를 이루고 있는 경우 이는 일체로 평가해야 한다.[64]

Ⅲ. 당사자 쌍방이 유류분권리자에 손해를 가할 것을 알고 한 증여

당사자 쌍방이 유류분권리자에게 손해를 가할 것을 알고 한 증여의 경우 상속개시 시점으로부터 1년 전에 한 것도 산입한다. 손해를 가한다는 객관적 인식이 있으면 족하고 유류분권리자를 해(害)할 목적이나 의사가 필요한 것은 아니다. 그 증명책임은 유류분반환청구권을 행사하는 자에게 있다.

대법원 2012. 5. 24. 선고 2010다50809 판결은, "증여 당시 법정상속분의 2분의 1을 유류분으로 갖는 직계비속들이 공동상속인으로서 유류분권리자가 되리라고 예상할 수 있는 경우에, 제3자에 대한 증여가 유류분권리자에게 손해를 가할 것을 알고 행해진 것이라고 보기 위해서는, 당사자 쌍방이 증여 당시 증여재산의 가액이 증여하고 남은 재산의 가액을 초과한다는 점을 알았던 사정뿐만 아니라, 장래 상속개시일에 이르기까지 피상속인의 재산이 증가하지 않으리라는 점까지 예견하고 증여를 행한 사정이 인정되어야 하고, 이러한 당사자 쌍방의 가해의 인식은 증여 당시를 기준으로 판단하여야 한다."고 보았다. 증여당시 증여자가 고령이고 증여 이후 증여자의 재산이 증가할 가능성이 희박하다면, 증여자와 수증자 모두에게 손해를 가한다는 인식이 있었다고 볼 여지가 크다. 이에 반해 증여시점 이후 오랜 시간이 경과해서야 피상속인이 사망하였다면, 당사자 쌍방에게 손해를 가한다는 인식이 인정되기는 쉽지 않을 것이다. 증여시점 이후 증여자 재산의 증가 가능성을 판단하기 위해서는 증여시점, 증여자의 연령, 건강상태, 직업 등을 고려해야 할 것이다.

---

63) 정구태(2013) 294~295("상속 부동산에 대한 임대수익의 경우, 임대료 수익은 그 부동산의 상속 당시 시가인 교환가격에 포함되어 있으므로 별도의 상속재산이라고 할 수 없다").

64) 이진만(1997) 377; 정구태(2013) 294.

Ⅳ. 공동상속인에 대한 증여

1. 상속개시 전 1년 이내의 증여만 산입되는지 여부

民1114조에도 불구하고 공동상속인에 대한 증여는 그것이 특별수익에 해당한다면 民1118조가 특별수익에 관한 民1008조를 준용하고 있으므로, 증여시기를 불문하고, 당사자 쌍방이 손해를 가할 것을 알고서 하였는지 여부에 관계없이 유류분산정의 기초재산에 산입한다는 것이 판례,[65] 통설[66]이다. 헌법재판소 2010. 4. 29. 선고 2007헌바144 결정도 이와 같이 본다고 해서 공동상속인인 수증자의 재산권과 평등권을 침해하는 것이 아니라고 하였다.

이에 대하여 民1114조는 民1008조에 대한 특별규정이므로, 상속개시 전 1년 전의 것은 손해를 가할 것을 안 때에만 유류분산정의 기초재산에 산입해야 한다는 견해가 있다.[67] 이 견해는 民1114조는 '유류분 산정의 기초가 되는 재산'에 대하여 규정한 것이고, 民1118조에 의한 民1008조의 준용은 유류분권리자의 '유류분 부족액'을 산정함에 있어 그가 받은 특별수익을 공제해야 한다는 의미일 뿐이라고 한다.

民1008조는 증여액을 (기간제한 없이) 가산하여 도출된 상정(想定)상속분에서 증여액을 (기간제한 없이) 공제하여 구체적 상속분을 산정하라는 취지이다. 民1008조가 民1118조를 통해 준용된다면, 증여액을 (기간제한 없이) 가산하여 도출된 유류분산정의 기초재산에서 증여액을 (기간제한 없이) 공제하여 유류분 침해액을 산정한다고 해석함이 자연스럽다. 民1118조 입법시 참조가 된 2018년 개정전 일본민법 1014조에 관해서도 준용의 취지가 위와 같다는 점에 관하여 입법자의 의사가 분명하고, 현재 일본의 통설도 그와 같이 새기고 있다.[68] 다만, 유류분침해액을 위와 같이 계산하더라도, 그것이 가산되는 증여가 반드시 유류분반환의 대상이 되어야 한다는 결론으로 연결될 논리필연적 이유는 없다(유류

65) 대법원 1995. 6. 30. 선고 93다11715 판결; 대법원 1996. 2. 9. 선고 95다17885 판결 등.

66) 곽윤직 286; 이경희, 유류분 110; 주석상속(2) 435; 정구태(2010a) 467 이하.

67) 윤진수 566(다만 民1118조에 의해 民1008조가 준용되므로, 유류분부족액을 산정함에 있어 공제해야 할 당해 유류분권리자의 수증액은 증여의 시기에 관계없이 고려되어야 하고, 이는 유류분반환의무자인 수증자가 공동상속인이건 아니건 묻지 않고 적용되어야 한다고 해석한다). 헌법재판소 2010. 4. 29. 선고 2007헌바144 결정의 소수의견도 비슷한 취지이다. 우병창(1996) 595도 대법원 판례에 비판적 입장이다. 이은영(2004) 206도 — 그 취지가 명확하지는 않지만 — 民1008조에서 말하는 특별수익 중 증여는 그것이 民1114조 요건에 해당하는 때에만 유류분산정의 기초재산에 포함된다고 하여 판례, 통설에 비판적이다.

68) 최준규(2016) 373~375.

분산정의 기초재산에 가산되는 증여와 유류분반환대상인 증여의 구별. 民1118조가 준용하는 民1008조는 공동상속인들의 상속분을 조정하는 조항일 뿐, 생전 증여를 받은 공동상속인의 반환범위에 관한 규정이 아니다).[69] 그러나 특별수익을 상속재산에 가산하여 이를 기초로 유류분부족액을 계산한다면, 이를 유류분 반환대상에도 포함시키는 것이 더 자연스러운 결론임은 부정할 수 없다.[70] 입법론으로는 공동상속인에 대한 증여도 제3자에 대한 증여와 마찬가지로 기간제한을 두고 유류분반환 대상에 포함시키는 것이 바람직하지만, 해석론으로는 판례와 통설이 타당하다고 생각한다.[71] 현행법 해석론에 따를 경우, 아주 오래 전에 증여받은 목적물이라 하더라도 유류분반환의무자는 원칙적으로 이를 반환해야 한다. 이에 따라 공동상속인인 수증자의 신뢰보호가 문제될 수 있다.[72]

2. 생전 증여를 받은 공동상속인 중 1인이 상속을 포기하거나 상속결격자가 된 경우

이 경우 문리대로만 해석하면 상속포기자나 상속결격자는 더 이상 상속인이 아니므로 이들에 대한 유류분반환청구시 民1008조가 준용될 여지가 없게 된다. 그러나 이러한 결론은 공평하지 않고 준용조항의 취지에도 반하므로, 상속을 포기하거나 상속결격자가 된 공동상속인이 받은 생전증여도 그 시기를 불문하고 가상의 상속재산에 포함시켜야 한다.[73] 다만 상속결격이 된 이후 받은 생전증여는 제3자에 대한 생전증여와 마찬가지로 취급해야 한다. 아래 8.항목 참조.

3. 단독상속의 경우

생전증여를 받은 단독상속인이 유류분반환청구권을 행사하는 경우, 문리

---

69) 일본의 통설과 판례도 우리와 같지만, 최근 일본학설 중에는 위와 같은 주장이 유력하게 제기되고 있다. 松原正明 323~331. 岡垣学, "いわゆる特別収益と遺留分の関係", 家事事件の研究(1)(1970), 355도 같은 취지이다.

70) 변동열(2003) 876~877.

71) 최준규(2016) 372~380. 참고로 일본은 2018년 상속법 개정을 통해 공동상속인에 대한 증여는 상속개시 전 10년 전에 이루어진 것까지 유류분 반환대상에 포함시키고 있다(일본민법 제1044조 제3항).

72) 참고로 일본최고재판소 판례는 증여가 상속개시 시점부터 상당기간 이전에 이루어져 그 후 시간의 경과에 따른 사회경제사정이나 상속인 등 관계자들의 개인적 사정변화를 고려하여, 유류분반환청구를 인정하는 것이 수증자인 상속인에게 가혹한 특단의 사정이 있는 경우, 해당 증여는 유류분반환대상이 되지 않는다고 한다. 日最判 1998(平 10). 3. 24(民集 52－2, 433).

73) 변동열(2003) 837~838.

대로만 해석하면 民1008조가 준용될 여지가 없다. 그러나 이 경우에도 공동상속의 경우와 마찬가지로 유류분침해액을 계산하는 것이 공평하다.[74] 즉 단독상속인의 유류분침해액을 고려함에 있어 그가 받은 증여액을 (기간제한 없이) 가산하여 도출된 유류분산정의 기초재산에서 그 증여액을 (기간제한 없이) 공제하여 유류분침해액을 산정해야 한다.

4. 가산되는 증여의 의미

피상속인의 상속인에 대한 생전 증여가 특별수익이 되려면 무상성 이외에 상속분의 선급이라는 요건을 갖추어야 한다.[75] 기간제한 없이 유류분 산정의 기초재산으로 산입되려면 무상성 요건만 갖추면 되는가? 아니면 상속분의 선급이라는 요건까지 갖추어야 하는가? 民1008조를 '준용'하고 있는 점을 고려할 때, 후자와 같이 봄이 타당하다.[76]

따라서 상속분의 선급이라 볼 수 없는 무상출연의 경우, 상속개시 전 1년의 것 또는 당사자 쌍방이 유류분권자를 해하는 것을 알고 한 증여의 경우에만 유류분산정의 기초재산에 산입되고, 유류분반환 대상이 된다.

생전 증여를 받은 상속인이 배우자로서 일생 동안 피상속인의 반려가 되어 그와 함께 가정공동체를 형성하고 이를 토대로 서로 헌신하며 가족의 경제적 기반인 재산을 획득·유지하고 자녀들에게 양육과 지원을 계속해 온 경우, 생전 증여에는 위와 같은 배우자의 기여나 노력에 대한 보상 내지 평가, 실질적 공동재산의 청산, 배우자 여생에 대한 부양의무 이행 등의 의미도 함께 담겨 있다고 봄이 타당하므로 그러한 한도 내에서는 생전 증여를 특별수익에서 제외함이 타당하다.[77] 따라서 이러한 생전 증여(이른바 보상적 증여 – belohnende Schenkung)는 유류분 반환대상에서 제외되고, 유류분산정의 기초재산에 산입되지 않는다.[78]

---

74) 변동열(2003) 838; 김능환(1998) 29.

75) 대법원 1988. 12. 8. 선고 97므513, 520, 97스12 판결. 대법원 2011. 12. 8. 선고 2010다66644 판결도 참조.

76) 同旨 변동열(2003) 835~836; 박동섭, 유류분 67~68; 조성필(2017) 86~87.

77) 대법원 2011. 12. 8. 선고 2010다66644 판결.

78) 참고로 독일민법의 경우 보상적 증여는 원칙적으로 유류분반환 대상이 되지만, 그것이 도의적 의무나 의례를 고려하여 이루어졌다는 점(독일민법 2330조)이 증명되면 유류분반환대상에서 제외되고, 유류분 산정의 기초재산에 산입되지 않는다. Staudinger/Wolfgang Olshausen §2325 Rn.5.

5. 피상속인이 특별수익 조정 면제의 의사표시를 한 경우

피상속인이 생전 무상출연을 하면서 조정면제의 의사를 표시하였다면, 이를 존중함이 타당하다.[79] 이 경우에도 특별수익에 해당하는 증여는 기간제한 없이 유류분 산정의 기초재산에 산입된다.[80] 그렇게 보지 않으면 피상속인의 의사에 따라 유류분 제도의 취지가 잠탈될 수 있기 때문이다. 이 경우 유류분권자의 유류분부족액을 산정할 때 공제되는 순상속분은 조정면제의 의사표시가 유효하다는 전제 하에 계산되어야 할 것이다.

6. 생전 증여 당시 수증자가 상속인 지위에 있지 않았던 경우

판례는 대습상속인이 대습원인의 발생 이전에 피상속인으로부터 증여를 받은 경우 이는 상속인의 지위에서 받은 것이 아니므로 상속분의 선급으로 볼 수 없다고 한다. 따라서 대습상속인의 위와 같은 수익은 특별수익에 해당하지 않고, 이를 유류분반환의 대상으로 삼으려면 民1114조에 따라 상속개시 전 1년간 증여가 이루어졌거나 당사자 쌍방이 유류분권리자에 손해를 가할 것을 알고 증여를 해야만 한다고 보았다.[81] 이러한 판례의 논리를 연장하면, 피상속인이 A에게 생전 증여를 한 뒤 A와 결혼하고 나서 사망한 경우 A가 받은 생전증여에 대해서도 民1114조가 적용될 것이다. 증여기간의 제한없이 유류분반환의 대상으로 삼는 생전 증여의 범위를 가급적 줄인다는 점에서 판례의 결론에 찬성한다.[82]

7. 피대습자가 증여를 받고 먼저 사망한 경우 대습상속인이 특별수익 조정 및 유류분 반환의무를 부담하는지

피상속인이 자신의 자녀에게 재산을 증여한 후, 그 자녀가 사망하고 피상속인의 손자녀가 피상속인의 자녀를 대습상속하는 경우, 피대습자인 자녀에 대한 증여에 대하여 대습상속인인 손자녀가 특별수익 조정 및 유류분 반환의무를 부담하는가?

---

79) 윤진수 404.

80) 정구태(2010a) 475; 이은정(1996) 546; 日新注民28/中川淳 466.

81) 대법원 2014. 5. 29. 선고 2012다31802 판결. 판례에 반대하는 견해로 최정희(2014) 89 이하; 정구태(2014) 319 이하. 판례에 찬성하는 견해로 김자영 · 백경희(2014) 79 이하.

82) 同旨 김자영 · 백경희(2014) 103; 조성필(2017) 93.

특별수익 조정의무에 관하여 긍정하는 학설[83]과 대습상속인이 피대습인을 통하여 피대습인의 특별수익으로 현실적으로 경제적 이익을 받고 있을 때 한하여 조정의무가 있다는 학설[84]이 있다. 유류분반환의무에 관하여 특별수익 조정의무를 긍정하는 관점에서 유류분 반환의무도 긍정하는 학설이 있다.[85] 특별수익 조정의무와 유류분반환의무 모두 긍정해야 할 것이다.

8. 상속결격 사유가 발생한 이후에 결격된 자가 피상속인으로부터 직접 증여를 받은 경우

상속결격사유가 발생한 이후에 결격된 자가 피상속인에게서 직접 증여를 받은 경우, 그 수익은 상속인의 지위에서 받은 것이 아니어서 원칙적으로 상속분의 선급으로 볼 수 없다. 따라서 결격된 자의 수익은 특별한 사정이 없는 한 대습상속인의 특별수익에 해당하지 않는다.[86] 그렇다면 대습상속인으로서는 상속결격자가 받은 증여에 대하여 유류분반환의무를 부담할 여지도 없을 것이다.

9. 유류분권자가 받은 생전 증여

유류분권자가 생전 증여를 받을 당시 상속인 지위에 있었다면 유류분권자가 받은 증여도(그것이 특별수익에 해당함을 전제로) 기간제한 없이 유류분 산정의 기초재산에 산입하고, 공제하는 경우에도 기간제한 없이 공제해야 한다.

유류분권자가 생전 증여를 받을 당시 상속인 지위에 있지 않았다면, 위 6.에서 본 것처럼 상속개시 전 1년간 증여만 유류분 산정의 기초재산에 산입하고, 공제하는 경우에도 마찬가지로 기간제한을 두고 공제함이 타당하다.

---

83) 곽윤직 183~184; 박병호 362; 윤진수 391~392; 정구태(2014) 343; 조성필(2017) 87.
84) 김주수·김상용 700.
85) 정구태(2014) 343.
86) 대법원 2015. 7. 17.자 2014스206 결정.

第1115條(遺留分의 保全)

① 遺留分權利者가 被相續人의 第1114條에 規定된 贈與 및 遺贈으로 인하여 그 遺留分에 不足이 생긴 때에는 不足한 限度에서 그 財産의 返還을 請求할 수 있다.

② 第1項의 경우에 贈與 및 遺贈을 받은 자가 數人인 때에는 各自가 얻은 遺贈價額의 比例로 返還하여야 한다.

[本條新設 1977. 12. 31]

참고문헌: 곽동헌, "기여분제도에 관련된 몇가지 문제", 家硏4(1990); 권용우, "유류분반환청구권의 성질", 법학연구 22-2(2011); 권재문, "유류분과 기여분의 단절에 대한 비판적 고찰", 법조719(2016); 김능환, "유류분반환청구", 재판자료78(1998); 김민중, "유류분제도의 개정에 관한 검토", 동북아법연구 4-2(2010); 김상용, "자녀의 유류분권과 배우자 상속분에 관한 입법론적 고찰", 민사법학36(2007); 김상훈, "가사사건과 관련된 민사사건의 이송에 관한 법적 고찰", 법조723(2017); 김소영, "공유물분할의 소에 대하여", 司集24(1993); 김영심, "유류분반환청구권 관련 소고", 서강법학10-2(2008); 김진우, "유류분반환청구권의 법적 성질에 관한 비교법적 고찰", 법학연구12-1(2009a); 김진우, "유류분반환청구권의 법적 성질", 홍익법학 10-3(2009b); 김평우, "전보배상청구를 할 수 있는 조건", 법률신문(2008); 김형석, "유류분의 반환과 부당이득", 民判硏29(2007); 김형석, "우리 상속법의 비교법적 위치", 家硏23-2(2009); 민유숙, "2013년 친족·상속법 중요 판례", 인권과정의440(2014); 박영규, "유류분반환청구권의 법적 성질과 행사기간", 외법논집34-2(2010); 박세민, "유류분제도의 현대적 의의", 일감법학33(2016); 변동열, "상속재산분할과 유류분반환청구", 법조47-3(1998); 변동열, "유류분 제도", 民判硏25(2003); 시진국, "재판에 의한 상속재산분할", 司集42(2006); 오병철, "유류분 부족액의 구체적 산정방법에 관한 연구", 家硏20-2(2006); 오병철, "기여분과 유류분의 관계에 관한 연구", 家硏31-1(2017); 오영준, "수증재산이나 수유재산의 가액이 자기 고유의 유류분액을 초과하는 수인의 공동상속인이 유류분권리자에게 반환하여야 할 재산과 그 범위를 정하는 기준 등", 판례해설95(2013); 오지연, "유류분반환청구권의 상속 여부에 관한 소고", 판례연구26-2(2012); 우병창, "현행 민법상 유류분제도 소고", 家硏10(1996); 우성만, "유류분반환청구권의 행사방법과 상대방 및 소멸시효", 판례연구14(2013); 유영선, "유증과 등기", 司集29(1998); 윤진수, "유류분 침해액의 산정방법", 서울대법학48-3(2007); 윤진수, "유류분의 반환방법", 민법논고7(2015); 윤진수, "유류분반환청구권의 성질과 양수인에 대한 유류분반환청구", 법학논총36-2(2016); 이봉민, "프랑스법상 유류분 제도", 서울대석사논문(2009a); 이봉민, "프랑스법상 유류분의 반환방법", 가연23-2(2009b); 이은영, "유류분의 개정에 관한 연구", 家硏18-1(2004); 이은정, "특별수익분과 상속분의 산정", 가족법의 변동요인과 현상(1998); 이은정, "상속의 효력 규정의 정비를 위한 검토", 가족법연구18-1(2004); 이은정, "특별수익 반환가액의 산정", 법학논고35(2011); 이은정, "공동상속인간의 유류분 반환청구에 관한 소고", 법학논고43(2013); 이지수, "기여분에 관하여", 재판자료62(1993); 이진만, "유류분의 산정", 民判硏19(1997); 이청조·김보현, "기여분제도에 있어서 그 문제점에 관한 연구", 동아논총40(2003); 이충상, "제3자를 상대로 유류분반환청구를 할 수 있는가", 민사법연구19(2011); 이희영, "유류분 산정방법", 제문제9(1997); 임채웅, "기여분 연구", 제문제19(2010); 전경근, "유류분제도의 현황과 개선방안", 가족법연구32-2(2018); 전경근, 정다영, "유류분침해로 인한 반환의 순서 - 대법원 2013. 3. 14. 선고 2010다42624, 42631 판결", 외법논집41-4(2017); 정구태, "유류분반환청구권의 법적 성질에 대한 시론적 고찰", 동아법학42(2008a); 정구태, "유류분반환청구권이 채권자대위권의 목적이 되는지 여부", 가족법연구22-1(2008b); 정구태, "유류분권리자의 승계인의 범위", 안암법학28(2009a); 정구태, "공동상속인 간에 있어서 유류분반환을 고려한 상속재산분할의 가부", 법학연구12-3(2009b); 정구태, "유류분제도의 존재이유에 대한 현대적 조명", 법학논총33-2(2009c); 정구태, "유류분반환의 방법으로서 원물반환의 원칙과 가액반환의 예외", 영남법학30(2010); 정구태, "유류분반환청구권의 행사에 관한 법적 쟁점", 한국콘텐츠학회논문지12-9(2012); 정구태, "유류분반환청구에 관한 제문제", 법학논집18-1(2013a); 정구태, "유류분반환청구권의 일신전속성", 홍익법학14-2(2013b); 정구태, "유류분 기초재산 산정을 위한 평가기준 및 기준시기", 민사법연구21(2013c); 정구태, "2015년 상속법 관련 주요 판례 회고", 사법35(2016); 정덕흥, "기여분의 결정과 상속분의 수정", 司集25(1994); 정소민, "유류분반환청구권에 관한 고찰", 외법논집30(2008); 조성필, "판례를 중심으로 한 유류분 실

무", 인권과정의466(2017); 최상열, "특별한 부양과 기여분", 실무연구6(2000); 최준규, "독일의 유류분제도", 家硏22-1(2008); 최준규, "유류분과 기업승계", 사법37(2016); 최준규, "유류분과 기여분의 관계", 저스티스162(2017); 한민구, "민법 제1115조에 의한 유류분의 보전과 민법 제1008조의2 제2항 및 동조 제4항에 의한 기여분 청구의 관계", 실무연구3(1997); 홍요셉, "유류분제도의 연혁 및 입법례에 대한 소고", 법학연구26 (2008); 홍요셉, "유류분권리자의 지위와 보전에 관한 연구", 법학연구27(2008b); 황정규, "상속재산분할사건 재판실무", 재판자료102(하)(2003); 현소혜, "포괄적 유증론", 家硏31-1(2017); 松原正明, 判例先例 相続法Ⅴ(2012).

Ⅰ. 유류분반환청구권의 법적 성격

유류분반환청구권의 법적 성격에 관해서는 형성권설[1]과 청구권설[2]이 팽팽히 대립한다. 판례는 형성권설을 취하고 있다.[3] 이 문제는 유류분 제도 전체를 관통하는 핵심 주제이고, 법해석방법론의 차원에서도 고찰할 가치가 있는 주제이다.

1. 형성권설의 내용 및 근거

형성권설에 의하면 유류분을 침해하는 유증이나 증여는 유류분권자의 유류분권 행사에 의해 상속개시시로 소급하여 그 효력을 상실하고 반환 목적물에 대한 권리는 당연히 유류분권자에게 이전한다. 따라서 수증자나 수유자가 파산한 경우에도 유류분권자에게 환취권이 인정된다. 수증자나 수유자의 채권자가 유류분반환의 대상인 재산에 강제집행을 하는 경우 유류분권자는 제3자 이의의 소를 제기할 수 있다.

형성권설에 따르면 포괄유증은 유류분을 침해하는 한도에서 그 효력이 상실되므로, 포괄수유자는 그 효력이 상실되는 비율만큼 상속채무도 부담하지 않게 되고, 따라서 해당 상속채무는 법정상속인들이 법정상속분에 따라 부담하게 된다고 볼 수 있는가? 대법원 1980. 2. 26. 선고 79다2078 판결은 "포괄적 유증이란 적극재산은 물론, 소극재산 즉 채무까지도 포괄하는 상속재산의 전부 또

1) 김용한 434; 김주수·김상용 869~870; 박병호 479~480; 권용우(2011) 19 이하; 김형석(2007) 158 이하; 이진만(1997) 369; 이희영(1997) 385~386; 정구태(2008a) 232 이하.

2) 곽윤직 292~294; 박동섭, 유류분 105; 박정기·김연 489; 송덕수 452; 이경희, 유류분 146~150; 한봉희·백승흠 651; 김능환 19 이하; 김민중(2010) 133 이하; 김진우(2009) 222 이하; 박영규(2010), 96 이하; 변동열(2003) 813 이하; 우성만(2013) 443 이하; 윤진수(2016) 119 이하; 이봉민(2009b) 206 이하; 정소민(2008) 144 이하; 지원림, 민법강의15판(2017), 2120; 최준규(2008), 297~299; 홍요셉(2008b) 247 이하.

3) 대법원 2013. 3. 14. 선고 2010다42624, 42631 판결; 대법원 2015. 11. 12. 선고 2010다104768 판결.

는 일부의 유증을 말하는 것이고, 포괄적 수증자는 재산상속인과 동일한 권리의무가 있는 것으로서, 따라서 어느 망인의 재산 전부(적극재산 및 소극재산)가 다른 사람에게 포괄적으로 유증이 된 경우에는 그 망인의 직계비속이라 하더라도 유류분 제도가 없는 한, 그가 상속한 상속재산(적극재산 및 소극재산)이 없는 것이므로 그 망인의 생전 채무를 변제할 의무가 없다"고 하는데, 이 판시는 위와 같은 맥락에서 이해할 여지가 있다. 그러나 유류분을 산정함에 있어 상속채무를 공제하므로, 유류분반환청구권을 행사하였다고 해서 별도로 포괄수유자의 상속채무까지 일정 비율 감축되고 감축되는 상속채무를 법정상속인들이 승계한다고 보기는 어렵다.[4)]

유류분반환의 목적물이 수유자나 수증자로부터 제3자에게 양도되거나, 수유자나 수증자가 제3자에게 용익물권이나 담보물권을 설정해 준 경우, 형성권설을 관철하면 유류분권자는 위 제3자가 선의인 경우에도 그에 대하여 자신의 소유권을 주장할 수 있어야 한다(민법은 유류분반환청구와 관련하여 제3자 보호규정을 마련하고 있지 않다). 그러나 형성권설은 대체로 거래의 안전을 위해 선의의 제3자에 대하여는 목적물의 반환을 청구할 수 없고, 다만 유류분을 침해한 수유자나 수증자에 대하여 가액반환을 청구할 수 있다고 한다.[5)] 판례도, "유류분반환청구권의 행사에 의하여 반환되어야 할 유증 또는 증여의 목적이 된 재산이 타인에게 양도된 경우 그 양수인이 양도 당시 유류분권리자를 해함을 안 때에는 양수인에 대하여도 그 재산의 반환을 청구할 수 있다"고 한다.[6)] 법률에 선의의 제3자 보호 규정이 없음에도 불구하고 위와 같이 보는 근거에 대해서는 형성권설을 취하는 입장에서도 견해가 나뉜다. ① 피인지자 등의 상속분가액상당지급청구권에 관한 民1014조를 유추하는 견해,[7)] ② 실종선고의 취소에 관한 民29조 1항을 유추하는 견해,[8)] ③ 선의의 제3자 보호에 관한 민법의 여러 규정을 전체유추하는 견해[9)]가 있다.

형성권설의 근거는 대체로 다음과 같다.[10)]

---

4) 윤진수 587.
5) 다만, 형성권설을 취하면서 목적물이 제3자에게 양도된 경우 물권적 효과를 제한하여 제3자에게 대항할 수 없다는 견해로는 이희영(1997) 386.
6) 대법원 2002. 4. 26. 선고 2000다8878 판결; 대법원 2016. 1. 28. 선고 2013다75281 판결.
7) 주석상속(2) 451; 김주수 · 김상용 870.
8) 이진만(1997) 369~370.
9) 김형석(2007) 162; 정구태(2008a) 248~253.
10) 학설의 근거 정리는 전적으로 윤진수(2016) 124~126을 참조하였다.

① 우리 민법의 유류분 제도는 게르만법의 영향을 받아 상속인에게 상속분의 일정비율을 보장하는 것을 그 내용으로 한다. 따라서 유류분 제도의 기본 취지는 유증이나 증여에 의하여 법이 보장하는 일정 비율의 상속분을 취득할 가능성이 제한되는 상속인에게 그 비율만큼의 '상속재산'을 보장해주는 것이다. 그러므로 유류분반환청구권에 의하여 회복되는 상속인의 권리는 단순히 채권적인 것으로 볼 수 없고, 물권적 권리로 구성함이 타당하다.[11][12]

② 유류분제도는 상속인인 혈족과 배우자의 권리를 보호하는 것이므로, 이들을 물권적으로 두텁게 보호하는 형성권설이 타당하다.[13]

③ 지상권자나 임차인이 가지는 매수청구권(民283조, 643조)이나 임대차계약의 당사자가 가지는 차임증감청구권(民628조)이 '청구권'으로 규정되어 있지만 그 법적성격을 형성권이라고 보는데 이론이 없다. 이와 같이 형성권으로 보는 이유는, 지상권설정자나 임대인 또는 임차인의 의사와 관계없이 지상권자나 임차인 또는 임대인의 권리를 실현시키려는 데 있다. 유류분반환청구권도 마찬가지로 보아야 한다.

④ 유류분반환청구권은 유증이나 증여가 이미 이행되었을 때뿐만 아니라 아직 이행되지 않았을 때에도 행사할 수 있다. 아직 유증이나 증여가 이행되지 않았을 경우 유류분권자가 수증자나 수유자에 대하여 반환을 요구하는 '청구권'을 가진다는 것은 어색하다. 따라서 유류분반환청구의 의사표시를 하면 수증자나 수유자의 의사와 관계없이 유증이나 증여계약의 효력이 소멸되어, 아직 이행되지 않은 유증이나 증여계약에 대해서는 상속인인 유류분반환청구권자가 그 이행을 거절할 수 있으며, 이미 이행되었을 때에는 반환을 청구할 수 있다

---

11) 다만 유의할 점은 형성권설을 취한다고 해서, 유류분권 행사로 반환되는 재산이 '상속재산'이라는 결론이 논리필연적으로 도출되는 것은 아니라는 점이다. 형성권설을 취하면서 반환재산이 유류분권자의 고유재산이라는 견해로는 정구태(2008a) 257~260. 형성권설을 취하는 일본 최고재판소도 − 특별유증이나 유언자 재산전부에 대한 포괄유증이 문제된 경우 − 반환재산의 상속재산성을 부정한다. 日最判 1996(平 8). 1. 26(民集 50−1, 132). 그러나 일본 유류분 제도가 소급하는, '감쇄' 제도를 인정하는 프랑스 유류분 제도 하에서, 유류분반환에 따라 반환되는 재산은 상속재산이라고 한다. 松川正毅, "遺留分と自由分", 新家族法実務大系4(2008), 378~383; 松川正毅, "遺留分減殺請求", 論究ジュリスト10(2014), 126~131. 프랑스의 경우 유류분반환청구권의 이행기는 원칙적으로 상속재산분할시이다(프랑스민법 924조의3 1항).

12) 참고로 김형석(2007) 165~166은 "유류분 반환청구의 형성적 효력은 유류분권리자에게 해당 목적물이 상속(공동상속의 경우 분할까지 포함하여)에 의하여 귀속하는 것과 같은 상태를 형성적으로 창출하는 것을 내용으로" 한다고 설명한다. 한편 松原正明 369은 형성권설에 따르면, "반환대상 재산의 상속재산으로의 복귀를 중간계기로 하여 유류분권리자가 상속에 의하여 승계취득을 한다"고 설명한다.

13) 참고로 우병창(1996) 591은 형성권설과 청구권설의 대립은 "유류분권리자의 보호를 두텁게 하느냐", "이해관계인의 이익 및 거래의 안전을 중시할 것이냐"의 문제로 귀착된다고 한다.

고 보는 것이 자연스럽다.

⑤ 民1117조는 유류분반환청구권이 1년 또는 10년의 소멸시효에 걸린다고 규정한다. 일반적으로 형성권은 그 특성상 소멸시효 대상이 될 수 없지만, 어떤 권리를 소멸시효에 걸리게 할 것인지, 제척기간의 대상으로 할 것인지는 입법 정책의 문제이다. 따라서 법률에 의해 형성권을 소멸시효에 걸리도록 하는 것이 불가능한 것은 아니다. 따라서 판례가 유류분반환청구권 행사기간을 소멸시효기간으로 파악하고 있다는 것으로부터, 곧바로 유류분반환청구권의 법적 성질을 청구권으로 보아야 한다는 결론이 도출되지는 않는다.

⑥ 형성권설에 의하면 유류분 청구에 의하여 유증이나 증여가 실효되므로, 그 이후 반환내용은 민법이 정하는 일반적 구제수단 즉 부당이득반환과 물권적 청구권에 의해 규율된다. 따라서 민법이 유류분반환방법에 관하여 구체적 규율을 두지 않은 태도는 형성권설에 의하면 법률의 흠결로 나타나지 않는다. 그러나 청구권설에 의하면 민법은 반환방법에 관하여 民1115조, 1116조 단 두 개의 조문만 두고 있는 것으로 파악할 수밖에 없으며, 이로써 법률에 광범위한 흠결을 상정하게 된다.[14)]

⑦ 청구권설을 취하더라도 유류분반환청구의 형성적 효력을 인정하지 않을 수 없다. 그 예로는 다음 3가지가 있다.[15)]

ⓐ 피상속인이 불가분인 급부의 증여를 약속하고 사망한 경우, 공동상속인 중에서 유류분권리자가 있는 경우 그는 청구권설에 의하면 항변권으로 위 청구를 물리칠 수 있게 될 것이지만, 이는 수증자와의 사이에 상대적 효력밖에 없으므로, 수증자는 여전히 다른 공동상속인(유류분침해액이 없는 공동상속인)에 대하여 전부의 이행을 청구할 수 있다. 이에 따라 변제를 한 다른 공동상속인은 유류분권리자인 공동상속인에 대하여 구상을 할 수 있으므로, 결국 청구권설에 의하면 유류분권리자는 유류분을 보전할 수 없다. 이러한 결과를 회피하고자 한다면 청구권설은 유류분권리자의 항변권 행사에 의하여 그의 부담부분에 한해서 채무자체가 감축된다는 결론을 인정해야 한다. 이는 결국 감쇄의 효과를 인정하는 것과 마찬가지이다.

ⓑ 부담부 증여를 받은 자에 대해서 유류분권리자가 증여목적물의 반환을 청구하는 경우, 청구권설에 의하면 수증자는 유류분침해 없는 나머지 공동상속

14) 김형석(2007) 159.
15) 김형석(2007) 163~164.

인들에 대해서 담보책임을 물을 수 있게 된다. 이는 유류분 반환의 부담이 결국 다른 공동상속인에게 돌아감을 의미한다. 이러한 결과를 회피하기 위해서는 청구권설에 의하더라도 유류분반환 청구가 있는 범위에서 다른 공동상속인에 대해서도 부담부 증여의 효력이 상실된다고 보아야 한다.

ⓒ 피상속인이 채무면제를 하여, 유류분권리자가 유류분 침해를 이유로 채무면제를 받은 자에 대하여 유류분반환을 청구하는 경우, 청구권설은 이를 설명할 수 없다. 원물반환 청구를 전제로 한다면, 유류분권리자가 면제를 받은 채무자에게 청구할 수 있는 것은 원래의 채권을 부활시키게 할 수 있는 행위이어야 하는데, 채무의 소멸은 대세적 효력이 있으므로, 현행법상 이미 면제로 소멸한 채무를 부활하게 하는 행위는 상정할 수 없다. 이에 관하여 면제자가 새로운 채권의 창설에 동의하는 것이 청구권의 내용이라고 설명하는 것도 타당하지 않다. 그것이 원래의 채권의 회복이 아님은 명백하며, 면제된 채권에 담보가 설정되어 있던 경우 그러한 담보의 회복이 가능하지 않으므로, '원물'이 반환된다고 볼 수도 없기 때문이다.

ⓓ 우리 민법이 일본민법처럼 '감쇄'라는 표현을 사용하지 않은 사실로부터 입법자가 형성권설을 배척했다는 결론이 정당화될 수는 없다. 입법자는 단지 '감쇄'라는 표현이 우리말로 부자연스럽기 때문에 이를 채택하지 않고 반환청구라는 표현을 선택하였을 수 있기 때문이다.[16)]

2. 청구권설의 내용 및 근거

청구권설에 의하면 유류분권자는 수증자 또는 수유자에 대하여 유류분을 침해하는 유증이나 증여로 인해 수증자나 수유자가 취득한 개별 권리를 이전해 줄 것을 요구하는 채권을 가질 뿐이고, 아직 이행되지 않은 부분에 대하여는 이행거절권을 가진다. 청구권설에 의하면 수증자가 파산한 경우 유류분권자에게 환취권을 인정할 수 없다. 또한 증여목적물에 대하여 수증자의 채권자가 강제집행을 하는 경우에도 유류분권자에게 제3자이의의 소를 인정할 수 없다. 포괄수유자에 대하여 유류분반환청구권을 행사하더라도 포괄유증의 효력자체가 실효되는 것은 아니므로, 포괄수유자는 여전히 전체 상속재산 중 포괄유증을 받은 비율만큼 상속채무를 부담하게 된다.

---

16) 김형석(2009) 119. 다만 일본은 2018년 상속법 개정을 통해 유류분반환청구권을 금전채권으로 구성하는 입장으로 선회하였고(일본민법 제1046조), 감쇄라는 단어는 민법전에서 삭제되었다.

유류분반환의무자인 수증자나 수유자로부터 유류분반환 대상인 목적물을 양도받은 제3자에 대해서 반환을 청구할 수 있는지에 대해서는 청구권설 내부에서도 견해가 나뉜다. ① 전득자 등 제3자에 대해서는 반환을 청구할 수 없다는 견해,[17] ② 악의의 제3자에 대해서는 반환을 청구할 수 있다는 견해,[18] ③ 수증자가 무자력이고 제3자가 악의인 경우 民747조 2항을 유추하여 제3자에 대해서 유류분반환청구권을 행사할 수 있다는 견해,[19] ④ 民747조 2항을 유추할 수 있고, 또한 악의의 제3자에 대한 권리이전이 제3자가 증여자로부터 직접 증여받은 것과 실질적으로 같다고 볼 사정이 있는 경우(가령, 수증자가 제3자에게 무상으로 권리를 이전하였고 수증자와 제3자가 모두 공동상속인인 경우) 제3자에 대한 반환청구가 가능하다는 견해,[20] ⑤ 악의의 제3자가 유류분권자를 해함을 알면서 수증자 등의 재산처분에 적극적으로 가담한 경우에는 이중매매에서와 마찬가지로 수증자 등의 유류분 침해행위는 民103조 위반으로 무효라는 견해[21]가 있다.

청구권설을 따르는 학설 중에는 유류분 반환방법은 원칙적으로 원물반환이고 원물반환이 불가능한 경우 가액반환을 청구할 수 있다는 견해가 많지만, 원물반환이 불가능한 경우뿐만 아니라 현저히 곤란한 경우에도 가액반환이 가능하다는 견해도 있고,[22] 가액반환의 가능성을 폭넓게 인정하는 견해도 있다.[23] 한편 청구권설을 지지하면서 유류분반환방법이 원칙적으로 가액반환이라는 견해도 있다.[24]

청구권설의 근거는 대체로 다음과 같다.[25]

① 우리 민법의 유류분 제도를 반드시 게르만형(型)으로 보아야 하는지 의문이고, 게르만법의 영향을 받았다고 해서 당연히 형성권설이 정당화되는 것은 아니다.[26] 우리 민법은 프랑스민법이나 2018년 개정전 일본민법에서 인정하고

17) 박영규(2010) 98~99; 김능환(1998) 42.
18) 박동섭, 유류분 42~43.
19) 우성만(2013) 458; 이충상(2011) 146.
20) 윤진수(2016) 142~143(다만 民747조 2항이 전득자의 무상양수와 악의를 모두 요구하는 것은 매우 이례적 입법이라고 한다).
21) 정소민(2008) 140~141.
22) 이봉민(2009b) 208.
23) 윤진수(2015), 386~393; 최준규(2016) 368~371.
24) 이경희, 유류분 193~195; 김민중(2010) 117도 유류분반환청구의 대상은 원칙적으로 가액으로 보는 것이 옳다고 한다.
25) 윤진수(2016) 127~128, 131~140에 전적으로 의존하였다.
26) 이경희, 유류분 130은 게르만형 유류분제도와 로마형 유류분제도라는 두 개의 형(型)의 연혁상의 성격차이가 유류분제도의 법적 구조를 결정하는데 절대적 기준이 될 수 없고, 유류분반환청구권의 법적 구성은 법정책적 관점에서 유류분권리자의 법적 보호와 거래의 안전 등을 총체

있는 유류분권자의 감쇄권을 마련하고 있지 않을 뿐만 아니라, 프랑스민법이나 일본민법이 인정하고 있는 거래의 안전을 위한 장치도 마련하고 있지 않으므로, 유류분반환청구권을 형성권으로 보면 거래의 안전을 해치게 된다. 따라서 우리 민법의 해석론으로는 청구권설이 타당하다.

② 유류분권이 헌법적으로 보장되는 권리라고 하여도 유언의 자유와의 관계에서는 후자가 우선적으로 고려되어야 한다. 이러한 가치형량을 해석에 반영하기 위해서는 유류분반환청구권을 형성권으로 설명하는 것보다 청구권으로 설명하는 것이 더 타당하다. 청구권설은 유류분을 침해하는 증여나 유증의 효력 자체는 문제삼지 않으면서, 수증자나 수유자가 그로 인해 얻은 이익을 반환하도록 명하므로 형성권설보다 유언의 자유를 더 존중한다.

③ 형성권설은 유류분반환청구권의 행사에 의하여 목적물에 관한 권리가 당연히 유류분권자에게 귀속된다고 하므로, 유류분반환청구권의 행사를 民187조에 의한 등기를 요하지 않는 물권변동의 한 예로 보는 것이다. 그런데 民187조에 '상속'은 규정되어 있어도 유류분반환청구권의 행사는 규정되어 있지 않으므로 유류분반환청구권의 행사를 등기를 요하지 않는 물권변동의 하나로 보려면 유류분반환청구권의 행사를 상속의 일종으로 보아야 한다. 그러나 유류분에 상속으로서의 성질이 전혀 없다고 할 수는 없지만, 상속 그 자체라고 할 수는 없다.[27] 이 비판은 형성권설을 취한다면, 유류분권 행사에 의해 반환되는 재산은 상속재산으로 구성함이 자연스럽다는 전제 하에 나온 것이다. 달리 표현하면, 유류분권 행사에 의해 반환되는 재산이 유류분권자의 고유재산이라고 본다면, 청구권설을 취하는 것이 더 자연스럽다는 것이다.

④ 형성권에 관하여는 소멸시효에서와 같은 중단을 관념할 수 없고, 따라서 그 권리의 행사기간은 소멸시효가 아니라 제척기간이라고 해야 한다. 우리 민법상 유류분반환청구권의 행사기간은 법문의 표현대로 소멸시효기간이라고 해야 하고, 이것과 조화를 이루기 위해서는 유류분반환청구권은 채권적 청구권으로 보아야 한다. 입법자가 유류분반환청구권을 형성권이라고 보면서도 일반원칙과는 달리 이를 소멸시효에 걸리도록 할 별다른 이유가 없다. 오히려 유류분반환청구권이 소멸시효에 걸리도록 규정되어 있으므로 이는 형성권이 아닌 청구권이라고 보는 것이 자연스럽다.

적으로 감안하여 합목적적으로 결정해야 한다고 주장한다.

27) 김능환(1998) 20~21; 변동열(2003) 820도 비슷한 취지이다.

⑤ 매수청구권이나 차임증감청구권 등의 경우 그러한 청구권의 행사에 의하여 매매계약이 성립하거나 차임이 증감되는 등 법률관계의 변경이 일어나고 그러한 법률관계의 변경에 기초해 구체적 권리와 의무를 행사하게 되므로, 이러한 매수청구권이나 차임증감청구권을 형성권으로 보는 것은 당연하다. 그러나 유류분반환의 경우 그와 같은 법률관계의 변경이 반드시 선행되어야 하는 것이 아니므로, 법문 그대로 '청구권'으로 해석함이 타당하다.

⑥ 프랑스민법이나 일본민법상 유류분제도의 바탕에는 피상속인은 자유분의 범위 내에서만 자신의 재산을 처분할 수 있고, 이를 넘어서는 증여나 유증은 문제가 있으므로 그 효력을 상실시켜야 한다는 관념이 있다. 그런데 우리 민법은 유류분을 전체 상속재산의 비율로 정하지 않고, 각 상속인의 법정상속분의 비율로 정하고 있어서, 유류분과 자유분을 구별하지 않으며, 따라서 피상속인이 자신의 자유분의 범위 내에서만 재산을 처분할 수 있다는 관념도 생길 여지가 없다. 그러므로 우리 민법상으로는 피상속인의 처분행위의 효력을 상실시킬 이유가 없다. 단지 유류분반환의무자에게 유류분부족분을 반환시킴으로써 유류분권리자를 보호하면 충분하다.

⑦ 유증이나 증여가 아직 이행되지 않았을 경우 유류분권리자가 유증이나 증여를 받은 자에게 청구권을 가진다는 것은 어색하다고 형성권설은 주장한다. 그러나 반환되어야 할 것의 이행을 청구하는 것은 신의칙에 어긋나고 권리남용에 해당하므로 유류분반환청구권을 가지는 사람이 증여나 유증의 이행을 거절할 수 있음은 당연하다.

⑧ 형성권설에 의하면 가액반환 청구 관련 내용은 부당이득 규정에 의해 설명할 수 있지만, 청구권설에 의하면 가액반환 청구 관련 내용에 관한 근거규정이 없으므로 법률의 광범위한 흠결이 발생한다고 형성권설은 주장한다. 그러나 그러한 사정만으로 법률의 흠결이 있다고 말할 수 없다. 채권자취소권 행사에 따른 원상회복에 관하여 가액반환에 관한 구체적 규정이 없다고 해서 법률의 광범위한 흠결이 있다고 말하지는 않는다. 가액반환 관련 내용을 부당이득으로 구성하는 것에 타당한 측면이 있지만, 부당이득 관련 규정을 적용하는 것이 항상 타당하다고 볼 수도 없다(ex. 상속개시 전 목적물 멸실시 가액반환 범위 등). 또한 청구권설을 취하면서 필요한 때 부당이득 규정을 유추할 수도 있다.[28][29]

---

28) 형성권설을 따르는 김형석(2007) 167도 청구권설을 취하더라도 유류분반환청구의 구체적 내용은 그 성질이 허용하는 한에서 부당이득 규정을 유추함이 타당하다고 주장한다.

따라서 유류분반환의무를 부당이득의 관점에서 설명하기 위해, 형성권설을 꼭 취해야 할 논리필연적 이유는 없다.

⑨ 유류분반환청구의 형성적 효력을 인정하지 않을 수 없다고 형성권설이 들고 있는 사례에 대해서 청구권설은 다음과 같이 반론을 제기한다.[30]

ⓐ 피상속인이 불가분 급부의 증여를 약속하고 사망하였고 수증자가 공동상속인 중 1인(불가분 급부 전부를 수증자에게 이행하더라도 자신의 유류분 침해가 일어나지 않는 공동상속인)으로부터 급부 전부를 증여받았다면, 그 공동상속인은 다른 공동상속인(불가분 급부 전부를 수증자에게 이행하면 자신의 유류분 침해가 발생하여 수증자에 대한 증여의무 이행을 거절할 수 있는 공동상속인)에게 구상권을 행사할 수 있는가? 형성권설은 구상권을 행사할 수 있다고 보고, 유류분권자가 구상의무를 부담하는 것은 결과적으로 타당하지 않으므로 증여의 효력 자체를 부정하는 구성을 취할 수밖에 없다고 한다. 그러나 유류분권자인 공동상속인은 대외적으로 수증자에 대하여 의무를 부담하지 않으므로, 다른 공동상속인이 불가분 급부 전부를 이행했다고 해서 유류분권자에게 구상권을 갖는다고 볼 수 없다.[31]

ⓑ 부담부 증여를 받은 자에 대하여 유류분권리자가 증여목적물의 반환을 청구하는 경우, 수증자는 유류분침해가 없는 나머지 공동상속인들에 대해서 담보책임을 물을 수 있는가? 부담부 증여의 경우 부담을 공제한 순증여액만 유류분 산정의 기초재산에 산입하고, 순증여액만 유류분반환 대상이 된다. 따라서 이 경우 담보책임 문제는 처음부터 생기지 않는다.

ⓒ 피상속인이 채무면제를 한 경우 청구권설은 이를 설명할 수 없다고 형성권설은 비판한다. 그러나 유류분권리자가 채무면제를 받은 채무자에게 면제되었던 채무의 이행을 청구하는 것이 청구권의 내용이라고 설명할 수 있으므로 위 비판은 적절하지 않다.

⑩ 상속인만이 유류분권자가 될 수 있다고 해서 유류분을 상속분으로 구성해야 하거나, 유류분반환청구권을 물권적 권리로 구성해야 할 논리필연적 이

---

29) 정구태(2008a) 242는 청구권설을 취하면서 유류분반환청구권의 법적 성질을 부당이득반환청구권으로 본다면 그 자체로 모순이라고 한다. 그러나 필요하고 적절할 때 부당이득반환청구권 관련 법리를 유추하는 것이 모순이라고 할 수는 없다.

30) 윤진수(2016) 139~140.

31) 이 경우 유류분권자가 불가분 급부를 받은 수증자에게 유류분반환청구를 할 수 있음은 물론이다. 아울러 불가분 급부의무를 수증자에게 이행해야 하는 다른 공동상속인 입장에서도, 어차피 수증자가 유류분권자에게 반환해야 하는 부분에 대해서는 수증자에 대한 의무이행을 거절할 수 있다는 논리구성도 생각해 볼 여지가 있다. 청구권설을 취한다고 해서 이러한 논리구성이 불가능하다고 말할 수 없다.

유가 있는 것은 아니다.[32)]

⑪ 파산채권자는 증여가 아닌 정상적 거래를 통해 수증자에 대한 채권을 취득하였을 가능성이 훨씬 높고, 수증자와 거래를 하면서 수증자가 이미 증여받아 소유하고 있는 재산을 포함한 수증자의 재산상태를 신뢰하고 채권을 취득한 경우도 있다. 이러한 점을 고려할 때 증여자의 상속인이라는 이유로 파산자인 수증자 명의 재산과 관련하여 수증자의 채권자보다 더 강력한 보호를 받아야 한다고 볼 이유가 없다. 오히려 파산채권자의 지위를 더 강력하게 보호하는 것이 타당하다.[33)]

3. 검토

두 학설 모두 나름의 타당성이 있다. 필자는 다음 두 가지를 주된 근거로 청구권설을 지지한다.

첫째, 법해석방법론의 관점에서 형성권설은 근거가 미약하다.[34)] 2018년 개정전 일본민법 1040조 1항 단서는 양수인이 양도시에 유류분권리자에게 손해를 가하는 것을 안 때에는 그에 대하여도 감쇄를 청구할 수 있다고 규정한다. 형성권설은 이러한 규정이 없는 우리 민법 하에서 법형성을 통해 같은 결론에 도달하자는 것이다. 우리 민법 유류분 규정이 일본민법을 주로 참조하였음은 분명하다. 그런데 입법자는 위 일본민법 1040조 1항 단서를 우리 민법에 들여오지 않았다. 그 이유는 이러한 규정을 둘 필요가 없다고 보았기 때문일 것이다. 즉 위 규정이 없는 것은 법률의 흠결이 아니다.[35)] 입법자가 형성권설을 따르면서도 증여나 유증이 무효로 됨으로 인해 생기는 거래상 혼란을 방치해도 된다고 생각하였을 가능성은 없다. 입법자는 청구권설을 염두에 두었기 때문에 위와 같은 규정을 둘 필요가 없다고 생각하였을 것이다. 이와 같이 보는 것이 합리적 추론이다. 이처럼 입법자의 (추정적) 의사를 고려하는 법해석방법(주관적 해석)을 따르지 않고, 객관적 해석방법에 입각한 경우에도 형성권설이 정당화되기는 어렵다. 법문언상 청구권설을 취할 합리적 이유가 충분히 있고, 형성권설이 청구권설보다 우월한 구성이라고 볼 이유도 없는 상황에서, 굳이 형성권설을 취하기 위해 법률의 흠결을 의제하고 법형성을 시도하는 것은 바

32) 김진우(2009b) 230~231.
33) 변동열(2003) 816.
34) 윤진수(2016) 140~141; 이충상(2011) 152~153; 김능환(1998) 42; 우성만(2013) 444.
35) 김진우(2009b) 226.

람직한 법해석 방법이 아니기 때문이다.

둘째, 유언의 자유와 유류분권이 충돌하는 경우 가급적 유언의 자유를 보호하는 방향으로 유류분 제도를 운용함이 타당하다. 법문언상 형성권설과 청구권설이 모두 가능하고 두 학설 모두 나름의 합리성을 가지고 있다면, 메타이론의 관점에서 보다 바람직한 해석방향을 모색하는 것이 타당할 수 있다. 청구권설은 이러한 맥락에서 형성권설보다 우월하다. 부수적 사정이지만 다음과 같은 점도 덧붙일 수 있다. 유류분권 행사로 반환받은 재산은 상속재산이 아니고 형성권설도 이 점에 대해서는 대체로 동의한다. 유류분권을 물권으로 구성할 논리필연적 이유도 없고 유류분권자 보호를 위해 원물반환이 아닌 가액반환을 인정하는 것이 바람직한 경우도 많다. 다른 나라의 입법례를 보아도 가액반환 형태의 유류분권을 인정하려는 경향이 많다.[36] 이러한 사정들은 모두 청구권설을 채택하는데 유리한 방향으로 작용한다.

Ⅱ. 유류분반환청구와 등기

유류분을 침해하는 유증이더라도 그에 기초한 소유권이전등기신청은 가능하다. 다만 형성권설을 따를 경우 유류분권자의 유류분권 행사가 있은 후에도 수유자 명의로 소유권이전등기가 가능한지에 대해서는 논란이 있을 수 있다(아래 1. 참조).

청구권설에 따르면 ① 유류분권자는 이전등기가 완료된 유증이나 증여 목적물에 대하여 채권적 청구권인 이전등기청구권을 행사할 수 있다(유류분권자가 수유자나 수증자에게 이전등기를 경료해 주었더라도, 특별한 사정이 없는 한 이를 유류분권자의 유류분권 포기의 의사표시로 해석하기는 어렵다). 즉 유류분권자는 유류분반환을 원인으로 한 이전등기를 경료할 수 있다.[37] ② 특정유증이나 증여가 아직 이행되지 않은 경우, 유류분권자는 자신의 유류분권 한도에서 이전등기의무 이행을 거절할 수 있다.[38] ③ 포괄유증의 경우 포괄수유자 앞으로 등기가 경료되지 않았다면, 유류분권자는 포괄수유자를 대위하여 공동상속인(또는 유언집행자)을 상

36) 김진우(2009a) 45 이하.

37) 등기원인 일자는 유류분반환청구권을 '행사한 날'로 볼 여지가 있다.

38) 변동열(2003) 864. 이 경우 유류분권자는 '상속'을 원인으로 해당 재산에 대하여 이전등기를 경료하는 경우가 많을 것이다. 그러나 유류분반환 대상재산이 상속재산이 아니라고 본다면, 위 등기원인은 다소 부적절한 면이 있다.

대로 포괄수유자에 대한 소유권이전등기를 청구하고, 포괄수유자를 상대로 유류분반환을 원인으로 한 소유권이전등기를 청구할 수 있다.[39]

아래에서는 판례가 취하는 형성권설을 전제로 유류분반환청구권 행사로 부동산이 원물반환되는 경우 등기는 어떻게 이루어져야 하는지 살펴본다.

1. 증여나 특정유증이 아직 이행되지 않아 상속재산이 피상속인 명의로 남아 있는 경우

유류분권 행사로 유류분권자는 상속개시 시에 소급하여 해당 부동산의 소유권을 취득한다. 따라서 유류분권자는 공동상속인을 상대로 이전등기를 청구할 수 있다.[40] 유류분권 행사로 반환되는 목적물이 상속재산이 아니라고 본다면, 등기원인은 "상속"이 아니라 "유류분반환"으로 함이 적절하다(원인일자는 유류분반환청구의 의사표시가 수증자나 수유자에게 '도달한 날'이다). 증여나 유증이 실효되었으므로, 유류분권자가 공동상속인을 대위하여 우선 수증자나 수유자 명의로 이전등기를 경료한 뒤, 수증자나 수유자에게 이전등기를 청구하는 방식은 형성권설과 어울리지 않는다.[41]

2. 수증자나 수유자(포괄수유자 포함) 명의로 이전등기가 경료된 경우

유류분권자는 수증자나 수유자에게 물권적 청구권으로서 유류분반환을 원인으로 한(원인일자는 유류분반환청구의 의사표시가 '도달한 날'이다) 이전등기를 청구할 수 있다.[42] 이 경우 말소등기를 청구하면 소유명의가 피상속인에게 환원될 뿐 유류분권리자에게 환원되지 않으므로 이전등기 청구방식이 적절하다. 형성권설의 입장에서 이는 진정명의회복을 위한 이전등기라고 설명할 수 있다.[43]

3. 포괄유증이 이루어졌는데 아직 포괄수유자에게 이전등기가 경료되지 않은 경우

포괄수유자가 등기없이 소유권을 취득하지만, 유류분권 행사로 인해 상속개시시로 소급하여 포괄수유자의 소유권취득의 효력은 상실된다. 형성권설의

---

39) 변동열(2003) 863.
40) 김능환(1998) 61; 조성필(2017) 84.
41) 同旨 김능환(1998) 61~62.
42) 대법원 1995. 6. 30. 선고 93다11715 판결 등; 윤진수 544.
43) 김형석(2007) 166; 정구태(2008a) 261.

내용을 일관하면, 유류분권자는 공동상속인이나 유언집행자를 상대로 이전등기를 청구함이 타당하다.[44] 그러나 – 일본의 학설을 참조하여 – 형성권설을 취하면서도 유류분권자는 대위청구 방식으로 수유자명의로 이전등기를 마친 다음에, 유류분권자 명의로 이전등기를 마쳐야 한다는 견해도 있다.[45]

Ⅲ. 유류분반환청구의 당사자

1. 유류분반환청구권자

유류분을 침해당한 상속인(그 범위는 民1112조에서 규정한다)은 유류분반환청구권을 갖는다. 民1112조에 규정한 상속인에 해당하는 태아라면 살아서 출생한 경우 유류분반환청구를 할 수 있다. 인지는 그 자의 출생 시에 소급하여 효력이 발생하므로(民860조), 사후인지된 자도 유류분권자이다.[46]

그러나 상속인이 아닌 자, 즉 상속결격자나 상속포기자[47]는 유류분반환청구권자가 될 수 없다. 그러나 상속결격의 경우 대습상속이 인정되므로(民1001조) 상속결격자의 대습상속인인 직계비속 및 배우자가 그 대습상속인으로서 유류분권자로 된다.[48] 상속포기의 경우 대습상속이 인정되지 않으므로, 다른 공동상속인의 상속분이 증가하거나 다음순위자가 상속인으로 되는 등 상속인 지위에 변동이 생기고, 그에 따라 유류분권자가 결정된다. 상속인이 유류분만 포기하였다면 상속인의 지위 및 그 상속분에 변동이 없으므로 다른 자가 그에 갈음하여 유류분권자가 되거나 그 유류분에 변동이 생기지 않는다.[49]

상속인이 아닌 포괄수유자는 유류분반환청구권자가 될 수 없다.[50]

유류분권은 귀속상 일신전속권이 아니므로 양도, 상속의 대상이 된다. 따라서 유류분반환청구권의 양수인[51][52]이나 유류분반환청구권자의 상속인[53]도

---

44) 김능환(1998) 60(이렇게 볼 경우, 포괄유증 및 유류분과 아무런 관계가 없는 다른 공동상속인을 유류분반환청구의 상대방으로 인정하는 셈이 되어 문제라고 한다). 참고로 일본 실무례는 수유자 명의로 이전등기를 거치지 않고 유류분권자가 직접 "상속"을 등기원인으로 소유권이전등기를 하는 것도 무방하다고 본다. 松原正明 491. 그러나 반환대상 재산이 상속재산이 아니라고 본다면, 등기원인을 '상속'으로 하는 것은 부적절한 면이 있다. 반환대상이 상속재산이 아니라고 본다면, 등기원인을 "유류분반환"으로 하는 것이 적절하다.

45) 조성필(2017) 83; 유영선(1998) 559.

46) 김능환(1998) 39.

47) 대법원 2012. 4. 16.자 2011스191, 192 결정.

48) 김능환(1998) 38.

49) 김능환(1998) 38; 박동섭, 유류분 37.

50) 윤진수 578~579; 김능환(1998) 38~39.

유류분반환청구권을 행사할 수 있다. 유류분권리자의 '상속분의 양수인'도 유류분권리자의 승계인으로서 유류분반환청구권을 행사할 수 있다.[54]

유류분권리자의 포괄수유자도 포괄승계인으로서 유류분반환청구권을 행사할 수 있다.[55] 이에 대해서 포괄유증은 상속과 달리 포괄승계가 아니고 포괄수유자는 유류분권자로부터 유류분권을 포함한 상속상 지위 자체를 포괄승계한 자가 아니므로, 유류분권자의 포괄수유자는 유류분반환청구권을 행사할 수 없다는 견해도 있다.[56] 포괄수유자의 법적 지위가 상속인의 법적 지위와 차이가 있는 것은 분명하다. 그러나 – 입법론은 별론으로 하고 – 해석론의 관점에서 포괄수유자의 권리취득은 상속과 같이 포괄승계가 '원칙'이라고 보아야 한다.[57] 그렇게 해석하지 않으면 民1078조의 존재의의가 상당부분 무의미해진다. 또한 이미 발생한 유류분권은 독립된 재산권의 객체로서 다른 일반적 권리와 가급적 같게 취급하는 것이 – 적어도 귀속상 일신전속권이 문제된 국면에서는 – 바람직하다. 전자의 견해에 찬성한다.

---

51) 유류분반환청구권을 형성권으로 보는 입장에 따르면, ① 유류분권 행사 전에, 형성권과 형성권 행사로 발생할 수증재산, 수유재산에 대한 개별 유류분반환청구권이 일체로 양도될 수도 있고, ② 유류분권자가 형성권을 행사한 후 그로 인해 발생한 개별 유류분반환청구권만 양도될 수도 있다. 그런데 ②의 경우 개별 유류분반환청구권이 물권적청구권이라면, 물권과 분리된 물권적청구권의 독자 양도는 불가능하다는 점에 유의해야 한다.
①의 경우와 관련하여 정구태(2012) 206은 개별 유류분반환청구권의 기초가 되는 유류분권은 상속권을 전제로 하여 인정되는 포괄적 지위이므로 유류분권의 양도는 상속권이 이전되는 경우에만 인정될 수 있다고 한다. 그러나 이 문제에 대해서는 다음과 같은 반론이 제기될 여지도 있다. 가령 개별 유류분반환청구권이 금전채권인 경우(ex. 수증재산이 이미 선의의 제3자에게 처분되어 수증자에게 가액반환을 청구하는 경우), 유류분권과 유류분권 행사로 발생할 개별 유류분반환청구권을 묶어서 채권양도의 방식으로 양도하는 것을 굳이 금지할 이유가 있을까?(제3자를 위한 계약에서 수익자가 수익의 의사표시를 할 권리와 수익의 의사표시로 인해 장래 발생할 채권적 수익권을 한꺼번에 채권양도로 이전하는 것을 굳이 금지할 이유가 있을까?).
다만 ①의 상황에서 유류분권자가 형성권과 형성권 행사로 발생할 '물권적' 유류분반환청구권을 함께 양도하는 것은 허용될 수 없을 것이다. 이는 현재 물권자가 아닌 유류분권자가 장래의 물권적청구권만 양도하는 것이기 때문이다. 그런데 일본에서는 유류분권자가 유류분반환의 의사표시를 하지 않은 상태에서 반환대상 재산의 양도를 제3자에게 약속하고 제3자에게 유류분반환청구권을 양도하는 것이 가능하다는 견해가 있다. 山下寛/土井文美/衣斐瑞穂/脇村真治, "遺留分減殺請求訴訟を巡る諸問題(上)", 判タ1250(2007), 21~22.

52) 박동섭, 유류분 38은 유류분권리의 양도는 권리의 증여 또는 사인증여와 유사한 성질의 것이므로, 굳이 제3자에 대한 대항요건으로서의 통지를 할 필요는 없다고 한다. 그러나 채권적 청구권의 성격을 갖는 개별 유류분반환청구권 양도시, 대항요건 구비가 필요하다고 해석해야 한다.

53) 대법원 2013. 4. 25. 선고 2012다80200 판결. 판례찬성 정구태(2013b) 673 이하. 反對 오지연(2012) 110(유류분권자가 생전에 행사의 의사표시를 한 경우에 한해 상속이 된다고 주장한다). 한편 지원림, 민법강의15판(2017) 2121은 유류분반환청구권이 귀속상 일신전속권은 아니므로, 유류분권리자의 권리행사가 있은 후에는 상속이나 양도될 수 있다고 한다.

54) 정구태(2009a) 139; 조성필(2017) 92; 이경희, 유류분 151.

55) 곽윤직 294; 김능환(1998) 39; 조성필(2017) 92; 이경희, 유류분 151.

56) 정구태(2009a) 146~147.

57) 현소혜(2017) 291 이하.

2. 채권자대위 가능여부

유류분반환청구권을 유류분권리자의 채권자가 대위행사할 수 있는지에 대해서 긍정설[58]과 부정설[59]이 대립한다. 판례는 부정하는 입장이다. 판례는 "민법은 유류분을 침해하는 피상속인의 유증 또는 증여에 대하여 일단 그 의사대로 효력을 발생시킴으로써 피상속인의 재산처분에 관한 자유를 우선적으로 존중해 주는 한편 유류분반환청구권을 행사하여 그 침해된 유류분을 회복할 것인지 여부를 유류분권리자의 선택에 맡기고 있고, 이 경우 유류분권리자는 피상속인의 의사나 피상속인과의 관계는 물론 수증자나 다른 상속인과의 관계 등도 종합적으로 고려하여 유류분반환청구권의 행사 여부를 결정하게 된다"고 하면서 유류분권리자에게 그 권리행사의 확정적 의사가 있다고 인정되는 경우가 아니라면 채권자대위권의 목적이 될 수 없다고 한다.[60] 유류분권자의 권리불행사 의사를 존중하는 것은 결국 유언자의 의사를 존중하는 것으로서 이는 유류분권자의 채권자의 이익보다 우선시 되어야 한다.[61] 또한 유류분제도는 피상속인과 밀접한 신분관계에 있는 유류분권자를 보호하려는 목적을 갖고 있으므로, 이러한 유류분권자의 권리불행사 의사는 가급적 존중할 필요가 있다. 따라서 판례에 찬성한다. 유류분반환청구권의 대위행사가 부정되는 경우에는, 유류분반환청구권 포기에 대하여 채권자취소권을 행사할 수 없다고 봄이 수미일관하다. 유류분권을 행사하지 않겠다는 유류분권자의 의사는 이 경우에도 존중되어야 한다.[62]

대위부정설에 따르더라도, 유류분권이 양도되어 제3자에게 귀속된 경우에는 양수인의 채권자들이 이에 대하여 채권자대위권을 행사할 수 있다.[63] 이 경우 원래 유류분권자가 권리행사 의사를 이미 표시하였다고 평가할 수 있기 때

---

58) 곽윤직 295; 주석상속(2) 451; 이경희, 유류분 151.

59) 윤진수 579; 김능환(1998) 40; 정구태(2008b) 231~237.

60) 대법원 2010. 5. 27. 선고 2009다93992 판결. 일본 판례도 同旨이다. 日最判 2001(平 13). 11. 22(民集 55-6, 1033).

61) 윤진수 579. 참고로 상속의 승인이나 포기가 채권자취소의 대상이 될 수 있는지에 대하여 학설상 논란이 있다. 이 경우 부정설을 취한다고 해서 유언자의 의사 존중이라는 결론으로 연결되지 않지만, 유류분반환청구권 대위행사 가부에 관하여 부정설을 취하면 유언자의 의사 존중이라는 결론으로 연결된다. 따라서 전자의 경우 긍정설을 취하면서, 후자의 경우 부정설을 취하는 것이 논리모순은 아니다. 윤진수, "상속포기의 사해행위 취소와 부인", 家硏30-3(2016), 228.

62) 同旨 정구태(2008b) 242~243.

63) 양도인인 유류분권자의 채권자들은 유류분권 양도에 대하여 채권자취소권을 행사할 여지도 있다. 1112조 주해 Ⅵ 참조.

문이다.[64] 그밖에 언제 유류분권자가 확정적으로 권리행사 의사를 밝혔는지는 사안에 따라 개별적으로 판단할 문제이나, 적어도 피상속인 사망 이후 유류분권자가 밝힌 의사만이 고려대상이 될 것이다.[65] 상속개시 전에는 유류분권이 발생하지 않았고, 장차 유류분권자가 될지도 모르는 상속인이 아직 발생하지도 않은 권리에 대하여 어떠한 의사를 표명했다 하더라도 이는 법적으로 의미있는 의사라 하기 어렵다.

유류분권이 채권자대위의 대상이 되는 경우에도, 무자력인 유류분권자에게 부양필요성이 있고 유류분권자의 유류분권 행사가 이러한 목적에서 이루어진 경우에는 – 부양청구권을 압류금지채권으로 규정한 民執 246조 1항 1호의 취지에 비추어 – 대위채권자의 권리행사를 부정함이 타당하다고 사료된다. 한편 유류분권자의 상속인이 유류분권을 상속받은 경우에는, 유언자 의사 보호를 위해 유류분반환청구권은 여전히 행사상 일신전속권의 성격을 유지한다고 봄이 타당하다.[66]

피상속인의 채권자가 상속인의 유류분반환청구권을 대위행사할 수 있는가? 유류분권자가 피상속인의 채권자에 대한 채무를 상속한 경우 피보전채권은 인정되나, 유류분권자의 확정적 권리행사 의사가 인정되지 않는 한 유류분반환청구권은 피대위채권이 될 수 없다.[67]

유류분권리자가 한정승인을 한 경우 유류분권리자의 채권자가 유류분반환청구권을 대위행사할 수 있는가? 유류분반환청구권의 대위행사를 긍정하는 학설은 이 경우, 유류분반환청구권 행사로 반환되는 재산은 상속재산을 구성하므로 상속인인 유류분권자의 고유채권자는 이를 대위행사할 수 없다고 한다.[68] 그러나 유류분권 행사로 반환되는 재산은 유류분권자의 고유재산이므로 한정승인 시 상속채권자가 아닌 유류분권자의 고유채권자만 이를 대위행사할 수 있다.[69] 유류분반환청구권의 대위행사를 원칙적으로 부정하는 판례에 따르면, 유류분권자가 한정승인 시에도 대위행사는 안되고, 유류분권자가 권리행사 의

---

64) 정구태(2008b) 244~247; 松原正明 376 참조.
65) 同旨 정구태(2008b) 247.
66) 포괄유증이나 상속분 양수의 방법으로 유류분권을 취득한 경우는 어떠한가? 필자의 견해로는 원래 유류분권자가 유류분권 행사의사를 확정적으로 표시했는지가 관건이라고 생각한다. 개별 유류분권 양도(특정승계)의 경우와 마찬가지로 유류분권 행사의사가 인정될 여지가 많을 것이다.
67) 同旨 정구태(2008b) 243; 조성필(2017) 93.
68) 곽윤직 295; 이경희, 유류분 151. 주석상속(2) 451과 박동섭, 유류분 39도 같은 취지이다.
69) 변동열(2003) 885~886; 정구태(2008b) 241~242.

사를 확정적으로 표시한 경우에 한해 유류분권자의 고유채권자가 대위행사를 할 수 있을 것이다.

3. 상대방

수유자, 수증자 및 그 포괄승계인이다. 수유자에 대한 반환청구는 유언집행자가 선정된 경우 누구에게 해야 하는가? 학설 중에는 ① 포괄유증인지 특정유증인지를 불문하고 유언집행자가 상대방이 된다는 견해,[70] ② 포괄유증과 특정유증 모두 유언집행자가 반환의무자가 아니라는 견해[71]가 있다.

특정유증의 경우 그 이행이 완료되면 유언집행자의 임무는 종료하므로 그 후에는 수유자를 상대방으로 해야 한다는 점에 이론이 없을 것으로 사료된다.[72] 이행이 완료되기 전에는 누구를 상대로 유류분반환청구를 해야하는가? ②의 견해는 특정유증의 경우 유언집행자에게 특정수유자를 대리할 권한이 없으므로, 유언집행자를 상대방으로 볼 여지가 없다는 취지이다. 그러나 이 경우에도 유언집행자는 특정유증의 목적인 상속재산에 대하여 관리인의 지위를 갖기 때문에, 유언집행자를 상대로 유류분권을 행사할 수 있다.[73] 유증의 이행이 완료되기 전 유언집행자를 상대로 유류분권이 행사된다면 유증은 유류분을 침해하는 한도에서 실효된다(유류분반환청구권의 법적 성격을 형성권으로 보는 경우).[74]

---

70) 윤진수 579; 김능환(1998) 41; 이경희, 유류분 152~153. 한편 박동섭, 유류분 41~42는 공동상속인 중 일부의 사람이 수증자·수유자로서 유류분반환청구의 상대방이 되는 경우 유언집행자가 소송상 피고적격을 가진다고 한다. 그러나 공동상속인인 '수증자'가 유류분반환의무자인 경우, 유언집행자가 어떠한 근거에서 피고적격을 가지는지 의문이 있다. ① 피상속인의 생전증여 대상 재산으로서 그 증여가 아직 이행되지 않아 해당 재산이 상속재산에 포함되더라도, 유언집행자가 해당 재산에 관하여 어떠한 권리를 갖고 있는지 의문이고, ② 유언집행자가 공동상속인인 수증자를 대신하여 피고적격을 갖는 법률상 근거가 있는지도 의문이다.

71) 변동열(2003) 873; 조성필(2017) 93. 정구태(2009a) 136도 — 포괄유증을 특정승계로 보면서 — 유언집행자가 유언집행의 본래취지와 전혀 무관한 포괄수유자의 유류분반환에 관하여, 포괄수유자를 대리하여 유류분권리자의 반환청구의 의사표시를 수령하거나, 그 반환의무를 대리할 권한이 있다고 보기 어렵다고 한다.

72) 同旨 日最判 1976(昭 51). 7. 19. 民集 30-7, 706(유류분권자가 수유자에게 경료된 등기의 말소등기청구를 구하는 소를 제기하는 경우, 피고적격자는 수유자이고 유언집행자가 아니다).

73) 同旨 松原正明 382.

74) 유류분반환청구권을 청구권으로 본다면 어떠한가? 유증이 실효되지 않는 점에 주목하면, 유언집행자는 유류분을 침해하는 유증이더라도 원칙적으로 이행해야 하고(유언집행자가 자발적으로 이행하지 않는 경우 유류분권자로서는 특정수유자를 대위해서 유언집행자에 대하여 이행청구를 하고), 수유자 앞으로 이전등기(부동산 유증을 가정한다)가 경료된 뒤에 비로소, 유류분권자가 특정수유자에 대하여 유류분반환청구를 할 수 있다는 결론에 이른다. 그러나 이는 유류분권자 입장에서 지나치게 번거로운 방법일 수 있다. 청구권설을 취하더라도, 유류분권자의 유언집행자에 대한 권리행사로써 유류분을 침해하는 한도에서 유언집행자의 상속재산관리권이 유류분권자에게 복귀하고 해당 한도에서 유류분권자나 유언집행자는 수유자에게 이행거절권을 갖는다는 법리구성도 고민해 볼 필요가 있다.

포괄유증의 경우는 어떠한가? 상속의 경우와 마찬가지로 이전등기 없이도 포괄수유자에게 권리가 바로 이전되므로 유언집행자 입장에서 별도로 유언을 집행할 여지가 거의 없고,[75] 대상 재산에 관하여 유언집행자에게 관리·처분권이 있는지 의문이긴 하다. 따라서 유류분반환청구는 – 형성권설을 취하는지 청구권설을 취하는지와 무관하게 – 포괄수유자를 피고로 삼는 것이 원칙적으로 타당한 측면이 있다. 다만 유언집행자가 포괄수유자를 위해 소송수행을 할 수 있다는 점을 고려하면, 아직 포괄유증에 따른 이전등기가 이루어지지 않은 상황에서는 유언집행자도 유류분권 행사의 상대방이 될 여지가 있다고 사료된다.[76][77]

수유자나 수증자로부터 목적물을 양도받은 제3자에 대해서도 유류분반환청구권을 행사할 수 있는가? 이에 관해 민법은 별다른 규정을 두고 있지 않다. 판례는, 유류분반환청구권의 행사에 의하여 반환하여야 할 유증 또는 증여의 목적이 된 재산이 타인에게 양도된 경우, 그 양수인이 양도 당시 유류분권리자를 해함을 안 때에는 양수인에 대하여도 그 재산의 반환을 청구할 수 있다고 한다(유류분권자가 제3자가 악의인 점에 대하여 입증책임을 부담한다).[78] 그러나 그 근거에 관해서는 언급이 없다. 학설상 논의에 관해서는 본문 Ⅰ. 참조.

판례처럼 선의의 제3자를 보호한다면, 제3자가 선의의 '무상취득자'인 경우는 어떠한가? 民108조 2항의 선의의 제3자 보호규정과 관련하여, 선의의 무상취득자도 보호된다는 것이 대체적 견해로 보인다.[79] 또한 동산선의취득의 경우 무상취득자도 선의취득의 보호를 받는다는 것이 대체적 견해로 보인다.[80]

---

75) 유언집행자는 유언집행을 위한 등기의무자로서 등기권리자인 포괄수유자와 함께 유증을 원인으로 하는 소유권이전등기를 공동으로 신청할 수 있지만(대법원 2014. 2. 13. 선고 2011다74277 판결), – 즉 엄밀히 말해 유언집행자의 임무가 완전히 종료된 것은 아니지만 – 실체법적으로 포괄수유자가 이미 소유자 또는 권리자이고 유언집행자가 대상 부동산 등에 관하여 어떠한 처분권도 갖고 있지 못하므로, 유언집행자를 상대로 유류분반환청구를 허용하는 것은 부적절할 수 있다.

76) 일본 판례 중에는 유언집행자가 포괄유증의 이행을 위하여 수유자가 아닌 상속인 명의로의 상속등기 등의 말소를 청구하자, 상속인이 유류분감쇄청구권을 주장한 사안에서 유언집행자가 유류분감쇄청구의 의사표시의 상대방으로 될 수 있음을 긍정한 것이 있다. 日大判 1938(昭 13). 2. 26. 民集 17, 275. 이처럼 유언집행자의 소에 대한 항변권 형태로 유류분권이 행사된 경우에는, 유언집행자'도' 유류분권 행사의 상대방으로 볼 여지가 있다고 사료된다.

77) 포괄유증이 이루어졌는데 아직 포괄수유자에게 이전등기가 경료되지 않은 경우, 형성권설에 따르면 유류분권자는 유언집행자를 상대로 이전등기를 청구할 수 있다(본문 Ⅱ. 3. 참조). 청구권설을 따른다면 유류분권자는 포괄수유자를 대위하여 유언집행자를 상대로 포괄수유자에 대한 소유권이전등기를 청구하고, 포괄수유자를 상대로 유류분반환을 원인으로 한 소유권이전등기를 청구할 수 있다.

78) 대법원 2015. 11. 12. 선고 2010다104768 판결; 대법원 2002. 4. 26. 선고 2000다8878 판결.

79) 주석민법 총칙2 4판/최성준 619~620.

80) 다만 무상취득자가 부당이득 반환의무를 부담하는지에 대해서는 견해가 나뉜다. 주석민법 물

이러한 점을 고려할 때 선의의 무상취득자도 유류분반환의무를 부담하지 않는다고 보는 것이 균형에 맞다. 그러나 무상취득자의 신뢰를 보호할 필요가 있는지에 대해서는 진지한 재검토가 필요하다.

1개의 부동산이 피상속인에 의해 여러 명에게 지분이전 형태로 증여된 후 지분소유자들인 수증자들이 지분을 포기하여 수증자 1인의 단독소유가 된 경우, 단독소유자인 수증자는 자신이 최초로 증여받은 지분이 아닌, 다른 지분권자들의 지분권 포기로 취득한 나머지 지분에 대하여 '양수인'의 지위에 선다고 볼 수 있는가? 비록 법률행위에 의해 나머지 지분을 취득한 것은 아니지만 단독소유자가 나머지 지분 취득시 악의라면 이 부분에 대해서도 유류분반환의무를 부담할 수 있다고 사료된다. 나아가 단독소유자가 선의의 '무상취득자'인 경우에도 나머지 지분에 대하여 유류분반환의무를 부담한다는 견해가 있다.[81]

Ⅳ. 유류분반환청구권의 행사방법

1. 유류분반환청구권을 형성권으로 보는 판례와 학설에서는 유류분권 행사를 재판상 또는 재판외 의사표시로써 한다고 본다.[82] 이 경우 그 의사표시는 침해를 받은 유증 또는 증여행위를 지정하여 이에 대한 반환청구의 의사를 표시하면 그것으로 족하고 그로 인하여 생긴 목적물의 이전등기청구권이나 인도청구권 등을 행사하는 것과는 달리 그 목적물을 구체적으로 특정하여야 하는 것은 아니다.[83] 유류분권리자가 유류분반환의무자를 상대로 유류분반환청구권을 행사하고 이로 인하여 발생한 목적물의 이전등기의무나 인도의무 등의 이행을 소로써 구하는 경우 그 대상과 범위를 특정해야 하고, 법원은 처분권주의의 원칙상 유류분권리자가 특정한 대상과 범위를 넘어서 청구를 인용할 수 없음은 당연하다.[84]

유류분권리자가 여러 명인 경우 각자가 가지는 유류분반환청구권은 독립된 것이다. 따라서 유류분권리자 1인이 권리행사를 하였다고 해서 다른 유류분권리자에게 그 효력이 미치지 않는다. 유류분권리자 1인의 권리행사로 인해 다른 유

권1 4판/김진우 808~812.

81) 山下寛/土井文美/衣斐瑞穂/脇村真治, "遺留分減殺請求訴訟を巡る諸問題(上)", 判タ1250(2007), 23.

82) 주석상속(2) 452.

83) 대법원 2015. 11. 12. 선고 2011다55092 판결; 대법원 1995. 6. 30. 선고 93다11715 판결.

84) 대법원 2014. 6. 26. 선고 2012다104090(본소), 2012다104106(반소) 판결; 대법원 2013. 3. 14. 선고 2010다42624, 42631 판결.

류분권리자의 유류분권에 관하여 시효중단의 효력이 발생하는 것도 아니다.[85)]

2. 유류분권자는 수증자나 수유자의 이행청구에 대한 항변의 형식으로 유류분반환청구권을 행사할 수도 있다.[86)] 다만 이 경우 피상속인의 증여나 유증 사실을 전면적으로 부인하거나 그 효력을 부인하거나 또는 그 증여나 유증이 유류분을 침해하는 것이라는 추상적 주장을 하는 것만으로는 부족하고 피상속인의 증여나 유증에 의하여 유류분에 구체적으로 어느 정도의 부족이 생기게 되었는지를 주장, 증명해야 한다.[87)]

3. 상속인이 유증 또는 증여행위가 무효임을 주장하여 상속 내지는 법정상속분에 기초한 반환을 주장하는 경우에는 그와 양립할 수 없는 유류분반환청구권을 행사한 것으로 볼 수 없지만, 상속인이 유증 또는 증여행위의 효력을 명확히 다투지 아니하고 수유자 또는 수증자에 대하여 재산분배나 반환을 청구하는 경우에는 유류분반환의 방법에 의할 수밖에 없으므로 비록 유류분반환을 명시적으로 주장하지 않더라도 그 청구 속에는 유류분반환청구권을 행사하는 의사표시가 포함되어 있다고 해석함이 타당한 경우가 많다.[88)] 증여 사실의 존재를 단순히 부인하는 것만으로는 유류분권 행사의 의사가 표시되었다고 보기 어렵지만,[89)] 피상속인이 상속인 중 1인에 대하여 전재산을 유증한 뒤 다른 공동상속인이 수유자가 상속재산을 독점하는 것을 수긍할 수 없고, 자기 몫을 요구하며 상속재산분할에 동의하지 않은 경우 유류분권 행사의 의사표시가 있다고 볼 수 있다.[90)]

유류분권 행사의 의사표시는 반환청구의 상대방에게 해야 하고, 반환대상 목적물인 부동산에 대하여 등기를 경료한 것만으로 유류분권 행사의 의사표시가 있었다고 볼 수 없다.[91)] 법원에 대하여 유류분반환청구를 하고 상대방에게 그 의사표시가 도달하지 않았다면, 유류분권 행사의 효력은 발생하지 않는다.[92)] 유류분권자가 가정법원에 주위적 청구로 상속재산분할심판을 청구하고, 예비적 청구로 유류분반환을 청구하였다가(예비적 청구의 의사표시가 상대방에

---

85) 주석상속(2) 453.
86) 이행거절의 방식으로 유류분권을 행사할 수 있다는 명문규정을 두자는 견해로 이은영(2004) 199; 홍요셉(2008a) 265.
87) 대법원 1995. 3. 10. 선고 94다24770 판결.
88) 대법원 2012. 5. 24. 선고 2010다50809 판결.
89) 日最判 1950(昭 25). 4. 28. 民集 4-4, 152. 참조.
90) 日京都地判 1985(昭 60). 4. 30. 金商 721.32.
91) 松原正明 393.
92) 松原正明 393.

게 도달하였음을 전제로 한다), 예비적 청구가 가정법원 관할이 아님을 알고 이를 철회한 경우, 이는 이미 이루어진 私法상의 유류분반환청구의 의사표시를 취소하거나 철회한 것으로 볼 수 없다.[93)]

상속재산분할과 유류분반환은 그 요건과 효과가 다르므로, 상속재산분할 신청에 유류분권 행사의 의사가 당연히 포함되어 있다고 볼 수는 없다. 유류분권 행사의 의사가 포함되었다고 보려면 적어도 가정적이나마 피상속인의 유증이나 증여의 효력을 용인하려는 유류분권자의 의사가 표시되어야 한다. 따라서 유증이나 증여의 존재를 부인하면서 이에 기초해 상속재산분할을 청구한 경우에는 유류분권 행사의 의사가 포함되었다고 보기 어렵다.[94)]

다만, 피상속인의 전재산이 상속인 중 일부에게 유증되었고 유증을 받지 못한 상속인이 유증의 효력을 다투지 않고 상속재산분할신청을 한 경우, 특별한 사정이 없는 한 그 신청에는 유류분반환의 의사가 포함되어있다고 해석함이 상당하다. 유증을 받지 못한 상속인이 상속재산의 배분을 요구할 수 있는 법적 근거는 유류분반환청구밖에 없기 때문이다.[95)]

4. 유류분반환청구권을 청구권으로 본다면 유류분반환청구권의 행사를 의사표시라 할 수 없고, 일반적인 청구권 행사 방법에 따르면 된다.[96)] 청구권설에 따르면, 유류분반환청구권은 증여 또는 유증의 효력과는 관계없이 재산반환 그 자체를 목적으로 하는 것이므로 그 반환청구도 목적물을 구체적으로 특정하여 하는 것이 원칙이다.[97)]

5. 유류분반환청구는 가정법원이 관할하는 가사사건이 아니라 민사사건이다. 유류분권리자가 여러 사람이고 반환의무자도 여러 사람인 경우, 모든 권리자가 같이 모든 의무자를 상대로 반환청구를 할 필요는 없고, 각 권리자가 각

---

93) 대법원 2002. 4. 26. 선고 2000다8878 판결.

94) 松原正明 394~395. 김능환(1998) 45는 유증이 무효라는 주장을 곧 유류분반환청구의 의사표시로 볼 수는 없고, 그 무효가 유류분반환청구권의 행사로 인한 것이라고 주장해야만 유류분반환청구권의 행사로 볼 수 있다고 한다.

95) 이경희, 유류분 154~155; 이진만(1997) 382; 박동섭, 유류분 113. 日最判 1998(平 10). 6. 11. 民集 52-4, 1034.도 같은 취지. 유류분권자의 의사를 합리적 제3자의 관점에서 해석한 것으로서 타당하다고 생각한다. 반대 변동열(2003) 884~885; 김능환(1998) 45; 정구태(2009b) 86{이 경우 유류분반환청구의 의사표시를 한 것으로 인정하는 견해는 본문 Ⅶ. 1.에서 살펴볼 심판설(상속재산분할절차에서 유류분까지 고려한 분할이 가능하며, 유류분반환대상 재산은 상속재산이라는 견해)에 입각한 것으로서, 심판설은 타당하지 않고, 소송설을 취하면 이 경우 유류분반환청구의 의사표시를 인정할 수 없다고 한다. 그러나 소송설을 취한다고 해서 반드시 유류분반환청구 의사표시가 없었다는 결론을 내려야 하는 것은 아니다}.

96) 윤진수 579~580.

97) 김능환(1998) 43; 변동열(2003) 881~882.

지 않더라도 본권에 관한 소에서 종국판결에 의하여 패소로 확정된 경우에는 그 소가 제기된 때로부터 악의의 점유자로 의제되어 각 그 때부터 유류분권리자에게 그 목적물의 사용이익 중 유류분권자에게 귀속되었어야 할 부분을 부당이득으로 반환할 의무가 있다고 보았다.

형성권설을 취하는 학설 중에는 ① 위 판례의 입장을 비판하면서, 이른바 '급부부당이득의 우위' 법리에 따라 民201조 1항의 선의점유자 과실수취권 규정은 적용될 수 없고, 유류분반환의무자가 선의 점유자라 하더라도 현존이익의 한도에서 사용이익(과실) 반환의무가 있다는 주장이 있다.[111] 또한 형성권설을 취하면서도 ② 반환청구를 받은 날 이후의 과실에 대해서만 반환의무가 있다는 견해도 있다.[112] 형성권설을 취한다면 ①과 같이 보는 것이 수미일관하다.

청구권설을 취하는 학설 중에는 ① 관련 규정이 없으므로 수증자나 수유자는 과실반환의무를 부담하지 않는다는 견해,[113] ② 반환청구 이후 수취한 과실이나 사용이익을 반환해야 한다는 견해가 있다.[114] 청구권설에 따라 반환의무자가 여전히 소유자라면 소유자의 과실수취권을 부정할 근거는 없다고 사료된다. 다만 반환의무자는 유류분반환청구 다음날부터 지체책임을 부담한다. 유류분반환채무는 기한의 정함이 없는 채무이므로 이행청구를 받은 다음 날부터 반환의무자는 지체책임을 진다.[115] 가액반환시 가액을 사실심변론종결일을 기준으로 산정하더라도 지연손해금은 이행청구 다음 날부터 발생한다.[116]

반환해야 하는 과실은 유류분반환의무자가 실제로 취득한 과실에 한정되는가, 아니면 취득했어야 할 과실도 포함되는가? 감쇄청구가 있은 날부터 과실반환의무가 있다는 명문의 규정(2018년 개정전 일본민법 1036조)을 두고 있는 일본

111) 김형석(2007) 168; 정구태(2013a) 522~524. 또한 김형석(2007) 178~179는 소비된 과실이나 사용이익은 현존한다고 볼 수 없으며 따라서 선의의 유류분반환의무자는 이를 반환할 필요가 없다고 한다. 이 점에 대해서는 검토의 여지가 있다.

112) 김주수·김상용 873. 2018년 개정전 일본민법 1036조는 이를 명문으로 규정하고 있다. 형성권설에 따라 유류분반환의무를 부당이득반환의무의 일종으로 보면, 늦어도 반환청구일부터는 유류분반환의무자가 악의라고 볼 수 있으므로, 악의의 수익자의 이자지급의무 규정(民748조 2항)에 따라 이자 또는 사용이익 반환의무를 부담한다고 볼 여지도 있다.

113) 곽윤직 297; 변동열(2003) 871; 지원림, 민법강의15판(2017) 2124; 이경희, 유류분 192; 송덕수 455.

114) 윤진수 586; 김능환(1998) 58.

115) 대법원 2013. 3. 14. 선고 2010다42624, 42631 판결. 변동열(2003) 871은 "유류분권자가 구체적인 반환의 범위가 확정되지 않은 상태에서 일방적으로 이행을 청구하였다고 해서 그 때부터 반환 의무자가 이행 지체에 빠진다고 볼 수는 없고, 소송으로 청구하는 경우라고 하더라도 그 구체적인 유류분 반환액이 특정되는 것은 적어도 판결 선고일 혹은 판결 확정일 이후라고 봐야 할 것이므로 그 이전에는 지연손해금이 발생하지 않는다"고 하지만 의문이다.

116) 오영준(2013) 224.

의 경우 실제 취득한 과실에 한정된다는 것이 통설이지만 후자와 같이 보는 반대설도 있다.[117] 형성권설을 취하면서 民201조 1항의 선의점유자의 과실수취권 규정을 적용하는 판례 입장에 따른다면, 선의점유자는 과실수취권을 갖고, 악의점유자는 수취한 과실을 반환해야 하고 소비하였거나 과실로 인하여 훼손 또는 수취하지 못한 과실은 그 대가를 변상해야 한다(民201조 2항). 형성권설을 취하면서 부당이득반환범위 일반규정의 적용을 긍정하는 학설에 따른다면 民748조 1, 2항에 따라 선의 및 악의인 유류분반환의무자의 과실 반환범위가 결정될 것이다. 청구권설을 따르면서 반환청구 이후의 과실반환의무를 긍정하는 견해에 따르면, 실제로 취득한 과실에 한정된다는 견해와 취득했어야 할 과실도 포함된다는 견해 모두 주장가능하다고 사료된다. 두 견해 중 하나를 선택해야 한다면, 악의의 의무자를 굳이 보호할 이유가 없다는 점에서 후자의 견해에 찬성한다.

3. 반환의무자의 무자력

가액반환시 반환의무자가 무자력이면 유류분권자는 실제 반환을 받지 못할 수 있다. 이는 유류분권자가 부담할 위험이며 다른 수증자나 수유자에게 전가될 수 없다.[118]

4. 조건부 권리나 존속기간이 불확정한 권리

피상속인이 조건부 권리나 존속기간이 불확정 권리를 증여나 유증한 경우 그 증여나 유증의 일부가 유류분권을 침해한다면, 그 권리전부를 유류분권자에게 귀속시키되 가정법원이 선임한 감정인의 권리평가액과 유류분침해액의 차액을 유류분권자가 수증자나 수유자에게 반환하는 것이 타당하다는 견해가 있다.[119][120] 가액반환을 허용하면 법률관계가 지나치게 복잡하게 될 우려가 있기

---

117) 松原正明 436.

118) 김능환(1998) 59; 주석상속(2) 452; 변동열(2003) 872; 윤진수 586~587; 박동섭, 유류분 145~146. 2018년 개정된 일본민법 1047조 4항은 이와 비슷한 취지의 규정인데, 이러한 규정이 없더라도 해석론상 당연히 유류분권자가 무자력 위험을 부담한다(윤진수 586은 일본 민법에서는 복수의 증여가 있는 경우 최근에 이루어진 증여부터 차례로 감쇄청구를 할 수 있도록 되어 있기 때문에, 최근의 수증자가 무자력이라고 해서 그 전의 수증자에게 감쇄청구를 하지 못한다는 규정을 별도로 마련한 것이라고 설명한다). 反對 곽윤직 296은 수증자가 무자력이면 다른 수증자가 그 위험을 부담한다고 본다. 그러나 그와 같이 볼 근거는 없다.

119) 김능환(1998) 56~57.

120) 2018년 개정전 일본민법 1032조는 강행규정의 취지로 이러한 명문규정을 두고 있었으나 개정 후 일본민법에는 이러한 조항이 삭제되었다.

때문이라는 것이다.

그러나 유류분권리자와 반환의무자 사이의 합의가 있지 않는 한, 조건부 권리나 존속기간이 불확정한 권리 중 일부 지분(장래 발생할 지분일 수도 있다)의 반환을 명하거나, 가액 반환을 명하는 것이 타당하다.[121] 수증자나 수유자의 원물취득에 대한 신뢰보호도 고려해야 하기 때문이다.

5. 부담부 증여, 부담부 유증

부담부 증여의 경우 수증자는 증여물의 가액에서 부담의 가액을 공제한 차액 상당을 증여받은 것으로 보아, 유류분침해액을 계산함이 간명하다. 유류분반환방법으로는 ① 유류분침해액에 상당하는 (부담이 없는) 원물 지분의 반환, ② 유류분침해액에 상당하는 (부담이 포함된) 원물 지분의 반환, ③ 유류분침해액에 상당하는 가액반환을 생각해 볼 수 있다. 어느 방법도 선택가능하다고 사료된다.

부담부 유증의 경우 유증물 전체가 반환대상이 된다고 보고, 반환가액 비율만큼 수유자의 부담도 감축시키는 것이 원칙이다(民1088조 2항 유추). 부담부 증여 및 부담부 유증의 경우 유류분침해액 산정에 관한 그 밖의 문제는 民1114조 주석 부분 Ⅱ. 2. 바. 참조.

6. 증여나 유증된 목적물이 제3자에게 처분된 경우

가. 제3자에게 양도된 경우

(1) 제3자가 악의인 경우

판례에 따르면 제3자에게 말소등기를 청구하고, 수증자(수유자)에게 이전등기를 청구하는 방식으로 부담이 없는 원물을 반환받을 수 있다. 제3자로부터 직접 이전등기를 받는 방식도 가능하다고 사료된다.

제3자[122]나 수증자(수유자)[123]에 대하여 가액반환을 청구하는 것도 굳이 막을 이유는 없다고 사료된다.[124] 악의의 제3자에 대하여 원물반환 청구가 가

121) 이경희, 유류분 156~157. 변동열(2003) 869~870은 가액반환을 명하는 것이 타당하다고 한다.
122) 다만 판례는 유류분반환의무자에 대하여 원물반환청구가 가능한 경우, 쌍방이 가액반환에 합의하지 않는 한 가액반환청구는 허용되지 않는다는 엄격한 입장이다. 대법원 2013. 3. 14. 선고 2010다42624, 42631 판결.
123) 이 경우 수증자(수유자)에 대한 가액반환 청구는 무권리자인 수증자(수유자)의 처분을 ― 해제조건부로 ― 추인하는 전제 하에 가능하다는 견해로 김형석(2007) 169; 정구태(2010) 154.
124) 박동섭, 유류분 158은 악의의 제3자에 대하여 현물반환이나 가액반환을 선택적으로 청구할 수 있다고 한다.

능하다고 해서 수증자에 대한 가액반환 청구를 할 수 없다면 수증자를 필요이상으로 유리하게 취급하는 것이다.[125] 제3자에 대한 가액반환 청구 시 가액은 제3자가 원물을 반환할 수 있음에도 불구하고 가액을 반환하는 경우이므로, 사실심변론종결시 목적물 가액을 기준으로 산정함이 타당하다.[126] 수증자(수유자)에 대한 가액반환 청구 시 가액 계산방법은 상속개시 전 처분과 상속개시 후 처분으로 나누어 살펴볼 필요가 있다. 원칙적인 반환가액 산정방법에 관해서는 民1113조 주석 Ⅰ.의 표 및 民1115조 주석 Ⅵ. 5. 참조.[127]

유류분반환청구권을 청구권으로 본다면, 제3자의 선, 악의를 불문하고 유류분권자는 수증자(수유자)에게 가액반환을 청구할 수 있다고 봄이 타당하다. 청구권설에 따를 경우 제3자에게 유류분반환청구를 할 수 있는지에 관한 학설 대립에 관해서는 본문 Ⅰ. 참조.

(2) 제3자가 선의인 경우[128]

유류분권자는 수증자(수유자)에게 유류분침해액에 관하여 가액반환을 청구할 수 있다. 가액반환 청구 시 가액 계산방법은 상속개시 전 처분과 상속개시 후 처분으로 나누어 살펴볼 필요가 있다. 원칙적인 반환가액 산정방법에 관해서는 民1113조 주석 Ⅰ.의 표 및 民1115조 주석 Ⅵ. 5. 참조.[129]

(3) 제3자는 선의인데 제3자로부터의 전득자는 악의인 경우

이 경우 유류분권자는 전득자에 대하여 유류분반환청구를 할 수 있는가? 제3자가 선의인 이상 제3자로부터의 승계취득자에 대해서는 승계취득자의 선, 악의를 불문하고 유류분반환청구를 할 수 없다고 봄이 타당하다(이른바 엄폐물의 법칙).[130]

---

125) 同旨 松原正明 446.

126) 2단계에서 고려할 목적물 가액이다. 1단계 유류분부족액 산정 및 그에 따른 반환비율 산정시에는 상속개시시의 목적물 가액을 기준으로 한다. 이에 관해서는 民1113조 주석 Ⅰ.의 표 참조.

127) 판례에 반대하는 학설에 따를 경우, 목적물 처분 후 가격이 오른 경우 그 상승분에 대해 불법행위 또는 채무불이행으로 인한 손해배상책임을 문제삼을 수 있다. 다만 반환의무자가 자신이 유류분반환의무를 부담한다는 사실을 몰랐거나 알 수 없었던 경우라면 이러한 책임을 묻기 어려울 것이다.

128) 유류분반환청구권 행사 후 유류분권자에게 이전등기가 되기 전 수증자나 수유자로부터 권리를 취득한 선의의 제3자도 포함한다.

129) 판례에 반대하는 학설에 따를 경우, 목적물 처분 후 가격이 오른 경우 그 상승분에 대해 불법행위 또는 채무불이행으로 인한 손해배상책임을 문제삼을 수 있다. 다만 반환의무자가 자신이 유류분반환의무를 부담한다는 사실을 몰랐거나 알 수 없었던 경우라면 이러한 책임을 묻기 어려울 것이다.

130) 참고로 일본에서는 긍정설과 부정설이 대립하고 있다. 학설상황으로는 松原正明 446 참조.

나. 제3자가 목적물에 대하여 소유권 이외의 권리를 취득한 경우

수증자(수유자)가 제3자에게 목적물에 대하여 소유권 이외의 권리(용익물권, 담보물권, 대항력 있는 임차권 등)를 설정해준 경우, 또는 수증자(수유자)의 채권자가 목적물을 (가)압류한 경우 유류분권자의 권리행사 방법에 관하여 살펴본다.

(1) 제3자가 악의인 경우

판례의 논리를 일관하면,[131] 유류분권자는 제3자(용익물권자, 담보물권자)에 대하여 말소등기를 청구하고, 수증자(수유자)에게 이전등기를 청구하는 방식으로 부담이 없는 원물을 반환받을 수 있다. 악의의 제3자가 대항력 있는 임차권자라면 제3자에게 말소등기 청구를 할 수는 없다. 제3자는 임차권으로 소유자인 유류분권자에게 대항할 수 없을 것이다(대항력 있는 임대차계약 체결은 공유자 전원의 동의가 필요한 공유물의 처분행위로 볼 여지도 있다. 그러나 유류분권 행사로 유류분권자가 지분소유권자가 된 경우로서, 수증자나 수유자가 여전히 과반수 지분을 보유하고 있다면, 해당 임대차계약 체결은 과반수 지분권자의 공유물 관리권의 적법한 행사로 볼 여지가 있다).

제3자가 (가)압류권자인 경우 유류분권 행사로 제3자는 채권자 아닌 자의 책임재산을 (가)압류한 결과가 된다. 유류분권자는 (가)압류권자를 상대로 제3자이의의 소를 제기하여 집행의 배제를 구할 수 있다.

제3자가 악의이더라도 유류분권자가 수증자(수유자)에게 가액반환을 청구하는 것을 굳이 막을 이유는 없다고 사료된다.[132] 반환가액은 사실심변론종결시 목적물 가액을 기준으로 산정함이 타당하다(2단계 산정기준을 말한다. 民1113조 주석 Ⅰ.의 표 참조).

유류분반환청구권을 청구권으로 본다면 제3자의 선, 악의를 불문하고 유류분권자는 수증자(수유자)로부터 이전등기를 받아 부담이 잔존하는 상태로 원물을 반환받을 수 있고, 부족분은 수증자(수유자)로부터 가액반환을 청구할 수 있다. 또한 수증자(수유자)에게 전체 유류분침해액에 관하여 가액반환을 청구할 수도 있다. 반환가액은 사실심변론종결시 목적물 가액을 기준으로 산정함이 타당하다(2단계 산정기준을 말한다. 民1113조 주석 Ⅰ.의 표 참조).

(2) 제3자가 선의인 경우[133]

유류분권자는 수증자(수유자)로부터 이전등기를 받아 부담이 잔존하는 상

131) 대법원 2002. 4. 26. 선고 2000다8878 판결; 대법원 2016. 1. 28. 선고 2013다75281 판결.
132) 대법원 2014. 2. 13. 선고 2013다65963 판결.
133) 유류분반환청구권 행사 후 유류분권자에게로 이전등기가 되기 전 권리를 취득한 선의의 제3자도 포함한다.

태로 원물을 반환받을 수 있고, 부족분은 수증자(수유자)로부터 가액반환을 청구할 수 있다(원물반환 + 가액반환 형태).[134] 또한 수증자(수유자)에게 전체 유류분 침해액에 관하여 가액반환을 청구할 수도 있다. 반환가액은 사실심변론종결시 목적물 가액을 기준으로 산정함이 타당하다(2단계 산정기준을 말한다. 民1113조 주석 I.의 표 참조).

Ⅵ. 유류분반환 방법 : 원물반환과 가액반환

1. 판례의 입장 : 원물반환 원칙의 엄격한 고수

판례는 유류분의 반환방법에 관하여 우리 민법은 별도의 규정을 두지 않고 있지만, 民1115조 1항이 "부족한 한도에서 그 재산의 반환을 청구할 수 있다."고 규정한 점 등에 비추어 반환의무자는 통상적으로 증여 또는 유증대상 재산 그 자체를 반환하면 될 것이나 위 원물반환이 불가능한 경우에는 그 가액 상당액을 반환할 수밖에 없다고 한다.[135] 또한 원물반환이 가능하더라도 유류분권리자와 반환의무자 사이에 가액으로 이를 반환하기로 협의가 이루어지거나 유류분권리자의 가액반환청구에 대하여 반환의무자가 이를 다투지 않은 경우에는 법원은 가액반환을 명할 수 있지만, 유류분권리자의 가액반환청구에 대하여 반환의무자가 원물반환을 주장하며 가액반환에 반대하는 의사를 표시한 경우에는 반환의무자의 의사에 반하여 원물반환이 가능한 재산에 대하여 가액반환을 명할 수 없다고 한다.[136]

또한, 증여나 유증 후 그 목적물에 관하여 제3자가 저당권이나 지상권 등의 권리를 취득한 경우에는 원물반환이 불가능하거나 현저히 곤란하여 반환의무자가 목적물을 저당권 등의 제한이 없는 상태로 회복하여 이전하여 줄 수 있다는 등의 예외적인 사정이 없는 한 유류분권리자는 반환의무자를 상대로 원물반환 대신 그 가액 상당의 반환을 구할 수도 있을 것이나, 그렇다고 하여 유류분권리자가 스스로 위험이나 불이익을 감수하면서 원물반환을 구하는 것까지 허용되지 아니한다고 볼 것은 아니므로, 그 경우에도 법원은 유류분권리자가 청구하는 방법에 따라 원물반환을 명하여야 하고, 나아가 유류분반환의 목

134) 김형석(2007) 170; 정구태(2010) 155~156.
135) 대법원 2005. 6. 23. 선고 2004다51887 판결.
136) 대법원 2013. 3. 14. 선고 2010다42624, 42631 판결.

적물에 부동산과 금원이 혼재되어 있다거나 유류분권리자에게 반환되어야 할 부동산의 지분이 많지 않다는 사정은 원물반환을 명함에 아무런 지장이 되지 아니함이 원칙이라고 한다.137)

참고로, 형성권설을 취한다고 해서 위 판례의 입장과 같이 원물반환이 불가능한 경우 등에만 가액반환을 할 수 있다는 입장을 취할 논리필연적 이유는 없다. 형성권설을 따르더라도 ① 반환방법에 관하여는 민법상 직접 규정이 없으므로 법원이 적절하게 반환방법을 정할 수 있다거나, ② 유류분권리자의 유류분권 행사 의사표시에 따라 일단 유증이나 증여의 효력이 소멸하지만 반환의무자가 가액을 반환하면 유증이나 증여의 효력이 되살아난다고 설명할 수도 있다.138)

2. 판례에 대한 비판론

판례의 태도를 지지하는 학설도 있지만,139) 비판하는 견해도 있다.140)

비판론의 핵심 논지는, 원물반환이 물리적으로 가능하더라도 가액반환이 보다 합리적이라면 가액반환청구를 허용해야 한다는 것이다. 비판론에서는 다음과 같은 사정들을 근거로 든다. ① 원물반환이 반환권리자에게 특별히 유리한 것은 아닌 반면 반환의무자에게는 가액반환과 비교하여 매우 불리한 경우(반환의무자가 증여나 유증 목적물을 주거용으로 사용하고 있거나 사업자산으로 사용하고 있는 경우)가 있다. ② 원물반환의 경우 대부분 공유지분 반환의 형식으로 이루어지는데 결과적으로 유류분권리자와 반환의무자의 공유가 되어 또다시 공유물분할절차에 의해 분할해야 하는 번잡함이 있다. 유류분권자가 궁극적으로 공유물분할절차를 거쳐 가액보상을 받기 원한다면 유류분반환절차에서 애초부터 가액반환을 허용하는 것이 타당하다.141) ③ 가액반환이 원물반환보다 피상속

137) 대법원 2014. 2. 13. 선고 2013다65963 판결.

138) 윤진수(2015) 392.

139) 정구태(2013a) 510~516; 오영준(2013) 225~228. 원물반환청구시 유류분권자는 처분금지가처분을 할 수 있고, 가액반환시 가압류를 할 수 있는데 가압류시 강제경매에 의한 환가절차에서 다른 채권자들과 그 매득금을 나누어 가질 수밖에 없는 반면, 처분금지가처분을 해두면 사실상 가처분권자인 유류분권리자만 만족을 얻을 수 있게 되어 유류분권리자에게 보다 유리하므로 원물반환주의를 취하는 것이 유류분권리자를 두텁게 보호하고자 하는 유류분제도의 규범취지와 합치한다는 주장으로는 변동열(2003) 861(청구권설을 지지한다). 형성권설을 지지하는 정구태(2013a), 511~512도 같은 주장을 한다.

140) 윤진수 581~582; 윤진수(2015) 386~393; 최준규(2016) 369~371. 박세민(2016) 97~98도 유류분권을 금전청구권으로 이론구성 하는 편이 공동상속인들 사이의 긴장관계를 최소화하는 적절한 수단이라고 한다.

141) 그러나 대법원 2006. 5. 26. 선고 2005다71949 판결은 유류분권리자들이 반환받을 지분을 합

인의 의사에 더 부합하고, 유류분제도의 목적은 유류분권자에게 유류분이 침해되지 않았을 경우 인정되었을 이익을 반환하는데 있지, 반드시 그 원물반환을 보장하기 위함은 아니다.

비판론에 따르면 가액반환 청구가 있는 경우 유류분반환의무자가 이에 동의하지 않더라도 법원은 위와 같은 사정을 고려해 그 청구를 인용할 여지가 있다.[142)143)144)]

3. 유류분반환의무자의 가액반환 선택권 인정여부

유류분권자가 원물반환을 청구하였는데, 반환의무자가 원물 대신 가액을 반환하겠다고 하면 이를 인정할 수 있는가? 2018년 개정전 일본민법 1041조 1항은 "유증이나 증여의 목적물의 가액을 유류분 권리자에게 변상하여 반환의무를 면할 수 있다"고 규정한다. 이러한 법규정이 없는 상태에서 해석을 통해 반환의무자의 가액반환 선택권을 인정할 수 있는지에 대해서는 긍정설[145)]과 부정설[146)]이 대립하고 있다. 원물반환 원칙을 엄격히 고수하는 판례의 입장은

하더라도 목적 부동산의 6%에 불과하다는 점만으로 원물반환청구가 신의칙에 반한다고 할 수 없다고 한다. 이에 반해 제주지방법원 2008. 4. 23. 선고 2007가단22957, 27419 판결은 침해된 유류분이 비교적 소액이고, 현물반환이 인정될 경우 각 부동산의 지분이 너무 복잡해지는 결과를 야기하는 경우 유류분을 가액으로 반환함이 상당하다고 보았다.

142) 일본 하급심 판례 중 이에 반대하는 것으로는 日名古屋高判 1994(平 6). 1. 27. 判タ860.251. 山下寬/土井文美/衣斐瑞穗/脇村真治, "遺留分減殺請求訴訟を巡る諸問題(下)", 判タ1252(2007), 34~35도 유류분권리자의 선택권은 인정될 수 없다고 한다.

143) 이 경우 가액반환 의무는 법원의 판결에 의해 비로소 확정되는 것이므로 가액에 대한 지연손해금은 판결확정 다음날부터 발생한다고 보아야 하는가? 그러나 원물반환시 반환청구 다음 날부터 지연손해금을 청구할 수 있는 것과의 균형을 고려할 때, 가액반환 청구 다음 날부터 지연손해금을 명할 수 있다고 사료된다. 유류분권자가 가액반환 청구를 하였고 유류분반환의무자도 이에 동의한 경우에는 유류분권자의 가액반환 청구 다음날부터 지연손해금이 발생함은 물론이다. 日最判 2008(平 20). 1. 24. 民集 62-1, 63. 참조(유류분반환의무자가 일본민법 1014조 1항에 따라 가액반환 선택권을 행사하였고 이에 따라 유류분권자가 원물반환청구에서 가액반환청구로 소를 변경한 경우, 유류분권자는 종전 유류분권 행사에 의해 취득한 증여나 유증 목적물에 대한 소유권을 소급하여 상실하고 그 대신 가액반환청구권을 확정적으로 취득하므로, 반환의무자에 대하여 가액반환을 청구한 다음날부터 지연손해금이 발생한다).

144) 가액반환 판결이 확정된 뒤 반환의무자의 무자력을 이유로 원물반환 청구를 하는 경우 기판력에 저촉되는가? 견해대립이 있을 수 있는 문제로 사료된다. 사해행위 취소에 따른 원상회복 방법에 관한 판례의 입장(대법원 2001. 6. 12. 선고 99다20612 판결)을 고려할 때 기판력에 저촉된다고 볼 여지도 있지만, 꼭 그렇게 보아야 하는지에 대해서는 논란이 있을 수 있다.

145) 곽윤직 296; 최준규(2016) 371(원물반환이 가능하더라도 반환의무자가 가업승계 등을 위해 가액반환을 원한다면 법원이 가액반환을 명할 수 있어야 한다); 윤진수(2015) 387(원물반환이 물리적으로 가능하더라도 원물반환은 유류분반환의무자에게는 상당한 불이익을 가져오는 반면, 가액반환이 유류분권리자에게 별다른 불리함이 없다면 가액반환을 인정하더라도 유류분제도의 목적에 어긋나지 않는다).

146) 김능환(1998) 58; 박동섭, 유류분 131; 김형석(2007) 168~169; 변동열(2003) 862; 정구태(2013a) 512~513; 오영준(2013) 228. 정구태(2010) 151은 유류분권리자가 원물반환에 큰 이해관

부정설과 일맥상통한다.

유류분권자가 유류분침해액에 상응하는 가액을 반환받는다면, 굳이 그에게 원물을 보장해 줄 필요는 없다고 사료된다. 법률규정이 없음에도 불구하고 권리자가 동의하지 않는 대물변제를 강제하는 것은 타당하지 않다는 반론이 있지만, 유류분권자가 가액의 형태로 생전 증여를 충분히 받았다면 유류분권을 이유로 원물에 대한 권리를 주장할 여지는 없었을 것이라는 점을 고려하면, 원물반환을 고집할 이유는 없다. 원물반환 대상 물건이 여러 개인 경우 그 중 일부에 관하여 의무자가 가액을 반환하여 원물반환의무를 면하는 것도 굳이 금지할 이유는 없다.[147]

다만, 반환의무자가 현실적으로 가액배상을 하지 않고 가액배상을 하겠다고 주장만하는 경우에도 유류분권자의 의사와 무관하게 법원이 가액반환을 명할 수 있는지에 대해서는 좀 더 검토가 필요하다. 유류분권자가 원물반환을 청구하였는데, 법원이 가액반환이 적당하다고 판단하여 가액반환을 명하는 것은 처분권주의 위반이라는 반론이 가능하기 때문이다.[148] 또한 원물반환 시에는 처분금지가처분 등을 통해 유류분권자의 권리확보가 용이할 수 있지만, 가액반환 시에는 가압류를 해 놓더라도 유류분권자는 다른 일반채권자들과 평등변제를 받는 위치에 있으므로 유류분권의 확보가 용이하지 않을 수 있다.

일본판례는 반환의무자가 가액반환 선택권을 행사하였는데 아직 가액을 반환하지 않은 상태에서 반환가액을 확정해줄 것을 법원에 요청한 경우 "의무자가 권리자에게 가액을 지급하지 않은 경우 의무자는 권리자에게 유류분감쇄를 원인으로 한 소유권이전등기절차를 이행하라."는 취지의 조건부 원물반환 판결을 선고한다.[149] 이는 원물반환 소송절차에서 반환가액까지 확정해 줌으로써 분쟁해결의 일회성을 도모하기 위한 조치인데, 우리도 이러한 내용을 참고할 필요가 있다.[150][151][152]

계를 갖는 경우가 적지 않은 우리 현실에서 반환의무자의 가액반환 선택권을 입법적으로 허용하는 것은 바람직하지 않다고 한다. 그러나 원물반환 청구를 통해 유류분권리자는 유류분반환의무자와 함께 원물에 대한 지분소유권자가 되는 경우가 많으므로, 유류분권자 입장에서 원물반환이 반드시 우월한 권리구제수단이라 할 수는 없다.

147) 同旨 日最判 2000(平 12). 7. 11. 民集 54-6, 1886.

148) 참고로 윤진수(2015) 391은 유류분반환 사건은 처분권주의가 적용되는 소송사건이므로 당사자의 의사에 관계없이 가액반환을 명할 수는 없고, 원물반환이 물리적으로 가능한 경우에는 반환의무자가 가액반환 의사를 표명하여야만 가액반환을 명할 수 있다고 본다.

149) 日最判 1997(平 9). 2. 25. 民集 51-2, 448; 日最判 1997(平 9). 9. 17. 民集 183, 995.

150) 同旨 윤진수(2015) 391.

151) 이 경우 가액반환의무는 법원 판결에 의해 비로소 확정되는 것이므로 판결확정 다음날부터

형성권설에 따르면, 가액반환이 실제로 이루어진 경우 유증이나 증여 목적물의 소유권 귀속은 어떻게 되는지 문제된다. ① 유류분권자의 형성권 행사로 일단 소유권은 소급해서 유류분권자에게 복귀하나, 가액반환이 이루어지면 그 시점부터 장래를 향해 소유권이 수증자나 수유자에게 있다는 구성, ② 유류분권자의 형성권 행사로 소유권은 소급해서 복귀하나, 가액반환이 이루어지면 — 형성권 행사가 없었던 것으로 취급하여 — 수증자나 수유자가 처음부터 소유자인 것으로 보는 구성이 있을 수 있다. 원칙적으로는 ②와 같이 보는 것이 더 간명하고 외부에 공시된 내용과도 부합한다고 사료된다(소급적 추인을 원칙으로 하는 방법).

가액반환 선택권을 인정할 경우 그 선택권의 행사기한을 언제까지로 볼 것인지 논란이 있을 수 있다. 절차의 간명함을 위해서는 원칙적으로 원물반환 유류분청구소송의 사실심변론종결시까지로 제한하는 것이 일견 타당해 보인다.[153)]

4. 유증이나 증여 목적물이 여러 개인 경우 반환대상 선택권

유증이나 증여 목적물이 여러 개인 경우 유류분권자나 유류분반환의무자가 반환대상을 선택할 수 있는가? 학설로는 권리자나 의무자에게 모두 선택권을 인정할 수 없다는 견해,[154)] 권리자의 선택권을 인정하는 견해[155)]가 있다. 이 경우 民1115조 2항이 유추된다고 봄이 타당하므로,[156)] 권리자나 의무자에게 원칙적으로 선택권이 인정될 수 없고 모든 유증이나 증여 목적물은 그 가액에 비례하여 유류분반환이 이루어져야 한다. 다만 위 2, 3에서 본 것처럼 — 판례와 달리 — 가액반환을 유연하게 인정할 수 있다면, 그 한도에서 결과적으로 유류분권자나 유류분반환의무자에게 선택권이 인정될 여지는 있다.[157)] 나아가 유

그에 대한 지연손해금이 발생한다고 보아야 하는가? 그와 같이 볼 수도 있지만, 원물반환 청구시 청구 다음날부터 지연손해금 청구를 할 수 있는 것과의 균형을 고려할 때, 가액반환 청구 다음날부터 지연손해금을 명할 수 있다고 사료된다.

152) 참고로 일본판례는 유류분권자가 유류분권(형성권) 행사의 의사표시는 하였지만 개별 반환청구(원물반환청구일 수도 있고 가액반환청구일 수도 있다)는 하지 않은 상황에서, 가액반환 선택권을 갖는 유류분반환의무자는 반환가액 확인의 소를 제기할 확인의 이익이 있다고 판시하였다. 日最判 2009(平 12). 12. 18. 民集 63-10, 2900.

153) 그 밖에 상정가능한 견해에 관해서는 우선 山下寛/土井文美/衣斐瑞穂/脇村真治, "遺留分減殺請求訴訟を巡る諸問題(下)", 判タ1250(2007), 36 참조.

154) 변동열(2003) 865~866; 정구태(2013a) 514~515; 이진만(1997) 384; 이희영(1997) 389.

155) 곽윤직 295; 신영호·김상훈 485.

156) 김능환(1998) 53~54.

157) 변동열(2003) 866은 원칙적으로 선택권을 부정하면서도 다음과 같은 이유에서 가액반환을 허용하는 것이 타당하다는 견해를 피력한다. 개별 목적물의 지분 비율대로 반환이 이루어진다면

류분반환청구권 행사 결과 수개의 목적물이 공유상태로 되어 어차피 공유물분할절차를 통해 공유관계가 해소될 것이 예상된다면, 유류분반환절차에서 이를 고려하여 유류분반환액에 해당하는 부동산을 유류분 권리자에게 취득시키고, 나머지를 반환의무자에게 취득하게 하는 반환방법(반환의무자가 1인일 경우)을 고민해 볼 필요가 있다.[158] 유류분반환절차와 공유물분할절차가 별개의 절차라는 이유만으로 당사자로 하여금 별도로 공유물분할절차를 거치도록 하는 것이 과연 타당한지 의문이 있기 때문이다.

5. 가액반환에 관련된 기타 쟁점들

형성권설에 따르면 가액반환의무는 부당이득반환의무의 일종이다. 청구권설에 따르면 그 자체가 유류분반환의무의 한 형태이다.[159] 어느 시점의 목적물 가액을 기준으로 가액을 산정함이 타당한지, 가액반환이 어느 경우 인정될 수 있는지 등에 관하여 아래에서 경우를 나누어 살펴본다.

가. 상속개시 전 증여 목적물이 처분·수용된 경우

(1) 1단계 산정 기준시기

판례[160]와 다수설[161]은 상속개시시 목적물 가액을 기준으로 유류분을 산정한다. 이에 따르면 처분 이후 상속개시 시점까지 목적물 가액 변동에 따른 위험은 수증자가 부담한다. 수증자가 공동상속인인 경우 民1118조가 民1008조를 준용하는 결과 수증자는 증여시기와 관계없이 유류분반환의무를 부담하므로, 수십년 전에 증여받아 이미 처분한 부동산의 상속개시 시점 가액이 처분시보다 현저히 상승한 경우에도 상승한 가액을 기준으로 유류분반환의무를 부담한다. 헌법재판소 2010. 4. 29. 선고 2007헌바144 결정은 "증여받은 목적물이 처분되거나 수용된 경우 수증자는 그 처분이나 수용으로 인하여 얻은 금원 등의 이용기회를 누리는 점, 수증자가 증여받은 재산의 가액이 상속개시 시에 이

이러한 공유관계는 실무상 경매분할 방식의 공유물분할로 해소될 가능성이 높다. 그렇다면 실제로는 공유물이 되어 버린 증여목적물 전부를 경매의 방식으로 매각한 뒤 그 매각대금을 분할하여 나누어 가지는 방식이 되는데, 이럴 경우 피상속인의 증여의 취지는 완전히 무시되고, 헐값으로 경매된 경매대금만을 반환의무자가 반환하는 셈이 되어 유류분권자나 수증자 모두가 손해를 본다는 것이다.

158) 윤진수(2015) 390 참조.

159) 윤진수 583.

160) 대법원 2011. 4. 28. 선고 2010다29409 판결 등.

161) 이진만(1997) 378; 정구태(2013c) 299~302; 김능환(1998) 35, 57; 변동열(2003) 841~843, 867; 이희영(1997) 389; 이경희, 유류분 123; 김형석(2007) 176(다만 2단계에서 유류분반환비율에 곱할 목적물 가액은 처분시 가액을 기준으로 한다).

르러 처분 당시나 수용 시보다 낮게 될 가능성도 배제할 수 없는 점"을 들어 수증재산이 피상속인 사망 전에 처분되거나 수용되었는지를 묻지 않고 모두 상속개시 시를 기준으로 그 가액을 평가하는 것이 현저히 자의적이어서 기본권제한의 한계를 벗어난 것이라고 할 수 없다는 입장이다.

그러나 유류분반환의무자를 부당하게 불리하게 취급하거나 유류분반환권리자에게 필요이상의 이득을 주는 것을 막기 위해서는 처분시 객관적 가액[162]에 상속개시시까지의 물가상승률을 고려한 금액을 기준으로 유류분반환 가액을 산정함이 타당하다.[163] 다만 유류분침해액 산정 시 구체적 상속분을 반영할 필요가 있을 수 있는데, 구체적 상속분 산정 시 특별수익의 가액은 통설,[164] 판례[165]에 따라 해당 특별수익의 상속개시 전 처분·수용 등의 구체적 사정을 불문하고 – 불가항력 등을 이유로 한 멸실 등의 경우를 제외하고는 – 상속개시 시를 기준으로 함이 타당하다.[166]

(2) 2단계 산정 기준시기

1단계에서 유류분침해액을 산정한 뒤 산출된 비율에 곱할 목적물 가액을 어느 시점을 기준으로 산정할 것인지에 대하여 판례는 사실심변론종결시를 기준으로 해야 한다고 본다.[167] 그러나 1단계에서 상속개시시를 기준으로 유류분침해액을 산정하였다면 2단계에서도 상속개시시 목적물 가액을 곱하는 것이 수미일관하다.[168] 2단계에서 사실심변론종결시를 기준으로 하는 판례의 입장은 내적 정합성이 결여되어 있다고 사료된다.

한편 1단계에서 처분시 객관적 가액에 상속개시시까지의 물가상승률을 고

---

162) 따라서 무상처분의 경우에도 반환의무자는 가액반환의무를 부담해야 한다.

163) 최준규(2016) 382~384. 비슷한 취지로는 内田貴, 民法Ⅳ, (2004), 516; 松原正明 444~445; 日東京地判 1988(昭63). 2. 29. 金商 802.15. 이은정(2011) 17은 처분시를 기준으로 하면서, 수증재산을 처분하여 얻은 가액으로 새로운 재산을 취득한 경우 그 취득재산의 가액을 상속개시 시에 평가하는 것이 타당하다고 한다. 그러나 처분시 객관적 가액을 수증자의 수증액으로 고정하여 이를 기초로 가액반환을 명하는 것이 타당하다고 생각한다.

164) 김주수·김상용 702; 윤진수 400. 反對 곽윤직 108(상속개시 시 설은 법적 근거가 전혀 없다고 비판하면서 증여목적물의 소유권은 그 증여가 이행된 때에 수증자에게 귀속되므로 이행기를 기준으로 평가하고 상속개시 시까지의 화폐가치 변동을 고려하자고 주장한다); 이은정(1998) 145 및 황정규(2003) 57은 목적물이 수용, 처분된 경우 해당 시점의 객관적 가액에 상속개시 시까지의 화폐가치 변동율을 감안하여 특별수익을 산정하자고 주장한다.

165) 대법원 1996. 2. 9. 선고 95다17885 판결; 대법원 1997. 3. 21.자 96스62 결정.

166) 최준규(2016) 380~382(상속 후 상속재산을 잃어버린 상속인이 다시 상속재산을 나누자고 주장할 수 없듯이, 상속분의 선급인 특별수익을 잃어버렸다고 해서 이를 고려하여 상속재산을 나누자고 주장할 수 없는 것이 원칙이다).

167) 대법원 2005. 6. 23. 선고 2004다51887 판결.

168) 정구태(2010) 171~172; 지원림, 민법강의15판(2017), 2124.

려한 금액을 기준으로 하였다면, 2단계에서 유류분반환비율에 곱할 목적물 가액도 처분시 객관적 가액에 상속개시시까지의 물가상승률을 고려한 금액을 기준으로 하는 것이 수미일관하다.[169]

나. 상속개시 전 목적물이 멸실된 경우

학설은 대체로 목적물이 수증자의 귀책 사유로 멸실, 훼손된 경우에는 증여 당시에도 그대로 현존하는 것으로 보고 가액을 산정해야 하나, 천재지변 기타 불가항력에 의한 멸실, 훼손의 경우에는 유류분 산정에서 제외하는 것이 타당하다고 한다.[170] 한편 수증물이 자연히 후폐(朽廢)된 경우에는 수증당시대로 상속개시시에 있는 것으로 평가해야 한다고 본다.[171] 상속개시 시점의 수증재산의 가치가 수증자의 행위로 인해 종전보다 상승하거나 감소한 경우, 이는 유류분 산정시 고려하지 않는 것이 타당하다. 유류분권자의 행위로 인한 수증재산의 가치상승이나 감소 위험은 유류분반환의무자에게 귀속되어야 한다.[172] 통설에 찬성한다.[173]

멸실, 훼손으로 인해 보험금이나 손해배상채권 등을 취득하였고 그에 따라 보상을 받았다면 그 보상가액에 상속개시 시까지의 물가상승률을 반영하여 유류분침해액을 산정할 수 있음은 물론이다.[174]

다. 상속개시 후 증여, 유증 목적물이 처분된 경우

유류분침해액은 상속개시 시 목적물 가액을 기준으로 산정해야 하고, 이 점에 관해서는 이론이 없다(1단계). 다만 이와 같이 산정된 유류분반환비율(유류분부족액 포함)에 반환대상 목적물의 시가를 곱하여 구체적 반환가액을 결정해야

---

169) 최준규(2016) 383.

170) 김능환(1998) 35; 변동열(2003) 842~843(증여 목적물이 상속개시 전 소멸되는지 여부와 무관하게 수증자는 가액반환의무를 지는 것이 원칙이라는 전제 하에, 다만 불가항력에 의한 멸실의 경우 그 증여재산이 피상속인 수중에 있었다 하더라도 멸실될 가능성이 높았을 것이라는 점과 수증자에게 지나친 부담을 지운다는 점을 고려하여 신의칙에 기초해 반환청구를 부정할 수 있다고 한다); 이경희, 유류분 123; 정구태(2013c) 300~302.

171) 이경희, 유류분 123.

172) 이은정(2011) 20은 수증자 고유의 능력으로 인해 발생한 이득과 손실은 수증자에게 귀속되는 것이 공평하다고 한다.

173) 한편 ― 추측컨대 ― 1단계 유류분부족액 계산은 위와 같이 하더라도, 2단계에서 가액반환 금액을 계산함에 있어서는 수증자(수유자)의 선·악의에 따라 달리 보는 취지의 견해도 있다. 김형석(2007) 170; 정구태(2010) 156. 이 견해는 선의의 수증자(수유자)는 멸실·훼손된 부분에 대해서는 현존이익이 없으므로 그 범위에서 유류분반환의무를 면하며(民748조 1항), 악의의 수증자(수유자)는 그것이 불가항력에 의해 멸실된 것이 아닌 한 그 받은 이익에 이자를 붙여 반환하고 손해가 있으면 이를 배상해야 한다(民748조 2항)고 본다. 그러나 선의의 수증자(수유자)라 할지라도 ― 불가항력에 의한 멸실이 아닌 한 ― 상속개시시 목적물 가액을 기준으로 가액반환의무를 부담하는 것이 공평하다고 사료된다.

174) 변동열(2013) 842~843; 이경희, 유류분 123; 정구태(2016) 57.

하는데, 유류분반환비율에 곱할 목적물 시가는 처분시를 기준으로 산정함이 타당하다.[175] 판례는 – 비록 상속개시 전에 증여목적물인 주식이 처분된 경우이긴 하지만 – 일반적인 판시로서 사실심변론종결시 시가를 기준으로 해야 한다고 판시한 것이 있다.[176][177]

유류분권자의 유류분반환청구 이후 목적물이 처분된 경우 채무불이행 또는 불법행위로 인한 손해배상 법리를 적용하여, 처분시 이후 목적물 시가 상승분도 처분당시 유류분반환의무자에게 예견가능성이 있었다면 특별손해로서 손해배상책임을 청구할 수 있다고 사료된다.[178]

라. 상속개시 후 증여, 유증 목적물이 멸실된 경우[179]

① 형성권설에 따르면 民202조를 적용함이 타당하다는 견해가 있다.[180] 점유물이 점유자의 책임있는 사유로 멸실, 훼손된 때에는 악의의 점유자는 그 손해의 전부를 배상해야 하며, 선의의 점유자는 이익이 현존하는 한도에서 배상해야 한다는 것이다. ② 또한 형성권설을 따르면서 2단계에서 가액반환 금액을 계산함에 있어서는 수증자(수유자)의 선·악의에 따라 달리 보는 취지의 견해도 있다.[181] 이 견해는 선의의 수증자(수유자)는 멸실·훼손된 부분에 대해서는 현존이익이 없으므로 그 범위에서 유류분반환의무를 면하며(民748조 1항), 악의의 수증자(수유자)는 그것이 불가항력에 의해 멸실된 것이 아닌 한 그 받은 이익에 이자를 붙여 반환하고 손해가 있으면 이를 배상해야 한다(民748조 2항)고 본다.

그러나 상속개시 전 수증자의 행위로 인해 목적물이 멸실된 경우 수증자가 유류분반환의무를 면하지 않는데, 상속개시 후 수증자의 행위로 인해 목적물이 멸실된 경우, 선의의 수증자가 유류분반환의무를 면할 수 있다는 것(현존

---

175) 김형석(2007) 176; 최준규(2016) 383; 日最判 1998(平 10). 3. 10. 民集 52－2, 319.

176) 대법원 2005. 6. 23. 선고 2004다51887 판결. 그러나 이 판시의 적용범위가 상속개시 후 증여, 유증 목적물이 처분된 경우에도 미치는지에 대해서는 의문이 없지 않다.

177) 참고로 2단계 계산에서 사실심변론종결시를 기준으로 가액을 계산하는 대법원 2005. 6. 23. 선고 2004다51887 판결은 民1014조에 따른 상속분 가액 상당 지급청구에서 2단계 계산시 사실심변론종결시를 기준으로 가액을 계산하는 대법원 1993. 8. 24. 선고 93다12 판결과 그 취지 및 구조가 비슷하다. 그러나 상속분 가액 상당 지급청구의 경우 이미 상속재산을 처분한 자의 신뢰보호도 중요하므로 처분시 객관적 가액을 기준으로 2단계 계산을 하는 것이 타당하고, 그러한 점에서 위 93다12 판결은 비판의 여지가 있다. 윤진수 445; 최준규(2016) 383.

178) 상속개시 이후 유류분권자의 반환청구 이전 처분에 대하여, 채무불이행 책임이나 불법행위 책임을 물어 처분 후 시가 상승분의 배상을 청구할 수 있는지 검토의 여지가 있다. 악의의 반환의무자에게는 가능하지만, 선의·무과실의 반환의무자에게는 청구하기 어렵지 않을까 사료된다.

179) 유증의 경우 수유자가 일단 목적물 소유권을 취득한 후 목적물이 멸실된 상황을 전제로 한다.

180) 변동열(2003) 868.

181) 김형석(2007) 170; 정구태(2010) 156.

이익이 없다면 배상의무를 부담하지 않게 된다)은 균형이 맞지 않는다. 선의의 수증자도 멸실시점의 가액을 기준으로 유류분반환의무를 부담한다고 봄이 타당하다(즉 2단계에서 곱할 목적물 가액은 멸실시점의 객관적 가액을 기준으로 한다). 불가항력에 의한 멸실이라면 유류분반환의무자는 가액반환의무를 면한다.

청구권설에 따르는 경우에도 불가항력에 의한 멸실이라면 가액반환의무는 소멸한다.[182] 반환의무자의 책임있는 사유로 인한 멸실의 경우에는, 유류분권자의 반환청구 이후 멸실이 발생하였다면 이행불능으로 인한 손해배상책임 법리에 따라 멸실 당시 반환대상 목적물 가액이 통상손해,[183] 그 이후 시가상승분은 특별손해가 될 것이다. 따라서 해당금액을 2단계에서 유류분반환비율에 곱할 수 있다. 유류분권자의 반환청구 이전에 반환의무자의 책임있는 사유로 멸실된 경우는 어떠한가? 반환의무자의 선, 악의를 불문하고 멸실 당시 목적물의 객관적 가액을 기준으로 함이 타당하다.[184]

마. 반환의무자가 원물반환을 할 수 있음에도 불구하고 가액반환을 명하는 경우

유류분권자가 원물을 반환받는 것과 가급적 동일한 경제적 효과를 누리게 해주기 위해서는, 상속개시시 목적물 가액을 기준으로 산정된 유류분 반환비율에 사실심변론종결시 목적물 가액을 곱하여 반환가액을 산정함이 타당하다.

바. 반환대상이 주식인 경우

판례[185]는 유류분반환대상이 대체물인 주식인 사안에서 수증자가 그 주식을 처분하였더라도 제3자로부터 이를 취득하여 반환할 수 있는 이상 원물반환이 가능하다고 보았고,[186] 원물반환이 불가능하다면 사실심변론종결시 주식가액을 기준으로 반환가액을 산정해야 한다고 판시하였다.

이 판결에서 증여 목적물인 주식은 아마도 피상속인 사망 전에 제3자에게 처분된 것으로 보인다. 이 판결의 판시가 반환대상 주식이 대체물인 사정을 고

---

182) 유류분반환청구 이후 반환의무자가 이행지체에 빠진 상태에서 불가항력에 의한 멸실이 발생한 경우 멸실시점의 목적물 가액을 기준으로 손해배상 의무를 부담할 수 있다(民392조 본문). 그러나 유류분반환의무자가 적시에 이행하였더라도 불가항력에 의한 멸실이 발생하였을 사안이라면 손해배상의무는 부정될 것이다(民392조 단서). 유류분반환청구권을 형성권으로 보더라도 같은 논리가 적용될 수 있다고 사료된다.

183) 同旨 변동열(2003) 867.

184) 멸실 이후 시가상승분 상당의 손해의 경우, 악의의 반환의무자에 대해서는 예견가능성이 인정된다면 배상청구가 가능하다고 사료된다.

185) 대법원 2005. 6. 23. 선고 2004다51887 판결.

186) 그러나 증여나 유증 대상 물건이 대체물인 경우 유류분반환의무자에게 조달의무를 인정하여 반환의무자가 대체물을 처분한 경우에도 원물반환의무를 부담시키는 것이 타당한지는 의문이다. 同旨 김형석(2007) 187~190; 김영심(2008) 186.

려한 것인지, 수증재산이 처분된 경우 가액산정 기준시점에 관한 일반적 법리를 설시한 것인지는 논란이 있을 수 있다.

이 판결의 판시는 반환대상 주식이 대체물인 경우 원물반환의무의 이행불능은 있을 수 없다는 전제 하에, 그럼에도 불구하고 어떠한 사정으로 원물반환이 불가능하다면[187] '예비적으로' 사실심변론종결시 주식 가액을 기준으로 가액반환을 명할 수 있다는 것이다. 그런데 ① 조달의무가 인정되는 대체물 반환의무가 예외적이나마 이행불능이 된다면 '이행불능' 시점을 기준으로 반환가액을 산정하는 것이 타당하고(원물반환 청구와 예비적 병합 관계에 있다), ② 대체물 반환의무가 집행불능이 되는 상황을 대비하여 대상청구를 하는 경우라면 '사실심변론종결시'를 기준으로 반환가액을 산정할 수 있으나 이는 원물반환청구와 '단순병합' 관계에 있다. 위 판례의 논리가 이러한 법리에 부합하는지는 의문이다.

판례처럼 유류분반환의무자에게 조달의무가 인정된다고 보면, 사실심변론종결시를 기준으로 한 대상청구(집행불능 상황에 대비한 청구이다)를 원물반환 청구와 단순병합하여 청구하도록 허용하는 것이 타당하다.[188]

사. 대상(代償)물의 반환

반환의무자가 증여나 유증의 목적물에 갈음하여 물건을 취득한 경우, 반환의무자는 가액반환의무를 부담하는가? 대상물 자체를 반환해야 하는가?

유류분반환청구권을 형성권으로 보면서 유류분반환의무가 부당이득반환의무 성격을 갖고 있다는 전제 하에 부당이득반환 시 대상물 반환 관련 법리를 적용하여, 반환대상 원물 그 자체에 갈음하는 이익(lucrum ex re)은 반환 대상이 되지만, 반환의무자가 반환할 원물을 처분하여 얻은 대가(lucrum ex negotiatione)는 반환 대상이 아니라는 견해가 있다.[189][190][191]

한편 증여재산이 주식인 상황을 전제로, ① 수증자가 수증주식을 지주회

187) 가령, 시중에서 주식을 더 이상 취득하기 어려운 경우를 생각해 볼 수 있다.
188) 同旨 김평우(2008).
189) 김형석(2007) 180~182.
190) 이은정(2011) 17은 수증재산을 양도하여 얻은 가액으로 새로운 재산을 취득한 경우, 새롭게 취득한 재산의 상속개시 시 가액을 고려해야 한다고 주장한다. 이는 새롭게 취득한 재산을 대상물로 반환청구할 수 있다는 취지로 읽히기도 하나 분명치 않다.
191) 상속재산 분할 시 분할대상 재산으로 대상(代償)재산도 포함시키고 그 대상재산에는 상속재산이 매도된 경우 매매대금도 포함되는 점(윤진수 421~422)을 참조하여, 유류분반환의무자가 반환할 원물을 처분하여 얻은 대가, 원물과 교환하여 받은 물건 등도 유류분반환의 대상이 된다는 견해도 일응 생각해 볼 수 있다. 그러나 이러한 주장을 하는 학설은 발견하지 못하였다.

사에 현물출자 하고 그 대가로 지주회사 주식을 교부받은 경우, (a) 두 주식은 발행주체가 다르고, (b) 새롭게 취득한 지주회사 주식은 수증 주식의 발행회사와 다른 별도의 회사인 지주회사의 자본금을 구성하는 주식으로서 그 주식이 표창하는 가치가 변형되었으며, (c) 두 주식 사이에 현금이나 자기앞수표와 동일하게 평가될만한 고도의 대체성이나 교환성이 없는 점을 근거로, 지주회사 주식에 대한 대상물 반환은 허용될 수 없고, ② 수증주식의 발행회사가 다른 회사와 합병하는 경우 수증주식의 발행회사가 소멸하고 다른 회사가 존속하거나 새로운 회사가 신설된다면, 수증자가 새롭게 교부받은 존속회사나 신설회사 주식에 대한 대상물 반환은 위 (a), (b), (c)와 같은 이유로 허용될 수 없다는 견해가 있다.[192]

판례는 수증재산인 주식이 병합된 경우 병합된 주식의 반환청구를 긍정한 바 있다.[193]

판례와 같이 유류분반환청구권을 형성권으로 본다면, 반환대상 원물 그 자체에 갈음하는 이익(lucrum ex re)은 반환 대상이 되지만, 반환의무자가 반환할 원물을 처분하여 얻은 대가(lucrum ex negotiatione)는 반환 대상이 아니라는 견해가 타당할 수 있다.

그러나 유류분반환청구권을 청구권으로 본다면, 이 경우 대상청구권 법리가 적용될 수 있다. 대상청구권의 경우 반환의무자가 반환할 원물을 처분하여 얻은 대가를 반환대상에서 제외할 이유는 없다.[194] 다만, 유류분반환의무와 같은 법정채무의 경우 대상청구의 요건과 범위를 어떻게 설정할 것인지는 별도로 검토할 수 있는 문제라고 사료된다. 유류분권리자가 폭넓은 범위에서 대상물을 확보하게 할 이유는 없다. 따라서 청구권설을 따르더라도 반환의무자의 자발적 반환원물 처분으로 발생한 물건 또는 채권은, 반환대상이 아니라고 봄이 타당하다. 즉 반환대상은 원칙적으로 처분 당시 객관적 가액으로 고정된다고 봄이 타당하다. 한편 수증주식의 발행회사가 다른 회사와 합병하여 수증자가 존속회사나 신설회사 주식을 새롭게 교부받은 경우, 이는 수증자의 자발적 의사에 의해 이루어진 처분이 아니다. 따라서 유류분권자는 새롭게 교부받은 주식에 대하여 원물반환을 청구할 수 있다고 사료된다.

---

192) 김영심(2008) 186~193.

193) 대법원 2005. 6. 23. 선고 2004다51887 판결.

194) 송덕수, "대상청구권의 몇 가지 중요문제에 관한 개별적인 검토", 현대민법학의 진로(정종휴 선생 정년퇴임 기념 논문집)(2016), 601 이하.

Ⅶ. 공동상속인들 사이의 유류분반환청구

1. 유류분반환청구와 상속재산분할청구의 관계

① 유류분반환청구권 행사로 반환원물에 대하여 유류분권자와 반환의무자 사이에 공유관계가 형성된 경우, 공유관계의 해소는 상속재산분할절차에 따라 이루어져야 하는가? 공유물분할절차에 따라 이루어져야 하는가? ② 반환된 원물은 상속재산으로서 상속재산분할의 대상인가? 유류분권자의 고유재산인가? ③ 상속재산분할절차에서 유류분반환청구의 결과를 고려하여 상속재산분할을 할 수 있는가?

청구권설에 의하면 반환된 원물은 상속재산이 아니라 유류분권자의 고유재산이며, 공유관계의 해소는 공유물분할절차에 의해 이루어져야 한다. 또한 가사비송사건인 상속재산분할절차에서 민사소송에서 밝혀야 할 유류분을 고려하는 것도 − 논리필연적으로 불가능한 것은 아니지만 − 절차상 문제가 있다.[195]

형성권설에 의하면 어떠한가? 우리 학설 중에는 ① 유류분반환청구권의 행사는 상속재산의 분할절차와 별도로 할 수 있지만 그 결과의 구체적 실현은 상속재산분할절차와 함께 이루어지는 것이 바람직하다는 견해, 즉 상속재산분할절차에서 유류분까지 고려한 분할이 가능하다는 견해(이하 '심판설'이라 한다. 심판설에 의하면 해당 재산은 상속재산에 포함된다고 봄이 수미일관하다),[196] ② 공유물분할절차에 의해야 하고, 해당 재산은 유류분권자의 고유재산이라는 견해(이하 '소송설'이라 한다)[197]가 대립한다.

심판설에 의한다고 해서 분쟁의 1회적 해결이 반드시 가능한지 의문인 점(수증자나 수유자가 이전받은 받은 목적물 중 반환대상 지분을 제외한 나머지 지분은 상속재산분할의 대상이 되는 상속재산으로 볼 수 없으므로, 어차피 공유물분할절차를 거쳐야 한다), 민법상 유류분제도는 유류분권자가 수증자나 수유자로 하여금 자신이 받은 것

---

195) 윤진수 587~588; 변동열(2003) 882; 김능환(1998) 71~73(형성권설에 따르더라도 결론은 같고, 다만 공동상속인 전원이 유류분반환청구를 하여 결과적으로 공동상속인 전원을 포함한 공유관계가 성립된 경우에는 예외적으로, 상속재산분할절차에서 유류분반환을 고려하여 상속재산을 분할해도 무방하다는 취지이다).

196) 김주수 · 김상용 877; 김소영(1993) 192~193; 박병호 485; 시진국(2006) 710~712.

197) 정구태(2009b) 83~86; 김상훈(2017) 354~356. 변동열(1998) 106~107도 형성권설에 따르더라도 소송설이 타당하다고 한다. 한편 조성필(2017) 103~104는 − 형성권설을 취하면서 − 원칙적으로 공유물분할절차로 해결해야 하나, ① 포괄수유자를 제외한 나머지 공동상속인 전원이 유류분반환청구를 하여 공동상속인 전원을 포함한 공유관계가 성립된 경우, ② 미이행 증여(유증)에서 수증자(수유자)가 공동상속인인 상황에서 공동상속인 전원이 유류분반환청구를 하여 공동상속인 전원이 공유자로 된 경우에는, 상속재산분할절차에 의하더라도 무방하다고 한다.

중 전부나 일부의 반환하도록 청구하는 개별적 권리구제 절차로 설계되어 있는 점을 고려할 때 소송설이 타당하다.[198] 따라서 수증자나 수유자가 공동상속인인 경우에도 유류분권행사의 결과 증여나 유증 목적물에 관하여 발생한 유류분권자와 유류분반환의무자 사이의 공유관계는 공유물분할절차에 의해 해소되어야 하고, 상속재산분할절차는 유류분반환대상이 된 증여나 유증 목적물 이외의 상속재산을 상대로 이루어져야 한다.[199] 다만 유류분반환청구와 상속재산분할청구가 함께 심리되는 것이 분쟁의 일회적 해결에 도움이 된다는 점은 부인하기 어렵다. 입법론적 해결이 요망된다.[200]

참고로 ① 비율적 포괄유증이 이루어진 경우, ② 상속인이 법정상속분에 따라 상속을 받은 후 상속재산분할이 이루어지지 않은 상태에서 해당 법정상속분 전부를 특정인에게 유증(또는 증여)하고 사망하였고, 그 사망한 자의 상속인들이 유류분반환을 청구하는 경우에는, 유증이나 증여의 대상이 **"상속재산"에 대한 "비율"의 형태**로 존재한다. 소송설을 취하더라도 이 경우에는 유류분권행사로 반환되는 재산을 '상속재산'으로 보아야 하는 것 아닌지,[201] 상속재산분할절차를 통해 공유관계가 해소되어야 하는 것 아닌지 검토의 여지가 있다.[202]

---

198) 참고로 일본 판례도 - 특정유증 및 전부 포괄유증의 경우 - 同旨이다. 日最判 1996(平 8). 1. 26. 民集 50-1, 132.(유산전부에 대한 포괄유증에 대하여 유류분감쇄청구권을 행사한 경우 유류분권자에게 귀속되는 권리는 유산분할의 대상이 되는 상속재산이 아니다). 다만 일본의 경우 특정유증이 물권적 효력을 갖는다는 점에 유의해야 한다.

199) 변동열(1998) 119는 공동상속인에 대한 유증(증여)가 이행되지 않은 경우에도 유증재산은 상속재산분할 대상에서 제외해야 한다고 본다.

200) 정구태(2009b) 93~94는, 입법론으로는 가사소송법에 견련관계를 요건으로 하여 가사사건과 민사사건을 병합할 수 있는 일반규정을 신설하고, 미이행증여나 미이행유증의 목적물이 상속재산에 포함되어 상속재산분할절차가 계속 중 유류분반환청구권이 행사되어 공동상속인 전원 사이에 공유관계가 성립된 경우에 한해 제한적으로 병합을 인정함이 타당하다고 한다. 한편 유류분반환청구도 가사소송법상 가사소송으로 규정하여 상속재산분할절차와 병합할 수 있게 하자는 견해로는 윤진수(2007) 270; 임채웅(2010) 418. 한편 한민구(1997) 122~124는 공동상속인간의 유류분청구가 문제된 경우 이를 마류 가사비송사건으로 하여 기여분 청구와 병합해서 심리할 수 있게 하자고 주장한다. 참고로 2017년 법무부에서 입법예고한 가사소송법 전부개정법률(안) 6조 1항은 "가정법원 제1심에 계속된 가사소송사건 또는 상대방이 있는 가사비송사건 청구에 대한 판단의 전제가 되거나 재판결과가 모순저촉될 우려가 있어 이와 동시에 해결할 필요성이 있는 약정이행청구 또는 손해배상청구, 그 밖의 양육비, 재산분할, 상속재산분할 등과 관련된 민사사건(제3자와의 소송을 포함하며 전속관할이 정하여진 소송은 제외한다. 이하 "관련 민사사건"이라 한다)이 지방법원 제1심에 계속된 경우 해당 가정법원은 직권으로 또는 당사자의 신청에 따라 결정으로 해당 지방법원에 관련 민사사건의 이송을 요청할 수 있다."고 규정하여 관련 민사사건 이송의 근거규정을 마련하였다.

201) 청구권설을 취하더라도 유류분권자가 유류분반환을 통해 상속분을 양수받는다고 구성하면 (民1011조 참조) 상속재산성을 긍정할 여지가 없지는 않다. 다만 상속분 양수로 구성하는 것이 가능한지에 대해서는 논란이 있을 수 있다.

202) 松原正明 515; 矢尾和子, "遺留分減殺請求による取戻財産の性質と遺産分割事件の運営", 家庭裁判月報 49(7) (1997), 22~23 참조.

유류분반환소송이 먼저 확정되었는데 법률상 보장된 유류분액과 다르게 반환액이 정해진 경우(원·피고 사이의 화해로 확정된 경우 이런 문제가 발생할 가능성이 크고, 법원의 판결로 확정된 경우에도 이런 문제가 생길 여지가 없지 않다), 후속 상속재산 분할절차에 어떠한 영향을 미치는가? 만약 민사법원이 유류분권자의 구체적 상속분을 잘못 계산하여 그에 따라 판결이 확정되었더라도, 구체적 상속분 액수는 유류분 확정판결의 이유에 해당하는 부분으로서 기판력이 미치지 않는다.[203] 따라서 상속재산분할절차를 담당하는 가정법원으로서는 종전 확정판결의 내용과 상관없이 법률에 따라 각 상속인들의 정당한 구체적 상속분을 정할 수 있다. 상속재산분할의 전제문제로서 분할대상 상속재산을 확정하는 국면에서 종전 확정판결이 영향을 미칠 여지가 있는가? 만약 공동상속인에 대한 미이행 유증(증여)도 상속재산분할 대상에서 제외된다고 보면, 영향을 미칠 여지가 거의 없을 것으로 사료된다(소송설에 따를 경우).

2. 공동상속인 중 1인에게 부분적 포괄유증이 있거나, 특정재산을 준다는 유언이 있는 경우

피상속인이 공동상속인 중 1인에게 "전체 상속재산 중 일정비율"을 포괄유증한 경우, ① 전체 상속재산 중 일정비율만큼을 포괄유증의 대상으로 보아 유류분반환 대상으로 삼을 것인지, ② 피상속인의 의사표시를 상속재산분할방법의 지정 + 법정상속분을 넘는 범위에 한하여 비율적 포괄유증으로 해석하여, 전자의 경우와 달리 포괄유증의 대상을 축소해서 볼 것인지 등이 문제된다. 이는 일차적으로 유언의 해석문제이고, 유언자의 의사가 불명확한 경우 법원으로서는 일정한 판단기준을 미리 마련해 두어 그에 따라 판단해야 한다. 유언을 어떻게 보는지에 따라 포괄유증의 범위가 달라지고, 유류분반환의 대상·범위가 달라질 수 있다. 이에 관한 논의는 1078조 주석 부분 참조.[204]

피상속인이 공동상속인 중 1인에게 상속재산 중 특정물건을 "준다"거나 "상속시켜준다"고 유언을 한 경우, 이를 ① 특정유증으로 보아야 할지, ② 상속재산분할방법을 지정한 것으로 보아야 할지, ③ 법정상속분을 초과하는 경우 그 초과분에 한하여 특정유증을 한 것으로 보아야 할지 등이 문제된다. 피상속인의 유언의 취지를 어떻게 해석할 것인지, 피상속인의 의사가 불분명할 경우 어떠한

---

203) 長秀之, "遺産分割審判と遺留分減殺請求訴訟の関係", 判タ1327(2010), 12 참조.
204) 현소혜(2017) 316~324도 참조.

법리를 적용할 것인지 등에 따라 특정유증의 범위가 달라지고, 유류분반환의 대상·범위가 달라질 수 있다. 이에 관해서는 유언의 효력 前注 부분 참조.

3. 공동상속인 간 유류분반환 비율

공동상속인이 3인 이상 있는 경우, 누가 누구를 상대로 유류분반환을 청구할 수 있는지, 반환비율은 어떻게 산정해야 하는지 문제된다. 사안유형을 2개로 나누어 살펴본다.[205)]

가. 공동상속인 중 수유자만 있는 경우[206)]

사례를 들어 학설대립 내용을 설명한다.

피상속인 A사망시 상속재산이 4,000, 상속인들로 자녀 甲, 乙, 丙, 丁이 있고, A가 甲에게 500, 乙에게 1,500, 丙에게 2,000을 각 유증하였고 결과적으로 丁이 전혀 상속을 받지 못한 경우(甲, 乙, 丙, 丁의 각 유류분액은 500이고, 丁의 유류분부족액은 500이며, 甲, 乙, 丙은 유류분침해를 입지 않았다).

① **유류분초과비율설**(판례 및 다수설[207)])

유류분권리자는 그 다른 공동상속인들 중 증여 또는 유증을 받은 재산의 가액이 자기 고유의 유류분액을 초과하는 상속인을 상대로 하여 그 유류분액을 초과한 금액의 비율에 따라 반환청구를 할 수 있다는 견해이다.[208)] 이에 따르면 丁은 甲에게는 유류분반환을 청구할 수 없고, 乙, 丙에 대하여는 2 : 3 (=1,500-500 : 2,000-500)의 비율로 유류분반환을 청구할 수 있다. 즉 乙은 200을, 丙은 300을 반환해야 한다.

공동상속인과 공동상속인 아닌 제3자가 유류분반환의무자인 경우에는 제3자에게는 유류분권이 없으므로, 공동상속인은 자기 고유의 유류분액을 초과한 금액을 기준으로 하여, 제3자는 그 수증(수유)가액을 기준으로 하여 각 그 금액의 비율에 따라 반환청구를 할 수 있다.[209)]

205) 이하 내용은 윤진수 588~592을 전적으로 참고하였다.
206) 공동상속인 중 수증자만 있는 경우도 결론은 같다.
207) 김능환(1998) 53; 이진만(1997) 381~382; 이희영(1997) 392; 박동섭, 유류분 126; 정구태(2013a) 507~508; 이경희, 유류분 166; 변동열(2003) 877~878; 주석상속(2) 457~458. 일본 최고재판소 판례의 입장이기도 하다. 日最判 1998(平 10). 2. 26. 民集 52-1, 274.
208) 대법원 1995. 6. 30. 선고 93다11715 판결.
209) 대법원 1996. 2. 9. 선고 95다17885 판결; 대법원 2006. 11. 10. 선고 2006다46346 판결.

② **상속분초과비율설**

유류분권리자는 자신의 법정상속분액을 넘는 유증이나 증여를 받은 자에 대해서만 반환청구를 할 수 있고, 이러한 자들이 여러 명이면 그들 사이의 반환비율은 법정상속분을 초과하는 부분의 비율에 따라 결정해야 한다는 견해이다. 이에 따르면 丁은 甲에게 유류분반환을 청구할 수 없고, 乙, 丙에 대하여는 1 : 2(=1,500−1,000 : 2,000−1,000)의 비율로 유류분반환을 청구할 수 있다. 즉 乙은 500×1/3, 丙은 500×2/3을 각 반환해야 한다.

③ **유류분초과부분 면제설**[210)]

유류분권리자는 유증이나 증여를 받은 자 모두에 대하여 그들이 받은 금액이 고유의 유류분이나 상속분을 초과하였는지를 묻지 않고 유류분반환을 청구할 수 있되, 다만 그로 인하여 수유자나 수증자의 유류분을 침해하는 결과가 발생하면 그 침해부분만큼은 반환의무를 면하고 이 부분은 다른 수유자나 수증자가 자신들의 유증액이나 증여액의 비율에 따라 분담한다는 견해이다.[211)] 이에 따르면 일단 丁은 甲, 乙, 丙 모두에게 1 : 3 : 4(=500 : 1,500 : 2,000)의 비율로 유류분반환을 청구할 수 있다. 따라서 甲은 500×1/8, 乙은 500×3/8, 丙은 500×4/8를 각 반환해야 한다. 그런데 甲이 500×1/8을 반환하면 甲은 500×1/8만큼의 유류분부족액이 생긴다. 따라서 甲은 유류분반환의무를 부담하지 않고, 500×1/8을 乙과 丙이 3 : 4의 비율로 분담한다. 즉 乙은 최종적으로 500×3/8+500×1/8×3/7을, 丙은 500×4/8+500×1/8×4/7를 각 반환해야 한다.

④ **검토**

상속분초과기준설에 의하면 증여나 유증을 적게 받은 상속인의 부담이 줄어들고, 다른 학설에 비해 공동상속인들의 최종분배결과가 가장 균등해진다. 그러나 공동상속인들에게 차등을 두어 상속재산을 분배한 피상속인의 의사가 가장 변형된다는 점에서, 즉 증여나 유증을 많이 받은 상속인을 우대하려는 피상속인의 의사와 저촉된다는 점에서 찬성하기 어렵다.

유류분초과비율설은 유류분초과부분면제설에 비해 계산이 간명하다. 그러나 民1115조 2항은 "증여 및 유증을 받은 자가 수인인 때에는 **각자가 얻은 유**

210) 윤진수 590.

211) 오영준(2013) 214는 유류분반환청구를 받은 특별수익자가 그 반환의 결과 그 자신의 유류분이 침해되는 경우에는 다시 다른 수증자 등을 상대로 유류분반환청구를 해야 하는 순환관계에 빠지게 되어 불합리하다고 한다. 그러나 다시 다른 수증자 등을 상대로 유류분반환청구를 해야 한다고 해서 그것이 반드시 불합리하다고 볼 수는 없다.

증가액의 비례에 따라 반환해야 한다"고 규정하고 있으므로 법문에 배치된다는 단점이 있다. 유류분반환이 모든 반환의무자의 유류분을 침해하지 않음에도 불구하고 굳이 유류분초과비율을 기준으로 삼을 이유도 없다. 유류분초과부분면제설에 동의한다(독일민법 2328조 참조).

나. 공동상속인 중 수유자와 수증자가 있는 경우

사례를 들어 학설대립 내용을 설명한다.

피상속인 A사망시 상속재산이 2,000, 상속인들로 자녀 甲, 乙, 丙, 丁이 있고, A가 甲에게 200, 乙에게 900, 丙에게 900을 각 유증하였고, 甲에게 3,200, 乙에게 1,400, 丙에게 1,400을 각 생전증여하였으며, 결과적으로 丁이 전혀 상속을 받지 못한 경우(甲, 乙, 丙, 丁의 각 유류분액은 1,000이고, 丁의 유류분부족액은 1,000이며, 甲, 乙, 丙은 유류분침해를 입지 않았다).

① 판례[212]

판례는 우선 유류분초과비율설에 따라 유류분반환의무자의 반환범위를 정해야 한다고 본다. 여기서 유류분초과비율은 공동상속인의 특별수익 전체 합계액(유증과 증여 합계액[213]))에서 자신의 유류분을 공제한 금액의 비율이다. 즉 甲, 乙, 丙은 2,400 : 1,300 : 1,300(=200+3,200−1,000 : 900+1,400−1,000 : 900+1,400−1,000)의 비율로 유류분반환의무를 부담한다. 즉 甲은 480{=1,000×24/(24+13+13)}, 乙, 丙은 각 260{=1,000×13/(24+13+13)}을 반환해야 한다.

한편 수인의 공동상속인이 유증받은 재산의 총 가액이 유류분권리자의 유류분부족액을 초과하는 경우 그 유류분 부족액의 범위 내에서 각자의 수유재산을 반환하면 되고 수증재산을 반환할 것은 아니며(民1116조),[214] 어느 공동상속인의 수유재산 가액이 그의 분담액에 미치지 못하여 분담액 부족분이 발생하더라도 이를 그의 수증재산으로 반환할 것이 아니라, 자신의 수유재산의 가액이 자신의 분담액을 초과하는 다른 공동상속인들이 위 분담액 부족분을 위 비율에 따라 다시 안분하여 그들의 수유재산으로 반환하여야 한다. 즉 사안에서 총 유

212) 대법원 2013. 3. 14. 선고 2010다42624 판결.

213) **수유자들의 반환비율을 정한다고 해서 수유액만 고려하는 것이 아니라는 점에 유의해야 한다. 수유자겸 수증자라면 수증액도 고려해야 한다.** 다만 생전증여만 받은 공동상속인이 있다면 그는 후순위 반환의무자이므로(民1116조) 그의 반환비율은 여기서는 문제되지 않는다.

214) 만약 유류분부족액이 유증받은 재산의 총 가액을 초과하는 경우, 그 초과분에 대해서는 수증자들이 유류분반환의무를 부담한다. 수증자들은 그 초과분을 자신들의 유류분초과비율{공동상속인의 특별수익 전체 합계액(유증과 증여 합계액)에서 자신의 유류분액을 공제한 금액의 비율}에 따라 분담한 금액만큼 유류분반환의무를 부담하게 될 것이다.

증가액은 2,000이고 유류분부족액은 1,000이므로 丁의 유류분반환은 수유자에 대한 청구로 끝나야 한다. 그런데 甲의 수유액은 200인데 甲의 분담액은 480으로서, 甲이 480 모두를 이행해야 한다면 甲은 실질적으로 자기 증여분에 대해서도 유류분반환의무를 부담하는 결과가 된다. 따라서 甲의 수유액을 초과하는 부분인 280은 유증받은 액이 충분한 乙, 丙이 부담해야 한다. 乙, 丙은 자신들의 유류분초과부분 비율(1,300 : 1,300)에 따라 위 초과액 280을 분담한다. 최종적으로 甲은 200, 乙, 丙은 각 400(=260+140)의 유류분반환의무를 진다.[215)]

② 유류분초과부분 면제설

甲, 乙, 丙이 수유자로서 유류분반환의무를 부담할 경우 이들의 분담비율은 수유액만을 고려하여 산정한다. 즉 甲, 乙, 丙의 취득가액비율은 200 : 900 : 900이다. 따라서 甲은 100 (=1,000×2/20), 乙, 丙은 각 450(=1,000×9/20)이다. 최종적으로 甲은 100, 乙, 丙은 각 450의 유류분반환의무를 진다.

다. 생전증여나 유증을 받은 공동상속인이 상속을 포기하거나 상속결격자인 경우

상속결격자나 상속포기자가 생전증여 등을 받아 유류분반환청구의 상대방이 된 경우, 공동상속인 간 유류분반환문제[216)]로 볼 것인가, 제3자에 대한 유류분반환문제로 볼 것인가?

상속결격자나 상속포기자는 더 이상 상속인이 아니므로 그들 고유의 유류분권이라는 것은 관념할 수 없다. 따라서 제3자에 대한 유류분반환문제로 보는 것이 타당하다고 사료된다.[217)]

참고로 상속을 포기하거나 상속결격자인 공동상속인이 받은 생전증여도 그 시기를 불문하고 가상의 상속재산에 포함시켜야 한다.[218)] 다만 상속결격사유가 발생한 이후 받은 생전증여는 특별수익으로 볼 수 없으므로 일반 증여

---

215) 민유숙(2014) 60은 판례와 같이 보면 공동상속인들 중 생전증여를 많이 받은 사람을 상대적으로 더 유리하게 취급하게 되어 공동상속인 사이의 공평이 저해된다고 비판한다. 주석상속(2) 459도 이에 공감한다. 그러나 民1116조의 취지를 고려할 때 생전증여를 많이 받은 사람이 유리하게 취급되는 것은 당연하다. 다만, 수유자들의 유류분반환범위를 산정하면서 수유자들의 생전증액여액까지 고려해 반환비율을 산정하는 것이 타당한지는 - 유류분초과비율설에 따를 경우 부득이해 보이긴 하나 - 의문이다. 한편 전경근, 정다영(2017) 264~265는 위 판례가 민법 제1115조 제2항을 무시한 것으로서 타당하지 않다고 주장한다. 그러나 민법 제1115조 제2항을 문언 그대로 관철하면 결과적으로 민법 제1116조의 취지가 훼손된다. 판례는 이러한 사정을 고려하여 절충적 해석론을 취한 것이다.

216) 이에 관해서는 1115조 주해 부분 참조.

217) 同旨 이경희, 유류분 166; 오병철(2006) 229의 각주41). 反對 박동섭, 유류분 36(상속포기자나 상속결격자가 유류분청구의 상대방이 된 경우 그들 고유의 유류분까지 무시될 수는 없으므로 유류분으로써 항변할 수 있다고 한다).

218) 변동열(2003) 837~838.

재산과 마찬가지 기준에 따라 유류분산정의 기초재산에 가산해야 한다.[219)]

Ⅷ. 유류분과 기여분

1. 유류분과 기여분의 관계

기여분은 상속재산의 가액에서 유증의 가액을 공제한 금액의 범위 내에서 인정된다(民1008조의2 3항). 피상속인이 전재산을 증여 또는 유증하였다면 기여분은 인정될 수 없다. 즉 증여와 유증은 기여분에 우선한다.

기여분은 유류분반환청구의 대상이 아니다. 즉 공동상속인 중 1인에 대하여 많은 기여분이 인정되어 다른 상속인의 최종취득액이 자신의 유류분에 미달하더라도 기여분은 유류분반환청구의 대상이 되지 않는다. 유류분반환청구의 대상은 피상속인의 증여나 유증이고, 기여분은 여기에 포함되지 않기 때문이다. 대법원 2015. 10. 29. 선고 2013다60753 판결도 기여분으로 인해 유류분에 부족이 생겼다고 해서 유류분권리자는 그 기여분에 대해 반환을 청구할 수 없다고 하였다. 그러나 기여분을 과다하게 정하여 다른 공동상속인의 유류분을 침해하는 것은 바람직하지 않으므로 다른 상속인의 유류분은 기여분결정 심판시 고려해야 할 사항으로서 기타의 사정(民1008조의2 2항)에 포함된다.

정리하면 증여·유증>기여분>유류분이 된다. 그런데 증여나 유증은 유류분을 침해할 수 없으므로 증여·유증>기여분>유류분>증여·유증이라는 모순·순환관계에 빠지게 된다. 이로 인해 해석론상 어려운 문제들이 등장한다. 아래에서는 설명의 편의를 위해 유류분 산정공식을 먼저 제시한 뒤, 각 쟁점을 살펴본다.

유류분 부족액 = A(유류분 산정의 기초가 되는 재산액) × B(그 상속인의 유류분 비율) − C(그 상속인의 특별수익액) − D(그 상속인의 순상속액) A = 상속개시시 적극적 상속재산 + 산입될 증여 − 상속채무액 B = 법정상속분의 1/2 또는 1/3 C = 당해 유류분권리자의 수증액 + 수유액 D = 당해 유류분권리자의 구체적 상속분 − (소극재산×상속분)

219) 대법원 2015. 7. 17.자 2014스206 결정.

2. 기여분이 있는 경우 유류분의 산정방법

가. 기여분결정 이전

(1) 유류분 산정의 기초재산(A)에서 기여분을 공제할 것인지 여부

판례는 기여분이 결정되기 전에 유류분권리자가 기여상속인을 상대로 유류분반환을 청구를 하는 경우 기여상속인이 자신의 기여분을 공제할 것을 항변으로 주장할 수 없다고 한다.[220] 즉 유류분산정의 기초가 되는 재산(A)에서 기여분을 공제할 수 없다는 것이다. 학설도 대체로 비슷한 취지이다.[221] 그 주된 근거는 民1118조가 民1008조는 준용하지만 民1008조의2는 준용하지 않는다는 것이다. 다만 이에 대해 비판적인 견해도 있다.[222]

기여분이 상속분의 일부이긴 하나 기여분권자는 자신이 받아야 할 정당한 몫을 받는 것이고, 기여분에 대하여 유류분반환청구가 인정될 수도 없으므로, 유류분산정의 기초가 되는 재산에서 기여분을 공제하는 것이 합리적이긴 하다. 그러나 현실적으로 유류분반환청구를 심리하는 민사법원이 기여분액수를 산정하기 어려운 문제가 있는 것은 사실이다. 유류분사건을 심리하는 민사법원이 특별수익을 고려하여 구체적 상속분을 산정할 수 있다고 하여, 기여분도 당연히 독자적으로 고려·산정할 수 있다는 결론으로 연결되지는 않는다. 기여분의 경우 그 액수산정에 관하여 법원의 재량이 개입할 여지가 크다는 점을 고려할 필요가 있다. 해석론으로는 일응 판례의 결론에 찬성한다. 다만 입법론으로는 유류분반환청구가 있으면 상속재산분할절차와 관계없이 가정법원에 기여분 결정을 청구하도록 하는 방법 등을 고민할 필요가 있다.[223][224]

(2) 유류분권자의 순상속액(D) 산정시 고려할 것인지 여부

기여분액이 결정되지 않았다면, 유류분반환청구를 심리하는 민사법원이

---

220) 대법원 1994. 10. 14. 선고 94다8334 판결; 대법원 2015. 10. 29. 선고 2013다60753 판결.

221) 윤진수(2007) 270; 변동열(2003) 840, 893~894; 박동섭, 유류분 19~20. 주석상속(2) 460; 시진국(2006) 712; 임채웅(2010) 408~409.

222) 권재문(2016) 492~493.

223) 윤진수 412. 참고로 대법원 1999. 8. 24.자 99스28 결정은 "기여분은 상속재산분할의 전제문제로서의 성격을 갖는 것이므로 상속재산분할의 청구나 조정신청이 있는 경우에 한하여 기여분결정청구를 할 수 있고 다만 예외적으로 상속재산분할 후에라도 피인지자나 재판의 확정에 의하여 공동상속인이 된 자의 상속분에 상당한 가액의 지급청구가 있는 경우에는 기여분의 결정청구를 할 수 있다고 해석되며, 상속재산분할의 심판청구가 없음에도 단지 유류분반환청구가 있다는 사유만으로는 기여분결정청구가 허용된다고 볼 것은 아니다."라고 한다.

224) 기여분을 유류분산정에 포함시키도록 준용규정을 두는 것이 바람직하다는 견해로는 이은영(2004) 207.

기여분을 고려해 유류분권자의 순상속액을 계산하기도 어려울 것이다.[225] 기여분을 고려하지 않고 유류분권자의 순상속액을 계산하여 유류분부족액을 산정하였고 그에 따른 확정판결이 있은 후에, 기여분이 결정되어 결과적으로 유류분권자의 순상속액이 감소하였고 그에 따라 유류분부족액이 증가한 경우, 유류분권자가 증가한 유류분부족액에 관하여 다시 유류분반환청구의 소를 제기하는 것은 전소 확정판결의 기판력 표준시 이후에 발생한 사유에 기초한 것이므로 전소의 기판력에 반하지 않는다고 해석함이 타당하다.[226]

나. 기여분결정 이후

(1) 유류분 산정의 기초재산(A)에서 공제할 것인지 여부

판례는 기여분이 결정된 후에도 유류분 산정의 기초재산에서 기여분을 공제할 수 없다고 한다.[227] 학설 중에는 民1118조가 民1008조의2를 준용하지 않는 점 등을 들어 판례에 찬성하는 견해[228]와 유류분 산정의 기초재산에서 공제해야 한다는 견해가 있다.[229]

판례에 따르면 결정된 기여분액에 따라 유류분 산정의 기초재산이 달라지지 않는다. 그러나 기여분이 인정되면 그만큼 상속재산 중 다른 공동상속인이 차지하는 몫이 줄어들어 그의 순상속액이 줄어들 수밖에 없으므로, 그 공동상속인의 유류분부족액은 늘어난다. 기여분이 다액으로 인정되는 경우, 생전증여나 유증이 전혀 없어 유류분반환청구는 불가능하지만 유류분권자의 유류분부족액은 존재하는 상황이 발생할 수도 있다.

(2) 유류분권자의 순상속액(D) 산정시 고려할 것인지 여부

기여분이 결정된 경우 유류분권자의 순상속액 산정시 기여분을 고려해야 한다는 점에는 이론이 없는 것으로 보인다.[230]

다만, 위 (1)쟁점에서 기여분을 공제해야 한다는 입장을 취하는 견해 중에는, 기여상속인이 유류분권자인 경우 기여상속인의 순상속액 산정시 기여분을 고려하되, 기여상속인의 유류분부족액 산정시 기여분만큼을 가산하자는 견해가 있다.[231] 즉 위 표에서 D(순상속액)는 기여분을 고려해서 산정하되, C(유류분

225) 오병철(2017) 56, 69.
226) 임채웅(2010) 410의 주63 참조.
227) 대법원 2015. 10. 29. 선고 2013다60753 판결.
228) 정구태(2016) 61~62.
229) 오병철(2017) 53; 권재문(2016) 493~494; 윤진수 412; 최준규(2017) 140; 전경근(2018) 372; 이은정(2004) 149와 곽동헌(1990) 203~204도 공제해야 한다는 견해이다.
230) 정구태(2016) 62; 변동열(2003) 899~900; 오병철(2006) 220; 시진국(2006) 713~714.

권자의 특별수익)를 공제해주는 것과 반대로 기여분은 가산하여 유류분부족액을 산정하자는 것이다. 기여분을 유류분산정의 기초재산에서 공제해준다면, 유류분부족액 산정시 기여분만큼 가산해주는 것이 수미일관하다고 생각한다.

(3) 기여분이 협의로 결정된 경우

유류분을 실질적으로 침해하는 기여분이 공동상속인들 사이의 협의에 의해 결정된 경우, 공동상속인들 사이의 유류분반환청구는 포기한 것으로 보아야 한다는 견해가 있으나,[232] 항상 그렇다고 단정할 수 있는지 의문이다. 기여분 협의의 구체적 경위 및 내용 등을 고려해 개별적으로 판단해야 한다고 사료된다.

3. 피상속인이 기여의 대가로 유증이나 증여를 한 경우

가. 생전 증여의 경우

피상속인이 공동상속인 중 1인에게 기여의 대가로 생전증여를 한 경우, 이 생전증여는 유류분반환의 대상이 되는가? 판례 중에는 '배우자'에 대한 '특별수익'이 문제되는 경우, 무상성을 부정하여 특별수익에 해당하지 않는다는 이유로 유류분 반환 대상에서 제외한 것이 있다.[233] 학설 중에는 기여의 대가로 증여가 이루어졌다는 점을 고려하지 않고 특별수익으로 보는 견해[234]와 무상성이 부정되므로 특별수익에 해당하지 않는다는 견해[235]가 있다. 판례와 같이 보면, 유류분반환청구를 심리하는 민사법원에서 기여분을 먼저 정하여 이를 유류분 산정시 고려하는 것과 다를 바 없다(즉 유류분산정의 기초재산에서 기여분을 공제하고 순상속액 산정시에도 기여분을 고려하며, 기여상속인이 유류분권자인 경우 기여한만

231) 곽동헌(1990) 204 및 이청조 · 김보현(2003) 118은 그러한 취지로 보인다.

232) 변동열(2003) 894~895; 최상열(2000) 301.

233) 대법원 2011. 12. 8. 선고 2010다66644 판결(생전 증여를 받은 상속인이 배우자로서 일생 동안 피상속인의 반려가 되어 그와 함께 가정공동체를 형성하고 이를 토대로 서로 헌신하며 가족의 경제적 기반인 재산을 획득 · 유지하고 자녀들에게 양육과 지원을 계속해 온 경우, 생전 증여에는 위와 같은 배우자의 기여나 노력에 대한 보상 내지 평가, 실질적 공동재산의 청산, 배우자 여생에 대한 부양의무 이행 등의 의미도 함께 담겨 있다고 봄이 타당하므로 그러한 한도 내에서는 특별수익에서 생전 증여를 제외하더라도 자녀인 공동상속인들과의 관계에서 공평을 해친다고 말할 수 없다.). 이 판례는 피상속인이 사망하기 7년 전에 기여의 대가로 생전증여가 이루어진 경우 이는 '특별수익'에 해당하지 않으므로 유류분반환의 대상이 되지 않는다는 취지이다. 그렇다면 이 생전증여가 상속개시 전 1년 이내에 이루어졌다면, 특별수익에 해당하지 않더라도 '생전증여'에는 해당하므로 유류분반환의 대상이 되는가? 이 쟁점은 이 판례에서 문제된 것이 아니고, 견해대립이 있을 수 있는 문제이다. 필자는 유류분반환 대상이 되는 증여가 아니라고 봄이 타당하다고 생각한다.

234) 정덕흥(1994) 81; 변동렬(2003) 901; 임채웅(2010) 412.

235) 이은정(2013) 163~166(나아가 상속인이 수익 당시 대가없이 피상속인의 재산을 수령하였더라도 상속개시 전에 그 수령재산에 대한 기여를 하였다면 무상성이 부정된다고 한다).

큼 유류분부족액을 가산하는 견해[236]와 실질적으로 같다). 피상속인의 상속재산이 전혀 없어 민법상 기여분이 인정될 여지가 없는 경우에는, 기여를 한 상속인이더라도 기여분을 받을 수 없다. 이런 상황에서 기여의 대가로 받은 생전증여를 반환해야 한다면, 기여를 한 상속인 입장에서는 부당하게 불공평한 것이다. 이런 경우에는 유류분반환청구를 심리하는 민사법원이 기여의 대가 여부를 판단하여 유류분반환의 범위를 축소시키는 것이 타당하다고 사료된다.

나. 유증의 경우

피상속인이 공동상속인 중 1인에게 기여의 대가로 유증을 한 경우, 이 유증은 유류분반환의 대상이 되는가? 이 경우 생전증여와 달리 해석론으로 무상성을 부정하기 쉽지 않다.[237] 피상속인에게 상속재산이 있다면 기여분 인정절차에서 기여상속인인 수유자에게 기여분이 인정될 수 있으므로, 굳이 수유자의 유류분반환의무를 부정할 이유는 없다.

그러나 기여분을 인정할 수 있는 상속재산이 없어, 기여상속인인 수유자가 기여분을 확보하기 어려운 경우라면, 법형성을 통해 문제된 유증을 유류분반환 대상에서 제외하거나, 유류분권자의 유류분반환청구를 신의칙을 이유로 기각하는 방법 등을 고민할 필요가 있다.

4. 기여상속인이 있는 경우 제3자에 대한 유류분반환청구

공동상속인 중 일부에게 기여분이 인정되고 공동상속인이 아닌 제3자에 대하여 유류분을 침해하는 유증이나 증여가 있는 경우, 그 제3자에 대한 유류분반환청구의 범위에 관하여 학설이 대립한다. 상속개시 당시 재산가액이 9억 원이고 상속인은 자녀 A, B, C 3명이며 A에게 기여분이 1억 5,000만 원 인정되고 제3자 D에게 6억 원의 유증이 이루어진 경우를 생각해본다.

① **기여분확보설**[238]

유류분부족액 산정시 기여분을 전혀 고려하지 않는 견해로서, 일본의 다수설이다. 위 사안에서 A, B, C가 상속받을 수 있는 재산은 3억 원(=9억 원 − 6억 원)인데, 그 중에서 A는 2억 원{=(3억 원 − 1억 5천만 원)×1/3 + 1억 5천만 원}, B, C는 각 5,000만 원을 받을 수 있다. A, B, C의 유류분액은 각 1억 5,000

---

236) 곽동헌(1990) 204.
237) 변동렬(2003) 896.
238) 정덕흥(1994) 86~88; 최상열(2000) 302; 황정규(2003) 68.

만 원이고(=9억 원×1/3×1/2), 유류분부족액은 1억 5,000만 원이며(=4억 5천만 원 − 3억 원), A, B, C는 각 법정상속분의 비율에 따라 E에게 5,000만 원씩 유류분반환을 청구할 수 있다.

기여분확보설에 따르면 유류분을 심리하는 민사법원은 기여분이 결정되었는지 여부, 결정된 기여분액수 등을 고려할 이유가 전혀 없다. 기여분액수와 무관하게 유류분부족액이 결정되기 때문이다. 기여분확보설에 따르면 기여상속인과 기여분이 없는 상속인의 최종취득액 사이에는 항상 기여분만큼의 차이가 생기게 된다. 또한 기여분확보설에 의하면 유증액이 동일하면 수유자의 총 유류분반환의무액도 고정된다.

② **유류분확보설**[239]

유류분확보설에 따르면, 기여상속인이 자신의 기여분을 포함한 순상속액이 유류분을 넘는 경우에는 유류분반환을 청구할 수 없다. 즉 위 사례에서 A의 순상속액이 유류분액에 미달하지 않으므로 B, C만 자기의 유류분액에서 순상속액의 차액인 각 1억 원(=1억 5,000만 원 − 5,000만 원)씩 청구할 수 있다.

유류분확보설에 따르면 기여분에 따라 유류분부족액이 달라질 수 있다. 또한 − 기여분확보설과 달리 − 기여상속인과 기여분이 없는 상속인의 최종취득액 사이에 항상 기여분만큼의 차이가 발생하지는 않는다.

③ **기여분공제설**

(기여분액이 결정되었다는 전제 하에) 유류분산정의 기초재산에서 기여분을 공제하자는 견해이다.[240] 그 밖의 계산방법은 유류분확보설과 같다. 즉 A, B, C의 유류분액은 1억 2,500만 원{=(9억 원−1억 5,000만 원)×1/3×1/2}이고, A는 순상속액이 유류분액에 미달하지 않으므로 B, C만이 자기의 유류분액에서 순상속액의 차액인 각 7,500만 원(=1억 2,500만 원−5,000만 원)씩 청구할 수 있다.

한편 기여분공제설 중에는 기여상속인이 유류분권리자인 경우 기여분을 가산하여 유류분부족액을 산정해야 한다는 견해도 있다.[241] 이에 따르면, A의 유류분부족액은 7,500만 원(=1억 2,500만 원+1억 5,000만 원−2억 원)이고, B, C의 유류분부족액도 각 7,500만 원(=1억 2,500만 원−5,000만 원)이 된다.

239) 변동렬(2003) 899~902; 시진국(2006).
240) 오병철(2017) 55~57; 윤진수 599.
241) 곽동헌(1990) 203~205, 211; 최준규(2017) 126~127.

④ **자유분확보설**

일본에서는 자유분확보설도 주장된다. 이는 제3취득자의 유류분침해액(이는 유증액 또는 증여액에서 피상속인이 자유롭게 처분할 수 있는 자유분을 공제한 액이다)에 대하여 순상속분이 유류분에 미달하는 상속인만 반환을 청구할 수 있다는 것이다. 이에 따르면 유류분침해액이 1억 5,000만 원이 되고(=6억 원−4억5천만 원), 이를 B, C가 각 7,500만 원씩 청구할 수 있게 된다. 자유분확보설은 전체 상속재산을 기준으로 유류분침해액을 산정한다는 점에서 기여분확보설과 접근방법이 비슷하다(따라서 기여분확보설에서와 마찬가지로 자유분확보설에서도 유증액이 동일하면 수유자의 총 유류분반환의무액도 고정된다). 다만 기여분을 많이 인정받아 순상속분이 큰 기여상속인은 유류분반환청구를 못할 수 있다는 점에서 기여분확보설과 다르다.

자유분확보설에 따르면 기여분으로 인해 망외의 이득이나 손실이 발생하는 것이 방지될 수 있다.[242)]

⑤ **검토**

기여분확보설과 자유분확보설은 '자유분'이라는 개념이 없는 우리 유류분제도 하에서 취하기 어렵다. 판례와 같이 유류분산정의 기초재산에서 기여분을 공제하지 않는 입장을 따른다면 유류분확보설을 취하는 것이 타당할 것이다. 다만 기여분이 확정된 경우에는, 기여분공제설을 취하는 것이 타당한 것 아닌지 − 입법론뿐만 아니라 해석론으로도 − 검토의 여지가 있다고 사료된다.

Ⅸ. 유류분권 행사와 권리남용

유류분반환청구권의 행사가 권리남용으로 인정되어 법의 보호가 부정될 수 있다. 하급심 판례 중에는 원고들(피고와 형제지간으로서 공동상속인이다)은 피고와의 많은 나이 차이로 인하여 이 사건 부동산을 형성하고 관리하는 데 기여한 바도 없고, 원고들의 아버지가 사망하자 자신들의 상속분을 분배받기에 급급하였으며 어머니가 8년간이나 투병생활을 하는 동안 부모를 부양하여야 할 자식으로서의 의무를 저버리고 병간호에 정신적으로나, 물질적으로 아무런 도움을 주지 않고 오로지 피고에게만 모든 것을 부담시키다가 어머니가 사망하자 피고가 이미 10년 전에 어머니로부터 증여받은 재산에 관하여 유류분반환청구권

---

242) 구체적 내용은 최준규(2017) 134 및 주해상속법 1008조의2 Ⅵ.부분 참조.

을 행사하는 것은 피고의 신뢰를 저버리는 것일 뿐만 아니라, 선량한 풍속 기타 사회질서를 보호하려는 우리 법질서와 조화되지 않고 사회 일반의 정의관념과 형평성에 비추어 용납될 수 없는 것으로 신의성실의 원칙에 위반되어 허용될 수 없다고 한 것이 있다.[243)]

유류분권자와 피상속인 사이의 신분관계가 형해화되었고 이와 관련하여 유류분권자에게 비난가능성이 높은 귀책사유가 있는 경우,[244)] 유류분권자가 상속개시 전에 수유자나 수증자에 대하여 유류분권을 행사하지 않기로 약속하였고 그러한 약속의 자발성과 합리성이 인정되는 경우 – 즉 합리적 사전(事前) 상속계획의 일환으로 이러한 의사가 표시된 경우 – 에는 권리남용을 인정할 여지가 있다. 다만, 이러한 경우에도 유류분권자의 부양필요성이 인정되고 달리 다른 부양의무자가 없는 경우, 유류분권자가 상속재산 형성에 상당부분 기여한 경우에는 유류분권 행사를 권리남용으로 배척하는데 신중을 기할 필요가 있다.

학설상으로는, 유류분권자 스스로 비난받을 행위를 함으로써 친자관계에서 일탈하고 부모와의 관계를 단절하여 결과적으로 가족적 유대를 파괴시켰다면, 권리남용을 인정해야 한다는 견해가 유력하다.[245)]

---

243) 부산지방법원 동부지원 1993. 6. 17. 선고 92가합4498 판결.

244) 유류분권자와 피상속인 사이의 관계가 형해화되었다는 객관적 사정만으로는 권리남용을 인정하기 어려울 것이다.

245) 정구태(2009c) 724; 김상용(2007) 684.

第1116條(返還의 順序)

贈與에 대하여는 遺贈을 返還받은 후가 아니면 이것을 請求할 수 없다.
[本條新設 1977. 12. 31]

참고문헌: 김능환, "유류분반환청구", 재판자료78(1998); 변동열, "유류분 제도", 民判硏25 (2003); 정구태, "유류분반환의 방법으로서 원물반환의 원칙과 가액반환의 예외", 영남법학30 (2010); 松原正明, 判例先例 相続法Ⅴ(2012).

Ⅰ. 증여 vs. 유증

유류분을 침해하는 유증과 증여가 각각 있는 경우, 먼저 수유자에 대하여 반환을 청구하고, 그로써도 부족한 때 한하여 수증자에게 반환을 청구할 수 있다. 수유자보다 수증자의 신뢰보호 필요성이 더 크다는 점을 고려한 규정이다.

民1116조는 임의규정인가, 아니면 강행규정인가? 만약 유류분권자와 수유자, 수증자가 유증과 증여를 동순위로 금액에 비례하여 반환대상으로 삼기로 합의하였다면 이 합의는 효력이 있는가? 이해당사자들이 법이 정한 유류분권의 내용과 범위를 자유롭게 정하도록 허용하는 것이 타당한지는 의문이다. 특히 유류분반환청구권의 법적 성격을 형성권으로 본다면 유류분권자의 소유권의 내용과 범위가 법률의 규정이 아닌 당사자의 합의에 의해 1차적으로 결정되는데, 이것이 허용될 수 있는지는 의문이다. 강행규정으로 봄이 타당하다.[1] 다만, 이해당사자들의 합의를 법률 규정에 따른 유류분권자의 수유자에 대한 유류분권의 일부포기 약정 및 포기분에 상응하는 부분을 수증자가 유류분권자에게 증여하기로 하는 약정으로 善解할 여지는 있다.

유증이 있는데도 이를 제쳐 둔 채 증여를 받은 자에 대해 유류분반환청구를 한 경우, 수증자는 수유자에 대해 먼저 청구하라는 항변을 할 수 있고, 이 때 수증자는 ① 유류분권자가 수유자에 대해 반환청구를 하더라도 유류분에 부족

1) 同旨 김능환(1998) 50; 松原正明 421; 新注民(補訂版)(28) 491, 492; 日高松高決 1978(昭53). 9. 6. 家月 31.4.83.

이 있다는 점과 ② 그 부족의 정도를 주장, 증명해야 한다는 견해가 있다.[2)]

Ⅱ. 복수의 유증, 복수의 증여

복수의 유증 사이, 복수의 증여 사이에는 우선 순위가 없고 각 가액에 비례하여 반환범위가 결정된다(民1115조 2항 참조).[3)] 유류분권자에게 선택권이 인정될 수 없음이 원칙이다.[4)] 유증의 경우 피상속인 사망시에 모두 효력이 발생하고 유증간에 선후관계가 없으므로 — 포괄유증인지 특정유증인지를 불문하고 — 동순위로 보는 것이 타당하나, 증여의 경우에도 동순위로 보는 것이 입법론상 타당한지는 의문이다. 외국에서는 먼저 이루어진 증여를 후순위로 규정하는 경우가 많다(2018년 개정된 일본민법 1047조 1항 1호, 독일민법 2329조 3항, 프랑스민법 923조).[5)]

2018년 개정된 일본민법 1047조 1항 2호 단서는 유언자가 별도의 의사표시를 한 경우 그 의사에 따라 복수의 유증에 대한 반환범위가 결정된다고 규정한다. 명문의 규정이 없는 우리법에서는 유언자에게 이러한 이니셔티브를 부여하기 어려울 것이다. 증여의 경우도 증여자에게 그러한 이니셔티브를 줄 수 없음은 물론이다. 즉 民1115조 2항은 강행규정이다.[6)]

Ⅲ. 사인증여의 경우

판례는 사인증여의 경우 유증의 규정이 준용됨을 이유로(民562조) 유증과 동일하게 본다. 즉 사인증여는 유증과 동순위이고, 증여보다 선순위이다.[7)]

유언신탁을 통해 수익자가 수익권을 취득한 경우(신탁법 3조 1항 2호), 이는

---

2) 김능환(1998) 51. 정구태(2010) 147은 "수증자로서는 유증의 존재만을 증명하면 족하고, 그러한 경우 유류분권리자로서는 수유자에 대해 반환청구를 하더라도 유류분에 부족이 있다는 것과 그 부족의 정도를 주장·증명함으로써 수증자에 대한 반환청구를 관철할 수 있다"고 한다.

3) 다만 유류분반환의무자 자신이 유류분권자인 경우, 판례는 유증이나 증여가액에서 유류분액을 공제한 금액을 기준으로 비율을 산정한다. 대법원 1995. 6. 30. 선고 93다11715 판결. 이에 관해서는 1115조 주석 Ⅶ. 3. 부분 참조.

4) 同旨 松原正明 426; 日東京地判 1986(昭61). 9. 26. 家月 39.4.61.

5) 변동열(2003) 875 및 이경희, 유류분 164~165는 이러한 입법태도가 타당하다고 본다.

6) 同旨 김능환(1998) 51; 이경희, 유류분 159.

7) 대법원 2001. 11. 30. 선고 2001다6947 판결. 同旨 변동열(2003) 875; 이경희, 유류분 161. 참고로 일본에서는 유증, 사인증여, 생전증여 순으로 반환순위를 해석하는 견해도 있다. 松原正明 422.

피상속인이 수익자에게 수익권을 유증한 것으로 볼 수 있다.

유언대용신탁을 통해 수익자가 신탁자 사망 후 수익권을 취득한 경우(신탁법 59조 1항 1, 2호), 이는 수익권의 사인증여로 볼 여지가 크지만, 유증으로 볼 여지도 있다. 판례처럼 사인증여와 유증을 동순위로 보는 한 어느 견해에 따르더라도 신탁수익자에 대한 유류분반환청구는 수유자에 대한 청구와 동순위가 될 것이다.[8] 유언대용신탁에서 유류분권자가 수탁자를 상대로 신탁재산 자체의 반환을 청구하는 경우 이를 생전 증여로 보아 유증보다 후순위라는 견해[9]와 사인증여 내지 유증과 비슷하다고 보아 유증과 동순위로 보는 견해[10]가 대립한다.

Ⅳ. 유류분권자가 수인인 경우[11]

유류분반환권리자가 수인인 경우 유증으로부터 먼저 반환받도록 되어 있는 민법 규정으로 인해 다음과 같은 문제가 발생할 수 있다. 피상속인이 공동상속인이 아닌 甲에게 상속 개시 전 6월 이내에 300을 증여하였고, 乙에게 100을 유증하였으며 다른 상속재산은 없는데, 공동상속인으로 子女 A, B가 있는 사례를 생각해 본다. A, B의 유류분액 및 유류분 침해액은 각 100(=400×1/2×1/2)이다. 유증으로부터 전부 다 반환받을 수 없으므로 A, B가 동시에 반환청구를 하는 경우 수유자로부터 각 50씩, 수증자로부터 각 50씩 반환받을 수 있다고 보는 것이 공평의 원칙상 타당하다.

만약 A나 B 중 한 사람이 먼저 혹은 한 사람만 유류분반환청구권을 행사하는 경우에는 어떠한가? ① 먼저 반환청구권을 행사하는 자가 수유자로부터 100 전부를, 그 다음에 반환청구권을 행사하는 자는 수증자로부터 100 전부를 각 반환받아야 한다는 견해, ② 먼저 반환청구권을 행사하는 자가 수유자로부터 50, 수증자로부터 50씩 반환받아야 한다는 견해가 있을 수 있다. 원칙적으로 ①견해가 타당하다고 사료된다.[12] ②견해에 따르면 다른 유류분권자가 권리를

---

8) 최준규, "유류분과 신탁", 사법34(2015), 266. 유언대용신탁의 경우 유류분반환대상 및 범위에 관해서는 1114조 주석 Ⅱ. 2. 나. 부분 참조.
9) 김상훈, "유언대용신탁제도의 문제점과 제언", 법률신문(2013.6).
10) 최준규(주 8) 266.
11) 변동열(2003) 878~879.
12) 同旨 山下寬/土井文美/衣斐瑞穗/脇村真治, "遺留分減殺請求訴訟を巡る諸問題(下)", 判タ1252(2007), 31.

행사하지 않는다면, 수증자는 부당한 부담을 지는 결과가 되기 때문이다. 그러나 다른 권리자의 권리행사 가능성이 높은 경우에는 — 오히려 이 경우가 더 일반적일 수 있다 — ②와 같이 보는 것이 공평할 것이다. 반환의무자의 무자력 위험은 복수의 권리자가 공평하게 분담하는 것이 타당하기 때문이다.

第1117條(消滅時效)

返還의 請求權은 遺留分權利者가 相續의 開始와 返還하여야 할 贈與 또는 遺贈을 한 事實을 안 때로부터 1年내에 하지 아니하면 時效에 의하여 消滅한다. 相續이 開始한 때로부터 10年을 經過한 때도 같다.

[本條新設 1977. 12. 31]

참고문헌: 김능환, "유류분반환청구", 재판자료78(1998); 김형석, "유류분의 반환과 부당이득", 民判硏29 (2007); 박영규, "유류분 반환청구권의 법적 성질과 행사기간", 외법논집34-2(2010); 변동열, "유류분 제도", 民判硏25(2003); 우성만, "유류분반환청구권의 행사방법과 상대방 및 소멸시효", 판례연구14(2013); 정구태, "유류분반환청구권의 행사기간에 관한 제문제", 안암법학27 (2008); 정소민, "유류분반환청구권에 관한 고찰", 외법논집30(2008); 松原正明, 判例先例相続法 V (2012).

Ⅰ. 의의 및 법적 성질

유류분반환청구권은 유류분권자가 상속의 개시 및 반환해야 할 증여나 유증을 한 사실을 안 날로부터 1년, 상속이 개시된 날로부터 10년이 경과하면 시효에 의하여 소멸한다. 불법행위로 인한 손해배상청구권이 그 손해 및 가해자를 안 날로부터 3년이 경과하면 시효에 의하여 소멸하는 것과 비교해, 유류분반환청구권의 단기 소멸시효는 1년으로 이보다 짧다. 유류분반환청구는 상대방에게 예기치 못한 부담을 가져올 수 있는 점을 고려할 때, 이러한 입법태도는 타당하다고 생각한다. 형성권으로서의 성격을 갖는 취소권의 제척기간이 3년/10년인 데 비하여, 유류분반환청구권의 시효기간은 1년/10년으로 더 짧다. 따라서 우리 입법자는 유류분반환청구권을 둘러싼 권리관계의 안정을 강하게 의욕하였다고 평가할 수 있다.[1)]

1) 김형석(2007) 161; 정구태(2008) 323.

헌법재판소는 "유류분 반환청구는 피상속인이 생전에 한 유효한 증여라도 그 효력을 잃게 하는 것이어서 권리관계의 조속한 안정과 거래안전을 도모할 필요가 있고 이 사건 법률조항이 1년의 단기소멸시효를 정한 것은 이러한 필요에 따른 것으로 그 목적의 정당성이 인정되며, 유류분 권리자가 상속이 개시되었다는 사실과 증여가 있었다는 사실 및 그것이 반환하여야 할 것임을 안 때로부터 위 기간이 기산되므로 그 기산점이 불합리하게 책정되었다고 할 수 없는 점, 유류분 반환청구는 반드시 재판상 행사해야 하는 것이 아니고 그 목적물을 구체적으로 특정해야 하는 것도 아니어서 행사의 방법도 용이한 점 등에 비추어 보면 수단의 적정성, 피해의 최소성 및 법익의 균형성을 모두 갖추고 있으므로 위 법률조항은 유류분 권리자의 재산권을 침해하지 않는다"고 보았다.[2]

학설상으로 1년은 소멸시효, 10년은 제척기간이라고 보는 견해도 있다.[3] 그러나 판례는 1년과 10년의 기간 모두 소멸시효라고 본다.[4] 법률문언 상 1년과 10년 기간의 성격을 달리 취급할 이유가 없고, 1년 기간에 대해서 "시효에 의하여 소멸한다"고 규정하고 있으므로 양자 모두 소멸시효로 봄이 타당하다.[5] 소멸시효이기 때문에 소송에서 시효완성을 주장하지 않으면 법원이 직권으로 시효완성 여부를 판단할 수 없다. 두 기간을 소멸시효로 보는 것은 유류분반환청구권의 법적 성격을 청구권으로 해석하는 근거가 될 수 있다.

Ⅱ. 시효의 대상이 되는 권리

유류분반환청구권의 법적 성격을 청구권으로 보면 시효의 대상이 되는 권리는 유류분반환청구권 자체이다. 그러나 판례와 같이 유류분반환청구권의 법적 성격을 형성권으로 보면, 유류분반환청구권(형성권)과 유류분반환청구권을 행사하여 발생한 구체적 권리(물권적 청구권, 채권적 청구권으로서 부당이득 반환청구권 등)를 구별할 수 있으므로, 시효의 대상이 되는 권리가 이들 중 무엇인지 논

---

2) 헌법재판소 2010. 12. 28. 선고 2009헌바20 결정.

3) 주석상속(2) 482~484; 김주수 · 김상용 879~881; 김용한 436; 박병호 486; 배경숙 · 최금숙 666; 이경희, 유류분 168; 김민중, "유류분제도의 개정에 관한 검토", 동북아법연구(2010), 144.

4) 대법원 1993. 4. 13. 선고 92다3595 판결; 대법원 2008. 7. 10. 선고 2007다9719 판결.

5) 同旨 곽윤직 297; 윤진수 600; 지원림, 민법강의, 15판(2017), 2128; 정구태(2008) 327; 박영규(2010) 103; 정소민(2008) 147; 우성만(2013) 453; 김진우, "유류분반환청구권의 법적 성질", 홍익법학10-3(2009), 223~225.

란이 있을 수 있다.

① 두 권리 모두 1년/10년 기간 내에 행사해야 한다는 견해[6]나 ② 유류분반환청구권은 1년/10년 기간 내에 행사해야 하고, 유류분반환청구권 행사로 발생하는 모든 청구권(물권적 청구권 포함)은 10년의 소멸시효에 걸린다는 견해도 생각할 수는 있다.[7] 그러나 시효의 대상이 되는 권리는 유류분반환청구권이고, 유류분반환청구권 행사로 발생한 채권적 청구권은 별도로 10년의 소멸시효에 걸리며, 유류분반환청구권 행사로 발생한 물권적 청구권은 소멸시효에 걸리지 않는다[8]는 견해가 타당하다.[9] 판례도 같은 취지이다.[10] 형성권에 관한 기간제한 규정이 형성권 행사로 인해 발생한 청구권에도 적용되는지 일률적으로 단정하기는 어렵지만, ― 형성권에 관한 기간규정을 둔 취지를 훼손할 위험이 없는 한 ― 청구권은 별도로 소멸시효 적용 여부와 시효기간 등을 따지는 것이 원칙이라고 사료된다.[11][12]

판례는 유류분반환청구권이 형성권임을 전제로, "유류분반환청구권의 행사는 재판상 또는 재판 외에서 상대방에 대한 의사표시의 방법으로 할 수 있고, 이 경우 그 의사표시는 침해를 받은 유증 또는 증여행위를 지정하여

---

6) 박동섭, 유류분 163; 이경희, 유류분 169는 이러한 취지로 보인다.

7) 주로 일본에서 주장되는 학설들이다. 松原正明 528~529.

8) 유류분권 행사로 인해 유류분권자에게 복귀하는 재산은 상속재산이 아니므로, 유류분권자가 이 재산에 대하여 행사하는 물권적 청구권을 상속회복청구권으로 보아 상속회복청구권의 제척기간을 적용할 수는 없다.

9) 同旨 정구태(2008) 331. 일본 판례도 비슷한 취지이다. 日最判 1982(昭 57). 3. 4. 民集 36-3, 241; 日最判 1995(平 7). 6. 9. 民集 175, 549.

10) 대법원 2015. 11. 12. 선고 2011다55092, 55108 판결.

11) 민법주해3/윤진수 428. ① 대법원 1991. 2. 22. 선고 90다13420 판결도 "환매권의 행사로 발생한 소유권이전등기청구권은 위 기간 제한과는 별도로 환매권을 행사한 때로부터 일반채권과 같이 민법 제162조 소정의 10년의 소멸시효 기간이 진행되는 것이지, 위 제척기간 내에 이를 행사하여야 하는 것은 아니"라고 한다. 또한 ② 판례는 형성권적 기한의 이익 상실 특약이 있는 경우 형성권을 행사한 시점부터 채권 전액에 대한 소멸시효가 진행한다는 입장이다(대법원 1997. 8. 29. 97다12990 판결). 이러한 생각은 형성권 행사로 비로소 채권적청구권이 발생하거나 그 변제기가 도래하므로, 채권적 청구권의 소멸시효 기산점은 형성권 행사시점으로 보아야 한다는 생각과 연결된다. 이러한 생각을 일관하면 제3자를 위한 계약에서 제3자가 수익의 의사표시를 할 권리는 형성권으로서 계약에서 달리 정한 바가 없으면 10년의 제척기간에 걸리는데, 수익의 의사표시 후 발생하는 채권적 청구권의 소멸시효 기산점은 수익의 의사표시를 할 수 있는 때가 아니라 수익의 의사표시를 한 때가 된다. 그러나 수익의 의사표시를 할 수 있는 때(원칙적으로 제3자를 위한 계약성립시)부터 소멸시효가 진행한다는 견해로는 지원림(주 5) 1336.

12) 그러나 형성권과 형성권 행사로 인해 발생하는 채권적 청구권을 별도로 관념하는 것이 사회통념상 '의제적'이거나 형성권 행사여부에 관하여 권리자에게 별도로 숙고기간을 둘 필요성이 낮은 경우에는, **형성권을 행사하여 바로 채권적청구권을 발생시켜 행사할 수 있는 상태라면 그 때부터 "채권적청구권을 행사할 수 있다"**고 보아, 형성권 행사로 발생하는 채권적청구권의 소멸시효의 기산점을 **형성권 행사가능 시점**으로 볼 수 없는지 검토의 여지는 있다.

이에 대한 반환청구의 의사를 표시하면 그것으로 족하고 그로 인하여 생긴 목적물의 이전등기청구권이나 인도청구권 등을 행사하는 것과는 달리 그 목적물을 구체적으로 특정하여야 하는 것은 아니며, 民1117조 소정의 소멸시효의 진행도 위 의사표시로 중단된다"고 한다.[13][14] 그러나 유류분반환청구권을 형성권으로 보는 이상 유류분반환청구권 행사 후 더 이상 시효중단 문제가 생길 여지는 없으므로, 위 판시 중 소멸시효의 중단을 언급한 부분은 타당하지 않다.[15]

또한 판례는 "상속인이 유증 또는 증여행위가 무효임을 주장하여 상속 내지는 법정상속분에 기초한 반환을 주장하는 경우에는 그와 양립할 수 없는 유류분반환청구권을 행사한 것으로 볼 수 없을 것이나, 상속인이 유증 또는 증여행위의 효력을 명확히 다투지 아니하고 수유자 또는 수증자에 대하여 재산의 분배나 반환을 청구하는 경우에는 유류분반환의 방법에 의할 수밖에 없을 것이므로 비록 유류분의 반환을 명시적으로 주장하지 않는다고 하더라도 그 청구 속에는 유류분반환청구권을 행사하는 의사표시가 포함되어 있다고 해석함이 상당한 경우가 많을 것"이라고 한다.[16]

Ⅲ. 기산점

1. 1년의 소멸시효

반환하여야 할 증여 또는 유증을 한 사실을 안 때가 기산점이다. 판례는 증여나 유증의 사실 뿐만 아니라 그로 인해 유류분이 침해되어 반환대상이

---

13) 대법원 1995. 6. 30. 선고 93다11715 판결; 대법원 2002. 4. 26. 선고 2000다8878 판결.

14) 청구권설을 따르는 견해 중에는 유류분반환청구의 의사표시는 목적물을 구체적으로 특정해야 한다는 견해가 있다. 김능환(1998) 43. 그러나 청구권설을 따르면서도 현실적으로 피상속인의 재산이 많은 경우 상속인으로서는 짧은 기간 안에 이를 제대로 파악하기 곤란한 경우도 있으므로, 목적물 특정을 지나치게 엄격하게 요구할 필요는 없고, 유류분을 침해하는 증여나 유증을 특정하여 그로 인한 재산의 반환을 청구한다는 의사표시를 하는 것으로 충분하며, 나중에 소송 단계에서 목적물을 구체적으로 특정하면 된다는 견해도 있다. 우성만(2013) 447.

15) 同旨 윤진수 602; 정구태(2008) 329; 박영규(2010) 103~104. 청구권설의 입장에서는 유류분반환청구권의 행사가 시효중단 사유로서 최고나 재판상 청구 등에 해당할 수 있다.

16) 대법원 2012. 5. 24. 선고 2010다50809 판결(원고가 피고들의 집을 찾아가 피고들이 피상속인으로부터 토지를 증여받은 사실을 거론하며 피고들에게 2억 원을 지급할 것을 요구하였고, 피고들이 이를 거절하자, "내가 국세청이고 어디고 다 뒤엎을 거야. 너희들이 엄마한테 받은 상동땅도 내가 찾아 가는가 못 찾아 가는가 두고 봐. 확 뒤집어 엎어버릴거다."라고 하면서 소송을 제기하겠다고 말한 사안에서, 원고가 위 시점에서 '자신의 유류분반환청구권'을 행사하였다고 보았다).

된다는 것까지 알 것을 요한다.[17][18] 따라서 유류분권리자가 증여 등이 무효라고 믿고 소송상 항쟁하고 있는 경우에는 증여 등의 사실을 안 것만으로 곧바로 반환하여야 할 증여가 있었다는 것까지 알고 있다고 단정할 수 없다.[19] 그러나 민법이 유류분반환청구권에 관하여 특별히 단기소멸시효를 규정한 취지에 비추어 보면 유류분권리자가 소송상 무효를 주장하기만 하면 그것이 근거 없는 구실에 지나지 아니한 경우에도 시효는 진행하지 않는다 함은 부당하므로, 피상속인의 거의 전 재산이 증여되었고 유류분권리자가 위 사실을 인식하고 있는 경우에는, 무효의 주장에 관하여 일응 사실상 또는 법률상 근거가 있고 그 권리자가 위 무효를 믿고 있었기 때문에 유류분반환청구권을 행사하지 않았다는 점을 당연히 수긍할 수 있는 특별한 사정이 인정되지 않는 한, 위 증여가 반환될 수 있는 것임을 알고 있었다고 추인함이 상당하다.[20]

유류분 침해 범위까지 정확하게 알고 있어야 시효가 진행되는 것은 아니다. 합리적 제3자의 관점에서 보았을 때, 해당 상속인이 피상속인의 재산 중 자신에게 돌아가야 할 몫이 있다는 점을 인식하고, 피상속인의 증여나 유증으로 자신의 유류분이 일정 부분 침해되었다고 인식하는 것(미필적 인식으로도 족하다)

---

17) 대법원 2006. 11. 10. 선고 2006다46346 판결 등. 대법원 2006. 11. 10. 선고 2006다46346 판결은 해외에 거주하다가 피상속인의 사망사실을 뒤늦게 알게 된 상속인이 유증사실 등을 제대로 알 수 없는 상태에서 다른 공동상속인이 교부한 피상속인의 자필유언증서 사본을 보았다는 사정만으로는 자기의 유류분을 침해하는 유증이 있었음을 알았다고 볼 수 없고, 그 후 유언의 검인을 받으면서 자필유언증서의 원본을 확인한 시점에 그러한 유증이 있었음을 알았다고 봄이 상당하다고 판시하였다. 정소민(2008) 152는, 검인절차가 필요하지 않은 공정증서에 의한 유언이나 이미 검인을 거친 구수증서에 의한 유언의 경우에도, 유류분권자가 사본이 아닌 원본을 본 시점부터 유류분반환청구권의 소멸시효가 진행하다고 해석한다. 또한 상속인이 국내에서 피상속인의 사망과 유증 사실 등 전후 사정을 잘 알고 있었더라도 유언증서의 원본을 확인하지 못한 경우에는 아직 소멸시효 기산점이 도래하지 않았다고 해석한다.

18) 反對 이경희, 유류분 170(유증·증여사실만 알면 시효가 진행한다).

19) 대법원 1994. 4. 12. 선고 93다52563 판결은, 항소심 소송과정에서 이 사건 부동산을 망인으로부터 증여받았다고 하는 피고의 주장과 그에 부합하는 취지의 증언이 존재하고 있음을 원고가 인정하였다고 하더라도 그것만으로 곧 원고가 이 사건 부동산에 관한 위 망인의 증여사실을 알았다고 단정할 수는 없다고 하면서, ① 피고는 당초 이 사건 부동산이 위 망인에게 명의신탁되었음을 들어 위 망인을 상대로 그 해지를 원인으로 한 소유권이전등기절차의 이행을 구하여 의제자백에 의한 승소판결을 받았다가 원고가 이에 대한 항소를 제기하자 비로소 그 증여사실을 주장 입증하였으나, 원고는 이를 부인하면서 그에 부합하는 증언들도 모두 허위라고 주장함은 물론, 위 항소심이 원고의 항소가 적법한 기간 내에 제기되지 아니한 부적법한 것이라 하여 그 당부에 대한 실체적 판단을 하지 아니하고 항소를 각하한 데 대하여 상고를 제기하면서도 계속 증여사실을 다툰 점, ② 그 뒤 위 상고가 기각되자 피고명의의 위 소유권이전등기가 위조서류에 의하여 경료된 원인무효의 등기라고 하여 그 말소를 구하던 당초의 청구 취지를 유류분반환청구로 변경한 점을 근거로, 원고는 위 상고기각의 판결이 있은 때 비로소 이 사건 부동산의 증여사실을 알게 되었다고 봄이 상당하다고 하였다.

20) 대법원 2001. 9. 14. 선고 2000다66430 판결; 대법원 1998. 6. 12. 선고 97다38510 판결.

을 충분히 기대할 수 있는 경우라면, 소멸시효는 진행한다.[21)]

수증자 등으로부터 목적물을 양수한 악의의 제3자에게 유류분반환청구를 하는 경우에도 소멸시효 기산점은 수증자에게 반환하여야 할 증여가 있었음을 안 때이지, 수증자 등으로부터 제3자에게로의 양도사실을 안 때가 아니다.[22)] 전자의 시점으로부터 1년이 지나 악의의 제3자가 목적물을 양수한 경우 유류분권자는 제3자에게 유류분권을 행사할 수 없다. 만약 1년 내에 수증자 등에게 유류분권을 행사하였다면 그에 따라 수증자 등에게 가액반환을 청구할 수는 있다. 원물을 확보하고자 하는 유류분권자는, 이러한 사태에 대비하여 자신에게 반환하여야 할 증여가 있음을 안 날로부터 1년 이내에 수증자에 대하여 처분금지가처분 등 보전처분도 해 두어야 한다.

미성년자가 유류분권자인 경우 그 법정대리인이나 후견인이 반환하여야 할 증여 또는 유증을 한 사실을 안 때부터 기산해야 한다는 견해가 있다.[23)] 民1117조에 명문의 규정은 없지만, 미성년자 보호를 위해 규정형식 및 취지가 유사한 民766조 1항을 유추하여 위와 같이 봄이 타당하다고 생각한다.

제3자가 유류분반환청구권을 승계취득한 경우 소멸시효 기산점은 원래 유류분권자의 인식을 기초로 산정해야 한다.

2. 10년의 소멸시효

상속개시 시점부터 진행한다. 피상속인 사망 후 10년이 지나 피상속인의 자녀가 인지청구를 하여 승소확정 판결을 받았다면, 인지에 의하여 상속인 겸 유류분권자가 된 그 자녀는 이미 10년의 소멸시효 기간이 도과하였으므로, 유류분권을 행사할 수 없게 된다.[24)]

---

21) 시효기산점에 관한 독일논의를 소개한 우리 문헌으로는 우선 소재선·양승욱, "한·독·일 유류분 제한규정의 비교법적 고찰", 성균관법학24－1(2012), 126~130.

22) 김능환(1998) 65; 정구태(2008) 341; 이경희, 유류분 170; 박동섭, 유류분 166. 일본 판례도 同旨이다. 日最判 1960(昭 35). 7. 19. 民集 14－9, 1779. 참고로 판례는 전득자에 대한 사해행위 취소청구의 제척기간과 관련하여 사해행위를 안 날로부터 1년이라는 民 406조 2항이 그대로 적용된다고 본다(대법원 2014. 2. 13. 선고 2012다204013 판결). 이에 대하여 취소채권자가 수익자에 대하여 보전처분 등을 해 두더라도, 취소채권자의 원물반환청구가 충분히 보장되지 않음을 지적하면서, 전득자가 있는 경우 제척기간의 기산점은 사해행위 및 전득행위를 안 날로 보아야 한다는 비판이 있다. 이재원, "전득자에 대한 사해행위취소의 소에서 제척기간의 기산점 및 사해행위취소로 원상회복된 재산이 처분된 경우의 법률관계에 대한 연구", 民判硏39(2017). 그러나 보전처분으로 취소채권자의 보호가 불충분한 상황이 설령 발생하더라도, 이 문제는 보전처분과 관련된 기존 법리를 재검토함으로써 해결하는 것이 정도(正道)가 아닐까?

23) 박동섭, 유류분 167.

24) 박동섭, 유류분 175.

Ⅳ. 적용범위 : 미이행유증과 미이행증여의 경우

피상속인이 상속인의 유류분을 침해하는 유증이나 증여를 하였으나 상속개시 후에도 아직 그 이행이 이루어지지 않은 경우, 유류분권자는 그 유증이나 증여가 자신의 유류분을 침해한다는 사실은 알지만 수유자나 수증자가 그 이행을 청구하지 않아 유류분권을 행사하지 않을 수 있다. 이 경우 유류분반환청구권의 소멸시효는 진행하는가? 民1117조를 형식적으로 해석하면 소멸시효는 진행한다고 해석할 수밖에 없다. 그러나 유류분권자로서는 상대방의 이행청구가 없다면 굳이 유류분권을 적극적으로 행사하지 않으려 할 것이다. 따라서 반환하여야 할 증여 또는 유증을 한 사실을 안 날로부터 1년 또는 상속개시 시부터 10년이 지나면 유류분권이 시효로 소멸하고, 그 후 상대방의 이행청구에는 응해야 한다는 결론은 유류분권자 입장에서 부당하다. 그렇다면 유류분권이 시효로 소멸하지 않는다는 결론을 어떠한 논리로 정당화할 수 있는가?

유류분반환청구권을 청구권으로 보는 입장에서는, 수증자 등으로부터 이행청구가 없는 한 유류분권자는 달리 어떻게 할 아무런 방법이 없고 따라서 이를 두고 자신의 권리를 불행사하고 권리 위에 잠자고 있다고 할 수 없으며, 수증자 등으로부터의 청구가 없는 이상 항변권 행사의 필요도 없으므로 항변권의 영구성 법리에 따라 유류분권에 기한 이행거절의 항변권에는 소멸시효가 적용되지 않는다는 주장이 있다.[25]

유류분반환청구권을 형성권으로 보는 입장에서도, 증여 등이 이행되지 않은 때에는 아직 유류분의 침해가 없으므로 항변권의 영구성 법리를 원용하여 유류분권이 소멸시효에 걸리지 않는다고 한다.[26]

형성권설을 취하면서 항변권의 영구성 법리를 원용하는 것이 수미일관한지는 다소 의문이다.[27] 다만, 유류분반환청구권의 성질을 어떻게 보는지와 무

25) 변동열(2003) 820~823, 890~891. 그러나 김능환(1998) 65~66은 청구권설을 따르면서 소멸시효 완성을 긍정한다.

26) 주석상속(2) 483; 김주수 · 김상용 880. 정구태(2008) 344~345는 유류분권자는 증여나 유증이 이미 이행된 경우 형성권인 유류분반환청구권을 갖고, 아직 이행되지 않은 경우 이행거절의 항변권을 갖는데, 이행거절의 항변권은 항변권의 영구성 법리에 따라 소멸시효에 걸리지 않는다고 설명한다.

27) 박영규(2010) 105는 "상대방의 사기로 인해 의사표시를 한 자는, 상대방에게 이미 이행되었으면 民146조의 기간 내에 한하여 취소할 수 있지만, 아직 이행하지 않고 있는 동안 그 기간이 지난 후 상대방이 이행을 청구하면 '항변권의 영구성 법리'에 따라 언제든지 취소하고 이행을 거절할 수 있는가?"라고 반문하며 그렇게 볼 수는 없을 것이라 한다.

관하게 위 경우 소멸시효는 진행하지 않는다고 보아야 한다. 民1117조의 취지는 법률관계의 조속한 확정, 거래의 안전 등을 도모하는데 있으므로 유류분권자가 적극적으로 유류분권을 행사할 때만 적용되어야 한다. 항변권의 형태로 권리를 행사하는 경우, 즉 현재 상태 그대로 시간이 진행하는 상황에서는 위 조항을 적용하지 않더라도 법률관계의 확정이나 거래의 안전에 별 문제가 없기 때문이다.[28] 입법론으로는 스위스 민법 533조 3항처럼 명문으로, 유류분권은 항변의 방식으로는 소멸시효에 관계없이 항상 행사할 수 있다는 규정을 두는 것이 바람직하다.

다만, 수유자나 수증자의 권리행사 사실을 안 이후에도 기간제한 없이 그러한 항변권을 행사하도록 허용할 것인지는 추가 검토의 여지가 있다. 民1117조와의 균형상 항변권 행사를 무한정 허용할 수는 없다. 권리행사 사실을 안 이후 1년이 지나 항변권이 행사된 경우 이러한 항변권 행사를 불허하는 방안, 시효정지 규정을 참조하여 권리행사 사실을 안 이후 1개월 또는 6개월 이내에만 항변권 행사를 허용하는 방안 등을 고민해 볼 필요가 있다.

그런데 대법원 2008. 7. 10. 선고 2007다9719 판결은 피상속인으로부터 부동산을 증여받아 소유권이전등기는 마치지 않은 채 이를 점유하고 있던 수증자가 상속인을 상대로 증여를 원인으로 한 소유권이전등기를 청구하자, 상속인이 유류분반환청구권을 주장한 사안에서, 유류분반환청구권은 상속이 개시한 때부터 10년이 지나면 시효에 의하여 소멸하고, 이러한 법리는 상속재산의 증여에 따른 소유권이전등기가 이루어지지 아니한 경우에도 특별한 사정이 존재하지 않는 이상 달리 볼 것이 아니라고 한다. 그러나 위 판례는 증여를 받은 자가 목적물을 인도받아 10년 이상 점유하여 왔다는 사정을 중시한 것으로 보이고, 위 판시를 일반화하여 유류분반환청구와 관련하여 항변권의 영구성 법리는 인정될 수 없다는 취지로 해석하기는 어렵다.[29]

V. 수증자의 취득시효 항변 인정여부

유류분권자의 유류분반환청구에 대하여 목적물을 점유하여 온 수증자가 등기부취득시효나 점유취득시효를 이유로 목적물의 소유권을 취득하였다고 주

28) 이경희, 유류분 171; 松原正明 542.
29) 同旨 윤진수 601; 정구태(2008) 347~348.

장하며, 위 청구를 거절할 수 있는가? 학설은 대체로 수증자의 취득시효 항변을 부정한다.[30] 그 근거는 – 일본판례를 참고한 것으로 보인다 – 대체로 다음과 같다. ① 상속인의 유류분권을 침해한다는 것을 알면서 증여를 받은 자라면 그를 두텁게 보호할 이유가 없다. ② 또한 공동상속인이 수증자인 경우 취득시효 항변을 허용하면, 피상속인의 생전증여시점부터 사망시점까지의 기간이 긴 경우 유류분권자는 애초부터 유류분권을 행사할 수 없고, 피상속인 생존시점에서 장차 유류분권자가 될 가능성이 높은 자가 수증자의 취득시효 기간진행을 저지시킬 마땅한 방법도 없다. 즉 수증자의 취득시효 항변을 인정하면, 유류분권의 취지나 존재이유가 전적으로 무력화 될 위험이 크다. 이는 공동상속인의 경우 생전증여 시기와 상관없이 폭넓게 유류분반환청구를 허용한 민법의 입법취지에 정면으로 반한다.

그런데 위 논의에 관해서는 유의할 점이 있다. 유류분반환청구권을 청구권으로 보면, 취득시효 완성여부와 상관없이 증여시점부터 줄곧 수증자가 목적물 소유자이다. 원칙적으로 자기소유 물건의 시효취득은 허용될 수 없으므로,[31] 위와 같은 복잡한 논의를 굳이 할 필요도 없이 유류분반환청구가 허용되어야 한다.

유류분반환청구권을 형성권으로 보면, 유류분권자는 유류분권 행사로 인해 상속개시시로 소급하여 증여물의 소유자가 된다. 상속개시 전의 점유는 수증자의 취득시효의 기초가 되는 점유가 될 수 없고, 상속개시 이후의 점유만이 취득시효의 기초가 될 수 있다. 따라서 상속개시 후 10년 또는 20년간 수증자가 목적물을 점유한 경우에만 취득시효 항변이 문제될 수 있다. 그렇다면 상속개시 전 수증자의 점유가 취득시효의 기초가 될 수 있음을 전제로 한 위 ②근거는 부적절하다. 유류분반환청구권을 상속개시 시부터 10년 내에 적법하게 행사하였다면, 수증자는 그 권리행사 사실을 안 시점(or 소제기 시점)부터 또는 유류분권자의 소 제기에 따른 수증자의 패소판결 확정시점부터, 악의 또는 타주점유자로 인정될 가능성이 크다. 따라서 취득시효는 완성되지 않을 여지가 많다.

30) 同旨 정구태(2008) 350; 변동열(2003) 891; 김능환(1998) 66; 박동섭, 유류분 174. 일본판례도 같은 취지이다. 日最判 1999(平 11). 6. 24. 民集 53－5, 918. 反對 이경희, 유류분 171.
31) 민법주해5/윤진수 368~370. 대법원 2016. 10. 27. 선고 2016다224596 판결 참조.

第1118條(準用規定)

第1001條, 第1008條, 第1010條의 規定은 遺留分에 이를 準用한다.
[本條新設 1977. 12. 31]

Ⅰ. 1001조, 1010조 준용의 의미

民1001조가 준용된다는 것은 대습상속인도 유류분권을 갖는다는 뜻이다. 즉 피상속인의 직계비속이나 형제자매가 상속개시 전에 사망하거나 결격자가 된 경우, 상속개시 전에 사망한 피대습상속인의 직계비속(民 1001조)이 유류분권을 갖는다. 民1118조가 民1003조 2항을 준용하고 있지는 않지만, 民1010조를 준용하고 있고 民1010조 2항은 배우자가 대습상속인인 경우를 염두에 둔 규정이다. 따라서 배우자가 대습상속인인 경우에도 그 배우자는 유류분권을 갖는다.

民1010조가 준용된다는 것은 대습상속인의 유류분 비율은 피대습상속인의 법정상속분을 기준으로 산정하고, 대습상속인이 여러 명인 경우 그들의 유류분 비율은 피대습상속인의 유류분비율을 각자의 법정상속분에 따라 나눠 갖는다는 뜻이다.

Ⅱ. 1008조 준용의 의미

民1008조가 준용된다는 것은 공동상속인에 대한 '특별수익'이 있는 경우 기간제한 없이 유류분산정의 기초재산에 산입하고, 특별수익자가 유류분권자인 경우 그의 유류분 부족액 산정시 해당 특별수익을 기간제한 없이 공제한다는 뜻이다. 이에 관해서는 1114조 주해 Ⅳ. 1. 참조.

民1008조는 유증에 관해서도 언급하고 있다. 그러나 유증목적물은 상속개시 당시 현존하는 피상속인의 재산으로서 유류분 산정의 기초재산에 당연히 산입되므로, 유증목적물에 관해서는 준용규정이 별다른 의미가 없다.

상속관습법

第1節 개설

주요 참고문헌: 권건보(2016), "관습법에 대한 헌법재판소의 위헌 심사 권한", 헌법재판연구 3－2; 김상수(2008), "조선고등법원 판사가 본 조선의 친족·상속에 관한 관습", 서강법학 10－1; 김성숙(1998), "관습법시대의 유증", 사회과학논총 1; 김시철(2005), "위헌법률심판절차에 관한 몇 가지 논의", 헌법논총 16; 김일미(1973), "조선후기의 재산상속 관습", 이대사원 11; 민유숙(2007), "관습법상 분재청구권의 내용과 분재의무의 상속·소멸시효 적용 여부", 대법원 판례해설 63; 손상식(2015), "관습법에 대한 위헌법률심판", 헌법재판연구원; 심희기(2003), "일제강점 초기 '식민지 관습법'의 형성", 법사학연구 28; 여운국(2016), "민법 시행 이전의 구 관습법이 위헌법률심판 대상이 되는가", 新聞 4415; 윤수정(2015), "관습법의 위헌법률심판 대상적격성", 헌법학연구 21－2; 윤진수(2011a), "고씨 문중의 송사를 통해 본 전통 상속법의 변천", 민법논고[V]; 윤진수(2011c), "상속회복청구권의 소멸시효에 관한 구관습의 위헌 여부 및 판례의 소급효", 민법논고[V]; 윤진수(2013), "관습상 분재청구권에 대한 역사적, 민법적 및 헌법적 고찰", 민사재판의 제문제 22; 윤진수(2017), "상속관습법의 헌법적 통제", 헌법학연구 23－2; 이병수(1977), "조선민사령에 관하여", 법사학연구 4; 이상욱(1988), "일제하 호주상속 관습법의 정립", 법사학연구 9; 이상욱(1991a), "일제하 전통가족법의 왜곡", 박병호 화갑기념(II); 이상욱(1991b), "구관습상 호주아닌 가족이 사망한 경우의 재산상속인", 판례월보 245; 이상욱(2004), "상속회복청구권의 시효에 관한 일제시대 관습법의 정립과 왜곡", 가족법연구 18－2; 이승일(1999), "일제시대 친족관습의 변화와 조선민사령 개정에 관한 연구", 동아시아 문화연구 33; 이준영(2015), "관습법이 위헌법률심판의 대상이 되는지 여부", 판례연구 26; 이진기(2016), "관습법과 관습", 법사학연구 53; 이홍민(2016), "호주제를 전제로 한 상속관습법의 폐지에 관한 입론", 법학논총 23－1; 장영수(2011), "위헌법률심판의 대상으로서의 관습법", 공법연구 40－2; 정광현(1957), "한국상속관습법에 대한 입법론적 고찰", 서울대 논문집 5; 정구태(2015), "호주가 사망한 경우 딸에게 구 관습법상 분재청구권이 인정되는지 여부", 동북아법연구 8－3; 정구태(2017), "상속관습법의 헌법소원심판대상성 및 그 위헌 여부", 민사법연구 25; 정긍식(2009), "식민지기 상속관습법의 타당성에 대한 재검토 －가족인 장남의 사망과 상속인의 범위－", 서울대 법학 50－1; 정긍식(2013), "한국의 가계계승에서 여성의 지위", 법사학연구 47; 정태호(2011), "법률적 효력 있는 관습법의 위헌제청적격성", 경희법학 46－4; 한봉희(1992), "한국 근대가족법의 형성과정에 관한 연구", 동국논총 31; 허규(1972), "상속관습법상의 상속분과 상속재산의 분할", 사법논집 3; 허완중(2009), "관습법과 규범통제", 공법학연구 10－1; 홍양희(2006), "식민지시기 상속 관습법과 '관습'의 창출", 법사학연구 34; 홍양희(2009), "조선총독부 판사, 노무라 초타로(野村調太郎)의 조선 사회 인식 －가족제도에 대한 인식을 중심으로－", 가족법연구 23－1

Ⅰ. 상속관습법의 의의

민법은 소급효가 있다. 시행일 전의 사항에 대해서도 현행 민법이 적용되기 때문이다(부칙 §2). 하지만 상속에 관해서는 위 원칙이 적용되지 않는다. 즉, 현행 민법 시행일 전에 개시된 상속에 관하여는 시행일 후에도 舊法의 규정이 적용된다(부칙 §25 ①). 다만, 상속이 실종선고로 인해 개시된 경우에는 그 실종기간이 舊法 시행기간 중에 만료된 때라도 그 실종이 민법 시행일인 1960.1.1. 이후에 선고되었다면 현행 민법을 적용한다(부칙 §25 ②).

부칙에서 말하는 '舊法'이란 본래 민법 시행에 의해 폐지되는 법령으로서 1912년 공포된 조선민사령 §1의 규정에 의해 의용된 민법·민법시행법 및 연령계산에 관한 법률을 의미하지만(부칙 §1 및 §27), 조선민사령 §11는 같은 령 §1에 의해 의용되는 법률 중 "능력, 친족 및 상속에 관한 규정은 조선인에게 이를 적용하지 아니한다."고 규정하면서 친족 및 상속에 관한 사항은 관습에 의할 것을 명하고 있다. 그러므로 현행 민법 시행 전에 개시된 상속에 관하여는 조선민사령이 아니라, 당시의 '관습'이 적용된다.

이때 민법 시행일 전에 개시된 상속에 관하여 적용되는 '관습'에는 관습법의 지위를 취득한 관습, 즉 "사회의 거듭된 관행으로 생성한 사회생활규범이 사회의 법적 확신과 인식에 의하여 법적 규범으로 승인·강행되기에 이른 것"[1] 뿐만 아니라, 아직 사회의 법적 확신이나 인식에 의하여 법적 규범으로서 승인될 정도에 이르지 않은 사실인 관습[2]도 포함된다. 상속과 관련된 분쟁에는 상속인의 순위나 상속결격, 상속회복청구권, 유언의 방식 등과 같이 강행규정에 따라 판단해야 하는 사안과 유증의 효력과 같이 임의규정에 의해 당사자의 의사를 보충하거나 법률행위의 해석기준으로 삼아야 하는 사안이 혼재되어 있기 때문이다.

---

1) 대법원 1983. 6. 14. 선고 80다3231 판결; 대법원 2003. 7. 24. 선고 2001다48781 판결; 대법원 2005. 7. 21. 선고 2002다1178 판결.
2) 대법원 1983. 6. 14. 선고 80다3231 판결.

한편 상속개시일이 현행 민법 시행일 전이라고 하여 언제나 당시의 관습만이 적용되는 것은 아니다. 첫째, 상속개시일이 조선민사령 시행일 전으로 거슬러 올라가는 경우에는 조선의 상속 관련 법령이 당시의 관습에 우선하여 적용된다. 둘째, 상속개시일이 조선민사령 시행일 후 현행 민법 시행일 전라도 그 사이에 관련법규가 제정되었다면, 그 후로는 관습법의 보충적 효력[3]에 따라 상속관습보다 성문법이 우선하여 적용되었다.[4] 1922. 12. 7.자 조선민사령 개정(制令 第13號)에 의해 1923. 7. 1.부터 의용된 상속의 승인 및 재산의 분리에 관한 일본 민법의 규정들, 1939. 11. 10.자 조선민사령 개정에 의해 이식된 서양자제도 등이 대표적이다.[5]

본고에서는 이와 같이 민법 부칙에 따라 현행 민법 시행일 전에 개시된 상속의 법원(法源)이 되는 법령과 관습법, 사실인 관습을 널리 통칭하여 '상속관습법'이라고 부르기로 한다.[6]

Ⅱ. 상속관습법의 성립요건과 증명

1. 상속관습법의 성립요건

대법원은 의사표시의 해석 기준인 사실인 관습뿐만 아니라, 법령과 같은 효력을 갖는 관습법도 당사자가 주장·입증할 필요가 있다는 입장이다. 사실상 관습의 존부 자체도 명확하지 않을 뿐만 아니라, 그 관습이 사회의 법적 확신이나 법적 인식에 의해 법적 규범으로까지 승인된 것이냐 또는 그에 이르지 않은 것이냐를 가리기는 더욱 어려운 일이므로, 법원이 이를 알 수 없다는 것이다.[7] 이러한 이유 때문에 일각에서는 아무리 관습에 관한 국민의 법적 확신이 형성된 경우라도 국가기관(특히 법원)의 승인을 받기 전까지는 관습법이 성립할 수 없다고 주장한다(국가승인설).[8] 하지만 현재는 사회의 거듭된 관행과 국민의 법적 확신만 있으면 바로 관습법의 효력을 인정할 수 있다는 견해가 다수설이

3) 대법원 1983. 6. 14. 선고 80다3231 판결.
4) 정광현(1957), 236.
5) 조선민사령의 개정경과에 관해 자세히는 이병수(1977), 66~69; 한봉희(1992), 117~118.
6) 현행 민법 시행 전의 상속관습법이 성문법과 불문법으로 이루어져 있음을 지적하는 또 다른 문헌으로 양현아, 120~124; 허규(1972), 177 참조.
7) 대법원 1983. 6. 14. 선고 80다3231 판결.
8) 대표적으로 대법원 2003. 7. 24. 선고 2001다48781 전원합의체 판결 중 대법관 조무제의 반대의견에 대한 보충의견.

다(법적 확신설).[9]

그런데 대법원은 이에서 더 나아가 "사회의 거듭된 관행으로 생성한 어떤 사회생활규범은 헌법을 최상위 규범으로 하는 전체 법질서에 반하지 아니하는 것으로서 정당성과 합리성이 있다고 인정될 수 있는 것이어야 한다."[10]고 하여 전체 법질서에 반하는 관습법의 효력을 부정하고 있다. 이에 대해서는 위와 같은 정당성 요건이 관습법의 성립요건인가 유효요건인가를 둘러싸고 논란이 있을 뿐만 아니라[11], 관습법이 헌법 기타 상위 법질서에 위반하는 경우라면 대법원이 이를 심사하여 그 효력을 부정할 수 있어도 단순히 내용이 불합리하다는 이유만으로 부정할 수는 없다는 취지의 비판이 있다.[12]

다만, 대법원 역시 오랜 기간 동안 사회 구성원들의 법적 확신에 의하여 뒷받침되고 유효하다고 인정해 온 관습법의 효력을 사회를 지배하는 기본적 이념이나 사회질서의 변화로 인하여 전체 법질서에 부합하지 않게 되었다는 등의 이유로 부정하게 되면, 기존의 관습법에 따라 수십 년간 형성된 과거의 법률관계에 대한 효력을 일시에 뒤흔드는 것이 되어 법적 안정성을 해할 위험이 있으므로, 관습법의 법적 규범으로서의 효력을 부정하기 위해서는 관습을 둘러싼 전체적인 법질서 체계와 함께 관습법의 효력을 인정한 대법원판례의 기초가 된 사회 구성원들의 인식·태도나 사회적·문화적 배경 등에 의미 있는 변화가 뚜렷하게 드러나야 하고, 그러한 사정이 명백하지 않다면 기존의 관습법에 대하여 법적 규범으로서의 효력을 유지할 수 없게 되었다고 단정하여서는 안 된다고 판시하고 있다.[13]

2. 상속관습법의 증명

상속관습법은 현재 존재하고 있는 관습법이 아니라, 현행 민법 시행일 전에 존재하였던 과거의 관습법이므로, 당시 어떠한 내용의 사회의 거듭된 관행이 있었는지 또는 그것이 국민의 법적 확신을 얻었는지 여부 등을 현재의 시점

9) 윤진수(2011c), 173 각주 39) 참조.
10) 대법원 2003. 7. 24. 선고 2001다48781 전원합의체 판결; 대법원 2005. 7. 21. 선고 2002다13850 전원합의체 판결; 대법원 2005. 7. 21. 선고 2002다1178 전원합의체 판결; 대법원 2008. 11. 20. 선고 2007다27670 전원합의체 판결 등.
11) 이에 대해 잘 정리된 문헌으로 손상식(2015), 14~15; 윤진수(2011c), 172~176 참조.
12) 윤진수(2011c), 174~176. 대법원 2003. 7. 24. 선고 2001다48781 전원합의체 판결 중 대법관 서성 등 5인의 반대의견도 같은 취지이다.
13) 대법원 2017. 1. 19. 선고 2013다17292 전원합의체 판결.

에서 입증하는 것이 매우 곤란하다. 그 결과 상속관습법의 존재와 그 내용은 주로 해당 시기에 발간된 문헌들에 기초하여 증명하고 있다. 주된 입증자료가 되어 주는 문헌들은 다음과 같다.

가. 조선민사령 시행일 전의 상속관습법

조선민사령 시행일 전 상속에 관해서는 성문법이 주된 근거가 된다. 상속에 관한 규정을 포함하고 있는 가장 중요한 성문법은 1472년(성종 2년)에 완성된 경국대전(經國大典)이지만, 그 후의 수교와 관행들을 반영하여 1744년(영조 20년)에 완성된 속대전(續大典), 경국대전과 속대전을 통합하고 속대전 이후의 수교를 반영하여 1786년(정조10년)에 편찬된 대전통편(大典通編), 그 후의 수교를 보완하여 1865년(고종 2년)에 편찬된 대전회통(大典會通), 그리고 위 각 법에 따라 준용되어 일반법의 지위를 획득한 대명률(大明律)도 상속에 관한 법원(法源)이 된다.[14] 위 각 법 중 일부는 1905년(광무 9년)에 제정된 형법대전(刑法大全)에 의해 폐지되었는데, 형법대전에도 상속에 관한 약간의 조문이 존재하였으므로, 1912년 조선민사령 시행 전까지는 위 형법대전도 상속 분쟁에 적용되었다.[15]

성문법에 규정되지 않은 사항에 대해서는 역시 관습법에 의존하는 수밖에 없는데, 당시의 상속관습을 파악하기 위한 자료로는 조선왕조실록, 주자가례 및 각종의 수교(受敎)과 사가(私家)에서 전해오는 분재기[16] 등이 남아 있다.

나. 조선민사령 시행일 후의 상속관습법

(1) 관습조사보고서

조선민사령 시행일 후의 상속관습법에 대해 1차 자료가 되어 주는 것은 조선총독부에서 간행한 관습조사보고서(慣習調査報告書)이다. 조선총독부는 1908년 5월부터 1910년 9월까지 통감부(統監府)의 부동산법조사회(不動産法調査會)와 법전조사국(法典調査局)에서 진행한 전국 규모의 관습 조사에 기초하여 1910년과 1912년, 1913년 총 세 차례에 걸쳐 관습조사보고서(慣習調査報告書)를 발간하였는데[17], 이는 조사지역과 조사대상자의 제한에 따른 오류, 조사자였던 식민지 당국의 왜곡된 시각에 따른 오류 및 식민통치를 위한 자료 마련이라는 목적상의 오류가 있기는 하지만, 조선민사령 시행 당시의 관습을 파악하기 위한 중요한

14) 자세히는 정광현, 연구, 3~8; 이병수(1977), 52~55; 이상욱(1991a), 371~372 참조.
15) 형법대전에 대해 자세히는 신영호, 공동상속, 221~222; 이병수(1977), 55~63; 정광현, 연구, 7; 한봉희(1992), 115~116.
16) 분재기의 종류와 존재에 대해서는 문숙자, 24~34 참조.
17) 관습조사의 구체적인 경과는 보고서, 21~32; 이병수(1977), 63~66; 이상욱(1991a), 372~375; 이상욱(2004), 209~210; 이승일(1999), 164~167; 정긍식, 근대법사고, 236~247.

자료로서의 가치를 갖는다.[18)]

(2) 구관심사위원회 및 구관급제도심사위원회의 결의

관습조사보고서는 포괄적·일반적 관습을 조사한 것에 불과하므로, 개별 사안에서 법원(法源)으로 삼을만한 상속관습법을 확인할 필요가 있는 경우도 적지 않았다. 이를 위해 법원 등 관청은 1918년부터 1921년까지는 중추원 내에 설치되어 있었던 구관심사위원회(舊慣審査委員會)에, 1921년부터 1924년까지는 설치되었던 구관급제도심사위원회(舊慣及制度審査委員會)에 조선의 관습에 대해 조회할 수 있었고, 위 위원회 등은 관습의 존재 및 내용에 대해 심의·확정하여 결의하였다.[19)] 특히 1923. 1. 25.자 구관급제도심사위원회의 결의는 상속관습에 대한 것으로서 중요한 의미가 있다. 위 결의의 내용은 1933년 발간된 민사관습회답휘집(民事慣習回答彙集) 부록편에서 확인할 수 있다.

(3) 법무국장 · 정무총감 · 중추원 의장 등의 통첩 및 회답, 훈령

구관급제도심사위원회와는 별개로 법원 등 여러 관청이 조선총독부에 관습에 대해 조회하면, 조선총독부가 회답(回答)의 형식으로 관습을 확인하기도 하였다.[20)] 경우에 따라서는 조선총독부가 직권으로 통첩(通牒)이나 훈령의 형식에 의해 개별 관습을 법원 등 관청에게 알리는 경우도 있었다.[21)] 회답의 주체는 사법부장관·법무국장·정무총감 내지 중추원 의장 등으로 다양하였다.[22)] 이 중 특히 법무국장과 정무총감의 회답이나 통첩은 단순한 유권해석에 그치는 것이 아니라, 사실상 법령의 효력을 가졌으며, 구관급제도심사위원회(舊慣及制度審査委員會)의 결의에 구속되지 않았다.[23)] 회답·통첩 등은 1933년 발간된 민사관습회답휘집(民事慣習回答彙集)에 수록되어 있는데, 위 휘집에는 1909년부터 1932년까지 법원 등 관청이 조선총독부 취조국, 참사관실, 중추원 등에 조선의 관습에 대해 조회한 사항 총 324건이 편찬되어 있다.[24)]

---

18) 보고서, 5; 양현아, 112~119; 이진기(2016), 205~207; 정긍식, 근대법사고, 248~249.

19) 보고서, 24~25; 이상욱(1988), 27~28; 이상욱(1991a), 376~377; 이상욱(1991b), 37; 이상욱(2004), 209~210; 정긍식, 근대법사고, 234~235.

20) 보고서, 253; 이상욱(1991a), 377; 정긍식, 근대법사고, 235; 정긍식(2009), 296.

21) 보고서, 253; 이상욱(1991a), 377; 이상욱(2004), 210.

22) 이상욱(1988), 28.

23) 김성숙(1998), 16; 보고서, 26; 김일미(1973), 43; 이병수(1977), 70; 이상욱(1991a), 378; 정광현, 연구, 23~24; 정긍식, 근대법사고, 235~236; 정긍식(2009), 296; 허규(1972), 177.

24) 위 민사관습회답휘집은 조선총독부 판사였던 노무라 초타로(野村調太郎)와 기토 헤이이치(喜頭兵一)에 의해 편찬되었다. 이 중 노무라 초타로(野村調太郎)에 대해서는 김상수(2008), 33~35; 홍양희(2009), 61~84 참조.

(4) 사법협회 · 호적협회 · 판례조사회의 결의

1921년 이후로는 사법협회(司法協會)나 호적협회의 결의에 의해 관습을 확인하는 것도 가능하였으며, 조선고등법원도 자체적인 고등법원판례조사회(高等法院判例調査會)를 설치하여 관습의 존부에 대해 결의하였다.[25] 이와 같은 결의는 기존의 판례를 변경하는 강력한 효력을 가졌다.[26] 특히 사법협회 결의의 구체적인 내용은 조선사법협회잡지에 게재되었으며, 그 결의를 모은 사법협회결의회답집록(司法協會決議回答輯錄)이 1932년 및 1938년에 각 발간되기도 하였다.

(5) 조선고등법원 판결

조선고등법원이 스스로 판결에 의해 또는 질의에 대한 회답이나 통첩 형식으로 관습의 존재와 내용을 확인하기도 하였다.[27] 조선고등법원의 판결은 사법협회 등에서 이미 이루어진 결의의 내용에 따라 이루어지는 경우가 대부분이었으나[28], 중추원의장 등의 회답 · 통첩의 내용에는 구속되지 않았다.[29] 조선고등법원 판결은 조선고등법원판결록(朝鮮高等法院判決錄)에서 확인할 수 있다.

3. 상속관습법의 왜곡

II.에서 열거된 1차 자료에서 확인하고 있는 관습의 내용이 반드시 당시의 실제 관습의 내용과 일치하는 것은 아니다. 물론 사실과 다른 관습의 선언이 모두 악의적인 왜곡에서 비롯한 것은 아닐 것이다. 기존의 관습 또는 새롭게 형성되어 가는 중인 관습을 성문법으로 전환시키거나 기존의 법체계와의 정합성을 도모하는 과정에서 다소간의 선택과 수정은 필수적이기 때문이다.[30] 하지만 적어도 일부 쟁점에 대해서는 고유의 관습이 일제에 의해 변형되고 왜곡되었음이 명백하게 밝혀졌다.[31] 호주상속 제도의 도입, 호주의 단독상속권, 무방식의 유언, 상속회복청구권의 소멸시효 등이 대표적이다. 자세한 내용은 해당 부분에서 다룬다.

---

25) 보고서, 25; 이상욱(2004), 211.

26) 김성숙(1998), 16; 이상욱(1988), 28~29; 정광현(1957), 237; 정광현, 연구, 24. 반면 이상욱(1991b), 37~38은 사법협회 결의가 법적인 구속력을 가지는 것은 아니라고 서술하고 있다.

27) 조선고등법원 판사들의 면면에 대해서는 김상수(2008), 26~37.

28) 이상욱(1988), 27; 이상욱(2004), 211~212; 정긍식, 근대법사고, 236; 정긍식(2009), 297.

29) 김일미(1973), 43; 이상욱(1988), 28.

30) 유사한 맥락으로 김상수(2008), 37~43; 심희기(2003), 6~9, 25~29; 정긍식(2013), 10;홍양희(2006), 100~103.

31) 이 점을 강조하고 있는 문헌으로 윤진수(2011a), 76~78; 이상욱(1988), 53~61; 이상욱(1991a), 371~399; 윤진수(2017), 161~165 참조.

이와 같이 왜곡된 관습법에 대해서는 이를 해체하고 "일제 천황제 국가의 가족주의 이데올로기에 오염되지 않은 원상태의 우리 가족법의 복원" 작업을 해야 한다는 시각[32]과 20세기 초에 이미 관습법으로 확인되어 판례에 의해 오랜 시간 동안 적용되어 온 법률관계를 뒤집는 것은 법적 안정성을 해할 우려가 있으므로 이를 존중할 필요가 있다는 시각[33], 관습법으로 확인된 내용에 대해 규범의식이 형성되어 일반국민도 이에 대해 법적 확신을 갖게 된 경우라면 존중할 필요가 있다는 시각[34], 남녀균분상속과 같이 전통으로 돌아가야 하는 사안과 제사상속이나 적서차별과 같이 전통을 부활시킬 수 없는 사안을 구별하여 달리 취급하는 시각[35] 등이 병존한다.

4. 상속관습법의 위헌성

상속관습법도 재판규범으로서 현재 분쟁의 대상이 되는 법률관계에 적용되기 때문에 그것이 헌법에 위반되는 경우에는 그 효력을 부정할 필요가 있다.

가. 판단의 주체

상속관습법이 헌법에 위반되는지 여부는 누가 판단하는가. 이에 대해서는 견해의 대립이 있다.

(1) 헌법재판소가 판단해야 한다는 견해

일설은 헌법재판소가 이를 판단해야 한다고 주장한다. 관습법도 실질적으로 법률과 같은 효력을 갖는 이상 위헌심사의 대상이 될 수 있으며, 단지 형식적 의미의 법률이 아니라는 이유만으로 그 예외가 될 수는 없다는 것이다.[36] 헌법재판소도 이와 같은 태도이다.[37] 사법부에는 원칙적으로 규범통제권한이 없다는 점, 헌법재판소는 단순히 입법부를 통제하는 기관이 아니라 사법부를 통제하는 기관으로서의 지위도 갖는다는 점, 관습법에 대한 위헌판단권한을 헌법재판소에 독점시켜야 법적 통일성과 안정성이 확보된다는 점 등도 함께 근

32) 보고서, 37~41 참조; 이상욱(1988), 23~61; 이상욱(1991a), 371~399; 정긍식, 근대법사고, 255~257.
33) 민유숙(2007), 230.
34) 정긍식(2009), 312~315. 윤진수(2011c), 168~169; 윤진수(2013), 254~255도 이와 유사한 입장이다.
35) 윤진수(2011a), 77~78.
36) 권건보(2016), 59; 손상식(2015), 33~35; 장영수(2011), 339~360; 정태호(2011), 343~376; 허완중(2009), 173.
37) 헌법재판소 2013. 2. 28. 선고 2009헌바129 결정; 헌법재판소 2016. 4. 28. 선고 2013헌바396 등 결정.

거로 제시된다.[38]

(2) 대법원이 판단해야 한다는 견해

다른 일설은 대법원이 상속관습법의 위헌 여부를 판단해야 한다고 주장한다.[39] 헌법재판소에 의한 위헌심사의 대상이 되는 '법률'이란 국회의 의결을 거친 이른바 형식적 의미의 법률을 의미할 뿐이므로 관습법은 이에 해당하지 않는다는 것이다. 대법원 역시 이와 같은 시각에서 관습법은 헌법재판소의 위헌법률심판의 대상이 아니라는 이유로, 상속관습법에 대한 위헌법률심판 제청신청을 각하한 바 있다.[40]

관습법은 법원에 의해 발견되는 것이므로 관습법이 헌법에 위반되는 경우에 법원이 그 효력도 부인할 수 있다는 점, 관습법의 승인과 소멸은 사실인정을 전제로 하는 것인 만큼 법원이 담당하는 것이 더 적절하다는 점, 법원이 관습법의 존재를 승인해야 관습법의 존재가 확인되는 것이므로 헌법재판소가 관습법의 위헌 여부를 심사하는 것은 결국 법원의 재판을 심사하는 것과 같은 결과를 가져온다는 점, 법률의 경우에는 삼권분립의 원칙상 국회의 입법권을 존중하기 위해 헌법재판소에 위헌 여부의 판단권을 주었지만 관습법은 국가권력 배분과 관계가 없다는 점 등이 근거로 제시된다.

나. 판단의 기준

상속관습법의 위헌 여부를 판단함에 있어서 현행 헌법을 기준으로 삼아야 하는지에 대해서도 논란이 있다.

(1) 舊 헌법 기준설

현행 헌법 시행 전에 제정되고 적용된 법률의 위헌 여부를 판단하는 경우에는 원칙적으로 그 제정 또는 적용 당시의 헌법이 위헌 여부의 판단 기준이 되어야 한다고 주장하는 견해이다.[41] 그렇지 않으면 당시에는 합헌이었던 것이 소급적으로 위헌이 되어 법적 안정성을 크게 해친다는 것이다. 헌법재판소

---

38) 손상식(2015), 39~45.

39) 김시철(2005), 224; 여운국(2016), 11; 윤수정(2015), 202; 이준영(2015), 286; 이홍민(2016), 63; 정구태(2015), 506~507; 윤진수(2011c), 177~178; 윤진수(2013), 266~281; 윤진수(2017), 167~173; 정구태(2017), 202~204. 헌법재판소 2016. 4. 28. 선고 2013헌바396 등 결정 중 재판관 이진성, 김창종, 조용호의 각하의견도 이와 같은 취지이다.

40) 대법원 2009. 5. 28.자 2007카기134 결정. 대법원이 관습법에 대한 위헌 판단을 할 수 있다는 전제 하에 관습법의 효력을 부정한 판결로 대법원 2003. 7. 24. 선고 2001다48781 전원합의체 판결; 대법원 2005. 7. 21. 선고 2002다1178 전원합의체 판결; 대법원 2005. 7. 21. 선고 2002다13850 전원합의체 판결; 대법원 2008. 11. 20. 선고 2007다27670 전원합의체 판결.

41) 윤진수(2017), 175~176; 정긍식(2009), 313.

역시 "민법의 제정 및 시행으로 이미 폐지된 舊 관습법에 대하여 역사적 평가를 넘어 현행 헌법을 기준으로 소급적으로 그 효력을 모두 부인할 경우 이를 기초로 형성된 모든 법률관계가 한꺼번에 뒤집어져 엄청난 혼란을 일으킬 수 있다."는 이유로 기존의 관습을 존중하는 입장을 택하였다.[42]

(2) 현행 헌법 기준설

구체적 규범통제의 심사기준은 원칙적으로 헌법재판을 할 당시에 규범적 효력을 가지는 헌법이라는 견해[43]이다. 위 견해는 소급효에 따른 법적 불안정성의 문제는 취득시효 등 개별 제도에 의해 방지하는 것으로 족하며, 특히 상속관습법은 민법 시행 전에 개시된 상속에 관하여 그대로 적용되므로 이미 폐지된 관습이라도 현행헌법을 기준으로 그 효력을 상실시킬 필요성이 인정된다고 한다. 헌법재판소나 대법원도 현행 헌법을 기준으로 과거의 법률이나 관습법의 효력을 판단한 바 있다.[44]

하지만 1948년 제헌헌법이 이미 "현행법령은 이 헌법에 저촉되지 않는 한 효력을 가진다."고 선언한 바 있으므로, 1948년 헌법을 기준으로 상속관습법의 위헌 여부를 판단함이 상당할 것이다.[45]

다. 판단의 효력

(1) 헌법재판소가 판단하는 경우

만약 헌법재판소가 관습법에 관해 위헌결정을 선고한다면, 그 관습법은 그 결정이 있는 날로부터 효력을 상실하게 될 것이다(헌법재판소법 §47 ②).[46] 물론 위헌결정 특유의 법리에 따라 일정한 범위 내에서 소급효가 인정됨은 물론이다. 즉, 위헌결정의 계기를 부여한 당해사건, 위헌결정 전에 동종의 위헌제청 또는 위헌제청신청을 해 놓은 당해사건, 따로 위헌제청신청을 하지는 않았지만 해당 법률 또는 조문이 재판의 전제가 되어 법원에 계속 중인 사건, 당사자의 권리구제를 위한 구체적 타당성의 요청이 현저한 사건 등에는 널리 소급

42) 헌법재판소 2016. 4. 28. 선고 2013헌바396 등 결정. 대법원 2003. 7. 24. 선고 2001다48781 전원합의체 판결 중 대법관 서성 등 5인의 반대의견의 취지도 이와 같다. 위 헌재 결정이 현행 헌법 기준설을 택한 것이라고 보는 견해로 윤진수(2017), 175~176.

43) 이홍민(2016), 63; 정구태(2017), 212~213. 헌법재판소 2016. 4. 28. 선고 2013헌바396 등 결정 중 재판관 이정미 등 2인의 위헌의견의 태도도 이와 같다.

44) 헌법재판소 1994. 6. 30. 선고 92헌가18 결정; 헌법재판소 2015. 3. 26. 선고 2014헌가5 결정; 대법원 2003. 7. 24. 선고 2001다48781 전원합의체 판결; 대법원 2005. 7. 21. 선고 2002다1178 전원합의체 판결; 대법원 2008. 11. 20. 선고 2007다27670 전원합의체 판결.

45) 유사한 취지로 한봉희(1992), 121.

46) 손상식(2015), 64.

효가 인정된다.[47] 이때 발생할 수 있는 혼란을 방지하기 위해 헌법재판소는 상속관습법에 대한 위헌 판단시 현행 헌법을 기준으로 삼지 않는 방안을 택한 바 있다.[48]

(2) **대법원이 판단하는 경우**

대법원이 관습법의 효력을 부정하는 경우에 그 판단에 소급효를 인정할 것인가 또는 장래효를 인정할 것인가에 대해서는 논란이 있다. 대법원과 같이 사회의 거듭된 관행이 구성원의 법적 확신과 아울러 전체 법질서에 어긋하지 않는 '정당성과 합리성'을 갖춘 경우에야 비로소 관습법으로 성립할 수 있다고 본다면, 법원이 당해 관습법을 정당성과 합리성을 갖추지 못한 위헌적 법규라고 판단하는 순간 그 관습법은 처음부터 관습법으로서 성립하지 못한 것으로 보아 그 적용을 소급적으로 배제하는 수밖에 없다.[49]

다만, 대법원은 관습법 성립 후 발생한 전체 법질서의 '변화'로 말미암아 종래 법원이 오랜 기간 승인해 온 관습법의 효력을 더 이상 인정할 수 없게 된 경우라면 판례변경의 소급효를 인정할 수 없다고 판시하였다(이른바 '선택적 장래효').[50] 이를 소급하여 적용한다면 종래 대법원 판례를 신뢰하여 형성된 수많은 법률관계의 효력을 일시에 좌우하게 되고, 이는 법적 안정성과 신의성실의 원칙에 기초한 당사자의 신뢰보호를 내용으로 하는 법치주의 원리에도 반한다는 것이다.

이에 대해서는 관습법의 성립요건에 관한 국가승인설을 전제로, 본래 관습법에 위헌적 요소가 있어서 대법원이 그 효력을 부정하는 경우에는 헌법재판소에 의한 위헌법률선언과 그 법적 성질이 다르지 않으므로, 위헌결정의 불소급효 원칙에 따라 당연히 그 판례변경의 소급효를 인정할 필요가 없다는 반대의견이 있었다.[51]

하지만 일부 견해는 오히려 위헌법률심판에도 소급효를 인정할 필요가 있으며 현재에도 사실상 인정하는 것과 다를 바 없다는 점, 해당 관습법에 대한

47) 헌법재판소 2008. 9. 25. 선고 2006헌바108 결정 등.
48) 헌법재판소 2016. 4. 28. 선고 2013헌바396 등 결정.
49) 실제로 소급효를 인정한 사안으로 대법원 2003. 7. 24. 선고 2001다48781 전원합의체 판결 참조.
50) 대법원 2005. 7. 21. 선고 2002다1178 전원합의체 판결 참조. 선택적 장래효를 택한 또 다른 판결로 대법원 2008. 11. 20. 선고 2007다27670 전원합의체 판결 참조.
51) 대법원 2003. 7. 24. 선고 2001다48781 전원합의체 판결 중 대법관 조무제의 반대의견에 대한 보충의견.

법적 확신이 소멸하여 관습법의 효력을 부정하는 경우에는 장래효만 인정함이 타당하지만 그런 사정이 없는 경우에는 소급효를 부정할 이유가 없다는 점, 신뢰보호에 문제가 발생하는 특별한 사안의 경우에는 실효의 원칙을 통해 당사자를 보호할 수 있다는 점 등을 들어 법원의 관습법에 대한 위헌판단의 소급효를 지지한다.[52]

52) 윤진수(2011c), 191~202; 윤진수(2017), 188~192.

第 2 節　상속의 형태

▌참고문헌: 김민정(2008), "조선초기 상속법제에서 유언 자유의 의미", 법사학연구 37; 김상용(2004), "호주제는 우리민족의 전통가족제도인가?", 법조 53-7; 김상훈(2017), "민법 시행 전에 호주 아닌 기혼 장남이 직계비속 없이 사망한 경우 재산상속에 관한 관습", 가족법연구 31-2; 김윤정(2002), "조선중기 제사승계와 형망제급의 변화", 조선시대사학보 20; 김은아(2007), "조선전기 재산상속법제에서 여성의 지위", 법학연구 28; 김은아(2009), "조선전기 유증제도의 구조적 특징", 법학논총 26-4; 김일미(1973), "조선후기의 재산상속 관습", 이대사원 11; 민유숙(2007), "관습법상 분재청구권의 내용과 분재의무의 상속·소멸시효 적용 여부", 대법원판례해설 63; 박경(2006), "15세기 입후법의 운용과 계후입안", 역사와 현실; 박병호(1973), "이성계후의 실증적연구", 서울대 법학 14-1; 박병호(1974), "한국의 전통사회와 법", 서울대 법학 15-1; 박병호(1992), "일제하의 가족정책과 관습법형성과정", 서울대 법학 33-2; 신영호(1989), "한국재산상속법의 기본원리의 변천", 법학논총15; 윤진수(2011a), "고씨 문중의 송사를 통해 본 전통 상속법의 변천", 민법논고[V]; 윤진수(2017), "상속관습법의 헌법적 통제", 헌법학연구 23-2; 이병수(1977), "조선민사령에 관하여", 법사학연구 4; 이상범(1980), "한국에 있어서의 재산상속에 관한 구관습", 재판자료 7; 이상욱(1988), "일제하 호주상속관습법의 정립", 법사학연구 9; 이상욱(1990), "일제시대의 재산상속관습법", 법사학연구 11; 이상욱(1991a), "일제하 전통가족법의 왜곡", 박병호 화갑기념(II); 이상욱(1991b), "구관습상 호주 아닌 가족이 사망한 경우의 재산상속인", 판례월보 245; 이홍민(2016), "호주제를 전제로 한 상속관습법의 폐지에 관한 입론", 법학논총 23-1; 정광현(1957), "한국상속관습법에 대한 입법론적 고찰", 서울대 논문집 5; 정구태(2015), "호주가 사망한 경우 딸에게 구 관습법상 분재청구권이 인정되는지 여부", 동북아법연구 8-3; 정구태(2017), "상속관습법의 헌법소원심판대상성 및 그 위헌 여부", 민사법연구 25; 정긍식(2001), "조선전기 주자가례의 수용과 제사승계 관념", 역사민속학 12; 정긍식(2009), "식민지기 상속관습법의 타당성에 대한 재검토 -가족인 장남의 사망과 상속인의 범위-", 서울대 법학 50-1; 정긍식(2010), "조선시대의 가계계승법제", 서울대 법학 51-2; 정긍식(2013), "한국의 가계계승에서 여성의 지위", 법사학연구 47; 정긍식(2015), "제사와 재산상속의 법적 문제", 법사학연구 51; 한복룡(1988), "조선전기 가취제 및 동성불취의 성립과정과 혼속의 절충으로 파생된 가족법규범의 고찰", 가족법연구 2; 한상구(1998), "상속법제의 변천", 재판자료 78; 허규(1972), "상속관습법상의 상속분과 상속재산의 분할", 사법논집 3; 현소혜(2016), "제사주재자의 지위와 확인의 이익", 사법 35; 홍양희(2006), "식민지시기 상속 관습법과 '관습'의 창출", 법사학연구 34; 홍양희(2009), "조선총독부 판사, 노무라 초타로(野村調太郎)의 조선 사회 인식 -가족제도에 대한 인식을 중심으로-", 가족법연구 23-1

Ⅰ. 조선 시대[1)]

우리의 전통적인 상속법은 상속을 제사상속과 재산상속으로 구별하여 달리 규율하였다.[2)] 특히 고려시대 이래 우리나라는 부계와 모계를 동등하게 존중하는 '양측적 친속(兩側的 親屬)' 제도에 기초하고 있었으며, 부계와 모계, 친손과 외손에 대한 차별이 없었다.[3)] 주자가례에 기초한 제사문화가 도입된 고려말 이후에도 조선 초기까지는 남귀여가혼(男歸女家婚)의 풍습[4)]을 통해 딸이 가계를 계승하거나, 아들과 딸이 돌아가면서 제사를 모시는 윤회봉사 등의 관습이 널리 행해졌다.[5)] 이와 같이 16세기 초까지 제사는 '사후봉양'으로서의 성격을 가지고 있는 사실행위에 불과하였다.[6)]

이는 재산상속에도 영향을 미쳐 모든 자녀가 상속재산을 나누어 갖는 공동상속·균분상속의 전통이 확립되었다.[7)] 제사를 지내는 자녀에게는 승중자(承重子)라고 하여 보상조로 재산과 노비를 가산하여 주었을 뿐이다.[8)] 주자가례의 도입에 따라 가묘의 설치와 제사의 승계가 강제된 후로도 공동상속인들은 여전히 제사상속인을 상대로 재산의 분급을 청구할 수 있었으며, 제사상속인이 분재에 응하지 않는 경우에는 관이 직접 재산을 공평하게 나누어 주었다.[9)] 피상속인의 유언이 균분상속에 반하는 결과를 초래한 경우에도 마찬가지였다.[10)] 신분상속과 재산상속을 일치시켜 장자에게 모든 지위와 권한·재산·의무를 독점시키는 봉건적인 장자독점상속 제도와는 차이가 있다.

그러나 16세기 중엽 이후 성리학과 종법사상(宗法思想)이 확산되면서 혼인

---

1) 신라시대와 고려시대의 상속제도에 대해서는 신영호, 공동상속, 158~184; 신영호(1989), 99~104 참조.
2) 박동섭, 446; 이상욱(1988), 31 외 다수.
3) 박경(2006), 132; 정긍식(2001), 185~186.
4) 남귀여가혼 내지 솔서혼(率婿婚)의 전통에 대해서는 한복룡(1988), 231~248 참조.
5) 김윤정(2002), 108; 김주수·김상용, 21~24; 윤진수(2011a), 57; 정긍식(2001), 187~188; 정긍식(2015), 106.
6) 김윤정(2002), 108; 박병호(1973), 84; 정긍식(2001), 186~196; 정긍식(2009), 291; 정긍식(2010), 92~93; 현소혜(2016), 81.
7) 김일미(1973), 34~35; 김은아(2007), 210; 김주수·김상용, 21~24; 문숙자, 48~60, 78~99; 정긍식(2009), 292; 정긍식(2010), 91; 정긍식(2015), 106; 피터슨, 23~42; 한복룡(1988), 260. 남귀여가혼과 균분상속간의 관계에 대해 논증하고 있는 문헌으로 박병호(1974), 93~97; 한복룡(1988), 259~262 참조.
8) 김민정(2008), 6; 김용한, 279; 김은아(2009), 341; 문숙자, 109~111; 민유숙(2007), 218; 박동섭, 446; 윤진수(2011a), 56~57; 한상구(1998), 628.
9) 김민정(2008), 11; 문숙자, 30; 박동섭, 446.
10) 김은아(2007), 210.

의 풍습은 반친앙례(半親迎禮)로 변화하였고, 윤회봉사의 관습은 사라졌으며, 남계혈족의 적장자(嫡長子)를 중심으로 제사상속인의 순위를 결정하는 법제가 확립되었다.[11] 이때부터 제사는 단순한 사실행위를 넘어 가계계승을 상징하는 법적인 권리로 격상되었다.[12] 피상속인에게 남자 직계혈족이 없는 경우 사후 입양을 통해서라도 가계계승을 강제하는 입후(入後) 제도가 강화되었고[13], 가(家)의 성공적인 유지를 위해 정당한 가계계승자에게 봉사조(奉祀條)라는 명목으로 제사용 재산을 비롯한 각종의 특권을 부여되었다.[14]

더 나아가 조선 중기에는 과도한 상속분쟁으로 인한 사회문제를 방지하기 위해 부모의 의사에 반해 상속재산을 둘러싼 형제간의 쟁송을 관에 가져오는 것이 금지되었으며(續大典 聽理條)[15], 그와 더불어 재산의 영세화에 따른 필연적 결과로 조선 초기와 같은 공동상속·균분상속의 규범력은 점차 힘을 잃었고, 제사상속인이 아닌 차남 이하 중자나 여자들의 상속권은 약화되었다.[16] 17세기 중반 이후 승중자에게 주어지는 재산의 비율이 다른 아들들의 상속재산보다 압도적으로 높아지면서 그 반사적 효과로 차자 이하 중자들이나 여자들의 상속분은 감소하였기 때문이다.[17] 하지만 여전히 제사상속과 재산상속은 별개의 제도로 여겨졌으며, 실제로는 재산의 영세함 때문에 장자상속을 하면서도 규범적으로는 균분상속이 원칙이라는 인식이 유지되었다.[18]

Ⅱ. 일제강점기 전기(1933년 이전)

우리나라의 전통적인 상속 제도는 제사상속과 재산상속을 엄밀히 구별하

---

11) 김윤정(2002), 110~129; 김주수·김상용, 9; 문숙자, 100~105, 118~123, 128~131; 박병호(1974), 97~98; 윤진수(2011a), 58; 정긍식(2009), 292~293; 정긍식(2015), 106; 한상구(1998), 627~628.

12) 정긍식(2001), 188~196; 정긍식(2010), 82~90; 현소혜(2016), 81.

13) 입후제도의 도입과 강화 과정에 대해 자세히는 김윤정(2002), 110~129; 박경(2006), 129~155; 양현아, 191~196; 피터슨, 121~204.

14) 문숙자, 109~118.

15) 문숙자, 151~157. 18세기 이후로는 상속쟁송을 거의 찾아볼 수 없음을 지적하는 문헌으로 정긍식(2009), 293~294.

16) 김일미(1973), 35~40; 도이힐러, 310~319; 문숙자, 126~127; 양현아, 214~220; 윤진수(2011a), 58; 정긍식(2009), 293; 정긍식(2013), 14; 정긍식(2015), 106; 피터슨, 42~74.

17) 신영호, 공동상속, 210~213; 양현아, 214~217; 윤진수(2017), 180; 정긍식(2009), 309. 다만, 이때 이미 여자들이 상속에서 완전히 배제되었는지 여부에 대해서는 이를 긍정하는 견해(김주수·김상용, 9; Peterson, 64~74)와 부정하는 견해(도이힐러, 224)가 대립한다.

18) 김상훈(2017), 416~417; 정긍식(2009), 294~296, 309.

였으며, 일본과 같은 형태의 가독상속(家督相續) 제도는 존재하지 않았다.[19] 하지만 일제 식민 당국은 행정편의를 위해 우리나라의 상속을 제사상속과 호주상속, 재산상속 3가지로 나누고, 이 중 제사상속과 호주상속을 합하여 가독상속으로 칭하였다.[20]

1. 제사상속

제사상속 또는 봉사(奉祀)란 제사자의 지위를 승계하는 것을 말한다.[21] 피상속인의 적장자(嫡長子)를 제사상속인의 최우선순위로 삼고, 적장자가 존재하지 않을 경우에는 엄격하게 정해진 원칙에 따라 제사상속인을 정하며, 그 원칙에 따른 자가 존재하지 않을 때에는 입양을 통해 입후(入後)하도록 하는 조선 중기 이후의 관행이 그대로 유지되었다.[22] 이 시기의 제사상속인은 일가의 종손으로서 제사권을 상속하는 것은 물론 그 가의 호주권과 재산권도 상속하므로, 이러한 종손권(宗孫權)의 확인을 구하는 것은 법률상의 이익이 있었다.[23]

제사상속의 구체적인 내용은 제3절 I. 참조.

2. 호주상속

호주상속이란 호주의 지위를 승계하는 것을 말한다.[24] 호주상속은 본래 우리나라 고유의 것은 아니며, 1909년 민적법의 시행과 1921년 조선호적령 제정에 의해 강제적으로 이식된 제도에 불과하다.[25] 일제강점기 초기의 호주상속 제도는 제사상속의 효과를 공시하는 기능을 수행하였다. 봉사자인 종손은 호주의 지위를 겸하므로, 제사상속은 호주상속을 수반함이 원칙이다.[26] 따라서 호주였던 선조의 봉사를 승계한 자는 당연히 호주의 지위도 승계한다.

---

19) 이는 보고서, 382; 1923. 1. 25.자 구관조사결의(휘집 부록, 42); 1923. 7. 21.자 중추원회답(휘집, 428) 등이 이미 자인하고 있는 바이다.

20) 보고서, 382; 1923. 1. 25.자 구관조사결의(휘집 부록, 42); 1923. 7. 21.자 중추원회답(휘집, 428). 이에 대한 자세한 서술로 홍양희(2006), 103~110 참조.

21) 보고서, 73.

22) 1923. 1. 25.자 구관조사결의(휘집 부록, 44); 1923. 7. 21.자 중추원 회답(휘집, 428).

23) 조선고등법원 1913. 10. 21.자 판결(록 2, 346); 1917. 12. 11.자 판결(록 4, 1066).

24) 보고서, 75, 382.

25) 김상용(2004), 193~238; 박병호(1992), 1~16; 양현아, 141~176; 윤진수(2011a), 63~65; 이상욱(1991a), 382~387; 이홍민(2016), 44~46; 정구태(2015), 510~512; 정구태(2017), 206~209; 홍양희(2006), 110~113 외 다수. 다만, 이에 대해서는 조선말기부터 이미 우리나라에 호주제가 존재했거나 호주제를 쉽게 수용할 수 있는 기반이 마련되어 있었으므로 특별히 왜곡이라고 보기 어렵다는 반론이 있다. 정긍식(2009), 295; 정긍식(2013), 31.

26) 보고서, 75, 328~329, 382, 391.

하지만 일제에 의해 왜곡된 호주제도는 단순한 제사상속의 공시기능을 넘어 독자적인 신분상속 제도로서의 성격도 겸유하고 있었는데, 이는 이른바 '중계상속(仲繼相續)'의 법리에서 선명하게 드러난다.[27] 본래 제사상속에서는 피상속인 사망 당시 그 상속인 될 자가 존재하지 않는 경우에는 상속 절차가 잠시 중단되었다가 사후입양(死後入養)에 의해 제사상속인이 될 자가 선정되면 비로소 제사상속이 개시된다. 이를 일컬어 '사적상속(死蹟相續)'이라고 한다.[28] 하지만 호주상속은 제사상속과는 별개의 제도로 여겨졌으므로, 호주상속인의 지위를 공백으로 두는 대신 사후입양(死後入養)에 의해 제사상속이 개시될 때까지 일시적으로 피상속인의 모(母) 또는 처(妻) 등 그 가(家) 에 있는 여자 중 가장 선순위에 있는 자가 호주의 지위를 상속하도록 하였다.[29] 적격의 상속인이 등장할 때까지 임시적·잠정적 상속인을 두는 중계상속의 법리를 따른 것이다. 따라서 제사상속에는 호주상속이 수반됨이 원칙이지만, 제사상속과 호주상속이 언제나 동시에 개시되는 것은 아니다.[30]

또한 피상속인이 일가창립자(一家創立者)이거나 분가자(分家者)인 경우에는 그 가(家)를 기준으로 피상속인의 선대(先代)가 존재하지 않으므로, 피상속인 스스로가 봉사자가 아니고, 따라서 봉사자의 지위를 승계하는 제사상속이 개시될 여지가 없다.[31] 그 결과 이때에는 제사상속 없이 피상속인이 가지고 있던 호주의 지위만을 승계하는 호주상속이 개시될 뿐이다. 즉, 호주라고 해서 당연히 제사상속인인 것은 아니다.[32] 다만, 이때에도 일가창립자 또는 분가자인 피상속인 자신을 위한 제사는 개시되어야 하므로, 호주상속인이 피상속인을 위한 새로운 제사자의 지위를 취득한다.

한편 호주 아닌 가족이 사망하였는데, 그 사망자가 자신의 선대를 따로 봉사하고 있었다면 그 사망자의 상속인은 호주의 지위를 상속하지는 못하지만, 봉사자의 지위는 상속할 수 있다. 즉, 제사상속인이라고 하여 당연히 호주상속인인 것은 아니다.[33]

호주상속의 구체적인 내용은 제3절 II. 참조.

---

27) 정광현(1957), 253.
28) 정광현(1957), 253.
29) 1923. 7. 21.자 중추원 회답(휘집, 429).
30) 이상욱(1990), 78.
31) 1923. 1. 25.자 구관조사결의(휘집 부록, 44).
32) 보고서, 382; 자료, 372.
33) 1923. 1. 25.자 구관조사결의(휘집 부록, 44); 1923. 7. 21.자 중추원 회답(휘집, 428) 참조.

3. 재산상속

재산상속이란 피상속인의 상속재산을 승계하는 것을 말한다.[34] 제사상속이나 호주상속이 개시되는 경우에는 당연히 재산상속이 수반되지만, 호주 아닌 가족이 사망한 경우에는 제사상속이나 호주상속과 무관하게 재산상속만 개시될 수도 있다.[35] 본래 우리나라의 전통에 따르면 피상속인을 위해 제사상속이 개시되는 경우라도 제사상속과 별개로 상속재산 자체는 제사상속인과 그 형제들이 공동으로 상속하여 나누어 갖는 것이 원칙이었다.[36] 제2절 I. 참조.

하지만 일제강점기 이후로는 제사상속인이나 호주상속인이 단독으로 재산을 상속하며, 그와 동일가적에 있는 남자 형제들은 제사상속인 등을 상대로 그 분재를 청구할 수 있는 것에 불과하고, 그 분재의 비율이나 방법은 오로지 제사상속인 등의 재량에 달린 것으로 이해하게 되었다. 일본의 가독상속 제도가 호주제도라는 이름을 통해 조선의 관습으로 왜곡되어 이식된 것이다.[37] 심지어 제사상속·호주상속과는 무관하게 재산상속만 개시되는 경우에도 왜곡된 단독상속과 동일가적의 관념이 지배하였으며, 이러한 시각은 일제강점기 말기에야 비로소 교정되었다.[38]

재산상속의 구체적인 내용은 제3절 III. 참조.

Ⅲ. 일제강점기 후기(1933년 이후)

우리의 상속 제도를 제사상속·호주상속·재산상속으로 나누어 파악하는 시각은 1933년을 기점으로 크게 변화하였다. 조선고등법원이 1933. 3. 3.자 판

34) 보고서, 75. 보고서는 '유산상속(遺産相續)'이라는 표현을 사용하고 있으나, 우리 상속관습법상 재산상속은 호주가 사망한 경우, 가족이 사망한 경우, 호주가 타가로 입적되는 경우에 모두 발생할 수 있으므로, 오로지 가족이 사망한 경우에만 재산상속이 개시되는 일본식의 '유산상속' 제도와는 차이가 있다. 1923. 1. 25.자 구관조사결의(휘집 부록, 47) 참조.

35) 1923. 1. 25.자 구관조사결의(휘집 부록, 44, 46); 1923. 7. 21.자 중추원 회답(휘집, 429). 이병수(1977), 75; 이상범(1980), 136; 주석상속(2), 511; 허규(1972), 178도 참조.

36) 1923. 1. 25.자 구관조사결의(휘집 부록, 44)가 이미 호주상속인의 단독상속을 전제로 하는 가독상속과, 상속재산의 분할상속을 전제로 하는 호주상속은 전혀 다른 것임을 자인하고 있다.

37) 김상훈(2017), 417; 김일미(1973), 45; 박병호(1974), 98~99; 신영호, 공동상속, 224~227; 신영호(1989), 109; 윤진수(2011a), 65; 윤진수(2017), 162; 이상욱(1988), 56~58; 이상욱(1990), 109; 이상욱(1991a), 387~389; 이상욱(1991b), 42; 정구태(2015), 510~512; 홍양희(2006), 122~125. 반면 정긍식(2009), 295~296은 조선 후기부터 우리 관습이 이미 장자의 단독상속과 재산상속의 부수성에 기울어져 있었다고 주장한다.

38) 위와 같은 변천사에 대해서는 정긍식(2009), 299~301 참조.

결에 의해 "제사상속의 관념은 선대를 봉사하며 또 선조의 제사를 봉사하는 도의상의 지위를 계승함에 불과하다."고 선언하였기 때문이다.[39]

제사 자체를 법적인 권리로 보기 어렵다는 점, 제사는 사적인 영역에서 조상을 존중하는 행위일 뿐 그 자체로 신분을 이전하는 성질을 가진 것은 아니라는 점, 제사승계는 법적으로 호주상속인과 재산상속인을 결정하는 기준으로서의 의미를 가질 뿐인데 이미 호주제도가 상당히 자리를 잡은 상황에서 굳이 호주의 순위를 결정하기 위해 제사상속에 의존할 필요가 없다는 점 등을 지적하였던 당시의 한 주장을 반영한 것이다.[40]

따라서 위 1933년 판결 이후로는 제사자의 지위를 승계하는 종손이라도, 그 제사행위에 대한 부정한 방해 행위가 있을 때에는 그 방해의 제거를 청구할 수 있음은 별론으로 하고, 단지 다른 사람으로부터 자신이 종손인 것을 부인당하거나 다른 사람이 제사를 지내고 있다는 이유만으로 자신이 종손인 것을 인정하도록 하거나 다른 사람이 지내는 제사를 정지시킬 권리는 없으며, 그가 종손의 지위에서 누려왔던 법률상·재산상의 이익은 호주권 또는 재산권이라는 측면에서 보호받을 수 있을 뿐이다.[41]

그 결과 우리나라의 상속에는 호주상속과 재산상속 두 가지만 남게 되었다.[42] 물론 당시 호주를 결정하는 순위는 기존의 제사상속인을 결정하는 순위와 그다지 다르지 않았기 때문에, 실제 분쟁 해결에 있어서 큰 차이가 발생한 것은 아니며, 제사상속 제도가 호주상속 제도에 흡수편입된 것에 불과하다.[43] 1960년 민법 제정 당시 제사상속 제도를 부활할 것인지를 둘러싸고 약간의 논의가 있었으나, 입법자는 "제사상속을 법률제도로부터 제외하여 도덕과 관습의 범주에 위양하고 그 정신을 가급적 호주상속인을 정하는 데 참작"[44]하기로 결정하였고, 이와 같이 상속을 호주상속과 재산상속으로 대별(大別)하는 태도는 1990. 1. 13.자 개정에 의해 호주상속제도가 호주승계제도로 전환될 때까지 60

---

39) 조선고등법원 1933. 3. 3.자 판결(록 20, 140). 위 판결을 상세히 소개하고 있는 문헌으로 윤진수(2011a), 62; 정긍식(2015), 107~108 참조.

40) 위와 같은 취지의 주장을 하였던 野村調太郎의 견해를 상세히 소개하고 있는 문헌으로 윤진수(2011a), 59~63; 홍양희(2006), 113~117; 홍양희(2009), 73~76 참조.

41) 조선고등법원 1933. 3. 3.자 판결(록 20, 155). 이와 유사한 취지로 대법원 1991. 3. 27.자 90마1027 결정.

42) 정광현(1957), 239.

43) 홍양희(2006), 118.

44) 民議院 法制司法委員會 民法審議小委元會, 民法案審議錄(下), 1957, 21~22. 현소혜(2016), 81~82도 참조.

년 가까이 유지되었다.[45]

하지만 호주제에 대해서는 2005년 이미 헌법불합치 결정이 선고되었으므로, 상속관습법상의 호주상속제도 역시 현행헌법에 위반됨이 명백하여 이를 더 이상 재판규범으로 삼아서는 안 된다는 비판[46]이 있다.

45) 박동섭, 450.
46) 이홍민(2016), 41~65 참조.

第 3 節 법정상속

▌**참고문헌**: 김민정(2008), "조선초기 상속법제에서 유언 자유의 의미", 법사학연구 37; 김상훈(2017), "민법 시행 전에 호주 아닌 기혼 장남이 직계비속 없이 사망한 경우 재산상속에 관한 관습", 가족법연구 31-2; 김성숙(2004), "유증제도의 사적고찰", 아세아여성법학 7; 김윤정(2002), "조선중기 제사승계와 형망제급의 변화", 조선시대사학보 20; 김은아(2007), "조선전기 재산상속법제에서 여성의 지위", 법학연구 28; 김은아(2009), "조선전기 유증제도의 구조적 특징", 법학논총 26-4; 김일미(1973), "조선후기의 재산상속 관습", 이대사원 11; 민유숙(2007), "관습법상 분재청구권의 내용과 분재의무의 상속·소멸시효 적용 여부", 대법원판례해설 63; 박경(2006), "15세기 입후법의 운용과 계후입안", 역사와 현실; 박병호(1973), "이성계후의 실증적연구", 서울대 법학 14-1; 신영호(1989), "한국재산상속법의 기본원리의 변천", 법학논총 15; 신영호(1991), "제사용재산의 상속", 박병호 화갑기념(I); 심희기(2003), "일제강점 초기 '식민지 관습법'의 형성", 법사학연구 28; 양창수(1999), "우리나라 최초의 헌법재판논의", 서울대 법학 40-2; 연정열(1991), "조선 초기 노비상속과 증연에 관한 일연구", 박병호 화갑기념(II); 윤진수(2009), "민법 시행 전에 이성양자가 허용되었는지 여부 및 민법 시행 전 입양의 요건에 대한 민법의 소급적용", 민법논고[IV]; 윤진수(2011a), "고씨 문중의 송사를 통해 본 전통 상속법의 변천", 민법논고[V]; 윤진수(2013), "관습상 분재청구권에 대한 역사적, 민법적 및 헌법적 고찰", 민사재판의 제문제 22; 윤진수(2017), "상속관습법의 헌법적 통제", 헌법학연구 23-2; 이병수(1977), "조선민사령에 관하여", 법사학연구 4; 이상범(1980), "한국에 있어서의 재산상속에 관한 구관습", 재판자료 7; 이상욱(1988), "일제하 호주상속관습법의 정립", 법사학연구 9; 이상욱(1990), "일제시대의 재산상속관습법", 법사학연구 11; 이상욱(1991a), "일제하 전통가족법의 왜곡", 박병호 화갑기념(II); 이상욱(1991b), "구관습상 호주아닌 가족이 사망한 경우의 재산상속인", 판례월보 245; 이승일(1999), "일제시대 친족관습의 변화와 조선민사령 개정에 관한 연구", 동아시아문화연구 33; 이홍민(2011), "현행민법 시행 전 이성양자 및 서양자의 허용여부", 가족법연구 25-3; 정광현(1957), "한국상속관습법에 대한 입법론적 고찰", 서울대 논문집 5; 정구태(2015), "호주가 사망한 경우 딸에게 구 관습법상 분재청구권이 인정되는지 여부", 동북아법연구 8-3; 정구태(2017), "상속관습법의 헌법소원심판대상성 및 그 위헌 여부", 민사법연구 25; 정긍식(1996), "16세기 봉사재산의 실태", 고문서연구 9·10; 정긍식(2005), "속대전의 위상에 대한 소고", 서울대 법학 46-1; 정긍식(2009), "식민지기 상속관습법의 타당성에 대한 재검토 —가족인 장남의 사망과 상속인의 범위—", 서울대 법학 50-1; 정긍식(2010), "조선시대의 가계계승법제", 서울대 법학 51-2; 정긍식(2011), "생양가 봉사 관습에 대한 소고", 저스티스 124; 정긍식(2013), "한국의 가계계승에서 여성의 지위", 법사학연구 47; 정긍식(2015), "제사와 재산상속의 법적 문제", 법사학연구 51; 최준규(2018), "실종선고로 인한 상속의 경과규정인 민법 부칙 제12조 제2항의 의미", 2017년 가족법 주요 판례 10선; 한봉희(1992), "한국 근대가족법의 형성과정에 관한 연구", 동국논총 31; 허규(1972), "상속관습법상의 상속분과 상속재산의 분할", 사법논집 3; 현소혜(2015), "상속관습법상 몇 가지 쟁점에 관하여", 가족법연구 29-1; 현소혜(2016), "제사주재자의 지위와 확인의 이익", 사법 35.

이하에서는 실제 재판규범으로 적용될 가능성이 높은 일제 강점기를 기준으로 우리나라의 상속형태를 제사상속 · 호주상속 · 재산상속으로 나누어 구체적인 내용을 서술한다. 다만, 현재까지도 분쟁에 적용될 여지가 있는 부분 또는 일제 강점기의 관습이 왜곡된 부분에 한하여 조선시대의 상속관습법도 함께 소개한다.

I. 제사상속

1. 상속개시의 원인

제사상속은 봉사자의 지위에 있던 자가 사망하거나 그 지위를 떠난 경우에 개시되었다.[1] 구체적인 사유는 다음과 같다.

가. 사망상속

(1) 사망

제사상속은 봉사자였던 피상속인의 사망에 의해 개시됨이 원칙이었다. 피상속인이 봉사자인 동시에 호주였다면 제사상속과 아울러 호주상속 및 재산상속이 함께 개시되었다. 호주상속 및 재산상속의 개시에 대해서는 각 제3절 II. 1. 및 III. 1. 참조.

봉사자였던 피상속인이 미혼인 상태에서 사망한 경우에는 그를 위한 제사상속이 개시되지 않는데, 미혼자는 가계계승의 자격이 없어 가계(家系)의 세대(世代)로부터 제외되기 때문이었다.[2] 따라서 피상속인이 봉사하고 있었던 선대

1) 1923. 1. 25.자 구관조사결의(휘집 부록, 47).
2) 보고서, 383.

(先代)를 위해 새로운 봉사자가 선정될 뿐이었다.

만약 피상속인이 봉사자가 아니었다면, 그의 봉사자의 지위를 상속하는 것은 관념상 불가능하므로, 제사상속은 개시되지 않았다. 사망한 자를 위해 새롭게 제사가 개시될 뿐이다. 가령 피상속인이 일가창립 또는 분가한 호주인 경우, 호주가 아닌 가족에 불과한 경우 등이 이에 해당한다.[3] 피상속인이 여자인 경우에도 제사상속은 개시되지 않았다.

(2) 사망의 추정

종적이 불분명한 자(이하 '종적불명자'라고 한다.)의 생사가 오랫동안 묘연하여 도저히 생존가능성이 없다고 인정되면, 그를 사망자로 추정하고, 제사상속을 개시하였다.[4] 본래 우리나라에는 실종선고의 관습이 존재하지 않았기 때문에 실종되었다고 하여 당연히 상속이 개시되는 것은 아니었다.[5] 사망의 추정은 근친이나 문회에서 회의를 통해 결정하였으며, 종적불명자의 연령, 종적 불명의 기간, 종적 불명의 사유 등 여러 사정을 참작하여 정하지만, 사변 등 특별한 사정이 없는 한 70세 또는 80세가 될 때까지는 사망의 추정을 하지 않는 것이 관습이었다고 한다.[6] 종적불명자가 사망한 것으로 추정되면, 사망의 경우와 동일한 내용의 제사상속이 개시되었다.[7]

(3) 실종선고

1912. 4. 1. 조선민사령 시행 이후로는 조선민사령 §1에 따라 舊 일본민법상의 실종선고 제도가 우리나라에 적용되었으므로, 실종선고 역시 제사상속 개시 원인이 되었다. 다만, 실종기간이 현행 민법 시행 전에 만료된 경우라도 실종선고가 민법 시행일인 1960.1.1. 이후에 있은 경우에는 현행 민법을 적용하므로, 제사상속이 개시되지 않는다(부칙 §25 ②).

나. 생전상속

(1) 분가자의 입양

본래 봉사자나 호주는 타가에 입적할 수 없음이 원칙이다.[8] 하지만 분가 호주의 본가에 제사상속인이 될 자가 없고, 분가 호주가 본가의 피상속인의 자(子) 항렬에 해당하는 경우에는 분가 호주는 본가에 입양되어 본가의 제사상속

3) 보고서, 383.
4) 보고서, 105, 383.
5) 보고서, 104, 383.
6) 보고서, 105.
7) 구체적인 내용은 보고서, 105~106 참조.
8) 보고서, 330; 1923. 1. 25.자 구관조사결의(휘집 부록, 47).

을 하여야 했다.[9] 이때 분가가 만약 2대 이상 계속되어 온 가(家)라면 분가호주의 입양과 동시에 그 동안 분가호주가 봉사해 온 선대를 위한 제사상속과 호주상속·재산상속이 모두 개시되었다.[10] 만약 그 분가가 초대(初代)여서 제사상속이 개시될 여지가 없다면, 호주상속과 재산상속만이 개시될 것이다.

(2) 양자의 파양과 복적(復籍)

가계계승을 위해 입양을 하였으나, 양자의 생부모에게 후손이 없어 생가가 절가하게 되면 양자를 파양하여 생가로 복적시켜 봉사하도록 함이 원칙이다(受教輯錄 禮典 奉祀, 續大典 禮典 立後條). 양자의 광기·악질·불효·중죄·낭비 등의 경우에도 예조에 고하고 파양할 수 있었음은 물론이다.[11] 이때 양자가 이미 양가(養家)의 제사상속을 받은 상황이라면 파양된 양자에 갈음하여 새롭게 봉사자가 될 자를 재입양하여 제사상속인으로 삼아야 했다.[12] 일제강점기 초기의 관습도 이와 같다.[13] 하지만 제사상속인 또는 호주가 된 양자는 파양할 수 없다고 판시한 1917년 조선고등법원 판결 이래 양자의 파양 및 복적을 원인으로 하는 제사상속의 개시는 더 이상 불가능하게 되었다.[14] 이에 대해서는 舊일본 민법의 태도를 우리나라에 그대로 적용한 것으로서 고유의 전통을 왜곡하였다는 비판이 있다.[15]

(3) 봉사자의 출가

봉사자인 호주가 출가하여 승려가 된 경우 그는 제사상속인의 자격을 상실하므로, 제사상속 및 그에 수반하여 호주상속과 재산상속이 개시되었다.[16]

다. 사적상속(死蹟相續)

봉사자였던 피상속인이 사망하여 제사상속이 개시되어야 함에도 제사상속인이 될 자가 존재하지 않는 경우에는 사후입양을 통해 제사상속인이 될 자를 세워야 했다. 이때 제사상속은 사후양자가 입적한 때에야 비로소 가능하므로 피상속인 사망 후 사후입양 성립시에 상속이 개시되었다.

---

9) 보고서, 330, 338; 정광현(1957), 264.
10) 보고서, 384.
11) 보고서, 368~369.
12) 보고서, 384.
13) 보고서, 367~368; 1910. 12. 20.자 취조국장 회답(휘집, 34); 1912. 9. 25.자 총감회답(휘집, 107); 1912. 12. 11.자 총감회답(휘집, 114); 1913. 1. 15.자 총감 회답(휘집, 121); 1914. 5. 29.자 총감회답(휘집, 188); 1916. 2. 16.자 총감회답(휘집, 267); 1923. 1. 25.자 구관조사결의(휘집 부록, 47).
14) 조선고등법원 1917. 7. 6.자 판결(록 4, 501). 제사상속인 내지 호주의 파양을 둘러싼 관습의 변천에 대해서는 이상욱(1988), 49~50; 이상욱(1991a), 396 참조.
15) 이상욱(1988), 58.
16) 1914. 6. 30.자 총감 회답(휘집, 198).

2. 제사상속의 순위

가. 적출의 친생자

고려 시대 이후로 우리나라의 전통적인 제사상속은 형망제급(兄亡弟及)의 순위에 따랐다. 즉, 피상속인의 적출의 장남, 즉 적장자(嫡長子)가 1순위 제사상속인이지만, 장남에게 아들이 없으면 차남이 이를 승계하였다.[17] "적장자에게 후손이 없으면 중자(衆子)가 봉사"하도록 한다는 경국대전의 규정은 이를 의미한다(經國大典 禮典 奉祀條). 중자가 여러 명인 경우에는 연장자를 우선하였다.[18]

피상속인의 적장자에게 서자가 있는 경우에는 적장자의 서자와 피상속인의 중자 중 누가 봉사자로 되는가. 특히 경국대전 내에는 적장자에게 적자가 없으면 중자가, 중자도 없으면 첩자가 봉사하도록 한다는 조문(經國大典 禮典 奉祀條)과 적장자에게 적자가 없으면 첩자가, 첩자도 없으면 입후에 의해 양자가 봉사한다는 조문(經國大典 禮典 立後條), 즉 중자는 봉사자가 될 수 없다는 취지의 조문이 병존하였기 때문에 조선 초기부터 여러 가지 논란이 있었으나, 타협 끝에 적장자에게 적자가 없으면 중자의 자(子)를 양자로 세워 가계를 계승하되, 그에 해당하는 자가 없는 경우에는 첩자가 봉사하도록 하는 것을 원칙으로 삼았다.[19] 중자보다 적장자의 양자나 첩자에게 제사상속에서의 우선권을 부여한 것이다. 양자와 첩자 간의 상속순위에 대해서는 제3절 I. 2. 나. (2) 참조.

조선 중기 이후 종법사상이 점차 정착되어 가면서 형망제급의 원칙은 적장자가 미혼이었던 경우로 그 적용범위가 축소되었다.[20] 즉, 만약 적장자가 혼인 후에 사망하였다면 적장자의 친생자가, 적장자에게 친생자가 없는 경우에는 적장자의 양자가 적장자의 후손이 되어 제사상속인의 지위를 승계하기 때문에 중자(衆子)는 제사상속인이 될 수 없었다.[21] 적장자의 직계비속이 서자였던 경우에도 같다.[22] 반면 제사상속을 받은 적장자가 혼인 전에 사망하였다면, 형망제급의 원칙에 따라 중자(衆子)가 적장자의 지위를 이어받아 제사상속인이 될

17) 김윤정(2002), 111~112; 박동섭, 446; 현소혜(2016), 96.
18) 1923. 7. 21.자 중추원회답(휘집, 431).
19) 중자와 첩자 간의 상속순위를 둘러싼 논란과 경국대전의 입법경위에 대해서는 김윤정(2002), 113; 정긍식(2010), 71~75 참조.
20) 형망제급의 원칙의 약화 원인을 총부권과의 갈등에서 찾고 있는 문헌으로 김윤정(2002), 115~127 참조. 총부와 차남간의 갈등에 대해서는 김일미(1973), 50; 신영호, 공동상속, 210; 정긍식(2013), 13~14; 피터슨, 141~168도 참조.
21) 보고서, 386; 1911. 11. 29.자 취조국 회답(휘집, 80).
22) 1911. 11. 29.자 취조국 회답(휘집, 80).

수 있었고, 이때 미혼이었던 적장자는 가계(家系)의 세대(世代)에 산입하지 않는다.[23] 적장자가 기혼이었던 경우에는 적장자의 직계비속에게, 적장자가 미혼이었던 경우에는 적장자의 아래 형제에게 대습상속이 인정된 것이다.

또한 조선 중기 이후로 피상속인의 자(子)와 같은 항렬에 있는 남자에게만 제사상속인의 자격을 인정하는 이른바 '소목지서(昭穆之序)'의 원칙이 확립되었다. 이에 따르면 직계존속이나 방계존속은 제사상속인이 될 수 없으며, 형망제급의 원칙이 적용되지 않는 한 피상속인과 같은 항렬에 있는 자 역시 가계계승을 할 수 없었다.[24]

또한 타가상속(他家相續)은 사후입양에 의해서만 가능하였다.[25] 제사상속인의 순위에 해당하는 자라도 이미 타가의 양자로 되는 등 더 이상 피상속인과 같은 가(家)에 속해있지 않은 경우에는 제사상속인이 될 수 없었다.[26] 물론 타가에 입적하였더라도, 파양·복적에 의해 본래의 가(家)로 돌아온 후에는 본가의 제사상속인이 될 수 있었다.[27]

나. 첩자

(1) 첩자(서자)의 상속과 승적의 요부

피상속인에게 적출자가 없는 경우에는 첩자가 제사를 상속하였다(經國大典 禮典 奉祀條 및 續大典 禮典 奉祀條, 立後條).[28] 중자와 서자 간의 상속순위에 대해서는 제3절 I. 2. 가. 참조. 첩자가 여러 명인 경우에는 천첩자보다 양첩자를 우선하고, 양첩자 또는 천첩자가 각 여러 명인 경우에는 연장자를 우선하였다.[29] 여자는 제사상속인이 될 수 없으므로, 피상속인에게 피상속인과 동일 가적 내에 적녀(嫡女)가 있더라도 첩자가 제사상속인이 되었다.[30]

다만, 일제강점기 초기에는 서자가 제사권을 승계하기 위해서는 승적(承嫡)이 필요하다고 보았다.[31] 모(母) 또는 근친이 서자에게 제사를 상속하게 할 것을 결정하고, 사당에 고하는 절차를 거쳐야 한다는 것이다.[32] 하지만 이 절

23) 보고서, 386; 조선고등법원 1920. 6. 23.자 판결(록 7, 207).
24) 보고서, 390.
25) 보고서, 329.
26) 보고서, 386.
27) 보고서, 386.
28) 이와 같이 조문이 만들어지기까지의 연혁에 대해서는 신영호, 공동상속, 195 각주 158) 참조.
29) 정긍식(2010), 72.
30) 1923. 1. 25.자 구관조사결의(휘집 부록, 47); 1923. 7. 21.자 중추원 회답(휘집, 431).
31) 1911. 12. 14.자 취조국 회답(휘집, 85).
32) 1911. 12. 14.자 취조국 회답(휘집, 85); 1913. 6. 19.자 총감 회답(휘집, 138).

차를 명시적으로 거치지 않은 경우에도 이미 서자가 사실상 제사를 승계한 경우에는 더 이상 그 상속의 효력을 다툴 수 없었고,[33] 일제강점기 초기에도 승적하지 않은 서자의 제사상속을 인정한 예가 있다.[34] 이에 조선고등법원은 1913년에 이미 "서자는 승적 절차를 거치지 않으면 상속권이 없다는 관습은 없다."고 판시하였다.[35] 따라서 서자의 제사상속에는 별다른 절차가 요구되지 않았다.

(2) 양자와의 관계

서자가 있는 경우에도 피상속인은 입양을 하여 양자로 하여금 서자에 갈음하여 제사상속을 받도록 할 수 있는가. 서자와 양자 간의 상속순위에 대해서는 조선 초기부터 많은 논란이 있었으나, 경국대전은 첩자가 있는 경우에는 입양을 허용하지 않는 것으로 선언하였으며(經國大典 禮典 立後條)[36], 일제강점기에도 서자가 있는 경우에는 양자를 들이지 않고 서자가 제사상속을 받는다는 것이 원칙이라고 본 사료가 있다.[37]

하지만 실제로는 서자에 대한 사회의 인식이 좋지 않았고, 서자에게는 관직 등용의 기회도 봉쇄되어 있었으므로, 1553년에 이미 서자가 있어도 제(弟)의 자(子)는 입양할 수 있는 것으로 요건이 완화되었으며(經國大典 禮典 封祀條), 그 예외는 점차 확대되어 1747년에는 동종의 가까운 친족이라면 언제나 입양할 수 있는 것으로 확정되었다(續大典 立後條).[38] 일제강점기에도 서자와 무관하게 입양을 하는 관행이 있음이 인정되었다.[39] 이와 같이 입양을 한 경우에 양자는 적출남과 같은 상속권이 있으므로, 서자는 제사상속을 받지 못하였다.[40]

서자에게 제사상속을 시킬 것인지 또는 입양을 할 것인지는 유처가 정하

---

33) 1913. 6. 19.자 총감 회답(휘집, 138).

34) 1911. 12. 27.자 취조국 회답(휘집, 92).

35) 조선고등법원 1913. 7. 25.자 판결(록 2, 235). 같은 취지로 1914. 4. 14.자 총감회답(휘집, 180); 1915. 9. 4.자 총감회답(휘집, 248); 1916. 2. 12.자 총감회답(휘집, 265); 1917. 3. 28.자 총감 회답(휘집, 304).

36) 박경(2006), 135~138; 정긍식(2010), 72. 형법대전에도 서자가 있는 경우에 입양을 금하는 취지의 조문이 있었다. 그 개정 경위 등에 대해서는 이병수(1977), 60, 65~66 참조.

37) 보고서, 362.

38) 그 변천사에 대해서는 김윤정(2002), 113~114; 박경(2006), 138; 정긍식(2005), 328~329; 정긍식(2010), 72.

39) 1912. 10. 8.자 총감회답(휘집, 109); 조선고등법원 1913. 5. 20.자 판결(록 2, 153); 1914. 2. 6.자 총감회답(휘집, 171); 1914. 4. 14.자 총감회답(휘집, 180); 1915. 1. 14.자 총감회답(휘집, 216); 1916. 9. 22.자 총감 회답(휘집, 287). 위 사료들 중 일부를 자세하게 소개하고 있는 문헌으로 심희기(2003), 10~16.

40) 1912. 10. 8.자 총감회답(휘집, 109); 1915. 1. 14.자 총감회답(휘집, 216); 1915. 9. 4.자 총감회답(휘집, 248); 조선고등법원 1915. 1. 20.자 판결(록 3, 7); 1916. 9. 22.자 총감 회답(휘집, 287).

되, 동파(同派)의 친족 내지 문회와 협의하지만, 유처와 친족·문회 간의 견해가 대립하는 경우에는 유처의 견해를 따르도록 하였다.[41] 입양을 할 것인지는 당사자들의 의사에 맡겨져 있는 것이므로[42], 양자자격 있는 자가 없어야만 서자가 제사상속을 받을 수 있는 것은 아니었다.[43]

하지만 조선고등법원은 1917년 서자가 있음에도 불구하고 양자를 세워 제사상속을 받도록 하는 것은 생전입양 또는 유언입양에 한하고, 피상속인 사망 후 유처 또는 친족이 사후입양을 하여 제사상속을 받도록 하고, 서자를 폐하는 것은 허용되지 않는다는 취지로 판시하였는바, 그 후로는 서자가 있는 경우에 사후양자에게 제사상속권을 인정하지 않았다.[44] 대법원 역시 "구민법 시행 당시 우리나라의 관습에 의하면 피상속인에게 적자는 없고 서자가 있는 때에는 그 서자가 상속권을 갖는 것이고 피상속인을 위하여 사후양자를 할 여지가 없어 일단 적자가 없어 서자가 상속한 후에는 사후양자의 선정이 있더라도 그 효력이 없고 기히 발생한 서자의 상속권이 박탈되는 것이 아니"라고 판시한 바 있다.[45]

대습상속의 경우, 즉 피상속인의 기혼 장남이 피상속인보다 먼저 사망하였는데, 그 기혼 장남에게 서자만이 있었던 경우에도 같다.[46] 서자가 있는 경우에 차종손상속이 개시되지 않음은 물론이다.[47]

다. 양자

적출자와 첩자가 모두 없는 경우에는 입양에 의해 제사상속인을 세웠다(經國大典 禮典 立後條).[48] 첩자가 있는 경우에도 입양을 할 수 있는지에 대해서는 제3절 I. 2. 나. (2) 참조.

(1) 생전입양

조선 시대 이래 입양은 원칙적으로 기혼의 남자에게 남자 직계혈족이 없

41) 1916. 9. 22.자 총감 회답(휘집, 287).
42) 심희기(2003), 17.
43) 1916. 9. 22자 총감회답(휘집, 287).
44) 조선고등법원 1917. 11. 27.자 판결(록 4, 757); 조선고등법원 1927. 2. 15.자 판결(록 14, 16); 대법원 1968. 7. 16. 선고 68다642 판결. 박동섭, 510 각주 1); 신영호(1991), 581. 정광현(1957), 256; 주석상속(2), 509도 같은 취지이다. 위 1917년 사건에 대해 자세히 소개하고 있는 문헌으로 심희기(2003), 18~22 참조. 그 밖에 서자와 양자 간의 관계에 대해 연구하고 있는 문헌으로 이승일(1999), 185~189 참조.
45) 대법원 1993. 5. 27. 선고 92다34193 판결.
46) 조선고등법원 1927. 2. 15.자 판결(록 14, 16).
47) 1923. 9. 6.자 총감회답(휘집, 435).
48) 조선시대 입양에 관한 법규범과 관습에 대해 자세히는 피터슨, 171~204 참조.

는 경우에 한하여 인정되었다.[49] 즉, 양부가 될 자는 자(子)를 얻을 가망이 없는 연령에 이르러야 하며, 그로부터 출생한 적출자가 없어야만 입양이 허용되었다.[50] 당시의 입양은 제사상속을 받을 봉사손을 세운다는 가계계승의 목적으로만 허용되었기 때문이었다.[51]

양자가 될 자 역시 동기이론(同氣理論) 및 소목지서(昭穆之序)의 원칙에 따라 양부될 자의 남계혈족 중 그의 자(子) 항렬에 속하는 남자로 한정되었다(經國大典 禮典 立後條).[52] 따라서 이성양자를 들이는 것은 금지되었다. 양자는 제사상속인이 될 1명으로 한정되었으며, 2명 이상을 입양하는 것은 원칙적으로 허용되지 않았다.[53] 양자될 자가 양친될 자보다 연장자여서는 안 됨은 물론이다.[54] 위 요건을 갖춘 자가 여러 명인 경우에는 항렬이 가까운 자와 연장자 순으로 양자될 자를 선정하는 것이 원칙이나, 양부될 자의 의사 또는 문중의 결의에 따라 얼마든지 변경할 수 있었다.[55] 다만, 본가(本家)가 아닌 한 타가(他家)의 장남을 양자로 삼을 수는 없었다.[56]

입양에 양모의 동의는 필요하지 않았다.[57] 하지만 양부될 자 및 양자될 자의 부(父)에게 부모가 있으면 부모의 동의가, 양부될 자 및 양자될 자의 부(父)가 가족이라면 호주의 동의가 필요하였다.[58] 다만, 대법원은 현행 민법 시행 전의 관습에 따르면 양자될 자의 경우에는 부모와 호주의 동의가 모두 필요하며, 이를 갖추지 못한 경우에는 입양이 무효라고 판시하고 있다.[59]

입양은 본래 양부될 자와 양자될 자의 실부가 합의하고 관에 고하면 할 수 있었는데(經國大典 禮典 立後條[60]), 특히 1680년 숙종의 수교 이후로는 도의

---

49) 1909. 8. 24.자 법전조사국회답(휘집, 14-15); 대법원 1994. 5. 24. 선고 93므119 전원합의체 판결. 박병호(1973), 74.
50) 보고서, 362; 1909. 8. 24.자 법전조사국 회답(휘집, 14-15).
51) 보고서, 361.
52) 일제 강점기의 동일한 관습에 대해서는 보고서, 317, 361~362; 1909. 8. 24.자 법전조사국 회답(휘집, 15); 1911. 5. 19.자 취조국 회답(휘집, 56-57); 조선고등법원 1912. 1. 24.자 판결(록 1, 303); 1922. 6. 7.자 중추원회답(휘집, 410). 박경(2006), 138~140; 박병호(1973), 74도 같은 취지이다. 소목지서의 원칙에 관해서는 현소혜(2015), 381~383.
53) 보고서, 361. 박병호(1973), 74.
54) 보고서, 363.
55) 보고서, 363~364; 1909. 8. 24.자 법전조사국 회답(휘집, 15). 현소혜(2016), 97. 양자선정에서의 재량권 확대 과정에 대해서는 김윤정(2002), 117~118 참조.
56) 보고서, 364; 1915. 7. 7.자 총감회답(휘집, 247); 1923. 1. 25.자 구관조사결의(휘집 부록, 47).
57) 보고서, 364.
58) 보고서, 366; 1921. 10. 13.자 구관조사결의(휘집 부록, 28).
59) 대법원 1994. 5. 24. 선고 93므119 전원합의체 판결.
60) 박경(2006), 141; 현소혜(2016), 97.

관찰사를 거쳐 예조에 청원하여 관의 허가를 받아야 함이 명문으로 규정되었다(續大典 禮典 立後條).[61] 일제강점기 이후로는 허가절차가 사문화되고, 근친을 모아 사당에서 조상에게 고하면 즉시 입양이 성립하는 것을 관습으로 파악하였으나[62], 1922. 7. 1. 이후로는 조선호적령 제75조에 의해 입양신고제도가 도입되었다.

위와 같은 원칙과 절차에 의해 입양된 양자는 당연히 양부의 적장자로서의 지위를 취득하였으며, 친생자와 마찬가지로 제사상속·호주상속 및 그에 수반하는 재산상속을 받을 수 있었다.[63] 파양된 경우에는 친족관계가 소멸하므로 상속권도 함께 소멸한다.[64] 제사상속인인 양자를 파양할 수 있는지 여부에 대해서는 제3절 I. 1. 나. (2) 참조.

하지만 파양되지 않는 한 그는 양부의 적장자에 해당하므로 입양 성립 후 피상속인에게 친생자가 출생한 경우라도 장자인 양자가 차자(次子)인 친생자보다 우선하여 제사상속을 받았다(續大典 奉祀條).[65] 친자가 출생하였다는 이유만으로 이미 성립한 입양을 파양하는 것은 허용되지 않았으며, 특히 양자가 제사상속 및 호주상속을 한 경우에는 더 이상 파양할 수 없었다.[66] 친생자가 포태되어 있는 상태에서 입양이 성립한 경우 양자와 태아 간의 제사상속 순위에 관해서는 제3절 I 2. 라. 참조.

(2) 사후입양

(가) 사후입양의 요건

피상속인이 사망할 당시에 적장자와 그의 후손, 중자(衆子), 첩자, 생전양자 등 제사상속인이 될 자가 아무도 없었던 경우에는 사후입양에 의해 양자를 세워 제사상속인으로 삼았다. 다만, 1917년 이래 피상속인에게 서자가 있는 한 사후입양을 하는 것은 허용되지 않았다. 제3절 I. 2. 나. (2) 참조.

---

61) 위 수교에 대해 자세히는 정긍식(2005), 329~330. 구체적인 계후입안의 절차에 대해서는 박경(2006), 142~148 참조. 실제 예조에서 입양신청을 받은 기록을 분석한 문헌으로 박병호(1973), 79 참조.

62) 보고서, 366; 1909. 8. 24.자 법전조사국회답(휘집, 16); 1911. 5. 19.자 취조국 회답(휘집, 56); 조선고등법원 1915. 2. 26.자 판결(록 3, 59); 1921. 10. 13.자 구관조사결의(휘집 부록, 28); 대법원 1977. 6. 7. 선고 76다2878 판결; 대법원 1991. 10. 25. 선고 91다25987 판결.

63) 보고서, 317~318, 367, 388. 박경(2006), 149~150도 같은 취지이다.

64) 보고서, 320.

65) 조선시대 위와 같은 관행이 확립되어 가는 과정에 대해서는 신영호, 공동상속, 209; 정긍식(2005), 327~328; 정긍식(2010), 77~79; 일제강점기의 관습에 대해서는 보고서, 368, 388; 조선고등법원 1912. 2. 2.자 판결(록 1, 306).

66) 보고서, 368.

양가와 생가 중 한 쪽 부모가 모두 사망한 경우에는 사후입양을 할 수 없음이 원칙이었으나, 예외적으로 왕의 전교를 받아 입후하는 것이 가능하였으며,[67] 이와 같은 방식으로 입후하는 경우에는 설령 그 입양에 하자가 있더라도 모두 치유되어 입후가 적법하게 되었다.[68] 1764년 양쪽 부모가 모두 사망한 경우에도 사후입양을 허용하는 영조의 수교가 있은 후 같은 취지의 조문이 대전회통에 실리면서(大典會通 禮典 立後) 조선말기에는 사후입양 제도가 널리 이용되기에 이르렀다.[69]

(나) 사후양자의 자격

사후양자가 될 수 있는 자격은 생전양자의 경우와 같다. 즉, 피상속인의 자(子)와 같은 항렬인 남계혈족 남자만이 사후양자로 될 수 있었다. 다만, 피상속인이 미혼이었다면 그는 가계의 세대에 산입되지 않으므로, 피상속인과 같은 항렬의 남계혈족남자를 피상속인 선대(先代)의 사후양자로 삼아 봉사하도록 하였다.[70]

(다) 사후양자의 선정권자

사후양자의 자격을 갖춘 자가 여러 명인 경우에 양자될 자는 누가 선정하는가.[71] 양부될 자가 봉사자인 호주인 경우라면 처(妻)가 선정하되, 처(妻)가 없으면 모(母), 모(母)도 없으면 조모(祖母), 조모도 없으면 백숙부(伯叔父) 또는 문회(門會)나 친족회에서 정하였다.[72] 특히 폐가나 절가를 재흥하는 경우에는 백숙부(伯叔父)나 문회(門會)에서 선정하는 경우가 많았다.[73] 호주인 부(夫)를 살해한 처는 양자선정권이 없었고[74], 선정권자인 처(妻) 등이 양자를 하지 않을 의사인 때에는 바로 문회에서 양자를 선정할 수 있었다.[75] 처(妻)가 선정

---

67) 박경(2007), 127~129; 정긍식(2010), 83~86; 현소혜(2016), 97.
68) 박경(2007), 124~127; 현소혜(2016), 98.
69) 정긍식(2010), 83~86; 정긍식(2013), 15.
70) 보고서, 340, 361.
71) 이와 관련된 사료를 정리한 문헌으로 정긍식(2013), 37~39.
72) 보고서, 366, 390; 조선고등법원 1920. 7. 9.자 판결(록 7, 237); 1923. 7. 21.자 중추원회답(휘집, 429); 조선고등법원 1924. 12. 15.자 판결(록 11, 176); 조선고등법원 1925. 5. 5.자 판결(록 12, 116); 조선고등법원 1933. 5. 5.자 판결(록 20, 181); 대법원 1957. 10. 17. 선고 4290민상 328 판결; 대법원 1960. 9. 8. 선고 4293민상116 판결; 대법원 1978. 6. 27. 선고 78다277 판결. 이상욱(1988), 52도 같은 취지이다. 반면 호주의 가족인 장남이 결혼하여 남자 자손 없이 사망한 경우의 사후양자 선정권자 및 그와 같이 된 경위에 대해서는 자료, 281~286; 대법원 2004. 6. 11. 선고 2004다10206 판결 참조. 가족인 장남을 위한 사후양자 선정권자와 관련된 사료를 정리한 문헌으로 정긍식(2013), 39~40도 참조.
73) 보고서, 366.
74) 1922. 1. 12.자 총감회답(휘집, 405); 1924. 5. 19.자 총감회답(휘집, 443); 조선고등법원 1924. 12. 15.자 판결(록 11, 176).

하는 경우에 따로 문회 또는 친족회의 동의를 받아야 하는 것은 아니지만[76], 망부(亡夫)의 부모·조부모가 있으면 그의 동의를, 그 처가 가족이면 존속인 호주의 동의를 얻어야 했다.[77] 피상속인에게 배우자나 다른 가족이 없고, 첩(妾)만 있는 경우에는 친족회가 양자를 선정하며, 첩이 선정할 수 있는 것은 아니다.[78]

(라) 사후입양의 절차

사후입양의 절차는 시기를 제외하고는 대체로 생전입양의 경우와 같다. 다만, 조선시대 입양을 관에 고하는 절차는 양모될 자가 대신하였다.[79] 양모도 사망한 경우에는 생가 쪽 부모와 문장(門長)이 함께 상신하였다(大典通編 禮典 立後).

(마) 사후입양의 효과

사후입양이 상속에 미치는 효과는 생전양자의 경우와 동일하였다. 즉, 사후입양의 성립과 동시에 양자는 제사권과 그에 수반하는 호주권·재산 등을 모두 상속했다.[80] 사후입양이 이루어질 때까지는 피상속인의 최근친의 남자(통상 피상속인의 남동생)가 제사를 섭행(攝行)하지만, 그는 섭사자(攝祀者)일 뿐이므로 제사상속이나 재산상속을 받는 것은 아니었다.[81] 여호주가 섭사하는 경우도 있었던 것으로 보인다.[82]

(3) 백골양자

피상속인이 사망 당시 기혼이었다면 피상속인의 친자와 같은 항렬인 자만이 사후양자의 자격을 가지므로, 해당 항렬의 남계혈족남자가 존재하지 않는 한, 피상속인의 동생 등 피상속인과 같은 항렬의 남계혈족이 있더라도 절가(絕家)를 면할 수 없었다. 백골양자란, 이러한 경우에 대비하여 절가를 막기 위해 고안된 수단으로서, 양부될 자의 손자 항렬에 속하는 자를 바로 양손(養孫)으로 삼고자 이미 사망한 소목해당자(昭穆該當者), 즉 양손(養孫)될 자의 망부(亡父)를

75) 1916. 12. 11.자 총감회답(휘집, 300); 조선고등법원 1925. 5. 5.자 판결(록 12, 116).
76) 조선고등법원 1917. 4. 20.자 판결(록 4, 206).
77) 1921. 10. 13.자 구관조사결의(휘집 부록, 27). 대법원 1960. 9. 8. 선고 4293민상116 판결도 대체로 유사한 취지이다.
78) 1920. 11. 26.자 총감 회답(휘집, 388); 사법협회 질의응답(휘록, 310).
79) 박경(2006), 141; 현소혜(2016), 97. 구체적인 계후입안의 절차에 대해서는 박경(2006), 142~148 참조.
80) 1913. 9. 12.자 총감회답(휘집, 154).
81) 조선시대 섭사의 관행에 대해서는 김윤정(2002), 124~127; 일제강점기의 섭사의 관행에 대해서는 1914. 3. 9.자 총감회답(휘집, 177).
82) 조선고등법원 1925. 5. 5.자 판결(록 12, 116).

입양하여 그의 자(子)가 피상속인을 상속할 수 있도록 하는 형태의 입양을 말한다.[83] 입양의 효과는 일반 양자의 경우와 같았다.

(4) 차양자(次養子)

차양자(次養子)란, 제사상속인이 될 자가 피상속인보다 먼저 경우에 그 사망한 자와 동일한 항렬의 남자(가령 양자의 남동생 등)를 일시적으로 양자로 삼되, 그로부터 아들이 태어나면 그 출생한 자를 이미 사망한 자의 양자로 삼아 가계를 계승하도록 하고, 그의 생부인 차양자(次養子)는 다시 생가로 복적시키는 형태의 입양을 말한다.[84] 본래 백골양자와 마찬가지로 절가를 막기 위한 방편으로 고안된 것이나, 제사상속인 자신을 위해 입양을 하는 것이 가능한 경우에도 입양을 할 것인지 이미 사망한 자를 위해 차양자입양을 할 것인지는 양자를 하는 자가 자유롭게 선택할 수 있었다.[85]

차양자는 아들이 출생할 때까지 양가의 봉사를 섭행(攝行)하고, 그 가의 재산을 일시 승계할 뿐이며, 그가 직접 제사상속을 받는 것은 아니었다.[86] 따라서 차양자는 제사자의 형제 항렬이어도 무방했다.[87] 차양자 선정권자는 일반 양자의 선정권자와 동일하다.[88] 차양자의 호주상속에 대해서는 제3절 II. 1. 사. 참조.

(5) 이성양자

(가) 1940년 이전

① 시양자(侍養子)

시양자(侍養子)란 '양부될 자의 남계혈족 중 그의 자(子) 항렬에 속하는 남자'에 해당하지 않는 자를 입양한 경우를 말한다. 성(姓)이 다른 자를 입양한 경우, 여자아이를 입양한 경우, 소목지서에 어긋나는 자를 입양한 경우 등이 이에 해당한다. 고려시대까지는 이성양자(異姓養子)가 널리 허용되었으나[89], 조선 초

83) 조선시대의 관행에 대해서는 정긍식(2010), 87; 일제 강점기의 관행에 대해서는 보고서, 364; 정종휴, 역사속의 민법, 교육과학사, 1995, 118.

84) 조선시대의 관행에 대해서는 정긍식(2010), 87; 일제 강점기의 관행에 대해서는 보고서, 364. 대법원 1968. 7. 16. 선고 68다642 판결; 대법원 2009. 9. 24. 선고 2008다29147 등 판결; 대법원 2012. 3. 15. 선고 2010다79053 판결의 사실관계에서도 차양자의 관습을 확인할 수 있다.

85) 조선고등법원 1920. 3. 12.자 판결(록 7, 61); 조선고등법원 1924. 12. 15.자 판결(록 11, 176); 대법원 1976. 7. 13. 선고 76다1141 판결.

86) 1914. 2. 24.자 총감회답(휘집, 175); 1914. 8. 11.자 총감회답(휘집, 200); 1915. 2. 16.자 총감회답(휘집, 219); 조선고등법원 1920. 1. 27.자 판결(록 7, 7); 조선고등법원 1928. 4. 13.자 판결(록 15, 65).

87) 조선고등법원 1920. 1. 27.자 판결(록 7, 7).

88) 조선고등법원 1924. 12. 15.자 판결(록 11, 176). 이상욱(1988), 52도 같은 취지이다.

89) 박경(2016), 132~134.

기 종법질서의 정착을 위해 시양자 금지 규정을 시행한 이래 시양자의 양육은 노후의탁을 위한 것일 뿐 가계계승을 위해서는 허용되지 않는 것으로 여겨졌다(大明律 戶律 戶役編 立嫡子違法條). 따라서 시양자를 삼은 자는 처벌을 받았고, 시양자 자신은 제사상속을 받지 못하였다.[90]

하지만 실제로 시양자의 관행은 쉽게 사라지지 않았으며, 시양자에게 재산상속권이 일부 인정되었을 뿐만 아니라(經國大典 刑典 私賤條)[91], 피상속인이 시양자에게 유언 또는 생전처분에 의해 상속재산의 일부를 전계(傳繼)하는 것 역시 당연히 가능하였다.[92] 하지만 일제강점기에는 시양자에게 제사상속권은 물론 재산상속권도 인정되지 않는 것이 관습이라고 파악하였는바[93], 이에 대해서는 우리의 관습을 왜곡한 것이라는 비판이 있다.[94]

② 수양자(收養子)

시양자와 달리 수양자는 조선시대에도 이미 합법적인 제도였다. 수양자란 3세 이하의 기아(棄兒)를 입양하여 양자로 삼는 것을 말하는데, 이 역시 이성양자이기는 하지만 그 입양의 효력이 인정되었고, 양부의 성을 따를 수도 있었다(大明律 戶律 戶役編 立嫡子違法條). 양부에게 이미 자손이 있는 경우에는 수양자를 들이지 못한다는 것이 규범이었으나, 실제로는 친자가 있는 경우에도 수양자를 들이는 경우가 있었다고 한다.[95]

조선 중기 이후에는 간혹 수양자가 적법한 입안 절차를 거쳐 가계를 계승하는 경우도 있었다고 하지만[96], 조선 초기부터 말기까지 대체적인 경향은 수양자에게 재산상속권을 일부 인정할 수는 있어도 제사상속권을 인정할 수는 없다는 것이었고[97], 일제강점기에는 수양자에게 제사상속 · 호주상속은 물론이고 재산상속에 관해서도 상속권이 인정되지 않는 것으로 여겨졌다.[98] 아예 수

90) 보고서, 318. 박병호(1973), 77~78도 같은 취지이다.
91) 김은아(2007), 212; 박경(2006), 135, 148~152; 박병호(1973), 79~85, 90~91; 신영호, 공동상속, 189; 정긍식(2010), 88~89.
92) 김성숙(2004), 24; 박경(2006), 151 각주 47); 박병호(1973), 78.
93) 보고서, 318.
94) 이상욱(1991a), 397.
95) 박병호(1973), 75.
96) 박경(2006), 135; 박병호(1973), 79~85, 90~91; 정긍식(2010), 88~89.
97) 김은아(2009), 338; 박경(2006), 150~152; 신영호, 공동상속, 189, 197~198; 이홍민(2011), 111~112.
98) 보고서; 318, 365. 1909. 8. 24.자 법전조사국 회답(휘집, 15); 1911. 12. 20.자 취조국 회답(휘집, 89); 1913. 9. 13.자 총감회답(휘집, 157); 1914. 11. 10.자 총감회답(휘집, 209); 조선고등법원 1922. 5. 5.자 판결(록 9, 125); 1945. 2. 20.자 중추원회답(정광현, 연구, 206~207에서 재인용). 이러한 내용을 소개하고 있는 문헌으로 김은아(2009), 334; 이상욱(1988), 44 등.

양자에 대한 입양신고를 허용하지 않았기 때문이다.[99] 예외적으로 환관가(宦官家)와 봉시가(奉侍家)는 이성양자가 허용되었고 상속권도 누릴 수 있었으나[100], 1913년경에 이미 그 관습이 소멸하였고[101], 1915. 4. 1. 개정 민적법의 시행에 의해 완전히 폐지되었다.[102]

이와 같이 수양자에게 상속권을 인정하지 않은 것에 대해서는 우리의 관습을 왜곡한 것이라는 비판이 있다.[103] 법정상속권과 무관하게 유언 또는 생전처분에 의해 수양자에게 상속재산의 일부를 승계시킬 수 있음은 시양자의 경우와 같다.[104]

③ 서양자(壻養子)

우리나라에는 본래 서양자의 관습이 존재하지 않았으므로, 사위가 처가의 제사상속인이 되는 일은 없었다.[105]

(나) 1940년 이후

① 이성양자

1940. 2. 11.부터 시행된 개정 조선민사령에 의해 사후양자가 아닌 한 양친과 성이 다른 자를 입양하는 것이 허용되었다(조선민사령 §11의2 ①). 그럼에도 불구하고 현행 민법 시행 전에는 이성양자가 전혀 허용되지 않았다고 보는 것이 과거 대법원 판례의 태도였다.[106] 이성양자 제도는 서양자제도 및 창씨개명의 도입과 관련이 있으므로, 서양자제도의 효력을 부정한 이상 이성양자도 허용되지 않는다고 판단하였던 것으로 보인다. 서양자제도의 효력에 대해서는 제3절 I. 2. 다. (5) (나) ② 참조.

하지만 서양자와 이성양자는 별개의 제도일 뿐만 아니라, 이성양자 제도

99) 이홍민(2011), 114~115.

100) 사법협회 질의응답(잡지 11－6, 113). 그 경위와 법제의 변천에 대해서는 이홍민(2011), 112~113, 115. 단, 위 견해는 이때에도 양자가 가계계승을 할 수는 없었다고 서술한다.

101) 1944. 2. 21.자 중추원회답(잡지 23－3, 54). 위 사료는 정광현, 연구, 167~170에 번역되어 있다. 자세한 내용은 이홍민(2011), 115, 133 참조.

102) 조선고등법원 1928. 5. 25.자 판결(록 15, 115); 대법원 1968. 11. 26. 선고 68다1543 판결; 대법원 1994. 5. 24. 선고 93므119 전원합의체 판결.

103) 이상욱(1991a), 397.

104) 김은아(2009), 334.

105) 보고서, 366, 388. 이홍민(2011), 107도 같은 취지이다.

106) 대법원 1967. 4. 24.자 65마1163 결정; 대법원 1967. 10. 31.자 67마823 결정; 대법원 1968. 1. 31. 선고 67다1940 판결; 대법원 1970. 3. 24. 선고 69다1400 판결; 대법원 1992. 10. 23. 선고 92다29399 판결 등. 조선성명복구령의 입법취지에 비추어 이성양자가 허용되지 않는다고 하였던 1947. 11. 18.자 통첩도 참조하라. 이와 같은 舊 판례의 태도에 찬성하는 견해로 이홍민(2011), 127~135.

가 그 자체로 공서양속에 위반된다고 할 수도 없으므로, 1940. 2. 11.부터 1959. 12. 31. 사이에 성립한 이성양자의 효력을 부정할 이유가 없다.[107] 대법원 역시 1994년 종래의 태도를 변경하여 이 시기의 이성양자와 그의 상속권을 인정하였다.[108] 이에 대해서는 이성양자도 창씨개명과 관련이 있으므로 그 효력을 인정해서는 안 된다는 취지의 비판이 있다.[109]

② 서양자

1940. 2. 11. 시행된 개정 조선민사령에 의해 서양자 제도가 도입되었다(조선민사령 §11의2 ②).[110] 하지만 조선민사령은 서양자의 가독상속권에 관한 일본 민법을 우리나라에 의용하지 않았기 때문에 서양자가 호주상속인이 될 수 있는지 여부에 대해서는 여전히 논란이 있었다.[111]

한편 우리나라는 1946. 10. 23. 조선성명복구령을 제정하여 창씨개명에 따른 호적부 기재를 무효로 돌리는 한편, 위 복구령에 배치되는 모든 법령, 훈령 및 통첩은 모두 효력이 없다고 선언하였다(조선성명복구령 §4).[112] 이에 따라 서양자 제도는 소급하여 효력을 잃게 되었고[113], 대법원 역시 서양자는 동성계통주의의 부합하지 않을 뿐만 아니라, 부부가 남매지간이 되고, 처부모·시부모·양부모와 자녀 간의 관계에 혼란이 발생하여 우리의 신분질서를 어지럽힌다는 이유로 "서양자제도는 왜정퇴각과 동시에 자연소멸되었음은 물론이어니와 이에 의하여 성립된 서양자관계는 (…) 공서양속에 위반되므로 그 성립당초부터 무효"라고 선언하였다.[114]

라. 태아

태아는 제사상속인이 될 수 있는가. 피상속인 사망 당시 제사상속을 받을 수 있는 남자 직계비속이 없는 경우라도, 태아가 있다면 그가 출생할 때까지 기다리는 것이 舊法 시대의 관습이었다.[115] 이때 제사자로서의 지위를 승계할 태아가 출생할 때까지 호주로서의 지위 및 상속재산은 일단 피상속인의 모(母) 또

107) 윤진수(2009), 301~303.
108) 대법원 1994. 5. 24. 선고 93므119 전원합의체 판결. 위 판결에 대한 판례평석으로 윤진수(2009), 293~ 314 참조.
109) 양창수(1999), 150; 이홍민(2011), 127~137 참조.
110) 서양자 제도의 도입 경위에 대해서는 이홍민(2011), 116~118.
111) 자세한 내용은 정광현, 연구, 37~42, 56~58.
112) 조선성명복구령의 제정 경위와 내용에 대해서는 이홍민(2011), 118~122 참조.
113) 이홍민(2011), 125~131; 한봉희(1992), 120.
114) 대법원 1949. 3. 26. 선고 4281민상348 판결. 위 판결을 자세하게 소개하고 있는 문헌으로 윤진수(2009), 301; 이홍민(2011), 129~131; 정광현, 연구, 276~284.
115) 보고서, 73~74.

는 처(妻) 등이 일시승계하였다가 태아가 출생하면 그 재산을 승계하여 주는데, 법적으로는 태아가 피상속인으로부터 직접 승계하는 것으로 구성되었다.[116] 즉 태아는 출생과 동시에 피상속인의 사망시로 소급하여 제사상속, 호주상속 및 재산상속 등 상속권을 갖는 것이 관습이었다.[117]

다만, 이미 관가의 허가를 받아 적법하게 생전입양 또는 사후입양을 하였다면, 피상속인 사망 당시 태아가 존재하였더라도 양자가 우선하여 제사상속인의 지위를 취득하였다(續大典 禮典 奉祀條).[118] 입양 당시 태아의 존재 여부를 알았는지 여부를 불문한다.[119] 따라서 이때 태아는 출생하더라도 제사상속을 받지 못한다. 다만, 평안도와 함경도 일부 지역에서는 피상속인 사망 당시 태아가 있는 상태에서 사후입양을 하는 것은 단순히 상주를 세우기 위한 것이므로, 추후 태아가 출생하면, 그가 여아가 아닌 한, 사후입양된 양자를 파양하고, 친생자가 제사를 상속하는 관습이 있었다고 한다.[120]

마. 차종손상속

제사상속인인 종가의 종손이 사망하여 절가된 경우에는 그 차종손이 종가의 제사를 상속하고, 차종손도 절가가 된 경우에는 순차 차종손에 의해 종가 및 조상의 제사와 분묘수호권을 상속한다.[121] 의례(儀禮)에 의해 종가에 부여된 특권이다. 이와 같이 제사상속인이 된 차종손은 그에 수반하여 호주권과 재산권까지 모두 상속한다.[122] 하지만 차종손상속은 피상속인을 위해 사후양자가 될 수 있는 남자 직계비속이 존재하지 않아 절가에 이르게 된 경우에 한하여 가능한 것이므로, 본가에 후사가 없다는 이유만으로 사후입양의 절차를 거치지 않고 지계에서 바로 차종손상속을 주장하는 것은 허용되지 않는다.[123]

바. 장례원에 의한 봉사자 지정

1895년부터 1910년까지는 장례원(掌禮院)에 의한 봉사손 지정이 가능하였다. 피상속인을 위해 봉사할 자가 없는 경우에 장례원에서 그 방계자손 중 1인을 봉사손으로 정하는 내용의 입안을 함으로써 그를 적법한 봉사자로 삼았으

116) 보고서, 75~76.
117) 조선고등법원 1916. 4. 14.자 판결(록 3, 372).
118) 이상욱(1988), 43.
119) 보고서, 74.
120) 보고서, 75, 368; 1914. 6. 18.자 총감회답(휘집, 196).
121) 조선고등법원 1911. 4. 27.자 판결(록 1, 180); 1916. 6. 7.자 총감회답(자료, 466); 대법원 1980. 7. 22. 선고 80다649 판결.
122) 조선고등법원 1913. 10. 21.자 판결(록 2, 266).
123) 대법원 2012. 3. 5. 선고 2009다85090 등 판결. 이에 찬성하는 견해로 현소혜(2015), 379~ 380.

며, 이는 확정판결과 유사한 효력을 가졌다.[124] 따라서 그보다 근친인 방계친족이 있더라도 장례원에 의해 지정된 자가 우선적으로 제사상속인의 지위를 승계하였다.[125]

사. 보론: 생양가봉사

분가 호주의 본가에 제사상속인이 될 자가 없고, 분가 호주가 본가의 피상속인의 자(子) 항렬에 해당하는 경우에는 분가 호주는 본가에 입양되어 본가의 제사상속인이 되었다. 제3절 I. 1. 나. (1) 참조. 이때 입양된 분가호주에 갈음하여 분가의 선대를 위해 봉사자가 될 자가 없는 경우에는 본가상속의 경우와 마찬가지로, 입양에 의해 새로운 봉사자를 세워야 함이 원칙이었으며, 이 경우에도 양자는 입양된 분가호주의 생부의 자(子)의 항렬에 있는 자 중에서만 선정할 수 있었다.[126] 양자가 될 자격을 갖춘 자를 찾을 수 없는 경우에는 분가를 폐가(廢家)하는 수밖에 없었다.[127] 다만, 그 후 폐가된 가의 선대의 친자와 동항렬의 남계혈족남자가 나타난 경우에는 폐가를 재흥(再興)할 수 있었다.[128]

그런데 분가가 폐가되기에 이른 경우에 간혹 본가로 입양된 전(前) 분가호주, 즉 양가상속인이 본가의 제사와 함께 분가의 제사도 지내는 경우가 있었다. 이와 같이 양가상속인이 양가(養家)의 제사와 생가(生家)의 제사를 모두 지내는 것을 생양가봉사(生養家奉祀)라고 한다.[129] 우리나라는 본래 전통적으로 겸조(兼祖)를 허용하지 않으므로, 종법사상에 따르면 생양가봉사는 허용되지 않음이 원칙이었다.[130] 양부모가 모두 사망하여 입후할 수 없는 경우에 한하여 반부(班祔)의 형태로 생가의 제사도 모실 수 있었을 뿐이었다(受敎輯錄 禮典 奉祀, 續大典 禮典 立後條).[131] 생양가봉사자는 생가의 양자를 선정할 권한이 없었으며, 생가의 양자가 선정되면 그 양자가 생가를 계승하였다.[132] 다만, 생양가봉사자는 생가를 위한 사후양자가 선정될 때까지 그 상속재산을 관리할 권한을 가졌다.[133]

일부 견해는 조선시대부터 생양가봉사가 실제로 적지 않게 행해졌다고 주

124) 1913. 7. 4.자 총감회답(휘집, 145); 1929. 8. 31.자 중추원 회답(휘집, 460).
125) 1912. 7. 19.자 총감회답(휘집, 104); 1913. 7. 4.자 총감회답(휘집, 145).
126) 1911. 6. 6.자 취조국장 회답(휘집, 60).
127) 보고서, 338.
128) 보고서, 330.
129) 보고서, 384; 1911. 6. 6.자 취조국장 회답(휘집, 60); 1916. 6. 7.자 총감회답(휘집, 277). 생양가봉사의 관습에 관해 자세히는 정긍식(2011), 206~221 참조.
130) 보고서, 384. 현소혜(2015), 369, 373~375도 같은 취지이다.
131) 정긍식(2005), 330; 정긍식(2011), 207~213 참조.
132) 1911. 6. 6.자 취조국장 회답(휘집, 60); 1911. 10. 23.자 취조국장 회답(휘집, 77).
133) 1911. 6. 6.자 취조국장 회답(휘집, 60).

장하면서 사실상의 봉사자인 생양가 봉사자는 생가의 제사를 모실 수 있을 뿐만 아니라 재산상속권도 갖는다고 주장한다.[134] 일제강점기에 생양가봉사의 관습이 부정된 것은 일본식의 가독상속제가 이식되는 과정에서 민적법상의 1인1가 계승의 원칙과 모순되는 관습의 존재를 인정할 수 없었기 때문에 불과하다는 것이다.[135]

하지만 생양가봉사는 개인적인 정리에 따른 도의적인 사실행위에 불과하며, 생양가봉사 자체에 제사상속 및 그에 수반하는 재산상속이라는 법적 효과를 인정할 수는 없다.[136] 대법원 역시 생양가봉사자는 생가를 위해 사후양자가 선정될 때까지 일시적으로 제사를 지내며 생가의 재산을 관리할 뿐이며, 생가를 위해 선정된 사후양자는 제사를 주재하고 있는 생양가봉사자로부터가 아니라, 이미 사망한 생양가봉사자의 생부로부터 직접 제사상속을 받는다고 판시하였다.[137]

3. 제사상속의 결격사유

제사상속인의 결격사유에 대해서는 확연한 관습이 없었다.[138] 피상속인을 살해하거나 살해하려한 자는 피상속인의 제사상속인이 될 수 없다는 관행 정도가 확인될 뿐이다.[139] 양자에 관해서는 양자가 외국에 가서 소식이 없거나 소재가 불명한 채로 수년을 경과한 때에는 상속에서 제척되는 것으로 보는 관습이 있었다.[140] 그 밖에 제사상속인이 될 자에게 제사를 승계하기에 적절하지 않은 사유가 있는 경우에 그를 폐적할 수 있는지 여부에 대해서는 제4절 I. 2. 나. 참조.

4. 제사상속의 효과

가. 포괄적 권리의무의 승계

제사상속이 개시되면 제사상속인은 종손권(宗孫權)을 승계하였다. 종손권

134) 정긍식(2011), 206~227.
135) 정긍식(2011), 223~227.
136) 현소혜(2015), 369~373.
137) 1911. 6. 6.자 취조국장 회답(휘집, 61);서울고등법원 2009. 10. 1. 선고 2009나4000 판결; 대법원 2012. 3. 5. 선고 2009다85090 등 판결. 위 판결에 대한 판례평석으로 현소혜(2015), 364~386 참조.
138) 보고서, 385.
139) 보고서, 385.
140) 조선고등법원 1909. 9. 2.자 판결(록 1, 25).

이란 일문(一門)의 종손으로서 선대가 가지는 호주권·재산권 및 제사권을 포괄하여 상속하는 신분상의 권리를 말한다.[141] 이러한 종손권은 상속개시와 동시에 원시취득하는 것이 아니라 피상속인으로부터 승계취득하는 것이므로, 자신의 부조(父祖)가 청송기간의 경과에 의해 종손권을 주장할 수 없게 되면 그 역시 종손권을 주장할 수 없었다.[142]

분가의 호주가 본가의 제사를 상속하기 위해 입양되는 결과 분가호주 생전에 분가를 위한 제사상속이 개시되는 경우에도 분가상속인은 전 호주가 가지고 있었던 제사권 뿐만 아니라 호주권과 재산권까지 모두 포괄적으로 승계하였다. 따라서 분가의 재산은 분가를 위해 잔류되어야 하며, 분가의 호주가 본가로 입적하면서 분가 재산 전부 또는 일부를 가지고 가는 것은 허용되지 않았다.[143]

나. 봉사조 기타 상속재산

조선시대에는 제사상속인에게는 봉사조(奉祀條)라고 하여 다른 상속인들보다 상속분의 1/5을 가급하여 지급하였다(經國大典 刑典 私賤條).[144] 봉사에 대한 보상의 성격을 갖는다.[145] 하지만 일제 강점기 이후로는 제사상속인이 피상속인의 모든 재산을 단독상속하는 것으로 전환되었다. 제사상속인이 승계하는 상속재산의 범위에 대해 자세히는 제3절 III. 4. 가. 참조.

다. 분묘의 소유권 및 수호관리권

분묘의 소유권 및 그 수호·관리권한은 관습상 제사상속인인 종손에게 전속하였다.[146] 분묘를 소유하기 위한 지상권 유사의 물권, 즉 분묘기지권 역시 분묘소유권자인 종손에게 전속했다.[147] 한 때에는 분묘의 이전 기타 처분에 대해 관계 자손의 협의를 거치는 것이 관례라고 하였으나[148], 일자강점기 후기에는 이를 이전하는 데 누구의 동의도 요하지 않는 것이 관습이라고 인정되었다.[149] 종가의 종손이 사망하여 절가된 경우에는 그 차종손(次宗孫)이, 차종손도 절후된

141) 윤진수(2011a), 59.
142) 조선고등법원 1921. 5. 20.자 판결(록 8, 91).
143) 보고서, 391.
144) 윤진수(2011a), 57; 정긍식(2015), 103. 그 실태에 관해서는 정긍식(1996), 139 참조.
145) 김민정(2008), 10; 정긍식(2011), 226~227.
146) 1912. 6. 1.자 총감회답(휘집, 100); 1914. 4. 15.자 총감회답(휘집, 181); 조선고등법원 1933. 1. 31.자 판결(록 20, 15). 정긍식(2015), 107. 108도 같은 취지이다.
147) 대법원 1988. 11. 22. 선고 87다카414 등 판결.
148) 1914. 4. 15.자 총감회답(휘집, 181).
149) 조선고등법원 1933. 1. 31.자 판결(록 20, 15). 정긍식(2015), 108도 같은 취지이다.

경우에는 순차차종손이 종가의 제사와 분묘수호권을 상속하도록 하였다.[150]

라. 제사용 재산

분묘 외에 제사에 필요한 재산, 특히 가묘가 있는 가사(入廟家舍) 역시 제사상속인에게 단독으로 상속되었다(經國大典 戶典 田宅條).[151] 그 결과 형망제급의 원칙에 따라 중자가 제사를 상속하는 경우에 장남의 유처 기타 가족은 살 곳을 잃어버리게 되었으므로, 이 문제를 해결하기 위해 명종 때에는 생전에 부모의 제사를 지내던 장남의 유처에게는 살아 있는 동안 계속 봉사하며, 해당 가사에 거주할 수 있는 권리를 부여하였으나, 점차 형망제급의 원칙이 소멸하고 입후제도가 정립되면서 이러한 구제책은 별다른 의미가 없게 되었다.[152]

그 밖에 위토, 묘토, 묘산 등은 제사상속인의 소유로서 단독상속의 대상이 되기도 하고, 문중의 공유 또는 종중의 총유로 되기도 하는 등 사안에 따라 달리 처리되었다.[153] 다만, 후손 중 1인이 개인의 자금으로 분묘지를 단독 매수하여 조상의 분묘를 설치한 경우와 달리 자신이 매수한 토지에 분묘를 설치하게 한 경우에는 장손에게 단독 상속시켜 후에 용이하게 처분할 수 있게 하기 보다는 자신을 공동선조로 하는 종중의 총유재산으로 하여 자손들로 하여금 영구 보존하게 할 의사였다고 봄이 우리의 전통적 사고에 부합하는 바라는 것이 판례의 태도이다.[154] 이에 따르면 피상속인이 스스로 매수한 묘토는 제사상속인의 단독 소유로 추정되지 않는다.

5. 제사상속의 승인과 포기

상속관습법상 제사상속을 승인하거나 포기하는 것은 허용되지 않았으며, 승인이나 포기 절차에 관한 관습도 없었다.[155] 제사상속인은 제사를 지내야 하는 의무를 부담하므로, 이를 포기하는 것은 제사상속의 관념상 허용될 수 없었기 때문이다.[156]

---

150) 1913. 1. 15.자 총감회답(휘집, 122); 1916. 6. 7.자 총감회답(휘집, 277); 대법원 1972. 1. 31. 선고 71다2597 판결; 대법원 1980. 7. 22. 선고 80다649 판결.
151) 윤진수(2011a), 57; 정긍식(2015), 103.
152) 자세한 내용은 김윤정(2002), 118~121; 정긍식(2010), 75~77.
153) 조선고등법원 1912. 12. 3.자 판결(록 2, 59); 조선고등법원 1913. 9. 12.자 판결(록 2, 247); 조선고등법원 1917. 7. 17.자 판결(록 4, 527). 신영호(1991), 580, 181도 같은 취지이다.
154) 대법원 1989. 9. 26. 선고 89다카5680 판결.
155) 보고서, 398~399.
156) 보고서, 398; 1916. 11. 28.자 총감회답(휘집, 296).

Ⅱ. 호주상속

1. 상속개시의 원인

가. 호주의 사망

호주상속은 호주의 사망에 의해 개시되었다. 호주가 봉사자의 지위를 가지고 있었다면 제사상속과 호주상속·재산상속이 동시에 개시되지만, 일가창립자나 분가자와 같이 봉사자의 지위를 갖지 않는 호주라면 호주상속과 재산상속만이 개시되었다.[157] 이때에는 사망한 호주를 위해 새롭게 제사를 지낼 필요가 발생하였으므로, 피상속인을 위한 제사자를 새로 선정하였다.

나. 사망의 추정 및 실종선고

호주의 종적이 불명하고, 장기간 생사가 묘연하여 도저히 생존가능성이 없다고 판단되는 때에는 제사상속의 경우와 마찬가지로 사망한 것으로 추정하고, 호주상속을 개시하였다.[158] 사망의 추정에 대해서는 제3절 I. 1. 가. (2) 참조. 이때 호주상속이 개시되는 사망일은 종적불명자가 가출한 날이나 마지막으로 소식이 있던 날과 같이 생존하였음이 분명한 마지막 날로 간주하였다.[159] 사망 추정 후 종적불명자가 돌아오거나 생존한 것으로 밝혀지면 그 호주의 신분을 회복해야 하지만, 사망추정 자체가 쉽게 이루어지지 않으므로, 추정 후에 돌아오거나 생존한 사례는 거의 없었다고 한다.[160]

1912년 이후 실종선고에 의해 호주상속이 개시될 수 있었던 점, 실종기간이 현행 민법 시행 전에 만료된 경우라도 그 실종선고가 현행민법 시행 후에 있은 경우에는 현행민법이 적용되는 점은 제사상속의 경우와 같다.

다. 분가 호주의 입양

본래 호주는 타가에 입적할 수 없지만, 본가의 제사상속을 위해서라면 일정한 요건 하에 분가호주가 본가에 입양될 수도 있었다. 제3절 I. 1. 나. (1) 참조. 이와 같이 분가호주가 본가로 입양된 경우에 그 분가가 초대라면 그 가는 폐가로 되지만, 2대 이상 계속되었다면 분가를 위해 호주상속이 개시되었다.[161] 그가 파양되어 다시 생가로 돌아온 경우에는 어떠한가. 그는 생가에서의 신분을

157) 보고서, 383.
158) 1923. 11. 12.~14.자 경주지원호적협회 결의: 자료, 398에서 재인용.
159) 보고서, 106.
160) 보고서, 106.
161) 자료, 372. 이상욱(1988), 33면; 이상욱(1990), 78~79도 같은 취지이다.

회복하지만 이미 발생한 호주상속개시의 효력에는 영향을 미치지 않았다.[162] 따라서 그의 입양으로 인해 호주가 되었던 자는 파양에도 불구하고 호주의 지위를 그대로 유지할 수 있었다. 다만, 그의 입양 당시 호주될 자가 없어서 모가 일시로 호주의 지위를 상속하였을 뿐이라면, 파양 및 복적된 자가 다시 호주의 지위를 회복할 수 있었다.[163]

라. 양자호주의 파양 내지 복적

입양되어 이미 양부로부터 제사상속을 받은 양자가 파양되어 생가로 복적한 경우에는 양가(養家)를 위한 제사상속이 개시되는 것이 우리의 전통적인 관습이었다. 제3절 I. 1. 나. (2) 참조. 일제강점기 초기에도 이를 인정하였는바, 이에 따르면 파양된 양자에 갈음하여 새롭게 입양된 양자가 호주의 지위를 상속한다.[164] 하지만 조선고등법원이 점차 양자가 호주로 된 경우에는 파양이 허용되지 않는다는 입장을 확립해 나감에 따라 파양을 원인으로 하는 호주상속은 개시되지 않게 되었다.[165] 이와 같이 양자호주의 파양을 불허하고, 양자호주의 복적을 원인으로 호주상속이 개시되지 않도록 한 것에 대해서는 그 부당함을 비판하는 견해가 있다.[166]

마. 여호주의 지위 상실

호주가 사망할 당시 호주상속인이 될 자가 존재하지 않는 경우에는 사후입양을 통해 호주상속인이 될 자를 세워야 했다. 하지만 사후입양절차가 완료될 때까지 호주가 없는 호적을 유지할 수는 없으므로, 호주의 사망시부터 사후입양 성립시까지 사망한 호주의 모(母) 또는 처(妻) 등이 일시적으로 호주의 지위를 상속하였다. 자세한 내용은 제3절 II. 2. 나. (1) 참조.

이와 같이 여호주가 일시적으로 호주상속을 받은 경우에 사후입양에 의해 양자가 그 가(家)에 입적하면 즉시 호주상속이 개시되어 여호주는 호주의 지위를 상실하고, 양자가 새롭게 호주의 지위를 취득했다.[167] 여호주의 가(家)에 호

---

162) 1911. 5. 6.자 법무국장 회답: 자료, 402~403에서 재인용; 1934. 3. 11.자 대구지방호적협회 결의(잡지 13-9, 37).

163) 1911. 5. 6.자 법무국장 회답: 자료, 402~403에서 재인용.

164) 자료, 372~373. 이상욱(1988), 34; 이상욱(1990), 79도 같은 취지이다.

165) 그 시기에 대해 이상욱(1988), 34~35; 이상욱(1990), 79는 1912년부터라고 주장하나, 이승일(1999), 192~196은 1933년에 이르러서야 호주로 된 양자의 파양 금지 원칙이 확립되었다고 한다.

166) 자세한 논의는 정광현(1957), 269~276; 이상욱(1991a), 395~396 참조.

167) 1913. 9. 12.자 총감회답(휘집, 154); 조선고등법원 1917. 7. 6.자 판결(록 4, 501). 이상욱(1988), 35~36; 이상욱(1990), 79; 정광현(1957), 262; 주석상속(2), 509도 같은 취지이다.

주상속인이 될 남자 비속이 출생한 때에도 같았다.[168] 또한 미혼이었던 여호주가 출가하거나 기혼이었던 여호주가 재혼 등으로 친가복적한 경우에도 여호주의 지위를 승계시키기 위한 호주상속이 개시되었다.[169]

바. 선순위 호주상속인의 출생

호주의 사망으로 호주상속이 개시된 후 호주상속인보다 선순위 호주 상속자격을 가진 자가 출생한 경우에는 호주상속이 개시되어 선순위 호주상속인이 호주의 지위를 승계하였다. 가령 서자(庶子)가 호주상속을 한 다음 유복적출자가 출생한 경우, 미혼인 남자 호주가 사망하여 남동생이 호주상속을 하였는데 뒤늦게 서자가 인지되어 입적한 경우 등이 이에 해당한다.[170] 사후양자가 호주상속을 받은 다음 유복적출자가 출생한 경우에도 유복적출자가 호주상속을 받을 수 있는지 여부에 대해서는 제3절 II. 2. 가. (5) 참조.

사. 차양자에게 남자가 출생한 경우

피상속인 사망 당시 호주상속인이 될 자가 없는 경우에 일단 그의 형제 항렬의 남자를 차양자(次養子)로 삼고, 차양자로부터 남자가 태어나면 그로 하여금 가계를 계승하도록 할 수 있었다. 차양자에 대해서는 제3절 I. 2. 다. (4) 참조. 차양자는 그에게서 적법한 제사상속인이 될 남자가 태어날 때까지 제사를 섭행할 뿐이며 제사상속인이 될 수는 없었다.[171] 하지만 차양자는 그 집안에 들어감과 동시에 피상속인(양부)의 호주의 지위를 상속하는바[172], 차양자에게서 남자가 출생한 경우에 차양자는 즉시 그에게 호주의 지위를 상속해 주어야 하는지 또는 차양자 사망 후에야 비로소 호주상속이 일어나는지가 문제되었다.

일제강점기 초기에는 제사상속과 호주상속을 일치하여 이해하려는 관행이 있었으므로, 제사상속인이 될 남자가 출생함과 동시에 호주상속도 개시되어 차양자는 호주의 지위에서 물러나야 한다고 보았다.[173] 하지만 실제로는 남자가

---

168) 이상욱(1988), 36; 이상욱(1990), 79; 정광현(1957), 262; 주석상속(2), 509. 이때 남자비속은 출생일부터 여호주의 지위를 승계취득하는 것이 원칙이다. 다만, 1943년 이후로는 본래의 남자호주 사망일로 소급하여 호주로 되는 것으로 보아 호주상속이 아니라 호적정정사유에 불과하다고 보았다. 이상욱(1988), 36; 정광현(1957), 265~266 참조.

169) 대법원 1962. 9. 20. 선고 62다343 판결. 이상욱(1988), 37~38; 이상욱(1990), 80~81도 같은 취지이다. 여호주의 출가 또는 재혼에 대해 자세히는 정긍식(2013), 41~44 참조.

170) 정광현(1957), 262, 267; 주석상속(2), 509. 이때에는 호주상속이 아니라, 호적정정사유에 불과하다는 견해로 정광현(1957), 266 참조.

171) 정긍식(2015), 108.

172) 1921. 10. 13.자 구관습조사결의(휘집 부록, 29). 여호주가 이미 피상속인의 호주지위를 일시 승계한 상태라면 여호주로부터 호주상속을 받는다. 사법협회 질의응답(잡지 12-3, 102).

173) 1923. 1. 25.자 구관조사결의(휘집 부록, 49~52).

출생한 후로도 그가 상당한 연령에 달할 때까지 호주상속을 시키지 않고 기다리는 관습이 있었고, 호주상속을 시키는 시기나 방법도 특별히 정해진 바가 없었다.[174)]

조선고등법원은 한 때 차양자로부터 출생한 남자가 양자로 선정되어야 비로소 호주상속인이 된다고 판시하기도 하였으나[175)], 대법원은 "차양자의 출생자는 조선민사령이 입양에 관하여 신고주의를 취하는 내용으로 1922. 12. 7. 개정되어 시행되기 전에는 당연히 망 장남의 양자가 되는 것이 관습이라 할 것이므로 호적에 양자로 입양하였다고 기재되었는지는 입양의 효력 발생에 아무런 영향이 없다."고 선언하였다.[176)]

게다가 1920년대 이후에는 차양자도 호주상속 및 재산상속에 있어서는 일반 양자와 동일하며, 그로부터 남자가 태어났더라도 호주상속 등이 즉시 개시되는 것은 아니고, 차양자가 생가로 복적해야 하는 것도 아니므로 차양자 사망시 비로소 호주상속이 개시된다는 취지의 회답·통첩·결의 등이 반복되었고, 조선고등법원도 같은 내용으로 판례를 변경하였다.[177)] 이와 같이 차양자를 일반양자와 동일하게 본 것은 전통적인 관습을 왜곡한 것이라는 비판이 있다.[178)]

아. 기타 사유

호주의 혼인취소·입양취소·국적상실 등은 호주상속의 개시원인이 되는가. 관습조사보고서는 그러한 관습이 존재하지 않는다고 서술하고 있다.[179)] 하지만 1939. 12. 28.부터 개정 조선호적령에 의해 혼인취소 및 입양취소 제도가 도입된 후로는 이 역시 호주상속의 개시사유로 인정되었다.[180)] 호주의 국적상실은 광복 후에야 비로소 호주상속의 개시원인이 되었다.[181)]

또한 호주의 은거(隱居)은 상속의 개시원인이 아니었다.[182)] 호주의 은거란

---

174) 1913. 7. 23.자 총감회답(휘집, 147); 1914. 2. 24.자 총감회답(휘집, 175); 1915. 2. 16.자 총감회답(휘집, 219).

175) 조선고등법원 1920. 3. 12.자 판결(록 7, 90). 실제로 차양자로부터 출생한 자를 사후양자로 세운 후 차양자가 일시 승계하였던 상속재산을 종국적으로 그에게 귀속시킨 사례로 대법원 2009. 9. 24. 선고 2008다29147 등 판결.

176) 대법원 2012. 3. 15. 선고 2010다79053 판결.

177) 1927. 9. 21.자 판례조사회결의(휘록, 296); 조선고등법원 1928. 4. 13.자 판결(록 15, 65). 변천의 자세한 내용은 이상범(1980), 141~142; 이상욱(1988), 38~39; 이상욱(1990), 79~80 참조.

178) 이상욱(1988), 58; 이상욱(1991a), 396~397.

179) 보고서, 385.

180) 정광현(1957), 262, 268; 주석상속(2), 509.

181) 정광현(1957), 262.

182) 보고서, 385; 조선고등법원 1912. 11. 5.자 판결(록 2, 37). 이상욱(1988), 40도 같은 취지이다.

호주가 노령이 되거나 질병 등으로 가사를 담당하기 어렵게 된 경우 장성한 상속인에게 가사를 위임하는 관행을 말하는데, 이는 사실상 상속인에게 호주를 대리할 권한을 주는 것에 불과하며, 그 자체로 상속의 효과를 수반하는 것은 아니기 때문이다.[183]

2. 호주상속의 순위

가. 원칙

(1) 적출자가 있는 경우

(가) 본위상속

호주인 피상속인에게 적출자가 있는 경우에 호주상속의 순위는 제사상속의 순위와 동일하였다.[184]

① 호주가 미혼이었던 경우

호주가 사망 당시 미혼이었던 경우에는 형망제급의 원칙에 따라 호주의 바로 아래 남동생(次第)이 호주상속을 받았다.[185] 다만, 사망한 호주에게 서자가 있었다면 서자가 우선하여 호주상속인이 되었다.[186] 장남이 차남보다 늦게 적출자의 신분을 취득하여 차남이 호주상속을 받았으나, 그 후 차남이 미혼인 채로 사망하였다면 장남인 형이 호주상속을 받을 수도 있었다.[187]

② 호주가 기혼이었던 경우

피상속인인 호주가 기혼이었던 경우에는 피상속인의 적출장남이 호주상속을 받았다.[188] 적출자 사이에서는 연령의 장유(長幼)가 아니라, 적출자 신분 취득의 선후에 따랐다.[189] 가령 서자 출생 후 적출자가 출생하였고, 그 후 피상속인이 서자의 생모와 혼인하여 서자가 적출자의 신분을 취득한 경우 나이는 서자가 더 많더라도 먼저 적출의 지위를 취득한 차남이 호주상속을 한다.[190] 피

---

183) 보고서, 337 참조.
184) 1923. 7. 21.자 중추원 회답(휘집, 431). 이상욱(1988), 45도 같은 취지이다.
185) 1911. 11. 29.자 취조국 회답(휘집, 80); 조선고등법원 1920. 6. 23.자 판결(록 7, 207); 1923. 7. 21.자 중추원 회답(휘집, 430); 대법원 1981. 12. 22. 선고 80다2755 판결; 대법원 1989. 9. 26. 선고 87므13 판결; 대법원 1993. 11. 23. 선고 93다42306 판결.
186) 1926. 1. 16. 판례조사위결의(사협결의회답집록, 301); 1926. 12. 22. 판례조사위결의(사협결의회답집록, 305, 408~409). 정광현(1957), 258도 같은 취지이다. 다만, 1933. 9. 5.자 부산지방법원 관내결의(자료, 411)은 서자 있는 미혼 남호주가 사망한 경우라도 미혼 남호주의 모(母)가 호주상속을 해야 한다는 입장이었다고 한다.
187) 1927. 6. 광주지방호적사무협회결의: 자료, 400에서 재인용.
188) 정광현(1957), 255.
189) 1924. 6. 21.자 법무국장 회답: 자료, 390에서 재인용.

상속인 사망 당시 적출장남이 아직 포태 중이었다면, 상속 개시와 동시에 처가 임시로 호주가 되었다가 자의 출생과 동시에 그 자가 호주로 되었다.[191]

일단 피상속인이 기혼이었던 이상 세대에 일대(一代)로 산입되므로, 그의 형제자매는 호주의 지위를 상속할 수 없었다.[192] 즉, 미혼이었던 경우와 달리 형망제급의 원칙은 적용되지 않았다.[193] 기혼인 호주에게 자(子)가 없었던 경우라도 그를 위해 양자를 세워 호주상속을 하도록 해야 했다.[194] 다만, 양자로 세울 자가 마땅치 않은 경우에는 피상속인의 남동생을 차양자로 삼아 호주상속을 시킬 수 있었다.[195] 차양자에 대해서는 제3절 I. 2. 다. (4) 참조. 여자나 직계존속, 방계존속 등이 호주상속인이 될 수 없었음은 물론이다.[196]

③ 미혼 · 기혼의 판단기준

호주가 사망 당시 기혼이었는지 또는 미혼이었는지는 호적부 기재를 기준으로 결정하는 것이 원칙이었다. 따라서 설령 호주가 처(妻)와 혼인식을 거행하고 사실상 동거하고 있었다고 하더라도, 사망 당시까지 조선호적령에 따른 혼인신고를 하지 않은 경우에는 미혼자로 보아 차제(次第)가 호주상속을 받았다.[197] 다만, 조선호적령이 시행된 1923. 7. 1. 이전의 관습에 따르면, 당사자 또는 주혼자 간의 의사 합치만으로도 혼인이 성립되며, 특별히 혼인신고를 요하지 않았으므로, 조선호적령이 시행되기 전에 혼인을 하였는지 여부에 관하여는 호적부의 기재가 절대적인 증명력을 갖지 못했다.[198] 호주의 사망 후 그의 처(妻)가 개가(改嫁)하였다는 사정이 亡 호주의 혼인 여부를 판단하는 데 영향을 미치는 것은 아니었다.[199]

(나) 대습상속

만약 위 각 순위에 있는 자가 피상속인보다 먼저 사망하였다면 그의 자(子)가 호주의 지위를 대습상속하였다.[200] 가령 미혼인 호주가 사망할 당시 그에게

190) 1924. 6. 21.자 법무국장 회답: 자료, 390에서 재인용.
191) 1914. 12. 5.자 경무과장 회답; 1923. 12. 28. 법무국장 회답: 각 자료, 406에서 재인용.
192) 1911. 11. 29.자 취조국 회답(휘집, 80); 조선고등법원 1920. 6. 23.자 판결(록 7, 207); 1930. 7. 24.자 총감회답(휘집, 468); 대법원 1992. 3. 10. 선고 91다24311 판결 외 다수.
193) 대법원 1978. 8. 22. 선고 78다1107 판결.
194) 1911. 2. 7.자 취조국장 회답(휘집, 39).
195) 사법협회 질의응답(잡지 12−3, 102).
196) 조선고등법원 1917. 1. 16.자 판결(록 4, 1); 1923. 7. 21.자 중추원 회답(휘집, 430); 사법협회 질의응답(잡지 12−4, 101).
197) 대법원 2000. 6. 9. 선고 99다54349 판결.
198) 대법원 1992. 3. 10. 선고 91다24311 판결.
199) 조선고등법원 1913. 2. 21.자 판결(록 2, 92); 조선고등법원 1916. 8. 18.자 판결(록 3, 510).

서자가 없으면 그의 차제(次弟)가 호주상속인이 되어야하지만, 그 역시 호주보다 먼저 사망하였다면 그의 자(즉, 호주의 姪)가 호주의 지위를 대습상속하였다.[201] 기혼인 호주가 사망하면 그의 장남이 호주상속인이 되어야하지만, 그 역시 호주보다 먼저 사망하였다면 그의 자(즉, 호주의 孫)가 호주의 지위를 대습상속하였다.[202] 하지만 피상속인의 장남의 유처(遺妻), 즉 며느리가 호주의 지위를 대습상속하는 예는 없었다.[203]

이때 대습상속을 할 자의 확정에 관하여는 피상속인보다 먼저 사망한 피대습자를 피상속인으로 간주하고 이를 표준으로 결정하는 것이 현행 민법 시행 전 우리나라의 관습이었므로, 피상속인의 장남이 피상속인보다 먼저 사망하였는데 그를 대신하여 상속인이 될 장손(장남의 장남) 역시 피상속인보다 먼저 사망하였고, 그가 사망할 당시 아직 미혼이었다면, 형망제급의 원칙에 따라 장손의 동생(즉 피상속인의 장남의 차남)이 호주의 지위를 대습상속하였다.[204]

(다) 가적

호주상속은 그 가에 있는 자만 할 수 있음이 원칙이었다(자가상속).[205] 타가상속은 입양에 의해서만 가능했다. 따라서 위 각 순위에 있는 자라도 이미 타가(他家)의 호주상속을 위해 출가한 자는 더 이상 자가(自家)의 호주상속인이 될 수 없었다.[206] 다만, 호주상속을 해야 할 지위에 있는 자는 특별한 사정이 없는 한 분가하거나 타가입적할 수 없으므로, 그가 분가하고 그 사실이 호적에 기재되었더라도 이는 무효이다.[207] 따라서 분가자는 호적정정을 통해 다시 본가로 들어가 호주상속을 하여야 했으며, 상속재산 역시 그에게 귀속되었다. 또한 본가 호주의 차남이 분가 호주로 된 후 본가의 미혼 장남 및 호주가 사망한 경우에 분가 호주인 차남은 즉시 호주상속신고에 의해 본가호주로 입적해야 했다.[208]

(2) 적출자가 없는 경우

피상속인에게 적출자가 없는 경우에는 피상속인이 생전에 입양한 양자 또

---

200) 대법원 1962. 4. 26. 선고 4294민상676 판결; 대법원 1967. 12. 29. 선고 67다2386 판결; 대법원 1978. 8. 22. 선고 78다1107 판결.
201) 정광현(1957), 258 참조.
202) 1923. 7. 21.자 중추원 회답(휘집, 430).
203) 대법원 1967. 12. 29. 선고 67다2386 판결 참조.
204) 대법원 2000. 6. 9. 선고 2000다8359 판결.
205) 1925. 10. 27.자 법무국장 회답: 자료, 400에서 재인용.
206) 1923. 7. 21.자 중추원 회답(휘집, 430). 정광현(1957), 255도 같은 취지이다.
207) 사법협회 질의응답(잡지 10−12, 304); 대법원 1973. 6. 12. 선고 70다2575 판결.
208) 1925. 10. 27.자 법무국장 회답:자료, 400에서 재인용.

는 유언으로 입양한 양자가 호주상속인이 되었다.[209] 생전입양을 한 경우에 양자는 입양신고와 동시에 적출자의 신분을 취득하므로(조선민사령 제11조제2항 본문), 그 후 피상속인으로부터 적출의 친생자가 출생하더라도 양자가 우선하여 호주상속인이 되었다.[210]

반면 유언양자는 피상속인이 사망한 때에야 비로소 적출자의 신분을 취득하므로(조선민사령 제11조제2항 단서), 피상속인 사망 전에 이미 태어난 적출의 친생자가 있다면 호주상속인이 될 수 없었다. 하지만 피상속인 사망 후에 비로소 유복적출자가 출생하였다면, 장유의 순서에 따라 유언양자가 우선하여 호주상속인이 되었다.[211]

호주인 피상속인이 생전에 입양한 양자가 사망한 다음 후처(後妻)와의 사이에서 적출자가 출생한 상태에서 피상속인이 사망하면 본래 그의 지위를 상속할 양자가 사망하였고, 그 양자에게도 후사가 없으므로 피상속인의 후처(後妻)가 일시적으로 호주의 지위를 승계할 뿐이며, 양자의 동생인 적출자가 호주상속을 받을 수 있는 것은 아니었다.[212]

(3) 적출자와 양자가 모두 없는 경우

호주인 피상속인에게 적출자도, 생전양자나 유언양자도 없는 경우에는 서자가 호주의 지위를 상속하였다.[213] 서자와 양자 간의 상속순위에 대해 자세히는 제3절 I. 2. 나. (2) 참조. 피상속인 사망 당시 적출자가 아직 태아였다면, 일단 서자가 호주상속을 한 후 태아가 출생하면 호주를 적출자로 정정하는 절차를 거쳐야 했다.[214] 다만, 첩이 낳은 자라도 부(父)가 인지하지 않은 이상 그는 호주상속인이 될 수 없었다.[215] 인지 받은 서자가 여러 명 있는 경우에는 인지의 선후가 아니라, 장유의 순서에 따라 호주상속인이 결정되었다.[216]

---

209) 정광현(1957), 255.
210) 조선고등법원 1912. 2. 2.자 판결(록 1, 306). 이상욱(1988), 43; 정광현(1957), 256; 주석상속(2), 509도 같은 취지이다.
211) 정광현(1957), 256; 주석상속(2), 510. 반면 유언양자보다 적출자가 우선한다는 견해로 김일미(1973), 46.
212) 1934. 3. 11.자 대구지방호적사무협회 결의(잡지 13−9, 37).
213) 1915. 9. 4.자 총감회답(휘집, 248); 조선고등법원 1917. 11. 27.자 판결(록 4, 757); 조선고등법원 1927. 2. 15.자 판결(록 14, 16). 박동섭, 510 각주 1)도 같은 취지이다.
214) 이상욱(1988), 44.
215) 조선고등법원 1924. 4. 11.자 판결(록 11, 36); 1934. 8. 13자 부산지방호적사무협회 결의(잡지 14−3, 43).
216) 정광현(1957), 256; 주석상속(2), 510.

(4) 적출자와 양자 · 서자가 모두 없는 경우

기혼이었던 피상속인 사망 당시 적출자, 양자, 서자가 모두 없는 경우 또는 미혼이었던 피상속인에게 제(弟)가 없었던 경우에는 일단 피상속인인 호주의 조모 · 모 · 처 등이 일시적으로 호주상속을 한 다음 상당한 기간 내에 사후양자를 선정하여 그에게 호주의 지위를 승계해 주어야 했다.[217] 여호주에 대해서는 제3절 II. 2. 나. (1) 참조. 이때 '상당한 기간'이란 3년을 의미한다.[218] 3년이 경과하도록 사후양자를 선정하지 않으면 절가(絕家)로 보았기 때문이다.[219] 단, 피상속인에게 서자가 있는 한 사후입양을 하는 것은 허용되지 않았다. 이에 대해서는 제3절 I. 2. 나. (2) 참조.

사후양자는 입양성립과 동시에 호주상속인이 되는데, 이때 그의 피상속인은 일시적으로 호주의 지위를 승계하였던 여호주로 보았다.[220] 즉, 사후양자가 본래의 남호주 사망일로 소급하여 남호주로부터 직접 상속을 받는 것은 아니었다.[221] 섭사자(攝祀者)를 세대에 산입하지 않고 직접 전 봉사자로부터 승계받는 것으로 처리하는 제사상속의 경우와는 차이가 있다.[222] 차양자의 경우도 같다.[223] 차양자에 대해서는 제3절 I. 2. 다. (4) 참조.

(5) 사후양자와 유복자 간의 순위

사후입양을 한 다음 피상속인의 유복적출자가 출생한 경우에는 어떠한가. 제사상속에 관한 본래의 법전통에 따르면 피상속인 사망 당시에 태아가 존재하였더라도 사후입양된 양자가 우선하여 제사상속인이 되므로(續大典 禮典 奉祀條), 이에 따라 호주상속권도 제사상속인이 된 양자에게 우선적으로 부여되고, 유복적출자는 출생하더라도 중자(衆子)로서 상속재산을 분배받는 것에 그친다고 보아야 할 것이나[224], 일제에 의해 강제적으로 이식된 호주제도가 점차 정착해감에 따라 사후양자가 호주상속을 한 후에라도 유복적출자가 출생하면 다시 호주상속이 개시되어 호주의 지위가 적출자에게 승계된다는 법리가 확립되었다고 한다.[225]

---

217) 피상속인인 호주가 미혼이었던 경우에 대해서는 대법원 2006. 11. 9. 선고 2006다41044 판결.
218) 1918. 1. 17.자 사법부장관 회답: 자료, 449에서 재인용.
219) 사법협회 질의응답(잡지 12-7, 79).
220) 1913. 9. 12.자 총감회답(휘집, 154); 조선고등법원 1917. 7. 6.자 판결(록 4, 501); 정광현(1957), 262; 주석상속(2), 509도 같은 취지이다.
221) 조선고등법원 1920. 12. 18.자 판결(록 7, 346); 조선고등법원 1931. 2. 6.자 판결(록 18, 19).
222) 조선고등법원 1925. 6. 16.자 판결(록 12, 151).
223) 1921. 10. 13.자 구관조사결의(휘집 부록, 29).
224) 실제로 보고서, 75는 위와 같은 취지로 서술하고 있다.

나. 예외

(1) 여호주의 호주상속

(가) 피상속인이 기혼인 경우

가.에서 살펴본 바와 같이 피상속인이 기혼인 경우에 호주상속인의 순위는 적출자, 생전입양 또는 유언입양된 양자, 유복적출자, 서자, 사후양자의 순에 따랐다.[226] 그런데 이 중 사후양자는 피상속인 사망 후 그를 선정할 때까지 일정한 시간이 소요되므로, 사후양자가 호주상속을 할 때까지 일시적으로 호주의 지위를 담당할 자가 필요하였다. 따라서 당시의 상속관습법은 사후양자가 선정될 때까지 피상속인의 조모(祖母), 모(母), 처(妻), 딸이 존비(尊卑)의 순서에 따라 호주권을 일시 상속하는 것으로 보았다.[227] 사망한 호주에게 남동생 또는 여동생이 있더라도 그는 호주상속을 할 수 없었다.[228] 이와 같은 여호주 상속과 순위에 대해서는 왜곡된 관습이라는 비판이 있다.[229]

① 모가 여호주의 지위를 승계하는 경우

여호주가 될 피상속인의 모(母)가 다른 사람의 첩으로 살고 있더라도, 출가하지 않은 한, 그는 호주의 지위를 승계할 수 있었다.[230] 반면 피상속인의 서자의 모(母)와 조모(祖母)는 호주상속을 할 수 없었다.[231] 피상속인 자신이 서자여서 그에게 적모와 생모가 모두 존재한다면 적모가 호주상속을 했으며[232], 피상속인에게 생모만 존재한다면 생모는 호주상속을 하지 못하고 피상속인의 처가 바로 호주상속을 했다.[233]

---

225) 정광현(1957), 256. 주석상속(2), 509.
226) 박동섭, 510 각주 1); 신영호(1991), 581; 정광현(1957), 256; 주석상속(2), 509~510.
227) 보고서, 400; 사법협회 질의응답(잡지 11-4, 123); 조선고등법원 1922. 12. 1.자 판결(록 9, 370); 1923. 7. 21.자 중추원 회답(휘집, 432); 조선고등법원 1925. 6. 16.자 판결(록 12, 151); 대법원 1969. 2. 4. 선고 68다1587 판결; 대법원 1971. 6. 22. 선고 71다786 판결; 대법원 1979. 6. 26. 선고 79다720 판결; 대법원 1979. 6. 26. 선고 79다725 판결; 대법원 1981. 12. 22. 선고 80다2755 판결; 대법원 1989. 9. 26. 선고 87므13 판결; 대법원 1991. 11. 26. 선고 91다32350 판결; 대법원 1991. 12. 10.자 91스9 결정; 대법원 1992. 5. 22. 선고 92다7955 판결; 대법원 1995. 4. 11. 선고 94다46411 판결; 대법원 2000. 4. 25. 선고 2000다9970 판결; 대법원 2004. 6. 11. 선고 2004다10206 판결; 대법원 2009. 1. 30. 선고 2006다77456 등 판결; 대법원 2012. 3. 15. 선고 2010다53952 판결 등. 그 밖에 여호주의 상속순위에 대해 사료들을 정리한 문헌으로 이상범(1980), 142~144; 정긍식(2013), 34 참조.
228) 대법원 1989. 9. 26. 선고 87므13 판결.
229) 정광현, 연구, 226~232; 윤진수(2017), 163~164; 정구태(2017), 205.
230) 1922. 8. 7.자 법무국장 회답: 자료, 441에서 재인용.
231) 1927. 10. 대구지방호적사무연구회 결의: 자료, 441~442에서 재인용.
232) 사법협회 질의응답(잡지 11-1, 199).
233) 사법협회 질의응답(잡지 11-1, 199).

② 처가 여호주의 지위를 승계하는 경우

피상속인에게 조모나 모가 없는 경우에는 그의 처가 여호주로서 호주상속을 받았다. 이때 처는 후처(後妻)라도 상관없으나[234], 첩은 호주가 될 수 없었다.[235] 차양자인 호주가 남자 없이 사망한 경우에도 호주의 양조모나 양모가 없는 경우에는 차양자의 처가 호주상속을 하였다.[236] 차양자의 양부(전호주)의 亡 장남의 처가 있는 경우도 차양자의 처가 호주상속인이 된다.[237]

③ 딸이 여호주의 지위를 승계하는 경우

피상속인인 호주에게 조모·모 또는 처가 없는 경우에는 그 직계비속인 여자, 즉 딸이 여호주로 되었다. 여호주가 되는 딸의 연령에는 아무런 제한이 없었다.[238] 적녀(嫡女)가 없는 경우에는 서녀(庶女)도 여호주가 될 수 있었다.[239] 딸이 여러 명인 경우에는 적서와 장유(長幼)의 순에 따랐다.[240]

딸이 일시적으로 여호주가 되는 경우에 그는 기혼이어야 하는가. 일제강점기 초기에는 미혼인 여자는 호주가 될 수 없었다고 하나[241], 실제로 미혼인 딸이 일시적으로 호주의 지위를 상속한 사례가 관찰된다.[242] 미혼인 딸이 여호주로 있다가 혼인으로 출가하면, 그의 여동생이 호주상속인이 되었다.[243]

(나) 피상속인이 미혼인 경우

피상속인인 호주가 미혼인 경우에는 그의 제(弟)가 호주상속인이 됨이 원칙이었다. 그런데 제(第)도 이미 사망하였고, 가족으로는 망제(亡弟)의 처(妻)가 있을 뿐이라면 亡 제(弟)를 위한 사후양자가 선정될 때까지 그의 처(妻)가 호주로 되었다.[244] 미혼인 남호주가 사망할 당시 가족으로 자(姉) 1인이 있을 뿐이라면 그 자(姉)가[245], 망제(亡弟)의 자(子), 즉 질(姪) 1인이 있을 뿐이라면 그 질

---

234) 1913. 10. 1.자 총감회답(휘집, 159).

235) 조선고등법원 1925. 6. 16.자 판결(록 12, 151); 사법협회 질의응답(휘록, 298, 312). 이상욱(1988), 43도 같은 취지이다. 그 밖에 호주상속에서의 첩의 지위에 대한 사료들을 정리한 문헌으로 정긍식(2013), 35 참조.

236) 1918. 5. 21.자 총감회답(휘집, 345); 조선고등법원 1918. 10. 8.자 판결(록 5, 550); 1920. 2. 4.자 총감회답(휘집, 371); 조선고등법원 1920. 1. 27.자 판결(록 7, 7).

237) 1918. 9. 18.자 사법부장관 회답: 자료, 444에서 재인용.

238) 1916. 1. 10.자 사법부장관 회답: 자료, 448에서 재인용. 3세의 딸에게 호주상속을 인정한 사안으로 1924. 1. 22.자 경성지방법원 회답: 자료, 449에서 재인용.

239) 1922. 5. 20.자 법무국장 회답: 자료, 451에서 재인용.

240) 사법협회 질의응답(잡지 12-1, 134). 이상욱(1988), 47도 같은 취지이다.

241) 보고서, 340. 위 문구는 1912년판 관습조사보고서에서 비로소 부기되었다.

242) 대법원 1974. 1. 15. 선고 73다941 판결. 이상욱(1988), 37도 미혼자가 호주가 될 수 있다는 입장이다.

243) 정광현(1957), 265.

244) 1928. 10. 26.자 조선고등법원장 회답: 자료, 447에서 재인용.

(姪)이 호주로 되었다.[246] 미혼인 남호주가 사망할 당시 가족으로 매(妹) 2인이 있다면 장유의 순서에 따랐다.[247] 미혼인 남호주가 사망할 당시 전 호주의 숙부와 전호주의 매(妹)가 있었다면 전호주의 매(妹)가 호주로 되었다.[248]

(다) 여호주의 지위

이때 여호주가 되는 피상속인의 모(母) 또는 처(妻) 등은 제사상속이 개시될 때까지 임시로 호주의 지위를 가질 뿐이므로, 가계(家系)의 세대(世代)에는 산입되지 않았다. 제사상속 내지 호주상속을 할 사후양자가 선정된 경우에는 여호주는 그에게 호주권을 상속해주어야 했다.[249] 또한 여호주는 호주상속과 재산상속을 받을 뿐, 제사상속은 이에 수반하지 않았다.

(2) 여호주가 사망 또는 출가한 경우

위의 순위에 따라 일시적으로 호주상속하였던 여호주가 사후양자 선정 전에 사망하거나 출가한 경우에는 어떠한가. 그 여호주의 사망이나 출가일로부터 상당한 기간 내에 사망한 본래의 남자호주를 위하여 사후양자를 선정해 호주상속인으로 삼는 것이 원칙이었다.[250] 사후양자가 선정될 때까지 사망 또는 출가한 여호주의 지위는 다른 여호주에게 대습상속되었다. 사망 또는 출가한 여호주가 본래의 남자호주의 모(母)였다면 그의 자(子)의 처(妻), 손자(孫子)의 처(妻)의 순으로[251], 사망 또는 출가한 여호주가 본래의 남자호주의 처(妻)였다면 그의 딸이[252], 사망 또는 출가한 여호주가 본래의 남자호주의 딸이었다면 그의 여동생이[253] 호주의 지위를 상속했다. 본래의 남호주의 제(弟)의 처(妻)는 남호주의 처(妻)를 호주상속할 수 없었다.[254]

호주의 처(妻)가 여호주의 지위를 대습상속해야 하는 경우에 이미 그가 다른 남자와 재혼하여 새로운 부(夫)의 가(家)에 입적하였다면 더 이상 전부(前夫)

---

245) 1928. 6. 대구지방호적사무연구회결의: 자료, 451에서 재인용.
246) 1928. 9. 14.자 법무국장 회답: 자료, 450에서 재인용.
247) 사법협회 질의응답(휘록, 453); 대법원 2006. 11. 9. 선고 2006다41044 판결.
248) 1927. 1. 11.자 법무국장 회답: 자료, 451에서 재인용.
249) 대법원 1991. 11. 26. 선고 91다32350 판결; 대법원 1991. 12. 10.자 91스9 결정; 대법원 1992. 9. 25. 선고 92다18085 판결; 대법원 2004. 6. 11. 선고 2004다10206 판결; 대법원 2009. 1. 30. 선고 2006다77456 등 판결; 대법원 2012. 3. 15. 선고 2010다53952 판결. 그 밖에 여호주의 상속 효력에 대해 사료들을 정리한 문헌으로 정긍식(2013), 34 참조.
250) 사법협회 질의응답(휘록, 306); 대법원 1995. 4. 11. 선고 94다46411 판결.
251) 보고서, 340, 400. 대법원 1981. 12. 22. 선고 80다2755 판결도 참조.
252) 1924. 6. 9.자 영흥지방법원 회답: 자료, 452에서 재인용.
253) 사법협회 질의응답(잡지 11-11, 102); 서울고등법원 1973. 3. 22. 선고 72나2422 판결.
254) 1925. 9. 4.자 해주지방법원 회답: 자료, 446에서 재인용.

의 가(家)의 호주상속인이 될 수 없었다.[255] 호적사무처리의 잘못으로 그가 아직 전부(前夫)의 가(家)의 호적에서 말소·제적되지 않아 이중호적의 상태에 있는 경우라도 같다.[256] 하지만 그가 아직 다른 남자와 사실혼의 관계에 있을 뿐이며, 그의 시모(媤母)가 사망할 당시 그의 가적을 이탈한 사실이 없다면 그 처(妻)는 호주상속인의 자격을 잃지 않았다.[257]

(3) 여호주의 호주상속 후 현행 민법이 시행된 경우

여호주가 일시적으로 호주상속을 하고, 아직 사후양자가 선정되지 않은 상태에서 현행 민법이 시행되었다면, 제정 당시 민법에 따라 본래의 호주상속인의 딸이 호주상속을 할 수 있게 되었더라도, 여전히 사후양자를 선정할 수 있었다.[258] 여호주가 일시적으로 호주상속을 하였으나, 아직 사후양자가 선정되지 않은 채 출가하여 여호주 지위의 대습상속이 개시된 상태에서 현행 민법이 시행된 경우도 같다.[259]

(4) 분가호주의 입양으로 인한 호주상속

분가호주가 본가의 호주상속인이 되기 위해 본가로 입양된 결과 분가를 위한 호주상속이 개시되는 경우에 호주상속인이 되는 자는 전 분가호주의 제(弟)였다.[260] 전 분가호주가 기혼이었는지 미혼이었는지 여부를 불문한다.[261]

다. 호주상속인 부존재의 경우

사후양자가 선정될 때까지 여호주로 될 자도 없었던 경우에는 어떠한가. 호주상속이 불가능해졌으므로 절가되는 것이 원칙이었다. 다만, 호주사망 후 상당한 기간 내에 사후양자의 선정이 이루어져 절가를 면할 수 있게 되었다면, 사후양자 입양시에 이미 사망한 호주로부터 직접 사후양자에게 호주상속이 이루어졌다.[262] 남호주가 미혼인 채로 사망하여 전 남호주를 위한 사후양자가 선정된 경우에도 같다.[263]

여호주 사망 또는 출가 후 상당한 기간 내에 양자될 자격 있는 자를 발견

---

255) 대법원 1974. 1. 15. 선고 73다941 판결; 대법원 1981. 10. 6. 선고 81다458 판결.
256) 대법원 1981. 10. 6. 선고 81다458 판결.
257) 대법원 1979. 6. 26. 선고 79다720 판결.
258) 주석상속(2), 516.
259) 대법원 1962. 9. 20. 선고 62다343 판결.
260) 1924. 2. 29.자 법무국장 회답: 자료, 392~393에서 재인용. 이상욱(1988), 33~34; 정광현(1957), 264도 같은 취지이다.
261) 출처는 각주 358)과 동일하다.
262) 조선고등법원 1928. 9. 21.자 판결(록 15, 180); 대법원 1991. 11. 26. 선고 91다32350 판결; 대법원 2009. 1. 30. 선고 2006다77456 등 판결.
263) 조선고등법원 1928. 9. 21.자 판결(록 15, 180).

하지 못해 사후양자의 선정이 이루어지지 않았다면, 이때에도 역시 일단 절가하는 수밖에 없었다.[264] 다만, 절가 후라도 양자될 자격 있는 자가 나타난 경우에는 사후양자를 선정하여 절가를 재흥하는 것이 가능했다.[265] 그 차종손이 종가를 호주상속할 수 있었음은 물론이다.[266]

3. 호주상속의 결격사유

호주상속 개시 전에 고의로 피상속인 또는 상속에 관하여 선순위에 있는 자를 살해하거나 살해하려고 했다는 이유로 처벌받은 자는 상속권을 상실하므로, 피상속인의 호주상속인이 될 수 없었다.[267] 이 경우 상속권을 상실한 자의 직계비속이 대신하여 호주상속을 받았다.[268] 그 밖의 호주상속인의 결격사유에 대해서는 확연한 관습이 없었다고 한다.[269]

4. 호주상속의 효과

가. 포괄적 권리의무의 승계

호주상속이 개시되면 호주상속인은 호주로서의 지위와 상속재산에 관한 권리와 의무를 포괄적으로 승계한다. 분가의 호주가 본가의 제사를 상속하기 위해 입양되는 결과 분가호주 생전에 분가를 위한 호주상속 및 재산상속이 개시되는 경우에도 같다. 따라서 분가의 재산은 분가를 위해 잔류되어야 하며, 분가의 호주가 본가로 입적하면서 분가 재산 전부 또는 일부를 가지고 가는 것은 허용되지 않는다.[270] 호주상속인이 승계하는 상속재산의 범위에 대해서는 제3절 III. 4. 가. 참조.

나. 분묘의 소유권 및 수호관리권

1933년 이후로는 제사상속이 도의상의 것으로 격하되었으므로, 분묘의 소유권 및 수호관리권한도 호주상속인에게 전속하게 되었다.[271] 분묘 소유권 및

---

264) 보고서, 330, 339; 서울고등법원 2006. 10. 18. 선고 2005나100757 등 판결.
265) 보고서, 330.
266) 대법원 1972. 1. 31. 선고 71다2597 판결 참조.
267) 1930. 11. 12.자 판례조사회 결의(휘록, 301). 보고서, 385는 피상속인을 살해했거나 살해하려고 한 경우만을 결격사유로 언급하고 있다.
268) 1930. 11. 12.자 판례조사회 결의(휘록, 301).
269) 보고서, 385.
270) 보고서, 391.
271) 조선고등법원 1939. 6. 30.자 판결(록 26, 272); 대법원 1966. 1. 31. 선고 65다2310 판결; 서울고등법원 1995. 4. 13. 선고 94나22455 등 판결(확정).

수호관리권한 전속의 구체적인 내용에 대해서는 I. 4. 다. 참조.

5. 호주상속의 승인과 포기

호주상속의 승인이나 포기는 허용되지 않았다.[272] 호주상속은 가계계승을 목적으로 하는 것으로서, 당사자가 임의로 선택할 수 있는 영역이 아니기 때문이다. 승인이나 포기 절차에 관한 관습도 없었다.[273] 이와 같이 호주상속을 강제하는 것에 대해서는 헌법에 위반된다는 비판이 있었다.[274]

Ⅲ. 재산상속

1. 상속개시의 원인

가. 사망

재산상속은 피상속인의 사망에 의해 개시되었다. 피상속인이 봉사자였던 경우에는 제사상속과 호주상속·재산상속이 동시에 개시되었고, 피상속인이 봉사자가 아닌 호주였던 경우에는 호주상속과 재산상속이 함께 개시되었다.[275] 피상속인이 호주가 아닌 가족에 불과하다면 원칙적으로 재산상속만이 개시되었다.[276]

나. 사망의 추정 및 실종선고

피상속인의 사망이 추정되는 경우에 사망과 동일한 내용의 재산상속이 개시되었다는 점, 1912. 4. 1. 개정 조선민사령에 따라 실종선고에 의해서도 상속이 개시될 수 있게 되었다는 점 등은 제사상속·호주상속에서 살펴본 바와 같다.[277] 제3절 I. 1. 가. (2), (3) 및 II. 1. 나. 참조.

현행 민법 시행 전에 이미 종적이 묘연해진 자라도 1960. 1. 1. 이후 현행 민법에 따른 실종선고에 의해 호주상속 및 재산상속이 개시된 경우라면, 상속순위, 상속분 기타 상속에 관하여는 상속관습법이 아닌 현행 민법이 적용된다(민법 부칙 §25 ②).[278] 설령 그 실종기간의 만료 시점, 즉 사망간주시점이 현행

---

272) 김용한, 279; 박동섭, 605.
273) 보고서, 398~399.
274) 정광현(1957), 250~251.
275) 1923. 1. 25.자 구관습조사결의(휘집 부록, 53).
276) 1923. 1. 25.자 구관습조사결의(휘집 부록, 53). 같은 취지로 이상욱(1990), 81.
277) 1923. 1. 25.자 구관습조사결의(휘집 부록, 53).
278) 대법원 1983. 4. 12. 선고 82다카1376 판결; 대법원 1989. 3. 28. 선고 88다카3847 판결; 대법원

민법 시행 전이라도 같다. 피대습자에 대한 실종선고로 말미암아 대습상속이 개시된 경우에도 동일하게 처리한다.[279] 반면 상속인 중 1인이 현행 민법 시행일 전에 이미 실종기간이 만료되었으나 현행 민법 시행 후에 비로소 실종선고를 받은 것에 불과하다면, 당해 실종선고로 인해 재산상속이 개시된 사안이 아니므로, 민법 부칙 §25 ②은 적용될 여지가 없다.[280]

다 호주상속의 개시

분가호주의 본가 입양, 양자호주의 파양과 생가 복적, 여호주의 지위상실, 선순위 호주상속인의 출생 등의 사유로 호주 생전에 호주상속이 개시되면, 그에 수반하여 재산상속도 개시되었다.[281] 호주상속에 수반하는 재산상속에 관해서는 생전상속도 인정된다는 점에서 舊 민법(1990.1.1. 개정 전의 것)과는 차이가 있다. 호주 지위의 생전 상속 사유에 대해서는 II. 1. 다. 내지 바. 참조. 호주상속에 수반하지 않는 재산상속은 생전상속이 불가능했다.[282]

2. 재산상속의 순위와 상속분

가. 조선시대

윤회봉사의 관습이 살아 있던 고려 시대 및 조선 초기까지 피상속인의 재산은 당연히 그의 직계비속들이 공동상속하였으며, 아들과 딸의 상속분 역시 균등하였다. 봉사자에게는 승중자(承重子)라는 명목으로 상속분을 일부 가산하여 주었을 뿐이다. 제2절 I. 참조. 이와 같이 상속은 제사에 대한 보상으로서의 성격을 가지고 있었으므로, 피상속인에게 자녀가 없는 경우에 제사를 지낸 생존배우자에게 재산상속권 내지 종신사용권을 인정하기도 하였다.[283] 제3절 I. 4. 라. 참조.

조선 중기로 접어들면서 종법사상의 영향으로 적장자를 중심으로 한 가계

1992. 2. 25. 선고 91다44605 판결; 대법원 2000. 4. 25. 선고 2000다9970 판결; 대법원 2017. 12. 22. 선고 2017다360 등 판결. 이중 대법원 2017. 12. 22. 선고 2017다360 등 판결에 대한 간략한 평석으로 최준규(2018), 191~207 참조.

279) 대법원 1980. 8. 26. 선고 80다351 판결.

280) 대법원 2000. 4. 25. 선고 2000다9970 판결.

281) 1923. 1. 25.자 구관습조사결의(휘집 부록, 53). 자세한 내용은 이상범(1980), 138~139; 이상욱(1990), 78~81 참조.

282) 정광현(1957), 245.

283) 김일미(1973), 51; 문숙자, 144~145; 박동섭, 446. 단, 이때 어떠한 요건 하에 배우자에게 상속권 내지 종신사용권을 인정할 것인지에 대해서는 시기별로 차이가 있었다. 자세한 내용은 김은아(2007), 214~215, 218~220; 신영호, 공동상속, 200~203 참조. 또한 생존배우자가 사망한 경우에 상속재산을 어떻게 배분할 것인지도 시대에 따라 변동하였다. 자세한 내용은 문숙자, 174~178.

계승의 원리가 확립되었고 제사상속에 관해서는 점차 단독상속의 이념이 지배하게 되었으나, 여전히 재산상속은 제사상속과는 별개의 것으로 여겨졌으며, 조선말기까지 규범적으로는 공동상속·균분상속의 전통이 유지되었다. 제2절 I. 참조. 즉, 피상속인은 생전에 미리 또는 유언으로 상속분 내지 상속재산의 분할방법을 지정해 놓지 않은 한, 상속재산은 법률의 규정에 따라 일정한 비율에 따라 분배되어야 했다. 가령 재산상속의 가장 큰 비중을 차지하였던 노비(奴婢)의 분배에 대해서는 다음과 같은 조문이 마련되어 있었다(經國大典 刑典 私賤條).[284]

(가) 피상속인인 부모가 미리 분배해 놓지 않은 노비는 모든 자녀에게 균분하여 나누어 주되, 제사상속인인 승중자(承重子)에게는 1/5을 가산하여 주고, 양첩자녀에게는 중자녀(衆子女)의 1/7만, 천첩자녀에게는 중자녀(衆子女)의 1/10만 준다. 노비를 받을 자녀가 이미 사망한 경우라도 그에게 자손이 있으면, 그 자손에게 나누어준다.

(나) 피상속인이 적실(嫡室)로서 그에게 자녀가 없는 경우라면 그의 노비는 양첩자녀들 간에 균분하여 나누어 주되, 승중자(承重子)에게는 1/5을 가산하여 주고, 천첩자녀에게는 양첩자녀의 1/5만 나누어준다. 단, 적실(嫡室)인 피상속인에게 아들은 없고 딸만 있는 경우라면 양첩자녀 중 승중자(承重子)에게 2분을 가산하여 준다.

(다) 피상속인이 적모(嫡母)로서 그에게 자녀가 없는 경우라면 양첩자녀에게 그 노비 중 1/7을, 천첩자녀에게 그 노비 중 1/10을 주고, 승중자(承重子)에게는 그에 3분[승중자(承重子)가 천첩자녀인 경우에는 2분]을 가산하여 주며, 나머지는 본족(本族)에게 돌려보낸다. 노비를 돌려받는 본족은 피상속인의 동생을 원칙으로 하나, 동생이 없으면 삼촌, 삼촌이 없으면 사촌친으로 하되, 돌려받을 본족이 없으면 속공(屬公)한다. 단, 적모(嫡母)인 피상속인에게 아들은 없고 딸만 있는 경우라면 양첩자녀·천첩자녀를 불문하고 그 중 승중자(承重子)에게 1/10을 주되, 그 숫자는 3구(口)를 넘지 못한다.

(라) 적실(嫡室)과 양첩 모두에게 자녀가 없는 자의 노비는 천첩자녀들에게 균분하여 나누어 주되, 승중자(承重子)에게는 1/5을 가산한다. 단, 적실(嫡室)과 양첩 모두에게 아들은 없고 딸만 있는 경우라면 천첩자 중 승중자(承重子)에게 2분을 가산한다.

---

284) 경국대전에 따른 상속의 순위와 상속분 계산방법에 대해 자세히는 김은아(2007), 213~214; 신영호, 공동상속, 194~207; 연정열(1991), 171~174; 피터슨, 25~28 참조.

(마) 적실(嫡室)에게는 자녀가 없고 양첩에게는 아들은 없고 딸만 있는 경우에는 천첩자 중 승중자(承重子)에게 1/5을 주되, 2분을 가산한다.

(바) 전모(前母)나 계모에게 자녀가 없는 경우에는 의자녀(義子女)에게 1/5을 주되, 승중자(承重子)에게는 3분을 가산한다. 만약 전모(前母)나 계모에게 자녀가 있고, 의자(義子)가 승중자(承重子)인 경우에는 1/9을 급여한다.

(사) 양부모에게 자녀가 없는 경우에는 양자녀에게 1/7을 주되, 양자녀가 3세 이전이면 전부를 준다. 양부모에게 적자녀가 있는 경우에는 양자녀에게 1/10을 주되, 양자녀가 3세 이전이면 1/7을 준다. 이때 양부모란 시양부모 및 수양부모를 의미한다.[285]

(아) 위와 같은 원칙에 의해 노비를 나누고 남는 노비는 적자녀(嫡子女)에게 균분하여 나누어 주되, 먼저 승중자(承重子)에게 주고, 또 나머지가 있으면 장유의 차례로 준다. 적자녀가 없으면 양첩자녀에게, 양첩자녀가 없으면 천첩자녀에게 주었다.

위와 같은 세밀한 규정은 전지(田地)에도 동일하게 적용되었다(經國大典 刑典 私賤條).

경국대전상의 재산상속은 혈연주의·균분주의·분할주의 및 법정주의의 4대 이념에 따라 이루어졌으며, 균분주의의 예외로서 적서차별의 원칙 및 승중자(承重子) 우대 원칙이 가미되었을 뿐이다.[286] 딸을 재산상속으로부터 배제하는 규범은 존재하지 않았으며[287], 위와 같은 규범에 위반하여 자녀 중 1인이 상속재산인 노비 기타 재산을 합집(合執)하고 골고루 나누어주지 않는 경우에는 송사를 제기하여 이를 나누어 받을 수 있었고[288], 경우에 따라서는 합집(合執)한 자를 처벌하기도 하였다.[289]

조선 중기 이후 상속분쟁을 관에 가져오는 것이 금지되고, 재산이 영세화되면서 위와 같은 엄격한 균분상속은 사실상 붕괴되었으며, 봉사조의 거대화와 장자에 대한 별급을 통해 사실상 불평등 상속의 관행이 확립되었으나, 상속분과 관련된 법규범 자체에는 아무런 변화가 없었다.[290] 제2절 I. 참조.

285) 보고서, 367.
286) 김은아(2007), 210~211; 신영호, 공동상속, 188~192; 신영호(1989), 106~109.
287) 김은아(2007), 215~217.
288) 예종실록 2권, 즉위년 12월 10일 기사; 단종실록 4권, 즉위년 11월 16일 기사.
289) 세조실록 15권, 5년 3월 14일 기사; 중종실록 33권, 13년 5월 26일 기사; 중종실록 33권, 13년 5월 30일 무진 6번째 기사 등.
290) 문숙자, 78~105; 정긍식(2009), 309.

나. 일제강점기

(1) 재산상속이 제사상속 · 호주상속에 수반하여 개시되는 경우

(가) 단독상속의 원칙

일제강점기 초기에는 제사상속과 재산상속을 별개의 제도로 인식하는 전통이 아직 살아 있어 봉사자 내지 호주가 사망하여 제사상속 및 호주상속이 개시되는 경우라도 상속재산은 제사상속인 및 기타 직계비속인 남자가 공동으로 상속하는 것이 관습이라고 인식되었다.[291] 하지만 일본식의 가독상속 제도가 왜곡되어 이식된 결과 제사상속 제도가 인정된 1933년 이전까지는 제사상속인이, 제사상속 제도가 도의상의 것으로 격하된 1933년 이후로는 호주상속인이 상속재산을 단독으로 상속하는 것으로 점차 법리 구성이 전환되었다.[292] 따라서 이 시기에 공동상속·균분상속이라든가 공동상속인간의 상속분이라는 개념은 규범적으로는 존재하지 않았다.

새로운 관습에 따르면 피상속인이 사망하여 제사상속 및/또는 호주상속이 개시됨과 동시에 제사상속이나 호주상속을 한 장남(이하 '호주상속인'이라고 칭한다. 제사상속인은 원칙적으로 호주상속인의 지위를 겸하기 때문이다.)은 피상속인의 상속재산 전부를 단독으로 승계하였다.[293] 호주인 남자가 미혼인 상태에서 사망한 경우에는 형망제급의 원칙에 따라 그 남동생이 호주상속을 하므로, 상속재산 역시 그에 수반하여 호주상속인인 남동생에게 승계되었다.[294] 제사상속의 순위 및 호주상속의 순위에 대해서는 제3절 I. 2. 및 II. 2. 참조.

제사상속인·호주상속인이라면 특별한 사정이 없는 한 당연히 단독상속을 받을 수 있으므로, 설령 호주의 장자가 피상속인 생전에 재산을 분여받고 별거하여 독립된 생활을 한지 오래 되었다고 하더라도 이 때문에 상속권을 상실하는 것은 아니었다.[295] 반면 제사상속이나 호주상속을 할 수 없는 배우자나 직

---

291) 1913. 5. 30.자 총감회답(휘집, 136). 일제강점기 초기의 인식이 이러했다는 점을 지적하는 문헌으로 윤진수(2013), 248.

292) 1913. 6. 19.자 총감회답(휘집, 141); 조선고등법원 1913. 7. 11.자 판결(록 2, 211); 1920. 1. 19.자 총감회답(휘집, 368); 1935. 5. 27.자 중추원회답(잡지 14-7, 91). 김주수·김상용, 9; 이상욱(1988), 49도 같은 취지이다.

293) 1913. 6. 19.자 총감회답(휘집, 141); 조선고등법원 1913 .7. 11.자 판결(록 2, 211); 1920. 1. 19.자 총감회답(휘집, 368); 사법협회 질의응답(잡지 11-12, 109); 대법원 1969. 11. 25. 선고 67므25 판결; 대법원 1979. 12. 27.자 76그2 결정; 대법원 1990. 10. 30. 선고 90다카23301 판결; 대법원 1994. 11. 18. 선고 94다36599 판결; 대법원 2007. 1. 25. 선고 2005다26284 판결; 대법원 2012. 3. 15. 선고 2010다79053 판결 등 참조.

294) 1916. 10. 10.자 사법부장관 회답(자료, 397); 대법원 1969. 2. 18. 선고 68다2105 판결; 대법원 1981. 12. 22. 선고 80다2755 판결.

295) 1915. 12. 28.자 총감 회답(휘집, 261).

계존속이 재산상속을 받는 것은 불가능하였다.[296)]

(나) 분재청구권

호주의 단독상속을 인정하였음에도 불구하고 전래의 균분상속의 전통은 뿌리 깊게 살아남았고, 이는 일제강점기 재산상속의 관습법리 파악에 일대 혼란을 가져왔다. 당시의 통치자는 호주상속인에게는 자신이 상속받은 상속재산 중 일부 비율을 제외한 나머지 재산을 차남 이하의 중자(衆子)들에게 원칙적으로 평등하게 분여할 의무가 있으며, 호주상속인이 그 의무를 이행하지 않는 경우에는 그를 상대로 분재청구권을 행사할 수 있다고 보았다.[297)] 그 결과 1940년대까지도 호주상속에 수반하는 재산상속은 명목만 호주의 단독상속일 뿐이며, 사실은 직계비속들에 의한 공동상속이라는 인식이 상당하였다.[298)]

하지만 적어도 법리적으로는 그 분재 절차가 마무리되기 전까지 상속재산은 호주상속인 자신에게 단독으로 귀속되었으며, 상속개시와 동시에 각 상속인들의 공유로 되는 것은 아니었다.[299)] 즉, 차남 이하의 상속인들은 호주상속인에 대해 재산의 분배를 청구할 권한만이 있을 뿐 구체적인 재산에 대하여는 아무런 권리를 취득하지 못하는 것이어서 아직 호주상속인으로부터 재산의 분배를 받지 못한 상태에 있는 차남 이하의 상속인들은 그 구체적인 재산이 다른 사람 앞으로 등기가 되어 있다 하여 그 등기의 말소를 구할 법률상의 이해관계를 갖지 못하였다.[300)] 또한 호주상속인을 상대로 분재청구를 할 때에도 특정의 재산을 지정하여 그 인도나 소유권이전등기절차를 구할 수 없었다.[301)] 그렇다고 하여 호주가 분재청구권자들에게 상속재산을 나누어 주는 행위가 증여에

---

296) 보고서, 397.

297) 보고서, 391, 395, 397; 1913. 6. 19.자 총감회답(휘집, 141); 조선고등법원 1913. 7. 11.자 판결(록 2, 211); 조선고등법원 1915. 7. 9.자 판결(록 3, 190); 1917. 10. 20.자 총감회답(휘집, 330); 1918. 1. 21.자 총감회답(휘집, 341); 1920. 1. 19.자 총감회답(휘집, 368); 1935. 5. 27.자 중추원회답(잡지 14−7, 91); 사법협회 질의응답(잡지 11−12, 109); 대법원 1969. 11. 25. 선고 67므25 판결; 대법원 1979. 12. 27.자 76그2 결정; 대법원 1994. 11. 18. 선고 94다36599 판결; 대법원 2007. 1. 25. 선고 2005다26284 판결. 실제로 당시의 재산상속이 실질상으로는 공동상속이라고 주장하는 문헌으로 허규(1972), 174.

298) 1944. 8. 23.자 중추원 회답: 정광현, 연구, 185~186. 이에 대해 자세히는 신영호, 공동상속, 225; 양현아, 124~128; 윤진수(2013), 253 참조.

299) 보고서, 396; 조선고등법원 1913. 7. 11.자 판결(록 2, 211); 1920. 1. 19.자 총감회답(휘집, 368); 대법원 1969. 11. 25. 선고 67므25 판결; 대법원 1979. 12. 27.자 76그2 결정; 대법원 1994. 11. 18. 선고 94다36599 판결; 대법원 2007. 1. 25. 선고 2005다26284 판결. 민유숙(2007), 220; 이상욱(1991a), 392도 같은 취지이다.

300) 대법원 1988. 1. 19. 선고 87다카1877 판결.

301) 조선고등법원 1915. 7. 9.자 판결(록 3, 190); 1920. 1. 19.자 총감회답(휘집, 368); 1935. 5. 27.자 중추원회답(잡지 14−7, 91); 대법원 1975. 12. 23. 선고 75다38 판결. 이상욱(1991a), 392~393; 주석상속(2), 515도 같은 취지이다.

해당하는 것도 아니었다.[302)]

이와 같이 독특한 성격의 분재청구권은 호주상속인의 단독상속권을 비롯한 호주의 권한 강화로부터 유래한 개념이다.[303)] 하지만 이에 대해서는 우리나라 전래의 공동상속을 왜곡한 것에 불과하며, 제사상속인 내지 호주상속인은 상속재산을 관리하다가 공동상속인들에게 분배하는 것에 지나지 않는다는 비판이 있다.[304)]

(다) 분재청구권자

분재청구권을 행사할 수 있는 자는 피상속인의 차남 이하 중자(衆子)들이었다.[305)] 연령의 제한은 없으므로, 성년에 달하지 않은 자도 분재청구권을 행사할 수 있었다.[306)]

① 동일가적 여부

분재청구권을 행사하는 중자(衆子)들은 피상속인 내지 호주상속인과 동일가적에 있어야 했다.[307)] 하지만 이는 피상속인이 분가 당시 중자들에게 이미 재산을 분급해주었을 것이라는 점을 고려한 것에 불과하므로, 전호주 사망 전에 분가한 중자로서 전호주 생존 중에 이와 생계를 같이하면서 따로 분재를 받지 않은 자에게는 분재청구권이 인정되었다.[308)] 대법원 역시 분가하더라도 분재청구권을 행사할 수 있다는 입장이다.[309)] 입양 등으로 인해 타가(他家)에 입적한 경우에 재산상속을 주장할 수 없었음은 물론이다.[310)] 동일가적 요건을 선언했던 사료들에 대해서는 일본식의 가독상속 제도를 관철시키기 위한 관습의 왜곡이라는 비판이 있다.[311)]

---

302) 조선고등법원 1929. 12. 3.자 판결(록 16, 193).

303) 민유숙(2007), 219; 양현아, 127~128.

304) 대표적으로 윤진수(2013), 253; 윤진수(2017), 162; 이상욱(1990), 109; 정구태(2015), 513. 신영호, 공동상속, 234~235도 전체적으로 동일한 취지이다.

305) 보고서, 393.

306) 1916. 11. 30.자 총감회답(휘집, 296).

307) 1913. 5. 30.자 총감회답(휘집, 137); 1920. 1. 19.자 총감회답(휘집, 368); 1923. 7. 21.자 중추원회답(휘집, 432); 조선고등법원 1924. 9. 2.자 판결(록 11, 112); 1935. 5. 27.자 중추원회답(잡지 14-7, 91).

308) 1935. 5. 27.자 중추원회답(잡지 14-7, 91). 신영호, 공동상속, 237; 정광현, 연구, 204~205면; 주석상속(2), 515도 같은 취지이다.

309) 대법원 1976. 3. 9. 선고 75다1792 판결. 박동섭, 507 각주 4)도 같은 취지이다.

310) 보고서, 393.

311) 신영호, 공동상속, 228; 신영호(1989), 14~15; 양현아, 131~135; 이상욱(1990), 109; 이상욱(1991a), 390~391; 정긍식(2009), 298~299.

② 분재청구권의 대습상속

분재청구권을 행사할 수 있는 차남 이하 중자(衆子)가 피상속인보다 먼저 사망한 경우에는 그의 자(子)가 대신하여 부(父)의 상속분을 받았다.[312] 대습상속할 자(子)가 없는 경우에는 그 처(妻)가 대신 상속분을 받는 경우도 있었다고 한다.[313] 즉, 관습상으로도 대습상속권이 일부 인정되었다. 피상속인보다 먼저 사망한 차남 이하 중자(衆子)에게 양자가 있었던 경우에 그 양자에게까지 대습상속을 인정하였는지에 대해서는 관습이 분명치 않다.[314]

③ 여자의 분재청구권

분재청구권을 행사할 수 있는 차남 이하의 중자(衆子)들에는 남자형제들만 포함된다. 따라서 피상속인의 처나 첩이 분재를 받을 수 없음은 물론이고[315], 여자형제들 역시 분재청구권이 인정되지 않았다.[316] 여자는 원칙적으로 제사상속인이나 호주상속인이 될 수 없으므로, 그에 수반하는 재산상속을 받을 수 없었음은 물론이다.[317] 하지만 여자에게 제사상속권이 인정되지 않더라도 재산상속권은 인정된다는 것이 우리 고래의 전통[318]이었으므로, 일제강점기에 여자에게 분재청구권을 인정하지 않은 것은 가독상속 제도에 맞추어 상속관습법을 왜곡한 측면이 있다.[319]

이와 같이 여자가 상속권이나 분재청구권을 갖지 못한다는 취지의 상속관습법에 대해서는, 민법 시행 전부터 헌법에 위반된다는 비판이 있었을 뿐만 아니라[320], 최근에도 호주가 아닌 가족이 사망한 경우에는 여자에게도 상속권이 인정되는 반면 호주가 사망한 경우에는 여자에게 분재청구권을 인정하지 않음으로써 평등의 원칙 등에 위반된다는 취지의 헌법소원이 제기된바 있으나, 헌법재판소는 당해 사건에서 설령 청구인들이 분재청구권을 가진다고 하더라도

312) 보고서, 393.

313) 보고서, 393; 1923. 7. 21.자 중추원회답(휘집, 432).

314) 보고서, 393.

315) 조선고등법원 1925. 6. 16.자 판결(록 12, 151).

316) 보고서, 393; 1944. 8. 23.자 중추원 회답(정광현, 연구, 191에서 재인용). 김용한, 279; 김주수·김상용, 10; 이상욱(1990), 85; 이상욱(1991a), 393; 허규(1972), 190도 같은 취지이다. 대법원도 이와 같은 태도라는 견해로 민유숙(2007), 220; 정구태(2015), 507~508.

317) 보고서, 397.

318) 조선고등법원 1912. 4. 26.자 판결(록 1, 334); 조선고등법원 1917. 1. 16.자 판결(록 4, 1). 1944. 8. 23.자 중추원 회답(정광현, 연구, 191에서 재인용) 역시 여자에게 상속권을 인정하는 것을 지지하는 견해가 상당하다고 서술하고 있다.

319) 같은 취지로 윤진수(2013), 254; 정구태(2015), 510~513.

320) 정광현(1957), 242. 동일한 주장을 하고 있는 최근의 문헌으로 윤진수(2013), 256~257; 정구태(2015), 517 참조.

소 제기 전에 이미 소멸시효가 완성되었으므로 재판의 전제성이 인정되지 않는다는 이유로 이를 각하하였다.[321] 분재청구권의 소멸시효에 대해서는 아래 (사) 참조. 이에 대해서는 위헌인 관습의 존재라는 법률상 장애로 인해 소멸시효가 중단된 것으로 보아야 한다는 비판[322]이 있다.

(라) 분재청구권의 상대방

분재청구권의 상대방인 분재의무자는 호주에 한정되었다.[323] 분재의무자가 사망한 경우에는 그의 상속인을 상대로 분재를 청구할 수 있었다.[324] 즉, 분재의무는 상속되었다.[325]

(마) 분재의 비율과 방법

상속재산을 단독상속한 호주상속인은 분재청구권자들에게 어떠한 비율로 상속재산을 나누어 주어야 하는가. 일제강점기 초기의 관행에 따르면 차남 이하 중자(衆子)가 여러 명 있는 경우에 장남은 상속재산 중 약 1/2을 자기가 취득하고, 나머지는 차남 이하 중자(衆子)들에게 원칙적으로 평등하게 분여할 의무가 있었다.[326] 장남 외에 중자(衆子)로 차남 1명이 있을 뿐인 경우에는 장남이 상속재산의 2/3를, 차남이 1/3을 받는 것이 관례였다.[327] 다만, 상속재산 중에 채무가 포함되어 있을 때에는 호주상속인이 그 상속재산에서 전호주의 채무를 변제하고 남은 재산을 위 비율에 따라 분배하였다.[328]

호주상속인 외의 분재청구권자들 사이에서는 장유·대습상속 여부 등에 따른 차별이 존재하지 않았다.[329] 적서간에는 서자의 상속분 비율을 감하는 것이 통례이고, 특히 적자와 서자가 각 1인 있을 때에 상속재산은 적자가 2/3 이상, 서자가 1/3 이하를 상속하는 것이 관습이었다고 하지만, 구체적인 차등비

321) 헌법재판소 2013. 2. 28. 선고 2009헌바129 결정. 위 결정에 대한 판례평석으로 윤진수(2013), 242~282; 정구태(2015), 499~519.

322) 윤진수(2013), 260~262; 정구태(2015), 516~518.

323) 민유숙(2007), 220.

324) 1913. 5. 30.자 총감회답(휘집, 136); 사법협회 질의응답(잡지 11-12, 109).

325) 민유숙(2007), 222~223.

326) 보고서, 391, 395, 397; 1913. 5. 30.자 총감회답(휘집, 136); 1913. 6. 19.자 총감회답(휘집, 141); 1917. 10. 20.자 총감회답(휘집, 230); 1920. 1. 19.자 총감회답(휘집, 368); 1935. 5. 27.자 중추원회답(잡지 14-7, 91); 1944. 8. 23.자 중추원 회답(정광현, 연구, 187에서 재인용); 대법원 1969. 11. 25. 선고 67므25 판결; 대법원 1994. 11. 18. 선고 94다36599 판결; 대법원 2007. 1. 25. 선고 2005다26284 판결; 부산지방법원 동부지원 1999. 9. 10. 선고 98가합6601 판결.

327) 보고서, 391, 395, 397; 1917. 10. 20.자 총감회답(휘집, 330). 김일미(1973), 46; 정광현(1957), 242; 허규(1972), 179도 같은 취지이다.

328) 1935. 5. 27.자 중추원회답(잡지 14-7, 91); 1944. 8. 23.자 중추원 회답(정광현, 연구, 187에서 재인용).

329) 보고서, 397.

율에 대해서는 정해진 바가 없었다.[330)]

하지만 이러한 관행에 반드시 구속되는 것은 아니므로, 호주상속인이 분배비율을 이와 달리 정하는 것도 가능했다.[331)] 그 결과 일제강점기 후기에는 점차 위와 같은 분재 비율이 더 이상 준수되지 않았으며, 분재비율에 관한 다종다양한 관습이 관찰되었다.[332)]

호주상속인은 분할의 구체적인 방법도 결정할 수 있었다. 상속재산의 분배는 현물로서 하는 것이 보통이지만, 누구에게 어느 것을 줄 것인지는 호주상속인의 재량에 속하며, 현물로 분배할 수 없는 경우에는 환가의 방법을 선택할 수도 있었다.[333)] 분재방법에 관해 협의가 이루어지지 않았다고 해서 관에 제소하여 결정을 받는 것과 같은 관습은 없었다고 한다.[334)]

호주상속인의 처분 기타 사유로 인해 상속재산 중 전부 또는 일부가 분배시에 이미 호주상속인의 소유에 속하지 않는 경우에는 분배시 현존액을 한도로 분배하였다.[335)] 분재청구권자가 호주상속인의 처분행위를 무효로 돌리고, 전득자로부터 그 재산을 반환받아올 수 있는 것은 아니었다.[336)]

위와 같은 분배비율 및 분배방법에 관한 호주상속인의 재량권이 일신전속권이었던 것은 아니다.[337)] 따라서 분재의무자인 호주상속인이 아직 미성년자인 때에는 법정대리인인 모(母) 또는 후견인이 친족회의 동의를 얻어 분배비율을 정하고 분배할 수 있었고[338)], 법원이 그 분배 비율 및 분배방법을 결정하여 호주상속인의 부재자 재산관리인에게 그 의무이행을 명할 수도 있다.[339)]

---

330) 1913. 5. 7.자 총감회답(휘집, 132); 1913. 5. 30.자 총감회답(휘집, 136); 1913. 6. 19.자 총감회답(휘집, 141); 1918. 1. 21.자 총감회답(휘집, 341); 1920. 1. 19.자 총감회답(휘집, 368); 1935. 5. 27.자 중추원회답(잡지 14−7, 91); 사법협회 질의응답(잡지 12−7, 79); 1935. 11. 25.자 사법협회 결의(휘록, 243); 1944. 8. 23.자 중추원 회답(정광현, 연구, 187에서 재인용). 동일한 취지의 사료들을 소개하고 있는 문헌으로 김일미(1973), 46; 민유숙(2007), 221 각주 11); 이상욱(1990), 101~102 참조.

331) 보고서, 75, 391, 395, 397, 382: 1917. 10. 20.자 총감회답(휘집, 230); 대법원 1969. 11. 25. 선고 67므25 판결.

332) 1944. 8. 23.자 중추원 회답: 정광현, 연구, 187~188에서 재인용.

333) 1913. 5. 30.자 총감회답(휘집, 137); 1917. 10. 20.자 총감회답(휘집, 330); 대법원 1969. 11. 25. 선고 67므25 판결.

334) 1913. 5. 30.자 총감회답(휘집, 136).

335) 1917. 10. 20.자 총감회답(휘집, 330); 1944. 8. 23.자 중추원 회답(정광현, 연구, 188에서 재인용).

336) 1944. 8. 23.자 중추원 회답: 정광현, 연구, 188~189에서 재인용.

337) 대법원 1969. 11. 25. 선고 67므25 판결.

338) 정광현(1957), 242.

339) 대법원 1969. 11. 25. 선고 67므25 판결.

(바) 분재청구권의 행사시기

관습상의 분재청구권은 권리자가 혼인하여 분가해야 비로소 행사할 수 있었다.[340] 그런데 분가에는 호주의 동의가 필요하므로, 호주인 장남이 분가에 동의하지 않으면 차남 이하는 결국 분재청구권을 행사할 수 없었다.[341] 따라서 정당한 이유 없이 분재청구권의 행사를 제한하기 위해 분가의 동의하지 않는 것은 권리남용이라는 견해[342]가 있었다. 하지만 호주가 고의로 분가에 응하지 않은 경우에는 분재청구 소송을 제기할 수 있었다고 한다.[343] 또한 일제강점기 후기에는 분가 전에 미리 분재에 따른 소유권이전등기를 해놓고, 분가 시에 인도받는 것으로 점차 관습이 변화하였다.[344]

(사) 분재청구권의 시효소멸

관습상의 분재청구권은 시효에 걸리는가. 일제강점기 초기에는 관습상 분재청구권은 종기에 정한이 없다고 파악한 적이 있고[345], 최근에도 같은 태도를 취한 하급심 판결이 있다.[346] 하지만 1938년 사법협회는 분재청구권도 10년의 소멸시효의 적용을 받는다고 판단하였으며,[347] 대법원 역시 일반적인 민사채권과 같이 권리자가 분가한 날부터 10년이 경과하면 소멸시효가 완성된다고 판시하였다.[348]

이와 같은 대법원의 태도에 대해서는 친족관계와 달리 상속과 관련된 채권에서는 소멸시효 기간을 인정할 정책적 필요성이 있다는 점 및 관습상의 분재청구권과 관습상의 상속회복청구권은 유사한 성질이 있다는 점 등을 들어 찬성하는 견해[349]와 관습상의 분재청구권은 상속재산분할청구권으로서 그 행사기간에 제한이 있을 수 없다는 이유로 비판하는 견해[350]가 대립한다. 분재청

340) 1916. 11. 30.자 총감회답(휘집, 296); 1917. 10. 20.자 총감회답(휘집, 230); 1918. 1. 21.자 총감회답(휘집, 341); 1920. 1. 19.자 총감회답(휘집, 368); 부산지방법원 동부지원 1999. 9. 10. 선고 98가합6601 판결. 같은 취지로 김용한, 279; 김주수·김상용, 10; 민유숙(2007), 220; 박동섭, 453; 이상욱(1990), 105; 이상욱(1991a), 392; 정광현(1957), 242; 허규(1972), 190 참조.

341) 김용한, 279; 김주수·김상용, 10.

342) 정광현(1957), 242; 허규(1972), 191.

343) 신영호, 공동상속, 237; 이상욱(1990), 105; 이상욱(1991a), 392; 허규(1972), 191.

344) 1944. 8. 23.자 중추원 회답: 정광현, 연구, 191에서 재인용.

345) 1917. 10. 20.자 총감회답(휘집, 330).

346) 부산지방법원 동부지원 1999. 9. 10. 선고 98가합6601 판결.

347) 사법협회 질의응답(잡지 17-1, 76). 분재청구권의 시효소멸과 관련된 사료를 소개하고 있는 문헌으로 민유숙(2007), 226~227; 이상욱(1991a), 393 참조.

348) 대법원 2007. 1. 25. 선고 2005다26284 판결. 정광현(1957), 242; 허규(1972), 191도 같은 취지이다.

349) 민유숙(2007), 227~228.

350) 정구태(2015), 516. 윤진수(2013), 254 역시 호주상속인과 분재청구권자 간의 관계는 공동상속

구권을 물권적 기대권이라고 파악하는 견해[351]도 있는데, 위 견해에 따르면 분재청구권의 시효소멸을 인정하기는 어려울 것이다. 일부 견해는 분재청구권의 시효소멸을 인정할 정책적 필요성이 있다고 하면서도 여자의 분재청구권에 대해서는 위헌결정이 날 때까지 법률상 장애로 인해 그 소멸시효가 중단될 수밖에 없되, 사안에 따라 실효의 원칙을 적용하여 분재청구권의 행사를 저지할 수 있다고 주장한다.[352]

(아) 관할법원

분재청구권의 법적 성질은 상속재산분할과 유사한 측면이 있고, 실제로 상속재산분할심판 사건으로 처리된 적도 있으나[353], 家訴에 전속관할 규정이 없으므로 민사소송으로 제기하는 것도 가능하며, 실무상으로도 민사법원에 제기되는 경우가 더 많다.[354]

(2) 재산상속이 호주상속에 수반하여 개시되는 경우

(가) 분가호주 또는 일가창립 호주

제사상속 제도가 인정되었던 1933년 이전에도 제사상속 없이 호주상속 및 재산상속만 개시되는 경우가 없지 않았다. 피상속인이 분가 또는 일가창립된 가의 호주인 경우가 그러하다. 제2절 II. 2. 참조. 이때 호주상속인은 제사상속인은 아니지만, 피상속인인 전 호주의 상속재산 전부를 단독상속하며, 차남 이하 중자(衆子)들의 분재청구권에 대해서는 제3절 III. 2. 나. (1) (나) 내지 (사)의 서술이 동일하게 적용되었다.[355]

(나) 여호주

① 여호주의 재산상속

피상속인에게 제사상속인 내지 호주상속인이 될 자가 없는 경우에는 사후양자가 선정될 때까지 그의 모(母) 또는 처(妻) 등이 일시적으로 호주의 지위를 상속했다. 제3절 II. 2. (나) (1) 참조. 이때 여호주는 호주상속에 수반하여 상속재산도 단독으로 상속하였다.[356] 따라서 피상속인이었던 호주에게 남자 자손

관계로 파악해야 하므로, 분재청구권은 원칙적으로 소멸시효에 걸리지 않는다는 입장이다.

351) 신영호, 공동상속, 234~235.

352) 윤진수(2013), 259~266.

353) 대법원 1969. 11. 25. 선고 67므25 판결.

354) 민유숙(2007), 222.

355) 보고서, 391, 395, 397; 부산지방법원 동부지원 1999. 9. 10. 선고 98가합6601 판결.

356) 이에 반해 이상범(1980), 138은 호주가 여자인 경우에는 재산상속이 개시되지 않는다는 취지로 서술하고 있다. 그 밖에 여호주의 재산상속권에 관한 사료들을 정리한 문헌으로 이상범(1980), 142~144; 이상욱(1990), 91; 정긍식(2013), 36~37 참조.

없이 처와 딸만 있는 경우에 그 상속재산은 딸이 아니라, 처가 우선적으로 승계했다.[357] 피상속인이 차양자였던 경우도 같다.[358] 이와 같이 피상속인의 직계비속인 딸이 아니라 유처에게 우선적인 지위를 부여한 것은 일본식의 가독상속 제도의 관철을 위한 관습의 왜곡이라는 비판[359]이 있다. 여호주는 어차피 추후 사후양자가 선정되면 그에게 자신이 상속받았던 재산을 승계해 주어야 했기 때문이다.[360]

이때 상속재산을 승계한 여호주의 법적 지위에 대해 대법원은 일단 상속개시와 동시에 상속재산을 자신의 확정적인 소유로 상속하는 것이므로, 사후양자의 입양 여부가 불분명하다고 하여 상속인의 존재가 불분명한 경우라고는 할 수 없고, 그 상속재산을 위한 관리인을 선임할 필요도 없다고 판시한 바 있다.[361] 따라서 여호주는 상속재산에 관한 관리권한과 처분권한을 모두 취득하였으며, 그의 처분행위는 유효했다.[362] 하지만 이에 대해서는 여호주는 남자상속인이 출현할 때까지의 관리인에 지나지 않는다는 異說이 있다.[363]

여호주로부터 상속재산을 승계받은 사후양자는 입양이 성립한 날에 여호주로부터 상속을 받는 것일 뿐이며, 본래의 남호주 사망일로 소급하여 남호주로부터 직접 재산상속을 받는 것은 아니었음은 호주상속의 경우와 같다. 제3절 II. 2. 가. (4) 참조.

② 여호주가 사망 또는 출가한 경우

일시적으로 호주상속 및 재산상속을 받은 여호주가 사망하거나 출가한 경우에는 여호주의 사망이나 출가일로부터 상당한 기간 내에 사후양자를 선정하여 그에게 호주권과 더불어 재산을 상속해주어야 했다.[364] 제3절 II. 2. 나. (2)

---

357) 1913. 3. 25.자 총감회답(휘집, 129); 조선고등법원 1913. 9. 26.자 판결(록 2, 253); 사법협회 질의응답(휘록, 307); 대법원 1974. 1. 15. 선고 73다941 판결.

358) 1918. 2. 19.자 총감회답(휘집, 343); 1918. 5. 21.자 총감회답(휘집, 345); 경성복심법원 1920. 1. 27.자 판결(고등법원판결록 7, 10).

359) 신영호, 공동상속, 228~231; 이상욱(1991b), 43.

360) 보고서, 382, 400; 조선고등법원 1920. 12. 18.자 판결(록 7, 346); 조선고등법원 1931. 2. 6.자 판결(록 18, 19); 대법원 1969. 2. 4. 선고 68다1587 판결; 대법원 1971. 6. 22. 선고 71다786 판결; 대법원 1979. 6. 26. 선고 79다720 판결; 대법원 1979. 6. 26. 선고 79다725 판결; 대법원 1981. 12. 22. 선고 80다2755 판결; 대법원 1991. 11. 26. 선고 91다32350 판결; 대법원 1991. 12. 10.자 91스9 결정; 대법원 1992. 9. 25. 선고 92다18085 판결; 대법원 1995. 4. 11. 선고 94다46411 판결; 대법원 2000. 4. 25. 선고 2000다9970 판결; 대법원 2004. 6. 11. 선고 2004다10206 판결; 대법원 2009. 1. 30. 선고 2006다77456 등 판결; 대법원 2012. 3. 15. 선고 2010다53952 판결.

361) 조선고등법원 1917. 1. 16.자 판결(록 4, 1); 대법원 1991. 12. 10.자 91스9 결정.

362) 1911. 2. 7.자 취조국 회답(휘집, 39); 1915. 4. 19.자 총감회답(휘집, 226).

363) 1911. 2. 7.자 취조국 회답: 자료, 442에서 재인용. 이상욱(1988), 53; 정광현(1957), 256도 같은 취지이다.

참조. 따라서 본래의 남자호주의 형제자매가 그 재산을 상속할 수 있는 것은 아니었다.[365] 사후양자가 선정된 경우에는 출가녀 기타 근친 역시 재산상속을 받지 못했다.[366]

여호주 사망 또는 출가 후 상당한 기간 내에 사후양자를 선정하기는 하였으나, 사후입양에 따른 입적이 현행 민법 시행 후에야 비로소 이루어진 경우라면, 그 사후양자는 호주상속을 할 수 있을 뿐이고, 재산상속권은 향유하지 못했다.[367] 따라서 여호주가 상속받았던 재산은 여호주 사망 당시 민법의 규정에 따라 상속인과 상속분이 정해졌다.

만약 일시적으로 호주상속 및 재산상속을 받은 여호주가 현행 민법 시행 후에 사망하였다면, 그 상속재산의 처리에 관하여는 현행민법이 적용되므로, 망 여호주의 직계비속 등이 민법 §1000 및 §1001에 따라 상속인이 되며, 위에서 살펴본 상속관습법이 적용될 여지는 없다.[368] 반면 그가 현행 민법 시행 전에 사망하거나 출가하였다면, 설령 사후양자가 현행 민법 시행 후에 선정되었더라도 상속관습법이 적용된다.[369]

사후양자가 선정될 때까지는 그 사망 또는 출가한 여호주의 지위를 상속한 새로운 여호주가 상속재산을 승계하였다. 여호주 사망 또는 출가시 여호주 상속 순위에 대해서는 제3절 II. 2. 나. (2) 참조. 이때 차순위 여호주가 승계하는 재산은 본래의 남자 호주로부터 승계받은 재산에 한한다.[370] 전(前) 여호주의 고유재산의 처리에 대해서는 제3절 III. 2. 나. (3) (나) 참조.

③ 여호주될 자가 없는 경우

호주인 남자가 사망한 후 여호주될 자도 없고, 피상속인이 사망한지 3년이 경과하도록 사후양자의 선정도 없는 때에는 그 가는 무후가가 되었다.[371] 이때 상속재산의 처리에 관해서는 제3절 III. 2. 나. (2) (다) 참조. 첩에게는 상속권이

---

364) 보고서, 393; 대법원 1992. 9. 25. 선고 92다18085 판결. 위 관습은 관습조사보고서 1912년 판에서 비로소 부기된 내용이다.

365) 1915. 12. 25.자 총감회답(휘집, 252); 대법원 1992. 3. 10. 선고 91다24311 판결.

366) 조선고등법원 1931. 2. 6.자 판결(록 18, 19).

367) 대법원 1967. 12. 26. 선고 67다2492 판결; 대법원 1969. 2. 4. 선고 68다1587 판결; 대법원 1980. 7. 22. 선고 79다1009 판결. 박동섭, 508은 사후입양이 현행 민법 시행 전에 성립한 경우에도 사후양자는 재산상속권을 누리지 못한다는 취지로 서술하고 있으나, 의문이다.

368) 대법원 1992. 5. 22. 선고 92다7955 판결; 대법원 1992. 10. 27. 선고 92다24684 판결; 대법원 1998. 7. 24. 선고 98다22659 판결; 대법원 2008. 2. 14. 선고 2007다57619 판결.

369) 대법원 1962. 9. 20. 선고 62다343 판결.

370) 정광현(1957), 241.

371) 주석상속(2), 512.

없으므로, 재산 해당 가(家)에 본래의 남자 호주의 첩 1인만이 남아 있다고 하여 그가 여호주가 되거나 재산을 상속받는 것은 아니었다.[372)]

하지만 사후양자가 선정될 때까지 호주로 될 여자가 없었던 경우라도 호주 사망 후 상당한 기간 내에 사후양자의 선정이 이루어져 그 가가 절가되지 않게 되었다면 사후입양 성립과 동시에 호주로부터 직접 사후양자에게 재산상속이 이루어지며, 호주의 근친자나 이(里)·동(洞)이 이를 상속받을 수는 없었다.[373)]

(다) 사후양자가 선정되지 않은 경우[374)]

① 亡 호주에게 가족이 있는 경우

호주의 사망 또는 여호주의 사망이나 출가 후 상당한 기간이 도과하도록 사후양자를 선정하지 못해 절가된 경우에 그 상속재산은 최근친자가 승계함이 원칙이었다.[375)] 이때 근친자란 절가된 가(家)의 가족을 의미한다.[376)] 이 경우 재산상속은 가의 승계를 전제로 한 상속이 아니라, 가의 소멸을 전제로 한 재산 분배의 성격을 가지고 있는 것이므로, 가족이 여러 명인 경우에는 원래의 남호주를 기준으로 최근친의 가족에게 귀속되며, 최근친의 가족이 여러 명인 경우에는 균등한 비율로 귀속되었다.[377)]

② 亡 호주에게 가족이 없는 경우

가족이 없을 때에는 가(家)를 달리하는 최근친자가 이를 상속하였다.[378)] 가(家)를 달리하는 근친자 중 최우선의 상속순위를 갖는 자는 여호주가 호주상속을 받기 전에 남자호주였던 자의 본족에 속하는 근친자[379)], 즉 본래의 남자 호주가에서 출생하여 출가한 딸(이하 '출가녀'라고 한다.)이었다.[380)] 따라서 여호주

---

372) 사법협회 질의응답(잡지 13−9, 77).
373) 조선고등법원 1928. 9. 21.자 판결(록 15, 180); 대법원 1991. 11. 26. 선고 91다32350 판결.
374) 이 경우의 상속재산 처리방법에 관한 사료를 정리한 문헌으로 이상욱(1990), 106~108.
375) 사법협회 질의응답(잡지 13−3, 82); 대법원 1962. 3. 22. 선고 4294민상833 판결; 대법원 1965. 4. 6. 선고 65다139 등 판결; 대법원 1966. 3. 22. 선고 66다41 판결; 대법원 1980. 7. 8. 선고 80다796 판결; 대법원 1991. 5. 24. 선고 90다17729 판결; 대법원 1992. 9. 25. 선고 92다18085 판결; 대법원 1993. 12. 10. 선고 93다41174 판결; 대법원 1995. 2. 17. 선고 94다52751 판결; 대법원 1996. 8. 23. 선고 96다20567 판결; 대법원 2012. 3. 15. 선고 2010다53952 판결.
376) 대법원 1979. 2. 27. 선고 78다1979 등 판결; 대법원 1992. 3. 10. 선고 91다24311 판결; 대법원 2009. 1. 30. 선고 2006다77456 등 판결.
377) 대법원 2012. 3. 15. 선고 2010다53952 판결.
378) 대법원 1991. 5. 24. 선고 90다17729 판결도 사실상 이와 같은 취지이다.
379) 대법원 1979. 2. 27. 선고 78다1979 등 판결.
380) 조선고등법원 1922. 9. 22.자 판결(록 9, 268); 사법협회 질의응답(휘록, 314); 조선고등법원 1931. 2. 6.자 판결(록 18, 19); 대법원 1967. 2. 7. 선고 66다2542 판결; 대법원 1972. 2. 29. 선고 71다2307 판결; 대법원 1977. 6. 7. 선고 77다577 판결; 대법원 1981. 10. 6. 선고 81다458 판결; 대법원 1990. 8. 14. 선고 89다카25394 판결; 대법원 2012. 3. 15. 선고 2010다53952 판결.

였던 본래의 남자 호주의 처(妻)가 재혼하면, 여호주가 승계하였던 상속재산은 출가녀가 상속했다.[381] 출가녀가 여러 명인 경우에는 균등한 비율로 공동상속하며[382], 출가녀 중 1인이 피상속인보다 먼저 사망했다면 그의 자녀가 그를 대습하여 다른 출가녀와 공동으로 상속했다.[383] 여호주 자신의 혈족, 가령 여호주의 직계비속이나 남동생, 종자매 등은 상속재산의 승계자격이 없었다.[384] 재산을 상속받은 출가녀가 사망하면 그 재산은 본래의 남자호주를 제사하는 자에게 승계되는데, 통상 출가녀의 자손, 즉 亡 호주의 외손이 제사자로 되었다.[385]

반면 亡 호주 사망 당시 동일 가적에 가족(가령 亡 호주의 이복동생)이 있었던 경우라면 亡 호주의 출가녀는 여호주로부터 재산을 상속받지 못하였다. 이러한 관습법에 대해서는 그것이 평등의 원칙에 위반된다는 취지의 헌법소원심판청구가 있었으나, 헌법재판소는 위 관습법은 딸이 같은 가적에 있는지 여부에 따라 달리 취급하고 있을 뿐이지 성별의 차이를 이유로 차별하는 것이 아니며, 동일 가적에 있는 자에게 상속재산을 우선 승계하도록 하는 것은 나름의 합리적 이유가 있고, 호주 생전에 출가녀에 대한 분급이 행해질 수 있으므로 그의 상속권을 박탈하는 것도 아니라는 이유로 이는 헌법에 위반되지 않는다고 판단하였다.[386]

이에 대해서는 혈연보다 동일가적을 중시하였던 가독상속식의 관습 왜곡일 뿐만 아니라[387], 남자와 여자 간에 분가·출가 사유가 상이하였던 당시의 관습에 비추어 명백한 남녀차별이고, 생전의 분급은 법적으로 보장된 것도 아니며, 헌법재판소가 스스로 위헌성을 인정하였던 호주제를 전제로 가산 승계를 정당화한다는 점에서 부당하다는 비판이 있다.[388]

③ 亡 호주에게 가족 및 출가녀가 모두 없는 경우

출가녀도 없을 때에는 본래의 남자 호주였던 자의 본족에 속하는 다른 근친자에게 상속권이 귀속되었다.[389] 재산을 상속받은 근친자가 사망한 경우 그

---

381) 대법원 1974. 1. 15. 선고 73다941 판결; 대법원 1981. 10. 6. 선고 81다458 판결.
382) 사법협회 질의응답(잡지 13－8, 75).
383) 사법협회 질의응답(잡지 13－1, 84); 대법원 1993. 12. 10. 선고 93다41174 판결.
384) 대법원 1972. 2. 29. 선고 71다2307 판결; 대법원 1979. 2. 27. 선고 78다1979 등 판결; 대법원 1990. 8. 14. 선고 89다카25394 판결.
385) 1915. 12. 25.자 총감회답(휘집, 253).
386) 헌법재판소 2016. 4. 28. 선고 2013헌바396 등 결정. 위 결정에 대한 판례평석으로 윤진수(2017), 149~198; 정구태(2017), 195~214 참조.
387) 윤진수(2017), 164; 정구태(2017), 209,
388) 윤진수(2017), 178~182; 정구태(2017), 210~213. 위 결정 중 재판관 이정미 등 2인의 위헌 의견도 같은 취지이다.

재산은 근친자의 자녀들에게 상속될 뿐이며, 절가된 가(家)의 다른 가족들에게 돌아가지 않았다.[390]

호주상속을 위해 타가의 양자로 된 자가 양부의 사망으로 그 호주권과 재산을 상속한 다음 기혼인 상태에서 호주상속할 남자 없이 사망하였고, 그 후 사후양자가 선정되지 않아 절가된 경우에 동일 가적 내의 가족이 없으면, 양자가 양부로부터 상속받은 재산은 양부를 매개로 하여 새로이 정해진 촌수에 따른 최근친자에게 귀속되었으며, 양자인 호주의 생가를 기준으로 근친자를 정하는 것은 아니었다.[391]

④ 亡 호주에게 시양자 또는 수양자가 있었던 경우

시양자나 수양자는 제사상속권이나 호주상속권은 물론이고, 재산상속권도 없었다. 이에 대해서는 제3절 I. 2. 다. (5) 참조. 다만, 수양부에게 근친이 없고, 달리 그 상속재산을 승계해야 할 자도 없으면 자연히 수양자의 소유로 귀속되는 경우가 있었다고 한다.[392]

⑤ 亡 호주에게 근친자가 전혀 없는 경우

재산상속을 할 수 있는 근친자마저 없는 경우에는 어떠한가. 이때 그 상속재산을 처리하는 방법은 지역에 따라 차이가 있었다. 즉, 서울에서는 한성부(漢城府)가 보관인을 선정하여 그 재산을 관리한 반면, 지방에서는 이장 또는 동장이 그것을 관리하여 그 수익으로 피상속인의 장례비용에 충당하였다.[393] 그 가(家)의 친족 내지 친족회가 협의하여 귀속자를 정하는 경우도 있었던 것으로 보인다.[394]

이때 보관인·이장 또는 동장이 보관·관리 중인 상속재산은 일종의 재단법인 내지 비법인재단과 같이 이해되었다.[395] 따라서 위 상속재산은 소송당사자가 될 수 있었다. 소송에 관하여 상속재산을 대표하는 자는 근친 또는 문장 기타 문중에서 선임된 자이며, 이러한 관리인이 없는 때에는 이장 또는 동장이 대표하였다.[396] 위 재산에 대해 강제집행을 하려는 자는 특별대리인의 선임을

389) 사법협회 질의응답(잡지 12-3, 102); 대법원 2012. 3. 15. 선고 2010다53952 판결.
390) 대법원 1992. 3. 10. 선고 91다24311 판결.
391) 대법원 2009. 1. 30. 선고 2006다77456 등 판결; 대법원 2009. 7. 9. 선고 2009다19031 등 판결.
392) 1914. 11. 10.자 총감회답(휘집, 209). 같은 취지로 이상욱(1990), 86.
393) 보고서, 113, 400; 1916. 4. 6.자 중추원회답(휘집, 268).
394) 1920. 3. 5.자 총감회답(휘집, 372); 1922. 6. 7.자 중추원회답(휘집, 410).
395) 보고서, 113; 사법협회 질의응답(잡지 11-2, 87).
396) 1913. 5. 22.자 총감회답(휘집, 133).

청구할 수도 있었다.[397]

이를 상속할 자가 나타나지 않을 것이 확실해지면 동산·부동산을 불문하고 이(里)·동(洞)의 소유로 귀속되었다.[398] 이때 이(里)·동(洞)의 소유권 취득은 법(관습)에 의한 승계취득에 해당하므로 별다른 절차를 요하지 않았으며[399], 이(里)·동(洞)은 피상속인의 권리뿐만 아니라, 의무도 함께 승계하였다.[400] 상속재산을 취득한 이(里) 또는 동(洞)에서는 그 수익으로 피상속인을 위한 제사를 지내주었다.[401] 종적불명자로서 사망추정된 자의 경우도 같다.[402] 사망추정에 대해서는 I. 1. 가. (2) 참조.

(라) 절가재흥 또는 무후가 부흥된 경우

절가에 의해 이미 상속재산의 처리가 종료된 후 비로소 절가재흥 내지 무후가 부흥을 위해 사후양자를 선정한 경우라면, 설령 그 사후입양이 현행 민법 시행 전에 성립한 것이라도, 사후양자는 제사상속이나 호주상속을 받을 수 있을 뿐이고, 전 호주의 상속재산을 소급하여 상속할 권리는 없었다.[403] 따라서 이때 사후양자는 재산상속을 받은 근친자 등을 상대로 그 재산의 반환을 구하지 못하였다.

(3) 재산상속만 개시되는 경우

피상속인이 호주가 아닌 가족인 경우에는 제사상속이나 호주상속을 수반하지 않고 재산상속만이 개시되었다. 이때 상속인의 순위는 피상속인이 기혼남자인지, 미혼남자인지, 처인지 등에 따라 차이가 있으며, 개별사안과 판단주체, 판단시기에 따라 관습법으로 인정된 내용도 미세하게 변동되어 왔다.[404]

---

397) 사법협회 질의응답(잡지 11-2, 87).

398) 1915. 4. 26.자 총감회답(휘집, 233); 조선고등법원 1915. 5. 18.자 판결(록 3, 132); 1916. 4. 6.자 중추원회답(휘집, 268); 1921. 12. 1.자 구관습조사결의(휘집 부록, 35); 대법원 1968. 11. 26. 선고 68다1543 판결; 대법원 1969. 10. 14. 선고 68다1544 판결; 대법원 1972. 8. 31. 선고 72다1023 판결; 대법원 1979. 2. 27. 선고 78다1979 판결; 대법원 2009. 1. 30. 선고 2006다77456 등 판결; 대법원 2012. 3. 15. 선고 2010다53952 판결.

399) 1936. 8. 1.자 중추원회답: 정광현, 연구, 215에서 재인용.

400) 대법원 1980. 12. 23. 선고 80다359 판결.

401) 보고서, 106, 400.

402) 보고서, 106.

403) 사법협회 질의응답(휘록 313; 잡지 11-10, 91; 잡지 13-1, 83; 잡지 13-8, 75); 조선고등법원 1938. 12. 16.자 판결(록 25, 576); 대법원 1968. 11. 26. 선고 68다1543 판결; 대법원 1969. 10. 14. 선고 68다1544 판결; 대법원 1981. 6. 23. 선고 80다2769 판결; 대법원 1996. 8. 23. 선고 96다20567 판결. 단, 1915. 12. 25.자 총감 회답(휘집, 253)은 이때에도 근친에게 귀속되었던 상속재산이 다시 제사자에게 이전한다는 취지로 서술한 바 있다.

404) 정긍식(2009), 290~305.

(가) 가족인 기혼남자가 피상속인인 경우

이때 상속인을 결정하는 기준에 대해서는 호주상속의제설, 호주단독상속설, 예외적 유처단독상속설, 직계비속 전원 공동상속설, 동일호적 직계비속 균등상속설의 대립이 있다고 한다.[405] 이하에서는 위 각 견해와 무관하게 유형별로 나누어 살펴본다.

① 피상속인에게 남자인 직계비속이 있는 경우

일제강점기 초기에는 왜곡된 장남단독상속의 법리에 집착하여 그 피상속인을 위해 새롭게 제사자로 된 자가 일단 상속재산을 단독으로 상속한 다음, 피상속인의 차남 이하 중자(衆子)들에게 그 재산을 분배하여 주면 된다고 보았다.[406] 상속재산을 단독으로 상속할 수 있는 자의 순위는 제사상속이나 호주상속의 경우와 동일하였다. 가령 가족인 부(父)에게 처와 장남, 차남이 있는 상태에서 장남이 부(父)보다 먼저 사망하였고, 그 후 부(父)가 사망한 경우에 장남이 기혼이었다면 장손이, 장남이 미혼이었다면 차남이 재산을 상속하며, 처는 재산상속을 받지 못하였다.[407] 차남 이하 중자들의 관습상의 분재청구권에 대해서는 제3절 III. 2. 나. (1) (나) 내지 (바)에서 서술한 바가 동일하게 적용되었으며[408], 여자인 직계비속이 분재청구권을 행사할 수 있는지 여부에 대해서는 명확한 관습이 없다고 보았다.[409]

하지만 일제강점기 후기에는 가족의 재산상속에 관하여 왜곡된 단독상속의 시각을 폐기하고, 전통적인 관습인 공동상속·균분상속 제도로 회귀하였다.[410] 1931년 이후로는 가족인 기혼남자가 사망한 경우에, 그가 장남인지 여부를 불문하고, 그의 직계비속인 남녀가 공동으로 상속함이 확정되었고[411], 1939년에는 그 직계비속이 동일가적인지 여부도 묻지 않는다는 취지의 조선고

405) 정긍식(2009), 305~308. 그 밖에 이 쟁점에 관한 사료들을 정리한 문헌으로 이상범(1980), 146~148; 허규(1972), 183~184.

406) 보고서, 392~393; 사법협회 질의응답(잡지 13-1, 83).

407) 사법협회 질의응답(잡지 11-3, 13).

408) 보고서, 391, 395; 사법협회 질의응답(잡지 13-1, 83).

409) 사법협회 질의응답(잡지 13-1, 83). 1923. 7. 21.자 중추원회답(휘집, 433)은 가족인 기혼남자가 사망한 경우에 장남 및 차남 이하의 남자손이 이를 승계한다고만 서술하고 있다. 가족이 사망한 경우 여자에게 재산상속권이 없었다고 서술하고 있는 문헌으로 이상욱(1990), 85.

410) 가족이 사망한 경우의 재산상속은 자녀균등공동상속이 관습이라고 서술하고 있는 문헌으로 정광현(1957), 210~211. 피상속인이 가족인 기혼남자인 경우 상속인 결정 관습의 변천에 대해 정리한 문헌으로 이상욱(1991b), 38~42; 정긍식(2009), 300 참조.

411) 1931. 7. 18.자 사법협회 결의(휘록, 309); 1933. 3. 22.자 사법협회 결의(휘록, 233); 1935. 11. 25.자 사법협회 결의(휘록, 242). 이상욱(1990), 92; 이상욱(1991a), 392; 이상욱(1991b), 40; 정긍식(2009), 300 참조.

등법원 판결이 선고되었다.[412] 가령 가족인 기혼 남자가 딸만 있는 상태에서 사망하여 그를 위해 사후양자를 한 경우에 그의 상속재산은 딸과 사후양자가 공동으로 상속하였다.[413]

호주상속에 수반하는 재산상속의 경우와 달리 가족인 기혼남자가 사망하여 재산상속만 개시되는 경우에는 성별과 동일가적 여부를 불문하고 언제나 그의 모든 직계비속이 균분상속한다는 관습이 확립된 것이다.[414] 위 판결이 일제강점기 내내 꾸준히 유지하여 왔던 동일가적 기준[415]을 폐기한 것은 처(妻)가 피상속인인 경우에 동일가적 기준을 폐기하였던 1933년 조선고등법원 판결과 관련이 있다. 이에 대해서는 제3절 III. 2. 나. (3) (나) 참조.

위와 같은 판례변경에 대해서는, 재산상속에 있어서 동일가적을 중시하는 것은 호주상속과 재산상속을 일치시키려는 일본 가독상속식의 왜곡된 사고라는 점에서 이를 긍정적으로 평가하는 견해[416]와, 동일가적 기준을 폐기한 것이 오히려 당시 일본법의 영향을 받은 것이며 분가시에 이미 상속재산의 일부를 생전분급받는 우리 고유의 관행을 도외시한 것이라고 비판하는 견해[417]가 대립한다.

광복 후 대법원은 호주가 아닌 가족이 사망한 때에는 그 상속재산은 직계비속인 자녀들이 균등하게 상속함이 우리나라의 관습이라고 하면서도, 다시 그 직계비속은 '동일 호적'내에 있어야 한다는 것으로 태도를 전환하였다.[418] 이에 따라 가족인 기혼남자가 사망한 경우에 출가녀에게는 그 재산상속권이 인정되지 않는다.[419] 반면 직계비속 남자의 경우에는 광복 전과 마찬가지로 동일

412) 조선고등법원 1939. 4. 16자 판결: 주석상속(2), 513에서 재인용.
413) 1944. 11. 14.자 중추원회답: 정광현, 연구, 199에서 재인용.
414) 이 점을 특히 지적하고 있는 문헌으로 양현아, 133.
415) 동일가적 기준을 택하였던 판결로 조선고등법원 1913. 4. 15.자 판결(록 2, 145); 조선고등법원 1924. 9. 2.자 판결(록 11, 112); 조선고등법원 1925. 12. 15.자 판결(록 12, 329) 참조.
416) 이상욱(1991a), 389~391.
417) 정긍식(2009), 309~311.
418) 대법원 1954. 3. 31. 선고 4287민상77 판결; 대법원 1960. 4. 21. 선고 4292민상55 판결; 대법원 1967. 2. 28. 선고 66다492 판결; 대법원 1969. 3. 18. 선고 65도1013 판결; 대법원 1970. 4. 14. 선고 69다1324 판결; 대법원 1973. 5. 24. 선고 72다1897 판결; 대법원 1978. 6. 27. 선고 77다1185 판결; 대법원 1979. 12. 11. 선고 79다1741 판결; 대법원 1980. 1. 15. 선고 79다1200 판결; 대법원 1981. 11. 24. 선고 80다2346 판결; 대법원 1984. 9. 25. 선고 83다432 등 판결; 대법원 1989. 6. 27. 선고 89다카5123 등 판결; 대법원 1990. 2. 27. 선고 88다카33619 전원합의체 판결; 대법원 1991. 2. 22. 선고 90다15679 판결; 대법원 1992. 12. 8. 선고 92다29870 판결; 대법원 2009. 3. 26. 선고 2006다38109 판결; 대법원 2009. 3. 26. 선고 2006다55692 등 판결; 대법원 2009. 4. 9. 선고 2006다30921 판결; 대법원 2009. 7. 23. 선고 2007다91855 판결. 동일가적을 중시하는 대법원의 태도에 대해 비판적인 견해로 이상욱(1990), 110~111; 이상욱(1991b), 43~44.
419) 대법원 1967. 2. 28. 선고 66다492 판결; 대법원 1970. 4. 14. 선고 69다1324 판결; 대법원

가적의 제한을 받지 않는바,[420] 최근 대법원은 "현행 민법이 시행되기 전에 호주 아닌 남자가 사망한 경우 그 재산은 직계비속이 평등하게 공동상속하며, 직계비속이 피상속인과 동일 호적에 있지 않은 여자일 경우에는 상속권이 없다는 것이 우리나라의 관습"이라고 하여 이를 명백히 밝힌 바 있다.[421]

또한 상속재산을 공동상속한 직계비속 간에는 균분상속의 원칙이 적용되나[422], 서출자녀의 상속분은 적출자녀의 1/2이며[423], 계자녀는 계부로부터 상속을 받을 권리가 없었다.[424] 서자, 즉, 혼인 외 출생자의 경우에는 부(父)가 인지한 때에만 상속인이 될 수 있었음은 물론이다.[425] 위와 같은 관습에 따라 재산상속을 받을 직계비속이 이미 사망하였을 때에는 그의 직계비속들이 피상속인의 상속재산을 대습상속할 수도 있었다.[426]

② 피상속인에게 여자 직계비속만 있는 경우

호주 아닌 가족인 기혼 남자가 처(妻)와 딸만을 남겨 두고 사망한 경우에 재산상속인은 누구인가. 일제강점기 초기에는 처(妻)가 상속하는 것이 관습이라고 파악하였고[427], 조선고등법원의 태도도 이와 같았다.[428] 하지만 이 경우에는 직계비속인 딸이 상속하는 것이 관습이라는 취지의 1933년의 사법협회 결의[429]와 동일한 취지의 1944년 조선고등법원 판결에 따라 판례가 변경되었다.[430][431]

광복 이후에도 대법원은 한 때 처(妻)만이 재산상속을 하는 것이 우리나라의 관습이라고 판시한 바 있으나[432], 이러한 취지의 판결들은 모두 1990년 전

1973. 5. 24. 선고 72다1897 판결; 대법원 1980. 1. 15. 선고 79다1200 판결; 대법원 1989. 6. 27. 선고 89다카5123 등 판결; 대법원 1991. 2. 22. 선고 90다15679 판결.

420) 박동섭, 513.

421) 대법원 2014. 8. 20. 선고 2012다52588 판결. 위 판결이 대법원 1990. 2. 27. 선고 88다카33619 전원합의체 판결에 어긋난다고 서술하고 있는 문헌으로 윤진수(2017), 164 각주 30).

422) 대법원 1981. 11. 24. 선고 80다2346 판결.

423) 대법원 1980. 1. 15. 선고 79다1200 판결; 대법원 1991. 2. 22. 선고 90다15679 판결. 이상욱(1990), 102~103; 정긍식(2009), 300도 같은 취지이다.

424) 보고서, 318~319.

425) 대법원 1980. 11. 11. 선고 80다1584 판결 참조.

426) 대법원 1969. 3. 18. 선고 65도1013 판결; 대법원 1967. 2. 28. 선고 66다492 판결.

427) 1915. 6. 24.자 총감회답(휘집, 243); 사법협회 질의응답(자료, 513).

428) 조선고등법원 1920. 6. 25.자 판결(록 7, 212); 조선고등법원 1926. 10. 26.자 판결(록 13, 220); 조선고등법원 1931. 9. 25.자 판결(록 18, 110).

429) 1933. 3. 22.자 사법협회 결의(잡지 12-4, 69); 사법협회 질의응답(잡지 12-11, 82).

430) 조선고등법원 1944. 8. 15.자 연합부 판결(잡지 23-7, 113). 위 판결은 정광현, 연구, 295~301면에도 번역·수록되어 있다.

431) 위와 같은 태도의 변천사에 대해 자세히는 이상욱(1990), 94~95; 정광현(1957), 237, 259; 정긍식(2009), 300~301 참조.

432) 대법원 1981. 6. 23. 선고 80다2621 판결; 대법원 1981. 8. 20. 선고 80다2623 판결; 대법원 1982. 12. 28. 선고 81다카545 판결; 대법원 1983. 9. 27. 선고 83마414 등 판결 등. 이 중 대법원

원합의체 판결에 의해 폐기되었다.[433] 따라서 이제 가족인 기혼 남자가 남자 직계비속 없이 처와 딸만 두고 사망한 경우에는 직계비속인 딸이 유일한 재산상속인이 된다는 것이 확립된 대법원의 태도이다. 다만, 이때에도 동일가적의 원칙은 그대로 적용되어 딸이 출가한 경우에는 처(妻)가 상속한다.[434] 가족인 기혼남자에게 처는 없고 여자 직계비속만 있는 경우에 여자 직계비속이 호주에 우선하여 재산상속을 받을 수 있었음은 물론이다.[435]

③ 피상속인에게 남자직계비속과 여자직계비속이 모두 없는 경우

피상속인을 위해 제사자가 될 남자 직계비속도, 재산상속을 받을 여자 직계비속도 없는 경우에는 어떠한가.[436] 피상속인이 장남이라면 그의 부(父)에게, 피상속인이 차남 이하의 중자라면 그 처(妻)에게 재산상속권이 있다고 선언한 사료도 있지만[437], 조선고등법원은 1917년 피상속인이 장남인지 여부를 불문하고 언제나 유처(遺妻)가 이를 상속하며 직계비속과 유처가 모두 없을 때에만 부(父)가 상속하는 것이 관습이라고 선언하였다.[438] 반면 1933년 중추원은 피상속인이 직계비속 없이 사망한 경우에 그 상속재산은 ① 부, ② 모, ③ 형제자매, ④ 질·질녀, ⑤ 종손자녀, ⑥ 조부, ⑦ 조모, ⑧ 백숙부·고, ⑨ 종형제자매의 순서에 따른다고 회답한 바 있다.[439]

하지만 대법원은 최근 "현행 민법이 시행되기 전에 호주 아닌 기혼의 장남이 직계비속 없이 사망한 경우 그 재산은 처가 상속하는 것이 우리나라의 관습이었다."고 판시하면서 피상속인의 부(父)이자 호주였던 자에게 상속권을 인정하였던 원심판결을 파기하고, 처가 상속하는 것으로 입장을 정리하였다.[440] 다

1981. 6. 23. 선고 80다2621 판결에 대한 간략한 평석으로 주석상속(2), 553~554 참조.

433) 대법원 1990. 2. 27. 선고 88다카33619 전원합의체 판결. 위 판결에 대한 판례평석으로 이상욱(1991b), 34~44 참조.

434) 박동섭, 513; 정광현(1957), 259; 정긍식(2009), 301. 김용한, 279도 이와 같은 취지이다. 동일가적을 요구하는 것에 대해 비판적인 견해로 신영호, 공동상속, 228~231; 이상욱(1991b), 43~44.

435) 1931. 7. 18자 사법협회 결의(휘록, 309).

436) 이 쟁점에 대한 일제 강점기의 사료를 정리한 문헌으로 이상욱(1990), 93~94; 이상욱(1991b), 38~42.

437) 보고서, 393(위 관습은 관습조사보고서 1912년 판에서 비로소 부기된 내용이다.); 1915. 1. 18.자 총감회답(휘집, 217); 1917. 8. 24.자 총감회답(휘집, 326); 1923. 7. 21.자 중추원회답(휘집, 433); 1924. 11. 22.자 사법협회 결의(휘록, 308).

438) 조선고등법원 1917. 1. 16.자 판결(록 4, 1); 조선고등법원 1926. 10. 26.자 판결(록 13, 220); 사법협회 질의응답(잡지 11-5, 111); 사법협회 질의응답(잡지 11-7, 97; 13-8, 75). 1917년 판결 전에도 같은 태도를 취하고 있었던 사료로 1915. 6. 24.자 총감회답(휘집, 242) 참조.

439) 1933. 9. 27.자 중추원회답(휘집, 482).

440) 대법원 2015. 1. 29. 선고 2014다205683 판결; 대법원 2015. 2. 12. 선고 2013다216761 판결. 대법원 2015. 1. 29. 선고 2014다205683 판결에 대한 간단한 판례평석으로 김상훈(2017), 413~420.

만, 초기의 일부 사료에 따르면 호주였던 부(父)가 장남의 재산을 상속한 경우라도 분가하였던 호주의 차남이 제사상속을 하여 본가로 들어간 경우에는 부(父)에게 귀속되었던 장남의 재산을 다시 장남의 처(妻)에게 귀속시켰다.[441]

가족이었던 기혼남자의 사망으로 유처가 재산상속을 받은 경우에 유처는 그 상속재산에 관한 권리를 종국적으로 취득하므로, 추후 망인을 위한 사후양자가 선정되더라도 양자는 이미 유처가 취득한 상속재산을 승계할 수는 없었다.[442] 다만, 처가 재산상속을 한 뒤 유복자가 출생하면 그 상속재산은 출생한 자에게 반환하여야 한다.[443]

(나) 가족인 처(妻)가 피상속인인 경우

피상속인이 처(妻)인 경우에는 선대의 제사가 상속되지도, 그 자신을 위한 제사가 개시되지도 않으므로, 제사자가 피상속인의 재산을 상속하는 일은 발생하지 않았다. 그렇다면 그의 재산상속인이 되는 자는 누구인가.[444] 일제강점기 초기에는 이 경우 그의 부(夫)가 재산상속인이 되는 것이 원칙이나, 부(夫)가 처(妻)보다 먼저 사망한 경우라면 자(子)가 있으면 자(子)가, 자(子)가 없으면 손(孫)이, 손(孫)도 없으면 호주가 재산상속인이 된다고 보았다.[445]

하지만 사법협회는 1930년 모(母)가 사망한 경우에는 호주인 부(夫)보다 그의 직계비속이 우선하여 상속하는 것으로 입장을 전환하였으며, 이때 직계비속에는 남자와 여자가 모두 포함될 뿐만 아니라, 친자 · 양자 · 계자 · 서자도 구별하지 않는 것이 관습이라고 판단하였다.[446] 따라서 호주의 후처가 사망하면 전처 소생의 자녀와 후처 소생의 자녀가 균분하여 공동상속하며[447], 가족인 양모가 사망한 경우에는 양자녀와 실자녀가 균분상속하였다.[448] 봉사자가 된 양자에게 봉사조만큼을 가급함은 물론이다.[449] 다만, 가족인 처(妻)에게 적자와 서

---

441) 1915. 1. 18.자 총감회답(휘집, 217).
442) 조선고등법원 1927. 10. 7.자 판결(록 14, 230); 사법협회 질의응답(잡지 12-12, 103). 이 점을 강조하는 문헌으로 김일미(1973), 48.
443) 이상욱(1990), 94 참조.
444) 이 쟁점과 관련된 사료를 정리한 문헌으로 이상범(1980), 146; 이상욱(1990), 96~97; 허규(1972), 185~186.
445) 보고서, 393; 1923. 7. 21.자 중추원회답(휘집, 433).
446) 1930. 2. 15.자 사법협회 결의(휘록, 310); 1933. 3. 22.자 사법협회 결의(잡지 12-4, 69). 정광현(1957), 259도 같은 취지이다.
447) 1930. 2. 15.자 사법협회 결의(휘록, 310); 1933. 3. 22.자 사법협회 결의(잡지 12-4, 69).
448) 1933. 11. 4.자 중추원회답(잡지 12-12, 77); 조선고등법원 1933. 11. 28.자 연합부 결정(록 20, 390). 1933. 11. 4.자 중추원회답을 소개한 문헌으로 정광현, 연구, 195~197 참조.
449) 1933. 11. 4.자 중추원회답(잡지 12-12, 77).

자가 각 1인 있는 경우에는 적자에게 2/3, 서자에게 1/3의 차등을 두었다.[450]

이때 모(母)로부터 상속받는 직계비속은 동일 가적 내에 있어야 하는가. 초기에는 이를 긍정하였으나[451], 조선고등법원은 1933년 처(妻)가 사망한 경우에 모(母)의 상속재산은 남녀를 불문하고 그 자가 이를 상속할 뿐만 아니라, 동일 가적 유무도 구별하지 않는 것으로 판례를 변경하였다.[452] 해방 후 대법원의 태도도 같다.[453] 이에 대해서는 우리 관습을 정확하게 파악한 것으로 적절하다[454]거나 동일 가적을 중시하는 일제 당국의 태도에 비추어 보더라도 가독상속과 무관한 모의 재산상속은 굳이 동일 가적을 강조할 필요가 없었던 것에 따른 당연한 결과[455]라는 평가가 있다.

직계비속이 없는 경우에는 부(夫)가 단독으로 상속하며[456], 처(妻)에게 직계비속과 부(夫)가 모두 없는 경우에는 그의 특유재산은 그의 본족인 친가 측의 근친에게 귀속하고, 처(妻)가 망부(亡夫)로부터 상속한 재산은 망부의 본족이 상속하였다.[457] 이때 망부의 본족 간의 상속순위는 ① 부, ② 모, ③ 형제자매, ④ 질 · 질녀, ⑤ 종손자녀, ⑥ 조부, ⑦ 조모, ⑧ 백숙부 · 고, ⑨ 종형제자매의 순서에 따른다.[458]

(다) 첩이 피상속인인 경우

피상속인이 첩(妾)인 경우에는 그의 부(夫)가, 부(夫)가 없는 경우에는 호주

---

450) 1933. 3. 22.자 사법협회 결의(잡지 12－4, 69).

451) 조선고등법원 1924. 9. 2.자 판결(록 11, 112); 대법원 1954. 3. 31. 선고 4287민상77 판결; 대법원 1960. 4. 21. 선고 4292민상55 판결; 대법원 1967. 2. 28. 선고 66다492 판결; 대법원 1969. 3. 18. 선고 65도1013 판결; 대법원 1970. 4. 14. 선고 69다1324 판결; 대법원 1973. 5. 24. 선고 72다1897 판결; 대법원 1978. 6. 27. 선고 77다1185 판결; 대법원 1979. 12. 11. 선고 79다1741 판결; 대법원 1980. 1. 15. 선고 79다1200 판결; 대법원 1984. 9. 25. 선고 83다432 등 판결; 대법원 1989. 6. 27. 선고 89다카5123 등 판결; 대법원 1990. 2. 27. 선고 88다카33619 전원합의체 판결; 대법원 1991. 2. 22. 선고 90다15679 판결; 대법원 1992. 12. 8. 선고 92다29870 판결.

452) 조선고등법원 1933. 12. 8.자 연합부 결정(록 20, 409). 위 결정을 자세히 소개하고 있는 문헌으로 정광현, 연구, 293~295; 정구태(2017), 209 참조. 같은 취지로 사법협회 질의응답(잡지 12－9, 50); 조선고등법원 1934. 2. 23.자 결정(잡지 13－4, 7); 사법협회 질의응답9잡지 13－1, 84).

453) 대법원 1957. 5. 4. 선고 4290민상64 판결; 대법원 1957. 12. 9. 선고 4290민상51 판결; 대법원 1976. 3. 9. 선고 75다1792 판결 등. 단, 대법원 1946. 10. 11. 선고 4279민상3233 판결; 대법원 1947. 5. 13. 선고 4280민상52 판결(자료, 503, 대판요집 1605) 등은 예외적으로 동일가적에 있는 직계비속만이 상속받을 수 있다고 판시하고 있는바, 이 중 특히 대법원 1947. 5. 13. 선고 4280민상52 판결에 대해서는 부당하다는 비판이 있다. 정구태(2017), 210.

454) 정구태(2017), 209~210.

455) 이상욱(1991a), 391; 이상욱(1991b), 41~42.

456) 정광현(1957), 259.

457) 1933. 9. 27.자 중추원회답(휘집, 482); 대법원 1971. 8. 31. 선고 71다1273 판결. 주석상속(2), 514도 같은 취지이다. 하지만 이때 호주가 상속한다고 본 사료도 있다. 이상욱(1990), 98 참조.

458) 1933. 9. 27.자 중추원회답(휘집, 482).

가 재산을 상속하는 관습이 있었다거나[459], 부(夫)가 승계함이 원칙이나 부(夫)가 이미 사망한 경우에는 남자손이, 남자손도 없을 때에는 호주가 상속하는 것이 관행이지만, 외손 등에게 제사를 위탁하고 상속재산을 승계시킬 수도 있다는 취지의 사료[460]가 혼재하였다.

하지만 점차 관습에 대한 인식이 변화하여 첩이 사망하면 먼저 그 사망 당시 부(夫)와의 사이에서 태어난 자손이 상속하고, 자손이 없으면 부(夫)가, 부(夫)도 없으면 호주가 이를 승계한다고 보았다.[461] 첩의 자(子)가 첩보다 먼저 사망한 경우에는 그의 자녀(즉, 첩의 손자녀)가 대습상속을 받을 수 있었다.[462]

부(夫)의 가에 입적하였던 첩이 생가로 복적한 경우에는 어떠한가. 일제강점기 초기에는 첩이었던 모와 가(家)를 같이 하지 않는 자는 설령 첩의 부(夫)였던 자의 자손이라도 재산상속을 하지 못한다고 보았다.[463] 따라서 생가의 부(父) 또는 호주가 그 재산을 상속함이 원칙이되, 다만 첩이 출산한 자녀 중 1인이 분가하여 그 생모와 동거하던 중에 생모가 사망하였다면 그 동거자녀는 재산을 상속할 수 있다는 사료가 남아 있다.[464] 하지만 1933년 이후로는 동일 가적에 있지 않은 자녀에게도 상속권을 인정하게 되었다.[465]

다만, 후순위로라도 첩의 부(夫)의 상속권을 인정하는 것은 첩의 입적을 허용했던 1915년 이전에나 가능한 것이었다는 비판이 있다.[466] 일제강점기에도 호적상 첩으로 기재되지 않고, 사실상 첩으로 동거하였을 뿐이라면 그의 부(夫)에게 상속권이 인정되지 않았다.[467]

(라) 가족인 미혼남자 또는 미혼여자가 피상속인인 경우

피상속인이 가족인 미혼남자인 경우에도 제사가 상속 내지 개시되지 않으므로, 오로지 상속재산의 처리만이 문제된다. 그렇다면 이때 재산상속인이 되

---

459) 보고서, 393.

460) 1913. 2. 18.자 총감회답(휘집, 126).

461) 1920. 6. 24.자 총감회답(휘집, 382); 1921. 9. 19.자 총감회답(휘집, 398); 조선고등법원 1921. 12. 20.자 판결(록 8, 354); 조선고등법원 1925. 8. 21.자 판결(록 12, 197).

462) 사법협회 질의응답(휘록, 312).

463) 조선고등법원 1913. 5. 6.자 판결(록 2, 150); 조선고등법원 1919. 3. 11.자 판결(록 6, 59); 사법협회 질의응답(휘록, 314). 조선고등법원 1913. 5. 6.자 및 1919. 3. 11.자 판결을 자세히 소개하고 있는 문헌으로 정광현, 연구, 285~289 참조.

464) 1919. 6. 30.자 총감회답(휘집, 364); 1920. 6. 24.자 총감회답(휘집, 381); 사법협회 질의응답(휘록, 307).

465) 첩의 재산상속에 관한 사료를 정리한 문헌으로 이상범(1980), 151; 이상욱(1990), 98~99 참조.

466) 정광현(1957), 260.

467) 사법협회 질의응답(잡지 9－12, 312).

는 자는 누구인가.[468] 피상속인의 부(父)가 일차적으로 재산을 상속하며, 부(父)가 없는 경우에는 호주가 이를 상속한다고 서술하고 있는 사료[469]도 있지만, "가족인 미혼자가 사망한 때에는 동일가에 있는 부(父), 부가 없을 때에는 모(母), 모가 없을 때에는 호주가 그 유산을 승계"[470]했다고 보아야 할 것이다.

다만, 부(父)라도 동일 가적에 있는 경우에 한하여 상속인이 될 수 있을 뿐이므로, 부모가 이혼한 후 모가 재혼하여 자가 모의 새 부(夫)의 가에 입적하였다면 생부에게는 상속권이 없었다.[471] 또한 피상속인인 미혼남자 자신이 서자여서 그 가(家)에 적모와 생모가 있는 경우에는 적모가 상속한다는 견해[472]가 있으나, 생모가 상속하는 것이 관습이었던 것으로 보인다.[473]

가족인 미혼여자가 사망한 경우에도 가족인 미혼남자가 사망한 경우와 동일하게 처리하였다.[474]

(마) 일가창립한 여호주가 피상속인인 경우

일가창립한 여호주가 사망하여 절가된 경우에도 재산상속만이 개시되었다.[475] 이때 사망한 여호주의 상속재산은 직계비속이 공동으로 균분상속하며, 직계비속이 없는 경우에는 본족 근친에게 귀속되었다.[476]

(4) 재산상속인이 없는 경우

위와 같은 순위에 의해 재산을 상속할 자가 없는 경우에 그 상속재산은 근친자에게 귀속하는 것이 원칙이었다.[477] 이때 근친자의 범위는 제3절 III. 2. 나. (2) (다) ② 내지 ⑤에서 서술한 바와 같다. 즉, 피상속인에게 출가녀가 있을 때에는 출가녀가, 출가녀도 없을 때에는 본족에 속하는 다른 근친자가 재산상속을 할 수 있었다.[478]

근친자마저 없는 경우에는 이(里)·동(洞)의 소유로 귀속되었다. 구체적인

---

468) 이 쟁점과 관련된 사료를 정리한 문헌으로 이상욱(1990), 95~96.
469) 보고서, 393; 1923. 7. 21.자 중추원회답(휘집, 433); 사법협회 질의응답(휘록, 310).
470) 조선고등법원 1929. 7. 12.자 판결(록 16, 189); 1938. 3. 11.자 총감통첩(잡지 17-4, 69).
471) 조선고등법원 1924. 9. 2.자 판결(록 11, 112). 위 판결을 자세히 소개하고 있는 문헌으로 정광현, 연구, 289~292; 주석상속(2), 554~555 참조.
472) 정광현(1957), 260.
473) 1918. 6. 24.자 총감회답(휘집, 350); 1921. 10. 18.자 총감회답(휘집, 400).
474) 조선고등법원 1929. 7. 12.자 판결(록 16, 135). 정광현(1957), 260도 같은 취지이다.
475) 정광현(1957), 241.
476) 사법협회 질의응답(휘록, 314); 정광현(1957), 258.
477) 대법원 1962. 3. 22. 선고 4294민상833 판결; 대법원 1966. 3. 22. 선고 66다41 판결.
478) 대법원 1989. 6. 27. 선고 89다카5123 등 판결. 조선시대 근친자의 범위에 대해서는 신영호, 공동상속, 203~206 참조.

절차는 제3절 III. 2. 나. (2) (다) ⑤ 참조.

(4) 피상속인이 승려인 경우

(가) 1940년 이전

현행 민법 시행 전 우리나라의 관습상 승려의 재산은 그 상좌승이 상속하였다.[479] 따라서 승려의 배우자나 직계비속은 이를 상속할 수 없었다.[480] 승려가 환속하거나 파문당한 때에도 같았다.[481]

이때 승려란 불타의 교법에 귀의하고 그 교리를 널리 베풀 목적으로 출가하여 사찰에서 기거하면서 불경을 공부하고 불교법식에 따른 승려의 자격을 얻어 승적부에 등록된 자를 의미할 뿐이며, 단순히 불교신도로서 자기 나름대로 승복을 입고 주택 내에 불상을 안치하고 불공을 하는 사람은 이에 해당하지 않는다.[482]

상좌승은 득도(得度)한 자를 말하며, 승적에 상좌승이라고 기재되어 있거나, 민적에 양자라고 기재되어 있어야만 상속을 받을 수 있는 것은 아니다.[483] 상좌승이 여러 명인 경우에는 득도(得度)의 순에 따라 최상위에 있는 자가 전부를 승계하고, 나머지 상좌승들에게 이를 분배하였다.[484] 경우에 따라서는 상좌승이 피상속인의 유언에 따라 또는 상좌승의 의사에 따라 상속재산 중 일부를 절에 기부하고 나머지만을 분배하기도 했다.[485]

승려에게 상좌승이 없는 경우 장례비용을 제외한 나머지 상속재산은 그 소속 사찰에 귀속되었다.[486]

(나) 1940년 이후

중추원은 1940년 (가)와 같은 내용의 관습이 더 이상 존재하지 않음을 확인하였다. 승려가 사망한 경우에 그 소유의 법물(法物)은 상좌가 승계하고, 승물

---

479) 1917. 5. 14.자 총감회답(휘집, 308); 1917. 8. 15.자 총감회답(휘집, 323); 1922. 6. 8.자 총감회답(휘집, 412); 사법협회 질의응답(잡지 14-4, 107); 대법원 1966. 4. 6. 선고 66다208 판결. 이 쟁점에 관한 사료를 정리한 문헌으로 이상범(1980), 152; 이상욱(1990), 99~100; 허규(1972), 189.

480) 1917. 10. 20.자 총감회답(휘집, 328); 사법협회 질의응답(잡지 14-4, 107); 대법원 1976. 6. 8. 선고 76다387 판결.

481) 1917. 5. 15.자 총감회답(휘집, 309); 1922. 6. 8.자 총감회답(휘집, 412); 1929. 4. 16.자 총감회답(휘집, 458).

482) 대법원 1976. 6. 8. 선고 76다387 판결.

483) 1917. 8. 15.자 총감회답(휘집, 323); 1917. 10. 20.자 총감회답(휘집, 328).

484) 1917. 5. 14.자 총감회답(휘집, 308); 1917. 8. 15.자 총감회답(휘집, 323); 1922. 6. 8.자 총감회답(휘집, 412). 제1상좌가 먼저 사망한 경우의 처리 방법에 대해서는 1929. 1. 18.자 총감회답(휘집, 455) 참조.

485) 1917. 5. 14.자 총감회답(휘집, 308); 1917. 8. 15.자 총감회답(휘집, 323).

486) 1917. 5. 14.자 총감회답(휘집, 309).

(僧物)은 실자(實子)가 상속하는 것이 관습이라는 것이다.[487] 이때 법물이란 그 승려가 은사 또는 법사로부터 승계한 재산을, 승물이란 승려 자신이 조성한 재산을 말하는데, 상속재산의 전부가 법물 또는 승물 중 하나인 때에는 그 중 일부를 분별하여 실자(實子) 또는 상좌에게 분배하였다고 한다.[488]

승물을 승계할 실자(實子)가 없는 경우에는 승려의 유처(遺妻)가 이를 상속하지만, 승려의 모(母)에게는 상속권이 인정되지 않았다.[489] 한편 법물을 승계할 상좌가 여러 명인 경우에는 제1상좌가 일단 상속재산 전부를 승계한 후 문중회의 내지 사중회의(寺中會議)를 열어 각 상좌에 대한 분급액을 정하였다.[490] 승려가 환속한 경우에 법물을 승계할 상좌가 없으면 그 재산은 소속 사찰에 귀속되었으며, 승물인 재산은 승려가 소유하였다.[491]

3. 재산상속의 결격사유

재산상속인의 결격사유에 관해서는 별다른 관습이 없었다.[492] 다만, 제사상속이나 호주상속에 관해 결격사유 있는 자는 그에 수반하는 재산도 당연히 상속받지 못할 것이다. 제사상속과 호주상속의 결격사유에 대해서는 제3절 I. 3. 및 II. 3. 참조.

4. 재산상속의 효과

가. 포괄적 권리의무의 승계

(1) 사망상속의 경우

피상속인의 사망 기타 이에 준하는 사유에 의해 제사상속 또는 호주상속이 개시되면 제사상속인 또는 호주상속인이 상속재산에 관한 권리와 의무를 단독으로, 그리고 포괄적으로 승계한다. 호주상속인이 될 자가 없어서 근친이 이를 상속하는 경우 또는 호주 아닌 가족이 사망하여 직계비속이 공동으로 상속하는 경우에는 공동상속인들이 함께 상속재산을 포괄적으로 승계한다. 이때 포괄적으로 승계되는 상속재산에는 적극재산과 소극재산이 모두 포함된다.

487) 1940. 9. 30.자 중추원회답: 정광현, 연구, 210에서 재인용.
488) 각주 487)과 출처가 같다.
489) 각주 487)과 출처가 같다.
490) 1940. 9. 30.자 중추원회답: 정광현, 연구, 211에서 재인용.
491) 각주 490)과 출처가 같다.
492) 보고서, 393.

(가) 적극재산

① 일반재산

피상속인 명의의 모든 적극재산이 포괄적으로 상속인에게 승계되었다.[493] 다만, 분묘의 소유권 및 수호관리권 기타 제사용 재산의 승계에 대해서는 제3절 I. 4. 다. 및 II. 4. 나. 참조.

② 농지와 농지수분배권

농지에 관해서도 상속순위나 방법에 관한 관습법상의 원칙이 적용됨이 원칙[494]이나, 분배농지의 수분배자가 사망한 경우에 그 농지에 대한 수분배권은 피상속인의 집에 있는 가주(家主) 또는 동거가족의 주업인 농경으로 생계를 영위하는 그 집의 구성원인 재산상속인에게만 상속되었다.[495] 농가 아닌 사람에게 농지분배를 허용하지 않는 농지개혁법의 입법취지에 비추어 볼 때 아무리 호주상속인이나 재산상속인의 지위에 있는 자라 하더라도 농가가 아니고 또 그 농지의 경작에 의해 생계를 유지하지 않는 사람에게 그 농지수분배권의 상속을 인정할 수는 없었기 때문이다.[496] 또한 농지개혁법에 의해 분배받은 토지는 농가의 가산으로서 일반재산과 성질을 달리하므로, 아무리 재산상속인의 지위에 있더라도 가(家)를 달리하는 사람은 이를 상속할 수 없었다.[497]

(나) 소극재산

재산상속인은 소극재산도 승계하였다. 관념상으로는 적극재산만을 승계하는 것이며, 채무는 재산 승계의 결과 부담할 뿐이라고 하나[498], 재산상속인이 피상속인의 채무를 갚아야 하는 사실에 변화가 있는 것은 아니다.[499] 다만, 자(子)의 채무는 부(父)가 부담하는 관례도 없지는 않았던 것으로 보인다.[500]

제사상속이나 호주상속에 수반하는 재산상속의 경우에는 단독상속인인 호주상속인이 채무 전액을 부담하며, 차남 이하 중자(衆子)들은 채무를 승계하지 않았다.[501] 특히 제사상속이나 호주상속은 상속의 포기가 허용되지 않는 결과

493) 정광현(1957), 245.
494) 대법원 1980. 11. 11. 선고 80다1584 판결.
495) 대법원 1968. 6. 18. 선고 68다573 판결; 대법원 1991. 8. 13. 선고 91다17368 판결.
496) 대법원 1968. 6. 18. 선고 68다573 판결; 대법원 1991. 8. 13. 선고 91다17368 판결.
497) 대법원 1955. 2. 27. 선고 4287민상112 판결: 박동섭, 540~541에서 재인용.
498) 보고서, 396.
499) 보고서, 391, 396 참조.
500) 보고서, 396. 단, 이러한 관례에 대해서는 관습조사보고서 1910년판에만 서술되어 있으며, 1912년판에서는 삭제되었다.
501) 보고서, 395; 조선고등법원 1912. 7. 30.자 판결(록 1, 355); 조선고등법원 1916. 12. 26.자 판결(록 3, 747).

일단 단독으로 재산을 상속한 경우에는 피상속인의 전채무를 부담하지 않으면 안 되었다.[502] 호주상속인이 상속 적극재산을 취득하였는지 여부는 중요하지 않았다.[503] 하지만 채무가 과다하여 호주상속인이 이를 감당할 수 없는 경우에는 이를 다른 상속인들에게 분담시키거나 다른 상속인들에게 나누어 줄 분배율을 감소시키는 관습이 있었다고 한다.[504]

가족인 기혼남자가 사망한 경우와 같이 재산상속만이 개시되는 경우라도 재산상속인이 장남이나 장손과 같은 제사자인 경우에는 그가 채무를 전부 승계하며, 다른 재산상속인은 채무를 승계하지 않는 것이 관습이었으나[505], 1923. 7. 1. 개정 조선민사령 시행 이후로는 제사자인 재산상속인이라도 한정승인을 통해 상속재산을 한도로 상속채무를 부담하는 것이 가능하게 되었다.

반면 재산상속만 개시되는 경우라도 재산상속인이 제사자가 아닌 경우(가령 호주인 형이 상속하는 경우)에는 그가 상속재산을 취득하는 한도에서만 채무를 부담하며, 피상속인에게 채무만 있는 경우에는 상속인이 이를 상속하지 않는 것이 관습이었다고 한다.[506]

(2) 생전상속

(가) 적극재산

분가호주의 본가 입적, 호주인 양자의 파양 등의 사유로 인해 생전상속이 개시되는 경우에는 피상속인의 모든 재산이 아니라, 호주권에 수반하는 재산, 즉 가산(家産)만이 상속재산을 이루었다.[507] 가령 사후양자가 여호주로부터 호주상속을 받는 경우 여호주가 호주로 되기 전부터 가지고 있었던 재산이나 그 가(家) 또는 상속재산과 관계없이 취득한 고유재산은 여호주가 계속 보유하고, 사후양자는 여호주가 선대로부터 상속한 재산 및 이에 기인한 재산, 그리고 그 가(家)를 위한 취득한 재산만을 승계하였다.[508] 또한 분가의 호주상속인은 전호주가 분가의 호주상속으로 인해 취득한 재산에 한정하여 이를 승계하며, 전호주의 고유재산은 전호주가 그대로 보유하였다.[509] 한편 호주의 국적상실로 인

502) 보고서, 399.
503) 조선고등법원 1912. 7. 30.자 판결(록 1, 355); 조선고등법원 1916. 12. 26.자 판결(록 3, 747).
504) 보고서, 395~396; 1935. 5. 27.자 중추원회답(잡지 14-7, 91).
505) 1916. 11. 28.자 총감회답(휘집, 295); 조선고등법원 1916. 12. 26.자 판결(록 3, 1018).
506) 조선고등법원 1916. 12. 26.자 판결(록 3, 1018); 1925. 8. 3.자 중추원회답(휘집, 447).
507) 1924. 11. 29.자 중추원회답(휘집, 445); 조선고등법원 1931. 12. 8.자 판결(록 18, 176). 정광현(1957), 245~246도 같은 취지이다.
508) 조선고등법원 1931. 12. 8.자 판결(록 18, 176).
509) 정광현(1957), 241.

해 생전상속이 개시된 경우에 호주상속인은 호주권과 외국인이 향유할 수 없는 권리, 전호주가 보유하였던 제사용 재산에 관한 권리만을 승계하며, 나머지 재산은 상속받지 못하엿다.[510]

(나) 소극재산

분가호주의 본가 입적 등의 사유로 인해 생전상속이 개시되는 경우에 본가로 들어간 전호주가 생전상속 전부터 부담하고 있었던 채무에 대해서는 채권자가 여전히 전호주를 상대로 변제의 청구를 할 수 있었다.[511] 차양자가 채무를 부담하고 있는 상태에서 차양자의 남자 자손에게 호주의 지위를 상속하여 준 경우에도 차양자의 채권자는 차양자를 상대로 채무의 변제를 청구할 수 있었다고 한다.[512]

(3) 예외

(가) 여호주 사망으로 인한 재산상속

여호주의 사망으로 인해 차순위 여호주가 전 여호주의 재산을 승계하는 경우에는 사망을 원인으로 하는 상속이기는 하지만, 그 승계의 대상이 되는 적극재산은 본래의 남자 호주로부터 전 여호주가 승계 받은 재산으로 한정되며, 전 여호주의 고유재산에 대해서는 별개의 상속이 개시되었다.[513]

사망한 여호주의 지위를 대습상속할 자도 없고, 여호주 자신에게 자녀도 없는 경우에 그의 특유재산은 그의 본족에게 귀속하며, 여호주가 망부로부터 상속한 재산은 망부의 최근친자가 이를 상속한다.[514]

(나) 차양자 사망으로 인한 재산상속

또한 차양자가 남자 자손 없이 사망하여 그의 양모 또는 양조모가 일시적으로 호주상속 및 재산상속을 받는 경우에 승계의 대상이 되는 적극재산은 차양자가 양가에서 호주상속을 받을 당시 승계한 재산에 한정되며, 차양자가 입양 당시 지참해온 재산은 이에 포함되지 않았다.[515] 이때 차양자가 지참해 온 재산은 그의 처(妻)가 상속하였다.[516]

---

510) 정광현(1957), 241.
511) 조선고등법원 1929. 3. 1.자 판결(록 16, 24).
512) 조선고등법원 1927. 2. 25.자 판결(록 14, 38).
513) 정광현(1957), 241.
514) 서울고등법원 1978. 4. 6. 선고 78나59 판결.
515) 1918. 2. 19.자 총감회답(휘집, 343).
516) 1918. 2. 19.자 총감회답(휘집, 343).

나. 공동상속인간의 관계

피상속인의 상속재산을 직계비속 등이 공동상속하는 경우에 공동상속인간에는 그 재산을 공유하는 것으로 본다.[517] 하지만 이에 대해서는 당시의 공유를 현행 민법상의 공유와 동일한 것으로 파악할 수 없을 뿐만 아니라[518], 적어도 조선시대의 공동상속인간의 관계는 합유로 파악해야 한다는 견해[519]도 있다.

5. 상속재산분할

가. 조선시대

조선 시대에는 재산의 생전분급과 상속간의 경계가 분명하지 않았으므로, 피상속인이 생전에 이미 분급에 의해 사실상 상속재산분할을 해놓은 경우도 없지 않았다.[520] 하지만 피상속인이 미리 정해 놓은 바가 없는 경우에는 공동상속인들이 화회(和會)에 의해 상속재산을 나누어가졌다.[521] 화회를 할 때에는 모든 공동상속인이 참석하여야 하며, 참석자들은 분재 내용에 합의한다는 표시로 화회문기에 서압(署押)을 하여야 했다.[522] 다만, 부모의 3년상을 마치기 전에 미리 화회를 하는 것은 불효로 보아 허용하지 않았다.[523]

또한 화회는 법정상속분에 따른 균등한 내용일 것이 요구되었다. 따라서 장남 등 공동상속인 중 1인이 화회에 응하지 않고 상속재산을 합집하여 나누어 주지 않는 경우뿐만 아니라, 상속인간에 공평한 분배가 이루어지지 않은 경우에도 나머지 상속인들은 관에 이를 고할 수 있었으며, 이때 관(官)은 여러 가지 사정을 고려하여 직접 상속재산을 공평하게 나누어 주었다.[524] 이를 관작재주분급(官作財主分給)의 관행이라고 한다.

조선 중기 이후에 관작재주분급을 구하는 내용의 송사를 제기하는 것이 금지되고, 봉사자에게 분급하는 비율이 높아지면서 대부분의 상속재산은 피상속인이 생전에 작성해 놓은 분재기에 따라 분할되었다. 제2절 I. 참조. 하지만

517) 대법원 1974. 7. 26. 선고 74다731 판결; 서울고등법원 1974. 3. 27. 선고 73나1706 판결. 주석상속(2), 35도 같은 취지이다.
518) 신영호, 공동상속, 235.
519) 신영호, 공동상속, 215.
520) 문숙자, 2, 25~29.
521) 문숙자, 29; 신영호, 공동상속, 219.
522) 문숙자, 29~30; 신영호, 공동상속, 220.
523) 김일미(1973), 44; 문숙자, 29; 신영호, 공동상속, 219.
524) 김민정(2008), 11; 문숙자, 30; 신영호, 공동상속, 220. 실제로 관작재주분급에 따른 공평한 분배가 이루어진 사안으로 문숙자, 158~168 참조.

화회의 관행이 완전히 사라진 것은 아니었으며, 화회에 의해 상속재산을 분할하는 경우에는 여전히 균분의 관행이 지배하였다.[525]

나. 일제 강점기

일제강점기에 제사상속 또는 호주상속에 수반하여 재산상속이 이루어진 경우에는 제사상속인 내지 호주상속인이 이를 단독상속하고 나머지 직계비속은 분재청구권을 행사할 수 있을 뿐이므로, 상속재산분할의 문제가 발생하지 않았다.[526]

하지만 가족이 사망한 경우 또는 절가로 인해 근친이 상속을 받는 경우와 같이 재산상속만이 독립적으로 이루어지는 경우에는 상속재산분할이 가능하였고, 이에 관한 관습은 조선시대와 크게 다르지 않았다. 즉, 피상속인이 미리 상속재산의 분할방법을 정하지 않은 때에는 공동상속인들이 협의하여 편리하고 적당한 방법으로 분할할 수 있었다.[527] 다만, 일제강점기 후기에 이르면 분할의 시기에 관한 제한은 거의 사라져서 상속개시와 동시에 분할하는 경우가 많았다.[528] 분할의 방법은 현물분할이 원칙이나, 이를 매각하여 그 대가를 분할하는 방법, 상속인 가운데 1인이 이를 인수하고 그 상속분을 초과하는 부분의 대가를 다른 상속인에게 지급하는 방법 등도 가능하였다.[529] 다만, 분할방법에 대해 협의가 이루어지지 않는 경우에는 백숙부 등의 의견에 따르거나, 문회(門會)·문장(門長)의 의견에 따르는 것이 관습이었다고 하며, 재판으로 상속재산을 분할하는 것은 허용되지 않았다.[530]

6. 재산상속의 승인과 포기, 재산분리

조선시대나 일제 강점기 초기에는 재산상속의 승인이나 포기 또는 그 절차에 관한 관습이 존재하지 않았다.[531] 한정승인이나 재산의 분리 제도 등을 이용하여 상속채권자나 상속인의 채권자를 보호하는 관행도 없었다.[532] 상속재산과 상속인의 고유재산을 구별하거나, 상속재산에 대해서는 상속채권자에

525) 신영호, 공동상속, 211; 윤진수(2013), 252.
526) 허규(1972), 190.
527) 보고서, 398.
528) 1944. 8. 23.자 중추원 회답: 정광현, 연구, 191에서 재인용. 김일미(1973), 44도 같은 취지이다.
529) 보고서, 398.
530) 보고서, 398; 1913. 5. 30.자 총감회답(휘집, 137).
531) 보고서, 398~399; 1920. 6. 24.자 총감회답(휘집, 381). 박동섭, 605; 신영호, 공동상속, 214도 같은 취지이다.
532) 보고서, 399.

게, 상속인의 고유재산에 대해서는 상속인의 채권자에게 우선변제권을 부여하는 관습도 찾아볼 수 없었다.[533] 다만, 현실에서는 상속인이 상속재산 외에 고유재산을 보유하고 있는 예가 거의 없고, 피상속인의 채무를 자기 채무보다 먼저 변제하는 것을 도의로 여기는 관행이 있었다고 한다.[534]

하지만 1923. 7. 1.부터 시행된 개정 조선민사령에 의해 상속의 승인 및 재산의 분리에 관한 일본 민법의 규정이 우리 고유의 관습에 우선하여 적용되기 시작하였다. 당시 일본 민법의 태도는 현재 우리 민법 §1019 이하와 매우 유사하다. 즉, 상속인은 자기를 위하여 상속의 개시가 있었던 것을 안 때로부터 3개월 내에 이를 승인 또는 한정승인할 수 있었다. 이 경우 "상속의 개시가 있었던 것을 안 때"란 상속인이 상속개시의 원인 사실을 알고 또 그 때문에 자기가 상속이 된 것을 지각한 때를 말하며, 과실로 인해 지각하지 못하였다 하더라도 법률의 부지 혹은 사실의 오인으로 지각하지 못한 한 숙려기간은 진행하지 않았다.[535]

총칙편의 규정에 의해 승인의 의사표시를 취소할 수 있는 기간이 추인할 수 있는 날로부터 3개월 또는 승인한 날부터 10년으로 매우 길었다거나, 공동상속인이 각자가 독립적으로 한정승인할 수 있도록 하는 근거조문이나 이 경우에 상속재산관리인을 선임할 수 있도록 하는 조문이 없었다거나, 특별한정승인 제도가 아직 마련되지 않았다거나 하는 등의 차이가 있었을 뿐이다. 따라서 1923년 이후로는 한정승인 또는 재산분리를 통해 상속채권자나 상속인의 고유채권자를 보호하는 것이 가능하였다.[536]

다만, 상속의 포기에 관하여는 일본민법을 의용하지 않았고, 별도의 관습도 존재하지 않았으므로 1923년 이후로도 상속의 포기 자체는 인정되지 않았다.[537] 이와 같이 의도적으로 상속의 포기 제도를 우리나라에 의용하지 않은 것에 대해서는 비판적인 견해[538]가 있지만, 공동상속인 중 수인 또는 1인은 공동상속한 부동산에 관한 공유지분을 포기하고, 그 포기된 지분이 다른 공동상속인에게 귀속되도록 할 수 있었으므로, 사실상 상속의 포기가 가능하였다.[539]

533) 보고서, 399.
534) 보고서, 399.
535) 조선고등법원 1935. 4. 30.자 판결(록 22, 114).
536) 의용민법에 따른 상속의 승인 또는 한정승인의 구체적 법리에 관한 사료들을 소개하고 있는 문헌으로 이상범(1980), 160~163 참조.
537) 1934. 6. 21.자 사법협회 결의(잡지 13-7, 39). 신영호, 공동상속, 232~233도 같은 취지이다.
538) 정광현(1957), 250.

하지만 이것은 엄밀한 의미의 상속포기는 아니었으며, 따라서 공동상속인 전원이 상속을 포기한 경우에 차순위자가 대신 상속할 수 있는 것은 아니었다.[540)]

또한 호주상속에 수반하여 재산상속이 이루어진 경우에 호주상속인 외의 직계비속이 취득하는 분재청구권의 포기는 자유롭게 허용되었다.[541)]

539) 1934. 6. 21.자 사법협회 결의(잡지 13-7, 39). 대법원 1974. 7. 26. 선고 74다731 판결; 서울고등법원 1974. 3. 27. 선고 73나1706 판결. 주석상속(2), 35도 같은 취지이다.

540) 이상욱(1990), 88 참조.

541) 조선고등법원 1936. 10. 13.자 판결(록 23, 287).

第 4 節　유언상속

▌**참고문헌**: 김기영(2011), "공정증서유언과 공증인법", 법학연구 27-3; 김민정(2008), "조선초기 상속법제에서 유언 자유의 의미", 법사학연구 37; 김성숙(1998), "관습법시대의 유증", 사회과학논총 1; 김성숙(2004), "유증제도의 사적고찰", 아세아여성법학 7; 김은아(2009), "조선전기 유증제도의 구조적 특징", 법학논총 26-4; 김일미(1973), "조선후기의 재산상속 관습", 이대사원 11; 박경(2006), "15세기 입후법의 운용과 계후입안", 역사와 현실; 신영호(1988), "한국유언법의 역사적 전개", 정수봉 화갑기념; 신영호(1989), "한국재산상속법의 기본원리의 변천", 법학논총15; 윤진수(2011a), "고씨 문중의 송사를 통해 본 전통 상속법의 변천", 민법논고[V]; 이상욱(1988), "일제하 호주상속관습법의 정립", 법사학연구 9; 이상욱(1990), "일제시대의 재산상속관습법", 법사학연구 11; 정광현(1957), "한국상속관습법에 대한 입법론적 고찰", 서울대 논문집 5; 정긍식(1996), "16세기 봉사재산의 실태", 고문서연구 9·10; 정긍식(2006), "16세기 재산상속의 한 실례", 서울대 법학 47-4; 정긍식(2009), "식민지기 상속관습법의 타당성에 대한 재검토 -가족인 장남의 사망과 상속인의 범위-", 서울대 법학 50-1; 허규(1972), "상속관습법상의 상속분과 상속재산의 분할", 사법논집 3; 현소혜(2016), "제사주재자의 지위와 확인의 이익", 사법 35

Ⅰ. 유언의 자유

1. 유언의 자유

조선 시대에는 엄격한 법정상속의 시대이기는 하지만, 법제상 피상속인에게 유언의 자유가 인정되지 않은 것은 아니다.[1] 피상속인이 생전에 상속재산

1) 박병호, 424; 이경희, 513; 정긍식(2006), 300. 조선시대 유언의 자유의 법적 근거에 대해서는 김민정(2008), 8~10; 김은아(2009), 338~340.

의 분배방법을 정하는 내용의 분재기(分財記) 기타 전계문기(傳繼文記)를 작성하는 경우가 적지 않았다.[2] 전계문기에는 피상속인이 법정상속인 전부에게 상속재산을 나누어주는 형태의 분급(分給) 또는 허여(許與), 법정상속인 중 1인에게 특별히 재산을 주는 별급(別給), 공동상속인들 사이에서 상속재산을 나누어 갖는 화회(和會) 등 다양한 형태가 있다.[3]

이 중 분재나 별급·화회 등은 모두 생전행위로도, 유언으로도 가능하였으며, 사인증여와 같이 생전행위로 하되 피상속인 사망과 동시에 효력이 발생하도록 하는 경우도 있었고, 현대적인 관점에서와 같이 생전증여·사인증여·유증·상속재산 분할 등의 관계가 명확하게 구별되었던 것은 아니다.[4] 하지만 적어도 피상속인이 어떠한 형태로든 자신의 사후에 대비하여 상속재산을 처분할 자유를 일정 부분 향유하였음은 분명하다.

물론 조선 전기에는 아직 자녀들의 공동상속·균분상속에 대한 기대가 매우 높았으므로, 피상속인의 유언에도 불구하고 법정상속에 따른 분재를 관철하려는 경향이 있었다.[5] 가령 실제로 서자(庶子)에게 거의 전재산을 증여하는 등 현저히 불공정한 내용의 유언을 한 경우에는 '난명(亂命)'이라고 하여 그 효력을 부정하고 관(官)이 재주가 되어 직접 상속재산을 고르게 나누어주었다(官作財主分給).[6]

그렇지만 종법사상이 점차 강화되고, 자녀가 부모의 유지에 반하여 자신의 상속권을 주장하는 것을 불효로 여겨지면서 위와 같은 관작재주분급의 관행은 점차 소멸되어 갔고, 그 반사적 효과로 유언의 자유가 강화되었다.[7] 다른 한편으로는 가산은 혈족 내에서 보존되어야 한다는 조업(祖業) 사상[8]이 중시되어 법정상속인이나 친족 아닌 자에 대한 재산 분여가 금지되는 등 유언의 자유

---

2) 김민정(2008), 11.
3) 용어에 관해서는 문숙자, 25~29; 정긍식(2006), 269~270 참조. 반면 김성숙(2004), 24 각주 6)은 공동상속인들 사이에 상속재산 분할방법을 지정해 놓는 것을 분재문권(分財文券), 법정상속인이 아닌 근친자에게 재산을 별급(別給)하는 내용을 담은 것을 허여문권(許與文券)이라고 칭하며, 신영호, 공동상속, 156~157은 ① 부모가 자녀에게, 조부모나 외조부모가 손에게, 처의 부모가 서(婿)에게, 부(夫)가 처·첩에게, 처·첩이 부(夫)에게 재산을 나누어주는 것을 허여(許與), ② 이 중 재주가 자녀나 근친자에게 행하는 허여를 분재(分財), ③ 처·첩, 형제자매 등에게 생전에 가산을 나누어주는 것을 별급(別給)이라고 부르고 있다.
4) 김성숙(2004), 25~26; 김은아(2009), 331~332; 신영호(1988), 530 참조.
5) 태종실록 13권 7년 5월 22일 기사; 문종실록 9권 원년 8월 29일 기사 등.
6) 박동섭, 694.
7) 대표적으로 중종실록 32권 13년 2월 29일 기사. 신영호, 공동상속, 191~192; 신영호(1988), 538~539; 김은아(2009), 341~342도 참조.
8) 조업사상에 대해 자세히는 신영호, 공동상속, 185~187 참조.

가 오히려 엄격하게 제한되는 측면도 적지 않았다고 한다.[9] 유언의 자유는 오로지 법정상속분의 변경, 상속재산분할방법의 지정 및 제한된 범위의 유증과 관련하여서만 인정되었다는 것이다.[10] 자세한 내용은 제4절 I. 2. 이하 참조.

2. 유언사항

피상속인이 유언으로 할 수 있는 사항이 따로 법으로 정해진 것은 아니었다. 하지만 주로 다음과 같은 사항에 대한 유언이 허용되어 왔다.

가. 입양을 통한 상속인 지정

제사상속인이나 호주상속인·재산상속인 순위에 관한 상속관습법은 일종의 강행규정으로서의 성격을 갖는다.[11] 특히 제사상속의 경우에 적장자 중심의 순위에 어긋나는 자를 제사상속인으로 세우는 것은 신분질서를 어지럽히는 것으로 보아 엄격히 금지하였다. 가령 중자가 있음에도 불구하고 첩자에게 우선 봉사하도록 하는 경우 또는 첩자가 있음에도 불구하고 양자를 세워 봉사하도록 하는 경우 등 제사상속인의 순위를 임의로 변경하거나 다른 사람을 제사상속인으로 지정하는 것은 허용되지 않았으며[12], 한때는 이러한 행위를 형사처벌하는 규정도 있었다(刑法大全 제582조). 따라서 피상속인이 유언으로 상속인을 지정하는 것은 허용되지 않았다.[13]

다만, 피상속인에게 제사상속인이나 호주상속인이 될 남자직계비속이 없어서 입양을 해야 하는 경우에 피상속인은 유언으로 입양할 자를 미리 지정할 수 있는바[14], 보충적으로 입양을 통한 상속인 지정이 가능하였던 셈이다.[15] 이와 같이 피상속인이 유언으로 양자를 지정해 놓은 경우에는 그의 의사에 반하여 친족회 등이 다른 자를 사후양자로 선정할 수 없었다.[16] 하지만 피상속인이 유언으로 양자를 선정하는 경우라도 양자가 될 수 있는 자의 자격은 법에 의해 엄격히 정해져 있었으므로, 유언의 자유가 그다지 넓게 인정된 것은 아니다. 양자의 자격에 대해서는 제3절 I. 2. 다. (1) 참조. 태아를 양자로 하는 유언 역시

---

9) 김은아(2009), 341; 신영호, 공동상속, 192; 신영호(1988), 539; 신영호(1989), 108.
10) 신영호(1988), 539.
11) 보고서, 73, 329, 386.
12) 조선시대의 관습에 대해서는 신영호(1988), 543; 일제강점기의 관습에 대해서는 보고서, 389.
13) 같은 취지로 1923. 7. 21.자 중추원회답(휘집, 429); 사법협회 질의응답(잡지 12-9, 5). 김성숙(1998), 19; 신영호(1989), 108도 같은 취지이다.
14) 보고서, 366; 대법원 1963. 9. 26. 선고 63다462 판결.
15) 정광현(1957), 247; 신영호(1988), 530.
16) 대법원 1963. 9. 26. 선고 63다462 판결.

효력이 없다.[17] 다만, 유언에 의해 자기와 같은 항렬의 자를 차양자로 지정하는 것은 가능하다.[18] 차양자에 대해서는 제3절 I. 2. 다. (4) 참조.

유언으로 재산상속인 될 자를 지정할 수 없음은 물론이다.[19] 봉사자로 삼을 자가 없는 경우에는 외손 기타의 자에게 제사를 위탁하면서 그에게 상속재산을 승계시키는 관습은 존재하였던 것으로 보이지만[20], 딸 등에게 상속재산을 귀속시키고자 제사가 끊어지더라도 사후양자를 세우지 말라는 취지의 유언을 명시적으로 하였다면 이는 무효이다.[21]

나. 상속인의 폐적(廢嫡)과 폐제(廢除)

(1) 조선시대

제사상속인에게 상속인으로 되기에 부적당한 사유가 있는 경우에 피상속인이 생전에 또는 유언으로 제사상속인의 지위를 박탈하는 '폐적(廢嫡)'의 관행은 조선 초기부터 관찰된다. 조선 초기에는 피상속인이 유언으로 상속인의 재산상속권을 박탈하는 '폐제' 역시 간혹 행해졌다고 한다.[22] 이러한 폐적의 효력을 인정할 것인지에 대해서는 시기에 따라 또한 사안에 따라 다양한 의견이 개진되었는바, 성종은 1473년 수교에 의해 '고관정탈법(古官定奪法)'을 제정하여 폐적의 요건을 명문화하였다.[23]

이에 따르면 사대부가에서 임의로 적자를 폐하고 지자(支子)로 하여금 제사를 지내게 하는 것은 원칙적으로 부모의 유언이 있더라도 허용되지 않으며, 이를 어기는 자는 처벌하였다. 다만, 적장자에게 그 승계를 담당할 수 없는 부득이한 사정이 있는 때에는 부(父)가 관에 고하여 허가를 받아 폐적할 수 있었다.[24] 부(父)가 생전에 관에 고하지 못한 경우에는 그의 유언에 따라 모(母) 기타 근친이 허가를 받을 수도 있었다고 한다.[25] 주로 불구, 폐질, 불효, 불충 등이 정당한 폐적 사유로 인정되었으며, 이러한 사정이 없는데도 피상속인이 임의로 적장자를 폐하는 것은 난명으로 보아 그 효력을 부정하였다.[26]

---

17) 조선고등법원 1939. 2. 14.자 판결(록 26, 28).
18) 1913. 7. 23.자 총감회답(자료, 460).
19) 보고서, 393; 사법협회 질의응답(잡지 12-9, 50).
20) 조선고등법원 1913. 5. 6.자 판결(록 2, 150); 1945. 2. 20.자 중추원회답(정광현, 연구, 207).
21) 조선고등법원 1934. 9. 25.자 판결: 자료, 290에서 재인용.
22) 김민정(2008), 14~16.
23) 조선초기 폐적의 사례를 소개하고 있는 문헌으로 현소혜(2016), 106.
24) 고관정탈법을 소개하고 있는 문헌으로 윤진수(2011a), 71~72.
25) 윤진수(2011a), 72.
26) 신영호(1988), 530; 윤진수(2011a), 72.

폐적된 자는 재산도 상속받지 못하는가. 폐적이 재산상속의 효과에도 영향을 미쳤다는 견해[27]와 폐적으로 제사상속인의 지위를 박탈당하더라도 재산상속권은 향유할 수 있었다는 견해[28]가 대립한다. 설령 재산상속권이 유지된다고 하더라도 승중자의 지위에서 받을 수 있었던 봉사조와 분묘 등 제사용 재산의 상속을 받지 못했음은 명백하다.[29] 적자인 부(父)가 폐적되면 그의 자(子)인 적손(嫡孫)도 봉사자가 될 수 없었다.[30]

(2) 일제강점기

일제강점기 전기에는 피상속인의 의사표시에 의한 폐적이나 폐제의 관습이 전혀 존재하지 않는 것으로 파악하였다.[31] 양자에게 제사상속인이 되기에 부적당한 사유가 있다면 이를 파양할 수 있지만, 친생자에게 이러한 사정이 있는 때에는 그를 폐할 수 없다는 것이다. 호주상속인 폐제가 인정되지 않음은 물론이다.[32] 기혼호주의 사망 후 그의 처(妻)가 개가(改嫁)하였다고 하여 亡 호주를 폐제하고 사후양자를 세울 수도 없었다.[33]

이와 같이 이 시기에 폐적이나 폐제의 관습을 인정하지 않은 것에 대해서는 우리의 전통을 왜곡하였다는 비판이 있다.[34] 1473년 고관정탈법 제정 이후로도 꾸준히 폐적의 사례들이 관찰되어 왔기 때문이다.[35] 1930년 조선고등법원판례조사회는 드디어 우리나라에 상속인 폐제의 관습이 있음을 결의하였으며, 폐제로 인해 상속권을 상실한 자의 직계비속이 그 상속권을 대습상속한다고 보았다.[36] 하지만 대법원은, 비록 1921년에 상속이 개시된 사건이기는 하였지만, 여전히 우리 관습상 상속인 폐제의 제도가 존재하지 않았다고 판시한 바 있다.[37]

---

27) 정긍식(1996), 168.
28) 신영호, 조선전기, 42.
29) 김민정(2008), 15 각주 18).
30) 정긍식(1996), 168.
31) 보고서, 389, 393; 1914. 12. 19. 총감회답(휘집, 215); 1920. 7. 7.자 총감회답(휘집, 382); 1921. 10. 8.자 총감회답(휘집, 399); 1922. 6. 7.자 중추원회답(휘집, 410); 1934. 12. 6.자 법무국장 회답(잡지 14-1, 64). 그 경과에 대해 자세히는 이상욱(1990), 87.
32) 대법원 1973. 6. 12. 선고 70다2575 판결. 같은 취지로 이상욱(1988), 44~45.
33) 조선고등법원 1913. 2. 21.자 판결(록 2, 92).
34) 이상욱(1988), 58; 윤진수(2011a), 72; 정광현(1957), 251.
35) 정광현(1957), 251~252.
36) 1930. 11.12.자 판례조사회 결의(휘록, 301). 하지만 일본 대심원은 1941. 5. 31. 우리나라에는 상속인 폐제의 관습이 없다고 설시한 바 있다. 위 대심원 판결 및 그에 대한 일본 학자들의 논평을 소개하고 있는 문헌으로 정광현, 연구, 311~323.
37) 대법원 1976. 7. 13. 선고 76다494 판결.

그 밖에 피상속인에 의한 폐제는 아니지만, 호주사망 후 과부의 품행이 좋지 않으면 호주의 모(母)가 그 과부 및 그 자녀의 재산상속권을 박탈할 수 있는 관습이 있었다고 한다.[38]

다. 상속분 내지 상속재산분배비율의 지정

(1) 조선시대

피상속인은 자신의 재산을 상속할 자들을 위해 생전행위 또는 유언으로 상속분을 정해놓거나 법정상속분을 변경시킬 수 있다.[39] 제사상속인에게 가급되는 봉사조의 비율과 내용을 유언으로 정할 수 있음은 물론이다.[40] 조선초기에는 유언으로 상속분을 정해 놓은 경우에도 법정상속인들이 이를 다투면서 관작재주분급을 요구하는 경우가 적지 않았지만, 조선 후기로 갈수록 피상속인의 의사를 존중하는 경향이 강화되었다. 물론 상속분의 지정이 현저하게 불공정한 경우에는 난명(亂命)으로 보아 그 효력을 부정하였으나, 어느 정도의 비율에 이르러야 난명이라고 할 수 있는지는 분명치 않다.[41]

(2) 일제강점기

일제강점기 후로는 제사상속인 내지 호주상속인에게 상속재산을 단독으로 상속시키고, 다른 재산상속인들에게는 분재청구권을 부여하였을 뿐이므로, 제사상속이나 호주상속에 수반하여 재산상속이 이루어지는 경우에 피상속인이 상속분을 지정하는 것은 개념상 불가능하였으며, 오로지 분재시 상속재산 분배비율을 정할 수 있었을 뿐이다. 피상속인이 미리 각 상속인에게 귀속될 비율을 정해 놓더라도 분재절차가 마무리되기까지 상속재산은 제사상속인 또는 호주상속인에게 단독으로 귀속되며, 상속개시와 동시에 각 상속인들에게 각자 귀속되는 것이 아니기 때문이다.[42] 따라서 이때 분재청구권자들은 제사상속인 또는 호주상속인을 상대로 지정액분재청구권을 행사해야 한다.[43]

법리구성은 조선시대와 차이가 있지만, 피상속인이 유언으로 상속인들의 상속분을 정할 수 있다는 점은 동일하며, 이를 통해 사실상 호주상속인인 장남을 재산상속으로부터 제외할 수도 있었다고 한다.[44] 심지어 피상속인이 상속

---

38) 1910. 12. 19.자 취조국장 회답(휘집, 37).

39) 조선시대의 관습에 대해서는 김성숙(1998), 17; 김성숙(2004), 31; 이경희, 514; 일제 강점기의 관행에 대해서는 보고서, 391, 397; 1913. 6. 19.자 총감회답(휘집, 141).

40) 김민정(2008), 20~21; 정긍식(2006), 296~298.

41) 김성숙(1998), 19; 김성숙(2004), 32; 신영호(1988), 540; 이경희, 514.

42) 보고서, 396; 1944. 8. 23.자 중추원 회답: 정광현, 연구, 186에서 재인용.

43) 정광현, 연구, 185~187면; 허규(1972), 195 참조.

재산 분배 비율을 미리 정하지 않은 경우에는 피상속인의 처(妻) 또는 모(母)가 이를 정할 수도 있었다.[45] 하지만 제사상속인이 이미 장성한 경우에는 그러하지 아니하다.[46]

라. 상속재산분할방법의 지정

피상속인은 유언으로 상속재산분할방법을 지정해 놓을 수도 있다.[47] 전통적 의미의 '분재(分財)'란 이를 의미하는 것이다.[48] 이와 같이 특정의 재산을 특정의 상속인에게 귀속시키는 내용의 유언을 한 경우에는 각 상속인은 분재절차와 무관하게 상속개시와 동시에 해당 재산에 관한 권리를 취득하였다.[49]

피상속인이 상속분의 지정과 상속재산분할방법 지정 권한을 결합하여 상속재산 전부를 임의로 분배하더라도 상속인들이 다툴 수 있는 방법은 없지만, 대개는 법정상속분에 따라 분배하는 것이 관행이었으며[50], 특정의 상속인에게 상속재산의 전부 또는 대부분을 분배하는 경우에는 '난명(亂命)'이라고 하여 그 효력을 부정하였다.

마. 상속재산처분의 금지

조부모 · 외조부모 또는 부모가 가산을 자손 외의 자에게 증여 또는 매도하지 말라는 취지의 유언을 하는 것도 가능했다. 이를 물급손외(勿給孫外) 또는 손외여타(孫外與他)의 유명(遺命)이라고 한다.[51] 이른바 '조업(祖業)의 법리'에 따른 것이다.[52] 물급손외의 유언에 반하여 타인에게 증여하면 그를 후손으로 인정하지 않으며, 유언으로 미리 지정된 다른 후손이 그 재산을 되찾아올 수 있었다.[53] 단, 3세에 달하지 않은 수양자녀와 제사를 지내는 계자(承重義子)는 친자녀와 마찬가지이므로, 물급손외의 유언에도 불구하고 수양자녀나 승중의자에

44) 정광현(1957), 247.
45) 보고서, 391.
46) 보고서, 391.
47) 조선시대의 관습에 대해서는 김성숙(1998), 17; 문숙자, 30; 신영호, 공동상속, 214, 216~218, 235~236; 신영호(1988), 544; 이경희, 514; 일제 강점기의 관행에 대해서는 보고서, 398. 법정상속인들 사이에 상속재산 분할방법을 지정하는 행위는 상속인 동시에 유증으로도 볼 수 있다는 견해로 김성숙(2004), 23 참조.
48) 신영호(1988), 530.
49) 1944. 8. 23.자 중추원 회답: 정광현, 연구, 186~187에서 재인용. 허규(1972), 195도 같은 취지이다.
50) 조선시대의 관행에 대해서는 김민정(2008), 21; 정긍식(2006), 285~296. 일제 강점기의 관행에 대해서는 보고서, 391, 397
51) 물급손외의 유명에 대해 자세히는 문숙자, 135~144 참조.
52) 김성숙(2004), 26, 31; 김은아(2009), 341; 신영호(1988), 548.
53) 정긍식(2009), 291.

게 상속재산을 나누어주는 것은 무방하였다(經國大典 刑典 私賤條).[54]

물급손외의 유언은 출가녀에게 자녀가 없을 때 상속재산을 다시 본족에 환원시키기 위한 것이므로 외조부모만 할 수 있다는 취지의 견해[55]가 있으나, 반드시 이에 국한되는 것은 아니다.[56] 또한 물급손외의 유언은 당해 피상속인에게 속하였던 상속재산에 한해 효력을 갖는다. 따라서 설령 부(父)가 첩자에게는 노비를 분급하지 말라는 취지의 유서를 작성해 놓았더라도 부(父)로부터 받은 노비가 아닌 처(妻)로부터 상속받은 노비를 첩자에게 나누어주는 것은 유효하다.[57]

물급손외의 유언에 의해 손외(孫外)의 자가 본래 가지고 있었던 법정상속분을 박탈하는 것은 허용되지 않는다.[58] 즉, 물급손외의 유명에도 불구하고 자손 외의 법정상속인은 법정상속분 한도로 재산을 분급받을 수 있으며, 법정상속분을 초과하는 재산을 유증받는 것이 봉쇄될 뿐이다.

하지만 일제강점기에는 "조상이 어떤 부동산을 사불천위토로 정하여 이를 일문의 공유로 하고, 동시에 유언에 의하여 영구히 매매 기타의 처분을 하는 것을 금하였다고 하더라도 그 자손인 공유자가 이를 처분할 수 없다고 하는 관습은 없고", 그 유언이 영구히 그 자손 전부를 구속하는 효력이 있는 것도 아니라고 하여 물급손외의 유언의 효력을 부정하였다.[59]

바. 유증

(1) 조선시대

조선시대에도 유증이 가능하였다. 일부 견해는 조선시대의 유증을 포괄적 유증과 특정유증을 구별하면서 특정 상속인에게 상속재산 전부를 나누어주는 것을 포괄적 유증, 후순위 상속인이나 법정상속인이 될 수 없는 자에게 상속재산을 나누어주는 것을 특정유증이라고 분류하고 있으나[60], 특별히 양자를 구별하는 법개념을 사료(史料)에서 찾아볼 수는 없다.[61] 조선시대에는 상속재산분

54) 위와 같은 입법이 이루어진 경위에 대해서는 김민정(2008), 24; 문숙자, 144~146; 신영호(1988), 548~550. 이에 반해 박경(2006), 151~152는 수양자가 孫外에 해당하므로 그 재산을 나누어주면 안 되었다고 서술하고 있다.
55) 김성숙(2004), 26.
56) 신영호(1988), 548.
57) 성종실록 240권 21년 5월 26일 기사.
58) 김성숙(2004), 27; 신영호(1988), 550.
59) 조선고등법원 1919. 10. 21.자 판결(록 6, 396).
60) 김민정(2008), 16.
61) 김성숙(1998), 24.

할방법의 지정이나 생전증여 · 사인증여 · 유증 등의 경계선도 불분명하였다.

다만, 피상속인은 자신의 상속재산을 1순위 법정상속인들에게 분재(分財)하는 내용의 유언을 하면서 손자나 처첩(妻妾) · 형제자매 등과 같이 1순위 상속인은 아니지만 일정한 요건이 갖추어지면 상속인이 될 자격이 있는 혈족들에게도 특정의 재산을 분배한다는 취지의 의사를 표시할 수 있었다.[62] 이러한 취지의 유언이 있었던 경우 자녀는 그 유언의 취지에 따라 당해 재산을 넘겨주어야 하는 부담을 지므로(이른바 遺命), 재산을 넘겨받는 입장에서는 이러한 유언이 사실상 '유증'의 기능을 담당하였으며, 실제로 위와 같은 형태의 유증이 종종 행해졌다.[63] 한편 조선시대에는 조업(祖業)의 정신에 따라 법정상속인이나 근친 아닌 자에게 유증을 하는 것은 허용되지 않음이 원칙[64]이었다고 하나, 의문이다.

혈족 등에게 재산을 분배한다는 취지의 유명이 있었던 경우에 상속인인 자손은 이를 넘겨주어야 했지만, 이것이 현대법적 의미에서의 부담부 유증이나 부담부 상속과 같은 성질을 갖는 것은 아니라고 한다.[65] 재산을 분배받는 자 역시 법정상속인에게 그 이행을 청구할 권리를 갖는 것에 불과한 것이 아니라, 피상속인의 사망과 동시에 당연히 당해 재산을 분급 받는다는 점에서 현대적 의미의 유증과 정확히 일치하는 것은 아니다.[66] 생전증여 또는 사인증여로서 그러한 분급이 행해진 것일 수도 있으나, 유증으로서의 분급과 사인증여로서의 분급의 구분 역시 사실상 불가능하다.[67] 본고에서는 편의상 이와 같이 피상속인의 의사표시에 따라 1순위 법정상속인 아닌 자에게 상속재산 중 일부를 나누어주었고, 그 효력이 피상속인 사후에 발생하는 행위를 포괄하여 유증이라고 하기로 한다.

(2) 일제강점기

일제강점기에도 1순위 법정상속인이 아닌 처첩(妻妾), 출가녀, 형제자매 등 근친자에게 유증을 하는 것은 널리 허용되었으나, 그 외의 자에게 유증을 하는 것은 흔한 일은 아니었다고 한다.[68] 하지만 친구 등 근친 외의 자에 대한 유증

62) 신영호(1988), 530. 신영호, 공동상속, 157은 이것만을 별급(別給)이라고 칭한다.
63) 구체적인 내용은 김민정(2008), 17~19면 참조.
64) 신영호, 공동상속, 188, 192.
65) 김성숙(2004), 22.
66) 신영호, 공동상속, 193; 신영호(1988), 530.
67) 김성숙(2004), 25~26; 신영호(1988), 530 참조.
68) 김성숙(1998), 17~18.

도 인정하는 취지의 사료가 있다.[69] 가령 이 시기에는 단신이었던 여호주가 출가녀 2인 중 1인에게 상속재산 전부를 유증한 경우에도 그 효력이 인정되었는데[70], 이에 대해서는 비판적인 견해가 있다.[71] 포괄유증과 특정유증의 구별도 일제강점기 초기에 처음 등장하였다.

유증을 할 수 있는 자와 유증을 받을 수 있는 자의 자격 등에 대해서는 제4절 II. 이하 참조. 난명(亂命)이라는 이유로 유증의 효력이 부정되는 사안에 대해서는 제4절 I. 3. 이하 참조. 유증의 효력 일반에 대해서는 제4절 Ⅳ. 이하 참조.

사. 혼인외 자의 인지

피상속인은 유언으로 혼인 외 출생자를 인지할 수 있었다.[72] 가령 부(父)가 혼인외 출생자를 친자로 인정하고 자기의 출생자로 출생신고를 해달라고 부탁한 후 부(父)가 사망하였으며, 그에 따라 유처(遺妻)가 그 자(子)를 부(父)와 자기 사이의 출생자로 신고하였다면 부(父)가 유언으로 그 자(子)를 인지한 것으로 본다.[73] 혼인외자가 아직 태아인 경우에도 같다.[74]

아. 기타

그 밖에 유언으로 친생부인을 하거나 후견인을 선임하는 것, 묘지를 선정하거나 매장방법·제사 등에 관해 지시하는 것, 장래 계속적으로 일정한 행위를 해서는 안 된다든지 계속 해야 한다든지 하는 등의 유언 등도 가능하였다.[75]

3. 유언의 한계

유언의 자유를 유류분에 의해 제한하는 관습은 존재하지 않았다.[76] 하지만 단순히 유류분이 없었다는 이유로 내용과 무관하게 언제나 유언의 효력이 인정된 것은 아니다. 전래의 법제는 다양한 방법을 통해 피상속인의 유언으로부터 법정상속인의 상속분을 충분히 보장하여 왔다.[77] 그 중에서도 법정상속

69) 보고서, 396, 401.
70) 사법협회 질의응답(잡지 12-9, 5).
71) 김성숙(1998), 19.
72) 자료, 555; 대법원 1966. 11. 29. 선고 66다1251 판결; 대법원 1986. 3. 11. 선고 85므101 판결; 대법원 1991. 3. 27. 선고 91다728 판결.
73) 대법원 1986. 3. 11. 선고 85므101 판결; 대법원 1991. 3. 27. 선고 91다728 판결.
74) 보고서, 401.
75) 조선시대의 관습에 대해서는 김은아(2009), 329; 신영호, 공동상속, 193; 신영호(1988), 529; 신영호(1989), 108; 일제 강점기의 관습에 대해서는 보고서, 401.
76) 보고서, 403; 조선고등법원 1930. 2. 25.자 판결(록 17, 51); 사법협회 질의응답(잡지 18-5), 77.
77) 고정명·조은희, 353; 김기영(2011), 100; 신영호·김상훈, 438; 신영호(1989), 108~109; 이경희, 524; 김민정(2008), 25~26; 박동섭, 694, 788; 오시영, 704; 주석상속(2), 204.

인을 보호하는 가장 중요한 수단은 '난명(亂命)'의 법리이다.

본래 '난명'이란 정신이 혼미한 상태에서 행해져 그 효력을 인정할 수 없는 유언을 말하지만[78], 조선시대에는 혈족 아닌 자에게 재산을 분재하여 가산을 외부로 유출시킨 경우나 법정상속인 중 1인에게 상속재산 전부를 승계시킨 경우 또는 법정상속인인 자녀가 있음에도 불구하고 그 외의 혈족에게 다수의 재산을 분급해준 경우 등 상속인의 법정상속·균분상속에 대한 기대에 반하는 분재나 유증이 있었던 경우에는 모두 '난명'으로 보아 그 행위의 효력을 다툴 수 있도록 하였다.[79] 그 밖에 당시의 종법적 신분질서나 상속법규에 위반되는 유언, 사기나 강박에 의한 유언, 위조되거나 변조된 유언 등 역시 난명에 해당한다고 보아 그 효력이 부정되었다.[80]

따라서 유류분 제도를 전적으로 부정하고, 어떠한 내용을 담고 있는 유언이라도 무제한적으로 그 효력을 인정한 일제 강점기의 관습인식은 왜곡된 것이라는 비판이 있다.[81] 다만, 어느 정도의 불공평한 분재여야 난명으로 취급되는지는 분명하지 않으며[82], 균분상속의 전통이 강력하였던 조선 전기에도 난명의 효력을 인정할 것인지 여부에 대해서는 시기에 따라 또한 사안에 따라 다양한 견해가 개진되었다.[83] 게다가 조선 중기 이후로는 상속분쟁을 관에 고하는 것 자체가 금지되었으므로, 법정상속인의 상속권을 침해하는 내용의 유언이 있었다고 하여 이를 다툴 방법이 존재하는 것도 아니었다.[84]

더 나아가 피상속인은 생전에 행해지는 별급(別給)에 의해 상속재산 중 상당한 부분을 장자나 첩자 등 공동상속인 중 1인 또는 공동상속인 외의 제3자에게 증여할 수 있었고[85], 이에 대해서는 공동상속인들이 그 효력을 부정하거나 반환을 청구할 수 있는 방법이 없었기 때문에 이러한 의미에서는 유류분의 관습이 없었다고도 할 수 있을 것이다.

---

78) 신영호(1988), 539.

79) 고정명·조은희, 353; 김기영(2011), 100; 김성숙(1998), 18~19. 김성숙(2004), 31~32; 김주수·김상용, 800; 신영호·김상훈, 438; 오시영, 704; 이경희, 514; 정광현(1957), 248.

80) 세종실록 49권 12년 9월 18일 기사; 중종실록 86권 32년 12월 5일 기사. 신영호(1988), 543~544도 같은 취지이다.

81) 김성숙(1998), 27; 김주수·김상용, 800~801; 신영호, 공동상속, 227~228; 신영호(1988), 553; 신영호(1989), 109~110; 신영호·김상훈, 438; 이경희, 514; 정광현(1957), 248.

82) 김성숙(1998), 19; 김성숙(2004), 32; 신영호(1988), 540.

83) 세종실록 49권 12년 9월 18일 기사; 문종실록 9권 원년 8월 29일 기사; 숙종실록 6권 원년 6월 4일 기사; 중종실록 86권 32년 12월 5일 기사.

84) 보고서, 391.

85) 문숙자, 68~78, 92~94.

Ⅱ. 유언의 주체와 수증자

1. 유언의 주체

가. 유언의 자격

다수의 문헌은 조선시대에 유언은 조부모와 부모만이 할 수 있음이 원칙이라고 서술한다(經國大典 刑典 私賤條).[86] 이 시대의 유언은 자손에게 그 소유재산을 분급하며, 경우에 따라서는 그 중 일부를 제3자에게 넘겨줄 의무를 부담시키기 위한 것에 불과하였기 때문이라고 한다.[87] 성종 때에 이르러서는 외조부모의 유언도 그 효력이 인정되었으며(續大典 刑典 文記條), 따라서 외조부모는 출가한 딸과 그로부터 출생한 외손을 위해 재산을 분급해줄 수 있었다.[88] 양부모가 유언을 할 수 있음은 물론이다.[89] 부모·조부모·외조부모가 유언을 할 때에는 부부가 공동으로 문기(文記)를 작성하여 유언할 수도 있었다.[90]

하지만 엄밀히 말하면 현대적 의미의 유언은 누구나 할 수 있었다. 부모·조부모·외조부모 및 양부모가 자녀에게 재산을 분급하는 취지의 유언하는 경우에는 관서문기에 따라 전계할 필요 없이 백문문기에 의해 간이하게 재산을 나누어줄 수 있었고, 이러한 문서만을 좁게 '유서'라고 지칭한 것에 불과하다.[91] 유언의 방식에 대해서는 제4절 III. 참조. 실제로도 증조부가 증손에게 재산을 나누어주는 취지의 유언을 한 사례가 발견되며, 당해 사례에서 유언을 이행하지 않은 자(子)를 처벌하기도 하였다.[92] 설령 조부모가 유언을 하는 것이 허용되지 않는다고 하더라도, 전계문기를 통해 증손에게 별급하는 것은 얼마든지 가능하였을 것이다.[93] 반면 계모자관계·적모서자관계의 경우에는 백문문기에 의한 유언 작성이 허용되지 않았으며, 관서문기를 이용해야 했다(大典後續錄 刑典 私賤條).[94]

---

86) 대표적으로 이경희, 513.
87) 신영호(1988), 531.
88) 성종실록 236권 20년 5월 26일 기사; 21년 1월 13일 기사. 이를 둘러싼 논란에 대해 자세히는 김민정(2008), 25 각주 52); 김은아(2009), 334; 신영호, 공동상속, 208~209; 신영호(1988), 531~534 참조.
89) 숙종실록 6권, 원년 6월 22일 기사. 김성숙(2004), 24; 김은아(2009), 334; 신영호(1988), 535; 오시영, 704도 같은 취지이다.
90) 단종실록 4권 즉위년 11월 5일 기사. 김기영(2011), 100; 김성숙(1998), 18도 같은 취지이다.
91) 유사한 취지로 김일미(1973), 43~44.
92) 단종실록 4권 원년 8월 28일 기사. 김은아(2009), 332~333; 신영호(1988), 531도 같은 취지이다.
93) 김성숙(2004), 23~24; 신영호(1988), 545.
94) 김일미(1973), 44; 박병호, 424; 신영호(1988), 535; 오시영, 704.

일제 강점기에 유언의 자격에 아무런 제한이 없었음은 물론이다.

(2) 유언능력

조선시대에는 유언능력에 관한 특별한 관습법이 발견되지 않는다.[95] 심신상실 중인 존속이 그 비속에게 하는 유언을 난명(亂命)으로 보아 그 효력을 부정하였을 뿐이었다.[96]

이는 일제강점기에도 크게 다르지 않았다. 일제강점기에는 처(妻)의 법률행위능력이 제한되었으므로, 처가 중요한 법률행위를 할 때에는 부(夫)의 허가를 받아야 했지만, 유증에 관하여는 처(妻)라도 그 행위능력을 인정하였다. 따라서 처(妻)가 유언을 할 때에는 부(夫)의 허가를 요하지 않는다고 보았다.[97]

2. 수증자

조선시대에 유증을 받을 수 있는 사람은 혈족 내지 상속인 자격 있는 자로 국한되었으며, 제3자에게 상속재산을 승계시켜 가산을 외부로 유출시키는 내용의 유언은 '난명(亂命)'이라고 하여 일부 그 효력이 부정된 예가 있다고 한다.[98] 특히 조선 초기에는 사노비나 전지를 절이나 무당에게 시납하는 것을 엄격히 금지하였다(經國大典 刑典 禁制條).[99] 이른바 조업(祖業) 사상에 기초한 것이다. 따라서 피상속인이 전계문기에 의해 제3자에게 재산을 승계시키는 것은 별론으로 하고, 유서에 의해 법정상속인이 받을 상속분을 침해하는 것은 허용되지 않았다. 태아의 수증능력에 대해서는 별다른 관습을 찾아볼 수 없다.[100]

일제강점기에도 위와 같은 관습이 유지되어 자손과 동순위에서 상속에 참여할 수 없는 근친자에게만 유증이 가능했다고 보는 견해[101]가 있다. 하지만 이 시기에 수증자의 자격을 제한한 사료는 찾아보기 어렵다. 태아는 유증에 관하여 출생한 것으로 보는 것이 일제강점기의 관습이었다. 따라서 유증을 받은 자가 태아라면 그 출생을 기다려 재산상속을 받은 자가 유언에 따라 그것을 분여해 주었다.[102] 태아의 수증능력에 대해 이른바 '정지조건설'을 택한 것이다.[103]

---

95) 김은아(2009), 332.
96) 김성숙(1998), 23.
97) 조선고등법원 1916. 3. 14.자 판결(록 3, 439).
98) 김성숙(2004), 30~31; 김은아(2009), 341; 박동섭, 694, 788; 주석상속(2), 204.
99) 김민정(2008), 23.
100) 김성숙(1998), 20.
101) 김성숙(1998), 18.
102) 보고서, 76.
103) 김성숙(1998), 20.

Ⅲ. 유언의 방식

1. 조선시대

가. 백문문기 방식

조선 시대에 상속재산을 나누어 주는 내용의 유언에는 일정한 방식이 요구되었다. 즉, 분재의 유언은 서면의 방식으로만 가능하다.[104] 하지만 부모·조부모·외조부모 또는 양부모 등이 유언을 할 때에는 보다 완화된 백문문기(白文文記) 방식을 이용할 수 있었다. 이때 백문문기란 문기의 성립에 있어 증인이나 집필자를 갖추어야 한다는 요건만 충족하면 유효하게 성립하는 문기로서 관인이 찍히지 않은 문서를 말한다.[105]

경국대전에 따르면 조부(祖父)와 부(父), 외조부(外祖父)의 유언은 반드시 자필로 해야 했으며, 조모(祖母)와 모(母), 외조모(外祖母)의 유언은 친척 가운데 현관(顯官), 즉 문무양반의 정직(正職)에 있는 자가 대필하고, 증인이 되어야 했다(經國大典 刑典 私賤條).[106] 조부(祖父)와 부(父), 외조부(外祖父)라도 그가 자필을 할 수 없음을 누구나 알고 있는 자이거나 질병자인 경우에는 조모(祖母)와 모(母), 외조모(外祖母)의 예에 따른다(經國大典 刑典 私賤條).[107] 거짓이나 위조를 방지하기 위함이다.[108] 양부나 의부(義父)의 경우에도 친부의 경우와 같이 백문문기로 상속재산을 분배할 수 있었다.[109] 위 요건을 갖춘 경우에는 비밀증서로 유언을 할 수도 있었다.[110]

나. 관서문기 방식

유언이 부모·조부모·외조부모·양부모·부처(夫妻)와 첩·형제자매 외의 자 간에 상속재산을 분배하는 내용인 경우에는 관서문기(官署文記)로 작성하도록 하였다.(經國大典 刑典 私賤條).[111] 관서문기란 관의 입안을 받아야 하는 증서로 중요한 재산의 귀속을 명확히 하고, 관이 승계와 처분의 효력, 승계의 당부

---

104) 헌법재판소 2008. 3. 27. 선고 2006헌바82 결정. 고정명·조은희, 353; 김성숙(2004), 24; 김은아(2009), 329; 김주수·김상용, 800; 박병호, 424; 오시영, 704.
105) 김성숙(2004), 24; 김은아(2009), 329, 335.
106) 김기영(2011), 100; 김성숙(2004), 27; 김은아(2009), 336; 신영호(1988), 535; 이경희, 513.
107) 김기영(2011), 100; 김성숙(2004), 27; 김은아(2009), 336; 신영호(1988), 535; 오시영, 704; 이경희, 513.
108) 김성숙(2004), 28; 김은아(2009), 336; 신영호(1988), 536.
109) 숙종실록 6권 원년 6월 22일 기사.
110) 신영호, 공동상속, 217; 신영호(1988), 536.
111) 김민정(2008), 23; 김성숙(2004), 28; 정긍식(2009), 291.

를 심사하는 기회를 가짐으로써 후일의 분쟁을 막고자 하는 것을 말한다.[112] 전모(前母)·계모의 의자녀에 대한 전계문기와 적모의 첩자녀에 대한 전계문기 역시 관서문기로만 가능하였다(大典後續錄 刑典 私賤條).[113] 이와 같은 관서문기에 의한 상속재산 처분은 유언이라고 볼 수 없다[114]는 견해가 있으나, 조선시대 '유언'의 의미를 어떻게 정의내리는가의 차이일 뿐이다.

다. 분재 외의 유언의 경우

위와 같은 방식은 상속재산을 나누어주는 내용의 유언에만 적용되었을 뿐이므로, 제사상속인의 폐적 등 다른 내용의 유언에는 적용되지 아니하였다.[115] 따라서 백문문기의 방식조차 갖추지 않은 경우라도 그 효력이 인정되었다. 이에 대해서는 매장방법이나 제사에 관한 지시, 장래 계속적으로 일정한 행위를 해서는 안 된다든지 계속 해야 한다든지 하는 등의 유언의 경우에도 방식을 갖추어야 한다는 취지의 이설(異說)이 있다.[116]

2. 일제강점기

일제 강점기 하에서는 유언의 방식을 강제하는 내용의 관습이 존재하지 않는 것으로 인식되었다.[117] 특별방식에 의한 유언이 따로 있는 것도 아니었다.[118] 따라서 자필 서면으로 유언을 한 경우뿐만 아니라, 대필에 의지하여 유언한 경우에도 그 효력이 인정되었다.[119] 다만, 자필서면의 경우에는 그 서면에 날인 또는 화압(花押)을 하고, 대필서면의 경우에는 필자 또는 증인의 날인이나 화압(花押)을 하는 것이 통상이었다고 한다.[120]

유언이 반드시 서면으로 이루어져야 하는 것도 아니었다. 가족 등 근친들 앞에서 구두로 유언한 경우와 같은 구술유언의 효력도 인정되었다.[121] 가령

112) 김성숙(2004), 24. 정긍식(2006), 284~285는 관서문기를 "증인과 필집이 족친 또는 현관인 문기"라고 정의내리고 있다.
113) 김성숙(2004), 24~25, 28~29; 김은아(2009), 335; 신영호(1988), 535.
114) 김은아(2009), 335.
115) 김성숙(1998), 22~23; 김성숙(2004), 27; 신영호(1988), 536.
116) 김은아(2009), 329.
117) 보고서, 401; 1922. 11. 9.자 중추원회답(휘집, 420); 대법원 1966. 11. 29. 선고 66다1251 판결; 대법원 1986. 3. 11. 선고 85므101 판결; 헌법재판소 2008. 3. 27. 선고 2006헌바82 결정.
118) 조선고등법원 1930. 2. 25.자 판결(록 17, 51).
119) 보고서, 401; 1922. 11. 9.자 중추원회답(휘집, 420). 김성숙(1998), 21도 같은 취지이다.
120) 1922. 11. 9.자 중추원회답(휘집, 420). 김성숙(1998), 7도 같은 취지이다.
121) 보고서, 401; 1922. 11. 9.자 중추원회답(휘집, 420). 고정명·조은희, 353; 김성숙(1998), 21; 김주수·김상용, 801; 오시영, 704; 이경희, 514도 같은 취지이다.

여호주가 병상에서 여러 사람을 모아 놓고 자기의 상속재산을 출가녀에게 유증하는 의사를 표시한 것은 유효하였다.[122] 구술유언을 할 때 유언자에게 근친이 없으면 이장 기타의 자를 증인으로 하여 유언을 하는 경우도 있었다고 한다.[123] 그 유언이 유언자의 진의에 기초한 것임을 충분히 알 수 있어야 함은 물론이다.[124]

별도의 방식을 갖추지 않고 구두로만 유증을 받은 경우에는 부동산소유권 이전의 증명신청시 유언증본의 첨부가 어려우므로, 유언이 있었다는 것을 증명하는 서면의 제출이 있으면, 그 증명신청을 수리하여야 했다.[125] 이와 같이 일제강점기에 유언에 관해 방식주의를 택하지 않은 것에 대해서는 전통적인 관습을 왜곡한 것이라는 비판이 있다.[126]

유의할 것은 이 시기에도, 유증을 받거나 유언으로 이익을 받는 자에게 진술하거나 그에게 대필시킨 유언은, 입회인이 없는 한, 그 효력을 인정하지 않았다는 점이다.[127] 신빙성을 확보할 수 없었기 때문이다.

3. 경과규정

현행 민법에 의해 다시 유언에 관해 방식주의가 도입되었지만, 현행 민법 시행 전에 舊 관습에 따라 이미 방식 없이 행해진 유언은, 만약 유언자가 현행 민법 시행일인 1960. 1. 1.부터 유언의 효력발생일까지 그 의사표시를 할 수 없는 상태에 있었다면, 민법 시행 후에도 그대로 유효하다(부칙 §26).[128] 다만 민법 시행 후에야 그 유언의 효력이 발생하였다면, 유언집행절차에 관하여는 민법의 규정을 따라야 한다.[129]

---

122) 사법협회 질의응답(잡지 12-9, 50). 김성숙(1998), 18도 같은 취지이다.
123) 1922. 11. 9.자 중추원회답(휘집, 420). 김성숙(1998), 21도 같은 취지이다.
124) 보고서, 401.
125) 김성숙(1998), 21.
126) 김성숙(1998), 18, 22~23; 신영호, 공동상속, 227~228; 신영호·김상훈, 438~439; 신영호(1988), 527; 이경희, 514.
127) 보고서, 401.
128) 대법원 1987. 11. 24. 선고 87므36 판결.
129) 대법원 1965. 5. 7. 선고 65다1265 판결.

Ⅳ. 유언의 효력

1. 효력발생시기

유언은, 정지조건 또는 시기가 붙어있지 않는 한, 유언자가 사망한 때부터 그 효력을 발생하였다.[130] 유언에 의한 인지도 마찬가지이다.[131] 다만, 유언에 의한 입양 역시 신고함으로써 효력이 발생하는 것이 원칙이나, 그 효력은 양친이 사망한 때로 소급한다(1922. 12. 7.자 개정 조선민사령 §11 ②).[132] 또한 유언에 의한 입양에 정지조건을 붙인 때에는 유언자 사망 전에 이미 그 조건이 성취되어 있어야 하며, 그렇지 않은 경우에는 유언이 효력을 잃었다.[133]

2. 유증목적물의 귀속

유증의 목적물인 재산은 유언의 효력발생과 동시에 당연히 수증자에게 귀속하는가. 명백한 관습은 없으나, 관습조사보고서는 유언의 집행이 있은 후에 비로소 수유자의 소유로 귀속한다고 보았으며, 포괄유증과 특정유증의 구별 역시 존재하지 않는다고 서술하고 있다.[134] 하지만 일제강점기 후기에는 포괄유증과 특정유증을 구별하면서 포괄유증의 경우에는 유언의 효력발생과 동시에 포괄적 수증자가 상속인과 동일한 권리의무를 가지므로, 별도의 유언집행이 필요하지 않다고 보았다.[135] 특정유증의 경우에는 일찍부터 유언자의 사망과 동시에 그 소유권이 수증자에게 귀속된다는 취지의 사료가 발견된다.[136]

3. 유증의 포기와 승인

유증의 승인과 포기에 관한 관습은 찾아보기 어렵지만, 일반 관념상 당연히 포기할 수 있다고 보았다.[137]

---

130) 조선시대에 관해서는 김성숙(1998), 25; 김은아(2009), 336; 일제강점기에 대해서는 보고서, 401.
131) 자료, 555.
132) 자료, 556.
133) 조선고등법원 1927. 2. 15.자 판결(록 14, 16).
134) 보고서, 402.
135) 조선고등법원 1932. 9. 30.자 판결: 김성숙(1998), 24; 주석상속(2), 281에서 재인용. 이에 찬성하는 견해로 김성숙(1998), 25.
136) 1917. 8. 15.자 총감회답(휘집, 323).
137) 보고서, 402. 김성숙(1998), 25은 조선시대에도 유증의 포기는 이론상 가능했을 것이라고 서술하고 있다.

4. 후계유증

생전행위 또는 유언으로 상속재산을 분재 내지 유증한 경우에 피상속인은 그 분재 내지 유증받은 자에게 그의 사후에 해당 재산을 특정인에게 승계할 것을 미리 지정해 놓는 내용의 유언을 할 수 있는가.[138] 자손은 부모의 유명(遺命)에 구속된다는 이유로 유언의 효력을 인정한 사안[139]과 효력 자체는 인정되지만 이미 출소기간이 도과하였고, 자(子)가 부(父)의 비행을 소구하는 것은 허용되지 않는다는 이유로 유언에 반하는 처분행위의 효력을 인정한 사안[140], 유언의 효력이 미치는 상속재산이 아니라는 이유로 그 유언에 구속되지 않는다고 판단한 사안[141] 등이 혼재한다.

V. 유언의 집행

1. 유언의 보관, 개봉 및 검인

유언서는 대개 문갑 속에 감추어 유언자 자신이 보관하거나 처자(妻子) 등 근친에게 위탁하여 보관하며, 공적인 보관절차는 존재하지 않았다.[142] 유언자가 따로 보관자를 정하지 않은 때에는 유언집행자가 이를 보관한다.[143] 그 밖에 유언의 개봉이나 검인 등에 관한 관습은 찾아볼 수 없다.[144] 따라서 검인을 거치지 않더라도 유언은 유효하다.[145]

2. 유언집행자

가. 지정유언집행자

유언자는 유언으로 유언집행자를 지정할 수 있고, 그 지정을 제3자에게 위탁할 수도 있다.[146] 대법원 역시 피상상속인이 "우리 부부가 사망한 후에는

138) 위 쟁점에 관한 실록의 기사를 소개하고 있는 문헌으로 김성숙(2004), 29~30; 김은아(2009), 336~337; 신영호(1988), 545~548.
139) 성종실록 126권 12년 2월 20일 기사.
140) 성종실록 235권 20년 12월 13일 기사.
141) 성종실록 240권 21년 5월 26일 기사.
142) 보고서, 401; 1922. 11. 9.자 중추원회답(휘집, 420).
143) 1922. 11. 9.자 중추원회답(휘집, 420).
144) 보고서, 401.
145) 사법협회 질의응답(잡지 12-9, 50).
146) 1926. 8. 9. 중추원회답(휘집, 453); 1924. 8. 2.자 법무국장 회답: 자료, 560에서 재인용. 주석상속(2), 317도 같은 취지이다.

조카인 원고를 사후양자로 선정하고 내 재산 중 이 사건 논 550평을 원고에게 제사답으로 유증하되, 그 소유권이전등기는 딸인 피고가 넘겨주라"는 취지의 유언을 한 경우에는 딸인 피고를 유언집행자로 지정하는 취지의 유언이 있었다고 보고, 그 효력을 인정한 바 있다.[147] 다만, 포괄유증은 집행을 요하지 않으므로, 오로지 포괄유증만을 위해 유언집행자를 지정하는 내용의 유언은 무효이다.[148]

나. 법정유언집행자

유언에 의해 지정된 유언집행자가 없는 경우에는 제사상속인이 집행자가 되었다.[149] 즉, 유언의 집행은 원칙적으로 장남이 맡되, 장남이 사망한 경우에는 장손이 맡았다.[150] 이때 장남 또는 장손은 통상적으로 호주상속인이자 단독상속인으로서 피상속인이 정한 비율 또는 스스로 정한 비율에 따라 상속재산을 분할 내지 분재하는 분할집행자로서의 역할을 하였다.

피상속인에게 장남과 장손이 모두 없는 경우에는 어떠한가. 차남 이하의 자가 순차로 이를 맡으며, 그도 없는 경우에는 부, 조부, 처, 모, 조모, 장자부(長子婦), 딸 등이 이를 맡고, 유언자가 처(妻)인 경우에는 부(夫)가 유언을 집행한다고 본 예[151]도 있고, 유언자가 호주인 경우에는 조모, 모, 처, 그 외의 근친의 순서에 의해, 유언자가 가족인 경우에는 호주가 유언집행자가 된다고 본 예[152]도 있다. 다만, 유언집행자는 유언자와 같은 가(家)에 있어야 했다.[153]

유언에 의한 입양의 경우에는, 유언에 의해 유언집행자를 지정하지 않은 한, 유언자의 배우자, 모, 조모의 순으로 유언을 집행하되, 이에 해당하는 자가 없는 때에는 친족회에서 선정한 자가 유언집행자가 되었다.[154]

1순위 유언집행자가 유언을 집행하지 않은 채 사망하면 차순위 유언집행자가 그 유언을 집행해야 했다.[155] 유언집행자가 될 만한 상속인이 없는 경우에는 어떠한가. 상속인 외의 근친이 맡되, 근친도 없는 경우에는 문장이, 문장

---

147) 대법원 1965. 9. 7. 선고 65다1265 판결.
148) 조선고등법원 1932. 9. 30.자 판결: 김성숙(1998), 24; 주석상속(2), 281에서 재인용.
149) 1926. 8. 9. 중추원회답(휘집, 453). 주석상속(2), 320도 같은 취지이다.
150) 1922. 11. 9.자 중추원회답(휘집, 421).
151) 1922. 11. 9.자 중추원회답(휘집, 421). 주석상속(2), 321에 따르면 상속인이 없는 경우에는 호주·배우자·근친자 등이 유언집행자가 된다고 한다.
152) 1926. 8. 9. 중추원회답(휘집, 453).
153) 1922. 11. 9.자 중추원회답(휘집, 421).
154) 1924. 8. 2.자 법무국장 회답: 자료, 560에서 재인용.
155) 대법원 1963. 9. 26. 선고 63다462 판결. 최근친이 대행해야 한다는 사료로 1926. 8. 9.자 중추원회답(휘집, 453)도 참조.

이 없는 경우에는 이장이 집행하도록 하였다.[156] 유언자가 승려인 경우에는 상좌 중 최상위에 있는 자가 유언집행자가 된다.[157]

3. 유언집행자의 임무수행

유언집행자는 유언자 사망 후에 지체 없이 유언의 취지에 따라 그 임무를 이행하여야 했다.[158] 단, 차남 이하에 대한 분재는 분가시에, 미혼녀에 대한 유증의 이행은 출가시에 하는 등 일정한 시기가 도래해야 그 임무를 이행할 수 있는 경우도 있다.[159] 유언집행자가 연소하거나 무능력한 경우에는 친권자 또는 후견인이 이를 대행한다.[160]

Ⅵ. 유언의 취소와 철회

1. 유언의 취소

가. 조선시대

조선시대에는 유언자가 사망한 후 수증자에게 망은행위와 같은 부도덕한 행위가 있었던 경우 관(官)에서 유언을 취소할 수 있었다.[161] 이와 같이 유언이 취소된 경우에는 법정상속제도에 따라 상속재산을 분배하였다.[162] 위와 같은 유증의 취소청구를 할 수 있는 자는 누구인가. 상속인, 근친자 또는 이해관계인이라는 견해[163]가 있으나, 사료에서는 그 근거를 발견하기 어렵다.

그 밖에 피상속인에 의한 분재가 불공평하거나, 신분질서 기타 상속법규에 위반되거나 사기·강박에 의한 유언인 경우에는 당해 유언을 난명(亂命)으로 보아 관(官)에서 유언을 취소할 수 있다는 견해[164]가 있다. 위와 같은 사유가 있을 때 난명으로 처리한 것은 사실이나, 그것이 무효사유인지 취소사유인지는 확실하지 않을 뿐만 아니라, 무효 또는 취소사유라고 하더라도 당해 유언의 효력을 부정하기 위해 반드시 관(官)의 결정이 필요하였는지 역시 밝혀지지 않았다.

---

156) 1922. 11. 9.자 중추원회답(휘집, 420).
157) 1917. 8. 15.자 총감회답(휘집, 323).
158) 1922. 11. 9.자 중추원회답(휘집, 420). 주석상속(2), 329도 같은 취지이다.
159) 1922. 11. 9.자 중추원회답(휘집, 420).
160) 1926. 8. 9. 중추원회답(휘집, 453).
161) 신영호(1988), 551~552.
162) 김성숙(2004), 34.
163) 김성숙(1998), 26; 김성숙(2004), 33~34.
164) 김성숙(1998), 25.

나. 일제강점기

일제강점기에는 서면에 의하지 않은 유증이라도 취소할 수 없음이 원칙이었다.[165] 다만, 부담부 유증을 한 경우에 수증자가 부담한 의무를 이행하지 않으면 상속인이 그 유증을 취소할 수 있었다.[166] 이때 취소권자인 상속인에는 제사상속인, 재산상속인, 제사상속인이 아닌 봉사자 등이 모두 포함되었다.[167] 현행 민법과 같이 법원으로부터 취소 재판을 받아야만 하는지 여부에 대해서는 확연한 관례를 찾아볼 수 없다.[168]

2. 유언의 철회

유언자에게는 철회의 자유가 인정된다. 다만, 조선시대에는 백문문기로 유언이 행해진 이상 그 유언의 철회는 관에 신고해야만 가능한 것이 원칙이었으나, 실제로 그러했는지는 의문이라는 견해가 있다.[169] 앞의 유언과 저촉되는 뒤의 유언이 있는 경우에 앞의 유언이 철회된 것으로 보았음은 물론이다.[170]

부부공동유언의 경우에는 어떠한가. 이때에도 부부 각자는 생존하는 동안 유언을 단독으로 철회할 수 있었다.[171] 부부 중 일방이 사망한 경우라면 생존한 일방은 자기 재산에 관한 유언에 한하여 이를 철회할 수 있고, 이때 사망자의 재산에 관한 유언의 효력은 생존 배우자가 사망할 때까지 정지되었다가 생존배우자 사망 후 발효된다는 것이다.[172]

그 밖에 유언의 철회와 관련하여 일제강점기에 특별한 관습은 발견되지 않는다.

---

165) 대법원 1958. 4. 3. 선고 4290민상643 판결: 주석상속(2), 602~603에서 재인용.
166) 보고서, 403.
167) 보고서, 403.
168) 주석상속(2), 359.
169) 신영호(1988), 536. 신영호, 공동상속, 218~219도 참조하라.
170) 신영호(1988), 536~537.
171) 김성숙(1998), 18; 신영호(1988), 537~538.
172) 신영호(1988), 538. 김성숙(2004), 35은 동일한 사안과 관련하여 생존배우자가 자기 재산에 관하여 공동유언을 '취소'할 수 있다고 서술하고 있으나, '철회'의 오기인 것으로 보인다.

第 5 節　상속회복청구권

▌**참고문헌**: 박세민(2007), "민법시행 이전에 개시된 상속과 상속회복청구권의 제척기간", 가족법연구 21-3; 윤진수(2011b), "상속회복청구권의 연구", 민법논고[V]; 윤진수(2011c), "상속회복청구권의 소멸시효에 관한 구관습의 위헌 여부 및 판례의 소급효", 민법논고[V]; 이상욱(1988), "일제하 호주상속관습법의 정립", 법사학연구 9; 이상욱(1990), "일제시대의 재산상속관습법", 법사학연구 11; 이상욱(1991a), "일제하 전통가족법의 왜곡", 박병호 화갑기념(II); 이상욱(2004), "상속회복청구권의 시효에 관한 일제시대 관습법의 정립과 왜곡", 가족법연구 18-2; 이화숙(2004), "상속회복청구권의 시효에 관한 관습법의 효력", 가족법연구 18-1; 허규(1972), "상속관습법상의 상속분과 상속재산의 분할", 사법논집 3

Ⅰ. 의의

상속회복청구란 정당한 상속인이 상속인을 참칭하여 불법하게 상속상 지위를 침해하고 있는 자를 상대로 그 상속권의 회복을 구하는 권리를 말한다. 조선시대에도 공동상속인 중 1인이 상속재산을 합집(合執)하고 나누어주지 않는 경우에는 이를 다투는 방법이 마련되어 있었지만, 그것이 상속재산분할청구의 성격을 갖는 것인지 또는 상속회복청구의 성격을 갖는 것인지는 분명하지 아니하였다.

하지만 일제 강점기 전기부터 조선고등법원은 "조선에서 정당한 상속인의 회복청구권을 부정하는 관습은 없다."[1]고 하면서 호주상속의 경우에는 호주상속회복청구권을, 재산상속의 경우에는 유산상속회복청구을 인정하였다. 이 중 호주상속의 경우에는 그 포기가 인정되지 않고, 강행법규에 따라 그 상속의 개시원인과 순위가 엄격하게 정해져 있었으므로, 이에 어긋나는 호주상속이 이루어진 경우에는 호주상속무효의 소를 제기하는 것도 가능하였는바, 호주상속회복의 소는 호주상속무효의 소에 대한 특별규정으로서 참칭상속인을 상대로 상속권의 존부를 분쟁내용으로 삼는 소송을 제기했을 때에 한하여 이용할 수 있었다.[2]

---

1) 조선고등법원 1920. 6. 23.자 판결(록 7, 207).
2) 대법원 1989. 9. 26. 선고 87므13 판결.

Ⅱ. 상속회복청구권자

상속회복청구를 할 수 있는 사람은 정당한 상속인이다. 진정한 상속인이라면 아직 자신과 피상속인과의 신분관계 존부에 관한 판결이 확정되지 않았더라도 참칭상속인을 상대로 상속회복청구를 소구할 수 있다.[3)]

상속회복청구권자가 아직 미성년자인 때에는 그의 친권자가 그 소송행위를 대리할 수 있다. 친권자에게 재산관리권이 없는 경우에도 같다.[4)]

상속권을 침해당한 상속인이 상속회복청구권을 행사하지 않고 사망한 때에는 그 청구권이 소멸하나, 그 자의 상속인은 자기의 상속권이 침해당한 것을 이유로 고유의 상속회복청구를 할 수 있다.[5)] 하지만 이미 상속회복청구의 소에 대한 확정판결이 있은 후에는, 설령 재심 사유가 있더라도, 그 청구권자 사망 후 그의 상속인이 재심의 소를 제기할 수는 없었다.[6)]

Ⅲ. 상속회복청구의 상대방

상속회복청구권의 상대방, 즉 참칭상속인이란 "상속개시당시의 호적기재상으로는 상속인에 해당되는 것으로 보이지만 진정한 신분관계상으로는 상속인에 해당되지 않는 자, 즉 표현상 제3자에 의하여 진정한 상속인으로 오인될 만한 자"만을 의미한다.[7)]

따라서 호적 기재상 이미 호주상속인이 아님이 명백한 3남이 호주상속을 받았다면 그는 참칭상속인이라고는 할 수 없으며, 호주상속회복청구가 아니라, 호주상속무효의 소로 다툴 수 있을 뿐이다.[8)] 반면 차남이 이중호적에 의해 호주상속인인 것과 같은 외관을 갖추었다면 참칭상속인에 해당한다.[9)] 진정한 상속인의 지위 또는 신분에 대한 침해 없이 단순히 상속재산에 속하는 각개의 권리에 대해 상속권이 없는 자가 스스로 상속권이 있다고 참칭하면서 타인의 재산을 침해하는 것에 불과한 경우에도 참칭상속인에 해당하지 않는다고

3) 대법원 1956. 12. 22. 선고 4288민상399 판결.
4) 조선고등법원 1936. 12. 1.자 판결(록 23, 367).
5) 조선고등법원 1929. 7. 12.자 판결(록 16, 135).
6) 조선고등법원 1932. 6. 14.자 판결(록 19, 124).
7) 대법원 1989. 9. 26. 선고 87므13 판결.
8) 대법원 1989. 9. 26. 선고 87므13 판결.
9) 대법원 1981. 1. 27. 선고 80다1392 판결.

보았다.[10]

한편 참칭상속인과 그 포괄승계인을 제외한 자, 가령 참칭상속인으로부터 특정 상속재산을 취득한 제3자는 상속회복청구의 상대방이 될 수 없다는 것이 당시의 관습이었다.[11] 따라서 전득자는 상속회복청구의 소멸시효 완성을 원용할 수 없다. 하지만 호주상속인 등이 상속재산을 임의로 처분한 사안에서 그 전득자를 상대로 반환을 청구할 수 있는 방법을 강구할 필요가 있다는 지적은 계속되어 왔으며[12], 대법원은 상속관습법상 상속회복청구권이 문제되는 사안에서 전득자에 대한 상속재산 반환청구도 상속회복청구의 소에 해당한다고 판시한 바 있다.[13]

참칭상속인이라도 상속재산에 속하는 토지에 대해 사정을 받고, 그것이 확정된 경우에는 진정한 상속인이 반사적 효과로서 그 권리를 상실하므로, 더 이상 참칭상속인을 상대로 상속회복청구를 할 수 없다.[14]

Ⅳ. 소멸시효

조선시대에 상속회복청구권이라는 별도의 소권이 존재하였는지는 확실하지 않지만, 적어도 상속분쟁에 있어서 소멸시효 또는 제척기간의 제한이 없었음은 분명하다. 본래 부동산에 관해서는 정소기한(呈訴期限)이 있어서 5년이 경과하면 소를 제기할 수 없었지만, 공동상속인 중 일부가 상속재산을 합집한 경우에는 그 기한의 제한을 받지 않고 언제든지 제소할 수 있었기 때문이다(經國大典 戶田 田宅條).[15]

1905년 제정된 형법대전(刑法大典)에 따르면 상속회복청구권에 20년의 청송기한이 적용되었으나 이는 1908년에 이미 삭제되었고[16], 조선고등법원도 이러한 태도를 이어받아 상속회복청구의 시효에 관해서는 특별한 관습이 존재하지 않으며, 이는 출소기간의 규정이 없는 권리라고 파악하였다.[17]

---

10) 조선고등법원 1938. 2. 15.자 판결(록 25, 26).
11) 조선고등법원 1939. 6. 23.자 판결(록 26, 260).
12) 정광현, 연구, 188~189; 허규(1972), 202.
13) 대법원 2007. 4. 26. 선고 2004다5570 판결.
14) 조선고등법원 1931. 12. 8.자 판결(록 18, 176).
15) 같은 취지로 윤진수(2011b), 144; 윤진수(2011c); 이화숙(2004), 262~263.
16) 윤진수(2011b), 145; 이상욱(1988), 41.
17) 조선고등법원 1920. 3. 12.자 판결(록 7, 61). 위 판결을 상세히 소개하고 있는 문헌으로 이상욱(1988), 41; 이상욱(1990), 82; 이상욱(2004), 212~213.

하지만 조선고등법원은 1935년 돌연 연합부 판결로 그 태도를 변경하여 "조선에서 호주 및 유산의 상속회복청구권은 상속인 또는 그 법정대리인이 상속권을 침해당한 사실을 안 때 또는 상속 개시시부터 각 상당한 기간 내에 한하여 행사할 수 있고, 그 기간이 경과한 때에는 소멸하는 것이 관습"이라고 선언하였다.[18] 위와 같은 판례변경은 그것이 진정한 조선의 관습이기 때문이라기보다는, 정책적 결단에 불과한 것이었다.[19]

위 판결은 구체적으로 어느 정도의 기간이 경과해야 상속회복청구권이 소멸하는지에 대해서는 언명하지 않았으나, 그 후 상속권 침해사실을 안 때로부터 만 6년을 경과한 때[20] 및 상속개시시부터 20년을 경과한 때[21]에는 시효로 소멸하는 것이 관습임을 확인하였다. 해방 이후 대법원도 이와 동일한 태도를 유지[22]하면서 특히 혼인 외의 출생자가 인지의 판결을 상속이 개시된 날로부터 20년이 경과한 후에 받았다고 하더라도 상속이 개시된 날로부터 20년이 경과하였다면 호주상속회복청구권은 소멸한다고 판시한 바 있다.[23] 상속개시 후에 상속권 침해사실이 있었던 경우에도 같다.[24] 하지만 이에 대해서는 상속회복청구권에 시효를 인정하지 않는 것이 우리나라 본연의 관습임에도 불구하고 일제가 관습법을 왜곡하였다는 비판이 있었다.[25]

또한 대법원은 2003년 전원합의체 판결에 의해 "상속회복청구권은 상속이 개시된 날부터 20년이 경과하면 소멸한다."는 내용의 관습에는 관습법으로서의 효력을 인정하지 않는 것으로 그 태도를 변경하였다.[26] 위와 같은 관습을 그대로 적용하면 20년이 경과한 후에 상속권 침해가 있을 때에는 침해행위와 동시에 진정상속인은 권리를 잃고 구제를 받을 수 없는 결과가 되므로 소유권은 원래 소멸시효의 적용을 받지 않는다는 권리의 속성에 반할 뿐 아니라 진정한 상

---

18) 조선고등법원 1935. 7. 30.자 연합부 판결(록 22, 283). 위 판결을 상세히 소개하고 있는 문헌으로 윤진수(2011b), 146~147; 이상욱(2004), 213~214.

19) 윤진수(2011b), 147~148; 이상욱(1990), 83~84; 이상욱(2004), 215~218.

20) 조선고등법원 1937. 8. 27. 판결(록 24, 310).

21) 조선고등법원 1939. 6. 30.자 판결(록 26, 272).

22) 대법원 1981. 1. 27. 선고 80다1392 판결; 대법원 1991. 4. 26. 선고 91다5792 판결; 대법원 1996. 12. 6. 선고 96므1137 판결. 같은 취지의 하급심 판결로 광주고등법원 1976. 4. 23.자 75르22 심판도 참조.

23) 대법원 1996. 12. 6. 선고 96므1137 판결.

24) 대법원 1991. 4. 26. 선고 91다5792 판결.

25) 윤진수(2011c), 165~169; 이상욱(1990), 83~84; 이상욱(1991a), 394~395.

26) 대법원 2003. 7. 24. 선고 2001다48781 판결. 위 판결에 대한 판례평석으로 윤진수(2011c), 157~204; 이화숙(2004), 250~270.

속인으로 하여금 참칭상속인에 의한 재산권 침해를 사실상 방어할 수 없게 만드는 결과로 되어 불합리하고, 헌법을 최상위 규범으로 하는 법질서 전체의 이념에도 부합하지 않아 정당성이 없다는 것이다.

위와 같은 대법원의 태도에 대해서는 상속개시일로부터 20년의 소멸시효는 진정상속인을 보호하기에 충분한 기간이므로 위 판결의 반대의견이 타당하다는 비판[27]과 애초에 위와 같은 내용의 관습이 없었다고 선언하는 것으로 충분했을 것이라거나[28], 해당 사안에서는 아직 상속관습법에 따른 소멸시효가 완성되지 않은 상태에서 현행 민법이 시행되었으므로 민법 부칙 제8조제2항 및 제4항을 적용하여 현행 민법에 따른 10년의 제척기간이 적용되었어야 한다는 등[29]의 비판이 있다. 하지만 대법원은 아직 상속관습법에 따른 소멸시효가 완성되지 않은 상태에서 현행 민법이 시행되었더라도 부칙 제25조제1항에 따라 구법에 따른 소멸시효가 적용된다는 입장이다.[30]

---

27) 이화숙(2004), 266~268 참조.

28) 윤진수(2011c), 168; 이상욱(2004), 218~219.

29) 윤진수(2011c), 169~171. 같은 취지로 박세민(2007), 338~345.

30) 대법원 1962. 6. 21. 선고 62다196 판결; 대법원 2007. 4. 26. 선고 2004다5570 판결. 뒤의 판결에 대한 판례평석으로 박세민(2007), 311~345 참조.

국제상속법

제49조(상속)[1]

① 상속은 사망 당시 피상속인의 본국법에 의한다.

② 피상속인이 유언에 적용되는 방식에 의하여 명시적으로 다음 각호의 법중 어느 것을 지정하는 때에는 상속은 제1항의 규정에 불구하고 그 법에 의한다.

1. 지정 당시 피상속인의 상거소지법. 다만, 그 지정은 피상속인이 사망시까지 그 곳에 상거소를 유지한 경우에 한하여 그 효력이 있다.
2. 부동산에 관한 상속에 대하여는 그 부동산의 소재지법

(2001. 4. 7. 개정, 2001. 7. 1. 시행)

涉外私法 第26條(相續) 相續은 被相續人의 本國法에 依한다.

(1962. 1. 15. 제정, 1962. 7. 15. 시행)

참고문헌: 권은경(2011), "영국에서의 국제상속에 관한 준거법 결정기준과 그 시사점", 아주법학 5－2; 김문숙(2000), "일본 최고재판소판결을 계기로 본 국제사법에 있어서의 선결문제의 해결방법", 國際私法 5; 김문숙(2003), "국제사법에 있어서 입양의 상속법상 효과", 아세아여성법학 6; 김문숙 역(2006), "일본 「법의 적용에 관한 통칙법」", 國際私法 12; 김문숙(2017), "상속준거법에서의 당사자자치: EU상속규정을 중심으로", 國際私法 23－1; Kim, Eon Suk(2015), "Cross-Border Succession in Japan, Korea and China and Related Legal Issues", 전남대 법학논총 35－1; 김언숙(2017), "국제신탁의 준거법에 관한 연구", 國際私法 23－2; 김진(1962), "섭외사법의 범위", 국제법학회논총 7－1; 김호 역(2011), "중화인민공화국 섭외민사관계법률적용법", 國際私法 16; 김호 역(2012), "涉外民事法律適用法(섭외민사법률적용법)", 國際私法 17; 석광현(2016), "국제가사사건을 다루는 법률가들께 드리는 고언(苦言)", 가족법연구 30－1; Nguyen Tien Vinh(2015), "The change of Vietnamese Private International law through the modification of the Civil Code 2005", 한국국제사법학회 2015년 춘계 연차학술대회 자료집; 이병화(2005), "국제적 상속문제에 관한 저촉법적 고찰", 저스티스 85; 이인재(1986), "외국법의 적용과 조사", 재판자료 34; 이재열(2015), "베트남 국제사법 개관", 國際私法 21－1; 이호정(1987), "독일 개정국제사법에 관한 고찰", 서울대 법학 28－3·4; 이호정(1990), "스위스 개정국제사법전", 서울대 법학 32－3·4; ; 장준혁(1998), "일본의 1989년 개정법례 및 1995년 개정시안에 대한 개관", 國際私法 2; 장준혁(2015), "베트남 국제신분법의 개관", 가족법연구 29－2; 정구태(2016), "2015년 상속법 관련 주요 판례 회고", 사법 35; 정인섭(1996), "북한의 신대

---

1) 2018. 11. 23. 국회 제출 '국제사법 전부개정법률안'에서는 제77조로 조문번호 변경. 단순한 자구수정(특히 "상거소"를 "일상거소"로 수정) 외 내용변경 없음.

외민사법 시행과 재일교포의 가족법 문제", 서울대 법학 37-2; 조미경(2002), "이산가족 중혼 문제에 관한 연구", 가족법연구 16-2; 조수정(2001), "섭외사법 개정법률안의 검토", 國際私法 6; 최공웅(1987a), "민법의 효력범위와 섭외사법(상)", 사법행정 28-8; 최공웅(1987b), "민법의 효력범위와 섭외사법(하)", 사법행정 28-9; 최공웅(1988), 국제사법, 개정판; 최병조(1993), "바르톨루스 <법률들의 저촉에 관하여>", 서울대 법학 34-3·4; 최흥섭(1998), "국제사법에서 일상거소의 의미와 내용", 國際私法 3; 최흥섭(1999a), "국제친족법과 국제상속법", 國際私法 4 = 최흥섭(2005), "국제친족법과 국제상속법의 개정방향", 국제사법의 현대적 흐름; 최흥섭(1999b), "상속준거법에 관한 1989년의 헤이그협약", 인하대 법학연구 1 = 최흥섭(2005), 국제사법의 현대적 흐름; 최흥섭(2001), "섭외사법 개정법률안의 검토", 國際私法 6; 최흥섭(2003), "국제사법에서 당사자자치", 國際私法 9 = 최흥섭(2005), 국제사법의 현대적 흐름; 최흥섭(2014), "한국 국제사법에서 총괄준거법과 개별준거법의 관계", 비교사법 21-2.
木棚照一(1995), 國際相續法の研究, 有斐閣; 林脇トシ子(1977), 「被相続人の国籍が朝鮮である場合における相続関係の準拠法とその内容」, ジュリスト 632.
Battifol et Lagarde(1993), Droit international privé, tome I, 8e éd.; Bonomi(2010), « Le choix de la loi applicable à la succession dans la proposition de règlement européen », Bonomi et Schmid, eds., Successions internationales; Bonomi(2013), « Conférence de La Haye et Union Européenne », Essays in honor of Hans van Loon; Boulanger(2004), Droit international des successions; Briggs(2002), "Public Policy in the Conflict of Laws", 6 Sing. J. Int'l & Comp. L.; Dölle(1966), « Die Rechtswahl im Internationalen Erbrecht », RabelsZ 30; Ferid(1974), « Le rattachement autonome de la transmission successorale en droit international privé », Recueil des cours 142; Ferid(1975), « Der Erbgang als autonome Größe im Kollisionsrecht », Liber amicorum Ernst J. Cohn; Frimston(2010), « The Scope of the Law Applicable to the Successions, in Particular the Administration of the Estate », Successions internationales; Geimer(2013), « Die europäische Erbrechtsverordnung im Überblick », Hager (hrsg.), Die neue europäische Erbrechtsverordnung; Godechot(2004), L'articulation du trust et du droit des successions; Khairallah(2013), « La détermination de la loi applicable à la succession », Khairallah et Revillard, eds., Droit européen des successions internationales; Chin Kim(1971a), "Choice-of-Law Rules in the Republic of China", 4(3) Comp. & Int'l L.J. Southern Africa; Chin Kim(1971b), "The Thai Choice-of-Law Rules", 5(4) Int'l Law.; Kühne(1980), IPR-Gesetz-Entwurf; Laborde et Sana-Chaillé de Néré(2017), Droit international privé, 19e éd.; Lagarde (2010), « Présentation de la proposition de règlement sur les successions », Bonomi et Schmid, eds., Successions internationales; Lagarde(2013), « Présentation du règlement sur les successions », Khairallah et Revillard, eds., Droit européen des successions internationales; Lagarde(2014), « La méthode de la reconnaissance. Est-elle l'avenir du droit international privé ? », Recueil des cours 371; Lauterbach(1969), Vorschläge und Gutachten zur Reform des deutschen internationalen Erbrechts; Li (1990), « Some Recent Developments in the Conflict of Laws of Succession », Recueil des cours 224; Meyzeaud-Garaud(2014), Droit international privé, 4e éd.; Morris(1968), Cases on Private International Law, 4th ed.; Morris(1969), "Intestate Succession to Land in the Conflict of Laws," 85 L.Q.R.; Neuhaus/Kropholler(1980), « Entwurf eines Gesetzes über internationales Privat- und Verfahrensrecht (IPR-Gesetz) », RabelsZ 44; Riering(1997), IPR-Gesetze in Europa; Vassilakakis(2005), « La professio juris dans les successions internationales », Mélanges en l'honneur de Paul Lagarde; Waters(1988), "Explanatory Report", Actes et documents de la Seizième session, tome II, Successions — loi applicable.

■ 준국제사법: 김명기(1997), "북한주민을 대한민국국민으로 본 대법원 판결의 법이론", 저스티스 30-2; 김명기(2011), "한일합방조약의 부존재에 관한 연구", 법조 2011-4; 김명섭(2011), "대한제국의 역사적 종점에 관한 재고찰", 한국정치외교사논총 32-2; 김용한(2011), "상속의 준거법과 한국구관습법", 가족법의 개정과 논점; 김운태(1989), "일본제국주의의 한국통치", 국사관논총 1; 나인균(1994), "한국헌법의 영토조항과 국적문제", 헌법논총 5; 나인균(1999), "대한민국과 대한제국은 법적으로 동일한가?", 국제법학회논총 44-1; 나인균(2000a), "국제법에 있어서 조약의 무효", 성균관법학 12-1; 나인균(2000b), "대북정책의 변화와 북한의 법적 지위", 통일문제연구 16; 노영돈(1996), "우리나라 국적법의 몇가지 문제에 관한 고찰", 국제법학회논총 41-2; 배재식(1968), "강박으로 체결된 조약의 성질 및 효력", 서울대 법학 10-2; 석광현(2015), "남북한 주민 간 법률관계의 올바른 규율", 國際私法 21-2 =석광현(2019), 국제사법과 국제소송 제6권; 석동현(1997), "국적법의 개정방향", 서울국제법연구 4-2; 소재선(1996), "이산가족의 재결합에 따른 가족법상의 제문제", 가족법연구 10; 신영호(1998), "남북한가족법의 저촉과 그 해결", 가족법연구 12; 신영호(2010), "북한 주민에 대한 한국민사법의 적용", 저스티스 121; 오수근(1998), "남북한간의 국제사법적 문제", 國際私法 3; 유하영(2005), "북한 국적인의 사법관계 적용법에 관한 연구", 인도법논총 25; 이근관(1999), "남북기본합의서의 법적 성격에 대한 고찰", 일감법학 4; 이근관(2008), "한반도 종전선언과 평화체제 수립의 국제법적 함의", 서울대법학 49-2; 이병훈(2004), "한국인은 누구인가?", 헌법학연구 10-2; 이완범(1991), "북한 점령 소련군의 성격", 국사관논총 25; 이은정(2010), "북한주민의 상속권", 가족법연구 24-1; 이장희(1998), "한국 국적법의 국제법적 검토와 개정방향", 외법논집 5; 이주윤(2008), "국제법적 시각에서 본 대한민국의 국적문제", 연세대 법학연구 29; Chulwoo Lee (2015), "The Law and Politics of Citizenship in Divided Korea", 6 Yonsei L.J.; 이철우·이현수·강성식·권채리(2018), 「국적법」에 대한 사후적 입법평가, 한국법제연구원; 이호정(1995), "재일한국인의 속인법", 國際私法 1; 이효원(2008), "북한이탈주민의 이혼소송과 북한주민의 법적 지위", 가족법연구 22-3; 임복규(2007), "남북한 주민 사이의 상속문제 해결방안", 북한법연구 10; 임성권(1999), "남북한 사이의 국제사법적 문제", 國際私法 4; 임성권(2001), "남북한 주민 사이의 가족법적 문제", 비교사법 8-2; 임성권(2004), "탈북자의 이혼 청구에 있어서의 국제사법적 문제", 國際私法 10; 임성권(2006), "북한주민과 관련한 가사분쟁의 특수문제", 國際私法 12; 장명봉(1997), "영토조항을 근거로 북한주민도 한국국민으로 본 대법원판결(96 누 1221, 이영순 사건)에 대한 평가", 헌법학연구 3; 장문철(2000), "북한의 국제사법", 통상법률 36 = 장문철(2001), "북한의 국제사법", 國際私法 6; 장준혁(2009), "탈북자의 이혼의 준국제관할", 民判 31; 전경근(2015), "북한주민의 상속에 관한 제문제", 아주법학 8-4; 정구태·이홍민(2011), "재일동포의 상속에 있어서 준거법 결정에 관한 고찰", 가족법연구 25-1; 정구태(2013), "북한주민의 혼인·친자·상속관계소송에 관한 제문제", 고려법학 70; 정인섭(1996), "북한의 신대외민사법 시행과 재일교포의 가족법 문제", 서울대 법학 37-2; 제성호(2001a), "한국 국적법의 문제점 및 개선방안", 국제인권법 4; 제성호(2001b), "북한의 「대외민사관계법」과 남북한간 민사법률문제 처리방향", 통일정책연구 10-2; 제성호(2003), "해외 탈북자의 법적 지위와 해결방안", 법조 2003-1; 최금숙(2001), "북한주민의 상속권 보호를 위한 고찰", 가족법연구 15-1; 최달곤(1989), "한국·북한가족법의 이질성과 동질성", 가족법연구 3; 최대권(1993), "「남북합의서」와 관련된 제반 법문제", 서울대 법학 34-3·4.

金彦叔(2017), 「在日コリアンの相續問題に關する一考察」, エトランデュテ 1; 木棚照一(1996), 「朝鮮民主主義人民共和國の對外民事關係法に關する若干の考察」, 立命館法學 249.

Chin Kim(1998), "The 1995 Private International Law of North Korea", 29 Cal. West. Int'l L.J.; Ki-Whan Nam(1975), Völkerrechtliche und staatsrechtliche Probleme des zweigeteilten Korea und die Frage der Vereinigung der koreanischen Nation.

Ⅰ. 상속의 의의와 국제상속법의 법원(法源)

1. 국제사법상의 상속의 의의

국제사법상 상속은 무유언상속(법정상속)과 유언상속(유증)을 포괄하고,[2] 사인증여도 포함한다.[3] 국제사법상으로는 무유언상속과 유언상속을 "상속"으로

2) 후술하는 '사망으로 인한 재산상속의 준거법에 관한 헤이그협약'은 그 사항적 적용범위를 총칭할 때에는 단순히 "사망자의 재산상속(succession to the estates of deceased persons)"(Art. 1 (1))이라고 하지만, 구체적 규정을 보면 무유언상속과 유언상속을 함께 언급하고(Art. 5(4)), 상속인과 수유자를 함께 언급하여(Art. 7(2)(a), (c)), 국제사법상의 "상속"이 무유언상속과 유언상속을 포괄함을 당연시하고 있음을 보여준다. 후술하는 '상속 분야에서의 재판관할, 준거법, 판결의 승인과 집행 및 공정증서의 수용과 집행 그리고 유럽상속증서의 창설에 관한 유럽의회 및 이사회(참사회) 규정 제650/2012호'는 아예 "상속"의 정의규정을 두어 이 점을 명시한다(Art. 3 (1)(a)).

3) 이호정, 428. 이호정, 국제사법, 경문사, 1981은 Kegel, Internationales Privatrecht, 4. Aufl. 1977을 이어받은 한국법 체계서로서, 두 문헌의 이론과 비교법적 서술은 대체로 같다.

묶어 함께 규율하는 것이 일반적으로 타당하지만,[4] 입법례가 일치하지는 않는다. 입법례에 따라서는 법정상속과 유언상속에 대해 따로 규정을 두고, 유언상속을 '유언의 효력'으로 설명하기도 한다.[5]

2. 국제입법례

상속의 준거법 결정에 관하여 헤이그국제사법회의에서 만든 조약으로 '사망자의 재산의 국제적 관리에 관한 협약'(1973)과 '사망으로 인한 재산상속의 준거법에 관한 협약'(1989)이 있다. 관련 협약으로 '신탁의 준거법 및 승인에 관한 협약'(1985)[6]이 있다. 헤이그신탁협약은 유언에 의한 신탁의 설정도 다룬다. 그러나 상속재산의 신탁재산으로의 귀속과 이전은 상속 문제이므로 헤이그신탁협약의 규율대상에 포함되지 않는다(Art. 4). 최근의 국제입법례로는 '상속 분야에서의 재판관할, 준거법, 판결의 승인과 집행 및 공정증서의 수용과 집행 그리고 유럽상속증서의 창설에 관한 유럽의회 및 이사회(참사회) 규정 제650/2012호'가 주목을 끈다. 이 국제입법례들은 모두 '재산'상속만을 다룬다. 양자조약으로는

---

4) 독일 민법시행법(Einführungsgesetz zum Bürgerlichen Gesetzbuch, 약칭 EGBGB)은 Art. 25에서 "사망에 의한 권리승계(Rechtsnachfolge von Todes wegen)", Art. 26에서 "사인처분(Verfügungen von Todes wegen)"에 관해 규정한다. 동법 Art. 25는 그 용어에서부터 국제사법적으로 유증과 사인증여가 상속의 문제에 자연스럽게 포함될 수 있도록 배려하고 있다. 동법 Art. 26의 표현은 유언이나 상속계약 등의 사인처분 자체의 문제만 가리키는 취지로 마련된 것이다. "이처럼 Art. 26는－문언상 넓게 표현된 표제에 의해 추단될 수 있는 것과 달리－의사에 의한 상속(임의상속)(gewillkürte Erbfolge)의 전 범위에 대한 특칙이 아니다. 이 규정은 오히려 방식문제와 연결사실이 변경된 경우의 [유언 자체의 실질 문제의 준거법 결정의] 기준시점의 문제에 대해서만 의미 있다." Kropholler, §51 V, 444(여기에서 크로폴러는 독일 민법시행법 Art. 25 ②가 상속에 대해 당사자자치를 인정하는 점에 대한 언급은 생략하고 있다). Art. 26은 國私 §50과 마찬가지로 유언 자체의 문제를 다시 유언의 방식(①－④)과 유언 자체의 실질(⑤)의 문제로 나누어 규정을 두었다. 이러한 독일 민법시행법 Art. 25와 26의 체계개념 체계는 國私 §49와 §50에 있어서도 동일하다. 유럽상속규정의 시행에 맞추어 기존의 Art. 25와 26의 내용을 대폭 개정한 후에도 이 점은 달라지지 않았다. 1986년에 개정된(2015년 개정 전) 독일 민법시행법 Art. 25와 Art. 26은 이호정(1987), 118에 번역되어 있다.

5) 예: 유럽상속규정 발효 전까지의 프랑스 국제사법. 베트남 2005년 민법전도 §767(표제: 법정상속)과 §768(표제: 유언상속)로 나누어 규정한다. §768이 실제로 규정하는 것은 "유언능력, 유언의 대체와 취소"(제1항)와 "유언의 형식"(제2항)뿐이어서, §767을 유언상속에도 유추적용하는 것이 논리적으로 가능해 보인다. 그러나 베트남의 국제사법 학설은 §768 ①("유언능력, 유언의 대체와 취소는 유언자가 공민인 국가의 법에 따른다.")이 '유언상속은 피상속인의 사망시 본국법에 의한다'는 점도 규정하고 있다고 해석한다. 장준혁(2015), 171 참조.

6) Convention on the Law Applicable to Trusts and on Their Recognition; Convention relative à la loi applicable au trust et à sa reconnaissance. 약칭 헤이그신탁협약. 1985. 7. 1. 체결(성립), 1992. 10. 1. 발효. 2017. 9. 19. 현재 체약국은 중화인민공화국의 홍콩특별행정구역을 포함하여 14개국: 영연합왕국, 호주, 캐나다, 몰타, 산마리노, 키프로스, 중국(영연합왕국의 비준으로 홍콩에 대해서도 발생한 효력이 홍콩 반환 후에도 계속), 이탈리아, 리히텐슈타인, 룩셈부르크, 모나코, 네덜란드, 파나마, 스위스. 서명만 하고 비준하지 않은 국가는 프랑스(1991. 11. 26.), 미국(1988. 6. 13.).

1929년 독일·터키 영사조약에 상속준거법 지정규칙이 있다.[7] 국제상속법 분야에서 대한민국이 당사국인 조약은 없다.

(1) 헤이그상속협약

'사망으로 인한 재산상속의 준거법에 관한 협약'[8] Art. 3은 상거소주의와 국적주의를 절충시키기 위해 단계적 연결방식을 따른다. 상거소와 국적이라는 속인적 접촉이 보다 중요하게 중첩(집중)된 법질서를 우선시킨다.[9]

피상속인의 사망시 상거소지국(常居所地國)이자 국적국(國籍國)[10]인 국가가

---

7) 독일에서는 RGBl. 1930 II 748로 공포. 1952. 1. 적용 재개(독일에서는 BGBl. 1952 II 608로 공포).

8) Hague Convention on the Law Applicable to Succession to the Estates of Deceased Persons; Convention de La Haye du 1er août 1989 sur la loi applicable aux successions à cause de mort. 약칭 헤이그상속협약. 1989. 8. 1. 체결(성립), 미발효. 네덜란드(1996. 9. 27. 유럽내 영토에 한정하여 비준)가 유일한 비준국이었으나, 네덜란드는 유럽상속규정의 적용(2015. 8. 17.)을 앞두고 2014. 12. 17. 폐기통고(denounce)하였고 이 폐기통고는 2015. 4. 1. 효력발생했다. 2015. 10. 5. 현재 비준국이 없다. 이 조약의 개관은 최흥섭(1999b) = 최흥섭(2005).

9) 이를 "접촉의 집중(aggregation of contacts)"이라 한다. 중첩적 연결(kumulative Anknüpfung)과는 전혀 다른 것이다.

10) 복수국적자의 경우 어느 국적을 기준으로 "본국법"을 정할 것이냐(國私 §3 ①)를 따지지 않고 '국적을 보유하는 국가의 법'을 이야기할 때, 국적국법이라 한다. 한 사람이 '국적을 보유하는 국가'가 국적국이고, 그 국가의 법이 국적국법이다. 복수국적자는 둘 이상의 국적국을 가지며, 그 중 하나가 본국법으로 취급된다. 국적국과 국적국법이라는 용어는 국내에서는 이미 최흥섭(1999b), 43 이하 = 261 이하와 최흥섭(2003), 504 = 최흥섭(2005), 216에서 사용했다. 김문숙(2017)도 이 용어를 쓴다(320에서 유럽상속규정이 "본국법"의 선택만 인정한다고 한 것은 오기로 보임). 국적국 개념은, 복수국적에 대한 국제사법적 평가 없이, 한 사람이 특정 국가의 국적법상의 국적을 보유하는가(그 법에 의해 그 국가의 국적을 부여받고 있는가)를 포착하므로, 민사, 형사, 조세 분야의 저촉법 외에 국제공법, 실질사법, 공법(헌법, 출입국관리법, 난민법 등의 행정법) 등에도 공통된 개념이다.

판례에서도 국제사법 제3조 제1항에 의해 걸러지기 전의 개념인 국적국 개념을 가리켜서는 "국적국"이라고 한다. 국제사법에 관한 판례 가운데에는 서울고등법원 2004. 8. 19. 선고 2002누6110 판결("국적국가"); 부산지방법원 2009. 6. 17. 선고 2006가합12698 판결; 청주지방법원 영동지원 2001. 5. 26.자 2001호파1 결정. 섭외공법에 관한 것으로는 서울행정법원 2009. 2. 13. 선고 2008구합30571 판결. 섭외형법(형사저촉법) 분야에서는 서울고등법원 2013. 1. 3.자 2012토1 결정. 국제조세법 판례로는 서울행정법원 2009. 6. 26. 선고 2008구합16889 판결. 난민법에서는 "국적국"이라는 용어가 널리 사용되는데, 이것은 '난민의 지위에 관한 협약'(Convention relating to the Status of Refugees)(1951. 7. 28. 제네바 성립, 1954. 4. 22. 발효, 1992. 12. 3. 가입서 기탁, 1993. 3. 3. 대한민국에 대하여 발효, 1993. 3. 4. 관보게재, 다자조약 제1166호)에서 "국적국(country of his nationality)" 개념을 사용하고 이것이 조약의 국문번역(관보게재, 법적 구속력은 없는 국내참고용)도 "국적국"이라는 용어를 사용하여 이 점을 적절히 반영하고 있는 데 힘입은 것일 수 있다. 난민법 분야의 판례에서는 일관되게 이 용어를 사용한다. 예: 서울행정법원 2006. 2. 3. 선고 2005구합20993 판결; 서울행정법원 2007. 1. 9. 선고 2006구합28345 판결; 서울행정법원 2008. 2. 20. 선고 2007구합22115 판결; 대법원 2008. 7. 24. 선고 2007두3930 판결; 대법원 2008. 7. 24. 선고 2007두19539 판결; 서울행정법원 2010. 4. 1. 선고 2009구합38312 판결; 서울행정법원 2010. 4. 29. 선고 2009구합39155 판결; 서울행정법원 2010. 10. 21. 선고 2009구합51742 판결; 대법원 2011. 7. 14. 선고 2008두12559 판결; 서울행정법원 2011. 11. 18. 선고 2011구합6660 판결; 대법원 2012. 2. 9. 선고 2011두25258 판결; 서울고등법원 2012. 3. 7. 선고 2011누3077 판결; 대법원 2012. 4. 26. 선고 2010두27448 판결; 서울행정법원 2012. 7. 26. 선고 2011구합38759 판결; 서울행정법원 2013. 4. 25. 선고 2012구합32581 판결; 서울고등법원 2013. 7. 5. 선고 2012누19788 판결; 서울행정법원 2013. 10. 10. 선고 2013구합13617 판결; 인천지방법원

있으면 그 법이 준거법이 된다((1)). 복수국적자(중국적자)의 국적국 중 하나가 상거소지국이면 여기에 해당한다. 이 한도에서 (1)은 이중국적자의 상속준거법 결정기준을 담고 있다.[11] 이중국적자는 국적국 중 하나에 상거소를 두는 경우가 많고, 헤이그상속협약은 이중상거소를 부정하므로,[12] 이중국적의 사안은 대부분 (1)에 의해 해결될 것이다.[13]

상거소와 국적이 한 나라에 있지 않으면, Art. 3 (2), (3)에 따라 국적주의와 상거소주의를 절충시킨 연결기준에 따른다. (2), (3)은 예외조항(Ausnahmeklausel)[14]을 단서에 규정한다. (2)는 피상속인이 사망 직전 5년 이상 계속하여 거주한 상거소지국의 법을 지정하되(本), 그 법보다 피상속인의 국적국법(복수국적자이면 어느 한 국적국법)[15]이 피상속인과 더 밀접히 관련됨이 명백하면 그 국적국법을 우선

2014. 4. 30.자 2014인라4 결정; 서울행정법원 2015. 3. 27. 선고 2014구합68706 판결; 대법원 2016. 1. 28. 선고 2015두53954 판결; 대법원 2016. 3. 10. 선고 2013두14269 판결; 인천지방법원 2016. 4. 7. 선고 2015구합1704 판결; 대법원 2016. 7. 22. 선고 2015두59129 판결; 대법원 2017. 3. 9. 선고 2013두16852 판결; 대법원 2017. 7. 11. 선고 2016두56080 판결; 대법원 2017. 12. 5. 선고 2016두42913 판결.

그런데 내용적으로는 국적국과 본국을 구별하면서도, "국적국"과 본국"이라는 표현으로 압축시키지 않기도 한다. 먼저, 국적국을 넓은 의미의 본국 개념에 포함시켜 서술하기도 한다. 스위스 국제사법(Internationales Privatrecht-Gesetz, 약칭 IPR-Gesetz, IPRG) Art. 94는 "국적국"과 "국적국법"을 가리켜 "본국 중 하나", "본국 중 하나의 법(Recht eines ihrer Heimatstaaten)"이라고 한다. 이호정(1990), 25의 조문 번역. 또, 프랑스 문헌에서는 이중국적 문제는 총론으로 미루고, 각론에서는 본국을 가리켜서도 "국적국(le pays de la nationalité)"이라고 하는 예가 많다. 예: Mayer et Heuzé, n° 843. Waters(1988)도 같다(paras. 53, 54). 헤이그상속협약도 국적국과 본국을 용어상으로 명확히 구별하지 않고, 문맥에 따라 구별할 뿐이다. Art. 3도 (1)에서는 "그 국가의 국민(a national of that State)", (2) 但에서는 "그가 그 국가의 국민인 국가(the State of which he was ... a national)", (3) 本에서는 "사망자가 그 국가의 국민인 국가(the State of which the deceased was ... a national)"라 할 뿐이다. 헤이그상속협약의 공식 주해인 Waters(1988)(워터스 보고서)도 "국적국"과 "본국"의 개념을 용어상으로 차별화하지 않고, 본국법을 가리킬 때에도 "국적국법(law of his nationality, law of the nationality)"이라고 표현한다(paras. 53, 54). 이런 서술방식은 프랑스 국제사법 문헌에서도 보이는 것이고, '전문술어를 가급적 적게 써서 국제사법 비전문가인 실무가도 이해하기 쉽게 한다'는 헤이그국제사법회의 보고서들의 경향에도 부합한다. 그러므로 문리해석만으로 가려내려 할 것이 아니라, 각 조문의 입법취지에 따라 밝혀야 한다. (1)과 (2) 但에서는 국적국, (3) 本에서는 본국을 가리키는 것으로 해석된다.

11) Waters(1988), para. 51.

12) Waters(1988), para. 51.

13) Waters(1988), para. 51.

14) 영어로는 "회피조항(escape clause)"이라 한다. Waters(1988), para. 53. 한국 국제사법은 총칙에 "예외조항"을 두는데(§8 ①), 특정한 각칙조문과 관련하여 규정된 것이 아니어서, §8 ①의 원용가능성이 그만큼 더 낮아지는 결과가 될 수 있다.

15) 동지: 최흥섭(1999), 13. 이와 달리 이병화(2011), 261과 권은경(2011), 180의 주 7은 Art. 3(2)이 본국법을 언급한다고 서술한다. 이중국적자의 본국법 결정 문제에 대해 헤이그상속협약이 스스로 통일적으로 기준을 정하고 있다면, (2) 但이 본국법을 언급한다고 해석해도 무방하다. 그러나 이 문제를 그때그때의 국내법에 맡기는 이상(Waters(1988), pra. 51), (2) 但은 "국적국"을 이야기하는 것으로 해석해야 한다. 즉, 복수국적자의 각 국적국을 놓고, 그 국가가 '최근 5년간의 상거소지국'보다 밀접관련성이 명백히 더 큰 국가인지 확인해야 한다. 이렇게 해야, (2) 但이 국가별로 다른 연결기준으로 운용되는 일을 피할 수 있다. 특히, 내외국적의 이중국적자를

시킨다(但).[16] 상속인이 국적국으로 거소를 옮겨 5년 넘게 살다가 사망했지만, 그곳을 상거소로 삼은지는 얼마 되지 않은 경우가 (2) 但의 예이다.[17] (3)은 원칙적으로 피상속인의 본국법[18]을 지시하되(本), 피상속인이 사망시에 국적국보다 밀접히 관련된[19] 국가가 있으면 그 법을 우선시킨다(但). 본국을 떠나 타국에 상거소를 취득한 후 곧 사망한 경우, 국적 취득 없이 이민 가서 상거소를 가지고 거주한 것이 '사망 직전 5년간 계속'되지는 못한 경우(예: 부모 간호를 위해 본국으로 돌아와 살다가 다시 이주국으로 나가 산 경우) 등의 경우에, (3) 但 해당 여부가 문제된다.[20] (3) 但 해당 여부는 본국과 상거소지국이 다른 경우에 자주 문제될 것이다. (3) 但 해당 여부를 따져 볼 만하려면 적어도 단순거소국이기는 한 경우가 대부분이겠지만,[21] (3) 但에 해당하기 위해 상거소지국이어야 하는 것은 아니다.

이 협약도 다른 헤이그국제사법회의 협약처럼 국적의 확정을 국내법에 맡긴다.[22] 즉, '비실효적 국적' 법리에 대해 아무런 입장도 취하지 않는다. 이중국적자의 본국법 결정도, 헤이그국제사법회의 조약들의 전통적 태도에 따라 국내법에 맡긴다. 성안과정에서 이중국적의 해결기준을 스스로 정하자는 의견이, 특히 (2)와 관련하여 제출되었으나, 불채택되었다.[23] 이중국적자의 경우, (1)과

내국인으로 취급하는 본국법 결정기준(예: 國私 §3 ① 但)이 문제이다. 그가 내국(A국)보다 외국(B국)과 인적 관련이 밀접해도, 법정지국은 내국인으로 취급할 수 있다. 만약 (2) 但이 "본국"법을 지정하면, B국이 아무리 (2) 本의 법보다 밀접관련을 가짐이 명백해도, (2) 但에 의해 상속준거법이 될 수 없고, (3) 但에 해당할 수 있을 뿐이다. 결국, B국이나 제3국에서 재판하면 B국법이 (2) 但에 의해 준거법이 되지만, A국에서 재판하면 B국법이 (2) 本의 법보다 후순위로 밀리는 결과가 된다. 이것은 (2) 但의 취지에 어긋나고, 체약국간의 이런 국제적 판단불일치는 국제사법 통일조약에 걸맞지 않는다. 외국국적 간의 적극적 충돌의 해결이 국가별로 다른 경우에도 이런 문제가 생길 수 있다.

16) Waters(1988), para. 53과 신창선 외, 389는 A국 국적의 해외주재원이 B국에 거주 및 근무하면서도 B국과 "문화적 연결"을 가지지 않고 자녀도 B국에서 학교를 다니고 있으며 B국 근무가 끝나면 A국으로 돌아갈 예정인 경우를 예로 든다. 그러나 이런 경우는 A국 거소가 아예 상거소에 해당하지 않을 가능성도 있다. 상거소의 결정에는 직업적 관련보다, "가족적" 관련과 "개인적" 관련이 더 중요하기 때문이다. Waters(1988), para. 51("[상거소]를 결정하는 목적상으로는, 그의 가족적 관련과 개인적 관련이 특히 중요한 요소이다").

17) Waters(1988), para. 53.

18) 동지: 이병화(2005), 262; 권은경(2011), 180의 주 7. 한편, 최흥섭(1999), 14는 "국적국법"으로 해석한다. 이는 조문과 해설보고서를 문리해석한 것으로 보인다. 그러나 (3) 本은 이중국적자의 본국법 결정을 법정지국 국내법에 맡기면서 본국법을 지정하는 취지로 읽어야 한다. 국적국법을 지시하는 취지로 해석하면, 체약국에게 '2개의 법을 동시에 지정'하도록 의무지우게 된다. 이것은 단일한 최밀접관련법 지정이라는 국제사법의 원칙적 연결방식에 어긋난다.

19) 그 점이 명백할 필요는 없다. Art. 3(2) 但과 달리 Art. 3(3) 但은 "명백히(manifestly)" 보다 밀접히 관련될 것을 요구하지 않는다.

20) 이 두 사안유형은 Waters(1988), para. 54가 드는 예임.

21) Waters(1988), para. 54 (3) 但 해당 여부를 검토해야 할 사안유형으로 예시하는 것들은 모두 단순거소국이나 상거소지국의 경우이고, 대부분은 상거소지국인 경우이다.

22) Waters(1988), para. 51.

(2) 但에서는 국적국을 언급하는데, 국적국이라는 이유만으로 그 법을 지시하는 것이 아니라, 다른 추가적 접촉이 있을 것(접촉의 집중)을 요구하므로, 복수국적자의 사안도 자연히 해결된다.

(3) 本은 본국법을 지정하므로, '국적의 적극적 충돌' 문제를 해결해야 한다. 그런데 이를 국내법에 맡기므로, 국제적 판단일치가 타협된다. 내외국적이 충돌하면 내국인으로 취급하는 일이 많고(예: 國私 §3 ①, 법적용통칙법 §38 ① 但),[24] 외국국적 간의 적극적 충돌을 해결한 결과도 나라마다 다를 수 있기 때문이다. 결국 (3) 本은 체약국별로 상이한 내용의 저촉규칙이 될 수 있다. 이것은 국제사법통일조약으로서 중요한 결점이다. 다만 이 단점은 (3) 但에 의해 보완된다. (3) 但은 본국법보다 명백히 더 밀접히 관련된 법이 있으면 그것을 우선시킨다. 즉, 국적의 적극적 충돌시 법정지 국내법(그 국제사법)에 의해 뒤로 물러난 국적국이, 헤이그상속협약 Art. 3(3) 但의 시각에서는 상속관계와 명백히 보다 밀접히 관련된 국가일 수 있다. 주해보고서는 피상속인이 그 국가에 단순거소를 두고 사망전 수년간(5년 미만)(5년 이상인 경우는 (2) 本에 해당) 거주한 경우를 예로 든다.[25]

헤이그상속협약은 일정 한도에서 당사자자치를 인정한다(Art. 5). 피상속인은 국적국법이나 상거소지법을 선택할 수 있다((1) 1). 국적과 상거소지는 준거법선택시 또는 사망시의 것이어야 한다((1) 2). 준거법지정은 사인처분의 방식에 따라야 하고((2) 1), 준거법지정의 철회는 사인처분 철회의 방식요건을 준수해야 한다((3)). 사인처분과 그 철회의 방식의 준거법 결정에는 이 협약이 관여하지 않는다. 법정지가 '유언적 처분의 방식에 관한 헤이그협약'(1961)의 체약국이면 그에 의해 정해지고, 그렇지 않으면 법정지 고유의 국제사법에 의해 정해진다. 준거법지정의 의사표시의 '실질적' 성립 · 유효성은 선정준거법에 의한다((2) 2).

재산소재지법의 선택도 허용하여 준거법의 분열(dépeçage)을 허용할지, 아니면 당사자자치를 상속재산 전체에 통일적으로 해야 하는지에 대한 타협의 결과가 Art. 6이다.[26] 준거법선택은 상속재산 전체에 통일적으로 해야 하고 사망시의 국적국법과 상거소지법만 선택할 수 있지만(Art. 5(1)), 개별 재산에 대한 기

23) Waters(1988), para. 51. 그런데 협약이 국적의 적극적 충돌의 해결을 국내법에 맡김에 따라, (2) 但이 '본국법'을 언급한다고 할 수 없게 되었다. 국제적 판단일치를 불필요하게 타협시키고 (2) 但의 취지를 좌절시키는 일을 피하려면, (2) 但에서는 '국적국'을 말한다고 해석해야 한다.
24) 다만, 중화민국(대만) 섭외민사법률적용법 §2는 내외국적의 적극적 저촉에 대해서도 최밀접관련기준을 관철한다.
25) Waters(1988), para. 54.
26) 최흥섭(2003), 18.

타의 법(흔히 소재지법)의 실질법적 지정(materielle Verweisung)[27]은 허용한다(Art. 6). 이에 의해서는 Art. 3이나 5(1)에 의해 정해지는 준거법의 "강행규정(mandatory rules)"[28]의 적용을 방해할 수 없다(Art. 6). 저촉법적 지정이 아니라 실질법적 지정이기 때문이다. 준거법지정의 의사표시가 상속재산 전체에 대한 것인지 아닌지의 의사해석에 대해서는 Art. 4가 정한다. 명시적인 반대취지의 의사표시가 없는 한, "유언없이 사망했든, 전부나 일부에 대해 유언을 하고 사망했든" 상속재산 전체에 대한 준거법 지정으로 간주한다.

헤이그상속협약의 준거법지정규칙들은 비체약국법을 준거법으로 삼을 때에도 적용된다(Art. 2). 즉, 전면적(일반적) 통일법(loi uniforme)이다. 이 조약에 의한 지정은 원칙적으로 사항규정지정이다(Art. 17). 이 두 점은 '좁은 의미의 국제사법' 통일조약에 걸맞다. 다만 객관적 연결규칙(Art. 3)에 의해 비체약국법(A국법)이 지정되면 반정(反定)이 제한적으로 고려된다. A국 국제사법이 다른 '비체약국'(B국)법을 지정하고 B국 국제사법도 같은 취지이면, A국으로부터 B국으로의 전정(轉定)을 받아들여 B국법을 적용한다(Art. 4).[29] 그러나 A국 국제사법이 '체약국법'으로 반정(직접반정이든 전정이든)하는 것은 받아들이지 않는다. 그래서 협약의 개관적 연결기준이 뒤집어지는 일을 최소화하고, 체약국간의 판단불일치의 여지를 없앤다. 이 협약이 비체약국으로부터 타 비체약국으로 향하는 전정을 허용하는 것은, '법률저촉법 통일조약'에서도 반정을 허용할 수 있고 적절할 수도 있음을 보여준다.

헤이그상속협약은 네덜란드가 비준하면서[30] 국내입법의 내용으로도 채택했을 뿐, 미발효 상태이다. 다양한 법제를 접근시키고자 애쓴 노력의 산물이지만,[31] 비준과 가입이 저조하다. 그 원인으로는 협상과정상의 타협(특히 상거소주

---

27) 그 개념은 이호정, 281 f. 참조.

28) 국제적 강행규정(國私 §7)을 말하는 것이 아니라, '당사자의 임의로 적용을 피할 수 없는 실질법규'라는 의미이다. 최흥섭(2003), 18 참조.

29) 이렇게 되는 경우로는 다음의 세 가지를 생각할 수 있다. (i) A국 국제사법에 의한 지정이 사항규정지정이고, B국 국제사법이 B국법을 지시하는 경우(그러한 결과가 되는 숨은 저촉규칙을 가지고 있는 경우 포함), (ii) A국 국제사법에 의한 B국법의 지정이 총괄지정(국제사법지정)이지만 B국 국제사법도 B국법을 지정하므로(B국이 그런 내용의 숨은 저촉규칙을 가지고 있는 경우 포함) B국 실체사법이 지정되는 데에서 연결과정이 종결되는 경우, (iii) A국 국제상속법규정에 의한 지정이 총괄지정(국제사법지정)이고 B국 국제상속법규정이 다른 국가의 법을 준거법으로 지정하지만 B국 국제사법이 이런 경우에—제3국(C국)법으로의 전정이나 A국법으로의 이중반정을 인정하지 않고—자국법을 적용하는 데에서 준거법결정의 프로세스를 멈추는 입장인 경우.

30) 그러나 네덜란드도 2014. 12. 17. 폐기통고(denounce)했다(2015. 4. 1. 효력발생).

31) Audit et d'Avout, n° 972.

의와 국적주의 간)으로 규정이 복잡해진 점,[32] 당사자자치의 과감한 인정이 부담스러운 점[33] 등이 들어진다. 헤이그상속협약의 준거법지정규칙의 완성도에 관해서는 비판이 많다. 헤이그상속협약이 본국법주의와 상거소지법주의의 절충에 지나치게 치중한 나머지 연결기준이 너무 복잡하게 되어 있다고 지적한다. 그러나 객관적 연결기준의 통일이 어렵기 때문에 복잡한 절충에 이른 것이고, 궁여지책으로서 당사자자치를 채택한 것이다. 크로폴러의 평가는 긍정적이다. 이 법통일조약의 객관적 연결기준은 최밀접관련법원칙을 위해 법적 확실성을 타협시킨 것이고,[34] 상거소지법주의의 강조와 본국법·상거소지법 간의 선택 허용은 국제상속법이 앞으로 나아갈 길을 보여준다고 평가한다.[35]

헤이그상속협약을 계기로 유럽연합 회원국들의 국제상속법에서 당사자자치를 인정하는 예가 늘었고, 유럽상속규정도 입법주의의 다양성에 대한 돌파구를 당사자자치에서 찾았다. 실로 이 협약은 유럽상속규정으로 넘어가는 징검다리 역할을 했다.[36] 유럽상속규정은 헤이그상속협약이라는 기성 국제입법례를 밑그림으로 하여 많은 내용을 빌어왔다. 특히, 상속통일주의, 상거소지법주의(협약 Art. 3(1), (2), 규정 Art. 21(1)), 예외조항(협약 Art. 3(2), 규정 Art. 21(2)), 비회원국법으로부터의 반정(反定)의 부분적 허용(협약 Art. 4, 규정 Art. 34(1)(b)), 당사자자치(협약 Art. 5, 규정 Art. 22), 상속합의(협약 Art. 8−12, 규정 Art. 23), 상속준거법의 사항적 적용범위(협약 Art. 1, 규정 Art. 1), 특별상속(협약 Art. 15, 규정 Art. 30), 동시사망(협약 Art. 13, 규정 Art. 32), 상속결격(협약 Art. 16, 규정 Art. 33) 등이 그렇다.[37]

그런데 유럽상속규정의 준거법지정규정들은 비회원국법이 언제 적용되는지도 정하는 "loi uniforme"이다. 즉, 영연합왕국, 아일랜드, 덴마크처럼 유럽상속규정에 불참하는 경우가 아닌 한, 유럽연합 회원국들이 헤이그상속협약을 비준하더라도 유럽상속규정이 제3국과의 관계에서도 우선한다. 그래서 위 3개국 외의 유럽연합 회원국들은 동 협약을 비준할 실익이 없어졌다.[38] 이제 위 3개국이나 유럽연합 밖의 국가들은 헤이그상속협약이 당사자자치를 폭넓게 인정하고 객관적 연결기준을 복잡하게 절충적으로 정하는 것에 대한 평가를 스스

32) Lagarde(2010), 17.
33) Vassilakakis(2005), 804.
34) Kropholler, §51 I, 434.
35) Kropholler, §51 I, 435.
36) Audit et d'Avout, n° 972.
37) Bonomi(2013), 71.
38) Bonomi(2013), 70 참조.

로 내려야 한다. 이 두 점에 확신이 없는 한, 헤이그상속협약을 비준하거나 이에 가입하기 어렵고, 영미법계가 이에 참여할 가능성도 낮다. 그래서 국제상속법을 범세계적으로 통일하려면, 유럽상속규정을 고려하면서 헤이그상속협약을 대체할 조약을 만들어야 하는데, 유럽연합은 웬만해서는 그들의 통일국제사법을 수정하려 하지 않을 것이다. 또, 유럽상속규정의 내용을 수용하여 범세계적 조약을 만들면 영미법계가 비준할 가능성이 낮다.[39]

(2) 헤이그상속재산관리협약

헤이그국제사법회의는 상속재산의 "관리"를 별개의 협약으로 다룬다. 1973년의 '사망자의 재산의 국제적 관리에 관한 협약'[40]은 헤이그상속협약보다 먼저 만들어졌다. 상속재산에 대한 관리권한을 가지는 자(관리인)와 그의 권한을 정하는 문제를 다룬다. 이러한 사항을 기재한 증서를 발행할 국제관할, 이러한 사항의 준거법, 그 증서의 승인 등에 관하여 규정한다. 이 조약은 기본적으로는 동산에만 적용되지만(Art. 1(1)), 증서 발행국의 법이 관리인(상속재산관리인이나 유언집행자)에게 외국(회원국에 한정되지 않음)에 소재한 부동산에 대해서도 권한을 부여하면, 타 체약국이 그 권한을 전부 또는 일부 승인하는 것이 허용된다(Art. 30).

관리인과 그의 권한을 명시한 증서를 작성, 교부할 권한은 피상속인의 상거소지국에 있으며, 그 국가는 자신의 법이 정한 방식에 따라 증서를 발행한다(Art. 1(1), Art. 2).

증서의 소지인과 그 권한의 원칙적 준거법은 관청소속국법(법정지법)이다(Art. 3(1)). Art. 2에 의해 사망자의 상거소지 관청이 국제관할을 가지므로, 실질적으로는 상거소지법이 원칙적 준거법이 된다.[41] 일정한 경우에는 예외적으로 피상속인의 본국법에 의한다(Art. 3(2)). 그런데 체약국은 Art. 3 대신, 자신의 법(관청소속국법, 법정지법)을 사항규정지정하되 피상속인이 그의 국적국법을 선택

39) Bonomi(2013), 71. 그러나 영미법계 국가들이 국제상속법의 통일에 큰 관심이 없고, 유럽연합 내에서 영미법계를 비롯한 '유럽상속규정' 권역 외의 국가들과의 법통일 필요성을 중시하지 않는 상황이 계속되는 한, 헤이그국제사법회의가 이것을 입법과제로 채택하기까지 상당한 시간을 기다려야 할 것이다.

40) Convention of 2 October 1973 Concerning the International Administration of the Estates of Deceased Persons; Convention du 2 octobre 1973 sur l'administration internationale des successions. 1973. 10. 2. 성립, 1993. 7. 1. 발효 2014. 6. 4. 현재 체약국은 포르투갈, 체크, 슬로바키아 3개국이다(체크와 슬로비키아는 1993. 7. 1.에 체코슬로바키아에 대하여 발효, 국가분할로 조약승계). 서명만 하고 비준하지 않은 국가는 영연합왕국(United Kingdom of Great Britain and Northern Ireland)(1973. 10. 2.), 룩셈부르크(1973. 10. 2.), 네덜란드(1973. 10. 2.), 이탈리아(1975. 2. 6.), 터키(1976. 9. 29.)의 5개국. 대한민국 미가입.

41) Vassilakakis(2005), 804는 아예 피상속인의 상거소지법이 원칙적 준거법이라고 서술한다.

한 경우에는 그 법을 사항규정지정하겠다고 선언할 수 있다(Art. 4). 이 선언을 한 체약국에서는 피상속인이 자신의 국적국법을 선택하는 당사자자치가 인정된다. 이 부분은 유럽 각국에서 당사자자치가 확산되고 유럽상속규정에서 당사자자치가 도입되는 데 선구적 역할을 했다.[42)]

외국에서 발행된 '관리인과 그의 권한이 기재된 증서'의 승인에 관한 규정에서 특기할 점은 다음과 같다. 간접관할은 승인국이 독자적으로 판단할 수 있다. 즉, 승인국은 피상속인의 상거소가 자국 내에 있다고 판단하여 승인을 거절할 수 있다(Art. 14(1)). 승인요건으로서 준거법심사도 일정 한도에서 인정된다. 즉, Art. 3이나 4에 따라 승인국법이 피상속인의 본국법으로서 관리인 선정과 그 권한의 준거법이 되었어야 하는데 그렇게 되지 못한 결과 실체적 규율이 달라졌으면 승인을 거절할 수 있다(Art. 14(2)).

이 조약은 몇 가지 단점을 보인다. 첫째, 이 조약이 승인의무를 부과하는 것은 증서에 기재된 관리인과 그의 권한에 한정된다. 둘째, 그 권한이 부동산소재지국에 미치는 가능성이 제약된다. 셋째, 준거법 결정기준이 완전히 통일되어 있지 않다. 넷째, 피상속인의 상거소지국이 발행한 증서의 승인이 준거법 통제(준거법 결정이 타당하였는지의 통제)도 받는다.

(3) 유럽상속규정

유럽연합은 '상속 분야에서의 재판관할, 준거법, 판결의 승인과 집행 및 공정증서의 수용과 집행 그리고 유럽상속증서의 창설에 관한 유럽의회 및 이사회(참사회) 규정 제650/2012호'[43)]를 만들었다. 이는 헤이그상속협약의 내용을 이어받아 개량한 것이다[44)] 유럽연합 회원국들은 그들에게 다소 불만족스러운 헤이그상속협약을 비준, 가입하거나 새로운 헤이그상속협약을 만드는 대신, 유럽연합 규정[45)]을 만들었다. 유럽상속규정은 덴마크, 영연합왕국, 아일랜드를 제

---

42) Vassilakakis(2005), 804.

43) 영문명 Regulation (EU) No 650/2012 of the European Parliament and of the Council of 4 July 2012 on jurisdiction, applicable law, recognition and enforcement of decisions and acceptance and enforcement of authentic instruments in matters of succession and on the creation of a European Certificate of Succession)(O.J. L. 201). 2012. 7. 27. 공포, 2015. 8. 17.부터 적용. 약칭: 유럽상속규정(European Succession Regulation), 유럽연합 상속규정, EU상속규정, 상속규정(Succession Regulation), 로마 제4규정(Rome IV) 등. 유럽상속규정의 입법과정의 개관은 Lagarde(2013), 5~8; 김문숙(2017), 301 f. 그 내용의 개관은 Lagarde(2013), 8~16; 김문숙(2017), 302~309, 309~326.

44) Niboyet et La Pradelle, n° 148.

45) 유럽연합의 입법형식으로서 "규정(規定)"(Regulation, Règlement, Verordnung)은 "규칙"으로도 번역된다. 분야에 따라 이사회 단독으로 또는 이사회와 유럽의회 공동으로 제정한다. 국제사법에서 친족 분야는 전자에, 나머지는 후자에 해당한다. 위원회(Commission)는 초안을 만들고, 기성

외한 전 회원국에서 2015. 8. 17.부터 개시되는 재산상속에 적용된다(Art. 83(1)). 회원국이 국내적 시행을 위한 조치[46]를 할 필요 없이 적용되는 자기집행적 조약(self-executing treaty)이다.

이 규정이 발효한 후에도 유럽상속규정의 사항적 적용범위로부터 유보된 문제들(Art. 1(2))에는 회원국 국제사법이 여전히 적용된다. Art. 1(2)이 열거하는' 문제들은 대부분 상속에 속하지 않지만,[47] 상속의 승인과 거절을 위한 특별행위능력이 '자연인의 능력 중 상속능력을 제외한 것'(b호)으로서 유럽상속규정의 적용대상에서 제외되는지, 아니면 유럽상속규정의 적용대상에 속하는 논점인지에 대해서는 논쟁이 있다.[48] 요컨대, 이 규정은 국제상속법의 거의 대부분의 문제에 관하여 회원국 국내법을 대체했다.[49] 회원국이 이미 헤이그유언방식협약을 포함한 기존 조약의 체약국이면 그 효력이 유지되지만(Art. 75(1)),[50] 회원국들만이 체약국인 조약에 대해서는 유럽상속규정이 우선함이 원칙이다(Art. 75(2)).[51]

유럽상속규정은 유언 등의 사인처분에 대해서도 규정한다. 그 실질적 유효성과 방식에 대해 모두 규정하여, 유언의 문제에 대해서도 체계적 규정을 갖추었다. 헤이그유언방식협약의 연결규칙(Art. 1)도, 주소를 주소지법에 따라 확정하는 형태로 수용하여(Art. 27), 유럽연합 내의 그 비체약국도 이 협약의 규율을 수용하는 셈이 되었다. 헤이그유언방식협약은 공동유언은 다루지만 상속계약은 다루지 않는데, 유럽상속규정은 상속계약도 규율한다.

유럽상속규정은 헤이그상속협약, 헤이그유언방식협약과 달리, 국제관할, 외국재판의 승인·집행도 규율한다. 나아가 타 회원국의 상속증서의 승인제도

의 "규정"의 적용현황을 조사하고 개선방안을 찾아 녹서(Green Paper)와 개정안을 작성한다.

46) 가령 비준, 공포라든가, 국내적 시행법률의 제정, 시행.

47) 전문 (11): 상속 외의 문제에는 이 규정이 부적용됨을 분명히 하기 위해, Art. 2에서 적용제외를 규정한다.

48) Niboyet et La Pradelle, n° 157 fn. 630과 이에 인용된 문헌 참조.

49) 독일 민법시행법은 유럽상속규정이 규율하지 않는 사항에 대해 법률흠결을 남기지 않기 위해, Art. 25(사망에 의한 권리승계)를 완전히 삭제하지 않고, "사망에 의한 권리승계가 유럽연합규정 제650/2012호의 적용범위에 속하지 않는 한도에서는 이 규정의 제3장의 규정들이 준용된다."고 개정했다(2015. 6. 29. 개정, 발효는 유럽상속규정 적용개시일과 동일한 2015. 8. 17.). BGBl. 2015 I S. 1042.

50) 그러나 헤이그상속협약은 유럽상속협약 발효일인 2015. 8. 17. 전에 발효하지 않아, 발효일 기준으로 '이미 그 체약국 지위를 가지는' 회원국이 없었다. 게다가, 그 협약의 유일한 비준국인 네덜란드도 2014. 12. 17. 이 협약을 폐기통고(denounce)하였다(2015. 4. 1. 효력발생).

51) 다만, 덴마크, 핀란드, 아이슬랜드, 노르웨이, 스웨덴의 1934. 11. 19. 협약(2012. 6. 1.의 정부간합의로 개정된 것)에서 상속, 유언 및 유산관리와 관련하여, 상속재산관리, 共助, 간이화되고 보다 신속한 승인집행절차를 규정하는 부분은 이 규정에 우선한다. Art. 75(3).

를 도입했다. 이것은 '법률관계의 승인(reconnaissance des situations)' 법리[52]를 우선 '공문서'의 수용(受容)과 집행의 형태로 입법화한 것이다.[53] 또, 유럽상속증서(European Certificate of Succession) 제도를 만들어 회원국 국내법상의 상속증서와 함께 쓸 수 있도록 했다.

유럽상속규정의 준거법결정에 관한 규정은 준거법이 비회원국법인 경우에도 적용되는 전면적 통일법(loi uniforme)이고, 비회원국과의 관련 여하를 불문하고 적용되므로, 유럽상속규정이 적용되는 사안에서는 헤이그상속협약과 헤이그사망자재산관리협약이 부적용된다. 유럽상속규정은 헤이그상속협약을 모델로 하되, 상속단일주의와 상속분열주의, 당사자자치의 허부, 상속재산의 관리와 청산의 세 논점에 대해 과감한 입장결정을 했다.[54] 상거소지주의를 따르고 관할과 준거법의 병행을 도모함으로써, 피상속인의 유산계획을 돕고[55] 법원 기타 관청의 정교하고 신속한 법적용을 가능케 한다. 상속통일주의를 기본입장으로 하고, 원칙적으로 상속을 피상속인의 상거소지국의 국제재판관할(Art. 4)과 법(Art. 21(1))에 맡긴다.

이처럼 유럽상속규정은 관할과 준거법의 병행을 추구하지만 이것이 깨어지기도 한다. 첫째, 일정한 조건 하에서 회원국의 국내법에 의해 국제재판관할을 인정한다. 피상속인의 최후 상거소지국이 제3국인 경우에, 어느 회원국이 그 국내법상 국제재판관할을 가지고 그곳이 재산소재이이며 또 피상속인과 강한 관련을 가지면 국제재판관할이 인정된다(Arts. 10, 11). 둘째, 피상속인의 상속준거법 선택(Art. 22)의 결과 '관할과 준거법의 병행'이 깨어질 수도 있다. 다만, 피상속인이 어느 회원국법을 상속준거법으로 선택하면, 당사자들은 그 회원국에 전속관할을 부여하는 합의를 할 수 있고(Art. 5), 이렇게 하면 관할과 준거법의 병행은 복원된다. 그러나 원칙적 국제재판관할을 가지는 법원은 타 회원국이 국제재판관할을 행사하기에 장소적으로 보다 적절하다고 판단하여 재판관할권 행사를 거절하고 그 회원국으로 사건을 이송시킬 수 있고(Art. 6), 이 때 관할과 준거법의 병행은 다시 깨어진다. 셋째, 상거소지법의 지정은 예외조항에 의해 뒤집힐 수 있다. 즉, 상거소지법보다 명백히 더 밀접히 관련된 법이 있으

---

52) 이에 관해서는 우선 Lagarde(2014) 참조.

53) 그러나 외국법 적용의 승인과 외국재판의 승인을 동일한 법리로 설명하는 일반이론이 전 유럽연합적 통설은 아니므로, 외국재판의 "승인(recognition)"과 구별하여 "受容(acceptance)"이라 한다.

54) Lagarde(2010), 17.

55) 김문숙(2017), 334.

면 그 법에 의한다(Art. 21(2)).

3. 國私 §49의 입법연혁[56)]

조선민사령(朝鮮民事令)[57)]의 약간의 규정(§§10, 15 등)을 제외하면, 칙령(勅令) 제21호(1912. 3.) "法例를 朝鮮에 施行하는 件"에 의해 일본 법례[58)]가 의용되기 전까지는 명문의 국제사법이 없었고, 상속준거법으로 외국법을 적용한 사례도 보이지 않는다.

의용법례에서 상속에 관한 국제사법 각칙은 §25였다.[59)] 1962. 1. 15.에 제정되어 동년 7. 15.에 시행된 섭외사법(涉外私法)은 당시의 법례 §25를 번역하여 §26로 규정했다. 涉私 §26은 상속을 전체적으로 피상속인의 본국법에 연결하였고, 이 점은 2001년의 전면개정시에도 바뀌지 않았다(國私 §49 ①). 涉私 §26는 준거법 결정의 기준시를 정하지 않았지만 학설은 일치하여 사망시로 해석했다.[60)] 즉, 유언상속도 '유언시'가 아니라 '사망시'의 본국법에 의함이 해석론상 정립되어 있었다.

2001년 개정으로 본국법 결정의 기준시가 사망시로 명문화되고(國私 §49 ①), 당사자자치도 일정한 제한 하에 도입되었다. 2001년 전면개정은 당사자자치의 확대를 표방했다.[61)] 부부재산제와 상속은 재산법적 측면도 가짐에 유념하여,[62)] 계약에서 시작된 당사자자치(涉私 §9는 "법률행위"에 대해 당사자자치 인정)를 부부재산제(國私 §38 ②)와 상속(國私 §49 ②)에도 확대했다. 상속에 대한 당사자자치의 인정범위는 독일의 2015년 개정 전 EGBGB Art. 25보다 넓다. 헤이그 상속협약과 그 영향을 받은 이탈리아 국제사법(Art. 46)을 본받았다.[63)]

---

56) 國私 §49의 입법과정에서의 논의에 관해서는 최흥섭(2001), 415 f.(개정안 공청회 발제자료); 조수정(2001), 445(개정안 공청회 토론자료); 법무부, 해설, 171~173; 석광현, 553~559 참조. 개정과정에서는 독일 민법시행법 Art. 25(2015년 개정 전), 스위스 국제사법 Art. 90~92, 오스트리아 국제사법 Art. 28, 29, 이탈리아 국제사법 Art. 46, 일본 법례 §26, 헤이그상속협약 Arts. 3~12가 참고되었다. 법무부, 해설, 173.

57) 1912. 3. 18. 조선총독부(朝鮮總督府) 제령(帝令) 제7호, 1912. 4. 1. 시행.

58) 1898(明治31). 6. 21. (일본) 법률 제10호, 동년 7. 11. 시행. 장준혁(1998), 173은 제정, 시행된 서기 연도를 1889년으로 오기.

59) 일본에서도 그대로 유지되다가 1989년에 법례의 사람과 친족의 부분이 크게 개정되면서 §26으로 조문번호가 바뀌었고, 2006년에 전면개정(법률명도 '법의 적용에 관한 통칙법'(法の適用に關する通則法)으로 바뀜, 약칭 法適用通則法, 법률 제78호, 2006. 6. 15. 성립, 2006. 6. 21. 공포, 2007. 1. 1. 시행)되면서 §36으로 조문번호가 다시 바뀌었다. 두 차례 모두 해당 조문의 내용상 개정은 없었다.

60) 김용한 외, 362; 이호정, 419; 서희원, 333.

61) 법무부, 해설, 15.

62) 법무부, 해설, 15; 석광현, 556.

63) 석광현, 556. 2001년 개정 기초자는 "국제조약의 주요 내용을 반영하여 국제적 흐름과 조화를

Ⅱ. 원칙적 연결기준

1. 비교법

(1) 국제사법상의 상속통일주의와 상속분할주의

국제물권법과 국제상속법에서는 동산과 부동산을 구분하지 않는 동칙주의(同則主義),[64] 즉 부동산 · 동산 통일주의와, 동산과 부동산에 관해 상이한 기준에 따라 준거법을 정하는 입법주의인 이칙주의(異則主義)(부동산 · 동산 불통일주의)[65]가 대립한다. 이칙주의는 부동산에 대해서는 소재지법을, 동산에 대해서는 주소지법, 본국법 또는 상거소지법을 지시한다.

상속 분야에서 동칙주의는 상속재산(유산)의 통일성(Nachlaßeinheit) 또는 단일성(l'unité successorale)의 원칙, 즉 상속통일주의라고 한다. 상속법에서의 이칙주의는 상속재산(유산)의 분열의 원칙, 상속분할주의 또는 상속불통일주의라 한다. 상속통일주의와 상속분할주의는 실질법에도 있으므로, 국제사법에서의 입법주의만 말할 때에는 국제사법상의 상속통일주의, 그리고 국제사법상의 상속분열주의, 국제사법적인 상속재산의 분할(분열)[66](international-privatrechtliche Nachlaßspaltung), 저촉법적인 상속재산의 분할(분열)(kollisionsrechtliche Nachlassspaltung) 등으로 부른다.

국제사법적 상속통일주의와 상속분할주의의 근저에는 실질법의 두 가지 입법주의의 대립이 있다.

첫째, 상속을 "인격의 승계(succession à la personne)" 내지 "총괄재산의 승계(transmission d'un patrimoine)"로 보는 로마법 이래의 사고방식과 그에 입각한 당연승계주의(當然承繼主義)(대륙법계의 많은 국가들)가 있다.[67] 국제사법적 상속통일주의는 "로마법상의 실질법상의 포괄상속에 대응하는 저촉법적 등가물"[68]이다.[69]

도모"한다는 점도 주안점의 하나로 표방했다. 법무부, 해설, 16.

64) 단일법제(단일제, 통일법제, 통일제)(unitarian regime), 단일체계(통일체계)(le système unitaire), 단일주의(단일원칙, 통일주의, 통일원칙)(unity principle)라고도 한다.

65) 분할원칙(주의)(scission principle)이나 분할(법)제(분할체계)(scission system, schmismatic regimes, le système de la scission, le système scissionniste)라고도 한다.

66) 이호정(1987), 111은 "Nachlaßspaltung"을 "相續財産의 분할"이라고 번역한다. 이렇게 번역하더라도, 이것을 공동상속인 간의 상속재산의 분할이나 상속재산의 분리와 혼동할 소지는 없을 것이다.

67) Niboyet et La Pradelle, n° 148 & fn. 590.

68) 이호정, 49(순한글로 바꾸어 인용함).

69) Li(1990), 25는 실질사법에서 포괄승계주의를 따르면, 그 자연스러운 결론으로 국제사법상의 상속통일주의에 따르게 된다고 한다. 국제사법적으로 상속분할주의를 따르면 동산과 부동산의 상속법제가 달라져 포괄승계주의에 어긋나는 결과가 되는데, 포괄승계주의를 따르는 나라는 자신의 실질사법의 기본원칙을 깨뜨리는 이런 결과를 받아들이기 힘들고, "자연스럽게" 국제사법

둘째, 상속을 "재산들의 승계(succession aux biens)"[70]로 보고 재산의 종류에 따라 실질법적으로 달리 규율하는 게르만법이 있다. 봉건적 토지소유질서 하에서 주된 상속재산은 토지였고, 토지가 누구에게 승계되는지 문제삼았다. 국제사법적 상속분할주의도 봉건적 토지소유제도와 깊이 관련되었다. 14세기 프랑스의 법칙학설에서 부동산상속법을 물법(物法)(부동산에 관한 법)으로 분류하는 것이 통설로 확립되었고,[71] 동산도 피상속인 주소지에 소재하는 것으로 간주하여 그곳의 상속법을 속지적으로 적용하게 되었다. 국제사법적 상속분할주의는 게르만법에서 유래한 실질사법상의 상속분할주의에 "대응"하는 저촉법원칙이라 할 수 있다.[72] 상속을 재산들의 승계로 보는 사고방식을 배경으로 확립된 실질법·국제사법적 상속분할주의는 청산후승계주의(清算後承繼主義)(청산주의) 법제와 결부되어 서로의 생명력을 연장시켰다.[73] 영미 국제상속법에서 상속분할주의가 유지된 것은, 물권·상속실체법에서 로마법의 영향이 적고 중세의 관습법이 살아남은 점과, 유언집행자와 상속재산관리인에 의하는 "상속재산의 관리(administration of estates)" 제도가 확고히 자리잡고 이것이 상속분할주의와 결부된 점에 힘입고 있다.[74] 유언집행자와 상속재산관리인 제도에 의해, 피상속인은 사망후의 재산처리를 어느 정도 통제할 수 있다. 그러한 '피상속인의 인격대표자'에 의해 유산집단의 규율이 조율될 수 있다. 이는 상속통일주의의 기능적 대용물로 작용한다. 그러나 영미법계도 실질법과 국제사법 양면에서 조금씩 상속통일주의의 방향으로 나아가

적으로도 상속통일주의를 따르게 된다는 것이다. 김문숙(2017), 285도 이 설명을 따른다. 이는 실질사법적으로 포괄승계주의를 따르는 나라에게는 국제사법적 상속통일주의가 한층 더 타당함을 적절히 지적한 것이다. 또, 독일, 일본, 한국을 포함한 다수의 대륙법계 국가들이 실제적 어려움에도 불구하고 국제사법적 상속통일주의를 원칙으로 삼는 이유와, 실질사법적 상속통일주의의 확산과 국제사법적 상속통일주의의 확산이 함께 일어나는 이유를 설명해 준다. 그러나 실체법에서 포괄승계주의에 입각하여 상속통일주의를 따르더라도, 기존에 국제사법적으로 상속분할주의를 따르던 태도를 떠나 상속통일주의를 따르려면 넘어야 할 장애물이 있다. 법칙학설의 심리적 권위를 넘어서야 하고, 기존의 국제사법 법제를 변화시키는 부담이 있다. 또, 현실적으로 국제사법적 상속통일주의의 실효성을 기하는 데 따르는 어려움을 감수하거나, 그 해결책을 강구해야 한다.

70) "총괄재산(le patrimoine)"의 승계가 아니라, 하나하나의 "재산들(des biens)"의 승계라는 의미.

71) 김문숙(2017), 286 f.

72) 이호정, 49.

73) 그러나 청산후승계주의가 논리필연적으로 실체사법·국제사법상의 상속분할주의로 이어지는 것은 아니다. 이설: 김문숙(2017), 286 f.

74) 또, 영국 물권·상속실체법이 물적 재산(real property, realty)(대체로 부동산에 상응)과 인적 재산(personal property, personalty)(대체로 동산에 상응)을 구별하는 전통적 법리를 고수하는 점도 하나의 이유로 이야기된다. 김문숙(2017), 287. 그러나 오늘날 영국의 국제상속법과 상속실체법·절차법에 관한 한, 물적·인적 재산의 구별이 아니라 부동산(immovables)과 동산(movables)의 구별을 한다.

고 있다.

유럽대륙에서도 국제사법적 상속분할주의가 법칙학설의 지속적인 권위와 영향력에 힘입어 오래 살아남았다. 법칙학설시대에는 부동산상속을 물법(부동산에 관한 법)과 인법(人法) 중 어느 쪽으로 보아야 하느냐에 관하여 오랜 논쟁이 있었다.[75] 뒤물랭(Dumoulin)(1500－1566)과 다르쟝트레(d'Argentré)(1515－1590) 등에 의하여 부동산상속을 물법 문제로 분류하는 것이 통설화되었다.[76] 그래서 법칙학설의 지배를 받던 19세기까지 상속분할주의가 지배적 학설이었다.[77] 그 영향으로 프랑스, 벨기에, 러시아 등에서는 실질사법상의 상속분할주의를 포기한 뒤에도 국제사법의 상속분할주의는 고수하여, 동산상속은 피상속인의 주소지법에, 부동산상속은 부동산소재지법에 맡기는 법칙학설시대의 통설의 태도를 유지했다.[78] 프랑스와 벨기에에서는 유럽상속규정의 시행으로 국제사법적 상속분열이 비로소 포기되었다. 한편, 독일에서는 18세기 중엽에 국제사법적 상속통일주의로 이행했다.[79] 일찍이 헤르트(Hert)(1651－1710)가 법칙학설의 틀 속에서 법정상속과 유언의 해석을 사람에 관한 문제로서 속인법(주소지법)에 맡길 것을 주장했고,[80] 사비니(Savigny)(1779－1861)도 상속통일주의를 강력히 지지했다.[81] 오늘날의 국제사법적 상속통일주의는 특히 사비니의 영향을 강하게 받고 있다.[82]

국제사법적 상속통일주의의 실제적 관철에 어려움이 따르는 점도, 국제사법적 상속분할주의의 생명력 유지를 돕는다. 국제사법적 상속통일주의가 재산소재지에서 실효성을 가지기 어려운 경우가 빈발한다.

국제사법상의 상속분열주의 입법례 중에서도 영국[83]법계과 일부 북유럽 국가는 다음의 특징을 보인다. 상속재산의 관리와 청산(상속재산에 속한 적극재산

---

75) Bartolus의 견해에 관해서는 최병조(1993), 266 f.(Super Primam et Secundam Partem Codicis Commentaria(칙법휘찬에 대한 주석), §42의 번역); 이호정, 45 f.(요약소개와 평가).

76) 이호정, 49 참조.

77) 김용한 외, 359.

78) 이호정, 420.

79) 이호정, 421; Li(1990), 26; 김문숙(2017), 286.

80) 이호정, 53.

81) Savigny(1849), System des heutigen Römischen Rechts Bd. VIII, §§375, 295~298(상속준거법의 결정에 관한 일반론), §§376, 298~305(계속). 이호정, 62, 421 참조.

82) 이호정, 62. Savigny는 물권법의 문제도 동산과 부동산을 모두 소재지법에 연결할 것(국제물권법에서의 동칙주의)을 주장했다. 오늘날의 국제물권법상의 동칙주의는 사비니의 영향에 따른 것이다. 이호정, 같은 곳.

83) 상속에 관한 국제사법, 실체사법, 절차법은 웨일즈법에 특유한 것이 없고 영국과 웨일즈의 법이 동일하다. 정확히는 영국·웨일즈법이라 해야 하겠으나, 이하에서는 영국법이라 약칭한다. 법적으로 영국과 영연합왕국(The United Kingdom of Great Britain and Northern Ireland)은 엄격히 구별된다.

에 의한 상속채무와 상속비송절차의 비용의 변제—영미법계에서는 양자를 총칭하여 "상속재산의 관리(administration of estates)"라 한다[84])의 단계에서는 준거법 결정에 관심이 없다. 상속인, 수유자 등에게의 잔여재산 분배, 이전 등의 단계에서만 의식적으로 준거법을 정한다. 국제사법상으로는 상속분할주의이다. 실질사법적으로는 상속통일주의가 원칙인데, 국제상속비송관할의 속지적 제한의 영향이 실질사법적 규율에 미친다. 아래에서는 영국법을 간략히 살핀다.

피상속인의 사망으로 상속재산에 대한 "점유(possession)"는 포괄적으로 상속재산관리인(administrator)이나 유언집행자(executor)에게 신탁적으로 이전된다.[85] 법률상 당연히 이전되는 것이 아니라 법원의 임명에 의하여 비로소 이전된다. 유언에서 유언집행자를 지정하였고 피지명자가 유언집행자가 되고자 하면, 유언의 검인과 함께 발급되는 검인장(letter of probate)의 부여에 의해 이전된다. 그 외의 경우에는 관리장(letter of administration)의 부여에 의해 이전된다.[86] 1인의 유언집행자나 상속재산관리인이 "personal representative", 즉 '피상속인의 인격대표자' 내지 '상속재산에 대한 인격대표자'로서[87] 상속재산을 점유, 관리하고 소극재산을 청산한다. 그들이 점유하고 "관리"하는 것은 총괄재산으로서의 상속재산이고, 동산과 부동산을 포괄하지만, 이것이 반드시 피상속인의 상속재산 전체를 의미하는 것은 아니다. 다음의 점에서 그렇다. 첫째, 상속인 내지

84) 예컨대 Morris, para. 18-001 참조. 이러한 용어체계는 상속실체법에 대한 비교법적 서술에서도 유념되고 있다. 즉, 영미법계와 같이 상속을 '개별 재산의 이전'을 위한 제도로 생각하여 청산후승계주의를 따르는 법제에서는, 상속의 수익자(상속인, 수유자 등)에게 개별 재산이 이전되기 전에 유언집행자나 상속재산관리인이 상속재산의 "취득(l'appréhension)" 내지 "점유(la saisine)", 적극재산의 "관리(la gestion)", 소극재산의 "청산"이라는 세 가지의 임무를 수행하고, 이 세 개를 묶어 상속재산의 "관리(l'administration)"라고 한다고 설명한다. Terré, Lequette et Gaudemet (2014), n° 785. 이와 달리, 당연승계주의 하에서는 상속재산관리인이나 유언집행자가 임명되더라도, 그들에게 상속재산이 일단 이전했다가 청산 후 분배되는 것이 아니고, 그들의 권한은 대체로 상속절차의 "감독"에 국한된다. Morris, para. 18-001.

85) 즉, 단순히 관리·처분권만 부여되는 부여되는 것이 아니라 소유권이 신탁적으로 이전되고, 상속인과 수유자에 대하여 '신탁(trust)의 수탁자'에 준하는 권리의무를 진다. Morris, para. 18-001 (영국·웨일즈법과 그 영향을 받은 법에 대한 설명); Frimston, 70(영국·웨일즈법에 대한 설명이며, 스코틀랜드법과 북아일랜드법도 같다). 덴마크, 핀란드, 스웨덴에서도 이처럼 상속재산관리인이나 유언집행자가 상속재산을 관리, 청산한 후 잔여재산을 수익자에게 이전한다. Frimston, 70. 그들에게의 이전은 '신탁적 이전의 본질'을 가지고, 그들은 상속인과 수유자에 대하여 '신탁의 수탁자'에 준하는 권리의무를 진다. 법원에 의한 유언집행자나 상속재산관리인의 임명(수권) 없이는 아무도 상속재산에 손댈 수 없는 것이 원칙이다. Morris, para. 18-001. 다만 1965년 상속재산관리(소액지급)법(Administration of Estates (Small Payments) Act 1965)과 같이, 제정법상의 예외는 있다.

86) Morris, para. 18-001. 양자를 통칭하여 "관리권한의 부여(grant of administration)"나 "대표권한의 부여(grant of representation)"이라고 부르기도 한다. 예: Morris, para. 18-002("grant of administration"), 18-003("grant of representation").

87) 이병화(2005), 249와 주 19는 "personal representative"를 이렇게 두 가지로 번역한다. 양 번역어는 영미 상속법의 총괄재산법적 성격과 속지적 성격을 각기 드러낸다.

상속재산의 인적 대표자(인격대표자)를 임명할 국제비송재판관할이 문제된다. 영국의 경우 1932년까지는 재산소재지관할만 인정되었으나, 1932년의 사법관리법(司法管理法)[88](Administration of Justice Act) §2(1)에 의하여 이 제한이 폐지되었다.[89] 그래서 인격대표자(인적 대표자) 임명의 국제비송관할에 법적 제한이 없지만, 피상속인의 영국법상 "주소(domicile)"가 외국에 있으면 영국법원은 인격대표자 임명의 국제비송관할 행사를 꺼린다.[90] 둘째, 영국법원이 임명한 인격대표자의 권한이 속지적으로 제한된다. 즉, 법정지의 "상속재산 관리"절차의 속지적 타당범위는 기본적으로 법정지 소재 재산에 한정되고,[91] 외국 소재 재산은 유언집행자나 상속재산관리인이 점유하거나 파악한 것 등에만 미친다. 피상속인의 주소(domicile)지국에서는 "주된 관리(principal administration)", 기타 국가에서는 "부수적 관리(ancillary administration)"가 진행된다.[92] 영국 내 상속재산은 동산, 부동산을 불문하고[93] 반드시 영국의 상속재산관리인이나 유언집행자에게 상속재산의 "관리"가 맡겨진다. 그것은 영토고권의 요구가 관철된 것이다.[94]

상속재산의 관리와 '청산 중 일부 문제'[95]는 상속재산의 "관리(administration)"의 문제라 하고, 준거법 결정에 관한 문제의식 없이 법정지법에 따른다.[96] 그것은 절차 문제일 뿐이지 상속의 실체관계의 문제가 아니므로 법정지법에 맡겨질 뿐이다.[97] 그래서 상속의 실체관계의 준거법 결정이 본격적 형태로 이루어지는(즉 외국법 적용가능성이 있는) 것은 소극재산을 청산하고 남은 적극재산을—법정지의 상속재산관리인, 유언집행자가 점유한 것의 한도에서—상속인에게 '분배, 이

88) "法院組織法(법원조직법)"으로도 번역된다. 이병화(2005), 243의 주 2.

89) 이 법률은 1931년 Supreme Court Act－현재 명칭은 Senior Courts Act－부속서(Schedule) 7에 의해 폐기되었으나, 해당 규정내용은 동법 §25(1)로 계승되어 있다.

90) Morris, para. 18－002.

91) 유언자가 영국 소재 재산과 해외 소재 재산에 대하여 상호 독립적으로 따로 유언한 경우에는, 영국법원은 원칙적으로 '영국 소재 재산에 대한 유언'에 대해서만 검인 및 유언집행자(그가 없거나 유언집행자가 될 의사가 없을 때에는 상속재산관리인)를 임명한다. Re Wayland [1951] 2 All E.R. 1041 (Probate Division) (Morris, para. 18－003에서 재인용).

92) Frimston, 72(영국법에 관한 설명).

93) Frimston, 73(영국 · 웨일즈법에 대한 설명).

94) Frimston, 70(영국 · 웨일즈법에 대한 설명이며, 스코틀랜드법과 북아일랜드법도 같다).

95) 영국 · 웨일즈 국제사법에서 말하는 상속재산의 "관리"에는 "채무 변제의 명령", "미성년자인 수익자[상속인 등]에게 변제할 권한", "적극재산의 매각을 연기할 권리" 등이 속한다. 반면에 "적극재산을 채무나 유증의 변제에 사용하는 명령"이나 청산 후 남은 "잔여 재산의 수익자[상속인 등]에의 분배"는 상속의 실체준거법에 따른다. Frimston, 71.

96) 김용한 외, 361.

97) Frimston, 71(영국 · 웨일즈법, 스코틀랜드법, 북아일랜드법에 대한 설명임).

전'하는 단계에 국한된다.[98] 즉, 상속의 실체문제 중 일부가 "상속재산의 관리"(점유, 관리 및 청산) 문제로 다루어지고, 법정지법의 적용이 당연시된다.[99] 그러나 "상속재산의 관리"의 모든 문제가 법정지법에 맡겨지는 것은 아니다. 특히 인적 대표자의 결정은 피상속인의 "주소(domicile)"지법에 의한다. 그리고 피상속인의 "주소(domicile)"가 외국에 있고 그 외국법원이 이미 인격대표자를 선임했으면, 영국법원도 그를 인격대표자로 임명함이 원칙이다.[100] 즉, 준거법 소속국에 따른 인격관리자 임명을 '승인'하지만, 그것만으로 영국 소재 재산에 대한 "관리"권한이 인정되는 것은 아니다. 영국법원이 그를 영국 소재 재산에 대한 인격대표자로 임명함으로써 비로소 영국 내 재산에 대한 "관리"권한이 부여된다.[101] 여기에는 다시 예외가 있다. 피상속인이 외국에 "주소(domicile)"을 두고 사망했어도, 영국 소재 재산이 부동산 뿐이면, 법정지법(영국법)에 따라 인격대표자를 정한다.[102]

한편, 상속의 실행을 포함하여 상속 문제 전반에 관하여 부동산상속과 동산상속의 준거법을 따로 정하는 입법례도 있다.[103]

실질사법과 국제사법에서의 상속통일·분할주의의 대립이 필연적으로 상호 결부되어 있는 것은 아니다.

첫째, 국제사법적으로는 상속통일주의로 전환하더라도 실질사법상으로는 여전히 상속분할주의를 따를 수 있다.[104] 영국에서도 국제사법적으로는 부동산까지도 통일적으로 주소지법에 맡기자는 견해가 있는데,[105] 설사 영국 국제사법이 이렇게 바뀌더라도 실질사법적으로는 외국 소재 재산에 관해서는 부동산과 동산의 취급이 같아지기 어렵다.[106] 가령 영국이 피상속인의 본국이자 주소지이자 상거소지에 해당하고 영국에서 "주된 관리" 절차가 진행되더라도, 피

98) 김용한 외, 361.

99) 호주에서도 상속재산의 관리는 그것이 호주에서 행해지는 경우에는 호주법에 맡겨진다고 한다. Frimston, 71.

100) Non-Contentious Probate Rules 1987, r.30(1)(b). 단, 법원의 재량이 인정된다. r.30(1)(c).

101) 영국 국제사법도 국제상속법 분야에서 '실체준거법 소속국에 의한 인격대표자 임명을 승인'하되, 일정한 절차를 거쳐 승인하는 것이라 할 수 있다. 법리적으로는, '준거법 심사' 하에서 '외국비송재판의 승인' 내지 '법률관계의 승인'을 하는 태도로 평가할 수 있다.

102) Non-Contentious Probate Rules 1987, r.30(3)(b).

103) Lagarde(2010), 16 참조.

104) 이호정, 420.

105) Morris(1969), 339; Morris, para. 18-013.

106) 그러므로 영국에서의 이러한 구상은 '영국의 상속실질법상 청산후승계주의는 그대로 두더라도(그래서 외국 소재 재산을 완전히 파악할 수 없는 한계를 제거하지는 못하더라도), 실질사법상으로도 영국도 이미 상속통일주의를 원칙으로 하고 있고, 해외에서 국제사법적 상속통일주의가 확산되고 있으므로, 영국 국제사법도 상속통일주의를 따르는 것이 타당하다'는 방향을 제시하는 정도의 견해로 이해된다.

상속인이 남긴 모든 총괄재산이 법률상 당연히 "관리"의 대상으로 파악되는 것이 아니고 유언집행자나 상속재산관리인이 점유를 취득하여야 하는데, 특히 외국 소재 부동산에 대해서는 상당한 제약이 있다.107)

둘째, 실질사법적으로는 상속분할주의를 버리고 상속통일주의로 전환하면서도 국제사법적으로는 상속분할주의를 유지할 수도 있다. 영국, 싱가폴, 미국의 대부분의 주가 그렇다.108) 유럽 회원국 중에도 유럽상속규정 시행 전까지 그런 예가 드물지 않았다. 오스트리아는 상속실체법상 상속분할주의를 포기한 뒤에도 국제사법상의 상속분할주의는 유지하다가(동산상속은 본국법),109) 1978년의 국제사법 개정으로 국제사법에서도 상속통일주의로 전환했다(§28 ①). 프랑스는 실질사법은 기본적으로 당연승계주의와 상속통일주의를 따르지만, 국제사법은 유럽상속규정 발효 전까지 철저히 상속분할주의를 따랐다.

셋째, 실질법과 국제사법 양쪽에서 상속분열주의를 따르다가, 실질법과 국제사법에서 속도와 양상을 달리하여 점차 상속통일주의적 요소를 도입할 수도 있다. 영국 구 상속법(1925년까지)은 동산과 부동산의 상속을 각기 다른 법리에 맡겼으나 그러한 원칙은 1926년에 폐지되었다.110) 그러나 영국 국제사법은 여전히 부동산상속과 동산상속을 달리 다룬다. 그 차이는 먼저 국제비송관할의 효력범위에서의 차별취급으로 나타나고, 이와 함께 상속실체법적 차별취급이 이루어진다. 상속재산 중 법정지 내에 소재한 동산에 대해서는 유언집행자나 상속재산관리인이 이를 점유, 관리하고, 매각하는 등 청산에 사용하고, 청산 후에도 남으면 상속인에게 인도하여야 하나, 해외에 소재한 부동산에 대해서는 그러한 의무가 상당히 제한된다. 준거법 결정에 관해서는 판례가 부동산상속을 부동산소재지법에 맡기는 전통적 태도를 유지하면서도 국제사법적 상속분할주의에 대한 회의적 관점도 내비치고 있다.111)

---

107) 다만 Morris, para. 18−013은 이 점은 언급하지 않는다.
108) 이호정, 420 참조.
109) 이호정, 420.
110) 이호정, 420. 버뮤다와 미국의 몇 개 주에서는 아직도 실질법적 유산분열이 있다. 이호정, 420.
111) Re Collens [1986] Ch. 505; [1986] 2 W.L.R. 919; [1986] 1 All ER 611에서 피상속인의 미망인은 피상속인의 주소지인 트리니다드 토바고에서 그곳에 소재한 상속재산으로부터 상당한 액수의 구체적 상속분을 취득했지만, 영국 소재 부동산에서 상속받음에 있어서는 이 점이 감안되지 않았다. 재실법원(財室法院)(Chancery Division)의 니콜라스 브라운-윌킨슨 판사(Sir Nicolas Browne-Wilkinson V.-C.)는 '외국에 주소를 둔 피상속인이 영국에 남긴 부동산의 상속'도 주소지법에 의하는 것이 타당하다는 Dicey & Morris 공저 The Conflict of Laws의 지적이 타당하다는 견해를 피력하면서도, 사법적 법형성(司法的 法形成)의 한계를 이유로, 현행 판례법에 따라 영국 소재 부동산은 영국법에 따라 상속된다는 기존 판례를 적용했다. Morris, 18−003은 이 판결이 국제사법상의 상속분할주의에 대하여 회의적 시각을 보이면서도 기존 판례에서 전제되고 있

실질법적 유산분열을 인정하는 국가는 크게 줄었다. 그러나 상속실질법보다 상속저촉법에서는 상속분할주의의 입법례가 더 많이 남아 있다.[112)]

다수의 대륙법계 국가들은 국제사법적 상속통일주의를 따른다. 유럽상속규정 발효 전의 유럽연합 회원국을 보면, 독일, 오스트리아, 네덜란드, 이탈리아, 스페인, 포르투갈, 그리스, 스웨덴, 발트 3국(에스토니아, 라트비아, 리투아니아), 핀란드, 헝가리, 폴란드, 체크, 슬로바키아, 슬로베니아가 국제사법적 상속통일주의를 따랐다. 유럽상속규정도 상속단일주의를 채택했다. 덴마크는 유럽상속규정에 참여하지 않고 상속통일주의를 따른다. 유럽연합 비회원국인 노르웨이도 상속통일주의를 따른다.[113)] 브라질, 이스라엘, 칠레, 베네주엘라, 터키도 상속통일주의를 따른다.[114)] 1878년 리마조약(페루만 비준, 미발효)(Art. 18, 19)[115)]과 1928년 부스따만떼법전(Art. 144)[116)]도 상속통일주의를 따른다. 일본, 대한민국의 국제사법도 일관되게 상속통일주의를 따르고 있다.

국제사법상의 상속분할주의는 프랑스법계, 영미법계 등이 따른다. 유럽상속규정 시행 전까지 상속분할주의를 따른 유럽연합 소속국은 프랑스, 루마니아, 벨기에, 룩셈부르크, 불가리아, 키프로스, 몰타이다.[117)] 아일랜드와 영연합왕국(United Kingdom)은 유럽상속규정에 불참하고 상속분할주의를 유지한다.[118)] 그 외에 상속분할주의를 따르는 예로, 1929년 독일 · 터키 영사조약 Art. 20에 관한 부속서 Art. 14, 1889년 및 1940년 몬테비데오조약,[119)] 미국, 아르헨티나, 러시아,[120)] 캐나다, 호주, 우루과이, 멕시코, 에스토니아,[121)] 태국 국제사법(1939),[122)]

던 국제사법적 상속분할주의를 "주저하면서" 승인했다고 평가한다.

112) 이호정, 420. 유럽연합 회원국으로서 유럽상속규정을 적용받는 국가의 상속에 관한 실체법과 절차의 중요내용은 유럽 민상사 사법네트워크(European Judicial Network in civil and commercial matters, 약칭 EJN-civil)가 유럽연합 공증인 평의회(Council of the Notariats of the EU, 약칭 CNUE)와 협력하여 작성한 국가별 현황서(Fact Sheet)로 정리되어 https://e-justice.europa.eu에 게재되어 있다.

113) Li(1990), 21; 김문숙(2017), 285(앞의 문헌 인용).

114) 이병화(2005), 249.

115) Li(1990), 36와 김문숙(2017), 287(앞의 문헌 인용)에 의함.

116) Li(1990), 38에 영어로 번역되어 있다. 김문숙(2017), 288도 이를 언급.

117) Lagarde(2010), 16.

118) Lagarde(2010), 16.

119) 김문숙(2017), 285에 따름.

120) 이상 3개국은 Looschelders, Art. 25 Rn. 1(Süss, ZEV 2000, 486 ff.와 국가별 개관, 489 ff.를 인용); 김용한 외, 359에 따름.

121) 이상 5개국은 이병화(2005), 249에 따름.

122) 동산상속은 피상속인의 주소지법(§38), 부동산상속은 소재지법(§37)에 의한다. Chin Kim (1971b), 715에 따름.

중화인민공화국 섭외민사관계법률적용법(涉外民事關係法律適用法)(2010) §31,[123)][124)] 북한 대외민사관계법[125)] 등이 있다.

국제사법적 상속분할주의는 부동산상속은 부동산소재지법에, 동산상속은 피상속인의 사망시의 속인법에 따름이 보통이다.[126)] 동산상속의 전통적 기준은 주소지법인데, 학설에 따라 동산 소재지의 의제(物法說) 또는 인적 관련에 의한 연결(人法說)로 설명한다,[127)] 오늘날에는 상속분할주의에서의 동산상속의 구체적 기준도 나뉜다. 미국,[128)] 유럽상속규정 시행 전의 영연합왕국, 프랑스,[129)] 벨기에, 불가리아, 키프로스, 룩셈부르크, 몰타, 에이레,[130)] 베트남,[131)] 태국[132)] 등 다수의 국가는 주소지법을 따른다. 그러나 상거소지법(중국)이나 본국법(예:

---

123) 중화인민공화국 계승법(繼承法)(상속법)(1985. 4. 10. 공포, 1985. 10. 1. 시행) 제5장 부칙 제36조이 이미 동지의 규정을 두고 있다. "①중국공민이 중화인민공화국 외에 있는 유산을 상속하거나 중화인민공화국 내에 있는 외국인의 유산을 상속하는 경우에는, 동산에 대하여는 피상속인의[정인섭(1996), 257의 주 111의 번역은 "사망시의"라는 문구가 있으나 원문에서는 보이지 않는다] 주소지 법률을 적용하고, 부동산에 대하여는 부동산 소재지 법률을 적용한다. ②외국인이 중화인민공화국 내에 있는 유산을 상속하거나 중화인민공화국 외에 있는 중국공민의 유산을 상속하는 경우에는, 동산에 대하여는 피상속인의 주소지 법률을 적용하고, 부동산에 대하여는 부동산 소재지 법률을 적용한다."(정인섭(1996), 257의 주 111에 ①의 발췌번역 있음). 이 규정은 2개 항으로 나뉘어 있으나, 결국 동산상속은 피상속인 주소지법, 부동산상속은 소재지법에 의하는 것으로 요약된다. 섭외민사관계법률적용법(2010) §31은 계승법(繼承法) §36을 내용변경 없이 이렇게 요약하여 반복규정한 것이다.

124) 중국에는 유럽의 봉건적 토지소유제를 보유한 일이 없고, 동칙주의가 확립되기 전에 법칙학설이 먼저 자리잡았던 나라도 아니다. 그럼에도 국제사법적으로 상속분할주의를 따르는 것은 러시아 국제사법을 본받은 결과이거나, 나름대로의 이유로 부동산상속에 관해 속지주의를 중시하기 때문인 듯하다.

125) 1995. 9. 6. 최고인민회의 상설회의 결정 제62호로 제정. 1998. 12. 10. 최고인민회의 상임위원회 정령 제251호로 수정. 부동산상속은 소재지법에 의한다(§45 ① 前). 동산상속은 원칙적으로는 피상속인의 본국법에 의하지만(§45 ① 後), 피상속인이 외국에 "거주"하는(주소를 가지는) 북한공민이면 그의 사망시 "거주"지국법(주소지법)(§45 ②)에 의한다.

126) 다만 1889년 몬테비데오조약(현 체약국 볼리비아, 페루)(그 일부인 1889년 국제민법조약 Art. 44(1), 45)과 1940년의 몬테비데오조약(우루과이, 아르헨티나, 파라과이에서 발효)(1889년 조약의 개정본이나 앞의 조문에는 개정 없음)은 동산상속도 소재지법에 따르게 한다. Li(1990), 37 (위 조문의 영문번역 수록). 이것은 Huber와 Story가 강조한 영토주의로부터 도출된 것으로 이해된다. Li(1990), 37; 김문숙(앞의 문헌 인용). 식민지에서 독립하여 영토주권을 수호하려는 취지는 이해할 수 있으나, 동산상속의 준거법이 2개 이상이 될 수 있어 준거법의 분열이 커지는 문제점이 있다. Li(1990), 38.

127) Dumoulin은 물법설(物法說)을, d'Argentré는 인법설(人法說)을 주장했다. Mayer et Heuzé, n° 843. 오늘날은 물법설을 따르는 예가 비교적 자주 보인다. 예: Audit et d'Avout, n° 975(유럽상속규정 시행 전 프랑스 국제사법에 관하여); 김용한 외, 360 f.

128) 이호정, 420; 김문숙(2017), 285에 따름.

129) 이 두 국가에 관해서는 이호정, 420; Lagarde(2010), 16에 따름.

130) 이 여섯 국가에 관해서는 Largarde, 16에 따름.

131) 베트남 2005년 민법전(2015년 전면개정 전) §767 ①(법정상속은 사망시 국적국법), ②(부동산의 법정상속은 부동산 소재지국). 장준혁(2015), 168 f. 유언상속에 대해서는 따로 명문규정 없음. 장준혁(2015), 171 f.

132) 1939년 국제사법 §38. Chin Kim(1971b), 715에 따름.

과거 프랑스법,[133] 오스트리아 구법,[134] 유럽상속규정 시행 전의 루마니아,[135] 중화민국[136])에 연결하는 입법례도 있다. 일정한 경우에 동산과 부동산을 구별하지 않고 재산소재지법에 맡기는 형태의 상속분할주의의 입법례도 있다. 중화민국(대만) 섭외민사법률적용법(涉外民事法律適用法)(2010)[137] §58은 원칙적으로는 상속통일주의를 따르지만(피상속인의 본국법), 피상속인이 외국인일 때 상속인 가운데 내국인이 있으면 그의 '내국 소재' 재산(부동산에 한하지 않음)에 대한 상속권은 내국법에 맡긴다.[138]

상속분할주의의 단점으로는 다음의 점이 언급되고 있다. 첫째, 상속에 여러 법이 적용되어 상속관계가 복잡해지고, 특히 소극재산의 처리에 곤란이 생긴다.[139] 둘째, 장래의 망인(亡人)이 그의 자녀 등의 상속을 형평에 맞게 미리 정하기 어렵다.[140] 프랑스에서는 다음 설례를 든다. 프랑스에 주소를 둔 프랑스인 부(父)가 런던과 파리에 각기 부동산을 가지고 있다. 그 두 부동산의 가치는 대등하다. 전자는 런던에 사는 딸에게, 후자는 파리에 사는 아들에게 승계시키려 한다. 상속분열주의에 따르면, 이 경우 딸이 파리의 부동산에 대해 프랑스

---

133) 프랑스 민법전(1804) 시행 전의 법, 즉 "프랑스 구법"(l'Ancien Droit)은 법칙학설의 통설에 따라 동산상속을 주소지법에 연결했다. 그런데 프랑스 민법 Art. 3이 사람의 신분을 본국법에 따르도록 규정하여, 본국법에 연결하게 되었다. 그러나 국적 변경 없이 주소만 변경한 경우 본국법 적용의 부당성이 지적되어, 파기원 판례로 주소지법주의로 복귀했다. 내국인(외국에 주소를 두고 사망한 내국인)에 대해서는 파기원의 1868. 4. 27. 판결(Civ. 27 avr. 1868, S. 1868.1.257), 외국인(내국에 주소를 두고 사망한 외국인)에 대해서는 파기원의 1939. 6. 19 판결(Civ. 19 juin 1939, Rev. crit. DIP 1939.481, note Niboyet, DP 1939.1.97, note Lerebourg-Pigeonnière, S. 1940.1.49, note Niboyet, GA n° 18).

134) 이호정, 420.

135) 루마니아 국제사법(1992. 9. 22. 법률 제105호) §66 a. Riering(1997), 157의 번역에 따름.

136) 2010년 섭외민사법률적용법 §58. 2010년 전면개정 전의 섭외민사법률적용법(1953)에서는 §22(다만 但에 상속인의 국적에 따른 예외 있음).

137) 1953년 중화민국 섭외민사법률적용법이 2010년에 전면개정된 것. 1953년 중화민국 섭외민사법률적용법의 영어번역은 Chin Kim(1971a), 355~359의 주 10. 1918년 중화민국 국제사법과 대만으로 축소된 후 그것이 1953년 중화민국 섭외민사법률적용법에 의해 개정되기까지의 중화민국 국제사법 입법연혁의 간략한 개관은 Chin Kim(1971a), 354.

138) §58: "상속은 사망시 피상속인의 본국법에 의한다. 다만 중화민국 법률에 의하여 중화민국 국민이 상속인이 될 경우에는 그의[피상속인의] 중화민국에 있는 유산을 상속할 수 있다." 김호역(2012), 530은 단서의 "그의"를 "피상속인의"로 의역한다. 피상속인의 본국법이 대만법이거나 대만법으로 반정되는 경우에는 단서를 적용할 필요 없이 통일적으로 대만법에 의한다. 단서가 적용될 수 있는 경우는 피상속인이 외국인이고 중화민국법으로의 반정(反定)도 없는 경우에 한정된다. 단서가 적용될 때 중화민국인의 상속권이 어느 나라 법에 따라 인정되는지를 단서에서 분명히 규정하지 않는 것처럼 보이기도 하나, 문맥상 중화민국법에 따라 상속한다는 취지로 읽힌다. 현행 §58의 전신인 2010년 개정 전 섭외민사법률적용법(1953) §22 但은 이를 명시하고 있었음에 비추어 볼 때, 이 점은 문맥상 당연시되고 있는 듯하다.

139) 김용한 외, 361.

140) Lagarde(2010), 16.

상속법상의 유류분을 주장할 수 있지만, 영국상속법은 자녀의 유류분을 알지 못하므로 아들은 런던의 부동산에 대해 유류분권을 주장할 길이 없다. 그 결과 피상속인이 꾀하는 대로 형평을 기할 수 없다.[141] 이 문제는 국제상속법적 상속분할주의 때문에 생긴다.

결국, 상속은 좁은 의미의 신분법 문제는 아니지만, 피상속인의 권리의무의 운명을 다루고, 피상속인을 중심으로 형성되는 법률관계이므로, 피상속인의 속인법에 연결함이 타당하다.[142] 물론, 상속분할주의의 입장에서 보면, 봉건질서가 확립되면서 토지에의 종속관계가 중요해졌고, 영토국가도 영토고권에 기초하므로, 봉건제 하에서 성립한 국제사법적 상속분할주의를 이어받기 용이하다. 그러나 '사람이 토지에 얽매여 있고 상속이란 토지의 운명을 말한다'는 사고방식은 오늘날에는 맞지 않는다. 부동산소재지법에의 연결만 놓고 생각해 보아도, 봉건제에 유래하는 부동산의 특별상속제도는 실질사법상 널리 폐지되어, 굳이 부동산상속을 재산소재지법에 맡길 이유가 없다.[143] 더구나, 상속통일주의는 상속재산의 통일성(Nachlaßeinheit)을 보장해 주고, 각각의 개별재산의 상속 간의 정합성을 보장한다.[144] 재산의 종류를 구별하지 않고 일관된 규범체계에 따르게 하므로 실제 적용도 용이하고 간명하다.[145] 그래서 국제사법에서도 상속통일주의가 상속분할주의보다 법정책적으로 우월하다.[146]

그러나 국제사법적 상속통일주의 하에서도, 상속재산이 복수의 국가에 있으면, 속인법 적용의 실효성이 저해될 수 있다.[147] 적어도 상속의 실행 단계에서는

141) Lagarde(2010), 16.

142) 이호정, 423은 국제사법적 이익의 유형화에 관한 Kegel의 학설을 받아들여, 피상속인의 당사자이익을 위하여 피상속인의 속인법에 연결하는 것으로 설명한다.

143) 이호정, 421.

144) 이호정, 420(국제사법적 이익의 유형화에 관한 Kegel의 학설에 따라, '내적 판단일치의 이익'이 구현된다고 설명).

145) 김용한 외, 361; 이병화(2005), 249.

146) 이호정, 421. 대체로 동지: 김용한 외, 362. 한편, 석광현, 554~556은 국제사법상의 양 입법주의 간의 우열에 대하여 입장을 밝히지 않는다. 국제사법상의 상속통일주의는 "피상속인과 가족의 당사자이익을 중시"하는 것이고 국제사법상의 상속분할주의는 "부동산에 관한 거래이익을 피상속인과 가족의 당사자이익에 우선시키는 것"이라고 대비시킬 뿐이다. 석광현, 555. 그러나 국제사법상의 양 입법주의가 가지는 장단점이 대체로 대등하여 우열을 가리기 어렵다는 취지의 서술도 아니다. 피상속인이 다른 사람과 계약, 불법행위 등으로 다양한 법률관계를 맺고 그 법률관계가 완결되지 않은 상태에서 사망한 경우에, 상속을 피상속인의 속인법에 통일적으로 맡기는 것은 권리의무관계의 타방의 거래이익에도 적합하다. 더구나, 상이한 유산집단들 간의 조정 문제(내적 판단일치의 문제)에 부딪치는 것은 일반적으로 누구에게나 곤란한 일이다. 또, 부동산에 관련된 거래이익만을 생각하더라도 반드시 부동산상속을 떼어내어 부동산소재지법에 맡기는 것이 피상속인의 속인법에 맡기는 것보다 나은지는 생각해 볼 일이다.

147) 이병화(2005), 249.

한 국가(가령 피상속인의 상거소지국)에 전속적 국제비송·소송관할을 인정하지 않는 한, 한 명의 피상속인으로부터 나오는 상속에 대해 여러 국가가 비송·소송관할을 가질 수 있다. 그래서 복수의 법역에서의 상속"실행"의 조정 문제가 자주 생긴다. 첫째, 국제사법적으로 상속분할주의를 따르거나, 영미법계처럼 상속재산의 관리와 청산을 법정지법에 맡기면서 그 국제비송관할의 범위를 제한하는 법제가 있다.[148] 그런 국가에 소재하는 재산에 대해서는, 통일적으로 정해진 상속준거법의 관철이 어렵다. 특히, 일국에서 상속준거법을 정하여 규율한 것을 타국(특히 재산소재지국)이 승인하지 않고 상속준거법을 달리 정하면, 앞의 국가가 정한 상속준거법이 뒤의 국가에서는 실효성을 가지지 못하게 된다.[149] 그래서 실제로는 상속재산 전체에 대한 통일적 규율이 달성되지 못하는 일이 빈발하고, 상속통일주의를 따르는 국가에서 상속분할주의에 따른 규율결과를 고려하는 형태로 조정하지 않을 수 없다. 둘째, 상속통일주의의 법제 간에도 속인법 결정기준이나 반정(反定)의 취급이 달라 국제적 판단일치가 저해될 수 있다.

반면에, 상속분할주의는 실현가능성의 이익(Durchsetzbarkeitsinteresse)에 보다 잘 봉사할 수 있다. 첫째, 부동산상속에 관해서는 어차피 부동산소재지법이 최종적 발언권을 가지게 되는데, 상속분할주의는 상속준거법을 정할 때부터 부동산소재지법의 적용의지를 고려에 넣는 점에서 보다 현실적이다.[150] 즉, 부동산상속을 각 부동산의 소재지법에 맡겨, 부동산상속의 실효성을 높인다.[151] 둘째, "상속준거법과 물권준거법 간의 수직적 관계"를 존중하여, 예컨대 부동산에 대해 그 소재지법이 알지 못하는 '상속법상의 사용권(용익권)(usufruit successoral)'을 부여하게 되는 결과를 피한다.[152] 그러나 실현가능성의 이익을 이유로 국제사

---

148) 영국과 웨일즈의 국제상속법이 상속재산의 관리와 청산 단계에서 영국의 비송관할(즉 영국의 유언집행자나 상속재산관리인의 권한)의 국제적 범위에 영국 소재 재산(부동산 및 동산)에는 항상 포함시키고 동산은 제한적으로만 포함시키는 것은, 다른 측면에서 실현가능성의 이익을 중시하는 입법례라고 평가할 수 있다.

149) 김문숙(2017), 285{青木清(2001), 「相續」, 『日本と國際法の100年』 第5卷 『個人と家族』, 233을 인용함}.

150) Lagarde(2010), 16. 예컨대 영국의 경우 실제로 그렇게 된다. Morris, para. 18-001: "외국법이 뭐라고 하든, 영국에 있는 재산은 외국의 상속인이나 포괄수유자[외국의 상속비송절차에서 외국의 국제사법에 따라 상속인이나 포괄수유자로 정해진 자]에게 직접[즉 법률상 당연히] 이전되지 않고, 영국에서의 부여행위(grant)[즉 유언검인장이나 관리장의 부여]를 얻어야 한다."

151) 김용한 외, 361; 이병화(2005), 249.

152) Lagarde(2010), 16. 한편, 김용한 외, 361은 재산소재지의 공익보호도 장점으로 든다. 그러나 이 점은 상속분할주의의 뚜렷한 장점으로 생각되지 않는다. 상속통일주의가 재산소재지의 공익과 반드시 대립하는 것은 아니고, 재산소재지의 공익의 핵심적 부분과 심각하게 충돌하면 외국인의 속인법 적용을 공서조항으로 제한할 여지도 있다.

법적 상속분할주의가 더 낫다고 할 수는 없다. 실현가능성의 이익을 강조하면 동산상속도 소재지법에 따르게 해야 하는데, 이는 상속의 본질상 타당하지 않기 때문이다.[153] 다만, 피상속인이 스스로 부동산상속을 부동산소재지법에 맡기려 하면, 그의 속인법 적용에 대한 이익을 후퇴시킬 수 있다. 그래서 國私 §49 ② ii는 이러한 당사자자치를 인정한다.

한국 국제사법처럼 상속통일주의를 따르는 법제를 운영함에 있어서도, 국제사법상 상속분열주의의 실제적 장단점을 살피게 된다. 가령 복수의 국가에서 상속절차가 진행되고, 그 중의 한 국가가 국제사법적 상속분할주의를 따르고면서 국가 내에 소재하는 재산에 원칙적으로 한정하여 상속재산의 관리·청산절차를 진행할 때가 특히 문제이다. 이 때에는 어떻게 대응해야 하는가? 첫째, '법률관계의 승인' 법리에 의하여 그러한 규율결과를 받아들이거나, 상속의 실행을 국제사법적으로 따로 규율하는 방법이 고려될 수 있다. 둘째, 상속관계의 일부가 국제사법적 상속분열주의에 따르는 사안을 경험하면서 그 단점을 실감하게 된다.

(2) 속인법의 결정기준

(가) 주소지법주의, 거소지법주의와 본국법주의의 대립

상속을 속인법에 맡길 때 본국법, 주소지법, 상거소지법 중 어느 것에 따를지 입법례가 나뉜다. 상속통일주의를 따르는 입법례 중에서 보면, 본국법을 적용하는 입법례로는 유럽상속규정 시행 전의 독일, 오스트리아, 이태리, 스페인, 포르투갈, 스웨덴, 그리스,[154] 그리고 폴란드, 체코슬로바키아, 헝가리,[155] 헤이그상속협약을 국내법화하기 전의 네덜란드,[156] 1878년 리마조약(Art. 18, 19),[157] 한국, 일본 등이 있고, 주소지법을 적용하는 입법례로는 덴마크,[158] 노르웨이[159]와 대부분의 남미국가들[160]이 있고, 상거소지법을 적용하는 입법례로는 유럽상속규정(Art. 21)이 있다. 상거소지법주의와 본국법주의를 단계적 연결방식으로 절충한 입법례로, 네덜란드에서만 국내법화되었던 헤이그상속협약

153) 이호정, 422.
154) 이상의 목록은 Lagarde(2010), 16.
155) 이 3개국에 관해서는 이호정, 421에 따름.
156) 이호정, 421에 따름.
157) 김문숙(2017), 287에 따름.
158) Li(1990), 21; Lagarde(2010), 16.
159) 이호정, 421; Li(1990), 21.
160) 이호정, 421에 따름.

과, 스위스 국제사법[161]이 있다. 본국법주의와 주소지법주의 간의 입법적 선택을 체약국에 맡기는 입법례(1928년 부스따만떼법전 Art. 144)도 있다.[162] 상속분할주의 하에서 동산상속의 준거법이 될 피상속인의 속인법을 어떻게 정할지에 대해서도, 주소지법(영미법계 법역들을 포함하여 이칙주의를 따르는 대부분의 국가), 상거소지법(예: 중국), 본국법(오스트리아 구법, 유럽상속규정 발효전의 루마니아, 그리고 1929년 독일 · 터키 영사조약 Art. 20에 관한 부속서 Art. 14)을 지정하는 것으로 입법례가 나뉜다.

본국법주의의 주된 장점은 연결기준의 명확성이다. 국적은 각국 국적법에 의해 취득, 상실되므로 확정이 용이하다. 상거소(또는 주소)는 생활의 중심지(본거)를 가리키므로 이론적으로는 속인법 지정의 취지에 적합할 수 있지만, 거주의 장단과 양태, 의사 등을 고려하여 사안별로 확정해야 한다. 또, 상거소 및 주소에 관해서도, 이중상거소(이중주소)를 가질 수 있는지, 새로운 상거소(주소)를 취득하지 않은 채 기존 상거소(주소)를 버릴 수 있는지(즉 상거소나 주소가 없을 수 있는지)의 문제가 제기된다. 한국 국제사법과 마찬가지로 속인법에 관해 본국법주의를 원칙으로 하는 독일에서는, 1986년에 민법시행법에 상속을 본국법에 맡기는 규정을 신설할 때, 그 근거로 법적 명확성, 인적 문제들에 대해 본국주의를 따르는 것과의 합치, 그리고 "실증된 법원칙"을 그대로 유지하는 장점을 들었다.[163]

상거소지법주의의 주된 장점은 유연성[164] 내지 가변성이다. 사람이 생활의 중심지를 옮기면 국적변경 없이도 속인법이 변경된다. 주소 변경의 요건을 갖출 필요도 없다. 피상속인이 본국 내지 주소지국을 떠나 타국에 장기간 거주하는 경우에는 피상속인이 본국법이나 주소지법보다 상거소지법과 더 밀접한 관련을 가진다고 할 수 있다.[165] 그리고 그런 경우에는 피상속인의 상거소지국이 그의 근친자, 채권자 및 재산의 소재지이기도 한 경우가 많고,[166] 상거소지

161) 원칙적으로 주소지법을 지정하되(Art. 90 ①, 91 ①), 일정한 경우(원적지의 스위스 법원 기타 관청이 상속에 대해 국제관할을 가지는 경우)에는 피상속인이 주소가 외국에 있는 스위스인인 경우에도 스위스법을 적용한다(Art. 91 ②).

162) Li(1990), 38에 영어로 번역되어 있다. 김문숙(2017), 288도 이를 언급.

163) 정부안 이유서(BegrRegE), BT-Drucks. 10/504, 74. 한편, 인적 문제들에 대해 상거소지법이나 주소지법을 적용하는 국가에서는, 여기에서 드는 두 가지 논거(인적 문제들의 연결기준과의 일치, 검증된 법원칙의 유지)가 상거소지법주의를 지지하는 근거로 작용할 것이다.

164) 김문숙(2017), 303.

165) Kropholler, §51 II, 435.

166) Kropholler, §51 II, 435.

국에서 상속이 법적으로 문제되는 경우가 많다. 법정지로 이주하여 살고 있는 외국인이 많은데도 상속을 본국법이나 주소지법에 맡기기를 고집한다면, 외국법 적용의 부담이 클 것이다.[167)]

상거소지법주의의 단점은 상거소의 취득과 상실의 기준이 정립되어 있지 않다는 점이다. 그 취득과 상실을 용이하게 하면, 단순거소지법에 연결할 때처럼 법률회피를 용이하게 할 수 있다.[168)] 그렇다고 하여 당사자의 거주행태나 의사 등을 고려하여 취득과 상실을 조심스럽게 심사하면, 주소처럼 '법적으로 정의되는 연결소', 즉 "연결개념"으로 되어버릴 것이다. 즉, 주소 개념에 대한 객관주의와 주관주의, 그리고 주소를 연고지의 개념에 근접시키는 영국의 주소 개념 등이 '상거소의 구체적 판단기준'의 이름으로 되살아날 여지가 있다. 게다가 상거소지법주의로 전환한 나라들이, 자신의 주소 개념에 영향받은 다양한 판단기준들을 상거소의 판단기준으로 제시하게 될 수도 있다. 그래서 상거소의 판단기준이 다양해질 수 있다.

상거소의 취득, 상실의 기준을 세우기 시작한지는 불과 수십 년 밖에 되지 않아, 선구적으로 상거소지법주의를 채택한 법제에서도 아직 구체적 기준이 정립되어 있지 않다. 유럽상속규정의 입법자도 전문에서 거주기간과, 규칙성을 포함하여 최근 수년간의 생활상황을 전체적으로 보아 판단해야 한다는 원론적 설명을 할 뿐이다.[169)] 상거소지 개념의 불확실성이 남아 있고, 상속 분야에서 본국법주의를 버리고 상거소지법주의로 이행할 당위성에 대하여 확신이 없는 가운데, 한국 국제사법은 본국법주의를 유지함으로써 '거소지주의로의 이행' 추세에 대해 조심스러운 태도를 보인다.

본국법주의가 상거소지법주의보다 모든 면에서 우월하다고 할 수는 없더라도, 각국이 국적법을 제정하고 개인의 생활에 있어 국적 유무가 의미를 가지도록 정하고 있는 현실 하에서는, 국적에 따라 자연인의 인적 본거를 정하는 것이 그다지 어색해 보이지 않는다. 특히, 대한민국 국적법은 무국적과 복수국적(重國籍)을 부정하는 것을 기본태도로 하고, 한 사람이 인적으로 가장 밀접한 관련을 가진 국가의 국적을 보유하도록 하는 것을 지향한다. 예컨대, 한국인이었던 자가 외국 국적을 취득하고 한국 국적을 이탈한 일, 그 후 한국 국적을 회복

167) *Ibid.*(Basedow, NJW 1986, 2977을 인용).
168) 김문숙(2017), 304.
169) 전문 (23).

한 일, 외국인이었던 자가 한국 국적을 취득한 일 등은 그의 인적 본거에 대하여 많은 것을 말해 준다. 한국 국적법이 특별귀화제도를 도입했지만, 특별귀화로써 부여된 대한민국 국적은 국제사법적으로는 대부분 '비실효적 국적'에 해당하므로, 본국법주의의 실용성에 별 영향이 없다. 본국법주의의 대표적 장점으로 이야기되는 연결점의 고정성·명확성과 함께 이런 점들을 고려하면, 한국 국제사법이 본국법주의를 속인법 결정에 관한 기본태도로 유지하는 것은, 적어도 단기적으로는 상당한 실용성을 가진다. 상속에 있어서도 기본적으로 다르지 않다.

다만, 상속을 본국법에 맡겨야 하는 당위성은 '인법적 문제'를 일반적으로 속인법에 맡겨야 하는 당위성[170]과는 차이가 있다. 강학상 편의를 위하여 사람, 친족, 상속에 관한 규율을 넓은 의미의 신분법으로 묶어 재산법과 대별해도 큰 문제가 없기는 하지만, 엄밀히 따지면 상속법은 인법(人法)(statuta personalia, Personalstatut), 즉 자연인의 신분과 능력에 관한 법은 아니다. 그렇지만 상속은 피상속인과 상속인 간의 친족관계 기타 인적 관계나 피상속인의 의사를 기초로 이루어져, 피상속인의 당사자이익이 중요하게 관여한다.[171] 물론 상속재산에 속하는 권리의무와, 상속재산 자체에 지워지는 채무와 관련하여 제3자의 이해관계가 있지만, 그것도 피상속인이 남긴 총괄재산을 중심으로 형성된 것이다. 재산소재지의 공익도 부수적으로만 관련된다. 또, 상속사건을 처리함에 있어 재산소재지의 물권법이—개별재산의 준거법으로서 혹은 상속인 부존재의 유산의 국고귀속의 문제에 관하여—관여하는 부분은 물권의 문제로서 물권준거법에 의할 뿐이므로, 상속의 본질과는 관계가 없다. 결국, 상속은 엄격한 의미의 신분법에도, 재산법에도 속하지 않지만, 피상속인의 당사자이익이 중요하게 관련되고, 거래이익도 피상속인이 남긴 총괄재산(le patrimoine)인 상속재산을 중심으로 관여하므로, 피상속인의 속인법에 의함이 타당하다. 상속을 피상속인의 속인법에 맡기는 취지는, 상속이 '사람의 문제, 즉 인법의 문제는 아니지만 속인법에 의하는 것'이다. 즉, "연결대상의 의미에 있어서의 속인법"이 아니라 "연결소의 의미의 속인법"에 의하는 경우에 해당한다.[172]

---

170) 물론 인법의 문제로서의 본질을 가지는 법률관계(내지 법률문제)도 때로는 다른 국제사법적 정책이나 이익과의 절충으로 인하여 속인법 아닌 다른 법(행위지법, 법정지법 등)에 맡겨질 수 있다. 한국의 현행 국제사법을 보더라도, 실종선고를 예외적으로 법정지법에 따르게 하는 경우가 있고(國私 §12), 성년무능력선고(성년후견의 개시)도 그러하다(國私 §14). 이혼도 일정 한도에서는 법정지법을 우선시킨다(國私 §39 但). 행위능력도 행위지법에 맡겨지는 경우가 있다(國私 §15).

171) 이호정, 419.

172) 이호정, 176 f.(일반론), 419(상속에 관하여)(순한글로 바꾸어 인용). "연결대상의 의미에 있어

상속을 속인법에 맡기는 이유가 이러하므로 연결기준에 대해 유연하게 접근할 여지가 있다. 國私 §49는 본국법에 맡기는 것을 원칙으로 하면서도(①), 상거소지법이나 부동산소재지법에 맡기는 당사자자치도 허용한다(②). 또, 상속의 실행(관리, 청산과 이전) 문제를 분리하여 다룰 여지도 있다. 나아가 입법론적으로는 당사자자치의 확대와 상거소지법주의로의 전환도 검토해 볼 수 있다.

한국 국제상속법의 본국법주의에 대해서는, 완전히 상거소지법주의로 이행할 것을 주장하는 견해는 보이지 않는다. 그러나 이를 부분적으로 수정하려는 견해는 있다.

첫째, 재일교포 3세 이하의 경우에 자주 그러하듯이, 피상속인이 대한민국 국적을 가지더라도 비실효적인 국적이면, 그에 대해서는 국적 대신 다른 속인적 연결점에 따라 속인법을 정해야 한다는 견해가 있다.

둘째, 피상속인이 본국을 떠나 오래 생활하다가 사망한 경우에는 오히려 상거소지법을 적용하는 것이 보다 적절할 수 있다는 지적이 있다.[173] 다만 이 견해도 객관적 연결기준을 본국법에서 상거소지법으로 바꾸자는 것은 아니다.[174] 단지, 피상속인이 자신의 상거소지법을, 또 부동산에 대해서는 부동산소재지법을 선택할 수 있도록 개정하자는 견해이다.[175] 이 부분은 2001년에 國私 §49 ②로 채택되었다.

셋째, 독일국제사법회의 상속법위원회의 1969년 개정안[176]과 같이, 배우자상속은 부부재산제의 준거법 소속국의 법(배우자상속에 관한 법)에 따르게 하자는 입법론적 주장이 있다. "배우자의 상속권과 부부재산제는 밀접한 관계를 가지고 있으며 혼인과 그 해소에 대하여 통일적인 법이 적용되는 것이 타당"함을 이유로 든다.[177] 그러나 공개된 입법자료상으로는, 이 입법론이 2001년 개정의 기초작업에서 논의된 기록은 보이지 않는다.

서의 속인법(Personalstatut im Sinne des Anknüpfungsgegenstand)"이라 함은, 법률관계(법률문제)가 '사람'의 영역(人法의 영역)에 속하기 때문에 속인법에 따르는 것을 말한다. "연결소의 의미에 있어서의 속인법(Personalstatut im Sinne des Anknüpfungsmoments)"이라 함은, 본질상 사람의 영역에 속하는 법률관계(법률문제)("인적 사항")는 아니지만 국제사법적 정책과 이익을 형량한 결과 속인법에 맡기는 것을 말한다. 이호정, 176 f.(순한글로 바꾸어 인용).

173) 최흥섭(1999a), 287 f. = 최흥섭(2005), 81.

174) 최흥섭(1999a), 289 = 최흥섭(2005), 82에서 이 점을 분명히 한다.

175) 최흥섭(1999a), 289 f. = 최흥섭(2005), 82.

176) Die zweite Kommission (Erbrechtskommission) des Deutschen Rates für internationales Privatrecht, Vorschläge für Reform des deutschen internationalen Erbrechts(1969), §A 2. Lauterbach(1969), 1 수록.

177) 이호정, 425(순한글로 바꾸어 인용함). 동지: 최흥섭(1999a), 288 = 최흥섭(2005), 81.

(나) 속인법 결정의 기준시점: 특히 유언상속을 유언시의 속인법에 맡길지의 문제

상속을 피상속인의 속인법에 맡길 때에도 기준시가 문제된다. 법정상속인은 피상속인의 '사망시' 속인법에 따름에 다툼이 없다. 그러나 유언상속은 '유언시'의 속인법에 맡기는 입법례와 학설도 있다. '유언의 효력'에 유언상속을 포함시키거나, '유언상속'은 '법정상속'과 달리 유언시의 속인법에 의하게 한다. 유언상속을 따로 다루면서도 그 준거법 결정의 기준시를 법정상속과 통일시키기도 한다.[178]

그러나 '피상속인이 유언 후 속인법 변경 전에 사망했더라면 변경 전 속인법이 상속준거법이 되었을 것'이라는 고려는 단순한 기대에 불과하고, 유언상속을 '유언시' 속인법에 맡길 충분한 근거가 못 된다. 법정상속과 유언상속의 준거법 결정 기준시를 달리하면, 증여와 유증의 청산(상속분에의 충당)과 유류분 등을 고려하기 위한 예외가 필요해지고, 불필요하게 연결규칙체계가 복잡해진다. 그래서 상속준거법은—당사자자치는 예외로 하고—피상속인의 '사망시'에 그 시점의 본국법에 의하여 비로소 정해진다고 함이 타당하다.[179]

2. 본국법의 지정

대한민국 국제사법은 상속을 기본적으로 피상속인의 속인법,[180] 그 중에서도 본국법에 맡긴다(國私 §49 ①). 한국에서는 의용 법례[181]에서부터 일관되

---

178) 예: 유럽상속규정 발효(2015. 8. 17.) 전 프랑스.

179) 이것을 "불변경주의"라고 부르는 견해가 있으나(석광현, 554), 상속은 (혼인의 신분적 또는 재산적 효력과 같은) 계속적 법률관계가 아니므로 변경주의와 불변경주의 간의 선택이 문제되지 않는다. 설령 '유언상속은 유언시의 속인법에 의한다'고 하던 법제가 '유언·무유언상속을 구별하지 않고 사망시의 속인법에 따른다'는 태도로 移行하는 과정에서, 당분간 '유언상속은 원칙적으로는 유언시의 속인법에 따르지만 사망시의 속인법이 그와 다르면 사망시의 속인법에 의한다'고 논리구성한다 하여도, 그것은 변경주의가 아니다. 위 표현은 수사학적인 것에 불과하고, 실제로는 이미 항상 '사망시'의 속인법에 연결하는 태도로 바뀌어 있을 뿐이기 때문이다. 다만, 영미법계에서는 실질법적으로 청산후승계주의를 따르면서 상속재산의 "관리"(점유, 관리 및 청산)의 단계에서 제기되는 실질사법적 문제들에 대해서는 준거법 결정을 묻지 않고 단순히 법정지법에 따라 처리한다. 영미법계에서는, 외국에 소재한 동산은 유언집행자나 상속재산관리인이 점유함으로써 비로소 "관리"의 대상이 된다. 이 때, 그 동산의 "관리"의 준거법이 법정지법으로 변경되는 결과가 된다. 결국 영미법계는 자신도 의식하지 못하는 가운데 상속의 실행의 전반부 단계를 계속적 법률관계로 취급하는 셈이 된다. 그리고 역외재산에 대한 유언집행자와 상속재산관리인의 권한이 실제로 어떻게 실행되느냐에 따라 상속재산의 범위가 영향받도록 함으로써, 상속재산의 "관리"에 관해서는 이런 우발적 요인에 의하여 '피상속인 사망 후의 상속준거법의 변경'을 인정하는 셈이 된다.

180) 연결소의 의미의 속인법에 의하는 것이다. 이호정, 419; 이호정, 섭외사법, 384.

181) 1912. 3. 18. 조선민사령(朝鮮民事令)(朝鮮總督府 帝令 제7호, 1912. 4. 1. 시행) 및 1912년 3월 勅令 제21호 "법례를 조선에 시행하는 건"에 의하여 의용.

게(1962. 7. 15.부터 2001. 6. 30.까지는 涉私 §26, 2001. 7. 1.부터는 國私 §49 ①) 상속을 본국법에 맡겨 왔다. 2001년 개정 후에도 국적이 사람의 소속을 가장 잘 표현하고 있다는 국적주의 즉 본국법주의가 속인법 결정의 기본태도이며, 이는 상속 분야에서도 관철되고 있다. 국내 학설은 이를 대체로 긍정적으로 평가한다.[182)]

2001년 개정시 상속에 당사자자치를 도입하면서도 본국법 적용을 유지한 것은 타당하다. 만약 본국을 떠나 이주하는 사람이 본국법 적용에 대한 미련이 없는 것이 보통이라면, 상거소주의가 국적주의보다 나을 것이다. '본국을 떠나 국외로 이주하는 자가 본국법에 대해 마음을 접고 새로운 상거소지의 법에 따라 상속이 이루어지기를 바란다'는 전제가 얼마나 타당한지가 관건이다. 그런데 국경장벽이 낮아져 국외이주와 본국귀환이 쉬워질수록, 상거소보다 본국(주소지법에서는 주소)의 의미가 중요해질 수 있다. 또, 태어날 때부터 본국 아닌 곳에서 살아 온 사람도 있는데(예컨대 대한민국 국적의 재일교포, 스페인과 중남미국가의 이중국적자), 그들이 반드시 상거소지법의 적용을 자연스럽게 바란다고 단정할 수 없다. 본국법을 지정하는 國私 §49 ①을 유지하면서도 보완방법이 있다. 첫째, 비실효적 국적은 국제사법적으로 무시한다. 그래서 실효적 국적이 한 개 뿐이면 國私 §3 ①에 의할 필요가 없다. 둘째, '외국국적 간의 적극적 충돌'은 國私 §3 ① 本으로 해결한다. '내외국적의 적극적 충돌'시에는 내국국적을 우선시킨다(國私 §3 但). 이것은 한국 국적법이 복수국적을 원칙적으로 부정하는 태도(國籍 §11 이하)와도 어울린다. 셋째, 본국의 국제사법이 상속준거법으로 상거소지법을 지정하면 그에 따르도록 직접반정(直接反定)(國私 §9 ①)과 전정(轉定)(國私 §8 ①에 의한 國私 §9 ①의 수정)을 인정한다. 넷째, 상거소지법을 상속준거법으로 선택할 수도 있다(國私 §49 ② I).

유럽상속규정은 '상거소지법을 법정준거법으로 하면서 본국법의 선택도 허용하면 본국법주의의 장점을 수용하기에 충분하다'는 입장이다. 그러나 본국법주의를 따르던 나라가 상거소지법주의로 전격 전환하고, '종래대로 규율받으려면 준거법선택의 의사표시를 하라'고 하는 것은 무리이다. 상속의 객관적 연결기준이 가지는 의미는 큰데, 이것을 급격히 바꾸면서 '새로운 객관적 연결기준이 낯설거나 믿음이 가지 않으면 준거법선택을 하라'고 하는 것은, 객관적 연결기준의 급격한 변화에 따른 문제점을 당사자자치로 메우려는 것으로서 부당

182) 이호정, 423~425; 최흥섭(1999a), 287 = 최흥섭(2005), 80.

하다. 당사자자치도 의사자유의 한 유형이고, 의사자유는 자유의 일부이다. 자유는 의사표시로도, 침묵으로도 발현된다. 그래서 의사표시가 없을 때 적용되는 법규는 '추정적 의사'에 부합하는 것이 바람직하다. 본국법주의를 상거소지법주의로 급격히 바꾸면서, 종래대로 하고 싶으면 당사자자치의 의사표시를 하라, 그것이 없으면 상거소지법주의라는 급격하게 새로운 기준으로 규율한다고 하는 것은 자연스러운 생활감각을 교란시켜 자유를 방해한다. 즉, '상거소지법주의로의 전환에 확신이 없는 모든 내외국민은 일단 시급히 본국법을 선택해 놓고 나서 상속준거법 선택을 신중히 생각해 보면 된다'고 하는 것은 무리한 요구이다. 본국을 떠나 한 외국에서 살다가 다른 외국으로 이주하는 사람이라도 본국법 적용을 바라고 당연히 여길 수 있고, 그런 사람일수록 새삼스럽게 '본국법을 선택'하는 결정을 하고 실행하는 일은 드물 것이다. 유럽상속규정 시행 후의 유럽에서도 상속준거법을 선택하는 일은 드물다고 한다.

한국 국제사법상으로는 유언상속을 법정상속과 함께 묶어 "상속"이라고 하는 데 아무런 이설이 없고, 유언상속도 유언시가 아니라 피상속인 '사망시'를 기준으로 준거법을 정하는 데 이견이 없다. 2001년 개정 전에는 國私 §49 ①과 달리 상속준거법 결정의 기준시를 명시하지 않았으나(涉私 §26), 학설은 '사망시'로 해석하는 데 일치하였고, 2001년 개정시에 이 점을 명문화하는 데에도 아무런 이견이 없었다.

國私 §49 ①은 한국 국제사법의 원칙적 기준을 따른 것이고, 본국법주의와 주소지법주의라는 전통적 기준과 상거소지법주의의 장단점을 고려한 끝에 입법적으로 선택한 것이므로, 국제적 입법추세가 상거소지법주의 쪽으로 나아가고 있다 하여 선불리 개정하거나 國私 §8 ①을 원용하려 해서는 안 될 것이다.[183]

3. 국제사법적 상속통일주의와 그 예외

國私 §49 ①은 동산과 부동산을 묻지 않고 모든 유산에 관해 통일적으로 준거법을 정한다. 즉, 대한민국 국제사법은 동칙주의(부동산·동산통일주의)를 따

183) 유럽상속규정 Art. 21은 피상속인의 상거소지법을 지정하면서도((1)) 國私 §8 ①과 같은 예외조항을 (2)에 둔다. 즉, 단순한 상거소지법을 지정하되, 법관의 재량여지가 많은 예외조항에 의해, 정반대로 단순한 본국법을 지정할 여지도 남긴다. 이것은, 당사자자치와 함께, 상거소지법주의로의 무리한 통일의 완충장치이다. 그런데 이처럼 상거소주의와 국적주의를 오가는 절충이 실제로 어떻게 작동할지, 최밀접관련과 법적 안정성을 적절히 구현할지는 두고 보아야 한다.

른다. 한국 국제사법은 동칙주의를 물권(國私 §19)과 상속(國私 §49) 양 분야에 일관시키고 있다. 그러나 한국에서 국제사법적 판단을 함에 있어서도 국제사법상의 상속분열이 인정될 수 있다. 다음 경우에 그러하다.[184]

첫째, 부분적 반정(부분반정)(partielle Rückverweisung)(숨은 반정 형태의 것도 포함)의 결과로써 동산상속과 부동산상속의 준거법이 달라질 수 있다.[185] 한국 국제사법이 상속의 준거법 소속국으로 지정한 외국의 국제사법이 상속분할주의를 따르는 경우에 그렇게 될 수 있다. 가령 그 외국이 동산상속의 준거법으로 주소지법이나 상거소지법을 지정하고, 그 외국 국제사법이 말하는 주소나 상거소가 한국에 있으면, 동산상속에 대한 한국법으로 직접반정된다. 이것은 받아들여진다(國私 §9 ①). 한편, 그런 경우에 피상속인의 주소나 상거소는 한국에 없지만 그가 한국에 부동산을 남기고 사망했다면, 그 외국의 국제사법은 한국 소재 부동산의 상속에 관해서는 준거법으로 지시한다. 이것도 받아들여진다(國私 §9 ①). 그래서 이 두 가지 형태 중 하나로 부분적 반정이 인정되면, 한국 국제사법상의 상속통일주의가 뒤로 물러나게 된다.[186]

둘째, 후술하는 당사자자치(國私 §49 ②)는 원칙적으로 상속 전반에 대해 해야 하지만,[187] 부동산의 상속에 관해서는 부동산소재지법을 선택할 수도 있다(iii). 이 조문에 따라 피상속인이 부동산상속에 대해서만 부동산소재지법을 상속준거법으로 선택하면, 그 부동산에 대해서는 나머지 재산의 상속과는 다른 나라의 법에 의하게 될 수 있다.[188]

---

184) 석광현, 555 f.와 Kropholler, §51 II, 436은 국제사법적 상속통일성이 깨어지는 경우로 부분적 반정, 당사자자치, 개별준거법이 총괄준거법을 깨뜨리는 경우의 셋을 든다.

185) 이호정, 422; 석광현, 555; Kropholler, §51 II, 436.

186) 반정부정론(反定否定論)의 입장에서는, 이러한 논리적 귀결이 단순히 논리적인 것이 아니라, 일정한 문제(상속순위 등)에 관한 내국의 실질사법적 규율을 외국 실질사법의 그것에 우선시키려는 의도가 반영된 것으로 보기도 한다. Boulanger(2004), n° 57. 즉, 일본 국제사법이 상속준거법으로 본국법을 지정하였는데 중국 섭외민사관계법률적용법에 따라 일본 소재 부동산에 대하여 일본법으로 부분적으로 반정된 사례(최고재 1994. 3. 8., JDI 1995, 392)를 소개하면서, 이러한 직접반정을 인정한 것은 구체적 실질법적 정책에 대한 고려 때문에 일어난 것이고, 반정에 대한 체계적 규율이 되지 못한다고 평가한다. 그러나 이러한 회의적 평가는 1989년 개정 일본 법례 §§26(상속에 관하여 본국법을 지정), 32(직접반정)(지금은 그 후신인 법적용통칙법 §§36, 41)가 國私 §§49 ①, 9 ①과 동일하게 '피상속인의 본국의 국제사법이 내국법으로 반정하면 항상 받아들여야' 한다고 명쾌하게 못박고 있는 점을 간과하고, 마치 영국에서처럼 구체적 분야와 사안별로 반정(反定)의 인정 여부와 해결방법이 어떻게 달라지는지가 유동적인 것으로 오해한 데 기인한 것이 아닌가 생각된다.

187) 법률관계의 일부에 관해서만 준거법을 선택하는 자유(법률관계를 다시 쪼개어 각 부분별로 다른 법을 준거법으로 선택하는 것 포함)가 당사자자치의 일반론에 의해 긍정되는 것은 아니다. 國私 §25 ②는 오히려 "계약"에서의 당사자자치에 관한 특칙이다.

188) 이호정, 424; 석광현, 555; Kropholler, §51 II, 436

셋째, "개별준거법은 총괄준거법을 깨뜨린다"는 원칙[189]("개별준거법 우선"[190]의 원칙)도 국제사법적 상속통일주의를 후퇴시킬 수 있다. 즉, 총괄준거법과 개별준거법의 충돌에 직면하여, "총괄준거법과 개별준거법의 적용범위의 한계", 즉 "성질결정의 문제"에 손대어, 상속준거법의 적용범위를 축소시키는 형태로 조정(적응) 문제를 해결한다.[191] 그래서 개별 부동산 소재지의 물권법이 일정한 이전절차(등기, 인도 등)를 요구하면 상속준거법이 당연승계를 정하더라도 그 이전절차를 밟아야 한다. 또, 임차인 지위의 특별상속을 규정한 住賃 §9가 적용되는 한국 소재 주택에 대해서는 항상 住賃 §9에 의해 특별상속이 이루어지게 되어, 상속준거법 결정의 통일성을 깨뜨리는 결과가 된다.

넷째, 상속준거법 소속국 외의 국가의 법에 따르는 특별상속에 의해서도 상속준거법의 통일적 적용이 깨어진다. 상속준거법(일반상속의 준거법)과 특별상속의 준거법이 일치하면 국제사법적 상속통일은 깨어지지 않는다. 그러나 상속준거법 소속국 아닌 나라(대한민국 또는 제3국)의 국제적 강행법규(절대적 강행법규, 필요적 강행법규, 간섭규범, 개입규범)인 특별상속법규를 사안에 특별연결시키는 경우에는, 국제사법적 상속통일주의가 절충되는 결과가 된다.[192]

다섯째, 상속준거법 소속국이나 상속승인·포기의 국제비송관할을 원칙적으로 가지는 국가(법역)에서는 상속승인·포기기한 내에 적법한 승인·포기가 없었는데, 그 외의 국가(예: 일부 상속재산 소재지국)에서 승인·포기기한이 적법하게 연장되고 그 덕택에 상속의 승인·포기가 적법하게 행해진 경우가 있다. 이 경우에는 일반적으로는 승인·포기기한까지 승인·포기의 의사표시가 없은 것으로 규율되고, 후자의 국가에 소재한 상속재산에 관해서만 적시에 승인·포기의 의사표시가 행해진 것으로 된다. 그 결과 구체적 규율이 달라지는 경우(예컨대 일반적으로는 단순승인이 의제되는데 후자의 국가 소재 재산에 관해서는 상속포기가 행해진 경우[193])에는 상속분열이 일어난다.[194]

---

189) 독일 민법시행법은 Art. 3 ③에서 이 원칙을 명시적으로 규정한다. "제3절[친족법]과 제4절[상속법]의 지정들이 어떤 사람의 재산을 어떤 국가의 법에 따르게 하고 있는 경우에, 이 지정들은 (대상물이) 이 국가 안에 있지 아니하고 또한 (그 대상물이) 소재하는 국가의 법이 특별한 규정들에 따르게 하고 있는 대상물에 대해서는 적용되지 아니한다." 이호정(1987), 113의 번역을 옮김(오식을 수정하고 순한글로 바꾸어 인용함).

190) Kropholler, §51 II, 436의 표현.

191) 이호정, 427(순한글로 바꾸어 인용함).

192) Lagarde(2010), 17.

193) 대구고등법원 2015. 4. 22. 선고 2014나2007 판결(심리불속행으로 상고기각, 확정)(미공간, 國際私法 21-2(2015), 442 f.에 요지 수록)의 대상사안이 그러했다.

194) 이에 관해서는 IV. 1. (10) 참조.

부분적 반정, 부분적 당사자자치, 특별상속, 상속승인·포기의 분열 등에 의해 국제사법적으로 유산분열이 일어나면, 상이한 법역의 상속법에 따르는 부분별로 독립적 연결대상이 된다(國私 §49 ② iii에 따른 준거법선택이 개별 부동산별로 따로 행해진 경우에는, 동일한 상속준거법에 따르는 그 부동산들이 국제사법상 하나의 규율대상이 된다). 그리고 그 재산에 대하여 그 상속준거법이 전면적으로 적용된다.[195] 가령 상속재산 중 일부만이 내국법에 따라 상속되는 경우에는, 그 재산에 관한 한은 마치 그것이 전 상속재산인 것처럼 취급되어야 한다. 그래서 그 재산에 관한 한, 유류분권을 포함하여 상속의 모든 문제에 대하여 내국법이 적용되어야 한다.[196] 외국 상속법에 의하는 '상속재산의 일부'에 대해서도 마찬가지이다.[197] 상속재산의 부분별로 다른 법이 적용되고 그 내용이 다른 경우에 생기는 조정(적응) 문제는 특히 까다롭다.[198] 그러나 특별상속의 준거법이 일반상속의 준거법과 다르거나, 개별준거법 우선원칙에 의해 일부 개별재산이 상속준거법에 불포함되는 경우에는, 나머지 재산만으로 상속관계를 규율하게 되므로, 상이한 유산집단 간의 조정 문제는 일어나지 않는다.

4. 연결의 기준시점

상속준거법 결정의 기준시는 사망시 또는 기타의 상속개시원인의 발생시이다. 그 시점에 피상속인이 보유한 국적을 기준으로 하여 본국법을 정한다.[199] 피상속인이 복수의 외국국적을 보유한 경우에 어느 국적이 그와 인적으로 보다 밀접한 관련이 있는지(國私 §3 ②)도 상속개시시에 존재한 사정을 기준으로 판단한다. 피상속인의 국적이 비실효적인 것인지, 무국적자의 경우 상거소와 거소의 확정의 판단기준시도 같다.

國私 §49 ①은 "사망 당시"라고 규정한다. 실제 사망시 또는 國私 §11에 의하여 정해지는 일반적 권리능력의 준거법에 의하여 사망시로 인정되는 때를 말한다. 그런데 사망 외에 무엇이 상속개시원인으로 인정되는지는 상속준거법

---

195) "분열(분할)로 생겨난 '상속재산의 부분'(부분적 상속재산)(Nachlaßteil)은 원칙적으로 독립적인 것으로 보아야 한다……." Kropholler, §51 II, 436.

196) Kropholler, §51 II, 436. 독일의 판례도 그러하다. BGH 5. 6. 1957, BGHZ 24, 352 = NJW 1957, 1316 = IPRspr. 1956-57 Nr. 146.

197) Kropholler, §51 II, 436. 이는 독일의 판례이기도 하다. BGH 21. 4. 1993, NJW 1993, 1920 = IPRax 1994, 375, 362 Aufsatz Dörner = IPRspr. 1993 Nr. 115.

198) 이호정, 422; Kropholler, §51 II, 436.

199) 이호정, 419.

이 정한다. 그 경우에는 상속준거법이 상속개시원인으로 인정하는 사유가 발생한 때가 國私 §49 ①이 말하는 "사망 당시"에 해당한다("사망 당시"의 확대해석).

실종의 준거법은(실종선고가 스스로 사망추정이나 사망의제의 시점을 선고하는 경우에는 실종선고는) 실종자가 법률상 당연히 또는 실종선고의 효력으로 사망한 것으로 추정하거나 간주한다. 실종이나 실종선고로 사망이 추정되거나 의제되는 경우에는, '실종선고의 준거법에 따라(반대설 있음: 아래 Ⅳ. 1. (4) 참조) 사망이 추정되거나 의제되는 기준시'가 國私 §49 ①의 "사망 당시"에 해당함이 원칙이다. 즉, 상속준거법은 '실종의 준거법(이나 실종선고)에 따라 사망이 추정되거나 간주되는 시점'에 상속이 개시된다고 정하는 것이 일반적이다. 그러나 상속준거법에 따라서는, '실종선고의 기판력 발생시'에 상속이 개시된다고 정하기도 한다(소비에트 러시아[200]). 상속준거법이 그렇게 정하고 있으면 이에 따라야 한다. 요컨대, 사망 외의 상속원인에 대해서는, 상속준거법이 상속개시원인 발생시로 인정하는 때가 상속준거법 결정의 기준시가 된다("사망 당시"의 축소해석). 이에 따라 상속개시시를 정하고, 또 그 시점을 기준으로 상속준거법이 확정된다. 실종선고시를 기준으로 상속준거법이 정해진다는 견해도 있으나,[201] 그렇게 볼 근거는 없다.

상속준거법은 살아 있는 자의 일반적 권리능력을 박탈하는 민사사(民事死)(민사상 또는 종교상의 사망[202])도 상속개시원인으로 삼을 수 있으나, 그러한 실질법적 규율은 공서위반(國私 §10)을 이유로 적용이 제한되어야 한다는 견해가 유력하다.[203]

상속실질법에서 일반적 권리능력이 상실되지 않고도 상속이 개시된다고 정하기도 한다. 그것이 생전상속이다(예: 2008. 1. 1. 폐지 전의, 호주의 국적상실 등을 이유로 하는 생전호주상속 또는 생전호주승계). 생전상속원인 발생시의 본국법에 의하는 점은 생전상속에서도 같다. 그래서 생전상속의 사유가 생긴 때의 본국법이 상속준거법이 된다.[204]

사망 외의 사유로 상속이 개시되는 경우, 상속준거법 결정의 기준시가 상

200) Kegel/Schurig, §21 II, 1004; 이호정, 426.
201) 김용한 외, 363.
202) 넓은 의미에서 민사사라 하면 민사상의 사망과 종교상의 사망(Klostertod)을 포괄하고, 좁은 의미에서 민사사라 하면 전자, 즉 생물학적으로는 생존중인 사람을 '비종교적인 법으로서의 민사법'에 의해 사망한 것으로 취급하는 것만을 가리킨다.
203) 김용한 외, 363; 서희원, 327.
204) 이호정, 419.

속준거법에 의해 정해진다면, 상속준거법을 정한 뒤에야 준거법 결정의 기준시를 알 수 있다.[205] 이것은 언뜻 보면 순환논리로 보이지만, 그렇지 않다. 물론, 상속준거법 지정규칙이 '상속준거법 결정시로서의 상속개시시'를 정하는 한도에서는 실질사법적 규율을 스스로 하는 편이 낫다는 견해도 있을 수 있다. 그러나 사망 외에도 실종후 일정한 기간의 경과, 실종선고, 생전상속사유의 발생 등의 상속개시사유가 있다. 앞의 두 개는 실종의 준거법에 의하여 사망이 추정 또는 간주되지만, 그것이 상속개시사유로 되는지는 어차피 상속준거법이 정해야 한다. 그렇다면 그것이 언제 상속을 개시시키는지도 상속준거법이 정하는 것이 타당하다. 또, 생전상속의 인정 여부와 그 사유, 상속개시시점도 상속준거법이 정하도록 할 수 밖에 없다. 결국 사망 외의 사유로 인한 상속개시시점은 상속준거법에 맡김에 의문이 없다. 게다가, 이와 같이 연결대상인 법률관계의 성립까지도 그 준거법에 맡기는 것은 국제사법에서 널리 사용되는 규율방식이다. 그리고 상속준거법이 상속개시시를 기준으로 상속준거법을 정하는 것은 실제적 어려움도 없다. 國私 §11이나 §12에 따라 일반적 권리능력 내지 실종의 준거법을 정해 그 상실시를 확정하고, 그 때를 기준으로 상속준거법을 정한다. 그 법이 같은 때를 상속개시시로 인정하면 그대로 상속준거법 결정을 하면 된다. 만약 상속준거법이 다른 시점을 상속개시시로 하면 그 시점에도 그 법이 피상속인의 본국법인지를 확인하면 된다. 그 시점에는 피상속인의 본국이 다른 국가라면, 다시 그 국가의 상속법에 따라 이러한 확인과정을 반복한다. 그리고 사망 외의 상속개시사유에 대해서만 상속준거법에 따라 상속준거법 결정의 기준시를 따지므로, 이런 일이 자주 생기지는 않는다.

5. 반정(反定)

국제사법규정에 의한 준거법지정은 그것이 사항규정지정임이 명시되어 있거나(현행 한국 국제사법의 입법기술상으로는 國私 §9 ②에 모아 놓고 있다) 그렇게 해석(國私 §9 ② vi)되지 않는 한, 총괄지정에 해당한다. 國私 §49 ①에 의한 지정은 총괄지정(국제사법지정)이라는(즉 國私 §9 ② vi에 해당하지 않는다는) 데 다툼이 없다.[206] 상속은 본질적으로 총괄지정이 타당한 분야, 즉 반정에 친한 분야이

205) 이호정, 419는 생전상속과 관련하여 이 점을 분명히 한다. 즉, 생전상속의 준거법은 그 준거법이 정하는 상속개시사유가 발생한 때를 기준으로 그 때의 본국법에 의한다.

206) 결론에서 동지: 석광현, 555. 실제로 그렇게 해석하여 본국법으로부터 한국법으로의 반정을 받아들인 예: 수원지방법원 2016. 8. 25. 선고 2015가합66239 판결(國際私法 22-2(2016), 620 f.

다.[207] 따라서 피상속인의 본국의 국제사법이 다른 법을 지정하는지 살펴야 한다.[208] 그 반정이 직접반정(直接反定)이면(즉 한국법으로의 반정이면) 이는 받아들여진다(國私 §9 ①). 그래서 한국의 상속법이 적용된다. 그 외국 국제사법이 한국법을 총괄지정(국제사법지정)하고 있더라도 마찬가지로 처리된다(통설).[209]

피상속인의 본국의 국제사법이 상속에 관해 한국법을 피상속인의 주소지법이나 상거소지법으로 지정하는 경우에는, 그 상속은 전체적으로 한국법에 의한다. 이 경우에는 한국 국제사법이 추구하는 상속통일주의가 반정(反定)에 의해 깨어지는 일은 일어나지 않는다.

한편, 國私 §49 ①이 지정하는 외국의 국제사법이 상속분열주의를 따르는 경우에는, 사안에 따라서는 한국의 법원 기타 관청도 그러한 규율이 실현됨을 인정해야 하는 결과가 된다. 가령 피상속인 본국의 국제사법이 동산상속은 피상속인의 주소지법에, 부동산상속은 부동산의 소재지법에 의하도록 정하고 있는 경우(예: 영국, 중국)에는, 그에 의하여 한국법에 의하는 한도에서는 한국법에

에 요지 수록)(확정).

207) 독일 민법시행법 Art. 25 ①(2015년 개정 전)이 피상속인의 본국법을 상속준거법으로 지정하는 것도 총괄지정으로 해석되고 있다. Kropholler, §51 II, 435.

208) 國私 §3 ③에 따라 본국법을 대신하는 다른 법에 연결하는 경우에도 반정이 있을 수 있다. 가령 피상속인의 상거소지국의 국제사법이 상속불통일주의를 취하는 경우에는 한국 소재 부동산의 상속에 한하여 그 부동산의 소재지법인 한국법에로의 반정이 있을 수 있다.

209) 즉, 한국의 통설은 그 경우에 생기는 내외국법 간의 "끝없는 왕복"(이호정, 145(순한글로 바꾸어 인용))은 내국법을 준거법으로 삼는 데에서 멈춰야 한다고 한다. 김용한 외, 187; 석광현, 163; 주해친족(2), 1576(석광현). 이호정, 159의 학설인용도 참조. 즉, 涉私 §4와 이를 그대로 유지한 國私 §9 ①은 이러한 입법취지도 담고 있는 것으로 해석한다. 이와 견해를 달리하여, 이 경우에 한해서는 외국법원이론을 한국 국제사법의 해석론으로 받아들이는 소수설이 있다. 외국법원이론(외국법정이론)은 한국의 독립적 저촉규정의 준거법지정이 총괄지정인 경우에는, 그것은 '반정(反定)에 대한 외국 국제사법의 태도'도 포함하여 총괄지정하는 취지라고 해석하는 사고방식에서 나온 것이라고 말할 수 있다. (적어도 그렇게 이론구성할 수 있다. 물론 주류적 설명은 '한국법이 외국법을, 그 외국법이 한국법을 총괄지정하고, 그 외국법이 이런 "반정의 영원한 반복"을 그 외국법을 적용하는 데에서 멈추도록 하면, 단순히 원점으로 돌아가 한국법이 외국법을 지정한 것을 사항규정지정이었던 것처럼 취급하라'는 것이 외국법원이론이라고 서술한다. 이호정, 144. 두 가지 서술방법은 결론적으로 같다.) 이 소수설은 언제 외국법원이론을 따라야 하는지에 관해, 두 가지 경우를 나눈다. 첫째, (한국 국제사법이 준거법으로 지정하는 법의 소속국인) 외국 국제사법이 한국법을 사항규정지정하는 경우에는, 그 반정은 그대로 받아들이라고 한다. 이 한도에서는 외국법원이론을 따르지 않는다. 涉私 §4(2001년 개정 후에는 國私 §9 ①)가 이 점을 분명히 규정하므로, 이를 벗어나는 해석은 법률해석의 한계에 부딪침을 고려한 결과로 생각된다. 둘째, 그 외국의 국제사법이 한국법을 총괄지정(국제사법지정)하는 경우에는 그 외국이 이 반정 문제를 어떻게 해결하느냐에 따르라고(즉 외국법원이론에 따르라고) 한다. 그 외국 국제사법이(즉 그 외국의 법원이) "영원한 순환"을 그 외국법을 적용하는 데에서 멈춘다면, 한국법원도 그렇게 하라고 한다. 즉, 이 경우에는 이중반정(double renvoi, doppelte Rückverweisung)을 인정하라고 한다. 그 외국 국제사법이 한국법을 적용하는 것으로 끝내라고 하면, 한국법도 그렇게 하라고 한다. 즉, 이 경우에는 직접반정을 받아들이는 데에서 준거법결정과정을 끝맺으라고 한다. 이호정, 159 f.

로의 직접반정으로 연결과정이 마무리된다. 따라서 영국인이 한국에 부동산을 남기고 사망한 경우 그 부동산은 한국법에 따라 상속된다.[210] 또, 영국인이 한국에 영국법상의 "domicile"을 가지고 사망했으면, 그의 동산상속은 한국법에 의한다. 중국인이 한국에 상거소(중국법상의 상거소)를 두고 사망하였으면, 동산상속과 한국 소재 부동산의 상속 모두 한국법에 의하게 된다. 이 경우 한국법에 의하는 부분은 하나의 유산집단으로서 한국법에 맡겨지고, 두 개의 유산집단을 구별할 필요가 없다. 그러나 중국 소재 부동산은 중국법에 맡겨지고, 제3국 소재 부동산은 본국법(전정을 불인정하는 통설의 입장) 내지 그 소재지법에 맡겨지므로(전정도 인정하는 경우), 상이한 유산집단 간의 조정(적응) 문제는 여전히 생길 수 있다.

國私 §49 ①에 따른 준거외국법에 따라 동산상속과 부동산상속의 준거법 지정을 달리할 때(즉 반정을 받아들일 때), 동산과 부동산의 구별은 그 외국이 정하는 바에 따른다. 한국 국제사법은 여기에 개입하지 않고, 그 외국의 법원이 준거법지정하듯이 지정해야 한다. 가령 國私 §49 ①이 지시하는 외국이 법률관계의 성질결정을 법정지법에 따라 하면(법정지법설),[211] 그 외국의 동산·부동산 개념에 따라 구별해야 한다. 그 외국의 국제사법이 실체준거법에 따라 성질결정을 하여(준거법설), 동산 개념은 피상속인의 속인법에, 부동산 개념은 각 부동산 소재지법에 따르고 있으면 그렇게 한다.

國私 §49 ①에 의해 지정된 국가의 국제사법이 당사자자치를 인정하고, 실제로 한국법을 지정하는 당사자자치가 있어 그에 의해 한국법으로 직접반정되는 경우도 있을 수 있다. 그것도 명실상부한 직접반정에 해당한다. 그래서 國私 §9 ①에 의해 한국법이 준거법으로 정해진다. 이 경우에도 한국과 그 외국 사이에서는 국제적 판단일치가 실현된다.

그런데 國私 §49 ①에 의해 지정된 외국의 국제사법이 상속재산의 일부의 준거법을 달리 지정하는 당사자자치도 허용하고 실제로 일부 재산에 대해서만 한국법을 선택하는 당사자자치가 행해진 경우도 있을 수 있다. 國私 §9 ①에 의해 그 결과를 그대로 받아들이면, 國私 §49가 추구하는 상속통일주의의 구현이 방해될 여지가 있다. 그것은 그 외국의 상속준거법 지정규칙이 일부 재산에

210) 김용한 외, 363; 이호정, 422.

211) 유럽상속규정 시행(2015. 8. 17.) 전의 프랑스 국제사법은 상속분할주의를 따르면서, 동산·부동산을 법정지법에 따라 구별했다. 다만, 물건소재지의 동산·부동산 개념을 '고려'하기는 했다. Mayzeaud-Garaud(2014), 164.

대해서만 당사자자치를 인정하기 때문일 수도 있고, 피상속인이 그 외국의 국제사법규정이 인정하는 준거법지정의 자유를 일부 상속재산에 대해서만 행사했기 때문일 수도 있다. 예컨대 유럽상속규정 시행 전의(즉 2015년 개정 전) 독일 민법시행법 Art. 25는 법정상속을 통일적으로 피상속인의 본국법에 맡기되(①), 독일 소재 부동산에 대해서만 당사자자치를 인정한다(②). 만약 한국과 독일의 이중국적자가 독일 소재 부동산 전체에 대해 독일법을 상속준거법으로 지정하고 2015. 8. 17. 전에 사망했다면, 한국법원은 피상속인을 한국인으로 취급하는(國私 §3 ①) 결과, 독일에 있는 부동산의 상속을 제외한 나머지에 대해서는 한국법으로의 직접반정이 있는 것으로 처리하여 한국법을 적용할 것이다(만약 그가 독일 소재 부동산 중 일부에 대해서만 독일법을 상속법으로 지정하고 사망했다면, 한국법원은 그런 당사자자치의 대상이 된 독일 부동산에 대해서만 독일법을 준거법으로 삼고, 나머지에 대해서는 한국법으로의 직접반정을 인정할 것이다). 그러나 독일법원은 독일법원 대로 복수국적자에 대해 내국 국적(독일 국적)을 우선시켜 독일인으로 취급함으로써, 상속 전반에 대해 독일법을 적용할 것이다.

외국 국제사법이 사안을 한국법으로 반정(反定)하고 있는지를 확인하기 위하여 외국의 국제사법규정을 사안에 적용시킬 때에는, 그 외국 국제사법규정이 사용하는 체계개념과 연결점은 그 국제사법규정에서 사용되는 의미로 해석되어야 한다.[212] 외국 국제사법규정이 사용하는 체계개념과 연결점은 그 규정의 일부이기 때문이다.[213] 반정 법리의 본질은 외국 국제사법에 의하는 데 있다. 법정지는 그 외국 국제사법규정을 지시하고(예컨대 國私 §49 ①에 의하여) 그에 따를(國私 §9 ①)[214] 뿐이다.

---

212) 김진, 83; 이호정, 160 f.이호정, 160 f.

213) 독립적 법률저촉규정의 핵심적 요건은 '법률관계(내지 그 일부로서의 법률문제 내지 논점)'를 가리키는 체계개념과, '연결점'이다. 전자는 국제사법규정의 요건이고, 후자는 법률효과를 정한다. 예컨대 외국 국제사법규정이 '부동산을 제외한 재산의 상속은 피상속인의 상거소지법에 의한다'고 규정하는 경우, '부동산을 제외한 재산의 상속'은 법률요건이고, '피상속인의 상거소지법에 의한다'는 것이 법률효과이다. 이호정, 99~101 참조. 외국의 이 규정이 정하는 요건과 효과는 모두 그 외국의 입법자가 정한다. 외국 국제사법이 한국법으로 반정하고 있는지가 불분명한 경우에는 그 외국의 입법의사가 탐구되어야 한다. 그것이 끝내 확인 불가능한 경우에는 외국법의 불명(不明)의 경우와 같이 처리하여야 한다. 이호정, 101.

214) 물론 외국 국제사법에 따르는 방법에는 여러 가지가 있다. 國私 §9 ①은 외국 국제사법규정의 지정을 항상 사항규정으로 취급하여, '직접반정을 받아들이는' 데에서 '순환'을 멈춘다. 좀 더 반정을 적극적으로 다루는 입장 가운데에는, 외국 국제사법규정이 한국법을 총괄지정하고 그 외국으로의 반정을 받아들임이 확인되면, '반정을 어떻게 다룰지에 관한 규정을 포함하여 외국 국제사법'에 맡기는 해결방법도 고려한다. 이것이 이중반정(double renvoi)론이다. 이중반정론의 이론구성 중에서는 외국법원(법정)이론(foreign court theory)이 특히 유명하다. 이중반정의 인정 여부에 대해서는 국내에서도 학설이 대립한다. 앞의 주 209 참조.

예컨대 國私 §49 ①에 의하여 지정된 중국 국제사법이 "부동산"의 상속을 부동산 소재지법에 맡길 때, 여기에서 말하는 부동산 내지 부동산물권이 무엇이며 여기에서 말하는 부동산상속이 무엇인지는 중국의 그 국제사법규정이 의미하는 바에 따라야 한다. 그 국제사법규정이 스스로 실질적 개념정의를 하고 있다면 그에 따라야 하고, 그 국제사법규정이 부동산소재지법에 따라 정하도록 하고 있다면 그렇게 해야 한다.[215]

주소, 거소, 상거소도 마찬가지이다. 그런데 많은 나라는 자국 국제사법상의 주소, 거소, 상거소 개념과 자국 실질법상의 주소, 거소, 상거소 개념을 종종 통일적으로 정하므로, 그 국가의 실질법상의 주소, 거소, 상거소의 개념을 살펴보는 일이 자주 생긴다. 예컨대 영국 국제사법규정이 사용하는 "domicile"이나 "habitual residence"는 영국에서 그 각 연결개념을 정의하는 바에 따라 해석되어야 한다. 대륙법계 국가들이 주소를 연결점으로 사용하는 경우에도, 그것이 객관주의적 개념인지 주관주의적 개념인지, 또 외국인의 주소 취득에 허가가 필요한지 등이 나라마다 다를 수 있다. 항상 해당 저촉규정을 정하고 있는 나라의 개념을 확인하여야 한다.[216]

상거소와 같이 '평이한 연결점으로서 고안되었고 그래서 국제적으로 공통된 기준이 쉽게 형성, 유지될 수 있으리라 기대되는' 연결점도 마찬가지이다. 즉, 상거소의 취득과 상실의 요건, 이중 상거소의 인정 여부 등은 그 외국의 국제사법규정에서 상거소를 어떤 의미로 사용하고 어떻게 취급하고 있는가에 따라 판단되어야 한다. 상거소의 확정기준에 관하여 해석에 맡겨진 논점이 있을 때에는 그 외국의 해석론에 의거해야 한다. 한국이나 제3국, 국제기구(예컨대 헤이그국제사법회의) 등에서 제시하는 '상거소의 구체적 확정기준'에 대한 가이드라인이나 청사진이 해당 외국에서 그대로 구현되고 있으리라고 단정해서는 안 된다. 예컨대 중국 국제사법에서 말하는 상거소가 실제로 어디 있는지는 중국 국제사법에 의해 정해진다. 중국 국제사법이 입법이나 해석으로 이를 중국 '민법'상의 상거소 개념과 차별화할지, 아니면 중국 민법이 정하는 상거소 개념과 그 판단기준을 중국 국제사법에도 일관시킬지도 중국 입법자가 정한다.

---

215) 후자의 경우가 많다고 한다. 이호정, 160.

216) 이호정, 161(주소의 예를 듦). 그렇게 한 예: 수원지방법원 2016. 8. 25. 선고 2015가합66239 판결(國際私法 22-2(2016), 620 f.에 요지 수록)(확정)(피상속인의 본국인 미국 뉴욕주의 New York Estates, Powers and Trusts Law 제3-5.1조 (b)항에 따라 동산상속에 대해 주소지법으로 반정함에 있어, New York Surrogate's Court Procedures Act 제103조가 정의하는 주소 개념·변경요건을 따름).

물론, 상거소라는 연결점은 헤이그국제사법회의의 국제입법을 중심으로 보급되고 있고, 그런 국제입법들은 상거소의 판단기준의 통일성을 표방 내지 지향하고 있다. 국제입법마다 그 공식 주석보고서에서, '주소의 개념과 판단기준이 국가별로 달라지는 문제점을 피하고자 상거소라는 평이한 개념을 채택하는 것'이며, '따라서 상거소 개념은 각국에서 달리 해석될 만한 소지가 없거나 별로 없다'고 역설하는 것이 보통이다. 그러나 상거소 개념이 실제로 각국에서 분열되고 있고 이것이 헤이그국제사법회의 상설사무국(Permanent Bureau)을 비롯한 국제사법 통일론자들을 곤혹스럽게 하고 있는 것도 사실이다. 속인적 연결점의 취득과 상실의 기준이 전세계적으로 통일적인 것이 이상적이지만, 기초자의 이상론적 소망이 '살아 있는 법'을 지배하고 있다고 단정해서는 곤란하다.

그런데 위에서 영국 및 중국의 국제사법규정에 의해 한국법으로의 반정이 있는 경우를 살펴보았듯이, 國私 §49 ①이 지정하는 외국의 국제사법이 상속분열주의를 따르고, 실제로 國私 §9 ①에 의해 직접반정을 인정함에 따라 동산상속과 부동산상속의 준거법이 달라지는 문제가 있다. 즉, 國私 §49 ①이 애써 상속통일주의를 채택함에도 불구하고, 반정(反定)이 이를 깨뜨리게 될 수 있다. 이를 가리켜 國私 §9 ② vi에, 즉 '반정을 인정하는 것이 해당 독립적 저촉규정의 취지에 반(反)하는 경우'라 할 것인가? 그렇게 볼 수는 없다. 國私 §49 ①이 본국법을 총괄지정(국제사법지정)하는 취지에, '국제사법상의 상속통일주의를 깨뜨리는 결과가 되지 않을 것'이라는 조건이 붙어 있다고 해석할 근거는 약하다.

國私 §9 ①은 직접반정만 받아들이고, 전정(轉定)과 간접반정은 무시한다. 그러나 전정과 간접반정도 인정함이 타당하다. 이를 위해 國私 §9 ①의 개정이 요망된다. 예외조항(國私 §8 ①)의 원용가능성도 전혀 없는 것은 아니다.

Ⅲ. 당사자자치

1. 비교법 및 입법연혁

전통적으로 상속분야는 당사자자치가 인정되던 분야가 아니다. 그러나 1960년대 이후부터 상속에 대한 당사자자치가 학설상 본격적으로 주장, 논의되어 왔고,[217] 이러한 해결을 채택하는 입법례가 늘고 있다.

217) 최흥섭(2003), 505 = 최흥섭(2005), 217.

상속에서 당사자자치를 인정할지의 견해 차이는 상속실체법을 어떻게 이해하느냐에 뿌리가 있다고 이야기되기도 한다. 즉, 유언자유가 원칙이고 법정상속은 피상속인의 의사의 추정의 표현이라고 보는 입장에서는 상속준거법 지정의 자유도 가능한 한 넓게 인정할 것을 주장하고, 법정상속이 원칙이고 유언상속은 제한적인 예외일 뿐이라고 보는 입장에서는 상속에서의 당사자자치를 부정적으로 보는 경향이 있다고 한다.[218] 그러나 이런 실례가 있다 하여, 상속의 당사자자치 인정 여부가 상속실체법을 어떻게 바라보는지에 따라 좌우된다고 못박을 수는 없다. 상속에 대한 당사자자치 인정 여부에 관한 입법론과, 현행 국제상속법상의 당사자자치의 인정범위에 관한 해석론은, 오히려 실체사법적 법정책과 국제사법적 법정책을 혼동하지 않는 가운데, 국제사법에 독자적인 법정책, 이익, 정의의 차원에서 재평가되고 논의될 필요가 있다.

상속의 당사자자치 반대론은 당사자자치에 대한 일반적 신중론에 근거한다. 유력설의 논지는 다음과 같다. 상속을 피상속인의 속인법에 따르게 하는 것도 피상속인의 당사자이익을 위한 것이지만,[219] 당사자이익이 당사자자치를 인정할 근거는 되지 못한다. 원래 당사자자치는 "강행법 위에 서서" 그 적용을 좌우할 수 있도록 "개인을 법으로부터 해방시키는" 것이므로, 바람직한 연결원칙은 아니다.[220] 계약의 당사자자치도, '계약에 관한 연결기준을 확립하지 못하고 있는 혼미한 상황'에서 "궁여지책(Verlegenheitslösung)"으로서 인정하는 것에 불과하다.[221] 더구나, 상속은 채권계약과 본질적으로 다르다. 채권계약은 "빈번히 그리고 다양하게" 체결되고, "대부분의 경우 상속보다 덜 중요하며 또한 일과적(vergänglich)"인 법률관계이므로 당사자자치의 폐단을 감수할 수 있다. 그러나 상속은 "피상속인에 대하여 인격적으로 매우 중요"한 법률관계이므로 당사자자치를 인정하지 않는 편이 타당하다.[222] 이런 이유에서, 이론적으로는 상속에서도 당사자자치를 불인정함이 타당하다. 특히, 유류분권에 관한 규율이 회피되거나[223] 유산채권자의 이익을 해칠 염려가 있다.[224] 또, 당사자자치에

218) Kropholler, §51 III, 436 f.
219) 이호정, 423.
220) 이호정, 424.
221) Kegel/Schurig, §18 I, 569; 이호정, 280(순한글로 바꾸어 인용함).
222) 이호정, 424(순한글로 바꾸어 인용함).
223) Lagarde(2010), 17. 최흥섭(2003), 507 = 최흥섭(2005), 218도 이 논거를 인용한다. 독일 국제사법의 1986년 개정을 위하여 연방의회에 제출된 정부안(Regierungsentwurf)도 상속에 대한 당사자자치를 전면 부정하였는데, 그 근거도 이것이었다. BegrRegE, BT-Drucks. 10/504, 74 f.
224) 최흥섭(2003), 507 = 최흥섭(2005), 218의 학설 인용.

의해 유산청산의 통일성이 깨어질 수 있다.[225] 다만, 케겔은 상속의 연결기준에 의견일치를 보기 어려운 "연결곤란(Anknüpfungsverlegenheit)"에 따른 "궁여지책"으로 당사자치를 인정하게 된다고 설명한다.[226]

상속의 당사자자치 지지파는, 한편으로는 개인의 자유라는 이념적 근거를 든다. 그래서 실질사법상의 유언자유의 연장선에서 상속준거법 선택도 인정한다.[227] 그러나 상속에 대한 당사자자치가 폭넓게 지지받게 된 것은 국제사법 독자적인 실용적 근거가 제시된 데 따른 것이다.[228] 상속에서 당사자자치가 가지는 실용성은 다음과 같다. 첫째, 준거법 결정에 대한 예측가능성이 높아지며, 보다 나은 법을 선택할 수 있다.[229] 둘째, 피상속인이 생전에 상속을 전반적으로 계획할 수 있다.[230] 셋째, 상속분열주의에 따르는 국제사법 하에서도 상속재산별로 그 소재지법을 적용하는 경우가 생기는데, 이를 피하는 방법이 될 수 있다.[231] 넷째, 상속을 부부재산제와 단체의 준거법과 같은 나라의 법에 맡길 수 있다. 다섯째, 유산청산을 용이하게 해 준다. 여섯째, 상속을 본국법을 맡기면 피상속인이 복수국적자일 때 국제적 판단일치가 해쳐지는 문제점이 있는데 이를 해결할 수 있다. 일곱째, 법정지법을 선택하면 외국법의 조사·적용상의 어려움을 피할 수 있다.[232]

상속에서 당사자자치를 일정한 법 중에서만 선택할 수 있게 함이 타당하다는 견해가 유력하다. 국내에서도 입법론으로 이를 지지하는 견해가 있다. 피상속인의 '일방'적 선택이라는 점, 제3자에게 미치는 영향이 크다는 점, 상속실질법이 대부분 강행규정이라는 점을 근거로 든다.[233] 어떤 선택지를 인정하느냐에 관해서는, 본국법과 주소지법 중에서만 선택할 수 있게 하는 설(von Overbeck), 본국법, 상거소지법 중에서 선택할 수 있고 부동산에 관해서는

---

225) 최흥섭(2003), 507 = 최흥섭(2005), 218의 학설 인용.
226) Kegel/Schurig, §21 I, 856. 이호정, 424도 이를 따른다.
227) Dölle(1966), 218, 222.
228) 독일의 경우에는 될레(Dölle)가 상속의 당사자자치의 근거로 제시한 '유언자유'는 당사자자치의 근거로서 불충분하다는 지적을 받아, 국제사법 독자적인 근거를 제시하는 쪽으로 초점이 옮겨졌다. 최흥섭(2003), 506 = 최흥섭(2005), 218.
229) Dölle(1966), 229~231.
230) Lagarde(2010), 17; 최흥섭(2003), 507 = 최흥섭(2005), 218.
231) Lagarde(2010), 17.
232) 이상의 넷째부터 일곱째까지는 최흥섭(2003), 507 = 최흥섭(2005), 218이 Dreher(1999), Die Rechtswahl im internationalen Erbrecht, 36 ff.와 Riering(1995), Die Rechtswahl im internationalen Erbrechts, ZEV 1995, 404를 인용하여 서술한 것임.
233) 최흥섭(2003), 506 = 최흥섭(2005), 217.

소재지법의 선택도 허용하는 설(Kühne), 법정지법의 선택만 허용해야 한다는 설(Axel Flessner) 등이 있다.[234] 상속준거법으로 선택될 수 있는 법을 제한하는 견해를 포함하여, 상속에서 당사자자치를 지지하는 학설이 확산되고 있다.[235]

유럽상속규정 발효로 실효하기 전의 유럽연합 회원국 국내법을 보면, 대다수의 회원국들은 상속에 대한 당사자자치를 부정했지만,[236] 당사자자치를 인정하는 입법이 늘고 있었다. 독일, 이탈리아, 벨기에, 루마니아, 불가리아는 일정한 한도에서 인정했다. 네덜란드와 핀란드는 전면 긍정했다.

독일에서는 1986년에 민법시행법이 대폭 개정되면서 상속에서 당사자자치가 부분적으로 도입되었다. 민법시행법 Art. 25 ②는 내국 소재 부동산에 대하여 소재지법을 선택하는 것만을 인정했다. 개정 전에 학설상 찬반 양론이 있었고, 위 개정과정에서도 견해가 대립했다. 1980년의 노이하우스와 크로폴러의 초안(막스플랑크연구소 개정안)은 피상속인의 국적국법과 상거소지법을 선택하는 것을 허용하고 부동산에 대해서는 소재지법의 선택도 허용하는 입법을 제안했다.[237] 퀴네(Kühne)의 초안은 이와 함께 부부재산제 준거법의 선택도 허용할 것을 제안했다.[238] 그러나 독일국제사법회의(Der Deutsche Rat für IPR)[239]는 1981년의 국제사법 개정 제안에서, 상속에 관해서는 준거법선택시의 상거소지법만을 선택하는 당사자자치만을 제안했다.[240] 나아가 정부안에서는 당사자자치를 전면 부정했다.[241] 최종적으로는 연방하원 법제위원회(Rechtsausschuß)의 제안에 따라 내국 소재 부동산의 상속에 대한 독일법의 선택만 인정하게 되었다.[242]

이탈리아 국제사법 Art. 46 ②는 상거소지법의 선택만을 인정했다.[243]

---

234) 이호정, 424 f.의 학설 소개에 따름.

235) 최흥섭(2003), 506 = 최흥섭(2005), 217.

236) 유럽상속규정 도입 전의 회원국 국내법의 상황의 개관은 Lagarde(2010), 17. 상세는 Vassilakakis (2005).

237) Neuhaus/Kropholler(1980), 333(Art. 24 II); Kropholler, §51 III, 437.

238) Kühne(1980), 153 f. 그 상속 부분의 조문안은 김문숙(2017), 327의 주 161에 번역, 소개되어 있다.

239) 1900년 1월 1일 시행된 민법시행법 Art. 7~31의 개정을 위해 1953년에 함부르크에서 설립된 단체이다.

240) Vorschläge und Gutachten zur Reform des internationalen Personen-, Familien- und Erbrechts, 1981, 13, 67. 이 부분의 간략한 소개는 이호정(1987), 111.

241) BegrRegE, BT-Drucks. 10/504, 74 f.

242) BT-Drucks. 10/5632, 44; Kropholler, §51 III, 437. 독일 민법시행법의 1986. 7. 25. 개정법률의 입법연혁에 관한 상세는 이호정(1987), 106~108 참조.

243) 최흥섭(1999a), 288 f.의 주 82 = 최흥섭(2005), 81의 주 82의 번역을 옮긴다. "피상속인은 사망으로 인한 모든 법적효과를 유언방식으로 명시적 의사표시를 통해서 그의 일상거소지법에 따르기로 할 수 있다. 이 법선택은 의사표시자가 사망시 이 국가에 더 이상 居所를 두지 않는 경우에는 효력이 없다. 이 법선택은, 피상속인의 사망시에 이탈리아에 일상거소를 가지는 유류분

1987년의 스위스 국제사법 Art. 90도 상속에 대한 당사자자치를 일정 한도에서 인정한다.

헤이그상속협약은 준거법선택시 또는 사망시의 국적국법과,[244] 준거법선택시 또는 사망시의 상거소지법 중에서 선택할 수 있게 한다(Art. 5(1)).[245] 國私 §49 ②와 달리, 준거법선택시의 국적국법이나 상거소지법이면 충분하다. 그래서 헤이그상속협약은 상거소지법주의와 본국법주의 간에서, 전자를 어느 정도 "우선"시키면서도 당사자자치를 통하여 양 입법주의 간에 "균형"을 이루고자 했다고 평가받고 있다.[246]

헤이그상속협약 Art. 5(1)은 "상속재산 전체"[247]에 대하여 준거법선택을 할 수 있다고 규정한다. 그런데 Art. 6은 Art. 5(1)이 총괄재산 전체에 대하여 통일적인 준거법선택을 하도록 하는 것을 뒤집어, "일정한 재산"[248]에 대하여 준거법선택을 할 수 있고, 상속재산을 구성하는 개개의 재산별로 준거법을 분열시킬 수 있다고 규정한다. 재산소재지법의 선택가능성은 규정하지 않으므로, 國私 §49 ② ii가 규정하는 것처럼 오로지 부동산소재지법이라는 이유만으로 그 법을 선택하는 것은 허용되지 않는다. 그러나 국적국법이나 상거소지법의 선택을 개별 재산별로 할 수 있다. 가령 어떤 조세회피구역에서 거액의 상속재산을 취득하고 그 법역에 소재한 재산들에 대하여 그 법을 상속준거법으로 선택해 놓은 다음, 그 국가에 국적이나 상거소를 두고 사망하면 그 준거법선택은 효력을 가지게 된다. 헤이그상속협약이 복수국적 중 어느 것에도 의미를 부여

권리자에게 이탈리아법이 부여하는 권리에 영향을 주지 않는다." 이는 Francesco De Meo, ZfRV 1996, 54 ff.의 독일어 번역을 재번역한 것이라고 한다. 이 글이 "일상거소"라 함은 "상거소"를 가리킨다.

244) 불어본은 "그 국가의 국적을 가졌(possédait la nationalité de cet Etat)"을 것이 요구된다고 규정하여, 국적국의 개념을 분명히 한다. 영어본은 "그 국가의 국민이었(was a national of that State)"어야 한다고 규정하여, '본국법'(복수국적자의 경우에는 그의 국적국법들 중 본국법으로 쓰이는 것만 여기에 해당)을 가리키는 것으로 보일 여지가 있다. 그러나 영어본을 중심으로 그렇게 해석하면, 복수국적자가 자신의 국적국법 중 하나를 선택한 당사자자치가 한 회원국에서는 (법정지국과 외국의 국적을 가지는 자가 법정지국법을 선택한 경우로서, 또는 복수의 외국 국적국법 최밀접관련법을 선택한 것으로 당해 법정지국이 판단하는 경우로서) 효력이 인정되고 다른 회원국에서는 효력이 부정되는 일이 생길 수 있어, 당사자자치의 효력을 모든 회원국에서 동일하게 정한다는 이 협약의 취지에 어긋나게 된다. 그래서 영어본을 고려하더라도 국적국법을 가리키는 의미로 해석하여야 한다. 결론상 동지: 최흥섭(1999b), 45 = 최흥섭(2005), 263; 김문숙(2017), 292.

245) 그 성안과정에서의 논의경과에 관해서는 Waters(1988), para. 61와 이를 소개한 김문숙(2017), 328.

246) Vassilakakis(2010) 804.

247) 영어본: "the whole of his estate". 불어본: "l'ensemble de sa succession".

248) 영어본: "particular assets". 불어본: "certains de ses biens".

하는 입장이므로, 이렇게 될 가능성이 반드시 좁은 것은 아니다.

동아시아에서는 상속에 대하여 당사자자치를 인정하는 예가 드물다. 일본 법적용통칙법(§36[249]). 중화민국(대만) 섭외민사법률적용법(2010)(§58),[250] 중화인민공화국 섭외민사관계법률적용법(2010)(§31),[251] 베트남의 2010년 민법전 §767 및 '2006년 11월 15일 138/2006/NĐ-CP호 의정(議定)'(민법전의 외국적 요소가 있는 민사관계에 관한 규정의 시행에 관한 세부규정) §12는 상속에 대하여 당사자자치를 인정하지 않는다.[252]

대한민국 국제사법은 2001년 개정시에 1989년 헤이그상속협약을 본받고, 당시의 이탈리아 국제사법 Art. 46 ②과 독일 민법시행법 Art. 25 ②(2015년 개정 전)를 참고하여, 상속에 대해 제한적 범위에서 당사자자치를 과감하게 도입했다.[253] 이러한 입법적 결단에 의하여, 상속에서의 당사자자치의 인정 여부와 범위에 관한 학설상 논쟁의 가능성[254]이 일단락되었다.

피상속인은 일정한 선택지 중에서, 그리고 일정한 방식에 따라 상속의 준거법을 스스로 정할 수 있다(國私 §49 ②). 피상속인의 선택가능성은 헤이그상속협약보다는 약간 좁다. 헤이그상속협약이 규정하는 선택지 중 '본국법 아닌 국적국법'과 '준거법선택시에는 상거소지가 아니었지만 사망시에는 상거소지인 곳'의 법의 선택은 불허한다. 부동산에 대한 부동산소재지법의 선택도 당해 법역에 소재하는 부동산 전체를 그 소재지법에 맡기는 것만 허용된다(아래 3. (4)). 그러나 國私 §49 ②가 규정하는 '당사자자치의 양적 제한'은 이탈리아 국제사법 Art. 46 ②와 독일 민법시행법 Art. 25 ②(2015년 개정 전)보다는 완화된 것이다. 두 법이 인정하는 선택지를 모두 인정하면서, 부동산소재지법의 선택은 독일 민법시행법 Art. 25 ②(2015년 개정 전)를 양면규정화했다.

國私 §49 ②는 스스로 일정한 방식을 실질법적으로 정하지는 않고, 유언의

---

249) 원래 법례 §25였고, 1989년 개정 후에는 §26였던 것을 그대로 유지.

250) 김호 역(2012), 530.

251) 김호 역(2011), 441. 총칙 §3은 "당사자는 법률의 규정에 따라 섭외민사관계에서 적용할 법률을 명시적으로 선택할 수 있다."고 규정하나{김호 역(2011), 436}, 이것은 당사자자치가 국제사법의 중요 원리 중 하나임을 상징적으로 선언한 것에 불과할 뿐(마치 독일의 크로폴러 국제사법 교과서에서 국제사법의 중요원칙의 하나로 당사자자치를 들어 설명하듯이), 실정적 규율이 아니다.

252) 장준혁(2015), 168 f.에 조문 번역.

253) 법무부, 해설, 171; 최흥섭(2001), 415.

254) 한국에서 실제로 활발한 논쟁이 있었던 것은 아니다. 2001년 개정의 준비작업이 시작되기 전에 상속에 관한 당사자자치 인정 여부에 관하여 논의한 문헌으로는 이호정, 423~425와 최흥섭(1999b/2005) 등이 있었을 뿐이다.

방식에 대하여 적용되는 방식에 따르게 한다. 헤이그상속협약 Art. 5 ② 1문과 독일 민법시행법 Art. 25 ②(2015년 개정 전)를 본받은 것으로 보인다.[255] 이는 두 가지 점을 규정한 것이다.

첫째는 저촉법적 규율이다. 상속의 당사자자치도 유언에 준하여 國私 §50 ③이 규정하는 법에 따라야 한다(國私 §50 ③의 준용). 國私 §49 ②의 준거법선택과 유언을 동일 문서로 했다면, 그 유언의 방식의 준거법으로써 유언을 방식상 유효하게 만든 법(유언자가 유언방식에 관해 준수한 법)이 하나 또는 복수로 있다. 반드시 그 법(들)이 유언방식에 대해 정하는 바를 준수해야 하는 것은 아니다. 당사자자치는 그 나름대로 國私 §50 ③의 여러 선택지들 중에서 하나를 준수하기만 하면 된다.

둘째는 실질사법적 규율이다. 피상속인이 준거법을 지정한 법률행위가 國私 §50 ③이 규정하는 선택적(택일적) 준거법 중 하나를 충족하는지 검토할 때, 그 법역(法域)(국가 또는 國私 §3 ③에 의해 정해진 지역적 부분법질서)의 유언방식에 관한 법규를 당사자자치의 방식 문제에 준용한다. 이것은 국제사법 내의 실질사법적 규율이다.

2. 연결정책

2001년 개정 전의 학설로 상거소지법의 선택을 허용하고 부동산상속에 관해 부동산소재지법의 선택도 허용하는 입법론이 있었다. 이 견해는 본국법주의를 지지하되 본국법주의로만 "고정"시키는 문제점을 지적한다. 첫째, 피상속인이 본국을 떠나 오래 거주한 경우에는 그의 "가족관계나 재산관계"가 거주지를 중심으로 형성되어 있으므로, 피상속인도 본국법보다 상거소지법의 적용을 "소망"하는 경우가 많을 것이고, 객관적으로도 상거소지법에 의할 "실제적 필요"가 있다. 둘째, 배우자상속은 부부재산제와 "구분할 수 없을 정도로 혼합"되어 있으므로 오히려 부부재산제의 준거법 소속국에 맡기는 것이 "하나의 방법"일 수 있다.[256] 그래서 본국법에의 객관적 연결을 유지하되, 이에 따르는 문제점은 당사자자치로 해결할 것을 주장한다.

---

255) 석광현, 557은 독일 민법시행법 Art. 25 ②(2015년 개정 전)만을 언급한다. 이를 보면, 이 점에서는 주로 독일 민법시행법 Art. 25 ②(2015년 개정 전)이 입법모델이 된 듯하다. 헤이그상속협약 Art. 5(2) 1을 함께 언급하기 곤란했다면, 그 배경에는 헤이그상속협약 Art. 5(2) 2가 있다고 생각된다.

256) 최흥섭(1999a), 287 f. = 최흥섭(2005), 81.

이 견해는 당사자자치가 가져올 폐단도 고려한다. 첫째, 당사자자치를 인정하면 상속인과 제3자의 이익을 부당하게 훼손할 수 있다. "특히 비적출자 및 그 외의 유류분권리자 그리고 상속채권자"에게 불리해질 수 있다.[257] 둘째, 이 논문이 간행된 1999년 당시에는 상속 분야에서 당사자자치를 인정하는 학설이 받아들여져 입법화된 것이 "극히 드문" 상태였으므로,[258] 한국에서만 당사자자치를 인정하면 국제적 판단일치를 오히려 저해할 우려가 있다.[259]

결국 이 학설은 "문제가 가능한 한 적게 발생하는 제한적인 범위"에서 당사자자치를 허용하다는 결론을 내리고, 國私 §49 ②와 같은 입법론을 주장했다.[260] 제한적 범위에서 당사자자치를 허용하는 실용성은 다음과 같이 설명한다. 첫째, 상거소지법의 선택을 허용하여 항상 본국법이 적용되도록 "고정"시키는 문제점을 해결하고,[261] "피상속인에게 재산형성과 재산처분에 미리 예견가능성을 확보"해 주며,[262] 경우에 따라서는 부부재산제의 청산과 상속을 동일한 법질서에 맡기는 결과를 가져올 수 있다.[263] 둘째, 부동산소재지법의 선택을 허용하여 상속, 부부재산제, 물권의 준거법을 일치시켜, 조정(적응)으로 해결해야 하는 복잡한 문제를 피한다. 특히 상속채무의 청산에 대하여 "현실적이며 실효적이고 신속한 해결"을 가능하게 한다.[264] 또, 영미법계나 중국처럼 부동산상속을 부동산소재지법에 맡기는 법제와 국제적 판단일치를 가져올 수 있다.[265]

이 학설은 당사자자치의 폐단을 막기 위하여, 선택가능한 준거법의 범위를 제한하는 외에, 유류분권자의 권리를 특별히 보호할 필요성도 고려한다. 해석에 맡기는 방안과, "적어도 한국에 거주하는 한국법에 의한 유류분권리자에게는 그 권리를 보장하는" 규정을 두는 방안을 고려한다. 그러나 國私 §49 ② 처럼 준거법의 선택지를 제한하면 유류분권자의 불이익도 "크게 문제가 되"지는 않을 것이므로 유류분권자 보호규정을 둘 필요가 없다고 한다.[266] 피상속인

257) 최흥섭(1999a), 288 = 최흥섭(2005), 81.
258) 최흥섭(1999a), 288 = 최흥섭(2005), 81. 이러한 법상황은 2012년의 유럽상속규정 준비작업이 시작되기 전까지 대체로 유지되었다.
259) 최흥섭(1999a), 288 f. = 최흥섭(2005), 81 f.
260) 최흥섭(1999a), 289 = 최흥섭(2005), 82.
261) 최흥섭(1999a), 288, 289 = 최흥섭(2005), 81, 82.
262) 최흥섭(1999a), 287 f. = 최흥섭(2005), 81.
263) 최흥섭(1999a), 287 f., 289 = 최흥섭(2005), 81, 82.
264) 최흥섭(1999a), 289 = 최흥섭(2005), 82.
265) 최흥섭(1999a), 289 f. = 최흥섭(2005), 82.
266) 최흥섭(1999a), 290 = 최흥섭(2005), 83.

의 선택에 따라 상속준거법이 좌우됨에 대한 유류분권자의 권리 보호는, 공서조항(國私 §10)과, 한국민법의 유류분 규정을 '상속인이 한국에 거주하는 한 항상 적용되는' 국제적 강행법규로 규정하거나 해석하는 데 맡긴다.[267)]

國私 §49 ②는 위 학설이 입법화된 것이다. 2001년 개정에 참여한 학자들은 그 입법취지를 다음과 같이 설명한다. 첫째, 본국법의 적용이 적절치 않다고 여기는 피상속인이 스스로 다른 법을 선택할 수 있게 한다.[268)] 그래서 상속준거법 결정에 관한 다양한 입법주의 간의 대립을 완화한다.[269)] 둘째, 일반적으로 상속법이 재산법적 측면도 가지므로 피상속인의 상거소지나 재산소재지와도 관련이 있음을 고려한다.[270)] 셋째, 구체적 사건에서 상속관계가 실질적으로 피상속인의 생활본거지와 밀접히 관련되거나[271)] 부동산소재지와 밀접히 관련된 경우에, 그곳들의 법을 준거법으로 삼을 수 있게 한다. 셋째, 부부재산제 내지 부동산물권이 상속과 다른 국가의 법에 의해 맡겨질 때 발생하는 복잡한 문제를 피할 수 있게 한다.[272)] 넷째, 피상속인에게 사망 후의 재산관계에 대한 예견가능성을 확보하여 준다.[273)] 그래서 피상속인이 자산(유산)계획(estate planning)을 보다 본격적으로 할 수 있게 한다.[274)]

國私 §49 ②가 선택지를 상거소지와 부동산소재지로 제한한 취지는 다음과 같이 설명되고 있다. 첫째, 해외 입법례에서도 상속에서 당사자자치를 제한적으로 허용하는 것이 많으므로 이와 보조를 같이하여 국제적 판단일치를 꾀

---

267) 최흥섭(2001), 416.

268) 최흥섭(2001), 415("고정화된 본국법주의에서 생기는 문제점을 제거"); 석광현, 556("본국법주의만을 고집할 경우의 문제점을 해결").

269) 최흥섭(2001), 415.

270) 석광현, 556("상속은 신분적 측면뿐만 아니라 재산적 측면도 가지고 있으므로 피상속인의 상거소지나 재산소재지와도 밀접한 관련을 "가지는 점도 고려한 것임). 즉, 國私 §49는 한편으로는 상속법의 신분법적 성격을 고려하여 본국법에 맡기고, 다른 한편으로는 재산법적 성격을 고려하여 피상속인의 상거소지법과 부동산소재지법이 적용될 길을 열어두었다는 것이다. '신분법적 성격이 강한 총괄재산제'에서는 본국법이 더 중요하고, '재산법적 성격이 강한 총괄재산제'(가령 신탁)에서는 본국법보다 상거소지법이 더 중요하다는 견해에서 나온 설명으로 생각된다. 이러한 설명은 최흥섭(1999a) = 최흥섭(2005)과 최흥섭(2001)에서는 보이지 않는다.

271) 최흥섭(1999a), 289 = 최흥섭(2005), 82("피상속인이 생활의 근거지로 되어 온 곳의 법을 적용받고자 하는 소망과 필요에 부응"); 석광현, 557("피상속인이 생활의 근거지의 법이 적용되도록 하려는 희망과 필요에 부응").

272) 법무부, 해설, 171; 최흥섭(2001), 415(개정안 공청회 발제문); 석광현, 557, 558. 개정안 공청회의 지정토론문인 조수정(2001), 445도 이 점을 긍정적으로 평가한다. 다만 상속에 대한 당사자자치에 의하여 상속과 부부재산제의 준거법이 달라질 수도 있다. 석광현, 558.

273) 최흥섭(2001), 415; 석광현, 557.

274) 개정안 공청회 지정토론문인 조수정(2001), 445 참조(國私 §49 ②이 당사자자치를 허용함으로써 "피상속인에게 사망 후의 재산관계에 대한 예견가능성을 확보해 주"는 긍정적 기능을 언급).

한다.[275] 둘째, 유류분권자 등 이해관계인의 권리를 해칠 위험을 줄인다.[276] 즉, '비교국제사법적으로 상속준거법이 되기에 유력하거나 상속과 이미 밀접한 관련을 가지는 법' 외의 것도 선택할 수 있게 하면, 유류분권자 등이 입는 타격이 심해지므로, 그것은 허용하지 않는다. 셋째, 준거법선택을 너무 광범위하게 인정하더라도 외국에서 이를 인정할지 미지수이다.[277]

한편, 당사자자치를 인정함에 따라 유류분권자를 비롯한 이해관계인의 보호에 관한 규정을 둘지에 대하여 2001년 개정법률의 기초과정에서 논의가 있었으나, 입법적 해결을 보류하고 해석에 맡기기로 했다.[278] 國私 §49 ② 신설에 지배적 영향을 끼친 입법론이, 國私 §49 ②과 같이 지정가능한 준거법을 제한하면 유류분권자의 이익 침해는 큰 문제가 되지 않을 것이라고 주장한 것[279]이 입법에 반영된 셈이다.

3. 당사자자치의 요건

(1) 실제의 명시적 의사표시

국제사법은 사적(私的) 자치(의사자치)를 지도원리로 하지 않으므로, 당사자자치를 인정하는 경우에도 당사자의 추정적(가정적) 의사를 탐구하는 '법률행위의 보충적 해석'은 인정되지 않는다. 그래서 특정한 법역의 법을 준거법으로 선택한다는[280] 현실적 의사표시가 있어야 하고, 의사표시의 내용은 명확해야 한다.[281]

묵시적 의사표시도 현실적 의사표시이다. 그러나 묵시적 준거법선택도 허용하면, 묵시적 당사자의사의 해석이 까다로운 문제가 될 수 있다. 또, 법원이 묵시적 당사자의사 해석의 명목 하에 가정적 당사자의사를 탐구하는 일이 벌

275) 석광현, 557.
276) 최흥섭(2001), 415(개정안 공청회 발제문); 석광현, 557("준거법 선택을 지나치게 넓게 인정할 경우 유류분권리자 등 이해관계 있는 제3자의 권리를 침해할 위험이 있"어 國私 §49 ②과 같이 제한하였음).
277) 최흥섭(2001), 416(개정안 공청회 발제문); 석광현, 557.
278) 석광현, 558.
279) 최흥섭(1999a), 290 = 최흥섭(2005), 83.
280) 계약(채권계약)에 관한 당사자자치(國私 §25)에 관해 동지: 대법원 2012. 10. 25. 선고 2009다77754 판결.
281) 상속보다 훨씬 앞서 당사자자치가 확립된 계약(채권계약) 분야에서는, 國私 §25 ①은 준거법 지정의 의사표시가 "합리적으로 인정"될 것만을 요구하고, "묵시적" 당사자자치도 허용한다. 나아가 대법원 2012. 10. 25. 선고 2009다77754 판결은 장소적 다법국을 명시할 뿐 그 안에서 어느 분방을 지시하는지 명시하지 않은 경우에, 이를 의사해석으로 밝혀 유효한 당사자자치로 취급하는 데 적극적이다.

어질 수 있다. 이것은 당사자자치가 아니라, 법관이 입법을 뛰어넘어 상속준거법을 정하는 편법이지만, 실무적으로는 묵시적 당사자의사 탐구와 추정적 당사자의사 탐구를 명확히 경계짓기 어려울 수 있다.[282] 그런데 아예 명시적 준거법선택만 허용하면 이 문제를 피할 수 있다. 國私 §49 ②는 이런 입법적 선택을 했다.[283] 그래서 상속에 대한 당사자자치는 명시적으로 해야 한다.

그러므로 한 국가 내에서 상속법이 지역적으로 분열되어 있는 미국과 같은 경우에는, 장소적 다법국(場所的 多法國) 내의 특정 단일법역(예: 주, 속령)을 지정해야 한다. 상속준거법으로 단순히 장소적 법분열국법(예: "미국법")을 지정할 뿐, 어느 분방(장소적 부분법질서)(예: 미국의 어느 주)의 법을 지정하는지 명시하지 않으면 그 준거법지정은 무효이다.[284] 다만, 반드시 분방의 명칭을 적어야 하는 것은 아니고, 가령 '이 유언장을 작성하는 곳'에서 타당하는 법을 선택한다든지, '나의 상거소지법'을 선택한다고 했더라도 각기 유언지와 상거소지가 그 당사자자치를 한 서면(유언장) 내에 명시되어 있으면 충분하다고 해야 할 것이다. 그 경우는 해명적 해석(좁은 의미의 의사해석)에 의해 특정 단일법역을 선택하는 명시적 의사표시가 확인되기 때문이다.

(2) 선택지의 제한

(가) 피상속인의 준거법 지정시 및 사망시의 상거소지법

國私 §49 ② i은 피상속인이 준거법 선택시의 상거소지법을 상속준거법으로 선택하고 사망시까지 그 상거소지 내에 상거소를 유지하면 유효한 준거법 선택으로 인정한다.[285] 상거소지법의 선택을 인정하는 입법취지는, 피상속인이 자신의 "생활의 근거지"의 상속법에 의하여 상속을 규율받고자 하는 "소망과

282) 계약(채권계약)의 분야에서는 묵시적 당사자의사를 "합리적으로 인정"되는 것에 한하여 인정함으로써 이 문제에 대응한다. 國私 §25 ① 但.

283) 상속에서도 묵시적 당사자자치를 부정하는 것이 논리필연적 요구는 아니다. 유럽상속규정 Art. 22(2)는 명시적 선택을 요구하지 않으며, 묵시적 선택도 사인처분으로부터 분명히 드러나는 한 인정한다. 즉, 사인처분의 조항(내용)으로부터 상속에 대한 당사자자치가 추단될 수도 있다. Kropholler, §51 III, 438; Geimer, 34. 특정 국가의 법규를 원용하거나 언급하는 것이 근거가 될 수 있다. 김문숙(2017)의 주 140. 그러나 가령 유언에서 특정 법질서에 고유한 개념이나 제도를 언급했다 하여 곧바로 그 법질서를 지정하는 묵시적 당사자자치가 있다고 할 것은 아니다. Kropholler, §51 III, 438. 유럽상속규정이 '묵시적' 당사자자치를 허용한 것이 입법론적으로 타당했는지는 그 해석, 적용례를 살펴보면서 평가할 수 있을 것이다.

284) 대법원 2012. 10. 25. 선고 2009다77754 판결은 '묵시적' 당사자의사의 해석에 관한 것이므로 國私 §49 ②에 관해서는 원용될 수 없다.

285) 유럽상속규정 시행 전의 법상황을 보면, 이탈리아 국제사법 Art. 46 ②는 피상속인의 상거소지법을 지정하는 당사자자치를 허용하고 있었으나 독일은 그렇지 않았다. Kropholler, §51 III, 437도 상거소지법의 선택을 허용하는 것이 입법론적으로 타당하다고 지적한다.

필요에 부응"하기 위한 것이다.[286] 상거소지가 선택시부터 사망시까지 유지되어야 한다는 제한을 둔 취지는 "법률관계의 안정을 위하여"라고 한다.[287]

상속준거법으로서 상거소"지"법이라 함은, 상거소가 소재한 곳에서 상속에 관하여 동일한 법이 타당하는 단일한[288] 법질서를 말한다.

國私 §49 ② i을 충족하려면, 지정시부터 사망시까지 계속하여 그 법역에 상거소가 있어야 한다. 피상속인이 어떤 국가에서 단순거소는 취득하였지만 아직 상거소는 취득하지 못한 상황에서 그 국가의 법을 상속준거법으로 지정한 후, 그 국가에 상거소를 가지게 된 상태에서 사망했다면, 이 준거법 선택은 효력이 없다. 또, 지정시와 사망시 사이에 상거소를 다른 법역으로 옮긴 일이 있어서는 안 된다. 그런 경우에는 원래 상거소로 돌아온 후에 다시 준거법선택을 해야 한다. 이 점은 다소 가혹하지만, ② i의 문언이 "사망시까지 그 국가에 상거소를 유지"할 것을 요구하고 있으므로, 해석으로 완화하기 어렵다.

② i은 "그 국가에" 상거소를 유지하여야 한다고 규정하는데, 이것이 어떤 의미인지 문제된다.

첫째, 동일한 법역 내에서 상거소를 옮기는 것은 상관없다. 무엇보다, ② i은 '그 상거소'를 유지해야 한다고 규정하지 않고, "그 국가에 상거소를" 유지해야 한다고 규정한다. 또, 피상속인이 동일 법역 안에서 이사를 할 때마다 ② i의 준거법 선택을 다시 해야 한다는 것은 입법취지에 맞지 않는다.

둘째, 장소적 법분열국 내의 한 법역에 상거소를 두고 그 법역의 법을 선택한 후에, 상이한 상속법을 가진 다른 분방으로 상거소지를 옮기면 그 법선택은 효력이 없다고 해야 한다. 문언은 "그 국가"라고 하지만, 장소적 법분열국의 경우에는 오히려 상거소가 소재한 부분법질서를 가리킨다고 해석해야 한다. 國私 §49 ② i은 '상거소지법'과의 관련이 지정시부터 사망시까지 유지되어, 피상속인이 지정시부터 사망시까지 동일한 법질서 하에서 살아간 특별한 경우에 한하여 상거소지법의 선택을 허용한다. 그러므로 '상거소지법'과의 관련을 따져야 하는 것이지, '상거소지가 속한 연방국가 등의 법분열국 전체'

---

286) 최흥섭(2001), 416(개정안 공청회 발제문).

287) 최흥섭(2001), 416(개정안 공청회 발제문).

288) 다른 법률문제에 관해서는 실질사법상의 규율을 달리하고 있어 복수의 법역으로 다루어지더라도, 해당 법률문제에 관해서는 실질사법적 규율이 통일되어 있다면, 여기에서 말하는 단일한 법질서(단일한 법역)에 해당한다. 다만 여기에서는 해당 논점에 대한 두 법역의 실질사법적 규율내용에 차이가 없다는 것만으로는 부족하고, 연방국가이기는 하지만 그 실질사법 분야(유언법)에 관한 한, 모든 주(州)가 단일법역을 구성한다고 할 수 있어야 한다.

와의 관련을 따질 일이 아니다. 가령 한국인이 바르셀로나에 살면서 그곳의 법을 준거법으로 지정한 후 마드리드로 집을 옮겨 살다가 사망했다면, 스페인 내에서 까딸루냐와 까스띠야는 별개의 독립된 상속법을 가지고 있으므로 지정시와 사망시의 상거소지가 달라진 것이 되고, ② i이 정하는 관문을 충족하지 못한다.

(나) 부동산소재지법

國私 §49 ② ii에 따라, 피상속인은 부동산상속에 대해서는 부동산의 소재지법도 선택할 수 있다. ② ii는 유럽상속규정 시행 전(즉 2015년 개정 전)의 독일 민법시행법 Art. 25 ②[289]와 달리 양면적 저촉규정이다. 입법취지는 이러한 준거법선택에 의하여 상속, 부부재산제 그리고 물권의 준거법을 일치시켜 조정문제가 생기는 것을 피하고, "실효적이고 신속한 유산채무의 해결"을 가능케 하기 위해서라고 한다.[290] 피상속인이 남긴 적극재산이 오로지 한 국가에 소재한 부동산뿐이라면 이렇게 될 것이다. 그러나 다른 국가에도 부동산이 있다든지 동산, 채권 등도 남기고 사망한 경우에는, 각 유산집단에 대한 상속 사이에 복잡한 조정 문제가 발생하게 된다. 특히 소극재산의 처리 문제가 까다롭다.

무엇이 ii가 말하는 부동산인지는 ii 스스로 사물적으로 정의내리고[291] 있지 않다. 그러므로 어느 나라의 개념에 의해 그 의미를 이해해야 하는지 문제된다.[292] 國私 §49 ② ii가 특별히 부동산소재지법에 따를 것을 지시하지는 않으므로, 법률관계의 성질결정에 관한 원칙으로 돌아가야 한다. 법정지 국제사법에서 쓰인 체계개념의 해석은 법정지 국제사법의 해석 문제이다.[293] 부동산소재지법에서 말하는 의미에 따라야 할 충분한 이유는 없다.[294] 그래서 기본적으로는 법정지법에서의 "부동산"의 의미에 따라야 한다. 다만 법정지의 국제사법과 실질사법에서 동일한 문언이 쓰였더라도, 그 문언이 국제사법과 실질사법

---

289) 이 규정은 '내국' 소재 부동산에 대해서만 부동산소재지법의 선택을 인정했다. 당사자자치는 유류분권 침해를 낳을 수 있어 일반적으로는 불채택했지만, 연방하원 법제위원회(Rechtsausschuß)의 의견대로, 이렇게 제한하여 도입하면 독일의 관청, 특히 부동산등기관청의 법적용의 편의가 도모되기 때문이다. BT-Drucks. 10/5632, 44. 외국법을 적용하여 유류분을 규율하려면 법적용이 복잡해지는데, 내국법을 선택하면 그 점에서 편하다. Kropholler, §51 III, 437.

290) 최흥섭(2001), 416(개정안 공청회 발제문).

291) 그렇게 규정하고 있다면 그 한도에서 국제사법적 문제의 실체사법적 해결에 해당한다.

292) 유럽상속규정 시행 전 독일 국제상속법에서는 내국 소재 부동산에 대해서만 부동산소재지법의 선택을 인정하므로(2015년 개정 전 민법시행법 Art. 25 ②), 그 규정에서 말하는 "부동산"이 무엇인지는 어차피 독일법에 의하게 된다. Kropholler, §45 IV, 351. 그래서 위 문제를 논할 실익이 없었다.

293) 이호정, 102.

294) Kropholler, §45 IV, 352.

에서 가지는 의미가 약간의 차이를 보일 여지는 있다.[295)]

참고로 유럽상속규정 시행 전(2015년 EGBGB 개정 전)의 독일 민법시행법 Art. 25 ②에서 말하는 부동산에는, 부동산에 대한 저당권과 같은 부동산물권이 포함되고, 상속건축권(Erbbaurecht)과 주거용건물(Wohnungseigentum)도 부동산과 마찬가지로 본다. 그러나, 부동산이 포함된 상속재산에 대한 상속지분이나, 부동산을 소유하는 회사의 지분은 여기에서 말하는 부동산에 포함되지 않는다.[296)]

전술한(II. 1.) 대로, 부동산소재지법을 선택함에 따라 국제사법상의 상속분열이 발생할 수 있다. 이처럼 국제사법적으로 상속의 분열이 생기면, 상이한 준거법에 따르는 상속재산들은 원칙적으로 각기 독립적으로 다루어져야 한다. 다른 법에 맡겨지는 부동산들은, 그리고 나머지 상속재산들은, 그 상속재산이 피상속인의 적극재산의 전부인 것처럼 취급하여 그 준거법이 정하는 바에 따라 상속인, 상속분, 유류분 등 상속의 모든 문제를 규율하여야 한다. 기본적으로는 이렇게 하되 다시 상이한 준거법에 맡겨지는 상속관계들을 모아 놓고 조정해야 한다.[297)]

(다) 국적국법의 선택은 가능한가

國私 §49 ②는 국적국법의 선택을 허용하지 않는다.[298)] 이것은 입법론적으로 문제이다. 첫째, 피상속인이 자신의 국적국법을 선택하여 반정(反定) 가능성 없이 상속준거법을 확정시킬 길이 없다. 둘째, 복수국적자가 자신의 국적국법들 중에서 상속준거법이 될 법을 정하여 복수국적자의 본국법 결정의 불확실성을 피할 방법이 없다. 셋째, 상거소지법을 선택할 수 있지만, 상거소의 확정에는 불확실성이 따르고, 각국이 상거소의 확정기준을 달리할 수도 있다.

국적국법의 선택도 허용하면 이런 문제점들이 해결된다.

첫째, 당사자자치는 원래의 준거법결정기준을 피하여 당사자의사만으로 준거법을 확정시키는 제도이다. 그래서 피상속인이 국적국법을 선택하는 당사자자치를 허용한다면, 이에 따른 준거법지정은 사항규정지정에 해당하게 된다. 國私 §9 ② i을 '단독행위로 하는 선택'에 확대적용하든, vi에 의하든 같다. 그

295) 이호정, 117 f.에 소개된, Kegel의 국제사법적 성질결정론.
296) Kropholler, §45 IV, 352.
297) Kropholler, §51 III, 436.
298) 이와 달리, 헤이그상속협약 Art. 5(1)과 유럽상속규정 Art. 22(1)은 지정시 또는 사망시의 국적국법도 상속준거법으로 선택할 수 있게 한다. 복수국적자의 경우 그의 어느 국적국법이든 선택할 수 있음은 분명하다. 헤이그상속협약 Art. 5(1)도 그런 취지이고, 유럽상속규정 Art. 22(1) 前이 '국적국법'이라는 개념을 보다 분명히 했다. 나아가, 유럽상속규정 Art. 22(2) 但은 복수국적자가 이렇게 취급됨을 따로 명시한다.

래서 반정(反定)의 프로세스는 아예 진행되지 않는다. 외국 국제사법이 지시되지 않으므로 이를 참조할 일이 없고, 國私 §49 ②에 의해 준거법결정과정이 종결된다. 이처럼 당사자자치에 의해 준거법을 더 분명히 할 수 있으므로, 國私 §49 ①이 규정한 법을 그대로 선택하는 당사자자치도 허용할 실익이 있다.

둘째, 복수국적자의 본국법은 나라마다 달리 정해질 수 있다. 내외국적의 충돌시에도 최밀접 국적에 따라 본국법을 정하는 자율법(국내법) 입법례는 드물고,[299] 많은 나라는 國私 §3 ① 但처럼 내외국 이중국적자를 일률적으로 자국민으로 취급한다.[300] 외국국적 중 최밀접 국적을 가려낸 결과도 나라마다 다를 수 있다. 일본과 중국에서는 복수의 외국국적 중 상거소가 있는 국가의 것을 우선시키는 규정을 두고 있지만 한국 국제사법은 그렇지 않다(國私 §3 ①). 2001년 개정시에도 그러한 세부기준을 입법화할지 논의되었으나 해석에 맡기기로 했다. 게다가 설사 國私 §3 ①의 해석상 이러한 세부기준이 인정되더라도, 구체적인 사안에서 피상속인의 사망시 상거소 확정에 대한 결론은 달라질 수 있다. 요컨대 '피상속인의 복수국적 중 어느 것이 본국법으로 판단되어 國私 §49 ①의 준거법이 될지'에는 불확실성이 남는다. 그래서 외국의 상속준거법 지정규칙이 國私 §49 ①과 같더라도 국제적 판단일치는 깨어질 수 있고, 연결기준의 고정성과 명확성이라는 본국법주의의 장점의 구현은 방해된다. 그런데 복수국적자의 국적국법 중 어느 것이든 선택할 수 있게 하면, 어느 나라에서 규율받든 상관없이 국제적 판단일치에 이를 수 있다.

셋째, 상거소의 확정은 법원 기타 관청의 판단을 기다려야 하고, 나라마다 기준이 다를 수 있으므로, 상거소지법의 선택을 허용하는 것만으로는 충분치 않다. 복수국적자가 한 국적국에 살면서 그곳의 법을 상거소지법으로서 선택한 경우에도 마찬가지이다. 그 국가에 자신의 상거소가 없다고 판단될 수도 있기 때문이다. 그러나 국적은 상거소보다 확정하기 쉬우므로, 복수국적자가 '자신이 상거소를 둔 국적국'법을 '국적국법으로서' 선택할 실익이 있다.

요컨대 당사자자치라는 궁여지책이 유효적절하게 기능하려면 피상속인의

299) 중화민국(대만) 섭외민사법률적용법(2010) §2는 복수국적자의 본국법을 정할 때 항상 최밀접 관련국법을 고른다: "본법에 의하여 당사자의 본국법을 적용해야 하는 경우에 당사자가 다수의 국적을 가지는 경우에는 그가 가장 적절(崔切)한 관계를 가지는 국적(其關係崔切之國籍)을 그의 본국법으로 정한다."

300) 예: 일본 법적용통칙법 §38 ① 但(원래는 법례 §27 ① 但, 1989년 개정 후 2006년까지는 §28 ① 但); 베트남 '2006년 11월 15일 138/2006/NĐ−CP호 의정(議定)(민법전의 외국적 요소가 있는 민사관계에 관한 규정의 시행에 관한 세부규정) §3 ②.

국적국법도 선택할 수 있게 함이 타당하다. 선택가능한 국적국법의 범위도 문제된다. 헤이그상속협약이나 유럽상속규정처럼 '사망시' 뿐만 아니라 '준거법 선택시'의 국적국법도 선택할 수 있게 할지, 아니면 오히려 國私 §49 ②과 균형을 맞추어 '준거법 선택시부터 사망시까지 국적을 계속하여 보유한' 국가의 법만 선택할 수 있게 할지 검토할 필요가 있다.

국적국법의 선택을 허용하면 몇 가지 해석문제가 파생되기는 한다. 첫째, 국적은 상거소보다 인위적으로 취득하기가 쉬울 수 있다(예: 몇몇 조세회피구역). 그래서 '상거소 취득 후 상거소지법을 선택'하는 것에 비해, '국적 취득후 그 국적국법을 선택'하는 것이 법률회피에 해당할 가능성이 더 클 수 있다. 그러므로 법률회피 법리의 역할이 커진다. 둘째, 비실효적 국적의 문제가 있다. 이론적으로는 이것은 국제사법적으로 무시되므로, 국적국법의 선택을 허용하더라도 비실효적 국적을 매개로 할 수는 없을 것이다. 다만, 당사자가 상속준거법 선택의 근거로 삼은 국적을 놓고, 실효성 없는 국적이라고 하기는 어려운 경우가 많을 것이다.

당사자자치를 확대하여 국적국법의 선택도 허용하려면, 國私 §49 ②를 개정하거나, 헤이그상속협약을 비준하여 발효시키면 된다. 國私 §8 ①을 원용하여 같은 결과에 이르기는 어려워 보인다. 國私 §49 ②는 '어떤 연결기준이 타당한가'에 대해 보편타당한 답을 내리기 어려워 國私 §49 ①의 경직성의 보완책으로 둔 규정에 불과하다. 그 조문이 선택가능한 법을 제한함(당사자자치의 양적 제한)으로써, 최밀접관련원칙을 현저히 훼손하는 결과를 낳는다고 말하기는 쉽지 않다.

(3) 상속의 법률관계의 일부에 대한 당사자자치가 허용되는가

國私 §49 ② i은 상속준거법으로 상거소지법을 선택할 수 있다고 규정한다. 그런데 법률관계의 일부에 대한 당사자자치도 허용되는지 문제된다. 원칙적으로 부정함이 타당하다. 물론, 상속준거법의 분열은 부분적 반정, 특별상속법규의 국제적 강행법규로서의 특별연결 등에 의해 생길 수 있다. 그러나 준거법결정의 어려움과 복잡함을 타개하기 위해 도입된 당사자자치가 오히려 준거법결정을 복잡하게 해서는 안 된다. 그래서 國私 §49 ② i은 원칙적으로 상속의 법률관계 전체에 대한 1개의 법질서의 지정만 허용한다고 해야 한다.[301] 國私 §49 ② ii에 따른 부동산상속준거법의 별도 지정을 넘어, 이보다 더 세분화된

---

301) 헤이그상속협약 Art. 5(1) 1과 유럽상속규정 Art. 22(1) 1은 이 점을 명시한다.

당사자자치까지 허용한다면, 국제사법상의 상속분할주의의 고전적 형태보다도 준거법의 분열이 심해지고, 서로 다른 법에 따라 규율되는 부분들을 조정하는 문제가 더 복잡해질 것이다. 그것까지 감수하려는 취지가 國私 §49에 담겨 있다고 해석하기 어렵다.

다만 부동산에 대해 그 소재지법을 선택하면서, 상속의 나머지 부분에 대해 상거소지법을 선택하는 것은 인정해도 무방할 것이다. 상거소지법의 선택이 '상속 전체'에 대한 것이라도, 이대로 사망하는 한, 그 효력은 이와 동시에 행해진 부동산소재지법의 선택에 의해 제한될 것이기 때문이다. 또, 부동산은 그 소재지법, 나머지는 상거소지법에 맡기는 준거법선택을 한 뒤에 부동산소재법의 선택을 철회하고 그 부분도 상거소지법에 맡기는 의사표시를 하고 사망하면, 상속 전체를 상거소지법에 맡기는 의사표시를 2회로 나누어 순차적으로 한 것이 된다.

國私 §49 ② i에 의하여 상거소지법을 선택하면서 '사망시 본국에 소재한 부동산을 제외한 모든 부분을 상거소지법에 의한다'고 선택하는 것도 허용되는지 문제된다. 당사자자치에 의해 부동산·동산상속의 준거법이 분열되는 것은 입법자가 감수하고 있지만, 본국 소재 부동산에 대해서는 당사자자치가 없어 반정(反定)(예컨대 주소지법이나 복수국적자의 어느 한 국적국법으로의) 가능성이 열려 있게 되므로, '당사자자치로써 준거법 결정과정을 종결짓는' 것이 되지 못한다. 그래서 이 경우에도 '상속 전체에 대해 상거소지법을 선택하고, 다만 본국 소재 부동산에 대해서는 그 소재지법을 선택한다'는 취지의 명시적 의사표시로 의사해석될 수 있는지 검토해야 할 것이다. 이렇게 파악할 수 없는 경우에는, 이런 형태의 부분적 당사자자치도 허용되는지 조심스럽게 검토해야 한다.[302)]

國私 §49 ② ii는 부동산에 대하여 "그 부동산"의 소재지법을 준거법으로 선택할 수 있다고 규정한다. 개별 부동산별로 그 소재지법을 선택할 수 있는

---

302) 경우에 따라, 연결과정이 복잡해지는 문제가 비교적 적을 수는 있다. 첫째, 피상속인의 본국이 국제사법적 상속분할주의를 따르면, 반정(反定)은 없고 연결과정이 복잡해지지도 않을 것이다. 둘째, 피상속인의 본국이 유럽연합 회원국(영연합왕국, 아일랜드, 덴마크 제외)처럼 국제사법적 상속통일주의 하에서 상거소지법에 연결할 수도 있다. 상속 분야에서는 전정(轉定)도 인정된다고 해석하면, 본국 소재 부동산의 상속도 상거소지법에 따르게 된다. 반면에 전정이 불인정되면, 본국 소재 부동산은 본국법에 의하게 된다. 셋째, 피상속인의 본국이 부동산상속도 본국법에 따르게 할 수도 있다. 이중국적자가 아닌 한, 해당 부동산들을 부동산소재지법에 맡기게 될 뿐이다. 그러나 이중국적자의 경우에는 한국 국제사법이 말하는 본국과 그 나라의 국제사법이 말하는 본국이 상이할 수 있다. 결국, 國私 §49 ②가 이 정도로 연결과정이 복잡해지는 것도 감수하려는 취지인가가 관건이 될 것이다.

것인지, 아니면 그 법역에 있는 부동산 전체에 대해 일괄하여 해야 하는지 문제된다. ② ii의 문언만 보면 전자처럼 보일 수 있다. 그러나 이렇게 해석하면 반드시 한 법역에 소재한 부동산 전체가 하나의 법에 통일적으로 맡겨지지 않는 길을 열어주므로, 국제사법적 상속분열주의 하에서도 발생하지 않는, 보다 세부적이고 까다로운 상속분열을 낳을 수 있다. 따라서 부동산소재지법의 선택은 한 법역에 존재하는 모든 부동산에 대해 포괄적으로 하는 것만 허용된다고 해석해야 할 것이다.

여기에서 말하는 부동산소재지는, 장소적 법분열국의 경우(상속법이 장소적으로 분열되어 있는 경우)에는 국가를 가리키는 것이 아니라 분방(分邦)을 가리킨다. 그래서 가령 중국본토에 소재한 부동산과 홍콩에 소재한 부동산을 묶어 그에 관한 상속을 홍콩법에 맡기는 준거법선택이 있었다면, 홍콩법을 상거소지법으로서 전체 상속의 준거법으로 지정한 취지로 의사해석되지 않는 한, '홍콩 소재 부동산의 상속을 홍콩법에 맡기는' 범위에서만 유효하다고 해야 한다.

(4) 준거법선택의 법률행위의 방식

상속에서의 당사자자치는 "유언에 적용되는 방식"에 따라야 한다(國私 §49 ②). 이는 두 가지 의미를 동시에 담고 있다.

첫째, 상속에 대한 준거법선택의 법률행위의 방식상 유효성의 준거법은 國私 §50 ③을 준용하여 정해진다. 즉, 유언의 방식이 國私 §50 ③의 선택적 준거법들 중 하나만 충족하면 되듯이 상속의 당사자자치의 방식에 대해서도 國私 §50 ③을 준용하여 그 선택적 준거법들 중 하나만 충족하면 된다.[303)]

둘째, 상속준거법의 선택은 유언방식의 준거법이 정하는 유언방식 중 하나로 해야 한다. 상속에 대한 당사자자치는 유언의 한 조항으로 해도 되고, 유언의 방식으로 하되 오로지 상속준거법의 선택만 해도 된다.[304)]

만약 피상속인이 방식상 유효한 유언을 하면서 동시에 상속준거법의 선택도 했다면, 법원 기타 관청은 어차피 유언의 방식준거법을 정하고 적용해야 한다. 그래서 상속준거법 선택의 방식상 유효성에 관한 위 두 가지 논점, 즉 저촉

303) 대법원 2016. 5. 26. 선고 2014다90140 판결은 國私 §49 ②의 당사자자치의 방식이 國私 §50 ①에 의해 지정된 법이 정하는 유언방식 중 하나를 지켜야 한다고 판시했다. 國私 §49 ②가 말하는 "유언에 적용되는 방식"을 '유언의 실질준거법이 정하는 유언방식'이라고 잘못 읽은, 명백한 오판례이다. 그 오류가 명백하고 國私 §49 ②와 정면으로 충돌하여 판례로서의 가치는 없다고 생각된다. 다만 法組 §7 ① iii에 의한 판례변경은 명백한 오판례를 시정하는 것도 포함한다고 해석해야 하므로, 그 대상은 될 것이다.

304) Kropholler, §51 III, 438.

법적 논점과 실질사법적 논점에 대해서도 함께 답하는 셈이 된다. 당사자자치가 담긴 유언이 그 방식준거법에 의하여 방식상 유효하면 그에 포함된 당사자자치도 방식상 유효하다.

상속에 대한 준거법선택을 공동유언이나 상속계약의 방식으로 할 수 있는지 문제된다. 國私 §49 ②는 "유언에 적용되는 방식"으로 할 것을 요구하므로 유언의 방식준거법이 정하는 바에 따라 정해진다. 유언의 방식의 준거법이 이를 허용하면 상속에 대한 당사자자치도 그러한 방식 중 하나로도 할 수 있지만, 유언의 방식의 준거법이 공동유언이나 상속계약의 방식으로 사인처분을 하는 것을 허용하지 않으면 상속에 대한 당사자자치도 그런 방식으로 할 수 없다.

(5) 준거법선택의 법률행위의 실질적으로 유효한 성립

상속준거법 선택의 법률행위(의사표시)가 실질적으로 유효하게 성립하였는지도 문제될 수 있다. 그래서 '상속준거법 선택의 실질적으로 유효한 성립'을 어느 법에 따라 판단할지 정해야 한다.

'유언의 방식으로 또는 유언의 방식을 준용하여 행해지는, 상속준거법 선택의 법률행위(의사표시)'는 항상 유언과 별개의 존재이다. 상속준거법의 선택을 유언의 한 조항으로 하든, 유언의 방식으로 하되 상속준거법 선택만을 한 경우이든 같다.[305] 즉, 전자의 경우에도 '상속준거법 선택'은 유언의 일부가 아니며, 후자의 경우에도 그 자체가 유언인 것은 아니다. 그래서 준거법도 따로 정해진다. '형식'상 유효한 성립의 문제는 두 문제의 연결규칙이 동일하므로 양자를 구별할 실익이 없지만, '실질'적으로 유효한 성립의 문제와 관련해서는 구별할 실익이 있다. 예컨대 상속준거법 선택의 법률행위를 구성하는 의사표시에 착오, 사기, 강박 등의 하자가 있어 무효, 무효화 또는 취소를 할 때에도, '외형상 유언에 포함된' 준거법선택의 법률행위만이 무효, 무효화 또는 취소되는 것이고, 그 유언 자체와 그 유언에 포함된 다른 법률행위의 무효, 무효화, 취소는 별개의 문제이다. 두 문제의 준거법은 따로 정해지며, 각 법률행위 내지 그 구성요소인 의사표시의 무효, 무효화 내지 취소도 따로 이루어진다. 철회도 마찬가지이다.

헤이그상속협약 Art. 5(2) 2는 '상속준거법 선택의 의사표시 내지 법률행위'의 유효한 성립을 유언자의 유언시 속인법(國私 §49 ②, §50 ①의 문리해석)이 아니

---

305) 이것은 계약준거법 선택의 법률행위(준거법약정)가 계약의 실체관계(소위 주계약, 본계약)와 별개의 존재인 것과 같다. 國私 §25 ⑤ 참조.

라 '피상속인이 상속준거법으로 선택한 법'에 따라 판단하도록 한다(한국 국제사법은 계약의 준거법선택에 관하여 國私 §§25 ⑤, 29 ①에서 이런 해결방법을 원칙으로 삼는다). 헤이그상속협약 Art. 5(2) 2가 입법론적으로 타당한데, 國私 §49 ②, §50 ①도 그와 같이 해석하는 것이 해석론의 한계상 허용되는지 문제된다.

4. 당사자자치의 변경과 철회

상속준거법 선택의 법률행위는 유언과 별개의 연결대상이므로, 당사자자치만을 철회할 수도 있다. 또 유언만을 철회할 수도 있다. 또, 유언의 한 조항으로 당사자자치를 한 후, 그 유언과 모순되는 내용의 후속 유언을 하여 그 한도에서 선행유언이 철회간주되더라도, 선행유언에 포함된 당사자자치가 반드시 함께 철회된 것으로 간주되는 것은 아니다. 물론, 후속 유언이 '선행 유언에 포함된 당사자자치도 철회한다'는 취지를 포함한다고 해석될 가능성은 있다.

당사자자치는 변경하거나 철회할 수 있다. 당사자자치를 할 자유는 당사자자치를 하지 않을 자유도 포함하므로, 당사자자치를 변경하거나 철회할 자유도 포함한다. 그러나 당사자자치로써 준거법이 바뀌듯이, 당사자자치의 철회에 의해서도 준거법이 바뀐다. 즉, 당사자자치 철회의 본질은 당사자자치이다. 따라서 당사자자치의 변경이나 철회도 國私 §49 ②에 의해 "유언에 적용되는 방식"으로, 그리고 "명시적"으로 해야 한다. 다만 방식준거법 결정의 기준시는, 유언의 변경·철회처럼, 당사자자치의 변경·철회시가 기준이 된다. 요컨대 상속에 대한 당사자자치의 변경과 철회는 유언의 변경과 철회에 적용되는 방식요건을 충족해야 하고,[306] 또 "명시적"으로 해야 한다.[307]

5. 반정(反定)의 배제

학설은 일치하여 國私 §49 ②에 의한 지정을 사항규정지정이라 한다. 다만 그 설명은 나뉜다. 일설은 國私 §9 ② i이 "당사자가 합의에 의하여 준거법을 선택하는 경우"라 함은, 단독행위로 준거법을 선택하는 경우도 포함하여, 당사자자치에 의한 준거법결정을 통칭한다고 해석한다.[308] "합의"를 확대해석하는

306) 유럽상속규정 Art. 22(4)는 이 점을 명시한다.

307) 유럽상속규정 Art. 22는 (4)에서 당사자자치의 변경과 철회의 방식에 대해 따로 규정하면서, "명시적"으로 할 것을 언급하지 않는다. 그래서 Art. 22(2)가 당사자자치에 대해 요구하는 "명시"성 요건이 당사자자치의 변경·철회에도 적용된다고 해석(물론해석)할지, 반대해석할지는 해석에 맡겨져 있다.

308) 석광현, 556; 주해친족(2), 1577(석광현).

견해이다. 다른 학설은 國私 §49 ②의 지정을 그 지정취지에 대한 해석에 의하여(즉 國私 §9 ② vi에 의하여) 사항규정지정으로 분류한다. 즉, 國私 §9 ② i이 "당사자의 합의"에 의한 준거법지정의 경우만을 언급하고 있으므로, 단독행위로 하는 준거법선택도 일률적으로 총괄지정이라 할 수는 없지만, 당사자자치에 의하여 상속준거법 결정을 종결짓는다는 것이 國私 §49 ②의 입법취지이고, 상속에서 당사자자치를 인정하는 실익은 바로 그 점에 있으므로, 國私 §49 ②의 지정은 사항규정지정으로 해석해야 한다(즉 國私 §9 ② vi에 해당한다)고 한다.[309] 또, 國私 §9 ② i을 단독행위에 의한 당사자자치에도 유추적용하는 해석도 가능하다. 세 가지 해석은 결론에서 차이가 없으나, 단독행위로 하는 당사자자치도 "합의"에 의한 당사자자치처럼 일률적으로 사항규정지정이라고 보는 것이 타당해 보인다.

상속에서의 당사자자치도, 다른 분야에서와 마찬가지로, 의사자치(l'autonomie de la volonté)의 이념에서 도출되는 것이 아니라, 준거법을 확실히 정하기 어려울 때 궁여지책으로 인정되는 것이다. 즉, 가장 밀접한 관련을 일의적으로 정하기 힘들고, 각국의 국제사법이나 실질법이 서로 너무 달라 복잡한 문제가 생기고, 반정(反定)도 궁극적인 해결이 되지 못하는 점이 국제상속법에서 당사자자치를 인정하는 근거이다. 그 취지에 맞게 사항규정지정으로 해석해야 한다. 國私 §49 ②와 관련하여 2001년 개정법률의 기초자도 이와 맥락을 같이하는 설명을 보여주고 있다. 즉, 피상속인이 외국법원에서 상속에 적용될 가능성이 높은 법을 상속준거법으로 선택하거나, 부부재산제나 부동산물권의 준거법과 동일한 국가의 법을 상속준거법으로 선택하여, 결국 사안이 어떻게 규율될지 보다 명쾌하게 예견할 수 있게 하고 또 복잡한 조정 문제를 피할 수 있게 허용하는 것이 상속에서의 당사자자치 도입의 이유라고 설명한다.[310] 이러한 입법취지는 國私 §49 ②에 의한 지정을 사항규정지정으로 해석함으로써 일관되게 실현될 수 있다.

이런 해석론은 國私 §49 ②의 당사자자치에 한정시킬 것이 아니라, 단독행

309) Kim, Eon Suk(2015), 38.

310) 법무부, 해설, 172("상속은 신분관계적 측면 뿐만 아니라 재산의 이전이라는 재산적 측면도 가지고 있으므로 피상속인의 常居所地나 재산소재지와도 밀접한 관련을 가지게 되는 바, 단일한 본국법주의 원칙을 고집할 경우의 문제점을 해결하기 위하여 피상속인의 상속 준거법 선택을 인정한 것이다."; "상속에서의 當事者自治는 피상속인에게 사망 후의 재산관계에 대한 예견가능성을 확보해 주며 또한 부부재산제와 상속을 동일한 준거법으로 규율할 수 있게 하는 장점이 있다.").

위에 의한 당사자자치는 일반적으로 사항규정지정이라고 함이 타당할 것이다. 단독행위에 의한 당사자자치라 하더라도 이로써 준거법지정을 종결지음으로써 반정(反定)의 여지를 남기지 않는 것이 당사자자치를 규정하는 취지에 맞는다.

6. 당사자자치의 효과

國私 §49 ②에 합치하는 준거법선택이 있으면, 그에 따라 상속준거법이 정해진다. 이런 법률효과에 특별한 제한은 없다. 2001년 개정시에는 유류분권자 등 이해관계인의 이익이 침해되지 않도록 당사자자치의 효과를 제한하는 규정을 둘지 검토했으나, 國私 §10의 일반공서조항에 맡기기로 했다. "유류분권자의 이익을 과연 그토록 보호할 필요가 있는지……의문"시되었고, 國私 §49 ②가 당사자자치를 "극히 제한적"으로만 인정하므로, "타인의 권리를 빼앗기 위해 준거법을 선택하는 경우는 나타나지 않을 것"이라는 낙관적 기대도 작용했다.[311)]

Ⅳ. 상속준거법의 적용범위

1. 상속 전체의 규율

(1) 총설

상속준거법은 상속 전체를 규율한다.[312)]

국제사법에서 말하는 상속에는 재산상속과 신분상속이 모두 포함된다.[313)]

---

311) 이상은 최흥섭(2001), 416.

312) 유럽상속규정 Art. 23(1)은 이 점을 명시한다. 다만 유럽상속규정은 재산상속만을 다룬다. Art. 1(1) 1, 전문 (9). 이는 신분상속이 본질적으로 상속이 아니어서가 아니라, 유럽연합의 입법자가 유럽상속규정에서 재산상속만을 다루기로 했기 때문이다. 이러한 입법적 결정은 유럽연합의 입법권이 "내부시장(internal market)"의 적절한 기능(유럽연합 전체가 회원국 간 국경장벽 없는 하나의 시장으로 기능하게 만드는 것을 가리켜 "내부시장"이 기능하게 만든다고 말한다)에 초점을 두고 있는 점(유럽상속규정 전문 (1) 참조)과 관련이 있는 것으로 보인다.

313) 김용한 외, 362, 363; 이호정, 419, 425; 서희원, 326; 신창선 외, 385; 김연 외, 국제사법, 419; 이병화(2005), 248; 김문숙(2017), 285; 木棚照一 · 松岡博 · 渡辺惺之, 262. 일본 법적용통칙법 §36도 "相續"이라는 표제 하에 "상속은, 피상속인의 본국법에 의한다."고 규정하는데(법례 §26, 1989년 개정 전에는 §25), 일본에서의 해석론도 같다. 櫻田嘉章, 340. 반대설로, 한국민법이 외관상 신분상속제도를 완전히 폐지한 것처럼 보인다는 이유로, 한국 국제사법상의 상속은 재산상속만을 가리킨다는 서술례가 있다:. 김연 외, 국제사법, 415와 주 1(다만 419에서 스스로 번복); 윤종진, 485; 신창섭, 327; 한복룡, 국제사법, 305. 이 문헌들은 신분상속(작위의 계승, 일본민법이 정하는 호주상속, 현행 한국민법상의 제사주재자 지위 승계 등)의 준거법을 어떻게 정할지에 대해서는 아무런 말이 없다. 한국 국제사법이 한국 민법만 지정하기 위해 존재하는 것으로 착오한 듯하다. 그러나 국제사법은 어느 나라의 법이 준거법이 될지 판단하는 법이므로, 국제사법의 체계개념은 독자적으로 규정되고 해석되며, 특정 국가의 실질법(법정지 실질법 포함)에 맹종하지 않는다. 國私 §49는 '신분상속을 상속 아닌 것으로 보이게 하려고 애쓰는 나라'의 신분

즉, 국제사법상으로는 신분상속도 상속이다. 원래 신분상속과 재산상속은 완전히 분리된 별개의 제도라고 할 수 없다. 역사적으로도 상속제도는 신분상속에서 출발했다. 2005. 3. 31. 개정[314] 전 한국민법의 호주상속 내지 호주승계도 신분상속으로서 상속준거법에 의한다.[315] 2005년 민법개정 후 남은 제사주재자 지위의 승계도 같다.

국제사법상 상속은 포괄상속과 특별상속을 포괄한다.[316] 그래서 특정재산이나 부분적 유산집단에 대한 상속도 國私 §49에 의해 정해지는 상속준거법에 의한다.[317] 사망배우자가 남긴 재산을 배우자, 혈족, 기타 연고자가 따로 승계하는 것도, 부부재산제 등의 총괄재산제에 의하는 것이 아닌 한 상속에 속한다.

법정상속과 임의상속(상속인이나 상속분의 지정, 유증 등) 모두 國私 §49가 말하는 상속이다.[318] 2015년 개정 전 독일 민법시행법 Art. 25처럼 國私 §49의 표제와 문언을 '사망에 의한 권리승계'라고 하였더라면, 이 점이 한층 분명하였을 것이다. 그러나 國私 §49가 그 체계개념을 "상속"이라고 부른다 하여 유언상속(유증)의 포함 여부가 달라지는 것은 아니다. 한국 국제사법의 입법자는 한국 법률가의 이해를 돕기 위해 한국민법에 익숙한 용어로[319] "상속"이라 할 뿐이다.

유증의 법률행위의 성립, 유효성(무효, 취소 등), 효력(의도된 대로의 법률효과),

상속법이 상속준거법으로서 적용되는지도 판단한다.

314) 동일자 시행.

315) 김용한 외, 364; 이호정, 419, 425; 서희원, 326; 신창선 외, 385 . 예컨대 한국인이 호주상속제도가 한국에 도입된 후 2005. 3. 31. 전에 사망하였으면, 그 때의 상속준거법 지정규칙(2001. 6. 30.까지는 涉私 §26, 같은 해 7. 1.부터는 國私 §49 ①)에 의하여 한국법이 상속준거법으로 지정되어 한국민법에 따라 호주상속 내지 호주승계가 일어난다.

316) 김용한 외, 362, 363; 서희원, 326; 신창선 외, 385; 김연 외, 국제사법, 419; 木棚照一·松岡博·渡辺惺之, 262.

317) 서희원, 326; 신창선 외, 385.

318) 김용한 외, 362, 363; 김진, 294; 이호정, 432; 서희원, 326; 신창선 외, 385; 김연 외, 국제사법, 419; 유럽상속규정 전문 (9). 2015년 개정 전 독일 민법시행법 Art. 25의 해석론도 같다. Kropholler, §51 V, 444("사인처분(Verfügungen von Todes wegen)은 원칙적으로 항상 상속준거법에, 즉 Art. 25 ①에 따라 피상속인이 그의 사망시에 속한 국가의 법에 의한다."). 일본 법적용통칙법 §36(법례 §26, 1989년 개정 전에는 §25)의 해석론도 같다. 櫻田嘉章, 340 f.; 木棚照一·松岡博·渡辺惺之, 262. 헤이그상속협약도 상속준거법의 적용범위를 정하는 Art. 7(2)에서 (a) 수유자의 결정과 그의 몫, (c) 수유자와 관련한 특별수익의 반환 내지 정산, (d) 유류분 등을 언급하여, 유언상속도 국제사법상 상속임을 당연시한다. 한편, 국내에도 무유언상속과 유언상속을 나누어 준거법결정을 검토하는 견해가 있으나, 유언상속도 상속준거법에 따르는 결론에는 차이가 없다. 즉, 이병화(2005), 242, 249는 상속의 정의에서는 친족관계에 의한 승계만을 포함시키지만, 유언상속을 상속준거법에 의하는 다수설에 별다른 이의를 달지 않는다. 이병화(2005), 260. 오늘날의 통설을 기준으로 하면, 국제사법에서 무유언상속과 유언상속을 나누는 것은 불필요하지만, 이병화(2005)의 이런 서술은 역사적으로 무유언상속과 유언상속을 대별하고 유언상속이 유언의 효력 문제인가 상속 문제인가를 고민한 오랜 역사를 염두에 두고 이런 사고과정을 밟는 것으로 보인다.

319) 한국민법 제5편 상속에는 유증에 대한 규율이 포함되어 있다.

철회, 수유능력, 수유결격(우발적 사정을 이유로 한, 수유자가 될 자격의 부정), 유증의 거절(수유자에 의한 불승인)이 모두 유증(유언상속)의 문제에 속하여 상속준거법에 맡겨진다. 유증의 법률행위 자체는 유언과 구별되어 상속준거법에 맡겨진다.[320] 유언 자체는 國私 §50에 의해 준거법이 정해진다. 즉, 유언의 실질적 성립 · 유효요건, 효력, 철회 등은 '유언(의 실질)'의 문제로서 國私 §50 ①이나 ②에 의해 준거법이 정해지고, 유언의 방식 즉 형식적 성립요건(내지 유효요건)은 國私 §50 ③에 의해 준거법이 정해진다. 國私 §50 ①에 의하는 '유언 자체의 효력'은 유언의 효력발생시기와 구속력 등을 말하는 것이고, 여기에 유증은 포함되지 않는다.

법정상속이 법률의 엄격한 규정에 따르는지, 아니면 법관의 판단이나 상속인간의 협의에 의해 정해지는지도 상속으로서의 본질에 영향이 없다. 그래서 한국법에서 제사주재자 지위의 승계인을 협의와 관습으로 정하는 것, 공동상속재산의 분할을 유언에서 정한 방법으로 하거나(民 §1012) 공동상속인 간에 협의분할하는 것(民 §1013), 기여분(民 §1008-2), 특별연고자에 대한 재산분여(民 §1057-2)처럼 법관이 적절히 상속분을 정하는 것도 한국 상속법의 일부이다.[321] 상속준거법이 한국법이면 한국의 그 법규들이 적용되고, 상속준거법이 외국법이면 외국의 상응하는 법규들이 적용된다.

국제사법에서 말하는 상속에는 혈족상속과 배우자상속이 모두 포함된다.[322] 그리고 법적 친족 내지 배우자는 아니지만 그에 준하는 친밀한 자에 의한 승계도 상속으로 보아야 한다.[323] 예컨대 한국과 일본의 민법이 규정하는 특별연고

---

320) 櫻田嘉章, 346.

321) 일본의 통설과 한국의 일부 학설은 반대. 신창선 외, 388; 이병화(2005), 259; 櫻田嘉章, 343, 90~93 등. 이 해석론의 비판은 아래 (3).

322) 김연 외, 국제사법, 419는 國私 §49의 상속은 "세대를 초월하는……승계관계"만을 가리킨다고 하나 의문이다.

323) 물론 무유언상속권자의 범위가 법률혼의 배우자를 포함한 친족법상의 친족을 넘어 어디까지 확대될지는 앞으로의 발달에 맡겨져 있는 상태이지만, 이를 '피상속인과 친밀한(가까운) 사람' 등으로 칭하면서, 상속재산에 대한 그들의 권리를 상속권의 일종으로 분류하여 상속준거법에 따르도록 명시하는 입법례가 드물지 않다. 1986년에 개정된 독일 민법시행법(2015년 개정 전) Art. 17b ① 2는 법률혼 배우자 외의 반려자(파트너)에 의한 상속권도 상속준거법에 의할 사항으로 명시한다. 1989년 헤이그상속협약 Art. 7(2)(a)는 "피상속인과 가까운 사람을 위하여 법원 기타 관청이 행하는 피상속인의 유산으로부터의 공여"를 "기타의 상속권"의 하나로 예시하고, 상속준거법이 의할 사항으로 규정한다. 유럽상속규정 Art. 23(2)는 "생존한 배우자나 반려자의 상속권(succession rights of the surviving spouse or partner)을 포함한 기타의 상속권"(Art. 23(2)(b))과 "사망자와 가까운 사람이 상속재산이나 상속인에 대하여 가질 수 있는 청구권(claims which persons close to the deceased may have against the estate or the heirs)"도 상속준거법에 의할 사항임을 명시한다.

자의 상속재산 승계도 상속준거법에 의한다고 해석함이 타당하다.[324)]

그래서 상속이라 함은 상속의 개시, 상속재산의 범위, 법정상속인의 범위, 상속인의 순위, 필요적 상속분 내지 유류분권, 상속능력, 상속결격, 상속의 승인·포기, 상속채무에 대한 책임, 공동상속인간의 관계, 상속재산관리인과 유언집행자의 법적 지위 등 다양한 문제를 포괄한다. 기여분권도 상속준거법에 의한다.

상속준거법의 적용범위와 관련하여 구체적 검토가 필요한 부분을 차례로 살핀다.

(2) 신분상속과 제사상속

신분상속도 상속이므로 상속준거법에 의한다. 예컨대 상속준거법이 작위(爵位)의 계승이나 호주승계를 정하면(한국민법도 2005. 3. 30.까지 인정) 그에 의한다. 신분상속은 재산상속적 효과를 내포할 수도 있고, 그렇지 않을 수도 있다. 한국민법은 1990. 1. 13. 개정[325)]으로 호주상속을 호주승계로 개칭하고 조문의 위치를 제4편 친족으로 옮기고, 호주가 당연히 분묘 등을 승계하는 것이 아니라 제사주재자가 승계하도록 하여(民 §1008-3), 호주승계라는 신분상속제도로부터 재산상속적 효과를 제거했다. 그러나 신분상속, 즉 상속으로서의 본질에 영향이 없다.

제사상속도 상속준거법에 의한다. 오늘날 제사상속은 비중이 줄어 제사주재자 지위의 상속과 제사용 재산의 상속만 남았거나(예: 한국), 법의 관심대상 밖에 놓여진 경우가 많다.[326)] 실질법에서는 제사주재자 지위의 승계는 신분상속으로, 조상 존숭(내지 경배)을 위한 재산의 특별상속은 재산상속으로 구별하기도 하나, 상속제도로서의 본질에는 영향이 없다.

제사상속이나 신분상속이 상속법 전체 내지 큰 부분을 차지하던 시대도 있었다. 그러나 오늘날 각국 상속법은 재산상속을 중심으로 하므로, 신분상속

---

324) 일본의 통설과 한국의 일부 학설은 반대. 그런데 이러한 일본의 통설은 '법률관계에서 출발하는' 저촉규칙의 사항적 적용범위에 관한 해석론일 뿐이다. 일본 민법의 이 제도가 스스로 장소적 적용의지를 한정하고 있다고 할 것은 아니다. 그러므로 國私 §49에 따라 일본법이 상속준거법이 되는 한, 특별연고자의 후순위상속에 대해서는 항상 일본법을 적용해야 한다.

325) 1991. 1. 1. 시행.

326) 특정 실질법질서에서 어떤 제도가 법적 제도인지, 아니면 법의 테두리 밖에 있는 제도로서 '법률관계가 아닌 단순한 생활관계'의 의미 밖에 못 가지는지는 그 제도에 법률효과가 인정되느냐에 의해 판별된다. 예컨대 한국민법처럼 제사주재자 지위 승계인을 상속인간 협의나 관습으로 정하게 하고 이에 법적 의미를 부여하는 것은 제사주재자 지위의 승계를 법적 제도로 다루는 태도에 속한다.

이나 제사상속 자체(그것들에 내포된 재산상속적 효과 포함)와, 신분상속이나 제사상속에 수반되는 '일정한 재산의 상속'은 '특별상속'이라고 불리우게 되었다. 특별상속도 상속이므로, 상속준거법 내의 그것들은 당연히 적용된다. 또, 특별상속법제 중에는 국제적 강행법규(필요적, 절대적 강행법규)로서 사안에 특별연결되고자 하는 것이 있을 수 있다. 예컨대 상속이 준거외국법에 의해 규율되는 결과, 한국인이 한국에 남긴 제사용 재산의 승계에 대해 民 §1008-3과 같은 규율이 이루어지지 않는 것은 民 §1008-3의 법정책을 중대하게 좌절시킨다. 그러므로 民 §1008-3은 그 한도에서 국제적 강행법규(國私 §7)로서 사안에 특별연결함이 타당하다. 국제적 강행법규의 특별연결은 실질법규별로 이루어지므로, 제사주재자 지위의 상속과 제사용 재산의 상속의 특별연결(그 여부 및 기준)이 달라질 수 있다.

신분상속과 제사상속, 그리고 이들로부터 파생된 일정 재산의 특별상속은, 국제적 사안에서 어디까지 어떻게 적용될지에 관해 추가적 문제를 낳기도 한다.

첫째 상속준거법에 의한 규율의 일부로서 제사용 재산의 특별상속법규는 스스로 그 속지적, 속인적 효력범위를 한정짓고 있는 자기제한적 실질법규(自己制限的 實質法規, selbstbegrenzte Sachnormen)일 수 있다. 그것이 상속준거법의 일부이거나, 국제적 강행법규로서 사안에 특별연결되더라도, 구체적 사안에서 적용이 제한될 수 있다.

둘째, 실질사법의 내용이 스스로 국적, 상거소 등에 따라 차별취급하는 경우가 있을 수 있다. 이것은 실질사법의 규율내용의 문제이다. 실체법규의 사항적 효력범위에 대한 자기제한(자기제한적 실질법규의 문제)도 아니다. 가령 외국인이나 외국에 상거소를 둔 자는 분묘 등 제사용 재산의 특별상속인이 될 수 없다는 관습이 형성될 여지가 있다. 합리적 차별은 평등원칙에 어긋나지 않는다. 그래서 그 실질법질서 내의 공서양속(민법의 공서양속) 심사를 통과할 수 있고, 준거외국법이 그렇게 정하는 데 대한 국제사법의 공서양속(國私 §10) 심사도 통과할 수 있다.

(3) 혈족이나 법률혼 배우자 아닌 연고자에 의한 상속재산 승계

실질법에 따라서는, 혈족이나 법률혼상의 배우자가 아닌 일정한 자(예컨대 비등록동거나 등록동거의 당사자, 먼 친족관계에 있어 법정상속인이 될 수 없지만 피상속인과 생활을 함께하는 등 특별한 인적 관계에 있은 자)에게 법정상속권이 인정되기도 한다.[327]

---

327) 혼인관계에 준하여 준혼(비혼)적 배우자관계 고유의 총괄재산제를 인정하여, 일방이 사망하

이러한 제도들도 상속의 본질을 가진다. 단지, 친족법상의 친족 개념이 상속법상의 법정상속인 개념을 따라가지 못하거나, 상속법이 전통적 법정상속인과 새로운 범주의 법정상속인을 구별하고 있을 뿐이다. 따라서 이들의 상속재산에 대한 권리도 상속권의 일종으로서 상속준거법에 의해야 한다.

이 점을 포괄적으로 명시하는 입법례도 드물지 않다. 1989년 헤이그상속협약 Art. 7(2)(a)도 "피상속인과 가까운 사람을 위하여 법원 기타 관청이 행하는 피상속인의 유산으로부터의 공여"를 "기타의 상속권"의 하나로 예시하면서 이것이 상속준거법이 의할 사항임을 명시한다. 유럽상속규정 Art. 23(2)는 "생존한 배우자나 반려자의 상속권(succession rights of the surviving spouse or partner)을 포함한 기타의 상속권"(Art. 23(2)(b))과 "사망자와 가까운 사람이 상속재산이나 상속인에 대하여 가질 수 있는 청구권(claims which persons close to the deceased may have against the estate or the heirs)"도 상속준거법에 의할 사항임을 명시한다.

또, 법률혼 배우자 외의 동반자(반려자, 파트너)의 상속재산에 대한 권리를 상속준거법에 의하도록 명시한 입법례는 일찍부터 있었다. 1986년에 개정된 독일 민법시행법(2015년 개정 전)도 등록배우자(등록동반자)의 법정상속권을 원칙적으로 상속준거법에 의하게 한다. 다만 보충적으로, 원칙적 상속준거법에 의해 법정상속권이 인정되지 않을 경우에는 등록국(등록동반자관계의 등록국)의 물권법에 의하여 상속하도록 규정한다(Art. 17b ① 2). 학설은 이 원칙·예외를 묶어, 등록동반자간의 "상속"에 대한 연결규정이라고 한다.[328)]

실질법에 따라서는, 전통적 상속인 외의 특별연고자에로의 상속인 범위 확대에 신중을 기하여, 전통적 기준에 따른 상속인이 없을 때에 한하여 그들을 후순위상속인으로 정하기도 한다. 일본민법 §958-3과 民 §1057-2는 이렇게 하면서, 그들의 몫도 법관의 재량으로 정하게 한다. 일본의 통설과 한국의 일부 학설은, 일본과 한국의 실질법이 '새로운 무유언상속권자'의 지위를 조심스럽게 인정하는 것을 빌미로, 이를 상속의 일부로 보지 않고, 무주 상속재산의 귀속 문제의 일부로 분류하려 한다.[329)] 그러나 한국과 일본의 '특별연고자의 상

면 상속에 앞서 그 총괄재산제의 청산에 따라 선취하게 하기도 한다. 그 준거법 결정에 대해서는 국제사법에 명문의 규정이 없으므로, 부부재산제에 준하여 國私 §38를 유추적용하는 방법을 먼저 시도해야 할 것이다.

328) Looschelders, Vorbem. zu Art. 25~26, Rn. 3.

329) 신창선 외, 388; 이병화(2005), 259(早川眞一郎(1993), 「國際的相續とわが國の特別緣故者制度—相續人不存在の處理をめぐる一考察」, 名古屋大學 法政論集 151, 90~93을 인용); 櫻田嘉章, 343. 이병화(20050, 259는 국제사법에서 상속인이라 함은 "친족관계 기타의 개인적 관계에 의해 피상속인과 밀접한 관계에 있는 통상의 상속인"이라고 말한다. 民 §1057-2의 특별연고자는

속재산 취득권'도 상속권의 일종으로 분류해야 한다. 그 이유는 이미 서술했지만, 한국과 일본의 제도의 특수성을 강조하는 견해가 있으므로, 이를 따를 수 없는 이유를 간략히 첨언한다.

무엇보다, 특별연고자의 상속권을 전통적 상속인의 그것에 대해 후순위로 돌리거나, 상속분을 법률규정만으로 확정하지 않더라도, 상속으로서의 본질은 바뀌지 않는다. 이 제도는 가족에 준하는 인적 관계를 맺은 자에게 혈연상속인이나 배우자상속인에 준하여 상속재산의 전부 또는 일부를 승계시키는 제도이며, 피상속인의 추정적 의사, 특별연고자의 생활보장 등에 봉사한다. 존재이유와 기능 면에서 상속과 다를 것이 없다. 실질법이 특별연고자를 가리켜 "상속인"이라고 부르지 않거나, 상속결격, 승계의 방법(당연승계인가 재판에 의한 분여인가), 상속의 승인과 포기 등 세부논점의 규율을 차별화해도, 상속제도로서의 본질은 바뀌지 않는다. 스위스 국제사법 Art. 92 ①이 명시하듯이, "누구가 어떤 범위에서 유산에 대하여 권리를 가지느냐"는 상속준거법에 의하여야 한다. 특별연고자가 타 상속인보다 후순위로 취득함은 후순위상속에 해당한다.[330)]

전통적인 의미의 친족이 아닌 새로운 범주의 '인적 관련자'의 권리라 하여 상속제도가 아니라 할 수도 없다. 한국과 일본의 '특별연고자 재산분여' 제도의 본질은, 친족법상의 친족의 범위와 전통적 상속인의 순위까지 바꾸지는 않으면서 그런 인적 관련자를 3.5순위의 상속인으로 인정하는 데 있다. 실질법이 그들을 상속인으로 부르든, 아니면 '상속인이 없는' 경우에 일정한 연고자로서 취득한다 하든, 국제사법적 성질결정이 달라져서는 안 된다. 어떤 친족관계 있는 자에게 법정상속권을 인정할지는 실질법이 정할 사항이고, 상속법의 근친 개념과 범위는 친족법의 그것으로부터 차별화될 수 있다. 실질법이 상속인의 범위를 조심스럽게 확장시키면서 '다른 상속인이 없을 때' '상속인에 준하여' 승계권을 가진다는 등의 완곡한 표현을 쓰더라도 상속의 일부임을 바꾸지 못한다.

(4) 상속개시의 원인, 시기, 장소

상속개시의 원인, 시기 및 장소도 상속준거법에 의한다.[331)] 사망이 상속개

"기타의 개인적 관계에 의해 피상속인과 밀접한 관계에 있는" 사람이지만, "통상의 상속인"이 아니라 하여 구별하는 취지로 풀이된다.

330) 만약 이 제도가 '특별연고관계의 재산제'라면 논리적으로 상속에 앞서 개입해야 하는데, 한국민법과 일본민법의 실질법상 규율은 그런 내용의 것이 아니다. 특별상속제도로 다루어 소재지법에 맡기는 것도 적절치 않다. 특별연고자에 대한 재산분여제도는 상속인과 상속분 등에 관한 전통적 법리에 수정을 가한 것에 불과하고, 일정한 범주의 재산만을 대상으로 하는 것이 아니기 때문이다.

331) 김용한 외, 364; 김진, 294; 이호정, 425; 서희원, 327; 신창선 외, 385(상속의 원인 및 시기에

시원인인 점은 각국 실질법에 공통되고 사망시점은 대개의 경우 사실문제이다. 다만 사망시점이 법률문제인 경우(예: 사망의 추정 · 간주, 뇌사)에는 사망시점은 권리능력 준거법(國私 §11)에 의해 정해진다.[332] 상속개시의 원인, 시기, 장소를 상속준거법에 의해 판단할 실익이 있는 것은 주로 사망 외의 상속개시원인에 대해서이다.

국제사법에서 실종이라 하면, 실종자의 생존 · 사망(그 시점 포함)의 추정 · 간주 외에, 동일위난이나 동시위난으로 인한 사망선후의 추정 내지 간주의 문제도 포함한다.[333] 실종(실종선고의 원칙적 준거법 포함)은 원칙적으로 본국법에 의하되(國私 §11의 적용 내지 유추적용), 한국법원이 외국인에 대해 실종선고를 내릴 때에는 법정지법에 의한다(國私 §12). 실종자 자신의 사망추정 · 간주에 대한 입법례는, 재판 없이 사망추정하는 입법례, 부재선고에 의해 실종선고(사망선고)에 유사한 효과를 인정하는 입법례의 3가지로 나뉜다.[334] 실종선고 없이 실종자의 사망이 추정되는지와 그 시점은 실종의 준거법에 의한다. 실종선고와 그에 따른 사망의 추정이나 간주의 효력(사망한 것으로 추정되거나 간주되는 시점 포함)은 실종선고의 준거법에 의한다.[335] 실종선고도 실종의 문제의 일부로서 원칙적으로 본국법에 의하지만, 한국법원이 외국인에 대해 국제재판관할을 가지고 실종선고를 하는 경우에는 예외적으로 한국법에 의한다.[336] 실종자의 사망의 추정이나 간주 및 시점은 상속준거법이 아니라 실종 일반이나 실종선고의 준거법이 정한다.[337] 그리고 실종의 준거법 결정은 본문제인 상속과 독립적으로 이루어진다.[338] 즉, 실종의 준거법은 상속준거법 소속국의 국제사법에 의해 정하지 않고, 항상 법정지 국제사법에 의해 정한다.

관해); 이병화(2005), 257; 안춘수, 325. 일본 법적용통칙법 §36(2006년 개정 전 법례 §26, 1989년 개정 전에는 §25)의 해석론도 같다. 櫻田嘉章, 340 f. 유럽상속규정 Art. 23(2)(a)도 상속개시의 원인, 시기 및 장소가 상속준거법의 적용대상임을 명시한다.

332) 이호정, 229.

333) 이호정, 229는 "실종" 대신 "생존추정과 사망추정"의 표현을 쓴다(순한글로 바꾸어 인용).

334) 이호정, 232,

335) 이호정, 229~231, 426.

336) 실종선고의 준거법이 실종준거법로부터 차별화될 수도 있다. 예컨대 내외국인이 동시위난으로 실종되고, 1인에 대해서만 실종선고가 내려지고 다른 사람은 사망이 확인된 경우, 또는 한국법원이 그 두 사람에 대해 한국법을 적용하여 실종선고를 하는 경우. 어느 경우이든, 사망선후의 추정은 실종준거법인 본국법에 의한다. 두 사람의 본국법의 내용이 상이하면 조정(調整) 즉 적응(適應)으로 해결되어야 한다. 이 조정 문제의 실질법적 해결을 입법화한 예로, 헤이그상속협약 Art. 13은 그들 간에 누구도 상속권을 가지지 않게 한다.

337) 동지: 대법원 1973. 10. 31. 선고 72다2295 판결.

338) 이호정, 426.

실종이나 실종선고에 의한 사망추정 내지 간주를 상속개시원인으로 인정하지 않는 실질법은 아마 없을 것이다.[339] 그러나 상속준거법이 실종이나 실종선고에 의한 사망추정 또는 간주시에 상속이 개시된다고 정하지 않고, '일반적인 사망추정 또는 사망간주 시점'과 다른 때를 상속개시시로 정할 수 있다.[340] 이 경우에는 상속에 관한 한 상속준거법에 의해 상속개시 여부 및 시기를 정해야 한다. 즉, 실종으로 인한 사망의 추정이나 의제가 상속개시원인이 되는지와 상속개시원인으로 삼아지는 시점은 항상 상속준거법이 정한다.[341] 물론, 상속준거법이 실종이나 실종선고로 인한 사망추정·간주시에 상속개시됨을 당연시한 나머지, 상속법 내에 아무 특칙이 없는 경우가 많다. 이것은 상속법에서도 실종이나 실종선고로 인한 사망추정·간주시를 상속개시시로 삼는 취지로 풀이된다. 즉, '상속의 선행문제(Erstfrage)(즉 독립적으로 연결되는 선결문제)인 실종이나 실종선고의 준거법에 의해 사망한 것으로 추정되거나 간주되는 시점'을 상속개시시로 삼는 취지라고 해야 한다.[342]

요컨대, 실종이나 실종선고로 인한 상속개시와 그 시점은 항상 상속준거법에 의한다. 외국인이 실종한 경우에, 외국법원이 외국법에 따라 실종선고를 내리든,[343] 본국법(國私 §11이나 그 유추적용)에 의해 실종선고 없이 사망추정의 효력이 생기든,[344] 한국법원이 한국법에 따라 실종선고를 내리든 같다. 피상속

339) 상속준거법이 부재자의 장기간 생사불명에도 불구하고 영원히 상속이 개시되지 않게 한다면, 그것은 상속권을 중대하게 침해하여 공서위반(國私 §10)이 될 가능성이 높다.

340) 예컨대 구 소련은 실종선고의 기판력 발생시에 상속이 개시되도록 했다. 이호정, 426.

341) 김용한 외, 364; 김진, 294; 이호정, 426; 서희원, 327~329; 신창선 외, 385; 이병화(2005), 257; 안춘수, 325; 櫻田嘉章, 341("법적용통칙법 §6에 의해 일본 법원이 실종선고를 행하는 경우에도, 법례 §6의 경우와 달리 실종선고의 효과는 사망의 의제에 그치고, 상속의 개시원인·시기의 문제는 [상속준거법인 피상속인의] 본국법에 의한다.").

342) 예컨대 한국상속법이 '실종선고를 받은 자는 실종시로부터 1년이나 5년 되는 때(民 §§27, 28) 상속이 개시된다'고 정하고 있다고 오해해서는 안 된다.

343) 물론, 그 실종선고의 효력이 한국에서 인정되는 경우여야 한다. 외국법원이 실종선고를 한 경우에는, 그것이 외국비송재판으로서 승인되거나, 적어도 준거법(실종선고의 원칙적 준거법인 본국법: 國私 §11)에 의한 규율의 일부로서 받아들여져야 한다. 외국비송재판의 승인에 관한 일본학설은 전자를 판결승인 어프로치, 후자를 준거법 어프로치라 한다. 일본학설은 전자를 따르면 후자의 가능성은 없는 것으로 보는 경향이 있다. 그러나 외국비송재판의 승인제도를 가진 나라에서도, 구체적 외국재판이 승인요건을 구비하지 못한다 하여 검토를 종결할 것이 아니라, 실체준거법의 적용문제로서 '외국에서의 규율결과'를 받아들일지 따져야 한다. 후자의 방법으로는 준거법 소속국에서의 실질사법의 적용결과를 실질재심사(révision au fond) 없이 "승인"하는 것과, 법정지(법정지의 법원 기타 관청)가 준거외국법을 스스로 적용하는, 그래서 그 외국법이 사안에 정확히 적용되었는지를 심사하는 것이 있다. 전자가 법률관계의 승인(reconnaissance des situations) 법리이다.

344) '법률관계의 승인' 법리를 받아들이면, '준거법의 적용결과'를 실질재심사 없이 승인하게 되고, 이 법리를 인정하지 않으면, 준거외국법을 사안에 적용하는 것은 한국이므로, 준거법소속국이 그 법을 정확히 적용했는지를 심사하여 받아들이게 된다.

인이 외국인이라도 반정(反定)(國私 §9)이나[345] 준거법선택(國私 §49 ②)에 의해 한국법이 상속준거법이 되면, 한국법원이 한국법에 의해 실종선고를 내릴 수 있고(國私 §12), 이 경우에는 실종준거법과 상속준거법이 결과적으로 일치한다. 한편, 상속 외에 한국법에 의할 법률관계가 있거나, 그 외국인의 재산이 한국에 있거나,[346] 기타 정당한 사유가 있음을 이유로 해서도 한국법원이 한국법에 따라 실종선고를 내릴 수 있는데(國私 §12), 그 경우에는 실종선고의 사망간주효의 준거법(한국법)과 상속준거법이 달라진다. 실종선고가 상속개시원인이 되는지와 상속개시시점은 상속준거법에 의한다.

그런데 외국인이 한국에서 한국법에 따라 실종선고를 받은 경우에는, 상속 개시 여부와 시점도 한국법에 의해 결정된다는 서술이 자주 보인다. 그 경우 모든 상속재산에 대해 한국법에 의해야 한다고 분명히 서술하는 예는 보이지 않는다.[347] 단지, 한국법에 의하는 법률관계와 한국 소재 재산에 관해서만 그렇게 된다는 서술례와,[348] 내국 소재 재산에 관해서만 그렇게 된다는 서술례가 있다.[349] 이것은 이 한도에서는 '실종이나 실종선고에 의한 상속개시 및 시점'을 상속준거법이 아니라 실종선고의 준거법에 의해야 한다는 취지의 서술인가? 그러나 문면 그대로 받아들여, 國私 §12가 적용되는 한 상속개시 여부와 시점은 항상 법정지법에 의한다는 학설로 이해해서는 안 될 것이다.[350] 한국법

345) 반정(反定)에 의해 한국법이 준거법이 되는 경우도 國私 §12가 말하는 "대한민국 법에 의하여야 하는 법률관계가 있는 때"에 해당한다. 이호정, 236(國私 §12로 조문번호가 바뀌기 전의 涉私 §9의 동일한 문언의 해석론).

346) 채권은 원칙적으로 채무자의 주소지, 권리가 화체된 유가증권은 증권의 소재지, 등록된 지식재산권은 등록지가, 여기에서 말하는 재산소재지에 해당한다. 이호정, 236.

347) 김용한 외, 364는 어떤 한도에서 한국법에 의하게 되는지 서술하지 않으나, 그 외국인의 상속 전체를 한국법에 의한다는 취지는 아닐 것으로 생각된다.

348) 이호정, 426.

349) 서희원, 327; 신창선 외, 385; 김연 외 420; 이병화(2005), 257면의 주 45.

350) 그런 취지의 해석론이라면 다음의 문제점을 가지게 된다. 첫째, 한국법에 의해야 할 법률관계(예: 반정으로 상속이 한국법에 의한다든지, 한국법에 의하는 특별상속)나 한국에 소재하는 재산이 전혀 없더라도, 한국법원이 임의로 §12의 국제재판관할을 창출할 수 있게 된다. 國私 §12가 예외적 관할사유로서 "대한민국법에 의하여야 하는 법률관계"라 함은, 실종 외의 법률관계를 말한다. 그런데 한국법원이 國私 §12의 관할제한을 어기고 실종선고를 내리면, '상속문제의 일부인 상속개시 여부와 시점'이 한국법에 의하게 된다. 그래서 "대한민국법에 의하여야 하는 법률관계"(國私 §12)가 생기게 된다. '한국법원이 國私 §12의 관할사유제한을 무시하고 실종선고를 하면 國私 §12의 관할사유가 생긴다'는 것이다. 실종선고의 관할을 만들지 여부를 한국법원의 임의에 맡기게 된다. 둘째, 실종준거법(본국법이나 한국법)에 의해 실종을 이유로 사망이 추정되거나 간주되면, 그 후행문제로서 상속개시원인과 시기는 상속준거법이 정해야 하는데, 위 서술례가 독자적 해석론으로 주장된 것이라면, 심지어 외국인에 대해 그의 본국에서 실종재판이 진행중이거나 내려졌더라도, 한국법원이 이를 무시하고 실종선고를 하여, 한국법에 의해 상속개시원인 및 시점이 좌우되도록 할 수 있게 된다. 그래서 상속개시원인과 시점에 대한 섭외적 법률관계의 안정을 저해하고, 실종선고지 쇼핑의 가능성까지 열어놓게 된다.

원이 한국법에 의해 실종선고를 내렸다는 이유로, 상속개시 여부와 시점(특히 시점)을 상속준거법 아닌 한국법에 따르게 할 이유는 없기 때문이다. 오히려 원칙에 충실하게, 상속개시원인과 상속개시는 항상 상속준거법이 정한다고 해야 한다. 결국, 위 서술례들은 다음의 점을 압축하여 설명한 데 불과하다고 해야 한다. 외국인에 대해서는 본국법에 따라 재판 없이 사망추정되는 경우도 있고, 본국이 내린 실종선고가 승인되는 경우도 있다. 또, 한국법원이 외국인에 대해 한국법에 따라 실종선고를 내려 일정 시점에 사망간주(民 §§28, 27)되는 경우도 있다. 어느 경우이든, 상속준거법이 실종 자체나 실종선고에 의한 사망추정 내지 간주를 상속개시원인으로 인정하지 않는 경우는 생각하기 어렵다. 그것은 실종자가 영생하는 것으로 추정하는 셈이 되기 때문이다. 그래서 실종준거법에 의해 실종 자체나 실종선고에 의해 사망이 추정되거나 간주되면, 결과적으로 상속도 상속준거법에 따라 개시될 것이다. 國私 §12에 의해 한국법원이 외국인에 대해 실종선고하는 경우에도 같다.

한편, 실종자의 사망추정·간주 여부와 시점을 상속준거법에 따르게 하는 견해도 있다. 일본의 일반적 학설은 실종선고로 인한 상속개시시에는 실종선고로 인한 사망의 추정이나 간주도 상속준거법에 따르게 한다.[351] 스위스 국제사법은 스위스 국제사법은 일반적 권리능력에 대해 따로 규정하지만(Art. 34), 그 시기와 종기는 일반적 권리능력이 전제되고 있는 구체적 법률관계의 준거법에 맡긴다(Art. 34 ②). 헤이그상속협약은 이 문제에 대해 정면으로 규정하지는 않지만, 동일위난이나 동시위난으로 사망한(또는 사망추정되는) 사람 사이에 상속이 개시되는지가 상속준거법의 규율대상임을 전제하는 규정이 있다(Art. 13). 동일한 위난으로 실종된 자 간의 사망시기의 전후 추정(동시사망이나 이시사망의 추정)에 관해서는 국내에도 상속준거법에 의하는 견해가 있다.[352] 이것이 타당한가? 두 가지 경우에 논의의 실익이 있다. 첫째, 피상속인의 실종준거법과 상속준거법이 서로 다른 나라의 법일 때 논의의 실익이 있다. 예컨대 실종시와 상속개시시 사이에 당사자의 국적이 변경되거나, 외국인에 대해 한국법원이 한국법에 따라 실종선고를 하는 경우에는 실종의 준거법과 상속준거법이 달라질 수 있다.[353] 또, 실종자가 본국법 아닌 법을 상속준거법으로 선택하고 실종된 경우

351) 그러나 전술한 대로 櫻田嘉章은 한국의 통설과 같은 입장이다.
352) 서희원, 328.
353) 법원이 내린 실종선고가 사망의 의제나 추정과 그 기준시를 선고하고 있으면 이 문제들은 실종선고에 의해 정해진다. 그렇지 않으면 실종선고의 준거법을 '적용'하여 정한다. 한국 국제사

에도 실종준거법과 상속준거법이 달라질 수 있다. 둘째, 동일위난이나 동시에 발생한 위난으로 실종 내지 사망한 자들의 본국법이 서로 다를 수 있다.

생각컨대, 실종으로 인한 사망의 추정이나 의제는 상속의 개시 여부와 개시시를 정하고 또 상속인을 확정(특히 상속개시시에 상속인이 생존하고 있었는가를 판단)함에 있어 단순히 전제될 뿐이다. 물론, 상속준거법이 생전상속을 정하는 것은 자유이다. 가령 상속준거법이 실종자의 제사주재자 지위의 상속에 대해서는 실종이 몇 개월 계속되면 개시된다고 정한다면, 그 때가 상속개시시가 된다. 또, 상속준거법이 '피상속인과 동시위난으로 사망한 자'는 대습상속의 피대습자가 되지 못한다고 정하면, 그런 규율은 상속준거법의 일부로서 적용된다. 그러나 이미 그 준거법에 의하여 독립적으로 확정된 실종 문제에 대하여 상속법이 다시 개입하여 실종 자체의 규율을, 즉 사망의 추정이나 의제 여부와 시기를 바꾸는 것은, 국제사법상의 체계개념의 경계획정을 무너뜨리는 것으로서 타당하지 않다. 國私 §49가 상속준거법을 지정할 때에는 준거법소속국의 법질서 중 "상속"법적 규율만을 지정한다. 설사 상속준거법 소속국의 실질사법이 실종에 대하여 실종준거법과 다른 규율을 하고 있더라도, 그것은 본질적으로 실종[354]에 대한 규율일 뿐이다. 실종의 효과는 항상 실종의 준거법에 의하여 일률적으로 정해져야 한다.[355] 일반적 권리능력의 종기를, '그것이 상속과 관련하여 문제되는 한 항상 상속준거법 소속국의 법에 따르게 한다'는 것은 오히려 문제를 복잡하게 한다. 가령 이미 외국에서 실종선고를 받은 자의 경우에 그것을 한국에서도 승인하면 일반적 권리능력의 종기를 일관되게 규율할 수 있다. 그 경우 굳이 상속준거법이 한국법이나 제3국법이라는 이유로 곧바로 한국법이나 그 제3국법에 따라 일반적 권리능력의 종기를 정할 이유가 없다.

법(國私 §12의 반대해석, 또는 國私 §11)에 따라 지정된 외국(실종자의 본국)이 실종선고를 내린 경우에는 그 외국법에 따라 정한다. 외국법원이 내린 실종선고를 한국에서 승인하기 위하여 준거법심사(그 외국이 國私 §12가 지시하는 법을 적용했는가)를 하는지는 해석에 맡겨져 있다.

354) 동일위난으로 인한 실종자들의 사망시기 전후추정 문제를 일반적 권리능력의 종기의 문제로 성질결정하는 학설도 있다.

355) 일본의 통설에 의하면, A국인 갑, 을이 동일 위난으로 실종되었으면 그들 간에 상속이 이루어지는지는 항상 A국법에 의하지만, 갑은 A국인이고 을은 B국인이라면 을이 갑을 상속하는지는 A국법에, 갑이 을을 상속하는지는 B국법에 의하게 된다. 동시사망으로 추정하느냐 이시사망으로 추정하느냐에 관하여 A, B국법의 내용이 상이하면, 상속을 규율하는 단계에서 조정(적응) 문제가 생긴다. 그러나 일본 통설에 따르지 않고, 갑의 실종과 을의 실종을 상속에 선행하는 법률관계로 다루면, 동시사망이나 이시사망의 추정 단계에서 동시사망으로 추정하느냐 이시사망으로 추정하느냐의 조정 문제가 생긴다. 두 가지 경우에 모두 조정 문제가 생기지만, 사망으로 인하여 발생하는 여러 가지 법률관계들(상속, 계약준거법에 따른 생명보험금 수령권자의 확정 등)을 일관되게 규율할 수 있는 점에서도 후자가 낫다.

상속개시의 장소도 상속의 실체준거법에 의한다. 상속에 의한 승계절차에 법원이 관여하도록 상속준거법이 정하면서, 어느 장소를 관할하는 법원이 관여해야 하는지도 그 법이 정하는 경우가 있을 수 있다. 그것은 본질상 국내관할 규정이다. 그 국가가 국제관할을 가지면(준거법소속국관할 포함) 국내토지관할도 그 국가가 정한다.

(5) 상속능력과 상속결격, 상속인폐제

(가) 상속능력

법정상속인이나 지정상속인, 수유자(특정수유자 · 포괄수유자)로 될 수 있는 자격, 즉 상속능력도 상속의 문제이다.[356] 상속능력을 상속인의 능력 문제의 일부로 보아 상속인의 본국법에 따르게 하는 견해(von Bar)도 있으나,[357] 상속준거법의 적용을 전면적으로 부정할 것은 아니라고 생각된다.[358] 다만 상속능력에 대하여 상속준거법과 상속인의 본국법을 중첩적용함이 타당할지는 논의의 여지가 있다.

상속능력의 문제는 특히 태아와 법인 기타 단체에 대하여 자주 문제된다.[359] 상술한 대로 상속능력은 상속 문제의 일부이므로, 태아와 법인 기타 단체의 상속능력도 상속준거법에 의한다.[360] 즉, 상속준거법이 상속능력에 대하여 '일반적 권리능력의 준거법상의 일반적 권리능력에 대한 규율'과 달리 규율하고 있으면, 그 법질서가 정하는 상속능력에 대한 특칙을 적용해야 한다. 만약 상속준거법 내에 상속능력에 대한 특칙이 없으면, 그 법질서는 일반적 권리능력에 대한 규율을 상속능력에도 관철시켜 일반적 권리능력과 상속능력을 똑같이 규율하고 있는 것이다. 그래서 그 실질사법이 정하는 일반적 권리능력에 대한 규율은 상속능력에 대한 규율로서의 의미도 가진다.

물론 태아의 권리능력과 단체의 권리능력은 일반적 권리능력의 문제로도 된다. 그리고 일반적 권리능력은 특별권리능력으로부터 독립하여 준거법이 정해진다(즉 특별권리능력이라는 본문제로부터 독립적으로 연결되어야 하는 선결문제, 환언하

---

356) 김용한 외, 365; 김진, 295; 이호정, 429; 서희원, 327; 신창선 외, 386; 김연 외, 국제사법, 420; 이병화(2005), 258; 橫山潤, 300 Looschelders, Art. 25 Rn. 4(2015년 개정 전 독일 EGBGB Art. 25의 해석론). 유럽상속규정 Art. 23(2)(c)는 이 점을 명시한다.

357) 김용한 외, 364의 학설인용.

358) 김용한 외, 364는 상속능력이란 "상속권의 귀속 내지 확정에 있어서의 조건에 관한 것"이므로 상속준거법에 의해야 한다고 지적한다(순한글로 바꾸어 인용함).

359) 櫻田嘉章, 341; 이병화(2005), 258.

360) 이호정, 429; 이병화(2005), 258. 신창선 외, 386은 태아에 대해서는 동지, 법인에 대해서는 반대(법인의 속인법에 의함).

면 선행문제이다).[361] 즉, 자연인과 단체의 일반적 권리능력은 항상 國私 §11과 §16에 의해 정해지는 준거법에 의한다. 그러나 '특별권리능력의 준거법에 의한 특별권리능력의 규율'은 '일반적 권리능력의 준거법에 의한 일반권리능력의 규율'에 항상 우선한다. 왜냐하면 특별권리능력에 대한 규율은 일반적 권리능력에 대한 규율에 대하여 특별법이기 때문이다. 두 문제의 준거법이 다른 나라의 법이라 하여도 이 점은 바뀌지 않는다. 즉, 일반권리능력이 그 준거법에 따라 인정되든 부정되든, 특별권리능력이 개별 법률관계의 준거법에 따라 인정되거나 부정되고 있으면 후자의 규율이 우선한다. 첫째, 일반권리능력의 준거법에 의하여 일반권리능력이 없더라도, 상속준거법이 예컨대 태아나 아직 설립되지 않은 재단법인에 상속능력을 인정하면 상속능력이 있다.[362] 둘째, 일반적 권리능력의 준거법이 예컨대 태아나 미설립 재단법인에게 일반적 권리능력을 인정하더라도, 상속준거법은 그 상속능력을 부정할 수 있다. 결국, 특별권리능력 유무는 항상 해당 법률관계의 준거법에 의하여 결론지워지게 된다.[363] 그래서 구체적 법률관계가 문제되고 있어 그 준거법에 의하여 특별권리능력이 규율되고 있는 한, 그에 따르는 것으로 충분하고, 굳이 일반적 권리능력의 준거법을 따로 정하고 적용할 '실익'은 없다.[364]

361) 이호정, 429. 서희원, 327은 일반권리능력의 준거법을 따로 정하는 견해를 "보통"의 견해라고 부르면서, "상속능력은 상속인이 될 者가 일반적 권리능력을 가지는 것을 전제로 하고 사람이 일반적 권리능력을 가지는가 어떤가는 그 者의 본국법에 의한다"(순한글로 바꾸어 인용, 밑줄은 인용자가 부가)는 견해라고 소개한다. 문헌인용은 없으나, 아마도 이호정, 429를 언급하는 듯하다. 그러나 이것은 통설을 부정확하게 이해한 것이다.

362) 이호정, 429. 결론상 동지: 김용한 외, 365; 서희원, 327 f.; 櫻田嘉章, 341. 그러나 櫻田嘉章, 341이 "법인의 상속능력은 우선 그 종속법(從屬法)이 그것을 인정하지 않으면 안 된다"(밑줄은 인용자가 부가)고 할 때 "우선"이 어떤 의미인지는 알 수 없다. 또, 김용한 외, 365가 "일정한 사단 또는 재단은 그 설립준거법에 의해서 법인격을 가질 것을 전제하기 때문에 그 상속능력의 문제는 상속의 준거법에 의해서 정해지게 된다"(순한글로 바꾸어 인용, 밑줄은 인용자가 부가)고 서술하는데, 여기에서 "때문에"라는 표현을 어떤 의미로 썼는지 이해하기 어렵다. 왜냐하면, 위 인용부분(김용한 외, 365에서 인용한 부분에서는 앞 부분)을 문면 그대로 읽는다면, 법인의 상속능력이 인정되려면 國私 §16에 의하여 정해지는 '법인의 준거법'이 '일반적 권리능력'을 인정하고, 國私 §49에 의하여 정해지는 '상속준거법'이 '상속능력'을 인정한다는 두 개의 요건이 모두 갖추어져야 한다는 것이 되는데, 두 문헌 모두 결론적으로는 '상속준거법'이 '상속능력'을 인정하기만 하면, 법인의 준거법이 일반적 권리능력에 대하여 어떻게 규율하든 상관없다는 입장이기 때문이다.

363) 김용한 외, 364.

364) 김용한 외, 365; 서희원, 327 f. 이것은 일반적 권리능력의 시기와 종기 자체를 개별적 법률관계(예: 상속)의 준거법에 맡기는 입장이라고 서술하기도 하나(서희원, 328), 정확한 표현이 아니다. 단지, 일반적 권리능력을 일반적 권리능력의 준거법에 따라 따로 정하더라도, '결과적으로' 상속준거법의 상속능력에 관한 규율이 우선하게 되므로, 일반적 권리능력의 준거법을 따로 정하여 적용할 '실익'이 없을 뿐이다. 그 뿐만 아니라, 일반적 권리능력이 구체적 사법관계(私法關係)(상속과 같이 특별권리능력에 대한 규율이 이루어지는 법률관계)의 맥락에서 문제되는 것이 아니라, 사법상(私法上) 독자적으로 문제되는 경우도 있다. 예컨대 분만후 신생아가 자생적 생존

한편, 상속준거법에 따라 상속능력이 있더라도, 상속인이 상속재산에 속하는 구체적 권리의무(개별재산)의 주체가 될 수 있는지에 대해 그 권리의무의 준거법이 특별히 정하는 자격요건이 있으면(특별권리능력), 그 권리의무의 주체가 되기 위해 그것도 충족해야 한다. 즉, 개별재산에 관한 특별권리능력은 개별재산의 준거법에 의한다. 이것도 '개별준거법이 총괄준거법을 깨뜨린다'는 원칙의 일부이다. 그런데 개별재산의 준거법이 그 개별재산에 대한 특별권리능력을 분명히 정하고 있는 것이 아니라, 단지 그 실질법질서가 정하는 일반권리능력을 그 개별재산에도 적용시킬 뿐인 경우가 있다. 그것도 국제사법적으로는 특별권리능력에 관한 규율로 보아야 한다. 그래서 개별재산의 준거법에 의하여 그 개별재산의 권리의무자가 될 자격이 없으면, 상속준거법에 의해 상속능력이 있더라도 그 권리의무의 주체가 될 수 없다. 즉, '개별재산의 준거법이 요구하는 특별권리능력의 결여'가 '총괄재산의 준거법(상속준거법)상의 상속능력 구비'에 우선한다.

상속준거법은 상속능력에 관한 규율을 항상 가지고 있다. 상속능력에 관하여 일반적 권리능력에 관한 총칙을 상속능력에 관하여 수정하는 경우에는, 상속준거법 내에서 상속능력에 관한 규율을 쉽게 발견할 수 있다. 상속준거법이 상속법 내에서 일반적 권리능력에 관한 특칙을 두고 있지 않으면, 그 법은 일반적 권리능력에 관한 규율을 상속능력에 그대로 적용시키고 있는 것이고, 그것이 상속준거법이 정하는 상속능력이다.

실종자로서 사망이 추정되거나 의제되는 자가 상속능력을 가지는지 여부도 상속준거법에 의한다. 상속인이 실종되어 일정한 기준시점에 사망한 것으로 추정 또는 간주되고 있다면 일반권리능력은 그렇게 확정되지만, '상속개시시에 실종으로 사망이 추정되거나 간주되는 사람도 상속능력은 가진다'고 상속준거법이 정하고 있다면 이 규율이 우선한다. 반대로, 실종자로서 그의 사망이 추정되거나 의제되지는 않더라도 상속의 맥락에서는 상속능력을 부정하는 실질사법도 있을 수 있다. 특히 남북한 간의 준국제사법적 문제와 관련하여 이런 규율의 가능성이 검토될 수 있다. 북한은 독특한 폐쇄성을 가지고 있어 적법한 경로를 통해 북한주민의 생사나 행방을 확인하기조차 어렵다. 이러한 점을 고

능력이 의심스러운 상태가 계속되거나, 고령이나 질환으로 자생적 생존능력이 의심스러운 상태에서 연명하는 경우에, 구체적으로는 연금수급권과 같은 공법관계가 문제되고 있는 경우가 그러하다. 공법관계의 준거법이 있지만, 일반적 권리능력까지 공법관계의 준거법에 따르지는 않는 것이 일반적이므로, 이런 경우에 국제사법은 일반적 권리능력 자체의 준거법을 정해야 한다. 스위스 국제사법은 일반적 권리능력에 대해 따로 국제사법규정을 두면서도(Art. 34) 일반적 권리능력의 시기와 종기는 그것이 전제되고 있는 구체적 법률관계의 준거법에 따르게 한다(Art. 34 ②).

려하여, 북한에 거주하였던 것으로 확인되거나 추정되지만 '북한당국의 비협조적 태도로 인하여 북한지역[365] 내의 행방을 알 수 없는' 경우에는 실종선고 없이도 상속능력만큼은 부정할 수 있다(그래서 그를 피대습자로 하는 대습상속이 성립한다)는 실체특별법적 규율이 남한 상속법 내에서 형성될 여지가 없지 않다.[366] 그것은 상속준거법이 남한법일 때에 적용된다.

(나) 상속결격, 상속인폐제

상속결격도 상속준거법에 의한다.[367] 재판 등의 공적 행위에 의해 상속인의 자격을 박탈하는 상속인폐제도 같다.[368] 상속인폐제의 원인, 방법, 효과와 폐제의 취소가 모두 상속준거법에 의한다.[369] 그러나 상속준거법이 상속인폐제를 재판으로 하도록 할 때, 그 재판의 형식이나 절차는 법정지법에 의한다.[370] 상속인폐제의 실체관계(특히 방법)와 절차의 구별은 까다로운 문제가 될 수 있다. 수유결격도 국제사법적으로는 상속결격의 문제에 포함된다. 특정수유자이든 포괄수유자이든 같다.

(6) 법정상속인과 법정상속분

누가 상속인으로 되는지,[371] 즉 법정상속인의 순위[372]와 범위,[373] 그리고 법정상속분[374]도 상속준거법에 의한다. 기여분도 상속준거법에 의한다.[375] 상속분을 정하는 문제의 일부이기 때문이다. 독일민법이 정하는 것과 같은 선순위상속과 후순위상속, 상속재산청구권도 상속준거법에 의한다.[376] 유류분도 상속준거법에 의한다.[377] 법정상속분, 기여분, 유류분 등의 산정(算定)도 상속준거

365) "북한지역"이란 대한민국의 영역 중 적성단체로서의 북한정권의 사실상 통치하에 놓인 지역을 말한다. 1945~48년 당시의 북한지역과 1950년 휴전 후의 북한지역은 다르다.
366) 그러나 현행 南北特 §§10~21의 실체특별법규 중에는 이런 내용은 없다.
367) 김용한 외, 364; 김진, 295; 이호정, 429; 서희원, 328; 이병화(2005), 258; 横山潤, 300. 헤이그상속협약 Art. 7(2)(b)와 유럽상속규정 Art. 23(2)(d)는 이 점을 명시한다.
368) 김진, 295; 横山潤, 300. 헤이그상속협약 Art. 7(2)(b)와 유럽상속규정 Art. 23(2)(d)는 이 점을 명시한다.
369) 김진, 295; 서희원, 328.
370) 서희원, 328.
371) 김용한 외, 364; 이호정, 429; 서희원, 327; 안춘수, 325.
372) 김용한 외, 364; 김진, 295; 이호정, 429; 이병화(2005), 258; 안춘수, 325; 横山潤, 300. 이 점을 명시하는 입법례로 1928년 부스따만떼법전 Art. 144가 있다. 김문숙(2017), 288의 조문번역 참조.
373) 이병화(2005), 258.
374) 김진, 295; 이호정, 429; 이병화(2005), 259; 안춘수, 325. 이 점을 명시하는 입법례로 1928년 부스따만떼법전 Art. 144가 있다. 김문숙(2017), 288의 조문번역 참조.
375) 이병화(2005), 259; 櫻田嘉章, 342 f.
376) 이호정, 430.
377) 이호정, 429; 이병화(2005), 259; 櫻田嘉章, 342 f.; Wolff, 228; Bureau et Muir Watt, n° 856; 헤이그상속협약 Art. 7(2)(d). 상세는 아래 (8)(다) 참조.

법에 의한다.[378]

일방 배우자 사망으로 인한 부부재산제 해소와 배우자상속 간의 조정에 앞서, 일단 배우자상속권도 상속으로 성질결정해야 한다. 먼저 부부재산제의 준거법을 정하고 적용한 후에, 상속의 준거법을 정하고 적용해야 한다. 그 다음 단계로 조정을 검토해야 한다. 규정의 중첩(Normenhäufung), 즉 생존배우자의 보호가 과다한 경우도 있을 수 있고, 규정의 흠결(Normenmangel), 즉 보호가 과소한 경우도 있을 수 있다.

한편, 각국 상속법에서는 피상속인의 사망 당시 생존한 자를 상속인으로 삼는 것이 원칙인데, 그가 상속개시시에 생존하고 있었다고 추정 또는 간주되는지는 상속준거법이 규율할 문제가 아니다. 그것은 일반적 권리능력이나 실종의 준거법이 규율한다. 상속준거법은 상속능력을 규율하지만, '상속인의 사망 시점'까지 규율하지는 않는다. 실종이나 사망선고(실종선고)도, 동일한 위난이나 동시에 발생한 위난으로 사망한 자들 간의 사망의 선후 추정도, 그의 사망시점의 문제일 뿐이다. 이 문제는 실종, 실종선고 내지 일반적 권리능력의 종기의 준거법이 정하고, 상속준거법은 이들 선행문제에 대한 규율을 받아들일 뿐이다. 동일한 위난이나 동시에 발생한 위난으로 사망의 선후 추정(동시사망이나 이시사망의 추정)도 "상속순위의 결정" 문제로서 상속준거법에 의한다는 견해도 있으나,[379] 상속준거법의 적용범위를 그렇게까지 넓힐 근거가 없다.

양자에게 상속권이 있는지, 즉 그 입양이 상속권까지 인정하는 입양인지가 입양과 상속 중 어느 문제인지에 대해 견해가 나뉜다. 국내에서는 입양의 직접적 효력(법률효과)의 문제로 보아 입양준거법에 의하는 견해가 유력하다.[380]

(7) 대습상속

대습상속도 한 차례의 상속이다. 상속이 두 번 일어나는 것이 아니다.[381] 즉, 대습상속은 피상속인으로부터의 상속이지, 피상속인으로부터의 상속과 피대습자로부터의 상속이 결합된 것이 아니다. 스위스 국제사법 Art. 92 ①의 표현을 빌면, 대습상속도 "누구가 어떤 범위에서 유산에 대하여 권리를 가지느냐"의 문제이다. 따라서 대습상속은 피상속인의 속인법에 의할 뿐이고,[382] 피

378) 이병화(2005), 259.
379) 서희원, 328.
380) 김문숙(2003), 168.
381) 프랑스에서 대습상속의 본질이 "세대를 뛰어넘는 상속"이라고 지적하는 것은 이 점을 정확히 포착하는 것이다.
382) 서희원, 328(대습상속의 인정 여부도 상속순위의 문제로서 상속준거법에 의함); 이병화(2005),

대습자의 속인법이 고려될 여지는 없다. 대습상속의 요건(사유), 대습상속인의 자격(상속능력과 상속결격), 대습상속인의 확정, 대습상속에 적용되는 상속순위, 대습상속인의 범위와 상속분 등이 모두 피상속인에 대해 國私 §49로써 정한 준거법에 의한다.

(8) 임의상속

(가) 상속인 · 상속분의 지정과 유증

상속인의 지정이 가능한지,[383] 상속분의 지정이 가능한지, 상속인과 상속분의 지정을 어떤 내용으로 할 수 있는지(예: 지정상속인이 될 수 있는 자의 범위)도 상속준거법에 의한다. 상속인과 상속분의 지정을 유언으로 할 수 있는지, 유언으로만 할 수 있는지, 상속계약으로도 할 수 있는지도 상속준거법에 의한다.[384] 상속재산 분할방법이나 유언집행자의 지정도 상속준거법의 적용범위에 속한다.

유증도 상속준거법에 의한다.[385] 즉, 유증을 받는 자(수유자)와 사인증여를 받는 수증자의 결정, 그들이 어떤 재산을 어떻게 승계할 권리는 가지는지가 모두 상속준거법에 의한다.[386] 포괄유증과 특정유증(특별유증)을 가리지 않고 상속준거법에 맡겨진다. 그래서 가령 부동산의 특정유증을 제3자에 대해 주장(관철)(제3자에게 대항)하기 위해 물권행위와 등기가 필요한지(예: 독일), 등기가 필요한지, 특정유증만으로도 물권적 효력이 발생하여 제3자에게 대항할 수 있는지(예: 프랑스)도 상속준거법에 의한다. 그러나 상속준거법이 물권행위나 등기를 요구하지 않더라도 개별재산(예: 부동산소유권)의 준거법이 이를 요구하면 후자의 규율이 관철된다. 그래서 프랑스인이 독일 소재 부동산을 특정유증하면 프랑스법이 특정유증을 '물권적 대항력 있는 유증' 즉 '소유물반환청구권을 수반하는 유증'(Vindikationslegat)으로 인정하더라도, 독일법이 요구하는 물권행위(Auflassung)와

258.

383) 김용한 외, 364; 이호정, 429.

384) 이호정, 429. 상속분의 지정에 관해 동지: 안춘수, 325.

385) Wolff, 228.

386) 스위스 국제사법 Art. 92 ①은 "누구가 어떤 범위에서 유산에 대하여 권리를 가지느냐"가 포괄적으로 상속법에 의한다고 규정하여 이를 분명히 한다. 이호정(1990), 24의 조문번역임(순한글로 바꾸어 인용함). 헤이그상속협약 Art. 7(2)(a)는 "수유자의……결정"("the determination of ... devisees and legatees", "la vocation des héritiers et légataires")과 그의 몫의 결정("the respective shares of those persons", "la détermination des parts respectives de ces personnes") 유럽상속규정 Art. 23(2)(b)도 상속(국제사법상의 개념으로서의 상속)의 "수익자(beneficiaries)와 그의 몫(shares)의 결정"이 상속준거법의 적용대상이라고 규정한다. 표현은 다르지만 위 입법례들은 상속인과 유증을 받은 자의 결정, 그리고 그 각인의 몫의 결정이 상속준거법에 의할 사항임을 명시한다.

등기가 있어야 물권적 효력이 인정된다.[387] 이 점에서도 "개별준거법이 총괄준거법을 깨뜨린다."[388]

(나) 사인증여와 법인 · 신탁에 대한 사인적 출연

사인증여와, 사인처분으로 하는 법인·신탁 출연에 의한 재산의 귀속과 이전도 상속준거법에 따라야 한다. 이렇게 하여 사망으로 인한 권리의무의 귀속과 이전을 일관되게 규율할 수 있다.

(ㄱ) 사인증여

사인증여도 증여이고 증여는 계약이므로 증여계약의 준거법에 의한다.[389] 현행 국제사법에는 증여에 대한 특칙이 없으므로, 다른 채권계약과 마찬가지로 다루어진다.[390] 증여계약의 실질은, 준거법약정이 있으면 그에 의하고(國私 §25), 그것이 없으면 國私 §26에 의해 준거법을 정한다. 일단 증여자의 상거소지법을 최밀접관련법으로 추정하면서(國私 §26 ② i) 최밀접관련법을 찾는다(國私 §26 ①). 증여의 최밀접관련법은 많은 경우 증여자의 본국법이라는 견해가 유력하다.[391] 증여의 방식준거법은 國私 §17로 정한다.[392] 부동산증여의 방식은 실질준거법의 약정이 있으면 그 법의 방식에, 그런 약정이 없으면 부동산소재지법의 방식에 의해야 하고, 행위지법의 방식을 따를 수 없다(國私 §17 ⑤). 다만 '사인'증여의 실질적·형식적 성립과 유효성이 상속준거법에 의해서도 긍정될 수 있다고 할지는 생각해 볼 여지가 있다.

그러나 사인증여의 효력은 상속의 일부로서 國私 §49의 적용범위에 포함되어야 한다.[393] 일정한 상황에서 행해지거나 일정한 자에게 하는 사인증여의

387) 이호정, 428; 안춘수, 326; Wolff, 229; Arondissementsbank Amsterdam(암스테르담 지방법원) NedJ 1971, 1206 = Kegel Zepos-Fschr. 1973, 333~358(이븐 사우드 왕의 사인증여사건)(이호정, 428의 요약소개에 의함).

388) 다만 Wolff, 228은 "개별준거법의 우위" 원칙을 원용함이 없이, 단지 특정유증이 '물권적 반환청구권 있는 유증'(Vindikationslegat)으로 인정되려면 그런 효력이 상속준거법과 물건소재지법 양쪽에 의해 인정되어야 한다고 서술할 뿐이다.

389) 동지: Bureau et Muir Watt, n° 856. 이호정, 428도 이 점을 전제한다.

390) 동지: 유럽상속규정 전문 (14); Bureau et Muir Watt, n° 856.

391) 이호정, 428.

392) 동지: Bureau et Muir Watt, n° 856.

393) 이호정, 428. 독일의 통설도 동지이다. Kegel/Schurig, §21 II, 1005; Wolff, 229; 이호정, 428. 1986년에 개정된(2015년 개정 전) 독일 민법시행법 Art. 25는 '사망에 의한 권리변동'이라고 규정하여, 사인증여를 상속의 일부로 다루는 통설을 입법적으로 수용했다. 프랑스 판례도 부부간의 사인증여는 상속준거법에 맡겼다. Cour d'appel de Paris, D.S.Jur. 1965, 26(de la Marnierre 평석 부)(Kegel/Schurig, §20 VI 3, 854와 이호정, 352에서 재인용). 다만, 유럽연합 규정은 생전증여와 사인증여의 구별 없이, 증여계약을 원칙적으로 '계약상 채무의 준거법에 관한 2008. 6. 17. 유럽의회와 이사회 규정 제593/2008호'(로마 제1규정: Rome I Regulation)가 정하는 계약준거법에 맡기고, 증여의 효력으로 성립하는 재산권("물권, 이익" 등)도 유럽상속규정의 적용범위에

금지(유효성 제한), 사망으로 인한 사인증여의 효력발생, 사인증여에 의한 재산의 귀속과 이전 등은 유증과 마찬가지로 상속준거법에 의해야 한다. 근거는 다음과 같다.

첫째, 사인증여도 상속재산의 운명을 정한다.[394] 즉 "증여자의 사후의 문제를 규율하는 것을 목적으로 하는" 점에서, 여타의 사인처분과 다르지 않다.[395] 사인증여의 기능은 유증과 유사하여, 사인처분을 사인증여로 했다 하여 법률관계의 무게중심이 달라진다고 볼 수는 없다. "피상속인이 사인처분에 의하여 어떠한 사람에게 출연을 해줄 수 있느냐"의 문제는, 유증이든 사인증여든 묻지 않고 상속준거법에 의하는 것이 타당하다.[396]

둘째, 실제로 많은 나라는 복잡한 사인증여에 의하여 사후의 재산관계를 불확정하거나 복잡하게 만드는 것을 금지한다. 라틴법권에서는 구속력 있는 사인처분을 금지한다.[397] 이븐 사우드 왕의 증여사건[398]에서 적용된 사우디아라비아법은 '피상속인이 다른 상속인의 동의 없이 일부의 상속인에게 유리한 증여를 하는 것'을 금지한다.[399] 상속재산이 미확정상태에 놓아지는 것을 제한하는 규율례로서, 라틴법권(로망스법권)은 후순위상속(Nacherbfolge)을 원칙적으로 금지하고, 영미법은 일정한 시한까지 성취여부가 확정되지 않는 조건에 따라 상속관계를 미확정상태로 놓는 것을 금지한다(영구권 금지칙, 永久權禁止則, rule against perpetuities).[400] 이러한 실질법적 규율은 유류분과 함께 상속실질법상 큰 중요성을 가지는 강행규정들이다.[401] 이 중 일부는 상속인지정이나 유증을 대상으로 하며, 다른 일부는 사인증여까지도 대상으로 한다.

서 제외하되(전문 (14)), 상속법에 의한 그 고려(반환이나 정산)는 유럽상속규정이 정하는 준거법에 의하게 한다(Art. 23(2)(j)). 그러나 사망자의 재산 이전에 관한 사인증여의 효력이 유럽상속규정의 적용범위에 포함되는 정확한 범위는 해석에 맡겨져 있는 듯하다. Bureau et Muit Watt, n° 856은 계약준거법과 상속준거법이 "강하게 경쟁"하게 된다고 하면서, 그 예로 '장래에 취득할 재산'을 증여의 대상으로 할 수 있는지는 상속준거법에 의한다는 견해(B. Ancel, « Donation, donation entre époux », Rép. dr. internat., 2e éd. 2005, n° 11)를 소개한다.

394) Wolff, 229.

395) 이호정, 428(순한글로 바꾸어 인용함).

396) 이호정, 429(순한글로 바꾸어 인용함).

397) 이호정, 424.

398) Arondissementsbank Amsterdam(암스테르담 지방법원) NedJ 1971, 1206 = Kegel Zepos-Fschr. 1973, 333~358(이호정, 428의 요약소개에 의함).

399) 이호정, 428.

400) 이호정, 424.

401) 이호정, 424.

(ㄴ) 사인처분으로 하는, 법인이나 신탁에 대한 출연

피상속인이 사인행위로 법인이나 신탁[402]에 대한 출연을 하는 경우가 있다. 그 출연재산도 상속재산을 구성하는지 문제된다. 부부재산제의 해소 문제와 마찬가지로 상속에 선행하는 법률관계로 다루어 상속재산을 구성하지 않게 하는 방법도 논리적으로는 생각해 볼 수 있으나, 국내에 이런 학설은 보이지 않는다. 신탁에 관한 국내 학설로는 "개별준거법은 총괄준거법을 깨뜨린다"는 원칙을 원용하여[403] 신탁준거법에 맡기는 견해가 있다. 이 견해는 개별재산의 상속성(일신전속권인지)을 개별재산의 준거법에만 맡기는[404] 해결을 여기에서도 일관하려 한다. 그래서, 신탁재산의 독립성을 인정하여 상속제도 밖에서 규율할지, 아니면 신탁재산의 독립성을 부정하여 상속재산에 포함시키고 상속제도 내에서 규율할지는 신탁재산의 준거법이 정할 문제라고 한다.[405] 그러나 유언신탁은 사망자의 의사로 설정하는 것이므로, '일신전속적 권리는 상속재산에 포함되지 않는다'는 규율을 여기에까지 연장시키기는 어려워 보인다. 오히려 유언신탁도 사망시에 존재한 유산의 전부나 일부를 사인행위로써 출연하는 것이다. 그래서 사인증여의 효력을 규율하기 위해 사인증여된 재산을 상속재산의 일부로 파악할지도 상속준거법에 의한다(위 (ㄱ)). 또, 생전의 신탁출연을 특별수익의 반환(정산)제도의 규율대상으로 삼을지, 어떻게 규율할지도 상속준거법에 맡긴다(아래 (ㄷ)), 같은 이유에서, 사인적 신탁출연재산이 상속재산의 일부를 이루는지도 상속준거법에 맡김이 타당할 것이다. 상속준거법이 신탁재산의 독립성을 중시하여 유언신탁재산을 상속재산 밖에 놓는다면 그렇게 하면 된다. 반면에 상속준거법이 유언신탁된 재산도 상속재산의 일부로 파악하여 사인증여처럼 취급한다면 그렇게 하면 된다.

법인이나 신탁에 대하여 이루어지는 사인적 출연의 효력, 즉 '사망에 의한 재산의 귀속과 이전' 부분도 상속준거법에 의함이 타당하다.[406] 사인증여의 효

402) 국제사법에서 신탁을 독자적인 법률관계로 인정할지, 또 생전신탁과 유언신탁을 모두 그렇게 할지에 대해서는 견해가 나뉜다. 독일의 통설·판례는 생전신탁은 채권관계로, 유언신탁은 상속으로 성질결정한다. 프랑스 국제사법상의 논의에 관해서는 Godechot(2004) 참조. 김언숙(2017), 199에 의함. 김언숙(2017), 191~193, 199는 생전신탁과 유언신탁을 포괄하여 신탁을 국제사법상의 독자적인 체계개념(연결대상)으로 인정한다

403) 신탁 자체가 총괄재산이므로, 정확히 말하면 '보다 제한된 총괄재산(신탁)의 준거법이 보다 광범위한 총괄재산(상속재산)의 준거법을 깨뜨린다'는 논지를 펴고 있다고 해야 할 것이다.

404) 다툼없음. 아래 (11) 참조.

405) 김언숙(2017), 198.

406) 국제사법적으로 유언신탁을 상속의 일부로 성질결정하는 입장(독일 통설·판례)에서는 '상속재산의 신탁 귀속·이전'도 상속 문제로 다루어 상속준거법에 의하는 데 별 의문이 없을 것이다

력을 상속준거법에 맡기는 이상, 법인이나 신탁을 위한 출연을 달리 취급할 이유가 없다. 출연을 받을 법인·신탁이 기존의 것이든 새로 설립 내지 설정(창설)될 것이든 같다.

한편, 법인의 설립과 신탁의 설정, 법인과 신탁의 내부관계, 기타 법인과 신탁에 고유한 문제는 법인과 준거법(법인의 속인법)과 신탁의 준거법에 의한다. 생전행위로 설립·설정되든 것이든, 사인행위로 설립·설정되는 것이든 같다.[407]

사인적 출연에 의해 재단법인을 설립하거나 신탁을 설정하는 경우, 법인·신탁의 준거법에 따라서는, 법인설립·신탁설정의 효력이 또는 신설 재단법인·신탁에 의한 재산취득의 효력이 상속개시시로 소급한다는 개념을 알지 못할 수도 있다. 그러나 이는 '신탁에 대한 출연'과 그 효력을 상속문제로 다루는 것을 방해하지 못한다. 오히려 법인이나 신탁에의 상속재산 귀속·이전도, 상속인, 수유자, 수증자에게의 귀속·이전과 마찬가지로 일관되게 상속준거법에 맡기는 것이 타당함을 보여준다. 상속준거법은 당연승계주의에 따라 법정상속, 유증, 사인증여, 사인적 법인·신탁출연 등을 묻지 않고 상속개시시에 효력발생하게 할 수도 있다. 청산후승계주의에 따라 유산관리인이나 유언집행자가 개별재산을 이전시킨 때에 비로소 이전되게 할 수도 있다. 이 문제들을 상속준거법에 일관되게 맡김이 타당하다.

재단법인이나 신탁이라는 재산체(총괄재산)는 상속이라는 총괄재산에 대하여 특별재산이다. 그래서 출연재산이 재단법인이나 신탁재산으로 '이전'되기 위해 재단법인이나 신탁의 준거법이 요구하는 요건이 있으면, 그 요건이 충족

(물론 상속의 실행. 좁게는 상속재산의 이전을 상속에서 떼어내어 따로 연결할지의 문제는 '신탁으로의 이전'에도 똑같이 적용될 것이다: 아래 (16) 참조). 그러나 신탁(생전신탁과 유언신탁 포괄)을, 또는 유언신탁을 상속과 별개의 연결대상(국제사법상의 체계개념)으로 인정하는 입장에서는, '상속재산의 신탁 귀속·이전'이 상속 문제의 일부이냐, 신탁 문제의 일부이냐가 쟁점이 된다. 헤이그신탁협약은 이 문제에 대해 침묵한다. 즉, 헤이그신탁협약은 생전에 설정된 신탁과 사인처분으로 설정된 신탁에 두루 적용되지만(Art. 2), 이 협약은 "신탁의 유효성(validity)(역주: 유효한 성립), 해석(construction), 효력(효과)(effects) 및 관리(administration)"만을 규율한다(Art. 8(1)). 그리고 Art. 15(1)(c)는 이 협약에 의한 신탁준거법의 결정이, 각 체약국의 국제사법에 의해 "특히 배우자와 친족의 유류분(indefeasible shares)을 포함하여 유언 및 무유언상속에서의 상속권"의 준거법을 정하는 것을 방해하지 않는다고 규정한다. 그래서 상속재산의 신탁에로의 귀속, 이전이 상속 문제인지, 신탁 문제인지의 성질결정은 각 체약국의 국제사법에 맡기고 있다. 유류분까지 언급한 것을 보면, '상속재산의 신탁 귀속과 유류분과의 관계를 어떻게 다룰지'까지도 상속 문제의 일부로 분류하는 입장을 두둔하는 듯한 느낌을 주기도 한다. 유럽상속규정 Art. 1(2)(g)도 사인처분에 의한 재단법인이나 신탁에의 출연을 동 규정의 적용범위에서 배제함으로써, '상속재산의 신탁 귀속·이전'을 상속과 신탁 중 어느 문제의 일부로 다룰지의 문제도 개별 회원국 국제사법에 맡긴다.

407) 유럽상속규정도 "신탁의 창설, 관리 및 해소(dissolution)"는 동 규정의 적용범위에서 배제한다(Art. 1(2)(j)).

되어야 이전된다. 여기에서도 "개별준거법이 총괄준거법을 깨뜨린다."

(ㄷ) 증여에 대한 상속준거법의 규율

생전증여이든 사인증여이든 상속준거법에 의해야 할 부분이 있다. 특별수익의 반환(내지 정산)과 유류분 등이 그것이다. 즉, 증여나 법인·신탁에의 출연을 생전행위나 사인행위로 한 경우, 그 효력이 특별수익의 반환(내지 정산)제도에 의해 규율되는 부분도 상속준거법에 의한다.[408] 특별수익 반환(정산)제도가 생전증여, 장래의 반환가능성이 유보된 증여, 사익신탁으로부터의 수익 등을 어디까지 고려하는지도 상속준거법에 의한다. 또, 증여나 재단법인·신탁에 대한 출연의 효력이 유류분제도에 의해 제한되는지, 그 경우 유류분제도가 어떻게 개입하는지(예컨대 유류분권자가 장래에 신탁으로부터 수익할 부분도 그의 구체적 상속분과 같이 고려하는지)도 상속준거법에 의한다.[409]

상속준거법의 이러한 규율이 증여준거법과 충돌하면 전자가 우선한다.[410] 법인이나 신탁에의 출연에 대해서도 같다.

(다) 사인처분의 금지 또는 제한

일정한 내용의 상속인지정, 유증 또는 사인증여에 대한 금지도 상속의 내용에 관한 금지이므로 상속준거법에 의한다. "피상속인이 어떠한 사람에게 출연을 해줄 수 있느냐"는 상속준거법이 정한다.[411] 예컨대 피상속인의 상속인지정, 유증 등의 내용 형성에 영향을 줄 수 있는 일정한 사람(의사, 약사, 성직자, 공증인, 둘째 부인 등)에 대한 사망에 의한 출연을 금지하는 것이 이에 속한다.[412] 아직 존재하지 않는 사람, 즉 아직 포태되지 않는 사람(nodum conceptus)을 후순위상속인(Nacherbe)으로 지정할 수 있는지도 상속준거법에 의한다.[413]

유류분권자, 필연상속인 또는 강제상속인의 결정과 그들의 유류분권 내지 필연상속권, 강제상속권의 내용도 상속준거법에 의한다.[414] 이것도 법률이 정하는 상속인과 상속분에 관한 규율의 일부이기 때문이다. 실질사법이 유류분을 일정한 비율로 정하고 있든, 일정한 액수로 정하고 있든 같다. 유류분보충청구

408) Bureau et Muir Watt, n° 856. 헤이그상속협약 Art. 7(2)(d)와 유럽상속규정 Art. 23(2)(i)는 이 점을 명시한다.
409) 김언숙(2017), 199.
410) 이호정, 428.
411) 이호정, 429(순한글로 바꾸어 인용함).
412) 이호정, 429.
413) 이호정, 429.
414) 이호정, 429; 이병화(2005), 259; 櫻田嘉章, 342 f.; Wolff, 228; Bureau et Muir Watt, n° 856. 헤이그상속협약 Art. 7(2)(d)는 이 점을 명시한다.

권(Pflichtteilsergänzungsanspruch)이 인정되는지, 제3자에 대해서도 이것이 인정되는지도 상속준거법에 의한다.[415] 유류분권의 실행방법도 상속준거법에 의한다. 그래서 상속준거법이 재판상 행사를 요구하면(예: 프랑스민법은 '유류분권에 기한 증여·유증·감액의 소'의 형태로 유류분권을 행사하게 함), 한국에서도 그러한 재판상 행사가 요구되는 것으로 처리해야 한다. 물론 재판의 구체적 절차는 한국법에 의한다. 그러나 실체준거법이 요구하는 재판상 행사 제도를 한국의 절차법이 수용할 방법이 없다 하여 준거실체법의 적용을 거절할 것은 아니다. 오히려 절차법을 실체준거법에 적응시켜 소송절차를 진행해야 한다. 유류분의 감쇄[416]와, 유류분의 포기[417]도 상속준거법에 의한다. 이것들은 모두 상속분을 정하는 기준에 속하기 때문이다. 스위스 국제사법 Art. 92 ①은 이 문제들이 모두 상속준거법의 적용범위에 속함을 포괄적으로 규정한다.

상속준거법이 외국법인 경우에 그 상속법이 한국 민법이 정하는 유류분을 알지 못하고 사인처분에 아무런 제한이 없다 하여 곧바로 공서양속(國私 §10) 위반은 아니다.[418] 한국 민법의 유류분권에 관한 규정이 국제적 강행법규(國私 §7)인지, 어느 한도에서 그렇게 볼 것인지도 해석에 맡겨져 있다. 한편, 상속준거법이 조건부상속을 규정한다고 하여 곧바로 공서위반이 되는 것도 아니다. 누가 상속인이나 수유자, 수증자가 되는지에 관한 조건의 성취 여부가 장기간 불확정한 상태에 놓여 있게 되는 것, 가령 코몬로의 "영구권 금지칙(rule against perpetuities)"에 따라 21년까지는 무방하다고 하는 것도 성급히 공서위반으로 평가할 것은 아니다. 생전처분이나 사인처분으로 신탁을 설정하여 수익자에게 조건부 또는 기한부의 권리를 설정하거나, 상속인을 조건부로 정하게(예컨대 제1상속인이 사망하면 또 한 차례의 상속이 일어나는 것이 아니라 기존의 상속에서의 상속인의 지위가 제2순위자에 의하여 대체되도록) 허용하는 것도 상속의 다양한 규율례로서 수용해야지, 섣불리 공서위반으로 단정할 일이 아니다.

(9) 상속인, 수유자, 수증자에게 부과되는 부담

피상속인이 상속인, 수유자 또는 수증자에게 부과하는 의무 내지 부담도 상속준거법에 의한다.[419]

---

415) Wolff, 228의 fn. 2.

416) 東京地判 2008(平 20). 12. 24. 戸籍時報 673, 69.

417) 東京家審 1974(昭 49). 1. 29. 家月 27-2, 95.

418) 이호정, 429(동지의 독일 판례로서 미국 뉴욕주법이 무제한의 사인처분 자유를 인정한 것이 독일의 공서양속에 위배되지 않는다고 판단한 RG JW 1912, 22를 인용함).

419) 헤이그상속협약 Art. 7(2)(a)와 유럽상속규정 Art. 23(2)(b)는 이 점을 명시한다.

(10) 상속의 승인 · 포기

상속의 승인이나 포기도 상속의 준거법에 의한다.[420] 이 점에 대하여 국내에는 이견이 없다. 독일과 일본에서는 상속준거법이 상속의 포기를 인정하지 않더라도 상속인의 본국법이 이를 인정하면 상속의 포기를 인정해야 한다는 소수설이 있다. 자신의 본국법에 의하지 않고 의무를 부과받는 것은 부당함을 근거로 든다.[421] 상속인이 스스로 이익을 얻는 것도 상속인의 의사에 반하여 강요할 것은 아니므로, 상속의 승인과 포기를 상속인의 속인법에 맡기는 것도 나름대로 합리성은 있다. 상속인의 객관적인 이해관계를 보더라도, 적극재산의 취득이 반드시 이익만을 가져오는 것은 아니며, 상속세와 재산세의 부담도 있고, 상속재산에서 소극재산이 적극재산을 초과하는 경우도 있다. 그러나 상속의 포기는 당해 상속권자 외에 상속채권자와 후순위상속인 등의 이해관계인에도 영향을 미치므로, 상속준거법에 맡겨 통일적으로 해결하는 것이 낫다.[422] 물론, 상속준거법이 상속의 포기를 전혀 인정하지 않음으로써 법정지의 법질서가 수용할 수 없는 불합리한 결과에 이르게 된다면, 그 한도에서 준거외국법의 적용을 제한하고 법정지법에 의하여 보충해야 한다(國私 §10).[423]

상속의 승인과 포기가 허용되는지,[424] 어떤 형태의 승인이 허용되는지(단순승인 외에 한정승인도 허용되는지[425]), 한정승인의 효과,[426] 승인과 포기의 기한,[427] 승인과 포기의 방법(가령 법원에 신고해야 하는지, 공증인에게 해도 되는지),[428] 승인의

---

420) 김용한 외, 366; 김진, 296; 이호정, 430; 이병화(2005), 259; 안춘수, 326. 東京地判 2001(平13). 5. 31. 判時 1759, 131도 동지. 유럽상속규정 Art. 23(2)(e)는 이 점을 명시한다.

421) Zitelmann과 久保岩太郎의 견해라고 한다. 김용한 외, 366, 櫻田嘉章, 342의 학설 소개에 따름.

422) 결론에서 동지: 서희원, 330; 이병화(2005), 259.

423) 다만 김용한 외, 366은 "피상속인의 본국법이 포기를 인정하지 않는 이상, 상속인의 본국법의 여하를 묻지 않고, 이것이 인정되지 않아야 한다"고 서술하여(순한글로 바꾸어 인용함), 마치 공서조항(國私 §10)의 개입 여지가 배제되는 것처럼 서술되어 있다.

424) 이병화(2005), 259.

425) 서희원, 329; 이병화(2005), 259.

426) 서희원, 329. 유럽상속규정 Art. 23(2)(e)는 단순히 "승인이나 포기의 효과"도 상속준거법에 의한다고 규정한다.

427) 대구고등법원 2015. 4. 22. 선고 2014나2007 판결(심리불속행으로 상고기각, 확정)(미공간, 國際私法 21-2(2015), 442 f.에 요지 수록)은 승인 · 포기의 기한을 승인 · 포기의 방식으로 보고 행위지법에도 선택적으로 연결된다고(國私 §17 적용) 했다. 정구태(2016), 51 f.는 이 두 논점에 대한 판지를 모두 지지한다. 그러나 상속법상의 법률행위에 관해 國私 §17을 적용한 것이 잘못일 뿐 아니라(상세는 아래 (15)), 기한을 방식 문제로 본 것은 명백한 오판(성질결정의 잘못)이다. 이 사건 1심판결인 대구지방법원 2014. 5. 13. 선고 2013가합9233 판결(미공간, 國際私法 20-2(2014), 530에 요지 수록)은 승인 · 포기의 기한을 상속의 실질 문제로 보았다. 그래서, 이 1심판결이 國私 §17이 상속법상 법률행위에도 적용된다는 부당한 해석을 했음에도, 결과적으로는 그 폐해를 피해갈 수 있었다.

428) 서희원, 329(승인의 방법에 대하여). 유럽상속규정 Art. 23(2)(e)는 승인이나 포기의 "요건

간주,[429] 승인과 포기의 취소[430] 등이 모두 상속준거법에 의한다. 한국 상속법이 알고 있는 형태의 상속포기 외에, 상속의 사전포기(상속포기계약[431] 포함)도 상속의 준거법에 의한다. 즉, 그 허용 여부[432]와 실질적 성립·유효성, 방식,[433] 효력[434]이 모두 상속준거법에 의한다. 다만, 상속의 승인이나 포기의 의사의 흠결이나 하자의 효과와 이를 주장하기 위한 요건과 절차에 대해서는 國私 §29 ②를 유추적용하여 상속인이 자신의 상거소지법을 원용할 수 있게 할지의 문제가 있다. 國私 §29 ②가 신설되기 전인 2001년 전에도 "상속인의 의사표시가 있었느냐(특히 그의 침묵이 의사표시로 간주되느냐)와 의사의 흠결이나 하자"에 관하여 상속인의 주소지법의 개입을 허용하는 견해가 있었다.[435] 國私 §29 ②는 법률행위에 관한 일반적 규율로서 유추적용될 수 있고, 상속의 승인과 포기에 대해서도 유추적용함이 타당하다. 또, 상속포기계약이 그 자체로서 유효하게 성립하였고 구속력이 있는지(일방에 의한 철회가 가능한지)는, 사인처분 자체의 문제로서 '단독으로 하는 유언'과 마찬가지로 國私 §50에 의한다(그 확장적용 내지 유추적용).

상속의 승인이나 포기의 방식도 상속관계의 일부이므로 상속준거법이 정하는 방식에 따라 승인·포기를 할 수 있음에는 다툼이 없다. 문제는 國私 §17에 따라 행위지법의 방식에 따라도 되는지이다. 이 문제는 친족상속법상의 법률행위에 대해서도 國私 §17이 적용되는가 라는 일반적 논점으로 돌아간다. 이를 긍정하는 견해가 있고,[436] 그래서 특히 상속의 승인·포기의 방식에 대하여

(conditions)"도 상속준거법에 의한다고 명시한다.

429) 서희원, 329.

430) 서희원, 329; 이병화(2005), 259.

431) 상속포기계약(Erbverzichtzvertrag)이라 하면 피상속인의 생전에 피상속인을 일방 또는 쌍방 당사자로 하여 체결된 것만을 말한다.

432) 김용한 외, 364; 서희원, 328.

433) 예: 상속기대권자가 피상속인 사망 전에 상속인에 대한 의사표시로 상속의 포기의사를 밝힌 것만으로 상속포기의 효과가 발생하는지.

434) 서희원, 328.

435) 이호정, 430.

436) 이호정, 383(인지의 방식에 관하여), 394 f.(입양의 방식에 관하여), 402(협의상 파양의 방식에 관하여). 최흥섭(1999a), 292 f. = 최흥섭(2005), 85도 涉私 §10 ②의 행위지법규칙을 신분행위에 유추적용하는 것을 지지하는 견해로 보인다. 즉, 涉私 §10(國私 §17 ①, ②의 전신)이 "신분행위에도 적용되는 규정인가에 대해 의문이 있을 수 있"다고 하면서, 입법론으로는 涉私 §10의 규정내용을 다듬어 재산법상의 법률행위와 신분행위에 공통된 총칙규정으로 적용시키는 것이 바람직하다고 주장했다. 이 견해는 다음 취지로 이해된다. 첫째, 신분행위의 방식을 행위지법에도 선택적으로 연결하는 데에는 입법론 및 해석론상 이견이 없다. 둘째 涉私 §10 ①이 방식을 실질준거법에 선택적으로 연결할 때 '성립'이 아니라 "效力"의 준거법에 연결하는 부분을 신분행위에 그대로 가져다 쓰는 것에는 의문의 여지가 있다. 그러므로 涉私 §10을 그대로 적용할지, 이 부분을

상속준거법과 행위지법이 선택적으로 적용된다고 해석하는 견해가 있다.[437] 그러나 상속의 승인·포기는 행위지법의 방식에 따라도 된다고 할 필요가 없다. 그 방식은 상속의 승인·포기의 일부라고 해석하여, 일괄하여 상속준거법에 맡겨야 한다. 예컨대 한국법이 상속준거법인 사안에서 상속인이 대한민국의 재외공관에서 한국법이 정하는 방식에 따라 상속의 승인이나 포기의 의사표시를 하는 것은 가능하지만, 그가 자신이 거주하는 외국에서 '행위지 방식'에 따라 상속의 승인이나 포기의 의사표시를 할 수는 없다고 해야 한다.

그러나 상속의 승인·포기의 방식이 상속준거법에 맡겨진다 하여, 반드시 상속준거법 소속국 법원(기타 관청)에서 승인·포기의 의사표시를 해야 하는 것은 아니다. 오히려 상속준거법에 따른, 법원에 대한 승인·포기의 의사표시는 상속의 승인·포기에 관한 국제비송관할이 있는 국가이기만 하면 원칙적으로 할 수 있다고 생각된다. 그래서 예컨대 한국법원에 상속비송절차의 국제관할이 있을 때, 상속준거법이 외국법이고, 그 법이 상속의 승인과 포기를 법원에 대한 의사표시로 하도록 정하고 있으면, 한국법원에 상속의 승인과 포기의 신고를 할 수 있다고 생각된다.[438] 그리고 상속준거법이 정하는 기한 내이면, 기한 내의 유효한 승인·포기로 인정해야 할 것이다. 다만, 상속준거법이 반드시 상속준거법 소속국 법원(기타 관청)에게만 상속의 승인과 포기의 의사표시를 하라는 취지일 수도 있다. 이처럼 승인·포기의 의사표시 수령에 관한 국제비송관할이 준거외국법(상속준거법)상 전속적이면, 한국법원에 대하여 한 승인·포기는 적법

다듬어(가령 '성립'의 준거법에 연결하는 것으로) 끌어쓸지(즉 "적용"이 아니라 유추적용) 해석론상 논의해야 한다. 셋째, 재산법상 법률행위의 경우에도 涉私 §10 ①이 "效力" 준거법에 연결하는 것을 '성립' 준거법으로 바꾸는 것이 타당하다. 이렇게 개정하면 涉私 §10 ①을 재산법과 신분법상 법률행위 양쪽에 적용하는 데 아무 문제가 남지 않게 된다. 이 학설의 셋째 점은 2001년 개정시 대체로 반영되었다. 즉, 國私 §17 ①에서 "법률행위의 방식은 그 행위의 준거법에 의한다"고 하여, 성립준거법과 효력준거법이 다를 때 어느 쪽에 연결하는지를 해석에 맡겼다.

437) 김용한 외, 366.

438) 한국법원은 준거외국법에 따라 한국의 비송절차법을 적응시키는데 매우 인색한 편이다. 아직 상속의 승인·포기에 관한 사례는 확인되지 않으나 협의이혼과 관련하여 그런 태도가 보인다. 이혼준거법이 외국법인 경우에, '이혼준거법이 협의이혼절차를 반드시 자국의 법원 기타 관청에서 밟도록 요구하는가'를 살피지 않고, 일률적으로 협의이혼절차를 이혼준거법 소속국에서만 밟도록 하고 한국법원에서는 밟을 수 없도록 한다. 이것은 잘못이다. 첫째, 협의이혼의 방식은 실체준거법이 정할 사항인데, 절차법이 정할 사항으로 오해하고 있다. '한국법원에서 하는 일이므로 한국법이 알아서 이렇게 정할 수 있다'는 것은 이 문제를 절차 문제로 착오하고 있음을 보여준다. 둘째, 절차법은 실체법에 봉사하기 위해 존재하는 것인데, 절차법을 준거실체법에 적응시키기를 일절 거부하는 것은 잘못이다. 셋째, 사법접근의 부당한 제한이다. 만약 상속준거법이 외국법인 경우에 한국법원이 '준거외국법이 정하는 방식에 따라 그에 맞도록 절차법을 적응시키면서 승인과 포기의 신고를 받는' 일을 거절한다면, 협의이혼절차에 대해 보여주는 잘못된 관행이 똑같이 반복되는 것이며, 이 세 가지 문제점을 똑같이 드러내는 것이 될 것이다.

한 승인·포기로 인정될 수 없다. 승인·포기를 어떤 관청에 대한 의사표시로서 해야 하는지는 승인·포기의 방식 문제이고, 이 문제는 상속준거법에 의하기 때문이다. 그러나 이로 인해 적시에 승인·포기를 하기가 매우 어렵다면, 승인·포기방식의 엄격성이 공서위반(國私 §10)을 구성할 여지가 없지 않다. 공서위반으로 인정되면, 한국법이 정하는 방식으로(법정지법에 의한 보충) 승인·포기의 의사표시를 할 수 있게 될 것이다. 한편, 한국법원이 외국법원을 위하여 승인·포기의 의사표시를 수령하여 전달하는 국제사법공조(國際司法共助)는 별개의 문제이다.

또, 한국의 법원 기타 관청에서 상속관계를 다룰 때, 외국에서(가령 외국 법원에 대하여) 승인이나 포기를 한 것을 어떻게 다룰지의 문제가 있다. 현재의 학설상황 하에서는 한국법원은 상속준거법에 맞게 승인이나 포기가 행해졌는지를 실질심사해야 한다. 그러나 그 외국 법원이 그 승인, 포기를 적법한 것으로 판단하여 수리하였으면 그러한 규율결과를 받아들이는 해석론도 주장될 여지가 있다. 후자는 '외국비송절차의 승인' 내지 '법률관계의 승인' 법리를 따르는 것이다. 후자의 접근방법을 따르면서 '한국 국제사법에 따른다면 상속준거법이 될 법이 그 외국에서도 상속준거법으로 적용되었는가'의 심사(준거법 심사)를 하지 않으면, 외국에서 행해진 승인·포기의 효력을 그만큼 더 관대한 조건 하에 받아들이게 된다.[439]

상속준거법 소속국이나 상속승인·포기에 관한 원칙적 국제비송관할국(해석에 따라 피상속인의 본국 또는 상거소지국 등)에서는 관할법원(기타 관청)이 상속승인·포기의 기한을 연장하는 결정을 한 일이 없는데, 상속의 승인·포기신고를 접수할 국제비송관할 있는 타국(예: 상속재산 소재지)의 법원이 그런 결정을 하는 경우가 있다. 그 국가의 법원에서 그렇게 연장된 기한 내에 승인·포기의 신고가 행해진 경우에는, 그것이 부적법(상속준거법에 합치하지 않아서, 또는 준거법 심사 없이 외국비송재판 승인이 이루어지는 경우에는 가령 승인국의 국제사법적 공서가 위

439) 서울가정법원 2005. 11. 10.자 2004느합17 심판에서는 한국법에 따르는 상속에 관하여 일본법원이 일부 공동상속인으로부터 상속포기를 받은 사실을 언급하고 있을 뿐이고, 본문에서 적은 논점에 대한 아무런 설시도 없다. 결과적으로는 일본 법원에 대하여 한 상속포기도 한국법상의 적법한 상속포기로 인정한 것으로 보인다. 대구고등법원 2015. 4. 22. 선고 2014나2007 판결(심리불속행으로 상고기각, 확정)은 상속준거법이 한국법인 사건에서 상속포기를 행위지법(일본법)의 방식으로 한 것도 허용된다고 해석했다. 정구태(2016), 51은 이를 지지. 그러나 國私 §17을 상속법상 법률행위에까지 적용한 것은 무리이며, 구체적 사안의 해결을 위해서도 불필요했다. 한국법이 정하는 방식으로 상속포기하는 것이 상속재산(일부)의 소재지인 일본에서도 가능하다(국제비송관할 긍정)고 하는 것으로 충분했다.

반되어)하지 않은 한, 그 효력이 인정되어야 한다. 그 결과, 승인·포기에 대한 일반적 규율결과와, 위와 같은 승인·포기가 행해진 국가에서의 규율이 갈릴 수 있다. 이 경우 상속재산 소재지국에서 행해진 승인·포기의 효력은 그 국가에 소재한 상속재산과 그 국가의 법에 의하는 특별상속재산에만 미친다고 해야 한다.[440] 상속재산의 그 외의 부분에 관한 한, 승인·포기의 의사표시가 없었던 것으로 처리되어야 한다. 이 경우에도 상속의 분열이 일어난다.

(11) 상속재산의 범위(구성)

상속재산의 범위도 상속준거법에 의한다.[441] 그래서 피상속인 사망 후에 취득된 적극재산이나 소극재산이 상속재산에 포함되느냐도 상속준거법에 의한다.[442] 피상속인 사망 후에 취득되는 적극재산의 예로는, 대위(代位)에 의한 취득이 있고, 사망 후에 취득되는 소극재산의 예로는 상속인, 유언집행자 또는 상속재산관리인의 행위에 의하여 발생하는 채무가 있는데, 그런 것들이 상속재산에 속하는지에 대해서는 실질사법이 서로 다를 수 있으므로, 준거법 결정의 실익이 있다.[443]

상속재산이 단일한 총괄재산으로 파악되는지, 아니면 동산과 부동산 별로 복수의 총괄재산을 구성하는지, 어떤 재산(정확히 말하면 권리나 의무)은 별도로 특별상속의 대상이 되는지도 상속의 준거법에 의한다.[444] 실질법적으로 동산과 부동산을 따로 묶어 별개의 총괄재산으로 다룰지도 상속준거법에 의한다. 상속개시지 외에 소재하는 재산이 '상속개시지에서 총괄재산으로 묶어 다루는' 상속재산에는 포함되는지, 아닌지(즉 상속재산의 소재지에 따른 유산분열을 인정하는지)[445]도 상속준거법에 의한다. 그래서 상속준거법인 외국법상으로 실질사법적

440) 대구고등법원 2015. 4. 22. 선고 2014나2007 판결은 일부 상속재산 소재지(일본)에서 법원의 승인·포기기한 연장결정을 받아 그렇게 연장된 기한 내에 한 상속포기의 효력이 모든 상속재산에 미친다고 판단했다. 다만 그렇게 판단하는 근거를 분명히 따로 제시하지는 않고, 國私 §17이 상속승인·포기에도 적용되고, 상속의 승인·포기의 기한이 방식 문제라고 성질결정된다는 해석론만 제시했다(그 두 해석론이 부당함은 상술했음). 그 결과, 國私 §17에 대응하는 법적용통칙법 §34를 상속법상 법률행위에도 적용하는 일본(단순한 상속재산 소재지였음)식 규율의 결과가 한국(주된 상속비송절차국)에서 그대로 승인되는 결과가 되었다.

441) 이호정, 426; 신창섭, 331; 이병화(2005), 258; 안춘수, 325.

442) 이호정, 426.

443) 이호정, 426.

444) 김용한 외, 365; 櫻田嘉章, 341(일본 법적용통칙법 §36에 관하여). 스위스 국제사법 Art. 92 ① 은 이 점을 명시한다.

445) 예컨대 영국 상속법은 해외에 소재하는 재산(동산 및 부동산)에 대하여 영국의 상속재산관리인이나 유언집행자에 의한 상속재산 관리·청산, 이전의 대상에서 제외하거나 그 포함 여부를 영국의 상속재산관리인이나 유언집행자의 임의에 맡긴다.

유산분열(materiellrechtliche Nachlaßspaltung)이 있으면 이에 따라야 한다.[446)]

실질사법이 상속재산 중 일정한 재산(대개의 경우에는 일정한 부동산, 예컨대 상속개시시에 피상속인과 특별상속인이 실제로 거주하는 부동산)을 특별상속에 따르게 하여 상속재산의 분열을 인정하는 경우가 있다. 이것은 실질사법에서 모든 부동산의 상속을 소재지법에 따르게 하던 전통적 상속분열주의가 부분적으로 남은 것이다. 특히 부부재산법적 고려를 상속법 내로 흡수한 것이 많다. 특별상속도 실질사법상의 유산분열의 일종이다. 특별상속도 상속관계의 일부이므로 상속준거법에 통일적으로 맡겨진다.

한편, 어떤 권리의무가 상속될 수 있는 것인지(상속성 유무)는, 상속(총괄준거법)의 문제가 아니라, 그 개별적 권리의무의 문제로서 그 준거법(개별준거법)이 정한다.[447)] 그래서 어떤 권리의무가 그 준거법에 의하여 상속성이 없으면, 그 권리의무는 상속재산에 포함될 수 없다.[448)] 즉, "개별준거법이 총괄준거법을 깨뜨린다."[449)] 예컨대 어떤 권리나 의무의 준거법이 그것을 일신전속적인 것으로 정하고 있으면[450)] 그 권리, 의무는 상속재산에서 제외된다.[451)] 이처럼 '상속준거법이 상속재산의 범위를 정하는 것이 원칙이지만 개별재산이 상속성을 부정하면 예외적으로 상속재산의 범위에서 제외된다'고 설명하는 것이 다수설이다.[452)] 그리고 그 권리의무의 운명(타인에 의한 승계 등)은 그 권리의무의 준거법에 의하여 정해진다.[453)] 이 점은 그 권리의무가 계약법이나 물권법상의 것이든, 회사법상의 것이든, 부부재산제상의 것이든 마찬가지이다. 물론, 상속준거

---

446) 이호정, 420.

447) 이호정, 426 f.; 이병화(2005), 258.

448) 이호정, 426; 서희원, 329; 신창섭, 331; 이병화(2005), 258.

449) 김용한 외, 365; 이호정, 426 f.; 신창섭, 331.

450) 예컨대 위자료청구권이나 신원보증채무의 준거법이 그렇게 정하는 경우가 있을 수 있다. 서희원, 328, 329.

451) 서희원, 328 f.

452) 소수설은 개별재산의 상속성의 문제를 아예 상속준거법의 적용범위에서 제외한다. 이병화(2005), 258은 개별재산의 상속성이 먼저 긍정된 후에 비로소 상속준거법이 이를 상속재산에 포함시킬 수 있다고 설명한다. 그러나 소수설은 외국법조사의 부담을 증가시킨다. 하나하나의 개별재산을 놓고 그 준거법이 상속성을 긍정하는지 부정하는지를 일일이 따져야 하고, 그 준거법이 상속성을 긍정하는 점이 적극적으로 확인되는 경우에 한하여 상속재산에 포함시키기 때문이다. 만약 개별재산의 준거법이 그 개별재산의 상속성에 대해 어떻게 정하고 있는지 분명하지 않으면, '준거외국법의 불명'의 문제로 다루어져 오히려 문제해결이 복잡해질 우려도 있다. 이와 달리, 통설은 개별재산의 상속성도 원칙적으로는 상속준거법에 의하되, 개별재산의 준거법이 그 상속을 부정할 때에 한하여 그것을 우선시킬 뿐이다. 개별재산의 준거법이 그 상속성을 부정하는 것이 확인된 경우에 한하여 문제삼는다. 그래서 준거법을 결정하고 조사하는 작업부담이 한층 경감되고 해결도 명쾌해진다.

453) 서희원, 329.

법이 아닌, 개별재산의 준거법이나 다른 법이 그 개별재산에 대한 특별상속을 정할 수도 있다. 그런 실질법은 종종 고유의 특별연결규칙을 가질 것이다. 그런 실질법규는 국제적 강행법규(그 개념은 國私 §7)로서, 상속준거법 지정과 별도로 사안에 연결되어야 한다. '준거법소속국 아닌 외국'(제3국)의 법규일 때에도 그렇게 특별연결되어야 하는지는 해석에 맡겨져 있지만, '개별재산의 준거법'에 의한 특별상속은 제3국법에 의한 것도 널리 인정해야 할 것으로 생각된다.[454]

회사의 사원의 지위가 상속될 수 있는지는 國私 §16에 의하여 정해지는 단체의 속인법이 정한다.[455] 준혼이나 비법적 배우자관계의 당사자들이 민사조합을 구성한 경우에도,[456] 배우자 일방의 사망이 가져오는 효과는 그 조합의 준거법에 의한다.

물권—예컨대 독일민법상의 용익권(Nießbrauch)—이 권리자의 사망으로 소멸하는지, 아니면 상속성이 있는지는 물권준거법에 의한다.[457] 생명보험금 지급청구권이 피상속인에게 속하는지(그래서 상속재산에 속할 수 있는 권리인지), 또는 그 외의 사람에게 속하는지(그가 상속에 의하지 않고 보험계약의 효과로써 보험금청구권을 취득하는지)는 생명보험계약의 준거법이 정한다.[458]

임차인의 지위(임대차보증금 반환채권과 임대차계약 갱신 및 법정갱신에 관한 권리 포함)의 상속성은 기본적으로 임대차계약의 준거법에 의한다. 부동산임대차계약은 준거법약정이 없으면 부동산소재지법이 적용된다(國私 §26 ③). 그런데 한국 국제사법은 부동산임대차도 채권계약으로 파악하여(國私 §26 ③ 참조) 당사자자치를 허용하므로, 한국 소재 부동산의 임대차라도 國私 §25에 따라 외국법이 계약준거법으로 될 수 있다. 그러나 한국의 주택임대차보호법은 주택의 소재지가 한국인 한 항상 적용되는 국제적 강행법규(國私 §7)라고 해야 한다. 피상속인 사망시에 민법상의 상속인(일반상속의 상속인)은 임차주택에서 피상속인과 동거하지 않고, 피상속인의 사실혼배우자와 2촌 이내의 친족은 피상속인과 동거했으면, 住賃 §9 ②가 적용된다. 이 한도에서는 그 주택임차권은 일반상속의 대상이 되지 않는다. 임차인 지위의 상속성을 일반상속의 맥락에서는 부정하는 부

454) 서희원, 329도 그런 취지로 이해된다.

455) 유럽상속규정도 사원의 사망이 가지는 회사(단체)법적 효과는 동 규정의 적용범위에서 배제한다. Art. 1(2)(h), (i).

456) 준혼(準婚)의 재산적 효력(부부재산제 유사의 총괄재산제인 준혼재산제)의 법적 규율이 미흡한 실질법의 배경 하에서는, 이런 민사조합이 자주 이용될 수 있다.

457) 이호정, 427.

458) 이호정, 427.

분(住賃 §9 ②)도, 임차주택 소재지가 한국이면 항상 적용되는 국제적 강행법규이다. 물론 상속준거법(일반상속의 준거법)이 한국법이면 그 일부로서 적용된다.

부부 일방의 사망으로 부부재산제가 해소될 때, 어떤 재산이 부부재산제에 의하여 "피상속인에게 귀속"하는지(그래서 상속재산의 일부가 될 수 있는지)는 부부재산제의 준거법이 정한다.[459] 부부재산제의 준거법이 일정한 재산이나 권리(가령 공동재산에 대한 지분)를 부부재산제의 해소를 이유로 생존배우자에게 이전시키면, 그 재산이나 권리는 상속재산에 속할 수 없다. 상속준거법이 이러한 부부재산제법상의 귀속을 알지 못하더라도 상관없다. 즉, 생존배우자의 '부부재산제법상의 권리'가 그의 상속권보다 논리적으로 먼저 정해진다. 물론 부부재산제와 상속의 준거법 간의 '조정'의 여지는 남는다.

한편, 상속재산에 속하는 개별 권리의무의 준거법이 상속성을 인정하더라도, 상속준거법이 이를 상속재산에 포함시키지 않으면 상속재산을 구성하지 못한다.[460] 상속재산의 범위는 상속준거법이 정하기 때문이다.

(12) 상속재산의 분리

상속재산의 분리(유산분리)도 상속준거법에 의한다. 즉, 상속재산을 피상속인의 고유재산과 분리하는 것이 가능한지와, 그 요건, 방법 및 효과도 상속준거법에 의한다.[461]

(13) 상속권의 양도

상속권의 매매(Erbschaftskauf), 즉 상속권의 양도(상속분의 양도는 그 하위개념이다)도 상속준거법에 의한다.[462] 상속권의 매매로부터 발생하는 권리의무의 핵심은 상속재산의 운명을 정하는 데 있기 때문이다.[463] 실질법이 상속권의 매매를 상속법의 일부로 다루느냐(예: 독일), 매매법에 편제하느냐(예: 오스트리아)는 아무 상관이 없다.[464]

(14) 공동상속

(가) 상속재산의 공동소유와 관리

청산후승계주의 대신 당연승계주의를 따르는 상속법제 하에서는, 공동상속인들이 상속재산을 공동소유하는 일이 자주 발생한다. 공동상속인에 의한 상

---

459) 이호정, 427(순한글로 바꾸어 인용함).
460) 서희원, 329. 다만 이것이 공서위반으로 평가될 여지는 있다.
461) 이병화(2005), 258.
462) 이호정, 430; Wolff, 229. 용어관용상 상속권의 "매매"와 "양도"라는 표현은 혼용된다.
463) Wolff, 229.
464) Wolff, 229.

속재산의 공동소유, 즉 상속인공동체(Erbengemeinschaft)도 상속준거법에 의한다. 그래서 공동상속인들이 상속재산을 공유하는지 합유하는지도 상속준거법에 의한다.[465] 즉, 공동상속인 1인이 상속재산에 속하는 재산의 처분권한을 가지는지 아니면 공동상속인 전원의 동의가 있어야만 처분할 수 있는지도 상속재산의 공동소유의 형태에 관한 문제로서 상속준거법에 의한다.[466] 공동상속인에 의한 상속재산관리도 상속준거법에 의한다.[467]

공동상속인 1인의 상속재산 처분에 대한 공동상속인의 동의가 법정대리인에 의한 대리행위로 행해질 수 있는지도 상속준거법에 의한다. 그런데 상속준거법이 이를 긍정하더라도, 법정대리인이 스스로 공동상속인의 1인이면, 법정대리의 준거법(정확히 말하면 법정대리권의 발생원인인 친자관계 등의 친족관계의 준거법)이 이해관계의 상충을 이유로 법정대리권을 제한할 수 있다. 예컨대 모(母)와 미성년 자녀가 공동상속인인 경우, 모의 처분에 대한 자녀의 동의를 모가 법정대리하려면, 친권자와 자녀 간의 이해관계 충돌에 관한 친권준거법의 통제와 공동상속에 관한 상속준거법의 통제를 모두 통과해야 한다. 예컨대, 친권준거법은 법정대리인과 본인 사이의 이해상충의 범위를 좁게 보아 '법정대리인에 의한 동의'를 허용하지만 상속준거법은 미성년자라도 항상 스스로 동의의 의사표시를 하도록 요구한다면, 그 경우에는 타 공동상속인의 상속재산 처분에 대해 미성년자가 스스로 동의해야 한다.[468]

(나) 특별수익의 반환 내지 정산

구체적 상속분을 정함에 있어서의 생전증여와 유증의 정산(Ausgleichung),

---

465) 이호정, 430. 다만 상속준거법이 합유로 정하더라도 개별재산의 준거법이 공유로 정하면 그 개별재산은 공유로 규율된다. 석광현, 556.

466) 이호정, 430. 유럽상속규정 Art. 23(2)(f)는 "특히 재산의 매각과 채권자에 대한 변제" 등에 관한 "상속인들의 권한"을 상속준거법에 의하는 사항으로 예시한다.

467) 이호정, 430. 유럽상속규정 Art. 23(2)(f)는 이 점을 명시한다.

468) 日最判 1994(平 6). 3. 8. 家月 46-8, 59에서는 이 문제가 제기되고 상고심의 해석론이 설시되었어야 하나, 그렇게 되지 못했다. 오히려 최고재판소는 공동상속인 전원의 동의 요건의 문제를 좁게 파악하여, 공동상속인 전원의 동의가 없이 행해진 처분의 효력 문제는 공동상속인 전원의 동의 요건의 문제에 속하지 않고 오히려 물권변동의 문제라고 성질결정했다. 그 사안에서는 대만인이 남긴 일본 소재 토지·건물이 문제되었는데, 공동상속인 전원이 스스로 동의의 의사표시를 함이 없이 행해진(이 사안에서는 공동상속인 중 1인이 타 공동상속인들의 母로서 그들을 대리하여 동의의 의사표시를 한 데 불과했다) 상속재산 처분의 법률효과는 상속준거법인 대만법에 의할 사항이 아니고 물권변동의 준거법으로서 일본법이 적용될 사안이라고 보았다. 이것은 법률관계의 성질결정(경계획정)을 그르쳐 상속준거법의 적용을 부당하게 제한하고 일본법이 적용되지 않아야 할 문제에 일본법을 개입시킨 예이다. 이 판결은 일본에서도 성질결정을 그르친 것으로 비판받고 있다. 櫻田嘉章, 342(공동상속재산의 처분에 관한 "상속법상의 제한"의 문제로 성질결정하여 상속준거법인 대만법에 의했어야 하며, 대만 국제사법도 상속통일주의를 따르므로 일본 소재 부동산의 상속에 대해 일본법으로 직접반정되는 사안도 아니었음을 지적함).

즉 특별수익의 반환(정산)의무도 상속준거법에 의한다.[469] 그러나 증여의 실질적으로 유효한 성립과, '상속과 관련된 효력제한'을 제외한 효력은 계약준거법에 의한다.[470]

(다) 공동상속인의 상속분매수권, 상속재산의 분할

공동상속인이 상속분을 양도하는 경우의 타 공동상속인의 상속분매수권(선매권)도 상속준거법에 의한다.[471]

상속재산의 분할도 상속준거법에 의한다.[472]

(15) 상속법상 법률행위의 방식

國私 §17(특히 ①, ②)이 인법(人法)과 친족상속법상 법률행위의 방식에도 적용되는지 문제된다.[473] 논의의 실익은, 실질준거법 소속국의 방식을 준수해야만 하는지, 아니면 행위지법에의 선택적 연결이 허용되는지에 있다.[474] 2001년 개정 전의 유력설은 친족상속법상의 법률행위의 방식에 대해서도, 특칙이 없는 한 涉私 §10이 총칙규정으로서 당연히 적용되어 행위지법이 선택적 준거법이 된다고 했다.[475] 이 견해는 2001년 개정에도 영향받지 않고 주장될 수 있다. 미

---

469) 이호정, 430. 헤이그상속협약 Art. 7(2)(c)는 이 점을 명시한다.

470) '계약상 채무의 준거법에 관한 1980. 6. 19. 로마협약'과 그 후신인 '계약상 채무의 준거법에 관한 2008. 6. 17. 규정 제593/2008호'(Rome I, 로마 제1규정) 하에서의 해석론도 같다. Bureau et Muir Watt, n° 856. 계약준거법은 國私 §25나 §26에 의하여 정해지고, 계약의 실질적으로 유효한 성립 중 의사의 흠결이나 하자의 문제는 國私 §29에 의하여 준거법이 정해진다. 증여의 방식은 항상 國私 §17에 의하여 정해지는 준거법에 의한다.

471) 이호정, 430.

472) 이호정, 430. 유럽상속규정 Art. 23(2)(j)는 이 점을 명시한다.

473) 일본 법적용통칙법(2006년 전면개정, 2007. 1. 1. 시행)은 "친족"에 관한 제5장에 §34를 신설하여, "친족"법적 법률행위의 방식을 법률행위의 "성립"의 준거법과 행위지법에 선택적으로 연결한다(본칙, 보칙의 형식). 이는 1989년 법례 개정시 신설(§22)했던 것이다. 조문 번역은 김문숙 역(2006b), 624; 장준혁(1998), 204 f. 그러나 "상속"에 관한 제6장에는 이런 규정이 없다. 유언과 유언변경·철회 외의 상속법적 법률행위의 방식의 연결기준은 해석에 맡겨져 있다. (i) §34가 말하는 "친족"법적 법률행위에 상속법적 법률행위도 포함된다고 확대해석하거나, §34를 유추적용하면, 성립준거법과 행위지법에 선택적으로 연결하고, 격지적 계약의 특칙(§10 ④: 國私 §17 ③과 같음)은 인정되지 않을 것이다. (ii) '법률행위'의 방식에 관한 §10를 적용하면, 성립준거법과 행위지법이 선택적으로 적용됨은 같으나, 격지적 상속계약(기타 상호적 유언)의 행위지 연결기준이 §10 ④에 따라 완화될 것이다. (iii) 실질준거법 소속국의 방식을 반드시 지켜야 한다. 그 외에는 다툼의 여지가 없다. 한편, 방식을 실질준거법에 연결할 때 "효력"이 아니라 "성립"의 준거법에 연결하는 점은, 2006년 개정으로 의문이 없어졌다. 2006년 개정 전 法例 §8은 법률행위의 방식을 "효력"준거법과 행위지법에 연결했으나, 2006년 법적용통칙법 §10은 §34와 마찬가지로 "성립"준거법과 행위지법에 연결하기 때문이다.

474) 2001년 개정 전에는, 涉私 §10 ①이 '성립'이 아닌 "效力" 준거법을 적용한다고 규정한 것을 그대로 따를지(총칙규정으로서 '적용'함으로써), 아니면 효력준거법 대신 '실질적으로 유효한 성립'의 준거법에 연결할지의 문제도 있었다. 그런데 2001년 개정으로 涉私 §10 ①이 "效力"준거법을 지시한 부분이 삭제되어, 단순히 "그 행위의 준거법에 의한다"고 하므로, 이 논의실익은 없어졌다.

475) 이호정, 383(인지의 방식), 394 f.(입양의 방식), 402(협의상 파양의 방식).

공간 하급심 판례 중에도, 國私 §17이 상속법상의 법률행위에도 적용되어 상속포기를 행위지법의 방식에 의해 할 수 있다고 한 것이 있다.[476)]

이 문제는 다음과 같이 접근해야 할 것으로 생각된다.

첫째, 채권계약은 행위지법주의가 원칙이었고, 오히려 실질준거법 연결기준이 행위지법주의로부터 차별화되어 나갔다. 계약은 방식과 실질을 합쳐 행위지법에 연결했던 역사가 있다. 그래서 채권계약의 방식에 대해서는 國私 §17 ①-④가 전면 적용됨이 당연하다. 그러나 신분법·상속법상의 법률행위는 그렇지 않다. 신분법·상속법상의 법률행위는 그 실질을 행위지법에 연결하는 입법례가 드물고, 그 방식을 행위지법에도 연결하는 것도 비교적 낯설다.

둘째, 어떤 신분법(人法, 친족법)·상속법상 법률행위를 가리키는 국제사법상의 체계개념은 그 법률행위의 방식도 포함할 가능성이 높다. 법률행위의 방식도 원래 법률행위의 일부이지만, 준거법결정의 차별화를 위해 별도의 체계개념으로 분리한 것이다("준거법의 분열(dépeçage)"). 행위지 방식에 따르는 것도 허용하려 할 때에만 그렇게 하면 된다. 혼인방식(國私 §36 ②)과 유인방식(國私 §50 ③ iii)은 그렇게 할 필요가 있어서 입법적으로 해결했다. 그런 별도 규정이 없으면, 방식도 포함하여 법률행위 전체를 연결대상으로 삼는 취지일 가능성이 높다.

셋째, 총칙의 國私 §17이 민법총칙에 관한 제2장에 규정되어 있다는 이유만으로 모든 법률행위에 당연히 적용된다고 할 것은 아니다. 총칙이라 하여 기계적으로 적용하면, 사람, 친족, 상속 분야에서 국제사법각칙의 입법의도를 무시하는 결과가 될 수 있다. 오히려 사람, 친족, 상속에서는 법률관계 전체를, 또는 법률행위의 실질·방식을 포괄하여 준거법결정하는 것이 일반적이다. 그러므로 인법, 친족법, 상속법상의 법률행위에는 國私 §17이 부적용됨이 원칙이라고 해야 한다. 이것은 國私 §17 ①-④의 사항적 적용범위를 원칙적으로 '재산법상의 법률행위'의 방식으로 축소하는 목적론적 감축(목적론적 축소해석)(teleologische Reduktion)이다.

넷째, 인법, 친족법, 상속법 분야에서 행위지법에의 택일적 연결이 규정된 경우에(예: 國私 §50 ③ iii), 행위지의 확정을 위해 國私 §17 ③, ④가 적용 내지 유추적용될지 여부는 개별 분야별로 검토되어야 한다.

요컨대 상속 분야에서는 國私 §17의 적용은 일반적으로 부정되어야 한다.

---

476) 대구고등법원 2015. 4. 22. 선고 2014나2007 판결(미공간, 심리불속행으로 상고기각, 확정)(國際私法 21-2, 442 f.에 요지 수록); 그 1심판결인 대구지방법원 2014. 5. 13. 선고 2013가합9233 판결(미공간, 國際私法 20-2, 530에 요지 수록).

즉, 상속인·상속분의 지정, 상속의 승인·포기 등과 같이, 國私 §50 ③과 같은 특칙이 없는 상속법상 법률행위는 방식을 따로 연결하지 않는다. 國私 §17의 ①－②는(그래서 원칙적으로 ③－④도) 부적용된다. 유력설은 신분행위에 대하여 國私 §17 ①－②의 적용을 긍정하나, 친족상속법상 법률행위의 유효한 성립의 문제는, 특칙(예: 國私 §§26 ②, 50 ③ iii)이 없는 한, 실질과 방식을 포괄한다고 해석해야 한다. 그래서 상속법상 법률행위에 대해서도 §17이 적용되지 않는다고 해야 한다.[477]

아울러 몇 가지 주의할 점이 있다.

첫째, 상속법상 법률행위의 방식으로 관청의 협력(예컨대 신고, 비송재판)을 요구하는 경우에는, 상속준거법이 자국 관청의 '전속적' 국제비송관할을 정하지 않는 한, 행위지의 관청이 협력함으로써 상속준거법 소정의 방식요건을 충족할 수 있다고 해야 한다(상속의 승인·포기에 관해서는 IV. 1. (10) 참조). 이것은 방식요건에 관해 행위지법을 적용하는 것이 아니다. 단지 상속준거법의 준수가 상속준거법 소속국 밖에서의 행위에 의해서도 충족될 수 있다는 것이다.

둘째, 사인증여나 재단법인 또는 신탁에 대한 사인적 출연행위의 방식은 國私 §17 ①－④에 의한다(IV. 1. (8) (나) 참조). 그 각 법률행위는 성립(정확히는 유효한 성립)에 관한 한, 명실상부한 채권적 법률행위이기 때문이다.

한편, 상속계약 기타 상호적 유언이 격지적으로 행해졌을 때, 國私 §50 ③ 외에 國私 §17 ③도 적용되는지 문제된다. 이것도 부정되어야 한다(國私 제50조 註釋 III. 3. 참조).

(16) 상속의 실행

(가) 상속의 실행을 따로 연결할 것인가

(ㄱ) 문제제기

상속의 실행 내지 상속의 진행(Erbgang)이라 함은 상속재산의 관리, 청산, 분할 및 이전을 말한다.[478] 영미법계와 프랑스법계에서는 "상속재산의 관리(유산관리)(administration of estates, l'administration des successions)"라 한다.[479] 관리에는

---

477) 신창선 외, 242는 國私 §17 ①만 적용된다고 하나 결론은 같음.

478) 학설이나 입법례가 상속의 실행(진행) 문제로 다루는 범위가 반드시 동일한 것은 아니지만, 대체로 상속재산의 관리, 청산, 분배를 포괄한다. 이병화(2005), 258.

479) 영미법계와 프랑스법계처럼 청산후승계주의(청산주의)를 따르는 실질법제 하에서는, "상속재산관리"절차가 진행된 뒤에 비로소 상속관계가 완결된다. 당연승계주의 하에서도, 실제로는 상속의 승인과 거절(포기), 공동상속인에 의한 상속재산의 관리와 공동상속인 간의 상속재산 분할 등의 절차가 진행된다. 그래서 상속의 법률관계는 "계속적 법률관계"라고 하기는 어색하지만, 적어도 '일정한 기간에 걸쳐 계속되는 경우가 많다. "상속의 진행"과 "상속재산의 관리"라는 용

보존행위와 일정 범위의 처분행위가 포함된다. 여기에서 청산이라 함은 상속재산에 속하는 적극재산을 매도하여 상속채무와 상속재산의 채무를 변제하는 것으로서 처분행위에 해당한다. 이러한 행위를 할 권한을 가지는 자의 선정,[480] 이러한 행위를 할 상속인, 수유자, 상속재산관리인 및 유언집행자의 권한,[481] 이에 관한 상속재산관리인과 유언집행자의 의무와 그들의 보호[482] 등이 상속의 실행 문제에 속한다.[483]

상속의 실행을 별도의 연결대상으로 하여 준거법을 따로 정할지 문제된다. 기본적으로는 상속의 실행도 상속준거법에 의하는 것이 타당하다고 보더라도, 현실적인 관점에서 국제적 판단일치를 꾀하기 위해서는, 상속의 실행의 문제 중 일부를 "상속재산의 관리"라는 이름으로 법정지법에 맡기는 영미법계와의 타협이 필요하지 않느냐는 것이다. 게다가, 영연합왕국의 법질서들(영국·웨일즈법, 스코틀랜드법, 북아일랜드법)에서는, 외국의 상속실행권자(상속재산관리인, 유언집행자 혹은 상속인)가 영연합왕국에 소재하는 재산에 대한 영연합왕국 내의 상속재산관리인이나 유언집행자의 업무집행을 방해하면 위법행위로서 책임을 지게 된다. 또, 영연합왕국에서는 상속사건에 대한 외국판결을 가지고 집행할 수 없다.[484] 이런 현실적 어려움에 어떻게 대응할 것인지 문제된다.

상속재산의 관리와 이전에 대한 실질법상 입법주의는 두 가지로 나뉜다. 당연승계주의는 상속개시와 동시에 상속재산을 포괄적으로 상속인과 포괄수유자

어는 이 점을 적절히 반영하는 장점을 가진다. 그런데 "상속재산의 관리"라 하면, 일반적으로 말하는 "관리행위"보다 훨신 넓은 개념임에도 똑같이 "관리"라는 표현을 쓰므로 혼란의 우려가 있다. 그러나 영미법계나 프랑스법계 국가들은 이런 불편을 감수한다. 헤이그국제사법회의에서 만든 '사망자의 재산의 국제적 관리에 관한 협약'(1973)에서도 이런 불편을 감수한다. 여기에는 영어와 프랑스어를 공용어로 교섭하고 영어본과 불어본만을 정본으로 하는 헤이그국제사법회의 조약 교섭절차의 특성도 작용했을 수 있다.

480) 유럽상속규정 Art. 29의 전신인 2009년 10월 14일 유럽상속규정 위원회(Commission)안{COM (2009) 154 final 2009/1057 (COD)} Art. 21의 (2)에서는 "상속준거법"은 재산소재지의 회원국의 이 문제(동항 a호에서 언급)에 대한 법의 "적용을 방해하지 않는다"고 규정하여, 이 문제가 상속의 실행의 문제에 속하는지가 비교적 불명확하게 되어 있었다. 그러나 유럽상속규정 Art. 29는 표제가 "일정한 경우에 상속재산의 관리인의 임명과 권한에 관한 특칙(Special rules)"으로 되어 있고, 이 문제에 대해 상속준거법이 아닌 다른 법을 적용할 수도 있는 예외를 규정하는 것이라고 함으로써, 이 문제가 상속의 실행의 문제로서 상속준거법의 적용대상임을 간접적으로 밝히고 있다.

481) 유럽상속규정은 상속재산에 속하는 "재산(property, biens)의 매각"과 "채권자에 대한 변제(payment of creditors)"의 권한을 포함하여, 상속인, 유언집행자, 상속재산관리인이 가지는 "권한"을 상속준거법의 적용대상의 하나로 명시한다. Art. 23(2)(f). 위원회의 2009년 안 Art. 21(2)(a)와 달리 "수유자(legatees, légataires)"는 명시적으로 언급하고 있지 않다.

482) Frimston, 75.

483) 이병화(2005), 258의 주 48은 "유산관리인의 문제"를 상속의 실행(진행) 문제로 언급한다.

484) Frimston, 74.

에게 이전시키므로, 상속재산의 관리도 상속인과 포괄수유자에게 맡긴다. 청산후승계주의(관리청산주의)는 상속재산관리인 내지 유언집행자에게 상속재산을 신탁적으로 이전하여 소위 "상속재산의 관리"와 이전(배분)을 맡긴다. 그래서 그로 하여금 상속채무, 국고에 대한 채무 그리고 상속절차의 비용을 변제한 후 잔여 적극재산을 상속인, 수유자 등에게 이전하도록 한다.[485] 영국법계 법역들은 청산후승계주의를 따르면서 상속재산의 관리와 청산의 문제를 상속준거법의 적용범위에서 제외하므로,[486] 그 결과 당연승계주의(Anfallsprinzip, Universalsukzession)와 청산후승계주의(Antrittsprinzip) 간의 실질법상 차이는 국제사법에도 영향을 미치게 된다.[487]

'상속재산의 관리 및 청산'[488]이라 함은 상속재산의 관리와 상속채무, 유증 및 상속비용 등의 소극재산의 청산 및 잔여재산의 이전을 포괄한다. 구체적으로는 먼저 상속재산관리인(유산관리인)이나 유언집행자의 선임과 법적 지위, 그들이 상속재산의 관리, 채권자·수유자에게의 변제, 상속인의 존부가 불명한 경우 상속인의 수색(확인) 등을 할 권한이 문제된다. 그리고 '상속재산의 이전'이라 함은 상속재산승계의 형태 내지 법적 구성을 말한다. 상속인이 법률상 당연히(즉 직접적으로) 상속재산을 승계하는지, 아니면 상속재산이 포괄적으로 유산관리인이나 유언집행자에게 이전된 후, 상속재산관리인이나 유언집행자에 의한 상속재산의 관리와 청산을 거쳐 그의 처분에 의하여 상속인에게 재산권이 이전되는지의 문제이다.[489]

(ㄴ) 통설

통설은 상속재산의 관리, 분할, 이전이라는 상속의 실행의 문제도 상속의 준거법에 포괄적으로 맡겨진다고 한다. 그래서 상속재산의 이전도 상속준거법에 의한다.[490] 상속인이 상속개시와 함께 법률상 당연히 상속재산의 주인이 되

---

485) Morris, para. 18-001(영국법에 대한 설명임).

486) 영미법 쪽에서는 유럽상속규정 2009년 위원회안 Art. 21(2)(a)가 상속재산의 관리 및 청산의 권한을 가지는 상속재산관리인, 유언집행자의 선임에 대해서도 기본적으로는 상속준거법에 의하면서 단지 예외를 인정할 뿐인 데 대해, 상속재산의 "관리의 문제(administrative matters)"로 보아야 할 영역에 대해 상속준거법이 잠식하여 들어오는 것으로 인식하고 염려를 표한다. Frimston, 75. 영국의 프림스턴 변호사는 당시 유럽연합 위원회에 설치된 상속과 유언 문제에 관한 전문가그룹(PRM III/IV) 구성원이었다.

487) Lagarde(2010), 17. 전술한 대로 청산후승계주의와 당연승계주의의 차이가 논리필연적으로 준거법 결정에 영향을 미치는 것은 아니다.

488) 櫻田嘉章, 343은 "상속재산의 관리"라고 지칭한다.

489) 김용한 외, 365.

490) 황산덕 외, 194(315)(이 책은 문단번호와 면수를 차례로 표시함); 이호정, 427 f.; 서희원, 329; 김연 외, 국제사법, 420 f.

는지, 아니면 유산이 유산법원에게로 이전한 후 상속인에게 이전하는지, 아니면 영미법에서와 같이 유산법원에게 이전한 후 다시 상속재산관리인이나 유언집행자에게 이전하며 상속재산관리인이나 유언집행자의 처분에 의하여 비로소 상속인에게 이전하는지도 상속준거법에 따라 정해진다.[491] 공동상속인이나 상속재산관리인 또는 유언집행자에 의한 상속채무의 변제(소극재산의 청산)와 상속재산의 채무의 변제도 상속준거법이 상속의 법률관계의 일부로 정하고 있으면 그렇게 된다고 한다.[492] 즉, 상속준거법이 상속인에게 상속재산을 이전하기에 앞서 상속재산의 관리, 처분, 소극재산의 청산이 이루어지도록 정하고 있다면 그에 따라야 한다.

통설은 이처럼 상속의 전과정을 통일적으로 상속준거법에 맡기지만, 상속재산에 속한 개별재산의 이전에 관해서도 "개별준거법은 총괄준거법을 깨뜨린다"는 원칙이 작용할 수 있다.[493] 즉, 상속준거법이 법률상 당연한 이전을 규정하면 등기나 인도 없이 이전하는 것이 원칙이지만, 개별재산의 준거법이 '상속에 의한 이전'에도 등기나 인도를 요구하면, 상속재산의 이전에 관해 총괄준거법과 개별준거법이 충돌하게 된다. 이 경우에는 개별준거법이 정하는 대로 등기나 인도도 갖추어야 이전된다고 한다.[494] 그 결과 상속의 국제사법적 통일성(준거법 결정·적용의 통일성)이 부분적으로 깨어지게 된다.

(ㄷ) 상속의 실행을 법정지법에 따르게 하는 설

영미법계에서는 상속의 실행을 상속 문제의 밖에 있는 것으로 여기면서 법정지법의 적용을 당연시한다.[495] 바꾸어 말하면 상속의 실행은 "상속재산의 관리(administration of estates)"의 문제로서 절차법의 문제로서 법정지법에 의할 뿐이지, 상속의 실체관계의 문제는 아니라고 한다.[496] 이것이 영국법계의 통설이다.

대륙법계에서도 "상속의 진행(Erbgang)", 즉 상속재산의 취득, 상속인공동체, 유산채무에 대한 책임, 유언집행은 상속비송절차를 진행하는 법원의 소속

491) 이호정, 429 f.; 김연 외, 국제사법, 420 f.

492) 이호정, 430; 신창선 외, 386; 김연 외, 국제사법, 420 f.; 신창섭, 331. 일본에서도 이것이 다수설이다. 櫻田嘉章, 343 등. 유럽상속규정은 Art. 23(2)에서 상속재산의 관리와 청산("재산의 매각과 채권자에 대한 변제"를 예시)에 관한 상속인, 유언집행자, 상속재산관리인의 권한(f) 상속재산의 이전(e), 분할(j)이 상속준거법에 의할 사항임을 명시한다.

493) 김용한 외, 365; 이호정, 427.

494) 황산덕 외, 194(315); 이호정, 427 f.; 서희원, 329; 김연 외, 국제사법, 421.

495) 김용한 외, 361.

496) Frimston, 71. 그래서 영국의 Morris의 국제사법 교과서는 국제상속법에 관한 章의 제목을 "상속과 유산관리(Succession and the Administration of Estates"라고 한다.

국법(lex fori, 법정지법)에 의한다고 해석하는 소수설이 있다.[497][498] 이 학설은 상속재산이 여러 나라에 산재해 있는 경우에 상속의 진행을 법정지법에 맡김으로써 당사자들 사이에서 상속의 진행이 용이해진다고 주장한다.[499] 또한, 상속재산의 관리가 부재자의 재산관리와 유사한 기능을 하는 점과, 상속재산의 관리를 법정지법에 맡김으로써 재산관리의 실효성을 기할 수 있는 점도 근거로 든다.[500]

이 소수설은 상속의 실행을 재산소재지법에 맡기는 견해, 즉 상속실행에 관해서는 재산소재지별로 국제사법적 상속분할을 인정하는 견해로 소개되기도 한다.[501] 상속의 실행을 내국 소재 재산에 한정하고, 각 재산소재지가 소수설에 따른다면, 결과적으로 그런 입장이 될 것이다.

---

497) 학설에 따라서는 재산소재지법이나 관리행위지법을 적용할 것을 주장하는 설이라고 자칭하기도 한다. 이병화(2005), 258에 요약소개된 학설 참조. 그러나 이러한 두 가지 표현은 정확성이나 의미전달의 효율성 면에서 아쉬운 점이 있다.

먼저, "재산소재지"법의 적용을 주장하는 설이라고 표현하는 것은 부정확하다. 가령 한국 국제사법에 따라 청산후승계주의의 실체법이 상속준거법이 되고, 주된 상속실행절차는 외국(피상속인 주소지국)에서, 종된 상속실행절차는 한국에서 진행되는 경우가 있다. 한국에서는 외국에서의 상속실행을 감안하여(특히 한국에서의 상속실행절차에서 공동상속인들의 구체적 상속분을 정함에 있어) 상속관계를 규율하는 것이 타당하다. 이렇게 하려면 외국의 비송절차를 승인하거나, 한국법원 스스로 실체준거법을 정하여 이에 의해 실체관계를 규율하는 틀 내에서 외국에서 실제로 그 법이 어떻게 적용되었는지를 고려하여야 한다(그 외국이 실체준거법을 정확히 적용했는지 검증하면서 고려하든, '법률관계의 승인' 법리에 따라 실질재심사 없이 외국에서의 규율결과를 승인하든). 그리고 전자의 경우에도 준거법 요건이 요구된다고 해석될 가능성이 있다. 그런데 주된 상속실행절차를 진행하는 나라에서는, 유언집행자가 그에게 권한을 부여한 국가(상속실행의 비송절차의 법정지)를 벗어나 상속재산에 대한 점유취득 등의 상속실행행위를 해야 하는 경우가 드물지 않다. 예컨대 영국의 상속법은 유언집행자와 유산관리인에게 그러한 권한을 인정한다. 상속의 실행(진행)을 법정지법(실행절차지법)에 맡기는 입장에서는, 이처럼 영국에서의 상속실행절차 내에서 '제3국에서 실행행위가 행해진' 경우에 대해서도 영국법을 적용해야 한다. 그런데 이 학설을 "재산소재지"법설이라고 하면 이런 사안유형에 어울리지 않는 부정확한 표현이 되어버린다.

또, "관리지"라 하면 관리"행위"지, 즉 상속실행(진행)을 구성하는 행위가 실제로 행해진 곳을 가리키는 것과 같은 느낌을 준다(가령 송달의 적법성과 관련하여 법정지와 구별하여 "송달지"라 하면 "송달행위지"를 가리키게 되는 것과 같다), 용어상 혼란을 초래한다. 예컨대 유언집행자가 그에게 권한을 부여한 국가(상속실행의 비송절차의 법정지)를 벗어나 상속재산에 대한 점유취득 등의 상속실행행위(소위 "상속재산의 관리"에 속하는 행위)를 하는 경우(주된 상속실행지에서는 이런 일이 흔하다)에는, 법정지와 구체적 상속실행행위지가 달라진다. 이 때 "관리행위지"라 하면 후자를 가리킨다고 이해될 소지가 크다. 그런데 이것은 "관리행위지법"의 적용을 주장하는 학설의 주장취지가 아니다. 용어 때문에 생길 수 있는 이런 오해를 피하려면 '관리절차지' 내지 '법정지'라고 표현을 다듬는 것이 낫고, 법정지의 표현이 무난하다고 생각된다.

498) 구체적으로는, 항상 상속실행지법("유산관리지법")에 연결하는 견해, 상속준거법이 영미법인 경우에 한하여 그렇게 하는 견해, 상속인의 유무가 불명하여 무주 상속재산으로 처리될 가능성이 높은 사안에 한하여 그렇게 하는 견해가 있다고 한다. 이병화(2005), 258의 학설 소개(상세는 溜池良夫(1999), 國際私法講義, 504와 山田鐐一(2003), 國際私法, 577을 참조하라고 함).

499) Ferid(1974), 71~202; Ferid(1975), 31~41. 그 요약소개는 이호정, 431.

500) 櫻田嘉章, 343.

501) 櫻田嘉章, 343.

(ㄹ) 검토

소수설은 국제적 판단일치의 이상 추구에 한계를 인정하고, 상속의 효율적 실행을 우선시킨다. 그러나 소수설은 주된 상속개시지 아닌 국가로 하여금, 주된 상속개시지에서의 상속실행을 기다리지 않고 자국법에 따라 상속실행절차를 진행하도록 촉발할 수 있다. 이것은 유산집단별 상속관계의 규율이 상충하는 일을 늘릴 수 있다. 상속의 실행에 대한 규율은 단순히 각 권리자에게 그의 권리를 이전시키는 데 머무르지 않고, 상속관계의 내용에 영향을 미칠 수 있기 때문이다(예: 공동상속, 상속재산의 채무).

외국비송재판의 승인이나 법률관계의 승인도 충분한 해결책이 되지 못한다. 외국에서의 상속실행을 폭넓게 승인하면, 먼저 진행된 상속실행을 우선시키게 된다. 또, 복수의 외국에서 완료된 상속실행을 어떻게 승인할지도 문제이다. 그래서 단순히 승인법리로만 해결할 수 없고, 재산소재지별 유산집단 간의 조정(적응) 문제가 복잡해지게 된다.

결국, 상속의 실행에 대해서도 상속준거법을 일관되게 적용하는 것이 유산집단들 간에 실질법적으로 모순되는 결과를 피하는 데에도 도움이 될 것이다.[502] 통설이 타당하다.

(나) 유언집행자와 상속재산관리인의 권한

유언집행자와 상속재산관리인의 선임과 권한도 상속준거법에 의한다.[503] 다만 외국에서의 유언집행자나 상속재산관리인의 선임재판이 한국에서 승인되는 경우에는 그 외국의 법원이 그들의 권한에 대하여 정한 바에 따라, 그들의 권한이 선임재판만으로 명확하지 않으면, 그 선임재판이 그들에게 어떤 권한을 부여하였는지를 조사, 확인해야 하는데, 그 외국의 법원에서 타당하는 국제사법규칙에 의하여 그들의 권한의 준거법으로 지정되는 법을 참조해야 한다.

통설에 따르면, 상속준거법이 청산후승계주의를 따르면 한국의 법원 기타 관청은 이에 따라야 한다. 상속준거법이 영미법계의 법으로서 상속재산이 유언집행자와 상속재산관리인에 의한 관리와 청산을 거쳐 상속인에게 이전되도록 정하고 있으면, 한국의 법원, 부동산등기소, 특허청 등의 관청도 상속재산관리인이나 유언집행자가 상속재산을 포괄적으로 이전받아 소극재산을 청산한 후 잔여 적극재산을 상속인에게 이전시키는 형태로 승계시켜야 한다. 이

502) 이호정, 431.
503) 신창섭, 331; Wolff, 292(유언집행자의 법적 지위에 관해).

는 비송절차에 해당하지만, 그 실체적 측면은 여전히 상속준거법에 맡겨진다. 실체관계의 준거외국법이 상속실행을 절차문제로 파악하고 있더라도, 이에 괘념할 것이 아니다. 오히려 그 국가가 상속비송절차의 원칙적 국제관할의 요건을 어떻게 정하는지를 살펴, 그것을 연결점으로 하여 상속실행의 준거법을 지정하는 "숨은 저촉규칙"을 발견해야 한다. 그런데 이런 숨은 저촉규정의 내용이, '종된 상속실행절차에서의 상속실행(의 실체관계)은 그 종된 상속실행절차의 법정지법에 의한다'는 취지로 해석될 수 있는가? 이렇게 해석된다면, 한국에서 청산후승계주의의 실체법을 적용하여 '종된 상속실행절차'를 진행할 때에도 한국법에 따라 하게 된다. 상속의 실행을 절차문제로 생각하면서 주된 상속개시지 외의 국가에서의 '종된 상속실행절차'도 허용하는 외국법제로부터 숨은 저촉규정을 해석으로 찾아낼 때, 이 숨은 저촉규정의 연결기준의 확정은 해석에 맡겨져 있다.

외국법이 상속실행(진행)의 준거법이 되는 경우, 한국 절차법이 한국 실체법만 염두에 두고 만들어져 이런 경우에 대비하지 못하는 경우가 자주 생길 것이다. 그렇다 하여 곧바로 '준거외국법이 말하는 상속실행절차는 그 외국법원과 그로부터 권한을 부여받은 유산관리인·유언집행자만이 수행할 수 있다(즉 국제적으로 전속적인 직무사항이다)'고 단정지을 것은 아니다. 오히려 청산후승계주의를 따르면서 상속실행절차를 상속준거법 소속국(가령 피상속인의 최후 주소지국)의 법원과 유산관리인·유언집행자의 전속적 직무로 삼는 나라는 드물 것으로 생각된다. 준거법소속국이 이것을 자국 법원·유산관리인·유언집행자의 전속적 직무로 정하지 않는 한, 한국법원은 자신이 인정하는 유산관리인·유언집행자[504]에 의해 준거외국법이 정한(그러나 한국 상속비송절차법에는 낯선) 권한을 행사해야 한다. '외국법을 실체준거법으로 적용할 때에는 그 외국이 자국법을 적용하듯이 해야 한다'는 것이 외국법 적용의 기본원칙이다. 준거외국법 소속국을 대신하여 상속실행(진행)절차를 진행할 때에도 이렇게 해야 한다. 그리고 절차법은 실체법적 규율을 실행하기 위해 존재하므로, 실체법에 맞게 절차법이 적응해야(조정되어야) 한다. 미리 입법적으로 정비해 두지 않았다면, 준거외국법을 적용하는 데 필요한 한도에서 적절히 변통해야 한다. 즉, 상속재산관리인이나 유언집행자의 선임, 권한부여, 감독 등에 관한 비송절차가 한국법상 상세하게 마련되어 있지

504) 유언에서 적법하게 정한 유언집행자라고 한국법원이 한국 국제사법에 따라 인정한 유언집행자를 말함. 즉, 유언집행자 임명에 관한 외국비송절차 승인이나 '외국에서 성립한 법률관계의 승인'에 의해 한국에서도 상속재산관리인이나 유언집행자의 권한을 가지게 된 자도 포함한다.

않다면, 한국의 비송절차법을 상속준거법에 적응시켜야 한다.505) 이것도 국제사법상의 조정(적응)의 하나이다.

유언집행자나 상속재산관리인의 선임에 관해서는, 한국법원이 스스로 유언집행자나 상속재산관리인을 선임하여 상속재산의 점유, 관리, 청산 및 이전을 맡기거나, 한국의 국제관할규칙에 따라 국제상속관할을 가지는 외국의 법원에서 선임된 유언집행자나 상속재산관리인이 상속재산에 대하여 점유, 관리, 청산 및 이전의 사무를 집행할 권한을 인정하여야 한다.

외국법원의 유언집행자 또는 상속재산관리인 선임재판의 승인과 집행의 요건과 절차를 어떻게 정할지의 문제가 있다. 이에 관하여 한국법에는 흠결이 있다. 民訴 §217을 그대로 준용하여 일정한 요건을 갖추면 그 외국 유언집행자·상속재산관리인의 권한이 대한민국 내에서도 법률상 당연히 승인된다고 할지, 아니면 외국도산절차의 승인절차(債務回生 §628 이하)에 준하여 한국 법원의 승인결정을 받도록 할지 문제된다. 또, 그들이 '대한민국 내'에서 상속재산관리인이나 유언집행자로서 행위할 권한을 가지는지도 문제된다. 외국법원의 선임재판이 승인되면 곧바로 이것이 인정되는지, 아니면 외국 상속비송절차에 대해 승인결정이 내려짐으로써 비로소 대한민국 내에서의 관리·처분의 권한이 부여되는지, 아니면 대한민국에 소재한 재산이나 대한민국에 소재하는 것으로 간주되는 권리의무에 대해서는 대한민국 법원이 선임한 유언집행자나 상속재산관리인만이 관리·처분권을 가질 수 있는 것인지 문제된다. 그리고 외국에서의 상속재산 관리·청산·이전절차와 별도로 대한민국에 국제상속비송관할이 있으면, 외국 법원이 선임한 유언집행자나 상속재산관리인의 신청이 없더라도 대한민국 법원은 항상 상속준거법에 따른 유언집행자나 상속재산관리인을 스스로 선임하고 상속재산의 관리, 청산 및 이전의 절차를 진행할 수 있는지, 그렇다면 그 권한의 장소적(국제적) 타당범위(효력범위)는 어떻게 되는지 문제된다. 이 세 문제는 모두 해석에 맡겨져 있다.

상속재산관리인과 유언집행자의 법적 지위도 상속준거법에 의한다.506) 상속재산에 속하는 적극재산(특히 법정지 밖에 소재하는 적극재산)을 확보하지 못하거나 상속재산의 청산을 위하여 적극재산을 염가에 처분한 데 따른 상속재산관리인과 유언집행자의 책임(영미법에서는 광범위한 면책이 주어진다)도 상속준거법에

505) 동지: 櫻田嘉章, 343.
506) 이호정, 430.

의한다.[507]

한편, 외국법원이 선임한 상속재산관리인과 유언집행자가 구체적으로 사무를 처리한 데 대하여 어떠한 법적 의미를 부여할 것인지의 문제가 있다. '법률관계의 승인'의 일반법리[508]가 여기에서도 채용될 여지가 있다. 이 법리를 적용하면, 가령 상속준거법 소속국이나 재산소재지국[509]의 법원이 상속재산관리인이나 유언집행자를 선임하고 그들이 소극재산을 청산(상속채무나 수유자에게 변제)한 경우, 이 부분을 상속재산의 적법한 관리 및 청산(의 일부)로 인정할 수 있다.

(다) 상속재산의 채무에 대한 책임

상속재산의 채무에 대한 책임도 상속준거법에 의한다.[510] 상속인이 매장비용을 부담하는지도 상속준거법에 의한다.[511]

다만 매장 자체는 사망자의 인격권의 문제로서(상속의 문제로서가 아니라) 사망자의 본국법에 의한다.[512] 이 법이 매장의 장소와 방법 등을 정한다. 다만 매장에 관한 현재의 매장지의 공법이 개입할 수 있다.[513]

사망자의 '잊혀질 권리'(사망자 명의의 이메일 계정과 SNS 계정의 저장내용의 삭제청구권 등)도 사망자의 일반적 인격권의 문제로서 그의 본국법에 의하는 것이 타당하다.

(라) 상속재산의 이전

상속재산의 이전도 상속준거법이 규율하지만, 개별 재산의 준거법이 상속에 의한 이전에 대해서도 일정한 요건(예: 인도, 등기)을 갖추어야 이전되도록 하고 있으면 그 요건을 갖추어야 이전된다.[514] 이 점에서도 개별재산의 준거법이 총괄준거법을 깨뜨린다.[515] 통설의 이런 설명이 타당하다. 한편, 개별재산의 이전을 상속 문제에서 제외하여 개별재산의 준거법에 맡기면서, 이 맥락에서 개

---

507) Frimston, 75.

508) 아직까지 한국에서는 지지하는 견해가 보이지 않는다.

509) 여기에서는 편의상 상속준거법 소속"국"과 재산소재지"국"이라고 표현하였으나, 정확히는 "법역(法域)"을 말한다. 즉, 장소적 다법국(多法國)의 경우에는 해당 사안에 그 법이 적용되는 분방(分邦)을 말한다.

510) 이호정, 430. 스위스 국제사법 Art. 92 ①은 이 점을 명시한다. 유럽상속규정 Art. 23(2)(g)는 "상속에 있어서의 채무에 대한 책임(liability for the debts under the succession)"을 상속준거법에 의할 사항으로 명시하는데, 상속재산의 채무에 대한 책임도 상속준거법에 의할 사항이라는 취지가 담긴 것으로 이해된다.

511) 이호정, 430.

512) 이호정, 430.

513) 이호정, 431.

514) 김용한 외, 365; 김진, 294; 이호정, 427 f.; 서희원, 329; 이병화(2005), 258.

515) 김용한 외, 365; 이호정, 427.

별준거법 우선원칙은 불필요하다고 보는 이설도 있다.[516] 이에 대해서는 "개별준거법은 총괄준거법을 깨뜨린다"는 원칙에 대한 반론을 살펴볼 때 검토한다(아래 VI. 6. (1) (나)).

(마) 외국법원에서의 상속비송절차의 승인

그런데 한국 국제사법이 상속재산의 관리와 청산을 분리시켜 다루지 않더라도, 외국에서 그렇게 규율된 것을 한국에서 승인할 것이냐의 문제가 있다. 영미법계에서는 상속재산의 관리는 법정지법에 따라 이루어지고, 상속재산의 청산(소극재산의 변제 및 잔여재산의 이전)에 대해 상속준거법을 의식적으로 정하여 적용한다. 그런데 상속재산의 관리와 청산이 모두 법원의 감독 하에 상속재산관리인이나 유언집행자가 실행하는 비송절차로 이루어진다. 일반론으로 외국비송재판의 승인을 인정한다면, 이것을 승인하는 문제가 제기된다. 또, 프랑스의 기득권이론에서 발달된 '법률관계의 승인' 법리에 따라, 외국에서 외국법(국제사법도 포함할 여지 있음)에 따라 형성된 일정한 법률관계를 승인하는 방법으로 접근할 수도 있다.

상속에 의한 승계란 곧 상속에 의한 승계절차를 가리킨다. 관리후청산주의에 따라 상속에 의한 승계에 법원이 개입할 때 그 절차를 말한다. 넓은 의미에서 절차라고 하는 것으로서, 법원에 의한 상속재산관리인이나 유언집행자의 선임, 권한부여와 그렇게 부여된 권한도 포함시켜 말한다. 통설은 이것도 상속의 문제로서 상속준거법에 맡긴다. 예컨대 한국인이 미국 캘리포니아주 소재 부동산을 남기고 사망한 경우, 그 재산도 한국법에 의하여 상속개시시를 기준으로 상속인에게 당연승계된다. 캘리포니아주법이 규정하듯이 일차적으로 유산법원에, 그 후 상속재산관리인이나 유언집행자에게 이전하는 것이 아니다.

그런데 캘리포니아주 법원이 상속인에게 캘리포니아주 소재 부동산을 승계시키기 위하여 상속재산관리인이나 유언집행자를 임명하고 그에게 그 부동산에 관하여 상속채무의 청산과 그 부동산의 이전을 위한 처분을 명했다면, 상속이라는 법률관계의 형성에 개입한 캘리포니아주 법원의 이러한 비송재판은 적법한 것으로 인정될 수 있는가? 다음의 해결방법을 생각해 볼 수 있다.

첫째, 외국재판 승인의 차원에서 재산소재지의 승계절차를 받아들이는 방법이 있다. 가령 국제비송관할이 있었고 공서위반이 없었으면 그 비송재판의 재판으로서의 효력을 승인해야 할 것이다. 이 접근방법도 논리적으로는 생각해

516) 林脇トシ子(1977), 121 ff.

볼 수 있으나, 실제로 이러한 해석론을 주장하는 논자는 보이지 않는다.

둘째, 상속의 실체관계의 준거법을 정하는 것과 별도로 상속절차의 준거법을 정하고, 이 법이 적용된 결과를, 그 법이 적절히 적용되었는지를 심사하면서 받아들이는 방법이 있다. 예컨대 캘리포니아주에 소재한 부동산에 한정하여, 그 법에 합치하는 적법한 상속절차 진행이 있었는지를 실체판단 속에서 확인하게 된다. 즉, 상속의 법률관계 가운데 상속의 실행에 관해서는 상속실행지법(법정지법)에 맡기게 된다. 이것이 바로 Ferid의 학설이다. 독일의 소수설로서 Ferid는 상속준거법의 적용범위가 상속권자의 지정, 상속권자의 순위, 상속분, 유언의 자유의 제한, 유류분, 청산의무에로 제한되고, 상속에 의한 승계의 문제는 lex fori에 의하는 것이 타당하다고 주장한다. 그가 말하는 '상속에 의한 승계'의 문제란 상속재산의 취득, 상속인공동체(상속재산의 공동소유), 상속채무에 대한 책임, 유언집행을 말한다.[517]

셋째, 상속절차도 상속의 문제의 일부로서 상속의 준거법에 맡길 뿐, '승계에 관한 비송재판의 승인'으로 접근하지도, 상속절차의 준거법을 따로 정하지도 않는 해결방법이 있다. 이것이 대륙법계의 기본적 접근방법이다.

넷째, 승계를 제외한 나머지 부분에 대해 상속준거법이 어떻게 규율하는지를 확정하고, '법률관계의 승인' 법리에 따라 이를 승인하면서, 승계 등의 다른 문제들을 규율하는 해결방법이 있다. 유럽상속규정이 이렇게 한다. 즉, 상속준거법에 따라 상속개시와 상속인, 상속분이 정해진 내용을 상속증서로 작성하도록 하고 그 상속증서를 승인하게 한다. 이 방식으로 '법률관계의 승인' 법리를 정형화하여 부분적으로 채용한다.

승계의 준거법을 따로 정한다든지, 상속증서의 승인에 바탕을 두고 상속의 나머지 문제들을 (그 준거법을 정하여) 규율하도록 하는 방안이 논의되는 배경에는, 당연승계주의(포괄승계주의)와 청산후승계주의(관리청산주의)이라는 두 가지 실질법제의 대립이 있다. 대륙법계에는 당연승계주의의 입법례가 많다. 이에 따르면, 피상속인이 사망하면 법원의 개입 없이 법률상 당연히 피상속인의 권리의무가 포괄적으로 상속인에게 이전한다. 한편, 영미법계에 일반적인 청산후승계주의에 따르면, 피상속인이 사망하면 그의 재산이 일단 피상속인의 인격대표자인 유산관리인(상속재산관리인)이나 유언집행자에게 귀속하고, 그들은 상속채무와 사인증여·유증을 변제하고 소극재산 등이 전부 청산된 후 남은 적극재

517) 이호정, 431 참조.

산이 있으면 이를 상속인에게 이전시킨다.

당연승계주의와 청산후승계주의는 실질법상의 입법주의이지만 국제사법적 규율에도 영향을 미치고 있다. 승계의 절차가 일종의 비송절차로서의 성격도 가지고, 각국 법원이 자신에게 익숙한 방식으로 승계절차를 진행시키는 경향이 나타날 수 있기 때문이다. 특히 청산후승계주의를 채택하는 영미법계 법역들은 상속재산 분할의 문제를 일률적으로 법정지법에 맡기는 특징을 보인다. 즉, 청산후승계주의를 따르는 영미법계 법역(法域)에서는, 적어도 역내재산은 전부 유산관리인이나 유언집행자에게 귀속시킨 뒤 관리 및 청산의 절차가 이어지는데, 상속재산관리인이나 유언집행자에 의한 소극재산 청산과 잔여재산의 상속인에 대한 이전은 모두 법정지법에 따라 이루어진다. 그래서 상속재산 분할에 관하여 준거법과 국제재판관할을 일치시키는(국제관할과 준거법의 병행) 일원적 법제(systèmes unitaires)로서의 특징을 가진다.[518] 영미법계 국제사법에서는 부동산·동산 분할주의가 일반적이므로, 이러한 비송절차가 행해지는 것은 자연스럽다.

그렇다면 영미법계 법역들에서 부동산소재지별로 관리·청산절차를 진행시키는 것을 대륙법계 법역들이 어떻게 다룰 것인지 문제된다. 승계의 문제를 상속 전반으로부터 분리하여 따로 법정지법에 연결하면, 영미법계 국가들의 이러한 역내 상속재산 관리·청산절차를 쉽게 수용할 수 있다.

대륙법계 국가들은 청산후승계주의를 따르지 않고 당연승계주의를 따르므로, 상속재산 분할과 관련하여 문제되는 다양한 논점들에 대해 실체준거법을 어떻게 정할지 본격적으로 논의하게 된다. 이 점은 최밀접관련원칙상 타당하다. 상속재산의 "관리"권한 부여로써 실체준거법 결정 문제의 상당부분을 덮는 영미법에 비하여, 실체·절차의 구별과 최밀접관련원칙에 더 철저하다. 대륙법계는 준거법과 국제재판관할을 따로 판단하는 이원주의(二元主義)를 따른다.[519] 이원주의를 따르는 국가들은 상속재산의 구조의 국가별 상이함, 채권자들의 추급권, 상속분의 확정과 이에 따른 상속재산의 배분에서 공동상속인들과 법원의 역할이라는 복수의 요소들을 고려해야 한다.[520]

상속재산의 청산의 준거법을 따로 정하는 입법례로는 다음의 예가 있다.

첫째, 상속재산의 청산을 법정지법(관청소재지법)에 맡기는 입법례가 있다.

---

518) Boulanger(2004), n° 161.
519) Boulanger(2004), n° 161.
520) Boulanger(2004), n° 161.

유럽상속규정의 발효로써 폐지되기 전의 오스트리아 국제사법(1978) Art. 28 ②는 "유산의 처리(Verlassenschaftsabhandlung)가 오스트리아에서 실행되는 경우에는, 상속재산의 취득과 상속채무에 대한 책임은 오스트리아법에 따라 판단된다."고 규정했다. 스위스 국제사법 Art. 92 ②는 "개별적 조치의 실행(Durchfuehrung)은 관할관청의 소재지의 법에 의하여 정하여진다. 특히 보전조치와 유언집행(Willensvollstreckung)을 포함한 유산의 청산은 위의 법에 의한다."고 규정한다.

둘째, 상속재산의 청산을 상속준거법에 맡기는 입법례도 있다. 유럽상속규정의 발효에 앞서 폐지되기 전의 네덜란드의 국제상속법에 관한 성문 국내법(자율법)인 1996. 9. 4.자 법률 §4는 상속재산 분할의 준거법 결정에 대해 따로 명문으로 규정하고 있었다. ①은 상속재산의 청산에 대해 규정하는데, 피상속인의 최후의 상거소가 네덜란드에 있었으면 상속재산의 청산은 네덜란드법에 의한다고 명시하면서(① 1), 특히 피상속인의 채무에 대한 상속인의 의무와 상속인이 이를 배제하거나 제한할 수 있기 위한 요건에 대한 네덜란드 법규가 여기에 속함을 분명히 했다(① 2). 분할의 방법에 대해서는 피상속인의 최후 상거소가 네덜란드에 있었으면 네덜란드법에 의한다고 규정하면서도(1문 주절), 공동상속인들이 공동으로 준거법을 지정할 자유를 인정했다(1문 종속절). ②는 아울러, 적극재산의 소재지국의 물권법의 요구를 고려하여야 한다고 규정했다(② 2).[521]

(17) 상속권 침해에 대한 구제

상속권의 침해에 대한 구제도 상속준거법에 의한다. 여기에서 상속권이라 함은 유증을 받은 자의 권리도 포함한다. 구제의 요건과 구제방법의 종류 모두 상속준거법에 의한다.[522] 상속권의 침해에 관한 구제도 상속의 법률효과를 주장하는 방법의 하나이기 때문이다. 그래서 상속회복청구권도 상속준거법에 의한다.[523] 이것을 별개의 포괄적 구제방법으로 인정하는지, 그 내용, 행사방법,

---

521) 제4조 ①사망자가 네덜란드에 최후의 상거소를 가진 경우에는, 청산은 네덜란드법에 의해 규율된다. 특히, 사망자의 채무에 관하여 제1항에 든 협약[헤이그상속협약]에 의한 준거법에 의해 지정되는, 사망자의 채무에 관한 상속인들의 채무, 그리고 그들이 그들의 의무를 배제하거나 제한할 수 있는 요건에 관한 네덜란드 법규들이 적용된다.
② 상속재산의 분할방법은 사망자가 네덜란드에 최후의 상거소를 가진 경우에는, 공동상속인들이 공동으로 다른 국가의 법을 지정하지 않는 한, 네덜란드법에 의해 규율된다. 적극재산이 소재한 국가에서 적용되는 물권법의 요구가 고려되어야 한다.
위 조문은 Boulanger(2004), 224에 소개된 프랑스어 번역으로부터 중역한 것임.

522) 스위스 국제사법 Art. 92 ①은 이를 명시한다("유산의 준거법은……어떤 법적 구제방법(Rechtsbehelfe)과 조치가 허용되느냐 및 어떠한 요건하에 이것들이 요구될 수 있느냐를 결정한다."). 번역은 이호정(1990), 24를 따름.

523) 대법원 1991. 2. 22. 선고 90다카19470 판결; 수원지방법원 2016. 8. 25. 선고 2015가합66239 판결(國際私法 22-2(2016), 620 f.에 요지 수록)(확정); 이병화(2005), 257 f. 준국제사법 사건에

존속기간 내지 행사기간이 모두 상속회복청구권의 실체적 측면에 관한 문제로서 상속준거법에 의한다.[524] 유류분권 침해에 대한 구제도 상속준거법에 의한다. 그래서 유류분반환청구권도 상속준거법에 의한다.[525]

개별 재산에 대하여 자신이 상속인으로서 권리(예: 소유권)를 승계하였음을 주장하여 그 권리를 행사(예: 소유권에 기한 반환청구나 방해배제청구)하는 것도 국제사법상 상속 문제의 일부인지 문제된다. 이것을 국제사법상으로 '상속'회복청구권이라고 보면, 상속준거법에 맡겨질 뿐이다. 이것은 상속회복청구권이 아니라고 하면, 이것은 상속이 아니라 개별 재산권의 효력 내지 그 침해의 불법행위의 문제로 다루어져야 한다.[526)]

서 헌법재판소 2001. 7. 19. 선고 99헌바9 등 결정도 같은 해석론을 전제로 삼았다. 그러나 헌법재판소가 이 점을 判旨로서 설시한 것은 아닌데, 이는 헌법재판소가 원칙적으로 법률해석의 권한을 가지지 않기 때문이다. 대법원 2016. 10. 19. 선고 2014다46648 전원합의체 판결에도 같은 해석론이 반영되어 있으나, 상속회복청구권이 상속준거법에 의한다는 점에 원심판결과 상고인 간에 입장이 다르지 않아 이 논점이 상고심의 판단대상(民訴 §431)이 되지 않았던 듯하다. 헌법재판소 2001. 7. 19. 결정과 대법원 2016. 10. 19. 판결의 사안은 외국법이 적용될 사안이 아님은 명백하고 남북한법 간의 준거법 결정만이 실제로 문제되었지만, 그럼에도 불구하고 두 판결례가 전제로 삼은 '법률관계 성질결정'에 대한 판단은 국제사법과 준국제사법 양쪽에 대해 의미를 가진다. 첫째 이유는, 국제사법과 준국제사법은 공간적(장소적) 저촉법이라는 본질을 같이하여, 준국제사법에 의한 남북한법 간의 선택은 성문, 불문의 국제사법규정들(§3 ③은 제외)을 유추적용하여 이루어지기 때문이다(아래 VII. 2.). 그래서 논리필연적으로, §49를 준국제사법 문제에 유추한 저촉규칙이 말하는 "상속"이라는 체계개념의 해석에 대한 판례 내지 사실심 재판실무는 §49가 말하는 "상속"의 해석론의 의미도 가질 수밖에 없다. 둘째, 국제사법은 외국관련성이 없는 사안에도 개입한다(아래 VI. 3.). 즉, 북한과의 관련은 있지만 외국과는 관련이 없는 사안에서도 국제사법적 판단이 필요하다. 그래서 준국제사법적 준거법 결정의 사례는 필연적으로 국제사법적 준거법 결정에 대한 사례를 겸한다. 물론 전자에 대한 구체적 판결례가 후자에 대한 판단을 '의식적으로 하기를 누락'했을 수는 있다. 그러나 판지(ratio decidendi)가 아니라 법원실무의 태도를 관찰할 때에는, 법관이 의식적으로 법적 판단을 하여 설시했느냐를 묻지 않으므로, 전자의 논점에 관한 사례는 필연적으로 후자의 논점에 관한 사례를 겸한다.

524) 이병화(2005), 257 f.는 상속회복청구권의 당사자와 효력을 상속준거법에 의할 사항으로 예시한다. 헌법재판소 2001. 7. 19. 선고 99헌바9 등 결정도 상속회복청구권의 행사기간에 대하여 동지의 해석론에 바탕을 두고 있는 것으로 이해된다.

525) 서울남부지방법원 2016. 9. 29. 선고 2014가합104927 판결(國際私法 22-2(2016), 621 f.에 요지 수록)(확정).

526) 재산권의 침해에 따른 금지청구권이 국제사법적으로 그 재산권(침해된 재산권, 환언하면 그 실현이 방해되고 있는 재산권)의 효력의 문제인지, 불법행위의 효과의 일부인지에 대해서는, 후자로 성질결정하는 견해가 유력하다. 이호정, 272. 다음의 이유에서 후자의 성질결정이 타당하다. 첫째, 이렇게 성질결정하면 행동지와 결과발생지가 상이할 때, 결과발생지법 외에 행동지법도 준거법이 될 수 있다. 격지적 불법행위에서 행동지법과 결과발생지법 간의 선택을 피해자가 할 수 있다고 하는 한, 피해자가 자신에게 유리한 법을 선택할 수 있으므로, 불법행위로 성질결정하는 것이 피해자에게 유리하다. 둘째, 피해자와 가해자 간에 존재하는 기존의 법률관계를 침해하는 행위가 불법행위도 구성하면, 그 기존 법률관계의 준거법 소속국법(불법행위법)이 그 불법행위도 규율하게 함(國私 §32 ③: 종속적(부종적) 연결)이 타당하다. 금지청구권에 대해서도 같다. 셋째, 國私 §33은 당사자들이 외국법의 내용을 조사하고 변론하는 부담 내지 그에 관한 불확실성의 부담을 덜기 위해, 불법행위의 당사자들이 사후적으로 법정지법을 준거법으로 약정하는 것을 허용한다. 이런 고려는 금지청구권에도 타당하다. 한편, 國私 §32 ②의

2. 무주 상속재산의 국고귀속

피상속인이 남긴 재산에 대해, 상속(유증, 사인증여, 특별상속 포함, 民 §1057과 같이 확대된 것도 포함[527])으로 승계할 자가 없을 때, 사망자의 재산을 국가, 지방자치단체 기타의 공공단체(이하에서는 국가라고만 함)에 귀속시키는 것이 보통이다. 그런데 이를 어떤 법률관계로 다룰지에 대해 실질법은 두 가지로 나뉜다. 하나는 국가가 최후순위 상속인으로서 취득하는 법제이다(상속권주의)(독일, 프랑스, 이탈리아,[528] 스웨덴[529] 등). 다른 하나는 국가가 영토고권에 의하여 상속인 부존재의 재산을 취득하는 법제이다(선점권주의)(영국, 터키, 오스트리아 등).[530] 순수한 국내적 법률관계에서는 어느 쪽으로 규율하든 결론에 차이가 없다. 그러나 국제적 사법관계(私法關係)에서는 이 문제를 어떤 문제로 보느냐에 따라 준거법이 달라질 수 있다. 특히, 무주 상속재산이 상속준거법 소속국 아닌 국가에 있고, 양국이 입법주의를 달리할 때가 문제이다. 첫째, 상속준거법은 국가의 최후순위상속을 규정하고, 재산소재지법은 국가의 선점권으로 다루면, 국제사법적 성질결정을 일의적으로 하지 않는 한, 규정의 중첩(Normenhäufung), 즉 준거법의 적극적 저촉의 문제가 생긴다. 즉, 두 국가가 각기 자신의 법에 의해 취득하려는 상황이 된다. 둘째, 상속준거법은 재산소재지국의 선점으로, 재산소재지법은 국가의 최후상속권으로 규정하고 있다면, 국제사법적으로 단일한 성질결정기준을 따르지 않는 한, 규정의 흠결(Normenmangel), 즉 준거법의 소극적 저촉이 발생한다. 즉, 어느 국가도 자신의 법에 따라 무주 상속재산을 취득하지 못하는 상황이 된다.

관건은 법률관계의 성질결정이다.[531] 실질사법의 두 가지 법제를 모두 상속법적 규율로 취급하여 상속준거법에 맡기는 견해(상속설)와, 양자를 모두 무주재산의 국고귀속(공공재정 귀속) 문제로 보아 재산소재지법에 의하는 견해(선점설, 속지설)가 있다.[532] 선점설(先占說)에서는, 물권의 문제로서 소재지법이 적용

공통상거소지법규칙이 항상 타당한지는 입법론적으로 의문이고, 國私 §32 ②의 타당범위가 國私 §8 ①에 의하여 축소될 여지도 있지만, 이는 금지청구권에 특유한 문제가 아니라, 특수불법행위별 차별화의 문제일 뿐이다. 따라서, 재산권 침해로 인한 금지청구권을 불법행위로 성질결정하는 해결의 타당성을 결정적으로 저해하는 요인으로는 생각되지 않는다.

527) 民 §1058 ①도 이 점을 명시한다.

528) 이상의 해외 입법례는 서희원, 330에 따름.

529) Mayer et Heuzé, n° 868에 따름.

530) 이상의 해외 입법례는 서희원, 330에 따름.

531) 김용한 외, 367.

532) 신창선 외, 387 f.는 "상속권설"과 "재산소재지법설"이라 한다. 이병화(2005), 259는 실질법의 학설은 "상속권설", "선점권설"이라 하고, 국제사법의 성질결정에 관한 학설은 "상속준거법설",

되는 것으로 설명하기도 하지만, 영토고권의 직접적 작용으로서의 선점권으로서 소재지법에 연결된다고 해석(흠결보충)하는 것이 보통이다.[533] 국제사법적 성질결정기준에 대한 상속설과 선점설은 실질법상의 두 가지 입법주의가 반영된 것이라고 말하기도 하나,[534] 일국 국제사법상의 법률관계 경계획정은 그 국가의 실질사법의 타성적 태도를 넘어설 수 있으며, 국제사법적 성질결정기준만 확립되면 실질사법이 성질결정을 어떻게 하든 상관없다.[535] 가령 국제사법 차원에서 영토고권적 재산취득 내지 물권의 문제로 다루어 재산소재지법을 지시하면, 재산소재지의 실질법이 무주재산 국고귀속으로 정하든, 최후순위 상속으로 정하든 상관할 것 없이 그 법에 의한다(국제사법 독자적 성질결정).

선점설이 다수설이다.[536] 선점설을 입법화한 예도 있다. 구 폴란드 국제사법(1926) Art. 31은 "피상속인의 본국법에 의하여 상속인이 부존재하는 재산은 상속인부존재의 재산으로서 피상속인의 사망 당시 그 재산이 존재하는 나라의 법률에 의한다. 피상속인의 본국법에 의하여 다른 상속인흠결로 인하여 국가 또는 다른 법인에 귀속하는 재산은 이것을 상속인부존재의 재산으로 본다."고 규정했다.[537] 1978년 오스트리아 국제사법 Art. 29(유럽상속규정 발효로 폐지)도 "제28조 제1항에서 규정한 법[역주: 상속준거법]에 따라 상속인이 없거나 상속재산이 법정상속인으로서 지역단체(Gebietsköperschaft)[538]에게 귀속하게 될 경우에는, 이 법 대신에 사망시에 피상속인의 재산이 소재한 개별 국가의 법이 적용된다."고 규정한다. 같은 취지를 '내국' 소재 재산에 대해서만 규정하는 예도 있다. 중화민국(대만) 섭외민사법률적용법(2010) §59는 "외국인의 사망 당시 중화민국 내에 있는 재산으로서 전조의 규정에 의한 준거법에 의하여 상속인이

"재산소재지법설"이라 한다(이상 순한글로 바꾸어 인용).

533) Audit et d'Avout, n° 990은 후자에 중점을 두지만, "고권(droit régalien)"이라는 표현과 "物로의 성질결정(qualification réelle)"이라는 표현을 병용한다. Mayer et Heuzé, n° 868은 물권문제로 볼 수 없고, 국가의 고권적 취득 문제일 뿐이라고 주장한다. 국제공법의 규율대상이 되어 영토고권적 취득과 대인고권적 취득의 대상이 될 수 있지만, 전자가 더 타당하다고 한다. 신창선 외, 388은 선점설을 표방하지만, "재산소재지의 공익보호"를 위한 제도로 이해하여 선점설과 다소 괴리를 보인다.

534) 김용한 외, 367.

535) 김용한 외, 367; 서희원, 330.

536) 김용한 외, 367; 김진, 296 f.; 서희원, 330; 안춘수, 326. 프랑스 판례도 선점설을 따른다. Req. 28 juin 1952, DP 1984.1.154(Mayer et Heuzé, n° 868과 Audit et d'Avout, n° 990에서 재인용). Mayer et Heuzé, n° 868과 Audit et d'Avout, n° 990도 선점설을 지지한다. 일본에서도 선점설이 다수설이라고 한다. 櫻田嘉章, 344. 한편, 이호정, 119 f.도 참조.

537) 김용한 외, 367 f.에 인용된 번역을 순한글로 바꾸고 사소한 표현 수정하에 재인용.

538) 지방자치단체를 말하는 듯하다.

없는 재산은 중화민국법에 의해 처리된다."고 규정한다.[539] 한편, 부동산에 대해서는 선점설, 동산에 대해서는 상속설을 명문화한 입법례도 있다.[540] 피상속인이 재외국민인 경우에 대해서만 상속설을 명문화한 입법례도 있다.[541]

준거법에 의한 성질결정론을 벗어나 '국제사법 독자적 성질결정'으로 상속설을 따르는 것은 합리적이라고 생각되지 않는다. 이 견해에 따르면, 무주 상속재산 귀속문제가 상속준거법에 의해 상속 문제로 규율될 가능성을 존중하여, 먼저 상속준거법을 지시하게 된다. 만약 상속준거법이 상속준거법 소속국의 취득을 정하고 있으면, 결국 상속으로의 성질결정을 우선시키는 결과가 된다. 이것이 첫 번째 문제점이다. 한편, 상속준거법이 '타국 소재 재산의 취득에는 적용되지 않으려 하는' 자기제한적 실질법규이면, 타국 소재 재산에 대해서는 상속으로 취득할 국가가 없어, 상속인 없는 재산의 취득 문제로 된다. 이 때 재산소재지법이 실질법적으로 무주재산 취득으로 규정하고 있으면 문제가 없으나, 상속법의 일부로 규정하고 있으면, 준거법의 소극적 저촉이 발생한다. 이것이 두 번째 문제점이다. 게다가, 상속준거법으로 본국을, 상속인 부존재 재산의 취득의 준거법으로 재산소재지법을 각기 지정하더라도, 본국과 재산소재지의 국제사법이 어느 설을 따르냐에 따라 반정(反定)이 있을 수 있다. 이는 문제 해결을 복잡하게 한다. 이것이 세 번째 문제점이다.

통일적인 성질결정을 포기하고 실체준거법이 어떻게 성질결정하는지에 따르는 방법(준거법설)도 논리적으로는 가능하다. 영국과 벨기에 판례는 이런 입장이다.[542] 그러나 이렇게 하면, 상속이 무주 상속재산 선점에 논리적으로 선행하는 선행문제(Erstfrage)이기 때문에, 준거법의 적극적 충돌의 경우 항상 상속준거법 소속국이 취득하게 된다.[543] 즉, 준거법설에 의해 성질결정하면 항상 상

539) 김호 역(2012), 530의 번역을 표현만 다소 수정함. 이미 1953년 섭외민사법률적용법(2011년 전면개정 전) §23에 있던 조문이다.

540) 베트남 2005년(2015년 전면개정 전) 민법전 §767 ③(상속인 부존재의 부동산은 소재지국에 귀속), ④(상속인 부존재의 동산은 국적국에 귀속). 이재열(2015), 421; 장준혁(2015), 169. 어느 법률관계의 준거법에 의할지만을 규정하지 않고, 아예 국제사법 내의 실질사법적 해결을 하는 점도 독특하다. 장준혁(2015), 170에서는 이 규정들이 스스로 실질사법적 규율을 함을 지적하지 않고 성질결정기준을 명정한 규정이라고만 설명했으나, 이를 정정한다.

541) 북한 대외민사관계법 §45 ③. 이는 친북 성향의 재일교포가 상속인 없이 사망했을 때 일본의 국고에 귀속되어 재외 친북세력의 재산이 줄어드는 일을 방지하려는 정치적 목적이 개입된 입법이므로, 비교법적 고려가치가 낮다.

542) In re Maldonado, [1954] P. 223; [1954] 2 W.L.R. 64; [1953] 2 All E.R. 1579 (Court of Appeal) (Morris(1968), 450 이하에도 전재되어 있음); Cass. 28 mars 1852, Rev. crit. DIP 1953.132, note Loussouarn, JDI 1954.463, note Hennebicq(Mayer et Heuzé, n° 868에서 재인용).

543) Audit et d'Avout, n° 990은 '상속으로만 성질결정하면' 이런 문제가 생긴다고 지적한다. 그러

속준거법 소속국의 취득권을 재산소재지국의 그것에 우선시키게 되는 문제가 있다. 국제사법적으로 상속설을 따르는 것과 결과적으로 별로 다르지 않게 된다.[544] 그러므로 '준거법에 의한 성질결정'은 여기에서 적절한 해결방법이 되지 못한다.

결국, 한국 국제사법의 해석으로도 선점설이 타당하다. 선점설이 무주 상속재산 귀속제도의 "정신에 보다 잘 부응"한다.[545] 실질법상 국가 또는 공공단체를 최종 법정상속인으로 정하고 있더라도, 그 실질은 피상속인과 친족관계 등 개인적으로 밀접한 관계가 있는 일반상속인이 상속하는 것과는 크게 다르다.[546] 상속준거법은 최후 취득권자인 국고에 앞서 누가 상속하는가만 정하고, 상속인이 없으면 그 재산의 귀속은 더 이상 상속의 문제가 아니라고 해야 한다. 오늘날의 영토국가시대에는 영토고권이 대인고권보다 중요하므로, 무주 상속재산의 귀속은 속지적 영토고권의 작용으로 보아, 재산소재지국법이 정하는 바에 따라 그 국가에 귀속시킴이 타당하다. 이 때 그 법이 무주 상속재산 국고귀속을 상속법 내에서 정하고 있어도 상관없다. 왜냐하면 준거법 결정과 적용을 구획짓는 국제사법적 성질결정은 실질사법상의 성질결정 여하에 구애받지 않기 때문이다.[547] 그래서 가령 일본인이 당사자자치(國私 §49 ②) 없이 한국에 재산을 남기고 사망했고, 상속준거법인 일본법에 따라 상속인(수유자, 사인증여의 수증자, 재산분여를 받을 특별연고자, 특별상속의 상속인 포함)이 없다면, 일본민법의 해당 규정은 상속법규가 아니라 무주 상속재산의 국고귀속을 정한 법규로 파악되어 사안에 부적용된다. 그리고 民 §1058이 민법상 편제에 구애받지 않고 사안에 적용되어야 한다.

무주재산이 동산이면, 실제 소재지를 기준으로 할지, 아니면 피상속인의

나 법률관계의 성질결정에 관한 준거법설에 따라 상속이나 무주 상속재산 선점으로 성질결정해도 이 문제가 생긴다.

544) 영국 Court of Appeal도 In re Maldonado 사건에서 준거법설에 따름으로써 그런 결과가 되었다. 영국 소재 상속재산에 대해 상속준거법인 스페인법에 따라 스페인 국고가 취득하고, 따라서 재산소재지인 영국의 선점권의 대상이 될 재산이 남지 않았다.

545) Audit et d'Avout, n° 990.

546) 서희원, 330.

547) 실질법에서의 타성적 성질결정은 국제사법적 규율의 기준이 될 수 없다. 장기적으로는 실질법상의 법률관계 경계획정도 국제사법에서의 법률관계 경계획정을 따름이 바람직하다. 다만, 실질법 학자는 법률관계의 성질결정 논의의 실익으로서 가장 중요한 부분인, 준거법 결정상의 실익을 충분히 이해하기 어렵다. 그래서 실질법 학자들이 섣불리 국제사법적 성질결정의 각론적 논의에 참여하려 하기보다는, 준거법 결정시에는 국제사법상의 경계획정만이 의미를 가진다는 점만 분명히 하면서, 국제사법과 실질사법상의 법률관계 경계획정의 괴리가 있더라도 긴 시간을 두고 정리하는 편이 낫다.

사망시 주소지나 상거소지를 동산 일체의 소재지로 간주할지 문제된다. 전자로 해석하는 견해가 유력하다.[548] 이렇게 하면 채권, 간접보유증권 등의 소재지를 확정하는 까다로운 문제가 제기되는 단점은 있다.

선점설에 따른 준거법 지정은 개별재산별로 이루어진다. 여러 재산이, 심지어 전재산이 한 법역에 있더라도, 각 재산별로 지정한다. 이로 인해 생기는 준거법분열(dépeçage)은 정상적인 것이고, 문제시할 필요가 없다. 그리고 개별 재산별로 준거법을 정하므로, "개별재산이 총괄재산을 깨뜨릴" 일은 생기지 않는다.

한국 국제사법이 선점설을 따르더라도, 반정(反定)이 있을 수 있다. 재산소재지국의 국제사법이 상속설에 따라[549] 상속준거법의 일부로서 한국법이나 제3국법(그 '무주 상속재산 귀속법규')을 지시할 수 있다. 직접반정(直接反定)은 받아들여, 한국법으로 그 재산의 귀속을 정한다(國私 §9 ①). 한국의 실질법이 상속설과 고권설의 어느 쪽을 따르든 결론에 영향이 없다. 외국 국제사법은 스스로 옳다고 생각하는 바에 따라(국제사법 독자적 성질결정으로 상속설을 따랐든, 한국민법이 상속설을 따른다고 생각했든) 한국법을 지시했고, 國私 §9 ①은 '외국 국제사법이 하는 준거법결정'의 결론을 받아들이는 것이기 때문이다. 한편, 國私 §9 ①은 전정(轉定)에 의미부여하지 않으므로, 재산소재지국이 제3국법을 지시하는 것은 무시된다. 그러나 전정도 존중함이 타당하다. 이를 위해 國私 §9 ①의 개정이나 國私 §8 ①의 원용가능성 검토가 요망된다.

선점설로써 지시한 재산소재지법이 '국내 소재 재산에만 적용되고자 하는' 자기제한적 실질법규라도 결론에 영향이 없다. 상속설에서는 자기제한적 실질법규로 인해 연결과정이 길어질 수 있으나, 선점설에는 그런 문제가 없다.

3. 선결문제 및 선행문제

(1) 상속의 선결문제로서 친자관계와 혼인의 준거법 결정

상속준거법이 피상속인의 자녀, 배우자 기타 친족관계 있는 자를 상속인으로 삼는 경우에는, 상속의 선결문제로서 그러한 친족관계가 있는지 문제된다. 상속의 선결문제로 될 수 있는 것은 주로 친자관계와 혼인의 '성립'이다. 친자관계의 효력이나 혼인의 신분적 효력을 상속의 선결문제로서 검토할 필요가

---

548) Mayer et Heuzé, n° 868.

549) 국제사법 독자적 성질결정기준으로서 상속설을 따랐을 수도 있고, '법률관계의 성질결정에 관한 준거법설'에 따라 (한국법이나 제3국법이 이 문제를 상속문제로 다룬다고 생각하고) '이 문제를 상속으로 다루는 실질법'을 상속준거법으로서 지시했을 수도 있다.

있는 경우는 드물 것이다. 오늘날 각국의 실질법을 보면 '상속권은 인정될 수 없는' 친자관계나 혼인관계란 것은 드물고, 그런 입법례가 있더라도 공서위반이 될 가능성이 높기 때문이다.550) 선결문제에 대해서는, 그 준거법을 정할 국제사법규정을 어느 나라에서 찾을지 문제된다. 이것은 國私 §49에 의한 상속준거법의 지정이, 상속의 배경을 이루는 선결적 법률관계(인지, 입양, 혼인의 유효한 성립 등)까지도 포함하여 상속준거법에 맡기는 취지인지, 즉 선결문제(Vorfrage, preliminary question, incidental question)의 준거법 결정도 상속준거법에 맡겨지는지의 문제이다. 이를 긍정하는 학설이 준거법설이다. 반면에 법정지법설은 사안에서 어떤 법률관계가 다른 법률관계에 대한 선결문제로서 문제되고 있다는 데 구애받지 않을 것을 주장한다. 그래서 본문제의 준거법이 외국법이라도 상관하지 않고, 선결문제의 준거법도 법정지 국제사법의 해당 규정에 의해 결정하여야 한다고 주장한다.

선결문제의 준거법은 본문제(Hauptfrage, main question)로부터 독립적으로 법정지의 국제사법에 의해 정해져야 한다는 것(법정지법설)이 통설이며, 상속과 그 선결문제의 관계에 대해서도 마찬가지이다. 상속준거법에 의해 상속권이 출생, 인지, 입양, 혼인 등에 의해 근거지워지더라도, 친생자관계, 인지, 입양, 혼인은 상속준거법 소속국의 국제사법에 맡겨지는 것이 아니라 법정지의 국제사법에 의해 준거법이 정해진다.551) 한국의 국제사법 학계에서는 법정지법설이 큰 도

550) 논리적으로는, 법정상속권의 근거가 되는 친족관계의 효력이 상속권을 가질 수 없는 제한을 내포하는 것인지도 문제될 수 있다. 그러나 어떤 친자관계나 혼인관계를 '상속권을 가질 수 없는 친자관계나 혼인관계'로 제한하는 것은, 원칙적으로 헌법의 평등원칙 위반으로서 공서위반(國私 §10)이 될 것이다. 비적출자나 양자는 상속권을 가질 수 없게 하는 과거의 법제는 대부분 극복되었다. 그래서 친자관계의 효력준거법이나 혼인의 신분적 효력(일반적 효력)의 문제가 상속의 선결문제로서 실제로 제기되는 일은 거의 없을 것으로 생각된다. 이병화(2005), 258의 주 46은 자녀의 상속권의 선결문제로서 항상 그 적출성이 선결문제로 된다고 서술하나 의문이다. 다만 입양 후에도 생물학적 친자관계에 의해 법정상속인이 될 수 있는지의 문제는 남는다. 이 문제를 규율할 실체법규를 상속준거법 소속국의 국제사법에 따라 정할지는 학설에 맡겨져 있다고 해야 할 것이다.

551) 친생자관계에 관하여 동지: 서울지방법원 2003. 7. 25. 선고 2001가합64849 판결. 서울지방법원 2003. 7. 25. 판결의 사안은 혼인외 친생자관계에 의하여 법정상속이 근거지워진 사안이었는데, 상속준거법이 중화민국(대만)법이었음에도, 혼인외 친생자관계의 준거법 결정을 대한민국법에 따라 하는 것을 당연시했다. 다만 이 사건에서 상속개시일은 2001년 개정 국제사법의 시행일 후였지만, 그 전제가 되는 친자관계의 성립은 (그리고 아울러 문제된 혼인의 성립은) 모두 2001년 개정 전에 완결되었으므로 2001년 개정 전 국제사법규정에 의하여 준거법이 정해져야 하였는데, 이 점이 간과되었다. 판결문을 보면, 사안에서 문제된 법률관계가 2001년 개정 전의 국제사법규정에 의하여 준거법이 정해지는지 개정 후의 국제사법규정에 의하여 정해지는지를 정확히 판단하기를 방기하고, 개정 전후의 법을 단순히 나열한 후에 사안을 해결하기도 하고, 개정 전의 국제사법규정에 의하여 준거법을 정해야 하는 문제에 대하여 개정 후의 국제사법규정에 의하여 준거법을 정하면서 2001년 개정 국제사법 부칙 ②를 무시하고 있는데 이는 명백한

전을 받고 있지 않다. 또한, 선결문제의 준거법 결정의 문제에 대하여 판단한 판례는 상속뿐만 아니라 모든 사법(私法) 분야를 통틀어 전혀 없다.

상속의 선결문제도 준거법설에 따라 상속준거법 소속국법에 맡기는 견해도 있다. 특히 법정상속의 근거가 되는 친족관계나 유증, 증여 등의 준거법을 상속준거법 소속국의 국제사법에 따라 정하는 견해가 있다. 일본에도 유언상속의 경우에는 인지, 입양, 기부행위 등의 문제도 재산상속에 영향을 미친다는 이유로 상속준거법 소속국의 법에 따르게 하는 견해가 있다.[552] 유언상속에 관한 한, 선결문제의 준거법 결정을 상속준거법 소속국의 국제사법에 맡기는 견해이다.

우리나라에도 총론적으로는 준거법설을 지지하는 문헌이 있다.[553] 이 입장을 일관한다면, 상속의 선결문제로서 혼인관계, 친자관계, 기타 친족관계의 존부를 판단함에 있어서는 상속준거법 소속국의 국제사법에 통일적으로 맡겨야 할 것이다. 실로 이런 경우가 준거법설이 주안을 두는 문제상황 중 하나이다. 그러나 이 문헌은 "상속인이 되기 위해서 전제될 피상속인과의 사이에 혼인관계·친자관계·친족관계 등의 존부는 이른바 선결문제로서 각각 다른 준거법의 지배를 받아야 할 것"이라고 서술할 뿐이어서,[554] 이 경우에는 법정지법설을 따르는지, 아니면 이 경우에도 준거법설을 일관하는 취지인지 불분명하다.

(2) 선행문제(先行問題)

논리적으로는 상속에 앞서지만, 선결문제로서 문제되었을 때 준거법 결정 기준을 달리할 것이냐가 아예 처음부터 문제되지 않는 것도 있다. 그것은 아예 선행문제(Erstfrage)라고 불러 구별하기도 한다. 일정한 선결문제를 독립적으로 연결하는 해석론이 확립되면, 그것을 비독립적으로 연결할지 문제제기할 여지가 없어지므로, 그 문제를 '독립적으로 연결되는 선결문제'라고 부르든 '선행문제'라고 부르든 상관없게 된다. 상속과 관련하여 종종 문제되는 선행문제는 다

잘못이다. 한편, 대법원 1988. 2. 23. 선고 86다카737 판결에서는 인지로 혼외자의 지위를 취득한 자의 상속권이 문제되었는데, 상속준거법이 한국법이었으므로 '인지의 준거법을 본문제 소속국의 국제사법에 의하여 정할 것인가'의 문제에 대하여 판단할 필요가 없었고, 대법원도 판단하지 않았다.

552) 반대로 양자도 상속인을 가질 수 있는지는 國私 §42 ①에 의해 정해지는 입양의 성립의 준거법에 의해야 한다는 견해도 있다. 김문숙(2003), 168. 이 문제를 '그 입양이 상속권도 전제하는 입양인가'의 문제로 파악하여, 입양의 성립－위 문헌은 이를 입양의 직접적 효력(즉 친자관계를 성립시키는 효력)이라고 부른다－의 문제의 일부로 성질결정하는 견해이다.

553) 김용한 외, 159.

554) 김용한 외, 365(순한글로 바꾸어 인용).

음과 같다.

(가) 실종과 사망선고(실종선고)

실종과 사망선고는 상속준거법에 의하지 않고 독립적으로 준거법이 정해진다. 즉, 실종이나 사망선고가 상속과 관련하여 문제되더라도, 실종의 준거법을 정하는 기준은 상속준거법 소속국의 국제사법이 아니라 항상 법정지 국제사법이다.[555] 넓은 의미에서 실종(사망선고 포함)의 원칙적 준거법은 실종개시시의 본국법이다.[556] 國私 §11에서 그러한 저촉규칙이 발견될 수 있다. 외국인의 경우도 원칙적으로는 같지만,[557] 國私 §12에 의하는 한도에서는 예외적으로 법정지법에 의한다. 외국인의 경우에도 동일한 위난이나 동시에 발생한 상이한 위난으로 사망한 자들의 사망 선후의 추정에 대해서는 國私 §12가 규정하지 않으므로, 법정지법이 아니라 실종에 관한 원칙적 준거법에 의해야 한다.[558]

실종은 실종의 준거법에 의하지만, 한국법원이 이미 실종선고를 내린 경우에는 실종선고 자체에 의해 규율된다. 외국법원(기타 관청)의 실종선고가 승인되는(한국의 외국비송재판승인법에 의해 한국에로 효력이 확장되는) 경우에는, 그 외국법원이 준거법을 결정하고 적용하며 재판한 바에 따라 실종선고의 법률효과(사망의 추정, 의제, 그 기준시)가 정해진다.

실종이 항상 실종선고로 귀착되는 것은 아니다. 실종의 준거법이 실종선고 없이 사망의 추정이나 간주의 효력을 발생시킬 수도 있다. 또, 동일한 위난이나 동시에 발생한 복수의 위난으로 사망한 사람들의 동시 또는 이시 사망의 추정도 실종의 준거법에 의한다.[559] 그래서 실종으로 인한 사망의 추정이나 의

555) 김용한 외, 363; 이호정, 426; Looschelders, Art. 25 Rn. 4. 유럽상속규정 Art. 1(2)(c)는 이 점을 명시한다.

556) 이호정, 233.

557) 이호정, 233.

558) 이호정, 229~231은 실종자의 사망시점의 추정이나 간주를 일반적 권리능력의 문제로 분류한다. 이렇게 분류하면 國私 §12가 규정하는 것은 실종'선고'만임이 한층 명쾌해지고, 사망이나 생존의 추정·의제는 항상(실종자에 대한 것이라도 실종선고에 의해 추정되거나 의제되는 것이 아닌 한) 國私 §11에 의해 본국법에 의함을 분명히 하는 장점이 있다. 다만, 일정한 실종기간의 경과로 사망선고(한국법의 실종선고도 이에 속한다) 없이 사망을 추정하는 입법례도 있는데(이호정, 232에 의하면 코몬로가 그러하다), 이것을 일반적 권리능력의 문제로 분류할지 실종의 문제로 분류할지의 문제가 있다. 그러나 사망선고(실종선고) 없이 발생하는 사망의 추정이나 의제를 일반적 권리능력의 문제라고 하든, 실종의 문제라고 하든, 본국법에 의하는 점에서 결론은 같으므로(외국인에 대하여 國私 §12에 의해 한국법원이 법정지법을 적용하여 실종선고를 하는 경우에도 실종선고의 요건, 방법, 효과, 취소 등이 법정지법에 의하는 것이지, 실종선고에 의하지 않는 사망추정·의제는 실종선고의 문제가 아니므로 여전히 國私 §11에 의하여 본국법에 맡겨진다. 따라서 실종자의 사망시점의 추정이나 간주를 일반적 권리능력과 실종(실종선고가 아니라) 중 어느 쪽으로 성질결정하느냐의 논의의 실익은 없다.

559) 이호정, 230.

제의 요건도 실종의 준거법에 의한다. 법원의 실종선고가 필요한지 그것이 필요없는지도 같다. 실종의 효과도 실종의 준거법에 의한다. 번복가능한 사망추정이 되는지, 번복불가능한 사망추정이 되는지, 사망으로 의제되는지, 사망의 추정이나 의제의 기준시점은 어떻게 되는지, 동일위난이나 동시에 발생한 별개의 위난으로 실종된 자들이 동시에 사망한 것으로 추정 내지 의제되는지, 이시에 사망한 것으로 추정 내지 의제되는지, 사망추정이나 의제의 번복이 가능하고 그 절차는 어떻게 되는지가 모두 실종의 준거법에 의한다.

(나) 유언

유언과 상속의 관계도 선행문제와 본문제의 관계이다. 유언(國私 §50)은 상속(國私 §49)으로부터 항상 독립적으로 준거법이 정해진다. 상속준거법 소속국 국제사법이 유언의 준거법을 정하도록 할 필요는 전혀 없다.

(다) 부부재산제에 의한 권리취득

부부재산제에 의해 생존배우자가 사망배우자의 재산이나 부부공동재산으로부터 취득하는 것은 부부재산제의 해소의 문제이고, 상속의 문제가 아니다.[560] 부부재산제의 준거법은 항상 독립적으로 國私 §38에 의해 정해진다. 부부간에 상속계약이 체결된 경우에도 같다. 부부재산계약(contrat de mariage, Ehevertrag)이 상속계약과 결부되어 있더라도 같다.[561] 상속의 준거법을 정하기에 앞서, 법정지의 국제사법규정에 따라(상속준거법 소속국의 국제사법규정이 아니라) 부부재산제의 준거법을 정해야 한다. 즉, 부부재산제는 배우자상속의 선행문제이다. 그리고 부부재산제에 의해 생존배우자에게 주어진 몫을 제외한 나머지만이 '유산'으로서 상속준거법의 규율대상이 된다.[562] 다만 부부재산제와 상속 간의 조정(적응) 문제는 남는다.

(3) 후행문제(後行問題)

상속인이 없는 재산의 국고(또는 지방자치단체 등) 귀속의 문제는 상속의 준거법을 정하여 적용한 후에 비로소 문제된다. 상속이 무주재산 귀속의 문제로부터 독립적으로 연결되어야 한다는 점, 즉 무주재산의 귀속이 문제되는 사안에서도 상속준거법은—무주재산 귀속의 준거법 소속국의 국제사법이 아니라—

560) 헤이그상속협약 Art. 1(2)(c), (d)는 부부재산제와 그에 따른 생존배우자의 권리를 그 협약의 사항적 적용범위 밖에 둠으로써, 이것이 상속의 문제가 아니라는 관점을 반영하고 있다. 유럽상속규정 Art. 1(1)(d)도 마찬가지이다. Frimston, 74 참조.

561) Wolff, 228.

562) 이것이 통설이다. 김문숙(2017), 310의 주 105 참조(Dörner, « EuErbVO: Die Verordnung zum Internationalen Erb- und Erbverfahrensrecht ist in Kraft! », ZEV 2012, 507을 인용함).

법정지의 국제사법에 의해 정해진다는 점에 아무런 의문이 없다. 즉, '상속준거법에 따라 상속이 없다'는 규율을 '무주재산 귀속 문제'의 일부라고 취급하는 것이 타당한지 문제제기할 여지조차 없다. 그래서 상속과 무주재산 귀속은 '선결문제'와 '본문제'의 관계로 부르지도 않고, 단순히 '선행문제'와 '후행문제'의 관계에 있다고 말한다.

V. 국제적 강행법규와 자기제한적 실질법규

1. 법정지의 국제적 강행법규

(1) 개관

한국 상속법에는 국제적 강행법규로 해석될 만한 법규가 몇 개 있다.

첫째, 특별상속제도가 국제적으로 어떤 범위에서 적용될지에 관해 고유의 기준을 가지고 있을 수 있다. 특별상속제도에 고유한 섭외적 적용범위 판단은 실질법규에서 출발하여 그 국제적 포섭범위를 정하는(법규에서 사안으로 향하는) 방식으로 행해진다. 헤이그상속협약 Art. 15도 일정한 재산에 관하여 그 소재지의 특별상속법이 '재산소재지'를 연결점으로 그 특별상속의 준거법이 됨을 방해하지 않는다고 규정한다.[563] 한국법상의 특별상속제도로서 고유의 국제사법적 특칙을 스스로 가지는 것으로 해석되는 것으로는 제사용 재산의 특별상속(民 §1008-3)과, 住賃 §9에 의한 임차권의 특별상속이 있다.

둘째, 한국민법은 제사주재자 지위의 승계를 상속인간의 협의와 관습(관습법)에 맡기는데, 이것도 상속준거법 여하에 불구하고 스스로 적용을 관철하고자 하는 국제적 강행법규로 이해된다.

셋째, 한국 상속법 내에는, 일정한 준국제적 접촉(상속인이 북한주민인 경우)이 있으면 적용되도록 정한 南北特 §§13~21이 있다. 북한주민이 상속인인 경우에 그의 구체적 상속분에 대한 특별한 관리제도를 정하고 상속권 행사를 제한한다. 이것도 국제적·준국제적 강행법규로 이해된다.

한편, 한국민법이 적출자·비적출자·양자 간의 상속권을 평등하게 정하고 유류분권을 정하는 부분도 국제적 강행법규인지 문제되나, 대한민국의 국제적 공서(국제사법적 공서)(國私 §10)의 일부로 취급하는 것으로 충분해 보인다.

---

563) "일정한 부동산, 기업 또는 특별한 범주의 재산의 소재지국법에서 경제적, 가족적 또는 사회적 고려를 이유로 그 재산에 관한 특별상속 법제를 정하는 규칙에 대해서는, 협약에 따른 준거법이 영향을 미치지 않는다."

상속준거법이 한국법일 때, 상속에 관한 한국의 국제적 강행법규들이 준거법의 일부로서 적용됨은 당연하다. 왜냐하면 특별상속도 國私 §49가 다루는 "상속"이고, 한국법이 일정한 섭외성 있는 사안에서 상속인의 상속권 행사를 특별히 제한하는지도 한국법 내의 실체특별법(국제적 또는 준국제적 실체법규)일 뿐이기 때문이다.

법정지의 국제적 강행법규는 법률관계의 준거법(lex causae)이 아니더라도, 그 법규에 표현된 공간적(장소적)[564] 적용의지에 따라 특별연결된다(國私 §7). 실질법규에서 출발하여 사안으로 연결된다. 국제적 강행법규는 고유한 연결규칙(국제사법규칙)을 별도로 규정할 수도 있으나, 아래에서 검토하는 법규들은 명문의 특별연결규정을 두고 있지 않으므로 해석으로 밝혀야 한다.

(2) 제사주재자 지위의 승계

民 §1008의3은 제사주재자 지위의 승계를, 법외적(法外的) 생활관계의 문제가 아니라 '법적 의미' 있는 문제로 파악하되, 승계인을 정하는 기준을 법률로 정하지는 않고 당사자들의 협의와 관습에 맡긴다. 이러한 규율도, 피상속인이 대한민국과 일정한 속인적 관련을 가지는 한, 상속준거법이 외국법이거나 북한법이라도 적용이 관철된다(즉 필요적 강행법규)고 해석해야 한다. 명문의 제정법규가 아니라도 필요적 강행법규로 인정되는 데 아무 지장이 없다.

특별연결의 기준은 해석에 맡겨져 있다. 피상속인이 한국인이면 항상 특별연결할지, 아니면 피상속인이 사망시 한국에 상거소를 둔 한국인일 것을 요구할지 검토될 필요가 있다. 그런데 제사주재자 지위의 승계 제도는, 예외적으로 북한지역도 영토적 효력범위에 포함한다고[565] 해석함이 타당할 듯하다. 그래서 특별연결의 기준은, 피상속인이 '넓은 의미의 대한민국' 국민이면 항상 적용된다고 할지, 아니면 피상속인이 '넓은 의미의 대한민국' 국민으로서 '넓은 의미의 대한민국'에 상거소를 두고 사망한 경우이면 항상 적용된다고 할지 문제된다고 해야 할 것이다.

(3) 제사용 재산의 특별상속

외국에 거주하는 한국인이 한국에 제사용재산이 될 만한 재산을 소유하고 사망한 경우, 國私 §49 ② i에 의해 상거소지법을 상속준거법으로 선택했으면,

---

564) 여기에서 "공간적" 내지 "장소적"이라 함은 독일어의 "räumlich"의 번역어로서, 속지적, 속인적 맥락을 포괄하는 의미이다.

565) 일반적으로 남한법의 실효적 지배가 미치지 않는 미수복지역에 대해 남한법의 이 규율의 효력이 미친다는 점에서, 준국제적 차원의 "역외효(域外效)"라고 말해도 무방할 것이다.

외국법이 상속준거법이 된다. 특별상속도 상속이므로, 상속준거법이 제사용 재산의 특별상속을 정하고 있으면 그것이 적용됨은 당연하다. 그러나 상속의 준거외국법이 제사용 재산의 특별상속제도를 알지 못할 가능성이 높고, 그런 제도가 있더라도 그 섭외적 효력범위가 '한국인이 한국에 남긴 임야 등 제사용 재산'에 미치지 못할 가능성이 높다. 이러한 결과는 당사자자치에 과도한 효과를 인정하는 것으로서 부당해 보인다. 이러한 결과는 공서조항의 소극적 작용(國私 §10)으로 통제할 수도 있지만, 예측가능성과 법적 안정성을 제고하려면 民 §1008-3을 국제적 강행법규로 다루어, 그 특별연결규칙을 입법이나 해석으로 정하는 것이 타당할 것으로 생각된다.

民 §1008-3을 국제적 강행법규로 보더라도, 그 특별연결규칙은 해석에 맡겨져 있다. 피상속인이 한국에 상거소를 두고 사망한 한국인인 경우라든지, 피상속인이 한국인이고 한국 내에 제사용 재산이 될 만한 부동산 등을 남긴 경우에 대해서는, 民 §1008-3을 특별연결함에 별 무리가 없어 보인다. 그래서 후자의 경우에 피상속인이 상속준거법으로 외국법을 선택했더라도, 民 §1008-3은 특별연결될 것이다. 또, 전자의 경우에 피상속인이 남긴 부동산이 전부 외국에 있고 그 상속에 대해 國私 §49 ② ii에 의해 각 소재지법을 선택했더라도, 民 §1008-3은 사안에 특별연결될 것이다(그러나 이 경우 民 §1008-3이 외국 소재 부동산에 대해서는 적용되지 않으려는, 공간적 효력범위의 자기제한을 담고 있는지는 별 문제이다: 아래 3.).

피상속인이 한국인이기만 하면 항상 특별연결되고자 하는지는 좀 더 신중히 검토되어야 할 것으로 생각된다. 만약 이를 부정한다면, 가령 피상속인이 외국으로 상거소를 옮긴 상태에서, 그곳의 법을 상속준거법으로 선택하고 사망하였고, 제사용 재산이 될 만한 재산이 한국에는 없는 경우에는, 民 §1008-3이 그에 불구하고 사안에 특별연결되어 외국 소재 재산에 대해 제사용 재산의 특별상속이 일어나는 일은 없게 된다.

상속준거법이 외국법인 사안에 民 §1008-3이 특별연결되면, 상속준거법에 의해 상속재산에 포함되는 재산을 구성하는 일부 유산집단의 운명에 대하여 타국(한국)의 특별상속법이 개입하는 것이 된다. 이러한 충돌은 특별상속에 대한 民 §1008-3을 상속(일반상속)의 준거외국법에 우선시킴으로써 조정해야 한다. 이것도 "개별준거법이 총괄준거법을 깨뜨린다"는 원칙의 적용례이다.

(4) 住賃 §9에 의한 주택임차권의 특별상속

住賃 §9는 임차인의 지위를 '피상속인과 동거하는 사실혼배우자와 2촌 이내 친족'에게 승계시킨다. 첫째, 그들이 피상속인 사망시 그와 공동생활을 하고 있었어야 한다. 둘째, 民 §1000에 의한 상속인이 없거나(住賃 §9 ①) 民 §1000에 의한 상속인이 있더라도 피상속인과 동거하지 않아야 한다(住賃 §9 ②). 이 요건이 충족되면, 갱신과 법정갱신에 관한 권리를 제외하고 임차인 지위가 포괄적으로 승계된다.

이것이 어떤 성질의 법률관계를 규율하는 취지라고 다룰지 문제된다. 법률관계 성질결정의 실익은 주로 국제사법에서 존재한다. 어떻게 성질결정하느냐에 따라, 어떤 준거법지정규칙을 적용할지 정해진다.

계약관계의 법정승계로서 계약 문제의 일부인지, 사실혼재산제(비등록배우자관계 재산제)인지, 특별상속인지 문제된다. 특별상속으로 볼 때에도, 주택임대차계약상의 권리의 임차인 사망시 법률의 규정에 의한 임차권의 이전·존속에 초점이 있다고 보아 계약준거법에 따를지, 사실혼의 재산적 효력(사실혼재산제)으로서 國私 §38의 유추적용으로 정해지는 그 준거법에 부종적으로 연결할지, 住賃 §9에 의한 특별상속 고유의 기준에 따라 연결할지 문제된다. 이 특별상속에 고유한 준거법결정을 한다면 그 기준도 정해야 한다.

住賃 §9의 입법의사는 계약준거법에 의한 법정승계에 가까와 보인다. 그러나 실질법상의 입법의사가 국제사법적 성질결정으로 직결되어야 하는 것은 아니다. '계약당사자 지위의 계약준거법에 의한 법정승계'라는 것은 '계약당사자의 추정적 의사'에 근거를 두는 것인데, 과연 住賃 §9를 주택임대차계약 당사자들의 추정적 의사에 입각한 제도로 볼 수 있는지 의문이다. 그래서 계약으로 성질결정하기는 어려워 보인다.

비등록배우자관계의 재산제로 성질결정하여 國私 §38을 유추적용하여 준거법을 정하는 방법과, 부동산소재지법에 맡겨지는 특별상속으로 성질결정하여 '한국 소재 주택의 임차인 지위는 住賃 §9 또는 이를 유추한 규칙에 의하여 별도로 상속된다'고 해석하는 방법이 남는다. 논리적으로는 둘 다 가능하지만, 후자가 매끄럽고 간명할 듯하다. 전자로 성질결정하면 사실혼배우자의 2촌 이내 친족에 의한 승계를 '제3의 형태의 총괄재산제'로 파악하거나 그것을 사실혼재산제의 내용으로 파악해야 하는 곤란이 따른다.[566)]

566) 어느 쪽으로 이론구성하든 어색하다. 사실혼당사자들이 가지는 재산권에 대해 생존 사실혼당

결국, 住賃 §9에 의한 승계도 특별상속이라고 함이 타당하다. 민법에 의한 상속과는 따로 이루어진다. 그리고 두 가지 점에서 민법에 의한 상속을 깨뜨린다. 住賃 §9 ②는 民 §1000에 의한 일반상속에 우선하고, 住賃 §9 ①도 民 §1057-2에 의한 상속에 우선한다. 다만 이 특별상속은 住賃 §9가 사안에 사항적으로 적용되는 경우에만 일어난다.

상속준거법이 한국법인 경우에, 주택이 한국에 있는 한, 住賃 §9가 적용됨은 당연하다. 그런데 주택임대차보호법의 다른 규정이 그렇듯이, 住賃 §9도 국제적 강행법규(國私 §7)이고, 주택소재지가 한국이면 항상 적용된다고 해석된다. 상속준거법이 외국법이라도(예컨대 일본인이 한국에서 주택을 임차하여 사실혼배우자와 거주하다가 사망), 임차주택이 한국에 있으면 항상 적용된다. 이 경우 住賃 §9에 의한 특별상속은 일본법상의 일반상속도 깨뜨린다. 이것도 "개별준거법이 총괄준거법을 깨뜨린다"는 원칙의 적용례이다.

(5) 南北特 §§13~21

南北特 §§13~21은 상속인이 "북한주민"인 경우 특별한 상속재산관리제도를 정하여 상속재산의 취득을 제한한다. 이 법규는 상속준거법이 남한법일 때만이 아니라, 상속준거법이 외국법이나 북한법일 때에도 적용되고자 하는, 독자적인 공간적 적용의지를 가진 법규로 해석된다. 즉, 국제적으로나 준국제적으로 필요적 강행법규인 것으로 이해된다. 그 섭외적 특별연결의 범위에 대해서는 명문의 규정이 없으므로, 해석으로 밝혀야 한다. 상속인이 "북한주민"이면 항상 적용되려는 공간적(장소적) 적용의지가 南北特 §§13~21에 담겨 있다고 해석함이 타당할 것이다. 남북가족특례법에서 "북한주민"은 "북한지역에 거주하는 주민"(南北特 §3 ii)을 가리키는 독자적 개념이다. 북한적 결정기준인 상거소(아래 VII. 3. (4) (다))와 대체로 일치하지만, 남북가족특례법의 입법목적에 맞게 해석되어야 한다. 예컨대 북한을 일시 방문하였다가 강제로 억류된 사람도 국적을 불문하고 모두 포함된다고 확대해석해야 할 것이다.

2. 제3국의 국제적 강행법규

법정지도, 준거법소속국도 아닌 외국, 즉 제3국의 국제적 강행법규의 특별연결도 인정할지 문제된다. 그 실체법규가 스스로 정하는(엄밀히 말하면 그 실체법

사자의 2촌 이내 친족도 그 총괄재산제상의 권리를 누린다는 것이 되기 때문이다. 실질사법적으로만 보아도 이런 성질결정은 총괄재산제의 과용(過用)으로 생각된다. 이런 이론구성이 어렵다는 점도 특별상속으로 성질결정하는 근거가 된다.

규에 수반된 고유의 저촉규정이 정하는) 연결기준이 충족되는 한, 한국의 법원 기타 관청은 그 특별연결을 받아들일 의무가 있다고 할지, 혹은 그런 특별연결을 받아들일 수 있다고만 하여 법관의 재량여지를 남길지 문제된다. 국제적 강행법규의 특별연결의 개념구조를 밝혀 주는 國私 §7은 '법정지'의 그것만 언급하여, 제3국의 그것을 어떻게 취급할지는 해석에 맡기고 있다.[567)]

國私 §7의 입법과정에서 참고된 '계약상 채무의 준거법에 관한 유럽경제공동체협약'[568)](약칭 로마협약)(1980) Art. 7(1)은 이를 명문으로 규정했고, 國私 §7에 대응하는 조문은 Art. 7(2)에 두었다.[569)] 로마협약 Art. 7을 둔 특별한 실익은 (1)에 있다. 로마협약 Art. 7(1), (2)와 國私 §7은 그 자체가 연결규칙이 아니고, 국제적 강행법규의 특별연결의 이론적 구조를 밝혀주는 총론적 조문에 불과하고, 적극적 의미가 있는 것은 로마협약 Art. 7(1)이 제3국의 국제적 강행법규의 특별연결을 '받아들이도록' 규정하는 부분이기 때문이다. 그러나 한국의 2001년 개정에서는 로마협약 Art. 7(1)과 같은 규정은 부담이 되어 받아들이기로 결정하지 못했다. 로마협약 스스로도 Art. 7(1)에 대해서는 적용을 유보하는 선언을 허용한다는 점(Art. 22(1)(a))도 고려되었을 것으로 생각된다.

제3국의 국제적 강행법규의 특별연결을 받아들일지는 국제상속법에 특유한 문제가 아니라 국제사법 일반이론의 문제이지만, 조심스러운 문제이므로, 그 필요가 절실한 분야에서 먼저 입법으로 받아들이는 방법도 있다. 한편, 상속 분야에서 이를 인정하기 전에도, 외국비송재판의 승인(더 넓게는 외국비송절차의 승인)을 '준거법요건"(한국 국제사법이 지정한 준거법 소속국의 비송재판이어야 한다는 요건) 없이 인정함으로써, 비슷한 결과를 얻을 수 있다. 상속 분야에서 제3국의 국제적 강행법규로서 문제되는 것은, 신분상속, 신분상속의 효과로서 인정되는 일정한 재산(주로 부동산과 그 종물)의 특별상속, 기타 일정한 부동산의 특별상속 등이다. 부동산소재지국 등의 외국이 청산후승계제도를 따르는 한, 사망 직후에 "상속재산 관리"(점유취득부터 이전까지)의 비송절차가 진행될 것이므로, 이것

567) 한국 국제사법의 해석론으로는 김용진(1998), "강행법규의 대외적 효력", 國際私法 3, 714~718(특별연결론 지지); 안춘수(2011), "국제사법상 절대적 강행규정의 처리: 이론의 전개와 국제사법 제6조, 제7조의 의미", 국민대 법학논총 23−2, 212; 석광현(2015), "국제적 불법거래로부터 문화재를 보호하기 위한 우리 국제사법(국제사법)과 문화재보호법의 역할 및 개선방안", 서울대 법학 56−3, 149~151 등.

568) EC Convention on the Law Applicable to Contractual Obligations, 80/934/EEC.

569) 현행법인 '계약상 채무의 준거법에 관한 2008. 6. 17. 유럽의회·이사회 규정'(Regulation (EC) No 593/2008 of the European Parliament and of the Council of 17 June 2008 on the law applicable to contractual obligations (Rome Ⅰ))에서는 각기 Art. 9(3)과 (2).

을 승인하면 된다.

상속 분야에서 제3국의 국제적 강행법규의 특별연결을 인정할 의무를 입법적으로 명시하려 한 시도로는, 유럽상속규정의 입법과정에서 작성된 유럽의회(European Parliament) 및 이사회(참사회)(Council) 규정안(2009)[570] Art. 22가 있다. 부동산 소재지국인 회원국이 그 경제적, 가족적(가족법적) 또는 사회적 목적을 이유로 만든 특별상속법규에 한하여, 그것이 국제적 강행법규인 한도에서 특별연결하도록 허용한다. 이 규정안은 법정지국와 제3국의 국제적 강행법규를 대등하게 취급한다.[571] 한국 국제사법의 해석을 위해서도 참고될 수 있다.

3. 자기제한적 실질법규

한국의 상속법규 가운데에는, 법률관계의 준거법의 일부가 되거나, 사안에 특별연결되는 필요적 강행법규로서 특별연결되더라도, 스스로 속지적 또는 속인적 효력범위를 제한하고 있어서 결국 사안에 적용되지 않는 것이 있을 수 있다. 그것이 자기제한적 실질법규(selbstbegrenzte Sachnormen)이다. 이러한 자기제한은 필요적 강행법규의 특별연결과는 별개의 문제이다. 물론, 후자의 경우에는 특정 법규의 공간적 적용의지(필요적 강행법규의 특별연결의 기준)를 검토할 때 그 공간적 효력의지(자기제한적 실질법규이냐의 문제)도 함께 검토하게 되곤 한다. 그렇지만, 자기제한적 실질법규에 담긴 '공간적 효력의지의 제한'은, 그 법규가 법률관계의 준거법의 일부인 경우에도 작용한다.

한국 상속실체법에 자기제한적 실질법규가 있는지에 대해서는 학설과 판례가 거의 없다. 아래에서는, 상술한 4가지 국제적 강행법규에 대해, 그것이 공간적(국제적, 준국제적) 효력범위에 대한 어떤 자기제한을 담고 있는지를 검토하여 본다.

한국법상의 제사주재자 지위의 승계와 제사용 재산의 특별상속 제도에 대해서는, 그것이 자기제한적 실질법규인지 문제된다. 그 여부와 '공간적 효력범위의 자기제한'의 내용은 해석에 맡겨져 있다.

첫째, 양 제도에 대해서는, 피상속인이 한국인일 것을 요하는지, 혹은 한

570) COM(2009) 154 final 2009/0157 (COD).

571) "제22조(특별상속법제) 일정한 부동산기업(immovable property enterprises), 기업 또는 다른 범주의 재산이 그 경제적, 가족적 또는 사회적 목적을 위하여 그 소재지 회원국법에 따르는 특별상속법제는, 그 법제가 그 법에 의해 상속준거법에 불구하고 적용되는 경우에는, 이 규정(Regulation)에 의한 준거법이 이를 방해하지 않는다."

국인이거나 한국에 상거소를 둔 자일 것을 요하는지 검토되어야 한다. 전자라면, 피상속인이 한국에 상거소를 둔 외국인(예: 중화민국 국적의 화교, 한국인과 혼인하여 한국에서 사는 외국인)의 경우에, '본국 국제사법의 한국법으로의 반정'이나 당사자자치에 의해 상속준거법이 한국법이 될 때, 제사주재자 지위의 승계와 제사용 재산의 특별상속에 관한 한국법의 규율은 적용되지 않게 된다.

둘째, 제사용 재산의 특별상속 제도에 대해서는, 제사용 재산, 특히 부동산의 소재지가 한국인 경우에만 적용되고자 하는지 문제된다. 그런 제한이 있다면, 가령 한국인이 한국의 부동산을 모두 처분하고 외국으로 이주하여 외국에 매장지를 미리 구해 놓고 사망한 경우에, 한국법에 의해 제사용 재산의 특별상속이 이루어질 수는 없을 것이다.

한국의 주택임대차보호법의 규정들(住賃 §9 포함)이 한국 소재 주택의 임대차만을 염두에 두고 제정된 자기제한적 실질법규임은 분명해 보인다. 한국 주택임대차보호법의 입법의사(住賃 §1)에는, 외국에서의 주거 안정을 꾀하는 의사는 없다고 생각되기 때문이다. 그래서 상속준거법이 한국법이라도, 외국에 있는 주택의 임차권에 대해서는 적용되지 않는다.

한편, 준거외국법의 실체법규 중에도 자기제한적 실질법규가 있는지 검토되어야 한다. 즉, 그 실체법규가 스스로 속지적 또는 속인적 효력범위(타당범위)를 제한하고 있으면 그 제한도 받는다.

Ⅵ. 몇 가지 총론적 논점

1. 시제적 국제사법

국제사법과 관련된 시간적 논점은 다양하다. 법률관계 성립시와 재판시 사이에 국가분할(Staatsspaltung)[572]이 있은 경우 어느 시점에 존재한 나라의 국제사법에 의하는가의 문제도 있으나, 상속에 관해서는 1912년부터 1962년까지 국제사법규정이 동일하여 논의의 실익이 없다.[573] 또, 연결소의 기준시는 개별

572) 국가분할은 타국의 일부로 되었던 국가의 부활(resurrection), 분리독립(separation), 해체(dissolution)의 형태로 일어날 수 있는데, 사법관계(私法關係)의 준거법을 정할 때에는 어느 시점에 실효적으로 존재한 국가법질서를 기준으로 하므로, 이를 구별할 실익이 없다.

573) 대한제국은 1910년에 일본에 병합되어 소멸했다. 한국은 1945년에 법적 국가 없는 상태로 일본의 지배를 벗어났고, 1945~48년의 국가수립과정을 거쳐 새로운 국가로서 대한민국이 성립했다. 이것은 국가분할에 해당한다(아래 VII. 1. (1) 참조). 그래서 법원의 소속국이 변경된 경우(영토의 할양, 병합, 국가분할 등) 어느 시점에 존재한 '국가'의 국제사법에 의하는지의 문제가 제기된다. 그러나 조선총독부가 1912. 3. 18. 조선민사령(조선총독부 제령 제7호, 1912. 4. 1. 시

국제사법규정의 문제이므로 각론에서 다루었다. 여기에서 언급할 필요가 있는 것은 국제사법규정이 개정되거나, 해석이나 사법적(司法的) 법형성에 의해 소급적으로 바뀌었을 때, 신구 국제사법규정 각각의 시간적 적용범위의 문제이다. 이것은 시제적(時際的) 국제사법의 문제라고 부를 수 있다.[574]

상속의 준거법을 정하는 국제사법규정은 상속개시시를 기준으로 정해진다. 상속개시시가 1912년 3월 조선총독부 칙령 제21호 "법례를 조선에 시행하는 건"의 시행 후부터 1962. 7. 14.까지 사이이면 의용법례 §25에 의해 준거법이 정해진다. 상속개시시가 1962. 7. 15.부터 2001. 6. 30. 사이이면 涉私 §26에 의하여 준거법이 정해진다(2001년 부칙 ② 本, 1962년 부칙 ①). 2001. 7. 1.부터 개시된 상속은, 2001년 개정 國私 §49에 의하여 준거법이 정해진다(2001년 부칙 ② 本).

그런데 상속개시일이 2001. 7. 1. 내지 그 후인 사안에 2001년 개정 國私 §49 ②를 적용할 때, 피상속인이 준거법을 선택한 때가 2001. 7. 1. 전인 것은 상관없다고 해석된다.[575] 이것은 국제사법의 시간적 적용범위의 문제가 아니며, 연결의 기준시의 문제도 아니다. 오로지 國私 §49 ②가 말하는 '준거법 선택의 의사표시'가 언제 행해진 것이어야 한다는 제한이 있는가의 문제이다. 그런 제한은 없다. 이는 문리해석만으로도 명백하다. 國私 부칙(2001) ② 本은 國私 §49의 시간적 적용범위를 정한다. 2001. 7. 1. 내지 그 후에 상속개시된 사안의 준거법은 國私 §49에 의하라고 한다. 國私 §49는 상속개시시를 상속준거법 결정의 기준시(연결의 기준시)로 삼아, 그 때에 존재하고 있는 연결소에 의해 준거법을 정한다. 그리고 國私 §49 ②는 사망시에 이미 나와 있는 의사표시일 것을 요구할 뿐이다. 그것이 2001. 7. 1.이나 그 후에 표명된 것이어야 한다는 제한은 없다. 國私 §49 ②는 '연결의 기준시'를 사망시로 정할 뿐이지, '연결의 기

행)과 그 위임을 받아 공포한 1912년 3월 칙령 제21호 "법례를 조선에 시행하는 건"은, 재조선미육군사령부군정청 법령 제21호(1945. 11. 2.)와 1948년 건국헌법 §100에 의해 그 효력이 유지되었고, 대한민국의 1962년 섭외사법에 의해 비소급적으로 개정되었을 뿐이고, 상속에 관해서는 조문의 내용이 바뀐 부분이 없었다. 그러므로 이 논점을 논의할 실익이 보이지 않는다.

574) 크로폴러는 "시제(적)국제저촉(intetemporale internationale Kollision)"이라는 용어는 별로 직관적이지 않아 쓰지 않는 편이 낫다고 한다. Kropholler, §27 I, 189. Battifol et Lagarde(1993), n° 314~334는 "법률저촉규칙의 경과법(droit transitoire des règles de conflit de lois)"이라는 용어를 쓴다. 크로폴러도 이 용어는 적절하다고 본다. Kropholler, *ibid.*, fn. 6. 조미경(2002), 97은 "저촉규칙의 시제사법적 문제"라고 한다.

575) 유럽상속규정 Art. 83(2)는 이 점을 명시적으로 규정하면서, 아울러 '준거법선택시의 국제사법(유럽상속규정에 의하여 통일하기 전의 회원국 국제사법) 규정에 의하여 적법한 당사자자치로 인정되는 준거법선택이었으면 (유럽상속규정이 허용하는 당사자자치는 아니더라도) 당사자자치로서의 효력이 유지된다(그 준거법선택에 의해 상속준거법이 정해진다)'는 취지도 함께 규정한다.

준시'에 존재한 연결소가 '언제 유래한 것이냐'를 한정하는 것은 없다.

만약 입법자가 2001. 7. 1.부터 행해진 준거법선택의 의사표시만 연결소로 삼고자 했다면, 부칙에서 國私 §49 ②의 시행일을 늦추고, 國私 §49 ②에서 "본 법률의 시행일 내지 그 후에" 준거법의 선택을 했을 것을 요구했어야 한다. 그러나 연결소의 유래에 대해 그런 엄격한 제한을 두는 것은 법정책적으로 타당하지 않다. 피상속인이 자신의 상속이 주로 외국에서 문제될 것으로 예상하면서 그곳의 국제사법이 당사자자치를 허용하는 것에 유념하여 준거법선택을 해 둔 경우도 있을 수 있다. 또, 피상속인이 국제사법규정을 일일이 조사하지 않고 소박하게 상속준거법 선택의 의사표시를 한 경우도 있을 수 있다(예: 외국에 거주하는 한국인이 '나는 전재산을 현지법에 따라 특정인에게 유증한다'고 유언). 그런 경우들이라 하여 國私 §49 ②의 적용대상에서 제외할 아무런 이유가 없다. 國私 §49 ②가 그런 제한을 두지 않은 것은 타당하다.

2. 국제사법은 섭외적 사안에만 개입하는가

외국적 요소(foreign element) 있는 사안, 즉 섭외적 사안에만 국제사법이 개입한다는 것이 국내외의 통설이다.[576] 그러나 유력한 소수설은 순수한 국내적 사안을 포함하여 모든 사안에 국제사법이 개입한다고 해석한다.[577] 판례의 입장은 불분명하다.[578]

---

576) 즉, 국제사법을 가장 넓게 정의할 때에도, '외국적 요소' 있는 사법관계(私法關係)의 규율에 특유한 법의 총체를 말한다는 것이 국제적으로 통용되는 통설이다. 김진(1962), 95 f., 110 참조(Battifol의 국제사법 개념정의를 소개, 채용). 그런데 이 견해에 따르면, 무의미한 외국적 요소(예: 매매목적물에 외국에서 생산된 부품이 들어 있다든가)는 무시해야 한다는 문제에 부딪치게 된다. 그래서 일정한 종류의 법률관계에서 중요한 요소가 무엇인지를 가려내어, 그것에 섭외적 요소가 있을 것을 요구하게 된다. 국내에서 이 점을 분명히 하는 문헌으로 석광현, "섭외불법행위의 준거법결정에 관한 소고: 공통의 속인법에 관한 대법원판결을 계기로 본 섭외사법의 적용범위와 관련하여", 법조 43-9(1994). 그러나 사안의 종류별로 무엇이 중요한 요소인지를 따지는 작업의 효용은 의문스럽다. 개별 국제사법규칙을 적용할 만한 사안이라면, 국제사법적 규율이 필요한 사안임을 미루어 알면 족하다. 어떤 외국적 요소가 있을 때 국제사법이 개입해야 하는지를, 일반적으로나 개별 국제사법규칙별로 정의하려 해 보아야, 해석작업의 부담만 늘어날 것이다. 그러므로 통설의 입장에서도, 國私 §1이 '국제사법'이라는 법률의 사항적 적용범위를 '외국관련성'의 측면에서 한정짓는 조문이라고 이해하는 것은 부당하다. 國私 §1은 단순한 목적조항에 불과하다. 국내 통설은 '국제적 사안에만 국제사법이 개입한다'는 자신의 입장을 주장할 때, 國私 §1을 언급하지 않는 편이 좋을 것이다.

577) Kegel/Schurig, §1 III, S. 6 f.; 이호정, 2.

578) 한국에서는 섭외적 사안에만 국제사법이 개입한다는 통설이 涉私 §1과 國私 §1로 입법화되어 있다고 보고, 사안의 섭외성 요건을 까다롭게 판단하는 논리전개를 한 판결례도 있다. 서울민사지방법원 1970. 11. 24. 선고 70가8895 판결(미공간); 대법원 1979. 11. 13. 선고 78다1343 판결; 대법원 1981. 2. 10. 선고 80다2236 판결. 이처럼 涉私 §1에 중요한 의미를 부여하는 견해로 장문철(2001), 138의 주 6. 그러나 위 판결례들의 판례로서의 가치는 판결이유의 문면 그대로 이해되

이 문제는 상속 분야에서도 논의의 실익이 있는 부분이 있다. 가령 피상속인이 대한민국에만 국적과 상거소를 가지고 대한민국에만 재산을 소유하는 등 대한민국과만 관련을 맺고 살면서 國私 §49 ② i에 따라 자신의 상거소지법을 상속준거법으로 선택한 후, 외국국적을 취득하고 대한민국 국적을 상실하였고, 그럼에도 불구하고 한국에도 상거소를 두고 살다가 사망했다 하자. 그리고 사망시 본국의 국제사법이 대한민국으로 직접반정하지 않는다 하자.

소수설에 따르면, 피상속인이 순수하게 국내적인 상속관계만이 예상되는 상황에서 피상속인이 한 준거법지정도 國私 §49 ②에 의해 효력을 가질 수 있다는 점이, 준거법지정과 동시에 분명히 될 수 있다.

그러나 통설의 입장에서는 이런 사안에서 한국법을 준거법으로 삼는 준거법지정의 효력을 인정할지 여부에 대해 난감한 상황에 빠지게 된다. 먼저 준거법지정 시점을 기준으로 하여 준거법지정의 효력을 따져보면 다음과 같이 검토하게 된다. 일단 준거법지정을 한 시점에서 '사망시까지 그 국가에 상거소를 유지할 것'을 조건(해제조건)으로 하여 준거법지정의 유효한 성립과 효력이 인정되어야 한다. 그래야만 사망시에 지정준거법 소속국에 상거소가 유지되었다는 조건 하에 준거법지정의 효력을 승인할 수 있다. 그런데 준거법지정 시점에는 섭외적 사안이 아니었다. 그래서 그 시점에는 의미있는 준거법지정을 한 것으로 인정되지 않는다. 이 입장을 고수하여 준거법지정의 효력을 부정해야 할 것 같기도 하다. 그러나 상속개시시를 기준으로 사안을 살펴보면 사안에 외국적 요소가 있다. 이를 이유로 國私 §49 ②가 적용된다고 할 것인가? '외국적 요소가 없어서 국제사법이 적용되지 않던 시점에 행해진, 당시로서는 무의미한 행위가, 준거법선택의 법률행위 후에 비로소 법적 의미를 가지게 될 수 있다고 할 것인가? 통설에 따르면 전자와 후자 중 어느 쪽으로 해석될 것이냐 라는 불

어서는 안 된다. 위 판결들은 涉私 §13 ①(國私 §32 ①의 전신)을 피하는 회피도구(escape device)로서 涉私 §1를 변통한 것에 불과하다. 학계의 평가는 두 가지로 나뉜다. 일설은 미국의 이익분석론의 영향을 받아 전통적 저촉규칙의 "기계적인 적용"에서 벗어난 유연한 접근과 법정지법주의에의 경도를 보여준 것으로 보고 이를 지지한다. 최공웅(1987a), 53과 주 17; 최공웅(1987b), 56(순한글로 바꾸어 인용함). 다른 견해는 불법행위지법규칙(涉私 §13 ①)에 대한 예외로서 공통본국법규칙을 창설하는 초법률적 법형성을 한 것으로 풀이한다. 이호정, 305 f.; 임성권, 불법행위의 준거법, 서울대 석사학위논문(1985), 131; 장준혁, 브레이너드 커리의 통치이익분석론에 관한 연구, 서울대 석사학위논문(1994), 116~118. 국제사법의 2001년 개정시에는 후자의 관점에서 우선 國私 §32 ②를 신설했다. 법무부, 해설, 119. 또, 만약에 대비하여 國私 §8(예외조항)을 신설했다. 그래서 '섭외적 사안이 아니므로 한국법을 적용한다'는 회피도구는 불필요해졌다. 그런데 이 점을 간과하고, '사안의 섭외성 요건의 엄격화' 경향을 만연히 따르는 하급심 판결례도 있다. 대법원 2008. 1. 31. 선고 2004다26454 판결의 원심판결이 그러했고, 대법원은 그 잘못을 지적했다.

확실성이 생긴다. 그리고 후자의 설명도 궁색하다.

요컨대, 섭외적 사안에만 국제사법이 개입한다고 하는 통설은 일견 상식에 맞는 듯하지만, 오히려 구체적 문제의 해결을 방해하거나(위 예에서 준거법지정의 효력을 부정하는 경우), 실익없이 복잡하게 한다(위 예에서 준거법지정의 효력을 인정하는 경우). 국제사법은 순수한 국내적 사안에도 개입한다는 소수설이 타당하다.

3. 국제사법의 강행성과 준거외국법의 직권조사

국제사법규정은 일반적으로 강행규정이다(통설). 당사자자치에 의해 준거법을 정하는 국제사법규정도 같다. 따라서 사실심 판사는 당사자의 변론이 없더라도 준거법 결정을 해야 한다. 그것은 '국제사법'에 명문의 법률규정이 있든 해석에 의하여 보충하는 경우이든 마찬가지이다. 다만 연결점이 어디에 있는지를 판사가 직권으로 확정해야 하는지, 아니면 변론주의에 따를지에 대해서는 학설이 나뉘는데, 국내에는 변론주의에 따를 사항이지만 법관이 충분히 석명권을 행사할 필요가 있다는 견해[579]와, 직권조사사항이라는 견해[580]가 있다.[581] 부동산, 동산, 채권, 특허권 등의 등기절차와 같이 실체재판 아닌 절차에서 준거법이 판단되어야 하는 경우에도 같다. 그러한 판단이 등기공무원의 권한을 넘는 경우에는 감독관청에 대한 질의나 예규, 업무참고자료 등을 통하여 내부적으로 해결되어야 한다.

다만 국제사법적 판단도 논의의 실익이 없으면 생략할 수 있다. 그래서 법원이 준거법이 될 만한 법들의 내용을 직권으로 확인한 결과 실질법적 규율내용에 아무 차이가 없음이 밝혀지면, 준거법 결정에 관한 까다로운 쟁점에 대해 판단하지 않아도 된다. 예컨대 상속회복청구사건에서, 피상속인이 상속준거법으로 선택한 법이 그의 '상거소'지국의 법인지에 다툼이 있는데, '상속준거법이 될 만한 법들' 중 어느 것에 의하더라도 상속회복청구권의 기한이 도과했으면, 이 점을 들어 준거법 결정을 생략할 수 있다. 그러나 실제로는 준거외국법의 내용을 정확히 확정하기 어려운 경우가 많을 것이고, 법원의 확립된 실무는 준거외국법의 해석적용상 잘못도 상고이유가 된다는 것이므로, 대부분의 경우에는 준거법 결정을 명확히 한 뒤 준거외국법의 내용을 확인, 설시하는 순서로

579) 최공웅(1988), 228 f.
580) 이인재(1986), 531.
581) 상세는 주해친족(2), 1565 f.(석광현) 참조.

판단되어야 할 것이다.

외국법도 법이므로[582] 준거외국법의 내용을 조사, 확인하는 것도 법원의 의무이다.[583] 國私 §5는 법원이 준거외국법의 내용을 확인함에 있어 당사자의 협력을 구할 수 있다고 규정한다. 이는 준거외국법의 내용이 직권으로 확인되어야 함을 전제로 하면서, 법원의 부담을 실질적으로 덜어주기 위한 규정이다. 2001년 신설된 國私 §5도 준거외국법의 내용이 법원의 직권탐지사항임을 전제하고 있다. 실무계에서는 國私 §5의 규정을 들어, 외국법의 내용은 직권탐지사항은 아니고 직권조사사항에 불과하다고 말하기도 하나, 이는 정확한 표현은 아니다. 왜냐하면 외국법도 법이고 사실이 아니므로, 논리적으로 증명의 대상이 아니고 직권탐지사항이기 때문이다. 한국 국제사법이 외국법에 준거하여 사안을 규율할 때에는, 외국법도 법규범이므로 직권탐지사항이라고 해야 한다. 다만 실제로는 한국법원이 외국법의 내용을 파악하는 데 큰 어려움이 있으므로, '법적 규율의 내용을 확정하는 데 대하여, 변론주의에 따라 당사자의 법률변론이 허용되는 것을 넘어, 당사자의 협력을 구할 수 있도록' 규정하는 것이다. 단지, 외형적으로 보면 당사자의 변론권이 인정될 뿐만 아니라 판사가 당사자에게 협력을 구할 수도 있으므로, 마치 요증사실을 직권조사하는 경우와 닮아 보일 뿐이다. 준거외국법의 조사를 직권조사사항이라고 말하는 것은 통설인 외국법법률설에서 외국법사실설로 기본입장을 바꾸는 것인데, 이렇게 세부논점들과 관련하여 어떤 실익이 있는지를 따지지 않고 해석론의 전체 구도를 뒤흔든다면 무익하게 법적 안정성이 희생될 우려가 있다.

한편, 당사자가 준거법 결정과 준거외국법의 내용에 대하여 변론할 수 있는 것은 國私 §5가 없더라도 당연하다. 변론주의가 적용되는 절차에서는 당사자의 변론권은 사실문제와 법률문제에 모두 미치기 때문이다. 당사자는 한국국제사법의 독립적 저촉규칙에 의하여 준거법이 어떻게 정해지는지, 반정(反定)이 있는지, 준거외국법의 내용이 어떠한지, 그것이 한국의 공서조항(國私 §10)에 의하여 적용이 제한되어야 하는 것인지에 대하여 변론할 수 있다. 구두 또는 서면으로 자신이 아는 바나 의견을 밝히고, 외국법에 대한 전문지식을 갖춘 전문가의 감정의견서를 제출하거나, 그러한 전문가를 감정증인으로 신문할 것을

582) 이호정, 207. 국내에서는 이설이 없다. 판례도 통설을 따른다. 대법원 1990. 4. 10. 선고 89다카20252 판결.

583) 통설. 이호정, 207 등.

신청할 절차적 권리를 가진다. 변론주의가 적용되지 않는 절차에서도 국가권한의 행사에 대한 청문권의 내용으로서 이러한 권리가 일정한 범위에서 인정될 수 있다. 즉, 직권주의에 따르는 재판절차라든지, 부동산등기절차나 특허권등기절차와 같이 당사자가 변론권을 가지는 절차가 아닌 경우에도, 당사자는 어느 나라의 법이 적용되며(한국 국제사법이 지정하는 외국의 국제사법이 오히려 한국으로 반정(反定)하고 있는지의 문제를 포함하여), 그것이 외국법이라면 어떤 내용의 실질사법적 규율을 담고 있는지에 관해 참고자료를 제출할 수 있다.

4. 국적과 본국법의 확정

(1) 국제사법상의 국가

국제사법에서는 국가로서의 실질을 갖추고 있으면 국가로 취급한다.[584] 미승인국이어도 상관없다. 그러나 장소적 불통일법국의 분방(分邦)은 그것은 국제사법적으로도 국가가 아니라 분방일 뿐이다. 어떤 법역이 어떤 외국의 일부(분방)인지 아닌지는 국제법에 의한다.

어떤 장소적 법질서가 국가의 일부인지 아닌지의 구별은, 국적에 따라 외국법을 지정할 때에만 실익이 있다. 그 경우에 어느 분방의 법이 준거법이 되는지는 國私 §3 ③에서 출발하여 정한다. 國私 §3 ③ 前에 따라 외국의 준국제사법에 의하거나, 國私 §3 ③ 後에 따라 법정지 스스로 최밀접관련 있는 분방을 가려낸다. 그러나 타국의 분방이 아니라 독립된 법질서이면, 그 법이 적용되는지는 國私 §3 ③에 의하지 않고 독립적 법률저촉규정(국제사법 각칙규정)에 의해 판단된다.

중화민국(대만)이 국가에 해당하는지 문제된다. 제2차 국공내전(1946-50)의 결과 중화민국의 통치권이 실효적으로 미치는 영역은 대만으로 축소되었다. 그 후 중화민국(대만)과 중화인민공화국(중국)의 관계를 국가분열로 볼지, 국내적 법분열로 볼지 문제된다. 중국은 대만을 중국의 일부 즉 분방으로 취급하고 본토와 대만 간의 저촉법적 문제도 '준국제'사법적 문제로 취급한다. 그러나 국제법적으로 중화인민공화국의 영토가 대만을 포함하는지는 분명치 않다. 이에 대해 중국이 배타적 발언권을 가지는 것은 아니며, 제3국은 국제공법적으로나 국제사법적으로나, 당사국(중화인민공화국과 중화민국)과 다른 관점을 취할 수 있다.

---

584) 한편, 배타적 영토를 가지지 않고 종족, 민족, 종교에 의하여 특정되는 인적 단체로서 실효적 통치질서를 가진 것도 존재할 수 있다. 그러나 그것은 국가의 3요소인 영토, 주권, 국민 중 '고유의 영토'를 가지지 않으므로 국가에 해당하지 않는다.

중화민국을 국가로 승인하지 않은 국가도, 중화민국을 국가로 취급할 수 있다. 즉, 미승인국으로 다룰 수 있다.

이 문제는 국제사법상 자주 생긴다. 중화민국과 중화인민공화국 국적은 각국의 국적법에 따라 취득, 상실된다. 양국 국적을 함께 가지면 國私 §3 ①에 의해 본국법을 정한다. 대한민국 내 화교(華僑)는 청(淸) 말기나 중화민국 치하에서 이주한 사람들과 그 후손이다. 그들은 중화민국 국적만을 가지는 경우가 대부분이다. 중화인민공화국 국적을 함께 보유하더라도, 중화민국과 더 밀접한 관련을 가지는 경우가 많을 것이다.

판례에서 대만이 중화인민공화국의 일부인지, 그렇지 않고 중화민국은 미승인국에 해당하는지 법리적으로 판단한 예는 보이지 않는다. 그러나 적어도 국제사법적으로는 중화민국을 별개의 미승인국으로 다루는 것이 한국의 재판실무이다. 대법원 1991. 2. 22. 선고 90다카19470 판결에서는 대한민국에 거주하는 중화민국인의 사망으로 인한 상속이 문제되었다. 그는 중화민국 계열 화교였던 듯하다. 그가 대한민국 내에 부동산을 소유하고 사망한 1963년 당시에는 대한민국은 중화민국만을 국가로 승인하고 있었다. 그런데 재판시에는 이미 중화민국의 통치영역이 대만으로 축소되고 본토에서 중화인민공화국이 수립된 후이므로, 이를 국가분열로 볼지, 국내적 법분열로 볼지의 문제가 있었다. 그런데 원심은 涉私 §26에 따라 피상속인의 본국법을 상속준거법으로 정하면서, 장소적 불통일법국에 관한 涉私 §2 ③을 언급하지 않고, 단순히 피상속인이 "중화민국인"이므로 중화민국 민법을 적용한다고 했다. 대법원도 견해를 달리하지 않았다. 1963년 당시 대만과 중국 본토에 별개의 상속법이 있었음이 명백함에도, '대만과 중국의 상속법 중 어느 것을 적용할지'에 대한 설시가 전혀 없었다. 이는 '중화민국의 영토는 대만 뿐이며 피상속인은 중화민국계 화교로서 중화민국에 속하므로 그의 사망으로 인한 상속에는 중화민국법이 적용된다'는 취지로 풀이된다. 결과적으로, 중화민국을 중화인민공화국의 분방(分邦)이 아닌 별개 국가로 취급했다. 이런 태도는 후속 판결례에서도 일관되고 있다.585)

(2) 복수국적자의 본국법

피상속인이 내외국의 국적을 동시에 가지면 내국인으로 취급한다(國私 §3 ① 但). 복수의 외국국적을 가지는 경우에는 그와 인적으로 보다 밀접히 관련된

585) 대법원 1994. 11. 4. 선고 94므1133 판결("중화민국의 국적"); 서울지방법원 2003. 7. 25. 선고 2001가합64849 판결(피상속인의 "대만 국적"을 이유로 대만법을 상속준거법으로 직접 적용).

국가의 국민으로 취급한다(國私 §3 ① 本). 즉, 복수의 외국국적 중에서 '비교적 실효적인 국적'을 기준으로 본국법이 정해진다.586)

(3) 무국적자의 본국법

피상속인이 무국적자이면 본국법 대신 상거소지법에, 그것이 없으면 거소지법에 의한다고 國私 §3 ②는 규정한다. 이 규정은 "본국법"만 언급하나, 국적국법을 지정하는 경우에도 마찬가지라고 확대해석된다. 그런데 대한민국이 가입한 '무국적자의 지위에 관한 조약'587) Art. 12(1)은 무국적자의 속인법을 주소지법, 그것이 없으면 거소지법에 의하게 한다. 그래서 國私 §3 ②와 무국적자의 지위에 관한 조약 Art. 12(1)의 관계가 문제된다.

무국적자의 지위에 관한 조약은 "주소(domicile)"의 개념을 구체화하지 않고 있다. 이에 착안하여, '무국적자의 지위에 관한 조약(그리고 난민의 지위에 관한 조약)이 말하는 주소 개념은 한국 국제사법이 말하는 상거소 개념과 같다'고 풀이하는 것은 어떤가? 그것은 불가하다. 조약의 해석은 조약의 고유한 의미 탐구가 원칙이고, 이 조약도 이에 대한 예외를 규정하지 않는다. 따라서 이 조약의 주소 개념을 한국민법의 주소 개념과 동일시할 수 없다. '한국민법의 주소 개념은 한국 국제사법이 채용하는 상거소 개념과 차이가 없다'고 해석하는 것은 한국의 자유이지만, '위 두 조약의 주소 개념이 한국 국제사법의 상거소 개념과 같다'고 해석할 수는 없다. 조약독자적으로 해석되어야 할 법률개념을 한국법에 따라 해석할 수 없다.

반대로 한국법의 개념을 국제조약의 개념에 맞게 조율하는 것은 가능하며 때때로 바람직하다. 가령 한국 국제사법이 "자연인은 상거소를 주소로 본다"고

---

586) 그가 국적을 가진 복수의 외국 중 어느 한 쪽에 상거소를 두고 있다면, 그 국가의 국적을 기준으로 본국법을 정해야 한다. 복수국적자의 본국법 결정기준에 관해서는 일본의 법적용통칙법 §38 ① 本 전단(1989년에 개정시에 이 부분이 도입: 법례 §28 ① 本 전단, 2006년 개정시 조문번호가 §28에서 §38로 바뀜)처럼 '상거소'지국이기도 한 국적을 우선시키는 규정을 두는 것이 입법론적으로 타당하다. 그러나 2001년 개정시에는 그렇게 함이 없이 단순히 법원 기타 관청의 종합판단에 맡겼다. 개정위원회에서는 "그의 상거소 또는 기타 사정에 의하여 당사자와 가장 밀접한 관련이 있는 국가"라고 고려요소를 예시할지에 대한 논의는 있었다고 한다. 그러나 "법원이 개별 사건에서 구체적 사정을 종합적으로 고려하여 판단해야" 하고 "그 기준을 법 규정에 예시하는 것은 적절하지 아니하고 자칫 규정의 취지를 몰각시킬 우려가 있다"는 견해가 우세하여, 고려요소의 예시조차도 하지 않기로 결정했다고 한다. 법무부, 해설, 28의 주 8. 이것은 최밀접관련 원칙이 국제사법의 대원칙이라 하여, 구체적 기준 없이 대원칙에 직접 의지해야 하는 것은 아니다. 그렇게 하면 오히려 섭외적 법률관계의 안정을 해치므로 부당하다. 해석론으로 일본 법적용통칙법 §38 ① 本 전단과 같이 해석하는 것이 타당하다. 이러한 해석론마저도 거부한다면, 지나친 경직성을 피하려다가 최소한의 법적 안정성마저 희생시키는 결과가 될 것이다.

587) Convention relating to the Status of Stateless Persons. 1954. 9. 28. 뉴욕 성립, 1960. 6. 6. 발효, 대한민국 가입, 1962. 9. 8. 공포, 1962. 11. 20. 대한민국에 대하여 발효.

일반적으로 규정하거나, "무국적자의 경우에는 상거소를 주소로 본다"고 규정한다든지,[588] 해석론으로 두 가지 중 하나로 해석할 수 있다. 그래서 한국 국제사법의 주소 개념을 무국적자의 지위에 관한 조약 Art. 12(1), 난민의 지위에 관한 조약 Art. 12(1)의 주소 개념과도 통일성을 가지도록 국제적으로 널리 통용되는 의미로 해석할 수 있다. 이것이 바람직하다. 이렇게 해석하면, 涉私 §2 ②와 國私 §3 ②는 무국적자의 지위에 관한 조약 Art. 12(1)을 국내법적으로 이미 구현하고 있는 것으로 파악된다. 따라서 무국적자의 지위에 관한 조약이 대한민국에 대해 발효(1962. 11. 20.)한 후에도 기존의 涉外私法(1962. 7. 15. 시행) §2 ②가 효력을 유지했고,[589] 섭외사법이 국제사법으로 전면개정되어(2001. 7. 1. 시행) 涉私 §2 ②가 國私 §3 ②로 대체되었지만 규정내용이 바뀐 것은 없다. 결론적으로, 무국적자의 경우 국적을 대신하는 연결점은 '상거소 즉 주소'이며, 이것은 '무국적자의 지위에 관한 조약 Art. 12(1)을 이미 구현하고 있는' 涉私 §2 ②의 후신인 國私 §3 ②(2001. 6. 30.까지의 사안에서는 涉私 §2 ②)의 적용결과이다.

(4) 비실효적 국적

國私 §49 ①의 연결점이 되려면 피상속인의 국적이 국적국과 아무런 관련 없는 비실효적 국적(非實效的 國籍)이어서는 안 된다.[590] 즉, 피상속인의 국적이 '그 자체로서 비실효적'인 국적인 경우에는 무국적자인 것처럼 다루어져야 한다.[591] 예컨대 국제적 난민(국제피난민)이 피난나온 국가의 국적은 비실효적 국

---

588) 벨기에 국제사법은 Art. 4에 자연인과 주소 각각에 대해 주소와 상거소를 정의하는 규정을 둔다.

589) 반대설: 이호정, 188(무국적자의 지위에 관한 조약 Art. 12(1)에 의해 涉私 §2 ②는 뒤로 물러남). 이 견해를 일관하면 위 조약 조항은 다시 國私 §3 ②에 의해 뒤로 물러나게 된다. 그러나 신법우선의 원칙은 구법과 신법의 규율내용이 상충할 때 신법이 구법을 폐지시키는 것이다. 그래서 신구법의 내용에 차이가 없으면, 신법이라고 불리는 법규는 기존의 법규를 재수록한 것에 불과하다. 시간을 달리하여 시행된 법규가 서로 다른 법령에 수록되어 있는 경우에도 같다. 하나는 국내법에, 다른 하나는 국내법과 대등한 국내법적 효력을 가지는 국제조약에 수록되어 있는 경우에도 같다.

590) 실효적 국적의 원칙이 실정적 국제법(국제공법) 원칙인지는 불확실하나, 각국의 국제사법에서 일반원칙으로 널리 인정한다. Mayer et Heuzé, n° 899. 즉, 어떤 사람의 국적이 그 자체만 놓고 볼 때 실효적인가 아닌가의 문제와, 복수국적 중에서 '비교적 실효적'인 국적을 가려내는 문제는 구별된다. 논자에 따라서는, 양자를 통칭하여 '실효적 국적'을 가려내는 문제라고 말하기도 한다. Laborde et Sana-Chaillé de Néré(2017), p. 22. 그러나 그렇게 하면 '복수국적자의 국적국법' 중 어느 것이든 준거법으로 삼는 경우(예: 헤이그상속협약 Art. 5, 國私 §50 ③ i)를 설명하기가 어색해진다.

591) 이호정, 419. 한국 국제사법이 본국법이나 국적국법의 적용을 명하는 경우에, 국제피난민에 대해서는 그가 그로부터 피난한 그의 본국의 법을 적용하는 것은 적절하지 않다. 1951년 7월 28일의 '난민의 법적 지위에 관한 제네바조약' Art. 12(1)은 국제피난민에 대해서는 본국법 대신 주소지법을 적용할 것을 요구한다.

적이다. '난민의 지위에 관한 조약' Art. 12(1)과 '난민의 지위에 관한 의정서' Art. 1에 의해(해석에 따라서는 이와 동시에 國私 §3 ②에 의해) 본국법 대신 주소지법, 주소도 없으면 거소지법을 적용해야 한다.

(5) 본국이 장소적 불통일법국인 경우

한국 국제사법이 불통일법국인 외국의 법을 본국법(예: 國私 §49 ①, §50 ①, ②)이나 국적국법(예: 國私 §50 ③ i)으로서 지정하는 경우에는, 대한민국법(국제사법)은 장소적 불통일법국의 법질서들 전체를 지정할 뿐, 그 중 어느 분방의 법이 준거법이 되는지는 말하지 않는다. 그에 대한 답은 원칙적으로는 '지정된 국가'의 준국제사법이 제공하게 된다(간접지정). 그 외국에 준국제사법규칙이 있으면 이에 따른다(國私 §3 ③ 前). 외국의 준국제사법에 규율의 흠결이 있으면 그 외국의 법원이 어떻게 흠결보충할지를 살펴 그 외국의 준국제사법의 흠결을 보충해야 한다. 國私 §3 ③ 前에 의하려면, 모든 분방에 공통적으로 적용되는 준국제사법규칙이어야 한다. 연방법인지, 각 분방의 법으로서 전국적으로 통일된 것인지는 묻지 않는다. 그 외국에 통일적 준국제사법규칙이 없으면, 해당 당사자와 가장 밀접히 관련된 분방이 어느 것인지를, 법정지(대한민국) 스스로 가려내어 지시한다(國私 §3 ③ 後: 직접지정).[592]

장소적 불통일법국에 해당하기 위해 분방들이 연방을 구성할 필요는 없다. 심지어 분방들이 서로 적대적이라도 國私 §3 ③은 똑같이 적용된다.

國私 §3 ③ 후단에 의해 당사자와 가장 밀접히 관련된 분방을 골라 지정한 경우에도, 대한민국 스스로 외국내의 준국제사법적 판단을 대신했을 뿐이다. '한국 국제사법 스스로 최밀접관련에 관한 최종결론을 내린 경우'로서 '사항규정지정으로 취급하여 반정(反定) 여지를 배제해야 하는 것'(國私 §9 ②)은 아니다.[593] 그리고 반정(國私 §9 ①)이 있는지, 외국의 한국법 지정이 국제사법지정(총괄지정)인지 사항규정지정인지 알려면, 특정한 분방이 지시된 후에, 그 분방에서 효력을 가지는 국제사법규칙을 보아야 한다.[594] "개별준거법이 총괄준거법을 깨뜨린다"는 원칙의 적용에서도, 해당 분방의 개별준거법만이 문제로 된다. 한국의 독립적 저촉규정에 의해서는 그 분방의 법질서만이 최종적으로 지시되었기 때

592) 피상속인의 본국법으로 장소적 불통일법국의 분방의 법을 지정하면서 國私 §3 ③ 後 의 언급을 누락한 예: 수원지방법원 2016. 8. 25. 선고 2015가합66239 판결(확정)(國際私法 22-2(2016), 620 f.에 요지 수록)(피상속인이 미국 뉴욕주에 "domicile"을 두고 사망한 사안에서 뉴욕주법을 지정).
593) Kropholler, §29 II 1, 202. 결과상 동지: 수원지방법원 2016. 8. 25. 선고 2015가합66239 판결.
594) 결과상 동지: 수원지방법원 2016. 8. 25. 선고 2015가합66239 판결.

문이다.

(6) 본국이 인적 불통일법국인 경우

실질법이 인종, 종교집단 등의 인적 집단에 따라 다른 경우에는, 먼저 어떤 국가의 법을 적용할지 지정한 후, 그 국가에서 타당하는 인적 법질서 중 하나를 지정해야 한다. 오늘날의 국가는 영토적으로 나뉘어 규율관할권을 독점하는 영토국가이고, 초국가적인 인적 법질서의 권위는 인정되지 않으므로, 인제사법 문제는 장소적 저촉법 문제가 해결된 후 해결해야 한다. 장소적 불통일법국의 경우에는 준국제사법 문제까지 해결한 후에 인제사법 문제를 다루어야 한다. 당사자자치(예: 國私 §49 ②)에 의해 장소적 저촉 문제를 해결하는 경우에도 같다.

인적 불통일법국법이 지정된 경우에 그 국가의 어느 인적 법질서를 적용할지는 그 국가에 통일적 인제사법이 있으면 그에 의한다. 연방법이든, 모든 분방들에 공통된 인제사법규칙이든 상관없다. 그런 것이 없으면 대한민국 스스로 그 외국을 위해 인제사법의 원칙을 정하고 이에 따라야 한다.[595]

반정(反定)(國私 §9)은 어느 인적 법질서가 적용되는지까지 판단한 후에 검토해야 한다. 즉, 준거되는 장소적·인적 법질서 내에서 효력을 가지는 국제사법규칙을 보아야 한다.[596]

5. 상거소의 확정

상거소란 '일상적 거소'를 말한다. 자연인의 상거소는 그의 생활의 본거지를 말한다. 상거소의 취득과 상실의 구체적 요건은 해석에 맡겨져 있다.[597]

---

595) 인제사법(人際私法)의 일반원칙에 관해서는 우선 Kropholler, §30 참조. 일본 법적용통칙법은, 준거외국법질서에 인적 법분열이 있는 경우에는, 그 국가의 인제사법규칙에 따르고, 그것이 없으면 당사자와 가장 밀접히 관련된 인적 법질서를 법정지의 관점에서 골라내도록 규정한다(§40). 그런데 특이하게도, 그런 외국법이 본국법으로서 지정되거나(무국적자의 경우 본국법 대신 상거소지법을 지정한 경우 포함)(§40 ①), 친족관계나 상속관계의 준거법으로 지정된 경우(§40 ②)에 대해서만 이렇게 규정한다. 재산관계에 대해 상거소지법이 지정되고 그곳에 복수의 인적 법질서가 있는 경우는 언급하지 않는다. 일본 법적용통칙법 §40의 번역은 김문숙 역(2006), 625. 그 전신인 1989년 개정 법례 §31의 번역은 장준혁(1998), 207.

596) Kropholler, §30 II, 211.

597) 상거소의 득실변경에 관해서는 우선 이호정, 193 f.; 최흥섭(1998), 523 ff. 참조. 헤이그상속협약의 해설보고서는 상거소의 확정기준에 관해 몇 가지 설명을 한다. 첫째, 주소는 "주로" 의사에 달려 있지만, 상거소는 다양한 요소들을 "대등"하게 "형량"하여 확정된다. "가족적" 관련과 "개인적" 관련이 특히 중요하다. 의사는 전통적으로 주소를 결정할 때보다 덜 중요하다. 그러나 "희망과 계획(hopes and plans)"도 고려된다. 둘째, 상거소는 "소속지(place of belonging)" 내지 "생활중심지(the center of his living)"을 가리킨다. 셋째, 이중 상거소는 있을 수 없다. 이는 "생활중심지" 개념에서 도출된다. 넷째, 규칙성과 지속성이 필요하다. 즉, "상당기간 동안 지속하는 규칙적인 물리적 현존(regular physical presence, enduring some time)"이 필요하다. 환언하면, "통상적" 거소나 "단순한" 거소("'ordinary' or 'simple' residence")보다 명백히 강한 관련이 있어

상거소에 해당하려면 해당 거소(내지 거소지)에의 거주에 규칙성과 계속성이 있어야 한다.[598] 말하자면, 적어도 객관주의적 주소에 상응하는 수준이어야 한다. 그런데 규칙성과 계속성이 있는지는 당사자(피상속인)의 의사도 고려하여 판단된다.[599] 그래서 상거소를 취득하려면 생활의 중심지가 옮겨졌다고 말할 수 있으면 되고, 반드시 수년간 거주가 필요한 것은 아니다.[600] 거주기간의 규칙성과 계속성 외에, 가족과 직장의 소재, 주택의 소유나 장기임차 등이 고려되어야 한다.[601] 가령 A국에 살던 사람이 그곳의 집을 팔고 직장도 그만두고 B국으로 이주했다면, B국 도착후 얼마 안 되어 B국에 상거소를 취득할 수도 있을 것이다. 또, 이민비자는 아니더라도 갱신가능한 취업비자를 발급받고 수년 이상의 직업생활을 위해 가족과 함께 이주한 경우에도 마찬가지일 것이다. 또, 이주 목적이 분명하다면, 주택을 구입하지 않아도, 심지어 호텔에 장기투숙해도 상거소를 취득하는 것이 가능할 것이다. 다만 이주지로 "집"을 옮겼다고 할 수 있어야 한다. 결국, 상거소는 객관주의적 주소 개념에 비교적 가까와 보이지만, 오로지 객관적 요소만 고려되는 것은 아니고, 주관적 요소에 의해 객관적 요건의 강약이 신축적일 수 있다.

유력설은 상거소란 생활본거지를 의미하지만 "주변사회에 사회적으로 통

야 한다. 여섯째, 주소는 "본원주소의 부활"과 같은 "기이함(oddity)"을 가지지만, 상거소에는 그런 것이 없다. 이상 Waters(1988), para. 51. 워터스 보고서의 이 설명은 몇 가지 점에서 주목을 끈다. 첫째, "가족적" 관련과 "개인적" 관련이 직업적 관련보다 중요하다. 둘째, 규칙성과 지속성이 필요하며, 영어로 "통상적(ordinary)"인 거소라고 말할 수 있는 정도로는 부족하다. 셋째, 의사는 영미의 "domicile"에서보다 덜 중요하나, 여전히 고려되며, "희망과 계획"도 고려된다. 넷째, 이중상거소란 것은 있을 수 없다. 아무리 국경을 자주 드나드는 사람이라도 같다. 다섯째, '새로운 상거소 취득 없이 현 상거소 소멸시 구 상거소가 부활하는가'에 대해서는 부정적이다. 여섯째, 어느 시점에 상거소가 없을 수 있느냐에 대해서는 언급이 없다. 이러한 워터스 보고서의 설명이 헤이그상속협약 체약국에 대해 구속력 있는 것은 아니지만, 이를 통해 헤이그국제사법회의 내지 그 상설사무국의 입장을 엿볼 수 있다. 그런데 워터스 보고서에서 '주소란 곧 주관주의적 주소이고, 그것도 영미법식의 domicile이다'라고 보는 듯한 부분은, 범세계적 협약인 헤이그상속협약의 공식 해설보고서임에 비추어, 특히 아쉽다. 일반적으로 주소의 개념에 관한 주관주의와 객관주의라 하면, 로마법의 영향을 강하게 받은 대륙법계에서의 학설·입법례의 대립을 말한다. 영미법의 "domicile"은 주관주의적 주소의 전형(典型)이라고 할 수 없고, 오히려 본적지의 개념이 강한 점에서 비교법적으로 독특한 것이다.

598) Waters(1988), para. 51; 유럽상속규정 전문 (23).

599) Waters(1988), para. 51; 유럽상속규정 전문 (23).

600) 그러나 유럽상속규정 전문 (23)은 "최근 수년간의" 생활상황을 고려하여 상거소를 확정하라고 하여, 거소 이전 후에도 '몇 년' 정도의 거주기간이 지속되어야 비로소 상거소가 된다는 입장에 가까와 보인다.

601) 북한이탈주민의 보호 및 정착지원에 관한 법률(약칭 북한이탈주민법) §2 i은 탈북자의 하위개념인 "북한이탈주민" 개념을 정의하면서, 북한에 "주소, 직계가족, 배우자, 직장 등을 두고 있는 사람"일 것을 요구한다. 이것은 결국 북한에 상거소가 있는 자일 것을 요구하는 취지로 이해된다.

합"되어 있느냐가 관건이라고 하면서,[602] 체류기간, 가족관계, 근무지, 체류지에서 학교에 다니는지, 미성년자의 경우 부모의 상거소가 어디에 있는지, 체류지의 언어를 충분히 구사하는지 등을 고려해야 하고,[603] 하나의 지침으로서 일정한 체류기간 요건을 상정할 수 있지만 정주의사가 있으면 체류기간이 짧아도 상거소를 취득할 수 있다고 한다.[604] 또, 형무소, 강제수용소에 체류하는 것으로는 보통 그곳에 상거소를 취득할 수 없지만, 요양소는 거소로 볼 수 있으므로 상거소가 될 수 있다고 한다.[605] 다만 요양소에 강제로 보내진 경우에는 보통의 경우보다 더 긴 체류기간이 있어야 그곳에 상거소를 취득한다고 해석한다.[606] 이 문헌은 새로운 상거소 취득 없이는 기존 상거소가 소멸하지 않는다고 하고,[607] 속인법을 정하는 기준으로서 상거소는 복수로 존재할 수 없다고 한다.[608] 또, 상거소의 취득·변경요건의 엄격성의 정도를 분야 내지 저촉규정별로 차별화할 수 있다는 입장(상거소 개념의 상대성, 다원론)으로서,[609] "속인법영역"에서는 국제재판관할이나 계약준거법을 정할 때에 비해 상거소의 취득·변경요건을 엄격히 판단하라고 한다.[610]

한국 '국제사법'에서 규정하는 상거소 개념은 그 국제사법규정의 일부이다. 그래서 특별히 달리 명시되어 있지 않은 한, 한국법상의 상거소를 말한다. 그래서 상거소의 취득과 상실은 오로지 한국법에 따라 판단된다.[611] 물론 입법

602) 최흥섭(1998), 538.
603) 최흥섭(1998), 529~531.
604) 최흥섭(1998), 532.
605) 최흥섭(1998), 532.
606) 최흥섭(1998), 532.
607) 최흥섭(1998), 538.
608) 최흥섭(1998), 538.
609) 최흥섭(1998), 533.
610) 최흥섭(1998), 534(순한글로 바꾸어 인용).
611) 이 점은 한국 국제재판관할법의 상거소지(국)관할규칙에 따라 국제재판관할을 판단할 때에도 같다. 특히 한국법원의 국제재판관할을 인정하기 위해 당사자의 상거소가 한국에 있는지를 따질 때, 외국법이 당사자의 상거소를 어떻게 판단하느냐는, 복수의 상거소 중 어느 것을 우선시킬 것이냐의 문제를 제외하면, 법적으로 무의미(irrelevant)하다. 대법원 2006. 5. 26. 선고 2005므884 판결은 한국의 국제재판관할을 판단하면서, '미네소타 주민(住民)인 미국인 원고의 주소가 미국 미네소타주법에 의하면 어디에 있는 것으로 판단될지'를 고려했다. 김시철(2007), "주한미국인 부부의 이혼 및 미성년자녀에 관한 양육처분등에 대하여", 저스티스 96, 248~267은 주소에 관한 미국법의 일반원칙과 미네소타주법을 상세히 검토하는데, 이 평석은 현직 대법원 재판연구관에 의해 집필된 것으로서 이 사건의 재판연구관 보고서에서 이런 상세한 검토가 있었던 것이 평석에 반영되어 있는 듯하다. 한국 국제재판관할법을 해석, 적용함에 있어 외국 주소법을 고려한 것은 외국의 국제사법규칙을 고려(존중)한 예에 해당한다. 그런데 해당 사건에서는 피고의 상거소와 주소가 한국에 있었으므로 그 판단은 불필요했다. 국제재판관할법상의 반정(反定) 유무은 국제재판관할을 근거지우기 위해 이를 원용해야 할 때에 한하여 검토함이 타당하다. 그럼에도 이 사건에서 원고의 주소를, 그것도 그의 본국법(미국법)에 따라 확인하는 데

자는 헤이그유언방식협약 Art. 1(3)이 주소를 주소지법에 따라 확정하게 하듯이, 상거소를 상거소지법에 따라 확정하도록 정할 수도 있다. 이것은 국제적 판단일치를 제고하는 장점을 가지지만, 국제적 통일성을 전제하는 상거소의 취득·상실기준이 실제로는 국가별로 분열되어 있음을 시인하는 것이기도 하다. 한국의 법률저촉법과 국제민사소송법에는 상거소 소재지의 법이 상거소의 취득과 상실에 관하여 어떻게 정하는지 참조하도록 지시하는 규정이 없다.

6. 조정(적응)

(1) 총괄준거법과 개별준거법의 관계

(가) 개별준거법은 총괄준거법을 깨뜨린다

상속준거법은 상속재산이라는 총괄재산(總括財産)[612]의 운명을 정한다. 그런데 상속재산은 개별재산으로 구성되고 개별재산에 대한 물권(내지 준물권)관계는 개별재산의 준거법(예: 물권·준물권관계의 준거법)에 의한다. 상속준거법(총괄준거법)과 상속재산에 속하는 개별재산의 준거법(개별준거법)은 충돌할 수 있다. 이 경우에는 "개별준거법이 총괄준거법을 깨뜨린다(Einzelstatut bricht Gesamtstatut)".[613] 이러한 "개별준거법 우위(우선)(Vorrang des Einzelstatuts)"의 일반원칙은 총괄준거법과 개별준거법 간의 조정 문제를, 법률관계의 경계획정을 명확히 하는 국제

시간을 소모한 것은 신경과민 내지 이론적 관심의 과잉에 불과하다. 게다가, 피고상거소지의 국제재판관할을 불필요하게 의심하면서 좌고우면하는 설시를 남김으로써 판지를 혼란스럽게 만들고, 기존 판례에 의해 확립되어 있던 국제재판관할법의 가장 기본적 원칙마저 불투명하게 만들었다. 國私 §2 ①의 "실질적 관련", "합리적인 원칙"이라는 문구에 오도된 나머지, '관련 외국의 국제재판관할법이 어떻게 판단할지도 두루 살펴보라, 한국의 피고상거소지관할이 분명히 존재하더라도 그렇게 하라'는 취지로 오해하는 참사가 벌어졌다. 그런데 김시철(2007), 277은 國私 §2를 충실히 적용한 판례로서 의의가 크다고 자부한다. 國私 §2에 대한 대법원의 오해는 치유불가능한 심각한 상태로 보인다.

612) 상속재산, 부부재산제에 따르는 부부재산(혼인재산)("공동재산"제에서 말하는 부부공동재산에 한정하는 의미가 아님), 친권의 내용인 재산"관리"권에 복종하는 자녀 재산과 같이, "일체로서 다루어지는 통일적 재산"을 총괄재산(le patrimoine, Gesamtvermögen)이라 하고, 총괄재산의 준거법을 총괄준거법이라 한다. 木棚照一(1995), 302.

613) "총괄준거법에 대한 개별준거법의 우위(Vorrang des Einzelstatuts vor dem Gesamtstatut)" 또는 약칭하여 "개별준거법의 우위(Vorrang des Einzelstatuts)" 원칙이라고도 한다. 한국의 통설은 이 원칙을 인정한다. 김용한 외, 365; 김진, 294; 이호정, 427; 서희원, 197; 신창선 외, 352; 석광현, 556; 주해친족(2), 1630(석광현); 안춘수, 235. 독일 민법시행법 Art. 3a ②(원래는 Art. 28, 1986년 개정 후 2008. 12. 10. 개정(2009. 1. 11. 발효)으로 조문위치가 옮겨지기 전에는 Art. 3 ③)은 이 원칙을 명문으로 규정한다: "제3절[친족법] 및 제4절[상속법]에서의 지정이 한 사람의 재산을 한 국가의 법에 의하게 하는 경우, 그 국가에 소재하지 않고 그 소재지국의 법에 따라 특별한 규정에 의하는 대상물에 관해서는 그 지정은 효력이 없다(Soweit Verweisungen im Dritten und Vierten Abschnitt das Vermögen einer Person dem Recht eines Staates unterstellen, beziehen sie sich nicht auf Gegenstände, die sich nicht in diesem Staat befinden und nach dem Recht des Staates, in dem sie sich befinden, besonderen Vorschriften unterliegen)."

사법적 방법으로 해결한다. 즉, 이 원칙은 상속의 법률관계와 상속재산을 구성하는 개별 재산의 법률관계(예: 물권, 채권) 간의 경계획정을 명확히 해 준다.[614) 특히 자주 문제되는 예는 부동산물권과 관련되지만, 그에 한정된 것은 아니다.

'개별준거법(개별재산의 준거법)이 총괄준거법(총괄재산의 준거법)을 깨뜨린다'는 원칙은 상속 분야에서는 몇 가지 맥락에서 나타난다.[615)616)]

614) 이 원칙이 적용된 결과 "총괄준거법과 개별준거법의 배분적 적용"을 하게 된다고 서술하기도 한다. 木棚照一(1995), 303은 早川眞一郎(1988), 「『相續財産の構成』の準據法について」, 關西大學法學論集[關大法學] 38－2·3, 33 이하와 早川眞一郎(1993), 「國際的な相續·遺産管理の一斷面(上), (下)」, ジュリスト 1019, 126 이하, 1020, 131 이하를 그런 견해로 소개한다. '총괄재산의 구성과 이전' 문제를 다시 두 부분으로 나누어 각 부분에 대해 총괄준거법과 개별준거법을 적용한다는 것을 배분적 연결로 설명하는 취지로 생각된다. 그러나 개별준거법에 의하는 한도에서 상속준거법이 뒤로 물러나는 것을 가리켜 "배분적 적용"이라고 부르는 것은 어색하다. 왜냐하면, "개별준거법은 총괄준거법을 깨뜨린다"는 원칙에 의하여 국제사법적 조정(적응) 문제를 해결한 결과, 개별재산의 상속성은 개별준거법에 의하는 것으로, 개별준거법과 총괄준거법의 사항적 적용범위가 획정된 것이기 때문이다. 그럼에도 불구하고 여전히 개별재산의 상속성 문제가 국제사법상 상속의 문제의 일부라고 보면서 '그 부분은 개별준거법에 의하고 다른 부분은 총괄준거법에 의하는 배분적 연결을 한다'고 말하는 것은 어색하다. 다만 이 학설은 "개별준거법은 총괄준거법을 깨뜨린다"는 원칙을 가리켜, 개별재산의 상속성에 대하여 총괄준거법과 개별준거법을 "중첩"적용하는 취지로 오해하는 것(일본에는 그러한 학설이 있고 한국에서도 부부재산제의 맥락에서 그렇게 오해한 하급심판례가 있다)을 차단하는 점에는 의미가 있다.

615) 부산가정법원 2012. 12. 21. 선고 2011드단14172 판결은 부부재산제와 관련하여 "개별준거법은 총괄준거법을 깨뜨린다"는 원칙이 문제되는 사안이 아님에도, 이 원칙을 원용하여 '대한민국 소재 부동산은 등기의 추정력을 누리게 되어 있는 부동산이므로 부부재산제의 준거법을 깨뜨린다고 설시했다. 몇 가지 심각한 법리오해가 겹쳐진 탓에, 이런 설시가 나오는 사태가 빚어졌다.

첫째의 법리오해는 이 원칙에 따르는 통설의 입장 자체를 부정확하게 서술한 점이다. 부산가정법원은 "개개의 물권이 그와 같은 총괄재산의 구성부분에 포섭될 수 있는지의 문제는 그 물권의 속성에 관한 문제이기 때문에 그 목적물의 소재지법에 의해서도 인정되어야 한다"고 설시했다. 즉, 개개의 물권이 총괄재산에 포함되는지에 대해서는 총괄재산의 준거법과 개별재산의 준거법이 중첩적용되는 것처럼 서술했다. 부산가정법원이 이것이 개별재산 우선원칙이라고 말했지만, 이것은 오히려 개별재산 우선원칙을 부정하는 소수설이 그 대안으로 내놓은 해석론에 유사하다. 그래서 이 원칙을 부정하고 개별재산의 총괄재산 귀속 가부를 개별재산 준거법에만 맡기는 소수설의 단점을 고스란히 지닌다. "개별준거법은 총괄준거법을 깨뜨린다"는 원칙에 따르는 통설은, 부부공동재산이나 상속재산의 구성(범위)은 원칙적으로 부부재산제 준거법과 상속준거법에만 맡기고, 단지 개별재산의 준거법이 일신전속성 등을 이유로 총괄재산의 일부가 될 수 없다고 하는 경우에, 총괄준거법과 개별준거법의 충돌을 조정할 뿐이다. 즉, 이런 충돌이 있으면 총괄준거법을 후퇴시켜 총괄준거법을 개별준거법에 적응시킨다. 이와 달리 '개별재산의 총괄재산 귀속 가부를 항상 개별재산의 준거법에만 맡기는' 소수설(상속 분야에서 이병화(2005), 258)은 일일이 개별재산의 준거법을 조사해야 하는 번거로움을 낳고 준거외국법 불명(不明)시에 다른 법으로 보충하게 되는 불확실성을 낳는다. 부산가정법원은 개별준거법 우선원칙에 의한다고 표방하기만 했을 뿐, 내용적으로는 오히려 이 원칙을 배척하는 소수설과 다를 것이 없다. 이런 시도는 이론적 타당성도 없고 실용성도 없는 데다가, 소수설과 차별화하려는 듯한 이론구성(내지 제스처)을 덧붙이기까지 하여(소수설도 이를 마음에 들어 하지 않을 것이다), 학설대립에 혼란을 더했을 뿐이다. 더우기, '이것이 바로 개별준거법 우선원칙'이라고 하여 개념과 이론을 혼란시키는 결과가 되고 말았다.

둘째의 법리오해는 외국법에 의한 부부재산제의 제3자 대항 문제를 개별준거법과 총괄준거법의 충돌 문제로 오해한 점이다. 이 사건에서 문제된 총괄재산제는 부부재산제인데, 부부재산제를 외국법에 의하는 것은 거래의 안전을 해칠 수 있으므로, 國私 §38 내에 제3자 보호장치가 있다(國私 §38 ③, ④). 이것이 외국법에 의하는 부부재산제를 제3자에게 주장할 수 있느냐의 문첫째, 개별재산의 준거법이 그 재산의 상속성을 부정하면, 그 재산의 상속은 상속준거법에 의해 일어나지 않고, 그 개별재산의 준거법에 의해 상속될 수 있을 뿐이다.[617] 예컨대 피상속인이 불법행위에 의한 손해배상채무를 변제하

제이다. 외국법에 의하는 부부재산제를(즉 부부재산제에 대한 외국법상의 규율을) 제3자에게 대항할 수 없으면, 그 이유만으로 곧바로 개별 법률관계에 대한 부부재산제의 개입을 부정하여 거래의 안전을 우선시킨다. 반면에, 외국법에 의하는 부부재산제를 제3자에 대항할 수 있으면, 그 외국법이 부부재산제에 적용되는 것 자체에는 다른 제약이 없다(물론개별준거법과 충돌하는 한도에서는 뒤로 물러나게 되나 이 판결에서 부산가정법원이 말하는 것은 '개별준거법이 총괄준거법과 충돌하는 문제'가 아니고, 전혀 다른 문제를 이것으로 오해하고 있을 뿐이다). 즉, 國私 §38이 제3자(예: 부부재산인 부동산을 매수하여 이전등기받은 자)에 대한 관계에서도 부부재산제 준거법이 외국법임을 주장할 수 있다는 결론을 내리면, 부부재산제의 준거법이 외국법이 되는 것은 받아들여져야 한다. 요컨대, 國私 §38 ③, ④는 제3자의 인식가능성을 고려하여 총괄준거법을 후퇴시켜 거래의 안전을 우선시키는 것이지, '개별재산 자체의 원리상 총괄재산제에 따르는 것이 불가능함'을 이유로 총괄준거법을 후퇴시키는 것이 아니다.

셋째의 법리오해는, 한국 소재 부동산에 대한 부동산등기의 추정력은 '개별재산을 총괄재산제에 맡기면 개별재산의 본질에 어긋나게 되는 문제'가 아님이 명백함에도, 이것을 '개별준거법과 총괄준거법의 충돌 문제'로 오해한 점이다. 등기의 추정력은 등기명의자가 적법한 권리자가 아니라는 입증책임은 이를 주장하는 측에게 있다는 '법률상 추정' 법리이다. 그 등기의 권원을 이루는 원인행위가 부부재산제에 위반하여 부적법하다는 점이 입증된 한, 등기의 추정력은 복멸되었다. 그런데 부산가정법원은 '등기의 추정력의 대상이 되는 부동산물권'은 원천적으로 '총괄준거법을 깨뜨리는' 부동산물권이므로, 여하한 총괄재산제 위반을 들어서도 다툴 수 없다고 한다. 그런데 대한민국 부동산등기부에 등기된 모든 부동산은—즉 미등기 부동산이 아닌 한—등기의 추정력의 보호를 받는다. 부산가정법원의 논리대로 하면, 그런 부동산은 모두 그 등기의 추정력을 들어 아예 총괄재산에 속하는 것 자체를 거부한다는 결과가 될 것이다. 이것이 부당함은 명백하다.

만약 이 사안이 개별준거법 우선원칙이 적용되어야 할 사안인데 법리설시에 다소 미흡한 점이 있었던 것이라면, 이 법리를 언급하고 활용하려 애쓴 것은 가상하다고 할 여지가 있을지 모른다. 그러나 등기의 추정력 법리가 결과를 좌우할 수 없는 사안임에도 이것을 "개별준거법은 총괄준거법을 깨드린다"는 이름으로 포장하여 국제물권법의 최고원리로 둔갑시킨 사태에 불과하다. 그러므로 향후 논의에서 하급심 선례로서 검토대상으로 삼을 가치조차 없다고 해야 할 것이다.

616) 東京高判 1990(平 2). 6. 28. 金融法務事情 1274, 32는, 상속준거법이 공동상속인 일부에 의한 지분의 처분을 금지하더라도 그 대외적 효력은 물권준거법인 일본법에 맡겨질 뿐이라고 판시하였다. 이는 "개별준거법은 총괄준거법을 깨뜨린다"는 원칙을 원용한 취지로 풀이되고 있다. 木棚照一(1995), 303. 그러나 위 판지는 "개별준거법은 총괄준거법을 깨뜨린다"는 원칙으로 근거지울 수 없다. "개별준거법은 총괄준거법을 깨뜨린다"는 원칙은 개별준거법이 해당 개별재산이 상속재산에 속하는 것을 부정하거나, 상속에 의한 이전시에 물권변동(이나 준물권변동)을 위한 일정한 추가적 요건을 충족할 것을 요구할 때, 그러한 개별준거법의 규율이 상속사안에서도 관철되도록 하는 것이다. 그래서 총괄재산제와 물권·준물권 간의 수직적 관계를 인정하는 것이다. 그러나 물권준거법이 이 원칙의 이름으로 상속재산의 처분 문제에 개입할 수는 없다. 상속준거법이 상속준거법을 해석한 결과 '대외관계에서도 지분처분을 금지'하는 취지로 파악된다면, 거래안전을 위해 이를 공서위반으로 배척할 여지가 있을 뿐이다. 요컨대, 동경고등재판소의 위 판결은 명목상으로는 "개별준거법은 총괄준거법을 깨뜨린다"는 원칙을 들었지만, 실질적으로는 재산소재지의 거래안전을 위하여 공서조항을 원용한 셈이다. 이 점을 법리적으로 분명히 하지 못한 결과, 국제사법상의 공서조항의 원용요건(내국관련성, 외국법 적용결과의 공서위반성)을 명확히 설시하는 데에도 실패했다.

617) 이 원칙이 명문으로 규정된 예로는 독일 민법시행법(EGBGB)의 1986년 개정 전 Art. 28, 1986년에 개정되고 2015년에 개정되기 전의 Art. 3 ③, 2015년 개정 후 Art. 3a ②가 대표적이다. 국제상속법, 상속증서에 관한 규정의 개정 및 기타의 규정들의 개정을 위한 2015. 6. 29. 법률(Gesetzes zum Internationalen Erbrecht und zur Änderung von Vorschriften zum Erbschein sowie zur Änderung sonstiger Vorschriften vom 29.06.2015)(BGBl. 2015 I S, 1042)(2015. 8. 17. 발효)에 의하여 위치가 옮겨지고 문언도 바뀐 Art. 3a ②는 다음과 같이 규정한다. "제3절[친족]에서 한

지 않은 채 사망한 경우, 불법행위의 준거법이 그 채무의 상속성을 부정하면 그 채무는 상속될 수 없다.[618]

둘째, 개별재산이나 일정 범위의 총괄재산이 일반상속(國私 §49)의 준거법 아닌 법에 의해 특별상속되는 경우에도, 일반상속의 준거법의 규율을 잠식한다.

셋째, 총괄재산제가 정하는 물권관계를 개별재산의 준거법이 알지 못하면, 그 한도에서는 총괄준거법이 개별준거법에 맞게 적응되어야 한다.[619] 예컨대 상속준거법에서는 공동상속인들이 개별재산을 합유한다고 정하고 있더라도, 개별재산의 준거법이 합유제도를 알지 못하고 공유제도만 가지고 있다면, 개별

사람의 재산을 한 국가의 법에 따르도록 지정하는 경우에는, 이러한 지정은, 이 국가에 소재하지 않고 그 소재지국의 법에 따라 특별한 규율 하에 놓이는 대상[개별재산]에 는 미치지 않는다(Soweit Verweisungen im Dritten Abschnitt das Vermogen einer Person dem Recht eines Staates unterstellen, beziehen sie sich nicht auf Gegenstande, die sich nicht in diesem Staat befinden und nach dem Recht des Staates, in dem sie sich befinden, besonderen Vorschriften unterliegen)." 2015년 개정 전의 Art. 3 ③은 독일 민법시행법 제2장(국제사법) 제4절(상속)의 규정에 의하는 경우에 대해서도 '개별준거법은 총괄준거법을 깨뜨린다'는 원칙을 규정하고 있었으나, 2015년 개정 후의 Art. 3a ②는 제3절(친족)의 규정에 의하는 경우에 대해서만 이 원칙을 규정한다. 2012년 유럽상속규정도 이를 참고하여 Art. 30(일정한 재산에 관하여 상속에 관한 또는 상속에 영향을 미치는 제한을 부과하는 특칙)에서 다음과 같이 규정한다. "일정한 부동산, 일정한 기업 또는 기타의 특별한 유형의 재산이 소재한 국가의 법이 경제적, 가족적 또는 사회적 고려에서 특칙을 두어 일정한 재산에 관하여 상속에 관한 또는 상속에 영향을 미치는 제한을 부과하는 경우에는, 그러한 특칙은 그 국가의 법에서 상속준거법에 불구하고 적용되도록 정하고 있는 한, 상속에 적용된다."

618) 동지: 大阪地判 1987(昭 62). 2. 27. 判時 1263, 32, 判タ 639, 232. 이 판결은 미국 캘리포니아주가 상속실행에 관해 청산후승계주의(청산주의)를 따름을 이유로, 캘리포니아주법(불법행위준거법)은 채무의 상속을 알지 못한다고, 즉 채무의 상속성을 일반적으로 부정한다고 보았다. 그러나 캘리포니아 실질사법(實質私法)을 이렇게 이해하는 것은 당연승계주의만을 진정한 상속제도로 보는 관점에 치우치는 것이어서 부당하다. 채무의 상속성이 부정된다면, 피상속인이 남긴 채무는 당연승계되지도(당연승계주의 하에서), 상속재산에 의한 청산대상이 되지도(청산후승계주의 하에서) 않아야 한다. 그러나 청산후승계주의 법제에서 순수한 국내·주내적 법률관계를 처리하는 것을 보면, 피상속인이 남긴 채무도 피상속인의 인격대표자에게 승계시키고 유산관리절차 내에서 변제하여 청산시킨다. 이것은 채무의 일신전속성을 부정하고 승계가능성을 인정하는 태도에 속한다고 해야 한다. 한편, 위 사건에서는 상속된 채무(손해배상채무)의 채권자가 캘리포니아주에서의 상속재산관리절차에서 채권을 일부 변제받고 청산되었다. 일본에서 상속 문제를 규율함에 있어 이 점이 어떻게 고려되어야 할지의 문제는 남는다. 기성의 법률관계로서 승인할 것인가? 아니면 일본의 법률저촉법에 의해 일본 스스로 실체준거법의 지정과 적용을 할 것인가? 캘리포니아법과 일본법에 의한 규율을 어떻게 조정할 것인가?

619) 독일 민법시행법은 Art. 3a ②(2015년 개정 전에는 Art. 3 ③)가 이 점도 함께 정하고 있다. 그러나 2012년 유럽상속규정은 독일 민법시행법의 이 규정에 상응하는 조문을 Art. 30에서 규정하면서도, 다시 Art. 31에서 "물권의 적응"이라는 표제 하에 이 두 번째 점을 언급하는 규정을 따로 둔다. "사람이 상속준거법에 따라 어떤 물권에 대해 권리를 가진다고 주장하고 그 물권이 원용된 장소인 회원국의 법이 문제된 물권을 알지 못하는 경우에는, 그 물권은 필요한 경우에는, 그 개별적 물권이 추구하는 목적과 이익 및 그것에 부착된 효과를 고려하면서, 그 국가의 법에 의한 물권에 가장 가까운 것으로 최대한으로 적응되어야 한다." 그러나 이 점을 들어 유럽상속규정 Art. 31이 규정하는 것과 같은 규율이 '개별준거법은 총괄준거법을 깨뜨린다'는 원칙에 속하지 않는다고 말하는 것은 오해이다.

준거법을 우선시켜 공유로 규율해야 한다.[620]

넷째, 상속준거법이 상속재산을 구성하는 개별 재산의 소유권이 상속인에게 법률상 당연한 이전된다고 정하고 있더라도, 개별 재산의 준거법(예컨대 동산이나 부동산의 물권준거법)이 인도나 상속등기가 있어야 이전된다고 정하고 있다면, 개별재산의 승계를 위하여 인도나 등기가 있어야 한다.[621]

개별 재산의 준거법은 독립적으로 대한민국 국제사법에 의하여 정해진다. 개별재산의 준거법을 정할 때에도 반정(反定)이 인정될 수 있다. 國私 §9의 한계 내에서 반정까지 검토한 결과 정해진 개별재산 준거법만이 총괄재산을 깨뜨릴 수 있다.

(나) 개별준거법의 우선원칙에 대한 비판론의 검토

"개별준거법은 총괄준거법을 깨뜨린다"는 원칙과 국제상속법에서의 그 적용(통설)에 대해서는 비판도 있다. 세 가지 반대설이 보인다.

(ㄱ) 조정 문제의 유연한 해결을 선호하는 설

제1의 소수설은 개별준거법의 우위를 인정하는 해결이 타당할 수도 있지만, 반대로 총괄준거법의 우위를 인정해야 한다는 견해도 있으므로, 개별준거법의 우위 쪽으로 조정(적응) 문제의 해결기준을 고착시킬 것이 아니라 유연하게 대응해야 한다고 주장한다. 즉, 개별준거법 우선원칙이 "과연 원칙으로까지 승격될 수 있는 내용일까"라고 의문제기한다.[622] 한국에는 독일 민법시행법처럼 이 원칙을 명문화한 규정이 없고, 독일의 규정도 입법론적으로 "극히 의문스러운 규정"이므로, 한국 통설이 독일의 영향을 받아 이 원칙을 해석론으로 인정하는 것은 부당하다고 한다.[623] 결론적으로는 종종 개별준거법을 우선시키게 되더라도, 법률관계의 성질결정, 전환(Transposition)을 포함한 조정(적응), 그리고 제3국의 국제적 강행법규의 특별연결에 의해 그런 결론에 도달하는 것이 타당하다고 한다.[624]

그러나 통설이 조정(적응)문제의 구체적 해결기준을 탐구하여 원칙적 기준까지 제시하는 것은 다행스러운 일이지, 비난받을 일이 아니다. 통설은 어디까지나 조정(적응)문제로서 개별준거법과 총괄준거법의 충돌을 해결하려는 것이

620) 석광현, 556.
621) 이호정, 427 f.; 석광현, 556.
622) 최흥섭(2014), 610.
623) 최흥섭(2014), 598, 620 f.
624) 최흥섭(2014), 598, 611 f., 621.

고, '원칙'적으로 개별준거법을 우선시킬 따름이다. 항상 개별준거법을 우선시켜야 한다는 것이 아니고, 예외적으로는 개별준거법이 총괄준거법에 양보해야 하는 경우도 있을 수 있다.[625] 그러므로 위 소수설은 개별준거법 우선원칙을 조문으로 못박아 조정(적응)문제의 유연한 해결에 장애가 생긴 독일의 입법론으로서는 유효적절할 수 있으나, 이 원칙을 조문화하지 않은 한국에 대해서도 같은 비판론을 말할 수 있는지는 의문이다.

위 소수설이 독일 민법시행법 Art. 3a ②와 같은 규정이 없는 한국에서는 "개별준거법이 총괄준거법을 깨뜨린다"는 원칙을 섣불리 이야기해서는 안 된다고 하는 점도 의문이다. 조정(적응)문제가 존재하고 그 원칙적 해결기준이 발견되었으면 이를 학설로 밝혀 논의하는 것이 바람직한 접근방법이다. 더구나, 국제사법의 일반이론의 일부분을 굳이 조문화한 것은 독일 입법자의 독특한 선택이었다. 한국 입법자가 그런 입법례를 추종하지 않고 해석에 맡겼다 하여, 한국 해석론이 제약받는다고 할 수는 없다.

위 소수설은 나아가, 독일의 경우 총괄준거법 소속국의 '국제사법'규정에 의해 개별준거법이 정해진다는 해석론이 판례로 인정되는데,[626] 한국에서는 그렇게 할지의 논의가 전혀 없으므로, 한국 학설이 말하는 '개별준거법 우선원칙'은 '개별준거법 우선원칙'이라고 부를 만한 것이 되지 못한다고 지적한다. 그러나 여기에도 동의할 수 없다. 독일 판례는 총괄준거법의 지정은 '개별재산의 준거법을 어떻게 정하느냐'의 문제에 관한 한은 항상 총괄지정(Gesamtverweisung) 즉 국제사법지정(IPR-Verweisung)이고 이 한도에서는 전정도 인정한다는 것이다. 이러한 법리는 반정(反定) 및 선결문제의 비독립적 연결(준거법설)과 함께 '총괄지정'에 관한 것이지, '개별준거법이 우선하느냐, 총괄준거법이 우선하느냐, 전자가 어디까지 우선하느냐'에 관한 것이 아니다. '총괄지정'의 일반이론을 어디까지 관철하느냐의 문제와, '총괄준거법과 개별준거법 간의 조정' 문제를 혼동해서는 안 된다.

요컨대, 제1소수설은 "개별준거법이 총괄준거법을 깨뜨린다"는 원칙의 심리적 권위에 속박되지 않기 위해 이 원칙을 일단 해체시킨다고 표방하는 데 초점이 있는 견해로 보인다. 실제로는 통설과 별 차이가 없어 보인다. 단지 통설보다 유연성을 강조하는 것으로 보이는데, 법적 안정성 부분을 어떻게 보완할

625) 예컨대 이호정, 427(Soergel-Siebert, BGB Kommentar, 10. Aufl., Bd. VII, 348 vor Art. 7, 164를 인용하여 서술).
626) 최흥섭(2014), 603.

지에 관한 언급이 없다. 한국이 독일과 달리 개별준거법 우선원칙을 조문화하지 않았음을 강조하는 부분도 설득력이 약하다. 다른 나라의 입법례를 베끼지 않았다 하여 국제사법의 일반이론 운용에 제약이 생긴다는 논리도 받아들일 수 없다. 또 한국이 독일보다 반정에 소극적이어서 '어차피 한국은 개별준거법 우선원칙을 따르더라도 독일과 같은 수준이 될 수 없으니 아예 포기하라'고 하는 부분도 받아들일 수 없다.

(ㄴ) 상속재산의 이전을 별도로 연결하는 것으로 충분하다는 설

제2의 소수설은 상속재산의 이전을 상속준거법의 적용범위에서 제외하여 개별재산의 준거법에만 맡기면 충분하고, 개별준거법 우위 원칙은 불필요하다고 주장한다.[627] 이 소수설은 상속재산의 이전 문제를 아예 별개의 체계개념으로 삼아 개별재산준거법에 연결하는 연결규칙을 인정하려 한다. 즉, 개별재산의 준거법이 '상속에 의한 승계'의 요건과 절차를 정하는 바에 따라 승계의 요건과 절차를 규율한다는 것이다.

이 견해에도 장점은 있다. 상속준거법이 개별재산의 이전을 거절하지만 개별재산의 준거법에는 그런 제한이 없다든지, 상속준거법이 개별준거법보다 이전의 요건을 까다롭게 정하는 경우가 있다. 이 경우에, 위 소수설은 상속준거법에 구애받지 않고 상속재산을 원활히 이전시키게 된다. 그러나 통설에 의하더라도 문제해결이 불가능한 것은 아니다. 상속준거법의 적용을 공서조항으로 제한하고 법정지법으로 보충한 뒤, 필요하면 개별준거법을 우선시켜 해결하면 된다.[628]

또, 상속준거법과 개별재산준거법이 재산이전을 서로 다른 각도에서 까다롭게 하고 있는 경우도 있을 수 있다. 총괄준거법과 개별준거법이 이런 형태로 충돌하는 경우에는, 제2의 소수설은 적절한 해결책이 되지 못한다. 오히려, 총괄준거법과 개별준거법의 충돌 문제를 국제사법상의 조정(적응) 문제로서 진지하게 다루는 편이 낫다. 즉, 상속준거법이 상속재산의 이전도 규율한다고 하고, 그래서 총괄준거법과 개별준거법의 충돌상황을 회피하지 않고 정면으로 직면하고, 그 해결방법으로는 원칙적으로는 개별준거법을 우선시키되, 문제유형에 따라 달리 해결할 여지를 열어 두는 편이 낫다. 이것이 통설의 태도이며 이것

---

627) 林脇トシ子(1977), 121 ff.

628) 예컨대 名古屋地判 1975(昭 50). 10. 7. 判時 817, 98은 북한 소속 재일교포가 일본에 부동산을 남기고 사망한 사안에서, 상속준거법인 당시 북한법이 토지의 상속을 금지하는(즉 토지를 상속재산에서 제외하는) 부분을 공서위반으로 배제하고, 법정지법인 일본법을 적용했다.

이 타당하다.

(ㄷ) 개별준거법 우선원칙의 각칙화로 충분하다는 설

제3의 소수설은 '개별재산이 일신전속적 권리의무인 한도에서는 그 승계(상속)는 개별재산의 준거법에 의한다'고 각칙 차원에서 정리하면 족하고, 굳이 "개별준거법은 총괄준거법을 깨뜨린다"는 원칙을 이야기하지 않아도 된다고 주장한다.[629]

그러나 이 견해는 "개별준거법은 총괄준거법을 깨뜨린다"는 원칙을 달리 표현한 것에 지나지 않는다. 게다가, 개별준거법 우선원칙을 인정하는 통설은, 조정(적응)이라는 국제사법 일반이론의 맥락에서 종종 그런 해결을 하게 된다는 것이지, 기계적으로 개별준거법을 항상 우선시키는 것이 아니다. 오히려 총괄준거법과 개별준거법이 다양한 형태로 충돌할 수 있음을 인정하고, 이를 조정(적응) 문제로 유연하게 접근하여, 문제유형에 따라서는 총괄준거법을 우선시킬 수 있는 여지도 열어두는 것이 통설의 입장이라고 할 수 있다. 이와 달리, 위 소수설의 접근방법을 따르면, 개별재산이 그 준거법상 일신전속적 권리의무인 경우에 개별준거법을 우선시킨다는 점만 각칙으로 명문화하는 것으로 끝맺을 우려가 있다. 즉, 총괄준거법과 개별준거법의 잠재적 긴장관계에 주의를 덜 기울이게 될 수 있다.

(ㄹ) 소결

통설은 조정(적응)문제의 해결방안으로 개별준거법을 우선시키는 해결을 원칙으로 하면서 예외의 여지도 열어둔다. 제2소수설처럼 성질결정에만 의존하지도 않는다. 오히려, '총괄재산제에 따른 개별재산의 이전'도 총괄재산제의 문제로 성질결정한다. 단지, 총괄준거법과 개별준거법이 충돌하는 경우에만 조정(적응)으로 해결하려 한다. 항상 개별준거법을 우선시키는 것도 아니다.

위 소수설들은 통설이 개별준거법 우선원칙을 기계적으로 따른다고 비판한다. 그러나 통설은 조정(적응) 문제가 제기되는 경우에 한하여 개별준거법 우선의 해결을 고려하고, 그것을 '원칙'으로서 채용할 뿐이다. 오히려 경직적인 것은, 법률관계의 경계획정에만 의존하는 제2소수설과, 개별준거법 우선원칙의 각칙화로 만족하는 제3소수설이다. 한편, 제1소수설은 통설을 흔들 뿐, 더 나은 대안을 제시하지 못한다.

요컨대, 3개 소수설 중 어느 것에 따르더라도 결론이 통설과 달라지는 부

629) 櫻田嘉章, 341.

분은 크지 않고, 오히려 법적 안정성을 저해하거나 경직성을 낳으므로, 통설보다 나은 대안으로 생각되지 않는다.

(2) 청산후승계주의를 알지 못하는 법역에서의 청산후승계형 상속절차

통설은 승계의 문제도 상속 문제의 일부로 처리한다. 그러므로 청산후승계주의를 따르지 않는 대한민국에서도 상속준거법이 청산후승계주의를 따르는 경우에는, 상속재산의 관리, 청산 및 승계의 절차를 따라야 한다. 한국의 법원 기타 관청(예컨대 부동산등기소, 부동산과 동산의 인도에 관하여 집행관)은 그 절차에 따라야 한다. 청산후승계주의는 단순히 절차에만 관련된 것이 아니기 때문이다. 그 법제가 큰 비중을 두는 "상속재산의 관리"(상속재산의 관리 · 청산 · 승계)의 비송절차도 그에 따라 법률관계가 형성되거나 처분되는 절차이므로, "상속재산관리"가 어떤 절차를 따라야 하는지(예: 상속재산관리인이나 유언집행자의 선임 · 해임 · 감독, 상속재산관리인이나 유언집행자가 어떤 행위는 법원의 허가 없이 할 수 있고, 어떤 행위는 법원의 허가를 요하는지)는 실체준거법 소속국법에 따라야 한다.

물론 그러한 절차에 대한 요구(실체법적 요구)가 구체적으로 어떤 절차로써 구현되는지는 "절차는 법정지법에 따른다"는 저촉법원칙에 따라 한국의 상속비송절차법에 따른다. 그런데 한국의 상속비송절차법이 한국에 낯선 실체법에 대응한 절차를 마련해 두고 있지 않은 경우가 많을 것이다. 그런 절차가 한국법에 낯설더라도 한국법을 적절히 변용하여 준거외국법이 정하는 '법률관계의 형성 · 변동에 관한 비송절차'를 실현시켜야 한다. 즉, 한국의 상속비송절차법은 실체준거법에 맞게 수정되어야 한다. 이것은 조정(적응)의 문제이다.[630] 이 경우 '절차법의 실체법에의 적응'에 의하여 마련된 절차적 특칙도 법정지의 절차법의 일부이므로, 절차는 법정지법에 따른다는 원칙에서 벗어나는 것은 아니다. 한국의 비송절차법 내에, '실체준거법이 청산후승계주의를 따르는 경우에 적응시킨 특칙'이 존재하게 될 뿐이다.

이런 특칙을 입법적으로 마련하는 방법도 있겠지만, 외국법을 낱낱이 조사하여 그에 대비한 특별법규들을 마련해 놓는다는 것은 양자조약이나 다자조약으로 하지 않는 한 쉽지 않을 것이다. 그리고 입법이 없더라도 해석에 의하여 '절차법을 실체준거법에 적응'시켜야 한다. 법률해석의 한계를 이유로 실체법의 적용을 거절할 수는 없다. 즉, 법정지법(비송절차법)이 실체준거법(특히 비송절차에 관한 부분)의 요구를 실현하는 데 한계가 있을 수도 있으나, 그것을 최소

630) 櫻田嘉章, 342.

화하는 것이 바람직하다.

절차법은 실체관계를 실현시키기 위해 존재하므로, 절차법의 한계 때문에 실체법이 뒤로 물러나는 것보다는 실체법을 위해 절차법이 양보, 변용되는 것이 자연스럽다. 다툼을 해결하는 절차(전형적으로는 소송절차, 비송적 성격이 다소 있을 수도 있음)가 아니라 실체관계의 형성·변동의 절차로서의 비송절차에 관한 규율에 있어서는 더욱 그러하다. 다만 반드시 실체준거법이 정하는 비송절차와 똑같은 절차로써 구현하여야만 하는 것은 아니다. 법정지법에 기능상 대응되는 제도가 있다면 그것을 적절히 변용해서 사용해도 무방하다.[631] 어차피 외국법의 적용은 법정지의 법원 기타 관청이 이해한 대로 외국법을 적용하는 것이어서, 외국법을 완벽히 모사하기는 어렵기 때문이다.

(3) 국제사법적 유산분열의 경우의 조정

한국 국제사법이 원칙적으로 상속통일주의를 따르지만, 한국법으로의 부분적 반정(反定)의 경우(예컨대 피상속인의 본국이 그곳에 있는 부동산을 제외하고 한국법으로 반정하는 경우)와, 부동산에 한정하여 피상속인의 속인법이 아닌 부동산소재지법에 맡기는 당사자자치가 행해진 등의 경우에는 국제사법적인 상속통일성이 깨어진다. 이 경우에는 상이한 준거법에 의하는 법률관계들 간의 조정(적응)의 문제가 생긴다.[632]

물론 기본적으로는, 한국법에 따르는 부분은 상속에 관한 모든 문제를 한국법에 따라야 하고, 부동산소재지법인 외국법(A국법)에 따르는 상속재산에 대해서는 A국법에 따라야 한다. 그런데 예컨대 생전증여의 청산,[633] 기여분, 유류분,[634] 상속비용, 소극재산과 상속비용의 청산[635] 등에 관하여 한국법과 A국

631) 櫻田嘉章, 342 참조("법정지 절차법에 의해 어떻게 이를 가능케 할지는 적응문제이다").

632) 이호정, 422(부분적 반정의 경우), 424(당사자자치가 상속재산의 일부에 대하여 달리 행하여지는 경우).

633) 유럽상속규정 발효 전에 프랑스법원에서 스페인에 주소를 둔 피상속인으로부터의 상속이 문제되면, 프랑스 국제사법은 상속분할주의를 따랐으므로 동산상속과 스페인 소재 부동산의 상속은 스페인법에 의하지만 프랑스 소재 부동산의 상속은 프랑스법에 맡겨진다. 문제된 생전증여가 스페인법에 따라 상속되는 '동산과 스페인 소재 부동산'에 관한 것이면, 이것은 스페인법에 따르는 상속에서만 청산대상이 되고, 프랑스 부동산의 상속에서 구체적 상속분을 정할 때에는 이를 고려되지 않는가? 아니면 프랑스법에 따르는 상속(프랑스 소재 부동산의 상속)에서도 '생전증여의 청산'으로서 고려되어야 하는가? 스페인 왕비 Marie-Christie의 유산사건에서 Tribunal de la Seine, Clunet 1907, 770은 프랑스법에 따라 프랑스 소재 부동산을 규율함에 있어 동산과 스페인 소재 부동산의 상속의 생전증여를 고려하지 않았다. 그 생전증여에 대해서는 프랑스법이 적용되지 않음을 이유로 들었다. 이호정, 422 f.에서 재인용. 이처럼 조정(적응) 문제를 소극적으로 다루더라도 문제이고, 조정 문제를 적극적으로 해결하려고 해도 문제이다. 한국에서도 가령 피상속인의 본국의 국제사법이 한국법으로 부분적으로 반정하거나, 부동산상속을 동산상속과 다른 법역의 법에 맡기는 당사자자치가 행해지면, 이런 문제에 부딪치게 된다.

법의 규율이 다른 경우가 있고, 이는 종종 조정 문제를 발생시킨다. 조정 문제는 국제사법적으로 또는 실질사법적으로 해결되어야 한다. 국제적 입법에 의하지 않는 한, 한국의 국제사법이나 실질사법의 입법 내지 해석의 문제로 귀착된다. 여기에는 '한국 국제사법 내의 실질사법적 해결'에 의해 준거외국법의 내용을 변용시켜 적용하는 것도 포함된다.

한국법을 적응시켜 실질사법적으로 해결할 수도 있다. 예컨대 공동상속인들이 A국법에 따르는 상속재산으로부터 상속함에 있어 생전증여의 청산이 이루어지는 것을 감안하여 한국 실질사법을 적용할 수 있다. 가령 A국 상속법이 고려하는 생전증여의 기한이 한국민법의 그것보다 짧아, 문제된 생전증여가 청산대상으로 되지 않는 경우에는, 한국 상속법의 관점에서는 그 생전증여를 받은 공동상속인의 구체적 상속분이 과다하다고 판단하고, 한국 상속법에 따르는 상속에서 그만큼 구체적 상속분을 적게 인정할 수 있다. 즉, 이 한도에서 한국 상속법을 A국 상속법에 우선시킬 수 있다. 외국법에 따르는 상속재산에 대한 규율내용을 고려함에 있어서는, 한국 국제사법에 따라 외국법에 따를 부분을 정하고 한국법원이 스스로 외국 실질사법을 조사, 적용하는 방법과, 외국에서 실행된 상속법적 규율의 결과를 승인하는 방법이 있다. 후자는 다시 판결승인과 '법률관계의 승인'으로 나뉜다. 외국에서 판결이 내려지고 그것이 상속사건에 대한 외국재판의 승인요건(民訴 §217이 그대로 적용되거나, 준용되는지, 수정하에 준용된다면 어떤 수정이 가해지는지는 해석에 맡겨져 있다)을 충족하는 경우에는, 외국의 재판에 의한 규율내용을 그대로 받아들여야 하고, 조정 문제의 실질사법적 해결에 있어서도 그 전제에서 출발해야 한다. 그러나 외국에서 상속'비송'절차가 외국법(그 외국, 다른 외국 또

634) 예컨대 동산상속의 준거법은 유류분을 인정하고 부동산상속의 준거법은 유류분을 부정한다면, 이대로 동산상속에 대해서만 유류분을 인정할 것인가? 아니면 부동산상속에서 고려되지 못한 유류분도 동산상속에서 고려할 것인가? 이 문제와 상속채무의 청산이 함께 문제된 사례로 타히티의 Papeete의 Tribunal civil de la première instance의 판결, Rev. crit. dr. i. p. 1976, 674 (Ancel의 평석 수록)가 있다. 이호정, 423에 요약 소개된 내용을 참조함.

635) 앞서 인용한 타히티 1심 민사법원 판결에서는, 타히티에서는 프랑스 국제사법이 적용되므로, 동산상속은 피상속인의 주소지법으로서 당연승계주의를 따르는 프랑스법(타히티에서 적용되는 실질사법)에 따르고, 뉴욕주 소재 부동산의 상속은 청산후승계주의를 따르는 뉴욕주법에 따라야 했다. 그런데 문제된 상속인은 프랑스법에 따르면 상속재산의 2분의 1을 유류분을 취득하게 되어 있었지만, 뉴욕주법은 유류분을 인정하지 않았다. 피상속인이 남긴 채무를 공제 혹은 청산한 후 잔여적극재산에 대하여 유류분을 계산하여야 하는지, 그렇다면 유류분을 '프랑스법에 따르는 동산상속'과 '뉴욕주법에 따르는 부동산상속' 간에서 안분할지, 안분한다면 어떻게 안분할지 문제되었다. 타히티 1심 민사법원은 상속채무를 2개의 유산집단의 가치에 비례하여 안분하고, 동산유산의 가액에서 상속채무의 안분액을 공제한 후 동산유산의 잔여가액을 기초로 유류분을 인정했다. 이상은 이호정, 423에 요약 소개된 바에 따름.

는 한국법)을 적용하여 법원의 주도로 혹은 법원 외에서 진행되었을 뿐인 경우에도, 외국의 실질사법에 따라 상속이 실행된 것을 기성의 규율결과(所與)로서 받아들이는 해석론이 검토될 수 있다. 특히 그 외국이 준거법소속국일 경우 그렇게 할 수 있다. 사안에 대한 준거법의 적용은 한국법원이 하는 것이 원칙이지만, 준거법소속국인 외국의 법원 기타 관청이 이미 그 실질사법을 적용하여 법률관계가 규율된 바 있다면, 그러한 실질사법적 규율결과를 받아들이는 것이다. 이것이 "법률관계의 승인(reconnaissance des situations)"의 법리이다.636)

(4) 쌍방적 상속계약이 있는 사안

쌍방적 상속계약(beiderseitiger Erbvertrag)의 경우에는 피상속인이 2명이다. 그 경우에는 2개의 상속관계가 존재한다. 그들 간에 쌍방적 상속계약이 있더라도 각인의 상속관계이 별개의 단위법률관계를 구성하고 그 준거법은 따로 정해진다.637) 다만 그 준거법이 상이할 때에는 경우에 따라 조정 문제가 생길 수 있다.

(5) 부부재산제의 청산과 배우자상속

생존배우자가 부부재산제와 배우자상속의 준거법 양쪽에 의해 자신의 몫을 인정받거나(규정의 중첩, Normenhäufung) 어느 쪽에 의해서도 자신의 몫을 가지지 못하는 경우(규정의 흠결, Normenmangel)에는 조정(적응)이 필요하다. 조정(적응)은 준거법의 결정을 수정하거나(조정 문제의 국제사법적 해결) 적용될 실질법의 규율을 수정함(조정 문제의 실질사법적 해결)에 의하여 이루어진다.

생존배우자가 부부재산제의 종료로 취득하는 몫과 상속으로 취득하는 몫을 모두 가지면, 두 개의 법률관계의 준거법에 의한 과잉보호, 즉 규정의 중첩(Normenhäufung)이 된다. 반대로, 생존배우자가 두 법률관계의 준거법의 어느 쪽으로부터도 자신의 몫을 취득하지 못하면, 규정의 흠결(Normenmangel)이 된다.638)

---

636) 프랑스의 기득권이론(théorie des droits acquis)은 외국판결의 승인과 외국에서 외국 국제사법에 따라 준거법이 지정된 결과의 승인(법률관계의 승인)을 함께 근거지운다. 이에 관해서는 우선 Lagarde(2015) 참조. 유럽상속규정은 상속사건에 대한 규율이 공문서로 문서화된 맥락에 한하여 이 법리를 실정적으로 채택했다(Art. 59 이하). 2009년의 규정안에서는 "법률관계의 승인" 법리에 충실하게 "승인(recognition, reconnaissance)"이라고 표현하였으나, 최종적으로 공포된 규정에서는 이 법리를 낯설어하는 견해에 대한 배려로서 "수용(acceptance)"이라고 표현을 바꾸었다. 예컨대 회원국 법원이 상속인, 수유자, 상속재산관리인, 유언집행자 등의 지위를 인정하는(즉 그것이 기재된) 상속증명서를 발행하면, 그 공문서의 승인("수용")에 의해 그들의 상속인 등으로서의 지위가 승인된다. 회원국 국내법에 의해 작성되는 상속증서와 유럽상속규정이 통일적으로 정하는 유럽상속증서가, '상속증서의 수용'에 있어서는 마찬가지로 다루어진다. 전자는 Art. 59에 의해, 후자는 Art. 69에 의해 타 회원국에서 승인된다.

637) Wolff, 228.

638) 그 개념 및 해결방법에 관해서는 이호정, 24, 121~128 참조.

규정의 중첩과 흠결을 통칭하여 규정의 모순(Normenwiderspruch)이라 하며, 조정(적응)에 의하여 해결되어야 한다.

국제사법적 해결방법으로 가장 간단한 것은, 부부재산제의 해소(청산)와 상속 중 어느 하나로만 취급(성질결정)하는 것이다. 즉, 상속준거법이 인정하는 배우자상속만, 또는 부부재산제법이 인정하는 부부재산 청산만 인정하는 것이다. 전자는 보다 총괄적인 총괄재산제로만 파악하는 것이고,[639] 후자는 보다 부분적인 총괄재산관계로만 파악하는 것이다. 국제사법적 해결방법 중 보다 완곡한 것은, 부부재산제와 상속 중 어느 한 쪽으로 부종적 연결을 하는 것이다.

실질사법적 해결방법으로는 생존배우자의 최소한이나 최대한의 몫을 정하거나, 부부재산제 또는 상속을 기준으로 그의 몫을 일정하게 증가시키는 것으로 만족하게 하는 방법이 있다. 후자로 입법적 해결을 한 예로는 독일 민법 §1371 ①이 있다. 독일 민법 §1371 ①은 배우자의 상속분을 상속재산의 4분의 1만큼 추가하는 대신 부부재산법상의 권리는 인정하지 않는다. 즉, 상속법에서 배우자의 상속분을 상향조정함으로써 부부재산제의 해소에 의한 취득을 대신한다. 구체적 사안에서 생존배우자가 부부재산제 해소로써 적극재산을 취득하게 되어 있었느냐는 묻지 않는다.[640] 상속은 독일법에 의하고 부부재산제의 해소는 외국법에 의하는 경우에도 이렇게 한다면, 이는 상속과 부부재산제의 준거법이 상이함으로써 발생할 수 있는 조정 문제의 해결방법도 된다.

한국에서는 배우자상속은 부부재산제 준거법에 따르도록 하는 해결방법이 입법론으로 주장되고 있다.[641] 이러한 규정을 둔다면 배우자 일방 사망시의 부부재산제와 상속 간의 조정 문제를 해결하는 방법으로도 기능할 수 있다. 또, 이런 규정을 두기 전에도, 부부재산제 청산과 배우자상속 간의 규정중첩이나 규정흠결이 있을 때에는 이런 부종적 연결이 해석론으로도 채택될 수 있다.

(6) 동일위난이나 동시의 위난으로 인한 사망 내지 사망추정

2인 이상이 동일위난이나 동시에 발생한 위난으로 사망했거나 사망추정되는 경우, 사망시점의 결정을 상속준거법에 의할지, 실종준거법에 의할지는 전술하였다(II. 4.). 그런데 어느 설에 의하든, 이시사망(異時死亡)으로 추정되는 경

639) 이호정, 427 참조: "……예외적으로 개별적인 경우에 총괄준거법이 개별준거법을 깨뜨리는 것을 인정하여야 할 경우도 상정할 수 있는데, 이것은 하나의 적응문제(Angleichungsfrage)로서 어디까지나 개별준거법의 입장에서 총괄준거법이 개별준거법을 깨뜨리는 것을 인정할 것이냐 아니냐를 판단하여야 한다……."(순한글로 바꾸어 인용함)

640) Frank/Helms, §2, Rn. 26.

641) 이호정, 425. 동지: 최흥섭(1999a), 288 = 최흥섭(2005), 81.

우가 있다. 세 가지 문제유형이 있다.642)

제1유형은, 갑에 대한 상속과 을에 대한 상속 양쪽에 대해, 동시사망으로 추정되거나(제1-1유형) 을의 선사망으로 추정되는 경우(제1-2유형)이다. 앞의 경우에는 갑·을 사이에 상속이 없고, 뒤의 경우에는 갑만 상속한다.

더 복잡한 문제도 생길 수 있다. 두 상속관계에 대해, 갑·을의 사망선후가 달리 추정되는 경우가 그렇다. 갑에 대한 상속에서는 동시사망으로 추정되고, 을에 대한 상속에서는 을의 선사망으로 추정되면, 갑만 상속하게 된다(제2유형). 또, 갑에 대한 상속에서는 갑의 선사망으로, 을에 대한 상속에서는 을의 선사망으로 추정되면, 갑과 을이 각기 서로를 상속하게 된다(제3유형).

이러한 세 가지 규율결과는 그대로 감수되어야 하는가, 아니면 갑·을이 동일위난이나 동시위난으로 사망했음(내지 사망추정됨)에도 불구하고 갑은 을을 상속하고 을은 갑을 상속하지 못한다든지, 갑과 을이 각기 서로를 상속하는 것은 조정(적응)을 요하는 문제상황으로 취급해야 하는가? 후자로 본다면 어떻게 해결해야 하는가?

헤이그상속협약 Art. 13은 갑·을이 동일위난이나 동시위난으로 사망 내지 사망추정되는 경우, 갑, 을 각인으로부터의 상속의 준거법이 서로 다르게 규정하거나, 어느 한 상속준거법이 이 문제에 대해 규정을 두지 않으면, 어느 쪽도 상속권(그들 간에 또는 제3자에 대해)을 가지지 않는다고 규정한다.643) 이 한도에서 동시사망으로 간주한다. 이 실질법적 규율은 제2, 제3유형에만 적용된다. 그래서 제1-1유형에서는 갑·을 간 상속이 없고 제1-2유형에서는 갑만 상속한다는 결론이 유지된다. 위 규정은 국제사법 내의 실질사법적 해결로써 조정(적응) 문제를 해결하는 것이다. 위 규정이 제1유형에 개입하지 않는 것은, 그 경우에는 규정의 모순이 없거나 심각하지 않다고 보기 때문일 것이다.

7. 실체준거법 내의 공법적 요소

사법(私法)이라 하여 공법적 요소가 전혀 없는 것은 아니다. 상속법에서도 마찬가지이다. 예컨대 南北特 §13-21은 재산권을 포함한 인권의 사각지대에 놓여 있는 북한주민이 그 상태에서 상속인으로서 상속재산을 취득했을 때, 대

642) 아래에서는 분석의 편의상 대습상속은 논외로 한다.

643) "그들로부터의 상속에 상이한 법이 적용되는 2인 이상의 사람이, 그들의 사망 선후가 불확실한 상황에서 사망하였고, 그 법들이 이런 경우에 대해 상이하게 규정하거나 아무 규정을 두고 있지 않으면, 사망자들의 어느 쪽도 타방이나 다른 사람에 대한 상속권을 가지지 않는다.

부분을 북한정권에게 빼앗길 개연성이 높음을 이유로, 그의 구체적 상속분의 '이전'을 제한한다. 기본적으로는 상속인의 사익 보호를 추구하지만, 부수적으로는 북한의 '대남 상속재단 취득사업'을 저지하는 공법적 목적도 추구한다. 외국법에도 이런 것이 있을 수 있다.

실체관계의 준거법, 즉 실체관계로부터 출발하여 정해진 준거법 가운데 공법적 요소 있는 법규가 있더라도, 그 사법적(私法的) 효과는 인정할 수 있다. 그 법규에 공법적 요소가 다소 있더라도, 사법관계의 준거법의 일부가 될 수 있다(國私 §6). 법정지 국제사법이 그 외국법을 실체준거법으로 지정했기 때문이다. 그러나 준거외국법 소속국의 공법법규의 사법적(私法的) 효과를 반드시 인정해야 하는 것은 아니고, 법정지 국제사법에 의해 제한될 수 있다.[644] 또, 공법법규는 스스로 섭외적 효력범위 내지 적용범위를 제한한다.

8. 법률회피

정상적인 상황에서 준거법이 될 법의 적용을 회피할 의도로, 법률저촉규정이 채용하는 연결점을 비정상적 방법으로 설정하면, 그 연결점의 존재는 무시될 수 있다. 이것이 국제사법에서의 법률회피(Gesetzesumgehung), 즉 "법률사기"(fraude à la loi, fraus legis)의 법리이다. 법률회피는 국제사법을 넘어서는 "법의 일반원칙"이다.[645] 법의 일반원칙으로서의 입지에는 편차가 있으나, 국제사법의 일반법리로서는 널리 인정되고 있다.[646]

연결점의 의도적 설정이 "연결점의 사기적(詐欺的) 설정",[647] 즉 국제사법

644) 법무부, 해설, 36("외국 公法이 준거법 소속국의 법이라고 하여 당연히 적용될 수 있는 것은 아니고, 그 적용여부는 국제사법적 고려에 기하여 판단해야 할 것이다.").

645) 이호정, 196(순한글로 바꾸어 인용). 한국에서는 국제사법 외의 분야에서는 종종 "탈법행위"의 법리로 불리운다. 실체사법에서 법률회피 법리에 따른 입법적 해결의 예로, 1998. 1. 18. 폐지 전 이자제한법 §3, 현행 이자제한법 §§3, 4가 있다. 이호정, 196. 학설도 양도담보에 의한 民 §330의 회피 시도(이호정, 197 참조)에 법률회피론으로 대응하고 있다.

646) 한국 국제사법 교과서는 예외없이 국제사법 총론에서 법률회피를 서술한다. 다만 주해친족법(2), 국제친족법 前註(국제친족법 총론)(석광현), 1559 이하에는 법률회피의 언급이 없다. 독일에는 법률회피 법리의 효용을 의문시하고, 공서조항에 의한 통제로 만족하려는 학설이 있으나(이호정, 201 참조), 한국에는 그 명시적 동조자가 없다. 법률회피의 일반법리를 명문화한 국제사법 입법례로는 '국제사법 일반원칙에 관한 미주간협약'(Inter-American Convention on General Rules of Private International Law)(1981. 6. 10. 발효)(체약국 아르헨티나, 브라질, 콜롬비아, 에콰도르, 과테말라, 멕시코, 파라과이, 페루, 우루과이, 베네주엘라), Art. 6이 있다. 유럽상속규정은 법률회피 법리를 스스로 규정하지는 않으나, 전문 (26)에서 국제사법의 법률회피 법리의 개입을 방해하지 않는다고 밝힌다. 혼인에 관한 국제사법각칙에서 법률회피 법리를 명문화한 예로는, 이호정, 196이 소개하는 입법례 및 스위스 국제사법 Art. 45(2).

647) 이호정, 196(순한글로 바꾸어 인용).

상의 법률회피에 해당하려면, 회피의도를 가지고 "비정상적인 방법"으로 연결점을 설정한[648] "회피행위"가 있고[649] 그에 의해 저촉규정의 목적이 좌절될 경우여야 한다.

첫째, 연결소를 비정상적인 방법으로 설정했어야 한다.[650] 동일한 저촉규정(예: 國私 §49 ①)을 한편으로는 회피하고 한편으로는 이용했을 수도 있고, 한 저촉규정(예: 國私 §49 ①)을 회피하고 다른 저촉규정(예: 國私 §49 ② ii)을 이용했을 수도 있다.

둘째, 정상적인 상황에서 준거법이 되었을 법을 피하고 다른 나라의 법을 적용받으려는 "목적만으로" 연결점을 설정했어야 한다.[651] 실질적으로 법률관계의 무게중심(重點)이 그곳으로 이동했다면, 법률회피로 인정되기 어렵다.

셋째, 그 연결점에 의해 연결하면 "통상적(通常的)인 연결을 뒷받침하고 있는 이익"이 "무시"될 경우여야 한다.[652] 그래서 국제사법이 법률관계의 객관적 중심점의 이동 없이도 당사자자치나 선택적 연결에 의해 준거법이 달라질 수 있게 하고 있으면, 그런 연결규칙을 이용한 것이 법률회피로 평가받기는 그만큼 까다롭다.

넷째, 정상적인 경우에 적용되었을 실질법적 규율을 피하려는 의도(회피의도)가 있어야 한다.[653] 연결점 변경으로 준거법이 달라짐을 단순히 인식한 것만으로는 부족하다. 자신이 설정한 연결소를 채용하는 연결규칙을 적극적으로 이용할 의도가 있어야 한다. 이 요건들이 충족되면 법률회피에 해당한다. 특히 중요한 것은 회피된 저촉법규의 해석에 의해 밝혀지는, 그 기초를 이루는 국제사법적 이익이다.[654] 이것은 법률회피 해당 여부에 관건이 되고, 또 '경미한 법률회피'로서 용인할 만한 것인지 여부를 결정짓는다.

반정(反定)을 이용하거나 회피한 것도 법률회피가 될 수 있다. 반정에 의한 준거법 결정은 적어도 2단계를 거친다(아래에서는 國私 §9 ①에 명문의 근거가 있는 직접반정만을 언급한다). 법정지의 독립적 저촉규정(가령 國私 §49 ①)이 외국법을 지정하고, 그 외국의 저촉규정이 한국법을 지정한다. 그것이 총괄지정이면, 제3

648) 이호정, 195(순한글로 바꾸어 인용).
649) 이호정, 197(순한글로 바꾸어 인용).
650) 이호정, 198.
651) 이호정, 198(순한글로 바꾸어 인용).
652) 이호정, 198(순한글로 바꾸어 인용).
653) 이호정, 197.
654) 이호정, 198.

단계의 판단이 필요하다. 통설에 의하면, 國私 §9 ①은 외국 저촉규정에 의한 직접반정을 받아들이는 데에서 '반정의 순환'을 멈춘다. 연결점의 사기적 설정은 첫 단계나 둘째 단계에서 행해질 수 있다. 예컨대 국적을 법률회피적으로 변경하여 國私 §49 ①에 의한 본국법 지정을 조작하거나, 외국의 국민이 상거소를 조작하는(상거소를 한국으로 옮기거나 한국 상거소를 외국으로 옮기는 등) 일이 생길 수 있다. 한국 국제사법의 법률회피론은 양쪽에 모두 개입한다. 반정에 의한 준거법 결정도 크게 보면 '내국 국제사법에 의한 준거법 지정'의 일부이기 때문이다. 아울러, '외국 국제사법에 의한 한국법으로의 반정' 과정에서 행해진 법률회피는 외국의 법률회피론에 의해서도 다스려진다. 즉, 외국 국제사법이 법률회피를 어떻게 다루는지는, 반정이 이에 좌우되는 한, 고려해야 한다. 외국법의 적용은 외국법원이 자국법을 적용하듯이 해야 하기 때문이다.[655]

회피된 법이 내국법이냐 외국법이냐는 이 법리의 적용에 영향이 없다.[656] 이 점에서 법률회피 법리는 국제사법적 공서보다 행동반경이 넓다.[657]

법률회피에 해당하더라도 경미한 법률회피는 용인되어야 하지만, 중대한 법률회피에 대해서는 법률효과 부여를 거절해야 한다.[658] 즉, 그런 "연결점의 사기적 설정"이 없었더라면 존재했을 연결점에 따라 준거법을 정해야 한다. 정상적 상황에서는 법률행위가 유효하게 성립할 수 없을 때, 법률행위를 유효하게 성립시키려고 법률회피를 했다면, 결국 법률행위가 유효하게 성립하지 못하게 될 것이다. 혼인, 법률행위에 의한 이혼(예: 협의이혼, 이슬람법에 의한 통고이혼), 입양의 경우에 자주 그렇게 된다. 국제상속법에서는 유언금지, 유증금지, 상속의 사전포기 금지 등을 피하기 위해 유언(유언 자체의 실질)이나 상속의 연결점을 법률회피적으로 설정한 경우 그렇게 될 것이다.[659] 한편, 법률행위의 효력이나 비법률행위적 법률관계는 정상적인 상황 하에서 준거법이 되었을 법에 따라 규율받게 된다.

국제상속법에서 법률회피는 특히 유류분과 관련하여 자주 논의되고 있다. 가령 피상속인이 본국법상의 유류분이 불인정되게 하려고 국적을 변경하였고 그것이 법률회피로 인정되면, 國私 §49 ①의 맥락에서는 그 국적변경을 무시하

655) 이호정, 201.
656) 이호정, 198; Audit et d'Avout, n° 1014.
657) 이호정, 201.
658) 이호정, 199 f.
659) 이호정, 200(이혼, 입양에 관해).

고 기존 본국법에 의해 상속관계 전체를 규율해야 한다.

피상속인이 국적을 변경하고 사망했지만, 새로운 본국으로 생활의 본거의 전부 내지 일부를 옮긴 일이나 그렇게 할 계획조차 없었다면, 그러한 국적변경은 國私 §49 ①의 맥락에서 법률회피에 해당할 가능성이 있다. 피상속인이 원래의 본국법상의 일정한 규율을 회피할 구체적 의도로 국적을 변경했는지가 관건이 된다. 그러나 피상속인이 새로운 본국에 상거소를 두고 사망했거나, 그 국가 내의 단순거소에서 살면서, 아직 그것이 '상'거소가 되지 못한 상태에서 사망했다면, 국적 변경이 법률회피에 해당할 가능성은 희박할 것이다.

당사자에 의한 준거법선택이 객관적 준거법을 악의적(사기적)으로 회피하려는 의도로 행해진 경우에도 법률회피에 해당할 수 있다. 당사자의 임의의 선택을 인정하고 있는 만큼, 법률회피로 평가함에 조심스러워지기는 한다. 그러나 國私 §49 ②는 당사자의사에 일임하는 것이 아니라, 상거소나 부동산소재지라는 객관적 관련이 있는 법역만 선택할 수 있게 하므로, 상거소의 인위적 설정이 법률회피에 해당한다고 평가할 여지가 있다.

유럽상속규정 하에서는, 유류분권을 회피할 의도로 현재 또는 장래의 국적법을 선택한 것이 법률회피에 해당할 가능성이 있는지 논의되고 있다. 유력설은 유럽상속규정이 당사자자치를 워낙 쉽게 인정하므로, 당사자자치라 하더라도 법률회피로 평가될 가능성이 있다고 한다. 한편, 당사자자치를 인정하면서 그것이 사안에 따라 법률회피가 된다고 하는 것은 적절치 않고, 피상속인이 선택한 법이 유류분권을 부정하는 것이 공서조항에 위반되는지를 따지는 쪽으로 해결해야 한다는 견해도 있다.[660] 그런데 양설의 대립은 법률회피와 공서위반 중 어느 쪽으로 이론구성하는가에 관한 것이다. 양설 모두, 법률회피적인 의도로 국적을 취득하고 그 국적국법을 선택한 사안을 법적 평가에 의해 걸러내야 한다는 결론은 같다. 유럽상속규정은 상거소지법을 원칙으로 하고, 국적국법의 선택을 허용한다. 그것이 본국법일 것을 요구하지 않으므로, 복수국적자는 그만큼 선택의 폭이 넓다. 또, 사망시의 국적국이기만 하면 되므로, 국적변경(또는 새로운 국적의 추가적 취득)에 앞서 미리 준거법선택을 해도 된다.[661] 유럽상속규정 하에서 당사자자치가 법률회피에 해당할 가능성을 부정하는 견해는, 유럽상속규정이 이처럼 당사자자치를 넓게 인정하는 데 착안한 것으로 보인다.

660) Audit et d'Avout, n° 1014.
661) Audit et d'Avout, n° 1008.

그러나 이 견해에 따르더라도 결론은 달라지지 않는다.

한국에서는 상거소의 인위적 설정과 상거소지법의 선택이 법률회피로 평가될 여지가 있다. 상거소 설정이 국적 변경보다 용이하므로,[662] 상거소의 인위적 변경과 그 법의 선택(國私 §49 ② i)이 법률회피적으로 행해질 가능성이 더 클 수 있다. 반면에 國私 §49 ② i은 상거소가 준거법 선택시부터 사망시까지 계속될 것을 요구하므로, 법률회피가 그만큼 예방되기도 한다.

법률회피와 구별하여야 하는 것으로 가장행위가 있다. 이것은 외관상으로는 연결점이 설정된 것으로 보이지만 실제로는 연결점이 설정되지 않은 것이다.[663] 예컨대 피상속인이 상거소를 어떤 국가로 이전하고 그곳의 법을 상속준거법으로 선택하고 사망시까지 그 국가에 상거소를 유지한 것 같은 외양을 만들었지만, 실제로는 한국 국제사법(반정 법리에 따라 외국 국제사법에 의하는 한도에서는 외국 국제사법)이 말하는 상거소가 변경된 일이 없는 경우가 있다. 이 경우에는 법률회피라는 일반이론을 원용할 필요 없이, 이미 國私 §49 ② i의 요건이 충족되지 않는 것이다.[664]

9. 공서양속

(1) 일반론

준거외국법의 적용으로 대한민국의 "선량한 풍속 기타 사회질서"(선량한 풍속과 공공질서, 즉 공서양속, 줄여서 공서)의 핵심적(본질적) 부분이 훼손되는 결과가 될 경우에는, 그 한도에서 외국법의 적용은 제한된다(國私 §10). 준거외국법에서 공서위반적 법규를 제외한 법규(예컨대 일반법)로써 법률관계를 규율하기 충분할 수도 있다.[665] 그렇지 않으면, 그 공백은 법정지법으로 보충한다.[666]

國私 §10은 民 §§2, 103과 전혀 다른 맥락에서 작용한다. 民 §2와 §103은 한국법에서 개별 법률조문이나 법률행위[667]가 전체적 가치체계에 어긋나는 돌출적 부분을 다듬는다. 民 §2는 권리의무 전반을 점검하고, 民 §103은 법률행위의 유효성을 제한한다. 民 §§2, 103은 한국민법상의 규율을 미세조정하는 것이다. 한국법의 규율은 한국의 선량한 풍속과 공공질서를 항상 구현하고 있어야

662) 이호정, 200("국적은 주소나 거소에 비해 변경하기 어렵다.")(순한글로 바꾸어 인용).
663) 이호정, 203.
664) 이호정, 203.
665) 이호정, 223.
666) 이호정, 223.
667) 계약자유가 인정되는 한도에서, 계약은 당사자 사이에서 법률을 대신한다.

한다. 이와 달리, 國私 §10은 내외국법이 충돌할 때, 한국 국제사법 스스로 외국법을 준거법으로 지정했으면서도, 외국법을 받아들이는 한계를 정한다. 법정지의 국제사법은, 법정지의 법질서에게, 외국법을 준거법으로 지정하여 받아들이도록 명했다. 그러나 법정지의 법질서가 스스로 감수할 수 없는 규율은 받아들일 수 없다. 그래서 법정지법의 고도로 핵심적인 부분과 충돌하는 준거외국법의 적용을 제한한다.

國私 §10이 쓰는 "선량한 풍속 기타 사회질서"라는 표현은 民 §103과 같지만, 그 내용은 훨씬 제한적이다. 국제사법의 공서조항은 한국의 선량한 풍속과 공공질서를 항상 지키기 위한 것이 아니기 때문이다. 준거외국법이 한국법과 다름을 받아들여야 함은 당연하다. 한국 국제사법은 외국법을 준거법으로 지시할 때 이미 그렇게 명했다. 國私 §10이 원용되어 준거외국법의 적용이 배제되면, 한국 국제사법이 법률관계를 외국법에 맡긴 것 자체가 뒤집어진다.[668] 그러므로 외국법이 준거법인 사안에서 한국민법상의 선량한 풍속과 사회질서에 어긋나는지 항상 점검하고 관철하려 해서는 안 된다. 國私 §10은 매우 예외적으로만 원용되어야 한다. 그래서 국내법적 맥락에서 말하는 공서양속(국내적 공서)의 핵심적(본질적)인, 그래서 불가침적인 부분만이 국제사법상의 공서양속(국제적 공서양속, 줄여서 국제적 공서)을 구성한다.

국제사법상의 공서는 국제적 공서라고도 한다. 이는 국제사회의 공서라든지 국제법(국제공법)에 고유한 공서라는 의미가 아니다. 법정지법에서 국제적으로도 항상 관철되어야 하는 부분, 즉 '법률관계의 준거법(lex causae)이 외국법임에도 불구하고 관철되어야 할 정도로 핵심적, 불가침적인 부분'이라는 뜻이다.[669] 여기에서 대한민국은 넓은 의미의 대한민국과 좁은 의미의 대한민국을 함께 가리킨다. 남한은 넓은 의미의 대한민국을 지지하고 그 성립과정을 주도하고 있어서, 남한법질서는 광의의 대한민국 법질서의 핵심적 원칙도 수호하려 하기 때문이다. 다만, 넓은 의미의 대한민국은 실정적 국가로서 완성된 것이 아니므로, 주로 좁은 의미의 대한민국의 국제적 공서가 문제될 것이다.

내용적으로는 국제사법과 준국제사법의 공서양속은 일체화되어 하나의 공서양속을 구성한다. 즉, 준국제사법적 맥락에서 북한법의 적용을 배척하기 위

668) 그 결과, 준거외국법이 정하는 것보다 실체법상의 법률효과가 제한될 수도 있고 넓어질 수도 있다. 또, 준거외국법이 '자신의 공서양속을 지나치게 개입시키는 것'을 제한할 수도 있다.
669) 이호정, 217.

해 작용하는 '법정지법의 핵심적 부분'도 國私 §10의 '국제적' 공서양속의 내용을 이룬다. 그래서 國私 §10을 '적용'하여 '외국'법의 적용을 제한할 때에도 남북한관계와 북한의 특수성이 고려될 수 있다. 예컨대 북한에 소재하는 상속인에게 가혹한 결과가 되는 한도에서의 적용제한은, 외국법에 대해서도 이루어져야 한다.

준거외국법에 의하는 결과 기본권이 침해된다는 점은 국제사법적 공서위반의 판단에 중요한 실마리가 된다.[670] 실체사법에서는 기본권의 대사인적 효력을 따져야 하지만, 국제사법적 공서위반을 판단할 때에는 이를 따로 따질 필요가 없다. 한국법질서의 근본적 가치판단이냐가 관건이기 때문이다.

국제사법은 국제적 법률관계를 다루는 법이므로, 일국(一國)의 스케일을 넘어서는 고려도 작용할 수 있다. 사법관계(私法關係)를 다루는 법이지만, 국제공법적 고려와 국제무역질서에 대한 고려라든지[671] 남북한관계에 대한 고려도 대한민국의 국제사법적 공서의 내용을 구성할 수 있다. 남북한관계에서 '넓은 의미의 대한민국'이 또는 남한이 북한의 정치질서의 특수성을 어떻게 고려할지에 관한 핵심적 가치판단도 국제사법적 공서양속의 내용을 이룬다. 물론 남북한이 국제공법적, 헌법적으로 별개의 국가가 아니므로, 남북한관계는 '국제'관계에 해당하지 않는다. 그러나 이 점은 남북한관계나 북한의 특수성이 대한민국의 '국제적' 공서(국제사법상의 공서)의 내용이 되는 것을 방해하지 않는다. 國私 §10의 기능은 대한민국법의 본질적 부분의 침해를 막기 위해 준거'외국'법의 적용을 배제하는 것이고, 북한 문제를 고려한 결과 그렇게 할 수도 있기 때문이다.

북한정권은 북한지역에서 대한민국의 영토고권과 대인고권 행사를 전면적으로 방해하고 대한민국을 정규전 및 비정규전으로 공격, 위협하는 무력적 적성단체이다. 좁은 의미와 넓은 의미의 대한민국 양쪽을 적대시하며 해친다. 또, 북한주민을 노예화하여 억압하는 쇄국적이고 반문명적인 감금(수용소) 체제이다. 이런 특징들이 사법관계(私法關係)의 규율에서 가지는 의미는 대한민국의 국제사법·준국제사법적 공서의 내용이 될 수 있다(아래 VII. 6.). 예컨대 북한주민이 취득하는 상속재산이 강제로 북한정권의 통치자금으로 귀속될 가능성이 높다면, 상속준거법이 외국법이나 북한법인 경우에도 그 적용을 제한하고 南北特

670) 이호정, 221("한국의 실질사법에 대하여 중요한 의미를 가지고 있는 기본권들은, 그들에 反하는 외국실질사법의 적용을 배제할 수 있다……")(한자를 한글로 바꾸어 인용함).

671) 특히 영국 판례에서는 국제관계에 대한 고려를 이유로 국제사법의 공서조항을 원용하는 일이 자주 있고, 학설도 이를 지지한다. 우선 Briggs(2002) 참조.

§§13~21을 사안에 특별연결하거나 이에 준하는 규율로 보충해야 한다. 이런 일은 상속준거법이 북한법인 경우(예: 월북 재일교포가 남한이나 일본에 남긴 재산의 상속)에도 생길 수 있지만, 상속준거법이 외국법(예: 북한주민의 일본인 배우자가 일본이나 한국에 남긴 재산의 상속)인 경우에도 생길 수 있다. 전자의 경우에는 國私 §10을 유추적용하고, 후자의 경우에는 國私 §10을 적용한다.

국제사법상의 공서조항이 원용되려면, 준거외국법을 그대로 사안에 적용한다면 법정지법의 핵심적(본질적), 불가침적 부분이 침해되어[672] 법정지의 법관념에 비추어 감내할 수 없는 결과(구체적 규율)에 이를 경우이고,[673] 내국관련성(Inlandsbeziehung)이 있어야 한다.[674] 저촉법적 규율이 저촉법적으로는 어느 모로 보나 정당하더라도, 실질사법적 규율결과를 수용하기 어려울 때 그 한도에서 배척하는 것이 공서조항의 본질이다. 그러므로, 공서조항이 발동되기 위하여, '준거법선택이 없었더라면 한국법이 상속준거법이 되었어야' 하는 사안일 필요는 없다. 다만, 법정지의 공서양속—한국 국제사법상의 공서는 '국제적'으로까지 관철하고자 한다는 점에서 '국제적' 공서이기는 하지만 어디까지나 '한국'의 국제적 공서이다—이 개입하는 것이 저촉법적으로 정당화되어야 하는 점은 있으므로, 사안과 법정지 사이에 어느 정도의 관련은 있어야 한다. 그것이 내국관련성 요건이다.

한국의 상속법 내에서 어떤 실체법규를 국제적 강행법규로 파악할지에 대해서는 전술하였다(V. 1.). 그런데 설사 그 법규들을 국제적 강행법규로 보지 않더라도, 그 법규들에 표현된 정책과 이익형량의 중요한 부분이 한국의 국제사법적 공서의 내용을 이루는 점까지 부정하기는 어렵다. 또, 그 법규들의 특별연결의 기준이 될 만한 사정이 있으면, 공서조항이 요구하는 내국관련성도 충족된다고 해야 한다. 물론, 구체적 국제적 강행법규의 특별연결의 기준은 충족되지 않더라도, 國私 §10이 요구하는 내국관련성은 사안과 내국과의 여러 접촉을 종합하여 인정할 수 있다.

(2) 대한민국의 국제적 공서의 내용

상속인의 국적, 종교, 친자관계의 유형, 성별, 연령을 이유로 상속권을 차별하는 것은 헌법의 평등원칙 위반으로서, 내국관련성이 있으면 곧바로 공서위

672) 이호정, 217.
673) 이호정, 218 f.
674) 이호정, 220.

반이 된다.[675] 가령 내국인이나 내국 거주자인 상속인의 내국 소재 상속재산으로부터 선취할 수 있게 하는 법규는 國私 §10에 위반된다.

유류분에 관한 한국민법의 규정이 한국의 국제적 공서의 내용을 이루는지 문제된다.[676] 이를 긍정하면, 준거외국법이 유류분권을 전혀 인정하지 않을 때 그 자체를 공서위반사유로 보게 된다. 국내에서도 이런 해석가능성을 열어두는 견해가 있다.[677] 그러나 유류분권을 지나치게 강조하는 것은 한국민법의 대원칙인 소유권자유(상속자유 포함)에 맞지 않는다. 한국민법은 유류분을 정하고 있지만, 피상속인은 원칙적으로 생전증여, 소비 등으로 재산을 처분할 자유를 가진다. 단지, 상속개시에 임박하여 행해진 생전증여는 구체적 상속분과 유류분을 정할 때 고려에 넣어질 뿐이다. 더구나 국제사법적 공서가 자유의 제한에 치중한다고 파악하는 것은 적절한 접근이 아니다. 오히려 국제사법적 공서는 자유에 대한 제한 못지 않게 자유의 확보도 그 내용으로 한다.[678] 그러므로 각국 상속법이 법정상속분, 유류분, 유증과 증여의 상속법적 효력 등에 대해 달리 정하여, 구체적 사안에서 한국법상의 유류분보다 적은 이익밖에 받지 못하더라도, 원칙적으로는 문제삼지 않아야 한다. 물론, 생존배우자나 직계비속이 생전증여나 별도의 총괄재산제(생전신탁, 부부재산제 등)로도, 상속(유증, 사인증여, 상속신탁에 의한 수익 포함)으로도 별로 보호받지 못해 감내할 수 없는 규율결과에 이른다면, 내국관련성 있는 사안에서는 공서위반을 이유로 상속준거법의 적용을 제한해야 한다(國私 §10). 그러나 이는 한국민법의 유류분제도가 국제적 공서여서 그런 것이 아니므로, 섣불리 한국민법의 유류분으로써 수정하려 해서는 안 될 것이다. 가령 생전증여의 상속법적 고려범위가 너무 좁다면 그 부분만 수정

---

675) Mayer et Heuzé, n° 881(종교, 친자관계 유형, 성별에 의한 차별); Audit et d'Avout, n° 1014(종교, 성별, 연령에 의한 차별).

676) 프랑스에서는 견해가 나뉜다. 판례는 자국법의 유류분제도를 국제적 공서로 보지 않는다. Cour d'appel de Paris, 11 mai 2016, Gaz. Pal. 2017, n° 1, p. 85, obs. L. Dimitrov. 한국민법의 유류분제도를 국제적 공서의 내용으로 보는 것은 그것을 국제적 강행법규로 보는 것과 별 차이가 없다. 유류분에 관한 상속준거법의 내용이 한국민법과 다르고 내국관련성이 있으면 항상 유류분을 한국민법처럼 규율하려 할 것이기 때문이다. 이것을 한국민법의 유류분 조문에서 출발하여 정리하면 국제적 강행법규론이 된다. 이것이 바로 국제적 강행법규의 특별연결을 '공서의 적극적 작용'으로 설명하는 적극적 공서론이다.

677) 최흥섭(2001), 416.

678) 국제적 강행법규에 의해, 공서조항보다 더 적극적, 일률적으로 개입할 때에도 같다. 즉, 자유를 제한하는 법규만이 국제적 강행법규에 해당할 수 있는 것이 아니라, 자유를 확보 내지 확대하는 법규도 국제적 강행법규에 해당할 수 있다. 그래서 예컨대 수출카르텔을 허용하는 법규도 국제적 강행법규에 해당할 수 있다. Siehr(1988), "Ausländisches Eingriffsnormen im inländischen Wirtschaftskollisionsrecht," RabelsZ 52, 41, 44.

한다든지, 상속인의 생계나 생활보장에 필요한 몫을 적당히 인정하는 것으로 만족할 수도 있을 것이다.

10. 시제사법(時際私法)

실체사법의 시간적 적용범위를 규율하는 법을 시제사법이라 한다. 법률 개정시 경과규정을 두는 것은 시제사법 문제의 입법적 해결의 예이다. 시제사법적 규율은 준거실체법 소속국에 맡겨진다.[679] 국제사법은 법률의 공간적(장소적) 저촉만을 규율하므로, 항상 준거법소속국의 "현행"법과 현행의 시제사법적 규율을 지정할 뿐이고,[680] 준거실질법의 시간적 적용범위 문제에 개입하지 않는다. 그래서 예컨대 國私 §49 ①에 의해 사망시의 국적을 기준으로 준거법을 지정했는데, 그 법이 상속개시 후 소급적으로 개정되었으면,[681] 이러한 시제사법적 규율에 따라 신법을 소급적용해야 한다. 다만, 소급적으로 개정된 준거외국법을 적용하여 공서가 침해되는 결과가 된다면 그 적용이 제한된다(國私 §10).[682]

---

679) 분야에 따라서는 법정지가 준거외국법 내의 시제사법에만 의존하지 않고, 독립적 시제사법 원칙을 발달시키는 것이 전혀 불가능한 것은 아니지만, 준거실질법에 의존하지 않는 법정지 독자적인 시제사법적 규율을 하더라도 그것은 국제사법적 규율의 일부가 아니다. 게다가, 상속이나 유언에 관해서는 이렇게 법정지 시제사법을 독자적으로 발달시켜 실질법 소속국의 시제사법에 개입(우선)시킬 필요가 느껴지지 않는다.

680) Kropholler, §27 II 1, 189 f.

681) 이호정, 419. 동지: 김용한 외, 362 f. 한국 상속법도 실종선고로 개시되는 상속과 관련하여 소급효를 가지는 개정이 두 차례 이루어졌다. 1958. 2. 2. 제정된 대한민국 민법이 정하는 상속에 관한 규정은 소급효를 가지는 부분이 있다. 즉, 그 시행일(1960. 1. 1.)이나 그 후에 개시된 상속에만 적용되는 것이 원칙이지만(부칙 §25 ①), 실종선고로 인하여 개시되는 상속은, 실종선고로 사망간주되는 시점이 1960. 1. 1. 전이라도 실종선고일이 그 날 후(부칙 §25 ②를 문리해석하는 경우)—내지 그 날이나 그 날 후(부칙 §25 ②에서 말하는 "失踪이 本法 施行日後에 宣告된 때"를 '실종이 본법 시행일이나 그 후에 선고된 때'를 가리키는 취지로 해석하는 경우)—이면, 1958년 민법에 의하도록 한다. 이처럼 실종선고로 인한 상속에 대하여 소급효를 인정하는 규정방식은 1990. 1. 13. 개정법률(1991. 1. 1. 시행)에서도 답습되었다(부칙 §12)(실종선고가 개정법률 시행일 "후"에 내려졌느냐를 기준으로 규정하여 실종선고일이 개정법률 시행일 당일인 경우에 대하여 해석 여지를 남긴 점도 똑같다: §12 ②). 그 결과, 심지어 1960. 1. 1.보다 훨씬 전에 실종기간이 만료된 경우라도 실종선고가 1991. 1. 1. 내지 그 후에 내려지는 한, 1990년 개정법률 부칙 §12 ②에 의하여 1990년 개정법률이 정하는 대로 제사주재자의 지위 승계와 그에 따른 분묘 등의 특정승계가 일어나게 된다. 이렇게 실체상속법의 소급효가 일정 한도에서 인정되는 것은 법적 안정성의 관점에서 문제가 있다. 이러한 실체사법적 규율은 외국법이 아니라 대한민국법이므로, 국제사법적 공서(國私 §10)에 의해서는 이를 통제할 길이 없다. 그러나 실체준거법 내에서 신의성실의 원칙과 권리남용금지의 원칙(民 §2)에 의하여 소급효를 제한하는 것은 가능하다.

682) Kropholler, §27 II 1, 189 f.

Ⅶ. 준국제사법

1. 넓은 의미와 좁은 의미의 대한민국과 준국제사법 문제

넓은 의미의 대한민국 내에 장소적 법분열이 있다. 남한법과 북한법 중 어느 것이 적용되는지 문제될 수 있다. 이것이 준국제사법의 문제이다.[683]

(1) 넓은 의미의 대한민국과 좁은 의미의 대한민국

1910. 8. 22. 대한제국은 일본에 병합되어 소멸했다.[684] 1945. 8. 14. 일본이 연합국에 항복할 때 받아들인 포츠담선언에는 한국을 일본영토에서 배제하는 내용이 포함되어 있었다. 이것은 국가 수립을 의미했다.[685] 일본이 한반도와 그 부속도서에 대한 통치권 행사를 포기한 공백은 미국과 소련의 점령당국이 메웠다.[686] 한국인들은 1919년부터 대한제국의 원상회복이 아닌 신생 대한민국 건국을 추구했다.[687] 건국과정이 1945－48년에 진행되었고, 1948. 8. 15. 대한민국이 성립하여 일본으로부터 분리독립했다.[688] 대한민국의 국가수립은 국제연합의 국제법적 권위에 기대어 이루어졌다. 다만 북한지역 점령당국인 '북조선 주둔 소련군 사령부'는 이미 북한지역에 괴뢰적 인민위원회 체제를 수립했고,[689] 남한지역에 침투하여 인민위원회 체제를 세우려는 접근을 계속했

---

683) 준국제사법의 범위도 국제사법의 그것에 대응하여 넓게 또는 좁게 파악될 수 있다. 좁은 의미로는 법률저촉법만을 가리키고 넓은 의미로는 준국제민사소송법을 포함한다. 이하에서는 좁은 의미로 쓴다. 신영호(1998), 37은 준국제적 법률저촉을 가리켜 "準涉外的" 법률저촉이라 한다.

684) 일본의 강박으로 1910. 8. 22. 한일합방조약이 체결되었다. 제1차 세계대전 전의 국제법은 강박에 의한 병합의 적법성을 인정했다. 배재식(1968), 49~60; 나인균(1994), 457 f.; 나인균(1999), 8 f. 일본의 통치는 단순한 강제점령이 아닌 병합이었으므로, 1945년 해방시 대한제국이 존재하지 않았다.

685) 연합국의 의사는 한국을 일본 영토로부터 분리하여 독립시키는 것이었다. 나인균(1999), 11.

686) 그러나 일본의 한반도 및 그 부속도서에 대한 주권은 1945~48년에도 그대로 유지되었다. 나인균(1994), 462, 464. 일본은 한국을 독립시켜 일본에서 분리시키는 데 동의했을 뿐이다. 물론 그런 동의가 대한민국 성립의 법적 요건은 아니었다. 적법성은 국가의 존재(성립 포함)의 요건이 아니기 때문이다. 나인균(2000b), 30. 오히려 승전국이 한국을 건국시킬 의도로 일본 영토를 점령하여, 건국의 환경을 제공했다.

687) 남기환은 1910년의 강제병합이 카이로선언에 의해 국제사회에 의해 무효화되었다고 본다. Ki-Whan Nam(1975), 87~90. 나인균(1999), 9의 주 58은 이를 1945~48년의 재건국에 의해 대한제국이 원상회복된 것으로 보는 견해라고 풀이한다. 북한은 1910~48년에 대한제국의 법적 동일성이 유지되었고, 1948년 조선민주주의인민공화국 건국으로 대한제국이 원상회복되어, 대한제국과 북한이 법적으로 동일하다고 본다. 나인균(2000b), 27.

688) 나인균(1999), 13. 대한민국 정부가 재조선미육군사령부군정청으로부터 통치권을 인수한 기준시는 1948. 8. 15. 24시(즉 16. 0시)이다. 그러므로 엄밀히 말하면 대한민국 건국일은 1948. 8. 16.이라고 할 여지가 있다. 다만 이하에서는 통례에 따라 1948. 8. 15.을 건국일로 표시한다.

689) 이미 1945. 8.에 지방에 소련군(최소 12만 5천)을 주둔시켜 도별 인민위원회의 조직과 운영을 지도, 감시했다. 이완범(1991), 170. 건국준비위원회 지부가 조직된 도에서는 이를 인민위원회로 개조했다. *Ibid.*, 169. 1946. 2. 북조선임시인민위원회(1947. 2. 북조선인민위원회로 재편 내지

으므로, 건국을 위한 실무작업은 남한지역 중심으로 이루어질 수 밖에 없었다. 과도정부는 남한지역의 점령당국인 '재조선미육군사령부군정청'(약칭 미군정청) 산하에 1947. 2. 5. '남조선과도정부'로서 수립되었다. 국제연합 총회는 1947. 11. 14. 제112(Ⅱ)호 결의로 한국 전역에서의 총선거 실시를 결정했다. 그러나 소련군 점령당국이 이를 거부했고, 다수의 한국인들은 우선 선거가 가능한 지역에서 대한민국을 수립하고자 했으므로, 국제연합 총회도 잠정위원회 1948. 2. 26. 결의로 '국제연합의 감독이 가능한 지역'에서 총선거를 실시한다는 보족적 결정을 내렸다. 대한민국은 그 국가권력이 일반적으로 실효성을 가지는 지역이 남한지역에 국한된 상태로 1948. 8. 15. 정부를 수립함으로써 국가로서 성립했고,[690] 일본으로부터 분리독립했다.[691] 완성된 형태의 대한민국의 영토는 남한지역에 한정되었지만, 대한민국이 북한지역까지 포괄한 형태로 존재하기 위한 노력은 계속되었다. 북한정권은 한반도 전역의 인민정부 수립을 미루고 1948. 9. 9. 조선민주주의인민공화국 수립을 선포했다. 이로써 한반도 내에 적법한 분방과 위법한 분방 간의 대립이 생겼다. '남북한을 포괄하는 형태로 형성 중인 대한민국'의 관점에서 보면, '한반도 전체를 영토로 하는 형태로 국가권력의 실효성을 갖추고자 노력중인 대한민국' 내에서, 북한이 분방 차원에서 사실상 분리독립했다.[692)

개칭)가 수립되고 김일성이 위원장으로 취임했다. 이것은 소련군 점령당국의 괴뢰정부(puppet government)에 해당했다. 대체로 동지: 이완범(1991), 170 f.(인민위원회 체제는 소련군 점령당국으로부터 "상대적 자율성"만을 가졌고 소련군 점령당국이 1946. 2.~1948. 12.에 걸쳐 "명실상부한 간접통치"를 했음). 이를 통해 북조선 주둔 소련군 사령부의 통제는 더욱 효과적으로 이루어질 수 있었다. 괴뢰정부의 개념은 나인균(2000b), 22 참조.

690) 나인균(1994), 464. 국제연합 총회도 1948. 12. 12. 제195호 결의로 대한민국의 수립과정을 확인했고, 1949. 10. 21. 제293호 결의는 대한민국 정부를 한국 "유일의 합법 정부"로 승인했다. 이 결의들은 국제연합이 수립을 도모한 한국이 바로 대한민국이고, 북한정부가 불법적 정부임을 확인해 준다.

691) 나인균(1994), 464.

692) 나인균(1994), 469~471은 1948년부터 남북분단이 고착화, 안정화될 때(가령 1953년 정전협정 체결시)까지는 어느 국가도 한반도 전역에 대해 실효성을 갖추지 못해 "국가로서의 경계가 확정되지 않은" 상태에 있었고, 북한은 국가의 성립요건을 갖추지 못했으며, 그 후 남북한이 분단상태로 안정적 법질서를 형성함으로써 북한이 국가로서 성립했다(국가성을 갖추었다)고 본다. 한편, 대한민국의 국내법인 영토조항을 떠나 국제법적 관점에서만 보면(외국은 그럴 수 있고 그래야 한다), 북한은 국가성(국가로서의 실질)을 갖춘 때에 분리독립(separation)한 것이다. 다만 언제 어느 국가로부터 분리독립했는지에 대해서는 견해가 나뉜다. 1948. 9. 9. 건국 선포시 북한정부가 정치적 독립성을 가진 정부였다면, 이 때 국가성을 갖춘 것이므로, 1948. 9. 9. 일본의 영토로부터 또 동시에 '형성중인 넓은 의미의 대한민국'으로부터 분리독립한 것이 된다. 그러나 1948. 9. 9. 후에도 북한정부가 괴뢰정부의 성격을 가졌을 가능성이 높다. Crawford(1979), The Creation of State in International Law, 284는 1953. 7. 27. 정전협정 체결과 동시에 한국으로부터 분리독립한 것으로 본다. 나인균(1994), 471의 주 60에서 재인용. 대한민국의 관점에서는 국내법(특히 영토조항)상 북한이 '외국'으로서 분리독립한 것으로 보는 대신 '불법적 분방'으로서 성

이 과정에서 광의(廣義)의 대한민국과 협의(狹義)의 대한민국 개념이 분화되었다. 다수의 한국인의 의사와 연합국의 전후질서 구상, 그리고 국제연합의 의사결정에 따라 단일한 국가를 수립하기 위한 정치과정이 존재했고, 이것이 우선 현실적으로 가능한 범위에서 완성된 것이 협의의 대한민국이다.

그래서 광의와 협의의 대한민국은 별개의 존재가 아니다. 대한민국이 넓은 형태로도, 좁은 형태로도 존재한다. 대한민국의 실효적 지배가 일반적으로 미치는 것은 남한지역만이므로, 이를 포착하여 협의의 대한민국이라 부를 뿐이다. 대한민국 법령도 대한민국의 이중적 지위를 반영하여, 광의와 협의의 대한민국을 모두 "대한민국"이라 한다. 남북한을 대비시킬 때에는, 남북한 대치의 장기화를 반영하여 "남한"으로 지칭한다(예: 북한이탈주민법, 남북가족특례법). 북한을 의식한 정치적 제스처로 그렇게 하기도 한다. 대한민국이 일반적 실효성을 가지는 그 현실적 구현체를 "남한"이라 인식한다 하여, 헌법의 영토조항이 규범력을 상실하거나 '넓은 의미의 대한민국' 관념이 사멸하는 것은 아니다.

'넓은 의미의 대한민국'은 그 건립(건국)과정이 진행중인, '형성중인 국가'이다. 한반도와 그 부속도서 전체를 놓고 보면, 국가로서의 실질(국가성)은 미완성 상태이다. 이를 갖추는 과정이 정체되어, 대한민국의 실효적 지배가 북한지역에도 미치려면 정치현실의 획기적 변혁이 있어야 한다. 그러나 광의의 대한민국이 '동서독을 아우르는 독일'처럼 관념적(가상적), 프로그램적 존재에 불과한 것은 아니다. 대한민국을 넓은 형태로 수립하기 위한 작업은 실제로 진행되었다.[693] 실제적 어려움을 고려하여 제한된 범위로 수립된 대한민국은, 원래 수립하려던 대한민국의 축소판이다.

게다가 대한민국은 부분적으로는 이미 '광의의 대한민국'으로서 존재한다.

첫째, 대한민국이 '넓은 의미'의 대한민국을 대변하여 존재한다. 1919년에 시작된 '독립된 대한민국 수립'의 정치운동의 계승자는 대한민국 뿐이다. 북한은 대한제국과의 동일성을 주장하면서 한반도 전역의 인민민주주의화, 공산화 내지 감옥국가(수용소국가)화를 추구하여, 대한민국의 건국과정에서 이탈했다. 1945-48년에 국가수립을 위한 실무작업이 실효적으로 진행된 것은 먼저 '넓은

립한 것으로 보게 된다는 점만 다르다.

693) 남한지역을 실효적 영토로 삼아 대한민국을 수립하기에 앞서 이런 현실적 정치과정이 존재한 점은 독일에서는 존재하지 않았다. 그래서 서독에서 동서독을 아우르는 국가를 이야기 할 때에는 '있어야 할 국가' 내지 '프로그램적 국가'를 이야기하고, '넓은 의미의 독일'의 국적도 '통일된 민족국가의 성립요소가 될 국민'이라는 프로그램적 의미에서 "독일민족적(民族籍)"을 이야기할 수밖에 없었다.

의미의 대한민국', 다음으로 '좁은 의미의 대한민국'의 틀 안에서였다.[694)]

둘째, 1948년 헌법 전문은, '넓은 의미의 대한민국' 수립을 전제한 1919년의 3·1운동의 독립정신을 정치적으로 계승하여 대한민국을 수립함을 선언한다.[695)] 이 점은 수차례의 전면개정에서도 바뀌지 않았다.[696)] 또, 1948년 헌법 전문은 "재건"이라 하여, 대한제국이 소멸한 자리에 대한민국이 수립되는 것임을 밝힌다.[697)] 이 두 의미가 완전하려면, 대한민국이 북한지역과 북한주민도 실효적으로 지배해야 한다. 이 점은 헌법전문에 함축되어 있다.

셋째, 대한민국 헌법은 대한민국의 영토를 한반도와 그 부속도서로 한다는 영토조항을 두어, 장차 완성될 형태의 대한민국(넓은 의미의 대한민국)의 영토를 미리 정해 둔다.

넷째, 북한지역에 대한 영토고권 행사가 현실적으로 가능한 범위에서는

---

694) 미소 점령당국의 주도로, 미소공동위원회의 틀 안에서 단일국가를 세우려는 시도도 있었으나, 이것은 정치단체간 협의회로서 정치적 정당성이 약하여 한국인의 다수의 지지를 받지 못했고, 회의 참여주체의 범위조차 합의되지 못한 채 폐기되었다.

695) 현행 헌법(1987. 10 29. 전부개정, 1988. 2. 25. 시행) 전문은 3.1운동과 "대한민국임시정부"의 "법통" 계승을 규정한다. 대한민국 1919년 성립설은 이를 근거로 원용한다. 김명섭(2011). 그러나 국가의 성립과 소멸은 국제법에 의해서만 확정된다. 나인균(2000), 20. 대한민국 임시정부는 영토 및 국민에 대해 실효적으로 국가권력(주권)을 행사하지 못하여, 망명정부에도 해당할 수 없고, 국가의 성립요건 중 '실효적 국가권력'이 불충족된다. 나인균(1999), 12 f. 국가권력의 "실효성" 요건은 나인균(2000), 21, 30 f. 참조. 대한민국 수립의 본격적 실무작업은 일본의 지배를 벗어난("해방") 후 시작되었고, '성립중인 국가'의 국가권력의 부분적 행사는 1947. 2. 5.의 남조선과도정부 수립에서 시작되었을 뿐이다. 국가의 성립요건을 실제로 갖추지 않은 상태를 놓고, 한 국가의 일방적 선언으로 국가의 성립요건이 구비되었다고 간주할 수 없다. 물론, 신국(新國)은 기존 국가의 동일성(계속성)이 유지되었고 자신은 새로운 국가가 아니라는 입장을 주장할 수 있다. 나인균(1999), 6. 그러나 대한민국은 대한제국의 권리의무를 진다는 입장을 일관되게 표명한 일이 없다. *Ibid.*, 12의 주 71 참조. 게다가, 헌법개정으로 그런 취지의 선언을 했다고 보는 것 자체가 어색하다. 결국, 현행헌법이 말하는 "법통" 계승이 실정적(實定的) 국가의 끊임없는 존속(1919~48)을 의미할 가능성은 전혀 없다. "법통"은 법률용어가 아니고, 정치적, 역사적 정통성(민족국가적 동일성)을 말할 뿐이다. 국사학계에서는 1910~45년에 "민족주체성(民族主體性)이나 국가정통성(國家正統性)"이 "심각한 상처를 입"었지만 존속했고, "대한민국의 정통성"이 "훼손"되었지만 "소멸"하지는 않았다는 등으로 표현한다. 김운태(1989), 1(순한글로 바꾸어 인용함). 결국 건국헌법(1948. 7. 12. 제정, 1948. 7. 17. 공포)의 3.1운동의 "독립정신" 계승 문구와 의미가 다르지 않다.

696) 1948년 헌법, 1952년 1차 개정헌법, 1954년 2차 개정헌법, 1960년 6월 3차 개정헌법 및 1960년 12월 4차 개정헌법 전문: "기미 삼일운동으로 대한민국을 건립하여 세계에 선포한 위대한 독립정신을 계승하여 이제 민주독립국가를 재건함에 있어서"; 1963년 5차, 1969년 6차, 1972년 7차, 1980년 8차 개정헌법 전문: "3·1운동의 숭고한 독립정신을 계승하고"; 1987년 9차 개정헌법 전문: "3·1운동으로 건립된 대한민국임시정부의 법통을……계승하고".

697) 건국헌법 §4 이래 영토조항이 규정하는 대한민국 영역이 대한제국의 그것과 같은 것은, 독립운동의 결과로 민족국가를 재건한다는 역사적 의의와 영토확장을 꾀하지 않는다는 국제정치적 의미가 있을 뿐, 대한제국을 법적으로 원상회복하는 의미는 없다. 그러나 대한제국을 법적으로 원상회복한 것이 대한민국이라는 의미는 없다. 또, 대한제국의 영토는 식민지 조선의 지리적 범위와 일치하여, 국제사회의 입장에서는 국제법의 일반원칙인 "uti possidetis" 법리의 적용결과라고 하는 것만으로 충분했다. 어느 모로 보나, 대한제국의 원상회복의 의미가 없다.

북한지역에 대해서도 영토고권을 행사하고, 그 주민에 대해서도 대인고권을 행사한다. 그래서 6.25사변 중의 북진은, 분방으로서의 전쟁법상 적법한 반격이기도 했지만, 넓은 의미의 대한민국 영토와 국민을 실효적 통치대상에 포함시키려는 적법한 주권행사에 해당했다. 실제로 6.25사변 중 군사적으로 확보된 지역은 점령지역이 아니라 수복지역으로 다루어지고 있다. 대북방송을 비롯한 대북 심리전, 정보기관의 북한지역 내 활동도 대한민국 영토에서의 적법한 권력작용에 해당한다. 북한지역에 침투하여 '넓은 의미의 대한민국' 국민을 구출하는 것도 적법하다.

다섯째, 대한민국은 북한지역을 벗어난 '넓은 의미의 대한민국' 국민에 대해 제한적으로나마 대인고권을 행사한다. 우선, '넓은 의미의 대한민국' 국민의 지위를 정하는 규율을 갖추고 있다. 즉, '좁은 의미의 대한민국' 정부 수립을 위한 미군정청 산하 기관인 남조선과도정부는 '넓은 의미의 대한민국' 국민의 지위에 관한 법령[698]을 제정했고, 이는 1948년 헌법 §100에 의해 여전히 효력을 유지하고 있다.[699] 그래서 준국제적 난민에 해당하는 북한인을 자국민으로서 적극적으로 수용하고 간이한 절차로 남한적(南韓籍)을 부여한다. 가족관계등록부의 개설의 특례(북한이탈주민법 §19)는 이런 취지로 해석된다.[700] 그가 외국에 체류하는 경우에도, 그가 대한민국의 보호를 받을 의사를 밝히면 그를 "인도주의"적으로 보호(동법 §4 ①)하기 위한 "외교적 노력"을 하도록 한다(②). 이것은 그를 국제법적으로도 국민으로 또는 국민에 준하여 다루어 자국민보호의무의 대상으로 삼음을 의미한다. 반공포로의 제한적 석방도 6.25사변에 대한 전쟁법 적용요구와 '넓은 의미의 대한민국' 국민에 대한 대인고권의 절충 시도였다고 할 수 있다.

---

698) 1948. 5. 11. 미군정청 산하의 남조선과도입법의원(과도입법원)이 제정하여 동일자로 시행된 '국적에 관한 임시조례'(남조선과도정부 법률 제11호).

699) 1948. 8. 15. 대한민국 성립 전까지는 미군정청의 통치권에 근거하여 효력을 가졌다. 나인균(1994), 465. 1948. 8. 15.부터는 건국헌법 부칙 §100에 의해 효력을 가졌다.

700) 월남귀순용사특별보상법(1978. 12. 6 제정, 1979. 1. 1. 시행)(1993. 12. 12. 시행된 1993. 6. 11. 전면개정시 귀순북한동포보호법으로 개칭)을 전면개정하여 대체한 것이 북한이탈주민의 보호 및 정착지원에 관한 법률(1997. 1. 13. 제정, 동년 7. 14. 시행)이다. 한편, 대한민국 정부는 비자발적으로 남한지역으로 이동(예: 해상표류)한 자를 희망에 따라 북한지역으로 돌려보낸다. 북한 관료에게 실무적으로 사실상 면책특권을 부여한다. 종북(從北) 비전향 장기수의 석방하고 북한 이주를 허용하기도 한다. 그러나 내전중인 반군과 국가의 유일한 합법적 정부 간에도, 서로의 실체를 인정하고, 적대행위를 일시 유보하고, 포로교환, 인도적 교류·협력, 종전협정 체결 등을 할 수 있다. 그로써 반군으로서의 본질이 바뀌지도 않는다. 적성(適性)의 사실상 분방에 대해서도 이런 조치들을 할 수 있다. 최대권(1993), 32. 그러므로 북한에 대해 이런 조치들을 취한다 하여, 대한민국이 북한주민에 대한 대인고권을 포기했다고 할 수 없다.

(2) 영토조항 및 통일조항

현행 대한민국 헌법은 영토조항(§3)[701]에서 "大韓民國의 領土는 韓半島와 그 附屬島嶼로 한다"고 규정하여, 북한지역도 헌법상의 대한민국의 영토에 포함시킨다.[702] 그리고 전문에서 대한민국 건국운동의 법통(法統)을 계승하였음을 규정한다(편의상 '법통문구'라 함).[703] 영토조항과 법통문구는 대한민국이(현실적으로는 남한)이 광의의 대한민국에서의 유일한 합법적 국가이고 북한법질서는 위헌적인 존재임을 분명히 한다.[704]

대한민국이 한반도와 그 부속도서 전역을 영토로 가지는 것은, 국제법적으로도 정당하다. 국가가 타국에 병합되었다가 독립하거나, 할양되거나 점령되었던 영토를 되찾을 때에는 타국의 지배하에 놓여졌던 영역을 포착하여 영토로 삼는다는 "uti possidetis" 원칙이 이를 뒷받침한다. 이러한 결론은 대한민국 건국의 법적 기초(의 일부)가 된 국제연합 총회의 1947. 11. 14. 및 1948. 2. 26. 결의에 의해서도 확인되었다.

대한민국이 '넓은 범위'에서 존재해야 한다는 것은 헌법적 요청이기도 하다. 1910－48년에 걸쳐 헌법제정주체인 국민이 이를 의욕했고, 1947－49년의 일련의 국제연합 총회 결의[705]도 이러한 진행방향을 지지했다. 대한민국 헌법의 기미독립운동 계승 문구와 영토조항, 통일조항[706]은 '넓은 의미의 대한민국'

701) 1948년, 1952년, 1954년, 1960년 6월, 11월 헌법에서는 §4, 1962년, 1969년, 1972년, 1980년, 1987년(현행) 헌법에서는 §3. 조문의 문언은 동일.

702) 오수근(1998), 567. 대한민국 헌법의 "영토 조항은 남북한으로 대치된 상황에서 북한에 대해서도 남한 헌법이 명목상 적용됨을 선언하는 의미"가 있다. 오수근(1998), 567.

703) 현행 헌법 전문에서 상해임시정부의 "법통"을 계승했다고 선언하는 것은, '실정적 국가법질서로 존재한 국가'가(즉 상해임시정부가 수립됨으로써 대한민국이 수립되어 그것이) 동일성을 유지하고 존속한다거나, 국가승계의 형태로 승계되었다는 의미가 아니다. 단지, 대한민국 임시정부의 '대한민국 건국의 이념 내지 프로그램'을 계승하여 1948년에 대한민국이 국가로서 수립되었다는 의미이다. 1948. 7. 12. 제정되어 같은 달 17.에 공포된 제헌헌법 전문은 "기미 3·1운동으로 대한민국을 건립하여 세계에 선포한 위대한 독립정신을 계승하여"라고 표현했다. "법통"의 계승이라는 표현을 쓰지 않고 '대한민국을 건립하여 독립하겠다는 정신'의 계승으로 표현하였는데－일각에서는 여기에서 "대한민국을 건립하여"가 역사적 사실의 기술인 것으로 오해하는데 이는 해당 구절이 3·1운동에서 어떤 내용을 선포하였는지의 인용서술임을 간과하는 것이다－, 이러한 제헌헌법 전문의 표현이 보다 객관적인 표현으로 생각된다.

704) 판례도 일관하여 그렇게 본다. 대법원 1961. 9. 28. 선고 4292행상48 판결; 서울민사지방법원 1989. 7. 26.자 89카13692 결정; 대법원 1990. 9. 28. 선고 89누6396 판결 등.

705) 특히 1947. 11. 14. 국제연합 총회 제112(Ⅱ)호 결의; 1948. 12. 12. 국제연합 총회 제195호 결의.

706) 현행 헌법에서 통일에 대한 언급은 전문, 통일조항(§4), 대통령의 통일노력의무(§66 ③), 이를 언급하는 대통령 취임선서 문구(§69)에 나온다. 보통 통일조항이라 하면 §4를 가리킨다. 통일조항은 현행 헌법(1987)에서 신설된 것이다. 헌법에 "통일"이 언급된 것은 7차 개정헌법(1972. 12. 27. 제정, 시행)이 최초인데, 대통령의 의무(§43 ③), 취임선서 문구(§46), 통일주체국민회의에 관한 규정(§§35~42)에서 언급했다. 8차 개정헌법(1980. 10. 27. 제정, 시행)은 전문, 대통령의 의무(§38 ③), 취임선서 문구(§44)에서 언급했다.

이 구현됨으로써 '대한민국'이 완성된다는 점을 밝힌다.[707] 특히 통일조항은 '넓은 범위의 대한민국' 완성에 이르는 과정을 법적으로 정당화한다. 대한민국은 현실적으로는 '분방'이면서도, 스스로를 넓은 범위로 존재해야 할 대한민국의 현실적 구현체로 인식한다. 그래서 광의의 대한민국의 전 영토, 전 국민에 그 국가권력을 확대적용하려 한다. 그러나 현실적으로는 북한지역에 대한민국법이 '일반적' 실효성을 가지지 않는다. 그 상태에서 대한민국이 북한지역에서 실효적 지배를 시도하고 있다. 여기에 현실과 목표 간의 긴장이 있다. 이를 완화하는 장치가 통일조항이다. 통일조항은 영토조항을 보완하는 것이지 영토조항과 상충하는 것이 아니다.[708]

현행 헌법 전문과 통일조항(憲 §4)은 통일을 지향한다고 규정하여,[709] 대한민국의 법질서가 현실적으로는 남한지역만을 지배하고 있는 현실을 인식하고, 북한지역에 대해서도 영토고권의 실효적 지배를 되찾아야 할 필요성을 밝힌다.[710] '넓은 의미의 대한민국' 내에 존재하는 장소적인 분열을 통합하여 대한민국 영토 전체에 통일 내지 통합된 국가질서를 수립하는 것이 통일이다. 역사적으로 말하면, 1945−48년의 대한민국 건국의 지리적 범위가 북한정권의 방해로 제한된 부분을 해소하여 원래의 건국작업에서 상정한 바를 구현하는 것이

---

707) 나인균(1994), 464는 1948. 8. 15. 정부수립과 함께 대한민국이 성립했다고 본다. 다만 건국헌법의 영토조항(§4)이 한반도 전체를 영토로 규정하고 북한 같은 입장을 취함(1948년 헌법에서 서울을 수도로 규정)으로써, "국가로서의 경계가 확정되지 않은 내란과 유사한 경합상태"가 존재했고, "한반도 전역을……영토로서 실현하고자 하"는 "두 개의 정부조직 또는 未完의 국가"가 존재했다고 본다. *Ibid.*, 470. 그 후 1953년의 정전협정 체결 또는 그 후의 분단상태의 고착화로 인해 남북한의 실효적 영토는 각기 남한지역과 북한지역으로 국한되었다고 본다. *Ibid.*, 470 f. 즉, 대한민국은 1948년부터 1953년 또는 그 이후의 일정한 시점까지는 '완성된 남한'이자 '미완의 통일국가'라는 이중적 지위를 가졌으나, 분단의 고착화로 '완성된 남한'으로서만 존재하게 되었다고 본다.

708) 군사적 북진통일에 의하지 않은 한, 통일은 영토조항과 충돌하여 양립불가능하다는 반대설이 있다. 이는 영토조항 폐지론, 실효(헌법변천)론, 국가보안법 폐지론으로 이어지고, 통일을 위해서는 헌법개정이 필요하다는 주장으로 이어진다. 그 개관은 우선 최대권(1993), 3 f. 참조.

709) 전문에서 통일을 언급한 부분과 통일조항은 통일 전 서독에서처럼 관념상의 통일한국으로서 "조국"(憲 전문, §66 ③)이라는 미래상을 상정하는 취지로 읽을 여지도 논리적으로는 있다. 이러한 관점에 충실한다면, 1991년 통일 전의 서독 연방헌법재판소 판례처럼 '관념상의, 있어야 할 통일한국' 내에 남한(대한민국)과 북한이라는 부분법질서가 존재하면서 준국제사법적 문제를 발생시킨다고 보는 해석론도 논리적으로 가능하다. 그러나 한국의 판례나 학설에서는 그렇게 해석하는 예를 찾기 어렵다. 그것은 대한민국 헌법 규정들과 이에 근거한 대법원 판례가, '북한정권의 실효적 통치대상까지 포함하는 넓은 의미의 대한민국'이 적어도 법적으로는 이미 존재하고 있다고 보기 때문이다. 넓은 의미의 대한민국이 이미 실재하므로, 그런 것이 없었던 서독처럼 그것을 '관념상의' 것이라 할 필요가 없다.

710) 1980년 8차 개정헌법 전문("통일……의 역사적 사명"), 제38조 제3항(대통령의 통일노력의무); 1987년 9차 개정헌법 전문("통일의 사명"), §4(좁은 의미의 "대한민국은 통일을 지향"), §66 ③(대통령의 통일노력의무).

다. 통일은 북한정권과의 합의를 갖추면서 할 수도 있지만 합의 없이도 할 수 있다. 어떤 합의를 하더라도 그것은 정치적 약속[711]에 불과할 수도 있다. 통일을 위해 헌법개정이 필요하지도 않다.[712] 남북통일이 완성되면 통일조항의 목적이 달성되지만 굳이 삭제할 이유가 없다. 어떤 형태의 통일이든, 그것은 대한민국의 고권의 실효적 효력범위를 북한지역에 확대하여, 대한민국을 넓은 의미의 대한민국의 형태로 확대시키는 것(북한지역 "수복")을 말한다.[713] 그 첫걸음은 북한지역까지도 대한민국의 영토임을 분명히 선언해 두고(영토조항),[714] 현실과의 괴리를 좁힐 필요를 언급하는 것이다(통일조항) 영토조항이 상정하는 넓은 범위의 대한민국은 아직 형성과정 중에 있다.

대한민국법의 실효적 지배범위가 일반적으로는 남한지역에 국한되는 "분단"상황 하에서도, 대한민국의 일부 법령의 영토적 적용범위가 북한지역을 포

---

711) 예컨대 적산(敵産)(enemy property)의 일정 범위 보전 약속, 전쟁범죄자와 인권침해사범에 대한 일정 범위의 불기소 또는 사면의 약속. 그런 정치적 약속에 법적 구속력이 없음은 물론이다. 그러나 통일과정에서 필요했다면 국내적 사법심사에서 제외되는 통치행위에 해당할 가능성이 크다.

712) 최대권(1993), 30("북한지역에 관하여 잠재상태에 있던 대한민국의 주권이 顯在化(현재화)"되는 것이므로 북한 붕괴 후의 흡수통일에는 통일헌법 제정이 불필요)(순한글로 바꾸어 인용). 대한민국이 북한이라는 사실상의 분방을 흡수하여 '넓은 의미의 대한민국'으로 확대될 때에는, 영토고권과 대인고권의 실효성 확보 후 실질사법(實質私法)의 통일까지 충분한 과도기를 두어 법적 안정성을 도모할 필요도 있다. 분야와 개별 법령에 따라 선후가 다를 수도 있다. 또한, 정치적 통일 전에도 가능한 한 북한지역과 북한주민도 대한민국법의 영토적, 대인적 효력범위에 포함시킴이 타당하다. 이것은 일방적 방법의 부분적 통일에 해당한다. 영토 내에서는 영토고권이 사각지대 없이 미치는 것이 정상이므로, 북한지역에서도 영토고권과 대인고권이 충실히 행사되어야 한다는 것은 영토조항의 요구이다. 통일조항도 그런 상태로의 이행을 요구하고 정당화한다. 또, 통일은 일방적 방법으로도 가능하며 부분적으로도 가능하다. 예컨대 '국적에 관한 임시조례'처럼 대한민국법을 북한지역과 북한주민에도 확대적용할 수도 있다. 이는 합법적 분방이 그 법의 효력을 불법적 분방의 지배영역에도 미치게 한다는 점에서 일종의 역외효(역외적용)이다. 북한이 실효적으로 행사중인 영토고권을 부분적으로 잠식하여, 북한주민이 실효적으로 접근한 법원 기타 관청을 북한지역에 설치하거나, 북한지역에 대한 토지관할을 가지는 법원을 남한(가령 서울)에 둘 수도 있다. 이것은 일종의 역외적 재판·행정관할이다.

713) 북한지역에 대한 실효적 지배 확보가 북한지역의 "수복"과 "통일"을 의미하게 되는 것은, 북한정권의 북한지역 지배가 안정화되어 자체적으로 실효적 법질서를 갖추고 있기 때문이지, '북한지역이 한국의 영토가 아니'어서가 아니다. 헌법학계와 국제법학계의 다수 문헌은, 헌법의 "통일"조항(憲 §4)은 북한의 국가성을 전제한 것이므로 영토조항(憲 §3)과 모순된다고 보고 두 조문의 우열을 가려 해결하려 한다. 그러나 대한민국 영토 안에서 대한민국이 북한을 흡수하는 것도 통일이다. 즉, 국가 자체이자 그 유일한 적법한 분방(넓은 의미의 대한민국 내의 좁은 의미의 대한민국)이 반국가적 분방과 통일하는 것도 통일이다. 그러므로 통일조항은 영토조항과 충돌하지 않는다. 국제연합 총회의 1948. 12. 12. 제195호 결의도 1948년의 한반도 전역에서의 총선거를 통해 정부를 구성하여 단일국가를 수립한다는 1947. 11. 14. 제112(II)호 결의의 "목적이 완전히 달성되지 못한 상태"를 확인하면서 이를 "통일(unification)이 달성되지 못한 상태"라고 파악했다.

714) 영토고권이 대인고권보다 중요한 개념이고, 영토의 확정은 국민의 확정보다 정치적으로 예민한 문제이다. 그러므로 헌법에서 '넓은 의미의 대한민국'의 국민의 범위보다 그 영토의 범위에 먼저 관심을 기울이는 것은 법적으로도 타당하고 정치적으로도 현실적인 접근방법이다.

함할 가능성은 열려 있다.[715] 이것은 북한을 사실상의 분방으로 인정하는 것과 모순되지 않는다.

대한민국이 '좁은 의미의 대한민국'으로서만 일반적 실효성을 가지는 현실을 극복하고, '넓은 의미의 대한민국'으로 확대시키려는 정치과정도 계속되고 있다. 6.25 전쟁 중에는 남한의 실효적 지배영역을 최대한 확보하고자 했다. 전선의 변경에 따라 북한지역에 진입한 것도 영토주권의 적법한 행사였다.

(3) 광의의 대한민국 내의 남한법질서와 북한법질서의 병존

대한민국법의 실효적인 장소적 타당범위는 일반적으로 남한지역에 국한된다. 즉, 대한민국은 현실적으로는 주로 남한으로서 존재한다. 남한지역에서는 대한민국 법질서가 일반적 실효성을 가진다. 미수복지역인 북한지역은 북한법질서의 실효적 지배를 받는다. 북한은 대한민국의 일부가 아니면서 광의의 대한민국 영토 안에 존재하면서 북한주민을 사실상 지배하므로, 그 존재 자체가 대한민국의 영토고권과 대인고권을 침해한다. 그래서 반국가단체이다. 그렇지만 북한은 국제법이 요구하는 국가로서의 실질,[716] 즉 장소적 법질서로서의 실효성은 가지고 있다. 즉, 사실상의 분방으로서의 자격은 있다. 북한은 대한민국 영토 내에 존재하는 사실상의 분방(分邦)이다.[717] 그래서 대한민국(넓은 의미) 영

---

715) 영토조항과 통일조항은, 憲 §3상의 영토 전역에서의 대한민국법의 '일반적'인 실효적 적용을 지향한다. 그러나 반드시 대한민국의 모든 법이 동시에 그렇게 될 것을 요구하지는 않는다. 그러므로 '넓은 범위의 대한민국' 전체에 대한 대한민국법 적용이 먼저 가능한 분야나 법령이 있다면, 그 분야나 법령부터 그렇게 할 것을 요구한다고 해야 한다. 이렇게 하면, 대한민국은 그 한도에서는 광의의 대한민국으로서의 내실을 가질 수 있다. 이것은 대한민국법이 '넓은 의미의 대한민국' 국적을 규율하는 경우처럼 대인고권을 넓은 범위에서 행사하는 형태로 행해지기도 하지만, 주로 영토고권의 내실화, 즉 개별 법령의 장소적(영토적) 효력범위를 확대하는 형태로 행해지게 된다. 즉, '좁은 의미의 대한민국'법이 북한지역에서 역외효를 가지도록 하는 것이다. 북한은 불법적인 사실상의 분방에 불과하지만 실효적인 법질서를 가지고 있고 그 지역에서는 '대한민국법의 일반적인 실효적 적용'이 없지만, '좁은 의미의 대한민국'(남한)의 일부 법령은 실효적으로 적용되게 하는 것이다. 판례는 대한민국 저작권법의 영토적 효력범위에 북한지역이 포함된다고 해석한다. 요컨대, '대한민국의 넓은 의미의 대한민국으로의 자기확대'는 개별 분야나 법령별로 '대한민국법(남한법)의 북한에서의 역외효'를 인정하는 방법으로도 시도될 수 있다.

716) 나인균(2000b), 30 f.

717) 국가로서의 실질(국가성)의 요건을 국제법에 따라 판단된다. 나인균(2000b), 20("국가의 존재는 국내법이 아니라 오로지 국제법차원에서……확정될 수 있"다). 또, 적법성이 없이도 국가가 성립, 존재할 수 있다. *Ibid.*, 30. 그러나 한 국가에게 자국의 영토고권을 침해하는 존재를 '국가'로 인정할 의무는 없다. 즉, 헌법의 영토조항에 비추어, "북한을 외국으로 보지 않는" 것이 타당하다. *Ibid.*, 31. 그런데 헌법학계 등에서는, 북한의 국가성을 인정하면 영토조항과 충돌하므로 북한의 국가성을 인정하고 영토조항의 규범력을 부정할 것인가("통일조항우위론"), 아니면 영토조항의 규범력을 인정하여 북한의 국가성을 부인하고 준국제사법적 문제의 존재도 부정할 것인가("영토조항우위론")라고 논쟁한다. 신영호(2010), 290 참조. 이 논쟁은 국가성 유무(국가로서의 실질 구비 여부)를 국내법(헌법)에 의해 판단하려 하는 점에서 발단한다. 그러나 이는 국가성이 국내법이 아니라 오로지 국제법에 의해서만 판단될 문제임을 간과한 것이다. 특히 "통일조항우위론"은 국가성이 국제법적 적법성 없이도 인정될 수 있어, '불법적 존재로서 존재하는

토 내에 두 개의 실효적 법질서가 지역을 나누어 병존한다. 광의의 대한민국은 장소적 법분열국이다.[718]

대한민국과 조선민주주의인민공화국은, 스스로를 남한과 북한으로 자리매김하는 데 머물지 않고, 각기 넓은 의미의 대한민국과 넓은 의미의 조선[719]의 구현체로 자처한다.[720] 그러나 북한법이 말하는 조선은, 넓은 의미이든 좁은 의미이든, 대한민국(넓은 의미)의 영토주권과 충돌하므로 법적 의미가 부여될 수 없다.[721] 남한 법원 기타 관청은 넓은 의미와 좁은 의미의 대한민국에 속할 뿐이고, 북한정권은 존재 자체가 위법하므로, 북한의 국제사법과 준국제사법은 '남한의 준국제사법이 이를 참조하도록 지시하는' 경우가 아닌 한, 고려되어서는 안 된다.[722]

(4) 광의와 협의의 대한민국 국적의 구별

넓은 의미의 대한민국의 국적과 좁은 의미의 대한민국 국적은 구별되어야

국가'가 있을 수 있다는 점을 간과한 나머지, '북한의 국가성이 인정된다면 대한민국 헌법상 적법한 존재란 말인가'라는 불필요한 문제의식에 빠졌다. 상술한 대로 북한의 국가성과 영토조항은 양립불가능하지 않다. 북한의 국가성을 인정해도, 대한민국법의 관점에서는 영토조항에 따라 분방(分邦)으로밖에 인정되지 않고, '불법적으로 존재하는 국가'가 존재할 수 있으므로 북한은 '반국가단체로서의 사실상 분방'에 해당하게 된다. 남북한간 법률저촉을 준국제사법 문제로 다루어 남북한법 간에 준거법을 정하고, 북한관련 사건에 대한 실체특별법을 정하고, 기타 넓은 의미의 준국제사법적 규율을 하는 것을 정당화하는 데에는 이상의 설명으로 충분하다. 한편, "이중적 지위론", 즉 북한은 국가가 아니지만 일부 맥락에서는 국가처럼 취급되어야 한다는 이론도, 북한과의 관계를 앞으로 어떻게 처리할 것인가(여기에는 헌법의 영토조항 폐기가능성도 논리적으로는 포함된다)에 대한 정치외교적 시각에서는 의미를 가질 수 있다. 이근관(2008), 190은 남북한은 "통상적인 국가 대(對) 국가의 관계"가 아닌 독특한 관계라고 하는 것도 그런 의미이다. 그러나 사법관계(私法關係)의 법률충돌을 다루는 데에는 이중적 지위론은 불필요하다.

718) 이호정(1995), 37; 신영호(1998), 37; 김용한(2011), 776.

719) 그 영토적 범위는 넓은 의미의 대한민국과 같다

720) 이호정(1987), 37("현재 양국 모두 한반도와 한민족(그들이 외국국적을 가지는 경우를 제외하고) 전체에 대하여 법제상으로는 절대적인 영토고권과 대인고권을 주장하고 있다."). 북한은 대한제국이 동일성을 유지하면서 조선민주주의인민공화국으로 원상회복되었다고 본다. 나인균(2000b), 27. 그러나 북한은 1919년의 3.1운동 및 대한민국 임시정부의 정치과정과 단절되어 있다. 오히려 "조선"의 식민지상태가 남한지역에서는 반(半)식민지 상태에 머무르고 있다고 보면서, 코민테른(Communist International, 약칭 Comintern) 2차 대회(1920) 이래의 반(反) '식민지·반(半)식민지' 통일전선전략을 견지하고 있다. 이는 남한에서의 민족해방(National Liberation, 약칭 NL)파의 우세와도 조응되고 있다..

721) 대한민국 준국제사법이라 하여, 대한민국법의 관점을 떠나 '국가'질서를 파악할 수는 없기 때문이다. 그러나 후술하는 國私 §3 ③ 유추설은 바로 이 점을 오해하여, '넓은 의미의 대한민국이 곧 넓은 의미의 조선민주주의인민공화국'이라고 보는 듯하다.

722) 반대설로, 후술하는 國私 §3 ③ 유추설은, 북한법과 남한법 중 어느 것이 적용되느냐를 판단할 때, 國私 §3 ③ 前을 유추하여 '북한의 준국제사법도 고려'하라고 한다. 그러나 이것이 대한민국 헌법상 어떻게 가능한지 전혀 설명하지 않는다. 이 학설도 '준국제사법에 의해 지정될 실질법'이 사법(私法)임을 언급하기는 한다. 물론, 본격적 형태의 준국제사법이 존재하여 북한 '실체사법'을 지시할 수 있음은 당연하다. 그러나 이것은 왜 '남북한 양쪽의 준국제사법'에서 준국제사법을 찾아야 하는지의 설명이 되지 못한다. 상세는 아래 3. (2) 참조.

한다. 전자는 대한민국 건국과정에서 "조선(인)의 국적"('국적에 관한 임시조례')이라는 형태로 먼저 등장했고, 건국헌법에 의해 대한민국법의 일부로 되었다. 후자는 대한민국의 실효적 지배영역이 남한지역으로 한정되는 현실이 생긴 후, 자연적 필요에 의해 등장했다. 두 개념은 따로 등장하여 병존하고 있다. 다만 둘 다 "대한민국" 국적이라고 칭하므로 혼란의 소지가 있다. 맥락에 따라 어떤 의미에서 대한민국이라 하는 것인지 구별해야 한다.

'넓은 의미의 대한민국' 국민[723]이라 함은, 아직 완성되지 않은 '넓은 의미의 대한민국', 즉 '북한지역에서도 그 국가권력이 일반적 실효성을 가지는 대한민국'의 국민의 지위를 말한다. 1910−45년에는 조선인에게 일본 국적을 부여하지 않음으로써 조선적이 소극적으로 정의되었다. 1945−48년에는 "uti possidetis" 법리에 의해, 앞으로 수립될 대한민국의 영토적 범위가 "조선"(Korea)로 한정되었다. 그 소속, 즉 한반도와 그 부속도서를 아우르는 통일 대한민국의 국적을 정하는 기준이 필요했다. 그것이 1948. 5. 11. 제정, 시행된 '국적에 관한 임시조례'[724]에 의해 마련되었다. '국적에 관한 임시조례' §2는 혈통주의를 원칙으로 하여 "조선인"을 부친(보충적으로 모친)으로 하여 출생한 자에게, 그리고 보충적으로 일정한 경우에 속지주의에 따라 "조선 내"에서 출생한 자에게 "조선의 국적"을 인정하였다. 이것은 남북한이 따로 장소적 부분법질서를 수립하기 전에, 한국(조선) 전체의 인적 소속을 정한 법규이다. 1948년 헌법 §100은 그 효력을 유지시켜 대한민국법의 일부로 삼았다. 대법원 판례는 이것이 대한민국의 국적을 정한 것으로 해석하고, 대한민국의 국적을 정하는 '국적에 관한 임시조례'의 효력은 1948년 헌법 §100에 의해 유지되고 있음을 인정한다.[725]

'국적에 관한 임시조례'가 '넓은' 의미의 대한민국 국민을 정하는 점과[726]

723) '국적에 관한 임시조례'에서는 이를 "조선의 국적"이라고 불렀다. 그러나 이 법령이 "조선"이라고 한 것은 대한민국이 존재하지 않았기 때문이고, 대한민국은 남북한지역을 포괄하는 국가로 자처하고 있으므로, 넓은 의미의 대한민국 국적도 '대한민국' 국적이라고 부르는 것이 타당할 것이다.

724) 남조선과도정부 법률 제11호.

725) 대법원 1996. 11. 12. 선고 96누1221 판결("……남조선과도정부법률 제11호 국적에관한임시조례 §2 i은 조선인을 부친으로 하여 출생한 자는 조선의 국적을 가지는 것으로 규정하고 있고, 제헌헌법은 §3에서 대한민국의 국민되는 요건을 법률로써 정한다고 규정하면서 제100조에서 현행법령은 이 헌법에 저촉되지 아니하는 한 효력을 가진다고 규정하고 있……다."); 서울가정법원 2004. 2. 6. 선고 2003드단58877 판결("헌법 제3조에 따라 북한주민은 대한민국 국민이고(대법원 1996. 11. 12. 선고 96누1221 판결 참조)……).

726) 대법원 1996. 11. 12. 선고 96누1221 판결에 반대하여, 남조선과도정부의 '국적에 관한 임시조례'도 대한민국 국적법과 마찬가지로, 남한법질서 소속을 정한 것이라고 해석하는 견해가 많다. 노영돈(1996), 59; 이장희(1998), 23; 신영호(1998), 53의 주 20; 이주윤(2008), 385; 석광현

그 효력이 대한민국 건국 후에도 이어진 점[727]에 대해서는 이설이 없지 않으나, '국적에 관한 임시조례'는 조선적, 즉 넓은 의미의 대한민국 국적을 정한 것으로 해석되어야 한다.[728]

첫째, 문리해석에 의해 뒷받침된다. '국적에 관한 임시조례'는 "조선"이라는 표현을 사용했다. "조선"은 1910년 병합 후 대한제국을 개칭한 공식용어로서, 미국과 소련의 분할점령지역을 통칭한다. 당시에는 "남조선"과도정부를 설치하여 대한민국 수립과정을 진행하고 있었다. 그래서 위 조례의 취지가 남한(좁은 의미의 대한민국) 국적을 정하는 것이라면 "남조선"이나 "대한민국"이라는 용어를 쓰면 되었다. 그러나 그렇게 하지 않았다.

둘째, 당시의 정치적 배경도 '국적에 관한 임시조례'가 말하는 "조선"이 넓은 의미의 대한민국을 가리킨다는 해석을 뒷받침한다. 먼저, 대한민국을 가급적 넓은 범위에서 수립하려는 정치과정 속에서 '국적에 관한 임시조례'가 제정되었다. 그 제정 당시는 북한정권의 방해로 총선거의 실시지역이 제한된 상태였지만,[729] 아직 분단이 확정된 상태는 아니었다. 더구나 대한민국은 북한지역과 그 주민을 대한민국 내에 포섭하려는 입장이었다.[730] 이런 상황에서, 굳이 위 조례가 앞서서 '이 조례는 남한 소속을 정한다'고 할 이유가 없었다.

셋째, 1948. 12. 20. 제정된 국적법[731] 부칙에는 '국적에 관한 임시조례'를 개폐한다는 조문이 없다. 국적법이 '넓은 의미의 대한민국' 국적을 정하는 취지였다면, '국적에 관한 임시조례'를 비소급적으로 폐지한다는 경과규정이 있었어야 한다.[732]

(2015), 344. 한편, 장명봉(1997), 656~662는 북진통일론이 현실성을 잃게 된 남북분단의 고착상황과 이를 전제로 입법된 대한민국 법률들, 남북기본합의서 등을 들어, 대법원의 결론이 현 상황에 맞지 않는다고 비판한다.

727) 대법원 1996. 11. 12. 선고 96누1221 판결의 이 부분 판지에도 반대하는 견해로, 노영돈(1996), 59; 이주윤(2008), 383.

728) 이 점에서 동지: Chulwoo Lee(2015), 21.

729) 북위 38도선 이북과 제주도에서는 각기 북조선인민위원회 체제의 협조거부와 군사반란으로 총선거가 실시되지 못했다. 당시 제주도의 상황에 관해서는 이선교(2012), 제주 4·3사건의 진상 참조.

730) 1948. 5. 10.의 총선거에서도, 국제연합 1948. 2. 26. 결의가 말하는 '한반도 내에서 현실적으로 선거가 가능한 지역'에 북한지역이 포함될 가능성을 열어두었고, 제헌국회의 정원은 북한지역 인구의 비율로 궐석되어 있었다. 1948. 7. 17.에 공포된 건국헌법도 한국 전역을 대한민국 영토로 파악했다.

731) 법률 제16호. 동일자 시행.

732) 나인균(1994), 467는 대한민국이 일본을 승계한 국가라고 생각하지 않았기 때문에 경과규정을 두지 않은 것으로 해석한다. 이 문헌은 '국적에 관한 임시조례'가 1948. 12. 20. 국적법의 시행으로 실효한 것으로 해석한다. *Ibid.*, 465 참조.

넷째, '국적에 관한 임시조례'는 여전히 존재이유를 가진다. 넓은 의미의 대한민국 소속은 이것으로 정해야 한다. 물론 대한민국 국적법에 의해 좁은 의미의 대한민국 국민의 지위를 취득하고 상실하면, 일반적으로 그에 따라 넓은 의미의 대한민국 국민 지위도 취득되고 상실된다고 할 수 있다.[733] 특히 북한주민과 제3국 거주자의 '넓은 의미의 대한민국' 국적을 정하는 성문법적 규율을 제공한다.[734] 예컨대 탈북자는 '넓은 의미의 대한민국' 국적(위 조례가 말하는 조선적)을 가지고 있으므로 '좁은 의미의 대한민국' 국적(그 국적법상의 국적)을 법률상 당연히 또는 간이한 절차에 따라 취득하게 할 수 있다.[735] 외국 소재 탈북자에 대한 자국민보호권한의 행사도 '넓은 의미의 대한민국' 국적을 근거로 한다. 또한, 대한민국 국적법상의 국적도 '넓은 의미의 대한민국' 소속을 논리적으로 전제한다.

다섯째, 국제법적 한계가 아닌 국내법적 한계론이기는 하지만, 국적은 "국가의 실효적 통치권이 미치는 범위"를 넘어 확대될 수 없다는 지적이 있다.[736] 물론 대한민국이 '넓은 의미의 대한민국'의 입장에서 북한인을 자국민으로 파악하는 것이 실제로 폭넓은 실효성을 발휘하고 있는 것은 아니다. 그러나 실효성이 없다고 할 것도 아니다. 오히려 북한과의 군사적 마찰을 피하기 위해 북한지역 소재 북한인에 대해서는 대인고권 행사를 대폭 '자제'하고 있을 뿐이지, 북한인에 대한 실효적 통치를 포기하고 있는 것은 아니다. 헌법의 통일조항은 이 점을 분명히 한다. 게다가, 현행의 법·실무도 북한인이 북한을 탈출하여 북한이탈주민법에 따라 보호받으려는 의사를 표시하면 그를 자국민보호의무의 대상으로 삼고 있다. 탈북자가 소재한 국가가 북한을 외국으로 파악하는 점을 고려하여 외교적 보호권 행사에 실무상 어려움을 겪고 있기는 하지만, 이 한도에서는 북한인에 대한 대인고권이 실효적으로 행사되고 있다.[737]

---

733) 예외적으로 월북자와 같이 넓은 의미의 대한민국 국민의 지위는 보유하면서 남한적을 포기하고 북한적을 취득하는 경우도 있다. 상세는 후술.

734) 대법원 1996. 11. 12. 선고 96누1221 판결 등.

735) 나인균(1994), 479는 대한민국이 국제법적으로는 남한지역의 국가로 존재한다고 보면서(*Ibid.*, 471), 귀순자(탈북자)의 취적의 특례는 "한국국적 취득의 문호"를 다른 외국인보다 넓게 "개방"한 것에 불과하다고 본다.. 국제법적으로 완성된 대한민국, 즉 좁은 의미의 대한민국의 국적에 대해서는 이 설명이 타당하다. 그러나 국제법적으로 미완성 상태인 넓은 범위의 대한민국의 국적은 국제법적으로 규율되고 있는 것이 아니므로 달리 설명할 수 있다.

736) 나인균(1994), 456.

737) 나인균(1994), 474는 "한국은 사실상 존재하는 북한의 실효적인 통치권으로 인하여 이들에게 보호를 부여할 수 없는 상황에 있는 것이 아니라 이들이 북한[의] 통치권을 벗어나 제3국에서 한국의 재외공관을 통하여 보호를 요구하더라도 이들에게 보호권을 행사하지 않고 있는 것"이라고 진단하고, 대인고권의 실효성 결여를 이유로 북한주민은 대한민국민이 아니라고 한다. 이

한편, 대한민국 국적법도 '국적에 관한 임시조례'와 마찬가지로 넓은 의미의 대한민국 국적을 정하는 것으로 해석하는 견해도 있다.[738] 그러나 대한민국 국적법은 좁은 의미의 대한민국의 국적, 즉 남한적(南韓籍)을 의미한다고 해석하는 것이 타당하다. 그 근거는 다음과 같다.

첫째, 국가의 성립과 범위는 국제법에 의해 규율된다. 그런데 대한민국법이 북한지역에서는 일반적 실효성을 가지지 못한다. 즉, 대한민국은 대부분의 맥락에서는 남한으로서 존재한다. 단지 헌법, 북한이탈주민법 등 일부 맥락에서만 한반도와 그 부속도서 전체를 지배하는 국가로서 존재한다. 그래서 이런 넓은 형태의 대한민국은 국제법적으로는 아직 형성중인 미완성의 것으로 이해해야 한다. 그렇다면 대한민국법은 '대부분의 맥락에서 실효적으로 존재하는 형태의 대한민국'(좁은 의미의 대한민국) 소속을 정하는 법을 가지는 것이 정상적이다. 그렇지 않고, '일부 맥락에서만 실효적으로 존재하는 형태의 대한민국'(넓은 의미의 대한민국) 소속을 정하는 법만 가진다면, 그것은 비정상적이다. 후자의 법이 '국적에 관한 임시조례'와 그 흠결을 보완하는 불문법이다. 전자의 법이 대한민국 국적법(실질적 의미)이다.

둘째, '국적에 관한 임시조례'는 "국적법이 제정될 때까지 조선인의 국적"을 정하기 위해 제정되었지만(§1), 대한민국 국적법을 제정할 당시의 상황은 '넓은 의미의 대한민국' 국민을 정하는 법률을 새로 제정할 만한 상황이 아니었다. 대한민국 국적법이 제정된 것은 북한정권의 통치질서가 확립되어 조선민주주의인민공화국 수립이 선포(1948. 9. 9.)되고 소련군도 철수(1948. 12. 26. 완료)를 시작한 때였다. 당시의 남북관계는 북한이 제주도의 무장게릴라활동 지원을 계속할 정도로 적대적이었다. 북한지역에는 대한민국의 법질서의 실효적 지배가 일반적으로 미치지 못하고, 북한법질서가 확고하고 안정적으로 자리잡았다. 이런 배경 하에서 1948. 12. 20. 대한민국 국적법이 제정되었다. 그러므로 국적

지적은 완성된 대한민국(좁은 의미의 대한민국)에 대해서는 타당하다. 그러나 형성중인 넓은 의미의 대한민국에 대해서는, 북한이탈주민법이 재외 탈북자에 대한 외교적 보호권 행사의 근거로 쓰이고 있는 한도에서는, 현 상황에서도 대인고권의 실효성이 제한적이나마 미치고 있고, 북한인은 '형성중인 넓은 의미의 대한민국'의 국민으로 파악될 수 있다.

738) Chulwoo Lee(2015), 21. 이철우는 대한민국 국민의 개념을 광의와 협의의 것으로 세분하지 않고, 대한민국 국적은 남북한을 포괄하는 인적 소속만을 정하는 취지로 해석한다. 대한민국의 국적법은 '국적에관한임시조례'를 출발점으로 하여 광의의 대한민국 국적의 변동을 정하는 법으로 이해한다. Chulwoo Lee(2015), 21. 그리고 대법원 1996. 11. 12. 선고 96누1221 판결을 비롯한 판례도 같은 입장이라고 본다. 대한민국의 가족관계등록부는 광의의 대한민국 국민에 대해 완비되어야 하고, 광의의 대한민국 국민은 대한민국에서 대한민국 국민으로서의 자유와 권리(특히 거주이전의 자유)를 충분히 누려야 한다고 본다.

법은 '현실적으로 일반적 실효성을 가지고 존재하는 형태의 대한민국'을 기준으로 그 국적을 정하는 법으로서 입법되었다고 보아야 할 것이다.

셋째, 대한민국 국적법은 '국적에 관한 임시조례'에서 최초의 대한민국인을 정의한 것에 기초하여 제정되었지만, 건국헌법 §100에 의해 효력이 유지된 '국적에 관한 임시조례'는 폐지된 일이 없다.[739] 대한민국 국적법도 '국적에 관한 임시조례'를 비소급적으로 개정한 것이 아니다. '국적에 관한 임시조례'가 말하는 "조선"과, 대한민국 국적법에서 말하는 "대한민국"이 같다면, 당연히 국적법이 선행 조례를 비소급적으로 폐지했어야 하나, 그렇게 하지 않았다. 이것이 합리적으로 설명되려면, 양자가 서로 다른 것이어야 한다.

넷째, 광의와 협의의 대한민국 국적을 구별하지 않으면, 탈북자에 대한 자국민보호의무에 관한 대한민국의 국제적 실행(practice)을 설명하기 곤란해진다. 재외 북한인에 대해서는, 북한이탈주민법에 따라 보호받을 의사를 표시하지 않는 한, 자국민보호의무의 대상으로 삼지 않는 것이 대한민국의 현행법이자 실무이다. 만약 재외 북한인이 북한이탈주민으로서 보호받을 의사 표명 없이 단순히 대한민국 여권을 신청한다면, 그것은 아마도 거절될 것이다. 대한민국의 법과 실무의 이런 태도는 국제법적으로는 국제적 관례 내지 실행의 의미를 가진다. 넓은 의미의 대한민국은 형성중인 국가에 불과하여 국제법적으로 대한민국이 아직 '넓은 범위'로 존재하지는 않으므로, 대한민국 정부는 국제적으로 재외국민에 대한 대인고권과 자국민보호의무를 원용할 때 '좁은 의미의 대한민국' 국민에 한정하는 것을 원칙으로 하고, 국제적·준국제적 난민에 한하여 이를 북한인에게도 확장하고 있는 것으로 풀이할 수 있다. 판례에서도 '국적에 의한 임시조례'에 의해 인정되는 북한주민의 국적이나 그에서 파생된 국적이 대한민국 국적법상의 국적과 동일하다고는 하지 않는다.

상술한 대로, 넓은 의미의 대한민국의 영토 내에 북한법질서가 존재하는 상황에서, 넓은 의미의 대한민국 국적과 좁은 의미의 대한민국 국적이 서로 구별되는 실정법적 제도로서 존재한다. 그래서 넓은 의미의 한국인 중 남한인과 북한인을 구별할 수 있다. 그 구별기준은 준국제사법적 맥락에서 본국법주의를 관철하는 데 도움이 된다. 즉, 남한인의 속인법을 정할 때에는 좁은 의미의 대한민국 국적을 연결소로 삼을 수 있다(아래 3. (4) (나)).

---

739) 대법원 1996. 11. 12. 선고 96누1221 판결.

2. 준국제사법적 논점의 존재와 국제사법적 논점과의 관계

(1) 준국제사법 문제의 존재

현실적으로 남북한은 지역적으로 나뉘어 실효적 지배를 하고 있다. 대한민국 헌법상의 대한민국 내에 두 개의 장소적 부분법질서가 존재한다. 그래서 넓은 의미의 대한민국도 장소적 불통일법국이고, 남북한 간의 장소적 저촉법 문제도 준국제사법 문제에 해당한다.[740] 남북한간의 법률저촉 문제는 '국제적' 법률저촉 문제는 아니지만,[741] 국내적인 장소적 법분열은 준국제사법적 논점을 발생시킨다.[742] 국제사법과 준국제사법의 본질은 같다. 둘 다 공간적(장소적) 저촉법이다. 그러므로 준국제'사법'에 따라 '북한지역에서 사실상 효력을 가지는 사법(私法)'을 준거법으로 지정하여 적용할 수 있다. 이는 장소적으로 타당한 법을 준거법으로 삼는 장소적 저촉법의 원리에 맞으며, 대한민국 헌법에 위반

---

740) 이호정(1995), 37; 신영호(1998), 37; 김용한(2011), 776.

741) 판례도 북한을 국가로 보지 않으므로, 북한과 남한 간의 장소적 법률저촉 문제는 '국제'사법의 문제는 아니라고 본다. 이러한 태도는 일관되고 있다. 대법원 1961. 9. 28. 선고 4292행상48 판결; 서울민사지방법원 1989. 7. 26.자 89카13692 결정; 대법원 1990. 9. 28. 선고 89누6396 판결 등.

742) 대한민국 법원은 때때로 이 점을 간과한다. 그것이 단순한 일회적 오판결례에 머무르지 않고, 아예 '판례'로 승격되어 굳어진 예도 있다. 즉, 대한민국 저작권의 장소적 효력범위는 북한지역도 포함한다는 것이 일관된 판례이다. 대법원 1961. 9. 28. 선고 4292행상48 판결; 서울민사지방법원 1989. 7. 26.자 89카13692 결정("우리 헌법에 의거하여 제정 시행된 저작권법이나 민법 등 모든 법령의 효력은 당연히 북한지역에 미친다고 보아야"); 대법원 1990. 9. 28. 선고 89누6396 판결; 서울고등법원 2006. 3. 29. 선고 2004나14033 판결. 그러나 대한민국법의 실효적 효력범위는 일반적으로는 남한지역에 국한되고 있다. 그러므로, 왜 저작권법의 장소적 효력범위는 달리 해석해야 하는지 근거 설시를 시도했어야 한다. 그래서 대한민국 저작권법에 관해서는 '넓은 의미의 대한민국이 북한지역에서도 실효적으로 적용되고 있다'든지, 좀 더 구체적으로 대한민국 저작권법이 미수복지역에서도 역외적용(준국제적인 역외적용)된다는 등의 논리를 제시할 수 있을지 검토해야 한다. 그러나 판례는 대한민국법 내에서 남한지역에서만 실효적으로 적용되고 있는 법규와 북한지역에서도 실효적으로 적용되는 법규를 구별하는 대신, 마치 전자와 같은 법규는 전혀 없는 것처럼 설시할 뿐이다. 법규의 장소적 효력범위에 관한 일반론을 따르고, 대한민국 법규의 장소적 효력범위가 대부분 남한지역에 한정되고 있다는 현실을 인정하면서도, 어떻게 저작권법은 달리 취급할 수 있을지 법리구성을 탐색하는 노력은 전혀 보이지 않는다. 단지, '대한민국은 넓은 범위에서 존재해야 한다'는 당위론만 반복하면서 선행 대법원 판례에 의존하려 할 뿐이다. 대한민국 저작권법이 북한지역에서도 실효성을 가진다는 판례의 결론이 잘못된 것일 수도 있다. 북한주민이 남한 법원에서 남한 저작권법에 의한 보호를 받는 것이 극도로 곤란한 상황에서, 과연 '남한 법원을 통하여 북한지역에서도 남한 저작권법이 실효적으로 적용되고 있다'고 말할 수 있는지 의문스럽기 때문이다. 그러므로, 북한에서 창작된 저작물에 대하여 남한 저작권법이 적용된다고 판단하려면, 두 가지 방법이 있다. 하나는, 속지법에 해당하는 북한 저작권법이 과연 실효적으로 적용되고 있는지 의심스러워, 북한지역에서 실제로 실효적으로 적용되는 저작권법의 내용은 확인되지 않는다고 하고 이러한 '북한법 조사실패'(준거북한법의 내용 불명)를 조리(條理)에 의하여 보충하는 것이다. 다른 하나는, 북한 저작권이 실효적으로 적용되고 있지 못해 문예창작물에 아무런 저작권을 부여하지 않는 것은 준국제사법상의 공서양속(2001년 개정 전에는 涉私 §5, 2001년 개정 후에는 國私 §10으로 규정된 것의 유추적용)에 위반된다는 이유로 배척하고 남한 저작권법을 보충적으로 적용하는 방법이 있다.

되지도 않는다.

북한은 국가로서의 실질을 가지고 있으나, 대한민국 내에 존재하는 사실상의 분방(分邦)이다. 일정한 장소에서 자신의 법을 사실상 실효적으로 시행하고 있는 장소적 법질서이지만, 그 영토가 대한민국과 겹쳐 그 존재 자체가 대한민국의 영토주권을 침해하므로, 북한을 국제사법상의 국가로 인정할 수는 없다. 만약 남한(좁은 의미의 대한민국)이 북한법질서를 '적법'한 부분법질서로 승인하게 되면(준국제적 할양), 북한은 헌법적으로도 적법한 지위를 가지는 분방이 되겠지만, 이런 조치는 대한민국 헌법(특히 §3의 영토조항)에 어긋난다.

대한민국법상 북한정부가 반국가단체(적성단체)로서의 지위를 가지고 북한지역이 수복의 대상이지만, 이는 북한의 사법질서(私法秩序)가 대한민국 내의 장소적 부분법질서를 구성함을 방해하지 않는다.[743] 한 국가 내의 이법지역(異法地域)으로 인정받기 위해, 그 지역에 자신의 법을 사실상 적용하고 있는 법질서가 반드시 '적법(適法)'한 법질서일 필요는 없다. 북한이 적법하게 설립된 분방

743) 이 점에 대한 이설로는 두 가지가 나와 있다. 먼저, 북한은 항상 대한민국 내에 있지만 반국가단체로서 분방의 자격이 없다는 견해가 있다. 김용한(2011), 777은 "한국은 전국의 통일을 목표로 해서 항쟁을 계속하고 있는 것이므로 국가로써 통일된 조직내에 있는 이법지역과는 스스로 다르며 따라서 국내적으로 법률저촉을 해결할 법칙이 존재하지 않기 때문"에 "한국이 불통일법으로서 [*sic*] 이법지역을 구성하고 있는 것으로 보는 것"에는 "난점"이 있다고 한다. 즉, 남북한지역이 미국처럼 "통일된 조직내에 있는 이법지역"을 구성하지 않으므로, 본국법주의에 의하여 혹은 그 연장선상에서 어떤 사람이 남한법질서에 속하느냐 북한법질서에 속하느냐를 정할 수는 없다고 한다. *Ibid.*(이상 순한글로 바꾸어 인용) 북한의 대한민국(넓은 의미) 내 지위를 파악함에 있어, 북한법질서가 대한민국(넓은 의미)의 공식적 일부로 편입되어 있는지에 초점을 맞추는 것은 적절하다. 그러나 연방국가의 조직이 없다 하여 장소적 다법국(場所的 多法國)(장소적 법분열국)이 되지 못하는 것은 아니다. 단지, 북한지역은 미수복지역이므로 분야에 따라서는 대한민국법의 영토적 효력범위를 북한지역에 확장할 수 있고, 준국제사법적 규율에 있어 연방국가 내의 분방처럼 고도로 신뢰, 존중할 수 없다는 특수성이 있을 뿐이다. 두 번째의 이설은 북한은 분야별로 아예 분방(分邦)으로도 다루지 않거나, 아예 독립된 국가로 취급하려 한다. 이 견해는 북한을 분방으로 취급하는 중간적 해결의 여지는 남기지 않는다. 즉, "북한이 반국가단체로서 활동하는 규범영역"에서는 북한을 반국가단체로만 취급하고 분방으로도 국가로도 인정하지 않고, "북한이 평화통일을 위한 대화와 협력의 동반자로서 활동하는 규범영역"에서는 북한을 국가로(혹은 국가처럼) 다루어야 한다고 주장한다. 정구태(2013), 284 f. 이 견해는 북한 존재의 반국가성, 반헌법성에도 불구하고 사법(私法) 분야에서의 남북한 간 법률저촉을 법률저촉법으로 규율할 수 있는 것을 어떻게 정당화할지 고민한 듯하다. 그러나 이 학설이 제시하는 기준과 해결방법에는 획일성의 문제가 있다. 첫째, 북한이 반국가단체에 걸맞게 적대적으로 활동하는 분야에서도 준국제사법적 규율은 필요하다. 관련된 법질서가 적대적 국가·분방이라는 이유로, 사법관계(私法關係)의 준거법 결정의 판단을 피할 수는 없다. 예컨대 북한이 적대적인 기조 하에 투자유치를 기업재산 몰수의 미끼로 삼거나 상속을 외화벌이의 수단으로 삼는 경우에도, 토지임대차와 상속의 준거법이 남한법이냐 북한법이냐의 판단은 해야 한다. 또, 북한 공무원이 북한, 남한 또는 외국에서 북한인이나 남한인이나 외국인을 살해하거나 상해를 가하거나 감금한 불법행위에 대해서도 준거법을 정하여 공서위반 여부를 심사하고 적용해야 한다. 둘째, 준국제사법적 규율대상인 법률관계로 분류했다 하여, 북한의 반국가단체성과 적성단체성을 도외시해서는 안 된다. 오히려 국제사법의 틀 내에서 그 특수성을 충분히 감안해야 한다. 준국제적 난민의 법리, 실체특별법과 공서조항의 적극적 활용 등에 관심을 기울여야 한다.

이 아니고 북한정권이 북한지역을 불법강점하고 있을 뿐이지만, 북한지역의 사실상의 정부가 그 사실상의 고권을 북한지역에서 실효적으로 행사(북한지역의 법질서가 그 지역에서 사실상 타당)하고 있으며 그것이 "통일성 있는 법적질서"[744]에 해당하므로, 북한법질서는 장소적 부분법질서에 해당한다. 그래서 남북한간의 저촉법 문제는 준국제사법 문제이다.

(2) 국제사법과 준국제사법의 판단순서

외국과의 관련이 있는 법률관계에서는 국제사법적 논점이 있을 수 있다.[745] 관련된 법질서 중 어느 것이 그 법률관계를 규율하느냐에 따라 실체사법적 규율결과가 달라지게 된다면, 그 국제사법적 논점에 대한 판단이 필요하다. 준국제사법적 논점도 마찬가지이다. 즉, 북한과의 관련이 있는 법률관계에서는 준국제사법적 논점이 있을 수 있다. 그리고 남북한의 법 중 어느 법이 적용되느냐에 따라 실체관계가 달라지게 된다면 남한법(좁은 의미의 대한민국의 법)과 북한법 중 어느 것이 적용되는지 판단해야 한다.[746]

북한과의 관련이 없으면 준국제사법 문제는 없다. 북한관련성은 없고 외국관련성은 있으면, 남한법과 외국법 중 어느 것이 적용되는지, 외국이 장소적 다법국이면 그 어느 '분방(分邦)'의 법이 적용되는지[747]의 국제사법 문제만 남는다. 즉, 준국제사법적 논점이 실제로 문제되지 않고 국제사법적 논점만 실제로 문제되는 사안에서는, 국제사법적 판단만 하면 된다.[748]

외국과의 관련은 없고 북한과의 관련은 있으면, 국제사법적 판단은 생략 가능하고, 준국제사법적 판단만 하면 된다.

외국적 관련도 있고 북한과의 관련도 있으면, 국제사법과 준국제사법이

---

744) 김용한(2011), 777의 표현임(순한글로 바꾸어 인용).

745) 다만, 國私 §25 ④가 분명히 하듯이, 적어도 國私 §25는 외국관련 없는 사안에도 적용된다. 나아가 소수설은 국제사법이 외국관련 없는 사안도 규율한다고 한다(앞의 VI. 2.).

746) 즉, 해당 논점에 대해 남한법과 북한법의 내용이 동일하면, 그 중 어느 법이 적용되느냐의 판단은 생략할 수 있다. 신영호(1998), 37, 52 참조(이 경우 남북한법 중 어느 것을 적용하든 "문제되지 않"음).

747) 외국 내의 어느 분방의 법이 적용되는지의 문제는, 그 외국의 관점에서는 준국제사법적 문제이지만, 대한민국의 관점에서는 국제사법적 문제의 일부이다. 國私 §3 ③은 이 점을 분명히 하고 있다.

748) 강학상으로 그리고 실무에서, 북한과의 속인적 접촉이 없는 사안을 저촉법적으로 다룰 때에는, 준국제사법의 논점은 아예 검토대상이 되지 않는다. 심지어 마치 북한법질서의 존재를 무시하고, 마치 대한민국이 장소적 법분열국이 아닌 것처럼 처리하곤 한다. 이것은 정상적이다. 준국제사법적 논점도 실제로 문제되는 경우에만 묻고 답하면 된다. 국제사법이 대한민국법을 국적국법이나 본국법으로 지정할 때에도 그렇고, 기타의 연결기준에 의해 대한민국법을 준거법으로 정할 때에도 그렇다.

모두 현실적으로 문제된다. 논리적으로는 국제사법적 판단을 먼저 해야 한다. 외국법이 적용되는 사안이면, 대한민국 내에서 장소적 부분법질서를 선택하는 문제는 없기 때문이다. 그러나 국제사법적 판단과 준국제사법적 판단이 동시에 이루어지는 경우가 많다.

첫째, 국제사법이 본국법이나 국적국법으로 대한민국법을 지정하는 경우에는, 먼저 대한민국법에 따라 그가 넓은 의미의 대한민국의 국민인지, 즉 대한민국 헌법상의 대한민국 국민의 지위를 가지는지 확인해야 한다.[749] 이것이 긍정되면 먼저 넓은 의미의 대한민국법을 지정해야 한다. 남한 국적법상의 국적을 가지면, 넓은 의미의 대한민국 국적도 법률상 당연히 가진다. 다음 단계로 남한법과 북한법 중 어느 한 쪽을 속인법으로 정해야 한다.[750] 남한법이나 북한법을 속인법으로 지정하는 연결기준에 대해서는 학설이 대립한다(아래 Ⅳ. 2.). 사견으로는, 당사자가 좁은 의미의 대한민국 국적, 즉 대한민국 국적법상의 국적[751]을 가진다면 남한법을 지정해야 한다(아래 Ⅳ. 3.). 그렇게 함으로써, 국제사법에 의한 본국법 지정과 남한 준국제사법에 의한 속인법 지정을 한번에 할 수 있다.[752]

둘째, 국적 외의 연결점에 의해 준거법을 정하는 국제사법규칙은 원칙적으로 준국제사법규칙으로도 유추적용(규정유추)해야 한다. 그 법률저촉규칙에

749) 이 점을 대한민국법에 따라 판단하는 이유는, 바로 김용한(2011), 777이 지적하는 대로 한반도와 그 부속도서에서 대한민국만이 유일한 "정통정부"이기 때문이다(순한글로 바꾸어 인용).

750) 김용한(2011), 777 f.는 이 단계의 판단은 하지 않고 곧바로 대한민국 국민 즉 남한 국민이라고 판단해야 한다고 주장한다. 즉, 남한법과 북한법 중 어느 법을 속인법을 할지의 준국제사법적 판단은, 적어도 본국법으로서 대한민국법이 지정된 한, 해서는 안 된다고 주장한다. 이러한 해석론은 '국적을 연결점으로 하는 국제사법규칙을 준국제사법에 끌어쓸 때 남한 국적법상의 국적이 있으면 그것을 연결점으로 삼아 남한적을 정하여 남한법에 연결해야 한다'는 필자의 해석론과 일맥상통하는 점이 있다. 그러나 김용한이 말하는 대한민국 국적이 남한 국적법에 의해 정해지는지, 아니면, '국적에관한임시조례'와 그 연장선상에서 정해지는 '넓은 의미의 대한민국 국적'을 말하는지는 분명하지 않다. 만약 전자라면, 당사자에게 남한 국적법상의 국적이 없으면 어떻게 할지에 대해서도 입장 표명이 없다.

751) 건국헌법 §3에서 "大韓民國의 國民되는 要件은 法律로써 定한다."고 규정하였고 후속 헌법개정에서도 개정이 없었다. 그래서 대한민국 법률(현실적으로는 남한 법률)로써 넓은 의미의 대한민국 국민의 지위를 정할 수 있다. 그러나 대한민국의 현행 국적법은 이 헌법조문이 수권하는 입법사항 중에서 세부문제에 해당하는, '좁은 의미의 대한민국 국민의 지위'를 정하는 법률로써 마련된 것으로 해석된다. '넓은 의미의 대한민국' 국민의 지위를 정하는 법률은 아직 제정되지 않고 해석에 맡겨져 있다.

752) 김용한은 이런 경우에 대한민국 국적을 연결점으로 하여 본국법으로 '좁은 의미의 대한민국' 법을 지정하는 것을 인정하는 점에서는 결론적으로 같으나, 논리적으로는 다른 설명을 한다. 그리고 국제사법에 의해 본국법을 지정하는 연장선상에서 준국제사법적으로 북한법을 지정하기는 어렵다고 말한다. 이런 경우에는 오히려 "양정권 중 그 일방을 정통정부로 인정하고 그 정부의 제정법으로써 한국의 어느 지역에 소속하는가를 묻지 않고 한국인에게 적용할 본국법으로 보는 것"이 유일한 해결방법이라고 서술한다. 김용한(2011), 777. 그러나 국제사법에 의해 본국법이 지정된 경우에, 다음 단계의 준국제사법적 규율에 있어 북한법의 지정가능성을 완전히 배제하는 것은, 그 한도에서 준국제사법적 규율을 포기하는 셈이 되어 부당하다.

의해 국제사법과 준국제사법의 문제가 동시에 해결된다.

(3) 남북한관계와 북한법의 특수성의 고려

북한은 정상적 형태의 분방(分邦)이 아니다. 광의의 대한민국의 공식적 분방이 아니며, 남한의 문명적 법질서의 파괴 내지 악용을 추구하는 적성단체이다. 남북한간의 행정·사법공조 가능성도 북한정부의 비협조로 봉쇄되어 있다. 가장 초보적 교류형태인 무역선의 왕래, 우편, 전신, 전화도 막혀 있다. 북한법은 인권을 존중하지 않고, 사법질서(私法秩序)의 독자성도 의심스러워, 문명적 법질서라고 할 수 없다.[753] 북한은 북한주민을 국경내에 감금하고 있으며, 거주이전의 자유가 인정되지 않는다. 북한의 특수성은 존재의 반국가성(대한민국의 영토주권 침해), 대남관계에서의 적성(敵性), 대외적 단절성, 대민통제의 반인권성(감금국가성)으로 요약된다. 남북간 교류협력에도 불구하고 여기에는 변함이 없다. 북한의 이러한 특수성은 남북한관계의 특수성을 낳고, 대한민국의 준국제사법으로 하여금 다른 나라의 준국제사법과 다른 특색을 가지게 한다. 즉, 준국제적 소속(속인법)의 결정, 공서조항의 적용, 필요적 강행법규 및 실체특별법(국제적 실체법규)의 형성과 해석 등에서 중요한 실마리가 된다.

3. 준국제사법 해석의 기본원칙

(1) 문제제기

넓은 의미의 대한민국[754] 내의 유일한 합법적 국가는 좁은 의미의 대한민국이다. 좁은 의미의 대한민국은 넓은 의미의 대한민국의 영역(영토, 영해, 영공) 가운데 좁은 의미의 대한민국의 영역[755]에 대해서만 실효적 사법질서(司法秩序)를 마련해 두고 있다. 이 상황에서 '대한민국' 법원이라 할 때에는 넓은 의미와 좁은 의미의 대한민국 중 무엇을 가리키는지 구별할 필요가 없다. 그리고 남한 법원은 대한민국 내의 준국제사법 문제를 해결하기 위해 남한 준국제사법을

753) 이호정, 33.

754) 북한지역과 그 주민(북한주민)에 대한 실효적 지배는 대한민국 헌법에서 일관되게 선언되고 있음에도 불구하고 완전한 형태로 실현되지 못하고 있다. 국가의 3요소인 국토, 국민, 국가권력(주권) 중 세 번째 것이 완전한 형태에 미치지 못하고 있다. 요컨대, 넓은 의미의 대한민국, 즉 대한민국 헌법이 일반적으로 말하는 대한민국은 완성된 형태의 국가는 아니다. 이효원(2008), 247은 대한민국 헌법이 통일헌법이라는 면에서 "완성헌법"의 형태라고 하나, '넓은 의미의 대한민국'의 있어야 할 모습에 대한 규범적 상(像)이 완성되어 있다는 의미이지, 헌법현실이 완성되어 있다는 취지는 아닐 것이다.

755) 국제사법학 일반이론에서는 영역을 가리켜 영토라고만 칭하는 경우가 많으나, 이는 전통적인 언어관용에 불과하며, 그렇게 말하더라도 영토, 영해, 영공을 총칭하는 의미임에 의문이 없다.

적용해야 한다.[756)]

좁은 의미의 대한민국은 준국제사법에 대한 체계적 규정체계를 가지고 있지 않다.[757)] 상속에 관해서도 같다. 그래서 준국제사법 법규는 해석에 의해 발견되어야 한다. 그런데 준국제사법도 국제사법처럼 장소적 법률저촉법이다. 따라서 준국제사법의 기본원칙이 국제사법의 기본원칙과 달리 파악되기 어렵다. 오히려 명문의 준국제사법규정이 없으면 국제사법규정을 최대한 그대로 유추적용(규정유추, 법유추)해야 한다. 불필요한 차별화 시도는 장소적 법률저촉의 문제에 대한 대한민국법의 일관성을 흐리는 결과를 낳는다. 어떤 준국제사법적 논점에 대해 해석론으로 현행 국제사법규정과 다른 해결을 하려면, 國私 §8을 원용하여 비상적(非常的)인 사법적(司法的) 법형성을 할 때만큼은 아니더라도, 매우 조심스러워야 할 것이다. 준국제사법을 입법할 때에도 그 내용은 국제사법의 그것과 원칙적으로 동일해야 한다.[758)]

다만 해석론(유추적용론)으로든 입법론으로든, 본국법이나 국적국법을 지시하는 국제사법규정을 남북한간 법률저촉문제 해결을 위한 준국제사법규칙으로 그대로 옮겨 쓸 수는 없다.[759)] 이렇게 하려면 북한 국적법[760)]을 적용해야 하는

756) 신영호(2010), 295도 대체로 동지이나, 준국제사법 문제에 준국제사법을 "유추"적용하라고 하는 점은 의문이다. 준국제사법의 법률흠결을 해석(정확히는 사법적(司法的) 법형성)에 의해 보충했으면, 준국제사법이 존재하게 된다. 남한 법원에게 남한 준국제사법은 자국법이자 자분방(自分邦)의 법이므로 당연히 따라야 한다. 준국제사법의 법률규정이 없으면 해석으로 흠결보충하여 적용해야 한다. 그런데 이 점을 부정하고, '다른 나라의 준국제사법 문제를 해결하듯이 그때그때 개별사안별로 최밀접관련법을 찾아 변통하라'고 하는 학설도 있으나(후술하는 제3조 제3항 유추적용설) 의문이다.

757) 다만 북한이탈주민법 §19-2 ①은 북한이탈주민으로서 남한적을 취득한 배우자가 북한주민인 배우자를 상대로 재판상 이혼을 구하는 사안유형에 한정하여, 적어도 이혼사유에 관한 한 항상 남한 이혼법을 적용하도록 하는 준국제사법 규정으로서의 의미도 가지는 것으로 해석할 수 있다. 國私 §39 但은 쌍방 배우자의 공통된 속인적 연결소를 우선시키는(國私 §39 本에 의한 國私 §37 준용) 대신 법정지법을 지정하는 요건으로 일방 배우자의 내국 국적·상거소가 병존할 것을 요구하지만, 북한이탈주민법 §19의2 ①은 위 사안유형에 관한 한, 남한에 상거소가 있을 것을 요구하지 않는다는 점에서, '준국제적 이혼사건의 준거법 결정을 위해 國私 §39를 유추적용'하는 일반법에 대한 특칙이다. 상세는 장준혁(2009) 참조. 북한이탈주민법 §19의2 ①에 이런 취지의 준거법결정규칙이 없다고 보고 준국제적 이혼에 항상 國私 §39를 유추적용하는 견해로는 석광현(2015), 369.

758) 결과적으로 동지: 최금숙(2001), 303.

759) 석광현(2015), 339. 다만 이 문헌은 '반국가단체의 국적법에 의해 북한적을 정할 수 없다'는 점에 한정하여 이렇게 말하는 것이 아니라, 남북한간 준국제사법에 한정하지 않고 준국제사법에 대한 일반론으로서 이렇게 말한다. 그러나 이 점은 의문이다. 분방이 그 소속을 정하는 국적법과 같은 법을 가지고 있으면 그것을 준국제적 연결소로 삼을 수 있다. 이호정, 32. 가령 장소적 다법국에서 모든 분방이 분방 소속을 정하는 법규를 가진다면(연방법으로든 각 분방의 자율법으로든), '분방의 국적'이 준국제사법의 연결소가 될 수 있다. 1개 분방은 분방 소속을 정하는 법규가 없고, 다른 분방들은 분방 소속을 정하는 법규를 가지는 경우에도 마찬가지이다.

760) 이에 관해서는 Chin Kim(1972) 참조.

데, 그렇게 할 수 없다.[761] 대한민국의 영토의 일부를 불법적으로 강점하고 있는 적성단체의 공법의 적용결과를 승인하는 것은 대한민국 헌법의 핵심적 부분에 위반되어 불가하기 때문이다.[762] 따라서 북한 국적법에 의하지 않으면서 북한 소속자를 가려내어야 한다. 이를 어떤 기준에 의할지, 또 남한 소속은 어떻게 정할지가 관건이다.

그런데 북한적과 남한적을 결정하는 기준을 정하는 데 초점을 기울이면서, 어떤 경우에 그 연결소를 비실효적(非實效的)인 것으로 다루어야 하는지, 실체특별법과 절대적(필요적) 강행법규은 어떻게 입법, 해석할지, 공서조항은 어떻게 활용할지 등에 주의를 기울여야 함에도 불구하고, '남북한법 중 어느 것이 적용되느냐는 국제사법규정을 유추적용하여 정한다'는 데 대해 견해가 일치하는 것은 아니다. 그 학설대립을 먼저 검토한다.

(2) 학설의 검토

준국제사법 문제가 어떤 범위에서 존재하는지의 파악과 해결방법에 관하여 학설은 두 갈래로 나뉜다. 한편에는 국제사법규정들을 규정유추하면서 준국제적 속인법 결정기준을 정하는 견해(국제사법 유추적용설)가 있다. 다른 한편에는 이런 명쾌한 해결을 거부하고 '외국이 한국 내 장소적 법분열을 다룰 때'처럼 해결하는 견해(제3조 제3항 유추적용설)가 있다. 학설대립의 실익은 남한의 국제사법규정이 국적을 연결점으로 할 때 이에 상응하는 준국제사법적 판단을 어떻게 할지에 있다.

(가) 국제사법 유추적용설

이 학설은 남북한법 간의 선택은 항상 준국제사법의 문제라고 본다. 그래서 국제사법규정에 의할 수 없고 준국제사법규칙에 의해야 하는데, 후자에 대해서는 광범위한 법률흠결이 있으므로 국제사법규정을 유추적용한다.[763] 다만 본국법을 지시하는 국제사법규정을 준국제사법 문제에 유추적용할 때에는 이를 거소, 상거소 또는 주소로 바꾸어 쓸 것을 주장한다. 구체적 기준에 관해서는 견해가 나뉜다.[764]

---

761) 신영호(2010), 295. 북한 국적법의 적용결과를 승인하는 견해로는 나인균(1994), 478; 이병훈(2004), 163; 이주윤(2008), 386; 정구태 · 이홍민(2011), 55의 주 1.

762) 외국은 오히려 북한 국적법의 적용결과를 승인하여 북한인의 국적국법과 본국법을 정해야 할 것이다. 북한을 국가로 보든 분방으로 보든, 국가승인이나 정부승인을 하였든 아니든 같다. 물론 북한 국적법이 실효적으로 적용되고 있지 않으면 북한 국적을 실효성 결여를 이유로 부정할 수 있다.

763) 이호정, 32, 170; 신영호(1998), 37, 52; 신영호(2010), 295; 임성권(1999), 187 f.; 임성권(2004), 421; 유하영(2005b), 243.

764) 이은정(2010)은 남한인의 상속이 남한법원에서 개시된 경우만을 논의대상으로 하고, 준거법

첫째, 국적처럼 분방이 그 소속을 정하는 것이 있으면 그것을 기준으로 하는 것도 가능하지만, 거소 내지 상거소를 기준으로 삼는 것이 낫다는 견해가 있다.[765] 구체적으로는, 남북한 중 다음의 연결점이 있는 곳의 법을 지정할 것을 주장한다. 1순위는 주소, 2순위는 최후주소, 3순위는 거소, 4순위는 최후거소, 5순위는 최밀접관련 있는 분방, 6순위는 수도의 법이다.[766]

둘째, 남한과 북한의 국적 개념은 남북한을 아우르는 것이어서 준국제사법의 연결점으로 삼을 수 없으므로 상거소나 주소로 대치해야 한다는 견해가 있다.[767]

셋째, 남한 소속은 대한민국 국적법으로 정하고,[768] 북한 소속에 관해서는 북한 국적법의 적용결과를 사실상 존중하여 "북한 주민"이라는 이름으로 북한인으로 파악하는 견해도 있다.[769][770]

결정의 문제를 다루지 않는다. 그래서 준거법결정을 위해 국제사법을 적용할지 유추적용할지에 대해 아무런 언급이 없다. 북한주민도 대한민국 국민이라 하고(154 f.), 북한주민에 대한 준국제적 실체특별법의 필요성을 입법론적으로 인정할 뿐이다(157 이하). 적어도 실체특별법적으로는 북한과의 접촉이 섭외적 요소가 됨을 인정하는 태도로 평가된다. 그리고 대한민국을 넓은 의미로 이해하므로, 남북한간 법률저촉을 준국제적 관계로 보는 태도에 가깝다. 남한인과 북한인의 구별기준에 대해 명확한 견해를 밝히지 않으나, '북한주민 아닌 대한민국 국민'과 '북한주민인 대한민국 국민'으로 나누는 태도로 이해된다.

765) 이호정, 32.

766) 이호정, 170. 이 문헌은 이를 대한민국 준국제사법의 연결기준으로서 제시할 뿐만 아니라, 國私 §3 ③ 後에 의해 외국 내의 준국제사법 문제를 법정지 스스로 해결할 때에도 이 기준을 "類推" 적용하라고 한다. 이호정, 170.

767) 임성권(1999), 187 f.은 국적을 대신하여 주소를 연결점으로 삼을 것을 주장한다. 이론적으로는 상거소가 낫지만 상거소는 아직 대한민국에 낯설고 대한민국법상 주소와 상거소는 의미가 같다는 이유를 든다. 그러나 2001년 국제사법 개정으로 상거소가 입법적으로 채용된 후에는, 상거소에 대한 유보적 태도를 버리고, 오히려 국적을 대신할 연결점으로 '상거소'를 선호하는 듯하다. 임성권(2004), 421은 '國私 §37을 유추적용할 때, 어차피 §37 ii가 공통상거소지법을 지정하므로, 남북한법 중 공통상거소지법이 1순위, 최밀접관련지법이 2순위로 지정된다 지정하는 것이 된다'고 설명한다. §37 i을 유추적용할 때 어떤 속인적 연결점을 쓸지는 분명히 말하지 않지만, '공통주소지법이 1순위의 준거법이 된다'는 주장을 하지 않음을 볼 때, 국적을 상거소로 대신하는 입장으로 바뀐 듯하다. 신영호(2010), 295도 결과적으로는 국제사법규칙을 유추적용할 때 국적 대신 상거소를 연결소로 삼으라는 입장이다. 그러나 國私 §3 ③ 後에 의해 남북한 중 최밀접지역의 법을 지정하라고 하면서, 그 구체적 기준으로서 상거소를 제시한다. 이 학설은 국제사법 유추설과 국제사법 §3 ③ 유추설을 결부시킨다. 그러나 국제사법 유추설은 國私 §3 ③은 제외하고 유추적용하는 해석론으로 정리되어야 한다. 그리고 '국적을 대신할 연결점'을 찾는 데에는 國私 §3 ③의 유추적용이 불필요하다. 이 학설은 이 점을 간과하고 오히려 國私 §3 ③의 유추적용에 의존하여 '국적을 대신할 연결점'을 찾으려 하는 점에서, 國私 §3 ③ 유추설의 문제점을 고스란히 지니게 된다

768) 신영호(1998), 53.

769) 신영호(1998), 37, 51~53. 첫째, 당사자가 대한민국 국적법상 대한민국 국민이면 남한법을 속인법으로 정하는 입장으로 보인다. *Ibid.*, 51(준국제적 법률저촉의 맥락에서 남한인을 "韓國 國籍者"로 지칭). 이 점을 분명히 서술하지는 않으나 이런 입장으로 풀이해야 할 듯하다. 남조선과도정부의 '국적에 관한 임시조례'도 남한적을 정하는 것이었다고 해석하면서, 현재도 북한주민은 대한민국 국적을 가지지 않는다고 하기 때문이다. *Ibid.*, 53의 주 20. 둘째, 북한법을 속인법을 정

넷째, 국적을 대체할 속인적 연결점에 대한 논의를 해석론의 과제로 미루는 견해도 있다.[771]

국제사법 유추적용설에서는, 국제사법규정 중 國私 §3 ③은 준국제사법의 흠결보충을 위해 유추적용될 여지가 없다. 준거법소속국이 외국이고 장소적 법분열국이면, 한국 준국제사법의 문제는 없다. 이 때 國私 §3 ③을 적용하여 해결하게 되지만, 이것은 한국 준국제사법적 규율의 일부가 아니다.[772] 또, 준거'내국'법이 장소적 법분열국이면 내국의 준국제사법 규칙을 찾아(흠결이 있으면 보충하여) 적용함으로써 문제가 해결된다. 그래서 '외국의 준국제사법을 따를 것인가'에 관한 國私 §3 ③을 준국제사법에 유추적용하는 일은 있을 수 없다.

이상의 학설들은 국제사법학계를 중심으로 주장되고 있으나, 가족법학계 내지 북한법학계에서도 주장되고 있다.[773] '국제사법 유추적용설', 줄여서 '국

하는 기준은 "북한주민"이냐로 정한다. *Ibid.*, 37, 52 f. 특히 53은, "본국법은 당사자의 국적에 의하여 정해지므로, 한국의 입장에서 북한 주민의 북한 국적을 정면으로 인정할 수 있는가의 문제는 있더라도,……북한주민……의 본국법은 북한법으로 보아야 할 것"이라고 한다(순한글로 바꾸어 인용, 이하 같음). 이것이 북한 국적법에 따른 북한적의 취득과 상실을 승인하는 취지인지, 아니면 대한민국법의 관점에서 북한 국적법과 상관없이 북한적(北韓籍)을 정의하는 것인지, 아니면 무국적자에 준하여 주소지법(涉私 §3 ②)(2001. 7. 1.부터는 國私 §3 ②에 의해 상거소지법)으로 본국법을 대신한다는 취지인지 분명한 것은 아니다. 논리적으로만 보면, 둘째나 셋째의 취지일 가능성도 없지 않다. "['국적에 관한 임시조례'가] 제정·시행되던 당시에 38도선 이북에 거주하던 자는 현대의 대한민국 법률상 무국적자에 지나지 않는다고 보아야 한다"고 서술하는 것(*Ibid.*, 53의 주 20)을 보면, 세 번째 취지처럼 보이기도 한다. 그러나 *Ibid.*, 51 ff.는 남북한간의 왕래가 자유로와져 북한주민이 남한에서 "북한주민"으로서 사는 경우에 관한 서술임에 유의할 필요가 있다. 즉, 북한의 억압적 지배를 벗어나 남한지역에 들어온 후에도 "북한주민"으로서 인정되고, 심지어 한국에 "영주"(永住)하더라도 여전히 본국법주의 국제사법규칙을 유추적용하여 북한법을 지정하게 된다고 한다. *Ibid.*, 53. 그러므로 이 학설의 취지는 첫 번째로 풀이된다.

770) 소재선(1996)은 북한주민도 대한민국 국민이므로 대한민국법이 적용되어야 한다고도 하고(517), 상속의 준거법은 피상속인이 사망시 "귀속"한 지역이 남한이냐 북한이냐에 따라 남한법이나 북한법을 적용해야 한다고도 한다(520). 앞부분의 서술은 대한민국 민법의 효력범위론을 의식하여, 남한법이 준거법으로 지정되더라도 북한인에게는 그 효력이 미치지 않을지 염려한 것으로 보인다. 뒷부분은 國私 §49 ①의 전신인 涉私 §26 ①의 유추적용을 말하는 듯하나 연결점이 무엇인지는 불분명하다.

771) 유하영(2005b), 243은 국제사법을 준국제사법 문제에 "준용 또는 유추적용"할 것을 주장한다. 그러나 국적을 연결점으로 하는 국제사법규정을 준국제사법으로 끌어쓸 때 어떻게 할지에 대해서는 아무런 언급이 없다.

772) 國私 §3 ③ 後에 의하는 경우 법정지 준국제사법을 외국의 준국제사법 문제 해결을 위해 유추적용할 여지는 있다. 실제로 국내에도 그런 주장이 있다. 준거'외국'법이 장소적 법분열국일 때, 그 외국이 통일된 준국제사법을 가지고 있지 않으면 법정지 국제사법이 스스로 준거법을 정해야 하는데, 이호정, 170, 172는 이 한도에서 직접적용주의를 본격적 형태로 채용할 것을 주장하고, 구체적으로는 '법정지의 준국제사법(남북한의 법률저촉 문제를 해결하는 법)을 외국의 준국제사법 문제 해결을 위해 유추적용'할 것을 주장한다. 그것이 사안별로 각종 접촉을 종합하여 형량하는 방식보다 낫다는 것이다.

773) 유하영(2005b), 243.

제사법 유추설'이라고 통칭할 수 있다.

(나) 제3조 제3항 유추적용설

이 학설은 '남북한법간 선택도 국제사법을 적용하여 해결하되 국적에 의한 연결시에는 國私 §3 ③ 後를 유추적용하라'고 한다. 즉, 원칙적으로는 남북한법간의 선택도 '국제'사법으로 정하라고 한다. 이 문제는 '외국'이 아니라 '내국'의 준국제사법적 문제이므로, 國私 §3 ③이 '적용'될 수는 없지만, 이를 '유추적용'하여 해결하라고 한다. 즉, 대한민국 내의 준국제사법 문제는 준국제사법규칙으로 해결하지 말고, 총론적으로 國私 §3 ③으로 해결하라고 한다.[774]

남북한법 간의 선택을 어떻게 '국제'사법 문제로 다룰 수 있는가? §3 ③ 유추설은 사법관계(私法關係)에서의 북한법 적용가능성을 "남북한 특수관계론"에 따라 근거지운다.[775] 북한은 맥락에 따라 국가처럼 다루어질 수 없거나 국가처럼 다루어져야 하는 이중적 지위를 가진다고 한다.[776] 남북한 간에는 본질상 서로를 불법시하는 적대관계의 분야와, 서로의 존재를 인정하고 공존하는 우호협력관계의 분야가 있고, 후자에는 "국제법원칙"이 적용되어야 한다고 한다.[777] 사법관계(私法關係)의 저촉법은 우호협력관계에 속하고, 적대적 대립관계에 관한 규율이 아니므로, '국제법원칙'에 따라 서로를 국가처럼 취급해야 하며,[778] 준국제사법에서는 사실상 국가와 같은 지위를 누려야 한다고 한다.[779] 그래서 남북한 간의 법률저촉 문제에도 국제사법을 '적용'하라고 한다.[780] 이것이 남북한법 간의 준거법결정도 '국제사법'으로 하는 근거에 대한 이 학설의 설명이다. 원칙적으로는 국제사법규정에 의해 내외국법 간의 선택과 남북한법 간의 선택이 동시에 이루어지게 된다.

그런데 이 학설은 남한의 국적법이 남북한을 아우르는 '광의의 대한민국' 국적을 정하는 법이라고 본다. 그래서 이 학설에 따르더라도, 대한민국 국제사법이 국적에 의해 대한민국법을 지시할 때에는 준국제사법적 판단을 따로 해

774) 정구태(2013), 284 ff.; 신영호(2010), 295; 석광현(2015), 345. 다만 신영호(2010), 295는 국제사법 각칙규정(독립적 저촉규정)을 준국제사법 문제에 유추적용하라는 주장도 병행한다.

775) 정구태(2013), 284~286.

776) 정구태(2013), 284 f.

777) 이효원(2008), 429 f.

778) 정구태(2013), 288~292(혼인의 실질적 성립요건), 혼인의 방식(292), 304 f.(친자관계의 성립), 308(상속).

779) 정구태(2013), 283("북한은……규범적으로는 대한민국의 일부분으로서 대한민국과 함께 단일한 국가성을 가지나, 현실적으로는……한반도에는 사실상 두 개의 국가가 존재하고 있는 것으로 평가된다.").

780) 정구태(2013), 284~286.

야 한다. 이 학설이 제시하는 해결방안은 독특하다. '외국이 장소적 법분열국인 경우'에 관한 國私 §3 ③을 '내국이 장소적 법분열국인 경우'에 끌어쓰라(유추적용하라)고 한다. 國私 §3 ③을 '유추'적용하는 근거 설명도 독특하다. 남한과 북한이 완전히 별개의 국가인 것은 아니므로[781] 남북한법 간에서의 준거법 결정을 '준국제사법' 문제처럼 다루어야 한다는 것이다.

그런데 §3 ③ 유추설에서는 남북한의 준국제사법 원칙이 통일적인지는 남북한의 합의로 속인법 결정기준을 정한 것이 있는가에 따라서만 판단한다. 남북한의 준국제사법규칙을 비교하여 내용이 동일한지 확인하려고는 하지 않는다.[782] 결국, 남북한의 준국제사법 통일이 없는 현 상황에서는, 국제사법규정이 내국법을 국적국법이나 본국법으로 지정할 때에는 항상 國私 §3 ③ 後를 "유추적용"하게 된다.[783] 법관이 무소불위의 입법자처럼 남북한법 중 최밀접관련법을 자유재량으로 골라 적용하게 된다.[784]

§3 ③ 유추설은 '왜' 북한 준국제사법규칙을 참조해야 하는지, '북한 준국제사법과 남한 준국제사법을 대등하게 고려함으로써 남한 준국제사법의 권위를 중립화(무력화)하는 근거가 무엇인지'에 대한 합당한 설명이 없다. §3 ③ 유추설은 남북한 간의 관계를 대등한 협력관계, 국제법상의 국가간의 관계에 준하는 관계라고 말할 뿐이다. 아마도 다음과 같은 취지가 아닐까 생각된다. 사법(私法) 문제에 관한 한, 대한민국은 남한지역의 분방으로서만 정당성을 가질 뿐, '넓은 의미의 대한민국'을 겸할 정당성이 없다.[785] 그래서 대한민국은 자신의 준국제사법으로써 남북한간 법률저촉을 해결할 정당한 권한이 없다.[786] 자신의 국제사법규정을 준국제사법 문제에 유추적용하는 방법도 불가하다. 준국제

781) 그렇다 하여 이 학설이 남북한을 합친 대한민국을 장소적 법분열국으로 보는 것도 아니다. 정구태(2013), 291("남북한은 불통일법국은 아니").

782) 정구태·이홍민(2011), 89 f.

783) 이 학설은 "남북한은 불통일법국은 아니"므로 國私 §3 ③이 적용될 수 없고, 그렇지만 "불통일법국에 유사한 상태에 있"다는 이유로 國私 §3 ③을 유추적용한다. 정구태(2013), 291.

784) 정구태(2013), 291 f.("남북한은 불통일법국은 아니지만 불통일법국에 유사한 상태에 있으므로, 남북한 간의 섭외적 민사관계에 관한 준거법 결정에 있어서 '국적'이 연결점인 경우, 준국제사법 이론에 따라 국제사법 제3조 제3항을 유추적용하여 '당사자와 가장 밀접한 관련이 있는 지역의 법'을 준거법으로 보아야 한다.")

785) 이것이 부당함은 위 1. (3) 참조.

786) §3 ③ 유추설은 이것이 앞의 명제에서 도출된다고 생각하는 듯하다. 그러나 이 명제는 앞의 명제에서 도출되지 않는다. 즉, 설사 대한민국이 분방으로서의 지위만 가지더라도, 남한은 자신의 법원 기타 관청에서 남북한법 중 어느 법을 적용할지를 자율적으로 정할 수 있다. 세계정부가 없음에도 각국이 자율법(국내법)으로서 국제사법을 만들어 외국법 적용에 관해 정하는 것과 마찬가지이다.

사법은 남북한 간에 합의로 정할 수 있다. 그런데 그런 합의는 아직 없다.[787] 그래서 남는 방법은 최밀접관련을 소박하게 탐구하는 방법 밖에 없다. 이상이 §3 ③ 유추설의 취지로 파악된다.

(다) 검토

국제사법 유추설과 §3 ③ 유추설은, 북한을 국가로 다룰 것인가를 놓고 나뉘었다. 이는 큰 차이를 낳았다. 준국제사법이 명쾌하게 정립될 수 있는지, 아니면 북한 저촉법과 비교하고 법관의 재량에 의존하면서 불확실성을 감수해야 하는지가 갈렸다.

국제사법 유추설은 국제사법 규정체계 전체를 준국제사법에 유추적용하여, 준국제사법이 국제사법에 대응하는 포괄적 규정체계를 갖추도록 한다. 더구나, 실제로 흠결보충 과정에서 정해야 할 부분은, '국적 대신 어떤 연결점을 쓸지'에 국한된다. 이 문제를 해결하면 불확실성은 해소된다. 이처럼 국제사법 유추설에 따르면 국제사법과 준국제사법의 연결기준의 일관성을 기할 수 있다. 물론 준국제사법에 특유한 내용으로 저촉규칙, '저촉규칙 내의 실질사법적 해결', 필요적 강행법규, 실체특별법이 마련될 수도 있다. 이런 준국제사법 규칙들은 입법, 학설, 판례를 통해 다듬어지고 축적될 것이다. 국제사법 유추설은,

---

787) 이 점을 이유로 國私 §3 ③의 문제상황과 유사하다고 보는 듯하다. 그러나 여기에는 두 가지 큰 착오가 있다. 첫째, 國私 §3 ③은 본국법이나 국적국법으로 장소적 법분열국법을 지정한 경우에만 개입한다. 이 경우에는, '외국의 어느 장소에서 타당하는 법'을 지정한 것이 아니라, 어떤 '국가'의 법을 지정하고 있으므로, 외국이 장소적 법분열국인 경우에는 독립적 저촉규정만으로는 연결과정이 완결되지 않고, 國私 §3 ③이 개입해야 한다. 그러나 이 점을 간과하고, 남북한법 간의 준거법 결정이 국적 외의 여하한 연결소에 의해 이루어져야 하는 경우이든 불문하고, 國私 §3 ③식으로 하려 한다. 둘째, 國私 §3 ③에서도 분방들에게 '공통된 내용'의 준국제사법규정이 있으면 그것으로 족하다. 國私 §3 ③ 前에 해당하기 위해, 반드시 분방간 협약이나 연방법으로 정해야 하는 것은 아니다. 준국제사법이 역사적 이유에서 혹은 단순한 우연으로 규율내용이 동일할 수도 있고, 모델법(분방끼리 협력하여 만든 것이든 국제적 모델법이든)을 만들어 각기 입법화했을 수도 있다. 또, 반드시 성문법규여야 하는 것도 아니다. 그래서 분방들의 해당 문제에 대한 '국제'사법규정들이 동일하여 그것을 준국제사법 문제 규율에 유추적용한 바도 동일하게 되는 경우일 수도 있다. 그런데 §3 ③ 유추설은 장소적 법분열국이 연방법이나 분방간 협약으로 통일 준국제사법을 정한 경우에만 國私 §3 ③ 前에 의한다고 생각한다. 그 결과, '남북한이 연방을 구성하지도 못하고 준국제사법에 대한 남북한협약도 체결하지 못한 상태이다'라는 데 시선이 유도된 듯하다. 그래서 國私 §3 ③의 문제상황과 남북한간 준국제사법의 문제상황은 비슷하다고 단정한다. 요컨대, 國私 §3 ③의 존재이유는, 독립적 저촉규정이 어느 '장소'의 법이 아니라 어느 '국가'의 법을 지정할 뿐인 경우에는, 그 국가가 장소적 다법국일 때 문제해결이 완결되지 않는다는 데 있고, 國私 §3 ③이 채택하는 해결은, 한국법원도 가능하면 그 외국에서 스스로 준국제사법적 판단을 하듯이 판단해야 한다는 것인데, §3 ③ 유추설은 이러한 國私 §3 ③의 본질은 외면한다. 오히려, '연방법이나 분방간 협약이 있느냐'를 묻고 '그것이 없는 경우'의 해결기준을 제시하는 점에서 國私 §3 ③의 경우나 남북한의 경우나 마찬가지 아닌가 라는 쪽으로 생각이 흐른 나머지, 문제상황의 외형적 유사성(그것도 연방법이나 분방간 협약이 없다는 점에 국한된 유사성)에 시선이 쏠린 듯하다.

남북한 간의 법률저촉 문제를 '준국제'사법 문제로 다룸으로써 광범위한 법률 흠결과 마주치지만, 오히려 법적 불확실성을 최소화하는 방법이 된다.

한편, §3 ③ 유추설은 '북한과의 사법충돌(私法衝突)관계는 본질상 우호협력 관계이고 실제로 북한도 이 틀을 벗어나고 있지 않으니, '국제적' 사법충돌관계로 취급하라 한다("남북한 특수관계론"). 즉, 국제사법을 적용하여 북한법을 지정하면 된다고 한다. 그러나 대한민국 국적에 의해 연결하는 경우에는, 남한과 북한이 각기 한반도 전체에 대한 국가이고자 하므로, 국제사법으로는 남북한간 법률저촉 문제가 해결되지 않는다고 하면서 國私 §3 ③을 유추적용하라고 한다. 그리고 대한민국(남한) 법원은 대한민국(남한) 준국제사법의 흠결을 보충하지 말라고 한다. 단지, 외국이 한반도를 바라보듯이 해결하라고 한다. 연방법이나 분방간 합의로 준국제사법을 통일한 것이 없으니 國私 §3 ③ 前을 유추적용할 수 없고, 國私 §3 ③ 後를 유추적용하여 백지상태로 돌아가(즉 대한민국 국제사법규정을 유추적용할 생각은 하지 말고) 최밀접관련을 첫걸음부터 탐구하라고 한다. 그러나 이러한 §3 ③ 유추설의 이론구성에는 이론적 문제가 있고, 효용성도 낮다.

첫째, §3 ③ 유추설은 준국제사법의 존재이유가 국내적인 장소적 법분열이라는 '현실'에서 도출됨을 간과한다. 장소적 저촉법의 존재이유는 장소적 법분열에서 도출된다. 국가 안에 장소적으로 법을 달리하는 법질서들이 실효적으로 타당하고 있으면 준국제사법적 규율을 해야 한다. 북한이 대한민국(넓은 의미와 좁은 의미)을 적대시하는 불법적 분방이고 비문명적 법질서인 점도 준국제사법 내에서 소화할 수 있다. 북한의 지위의 특수성과 북한법의 반인권적, 반문명적, 반세계적 특성을 고려하여 공서조항을 폭넓게 활용할 수 있고, 실체특별법과 국제적 강행법규로도 대응할 수 있다. 그런데 §3 ③ 유추설은 남북한 특수관계론을 끌어들여야만 비로소 '준국제사법적 접근'이 근거지워진다고 여긴다. 그래서 '사법관계(私法關係)는 본질적으로 우호협력의 분야이고 북한도 이를 벗어난 접근은 하지 않으므로 국제사법으로 규율해야 한다'고 설명한다.[788] 그러나 굳이 이렇게 설명할 필요가 없다. 북한의 존재 자체가 반국가단체에 해당한

788) 그러나 §3 ③ 유추설은 '남북한간 법률저촉도 국제사법으로 해결한다'는 자신의 기본명제를 놓고도 일관된 설명을 하지 못한다. "남북한 특수관계론"에 따라 이야기할 때에는 '원칙'이라 한다. 그러나 구체적 사안의 준거법으로 남한법과 북한법 중 어느 것이 지정되는지 정하려면 항상 國私 §3 ③을 경유하라고 하여, 남북한간 법률저촉을 준국제사법 문제로 다루는 식의 태도를 보인다.

다는 점을 타협시키지 않고도 준국제사법적 접근을 할 수 있고 해야 한다. 북한이 사법(私法)의 정치로부터의 독립성을 인정하든 말든 준국제사법적 규율을 해야 한다.

둘째, 오늘날 국제사법이 국내법으로 존재하듯이, 남한은 남한의 준국제사법을 가질 수 있다. 남한법원이 남한의 준국제사법[789]에 따라 준국제사법 문제를 해결함은 당연하다. 뉴욕주가 자신의 주제사법(州際私法)에 따르는 것과 같다. 그런데 §3 ③ 유추설은 남한 법관에게 남한 저촉법을 '반드시 따르려 하지 말라'고 한다. 오히려 대한민국 국적에 의하는 남한 저촉규칙은 북한 저촉규칙과 통일적인 때에만 적용하라고 한다. 결국, 북한은 남한 준국제사법의 내용을 비토(veto)할 수 있게 된다. 이것은 국가주권의 방기 내지 포기이며, 분방으로서의 주권의 방기 내지 포기이다. "헌법과 법률에 의"한 재판의 요청(憲 §103)에도 어긋난다. 연방국가의 주(州)들 간에도 이렇게 하지 않는다.

셋째, §3 ③ 유추설은 일관성에 문제가 있다. 남한이 대한민국 국적 외의 연결점에 의하는 것은 자유라고 한다. 그러나 대한민국 국적을 연결점으로 삼는 국제사법규칙을 본받아 준국제사법에서 본국법주의를 따르는 유추해석은 배척한다. 남한의 법률저촉법(국제사법, 준국제사법)이 상거소나 부동산소재지를 연결점으로 삼는 한도에서는 남한 마음대로 남북한법 간 선택도 할 수 있다. 그러나 남한의 법률저촉법이 국적류의 분방 소속(남한적, 북한적)에 의해 남한법이나 북한법을 지시할 수는 없다는 것이다. 이것은 부당하다.

넷째, §3 ③ 유추설은 '준국제사법적 규율에 있어 남북한은 대등하므로 남한은 남한 준국제사법을 떠나야 한다'는 개념적 혼란에 빠진 듯하다. 국제사법도 내외국평등에 기초하지만, 내외국평등과 국제사법의 법원론(法源論)은 다른 문제이다.

다섯째, §3 ③ 유추설은 國私 §3 ③ 後에 크게 의존하는 결과를 낳는다. '최밀접관련'이라는 최상위의 지도원리에만 의존하므로, 법관을 입법자로 만들게 되고, 법적 불확실성은 극도로 치달을 것이다. §3 ③ 유추설이 '국적에 의한 남북한 소속'만을 國私 §3 ③으로 해결하려는 취지인지, 아니면 본국법주의가 지배하는 영역(예: 상속) 전체를 國私 §3 ③으로 해결하려는 것인지가 분명한 것도 아니다. 후자라면 법적 불확실성의 폐해는 한층 더 클 것이다. 상속에 관한

789) 대한민국 준국제사법은 남한에서만 실효적으로 적용되고 있다. 그래서 대한민국 준국제사법은 현실적으로는 남한 준국제사법으로 존재한다.

국제사법규칙이 입법과 해석에 의해 정교하게 발달되고 있는데, 이것을 떠나서 판단하라고 하는 것이 되기 때문이다. 예컨대 유언의 실질이 '유언시'의 본국법(國私 §50 ①)에 따르는지, 아니면 '사망시'의 본국법에 따르는지, 유언의 변경과 철회의 실질준거법으로 '변경·철회시'의 본국법이 지정되는지(國私 §50 ②) 아니면 다른 시점의 본국법이 지정되는지, 유언방식의 선택적 준거법의 하나로 '유언시' 국적국법과 '사망시' 국적국법이 모두 지시되는지(國私 §50 ③ i), 國私 §50 ③ i처럼 '국적국법'을 지시하는지 아니면 '본국법'만 지시하는지 등이 모두 불분명한 채로 남겨지게 된다. 심지어 國私 §49 ①, §50 ①, ②, ③ i과 전혀 다른 내용의 연결기준(가령 국제사법적 상속분할주의)에 따를 여지도 열어 놓게 된다. 이것은 상속관계의 당사자들을 아무 실익 없이 불확실성 앞에 노출시키는 것이다.

요컨대, 분방이 자신의 준국제사법을 가지는 것은 당연하며, 입법에 흠결이 있으면 해석으로 보충하는 것이 타당하다. 또 그것은 어렵지 않다. 국제사법도 준국제사법과 똑같이 '장소적' 저촉법이므로 국제사법규정을 최대한 규정유추(법률유추)하면 된다. §3 ③ 유추설은 '외국법을 장소적 불통일법국으로 지정한 경우'와 '대한민국 내의 준국제사법 문제'가 외형상 비슷해 보인다는 데 착안한 기교적 설명에 불과하고, 해석론으로 채용할 것이 못 된다. §3 ③ 유추설은 최밀접관련 기준에의 과잉의존과 준국제사법의 전면적 불확실성을 낳을 뿐이다.

우리는 준국제사법의 존재이유와 체계적 지위를 정확히 인식하는 데에서 출발해야 한다. 국가 내의 장소적 법분열은 준국제사법적 규율을 요구한다. 대한민국법에는 준국제사법의 광범위한 흠결이 있지만, 그 보충은 어렵지 않다. 국제사법은 '장소적 저촉법'이라는 점에서 준국제사법과 본질을 같이한다. 그래서 준국제사법의 흠결은 국제사법규정들(國私 §3 ③ 제외)의 규정유추(법률유추)로써 보충되어야 한다. 國私 §3 ①도 남한적과 북한적을 함께 가지는 '넓은 의미의 대한민국' 국민의 속인법을 정하기 위해 유추적용되어야 한다. 國私 §3 ②도 남한적·북한적이 모두 없는 '넓은 의미의 대한민국' 국민의 속인법을 정하기 위해 유추적용되어야 한다. 그러나 國私 §3 ③은 유추적용될 여지가 없다. 남은 문제는, 국제사법규정 가운데 국적을 연결점으로 하는 규정을 유추적용할 때, 국적 대신 어떤 인적 연결소를 채용할지이다.

(4) 준국제사법에서 국적을 대신할 연결점

(가) 접근방법

결국 준국제사법의 문제는, 국적을 연결점으로 하는 국제사법규칙을 준국제사법 문제에 유추적용할 때, 국적을 어떤 연결점으로 바꿔넣을지의 문제로 좁혀진다. 국제사법 유추적용설 쪽의 기존 학설은 항상 거소, 상거소 또는 주소로 대체하라고 한다. 그러나 국적주의의 사고방식을 국제사법과 준국제사법 양쪽에 일관시킬 수 있으면 더 좋을 것이다. 그래서 남한과 북한의 소속을 국적주의의 연장선상에서 정할 수 있는지부터 검토해야 한다. 이것을 남한적(南韓籍)과 북한적(北韓籍)으로 부를 수 있다.[790] 이런 관점에서 남한인과 북한인을 정하는 속인적 연결소를 정하는 것이 불가능하거나 부적당한 경우에 비로소 주소주의 내지 거소주의를 검토함이 타당하다.

(나) 대한민국 국적법에 의한 남한적(南韓籍)의 결정

국적이 한 국가에의 '소속'에 의하여 대인고권에 복종하는 지위를 의미하듯이, 남한법질서에 인적으로 '소속'하는 지위를 가리켜 남한적이라 할 수 있다. 관건은 '국적'에 준하는 사고방식에 따라 남한인의 범위를 정하는 모종의 국적법적 규율이 있는지이다. 대한민국법에는 이런 규율이 있다고 해석된다. 즉, 대한민국 국적법은 '좁은 의미의 대한민국' 즉 남한 소속을 정하는 법이라고 해석함이 타당하다. 이것을 남한인 결정의 기준으로 삼을 수 있다. 이렇게 함으로써, 국적을 연결점으로 삼는 국제사법규정을 준국제사법 문제에 유추적용할 때, 대한민국 법률저촉법의 중요 원칙인 국적주의를 타협시키지 않아도 된다.

대한민국 국적법의 적용으로 남한인으로 인정되고 있는지는, 출생과 혼인의 등록을 포함한 법적 문서를 통해 확인할 수 있다. 현재 대한민국의 가족관계등록법, 여권법 등의 대다수 법령은 남한인에 대해서만 실효적으로 적용되고 있다. 그래서 대한민국법에 따라 가족관계등록부가 개설되어 있거나, 대한민국 여권을 소지하는 등의 사실을 통해, 그가 대한민국 국적법에 따라 남한인의 지위를 가짐을 알 수 있다. 여기에서 대한민국 국적법이라 함은 남한적의 취득과 상실을 규율하는 일체의 법, 즉 실질적 의미의 '대한민국 국적법'을 가리킨다. 여기에는 국적법, 북한이탈주민법상의 취적의 특례, 기타 법령이 포함된다. 즉,

---

790) 넓은 의미의 대한민국 국적의 하위개념으로 남한적과 북한적의 개념은 이미 제성호(2001a), 139 f.에서 주장되었다.

남한적은 국적법 외의 법령이나 조리에 의해서도 부여될 여지가 있다. 대표적인 예로, 북한이탈주민은 북한이탈주민법 §19에 의해 가족관계등록부를 개설함으로써 남한적을 취득한다.791)

대한민국법은 광의의 대한민국 국적을 정하는 기준과 협의의 대한민국 즉 남한 소속을 정하는 기준을 구별하는 것으로 이해된다.792) 이는 독일통일(1989) 전 동독의 입장과 비슷한 점이 있다.793)

---

791) 나인균(1994), 479. 물론 북한이탈주민에 대한 현행의 법과 실무는, 이러한 자에게 굳이 대한민국 국적법상의 국적회복이나 귀화의 절차를 밟게 하지 않는다. 북한이탈주민법 §19에 의한 취적(就籍)만으로 국적회복이나 귀화의 법률효과가 생긴다고 분명히 말하지도 않는다. 당장은 이 점을 분명히 할 실익은 없어 보인다. 좁은 의미의 대한민국인은 법률상 당연히 넓은 의미의 대한민국인이기도 하기 때문이다. 그러나 북한이탈주민이 외국국적을 취득한 경우 이중국적의 해소 문제, 이중국적을 해소하기 위해 대한민국 국적을 포기하여 외국인이 된 후 대한민국 국적을 회복하는 문제가 있다. 그러므로 북한이탈주민법 §19에 의한 가족관계등록부 개설시에 대한민국 국적법상의 국적을 취득한 것으로 본다는 점을 법문으로 명시하거나 해석상 인정함이 타당할 것으로 생각된다.

792) 김용한(2011), 777 f.은 이 점을 부정한다.

793) 서독에서 주류적 견해는 '관념상의 넓은 의미의 독일(동서독을 아우를 수 있는 독일)' 내에 독일연방공화국(Bundesrepublik Deutschland)(서독)과 동독의 두 '국가'가 부분법질서로 존재한다고 보았다. BVerfG(독일 연방헌법재판소) 31. 7. 1973, BVerfGE 36, 1 = NJW 1973, 1539(오수근(1998), 562 f.에 발췌번역); 오수근(1998), 561, 563. 그래서 서독에서도 동서독간의 저촉법 문제를 '준국제사법(interlokals Privatrecht)'의 문제로 이해했다. 오수근(1998), 565. 그러나 1949년에 수립된 독일연방공화국(서독)에는 대한민국 헌법의 영토조항과 같은 규정을 두지 않고, 서독법의 장소적 효력범위를 서독 11개주에 한정하였다. 오수근(1988), 567 참조. 그리고 독일연방공화국 기본법(Grundgesetz, 약칭 GG) Art. 116 ①은 "본 기본법에서 말하는 독일인은, 다른 법률규정이 없는 한, 독일국적(deutsche Staatsangehörigkeit)을 가지거나 또는 독일민족의 지위(獨逸民族籍)(deutsche Volkszugehörigkeit)를 가지는 난민 혹은 피추방자로서 혹은 그 배우자나 직계비속(Abkömmling)으로서 1937. 12. 31. 당시의 독일제국(das Deutsche Reich)의 영역에 수용된(Aufname gefunden hat) 자를 말한다."고 규정하여, 넓은 의미의 독일에의 인적 소속과 독일연방공화국 국적을 명시적으로 구별한다. (Christian Tomuschat, David P. Currie, Donald P. Kommers가 공역한 독일기본법 영역인 Deutscher Bundestag, Basic Law for the Federal Republic of Germany (http://www.btg-bestllserve.de/pdf/80201000.pdf, 2014. 12. 23. 최후수정)에서는 "deutsche Volkszugehörigkeit"을 "German ethnic origin"으로 번역한다.) 그리고 독일연방공화국의 국적법은 독일연방공화국의 국적만을 정했다. 오수근(1988), 560(서독 국적법에 관해); 요컨대, 서독법이 인정하는 '동서독을 아우르는 넓은 의미의 독일'은 '한반도 전체와 한인 전체에 대해 영토고권과 대인고권을 가지는 넓은 의미의 대한민국'과 비슷하나 그것이 실체적 현존성이 비교적 약하고 관념성이 비교적 강했다. 그래서 대한민국이 '형성중(미완성)인 광의의 대한민국'과 '좁은 의미의 대한민국'을 겸하는 것과 달리, 독일연방공화국은 그 상위에 있는 '관념상의 광의의 독일'을 상정하면서도 독일연방공화국이 곧 그것을 겸한다고 자처하지는 않았다.

한편, 동독, 즉 독일민주공화국(Deutsche Demokratische Republik, 약칭 DDR)의 입장은 한편으로는 분리주의적인 것이고, 다른 한편으로는 현존하는 동서독을 포괄하려는 것이었다. 즉, 동독은 스스로를 독일연방공화국과 별개의 국가이고 양자 간의 법률저촉은 준국제사법이 아니라 국제사법적 관계라고 보았다. 오수근(1998), 565. 그러나 국적에 관해서는 1949. 10. 7. 헌법에서 '하나의 독일국적만이 존재한다'고 명시하여 '동서독을 아우르는 의미의 독일' 국적 개념을 표방하였고, 1967. 2. 20. 제정한 동독 국적법에서는 '동독 국적'을 정하여, 대한민국처럼 '넓은 의미의 독일' 국적과 '좁은 의미의 독일' 국적 개념을 병용했다. 그래서 동독 국민은 '동서독을 아우르는 독일'의 국민이면서 동시에 동독국민이라는 "하위국적"을 인정받았다. 동독의 법원 기타 관청은 동독 국제사법이 본국법으로 독일법을 지정하면, 동독인은 '광의의 독일' 국민이자 동독 국민으로서 동독법을 적용받고, 서독 시민 즉 "나머지 독일인"에게는 "상주소(常住所)"에 따라 협의의 대한민국 국적, 즉 남한적을 가지려면 다음에 해당해야 한다. 첫째, '국적에 관한 임시조례', 남한 국적법 또는 조리에 의해 "조선의 국적"을 가져야 한다. 둘째, '좁은 의미의 대한민국' 국적(남한적)을 가져야 한다. 대한민국 국적법의 적용만으로 남한적이 확정될 수 있다. 그래서 외국인으로서 1948년 8월 후에 대한민국 국적법에 따라 귀화한 자는, 남한 국적법에 의해 '넓은 의미의 대한민국' 국민의 지위와 '남한인' 지위를 동시에 취득한다.

대한민국 국적법상의 국적을 가지지 않거나, 가지더라도 그것이 비실효적인 경우가 있다. 그 경우에는 國私 §3 ②를 준국제사법에 유추적용하여 남북한 소속을 정한다. 그 기준은 상거소, 보충적으로 단순거소이다. 만약 이중상거소를 인정한다면 남한과 북한에 동시에 상거소를 가질 수도 있고, 그 중 어느 것을 우선할지 판단해야 한다. 이 문제는 해석에 맡겨져 있다. 국제사법에서 내외국 이중상거소의 문제를 해결하는 것과 같은 기준을 따르는 것이 좋을 것이다.

또, 國私 §3 ①도 준국제사법에 유추적용된다. 그래서 대한민국 국적법상의 국적과 북한 내 상거소를 모두 가지는 사람은 남한인으로 취급되어야 한다.

(다) 북한 내 상거소에 의한 북한적의 결정

남한 소속은 남한 국적법에 의해 정하면 된다. 그러나 북한체제는 반국가적 적성단체이므로, 북한 국적법에 의해 북한법을 속인법으로 정하기 곤란하다. 그래서 주소, 상거소, 거소, 현재지 등의 연결소로 대신해야 한다.

(ㄱ) 북한 국적법에 의한 북한적 결정의 부당성

분방은 다양한 형태를 띨 수 있다. 이는 준국제적 속인법 결정에도 영향을 미칠 수 있다.[794] 북한은 연방국가 내에서 협력하는 존재가 아닐 뿐 아니라, 반국가적 적성단체이다. 그래서 북한 국적법상의 국적에 의해 북한적을 정하는 것을 받아들일 수 없다.

1990년 통일 전 독일에서는 동독 국적법에 따라 동독 소속을 정하고, 그것

동독법이나 서독법을 적용하였다고 한다. 오수근(1998), 564.

794) 외국의 입장은 다를 수 있다. 첫째, 남북한을 별개 국가로 취급하는 관점에서는, 북한 국적법에 의해 북한 국적이 정해진다고 할 여지가 있다. 북한이나 남한을 국가로 승인하고 있지 않더라도 같다. 미승인국도 국제사법적으로는 국가로 취급될 수 있기 때문이다. 이호정, 5 참조. 둘째, 남북한의 법분열을 국내적 법분열로 보는 외국도, 북한 국적법에 의해 준국제적 소속이 정해진다고 할 여지가 있다. 즉, 외국은 북한을 분방으로 보든 독립국가로 보든, 북한 국적법의 실효적 적용을 승인하여, 북한적을 북한 국적법에 따라 정할 수 있다. 그런 입장을 취하면서도, 북한의 정치질서 및 법질서의 반인권적, 반문명적 특성에 주목하여, 북한체제의 인적 지배로부터 탈출한 북한국적자에 대해서는 그 국적을 비실효적(非實效的) 국적으로 볼 수 있고, 이에 의해 남한법원과 외국법원에서의 국제적 판단일치가 도모될 수 있다.

을 준국제사법적 규율의 속인적 연결소로 삼는 견해도 있었다.[795] 그러나 북한적을 북한 국적법에 의해 정하기는 곤란하다. 그 이유는 다음과 같다.

첫째, 북한의 수립과정과 존재 자체가 반국가적이다. 독일은 제2차 세계대전 패전 당사국이며, 제3제국이 패망한 자리에 여러 개의 독일국을 수립하느냐 통일국가를 수립하느냐의 가능성이 열려 있었다. 독일인들은 4대국 점령체제의 현실 하에서 그들의 길을 택했다. 3개국 점령 주(州)에서는 독일연방공화국(서독)이 건국되었고, 1개국 점령 주에서는 독일민주공화국(동독)이 건국되었다.[796] 동서독으로의 국가분할은 독일연방공화국 헌법과도, 전후 국제질서 구상과도 어긋나지 않았다. 그러나 북한의 분리독립은 전후질서의 구상에 위배되고 위법하며 반국가적이었다. 늦어도 1919년부터 독립운동은 단일한 독립국가 수립을 당연시했고, 연합국도 한국인들의 이러한 요구를 수용하여 종전 전부터 한국의 독립을 예정했다. 패전국의 식민지 한국에 국가를 세워 독립시키는 일은, 해방 당시의 경계를 기준으로 그 자리에 새로운 국가를 수립한다는 "uti possidetis iuris" 법리만으로도 충분히 근거지워졌다.[797] 이것은 단일국가일 것이 당연히 전제되었다. 미소공동위원회와 모스크바 3상회의에서도 단일국가 수립의 실행방안이 논의되었다. 소련도 1국1공산당주의를 적용할 때 한국을 1개 국가로 파악했다. 남한지역에서의 테러에 의한 혼란조성, 선동, 타 정치단체 침투 및 내부로부터의 파괴,[798] 민족주의자들과의 연대 및 헤게모니 장악(통일전선

---

795) 서독의 법원 기타 관청의 입장도, 동서독간의 저촉법적 문제를 '준국제'사법 문제로 보는 점은 한국의 통설·판례와 같다. 오수근(1998), 565. 그러나 서독의 법원 기타 관청의 입장에서 동독 소속을 어떻게 정할 것이냐에 관해서는, 동독 소속을 동독 국적에 의해 정할 수 없다는 견해와, 동독법(동독 국적법)에 따라 정해야 한다고 해석하는 학설이 대립했다. 오수근(1998), 566. (한국에서도 정구태·이홍민(2010), 55의 주 1은 남한법원에서 북한인의 범위를 정할 때 후설과 같이 처리할 것을 주장한다.). 그 이론적 근거에 관해서는, 동독 국적이 부분법질서에의 인적 소속을 정하는 효력을 인정하는 견해("부분국가론")와, 동서독은 각기 국가이지만 독일국이라는 "지붕" 아래에 존재하고, "전체 독일국적이 동서독의 국적 위에서 존재"한다고 하여, "독일국이 지붕으로 동서독을 덮고 있으므로 동독이 시민권을 부여하듯이 서독도 자신의 국적을 부여한다."는 견해("지붕이론")가 있었다. 오수근(1998), 564 f.의 학설 소개. 서독 법원이 본국법주의 하에서 동서독간의 준국제사법 관계를 규율할 때, '서독 국적'에 따라 서독법을 본국법에 준하는 속인법으로 삼을 수 있는지에 관해서도, 이를 긍정하는 견해와 부정하는 견해가 있었다. 오수근(1998), 566. 케겔은 후설로서, 상거소지법에 연결함을 원칙으로 한다. Kegel/Schurig, §21 VI, 1034.

796) 최대권(1993), 6.

797) 이 점에서도, 미국, 소련을 포함한 연합국, 나아가 국제사회는 한국에 대한제국을 원상회복시킬 것이냐의 문제에 관심을 가질 이유를 느끼지 못했을 것이다.

798) 이것은 특히 코민테른 6차 대회 후 조선공산당이 일관되게 수행한 노선이기도 했다. 1928. 12. 코민테른 집행위원회 정치서기국의 "조선공산당 조직문제에 관한 결정"("12월테제")을 다소 독자적으로 해석하여 1929년부터 행해진 신간회 침투, 파괴공작과, 이러한 투쟁방식을 추인한 1930. 9. 18. 프로핀테른의 "조선에 있어 혁명적 노동조합운동의 임무에 관한 결의"("9월테제")에 관해서는 이균영(1992), "코민테른 제6회 대회와 식민지 조선의 민족문제," 역사와 현실 7,

전략)[799] 등의 정치공작도 1개의 공산당의 지도 하에 놓고자 했다.[800] 미·소 점령지역 양쪽에 별도의 당조직을 둘 때에도 "조선"이라는 명칭을 공통적으로 넣었다. 물론 소련은 중국에서 일찍이 적용했던 대로 우선 헤게모니 장악이 가능한 지역을 확보하기로 하여, 북한주민이 국제연합 감시 하의 선거에 참여하지 못하게 했다.[801] 그리고 38도선 이남에서의 선거도 방해했다(1948. 2. 7. 남한지역 총파업, 대구폭동, 제주 빨치산 활동 등). 남북분단 과정에서 국제연합도 단일국가를 수립하고자 했다. 한국에 통일된 국가를 수립하는 문제가 미소 양국간 합의로 해결하기 어려워지자, 국제연합은 1947. 11. 14.의 총회 결의로 한국 전역에서의 총선거를 결정했다. 소련점령당국의 저지로 선거감시단의 북한지역 진입이 불허되자, 총회 잠정위원회는 1948. 2. 26. 결의로, '우선 현실적으로 가능한 범위'에서 대한민국을 수립한다는 보족적 결정을 했다. 그러나 이 결의와 그에 따른 총선거 감시는 북한의 분리독립을 공인한 것이 아니다. 1991년의 남북한 국제연합 동시가입도 국제연합 회원 지위 취득에 관하여 남북한이 서로 이의하지 않은 것일 뿐, 국가나 정부의 상호승인을 내포하지 않는다. 남북당국간의 협력, 공동성명도 서로의 존재를 위법시하는 상시적 적대세력간의 초보적 수준의 실무협력과 외교적 접촉에 불과하며, 북한 존재와 남북관계의 법적 본질을 바꾸지 못한다.[802]

둘째, 북한법질서의 속성도, 북한 신민의 지위를 북한 국적법으로 정하는 것을 용인하기 어렵게 한다. 북한은 소련의 영도(領導)를 벗어난 뒤에도 반세계적, 반대한민국적 고립체제를 유지했다. 주민의 이동의 자유를 박탈하고 국경 내에 감금하는 반인권적 체제이다. 북한 국적법의 적용결과 승인은 '북한정권

---

326 ff. 참조.

799) 민족주의자와의 통일전선전략은 레닌의 주도로 1920년 코민테른 2차 대회에서 채택('민족 및 식민지문제에 대한 테제')된 이래 노농(勞農)계급의 연대와 함께 아시아의 공산주의 운동의 핵심명제가 되었다.

800) 1945. 9. 서울에서 조선공산당이 재건되었고, 소련은 조선공산당의 권위를 인정하여 북한지역의 당조직은 조선공산당 북조선분국으로 하였다. 1946. 5. 정판사 위조지폐 사건으로 조선노동당의 정치적 입지가 크게 약화된 가운데, 북한지역의 당조직은 1946. 6. 22. 북조선공산당의 이름으로 조선공산당에서 독립했고, 1946. 8. 연안파의 조선신민당과 합당하여 북조선로동당(약칭 북로당)으로 되었다. 서울에서는 1946. 11. 23. 조선공산당, 조선신민당, 조선인민당이 합당하여 남조선노동당(약칭 남로당)을 만들고 재기를 꾀했으나, 남로당 조직은 와해되고 1949. 6. 24. 북로당에 흡수되었다. 이 과정에서 북한의 분리독립의 논의와 결정이 언제 어떤 경위로 이루어졌는지, 소련의 한반도정책이 1946. 5.~6. 사이에 북한의 분리독립으로 선회했던 것인지, 아니면 남로당 접수를 위한 전술에 불과했는지, 김일성의 의견이 얼마나 작용했는지 등은 역사학의 연구과제로 남아 있다.

801) 최대권(1993), 8.

802) 1992년의 남북기본합의서는 법적 구속력이 없는 문서이다. 이근관(1999), 177, 179.

의 북한 국적자에 대한 권한'을 인정할 가능성으로 이어진다.[803] 그러므로 북한정권이 북한지역과 그 주민에 대해 실효적 고권을 행사하는 현실을 받아들여 장소적 부분법질서로 인정하는 맥락에서도,[804] 북한이 그 국적법으로 신민(臣民)을 정하는 자율권을 가진다고 하기는 곤란하다. 북한 국적법상의 국적에 따라 북한법을 속인법으로 정하면, 넓은 의미의 대한민국의 대인고권의 일부를 허물어뜨려, 그 국민의 일부가 반국가적, 반인권적인 감금체제의 신민(臣民)의 지위를 가지도록 방치하는 것이 된다.[805]

혹자는 장소적 저촉법의 임무는 법률관계와 공간적(장소적)으로 가장 밀접히 관련된 법을 지정하여 '공간적(장소적) 정의'를 실현하는 것이므로, 사법관계(私法關係)의 준거법을 정하기 위해 북한 국적법의 적용결과를 승인해도 무방하고 오히려 남한 국제사법의 국적주의에 맞는다고 할지 모른다. 그러나 국적을 국적 부여·박탈국법에 따라 확정하는 것은, 국제사법적 정의와 직접적 관련이 없다. 오히려 국제사법의 선결문제로서, 국적은 국적국이 정한다는 국제법원칙에 따르는 것에 불과하다. 게다가, 국적주의는 민족국가 수립과정에서, 해외의 종주국에의 복종으로 영토고권과 대인고권이 잠식되지 않도록 하고, 국민 전체에게 동일한 속인법을 적용하기 위해 나온 것이다. 바로 북한은 통일된 민족국가 수립과정에서 이를 방해하고, 고권영역을 불법적으로 잠식하여 수립되어, 그 존재 자체가 반국가적인 분방이다. 그 국적법의 적용결과를 승인하는 것은 국적주의의 근본취지에도 맞지 않는다.

---

803) 북한이 그 '법'에 의해 북한이라는 부분법질서에의 인적 소속(국적이나 의제적 주소의 형태로)을 정하는 것을 인정하면, 대한민국의 실효적 대인고권 하에 들어온 북한인을 북한정권의 요구에 따라 강제로(즉 당사자의 의사에 반해) 송환해야 할 경우가 생길 수 있다. 그러나 이는 인정할 수 없다. 문제된 자가 단순히 우연히 남한지역에 들어왔든(예: 해상표류자), 공식 방문했든(예: 남한지역을 방문한 예술인, 체육인, 공무원), 북한으로부터 도주한 범죄인이든 같다. 생명, 신체, 재산의 자유가 위협되는 반인권적 감금상태로 몰아넣는, '인권침해 조력 제공'이고, 국가(넓은 의미의 대한민국의 구현체로서의 대한민국)의 자국민(넓은 의미의 대한민국 국민) 보호의무 위반이기 때문이다. 외국인(예: 북한인의 외국인 배우자, 북한에 납치 또는 억류된 외국인)의 강제송환도 전자에 해당하여 불가하다. 북한이 북한 국적자에게 가할 수 있는 불이익은 다양할 수 있으므로, '북한 국적법 적용 승인' 자체를 부정함이 타당할 것이다. 물론, 남한법은 북한에 상거소를 둔 '넓은 의미의 대한민국' 국민(북한인)이 북한지역으로 들어가는 것을 제한하지 않으므로, 그가 자신의 의사로 북한지역으로 돌아갈 수는 있다.

804) 대인적 입법관할에 대하여 동지: 김용한(2011), 777 f.

805) "남북한 특수관계론"에서는 '민사저촉법을 포함한 우호협력관계의 분야는 북한을 국가로 인정하고 국제법원칙을 적용하여 존중해야 하는 분야'라고 분야별로 획일적 범주화한다. 정구태(2013), 284~286. 그러나 준국제적 법분열과 그것의 민사저촉법적 규율은 적성의 분방에 대해서도 인정할 수 있다. 그러므로 준국제사법적 규율을 위해 굳이 우호협력관계로 파악할 필요는 없다. 게다가, 이 맥락에서 남북관계를 우호협력관계로 '간주'하는 것은 북한법에 대해 반인권성 등의 법적 평가를 일체 보류하는 논리로 작용할 여지가 있어, 바람직하지 않다.

(ㄴ) 상거소에 의한 북한적 결정의 근거

북한적을 북한 국적법 외의 어떤 기준으로 정할지 문제된다.

국적법학계에서는 대한민국 국적의 하위개념으로서, 가급적 국적과 마찬가지의 사고방식에 의해 남한적과 북한적을 정의하려는 노력을 기울여 왔다. 국적법학계 학설들은 대한민국법이 대부분의 맥락에서는 남한법의 지위만 가지지만 일부 맥락에서는 남북한 전체를 아우르지 못한다고 본다. 그렇지만 '국적에 관한 임시조례'와 대한민국 국적법이 모두 넓은 의미의 대한민국 국적을 정한다고 본다. 북한인을 가려내는 기준을 그 두 법령도 북한 국적법도 아닌 다른 기준에서 찾으려 한다. 대체로 북한에 상거소를 둔 자를 북한인으로 보는 태도에 가까워 보인다. 구체적 기준에 관해 견해가 나뉜다.

제1설은 대한민국 국적자 중 가족관계등록부에 등록되어 있지 않은 자를 북한인이라고 한다. 그런 특수사정이 없는 자는 남한인으로 분류한다.[806)]

제2설은 "단일의 대한민국 국적"의 "하위개념"으로 남한적(南韓籍)과 북한적(北韓籍)이 있다고 하면서 다음과 같이 이론구성한다. 북한에 체류(소재)하는 등으로 북한의 대인고권에 복종하는 북한공민은 "북한적"을 가지고, 동시에 "잠재적으로 대한민국 국민"인 지위도 가진다(제1단계). 그가 탈북자가 되면 "잠재적인 대한민국의 국민이면서 동시에 잠재적인 북한적자"가 된다(제2단계).[807)] 탈북자가 최종적으로 "대한민국에 귀순"하면 "온전한 顯在的(현재적)인 대한민국 국민"이 된다(제3단계).[808)]

제3설은 대한민국도 북한 국적법의 적용결과를 인정해야 한다고 한다.[809)] 다만 북한공민을 조선민주주의인민공화국 국민이 아니라 "북한주민"이라고 부른다.[810)] 대한민국 국민 중 북한주민인 자는 "사실상의 국민"이며, 그가 남한에 들어오면 "법률상의 국민"이 된다고 이론구성한다.[811)] 그래서 북한주민인 동안

---

806) 석동현(1997), 25

807) 이상 제성호(2001a), 139.

808) 제성호(2001a), 139 f.(괄호 안의 한글은 인용자가 부가) 제성호(2003), 66은 이러한 논지를 좀 더 보충하여 다음과 같이 설명한다. 제1단계인 "북한에 거주할 당시의 북한주민"은 "(본연적 혹은 잠재적으로) 대한민국의 국적을 가지나 북한지역에 머무르고 있는 동안에는 그 국적의 효력이 사실상 정지된 상태(즉 대한민국 국민이면서 현실적으로 북한적자)"이다. 제2단계로 탈북의사로 북한을 벗어나면 "대한민국 국적의 효력정지상태가 해소되나" "남한적의 재외국민이 되는 동시에 북한적자로서의 지위를 완전 상실하지 못한" "여전히 불완전한 법적 지위"에 놓인다. 제3단계에서는 "북한적을 상실하고 대한민국 국민의 지위를 전면 회복"한다.

809) 이병훈(2004), 163.

810) 이병훈(2004), 163 f.

811) 이병훈(2004), 164.

은 대한민국법의 법적 보호를 받지 못하고, 남한에 들어와야 대한민국법의 법적 보호를 받는다고 말한다.

제1설은 남한의 가족관계등록부 개설을 기준으로 '좁은 의미의 대한민국인'을 판별하고, '넓은 의미의 대한민국인' 중 '좁은 의미의 대한민국인'이 아닌 자를 북한인이라고 한다. 제1설은 실무에서 쉽게 활용할 수 있는 명쾌한 기준을 제공하는 장점은 있다. 그러나 북한인의 지위를 소극적으로 정의하는 결과, '남한인이 아니면 일률적으로 북한인이다'고 하게 되어, 북한인의 범위가 너무 넓어진다. 북한을 등지고 탈출한 탈북자까지도 북한인으로 취급하여 북한법을 그의 속인법으로 적용하게 되는 문제가 있다.

제2설과 제3설에서는 '넓은 의미의 대한민국'과 '좁은 의미의 대한민국'을 구별하고 '넓은 의미의 대한민국' 국적과 '좁은 의미의 대한민국' 국적을 구별하는 관점이 좀 더 선명하다.

제2설이 말하는 "온전한 顯在的(현재적)인 대한민국 국민"이라 함은 대한민국(넓은 의미) 국적과 남한적을 함께 가지는 자이고, "잠재적인 대한민국 국민"에 불과한 자는 대한민국(넓은 의미) 국적은 가지지만 남한적은 가지지 않는 자이다. 그런데 이 견해는 '넓은 의미의 대한민국 국민이 북한적을 가질 수 있다'고 말하는 것을 넘어, 북한적을 '넓은 의미의 대한민국 국적'의 "하위개념"으로, 즉 '넓은 의미의 대한민국 국적'제도의 일부로 포섭한다. 이것은 북한의 '불법적 분방'으로서의 대인고권 행사에 과도한 법적 의미를 부여하는 것이다. 제2설의 이론구성 중 이 점에는 동의하기 어렵다. 넓은 의미의 대한민국 국민, 남한인, 북한인을 식별하기 위해, '북한이 불법적으로 광의의 대한민국 영토와 주민 일부에 대해 통치권력을 행사하는 논리필연적 반국가성(반헌법성)을 가진다'는 점을 희석시킬 이유가 없다.

제3설은 '사람의 영토 내 소재'에 과도한 의미를 부여하여, 북한인이 남한에 소재하기만 하면 남한인이 된다고 한다. 그래서 심지어 탈북자로서 제3국에 정주하는 자라 하여도, 그가 남한을 일시 방문하는 동안은 남한인과 똑같이 취급하게 된다. 가령 외국에서 국적, 영주권 또는 난민 자격을 인정받은 사람도 마찬가지가 된다. 이것은 과도하다. 또 그가 일시 방문을 마치고 출국하면 어떻게 되는지 분명히 말하지 않는다. 요컨대 '남한 소재'에 의해 남한적을 정하려 하는 것은 무리이다.[812] 북한주민이 남한에 들어오면 '준국제적 주권면제'를

812) 제3설의 주장을 문면 그대로 받아들이면, 남한으로 거주지를 변경함이 없이 일시 체재하는

누리지 않는 한 영토고권의 실효적 범위 안에 들어오게 되는 것은 사실이지만, 이것을 이유로 '국적법의 적용이 비로소 실효성을 가지게 된다'고 말하는 것은 어색하다.[813]

결국, 남한적은 오로지 대한민국 국적법에 따라 정하고, 북한적은 이와 이질적인 기준으로 정해야 한다.

위 학설들의 공통점은, '넓은 의미의 대한민국' 국민이면서도 북한의 감금국가성으로 인해 대한민국의 대인고권이 일반적으로 실효적으로 미치고 있지 못한 사람(북한주민)을 가리켜 북한인이라고 하는 점이다. 이렇게 함으로써, 북한 국적법의 적용결과를 존중하는 일 없이 북한인을 정의한다. 이런 접근방법은 타당하다. 남한인으로부터 북한인을 가려내는 기준은 북한체제의 대인적 지배에 실효적으로 복종하느냐에 따라 정할 수밖에 없다. 이것은 북한'법'에 의해 북한적을 정하는 것이 아니다. 단지, 북한정부라는 반국가단체가 북한지역을 실효적으로 지배하면서 일정한 자들을 대상으로 대인고권을 실효적으로 행사하는 현실을 인정하고, 북한법질서에 사실상 복종하는 신민의 상태를 남한 준국제사법으로 포착하는 것이다.[814] 이렇게 해결하는 것은 북한이라는 분방의 불법성과도 어울리고, 대한민국 헌법에도 부합한다. 대한민국 헌법은 남북한의 통일을 추구한다고 규정한다. 이것은 조선민주주의인민공화국이 북한지역을 실효적으로 지배하고 '넓은 의미의 대한민국' 국민의 일부를 그 신민(臣民)으로 굴종시키고 있는 현실을 인정하면서, 북한주민도 넓은 의미의 대한민국 국민으로 파악하고 장차 '통일된 대한민국' 국민으로 포섭하려는 프로그램과 노력의무를 규정한 것이다.

경우를 널리 포함하게 되므로, 심지어 정치외교문화교류상의 방문, 해상표류, 남파간첩, 남한에 침투한 공비까지 포함하게 된다.

813) 또한, 이 학설은 북한주민을 '국민으로서의 실효적 지위가 정지된 상태의 국민', 그런 의미에서 '불완전한 의미의 국민'으로 생각하는 듯한데, 이를 표현하는 용어가 어색하다. "사실상"의 국민이라고 부르는데, 이는 통례적 조어법(造語法)에 맞지 않는다. "사실상(de facto)" 국민이라는 용어는 '법적으로는(엄밀히는) 국민이 아니지만 실제로는 국민처럼 다루어질 수 있는 자'를 가리키기에 적합한 표현이므로, 이 학설이 스스로 말하고자 하는 바에 어울리지 않는다.이라는 취지인 것으로 보인다.

814) 김용한(2011), 777 f.은 북한인이라는 지위나, 북한인을 위해 마련된 속인법질서의 존재를 인정하는 것은 대한민국 헌법에 어긋나므로, 준국제사법에 의해 북한인의 속인법으로 북한법을 지정할 수는 없다고 주장한다. 그러나 '북한정권이 합법적으로 제정, 시행하는 법'으로서가 아니라, '북한지역에서 사실상 타당하고 있는 법'으로서 이를 속지적 또는 속인적 연결기준에 따라 준거법으로 삼는 것은 가능하고, 남한의 준국제사법이 북한 내 상거소에 의해 북한인 지위를 파악하는 것은 가능하다. 또, 북한법질서의 특수성과 남북한관계의 특수성은 공서조항(§10)에 의해서도 고려할 수 있는 안전장치가 마련되어 있다.

북한인의 결정은 북한 국적에 의할 수 없으므로, 하는 수 없이 주소, 상거소, 거소 내지 현재지 중에서 어느 것을 연결기준으로 삼아야 한다. 속인법 결정기준의 역사적 원천과 발달과정을 되짚으면서 검토해 보아야 한다.

북한 내 주소를 북한법(주소지법)에 의해 파악하는 것은, 정주 허가나 법적 의제 등의 법적 규율이 개입되는 한, 인정하기 어렵다. 북한정부는 광의의 대한민국을 부정하는 의미에서 반국가적인 적성단체이고, 광의의 대한민국의 대인고권을 침해하는 부분도 그 반국가성의 중요한 부분이기 때문이다. 그래서 북한 소속은 북한의 사실상의 영토고권·대인고권에 대한 사실상 복종을 기준으로 정해야 한다. 주소보다는 북한지역 내의 현재지, 거소 또는 상거소를 기준으로 정하는 것이 나을 것이다.[815] 연결소(연결점)는 법률개념의 성격이 약한 것이 더 좋기 때문이다. 주소는 의제적 주소를 인정할 가능성도 내포하는 단점이 있다.

그래서 상거소, 거소, 현재지 중에서 골라야 한다. 그런데 북한인도 해외에 파견되거나, 생계유지를 위해 북한·중국의 출입국관리법에 따르지 않고 편법적으로 일시 출국하는 예가 있으므로, 단순거소와 현재지를 기준으로 북한법을 속인법으로 지정하기도 곤란하다. 또, 단순거소나 현재지를 기준으로 하면, 일시 납북자까지도 북한인으로 취급하게 되어, 북한법의 적용범위를 과도하게 넓힐 수 있다. 결국 상거소가 남는다. 북한에 상거소를 둔 자를 북한인이라고 하게 된다.

그런데 이렇게 하면, 거주이전의 자유가 없는 사람의 현재지를 상거소지로 파악하는 것은 부적당하다는[816] 이론적 문제에 부딪치게 된다. 그러나 달리 방법이 없다. 어느 곳에도 상거소가 없으면 단순거소지법으로, 단순거소도 없으면 현재지법으로 대신해야 한다. 그렇게 하면 어차피 결론은 같아질 것이다.

북한인 지위를 정하는 기준인 북한 내 상거소의 취득 및 상실은 남한 준국제사법에 의해 판단된다. 남한의 상거소 개념은 기본적으로 국제사법과 준국제사법에 공통된 내용으로 발달시킴이 타당할 것이다. 다만 북한 내 상거소의 취득 및 상실은 북한정부의 사실상의 대인고권이 얼마나 실효적으로 미치는가를

815) 물론, 國私 §50 ③을 초법률적 법형성(國私 §8 ①)에 의해 보완하여, 유언방식을 주소지법에 선택적으로 연결하는 것도 허용한다면, 준국제사법에서도 이와 똑같은 내용의 선택적 연결규칙이 추가되어야 한다. 그래서 그 준국제사법규칙에 의해 남한법이나 북한법을 주소지법으로 지정할 수 있다. 이 때, '주소지법에 의해 주소를 확정하여 주소지법에 연결하는 것'을 인정함이 타당하다는 점도, 國私 §8 ①에 의해 창설될 국제사법규칙과 이를 유추한 준국제사법규칙에서 같다. 이 한도에서는 북한법의 주소확정기준에 의해 주소를 정하게 되나, '유언에 유리하게'의 원칙에 따라 주소지법 방식에 따른 유언방식도 인정하는 취지이므로, 문제시할 필요가 없다.
816) 이호정, 194.

감안하여[817] 판단해야 할 것이다. 그래서 북한으로 돌아갈 생각 없이 북한지역을 벗어난 자, 즉 탈북자는 북한 외의 지역에서 기거할 집을 구하기 전에도, 북한의 경계 밖으로 무사히 벗어난 때에 북한 상거소를 상실한다고 해야 할 것이다. 또, 탈북자가 가령 외국에서 출입국관리법 위반을 이유로 체포, 구금되어 북한으로 보내어지면,[818] 북한으로 진입하는 즉시 북한 내 상거소를 취득한다고 해야 할 것으로 생각된다.

그런데 북한인으로 외국에 나가 살고 있지만, 북한을 탈출한 취지로 외국으로 간 것은 아니었다면, 구체적 사안에서 그의 북한 내 상거소가 상실되었는지, 언제 상실되었는지 확인하기 까다롭다. 또, 북한인 탈북자가 외국에 정착한 경우에 그의 '넓은 의미의 대한민국' 국적이 비실효적(非實效的) 국적으로 되는가의 문제를 판단하기 어려운 점이 있다. 남한 가족관계등록부 개설 여부를 기준으로 남한인이냐 북한인이냐를 따지는 제1설은 이런 애매한 사안에 대해 명쾌한 해결기준을 제공할 것이다. 그러나 이 장점은 곧 단점이기도 하다. 북한을 확정적으로 탈출한 자도 북한인으로 취급하고, 탈북 후 외국 국적을 취득하거나 외국에 거주하는 경우에도 마찬가지로 처리하는 것은 북한인의 지위를 너무 넓히는 것이다. 탈북자는 북한적을 가지지 않는다고 해야 한다. 또, 대한민국 가족관계등록부 개설이 '좁은 의미의 대한민국' 국적 보유의 필수적 요건이라고 할 것은 아니다.

그러나 남한법에 따라 가족관계등록부를 개설한 사람에 대해서는 그의 남한적(南韓籍)을 곧바로 인정할 수 있을 것이다. 그리고 '좁은 의미의 대한민국 국적'이 실효성 없는 국적으로 되었는지 판단할 때에도 남한의 가족관계등록부 개설 여부가 중요한 징표가 될 수 있을 것이다. 아무리 한국을 오래 떠나 있었거나 아예 한국에 들어온 일이 한 번도 없더라도, 남한법상의 가족관계등록부를 개설하고 있다면, 그의 남한적은(그래서 동시에 '넓은 의미의 대한민국' 국적은) 웬만하면 실효적(實效的) 국적이라 해야 할 것이다.

(ㄷ) 소결

준국제사법적 규율을 위해 북한인의 지위를 정하는 기준은 다음과 같이 정리된다.

---

817) 이처럼 북한인의 지위, 즉 자연인의 북한법질서에의 인적 소속은 법적인 국민(시민권자)이 아닌, 신민(臣民)의 개념으로 파악할 수밖에 없다. 국적주의를 따르는 대한민국이라 할지라도 준국제사법에서 북한적을 정하는 기준은 이처럼 달리할 수 있고, 그렇게 할 수밖에 없다.

818) 이것은 국제난민법에 명백히 위반되는 경우가 대부분일 것이다.

첫째, ‘넓은 의미의 대한민국’ 국민이어야만 북한인이 될 수 있다고 해야 한다. 이것이 한국 국제사법의 기본입장인 국적주의에도 맞고, 민족국가 원리에도 맞는다.

둘째, ‘넓은 의미의 대한민국’ 국적은 ‘국적에관한임시조례’에 의해서만 취득할 수 있는지, 아니면 북한 국적법이 정하는 모계혈통주의와 귀화에 의해서도 취득할 수 있는지의 문제가 남는다. 후자의 해석론의 근거로는, ‘국적에관한임시조례’를 조리에 의해 보충하는 방법과, 북한의 국적법의 적용결과를 ‘광의의 대한민국’ 국민의 지위가 정해지는 한도에서만 승인하는 방법을 생각해 볼 수 있다.

셋째, 준국제사법적 규율을 위한 속인적 연결점으로는 상거소가 적절하다. 상거소의 기준은 남한 저촉법이 정한다. 기본적으로 국제사법과 준국제사법에 공통된 내용으로 형성함이 타당할 것이다.

(라) 남한적과 북한적 판단기준 차별화의 근거

남한적은 남한 국적(‘대한민국 국적법’ 등으로 정함)로 정하고 북한적은 상거소로 정하여 그것으로 준국제적 속인법을 정하면, 속인법으로 남한법을 적용하는 기준과 북한법을 적용하는 기준이 달라진다. 이것은 이론적, 실제적 정당화를 요한다.

한편으로는, 왜 북한 국적법상의 국적에 의하지 않는지 답해야 한다. 이것은 이미 설명했다.

다른 한편으로는, 남한법을 속인법으로 정할 때 왜 단순거소나 상거소에 의하지 않는지 답해야 한다. 이론적 근거는 다음과 같이 설명될 수 있다.

첫째, ‘넓은 의미의 대한민국’이 미완성의 민족국가라는 점과, 우선 ‘좁은 의미의 대한민국’을 민족국가의 1차적 단계로 수립했다는 점은, 국적주의의 적절성을 뒷받침한다. 대한민국은 1948년에 자유민주주의를 정치이념으로 하여 새로 수립된 국가[819]이다. 건국과정과 건국 직후의 6.25사변을 통해 개인이 스스로 ‘좁은 의미의 대한민국’ 소속을 정할 기회도 있었다.[820] 이렇게 건국되어

819) 대한민국은 역사적 의미의 한국의 역사상 최초, 유일의 공화국이며, 건국후 전제정(인민민주정(democratie populaire) 포함), 왕정, 과두정 등으로 정체(政體)가 바뀐 일이 없다. 한국사에서 제2, 제3의 공화국은 나온 일이 없다. 헌법개정절차에서 불규칙한 부분이 있었던 것은, 개정헌법의 성공적 시행이라는 헌법사실에 의해 추완된 것으로 설명해야 한다. 1960년 이래 제2공화국, 제3공화국 등을 자칭했던 것은 프랑스나 독일의 정치사(政治史)에 빗대어 위상을 제고하려한 정치적 수사(修辭)에 불과하다.

820) 재외국민의 귀국, 남북한의 경계를 넘은 이주(월남과 월북), 남북한간 전선의 이동에 따른 이동·이주(“피난”), 인민군 점령지역에서 강제징집된 인민군 포로의 탈출(1953년의 반공포로 석

존재 자체에 대한 위협을 견뎌 온 협의의 대한민국에 대한 인적 소속을 정하는 데에는, 19세기 유럽의 신생 민족국가를 위해 등장한 국적주의가 각별한 정당성을 가진다.

둘째, 한국의 장소적 저촉법은 '국제'사법에서 국적주의를 기본태도로 하므로, 준국제사법에서도 국적주의의 접근을 일관함이 타당하다. 국적주의를 따르는 국제사법규정을 준국제사법 문제에 유추적용함에 있어 본국법 대신에 사용할 속인법을 정할 때에는, 어디까지나 국적주의를 준국제사법의 문제에 응용하는 것이다. 국제사법이 본국법주의를 기본입장으로 하는 상황에서 준국제사법이 서둘러 '상거소지법주의로의 이행' 경향을 가속화하여 앞질러 가는 것은 이론적 일관성을 해친다. 즉, 준국제사법이라 하여 돌연히 '공법적 소속'을 중시하는 본국법주의의 사고방식을 완전히 이탈하는 것은 바람직하지 않다. 그래서 국적주의를 따르는 국제사법규정을 준국제사법 문제에 유추적용할 때, 반드시 전면적으로 상거소, 주소 또는 거소로써 국적을 대신하게 할 필요는 없다. 오히려 국적과 비슷하게 분방에 대한 공법적 소속을 나타내는 연결점을 사용할 수 있으면 그렇게 해야 한다.

셋째, 남북한 간에 자유롭게 상거소를 옮길 수 없는 것이 현실이다. 동서독간에는 사인(私人)이 제한적이나마 왕래할 기회가 있었지만, 북한의 폐쇄성은 동독의 수준을 크게 넘는다. 그러므로 설사 입법론적으로 상거소주의가 국적주의보다 낫다고 하더라도, 유독 남북한 간의 준국제사법 문제에 관해 상거소주의로 먼저 이행하는 데에는 조심스러울 수 밖에 없다.

넷째, 북한은 노예적 수용소국가 내지 감옥국가이므로, 북한의 사실상 대인고권은 가급적 제한적으로 보아야 한다. 그래서 북한 국적법에 따라 북한국적을 가지더라도, 북한에 상거소가 없으면 북한인이 아니라고 해야 한다. 그는 북한의 노예적 통제체제를 벗어난 지위에 맞는 속인법을 가져야 한다. 그래서 북한이탈주민법은 탈북자가 대한민국 정부의 보호를 받을 의사를 표시하면 동법상의 "북한이탈주민"으로 취급하여 보호한다(§3). 그는 남한의 가족관계등록부를 개설함으로써 남한적을 취득한다. 이것은 이론적으로 타당하며 사안을 적절히 규율하는 방법이기도 하다.

다섯째, 북한이탈주민법 §19−2의 재판상 이혼의 특례를 무리없이 해석하는 데에도 도움이 된다. 북한이탈주민법에 따라 남한적을 취득한 북한이탈주민

방 포함)과, 제한적인 개인별 심사에 따른 '포로반환 대상에서의 제외'.

은 남한에 상거소가 있는지를 묻지 않고 동법상의 재판상 이혼의 특례를 적용받는다. 심지어 남한에 상거소를 취득하지 않고 곧바로 해외로 이주한 경우에도 적용받게 되어 있다. 이혼재판시 북한이탈주민의 상거소가 남한에 있으면, 남한법의 적용이 이미 國私 §39 但에 의해 근거지워진다. 그러나 그가 남한에 상거소를 가졌다가 외국으로 이주했다면, 그의 남한과의 접촉은 남한 내 최후 상거소와 남한적 뿐이다. 그가 남한에 상거소를 가진 일이 없다면, 그의 남한과의 접촉은 남한적 뿐이다. 물론 긴급관할적 고려에 의해 원고상거소지관할 등을 인정하면서 법정지법주의를 따르는 것으로 풀이할 수도 있으나, 그렇게 이해하더라도 왜 남한법에 의하는지의 실질적 근거 제시는 필요하다. 남한 상거소가 없이도 남한적을 가질 수 있고, 북한이탈주민법 §19-2는 國私 §39 但보다 한걸음 더 나간 것이라고 설명하면, 북한이탈주민법 §19-2의 설명이 한층 매끄러워진다.

여섯째, '넓은 의미의 대한민국' 국민의 지위를 가지면서, 남한에도 북한에도 거주하지 않는 재외국민의 속인법을 적절히 정할 수 있다. 남한법과 북한법 양쪽을 속인법으로 정하는 기준으로 상거소를 사용하면, 실제로 거주하지 않는 곳에 상거소가 존재한다고 의제하거나, 다른 접촉들을 살펴 남북한 중 인적으로 가장 밀접한 관련 있는 쪽을 가려내는 방법 밖에 남지 않는다. 반면에, 남한적을 대한민국 국적법에 따라 취득하고 상실하게 하면, 그는 대한민국 국적법에 따라 국적을 취득함으로써 명쾌하게 남한인으로 인정받을 수 있다. 남한 국민이 남한에 상거소나 거소를 가진 적이 없다 하여 그의 남한 국적을 비실효적인 국적으로 단정할 것도 아니다. 재외국민은 한국에 산 적이 없더라도 남한 국적을 실효적 국적으로 보유할 수 있다고 해야 한다. 그의 '대한민국 국적법상의 국적'이 비실효적인 것인지는 사안별로 판단해야 한다.[821)]

남한인을 상거소가 아니라 대한민국 국적법상의 국적으로 하는 데에는 실제적 장점도 있다.

첫째, 대한민국(넓은 의미)은 장소적 법분열국이므로, 국제사법적으로 대한

821) 외국에 사는 '넓은 의미의 대한민국' 국민이 북한 국적법에 따라 북한 국적을 취득하는 경우도 있다. 남북한을 별개 국가로 취급하는 외국에서는 이를 이유로 그를 북한인으로 취급할 것이다. 남한법원은 그렇게 할 수는 없지만, 결론이 반드시 달라지는 것은 아닐 것이다. 남한법원은 그의 대한민국 국적법상의 국적을 비실효적인 것으로 보아야 할 경우가 많을 것이다. 그래서 대한민국 국적법상의 국적 외의 연결기준에 따라 남북한법 중에서 속인법을 정해야 한다. 북한 국적법상의 국적 취득절차를 밟았다는 '사실'은 북한법질서와의 인적 관련을 보여주는 접촉의 하나로서 고려될 여지가 있다. 그러나 그는 대한민국 국적법상의 국적 외의 사유로 남한인으로 인정될 수도 있다.

민국법이 본국법이나 국적국법으로서 준거법이 될 때에는 항상 준국제사법적 판단도 해야 한다. 만약 준국제사법이 국적주의의 사고방식을 완전히 벗어나 상거소주의를 원칙으로 삼는다면, 이런 사안을 재판할 때마다 당사자의 상거소가 남한지역에 있는지 북한지역에 있는지를 항상 따져야 한다. 이것은 속인법 결정기준의 명확성이라는 국적주의의 장점[822]을 감퇴시킨다. 저촉법 문제의 해결을 지체시키고 불확실성을 키운다. 속인법의 결정기준이 불명확하고 구체적 사안을 보아 판단해야 한다는 상거소주의의 단점이 '준국제'사법에서 현실화되어, '국제'사법에서 국적주의를 채택한 장점이 퇴색된다. 속인법 결정에 관하여 '국제'사법과 '준국제'사법 간의 일관성도 떨어지게 된다. 반면에 대한민국 국적법상의 국적에 따라 남한적을 정하면 이런 어려움이 없다. 그 사람이 대한민국 국적법에 의한 국적을 가짐을 확인함으로써, 그의 '넓은 의미의 대한민국' 국민의 지위와 '좁은 의미의 대한민국' 국민의 지위가 동시에 확인된다. 그래서 속인법 결정의 명확성과 용이성이라는 국적주의의 장점이 준국제사법 차원에서도 일관되게 실현된다. 그리고 준국제사법적 논점을 판단하는 일로 준거법 결정작업의 완결을 지연시키고 당사자와 이해관계인을 불안하게 할 필요가 없다.

둘째, 남한적을 남한 국적법에 의해 정하는 것은, 국제사법에서의 본국법, 국적국법 지정을 다루는 대다수 국내문헌과 실무, 그리고 북한이탈주민법·실무에도 부합한다. 실무에서 대한민국 국적에 따라 대한민국법을 적용하는 '국제'사법적 판단을 내렸을 때, 북한과의 관련이 없거나 별로 없으면, 남북한법 중의 선택이라는 준국제사법적 판단은 따로 하지 않음이 통례이다. 이런 실무와 학계관행 속에는, 남한 국적법이 부여한 국적에 의해 남한적이 정해지고, 남한적을 가지는 자는 '넓은 의미의 대한민국' 국적도 법률상 당연히 가진다는 법률론이 내재하여 있다고 볼 여지가 있다. 이러한 사고방식 내지 법감정을 반영한 이론구성이 필요하다. 그것이 '남한의 국적법, 기타 법령, 조리에 의해 남한적이 부여되면 법률상 당연히 넓은 의미의 대한민국 지위도 인정된다'는 이론구성이다.

남북한간의 입법적 조율이나 합의로 남북한에 공통된 '속인법 결정기준'을

822) 대한민국 국제사법에 의하여 당사자의 본국법이 준거법으로 지정될 때, 그가 대한민국 국적법에 따른 국적을 가지고 있으면, 그것이 아예 비실효적인 것이 아닌 한 대한민국(좁은 의미)법을 준거법으로 적용한다. 그가 외국 국적을 동시에 가지고 있더라도 대한민국(좁은 의미) 국적이 우선하므로(國私 §3 ① 但), 해당 저촉규칙이 "본국"법을 지시하고 있는 한, 그가 외국 국적도 가지고 있는지를 확인할 실익은 없다.

형성하는 것은 어떤가? 그런 기준이 있다면 준국제적 판단일치가 제고되어 바람직할 것이다.[823] 그러나 남북한의 현실 하에서는 어려워 보인다.

국적주의로 통일하려면, 남한 국적법과 북한 국적법에 의해 남한법과 북한법을 속인법으로 정해야 한다. 이렇게 하려면 북한법(북한 국적법)의 적용결과를 승인해야 한다. 그러나 북한법질서는 반국가적 적성단체여서 이렇게 하기 곤란하다. 훗날 이런 성격이 완화더라도, 준국제적 관계에서 영토할양과 자국민보호의무 일괄 방기(放棄)를 감행하지 않는 한, 북한이 '넓은 의미의 대한민국'을 불법적으로 잠식하여 북한지역과 북한주민을 강점, 장악하는 존재라는 성격을 벗기 어렵다.

거소주의(가령 상거소주의)로 통일하기도 어렵다. 무엇보다, 남한이 '우선 현실적으로 가능한 범위에서 수립된 민족국가'라는 성격을 타협시키게 될 뿐 아니라, 남북한 간의 왕래가 가령 유럽연합 회원국들 수준으로 자유로와지지 않은 상태에서 거소주의로 이행할 절실한 필요가 없다.

(마) 월북자와 납북자의 속인법

남한 국적법상의 국적이 비실효적 국적일 수도 있다. 그 비실효성이 '남한에서 북한으로 상거소를 옮긴 것'에 의해 생길 수도 있다. 특히, 자발적으로 남한법질서를 버리고 북한정권 치하로 들어간 자, 즉 월북자의 남한적은 적어도 사법(私法)관계에서는 월북 후 곧바로 비실효적인 국적이 될 수 있다. 그는 북한을 임의로 거주지로 선택하여 북한으로 상거소를 옮겼으므로, 그의 속인법은 북한 내 상거소에 의해 북한법으로 정해진다. 물론, 월북자도 북한에서 다른 곳으로 상거소를 옮길 자유를 누리지 못하므로, 그의 북한 내 상거소도 연결점으로 삼기에 완전한 것은 아니다. 그러나 월북자는 적어도 북한 상거소의 최초 취득시 임의로 선택했다.

납북자의 준국제적 속인법 결정은 까다로운 문제이다. 그가 좁은 의미의 대한민국 국민(남한인)으로 살아가기를 사실상 완전히 포기했다면, 그의 대한민국 국적법상의 국적을 비실효적 국적으로 볼 수 있음에 의문이 없다. 납북자의 남한 국적이 비실효적인 것이면, 그가 남한인인지는 남한 내에 상거소가 있는지에 의해 판단해야 한다(國私 §3 ②의 유추). 북한적을 북한 내 상거소로 정하는 것과, 남북한적의 적극적 충돌을 남한적을 우선시켜 해결하는 점(國私 §3 ①의 준

823) 친족상속법에 관해 6개의 법역으로 나뉘어 있는 스페인에서는, 연방법(스페인민법전 Art. 16 ①)으로 '스페인 내의 어느 분방(分邦)이 사람의 고향(연고지, 출신지)인지'를 정한다. 이 점은 Valéncia 대학교의 Pablo Quinzá Redondo 교수의 도움으로 확인했다.

국제사법에의 유추)은 납북자의 경우에도 같다. 이동의 자유가 없는 사람의 속인법을 상거소로 정하는 문제점은, 납북자의 경우에는 특히 심각하지만, 다른 해결방법이 없다.

(바) 탈북자의 속인법

'넓은 의미의 대한민국' 국민으로서 남한적 없이 북한지역 내에 상거소[824]를 두고 살다가 북한지역을 탈출한 자의 속인법 확정도 까다로운 문제이다.[825] 북한탈출자(탈북자)[826]의 개념은 북한이탈주민보호법이 정의하는 "북한이탈주민"보다 넓다. "북한이탈주민"에 해당하려면 단순히 북한지역을 "이탈"한 것이 아니라 북한을 "탈출"한 자(탈북자)여야 할 뿐 아니라,[827] "북한을 벗어난 후 외국 국적을 취득하지 아니한" 자여야 하기 때문이다(동법 §2 i). "북한이탈주민"의 정의(定義)를 충족하더라도 "대한민국의 보호를 받으려는 의사를 표시"해야만 동법의 적용대상이 된다.[828] 법률관계(상속, 유언의 실질과 방식 등)에서 출발하여 그 준거법을 정하기 위해 탈북자의 속인법을 지정하는 단계에서는 북한이탈주민법에 의해 제한된 북한이탈주민 개념이 아니라, 일반적인 탈북자 개념을 사용해야 한다.

---

824) 북한이탈주민법 §2 i은 탈북자의 하위개념인 "북한이탈주민" 개념을 정의하면서, 북한에 "주소, 직계가족, 배우자, 직장 등을 두고 있는 사람"일 것을 요구한다. 이것은 기본적으로 북한에 상거소가 있을 것을 요구하는 취지에서 그 판단기준을 법정(法定)한 예라고 할 수 있다.

825) 월남귀순용사특별보상법(1978. 12. 6. 제정, 1979. 1. 1. 시행, 1993. 6. 11. 전부개정되면서 귀순북한동포보호법으로 명칭 변경)상의 월남귀순용사의 개념에는 "北韓傀儡集團[북한괴뢰집단]에 의하여 密派[밀파]된 間諜[간첩]으로서 自首[자수]·轉向[전향]한 者[자]"(§2 ① iv)도 일반적으로(즉 설사 그의 주소, 상거소가 남한에 있고 심지어 남한 국적자라도) 포함되었다. 그 부분을 제외하면, 월남귀순용사특별보상법상의 월남귀순용사와 귀순북한동포보호법(앞의 법률의 1993. 6. 11. 전면개정법률이 1993. 12. 12. 시행되면서 바뀐 법령명)상의 귀순북한동포도 탈북자임에 의문이 없다.

826) "탈북자"의 용어는 문화일보 황성준 논설위원이 시베리아 벌목공 탈북사건을 보도하면서 처음 사용되었다. 이 개념은 북한"이탈(離脫)"자의 의미가 아니라 북한"탈출(脫出)"자의 의미로 이해되어야 한다. 탈북자는 난민(refugee) 중에서도, 영토의 경계가 봉쇄된 감금상태를 "탈출(escape)"한 사람을 의미하는, 난민의 하위개념이기 때문이다. 영어로 탈북자를 말할 때 "defector"나 "escapee"라고 하는 것도 이런 이유에서이다. 다만, 북한이탈주민법은 거주지(국)에서 "이탈된 사람(displaced person)"이라는 무색무취한 용어례를 본받아 "북한이탈주민"이라고 하는데, 이것은 재외 북한이탈주민에 대한 자국민보호의무 행사시 외국의 영토고권과의 마찰을 최소화하기 위한 외교적 제스처로 보인다.

827) 이 점은 동법의 "북한이탈주민"이라는 용어와, 동법 §2의 개념정의에는 이 점이 표현되어 있지 않다. 그러나 동법 §9 ①은 "보호대상자로 결정하지 아니할 수 있"는 경우로 "위장탈출혐의자"(iii)를 예시한다. 이 점을 보면, 동법의 "이탈"은 실제로는 "탈출"(단순한 이탈 후 북한으로 돌아가지 않기로 결심함에 의한 탈북도 포함)의 의미임을 알 수 있다.

828) 이처럼 북한이탈주민보호법의 인적 적용범위는 그 입법목적에 의해 제한되기도 한다. 한편, 그 입법목적에 맞게 북한이탈주민의 범위를 포괄적인 측면도 있다. 동법의 북한이탈주민 개념에는 남한적을 보유한 탈북자도 포함되고, 문리해석상으로는 북한에 "주소" 등(§2 i)을 두고 탈북한 외국인도 포함될 수 있다. 이는 준국제적 난민의 범위를 넓게 포괄하기 위한 것이다. 물론 이 두 범주의 탈북자도 북한을 탈출한 자이므로, 탈북자의 일반적 개념에도 당연히 포함된다.

탈북자 중에는 외국인도 있을 수 있으나, 그의 본국법과 국적국법은 그 외국 국적에 의해 정해지므로, 여기에서 함께 논의할 필요가 없다.[829] 또, 대한민국 국적법상의 국적을 가진 자가 북한에 일시 억류되었다가 탈출한 경우에는 그가 줄곧 남한인임에 의문이 없다. 그래서 이하에서는 넓은 의미의 대한민국 국민으로서 남한적을 가지지 않는 상태에서 탈북한 '탈북자'만을 검토한다.

탈북자가 좁은 의미의 대한민국 국적(대한민국 국적법상의 국적), 즉 남한적을 취득하면 남한인이 된다. 남한적을 취득한 탈북자는 북한적 없이 남한적만을 가지는 경우가 대부분이다. 북한적 상실 시점은 북한 탈출의 유형에 따라 경우를 나누어 보아야 한다. 첫째, 처음부터 북한을 탈출할 의사로 북한을 벗어난 자는 북한과 외국 사이의 국경을 넘는 순간, 북한의 상거소를 상실하여 '대한민국 준국제사법상의 북한적'을 상실한다.[830] 둘째, 북한에 상거소를 유지하면서 단기취업 등의 경제적 이유로 외국으로 월경(越境)하는 등 북한지역을 단순이탈하였다가 사후적으로 '북한으로 돌아가지 않기로 결심한' 자도 있다. 그는 '북한에 돌아가지 않기로 결심한 때'에 북한의 상거소를 상실한 것으로 처리할 수 있을 것이다. 셋째, 북한으로 조만간 돌아갈 계획을 가지고 위장탈북(僞裝脫北)한 자도 있다. 그는 계획을 바꾸어 해외에 정착하는 때에 비로소 해외 정착지에 상거소를 취득한다고 할 것이다. 그가 북한 상거소를 유지하고자 한다면 그 의사를 어떻게 처리할지(해외 정착에도 불구하고 북한 상거소가 유지된다 할지, 이중상거소를 인정할지 등)는 상거소에 관한 일반이론에 따른다.

탈북자가 북한 상거소를 상실하고(즉 대한민국 준국제사법이 말하는 북한적을 상실하고) 대한민국 국적법에 따른 국적도 취득하지 못한 상태로 외국에 소재하고 있는 동안은, '넓은 의미의 대한민국' 국민이기는 하지만 북한적도 남한적도 없다. 그는 일률적으로 난민(피난민)으로 처리해야(적어도 그렇게 '사실상 추정'해야) 한다. 그런데 국제적 난민과 준국제적 난민[831]을 구별해야 한다.

북한에서의 곤란을 피하여 '외국으로' 피난한 북한인은 '국제적' 난민에

---

829) 예: 북한으로 이주하였거나 북한에 장기간 억류되어 북한에 상거소를 둔 외국인이 탈북한 경우. 그 경우에는 연결점 확정에 별 어려움이 없다. 대부분의 북한 거주 외국인은 북한 탈출과 본국의 외교적 보호를 희망할 것이므로, 그의 외국 국적은 실효성을 유지한다고 보아야 하고, 본국법이나 국적국법 지정에는 문제가 없다. 또, 그는 북한탈출에 성공함으로써 북한 내 상거소를 상실한다. 그가 아직 어느 곳에도 신규 상거소를 취득하지 않은 상태에서 상거소지법을 적용할 일이 생기면, 단순거소, 그것도 없으면 현재지의 법을 적용한다(國私 §4).

830) 이 경우 북한적의 실효성이 정지될 뿐이라는 설로 제성호(2001a), 139; 제성호(2003), 66.

831) 준국제적 난민에 관해서는 "독일민족적 난민(volksdeutsche Flüchtlinge)"에 대한 독일연방공화국법의 규율(Kegel/Schurig, §13 II 7, S. 402 f.에 정리된 것)을 참고하였다.

해당한다. 북한인이 외국에 체류하다가(예: 외교관, 해외근로자) 북한당국이나 그 위임을 받은 통제를 뚫고 탈출한 경우도 있는데, 그는 사안에 따라 '북한에 상거소를 두고 있다가' 그를 포기하면서 탈출한 자일 수도 있고, '북한 상거소를 이미 상실하고 외국에 상거소를 두고 있다가' 그것을 포기하면서 탈출한 자일 수도 있다. 양쪽 모두 국제적 난민에 해당할 여지가 있다. 국제적 난민에 대해서는 '난민의 지위에 관한 의정서'[832] Art. 1에 따라 '난민의 지위에 관한 조약'[833] Art. 12(1)이 본국법과 국적국법을 대신할 속인법을 정한다. 그가 이탈해 나온 법질서인 북한의 법 대신에, 주소지법을 적용해야 하고, 주소가 없으면 거소지법을 적용해야 한다.[834] 주소지법 내지 거소지법은 외국법이거나 남한법이 될 것이다.

'국제적' 난민에 해당하는 탈북자가 남한당국의 보호를 받고자 한다면 그 한도에서는 '준국제적' 난민에도 해당한다. '넓은 의미의 대한민국' 국민으로서 그러한 자는 '준국제적' 난민으로서의 지위가 부각되므로, 한국의 실무는 그가 '북한을 국가로 취급하는 외국'에 있더라도 북한이탈주민보호법을 근거로 자국민보호의 대상으로 삼고 있다. 그래서 남한적을 취득하면, 그가 아직 외국에 피난해 있는 상태이더라도(혹은 남한에 왔다가 외국으로 나갔더라도), 남한의 저촉법적으로는 '북한 상거소를 상실하여 북한적이 없고 남한적만 가진 광의의 대한민국인'인 것으로 정리되고, 더 해결할 문제가 남지 않는다.

탈북자가 국제적 난민은 아니고 준국제적 난민이기만 한 경우도 있다. 북한으로부터의 난민이기는 하지만 넓은 의미의 대한민국으로부터의 난민은 아닌 사람이 그렇다. 남북한의 경계를 넘어 직접 탈북한(월남한) 자가 여기에 해당한다. 그가 북한이탈주민법상의 보호결정을 받거나 일반적 절차에 의해 가족관계등록부를 개설하는 등으로 남한적을 취득하기에 앞서 그의 준국제적 소속을 어떻게 정할지에 대해서는 명문의 법률규정이 없다.[835] 두 가지 해결방법을 생각

---

832) Protocol Relating to the Status of Refugees. 1967. 1. 31. 뉴욕 성립, 1967. 10. 4. 발효, 1992. 12. 3. 가입서 기탁 및 대한민국에 대하여 발효, 동일자 관보게재(조약 제1115호). 다자조약집 제11권 수록. 가입시 상호주의 유보, 2009. 9. 8. 철회(다자조약 제1971호, 동일자 발효).

833) Convention relating to the Status of Refugees. 1951. 7. 28. 제네바 성립, 1954. 4. 22. 발효, 1992. 12. 3. 가입서 기탁, 1993. 3. 3. 대한민국에 대하여 발효, 1993. 3. 4. 관보게재(다자조약 제1166호). 다자조약집 제11권 수록. 가입시 상호주의 유보, 2009. 9. 8. 철회(다자조약 제1970호, 동일자 발효).

834) 대한민국이 난민의 법적 지위에 관한 제네바조약과 제네바의정서에 가입하기 전에도 동조약 Art. 12와 동의정서 Art. 12(1)의 규정내용을 대한민국 국제사법의 해석론으로 채용하는 유력설이 있었다. 이호정, 190.

835) 독일연방공화국에서는 기본법 Art. 116 ①이 '동독으로부터의 준국제적 난민'과 '동독지역 거

해 볼 수 있다. 첫째는 1945－53년의 준국제적 난민의 선례에 비추어 관습법을 인정하여 보충하는 것이다. 즉, '준국제적 난민은 북한의 지배를 벗어나 남한법이 전면적으로 타당하는 지역[836]으로 진입함과 동시에, 적어도 준국제사법적으로는 남한인으로 간주된다'는 불문의 준국제사법규칙을 발견하는 것이다. 이 한도에서는 대한민국 국적법에 따라 남한적을 취득하기 전에도, 준국제사법적으로는 남한인으로 취급한다. 둘째는 난민의 지위에 관한 조약 Art. 12(1)을 국제법적 조리(즉 법의 일반원칙, general principles of law, 憲 §6 ①의 표현으로는 "일반적으로 승인된 국제법규")로 보아 준국제적 난민은 주소지법, 주소가 없으면 거소지법에 의해 속인법을 정하는 것이다. 전자의 해석이 타당하여 보인다. 따라서 굳이 조리에 의해 보충하는 후자의 해석론을 따를 필요가 없다. 법률흠결은 우선적으로 관습에 의해, 그것이 없으면 조리에 의해 보충해야 한다는 것이 民 §1이 정하는 사법(私法)의 일반이론이며, 이는 준국제사법에도 적용되기 때문이다.

외국을 거치지 않고 북한지역에서 남한지역으로 곧바로 탈북한 '넓은 의미의 대한민국 국민'인 북한주민도 탈북자에 해당한다. 대한민국법의 관점에서는 그는 국제적 난민에 해당할 수 없다.[837] 그는 준국제적 난민에만 해당한다. 상술한 대로 북한의 통제를 벗어나 남한지역(남한법의 전면적 타당영역)으로 들어온 때부터 남한인으로 간주되어야 한다.

탈북자는 북한에 상거소를 가진 일이 없이 북한을 탈출했을 수도 있지만(예: 단기 납북자의 탈북), 북한에 상거소를 가졌던 경우가 대부분이다. 그의 구 상거소는 國私 §49 ② i 本, §50 ①, ②, ③ i, ii를 유추적용함에 있어 의미를 가질 수 있다. 국제사법과 준국제사법에서 북한 내 상거소를 확정할 때에는,

---

주자'(그 기준시가 독일제국이 소멸한 시점인 1937. 12. 31.이기는 함)도 "헌법의 의미의 독일인(Deutscher im Sinne dieses Gesetz)", 즉 넓은 의미의 독일인에 포함시킨다. 그런데 이 규정을 근거로, '동독으로부터의 준국제적 난민'을 준국제사법적으로(독일연방공화국의 통설에 의하면 기본법 외의 법률에서 말하는 의미에서의 '국제사법'적으로) 서독인(독일의 기본법 외의 법률이 말하는 독일인), 즉 '좁은 의미의 독일' 국적—즉 기본법 Art. 116 ①이 말하는 "독일민족적(Volkszugehörigkeit)"이 아니라 "독일국적(deutsche Staatsangehörigkeit)"—을 가진 자로 취급해야 하는지가 해석론으로 문제되었다. 1961. 8. 11. 가족법개정법률(Familienrechtsänderungsgesetz, 약칭 FamRÄndG)(BGBl. 1961 I S, 1221)은 이 문제를 입법적으로 해결하였다. 동법 Art. 9 ② v는 "독일 민법이나 독일 절차법에서 사람의 국적에 준거하는(따르는) 경우에, 독일국적을 가지지 않으면서 기본법 제116조 제1항의 의미의 독일인인 자는 독일국민에 준한다."고 규정하여, 동독으로부터의 준국제적 난민은 법률상 당연히 서독인으로 취급하게 한다.

836) 개성공단과 같이 외국인이나 남한인을 위한 경제특구에 진입하거나, 그곳에 있는 남한당국의 연락사무소에 진입한 것만으로는 탈북(귀순 포함)이 완료된 것이 아니어서, 그 상태로는 아직 준국제적 난민의 지위를 취득하지 못한다.

837) 남한과 북한을 별개의 국가로 다루는 외국의 관점에서는, 그는 국제적 난민에 해당할 것이다.

북한이탈주민법 §§2, 3에 구애받을 필요가 없다. 이 법률은 일정 범위의 북한인에게 특별한 보호를 부여하는 법률로서, 그 보호범위를 한정하기도 한다. 그래서 북한이탈주민법은 북한이탈주민이 외국 국적을 취득하면 동법의 적용대상에서 제외한다(§2 ①). 그러나 준국제사법적으로는 북한인이 북한 내 상거소를 유지하면서 외국 국적을 취득할 수도 있다고 해야 한다. 또, 동법 §2 ①은 탈북자가 동법의 보호대상으로 판정될 때 북한에 더이상 거주하지 않아도, 북한에 "주소 · 직계가족 · 배우자 · 직장 · 등"이 있으면 보호대상으로 삼는다. 그러나 이는 실무자의 판단의 편의를 위해 "북한주민"의 구체적 기준을 명시한 것에 불과하다. 북한 내 상거소 유무는 이로부터 독립적으로 판단되어야 한다. 동법 §2 ①이 언급하는 주소, 직계가족이나 배우자의 소재, 직장 등은 상거소 판단을 위한 간접사실이 될 수 있을 뿐이다. 또, 동법상의 북한이탈주민으로 인정된 자는 일정 시점까지 북한에 상거소를 가진 것으로 추단할 수 있다.

(사) 남북한 이중소속자의 속인법

남한적과 북한적이 둘 다 인정되는 경우가 있다. 물론 준국제사법적으로 남북한적의 적극적 충돌 문제에 부딪치는 경우는 드물다. 남북한적을 서로 다른 기준으로 정해야 하고, 비실효적 국적의 법리가 준국제사법에서도 타당하기 때문이다. 특히, 좁은 의미의 대한민국 국민이 월북하거나 납북된 경우에는, '대한민국 국적법상의 국적'이 비실효적인 것으로 되는 시점과 북한 상거소 취득시점이 일치하는 경우가 많을 것이다. 한편, 위장탈북(위장귀순)하여 좁은 의미의 대한민국 국적을 취득한 경우와 같이, 북한적이 소멸하지 않은 채로 남한적이 취득된 경우도 있다. 가장행위나 법률회피로 처리될 가능성은 별론으로 하고, 남북한적의 적극적 충돌 문제 자체에 대한 준국제사법의 해결기준은 일관되어야 한다.

국적국법을 지정하는, 즉 복수국적의 하나하나를 연결점으로 삼는 국제사법규정을 준국제사법규칙으로 유추적용할 때에는, 남북한적의 적극적 충돌에 괘념할 필요가 없다.[838] 그러나 본국법을 지정하는 국제사법규정을 준국제사법 문제에 유추적용할 때에는, 남한적과 북한적 중 연결점으로 사용할 것을 골라야 한다. 남한적은 대한민국 국적법에 의해 부여되고, 북한적은 대한민국 준

838) 그래서 북한 상거소에 의해 인정되는 북한적과, 대한민국 국적법(실질적 의미)상의 국적 즉 남한적이 모두 연결점이 된다.

국제사법에 의해 북한지역 내 상거소를 매개로 인정되어 그 취득·상실의 기준이 다르지만, '인적 소속의 적극적 충돌'이라는 문제의 본질과 해결기준은 다를 이유가 없다. 그러므로 남한적과 북한적의 적극적 충돌은 國私 §3 ① 但을 유추적용하여 남한적을 우선시키는 것으로 해결하여야 한다.

(아) 수복지역에 거주하거나 현재하는 광의의 대한민국 국민

남북한의 지리적 경계가 바뀌어, 북한지역의 일부가 남한지역이 되는 경우가 있다. 이 경우 수복지역에 거주하거나 수복지역에 있는 광의의 대한민국 국민의 분방 소속이 문제된다. 그가 좁은 의미의 대한민국 국적을 보유하고 있다면 수복 즉시 그의 그 국적은 실효적(實效的)인 것이 된다고 해야 한다. 그렇지 않더라도, 적어도 '남한 내 상거소(國私 §3 ② 前의 유추), 그것이 없으면(예: 수복지역 내 수감자, 일시체류자) 남한 내 단순거소(동항 後의 유추)에 의해 즉시 남한적을 취득한다고 해야 한다. 한편, 전쟁포로, 정치적 사절과 같이 수복지역 내에 단순거소도 없는 북한주민은 북한인의 지위를 기본적으로 유지한다고 해야 한다. 남북한적의 적극적 충돌의 해결기준은 위 (사) 참조.

(자) 대한민국 국적법상의 국적도, 북한 내 상거소도 없는 광의의 대한민국 국민

넓은 의미의 대한민국 국민으로서 남한적도 없고 북한지역 내 상거소도 없는 자도 있다. 그를 남한인과 북한인 중 어느 쪽으로 분류할지 문제된다.

먼저, 탈북자로서 북한으로 돌아갈 의사가 없고, 대한민국 국적법상의 국적을 취득하지도 않은 채 외국에 정착해서 사는 사람이 있다. 원칙적으로는, 그의 남한 내 상거소나 남북한 내 단순거소에 의해(國私 §3 ② 유추), 그것들이 없으면 그가 '한반도와 그 부속도서' 안에서 마지막으로 가졌던 상거소가 북한에 있느냐 남한에 있느냐에 따라 또는 기타의 인적 접촉에 의해 북한인이나 남한인으로 취급해야 한다. 다만 그의 광의와 협의의 대한민국 국적이 비실효적인 경우도 있을 수 있다. 그가 외국 국적을 가지면, 그의 광의와 협의의 대한민국 국적은 비실효적인 것으로 간주되어야 할 경우가 많을 것이다. 그가 외국 국적을 가지지 않고 '넓은 의미의 대한민국 국적'도 비실효적이면, 무국적자로 처리할 수밖에 없다.

다음으로, 사할린에서 중앙아시아로 강제이주된 교민, 재일교포를 포함하여, 대한민국 국적법에 따라 국적을 취득하지 못한 '광의의 대한민국' 국민이 문제된다.[839] 그가 보유하는 광의의 대한민국 국적이 비실효적인 국적인 경우

---

839) 그가 대한민국 국적법 시행 전에 외국국적을 취득하면 ('광의의 대한민국' 국적의 원형인) 일

도 적지 않을 것이다. 대표적인 경우로, 그가 외국 국적을 가지고 있다면, 그의 넓은 의미의 대한민국 국적은 실효적 국적이 아닌 것으로 간주해야 한다.[840] 그가 외국 국적을 가지고 있지 않은 경우는 더욱 까다롭다. 남북한 중 상거소나 단순거소를 가지고 있으면 그 분방에(國私 §3 ② 유추), 그렇지 않으면 남북한 중 최후로 상거소를 가졌던 분방에 속하는 자(남한인 또는 북한인)로 취급해야 한다. 그 외의 경우에도, 남북한 중 인적으로 가장 밀접한 관련이 있는 쪽으로 준국제적인 인적 소속을 정함이 타당할 것이다. 한편, 외국국적도 없고 '넓은 의미의 대한민국' 국민 지위도 비실효적인 경우가 있다. 이 경우에는 무국적자(國私 §3 ②)로 처리할 수밖에 없다.

요컨대, 대한민국 국적법상의 국적도 없고 북한 내 상거소도 없는 광의의 대한민국 국민의 속인법은 탈북자, 중앙아시아 강제이주자, 재일교포 등을 포괄하여, 일관되게 다음과 같이 다루어져야 한다. 첫째, 원칙적으로는 남한 내의 상거소, 그것이 없으면 남북한 내 단순거소에 의해(國私 §3 ②의 유추), 후자도 없으면 남북한 내의 최후의 상거소에 의해, 그것도 없으면 남북한 중의 인적 최밀접관련지를 기준으로 남한인과 북한인 중 하나로 취급되어야 한다. 다만 탈북자가 아직 남한이나 외국에 상거소가 없다 하여 북한인으로 다룰 수는 없다. 둘째, 그가 외국국적을 가지면 광의와 협의의 대한민국 국적은 대개 비실효적인 것으로 간주해야 한다. 셋째, 그가 외국국적을 가지지도 않고 그의 광의와 협의의 대한민국 국적도 비실효적인 것이면, 무국적자에 해당한다.

(차) 요약

넓은 의미의 대한민국 내에는 '대한민국법이 일반적으로 실효적으로 적용되고 있는' 지역(남한)과 그렇지 못한 지역(북한)이 있으므로, 남한법과 북한법 중 어느 법이 적용되는지 문제될 수 있다. 준국제사법의 흠결은 국제사법규정을 유추적용하여 보충해야 한다. 준국제사법의 입법공백을 메우는 해석에서 관건이 되는 것은, 본국법이나 국적국법을 지시하는 국제사법규칙을 끌어쓸 때 국적을 대신할 연결점을 정하는 일이다. '국제'사법과의 일관성을 위해, 가능한

본 통치기 법령상의 조선적이 법률상 당연히 상실되었다고 해석하는 것이 판례라고 할 수 있다. 대법원 1981. 2. 10. 선고 80다2189 판결(1925년에 미국 국적 취득으로 "대한민국" 국적을 상실했다고 인정). 상세는 이철우·이현수·강성식·권채리(2018), 249.

840) 이호정(1987), 37은 외국국적을 가지는 사람은 '넓은 의미의 대한민국'의 국민의 범위에서 항상 제외된다고 본다("현재 [대한민국과 조선민주주의인민공화국] 양국 모두 한반도와 한민족(그들이 외국국적을 가지는 경우를 제외하고) 전체에 대하여 법제상으로는 절대적인 영토고권과 대인고권을 주장하고 있다.")(순한글로 바꾸어 인용).

한 국적주의에 따라야 한다. 그래서 남한적과 북한적을 가급적 법적으로 정의하려는 노력이 필요하다. 넓은 의미의 대한민국 국민이 남한적을 가지는지 북한적을 가지는지의 기준은 다음과 같다.

첫째, 대한민국 국적법상의 국적, 즉 좁은 의미의 대한민국 국적을 가지면 남한적을 가진다.

둘째, 그가 북한지역에 상거소를 가지고 있으면 북한 소속자(북한인)로 취급한다.

셋째, 북한인이 생활비를 벌어 북한지역으로 돌아갈 목적으로 북한의 출입국관리법을 위반하여 북한지역을 이탈한 경우에, 그가 북한지역 내의 상거소를 상실하는지는 구체적으로 따져 보아야 한다.

넷째, 탈북자는 북한 탈출과 동시에 북한 내 상거소를 상실한다. 그가 외국으로 탈출했으면 국제적 난민에 해당한다. 따라서 '난민의 지위에 관한 협약' Art. 12(1)과 '난민의 지위에 관한 의정서' Art. 1에 의해 주소지법, 주소가 없으면 거소지법을 본국법 대신 적용해야 한다. 탈북자가 남한으로 탈출했으면(직접 남한으로 왔거나 외국을 거쳐 남한으로 왔으면) 준국제적 난민에 해당한다. 탈북자는 국제적 난민의 지위와 준국제적 난민의 지위를 함께 가질 수도 있다. 탈북자가 대한민국 국적법상의 국적을 취득하면 남한인이 된다. 그 전에도 남한에 도착하는 즉시 그의 준국제적 소속에 있어 상거소나 단순거소에 의하여(國私 §3 ② 유추), 혹은 적어도 현재지에 의하여 남한인으로 인정되어야 한다. 한편, 탈북자가 외국 국적을 취득하면, 대개의 경우 그의 광의의 대한민국 국적이 비실효적인 것으로 간주되어야 한다.

다섯째, 월북자와 납북자의 '협의의 대한민국' 국적은 비실효적인 것이 될 수 있다.

여섯째, 수복지역에 거주하거나 현재하는 '광의의 대한민국' 국민은 그의 '협의의 대한민국' 국적이 실효성을 가지게 됨으로써, 또는 國私 §3 ②의 유추적용에 의해 남한적을 즉시 취득한다.

일곱째, 남한적과 북한적이 둘 다 있으면, 남한적에만 준국제사법적 연결점으로서의 의미를 부여해야 한다(國私 §3 ① 유추적용).

여덟째, 남한 국적도, 북한 상거소도 가지지 않는 재외교포의 경우에는, 그가 외국국적을 가지면 광의의 대한민국 국적을 대개는 비실효적 국적인 것으로 간주해야 한다. 그 외의 경우에는 남한 상거소나 남북한 내 단순거소(國私

§3 ②의 유추), 그것도 없으면 남북한 중 최후 상거소에 의해 남한인이나 북한인으로 취급하고, 그것도 없으면 남북한 중 최밀접관련을 따져 남한인이나 북한인으로 취급해야 한다. 다만 그의 '넓은 의미의 대한민국' 국적도 비실효적인 국적에 해당하면, 그는 무국적자로 취급되어야 한다.

(5) 판결례

대법원 1982. 12. 28. 선고 81다452, 453 판결에서는 피상속인이 대한민국 국적법상의 국적을 가지고 한국에서 살면서 사망했고, 북한지역에 거주하는 상속인의 상속권이 문제되었다. 남한법을 적용한 결론은 옳았으나, 아무런 법률저촉법적 판단이 없었다. 외국적 요소는 없었으므로 국제사법적 판단은 생략해도 되나, 북한적 요소가 있었으므로 준국제사법적 준거법 판단은 필요했다.

이 사건에서는 중요한 해석문제가 제기되었다. *涉私* §26 ①(國私 §49 ①도 같음)을 준국제사법에 유추적용해야 하는가(국제사법 유추적용설)? 이 때 속인적 연결점을 국적에서 거소, 상거소 또는 주소로 바꾸어 유추적용할 것인가? 아니면 남한 국적법으로 정하는 남한적과 북한 상거소로 정하는 북한적으로 바꾸어 적용해야 하는가? 아니면 國私 §3 ③ 유추설에 따라야 하는가? 그래서 남북한 법 간의 준거법 결정에도 국제사법을 적용하되, *涉私* §26 ①(國私 §49 ①도 같음)에 의해 대한민국법이 지정되면 *涉私* §2 ③ 後(國私 §3 ③ 後도 같음)를 유추적용하여 독립적으로 최밀접관련법을 찾아야 하는가?

위 판결은 왜 남한법이 적용되는지에 대해 아무런 법리설시를 하지 않았지만 이 판결에 드러난 '태도'에서 시사점을 찾아 볼 수 있다.[841] 첫째, 피상속인이 남한, 북한과 가진 인적 접촉들을 망라하여 언급하고 저울질하면서 남북한 중 인적 최밀접관련지를 가려내려 한 흔적이 전혀 없다. §3 ③ 유추설에 대한 법원(원심법원 또는 대법원)의 철저한 무관심이 드러났다. 둘째, 국제사법 유추적용설을 따른다면 국적을 무엇으로 대신할지에 대해 고민한 흔적이 전혀 없다. 즉, 거소, 상거소 또는 주소로 바꿔넣어 유추적용하라는 학설에 대해서도 무관심을 보였다. 추측컨대 원심법원, 상고인, '대법원은 피상속인이 대한민국 국적법에 의한 한국인이니 한국법을 적용함이 당연하다'고 만연히 생각한 듯하다. 물론 이런 준국제사법적 판단을 내린 것은 아니다. 단순히 준국제사법적 논

---

841) 남한법이 적용되느냐 북한법이 적용되느냐가 상고이유에서 다투어졌는지는 대법원 판결문에 드러나 있지 않다. 만약 상고이유에서 다루지 않았다면, 아래의 검토는 원심법원의 태도가 보여주는 시사점이 된다. 상고이유에서 다루었음에도 준거법 판단이 없었다면, 아래의 검토는 대법원의 태도의 시사점이 된다.

점을 외면한 판단유탈로 보인다. 그러나 '국제사법 유추적용설에 따르면서 남한적은 대한민국 국적법상의 국적으로 정하는' 해석과 결과적으로 일치한다. 결국, 법원실무는 실무감각적으로 이 해석론을 받아들일 준비가 되어 있는 것으로 보인다.

(6) 통일 준국제사법의 입법론

입법론으로, 준국제사법 문제를 남북한간 합의로 해결하는 것이 바람직하다는 견해도 있다.[842] 물론 남한과 북한의 준국제사법이 합리적인 내용이면서 통일적이라면 준국제적 판단일치가 도모되어 이상적일 것이다. 그러나 북한이 상속을 비롯한 사법관계(私法關係)도 통치자금 획득의 수단으로 전략적으로 이용하는 상황에서는, 남북한의 준국제사법을 통일시키는 공동작업의 가능성은 요원해 보인다. 기본으로 돌아가 남북한이 각기 자신의 준국제사법을 마련할 수밖에 없다.

북한이 준국제적으로 독립된 권력을 유지하면서 대한민국법상 합법적 존재 즉 합법적 분방이 된다면, 분방간 협정이 고려될 수 있다. 다만 북한이 대한민국법상으로 합법적인 분방의 지위를 취득하는 것은 준국제적 할양(割讓)을 의

842) 신영호(1998), 37; 석광현(2015), 336. 후자의 문헌은 남북한 합의에 의한 해결은 "환영할 만한 일"이라 하면서, "실제로" 그렇게 하는 예로 중화민국(대만)과 중화인민공화국을 든다. 그러나, 이 문헌도 서술하듯이, 양국은 모두 국내법으로 해결하고 있으므로(중화민국은 1992년 '대만지구와 대륙지구 인민관계조례', 중화인민공화국은 최고인민법원 사법해석(司法解釋) 등), 이 문헌의 주장강도는 비교적 약해 보인다. 위 입법론은 다음 세 가지로 평가될 수 있다. 첫째, 국제사법의 법원(法源)에 대한 국제법설 중 '국제사법 통일조약'에 의한 통일을 최선의 해결방법으로 보는 견해에 대응하는 것일 수 있다. 둘째, 사법관계(私法關係)의 준거법 결정을 대인고권(對人高權)의 직접적 표출로 보고, 남한주민에 대한 남한의 대인고권과 북한주민에 대한 북한의 대인고권의 경계획정 내지 절충은 양 고권체(권력체) 간의 합의로 해결함이 바람직하다는 견해일 수 있다. 셋째, 정치적 화해·협력의 당위론으로서의 남북한 특수관계론, 즉 '남북한간 대결의 위협을 피하기 위해 화해·협력이 특히 더 바람직하다'는 견해의 요소도 있을 수 있다. 어느 견해의 색채가 짙은지 검토해 본다. 위 문헌들은 대인고권론에서 출발하여, 남한법원은 북한주민에게도 항상 남한법을 적용할 것인가, 또 북한법원은 남한주민에게도 항상 북한법을 적용할 것인가 라고 묻는다. 그렇게 할 것은 아니므로 남북한 합의나 차선책으로 개별 분방의 법에 의해 준국제사법적 해결을 하라고 한다. 이것은 후버르(Huber)의 국제사법 원론의 추론과정을 재연하는 것으로 생각된다. 즉, 영토고권에서 도출되는 대인고권에 직접 의거하여 항상 법정지법을 적용할 것인가 라고 묻고, 그것은 타당하지 않으므로 외국법 적용가능성을 인정하는 본격적 법률저촉법을 국내법으로 마련한다고 추론하는 듯하다. 즉, 첫째의 입장에 가까와 보인다. 그러나 본격적 법률저촉법의 존재이유가 확립되어 있고, 유추적용할 국제사법 규정체계도 있는 마당에, 굳이 '영토주권의 시대를 맞아 국제사법의 존재기초를 재정의한다'는 사고과정을 재연할 필요가 있는지 의문이다 법률저촉법적 규율은 장소적 법분열이 있는 한 항상 필요하고, 그것이 국제적 법분열이든 국내적 법분열이든 다르지 않다. 그런데 위 문헌들은 국내적 법분열만 놓고 새삼스럽게 '영토주권 관철이냐 본격적 법률저촉법이냐'의 이야기를 하고 있다. 이런 원론적 논의의 재연은, 국제사법에 전문성이 없는 실무가에게, 마치 준국제사법이 국제사법과 본질을 달리하고 국제사법과 크게 차별화될 수 있는 것처럼 오해할 빌미를 줄 수 있다.

미한다. 그것은 헌법의 영토조항의 개정이나 이에 준하는 헌법변천을 요구하는 큰 변화이다. 그만큼 신중해야 할 것이다. 또, 분방간 협정으로 준국제사법을 통일할 때에는 아래의 점에 유의해야 한다.

첫째, 외국과 양자적 국제사법조약을 체결할 때와 마찬가지 수준으로, 북한의 법제도에 대한 고도의 신뢰가 선행되어야 한다. 북한의 법치의 수준은 극히 낮다. 북한의 법률이 현실적으로 적용되는 법인지도 신뢰하기 어렵다. 북한의 상속법과 국제상속법 입법이 재일교포 재산보전·획득(헌납)을 노린 전략적 목적으로 제정되고 있는 것이 현재의 수준이다. 신뢰가 없는 상태에서 법통일 조약부터 맺어 신뢰를 만들어내려 해서는 곤란하다.

둘째, 준국제사법의 원리에 충실해야 한다. 북한의 현 접근방법처럼 주민의 재산권(유언자유, 상속권 등)을 국유재산처럼 여기는 접근방법은 받아들일 수 없다. 준거법 결정에 대한 사익(私益)은 남북교섭의 정치원리에 내맡겨질 수 없다. 무리하게 사법(私法)관계의 준거법 결정기준을 남북교섭으로 정하려 하면 재산권 침해(憲 §23)로 위헌이 되기 쉽다.

셋째, 남한의 준국제사법을 충실히 연구하고 발달시킨 뒤 그것을 분방간 협정에도 확대, 관철시키려 하는 접근방법이 타당하다.

넷째, 준국제사법규칙을 국제사법규칙으로부터 차별화할 때에는 합리적 이유가 있어야 한다. 국제사법과 준국제사법이 공간적(장소적) 저촉법으로서의 본질을 같이함에도, 유독 북한과 관련된 사건이라는 이유로 합리적 이유 없이 이질적인 준거법결정기준이 적용된다면, 이는 불합리한 차별로서 평등원칙(憲 §11) 위반의 소지가 있다.

언젠가 북한지역에서 실효성을 가지는 독립적 권력이 소멸하고, 그럼에도 불구하고 사법(私法) 분야에서 남북한간 장소적 법분열이 존재한다면, 대한민국은 한반도 전체에서 효력을 가지는 통일 준국제사법을 북한지역에 대해서도 부과(임시적으로 남한 준국제사법의 영토적 타당범위를 북한지역에 확장, 종국적으로는 넓은 의미의 대한민국에 의한 통일된 준국제사법의 부과)할 수 있게 될 것이다.

4. 북한 국제·준국제사법의 존중과 북한법의 조사·적용

(1) 북한의 국제·준국제사법에 의한 반정

북한의 국제사법이나 준국제사법이 남한법으로 반정(反定)하는 경우에는, 國私 §9를 준국제사법에도 준용하여 그 반정을 받아들여야 한다. 북한의 국제사법은 대외민사관계법[843]이다.

북한의 대외민사관계법의 상속(§45)과 유언(§§46, 47)에 관한 준거법지정규정은 모두 일정한 국가의 법을 지정하므로, 준국제사법규정을 겸하지 않음이 문면상 명백하다. 그래서 북한이 대한민국을 '외국'으로 취급하지 않는 한, 그 규정의 '적용'으로 대한민국법(남한법)이 준거법으로 지정될 여지는 없다. 그러나 유추적용될 여지는 있다. 남한이 관련된 사안에서는, 북한이 남북한 간의 법률저촉을 국제사법 문제로 파악하는지, 아니면 준국제사법 문제로 파악하는지, 혹은 남한법의 적용가능성을 아예 인정하지 않는지 확인되어야 한다.

대외민사관계법은 상속분할주의에 따른다. 부동산상속은 상속재산소재지국법에 연결한다(§45 ① 前). 동산상속은 원칙적으로는 피상속인의 본국법에 의하지만(§45 ① 後),[844] 피상속인이 외국 거주 내국인이면, 그의 최후주소지국법(최후"거주"지국법)[845]에 의한다(§45 ②).[846] 그래서 북한공민인 재일교포가 사망하면, 일본 법적용통칙법 §36에 의해 북한법이 지정되지만, 일본 소재 부동산은 북한 대외민사관계법 §45 ① 前에 의해, 동산은 소재지를 불문하고 동법 §45 ②에 의해 일본법에 의하게 된다. 즉, 이 경우 동산 전부와 일본 소재 부동산은 일본법으로 직접반정되어 일본법에 의하게 된다(법적용통칙법 §41 本).

한편, 외국 거주 북한공민에게 상속인이 없으면, 피상속인과 가장 밀접한 인적 관계를 가지는 당사자가 승계한다고 규정한다(대외민사관계법 §45 ③). 즉, 이 한도에서는 ① 前과 ②의 지정을 철회하고(즉 ① 前과 ②에 의한 외국법 지정은 그 외국법에 따라 상속인이 존재할 경우에 한정하고), 북한법을 지정한다. 그리고 피상

843) 1995. 9. 6. 최고인민회의 상설회의 결정 제62호로 채택, 1998. 12. 10. 최고인민회의 상임위원회 정령 제251호로 수정. 정인섭(1996)이 "대외민사법"이라 함은 편의상의 약칭인 듯하나, 다른 문헌에서 이렇게 약칭하는 예는 보이지 않는다. 이 법률의 개관은 정인섭(1996); 木棚照一(1996); Chin Kim(1998); 장문철(2000) = 장문철(2001); 제성호(2001b). 통일법제 데이터베이스(https://www.unilaw.go.kr)에 의하면, 대외민사관계법은 조(條) 내에서 문단을 나누는 않으므로, 1문, 2문 등으로 지칭해야 할 듯하나, 뒤의 문장에서 앞의 문장을 가리킬 때 "앞의 항"이라고 표현한다. 여기에서는 이를 존중하여 각 문장을 항(項)으로 본다.

844) "부동산상속에 대하여서는 상속재산이 있는 나라의 법을 동산상속에 대하여서는 상속시키는 자의 본국법을 적용한다."

845) 법문은 최후"거주"지국법을 지정한다. "거주"의 의미는 대외민사관계법 §§8, 11을 통해 추측할 수 있다. 무국적자는 그가 "거주"하는 국가의 법으로써 본국법을 대신하고, "거주"하는 곳이 없으면 "거처"가 있는 국가의 법으로 대신한다(§8). "거주"지국이 없는 자는 "거처"지국법으로 "거주"지국법을 대신한다(§11). 결국 "거주"는 "거처"보다 확고하고 지속적인 연결점으로 보인다. 그런데 "거처"를 단순한 현재지(現在地)로 이해하기는 곤란하다. 그렇다면, "거주"는 주소를 의미하고, "거처"는 거소(단순거소)를 의미한다고 이해해야 할 듯하다. 장문철(2001), 140도 이렇게 볼 가능성을 언급한다.

846) "그러나 다른 나라에 거주하고 있는 우리 나라 공민의 동산상속에 대하여서는 상속시키는 자가 마지막에 거주하였던 나라의 법을 적용한다."

속인과 최밀접관계 있는 자이기만 하면 상속인이 된다. 그가 북한의 일반법에 의해 상속인의 지위를 가지느냐는 묻지 않는다.[847] 그 결과, §45 ① 前과 ②의 외국법 지정은 '그 외국법에 따라 상속인 부존재로 인정되지 않을 것'이라는 해제조건이 붙은 지정이 된다. 이것은 특이하다. 그리고 그 해제조건이 충족될 때 적용되는 북한 상속법의 내용은 그 사법(私法)적 성격이 의심스럽다. 그러므로, 國私 §8를 준국제사법에 유추적용하여 직접반정에 의미부여하여 받아들일 때, 과연 이런 조건부 지정도 존중할 만한 것인지 의구심이 든다.

상속을 피상속인의 본국법에 연결하는 일본은 세 가지 방법 중 하나로 해결할 수 있다. (i) 일본 거주 북한인의 사망시 상속인이 없으면, 일본법원은 선점설에 따라 이 문제를 상속이 아닌 무주재산 국고귀속 문제로 성질결정하고, 일본 실질법을 적용하여 국고에 귀속시킬 수 있다. (ii) 일본법원이 상속설에 따라 이 문제를 여전히 상속문제로 성질결정하면, 일본법원은 이 맥락에서는 일본으로의 반정이 없어 북한법(본국법)에 의하게 된다. 이 때 북한상속법 내의 특별법으로 대외민사관계법 §45 ③의 실질사법적 규율을 적용하게 된다. 이 규정 내의 실질법적 규율(연고자의 상속권)을 불확실성 등을 이유로 공서위반으로 배

847) 대외민사관계법 §45 ③은 '국제사법 문제의 실질사법적 해결'의 성질을 가진다. 상속인 부존재의 재산의 귀속을 어떻게 성질결정하느냐의 문제와, 상속문제로 성질결정한다면 누가 승계하게 하는가의 실질법적 문제를 동시에 해결하려 한다. 내용적으로는 매우 특이하다. 특히 일본에 거주하는 북한공민이 상속인 없이 사망하면, 상속준거법도 일본법이고, 부동산소재지도 대개 일본일 것이다. 그래서 상속인 부존재의 재산의 국고귀속을 상속 문제로 성질결정하든, 속지적 취득권의 문제로 성질결정하든, 일본법에 맡겨지게 된다. 그런데 §45 ③은 이 맥락에서 갑자기 일본법에 맡기는 입장(§45 ① 前, ②)을 철회하고, 대외민사관계법 스스로 해결하겠다고 하면서 "그와 가장 밀접한 관계에 있던 당사자"가 승계하게 한다. 이것은 매우 어색한 입법이다. 첫째, 원칙적으로는 북한법에 의할 사안이 아니라고 해 놓고(재외국민 상속이 외국법의 혜택을 누리게 함), 무주 상속재산으로 외국의 국고에 귀속될 염려가 생기자 갑자기 예외적으로 북한법을 개입시킨다. 둘째, 누가 승계하는지 불확실할 뿐 아니라, 그 한계가 정해져 있지 않다. 그래서 북한 상속법상의 일반적 상속인 확정기준을 넘어갈 수도 있다. 가령 유족 중 가장 가까운 친족이 7촌, 9촌의 친족 밖에 없다면 그가 상속인이 될 수 있다. 또, 상속능력, 상속결격, 상속포기에 관한 규정이 적용되는지 여부도 불분명하여, 심지어 상속인이 상속을 포기했어도 대외민사관계법 §45 ③에 의해 승계인이 될 수 있다는 해석가능성이 열려 있다. 게다가, 법문이 "관계"라고만 하지 "친족관계"라고 하지 않아, 법적 친족이 아닌 자(가령 조총련 조직책으로서 피상속인과 가깝게 지낸 사람, 사실혼배우자, 애인)도 포함될 가능성이 열려 있다. 그 뿐만 아니라, 최밀접관계에 "있던" 자라고 규정하므로, 사망시에는 더 이상 사실혼관계나 연인관계에 있지 않은 사람도 승계인이 될 수 있다고 문리해석할 여지도 열려 있다. 이처럼 북한의 일반법에 의하면 상속인이 되지 못하는 자도 대외민사관계법 §45 ③에 의해서는 얼마든지 상속인이 될 수 있다. 셋째, 무주 상속재산의 관리에 관한 북한의 일반법이 적용되는지도 불분명하다. 만약 그것이 적용되지 않는다면, 피상속인과 "가장 밀접한 관계에 있던" 사람을 찾기 위해 무한정 기다려야 할 것이다. 넷째, 북한의 일반법은 무주 상속재산(특별연고자에게 분여하고 남은 것)을 국고에 귀속시킨다(북한 상속법 §55, 북한 민법 §1058). 그런데 유독 '재외 국민이 남긴 무주 상속재산'에 관해서는 태도를 뒤집어 상속으로 다루려 한다. 이것은 상속법 본연의 고려에서 나온 것이 아니라고 보지 않을 수 없다.

척하더라도, 이 규정 내의 저촉법적 규율(북한법 지정)은 남으므로 일본법으로의 반정(反定)이 없고, 북한의 일반법(상속법 §55)을 적용하여 북한 국고에 귀속시키게 된다. 이 두 가지 규율을 가능케 하는 데 북한 당국의 실익이 있다. 다만 북한정권의 반인륜성을 이유로 이것도 공서위반으로 배척하면, 법정지법을 보충적으로 적용하게 된다. 그렇게 하면 일본법(민법 §959)에 따라 일본 국고에 귀속하게 된다. 한편, (iii) 북한 대외민사관계법 §45 ① 前과 ②의 외국법 지정이 불안정적인 것임을 이유로 아예 '국제사법적으로 존중할 만한' 반정이 없다고 보고, 상속준거법으로 항상 북한실질법을 적용할 수도 있을 듯하다. 북한 상속법상 상속인이 될 자가 없으면 무주 상속재산이 되고, 이 문제를 무주재산 국고귀속과 상속 중 어느 쪽으로 성질결정하느냐에 따라 (i)이나 (ii)와 같이 해결하게 될 것이다.

만약 북한 대외민사관계법 §45가 남한법을 지정하는 기준으로도(즉 준국제사법 규칙으로도) 적용되거나 유추적용된다면, 남한법원도 같은 문제에 부딪치게 된다. 물론 남한법원의 입장에서 북한은 국가가 아니고 적법한 분방도 아니므로, 북한 국적법의 적용결과를 승인할 수는 없다. 예컨대 외국 여권을 위조하여 외국인으로 행세하면서 남한국적 취득 없이 남한에 거주하면서 북한 상거소를 유지하고 있는 남파 공작원이 상속인 없이 사망하면, 그는 남한에 거주하는 북한인이므로, 國私 §49 ①의 유추적용으로 북한상속법을 지정하게 된다. 그래서 북한 대외민사관계법 §45 ① 前과 ②(내지 그것들의 유추적용)에 의한 직접반정, 그리고 §45 ③(내지 그 유추적용)에 의한 직접반정 철회, 그리고 §45 ③에 포함되어 있는 기이한 실체특별법(저촉법적 문제의 실질사법적 해결의 형태로 입법화되어 있는 실체특별법)과 마주치게 된다. 대한민국(남한) 법원도 세 가지 해결방법을 고려해야 한다. 직접반정된 남한 상속법에 의해 상속인이 없으면, 선점설에 따라 (i)과 같이 남한 국고에 귀속시키는 것이 타당하다. 아예 '의미있는 직접반정'이 없다고 보고 북한법상 상속인이 없음을 확인한 뒤 선점설에 따라 남한 국고에 귀속시키는 방법도 고려해 볼 수 있다.

북한 대외민사관계법 §45가 ①을 ②로 뒤집고, 다시 ③으로 뒤집는 것은 매우 독특한 것이어서, 과연 §45가 외국법을 지정하는 부분이 북한에서 실효성을 가지는 법규인지 의심스럽다. 북한공민의 지위를 취득하기까지 한 친북적 재일교포가 사망했을 때, 그 상속재산이 친북세력의 손을 벗어나지 않게 하려는 의도로 §45 ① 前과 ②, ③을 고안한 듯하다. 북한법이 상속준거법이 되면, '북한법은 사유재산제를 불인정하므로 상속법이 실효성을 가지지 않고, 부동산상속은 특히 그렇다'고 평가받아 상속에 지장이 생길 염려가 있다. 실로 북한 가족법은 가정재산(피상속인이 거주한 부동산 등)을 상속재산에서 제외하고 가정재산제에 의해 '피상속인과 공동생활한 가정 성원'에게 승계시킨다.[848] 이러한 실질법적 규율은 북한지역 내에 소재한 부동산 등에만 적용되고자 하는 '자기제한적 실질법규'로 풀이해야 할 가능성이 높다. 그래서 일본법원은 '북한법은 피상속인이 거주한 부동산의 상속을 인정하지 않는다'고 파악하고 일본 소재 부동산의 상속을 부정할 가능성이 있다. 북한정부의 관점에서는 이것은 잠재적 국부의 유출을 의미한다. 재일 친북세력의 상속재산이 상속인(그도 친북세력일 가능성이 높다)에게 원활히 상속되어야, 언젠가 그 재산이 북한으로 유입될 수 있다.

북한의 준국제사법이 남한법으로 반정하는지 살필 때에도, 복수국적, 무국적이 문제될 수 있고, 상거소의 확정이 까다로운 문제가 될 수 있다. 비실효적(非實效的) 국적도 연결점으로 삼아질 수 있느냐도 문제될 수 있다. 북한의 준국제사법규정을 적용하는 한도에서는, 이 문제들을 북한이 어떻게 처리하는지에 따라야 한다. 대외민사관계법은 내외국 국적이 적극적으로 충돌하면, 조선민주주의인민공화국법을 본국법으로 삼는다(§7 i).[849] 복수의 외국국적이 충돌하면, "거주"지국법을 우선시키고(§7 ii), 이 기준으로 가려낼 수 없으면 다른 사정들도 고려하여 최밀접관련국을 가려낸다(§7 iii).[850] 무국적자는 "거주"지국법으로, 그것도 없으면 "거처"지국법으로 본국법을 대신하게 한다(§8).[851] 여기에서 "거주"와 "거처"라 함은 각기 주소와 거소를 의미하는 것으로 보인다. "거주"지국법에 의해야 할 경우, 당사자가 복수의 외국에 "거주"를 두고 있으면, 그중 그가 "거처"를 둔 나라의 법에 의하게 한다(§10 ii). "거주"가 없으면 "거처"지국법으로 대신한다(§11). 이 규정들은 모두 어느 국가의 법에 의할지에 관한 것이다. 북한이 남한을 외국으로 취급한다면 남북한간 저촉에도 적용될 것이다. 그렇지 않다면 그 국제사법규칙들을 준국제사법 문제에 어떻게 유추적용하고 있는지 살펴야 한다.

---

848) 신영호(1998), 45.

849) 國私 §3 ① 但과 동지.

850) 國私 §3 ① 本에 대응된다. 國私 §3 ① 本은 '상거소를 둔 국적국'을 우선시킨다는 구체적 기준을 두지 않고, 단순히 인적 최밀접관련국을 가려내라고만 하여, 불필요하게 법적 불확실성을 키우는데, 대외민사관계법 §7은 ii을 둔 점에서 國私 §3 ① 本보다 낫다.

851) 國私 §3 ②와 대체로 동지.

그런데 상속과 유언에 관한 북한의 국제사법 조문이 애당초 실효성 있는 것인지 문제된다. 외국법원에서 고려되기 위해, 특히 일본에서의 상속에서 국가이익 극대화(가령 통치·군사자금 획득)를 위해 입법했을 뿐, 스스로는 외국법이나 남한법의 적용가능성을 인정하지 않는 장식적 입법에 불과할 수도 있다. 만약 그렇다면 반정(反定) 여하를 확인하기 위해 북한 준국제사법을 참조할 필요도 없을 것이다.

(2) 북한 상속법의 적용

상속준거법으로 북한법이 최종적으로 지정되면 북한법을 조사하여 적용해야 한다. 북한 상속법은 '가족법'[852] '제5장 상속'[853]과 '상속법'[854]에 성문화되어 있다. 두 법률의 조문이 충돌할 때 어느 것이 우선하는지는 불분명하다.[855]

북한에서 "개인소유재산"은 "개별재산"과 "가정재산"으로 구성된다.[856] 가정재산은 가정성원이 독특한 형태로 공동소유하며 지분권도 인정되지 않는다.[857] 가정재산은 원칙적으로 상속재산의 범위에 속하지 않는다.[858] 가정재산은 남은 가정성원이 가지는 가정재산제 내에 남고, 생존한 가정성원이 없는 경우에만 상속의 대상이 된다.[859] 그런데 가정재산의 범위는 매우 넓어서, "살림살이에 공동으로 리용[이용]하기 위하여 취득한" 재산은 가정재산에 속한다.[860]

---

852) '조선민주주의인민공화국 가족법'. 1990. 10. 24. 최고인민회의 상설회의 결정 제5호로 채택. 최근의 수정보충은 2009. 12. 15. 최고인민회의 상설회의 결정 제520호. 조문은 통일법제 데이터베이스((https://www.unilaw.go.kr) 수록. 조문별 주석인 신영호(2015), 44~457에는 가족법 조문별로 헌법, 민법 등의 관련조문이 함께 수록되어 있다.

853) 제46조~제53조. 그 상세한 주해로 신영호(2015), 4610.

854) '조선민주주의인민공화국 상속법'(57개 조). 2002. 3. 13. 최고인민회의 상임위원회 결정 제2882호로 채택. 조문은 통일법제 데이터베이스에 수록. 그 상세한 주해로 신영호(2015), 497~777. 북한 상속법('가족법' 제5장 포함)의 간략한 개요는 임복규(2007), 105~107.

855) 신영호(2015), 10은 '가족법' 제5장과 '상속법'이 상충하면 후자가 특별법이라고 한다. 이는 특별법우선의 원칙에 입각한 서술로 보인다. 그런데 이 문헌이 인용하는 북한 문헌은 반대 입장으로 보인다. 북한에서는 '원칙이 특칙(예외)에 우선한다'고 생각하기도 하는 듯하다. 특별법우선이라는 일반원칙도 낯설어할 정도로 법치의 수준이 낮음을 보여준다.

856) 신영호(2015), 388.

857) 신영호(2015), 166.

858) 신영호(1998), 45; 신영호(2015), 8, 166.

859) 신영호(2015), 8, 166. 가정재산제는 가정성원의 사망으로 인한 분할을 알지 못한다. 가정재산의 분할(협의 또는 재판상 분할)은 이혼 등으로 가정성원의 지위를 상실할 때에만 일어난다(가족법 §39 ①). 가정성원의 사망은 가정재산 분할사유로 규정되어 있지 않다. 가족법 §39의 조문과 해설은 신영호(2015), 378~391.

860) "……살림살이에 공동으로 리용하기 위하여 취득한 가정재산은 당사자들이 합의하여 나누어 가진다." 이를 법의 일반원칙에 따라 문리해석하면, 마치 가정재산 중에는 공동이용의 목적으로 취득한 것과 그 밖의 것이 있는 듯하다. 그러나 그렇게 해석하면 '공동이용 외의 목적으로 취득한 가정재산'은 어떻게 처리하는가에 대한 법률흠결이 있게 된다. 따라서 위 법문은 "살림살이에 공동으로 리용하기 위하여 취득한" 재산, 즉 "가정재산"이라는 취지로 이해되어야 할 것으로

심지어 개별 가정성원이 저금한 돈도 포함한다.[861] 게다가 개별재산임이 명백하더라도 가정재산에 비해 가액이 크면 가정재산에 속하는 것으로 취급될 수 있다.[862] 요컨대 북한법상의 가정재산은 범위가 매우 넓고 사안에 따라 개별재산까지 포함할 수 있다. 결국, 개인의 재산권이 가정재산제상의 권리 외에 개별재산에 대한 권리로서 얼마나 보장되는지는 불분명해 보인다. 무엇보다 북한에서 상속권은 소유권 자유 내지 상속권 자유의 기초 위에서 인정되는 것이 아니다. 오히려 북한 상속법은 '가정재산의 공고화'에 중요성을 두어, "상속재산이 가정 밖으로 유출되지 않도록 규제하는" 것을 상속법의 존재이유로 표방한다.[863] 그래서 북한 상속법은 외국에서 북한법이 준거법으로 지정될 때에 대비한 장식적 입법일 뿐 북한에서는 실효성을 가지지 않는 법일 가능성이 있다. 실제로 그렇다면 북한법은 실제로는 상속제도를 부정하는 법제이거나, 상속법이 불비한 법제라고 해야 할 것이다. 그래서, 남한 준국제사법이 북한법을 상속준거법으로 지정한 경우에는, 이를 공서위반(國私 §10 유추적용)으로 배척하거나, 준거법(북한 상속법)의 조사 불능으로 처리하여 근사법(近似法)이나 조리(條理)로 보충해야 할 것으로 생각된다.

북한법이 준거법인 경우, 북한법이 스스로 공간적(장소적) 적용범위를 제한(인적 적용범위 제한 포함)하고 있으면 원칙적으로 이에 따라야 한다. 그런데 상속법을 담고 있는 북한 가족법 채택시의 부속결의인 '가족법을 채택함에 관하여'[864] 제3항은 "다른 나라에서 영주권을 가지고 사는 조선공민들에게는 적용하지 않는다"고 규정한다.[865] 이 점에서 북한 '가족법'은 공간적(장소적) 적용범위를 스스로 제한하는 자기제한적 실질법규에 해당한다. 그런데 상속과 관련하여 구체적으로 어떤 범위에서 적용되지 않고자 하는 취지인지 문제된다.

첫째, '피상속인'이 외국에 "영주권을 가지고 사는 조선공민"인 경우에는 북한상속법이 적용되지 않도록 하려는 취지일 수 있다. 북한 입법자는 북한 국적의 재일교포의 상속재산이 북한주민이나 재일 친북세력에 의해 원활히 상속되게 하는 데 깊은 관심을 가지고, 이를 위해 가급적 북한법이 준거법이 되는

생각된다.

861) 신영호(2015), 166.

862) 신영호(2015), 390(가정재산이 이혼으로 분할되는 경우 배우자의 개별재산의 취급).

863) 신영호(2015), 92.

864) 1990. 10. 24. 최고인민회의 상설회의 부속결의. 신영호(1998), 53에 인용된 것을 따랐다. 통일법제 데이터베이스에는 수록되어 있지 않다.

865) 여기에서 영주권은 영주권 부여국법에 따라 판단해야 할 것이다.

일을 피하려 한다. 그래서 대외민사관계법에서 이를 위한 장치(§45 ① 前, ②, ③)를 마련하기에 앞서, 같은 취지에서 위 부속결의를 채택했을 가능성이 있다.[866]

둘째, '상속인'이 외국에 "영주권을 가지고 사는 조선공민"인 경우, 그가 북한 '가족법'에 의해 상속할 수 없게 하는 취지일 수 있다. 즉, 외국에 정주하는 내국인을 내국법에 의한 상속에서 일률적으로 배제하는 차별취급일 수 있다. 이런 것이라면, 외국인이나 남한인이 북한 '가족법'의 적용으로 상속권을 인정받을 수도 없을 것이다(위 부속결의의 물론해석).[867] 이것은 국적과 주소에 의한 상속인 차별의 극단적 형태로서 공서위반(國私 §10 유추)에 해당한다.

한편, 상속준거법이 남한법이거나 외국법이라도 북한 소재 재산에 대해서는, 북한법이 상속재산에 속하는 개개 재산의 상속성이나 이전의 요건, 절차에 대하여 정하고 있으면, 그러한 개별준거법이 총괄준거법으로서의 상속준거법을 깨뜨린다. 상속준거법이 외국법이거나 남한법인 경우, 북한에 소재하는 북한법상의 가정재산은 개별준거법 우선원칙에 따라 상속재산에서 제외되어야 한다. 다만 북한법이 말하는 가정재산은 북한에 소재하는 것에 국한되는 취지일 것으로 생각된다. 가정재산에 관한 북한 법규가 북한 외의 지역(외국, 남한 등)에 소재하는 가정재산에도 효력이 미치려는 입법의사로 제정되었더라도, 그 부분은 공서위반으로 배척될 소지가 커 보인다.

북한법이 상속준거법으로서 문제되든, 개별재산의 준거법으로서 문제되든, 북한 실질사법의 내용을 확인하여야 한다. 북한법의 조사도 외국법의 조사와 마찬가지로 법원의 직권조사사항이지만 당사자의 협력을 요구할 수 있다(國私 §5의 유추적용). 북한법의 내용이 재판규범으로 삼을 수 있을 정도로 확실하게 확인되지 못하면 준거법의 불명(외국법의 조사실패)의 문제가 된다. 조리의 내용을 확인하여 보충하는 작업은 현실적으로는 법정지법(남한법)에서 출발하면서 남한법에 독특한 법규들을 제외하는 식으로 진행될 수 있다. 그리고 근사법(가령 소비에트 법전통)에 의한 보충이, 일반적인 조리에 의한 보충에 우선할 수 있다.

---

866) 그런데 대외민사관계법의 장치와 가족법 부속결의의 장치는 다른 차원에서 작용한다. 예컨대 부동산은 일본에 영주권을 가지고 사는 북한공민이 남긴 것이라도 대외민사관계법 §45 ① 前에 의해 각 소재지법을 지정한다. 북한에 남긴 부동산의 상속에 대해서는 북한법을 지시한다. 그런데 북한법은 이 사안에 적용되지 않으려 한다. 북한의 실질법에 법률흠결이 있다. 법률흠결에 관한 북한법의 일반원칙에 따라 흠결이 보충될 것이다.

867) 이렇게 하더라도 재외국민, 외국인 또는 남한인이 외국법이나 남한법에 의해 상속권을 가지는 것은 막을 수 없다. 그러나 북한의 법원 기타 관청이 대외민사관계법을 실효적으로 적용하지 않음으로써 상속준거법으로 외국법이나 남한법의 적용을 방해할 가능성은 열려 있다.

5. 준국제상속관계에 대한 실체특별법

남한법 내에서 사안의 북한 관련성을 이유로 남한의 일반법(droit commun)과 다른 실체법규를 만들 수 있다. 일정한 섭외적 사안을 위해 마련되는 실체법적 특칙, 즉 실체특별법(materielles Sonderrecht, normes substantielles spéciales)은 일정한 형태의 '준국제적' 사안을 위해 마련될 수도 있다. 실체특별법은 실체법의 일부이므로, 상속준거법(외국법, 북한법, 남한법) 내에 사안에 적용될 실체특별법이 있으면 이를 적용해야 한다.[868] 실체특별법은 독자적 연결기준을 가지는 필요적 강행법규일 수도 있다. 남북한관계의 특수성과, 북한법질서의 특수성은, 한편으로는 공서조항의 적극적 개입을 요구하고, 다른 한편으로는 대한민국법 내에 실체특별법의 입법과 사법적 법형성에 중요한 임무를 부여하고 있다. 상속준거법으로 남한법이 지정되는 경우에는, 준거법의 적용결과의 부당성을 공서조항으로 걸러낼 길이 없으므로, 적절한 실체특별법을 사법적(司法的) 법형성으로 마련하는 일이 특히 중요해진다.

南北特 §§10~21은 준국제적 상속관계를 주로 염두에 둔 몇 가지 특칙을 정한다. 상속재산반환청구(§10), 상속회복청구(§11) 및 상속의 승인포기 해태의 효과(§12)에 대한 특례를 두고, 북한주민인 상속인이 상속으로 취득하는 재산에 대한 관리제도(§§13~21)를 마련했다. §§10~12는 그 문언을 볼 때 남한법이 준거법이 되는 경우에만 적용되고자 하는 취지로 보인다. 그러나 §§13~21은 그 입법목적에 비추어 볼 때, 북한법이나 외국법이 상속준거법이 되는 경우에도 상속인이 "북한주민"이면 적용되고자 하는 국제적 강행법규로 해석된다.

그러나 남북가족특례법을 제정하면서도, 한국의 입법자는 준국제적 사건에서 남한 민법상의 상속회복청구권의 제척기간이 북한주민인 상속인에게 그대로 적용되는지, 아니면 일정한 실질사법상의 특칙을 인정할지에 대해서는 결

---

868) 전경근(2015), 23은 북한주민의 상속권을 정하기 위해 준거법을 정하려면 "먼저 북한주민의 법적 지위가 어떻게 되는지를 결정하는 것이 선결문제로 제기된다"고 하나, 의문이다. 첫째, 대한민국의 준국제사법이 상속의 준거법을 '상속인'의 속인법에 의해 정한다고 해석되는 일는 생각하기 어렵다(중화민국 섭외민사법률적용법 §58 但처럼 상속을 상속인의 속인법에 맡기는 것은 독특한 것이고 한국법의 해석에 참고될 수 없다). 둘째, 南北特 §§10~12에 규정된 실체특별법(국제적 실체법규)는 그 문언상 남한법이 상속준거법인 경우에만 적용가능한 규정으로 보인다. 즉, 피상속인의 국적, 남한적, 반정(反定), 당사자자치 등에 의해 남한법이 상속준거법이 될 때, '상속인이 북한주민인 경우를 위한 남한법 내의 특칙'으로서 적용된다. 셋째, 南北特 §§13~21이 정하는 '북한주민에 귀속되는 상속재산 관리제도'는 상속준거법을 불문하고 상속인이 "북한주민"이면 적용되는 필요적 강행법규로 해석되지만, 피상속인의 국적이나 준거법선택 등에 의하여 상속준거법을 정하여 상속인과 상속권을 확정한 뒤에 개입한다.

론을 내리지 못했다. 그래서 이 문제에 대한 실체특별법적 규율이 인정될지, 인정한다면 어떤 내용으로 하여야 할지는 사법적(司法的) 법형성과 향후 입법에 맡겨져 있는데, 대법원은 사법적(司法的) 법형성의 방법으로 대한민국법 내에 적절한 특칙을 마련하는 데 소극적이다.

대법원 1982. 12. 28. 선고 81다452, 453 판결은 남한법이 상속준거법이 되는 준국제적 사건에서,[869] 남한법 내에 '상속인이 북한지역 주민임을 이유로 하는 특별한 규율'은 없다는 취지로 판단했다.[870] 실체특별법의 개념을 명확히 하고 내려진 판단은 아니었지만, 그러한 차원의 판지가 포함된 것으로 풀이할 수 있다. 대법원 2016. 10. 19. 선고 2014다46648 전원합의체 판결[871]도 같은 결론에 이르렀다. 다수의견은 상속회복청구권자가 북한주민이어서 권리행사에 실제적 곤란이 있더라도, 입법자는 이에 배려하지 않는 "입법적 선택"을 한 것으로 이해하고, 사법적(司法的) 법형성을 자제했다.

그러나 이는 지나치게 소극적인 태도로 생각된다. 상속준거법이 외국법이나 북한법인 사안에서 공서위반(國私 §10) 여부를 검토할 때, '준거외국법상의 상속회복청구권 기한' 준수의 어려움을 어떻게 고려해야 할지에 견주어 생각해 볼 수 있다. 준거외국법이 상속권을 중대하게 침해하는 결과를 가져온다면 공서위반이 될 가능성이 높다. 이것은 상속권의 실효적 보장이 한국법(남한법)의 핵심적 원칙임을 알려 준다. 그렇다면, 상속준거법이 남한법이라 하여, 상속회복청구권의 기한에 관한 일반법만 고집하는 것은, 실체특별법의 사법적(司法的) 형성에 지나치게 소극적인 태도로 생각된다. 법관이 법률의 흠결을 보충할 때에는, 법형성권한의 권력분립론적, 내재적 한계에 유념하면서도, 입법자의 관점을 빌어 가정적 입법의사를 탐구해야 한다. '실제로 소제기한 원고들'만을 접하는 수소법원의 시점에 머물러, '남한에서의 소제기는 편할 것'이라고 여겨서도 곤란하다. 오히려 남북한 간의 자유로운 통신조차 보장받지 못하는 현실에

869) 다만 그 사안에 준국제사법적 논점이 존재한다는 점과, 북한법이 아닌 남한법이 준거법이 된다는 점에 대해서는 판단을 누락했다.

870) 그 결론에 찬성하는 견해로는 최금숙(2001), 304면 등.

871) 평석으로는 김상훈(2016), "북한주민의 상속회복청구권 행사와 제척기간," 법률신문 4460 (2016. 11. 11.); 김상훈(2016), "북한주민의 상속회복청구권 행사와 제척기간,", 가족법연구 30−3; 신신호(2017), "피상속인인 남한주민으로부터 상속을 받지 못한 북한주민의 경우 상속권이 침해된 날부터 10년이 경과하면 제척기간의 만료로 상속회복청구권이 소멸하는지 여부," 대법원판례해설 109; 정다영(2017), "북한주민의 상속회복청구권 행사와 제척기간," 저스티스 160; 정구태(2017), "북한주민의 상속회복청구권 행사와 제척기간 재론," 통일과 법률 29; 최성경(2017), "북한주민의 상속회복청구권과 제척기간," 법조 721.

비추어 볼 때, 북한주민이 남한법원에서 상속회복청구권을 통상의 기한(일반법인 民 §999 ②이 정하는 기한) 내에 행사하기란 극도로 곤란해 보인다. 한편, 이런 현실에도 불구하고 남한의 일반법이 정하는 기한 내에 상속회복청구권을 원활히 행사하고 있다면, 이는 상속재산을 획득하여 북한정권의 통치자금으로 헌납받거나 몰취하려는 목적으로 조직적으로 이용되고 있을 가능성이 높다. 그러므로 상속인이 북한주민인 동안에는 상속회복청구의 기한을 정지시키거나 진행중단시키는 등의 특례를 사법적(司法的) 법형성으로 창설하고, 북한주민인 상태에서 상속회복청구를 하는 경우에는 南北特 §§13~21의 상속재산관리제도를 상속회복청구로 취득한 재산에도 확대적용하는 것이 타당해 보인다.

6. 준국제적 사안에서 공서양속 및 필요적 강행법규의 개입

(1) 공서양속

준국제사법은 남한법이나 북한법을 준거법으로 지정한다. 북한법이 지정된 경우에는 남한법원은 외국법적용의 일반이론을 북한법에도 적용하여야 한다. 그래서 북한법원이 그 법을 적용하듯이 적용해야 한다. 그러나 북한법의 적용결과가 광의나 협의의 대한민국의 국제사법적 공서양속에 어긋나면 그 한도에서 북한법의 적용은 제한되어야 한다.

준국제사법의 공서조항은 국제사법의 공서조항(國私 §10)을 준용한 것이다.[872] 國私 §10은 준국제적 맥락에서 작용할 공서양속도 담고 있고, 남북한관계와 북한의 정권과 법질서의 특수성에 대한 고려도 들어 있다. 國私 §10과 이를 준국제사법에 유추적용한 준국제사법상의 유보조항은, 내용은 동일하되 작용하는 맥락이 다를 뿐이다. 전자는 준거외국법의 적용을 제한하고, 후자는 준거북한법의 적용을 제한한다. 공서조항의 발동요건과 효과도, 국제사법적 공서조항과 같다(VI. 9. 참조).

유력설은 공서조항에 의한 타 분방법의 적용제한은 외국법의 적용제한보다 좀 더 신중해야 한다고 한다.[873] 분방들간의 관계가 정상적이면[874] 그래야

---

872) 넓은 의미의 준국제사법의 일부인 준국제민사소송법에서도 같다. 가령 중국이나 일본에서 북한 국적법의 적용결과를 받아들여 북한인의 지위를 정하여 내린 민사재판이 '북한에 대한 대한민국법의 입장'의 본질적 부분을 해치면, 공서위반(民訴 §217 ① iii)을 구성할 수 있다.

873) 이호정, 32("……외국법에 대해서보다 타지역법에 대해서 더 관대하여야 하며 공서조항의 적용에 보다 더 신중을 기해야 한다.")(순한글로 바꾸어 인용).

874) 예: 영미법계의 연방국가, 친족상속법에 관한 스페인 내 6개 이법지역(異法地域), 독일민법 시행중의 알자스·로렌과 프랑스의 기타 지역.

할 것이다. 그러나 남북한관계는 매우 비정상적인 관계여서, 이런 취급이 오히려 부적절할 수 있다. 첫째, 북한은 '넓은 의미의 대한민국' 헌법[875]상 적법한 분방이 아니다. 대한민국 헌법상 그 존재 자체가 위법하다. 둘째, 북한정권은 남한의 자유민주적 기본질서를 파괴, 교란하고 부역세력화하여 국제정치적 완충지역으로 삼고, 외화벌이 장치로 이용하려 한다. 셋째, 북한법질서는 문명국가의 법질서라고 볼 수 없다.[876] 북한에서 개인의 자유와 사법질서(私法秩序)의 독자성은 심각하게 위협받고 있다. 북한의 사법(私法)과 북한주민의 사권(私權)이 본래의 목적에 쓰인다는 보장이 없다.[877] 이런 현실 하에서는, 오히려 대북관계에서 공서조항에 주어진 역할이 크다고 해야 할 것이다.

북한법질서의 특수성과 남북한관계의 특수성을 저촉법의 공서조항으로 고려하는 것은 공서조항의 일반이론에 부합한다. 국제사법에서든 준국제사법에서든, 공서조항에서 말하는 '본질적, 불가침적 부분'에는 기본권(인권) 보장과[878] 국제정치적 관계에 대한 고려가 포함된다.[879] 그래서 북한의 인권상황이 공서조항에 의해 중요하게 고려되어야 함은 물론이고, 넓은 의미의 대한민국 내에서 북한의 지위와 남북한관계도 공서조항에 의해 적절히 고려되어야 한다. 상속 분야에서 이런 점들이 문제될 만환 상황을 몇 가지 들어 본다.

첫째, 상속인이 북한주민이면, 그는 북한의 감금적 통제체제[880]에 놓여 있는 것으로 사실상 추정된다. 북한주민은 생명, 신체, 재산의 자유를 누리지 못한다. 남한으로 자유롭게 통행, 통신할 수 없다. 정상적인 상속권 행사를 위해서는 생명을 걸어야 한다. 일반적인 상속승인 · 포기기한이나 상속회복청구기한

---

875) 대한민국 헌법은 넓은 의미의 대한민국의 헌법이자 좁은 의미의 대한민국의 헌법이다.

876) 이호정, 33.

877) 준국제사법에 대한 일반론으로서 공서조항 원용에 신중해야 함을 지적하는 위 문헌(이호정, 32)도, 남북한 관계에 대해서는 "현재의 상황으로는 준국제사법이 기능할 여지는 정치적으로 완전히 봉쇄되어 있다고 말할 수밖에 없다"고 지적한다(이호정, 33). 이 문헌이 간행된 1981년 후에도, 남북한 간의 정치적 관계와 북한 내부의 정치적 관계는 본질적으로 바뀌지 않았다.

878) 이호정, 221.

879) 국제관계에 대한 고려가 국제사법적 공서의 내용이 될 수 있음은 영국에서는 통설 · 판례이다. Briggs(2002) 참조. 최금숙(2001), 303도, 북한 소재 재산에 대한 남한주민의 상속권 실현은 "고도의 정치적 문제와 결부되어" 있으며, 남한 소재 재산을 북한주민이 상속하는 경우도 마찬가지라고 지적한다.

880) 북한은 공포와 세뇌를 통치수단으로 하는 사교집단형 통제체제로서, 평양, 기타 지역, 강제수용소로 나누어 주민을 분리수용, 통제하고 출입국의 자유를 박탈하는 감옥국가이다. 태영호(전 영연합왕국 주재 북한공사)의 미국 연방의회 외무위원회 2017. 11. 1.자 증언(종교적 노예국가); 태영호(2018), 3층 서기실의 암호. Hitchens(2002), Arguably, 553은 "수용소(concentration camp)" 국가로 표현한다. 외국인도 상당한 통제와 자유박탈 하에 놓인다. 그러나 현대의 국가고권은 영토고권에 무게중심이 있고, 북한법질서도 영토적 법질서여서, 재외국민은 약한 통제만 받는 경우가 많다(예: 북한 국적의 재일교포).

의 적용은 종종 가혹한 결과를 가져올 수 있다.

둘째, 북한주민은 남한이나 외국에서 취득한 상속재산의 대부분을 북한정권에 헌납하도록 요구받거나 몰취당할 우려가 높다. 사안에 따라서는, 이런 염려를 고려하여 상속권의 귀속은 인정하더라도 이전은 제한하는 것이 오히려 타당할 수 있다.[881] 南北特 §§13~21은 이에 대비하여 특별한 상속재산관리제도를 정한다. 이 조문은 상속준거법이 북한법이나 외국법인 경우에도 특별연결되는 필요적 강행법규(國私 §7)로 보아야 한다. 그리고 준거상속법이 그런 제도를 알지 못하는 경우에는, 구체적 사안이 남북가족특례법의 위 규정들의 특별연결범위에 속하지 않더라도, 상속준거법이 '북한 거주 상속인에게의 단순한 이전'을 정한 부분을 공서위반으로 배제해야 할 경우가 자주 있을 것이다.

셋째, 북한에서 상속이 개시되는 경우에는 남한인이나 외국인이 상속개시사실이나 자신의 상속분 침해사실을 알기 어렵다. 공동상속인이 남한으로 이주하더라도 그 사실을 확인하기 어렵다. 따라서 상속의 승인·포기, 상속회복청구권의 존속기간 내지 행사기간 등의 적용을 공서조항에 의하여 제한해야 할 경우가 자주 생길 것이다.

(2) 법정지의 필요적 강행법규의 개입

법정지인 남한의 실체사법 법규 가운데 필요적 강행법규(절대적 강행법규)(國私 §7)가 있을 수 있다. 공간적(장소적) 적용의지가 특히 강하여, '법률관계의 준거법'(lex causae)이 다른 법이더라도 적용되고자 하는 법규이다. 그 법규는 자신의 섭외적 적용범위를 스스로 정한다. 필요적 강행법규는 '법률관계의 준거법'에 우선한다. '실체법규에서 출발하여 사안에 미치는 연결'은 '사안에서 출발하여 실체법규에 이르는 연결'에 대한 특별법이기 때문이다.

국제적 강행법규는 준국제사법적 맥락에서도 필요적 강행법규[882]로 보아야 한다.[883] 한국 상속법에서 국제적 강행법규로 해석되는 것으로는, 제사주재

881) 일찍이 이호정, 33은 남북한관계의 현실이 정상적인 준국제사법적 규율의 여지를 남기지 않는다고 지적했다. 최금숙(2001), 303도 북한주민이 남한 소재 재산에 대해 가지는 상속권의 구체적 실현에 대해 회의론을 밝혔다. 즉, 사법적(私法的)으로는 남한 소재 재산에 대해 북한 주민의 상속권이 인정되는 사안이라도 그러한 사법적 규율의 구체적 실현은 "통일조약 내지 통일헌법의 원칙 하에서 이루어질 문제"라고 한다. 이는 남북한이 인권, 적법절차 등 기본적 가치를 공유하는 명실상부한 통일국가를 이루게 된 후에야, 비로소 북한주민의 상속권의 구체적 실현이 적절할 것이라는 지적으로 이해된다. 중요한 것은 남북한간의 불가침선언 등의 정치적 제스처(그것은 1972년에도 있었다)가 아니라, 북한 정치질서의 파괴적, 반문명적 성격의 해소이다.

882) 절대적 강행법규, 간섭규범, 개입규범이라고도 한다. 國私 §7은 "국제적" 강행법규라고 하는데, 대한민국의 '국제사법'이 '국제적' 저촉법 문제만을 다룬다는 점은 여기에서도 드러난다.

883) 국제적 맥락에서는 필요적 강행법규가 아니지만 준국제적 맥락에서만 필요적 강행법규인 것

자 지위의 승계에 관한 관습법(판례)(民 §1008-3의 선행문제이며, 승계인은 협의에 의해, 그것이 불성립되면 친족집단별 특별관습을 포함한 관습으로 정하게 함), 제사용 재산의 특별상속을 정한 民 §1008-3, 일정한 주택임차권의 특별상속을 정한 住賃 §9, 북한주민인 상속인(수유자, 사인증여의 수증자 포함)에 대해 특별한 상속재산관리제도를 두고 상속재산 취득을 제한하는 南北特 §§13~21이 있다(위 V. 1. 참조). 國私 §49 ①, ② 또는 그 유추적용에 의해 외국법이나 북한법이 상속준거법이 되더라도, 법정지의 위 실체법규들은 고유의 특별연결규칙에 의해 사안에 적용된다.

도 있는지 문제된다. 이론적으로는 그런 것도 있을 수 있으나, 실제로는 거의 생각하기 어렵다. 즉, 남한의 어떤 법규가 '법률관계 준거법이 북한법인 경우'에는 스스로 적용을 관철하려 하고, '법률관계 준거법이 외국법인 경우'에는 스스로 적용을 관철하려 하지 않는다 라는 독특한 장소적 적용의지를 가지는 일은 매우 드물 것이다.

제50조(유언)[1]

① 유언은 유언 당시 유언자의 본국법에 의한다.

② 유언의 변경 또는 철회는 그 당시 유언자의 본국법에 의한다.

③ 유언의 방식은 다음 각호중 어느 하나의 법에 의한다.

1. 유언자가 유언 당시 또는 사망 당시 국적을 가지는 국가의 법
2. 유언자의 유언 당시 또는 사망 당시 상거소지법
3. 유언당시 행위지법
4. 부동산에 관한 유언의 방식에 대하여는 그 부동산의 소재지법

(2001. 4. 7. 개정, 2001. 7. 1. 시행)

涉外私法 第27條(遺言) ① 遺言의 成立 및 效力은 그 成立當時의 遺言者의 本國法에 依한다.

② 遺言의 取消는 그 取消當時의 遺言者의 本國法에 依한다.

③ 遺言의 方式은 行爲地法에 依하여도 無妨하다.

(1962. 1. 15. 제정, 1962. 7. 15. 시행)

참고문헌: 김문숙(2006a), "법례개정과 남겨진 과제", 國際私法 12; 김문숙 역(2006b), "일본 「법의 적용에 관한 통칙법」", 國際私法 12; 김문숙(2017), "상속준거법에서의 당사자자치", 國際私法 23−1; 김호 역(2011), "중화인민공화국 섭외민사관계법률적용법", 國際私法 16; 김호 역(2012), "涉外民事法律適用法(섭외민사법률적용법)", 國際私法 17; 석광현(2016), "국제가사사건을 다루는 법률가들께 드리는 고언(苦言)", 가족법연구 30−1; Nguyen Tien Vinh(2015), "The change of Vietnamese Private International law through the modification of the Civil Code 2005", 한국국제사법학회 2015년 춘계 연차학술대회 자료집; 이재열(2015), "베트남 국제사법 개관", 國際私法 21−1; 이호정(1987), "독일 개정국제사법에 관한 고찰", 서울대 법학 28−3·4; 이호정(1990), "스위스 개정국제사법전", 서울대 법학 32−3·4; 장준혁(2006), "법률행위의 방식과 절차의 구별", 國際私法 12; 장준혁(2015), "베트남 국제신분법의 개관", 가족법연구 29−2; 조수정(2001), "섭외사법 개정법률안의 검토: 친족, 상속", 國際私法 6; 최흥섭(1999a), "국제친족법과 국제상속법", 國際私法 4 = 최흥섭(2005), "국제친족법과 국제상속법의 개정방향", 국제사법의 현대적 흐름; 최흥섭(1999b), "상속준거법에 관한 1989년의 헤이그협약", 인하대 법학연구 1 = 최흥섭(2005), 국제사법의 현대적 흐름; 최흥섭(2001), "섭외사법 개정법률안의 검토: 자연인, 친족, 상속", 國際私法 6.

Khairallah(2013), « La détermination de la loi applicable à la succession », Khairallah et Revillard, eds., Droit européen des successions internationales.

---

1) 2018. 11. 23. 국회 제출 '국제사법 전부개정법률안'에서는 제78조로 조문번호 변경. 단순한 자구수정(특히 "상거소"를 "일상거소"로 수정) 외 내용변경 없음.

Ⅰ. 유언의 의의와 국제유언법의 법원(法源)

1. 체계개념의 정의와 용어체계

유언은 유언자가 그의 사망으로(즉 사후에) 일정한 법률효과를 발생시키고자 하여, 그러한 내용의 사인적 법률행위를 그 안에 담아서 하는, 의사표시를 본질적 요소로 하는 법률행위이다. 유언도 사망으로 효력을 발생하는 사인적 법률행위이고, 유언으로써 하는 법률행위(인지, 입양, 유증 등)도 사인적 법률행위이다. 국제사법에서 유언(§50)이라 함은 전자만을 가리킨다.[2]

넓은 의미에서 유언이라 하면, 상속계약도 포함하는 종의처분(終意處分)(사인처분)을 말한다.[3] 좁은 의미에서 유언이라 하면, 상속계약(pacte successoral)을 제외한 것을 말한다. 유럽상속규정[4](Art. 3)은 좁은 의미로 "유언"이라 하나, 이

2) 이호정, 432; 신창선 외, 391.
3) 이하에서 종의처분(사인처분)이라 할 때에는 이로써 하는 법률행위(예: 인지, 상속인이나 상속분의 지정, 유증)를 가리키는 의미가 아니라, 이를 제외한 종의처분(사인처분) 그 자체를 가리킨다.
4) '상속 분야에서의 재판관할, 준거법, 판결의 승인과 집행 및 공정증서의 수용과 집행 그리고 유럽상속증서의 창설에 관한 유럽의회 및 이사회(참사회) 규정 제650/2012호'(Regulation (EU)

하에서는 넓은 의미로 쓴다.[5] 상속계약도 상호적 유언의 일종이고, 상호적 유언도 유언이라고 할 수 있기 때문이다.

國私 §50의 문제를 가리켜 "遺言 고유의 문제",[6] "遺言 그 자체의 成立과 效力"[7]라고도 한다. 國私 §50은 유언을 다시 유언 자체의 실질(유언의 실질적 성립·유효요건과 유언 자체의 효력)과 유언의 방식(형식적 성립·유효요건)으로 나누어 ①과 ③에서 연결기준을 따로 정한다.

그런데 일본의 통설과 한국의 다수설[8]은 유언이 법률행위는 아니고, 의사표시 내지 "의사표시의 한 형식"에 불과하다고 한다.[9] 유언의 철회도 법률행위가 아니라 "의사표시 자체"에 불과하다고 한다.[10] 유언으로써 하는 법률행위가 유언과 별개의 연결대상이 되어야 한다는[11] 데 근본취지가 있는 것 같다. 그런데 이 점을 강조하기 위해, 國私 §50 ①과 일본의 '법의 적용에 관한 통칙법'(약칭 법적용통칙법)[12] §37(國私 §50 ①, ②와 거의 동일)이 다루는 '유언 자체의 실질'은 '법률사실'에 불과하다고 하면서 아예 연결대상으로 삼지 않으려 한다.[13] 유언 자체의 실질(國私 §50 ①) 문제인 것은 유언의 효력발생시기와 유언의 구속력 뿐인데,[14] 상속개시시점의 문제는 상속준거법에 의해 규율될 사항이고, 이와 별도로 유언의 효력발생시에 대해 각국법상 차이가 없어 따로 연결할 실익이 없고, 유언의 구속력은 주로 상속계약과 관련하여 문제되므로, 결국 '유언 자체의 실질'을 따로 연결할 필요는 없다고 한다.[15]

No 650/2012 of the European Parliament and of the Council of 4 July 2012 on jurisdiction, applicable law, recognition and enforcement of decisions and acceptance and enforcement of authentic instruments in matters of succession and on the creation of a European Certificate of Succession)(O.J. L. 201)). 2012. 7. 27. 공포, 2015. 8. 17.부터 적용.

5) 이호정(1987), 118은, 종의처분은 곧 유언을 말한다고 하여, 유언을 넓은 의미로 이해한다. 이에를 따른다.

6) 김용한 외, 368; 서희원, 332의 주 5("유언 고유의 문제").

7) 김용한 외, 369; 이병화(2005), 260.

8) 최흥섭(1999a), 290 = 최흥섭(2005), 83은 이것이 통설이라 한다.

9) 김용한 외, 368("意思表示"); 김진, 297; 서희원, 326("의사표시의 한 형식"), 331("의사표시", "의사표시의 한 형식"); 이병화(2005), 260; 注國私(2), 37(林貴美), 213("유언이라 함은 유언자가 그 사후에 일정한 법률효과를 발생시킬 것을 목적으로 하는 의사표시이다.").

10) 김용한 외, 371.

11) 예컨대 注國私(2), 37(林貴美), 213.

12) 2006. 6. 15. 성립. 2006. 6. 21. 공포, 2007. 1. 1. 시행. 법례(法例)(1898. 6. 21. 제정, 1898. 7. 11. 시행)를 전면개정하면서 법률명도 현재와 같이 바꾸었다.

13) 서희원, 332("법률사실인 유언 자체의 성립과 효력"), 注國私(2), 37(林貴美), 213(일본 통설의 요약 소개)(문헌 인용 있음).

14) 서희원, 333. 김용한 외, 369는 유언의 효력발생시기만을 언급.

15) 일본의 통설은 이호정, 432에도 요약되어 있다.

한편, 소수설은 유언이 '유언으로써 하는 법률행위'를 하는 그릇이고, 유언 자체의 유효한 성립·효력과 '유언으로써 하는 법률행위'의 유효한 성립·효력은 구별되어야 하지만,[16] 유언 자체도 하나의 법률행위라고 한다.[17]

일본의 통설과 한국의 다수설이 나온 배경은 이해할 수 있다. 유언으로써 하는 법률행위(유증, 신탁설정, 인지 등)의 관점에서 보면, 유언은 법률행위의 방식과 비슷한 것이다. 그래서 유증은 유언준거법이 아니라 상속준거법에 의해야 한다. 이 점을 설명하는 효용은 있다. 그러나 아예 유언이 법률행위가 아니라고 하여, '유언 자체의 실질' 문제를 독자적 연결대상으로 삼지 않거나 이 문제의 포섭범위를 최소화하려 하는 것이 국제사법의 방법론상 타당한지는 의문이다.

첫째, 일본 통설과 한국 다수설에 따라 설명하면, 國私 §50 ①이 단순한 법률사실을 연결대상으로 하는 규정이라고 하게 된다. 그러나 준거법 결정을 할 때 연결대상을 세분화하는 것을 설명하기 위해, '법률행위'와 '법률사실'의 개념적 구별을 끌어올 필요는 없다. 국제사법은 원칙적으로 일정한 '법률관계' 전체를 하나의 준거법에 맡긴다. 국제사법이 연결대상을 세분화하는 경우에도 국제사법적인 규율의 필요에 따라 그렇게 하는 것이지, 그 부분문제가 별개의 '법률사실'이어서가 아니다. 유언의 경우도 마찬가지이다. 유언의 유효한 성립과 유언 자체의 법률효과를 상속, 인지, 입양, 후견 등의 법률관계와 달리 다루어야 하므로 전자를 위해 國私 §50 ①, 후자를 위해 각 법률관계별 저촉규정을 둔 것이지, '유언이 법률사실에 불과하기 때문'에 國私 §50을 따로 둔 것이 아니다.

둘째, 일본의 통설과 한국의 다수설은 유언 자체가 법률행위는 되지 못하고, 단지 '의사표시'일 뿐이라거나 '의사표시의 형식'일 뿐이라 한다. 그런데 유언을 '의사표시의 형식'이라고 설명하면, '의사표시의 형식'으로서의 유언을 다시 그 형식(國私 §50 ③)과 나머지 문제(즉 실질의 문제)(國私 §50 ①)로 나누는 것이

---

16) 이호정, 431 f.(전자는 "유언의 성립요건과 효력발생요건 다시 말하면 유언의 유효성", 후자는 "유언……의 효과"라고 구별하고, 유언에서 "유언……의 효과"를 제외한 부분이, 유언 자체의 실질(涉私 §27 ①)로서 독립된 연결대상이 된다고 설명)(순한글로 바꾸어 인용); 신창선 외, 391. 이호정, 431 f.가 유언 자체의 실질을 가리켜 '유언의 성립 및 효력'이라 하고, 유언으로써 하는 법률행위를 가리켜 '유언의 효과'라고 한 이유는, 당시의 涉私 §27 ①이 "遺言의 成立 및 效力"이라는 표현을 쓰고 있었기 때문이다. 그러나 2001년 개정으로 "成立 및 效力"이라는 표현이 없어지고, 國私 §50 ①은 단순히 "유언"이라 하므로, 이호정, 431 f.처럼 조문의 용어를 존중하고자 고육지책을 강구해야 할 필요가 없어졌다.

17) 이호정, 434 이하. 신창선 외, 391은, 유언은 "의사표시의 한 형식"이라고 하면서도 "하나의 법률행위"라고 한다.

된다. 전자는 '의사표시의 형식의 형식'의 문제이고 후자는 '의사표시의 형식의 실질' 문제라고 하게 된다. 이것은 어색하다.

셋째, 일본의 통설과 한국의 다수설도, '유언의 의사표시 자체의 하자의 효과'를 國私 §50 ①에 맡김에 이견이 없다. 그런데 사기, 강박, 착오는 의사형성의 하자를 말하는 것이다. '유언 자체는 내용적으로 공허한 것'이라고 하면서 유언 자체의 의사형성의 하자를 이야기하는 것은 어색하다.

넷째, 일정한 형태의 유언의 금지와 '선량한 풍속 기타 사회질서'에 의한 유효성·효력 통제는 '하나하나의 의사표시'가 아니라 '법률행위' 자체에 대해 부과되는 것으로 논리구성하는 것이 일반적이다. 그런데 유언이 법률행위는 아니고 '의사표시'일 뿐이라면, '의사표시'를 심사대상으로 하는 것이 되어 어색하다.

다섯째, 법률관계 분류설에 따르는 국제사법은 개개의 법률문제(쟁점) 하나하나를 연결대상으로 삼는 것이 아니라, 법률관계 전체를 하나의 연결대상으로 삼는 것을 원칙으로 한다. 단위법률관계의 세분화, 예컨대 법률행위에서 방식문제만을 떼어내거나 성립과 효력을 나누는 것은, 연결기준을 달리해야 할 때에 한한다. 유언에 관해서도 그렇게 해야 한다. 유언 자체의 실질은 유언능력, 유언의 의사표시의 하자, 유언 자체의 공서양속에 의한 통제, 유언의 구속력, 유언의 해석 등 다양한 문제를 포괄한다. 그 연결기준도 공통된다. 그러므로 '유언 자체의 실질' 자체를 단위법률관계로 함이 타당하다. 그런데 일본 통설과 한국 다수설은 '유언 자체의 법률효과라 할 만한 것은 '의사표시의 하자'와 '유언의 구속력' 정도 밖에 없어, '유언 자체의 실질'은 하찮은 것으므로 이를 연결대상으로 삼을 가치가 없다고 하고, 개별 논점을 연결대상으로 삼으려 한다. 이것은 방법론적 일관성의 포기이다.

여섯째, 최신의 국제입법례인 유럽상속규정도 유언 등의 사인처분의 '그 자체의 실질' 문제를, 독립적이고 포괄적인 연결대상(단위법률관계)으로 삼는다 (Art. 24-26).

요컨대 유언을 가리켜 '법률행위는 아니고 의사표시일 뿐'이며 '유언 자체의 실질은 없다'고 하는 일본 통설과 한국 다수설의 설명은 개념상 혼란을 가져오며, 실익이 적다.

그렇다면, 이러한 논리적 어려움에도 불구하고 일본 통설이 이렇게 말하는 이유는 무엇인가? 그런 논리를 낳은 기구한 사정은 이해할 수 있다. 일본에서는 1898년 *法例* 제정시부터 국제사법상의 체계개념으로서 "유언"의 핵심이 유언상속(유증)이라고 여기는 사고방식이 들어와 있었다.[18] 이 사고방식을 밀고 나가면, 법정상속(사망시 속인법)과 유언상속(유언시 속인법)의 준거법이 달라진다. 이것은 부당하므로 피해야 한다. 이 문제는 유럽에서는 수백년간 학설, 판례, 입법에 의해 정리되었다. '유증'의 실질과 방식은 '유언'준거법이 아니라 '상속' 준거법에 의한다. 오로지 순수한 '유언'만이 '유언'준거법에 의한다. 그러나 일본에서는 국제사법을 처음 들여오는 상황에서 유언상속이 유언 문제의 일부가 아니라, 상속의 문제임을 조속히 통설로 확립시켜야 했다. 그 와중에서 일본 통설과 같은 설명이 제시되어 통설화되었다.[19] 즉, *法例* §26 ①(國私 §50 ①에 상응)은 유언상속의 준거법을 정하는 규정이 아니라는 설명과 함께, '유언 자체의 실질이라고 부를 만한 법률관계는 거의 없다'고 하여 *法例* §26 ①의 적용범위를 최소화하는 해석 내지 레토릭을 병용한 셈이다. 그리고 이를 뒷받침하는 논리적 근거로 '유언은 법률행위가 아니라 법률사실'이라는 주장을 내세웠다. 이것은 편법이었지만 유용했다. 이제는 일본에서도 유언상속도 상속 준거법에 의함이 통설화되었지만, 기존의 설명방법을 바꾸려 하지는 않는다.[20]

그러나 한국에는 이런 사정이 없다. 일본 학계가 직면했던 난감한 상황에 부딪친 일이 없다. 법례가 1912년에 의용되고[21] 그 모든 국제사법규정들이 1962년의 섭외사법에 보존되었지만,[22] 한국에서는 일본에서 '유언상속'에 관한 조문을 따로 두지 않고 '유언'에 관한 조문을 따로 둔 입법결과물을 그대로 받아들였을 뿐이다. 또, 국제사법학의 역사가 짧아, 법정상속과 유언상속을 국제사법적으로 구별하던 것이 일반적 경향이었던 적도 없다.[23] 일본에서처럼 특

---

18) 注國私(2), 37(林貴美), 214.

19) 注國私(2), 37(林貴美), 214.

20) 일본 통설이 아직까지도 '유언의 실질이라 할 만한 것이 따로 없으니, 유언으로써 하는 법률행위를 가리켜 유언의 실질이라고 부르겠다'고 하는 것은 받아들이기 어렵다. 이것은 일본 국제사법의 용어체계에 결정적 걸림돌이 되어 온 사고방식(유언상속이 유언의 실질이라는 사고방식)을 오히려 연명시킬 수 있다.

21) 1912. 3. 18. 조선민사령(조선총독부 제령 제7호, 1912. 4. 1. 시행) 및 1912년 3월 칙령 제21호 "법례를 조선에 시행하는 건".

22) 법례의 시행일을 규정한 §1(①은 시행일을 정하고 ②는 대만, 북해도, 오키나와에 대해서는 시행일을 달리할 수 있다고 규정)을 제외한 모든 규정이 약간의 수정 하에 1962년 섭외사법에서도 유지되었다.

23) 다만 이병화(2005), 260은 법정상속과 유언상속을 대비시키는 설명을 한다. 즉, 법정상속에 주안을 두어 상속준거법 결정의 문제를 서술한 다음, "유언상속의 경우에는 상속준거법과 유언준거법과의 관계가 문제로 된다"고 한다. 그래서 "유언문제" 내에 "유언 그 자체의 성립 및 효력" 문제와 유언으로써 하는 법률행위의 문제가 포괄되는데, 전자만이 國私 §50(유언)에 의해 준거법을 정하고, 후자는 그 법률행위의 준거법(상속준거법, 인지준거법 등)에 의한다고 설명한

이한 수사학적 논법을 고안하여 대응해야 할 절박한 상황과 마주한 적이 없다.

요컨대, '유언은 의사표시에 불과할 뿐 법률행위는 아니'라거나 '유언은 의사표시의 형식에 불과하다'는 설명은 국제사법적으로 왜 國私 §50이 따로 존재하며 國私 §50에 의해 규율되는 사항이 따로 있는지를 설명하는 데 유효적절한 설명도 되지 못하고 부자연스러우며 불필요하다. 유언으로써 하는 법률행위를 '유언의 실질'이라고 부름으로써 혼란을 초래하고, 이를 피하려고 유언 자체의 실질을 개별 문제들로 쪼개어 다루는 난감한 길로 빠져들 뿐이다. 이 상태로 교착되어 버린 일본 통설의 길을 따라갈 필요가 없다. 소수설과 같이, 평이하게 유언 자체가 하나의 법률행위를 구성한다고 설명하는 것이 타당하다. 그것이 자연스럽고 무리가 없다. 국제사법은 재산적 법률행위의 방식에 대해서도 "법률행위"의 방식이라 하지 '의사표시의 형식(방식)'이라 하지 않는다(國私 §17). 유언에 대해서도 똑같이 말하면 된다. 유언 자체는 다시 실질(실질적으로 유효한 성립과 법률효과)과 방식의 문제로 나뉜다. 유언의 방식은 유언방식의 준거법(國私 §50 ③)에 따른다. 國私 §50 ③ i은 國私 §17 ①과 동일한 논리에 따라 '법률행위의 방식'을 '그 법률행위의 실질'의 준거법도 선택적 준거법의 하나로 삼는다. 그것은 '유언 자체'의 실질준거법(유언시 본국법)에 의하는 것이다. '유언으로써 하는 법률행위'의 실질준거법(예: 상속준거법인 사망시 본국법)에 연결하는 것이 아니다.

2. 유언에 포함된 법률행위와의 구별

國私 §50 ①의 문제와 구별되는 것으로, 유언으로써 하는 법률행위의 문제가 있다.[24] 이것은 유언의 문제가 아니라, 그 법률행위의 문제이다. 그래서 그

다(이상 순한글로 바꾸어 인용). 이것은 오늘날에도 무유언상속과 유언상속을 별도의 분야로 설정하는 데에서 출발하여 이야기하고자 하는 일본 학설의 영향을 받은 것으로 보인다.

24) 한국 다수설과 일본 통설은 '유언으로써 하는 법률행위'를 가리켜, "유언의 내용"(서희원, 331), "遺言의 實質的 內容"(김용한 외, 368, 369, 서희원, 331, 332.), "유언의 실질적 내용"(최흥섭(1999a), 290 = 최흥섭(2005), 83), "유언의 실질적 내용이 되는 법률행위"(注國私(2), 37(林貴美), 213(일본 통설의 요약 소개)(문헌 인용 있음)), 유언의 "내용인 법률관계"(서희원, 331) 등으로 부른다. 이것은, 전술한 대로, 유언상속을 유언 문제의 일부로 편제하면서도 상속준거법에 의하기 위한 레토릭이었다고 생각된다. 그러나 이렇게 말하면 '유언 자체의 실질'과의 혼동이 일어난다. 일본은 단기간에 이 혼동을 극복해야 하는 어려움에 처했으므로, 유언은 '의사표시'일 뿐이고 '법률사실'일 뿐이라는 점을 애써 강조하여 왜소화시키는 설명방법을 채택했다. 즉, 國私 §50 ①의 문제를 가리켜서는, "의사표시의 형식으로서의 유언 그 자체의 성립과 효력"의 문제(김용한 외, 369)(순한글로 바꾸어 인용), "하나의 의사표시의 형식으로서의 유언 자체의 문제"(서희원, 332의 주 5), "법률사실인 유언 자체의 성립과 효력"(서희원, 332), "유언이라는 의사표시 자체"(최흥섭(1999a), 290 = 최흥섭(2005), 83)나 "의사표시로서의 유언 자체"(*Ibid.* 및

법률행위의 준거법에 의한다. 이 점에 다툼이 없다.[25)]

유언에 포함된 재산적 또는 신분적 법률행위와 그로 기초한 법률관계는 유언준거법에 의하지 않고 그 법률관계의 준거법에 의한다. 그래서 유언으로 행해지는 인지, 입양, 상속(상속인의 지정, 유언상속, 상속재산분할에 관한 지정, 상속과 관련된 유언집행자의 지정, 선임, 권한 등), 후견인의 지정, 신탁은 각기 인지, 입양, 상속, 후견(후견의 내용), 신탁의 준거법에 의한다.[26)] 단지, 유언의 실질준거법과 방식준거법에 의해, 유언이 유효하게 성립했을 것이 전제될 뿐이다.

注國私(2), 37(林貴美), 213(일본 통설의 요약 소개이며 문헌 인용 있음)) 등으로 지칭한다. 그러나 상술한 대로 유언도 하나의 법률행위라고 하는 것이 자연스럽고, 유언에서 방식과 기타 문제를 구별하여 후자를 유언 자체의 실질로서 독립된 연결대상으로 삼는 것이 타당하다. 사실 일본 통설도 이렇게 개념용어를 정리하기를 바라지만, 일본 국제사법 초기에는 그것이 어려웠기 때문에 편법적 논리를 제시해야 했던 것이 아닌가 생각된다. 이제는 일본 국제사법도 유언도 법률행위이고 그 자체의 실질을 가지며, 바로 그 준거법을 정하는 것이 법적용통칙법 37 이며, 이 조문은 무의미한 조문이 아니다 라고 정리할 때가 되었다.

그런데, '유언 자체에도 실질이 있고 바로 國私 §50 ①이 그 준거법을 정한다'고 정확하게 설명하는 한국 소수설에서도, 유언으로써 한 법률행위를 가리켜, 유언의 내용, 유언의 실질, 유언의 법률효과, 유언의 효과라는 표현을 쓴다. 물론, 한 법률행위 내에 다른 법률행위가 담기는 일은 흔치 않고, 유언이 그 드문 예인 것도 사실이다. 그래서 '유언에 포함된 법률행위', 즉 '유언으로써 한 법률행위'를 가리켜서는 유언의 '내용', '법률효과', 심지어 '실질'이라고 부르는 것이 논리적으로 불가능하지는 않다. 그러나 통례적 용어체계는, 하나의 법률행위를 놓고 '실질'과 '방식'을 나눈다. 즉, 국제사법의 체계개념을 정의할 때 '실질'이라는 용어는, 법률행위의 요건과 효과 중에서 "방식"(형식적 성립·유효요건)(國私 §§17, 25 ③, 27 ③, 36 ②, 49 ②, 50 ③, 53, 57)을 제외한 나머지를 말하는 표현으로서 확립되어 있다. 또, '유언의 실질'이나 '유언 자체의 실질'이라는 표현은 國私 §50 ①의 문제를 가리키는 표현으로만 쓰는 것이 바람직하다. 國私 §50은 유언(유언 자체)을 놓고 다시 실질과 방식을 나누어 ①에서 전자를 다루기 때문이다. 그러므로 어느 모로 보나, '유언으로써 하는 법률행위'를 '유언의 실질', '유언의 내용', '유언의 법률효과' 등으로 부르지 않는 편이 나을 것이다.

25) 황산덕 외, 197(317)(이 책은 문단번호와 면수를 차례로 표시함); 이호정, 431~432, 439~440; 이호정, 섭외사법, 396, 400. 유럽상속규정도 유언 자체의 실질을 유언에서 다루는 법률관계로부터 독립된 문제로 취급함을 명시한다(Art. 24 이하). 그런데 서희원, 333은 이 점에 다툼이 있다고 서술한다. 즉, 유언으로써 하는 법률행위는 그 법률행위의 준거법에 의하는 것이 아니고, 그래서 유증도 상속준거법이 아니라, 유언의 준거법에 의하는 것이 통설이라고 소개한다. 그리고 이 견해의 논리적 귀결은, 유증은 유언시의 본국법(國私 §50 ①의 전신인 涉私 §27 ①), 상속은 사망시의 본국법(國私 §49 ①의 전신인 涉私 §26)에 맡겨지는 것이라고 한다. 그런데 이렇게 하면 유언자가 유언후 국적을 변경하면 두 문제의 준거법이 달라져 "충돌이 생길 수 있"으므로, 통설은 이를 피하기 위하여 자신의 입장을 다듬어, "遺言의 效力[서희원, 333은 '유언으로써 하는 법률행위'의 실질을 이렇게 표현함]은 사망시의 본국법에 의하는 것으로 해석"하고 있다고 소개한다. 그리고 이에 대해서는 결론에서는 다수설과 차이가 없지만 "문리해석상 무리"라는 비판을 덧붙인다. 그런데 서희원, 333은 여기에서 말하는 통설이 누구의 견해인지 인용하지 않고 있다. 서희원이 말하는 통설, 즉 '유언상속이 유언(涉私 §27, 國私 §50 ①)의 문제이지만 준거법결정의 기준시는 涉私 §26, 國私 §49 ①처럼 사망시로 한다'는 학설은 한국에서는 주장된 적이 없다.

26) 注國私(2), 37(林貴美), 213; 신창선 외, 392(유언으로 하는 인지, 유증, 후견인의 지정에 관해); 이병화(2005), 260(상속에 관련된 유언집행자의 지정, 선임, 권한에 관해); 김언숙(2017), 199(유언으로 설정한 신탁에 관해). 일본에는 유언으로써 행해지는 인지와 입양도 상속 내지 상속재산에 영향을 미치는 것이라 하여 상속준거법에 의해야 한다는 학설(木棚照一)도 있다고 한다. 注國私(2), 37(林貴美), 213 f..

유언에 따라 이루어지는 상속, 즉 유언상속도 국제사법적으로는 상속의 한 형태에 불과하다. 법정상속과 유언상속의 준거법의 결정기준을 다소 차별화할지의 문제는 있다. 법정상속과 유언상속에 대해 준거법 결정기준을 동일하게 하면서도, 입법기술상 규정을 따로 두어 향후 유언상속의 연결기준이 법정상속의 그것과 차별화될 여지를 열어둘 수는 있다. 그러나 한국 국제사법은 그렇게 하지도 않는다. 대한민국 국제사법은 아예 법정상속과 유언상속을 "상속"이라고 통칭하여 국제사법적으로 한 가지의 법률관계로 다루고 동일한 법질서(사망시의 본국법 또는 피상속인이 선택한 법)에 맡긴다(國私 §49). 한국 국제사법에서는 유증도 상속의 문제로 성질결정되며 상속준거법에 맡겨진다.[27][28] 유증이라는 법률행위의 성립, 유효성, 조건과 기한 등의 효력발생요건, 유류분권, 필연상속권 또는 강제상속권과 같은 유증의 효력의 제한(유언처분의 제한)[29] 등이 모두 유언상속의 문제로서 상속준거법에 의한다. 사인증여도 國私 §49의 상속의 법률관계에 속하는 문제로 다루는 것이 타당하다.[30]

어떤 법률행위를 유언으로 할 수 있는지, 즉 유언사항의 문제도 유언에 포함된 법률행위의 문제의 일부이다.[31] 즉, 어떤 법률행위를 사인행위로 행하여 표의자의 사망시에 효력을 발생하도록 할 수 있는지는 그 법률행위의 문제에 속한다. 그래서 예컨대 상속인의 지정을 유언으로 할 수 있는지는 유언준거법

---

27) 이 점에서는 한국 국제사법상의 체계개념으로서의 "유언"과 한국 민법상의 체계개념으로서의 "유언"의 의미가 다르다.

28) 櫻田嘉章, 346.

29) 이호정, 섭외사법, 404.

30) Wolff, 229.

31) 통설임. 김용한 외, 368; 서희원, 331. 한편, 안춘수, 328은, 유언사항은 '유언 자체의 실질'이기도 하고 '유언으로써 하는 법률행위'이기도 하여, 두 법률관계의 준거법을 모두 충족해야 한다고 한다. 이 학설은 그 근거를 밝히지 않는다. 혹시, 한국민법의 문헌에서 유언사항의 문제를 유언 쪽에서 설명하기도 하고, 인지, 입양, 유증 등의 부분에서 설명하기도 하는 데 착안한 것이 아닌가 생각되기도 한다. 그러나 이중적 성질결정은 어떤 법률관계에 대해 어떤 국제사법규정을 적용해야 할지 확신이 없어 주저하는 것에 불과하다. 특별한 이유가 없이 그렇게 하는 것은, 단순히 성질결정 작업을 미완료한 것에 불과하다. 실질사법(학)의 규정·서술의 편제는 국제사법상의 논의 실익을 염두에 두지 않고(그래서 법률관계의 본질을 철저히 밝혀내지 못하고), 실질사법적 규정·서술의 편의 내지 기존 관행에 따라 기존의 국내법적 사고방식을 답습하곤 한다. 실질사법 학자들은 국제사법적 논의 실익을 충분히 이해하지 못한 채 논의에 끼어들기 어려워, 법률관계의 성질결정은 국제사법에 맡기는 것이라고도 볼 수 있다. 그래서 민법을 포함한 실질법의 법률관계 분류는, 법률관계의 본질을 밝히는 결정적 기준이 될 수 없다. 법률관계의 본질을 철저히 밝혀내야 하는 국제사법적 판단에서 중요하게 고려될 수 없다. 역사적으로 보아도, 국제사법적 성질결정이 실질사법적 성질결정을 추종해야 한다는 사고방식은 오래 전에 극복되었다. 이미 14세기 이탈리아의 주해학파(후기주석학파)에서 국제사법 독자적인 성질결정 기준을 탐구했다. 이호정, 44~46(특히 45~46에 소개된, 부동산상속에 관한 논쟁 참조).

이 아니라 상속준거법에 의한다.[32] 인지를 유언에 의해 할 수 있는지(사후인지가 허용되는지)나 유언에 의한 입양(사후입양)이 허용되는지도 유언의 준거법이 아니라 각각 인지와 입양의 준거법에 의한다.[33]

유언의 집행도 유언으로써 한 법률행위의 실현에 관한 것이므로 그 법률행위의 준거법에 의한다.[34] 그 본질은 '유언의 집행'이 아니라 '유언으로써 한 법률행위의 집행'이다.

3. 國私 §50의 입법연혁[35]

2001년 개정 전 涉私 §27은 의용 법례(1898) §26[36]를 계승한 것이다. 그래서 당시의 법례 §26과 마찬가지로, 유언의 방식에 관한 ③은 ①에 의해 정해지는 준거법 외에 "行爲地法에 의하여도 無妨하다"는 보칙(補則) 형태로 규정하여,[37] ①은 유언방식에 관한 본칙(本則)의 의미도 가졌다.

그런데 涉私 §27 ③은 유언방식에 관해 규정하는 선택지가 너무 좁았다. 1961년 헤이그유언방식협약에서 선택적 연결의 폭을 확대한 것은[38] 1962년 涉外私法에 반영되지 못했다. 국적국법이 아닌 본국법을 기준으로 한 결과, 어느 나라에서 재판받느냐에 따라 준거법이 달라지게 되었다.[39] 결국 涉私 §27 ③

32) 김용한 외, 364.

33) 이호정, 384(유언으로 하는 인지에 관해); 櫻田嘉章, 346(유언에 의한 인지와 입양에 관해).

34) 김용한 외, 370; 서희원, 333 f.; 이병화(2005), 260.

35) 國私 §50의 입법과정에서의 논의에 관해서는 최흥섭(2001), 417(개정안 공청회 발제자료); 조수정(2001), 446(개정안 공청회 토론자료); 법무부, 해설, 174~176; 석광현, 560~562 참조. 개정과정에서는 1986년 개정되고 2015년 개정되기 전의 독일 민법시행법 Art. 26, 스위스 국제사법 Art. 93~95, 오스트리아 국제사법 Art. 30, 이탈리아 국제사법 Art. 47~48, 일본 1989년 개정 법례 §27, 일본의 '유언방식의 준거법에 관한 법률', 그리고 헤이그유언방식협약이 참고되었다고 한다. 법무부, 해설, 176.

36) 1898년 법례 §26은 ①"유언의 성립 및 효력은 그 성립당시의 유언자의 본국법에 의한다.", ② "유언의 취소는 그 당시의 유언자의 본국법에 의한다."고 규정한다. 1989(平成 2)년 개정에서도 조문번호만 §27로 바뀌었다. 2006년에 전면개정된 법적용통칙법에서도 조문번호만 §37로 바뀌었고 문언은 그대로이다. 친족법상의 법률행위의 방식에 대해서는 "친족"에 관한 제5장에서 §34에 별도의 총칙규정을 신설하여 성립의 준거법과 행위지법에 선택적으로 연결됨을 명시하나 {그 번역은 김문숙(2006), 624}, "상속"에 관한 제6장에는 이런 규정이 없다.

37) 황산덕 외, 199(320); 서희원, 335.

38) 1962년 섭외사법 제정 당시, 일본도 헤이그유언방식협약을 비준(1961. 6. 3.)한 상태였다. 일본은 1964. 6. 10.에 '유언방식의 준거법에 관한 법률'을 제정, 공포하고 법례 §26 ③을 삭제했다. 이 법률은 이 협약을 받아들이되 주소지법의 지정을 없앤 내용이다.

39) 涉私 §27 ②는 유언의 철회를 유언의 "取消"라고 표현했다. 입법 당시에는 오늘날 한국 법률용어로 철회라고 하는 것을 두 가지로 나누어, '상대방 있는 의사표시를 그것이 상대방에게 도달하기 전에 임의로 거두어들이는 것'만을 철회라 하고, 그 외의 것은 취소라고 부르고 있었으므로, 이러한 용어선택은 당시로서는 어색한 것이 아니었다. 다만 오늘날의 한국 법률용어체계로는 이 두 가지의 철회를 통칭하여 "철회"라고 부른다.

은, 涉私 §10이 법률행위의 방식을 그 실질준거법과 행위지법에 선택적으로 연결하는 수준을 넘어서지 못했다.[40)]

2001년에는 유언의 방식에 관해 의미있는 개정이 있었다(Ⅲ. 2. 참조). 國私 §50 ②에서는 유언의 변경도 유언의 철회와 마찬가지로 취급되어야 한다고 보아[41)] 이 점을 명시하였고, 유언의 "取消"라는 표현을 현대적 용어에 맞게 "철회"로 바꾸었다.[42)] 그러나 國私 §50 ①에서는 별다른 개정이 없었다. "遺言의 成立과 效力"이라는 표현이 "유언"으로 축약되었을[43)] 뿐이다. 유언시의 "本國法"의 지정도 그대로 유지되었다. 2001년 개정시에 독일의 1986년 개정 민법시행법 Art. 26 ⑤ 1(2015년 개정으로 Art. 26 ① 1의 일부로 됨)도 참고되었지만, 이를 본받아 '유언시에 상속이 개시된다면 상속준거법이 될 법'을 지시할지 논의한 기록은 보이지 않는다. 그런 개정 없이 상속의 당사자자치를 인정한 결과(國私 §49 ②), 상속준거법과 유언준거법이 달라질 가능성이 조금 더 커졌다.[44)]

Ⅱ. 유언 자체의 실질

1. 연결기준

(1) 입법례

유언 자체의 실질의 연결기준에 대해서는 입법례가 나뉜다. 상속과 관련하여 살펴보면 다음과 같다.

---

40) 그래서 涉私 §10의 무익한 반복으로서 조문의 낭비라는 비판을 받기도 했다. 이호정, 435.

41) 법무부, 해설, 175.

42) 법무부, 해설, 175는 "取消"라는 표현이 잘못된 것이어서 "철회"로 "교정"했다고 한다. 그러나 1962년 섭외사법 입법 당시에는 일본법학의 용어체계에 따라, 의사표시의 하자로 인한 취소와 표의자의 자발적 철회를 통칭하여 취소라고 하고 있었던 것으로 보인다. 한국에서 후자를 취소라고 부르지 않게 된 것은 근래의 수십년간의 일이다. 그러므로 이 부분은 현대적 용어체계에 맞게 용어를 다듬었다고 함이 정확할 것이다.

43) 이러한 표현 수정에 대해, 기초자는 '유언으로써 하는 법률행위', 즉 소위 "유언의 실질적 내용"이 國私 §50 ①에 의할 사항이 아님을 분명히 하는 취지라고 한다. 법무부, 해설, 175 f.; 석광현, 561. 그러나 개정 전에도 涉私 §26이 법정상속과 유언상속을 모두 규율한다는 데 학설이 일치했다. 즉, 涉私 §27 ①이 '유언으로써 하는 법률행위'(예: 유증) 내지 그로써 발생하는 법률관계(예: 유언상속)에 관한 규정이 아님은 이미 명백했다. 그러므로 "유언의 성립과 효력"을 "유언"으로 바꿈으로써 이 점이 분명해졌다고 할 수는 없다. 게다가, 유언 자체의 효력(구속력 등)이 유언준거법에 의할 사항임에 다툼이 없고, 涉私 §27 ①이 말하는 "遺言의……效力"은 바로 이를 가리킨다. 결국, "유언의 성립과 효력"이라는 표현을 "유언"이라고 바꾸어 문언이 간략해진 점은 인정할 수 있으나, 실질적으로 무엇이 더 명확해졌다는 것인지 납득할 수 없다.

44) 유언 후 본국이 바뀌고 사망하면 유언실질준거법과 상속준거법이 서로 달라지는 점은 2001년 개정 전후에 같다. 그런데 유언 후 본국이 바뀌지 않았어도, 유언과 동시에 또는 앞서 상속준거법을 지정했다면, 유언실질준거법과 상속준거법이 달라질 수 있다. 이 가능성은 2001년 개정으로 생겼다.

첫째, 유언시의 상속준거법(정확히 말하면, 유언자가 유언 직후 사망하였더라면 상속준거법이 되었을 법의 소속국법)에 따르게 하는 입법례가 있다(유럽상속규정 시행 전의 독일[45]과 폴란드). 유언 자체의 실질준거법을 상속준거법에 근접시키되, 유언시에 존재한 사정(연결점)만을 기준으로 하는 입장이다.

한국[46]과 일본[47]처럼 유언시의 속인법에 따르게 하는 것도, 넓게 보면 이 입법주의에 속한다. 다만, 상속에 대한 반정(反定)이나 예외조항(國私 §8 ①) 원용이 유언실질준거법 결정에도 곧바로 영향을 주는지, 그리고 당사자자치(그 유언으로 했거나 앞서 한 것)의 여파가 유언실질준거법 결정에도 미치는지에 차이가 있다. 한국 국제사법 하에서는 반정과 예외조항 원용 여부는 유언실질(유언 자체의 실질)과 상속에 대해 따로 검토되어야 한다. 또, 한국 국제사법은 상속에 대해 당사자자치를 도입한 뒤에도 '유언시 속인법'에의 연결을 고집한다(國私 §50 ①).

유럽상속규정도 유언 자체의 실질을 유언에서 다루는 법률관계로부터 독립된 문제로 취급하고(Art. 24 이하), 원칙적으로 '유언시 속인법'에 따르게 한다. 다만 이 규정은 재산상속만 다루므로, '유언시 상속개시되면 상속준거법이 될 법'에 따른다고 규정한다(Arts. 24(1), 25(1)). 나아가, 유언 자체의 실질에 대해서도 따로 당사자자치를 인정한다(Arts. 24(3), 25(3)).

둘째, 유언 자체의 실질도 상속준거법에 따르게 하는 입법례가 있다(유럽상속규정 발효 전의 프랑스, 벨기에, 헝가리, 룩셈부르크[48]). 독일에서도 1986년 EGBGB 개정 전에는 사인처분의 실질을 원칙적으로 상속준거법에 맡기는 견해가 유력했다.[49]

셋째, 헤이그상속협약은 사인처분의 유형별로 연결기준을 달리한다. 상속계약 외의 유언의 경우에는 상속준거법에 맡긴다(Art. 7(2)(e)). 상속계약의 경우에는 유언 자체의 실질준거법(상속계약시에 사망하면 상속에 적용될 법)에 의함을 원칙으로 한다(Arts. 9(1), 10).

넷째, "유언에 유리"한 방향으로 절충하여, 유언시와 사망시의 상속준거법

---

45) 1986년 개정(2015년 개정 전) 독일 민법시행법 Art. 26 ⑤ 1(2015년 개정으로 삭제)은 "처분시점에 있어서 사망으로 인한 권리승계에 적용되었을 법에 따른다"고 규정한다. 조문번역은 이호정(1987), 118(순한글로 바꾸어 인용).

46) 2001. 6. 30.까지 성립한 유언에 대해서는 *涉私* §27 ①, 2001. 7. 1.부터 성립한 유언에 대해서는 國私 §50 ①.

47) 법적용통칙법 §37 ①.

48) 이상의 입법례 인용은 *注國私*(2), 37(林貴美), 215에 의함.

49) Wolff, 228("사인처분"의 유효한 성립에 관해).

중 유언의 유효한 성립이나 효력에 유리한 법을 적용하는 입법례(유럽상속규정 시행 전의 리히텐슈타인[50]과 오스트리아)도 있다. 유럽상속규정 시행 전 오스트리아 국제사법(Art. 30 ①)은 보정적 연결의 입법기술을 사용한다. 원칙적으로는 유언자의 유언시 본국법을 지정한다. 다만 그 법에 의해 유언이 무효이고 유언자의 사망시 본국법에 의해 유효하다면 후자의 법을 적용한다.

(2) 國私 §50 ①의 규정

한국 국제사법은 2001년 개정 전(涉私 §27 ①, ②)과 후(國私 §50 ①, ②)를 불문하고 유언 자체의 실질을 유언자의 유언시 본국법에 맡긴다.

국적국법이 아니라 본국법이다. 유언자가 장소적 다법국의 국민인 경우에는, 그 국가에 준국제사법이 있으면 그에 따라 어느 분방의 법이 준거법이 되는지를 정하고, 그러한 기준이 없으면 유언자와 가장 밀접히 관련된 분방의 법이 준거법이 된다(國私 §3 ③). 무국적자의 경우에는 상거소지법을 대신 적용하고, 어느 나라에도 상거소가 없으면 단순거소지법을 적용한다(國私 §3 ②).

준거법 결정의 기준시점은 유언시이다. 유언 후에 유언자가 국적을 변경하고 사망해도 유언 자체의 실질준거법은 바뀌지 않게 하여(불변경주의), 유언자와 이해관계인의 예견가능성과 법적 안정성을 기한다.[51]

(3) 반정(反定)

國私 §50 ①과 ②의 지정은 총괄지정(국제사법지정)이다. 그래서 國私 §50 ①이나 ②가 지시한 외국의 국제사법이 한국법을 지시하면 한국법에 의한다. 그 외국이 어떤 연결기준으로 한국법을 지시하는지는 상관없다. 주소지법이나 상거소지법을 지시하든, 유언의 실질을 상속 문제로 성질결정하여 상속준거법에 따르게 하든, 유언시의—'본국법'이 아니라—상속준거법에 따르게 하든, 國私 §50 ①, ②보다 선택적 연결의 폭을 넓히든, 기타 어떤 기준이든 상관없다. 그 외국의 국제사법이 한국법을 사인처분 자체의 실질의 선택적 준거법의 하나로 지정하고, 한국법상 사인처분 자체가 실질적으로 유효하면 그 사인처분은 실질적으로 유효하다.

國私 §50 ①이나 ②가 지정한 외국의 국제사법이 한국법을 사항규정지정하면, 이를 받아들여 연결과정을 끝맺는다(國私 §9 ①).

외국의 한국법 지정이 총괄지정(국제사법지정)인 경우에 대해서는 견해가

---

50) 注國私(2), 37(林貴美), 215에 의함.
51) 이호정, 431 f.; 横山潤, 307(일본 법적용통칙법 §37 ①의 불변경주의에 대한 평가).

나뉜다. 이에 의해 생기는 "끝없는 왕복"은 항상 한국법을 적용하는 데에서 멈추도록 國私 §9 ①(涉私 §4와 동일)이 정한다고 해석하는 것이 통설이다.[52] 소수설은 그 경우에는 외국법원이론(foreign court theory)에 따라 외국법을 준거법으로 삼음으로써 끝맺으라고 한다.[53]

(4) 입법론

유언실질의 문제를 상속준거법과 일치시키는 데에도 장점이 있다. 유언으로써 하는 법률행위는 상속에 관한 것이 많고 외형상 유언과 일체로 행해진다.[54] 유언을 상속준거법과 일치시키면 준거법결정이 좀 더 간명해진다. 그러나 이렇게 하면 상속개시시까지 '유언 자체의 실질'의 준거법이 확정될 수 없다. 특히, 유언 후 속인법 변경, 당사자자치 등으로 유언의 유무효가 뒤집힐 수 있어, 유언자와 이해관계인의 예견가능성과 법적 안정성이 해쳐진다. 또, 유언으로써 하는 법률행위가 상속 분야에 국한되지 않는데, 굳이 유언 자체의 사기, 강박, 착오 등의 문제까지 '사망시'의 본국법에 따르게 할 필요가 있는지 의문이다. 그러므로 원론으로 돌아가 유언시 속인법에 따르는 것이 낫다.

유언시의 속인법에 의하면 무효이더라도 사망시의 속인법에 따라 유효하면 유효한 유언으로 취급하는 보정적 연결은 어떤가? 그러나 유언이 유언시 속인법에 따라 무효라는 점(예컨대 의사능력 결여로)에 대해 유언자와 이해관계인이 신뢰를 가질 수 있고, 그런 신뢰는 보호가치 있다. 유언자는 이를 믿고 후속조치를 취하지 않을 수도 있는데, 유언자의 속인법 변경으로 '무효였던 유언'이 되살아날 수 있다면 섭외적 법률관계의 안정은 위협될 것이다. 그러므로 사망시 본국법에의 보정적 연결을 규정할지는 신중히 검토할 필요가 있을 것이다.

2. 법률관계의 경계획정

(1) 개요

'유언 자체의 실질'이란 유언 자체에서 방식 외의 것을 말한다. 즉, 유언의 실질적으로 유효한 성립[55]과 유언 자체로서의 효력을 말한다. '유언의 실질'이

52) 김용한 외, 187; 석광현, 163; 주해친족(2), 1576(석광현).
53) 이호정, 159 f. 이 학설대립은 반정의 일반이론에 관한 것이다. 상세는 國私 제49조 註釋 II. 5. 참조.
54) 신창선 외, 391.
55) 넓은 의미에서 '유언 자체의 실질적으로 유효한 성립'이라 하면 유언능력, 대리와 조건의 허부 등도 포함시킬 수 있겠으나, 유언 자체의 실질 내에 유언의 실질적으로 유효한 성립이라는 하위범주를 두고 다시 그 하위범주로서 유언능력, 유언의 실질적 유효성, 대리와 조건의 허부 등을 이야기하면 불필요하게 복잡해질 우려가 있다. 그래서 유언 자체의 실질에 속하는 문제로

라 해도 무방하다.

유언의 허부(예컨대 일정 형태의 유언의 금지로서 방식법규 외의 것), 유언 자체로서의 실질적(즉 방식요건을 제외한) 성립·유효요건,[56] 즉 의사의 흠결과 하자,[57] 공서양속에 의한 유효성통제, 조건을 붙이거나 대리행위로 할 수 있는지 등이 이에 속한다. 유언능력도 '유언의 실질'에 포함된다(통설). 유언 자체로서의 효력도 '유언의 실질'에 포함된다. 유언의 효력발생시기와, 유효하게 성립한 유언 자체로써 발생하는 법률효과인, 유언의 구속력(Bindungswirkung)이 그것이다.

한편, 유언에 포함된(유언으로써 하는) 법률행위는 그 법률행위의 준거법에 의한다.[58] 이것은 유언의 실질이 아니다. 유언으로써 한 법률행위일 뿐이다.

(2) 유언능력

(가) 의의

유언능력이라 함은 유언 자체를 유효하게 할 수 있는 능력을 말한다.[59] 유언능력은 특별행위능력으로서 유언 자체의 실질 문제의 일부이다. 실체준거법이 유언능력을 유언 쪽에서 규정하든, 일반행위능력의 문제로 다루든 상관없다.[60] 다만, 이미 가지고 있던 유언능력이 국적변경으로 소멸되지 않는 점("semel major, semper major")에서, 유언 자체의 실질 문제의 다른 부분과 다르다.

유언능력은 '유언으로써 하는 법률행위(인지, 입양 등)를 할 능력'과 구별된다. 후자는 그 법률행위(인지, 입양 등)의 준거법에 의한다.[61]

실체사법에 따라서는 유언자가 유언시에 유언의 의미를 이해하고 이를 의식적으로 행할 실제적 인지·판단능력이 있었는지를 의사능력이라 하여, 유언능력과 구별하기도 한다. 그러나 둘 다 유언 자체의 실질에 속하므로, 국제사법

서 "유언의 실질적 유효성"과 유언능력, 대리와 조건의 허부 등의 문제를 하나하나 검토하는 것이 입법례와 학설의 일반적 태도인 것으로 보인다. 예컨대 헤이그유언방식협약(Arts. 7(2)(e), 9, 10)과 유럽상속규정(Arts. 24, 25, 26)에서도 유언(종의처분)이나 상속에 관한 사인적 처분의 실질적으로 유효한 성립을 가리켜 실질적 유효성이라고 약칭한다. 헤이그유언방식협약 영문본은 "material validity", 유럽상속규정 영문본은 "substantive validity"). "유언의 실질적 유효성"은 유언 "작성의 유효성(Gültigkeit der Errichtung)"이라고도 한다. 예: Kropholler, §51 V, 444. 이런 태도는 받아들일 만한 것이다. 먼저, '유언의 실질적으로 유효한 성립'이라 하지 않고 '유언의 유효성'이라 하는 것도 이해할 수 있다. 유언의 방식이 준수되면 유언의 '성립'은 이미 인정될 것이기 때문이다. 조건의 허부는 실질적 유효성에 속하는 문제로 취급할 수 있다. 다만, 대리의 허부는 유효성보다는 성립의 문제로 생각되는데, 실무가들은 별 불편을 느끼지 못하는 듯하다.

56) 이호정, 431 f.; 이호정, 섭외사법, 396.

57) 서희원, 333.

58) 다툼 없음. 김용한 외, 369; 이호정, 432; 서희원, 331; 横山潤, 307.

59) 이호정, 432("유효하게 유언자체를 할 수 있는 법률상의 자격")(순한글로 바꾸어 인용).

60) 이호정, 434.

61) 이호정, 432 f.

상 구별의 실익은 없다. 상속계약에서는 의사능력도 유언능력과 같이 각 당사자별로 준거법을 정해야 한다.

(나) 유언능력의 준거법 결정

각국의 실체사법은 유언능력이 일반행위능력과 어떻게 달리 규율되는가라는 각도에서 규율하는 경우가 많다. 그래서 유언능력의 문제는 '미성년자라도 몇 살부터 유언능력을 가지는가', '성년자의 유언능력이 제한되는 것은 어떤 경우인가'의 문제라고 말하기도 한다.[62]

유언능력을 국제사법적으로 일반행위능력의 일부라고 할지, 또는 유언의 실질 문제로 취급하되 연결기준을 다소 차별화할지 문제된다. 학설과 입법례는 나뉜다. 헤이그상속협약 Art. 1(2)(b)는 유언능력을 협약의 사항적 적용범위에서 제외하고 체약국 국내법에 맡긴다.

독일에서는 1896년 민법시행법[63] Art. 24 ③ 전단(1986년 개정 전까지 유지)에서, 사인처분을 작성하거나 철회한 후 '외국인이 독일국적을 취득하는 경우'에 한하여, 유언 내지 유언철회의 유효성을 '유언시 내지 유언철회시의 본국법'에 따르게 했다. 이 배경 하에서, 유언능력을 민법시행법 Art. 7 ① 1[64](國私 §13 ① 1과 같음)이 다루는 일반행위능력의 문제로 다루어 유언시의 본국법에 의하게 하는 견해와,[65] 일반행위능력과 구별하여 유언 자체의 실질 문제로 보아 사망시의 본국법에 맡기는 견해가 대립했다.[66] 그런데 1986년의 민법시행법 개정(2015년 개정 전)으로 이 학설대립은 타개되었다. 즉, 사인처분 자체의 실질("사인처분의 유효성과 사인처분에의 구속"이라고만 규정)을 사인처분시의 상속준거법에 연결하는 '일반적' 저촉규정을 Art. 26 ⑤ 1에 두고,[67] 2문에서 유언능력에 대해 "semel major, semper major" 원칙을 규정함으로써, '유언능력도 유언의 실질적으로 유효한 성립 문제의 일부'로 다루게 되었다. 이 점을 Art. 26 ⑤이 명시하지는 않지만, 1, 2문의 맥락상 이 점이 전제되어 있음이 분명하다.[68]

---

62) 橫山潤, 308.

63) 1900. 1. 1. 시행.

64) "사람의 행위능력은 그 사람이 속하는 국가의 법률에 의하여 판단된다." 1986년 개정 전의 조문번호는 Art. 7 ①. 독일 EGBGB의 구법 조문은 <https://de.wikisource.org/wiki/Einführungsgesetz_zum_Bürgerlichen_Gesetzbuche>에 수록.

65) Wolff, 229 등. 즉, 1986년 개정 전 Art. 24 ③ 전단을 반대해석하지 않고, 이를 일반화시키는 해석을 했다. Wolff, 229.

66) 이호정, 433.

67) 1896년에 만들어져 1986년 개정 전까지 유지된 Art. 24 ③ 1 전단을 양면적(일반적) 저촉규정으로 확대시키고, 사항적 타당범위에 "사인처분의 구속력"도 포함됨을 추가로 명시함.

68) 이 규정은 2015년 개정으로 삭제되고, 2015. 8. 17.부터는 유럽상속규정 Art. 26(2)에 의한다.

스위스 국제사법(IPR-Gesetz) Art. 94는 유언능력을 일반행위능력과 구별하여, 유언시의 상거소지법, 주소지법, 국적국법에 선택적으로 연결한다.[69]

유럽상속규정은 사인처분능력을 사인처분 자체의 실질 문제의 일부로 명시한다(Art. 26(1)(a)). 그리고 사인처분시에 그 실질준거법에 따라 사인처분능력이 있었으면, 그 철회나 변경시에 사인처분능력이 없었더라도, 철회나 변경을 위한 사인처분능력도 있는 것으로 취급하게 한다(Art. 26(2)). "한번 성년은 영원한 성년(semel major, semper major)" 원칙은 이 한도에서만 규정한다.

한국에서는 유언능력도 國私 §50 ①에 의해 유언 자체의 실질준거법에 따르는 것이 통설이다.[70] 국제사법상의 일반행위능력은 재산법상의 일반행위능력만을 말하고, 상속법상의 법률행위와 친족법상의 법률행위는 준신분행위라 할 수 있어, 유언능력을 포함한 상속법상의 행위능력은 문제된 상속법상 법률관계의 준거법에 의한다고 설명한다.[71] 일본 법적용통칙법에는 유언의 실질에 관한 저촉규정이 없이 학설에 맡겨져 있고, 상속준거법에 의하는 설이 통설이다.[72] 그러나 한국에서는 國私 §50 ①(철회와 변경에 대해서는 ②)에서 유언 자체의 실질에 대해 '유언시'의 본국법을 지정하므로, 유언능력의 준거법도 國私 §50 ①에 의해 정해진다.

한국 국제사법에서는 國私 §50 ①에 의하든 國私 §13 ① 1[73]에 의하든 유언시의 본국법에 의함에 차이가 없다. 첫째, 일반행위능력에 의하게 하더라도, 國私 §15 ①의 행위지 거래보호조항은 어차피 상속법상의 법률행위에는 적용되지 않는다(國私 §15 ②[74]). 둘째, 많은 나라의 실질법은 國私 §14[75]가 규정하는

69) 스위스 국제사법 Art. 94는 이를 "本國들 중 하나의 법에 따라(nach dem Recht eines ihrer Heimatstaaten)"라고 표현한다(이호정(1990), 25의 조문 번역). 다만, 복수국적자의 경우에 복수의 국적국법을 모두(택일적으로) 지시하는 것이므로, 본국법이라기보다 국적국법을 지정하는 취지로 이해된다. 이는 표현의 차이로 생각된다.

70) 황산덕 외, 198(319); 김용한 외, 369, 370; 김진, 298; 이호정, 434; 서희원, 333; 신창선 외, 392; 서울고등법원 2017. 2. 8. 선고 2015나2040379 판결(國際私法 23－2(2017), 343 f.에 요지 수록)(대법원 2017. 6. 15. 선고 2017다215193 판결로 심리불속행 기각, 확정).

71) 이호정, 433 f.

72) 다만, 横山潤, 308은 유언 자체의 실질준거법에 따른다.

73) 2001년 개정 전에는 涉私 §6 ①.

74) 2001년 개정 전에는 涉私 §6 ③.

75) 2001년 개정 전에는 涉私 §7. 2001년에 개정된 §14가 "한정치산 또는 금치산선고"이라고 규정한 것이 2016. 1. 19. 개정으로 "한정후견개시, 성년후견개시, 특정후견개시 및 임의후견감독인 선임의 심판"으로 표현이 바뀌었으나(표제의 "한정치산 및 금치산선고"는 "한정후견개시, 성년후견개시 심판 등"으로 자구 개정) 그 규율내용에는 아무런 영향이 없다. 각국 실질법이 성년무능력선고를 어떤 형태로 규율할지는 각국 실질법에 맡겨진 것이므로, 한국 국제사법이 사용하는 체계개념의 명칭이 반드시 한국 실질사법이 사용하는 명칭과 똑같을 필요는 없고, 2016년 개정은 편의상 한국 법률가에게 친숙한 용어를 쓰는 의미만을 가진다.

성년무능력은 유언능력에는 영향을 미치지 않는 것으로 하므로,[76] 그런 국가들이 관련되는 사안인 한, 성년무능력이 인정되더라도 유언능력에 관해서는 실제로 차이가 생길 수 없다. 셋째, 國私 §13 ① 2[77]에 관해서도 마찬가지이다. 많은 나라의 실질법은 미성년자의 유언능력을 인정하므로,[78] 그러한 국가들만이 관련되는 한, 혼인에 의한 성년의제는 유언능력 여하에 영향이 없다. 그렇지만 國私 §13 ②를 유언능력에도 유추적용하여, 국적변경으로 유언능력이 소멸되거나 감소될 수 없다고 함이 타당하다. 그렇게 하면, 유언능력을 '상속개시시'가 아닌 '유언시'의 본국법에 의하게 하기 위해 —독일의 1986년 EGBGB 개정 전 유력설처럼— '유언능력도 일반행위능력의 일부일 뿐'이라고 무리하게 성질결정할 필요가 없다.

(다) 국적변경시의 유언능력

國私 §13 ②는 "이미 취득한 행위능력은 국적의 변경에 의하여 상실되거나 제한되지 아니한다."고 규정한다. 이것은 국제사법 내에서의 실질사법적 해결[79]이다.[80] 그 이론적 근거는 "한번 성년은 영원한 성년"(semel major, semper major)이라는 원칙에 있다. 이 규정은 특히 성년적령과 관련하여 의미를 가진다. 구 본국법상 성년자였으면, 그 국적을 가지고 법률행위를 했던 적이 없어도, 구 본국법에 따라 행위능력자였다는 사실만으로 그는 국적변경후에도 행위능력자로 인정된다. 일반적 행위능력에 관한 이런 규율이 유언능력에도 적용되거나 유추적용되는지 문제된다.

해외의 입법례와 학설은 나뉜다. 1986년 개정 전의 독일 민법시행법은 國私 §13 ②처럼 일반행위능력에 대해서만 "semel major, semper major" 원칙을 양면적 저촉규정으로 규정하고(Art. 7 ②[81]), 유언능력에 대해서는 이 원칙을 편면적으로만 규정했다. 즉, '외국인으로서 그 본국법에 따라 유언능력을 가지던 자가 독일로 국적이 변경되고 독일법에 의하면 유언능력을 미취득한 것으로 될 경우'에 '구 본국법에 의해 취득한 유언능력이 유지된다'는 점만 규정했다(Art. 24 ③ 後). 그런데 1986년 개정 전에는 유언능력도 일반행위능력의 문제로 보는 견해가 유력했으므로, 차라리 위 조문(1986년 개정 전 Art. 24 ③ 後)이 없었더

76) 성년무능력에 관해서는 이호정, 432.
77) 2001년 개정으로 신설.
78) 이호정, 432.
79) 이것은 국제사법상의 조정(적응)의 한 방법이다. 이호정, 127 f. 참조.
80) 일반행위능력에 관한 國私 §13 ②도 마찬가지이다.
81) 1986년 개정 전에는 Art. 7 ① 1. 1986년 개정으로 문구가 바뀌었으나 내용은 동일하다.

라면, 유언능력에 대해서도 "semel major, semper major" 원칙을 완전한 형태로 인정하기 쉬웠을 것이다. 오히려 위 조문(1986년 개정 전 Art. 24 ③)이 있음으로써 반대해석의 빌미를 제공했다. 즉, 본국법이 독일법에서 외국법으로 변경되거나, 한 외국법에서 다른 외국법으로 변경된 경우에는 유언능력에 대해 "semel major, semper major"를 불인정하는 견해를 뒷받침하는 결과가 되었다. 게다가, 볼프는 외국인이 독일인으로 되기 전에 본국법에 따라 유언능력을 가졌더라도, 당시의 본국법상의 유언능력을 '발휘'하여 실제로 유언을 한 일(즉 당시의 Art. 24 ③ 1이 적용된 사실)이 없으면, Art. 24 ③ 1 후단의 혜택도 없다고 해석하고, 이것은 입법론적으로도 정당하다고 주장했다.[82]

이러한 학설상황은, 독일 민법시행법이 "semel major, semper major" 원칙을 일반행위능력에 대해 명문화하고, 유언능력을 '능력' 문제의 일종으로 해석하는 것이 주류였음에 비추어 유감스럽다. 그래서 1986년에 Art. 26 ⑤ 2[83]를 신설하여 유언능력에 대해서도 Art. 7 ②와 똑같이 규정하여 이런 상황을 타개했다. 그런데 이는 다시 유럽상속규정에 의해 반대방향으로 뒤집어진다.

2015. 8. 17.부터 적용된 유럽상속규정은 유언능력도 유언 자체의 실질의 문제의 일부라고 규정한다(Art. 26(1)(a)). 그리고 유언 자체의 실질은 '유언시에 유언자가 사망했더라면 상속준거법이 되었을 법'(Art. 24(1)), 즉 그 때의 유언자의 상거소지법(Art. 21(1))에 연결하고, 당사자자치도 인정한다(Art. 24(2)).[84] 그리고 유언능력에 대해서는 "semel major semper major" 원칙을 아주 제한적으로만 인정한다. 즉, 유언자가 유언능력을 가지고 유언을 한 일이 실제로 있었고, 그 후 새로운 유언을 하는 것이 아니라 그 유언을 변경하거나 철회하는 경우에만, 유언시(변경이나 철회의 대상인 유언을 한 때)처럼 유언능력 있는 것으로 취급된다(Art. 26(2)[85]).

한국법의 해석론으로는, 國私 §13 ②와 같은 해결을 유언능력에 대해서도 인정할 수 있다. 유언능력을 일반행위능력으로 다루면 國私 §13 ②를 유언능력

---

82) Wolff, 229(반대설 인용 있음).

83) "일단 취득한 유언능력은 독일인으로서의 법적 지위의 취득 또는 상실에 의하여 침해되지 않는다"고 규정한다. 이호정(1987), 118의 번역임(순한글로 바꾸어 인용함).

84) 유언자가 유언을 하기 전에 또는 유언을 함과 동시에 Art. 21(2)에 따라 상속준거법을 선택해 놓았으면, 그 법은, 유언자가 Art. 24(2)에 의해 유언 자체의 실질준거법을 따로 선택하지 않은 한, 유언 자체의 실질준거법으로도 된다.

85) "한 사람이 제24조[상속계약 외의 사인처분]나 제25조[상속계약]에 따른 준거법에 따라 사인처분을 할 능력이 있었으면, 그 준거법의 추후 변경은 그가 그 처분을 수정하거나 철회할 능력에 영향을 미치지 않는다."

에도 적용하게 되어 간단히 해결된다. 그러나 통설의 입장에 따라 유언능력을 유언 실질의 일부로 보면서도, 특별행위능력의 문제로서 國私 §13 ②를 유추적용하는 해석이 무난해 보인다. 1986년에 신설되었던 독일 민법시행법 Art. 26 ⑤ 2와 같은 규정을 두어, 유언능력에 대해 "semel major, semper major" 원칙을 따로 규정하면 더 좋을 것이다.

(3) 의사표시의 실질적으로 유효한 성립(의사의 흠결, 하자 등)

유언의 핵심적 요소인 의사표시의 실질적으로 유효한 성립, 즉 의사의 흠결이나 하자도 유언 자체의 실질 문제로서 國私 §50 ①에 의해 정해지는 그 준거법에 의한다.[86] 그래서 의사의 흠결이나 하자가 불성립, 무효, 무효화 또는 취소의 사유가 되는지, 또는 효력제한의 사유가 되는지, 그렇게 규율되기 위한 요건과 절차(방법), 행사기한 등이 모두 유언준거법에 의한다.[87] 의사의 흠결이나 하자를 주장하는 절차(방법)라 함은 재판상으로만 주장할 수 있는지, 재판외로도 주장할 수 있는지, 법률상 당연히 무효인지 아니면 취소의 의사표시를 요하는지 등을 말한다. 재판상으로 주장할 때 그 구체적 절차는 절차 문제로서 법정지법에 의한다. 가령 유언준거법이 재판에 의한 취소를 요구하면, 한국법원은 한국법에 따라 진행되는 민사절차로 취소해야 한다. 그런 실체법제도가 절차법에 낯설더라도 실체법상의 의사흠결·하자 문제 처리를 위해 절차법을 적응시켜야 한다(준거실체법에 대한 절차법의 적응).

(4) 유언 자체에 대한 법률 또는 양속상의 금지

(가) 개요

유언도 법률행위이므로 법률의 금지에 위반되거나 선량한 풍속 기타 사회질서에 어긋나면 그 유효성이 부정된다. 이것도 유언 자체의 실질(國私 §50 ①) 문제에 속하고, 그 준거법에 의한다.[88] 그 법이 민법총칙의 규정을 적용시키거

86) 이호정, 438. 동지: 김용한 외, 369(의사표시의 하자에 관해); 김진, 299(의사표시의 하자에 관해); 서희원, 333, 336; 신창선 외, 392(의사표시의 하자에 관해); 서울고등법원 2017. 2. 8. 선고 2015나2040379 판결. 서희원, 336과 신창선 외, 392 및 서울고등법원 2017. 2. 8. 판결은 의사표시의 하자를 유언의 '성립" 문제라고 단정하나, 의사표시의 하자가 유언의 성립, 유효성, 효력제한 중 어느 문제로 다루어지는지는 실질법에 맡겨져 있을 뿐이다. 물론, 國私 §50 ①, ②는 실질적으로 유효한 성립과 효력을 모두 같은 법에 맡기므로, 실질법상의 이러한 차이는 준거법 결정에 영향을 주지 않는다.

87) 이 점은 다른 법률행위에서도 같다. 다만 재산법상의 법률행위에서는 해당 표의자의 속인법이 반드시 준거법이 되지는 않으므로 國私 §29가 필요하다. 의사의 흠결이나 하자의 문제에 대해 國私 §29는 의사표시를 한 당사자의 상거소지법도 원용할 수 있도록 하여 중첩적용주의와 비슷한 규율을 한다. 國私 §29는 계약 외의 다른 재산법적 법률행위에도 널리 유추적용될 수 있다. 그러나 이것은 유언에 대해서는 불필요하다.

88) 이호정, 438.

나 준용하든, 유언법 내에 별도의 규정을 두어 규율하든, 국제사법적 성질결정은 이에 구애받을 필요가 없다.

특히 자주 문제되는 것은, 유언 작성에 관여한 공증인, 유언자의 사망을 지켜본 신부, 목사나 승려, 유언자의 사망원인이 된 질병을 치료한 의사나 그 과정에서 유언자를 간호한 간호인, 유언자의 후견인 등과 같이, "유언자와 특별한 관계를 가진 자는 유언에 의한 이익을 가질 수 없다"고 정하는 입법례이다.[89] 이 법규들은 일정한 상황에서 일정한 자에게 이익이 되는 유언을 금지한다. 이처럼 유언자의 의사결정에 영향을 줄 수 있는 일정한 자에게 이익이 되는 유언 자체를 금지하는 것—"상대적 무능력"(incapacité relative)[90]—은 유언의 실질적 허용성의 문제로서, 유언 자체의 실질적 유효성의 문제에 속한다.[91] 유언자가 '일정한 자에게 이익이 되는 내용의 유언을 하게 될 가능성이 있는 상황'에서 유언하는 것 자체의 금지이기 때문이다.

(나) 유언에 대한 금지와 상속에 대한 사인적 처분 금지의 구별

'유언자의 의사형성을 방해할 수 있는 상황 하에서 유언하는 것 자체의 금지'와 구별하여, '상속에 대한 사인적 처분을 금지'하는 문제가 있다. 전자는 유언 자체의 실질(유언 자체의 실질적으로 유효한 성립)의 문제의 일부로서, 유언 자체의 실질준거법에 의할 문제이지만, 후자는 '유언으로써 하는 법률행위'의 문제로서, 상속준거법에 의한다. 예컨대 프랑스 민법 Art. 900은 "일체의 생전 또는 유언적 처분[92]에서 불가능한 조건, 또는 법률이나 풍속에 반(反)하는 조건은 쓰여지지 않은 것으로 본다."고 규정하는데,[93] 프랑스의 국제사법 학설은 이를 증여나 유증에 대한 상속법상의 규제로 분류하여 상속준거법의 영역으로 돌린다.[94]

그런데 '유언 자체에 대한 금지'와 '유언의 내용, 특히 상속에 관한 사인적 처분의 금지' 간의 경계획정은 쉽지 않다. 보다 좁게 '상속관계'만을 다루는 금지이면 '상속관계에 관한 사인처분 금지'에 불과한 것으로 분류하고, 보다 넓게 어떤 법률관계에 관해서든 '유언'으로 처분하는 것을 금지하는 것이면 '유언금

89) 서희원, 331(순한글로 바꾸어 인용).
90) 서희원, 331(순한글로 바꾸어 인용).
91) 이호정, 438.
92) 역주: 증여나 유증 등.
93) 이 금지는, 유언자에게 '손해'가 되는 경우와 유언자에게 '이익'이 되는 경우에 모두 적용된다. Terré, Lequette et Gaudemet, n° 344.
94) Bureau et Muir Watt, n° 856.

지'로 분류하면 될 듯하나, 이것만으로 완전히 해결되는 것은 아니다. '상속에 대한 사인처분 금지'와 유언금지의 어느 쪽으로 성질결정하느냐에 따라 곧바로 실질적 금지범위가 좁고 넓어지는 것은 아니기 때문이다. 가령 유언금지로 성질결정되는 결과 금지범위가 더 넓어질 수도 있지만, 더 좁아질 수도 있다. 이것은 실질법적 입법의도를 배반하는 것이 아닌가? 이 문제를 어떻게 해결할지 문제된다. 유언금지와 '상속에 대한 사인처분 금지' 간의 구별이 난해하다는 점, 어느 쪽으로 성질결정하느냐에 따라 사안의 결론이 달라지면 불확실성이 생긴다는 점, 어떤 실질법규를 유언금지로 성질결정한 결과 오히려 구체적 사안에서 금지범위가 좁아질 수도 있다는 점 등이 고려되어야 한다.

아예 유언금지와 상속에 대한 사인처분 금지를 합쳐 하나의 문제로 파악하여, 그 구별 문제를 피하는 입법례와 학설도 있다. 첫째, 헤이그상속협약은 상속준거법의 적용범위에 관한 Art. 7에서 "유언적 처분(testamentary dispositions)의 실질적 유효성"도 상속준거법에 의하도록 과감하게 입법적으로 해결했다 (Art. 7(2)(e)).[95] 둘째, 유럽상속규정도 결과적으로는 마찬가지이다. 다만 '유언(종의처분)의 실질적 유효성도 상속준거법에 의할 사항이다'라고 규정하는 것은 아니다. 상속준거법을 지정하는 규정과 별도로 '재산적 사인처분의 실질적 유효성'의 준거법을 정하는 규정들을 둔다. 그리고 그 규정들에서 '유언(종의처분) 자체의 실질적 유효성'과 '사인적 재산처분의 실질적 유효성'을 구별하지 않는다. 즉, 먼저 상속계약 외의 형태의 "사인적 재산처분(dispositions of property upon death)"의 허용성과 실질적 유효성에 관한 규정(Art. 24)과, 상속계약의 허용성, 실질적 유효성, 구속력(그 소멸 포함)에 관한 규정(Art. 25)에 관한 연결규정을 둔다. 그리고 Art. 26(1)은 Arts. 24, 25에서 말하는 "실질적 유효성"의 문제에 해당하는 문제로, 사인처분능력(a호), 일정한 자에 유리한 처분금지("일정한 자에게 유리한 처분을 하는 것을 금지"하거나, "일정한 자가 사인처분자로부터 상속재산을 받는 것

95) 1989년 헤이그상속협약에서 "유언적 처분(testamentary disposition, dispositions testamentaires)"이라 함은 유언(종의처분)의 의미이다. 1961년 헤이그유언방식협약에서 그 용어를 쓴 것과 일관성을 기한 것이다. 불어로 "testament"이라고 하면 상속관계에 관한 유언만 가리키는 의미가 되었을 텐데, "유언적 처분"이라 하여, 상속 외의 법률관계(예: 인지, 후견인 지정)에 대한 유언(종의처분)도 포함하게 되었다. 그래서 헤이그유언방식협약은 상속 외의 법률관계에 관한 유언에도 적용되지만, "각 체약국은 자신의 법에 의하면 상속 문제에 관련되지 않는 유언조항을 본 협약의 적용으로부터 배제할 권한을 유보할 수 있다."(Art. 12) 그러나 헤이그상속협약은 재산상속만을 다루므로, 헤이그상속협약 Art. 7(2)(e)는 재산상속의 맥락에서는 유언적 처분의 실질적 유효성을 상속준거법에 의한다는 의미만을 가진다. 유럽상속규정(Arts. 24, 25, 26)도 재산의 상속과 유언만을 다루므로, 유럽상속규정이 말하는 "사인적 처분(dispositions upon death)"도 사인적 '재산'처분만을 말하게 된다.

을 금지"하는 것)(b호), 사인처분의 대리의 허부(c호), 사인처분의 해석(d호), 사기, 강박, 착오 그 밖에 사인처분자의 동의나 의사에 관한 문제(e호)를 예시한다. '유언(종의처분) 자체로서의 유효한 성립'과 '상속에 관한 처분으로서의 유효한 성립'의 문제를 구별하는 입장에서는 이 문제들 각각에 관해 양 측면에서 따로 정할 여지가 있는데, Art. 26(1)은 그렇게 하지 않고 묶어서 다룬다. 셋째, 한국 국제사법의 해석론으로도, '상속관계도 염두에 두기는 하지만 일정한 상황에서의 유언 자체의 금지라고 보아야 할 법규'까지도 '상속에 대한 사인적 처분 금지'로 분류하는 견해가 있다.[96] 이런 시도들은 간명한 해결을 가능케 한다.

유언금지와 상속에 대한 사인처분 금지를 통일적으로 연결하는 혁신적 해결방법은 입법론적으로는 고려해 볼 만한 것이지만, 해석론으로는 이를 따르기 어려워 보인다. 해석에는 한계가 있다. 또, 단순히 상속준거법과 일치시키는 것만으로 만족할 것이 아니라, 한국 국제사법의 상속준거법 결정기준도 염두에 두면서 생각해야 한다. 상속의 다른 문제들과 똑같이 다룰지, 혹은 유언의 다른 문제들과 똑같이 다룰지, 또는 國私 §50 ①에서 약간 차별화하여 '그 처분시에 사망한다면 상속준거법이 될 법'에 연결할지, 그래서 가령 상속에 대한 당사자자치의 효력이 이 문제에도 미치게 할지, 또는 '그 처분시에 사망한다면 國私 §49 ①에 의해 상속준거법이 될 법'에 연결할지, 유언 문제의 일부로 다루거나 '처분시 사망한다면 상속준거법이 될 법'에 연결하는 것을 원칙으로 하면서도 "유언의 우대(favor testamenti)"의 원칙을 고려하여 상속준거법에 의한 보정적 연결도 허용할지 등의 문제가 잇따른다. 이런 고려들을 해석론으로 소화하기는 벅차 보인다.

그렇다면 해석론의 행동반경에 유념하면서 우선 따를 수 있는 방법은 무엇인가? 구체적 실질법규가 어떤 법률관계에 관한 법규인지를 조심스럽게 가려내어야 한다. 하나의 법규가 유언금지와 상속에 대한 사인적 처분금지를 동시에 정하는 것일 수도 있고, 유언금지와 상속에 대한 사인적 처분금지 중 어느 하나만을 정하는 것일 수도 있다. 그래서 어떤 실질법규가 유언 자체의 내용형성의 자유를 보장하기 위한 법규임이 명백하더라도, 이것을 유언금지법규로 성질결정하는 것으로만 만족할 것이 아니라, '유언의 내용이 된 법률행위의 내용형성 자유도 보장하려는 법규인지', 아니면 이에는 상관하지 않는 법규인지 물어야 한다. 이것은 개별 실질법규의 입법목적을 살피되, 그것이 국제사법

96) 서희원, 331.

의 법률관계 분류상 어느 쪽에 해당하는지 가려내는 전통적 방법이므로, 해석론상 무리가 없다.

마찬가지로, 법문이 공정증서유언의 성립에 참여한 공증인에 대한 '유증'을 금지하거나 그를 '유언집행자'로 하는 유언을 금지한다고 정하여, 문언상 상속관계에만 개입하는 법규처럼 보이더라도, 그 법규가 상속에 대한 사인처분 금지와 함께 보다 넓게 유언금지도 정하고 있는 것인지 따져 보아야 한다. 실제로 유언의 실질에 관한 금지도 포함하는 법규로 성질결정되어야 할 경우가 많을 것이다.[97] 예를 들어, 지금은 삭제된 독일 민법 §2235와 현행 독일 공증법(Beurkundungsgesetz) §§7, 27에 의하면 공증인을 유언집행자로 선임하는 것이 금지된다. 이는 "내용적으로 유언자의 이익에 합치하지 않는 유언에 의한 처분이 공증인에 의한 부당한 영향하에 이루어지는 것을 방지하려는 것"이므로 유언 자체의 실질에 관한 법규이기도 한 것으로 분류해야 한다.[98]

유언에 의한 상속포기의 금지에 대해서는 견해가 나뉜다. 유언으로써 일정한 내용의 처분을 하는 것을 금지하는 것으로서 유언 자체의 실질 문제로 보는 견해와,[99] 상속의 문제로 보는 견해[100]가 있다. 이에 관해서도, 구체적 법규가 '국제사법상의 어떤 법률관계'에 관한 법규인지를 가려내어야 할 것으로 생각된다. 상속의 사전포기 자체를 알지 못하고(또는 금지하고), 또 유언(상속계약과 기타의 공동유언 포함)에 의한 상속포기의 가능성도 알지 못하는(또는 금지하는) 입법례가 많다. 이런 나라가 상속에 관한 사전적 처분을 생전처분으로든 사인처분으로든 불허하는 실질법규를 가짐은 물론이다. 그것은 상속법규에 속한다. 그런데 상속포기는 상속인·피상속인의 관계가 있는 자들 사이에서 하는 것이므로, 상속을 포기하는 자와 일정한 친족관계 기타 연고관계를 가진 자가 이로 인해 이익이나 손해를 받게 된다. 그러므로 상속포기를 유언으로도 못 하게 하는 법규는, '일정한 친족관계 기타 연고관계라는 상황 하에서 일정한 자에게 이익이나 손해를 주는 유언을 금지하는 법규'(유언금지법규)로서의 성질도 종종 가질 수 있다. 과연 그런지는 각 실질법규 별로 따져 보아야 한다. 한편, 상속의 사전포기는 원칙적으로 금지하지만 상속포기계약은 허용하는 입법례도 있다(예: 독일). 이런

97) 이호정, 436 f.
98) 이호정, 437(독일 민법 §2235를 방식법규로 본 LG Zweibrücken NJW 55, 1800의 판단은 잘못임)(순한글로 바꾸어 인용함).
99) 이호정, 438.
100) Wolff, 228(상속포기계약의 금지에 관해).

법제는, 상속계약으로 사전포기하는 한, 상속법도 상속계약법(유언법의 일부임)도 이를 허용한다. 독일법이 유언 자체의 실질준거법이자 상속준거법인 사안에서는, 상속의 사전포기 금지와 유언금지가 실질법 내에서 이미 조율되어 있으므로, 아무런 복잡한 문제가 생기지 않는다. 그런데 가령 상속준거법은 독일법이지만(예: 사망시 본국법), 유언 자체의 실질준거법('상속계약의 유언 자체로서의 실질' 부분의 준거법)은 한국법인(예: 유언시 본국법) 경우에 상속계약으로 상속포기를 했다면 어떤가? 한국민법은 상속의 사전포기를 전면 금지하고, 상속포기계약도 알지 못한다. 그런데 한국민법은 순수한 국내적 사안을 염두에 두고 만들어진 것이다. 그래서 한국민법의 입법자는, '두 유언자가 각기 자신에 불리한 유언을, 동시에 그리고 상호견련적으로 하는 것은 금지되어야 하는가'의 문제를 생각해 볼 기회가 없었다. 이제 '상속준거법에 의하면 상속포기계약이 허용되는' 사안에 직면하게 되었으므로, 이 문제를 생각해 보아야 한다. 법관은 입법자의 입장을 빌어 가정적 입법의사를 탐구하여 법률의 흠결을 보충해야 한다.

한편, 상속인과 상속분의 지정을 상속계약으로 할 수 있는지는 종의처분(유언) 자체의 실질이나 방식이 아니라 상속의 문제이다.[101]

(다) 유언 자체의 실질적으로 유효한 성립과 유언의 방식의 구별

일정한 방식으로 하는 유언을 금지하는 법규가 있을 때, 그것이 유언의 금지에 관한 규정으로서 유언 자체의 실질에 관한 법규인지, 아니면 유언의 방식법규인지 구별해야 한다. 여기에서도 실질법규의 목적에 따라 구별해야 한다. 실질사법상으로 유언의 방식에 관한 규정으로 편제되어 있더라도 이에 구애받아서는 안 된다. "유언자의 의사의 신중한 작성·확인·표현" 등을 도모한다고 하는 "방식목적"을 추구하는 것이면 방식법규로 분류해야 한다. 즉, 단지 유언자의 의사가 어떤 형태로 표현되어야 하는가에 관한 법규이면 방식법규이다. 반면에, 유언의 내용 형성에 있어 타인의 부당한 영향을 받지 않고 자유롭게 스스로 타당하다고 생각하는 바에 따를 수 있도록 하는 것, 즉 "내용적으로 타당한 유언자의 의사의 형성"이라는 "실질목적"을 추구하는 것이면 실질적 유효요건을 정한 법규로 취급해야 한다.[102] 예컨대 일정한 상황 하에서는 유언자의 자유로운 의사형성을 보장할 수 없으므로 그러한 상황에서의 유언을 금지하는 취지의 법규이면 유언의 실질적 유효요건을 정한 법규로 다루어야 한다. 그래

101) 이호정, 429.
102) 이호정, 436면; 이호정, 섭외사법, 400(순한글로 바꾸어 인용함).

서 유언의사결정의 자유의 보장, 사후적인 구속력의 불인정과 같은 실질적 목적을 가지는 유언금지법규는 유언의 실질에 관한 법규로 분류해야 한다.[103]

증인의 자격을 제한하는 법규는 대개 방식법규일 것이다. 헤이그유언방식협약 Art. 5 2문은 "유언의 유효성을 위하여 증인이 갖추어야 하는 자격"에 관한 법규는 모두 방식법규로 "본다"고 규정한다. 헤이그유언방식협약 Art. 5 2문에 따르면, 증인에게 유증하거나 증인을 유언집행자로 지정하는 것을 금지하는 법규도 항상 유언의 방식에 관한 규정으로 다루게 되는데,[104] 개별 실질법규의 입법취지가 항상 방식목적인지는 논란의 여지가 있다. 헤이그유언방식협약은 성질결정에 관한 불확실성을 제거하기 위하여 획일적 판단의 문제점을 감수하는 입법적 결단을 내린 것으로 보아야 할 것이다. 대한민국은 이 협약에 가입하지 않고 있으므로, 이 협약 Art. 5 2문과 같이 성질결정하기보다는, 원칙대로 개별 실질법규의 입법목적에 따라 구별하는 것이 타당하다.

공동유언이나 상속계약의 금지에 관해서는 아래 Ⅴ. 참조.

(5) 조건이나 대리의 허부

유언에 조건을 붙일 수 있는지도 유언 자체의 실질의 문제이다.[105]

유언이 대리에 친한 법률행위인지, 즉 대리의 허용이나 금지도 유언의 실질의 준거법에 의한다.[106] 그러나 임의대리권과 임의대리행위의 효과(본인에게의 효과 귀속)는 임의대리(國私 §18)의 문제이다.

(6) 유언의 효력발생시기

유언의 효력발생시기도 유언 자체의 실질의 문제로서 그 준거법에 의한다.[107]

(7) 유언의 구속력(철회가능성)

유언의 구속력이라 함은 유언자를 구속하는 효력,[108] 즉 유언자가 자신의 유언을 임의로 철회할 수 있는지 여부의 문제이다.[109] 영미법에서 "물권법(재산법)적 금반언(proprietary estoppel)"이라는 형평(equity)법리로써 상호적 유언을 믿은 자의 신뢰를 보호하는 것도 유언의 구속력에 관한 법규의 일종이다.[110]

---

103) 이호정, 436 f. 참조.
104) 이호정, 437.
105) 注國私(2), 37(林貴美), 215.
106) 이호정, 438.
107) 김진, 299; 서희원, 333; 신창선 외, 392.
108) 이호정, 438 참조.
109) 注國私(2), 37(林貴美), 215.
110) Frimston, 75.

유언의 구속력 여부, 즉 철회가능성 여부는 유언 자체로서의 효력의 문제로서 유언 자체의 실질의 문제이다.[111] 즉, 유언철회(國私 §50 ②)의 법률효과가 아니라, 철회되는 유언의 효력의 문제이다.[112] 상속계약의 구속력도 유언의 구속력 문제에 속한다. 그래서 유언시의 본국법이 상속계약, 기타의 공동유언, 또는 단독유언의 철회를 허용하지 않으면, 유언을 한 후 유언자의 국적이 바뀌고 그 본국법이 철회를 허용하더라도, 철회할 수 없다.[113]

(8) 유언의 해석

실질법에서는 유언 자체의 해석 문제와 유언에 포함된 법률행위의 해석 문제를 구별하지 않는 예가 많아 보인다. 실질법의 해석론을 보더라도, 두 문제를 구별할지 여부와, 구별한다면 어떻게 경계획정할지에 대한 논의를 찾아보기 힘들다. 그러나 국제사법에서는 두 문제를 구별할지, 구별한다면 어떻게 구별할지, 양자가 서로 충돌할 때 어떻게 조정할지(적응시킬지)의 문제에 부딪치게 된다.

유언의 해석은 유언 자체의 실질의 문제이다. 그 한도에서는 國私 §50 ①에 의해 정해지는 유언의 준거법, 즉 유언 자체의 실질준거법에 의한다. 그러나 유언에 포함된 법률행위의 해석은 그 법률행위의 실질 문제이다.

유언의 준거법과 유언에 포함된 법률행위의 준거법이 상이할 때에는, 그 각각의 준거법이 정하는 해석규정도 상이한 경우가 생길 수 있다.[114] 이런 경우에 두 문제 중 어느 문제의 준거법의 해석규정을 우선시킬지 문제된다. 이 경우에 "사망당시의 유언자의 속인법에 의거하여 가능한 최선의 해결방법을 찾아야 한다"는 견해가 있다.[115] 유언자가 유언의 해석에 관한 준거법을 스스로 정할 수 있게 하는 입법적 해결도 프랑스와 영국을 비롯하여 많은 나라에서

---

111) 김진, 299; 이호정, 440; 이호정, 섭외사법, 404; 서희원, 333; 신창선 외, 392; 서울고등법원 2017. 2. 8. 선고 2015다2040379 판결.

112) 일본의 통설이다. 注國私(2), 37(林貴美), 215와 인용된 문헌 참조.

113) 일본 법적용통칙법 §37 ②도 유언의 철회에 대해 國私 §50 ②과 동일한 내용을 규정한다. 橫山潤, 307은 "실질법상의 유언자유의 원칙을 반영하여, 제37조 제2항은 유언자는 유언을 언제든지 그 본국법에 따라 철회할 수 있다고 하고 있다"고 서술하나, 의문이다. 또, 橫山潤, 307은 유언자가 선행유언으로 유증을 했더라도 국적을 바꾼 뒤 새로운 본국법 하에서 "언제든지" "새로운 유언"을 하여 수유자의 기대를 뒤집을 수 있다고 일반적으로 서술하나, 이러한 서술도 '유언의 구속력'이 '철회되는 유언'의 실질의 문제임을 간과한 것이다. 예컨대, 선행 유언의 실질준거법이 유언의 철회를 금지(예컨대 상호적 유언의 구속력을 인정)한다면, 그 후 유언자의 국적변경으로 속인법이 바뀌고 그 법이 그 상속계약의 구속력을 부정하더라도, 선행 상속계약을 임의로 철회할 수 없다.

114) 이호정, 섭외사법, 404.

115) 이호정, 440(순한글로 바꾸어 인용함); 이호정, 섭외사법, 404(순한글로 바꾸어 인용함).

채택되고 있다.[116)]

Ⅲ. 유언의 방식

1. 입법례

(1) 개관

유언의 방식에 관한 입법례는 나뉜다. 행위지법주의에 따라 유언지법만을 적용할지, 유언자의 속인법의 적용도 인정할지, 속인법은 국적, 주소, 상거소 중 무엇을 기준으로 정할지, 속인법의 기준시를 유언시로 할지 사망시로 할지 문제된다. 또, '부동산에 관한 유언의 방식은 부동산소재지법에 의한다'는 영미의 전통적 원칙을 받아들일지도 문제된다.[117)] 선택적 연결주의에 따라 다양한 선택적 준거법을 규정한 헤이그유언방식협약 Art. 1이 특히 주목할 만하다.

(2) 헤이그유언방식협약

유언방식의 준거법 결정에 관한 표준적 국제입법은 '유언적 처분의 방식의 준거법(법률저촉)에 관한 협약'(1961)[118)](대한민국 미가입)이다. 비회원국이 준거법으로 지정되는 경우에도 적용되는 전면적(일반적) 통일법(loi uniforme)이다.

Art. 1(1)은 선택적 준거법 목록을 규정한다. 그 중 어느 하나에 의해 방식상 유효하면 된다. 유언지법(a호), 유언시 또는 사망시 국적국법(b호), 유언시 또는 사망시 주소지법(c호), 유언시 또는 사망시 상거소지법(d호), 부동산에 관해서는 소재지법(e호)이 그것이다. b호는 '본국법'이 아니라 '국적국법'을 규정하므로, 복수국적자(중국적자)는 그가 가진 각 국적이 기준이 되어, 그만큼 선택지가 많아진다. 다양한 선택적 준거법을 규정하고, 그 중 하나로 '국적국'법을 규

116) 이호정, 섭외사법, 404 f.

117) 유언의 방식에 관한 다양한 입법주의에 관해서는 서희원, 334의 주 8, 334 f.의 주 9 참조.

118) Convention of 5 October 1961 on the Conflicts of Laws Relating to the Form of Testamentary Dispositions; Convention du 5 octobre 1961 sur les conflits de lois en matière de forme des dispositions testamentaires. 약칭 헤이그유언방식협약 또는 헤이그유언협약. 1961. 10. 5. 체결(성립), 1964. 10. 5. 발효. 2017. 8. 15. 현재 체약국은 중화인민공화국의 홍콩특별행정구역을 포함하여 42개국: 영연합왕국, 호주, 피지, 앤티가 바부다(안티구아 바부다, Antigua and Barbuda), 중국(홍콩에 대해서만 효력 있음: 영연합왕국의 비준으로 인한 효력이 홍콩에도 미친 것이 계속됨), 일본, 브루나이, 알바니아, 아르메니아, 오스트리아, 벨기에, 보스니아·헤르체고비나, 크로아티아, 덴마크, 에스토니아, 핀란드, 구유고슬라비아연방, 프랑스, 독일, 그리스, 그레나다, 아일랜드, 이스라엘, 룩셈부르크, 몬테네그로, 네덜란드, 노르웨이, 폴란드, 몰도바, 세르비아, 슬로베니아, 스페인, 스웨덴, 스위스, 터키, 우크라이나, 보츠와나, 레소토, 모리셔스, 남아프리카공화국, 스와질랜드, 통가. 서명만 하고 비준하지 않은 국가로는 이탈리아(1961. 12. 15.), 포르투갈(1967. 9. 29.).

정하는 것은, '유언에 유리하게'(favor testamenti) 원칙과 국제적 판단일치의 이상에 부합한다.

주소의 확정은 주소지법에 따른다(Art. 1(3)). 이렇게 하여, '주소지법 방식의 준수'로 충분하리라는 신뢰를 보다 확실히 보호할 수 있다. 다만 법정지법에 따라 주소를 확정한다는 선언을 허용한다(Art. 9). 이것은 법원이 외국의 낯선 주소 결정기준을 조사, 적용하는 부담을 덜고, 주소지법의 주소 확정기준을 받아들일 의무를 피할 수 있게 한다.

유언철회의 방식은 유언방식에 관한 Art. 1를 독자적으로 충족해도 되고(이 점은 國私 §50 ②와 같다), '철회되는 유언'이 충족한 Art. 1의 방식을 따라도 된다(Art. 2)(이것은 國私 §50 ②는 불인정). 협약은 공동유언에도 적용된다(Art. 4).[119]

협약은 '유언방식의 규제'와 '일정 내용의 유언금지의 구별에 관하여 획일적인 해결을 규정한다. Art. 5 1문은 "유언자의 연령, 국적, 또는 기타의 인적 성질(조건)에 따라" 일정한 방식의 유언을 금지하는 것은 항상 유언의 방식에 관한 법규로 "본다"고 규정한다. 2문은 "유언적 처분이 유효하기 위하여 증인이 가져야 하는 자격(성질)"도 유언의 방식법규로 본다. Art. 5는 준거법 결정의 명확성과 적용편의를 위해 최밀접관련원칙을 양보시킨다. 체약국간에 통일적 해석을 보장할 국제적 상고심이 없는 현실을 고려한 절충이다.

(3) 독일 민법시행법

독일은 헤이그유언방식협약을 비준하여,[120] 1966. 10. 1. 독일에 대해 발효했다. 1986년에 민법시행법을 개정하면서, 헤이그유언방식협약의 주요내용을 Art. 26에 요약하고 보충했다. 협약의 미비점을 보완한 부분은 다음과 같다. 첫째, 사인처분의 유형 중 헤이그유언방식협약이 부적용되는 사인처분 유형에도 같은 규율을 적용한다(Art. 26 ④). 둘째, 사인처분 방식의 선택적 준거법으로

---

119) 헤이그유언방식협약은 '사인처분'의 방식에 널리 적용되므로, 상속계약에도 적용될 수 있다. 이 점에는 이설이 있다. 김문숙(2017), 290("헤이그유언방식협약은 임의로 철회할 수 있는 일방적인 유언에 대하여 적용된다"; "상속계약은 포함되지 않는다"). 그러나 사인처분의 한 형태로서의 상속계약의 구속력은 그 사인처분으로서의 실질의 준거법에 따를 사항이지, 이 점이 사인처분의 실질준거법에 의해 어떻게 규율되느냐를 따지기 전에, 혹은 그 법에 의해 어떻게 규율되느냐에 따라 헤이그유언방식협약의 사항적 적용범위를 한정하는 것은 타당하지 않다. 상속계약의 구속력은 헤이그국제사법회의의 조약 중에서는 헤이그상속협약에서 다루고 있다. 그런데 공동유언과 상속계약의 방식상 유효성의 준거법 결정에 관해 Art. 4에 별다른 특칙이 없는 것을 보면, 공동유언과 상속계약은 각 유언자별로 별개의 유언으로 다루는 취지로 생각된다. 그렇지 않으면 Art. 1(1)이 정하는 선택지가 너무 넓어질 것이다(예컨대 갑과 을이 상속계약이나 '상속계약에는 해당하지 않는' 공동유언을 한 경우에, 갑의 국적국법상으로만 방식상 유효하면 '을의 유언' 부분도 방식상 유효하다고 하게 될 것이다).

120) BGBl. 1965 II S. 1144, 1145로 공포.

'상속준거법 또는 유언시에 상속이 개시되었더라면 상속준거법이 되었을 법'을 추가했다(Art. 26 ① v). 아울러, 사인처분 자체의 실질(다만 "사인처분의 유효성과 사인처분에의 구속"만을 언급하는 형태로 규정)에 대한 연결규정(Art. 26 ⑤)도 신설했다.[121]

그 후 유럽상속규정의 적용개시를 앞두고 2015. 6. 29.에 Art. 25(표제: 사망으로 인한 권리변동)와 함께 Art. 26(표제: 사인처분의 방식)을 다시 개정했다.[122] 1986년 개정 내용의 일부는 존치, 일부는 개정되었다. 상속준거법이나 '유언시 상속이 개시되면 상속준거법이 될 법'에 의해서도 유언이 방식상 유효하게 한 Art. 26 ① v는 Art. 26 ① 1에 유지시켰다.[123] 그러나 유언 외의 사인처분과 그 철회의 방식에 대해 '유언방식에 관한 규정'(2015년 개정 전 Art. 26 ①, ③)을 준용하던 부분은, 유럽상속규정 Art. 27에 의하는 것으로 개정되었다.[124] 한편, Art. 26 ①이 공동유언과 '공동유언에 의한 선행 사인처분의 철회'의 방식에 대해서도 적용됨을 명시하여, 헤이그유언방식협약을 준용하고 확대시켰다(Art. 26 ①). 또, 독일에 적용되는 국제문서(헤이그유언방식협약과 유럽상속규정)와 태도를 달리하지 않는 부분에 관해서는, 그 국제문서를 요약하여 옮겨놓고 보충하는 방식 대신, 그것을 단순히 지시하는 것으로 규정형식을 바꾸었다.[125]

(4) 중화인민공화국

중화인민공화국도 헤이그유언방식협약의 체약국이 아니다. 중국 섭외민사관계법률적용법(涉外民事關係法律適用法)(2010) §32는 유언방식의 선택적 준거법으로 유언자의 유언시나 사망시를 기준으로 상거소지법과 국적국법, 그리고 유언지법만을 규정한다. 헤이그유언방식협약과 달리 유언자의 주소지법과 부동산 소재지법은 선택적 준거법이 아니다. 유언철회의 방식에 관한 별도의 규정은 없다.

---

121) 1986년 개정 독일 민법시행법 Art. 26은 이호정(1987), 118에 번역되어 있다.

122) BGBl. 2015 I S, 1042로 공포. 2015. 8. 17.(유럽상속규정의 적용개시일이기도 함) 발효. 이 개정으로 5개 항에 이르던 Art. 26은 2개 항으로 줄어들었다(①에는 1, 2문 있음).

123) "종의처분(유언)(letztwillige Verfuegung)의 방식의 준거법에 관한 1961. 10. 5. 헤이그협약 Art. 3(BGBl. 1965 II S, 1144, 1145)을 이행함에 있어, 종의처분은, 복수의 사람이 동일한 증서로 작성하였거나 그것에 의해 선행 종의처분이 철회되는 경우에도, 사망으로 인한 권리변동의 준거법이나 그 처분의 시점에 그 준거법이 되었을 법에 합치하면 방식상 유효하다."

124) Art. 26 ① 2: "헤이그협약의 기타 규정들은 영향받지 않는다."

125) Art. 26 ① 2(조문번역은 바로 앞의 각주), ②("기타의 사인처분의 방식에 대해서는 유럽연합 규정 제650/2012호 Art. 27에 의한다.").

(5) 중화민국

중화민국(대만)에서도 헤이그유언방식협약이 적용되지 않는다. 중화민국 섭외민사법률적용법 §61는 유언 및 유언철회의 방식준거법으로, 유언지법, 유언자의 사망당시 거소지법, 부동산에 관해서는 부동산소재지법만을 규정한다.

(6) 베트남

베트남은 민법전 내에 독립된 편(章)을 두어 국제사법을 규정한다. 2005년 민법전 §768 ②는 유언방식을 유언지법에만 연결했는데, 2006. 11. 15.의 '민법전의 외국적 요소가 있는 민사관계에 관한 규정의 시행에 관한 세부규정'(138/2006/NĐ-CP호 의정(議定)) §13 ②[126] 2는 '베트남인이 외국에서 한 유언'이면 베트남법에 따라도 되도록 완화했다.[127]

베트남 2015년 민법전 개정안 §704 ②는, 國私 §50 ③과 마찬가지로, 헤이그유언방식협약 Art. 1의 준거법 목록에서 주소지법을 제외하고 규정했다.[128] 베트남 민법전은 2015년에 전면개정되었다.[129] 그 내용과 경과규정은 확인을 요한다.

2. 國私 §50 ③의 입법연혁

2001년 개정 전에는 유언방식을 유언의 법률관계의 일부로서 유언준거법에 따르게 하되(涉私 §27 ①), 이에 대한 보칙으로서 행위지법(유언지법)의 방식에 의해도 된다고 규정했다(涉私 §27 ③). 이처럼 선택적(택일적) 연결규칙을 본칙·보칙의 형태로 규정하는 입법기술[130]은 일본 법례의 특징이며 1962년 섭외사법이 이를 승계했다. 그러나 2001년 개정으로 유언방식을 항상 독립적 법률문제로 다루게 되었다. 그래서 유언방식을 유언준거법 소속국법에 따라도 되는 것은 國私 §50의 ①이 아니라 ③ i 이 규정한다.[131]

2001년 개정시에는 헤이그유언방식협약 Art. 1을 본받아 선택적 연결의 폭을 넓혔다. ③에서 유언의 방식의 선택적 준거법으로 유언시와 사망시의 국적

---

126) 그 1문은 ②를 반복 규정한다.
127) 이재열(2015), 421 f.; 장준혁(2015), 172.
128) Nguyen(2015), 14.
129) 2015. 11. 24. 국회 통과, 2017. 1. 시행. 국제사법 부분의 간략한 개관은 이재열(2016), "2015년 베트남 민법의 구조와 주요 개정 내용," 비교사법 23-3, 1098~1099.
130) 涉私 §10가 재산적 법률행위의 방식을 법률행위의 준거법에 맡기는 것을 본칙으로 하고(①) 행위지법규칙을 보칙으로 규정한(②) 것과 입법기술이 같다.
131) 신창선 외, 392는 이 점이 ①에 의해서도 인정되고 ③ i에 의해서도 인정된다고 서술하나 의문이다.

국법(i), 유언시 또는 사망시의 상거소지법(ii), 부동산에 관한 부동산소재지법(iv)을 추가했다. 이것은 헤이그유언방식협약의 선택적 준거법 목록을 대부분 받아들여, 선택적 연결의 폭을 넓혀 '유언에 유리하게'의 원칙을 진척시킨 것이다.[132] 이렇게 하여, "많은 나라가 가입하여 적용하고 있는 1961년의 유언방식의 준거법에 관한 헤이그협약의 내용을 수용"하고 "유언 방식의 흠결로 인하여 유언이 무효화되는 것을 막"으려 했다.[133] 독일이 헤이그유언방식협약을 비준한 예와, 일본이 헤이그유언방식협약을 비준하고 "유언의 방식의 준거법에 관한 법률"[134]을 제정한 것을 모범으로 삼았다고 할 수 있다. 涉私 §27과 비교하여 달라진 점은 다음과 같다.

첫째, 유언자의 상거소지법과 부동산소재지법에 의할 수도 있게 했다(國私 §50 ③). 2001년 개정 전에는 유언자의 유언시 본국법과 행위지법에의 의존도가 높았다. 그래서 유언시 본국법이나 행위지법 준수 여부가 까다로운 문제가 되곤 했다. 선택적 준거법 목록을 확장하여 이 문제점을 해결했다.

둘째, 國私 §50 ③ i은 涉私 §27 ①과 달리 국적국법을 지정한다. 즉, 유언자가 중국적자(복수국적자)인 경우, 국제사법상의 본국(國私 §3 ①에 의해 선별된 것)만이 아니라, 國私 §3 ①에서 뒤로 물러나는 국적도 지시한다.

셋째, 涉私 §27 ③은 연결의 기준시를 명시하지 않았는데, 國私 §50 ③은 '유언시 또는 사망시'로 명시하였다.

그러나 다음 두 가지 점은 문제로 남아 있다. 첫째, 기초과정에서 참조된 독일의 1986년 개정 민법시행법 Art. 26 ① v(현재는 Art. 26 ①[135])와 달리, 상속준거법은 선택적 준거법의 하나로 규정하지 않는다. 둘째, 헤이그유언방식협약을 모델로 입법하면서도, 이 협약이 선택적 준거법의 하나로 규정하는 '유언시 또는 사망시의 주소지법'(Art. 1(1)(c))을 선택적 준거법의 목록에서 배제한다.

3. 國私 §17과의 관계

유언의 방식에 대해서는 國私 §50 ③이 國私 §17 ①-④에 대한 특칙으로

---

132) 법무부, 해설, 175. 2001년 개정의 기초작업에 앞서, 유언의 방식에 관하여 위와 같이 개정할 필요가 있고, 그보다는 헤이그유언방식협약에 가입하는 것이 바람직하다는 견해가 주장되었다. 최흥섭(1999a), 290 = 최흥섭(2005), 83. 2001년에 개정된 §50 ③은 이 견해가 주장하는 국내입법론이 받아들여진 것이라 할 수 있다.

133) 최흥섭(2001), 417.

134) 1964(昭和 39) 6. 10. 제정된 '遺言の方式の準據法に關する法律'(昭和39年 法100号).

135) 2015. 6. 29.에 개정된 것(BGBl. 2015 I S. 1042). 2015. 8. 17. 발효.

따로 마련되어 있으므로,[136] 법률행위의 방식에 관한 國私 §17은 적용되지 않음에 의문이 없다.[137]

그런데 '좁은 의미의 유언 외의 종의처분(특히 상속계약 기타 상호적 유언)의 방식에 대해서는, 國私 §50 ③ 외에 國私 §17 ③도 적용 또는 유추적용되는지 문제될 여지가 있다. 2001년 개정으로 國私 §17에 ③이 신설되었다. 國私 §17 ③은 계약체결을 위해 일방당사자가 행위한 곳의 법도 그 방식준거법의 하나가 되도록 한다. 생각컨대, 國私 §17 ③는 격지적 채권계약을 염두에 두고 행위지법주의를 좀 더 진척시킨 것일 뿐이고, 상속계약 기타 상호적 유언에 대해서는 적용되거나 유추적용될 수 없다고 생각된다. 상속계약으로서(각자 단독으로 한 유언으로서가 아니라) 방식상 유효하려면 상속계약 자체가(즉 쌍방의 의사표시 모두에 관하여) 國私 §50 ③ 각호가 정한 법 중 하나가 준수되어야 한다.

4. 國私 §50 ③와 그 보완방안

(1) 國私 §50 ③이 규정하는 택일적 준거법

國私 §50 ③ 각호는 "유언에 유리하게(favor testamenti)" 원칙에 입각하여, 다양한 선택적(택일적) 준거법[138]을 규정하고(i–iv), 그 중 하나가 정하는 방식을 충족하면 된다고 규정한다(선택적 연결주의).

(가) 유언시나 사망시의 유언자의 국적국법

國私 §50 ③ i은 "유언자가 유언 당시 또는 사망 당시 국적을 가지는 국가의 법"을 택일적 준거법의 하나로 규정한다. 유언시의 국적국법에 의하는 것이 허용되므로, 유언자는 재외공관에서 자신의 국적국법에 따라 유언의 방식을 갖

---

136) 이호정, 434 f., 436(涉私 §10와 §27 ③의 관계에 대한 설명).

137) 석광현(2016), 125. 유언의 방식과 관련하여 2001년 개정 전에는 학설이 나뉘었다. 다수설과 일본 통설은 '법률행위'의 방식에 관한 涉私 §10이 적용될 수 없다고 해석했다. '유언의 방식'이 '법률사실로서의 의사표시'의 방식에 불과하기 때문에 이 결론이 논리필연적이라는 기교적 설명을 했다. 황산덕 외, 199(320); 김용한 외, 370 f.; 김진, 300; 서희원, 335; 注國私(2), 37(林貴美), 213. 그 논지는 이호정, 435에도 소개되어 있다. 한편, 이호정, 435 f.의 견해는 다음과 같았다. 유언도 법률행위이므로 법률행위의 방식에 대한 국제사법규정(涉私 §10: 國私 §17 ②의 전신, 규정내용 동일)이 유언의 방식에도 적용된다. 그래서 涉私 §27 ③은 涉私 §10의 "주의적인 반복에 불과"하다(순한글로 바꾸어 인용). 다만 涉私 §27 ③가 涉私 §10를 반복규정하여 결과상 달라지는 점은 없다. 유언방식에 대해서는 이미 실질준거법과 행위지법에 선택적으로 연결하는 명문규정이 있고(涉私 §27 ①, ③), 유언은 채권계약과 달리 '실질적으로 유효한 성립'과 '효력'(유효한 법률행위의 법률효과)의 준거법이 달라질 수 없기 때문이다.

138) 선택적 준거법의 개념은 임의적 저촉법설–법률저촉법은 강행법이 아니라 당사자가 원용해야만 적용되는 임의법이라는 설–에서 말하는 임의적 준거법(fakultatives Kollisionsrecht)과는 전혀 다른 개념이다.

출 수 있다. 유언자가 국적국법에 따라 관청, 변호사, 공증인 등의 자필증서유언 등의 간이한 유언방식을 따를 수 있다면, 외국에서도 그렇게 할 수 있다. 많은 나라들은 외국에 파견한 영사에게 공증인의 직무를 수행하게 하여, 재외국민의 편의를 도모한다.[139]

i 후단이 '사망시'의 국적국법에 의할 수 있도록 하는 것은, 상속과 유언방식을 같은 법에 의하는 장점을 고려한 것이다.[140] 상속관계는 특히 사망자의 본국에서 다루어질 가능성이 높은데, 그 관청은 상속에 대하여 자국법을 적용하고, 유언의 방식에 대해서도 같은 법이 준수되었음이 확인되면 충분하므로, 그만큼 외국법 조사의 부담이 덜어질 수 있다.

"국적을 가지는 국가의 법"이라 함은 국적국법을 말한다. "본국법"이라고 하지 않고 이렇게 규정한 실익은 복수국적자(중국적자)의 경우에 있다. 복수국적자의 본국법은 國私 §3 ①의 검증을 통과한 국적만을 기준으로 정해진다. 그러나 국적국법이라 하면 國私 §3 ①에 의한 선별을 통과하기 전의 "국적"이 모두 기준이 된다. 國私 §50 ③ i이 이렇게 선택적 연결의 폭을 넓힌 것은 2001년 개정의 모델이 된 헤이그유언방식협약 Art. 1[141]을 본받은 것이다. 또, 이렇게 하는 것이 "유언에 유리하게(favor testamenti)"의 원칙과 선택적 연결주의의 취지에 보다 적합하고, 국제적 판단일치와 섭외적 법률관계의 안정에도 기여한다. 國私 §3 ①에 의하면 뒤로 물러날 국적이라도 상관하지 않음으로써, 유언의 방식상 유효성의 문제가 어느 나라에서 판단받느냐에 따라 결론이 달라질 가능성[142]이 적어진다. 내외국적의 적극적 충돌시 내국 국적을 우선시키는 것이 각국 국제사법의 일반적 경향이고, 외국국적 간 충돌시 최밀접관련 국적의 선별에 대해서도 각국이 다른 결론에 이를 수 있기 때문이다.

---

139) 서희원, 336.

140) 최흥섭(1999a), 291 = 최흥섭(2005), 83.

141) "유언자가 보유하는 하나의 국적의……법(the international law ... of a nationality possessed by the legislator, la loi ... d'une nationalité possédée par le testateur)"이라고 규정한다. 이것은 헤이그국제사법회의의 협약들이 '본국법(lex patriae)'을 가리킬 때 쓰는 표현과 확연히 구별된다. 예컨대 헤이그국제사법회의에서 같은 1961년(1961. 10. 5.)에 성립한 '미성년자 보호에 관한 관철의 관할권과 준거법에 관한 협약'(불어본만 있음) Art. 3은 "미성년자가 그 국민인 국가의……법(la loi ... de l'Etat dont le mineur est ressortissant)"이라는 표현을 쓴다. 게다가, 헤이그유언방식협약 Art. 1은 "하나의 국적(a nationality, une nationalité)"이라고 규정하여, 복수국적자가 보유하는 하나하나의 국적이 모두 Art. 3(1)(c)의 연결점이 됨을 분명히 한다.

142) 國私 §49 ①이 피상속인의 본국법을 상속준거법으로 지정할 때에는 본국법주의의 이러한 문제점(Khairallah(2013), n° 106, p. 48도 개별 국가의 국제사법에서 상속을 본국법에 맡길 때 이런 문제가 생김을 언급한다)을 알면서도 감수하고 있다. 상속의 실체관계의 준거법은 복수로 지정할 수 없기 때문이다.

(나) 유언시나 사망시의 유언자의 상거소지법

ii는 유언자가 자신의 생활근거지의 법에 익숙하여 그에 따르려 할 수 있음을 고려하여, 유언자의 상거소지법의 방식에 따라도 되게 한다.[143)]

ii에 의하려면 유언시 또는 사망시에 그 국가에 상거소가 있으면 된다. 사망시의 상거소지인 것만으로도 충분하다. 유언시에는 아직 유언자가 새로운 생활본거지로 이주한지 얼마 안 되거나 기존 거주지를 완전히 떠나지 않은 등의 사정이 있어, 그 시점에는 아직 그곳이 상거소지가 되지 못했을 수 있다. 그렇더라도, 사망시에 그곳이 상거소이면 족하다. 또, 유언자가 유언 후 새로운 국가로 이주한 후 그곳의 변호사가 유언방식을 검토했는데, 그 유언이 원래는 방식상 무효이지만 이주지의 법에 의하면 방식상 유효로 밝혀질 수 있다. 이 때 유언자는 굳이 새로 유언을 하지 않아도 된다.

유언자의 사망시 본국의 국제사법이 사망시 상거소지법으로서 한국법으로 반정(反定)하면, 상속과 유언의 방식을 같은 법에 의하는 장점[144)]이 생긴다.

상거소도 순수한 사실적 연결소가 아니라 "연결개념"이다. 그리고 현실적으로는 각국이 상거소 취득·상실에 관한 독자적 기준을 발달시키고 있다. 그래서 어느 나라의 상거소 취득·상실 기준에 따라 상거소를 확정할지 문제된다. 國私 §49 ② i에서와 마찬가지로, 상거소의 취득 및 상실의 기준은 한국법에 의한다. 왜냐하면 國私 §50 ③ ii는 한국 국제사법의 조문이기 때문이다. 독일 민법시행법 Art. 26 ① 末文[145)]처럼 상거소를 상거소지법에 따라 확정하도록 하는 규정[146)]이 있다면 결론이 달라지겠지만, 연결점의 확정을 외국법에 의해 하도록 지시하는 규정은 한국 국제사법에는 없고 國私 §49 ③ ii에서도 마찬가지이다. 법정지의 국제사법이 스스로 외국(가령 상거소지 또는 본국)법에 따라 상거소를 결정하도록 지시하고 있지 않는 한, 외국법에 따라 유언자의 상거소가 어디인지는 고려되지 않는다.

---

143) 2001년 개정 전에 이러한 개정을 주장한 최흥섭(1999a), 290 = 최흥섭(2005), 83의 설명.

144) 최흥섭(1999a), 291 = 최흥섭(2005), 83.

145) "피상속인이 일정한 장소에 주소를 가지고 있었느냐의 여부는, 이 장소에서 적용되고 있는 법이 결정한다."고 규정한다. 이호정(1987), 118의 번역임(순한글로 바꾸어 인용함).

146) 헤이그유언방식협약은 주소에 대해서는 그렇게 규정하나(Art. 1(3)) 상거소에 대해서는 그런 규정이 없다. 헤이그국제사법회의는 '상거소 확정기준의 필연적 통일성'이라는 관념을 따르면서, 상거소 확정기준이 국제적으로 통일된 내용으로 발달되기를 도모하는 입장이므로, 헤이그유언방식협약의 이런 입장은 자연스럽다. 그러나 상거소의 확정기준이 체약국들 간에도 다를 수 있어, 어느 나라의 법에 따라 상거소를 확정할지가 문제될 수 있다. 물론, 관련 국가의 법이 상이한 한도에서만 준거법을 정하면 된다.

그러나 법정책적으로는 주소와 마찬가지로 상거소도 그 소재지법에 따라 확정하는 것이 낫다. 그것이 국제적 판단일치와 섭외적 법률관계의 안정에 유리하다. 그래서 독일 민법시행법 Art. 26 ① 末文과 같이 규정하는 것이 타당하다.[147)]

(다) 유언지법

유언지법을 선택적 준거법의 하나로 삼는 것은 행위지법주의, 즉 "장소는 행위를 지배한다(locus regit actum)"는 원칙의 표현이다. 현지 변호사, 공증인 등의 도움을 받기가 용이하다는 데 중요한 실익이 있다. 특히, 입원중이나 요양원에 체류하면서 유언하는 경우처럼, 유언지가 유언자의 본국이나 상거소지와 다른 경우가 있다. 자신의 본국이나 상거소지국의 변호사, 공증인은 국제여행하기도 힘들고, 현지에서 법률사무를 처리할 자격이 없을 수도 있다. 또, 현지의 법률가는 유언자의 속인법을 정확히 준수하기 쉽지 않다. 그러나 유언지의 법률가의 도움을 받아 유언지법 방식을 충족하기는 쉽다.[148)]

(라) 부동산소재지법

부동산에 관한 유언의 방식은 "그 부동산"의 소재지법의 방식만을 준수해도 된다. 유언자가 특정 법역 소재 부동산을 염두에 두고 유언했다면(예: 그 부동산을 특정인에게 유증하거나 사인증여), 그 유언이 다른 상속재산에 관해서는 방식 불준수로 판단되더라도, 그 법역 소재 부동산에 관해서는 방식상 유효하다고

---

147) 즉, 입법론적으로는 國私 §50 ③ ii의 말미에 "이나 주소지법(그 상거소와 주소는 각각 상거소지법과 주소지법에 따른다)"는 문구를 추가함이 타당하다.

148) 안춘수, 327은 유언지는 "우연에 좌우되는 경우가 많아……의미가……아주 적"으므로 國私 §50 ③이 다양한 선택적 준거법을 규정하게 되었다고 한다. 그러나 유언지법의 장소적 타당성에 대한 이런 의혹제기는 납득할 수 없는 독자적 견해에 불과하다. 첫째, 유언지법은 유언방식의 선택적 준거법으로서 손색이 없고 실제로 매우 중요한 규정이다(예: 병원이나 요양원에 장기 입원중 유언하는 경우). 둘째, 헤이그유언방식을 포함한 대다수의 입법례도 유언지법에 선택적으로 연결하고 있다. 셋째, 國私 §50 ③이 다양한 속인법에 연결하는 것은, 속인법의 결정기준이 나라마다 다르고, 유언시와 사망시의 속인법이 각기 적용할 실익이 있으며, 부동산상속과 관련하여 부동산소재지법에 연결할 실익도 있기 때문이지, 유언지법에의 연결이 가지는 의미가 의심스러워서가 아니다. 아마도 위 견해는 계약의 실질준거법 결정에서 행위지법주의의 의미변화(교통통신, 특히 통신의 발달로 극적으로 퇴조했다)(법무부, 해설, 95)와, 유언방식에서 유언지법이 가지는 중요성을 혼동한 것이 아닌가 생각된다. 행위지가 우연에 좌우되는 경우가 많다'는 문제의식은, 격지적 계약(채권계약)에서 청약지와 발송지 중 어느 하나만을 계약체결지로 취급하고(즉 國私 §17 ③이 없고) 심지어 이것을 실질준거법으로 삼았던 시절(涉私 §11이 國私 §26로 개정되기 전)에 대해서는 적합하다. 채권계약은 인터넷시대 전부터 텔렉스, 전화, 팩스 등의 편리한 통신수단으로 체결되기 시작했다. 그래서 계약의 '실질'에 관해서는 계약체결지의 중요성이 크게 줄어, 행위지법에의 연결(涉私 §11)이 폐지되었다. 그러나 채권계약에서도 '방식'에 관해서는 행위지법주의가 여전히 유효하며 오히려 2001년 개정으로 확대되었다(國私 §17 ③). 만약 '유언이 채권계약처럼 공간의 제약을 초월한 통신수단으로 행해져 행위지의 의미가 크게 줄었다'는 사정이 있다면 모르겠으나 그런 현실은 존재하지 않는다.

할 실익이 있다. 유언자가 그의 국적국(들)을 떠나 살고 있는 경우에는, 자신의 국적국으로 가서 그곳 방식으로 유언하기도 불편하고, 타국에서 국적국 방식을 준수하기도 불편하다. 대개는 상거소지(나 주소지)에서 유언하는 것이 유언자에게 가장 편할 것이다. 유언자는 자신이 상거소(나 주소)를 두고 있다고 생각하는 법역에서 그곳의 방식으로 유언할 수 있지만, 나중에 법원이 그의 상거소(나 주소)가 실로 그곳에 있었다고 할지는 장담할 수 없다. 또, 國私 §50 ③ i–iii의 법에 따른 유언이 혹시라도 부동산 소재지에서 방식 부적법으로 판단될(가령 부동산 소재지의 법원이나 관청에게 낯선 나머지) 가능성을 배제할 수 없다. 그래서 유언자가 어떤 부동산을 유증하는 내용의 유언을 할 때 그것이 방식상 유효하도록 하는 가장 확실한 방법 중 하나는, 부동산소재지의 방식에 따라 유언하는 것이다. 그는 물론 부동산소재지에 가서 유언해도 되지만, 부동산소재지법에 정통한 국제상속 전문 변호사·공증인의 도움을 받아 부동산소재지법 방식을 준수해도 되도록 하는 것이 합리적이다.

(3) 해석론상 검토될 만한 기타의 선택적 준거법

(가) 상속준거법

國私 §50 ③은 상속준거법을 선택적 준거법의 하나로 삼지 않는다.[149] 물론, 피상속인의 본국법이 상속준거법이 되는 한, 그 법은 國私 §50 ③ i에 의해 유언방식준거법이 되므로 문제가 생기지 않는다. 그러나 상속준거법이 반정(反定)(國私 §9 ①)으로 정해질 때에는 문제가 생길 수 있다. 가령 피상속인의 사망시 주소지법이나 단순거소지법으로서 대한민국법에로 직접반정된 경우, 대한민국법은 상속준거법이기는 하지만 유언방식의 선택적 준거법은 되지 못한다. 이처럼 상속과 유언방식의 준거법을 불필요하게 달리하여 유언이 방식상 무효가 되는 낭패를 겪게 할 이유는 없다.

國私 §50 ③ iv을 신설하여 '상속준거법'을 추가하는 개정이 요청된다. 그러한 개정 전에도 예외조항(회피조항)(國私 §8 ①)을 원용하여 그와 같은 내용의 초법률적 법형성을 할 가능성을 검토해 볼 수 있다.

(나) 유언시 상속개시되었다면 상속준거법이 되었을 법

유언시에 상속개시되었더라면 상속준거법이 되었을 법도 國私 §50 ③에는 규정되어 있지 않다. 그러나 유언과 동시에 상속준거법을 선택하거나, 앞서 상속준거법을 선택해 둔 경우도 있을 수 있다. 그 법은 유언시 본국법은 아니지

149) 독일 민법시행법 Art. 26 ① v는 이것도 유언방식의 선택적 준거법의 하나로 한다.

만, 유언시 본국법을 선택적 준거법으로 삼듯이 이 법도 유언방식의 선택적 준거법으로 삼는 것이 타당하다. 國私 §50 ③에 추가함이 타당하고, 그 전에도 國私 §8 ①을 원용하여 이를 추가하는 초법률적 법형성을 검토해 볼 만하다.

(다) 유언자의 유언시 또는 사망시의 주소지법

國私 §50 ③의 선택적 준거법 목록에는 주소지법이 없다. 그래서 헤이그유언방식협약과 중요한 괴리가 생겼다. 헤이그유언방식협약은 주소지법에의 선택적 연결을 인정할 뿐만 아니라, 주소의 확정을 주소지법에 따르게 하여, 주소지법의 유언방식 준수에 대한 신뢰를 고도로 보장한다.[150] 그러나 한국의 입법자는 이런 규율방안에 무관심하다. 國私 §50 ③은 헤이그유언방식협약 Art. 1을 모델로 하면서도,[151] '유언자의 주소지법'에의 선택적 연결은 받아들이지 않았다.[152] 그 이유는 분명치 않으나, 두 가지로 추측할 수 있다. 첫째, 기초자는 헤이그유언방식협약에서 한 걸음 더 나아간 진전이라고 생각했을 수 있다. 즉, 상거소지법주의를 내세우는 헤이그국제사법회의가 이 협약에서 주소지법에도 연결하는 것은, 그것이 타당해서가 아니라, 주소지법의 적용가능성을 고집하는 보수파에게 양보한 결과인데, 그 맹점을 제거했다는 것이다. 이 협약은 오래 전인 1961년에 성립한 것이고, 그 사이에 상거소주의의 우수성과 실용성이 실증되었으므로, 이제는 주소지법에의 선택적 연결과 결별해도 좋다고 생각했을 수 있다. 둘째, 기초자는 2001년 개정 전에 '주소'를 연결점으로 규정한 것을 일괄적으로 '상거소'로 바꾸려 했다.[153] 그 배경에는, 한국법상의 주소는 객관주의적 주소여서 상거소와 별반 다를 것이 없다는 고려가 있었다.[154] 그래서 "유언에 유리하게" 원칙에 충실하기보다는, 한국 국제사법 내의 통일성을 기한다는 생각이 앞섰을 수 있다. 다른 조문에서 전혀 사용하지 않는 '주소'를 유독 國私 §50 ③에서만 규정하면 어색하다는 것이다.

그러나 헤이그유언방식협약 Art. 1로부터의 이러한 차별화는 법리적으로도

---

150) 다만, 주소지법 대신(즉 Art. 1(3)을 부적용하고) 법정지법에 따라 주소를 확정한다고 선언할 수 있다(Art. 9). 헤이그유언방식협약은 주소지법 방식 준수에 대한 신뢰를 보호함에 있어 약간의 절충을 허용하고 있다.

151) 법무부, 해설, 175는 이 점을 개정 國私 §50 ③의 주된 근거로 든다.

152) 반대로 유언자의 주소지법을 선택적 준거법의 하나로 규정하면서 그의 상거소지법은 규정하지 않는 입법례도 있다. 중화민국(대만) 섭외민사법률적용법 §61 ii("사망시"의 주소지법만 규정).

153) 법무부, 해설, 12("국제적인 조류에 부응하여 국제조약 및 다수의 입법례에서 사용하는 常居所(habitual residence)를 새로운 연결점으로 도입하였다."). 그래서 섭외사법에서 주소를 연결점으로 삼던 부분을 모두 상거소로 대체하였다.

154) 법무부, 해설, 31의 주 11.

부당하다.

첫째, 영미법계 법률저촉법의 주소주의에서 "주소(domicile)"[155]는 국적주의에서 국적이 수행하는 역할을 한다. 대륙법계에서 국적주의를 따르지 않고 속인법 결정의 전통적 입장인 주소주의를 따르는 나라에서도 마찬가지이다. 그러므로 유언방식의 선택적 연결의 맥락에서는, 국적국법과 주소지국법을 똑같이 취급하는 것이 타당하다. 국적주의 국가의 국민이 국적국법에 기대듯이, "domicile"지법주의 국가에 "domicile"을 둔 사람은 "domicile"지법에 의지한다. 그러므로 각국이 그 국적법에 따라 부여한 국적을 선택적 연결기준으로 삼듯이, 영미법계 각국이 그 "domicile"지법에 따라 인정한 주소를 유언방식의 선택적 연결점으로 삼는 것이 타당하다. "domicile"지법의 방식준수로 충분하리라는 기대를, 국제사법의 발달추세에 뒤떨어진 신뢰라 하여 내쳐서는 안 된다.

둘째 국적주의와 주소주의로부터 상거소지주의로의 이행이라는 것은, 최선의 속인적 연결점이 무엇이냐를 따질 때의 문제이다. 그러나 國私 §50 ③은 최선의 연결점 하나만 규정하는 조문이 아니다. 따라서 國私 §50 ③에서 '상거소의 주소에 대한 우월성'을 얘기하는 것은 맞지 않다. "유언에 유리하게"의 원칙에 따라 선택적 준거법을 다양하게 하는 것은, 유언 자체의 실질이나 상속의 준거법 결정기준과 속인법 결정기준에 관하여 각국 국제사법이 정하는 바가 다양하므로 이런 다양한 연결기준들을 선택적(택일적) 연결방식으로 포용하려는 것이다. 國私 §50 ③은 최선의 기준에 따라 정해진 속인법이 아니라도, 다양한 기준에 의해 정해지는 속인법 중 어느 하나에 따라도 무방하다고 규정하는 규정이므로, '주소를 버리고 상거소를 택한다'는 사고방식이 쓰일 수 있는 자리가 아니다. 그래서 '복수국적자의 국적국법 가운데 본국법이 되지 못하는 것'까지 포함하여 규정하고 있다. 같은 이유에서, 주소지법과 상거소지법을 모두 준거법으로 삼는 것이 타당하다. 굳이 주소만 가리켜 '구태의연한 연결점'이라 하여 축출하려 하는 것은 '상거소주의의 우월성'에 대한 생각에 빠져 國私 §50 ③의 입법취지를 배반하는 것이다. 국제사법적 이익형량을 도외시하고 입법추세의 최첨단에 서려 하는 것은 섭외적 법률관계의 안정을 추구하는 국제사법의 존재이유와 목적에 어긋난다.

셋째, 유언자와 이해관계인은 헤이그유언방식협약에 의지했거나, 소박하게 주소지법의 방식을 지키면 충분하리라고 신뢰했을 수 있는데, 그들의 신뢰

155) 영미법상의 주소(domicile)는 연고지(緣故地)의 개념요소를 가지고 있다.

가 불의의 타격을 입게 되었다. 이는 "유언에 유리하게"의 원칙과 선택적(택일적) 연결주의에 맞지 않는다. "많은 나라가 가입하여 적용하고 있는 1961년의 유언방식의 준거법에 관한 헤이그협약의 내용을 수용"하고 "유언 방식의 흠결로 인하여 유언이 무효화되는 것을 막"는다는[156] 입법취지는 그 한도에서 훼손된다. 주소지법의 방식을 준수한 것으로 충분하리라고 믿은 유언자와 이해관계인에게, '한국에서는 그것을 방식상 유효한 유언으로 취급하지 않는다'는 불의의 타격을 가하는 것은 부당하다.

넷째, 당사자가 국제사법의 역사적 발달추세의 최첨단에 발맞추지 않고 헤이그협약의 현실존중적 해결과 뜻을 같이했다는 이유로 불이익을 입어서는 안 된다. 상거소와 주소의 기준이 같거나 비슷한 국가도 있지만, 상당히 다른 국가도 있는데(영미법계, 주관주의 주소 개념을 따르는 국가), 후자의 국가의 거주자를 '시대에 뒤떨어진 나라 거주자'라 하여 박대하고 불이익을 입힐 수는 없다.

다섯째, 2001년 개정의 기초자는 주소주의가 퇴조하고 상거소지주의에 자리를 내어주고 있다는 입법추세(법제사적 흐름)에 유념하였다고 하나, 이런 변화는 점진적인 것이며 아직 완결된 것이 아니다. 입법자가 성급히 나서서 법정책 변화추세를 입법적으로 가속시키려 해서는 안 된다. 또, 거소지법주의로의 변화 추세는 현실적 소여(所與)의 변화 속에서 나타나고 있는 역사적 현상이지, 논리필연적인 숙명이 아니다. 그 추세가 어떻게 구현될지는 지켜봐야 한다.

여섯째, 상거소주의는 거소주의의 일종이며,[157] '국적주의와 주소주의'에 대한 제3의 대안이다. 개인의 국제적 이동이 활발해진 상황에서, 한편으로는 상거소주의로 전환하고 다른 한편으로는 당사자자치를 인정하는 입법적 실험이 진행중이다. 그런데 한국 국제사법은 이 흐름을 조심스럽게 받아들이는 절충적 입장이다. 2001년 개정후에도 본국법주의를 원칙으로 유지하여, 속인적 연결점으로 전통적 연결소인 국적과 새로운 연결소인 상거소를 병용한다. 이것은 '상거소주의로의 이행'을 부분적으로만 진척시키는 태도이다. 한국 국제사법의 태도는, 주소주의를 따르는 나라가 전통적 연결소인 주소와 새로운 연결소인 상거소를 함께 쓰는 것에 대응된다. 한국은 상거소주의로의 이행을 이 정도에서 절충하는 나라이므로, 유언방식의 선택적 연결점을 규정할 때와 같이

---

156) 최흥섭(2001), 417.
157) 이호정, 174 f., 193.

'국적 또는 주소이냐 아니면 상거소이냐'를 따질 때에는, '국적, 주소라는 전통적 연결점'과 '상거소라는 새로운 연결점'을 나란히 규정하는 것이 타당하다. 그것이 "유언에 유리하게"의 원칙에도 맞고, 한국 국제사법이 상거소주의로의 이행추세를 부분적으로만 따라가고 있는 것과도 맞는다.

요컨대, 2001년 개정 國私 §50 ③이 유독 주소지법의 방식에 관해서는 완고한 태도를 보여 '주소지법의 유언방식 준수'를 신뢰한 유언자·이해관계인을 낭패에 빠뜨리는 것은 크게 부당하다. 2001년 개정시에는 '본국법주의와 주소지법주의 양쪽을 떠나 (상)거소지법주의로 이행할 것이냐'라는 문제가 현대의 (상)거소지법주의의 핵심임을 숙고하기보다,[158] '주소 대신 상거소로 바꾼다'는 생각에만 머물러, 2001년 국제사법 개정시 주소를 일괄 퇴출하고 상거소로 교체한 것이 아닌가 생각된다.[159] 그 결과, '주소주의와 국적주의로부터 상거소지주의로의 이행'에 신중히 임하는 기본입장을 이탈하여, 國私 §50 ③의 선택적 준거법 목록에서 유독 주소지법주의만을 금압, 축출하는 결과가 되었다. 즉, 유달리 國私 §50 ③에서만 '상거소의 주소에 대한 승리' 내지 상거소지법주의로의 이행을 급가속시킨 결과가 되었다. 그래서 "유언에 유리하게"라는 國私 §50 ③의 기본정신은 허물어지고, 국제적 판단일치, 유언자 및 이해관계인의 정당한 기대, 섭외적 법률관계의 안정을 해치게 되었다.

최선의 해결은 헤이그유언방식협약에 가입하고, 이 협약의 사항적 적용범위가 제한됨을 고려하여, 國私 §50 ③도 개정하는 것이다. 헤이그유언방식협약에 가입할 때에는, 주소의 결정을 법정지법에 따라 한다는 선언(Art. 9)은 하지 않는 것이 좋다. 그렇게 하여, 유언자가 자신의 사는 곳의 법을 염두에 둔 경우를 충분히 배려하고, 유언을 가급적 방식상 유효하게 하여 국제적 판단일치를 꾀할 수 있다. 그리고 國私 §50 ③에 '유언자의 유언시 또는 사망시의 주소지법'을 선택적 준거법 목록에 추가하는 개정이 필요하다. 國私 §50 ③의 한도에서는 주소의 확정을 주소지법에 따라 하도록 입법적으로 해결하는 편이 좋을 것이다.[160] 이렇게 하면 한국과 다른 기준에 따라 주소지법으로 정해진 나라의

158) 상거소가 세계적 범용표준(글로벌 스탠다드)이고, 한국법상 상거소와 객관주의적 주소는 비슷하다고 생각했을 뿐인 것 같다. 법무부, 해설, 12(상거소지법주의의 "국제적인 조류에 부응"하려 하였음); 31의 주 11(한국법상의 주소는 객관주의적인 것이어서 상거소와 별반 차이가 없음) 참조.

159) 법무부, 해설, 27(전체적으로 "개정법률이 주소를 常居所로 대체"하도록 하였음)(國私 §3 ②에 관한 설명 중), 32("개정법률에서 住所는 常居所로 대체되어 더 이상 연결점으로 사용되는 경우가 없"음)(4조에 대한 설명 중) 참조.

160) 國私 §50 ③ iii, iv의 호 번호가 iv, v로 밀리는 것을 피하려면, 國私 §50 ③ ii의 말미의 "상거

유언방식에 대한 신뢰도 보호할 수 있다. 특히, '연고지'의 개념이 강한 주소인 영미법상의 "domicile"도 보다 확실히 포섭할 수 있다.

헤이그유언방식협약 가입 또는 國私 §50 ③ 개정 전까지는 국제사법 입법의 현저한 부당성을 교정하는 비상수단인 예외조항(國私 §8 ①)을 원용하여, 우선 '유언자의 유언시 또는 사망시의 주소지법이 정한 방식에 따라 한 유언은, 주소와 상거소의 기준이 달라 그 주소지가 상거소지는 아닌 것으로 판단되더라도, 방식상 유효하다'는 정도로, 國私 §50 ③ ii를 보완하는 수준의 초법률적 법형성[161]을 시도해 볼 만하다.[162] 國私 §8 ①의 발동요건을 보면, 해당 각칙규정이 지정한 국가가 유언의 방식 문제와 "근소한 관련" 밖에 가지지 않고, 다른 국가가 이 문제와 "가장 밀접한 관련이 있"음이 "명백"해야 한다. 國私 §8 ①의 요건은 해당 국제사법규정의 연결정책과 연결방식에 맞게 적응되어야 한다. 주소지법을 선택적 준거법으로 불인정함이 명백히 부당하고, 그것도 선택적 준거법으로 삼기에 충분한 관련이 있음이 명백하면, 그 법을 지정하는 선택적 연결규칙을 추가할 수 있다. 다만 國私 §8 ①은 예외적으로 판사에게 초법률적 법형성권을 부여하는 것이므로, 그 원용은 입법적 해결이나 통상적인 형태의 사법적(司法的) 법형성보다 한층 더 조심스럽게 할 필요가 있다.[163]

소지법"을 "상거소지법이나 주소지법(주소는 주소지법에 따라 확정한다)"로 개정하면 된다.

161) 國私 §8 ①은 초법률적인 법형성 권한을 법관에게 수권하는 조문이므로, 國私 §8 ①에 의한 법형성은 전혀 법률적 근거가 없는 것은 아니다. 그러나 이 조문은 법률조문에 정면으로 어긋나는 사법적(司法的) 법형성 권한을 극히 예외적으로 인정하는 것이므로, 國私 §8 ①에 의한 법형성의 본질이 초법률적 법형성임에는 변함이 없다.

162) 國私 §8 ①은 '가장 밀접한 관련의 원칙'이라는 법률저촉법의 대원칙에 크게 명백히 어긋나고 대안이 있는 경우에 한하여 '명문의 법률규정에 어긋나는 사법적 법형성(司法的 法形成)'의 권한을 인정한다. 國私 §8 ①은 국제사법규정의 입법론적 문제점을 수정하는 기능과 유연하게 개별적 사안유형별로 준거법을 정하는 기능을 한다. 國私 §8 ① 입법의 모델의 하나였던(법무부, 해설, 44) 스위스 1987년 국제사법 Art. 15의 입법과정에서는 그 두 가지 기능이 명확히 유념되었다. 이호정(1990), 8{법률안에 대한 연방참사회(Bundesrat) 교서인 Botschaft zum Bundesgesetz über das internationale Privatrecht (IPR-Gesetz) vom 10. Nov. 1982, 48을 인용하여 서술}. 國私 §8도 마찬가지로 그러한 두 가지 기능을 가진다. 2001년 개정법률의 해설서인 법무부, 해설은 14, 41 f., 44에서 전자의 기능을, 44에서 후자의 기능을 언급한다. 두 기능은 서로 결부되어 있다고 이해해야 한다. 즉, 부득이한 경우에 '문제된 사안유형의 적절한 규율을 위해 필요한 한도'에서 초법률적인 사법적(司法的) 법형성을 함이 타당하다. '유연한 사안유형별 준거법결정' 기능을 독립적인 것으로 이해한 나머지 國私 §8 ①에 의해 사안유형별 규율을 전면적으로 하려 해서는 곤란하다. 國私 §8 ①이 원용된 후에는 여러 해를 두고 문제를 재검토하여 입법적으로 정리하는 작업이 뒤따르는 것이 바람직하다.

163) 國私 §8 ①이 원용된 예가 드물다 하여 2001년 개정이 이를 신설한 취지가 퇴색되고 있다고 평가하는 것은 맞지 않다. 비상장치는 최후의 보루로 남아야 한다. 국제사법도 법이며, 법형성 권한의 분배에 관한 헌법원칙에 따라야 한다. 법관이 國私 §8 ①의 비상장치를 손쉽게 사용하려 함으로써, '통상의 법해석'과 '통례적인 사법적(司法的) 법형성(입법자가 예상했다고 하기 어려운 예외적 사안유형에 대하여 법률흠결을 발견하고 이를 보충하는 것)'을 게을리한다면 그것은 큰 문제이다. 오히려 國私 §8 ①의 비상장치가 있음을 의식하면서, 그것을 원용하기에 앞서 법

5. 선택적 연결주의

國私 §50 ③의 선택적 연결은 "유언에 유리하게"(유언의 우대)(favor testamenti)의 원칙에 근거한다. 그래서 선택적 준거법들 중 어느 하나에 의해 방식상 유효하면 된다. 그런데 택일적 준거법들 중 하나가 한 가지 점(예: 증인의 수)에서는 유언을 방식상 유효하게 하지만 다른 점(예: 공증요건)에서는 그렇지 않고, 다른 법은 전자의 논점에 관해서는 유언을 방식상 무효로 취급하지만 후자의 논점에 대해서는 유언을 방식상 유효한 것으로 처리한다면 어떤가? 복수의 선택적 준거법들로부터 유언을 방식상 유효하게 함에 유리한 부분을 골라 조합하여 방식상 유효로 인정할 수는 없다. 그것은 실재하지 않는 인공적인 법을 국제사법의 손으로 만들어내는 것이기 때문이다. 국제사법은 과거, 현재 또는 미래에 실재하는 법만을 준거법으로 지정할 수 있다.

6. 준거법 결정의 기준시점

2001년 개정으로, 유언자의 속인법에의 연결기준시가 '유언시'에서 '유언시 또는 사망시'로 개정되었다(國私 §50 ③ i, ii).

유언시 속인법의 선택적 적용도 입법론적으로 적절하다. 무엇보다 그 법은 유언과 동시에 상속이 개시되었다면 상속준거법이 될 법이다. 또, 유언자의 국적이나 상거소가 추후 변경되더라도, 유언시의 속인법의 방식요건 충족이 인정되어, 그에 대한 신뢰가 보호된다. 게다가, 유언시 속인법은 유언 자체의 실질준거법과 일치하므로 법원 기타 관청의 준거법 결정과 조사의 부담이 줄어들 수 있다.

사망시 속인법의 선택적 적용도 입법론적으로 적절하다. 사망시 속인법은 國私 §49 ①, 상거소지법의 지정(國私 §49 ②), 또는 반정(反定)에 의해 상속준거

해석을 충실히 하고 통상적인 사법적 법형성을 주의깊게 해야 한다. 변호사들이 습관적으로 國私 §8 ①을 원용하더라도, 법관은 대한민국 국제사법의 신뢰성 전반을 뒤흔들 정도의 심각한 문제가 있고 그것을 도저히 법률해석과 통상의 사법적 법형성으로는 해결할 수 없는 비상상황(예컨대 미국의 1960년대를 "국제사법의 위기"로 본 견해가 옳다면 그런 상황)에서만 비로소 國私 §8 ①의 발동을 고려해야 한다. 그리고 그런 경우라 하더라도 항상 國私 §8 ①을 원용해야 하는 것이 아니라, 대개의 경우에는 '법률해석 및 사법적 법형성권에는 한계가 있다'고 설시하거나, 조금 더 나아가 '국제사법 개정에 의한 해결은 별론으로 하고'라는 설시를 덧붙여 입법적 보완을 암묵적으로 촉구하는 정도로 머무르는 것이 좋다(정면에서 입법적 보완을 촉구하는 것은 사법작용(司法作用)에 속하지 않으므로 판결문에 쓰기 어색하다). 도저히 그렇게 할 수 없는 경우에 한하여 國私 §8 ①이 원용되어야 한다.

법이 될 가능성이 높다. 그래서 國私 §50 ③ i, ii가 '사망시'의 속인법을 선택적으로 지정함으로써 법원 기타 관청의 준거법 결정과 조사에 관한 편의가 도모된다. 상속의 비송·소송절차가 피상속인의 최후 상거소지나 국적국에서 진행되는 경우가 많으므로 더욱 그렇다.

또, 國私 §50 ③ ii가 '사망시'의 상거소지법에도 선택적으로 연결하는 것은, 상거소의 취득요건이 엄격하게 판단되는 경우에 대비하는 기능도 할 수 있다. 가령 유언자가 유언시에 특정 국가 내에 상거소를 취득했다고 생각하고 그 국가의 방식을 따랐지만 실제로는 그가 아직 그 국가 내에 상거소를 취득하지 못한 경우가 있을 수 있다. 그렇더라도 그가 사망시까지 그 국가에 계속 거주하면서 그 국가에 상거소를 취득하고 사망하면, 그 국가는 '사망시의 상거소지'는 될 수 있다.

7. 반정(反定)

國私 §50 ③에 의한 지정은 사항규정지정이어서 반정의 여지가 없다고 규정되어 있다(國私 §9 ② iv). 헤이그유언협약의 저촉규정을 받아들인 것으로서, 이에 대한 국제적 컨센서스를 관철할 필요가 있음을 논거로 한다.[164] 국제사법규정통일조약을 본받으면서 반정을 인정하면, 국제적으로 통일된 연결기준 관철에 방해된다는 것이다.

그러나 國私 §50 ③은 헤이그유언방식협약의 준거법 목록 중 누락된 것이 있다. 그래서 國私 §9 ② iv을 엄격히 적용하면, '국제적 표준을 입법화하고 그 관철을 위해 반정도 배제한다'는 입법취지가 잠식되는 결과가 된다. 입법이나 초법률적 법형성(國私 §8 ①)에 의한 國私 §50 ③ 보완에 시간이 걸린다면, 헤이그유언협약에는 있으나 國私 §50 ③에는 누락된 선택적 연결규칙(유언시와 사망시의 주소지법에의 연결)을 반정(反定)에 의해 빌려 써도 좋을 것이다. 나아가, 상속준거법과 유언시의 상속준거법(그 때 상속개시되면 상속준거법이 될 법)도 선택적 준거법으로 삼는 반정도 인정함이 타당하다. 그것들은 '유언시와 사망시의 본국법'(國私 §50 ③ i)에의 연결과 근본취지가 같지만 더 정교하게 다듬어진 것이기 때문이다. 요컨대, 國私 §50 ③ 각호에 의한 지정은 위 4가지 선택적 준거법을 추가하는 한도에서만 총괄지정(국제사법지정)이라고 해야 한다. 즉, 國私 §9 ②

164) 법무부, 해설, 48("유언의 방식에 관한 제50조 제3항의 규정은 유언방식의 준거법에 관한 헤이그협약(1961)의 내용을 수용한 것인 바, 동 협약이 반정을 배제하고 있으므로 이를 고려하여 반정을 배제하였다.").

iv는 國私 §50 ③의 목록을 축소시키는 반정은 고려하지 않는다는 의미로 '목적론적 감축(목적론적 축소해석)'을 함이 타당하다.

이렇게 해석하면, 첫째, 반정의 한도에서라도, 피상속인의 유언시 주소지법, 사망시 주소지법, 상속준거법, 유언시 상속준거법에 의하는 결과를 얻을 수 있다. 그래서 그 중 한 법에 의해 유언이 방식상 유효하다는 기대를 보호할 수 있다. 둘째, 상거소의 개념이 국가별로 다른 점을 수용하는 기능도 할 수 있다. 이것은 國私 §50 ③ i이 본국법이 아니라 국적국법에 연결함으로써, 각국 국적법에 의해 부여된 국적을 모두 존중하는 것과 맥을 같이한다.

반정의 유형에 관해서는, 간접반정(間接反定)과 전정(轉定)도 인정함이 법정책적으로 타당하다. 반정이론(反定理論)은 '외국 국제사법의 고려·적용에 의해 국제적 판단일치를 고도로 추구한다'는 고급이론임에도 불구하고, 國私 §9 ①이 유독 직접반정만 인정하는 것은 법정책적으로 바람직한 것이 아니다. '외국법조사의 부담을 덜고 자국법 편향도 도와주는' 한도에서만 반정을 고려한다는 타협적 태도일 뿐이기 때문이다. 그래서 한국 국제사법규정이 총괄지정(국제사법지정)을 하는 한도에서는, 예외조항(國私 §8 ①)에 의거하여 國私 §9 ①을 수정하여 전정도 인정되도록 시도해 봄직하다. 다만 직접반정을 넘어 전정까지 인정하는 것은 최밀접관련법 탐구를 한 단계 업그레이드하는 것이므로, 이것이 國私 §8 ①의 요건을 충족하기가 일반적으로 쉽지는 않을 것이다. 그러나 분야에 따라서는 國私 §8 ①이 전정도 인정하도록 작용할 수도 있을 것이다. 한국의 국제사법 각칙규정에 법정책적 문제점이 있느냐에 따라, 國私 §8 ① 원용이 덜 어려울 수도 있다.

유언은 상속 등의 구체적 법률관계에 대한 처분을 담는 그릇이고, 유효하게 성립한 유언에 의해 다양한 법률관계가 좌우된다. 게다가, 유언은 채권계약과 달리 사인행위(死因行爲)여서, 유언이 방식상 무효로 되면 손쓸 길이 없다. 그래서 준거법 결정에서 '유언에 유리하게'와 국제적 판단일치의 요청이 각별히 절실하다. 이 점에서 어음수표와 비슷하다. 어음과 수표는 전세계적으로 전전유통되고, 소지자의 손을 떠나면 다시 손쓸 수 없다. 그래서 한국처럼 반정이론(反定理論)에 대해 타협적인 국가도 어음수표행위능력에 대해서는 전정도 인정한다(國私 §51 ① 但). 마찬가지로 유언방식에 대해서도 전정을 인정할 필요가 절실하다. 예컨대, 피상속인이 여러 국가에 재산을 남기고 사망한 경우, 헤이그 유언협약 체약국들에서는 그 협약의 선택적 연결기준이 충분히 넓어 유언방식의 유효성이 인정되어 그 유언 내의 유증에 따라 상속관계가 해결되지만, 한국에서는 國私 §50 ③에 따른 결과 유언이 방식상 무효로 되어, 그 유언에 담긴 유증도 불성립하는 일이 생길 수 있다. 이 경우, 동 협약 체약국들이 한국에서의 상속관계 규율을 고려하여 구체적 상속분을 정해야 하는가, 아니면 한국이 동 협약 체약국들에서의 규율을 고려하여 구체적 상속분을 정해야 하는가 라는 까다로운 문제가 제기된다. 이런 문제상황이 생기는 것은 바람직하지 않다. 만약 한국법원이 전정에 의해 헤이그유언협약의 연결기준에 따라 유언방식의 유효성을 인정할 수 있다면 그렇게 해야 한다.

8. 법률문제의 경계획정

유언의 방식은 유언의 형식적 성립·유효요건을 말한다. 유언의 작성절차라고도 한다. 유언으로서의 성립이나 유효성이 인정되기 위해 증인이 필요한 경우 그 자격,[165] 그리고 법원 기타 관청의 관여가 필요한 경우 그러한 공법적 관여도 유언의 '방식'에 속한다. 일정한 서식의 요구도 같다.[166]

일정한 방식에 의한 유언을 금지하는 법규 가운데 방식목적을 추구하는 것은 국제사법상 방식법규로 분류되어야 한다. 그래서 國私 §50 ③의 선택적 준거법 중 어느 하나가 그런 법규를 가지고 있더라도, 그런 제한이 없는 다른 선택적 준거법에 따라 유언을 할 수 있다.

네덜란드민법(Burgerlijk Wetboek, 약칭 BW) §992 ①은 네덜란드인이 외국에서 유언할 때에는 공정증서의 방식에 따라야 한다고 규정한다. 이것은 방식목적을 추구하는 방식법규로 해석되고 있다.[167] 이것은 유언지가 외국이지만 네덜란드법이 여하한 이유로(유언자의 국적국법으로든, 상거소지법으로든, 주소지법으로든) 유언방식의 준거법이 되는 경우에, 유언지가 외국임을 고려하여 방식요건을 엄격히 하는(BW이 인정하는 여러 유언방식 중에서 이 경우에는 공정증서의 방식만을 인정하는) 특칙이다. 네덜란드의 실체특별법이므로, 네덜란드법이 방식준거법이 되는 한도에서만 적용된다. 가령 네덜란드인이 외국에서 유언지법이 정하는 다른 방식에 따라 유언을 하면 방식상 유효하다.[168]

---

165) 독일 민법시행법 Art. 26 ③ 2는 이것이 유언방식의 문제임을 명시한다. "종의처분의 유효성을 위하여 필요한 증인들이 갖추어야 하는 특성에 관한 규정도 같다", 즉 "방식에 속하는 것으로 본다"(1문 말미)고 규정한다. 이호정(1987), 118의 번역임(순한글로 바꾸어 인용함).

166) 반대설: 신창선 외, 241.

167) 이호정, 437.

168) 이호정, 437.

유언방식을 정한 법규가 동시에 증거방법을 제한하는 기능을 하더라도, 유언방식 준거법으로서 적용되는 것을 방해하지 않는다. 증거실체법은 증거절차법과 구별되어야 하며,[169] 위와 같은 법규의 증거법적 측면은 증거실체법에 속함이 명백하기 때문이다.[170] 따라서 유언방식을 준수하는 데 쓰인 유언장이 분실 등으로 멸실된 경우 그 내용을 다른 증거방법(예: 선서증언)으로 보완할 수 있게 되어 있는 경우를 포함하여, 유언방식의 준수사실을 일정한 증거방법에 의해 입증하도록 되어 있는 경우에는, 그 부분도 유언방식 준거법의 일부로 다루어져야 한다. 그래서 오스트리아 민법 §586이 유언의 형식적 성립을 위해 3인의 증인을 요구하면서, 그 유언의 증명을 위해 그 3인의 일치하는 증언을 요구하는 것도 유언방식법규에 속한다.[171] 또, 미국의 1969년 모범유언검인법(통일유산관리법)(Uniform Probate Code) §2－504가 자기증명적 유언(self-proved will)을 유언방식의 하나로 규정하면서, 유언자와 증인 2인이 유언내용의 진술 후에 별도의 증서로 공동진술서를 작성할 것을 요구하는데, 이것도 유언방식법규임에 의심이 없다.[172]

유언의 방식을 피상속인의 연령, 국적, 기타의 인적 특성에 따라 제한하는 것은 대체로 유언의 방식법규로 분류할 수 있다. 헤이그유언방식협약 Art. 5 1문은 "본 협약상으로는, 유언자의 연령, 국적 또는 기타의 인적 조건(성질)에 따라 유언의 허용되는 방식을 제한하는 일체의 법규는 방식 문제에 관한 법규로 본다"고 규정한다. 독일 민법시행법 Art. 26 ③ 1도 같은 취지로 규정한다.[173]

Ⅳ. 유언의 변경과 철회

1. 유언의 철회

(1) 의의 및 國私 §50 ②의 의미

유언의 철회란 유언이 이미 성립한 후에 유언자가 임의로 이를 소멸시키

169) 다만 대법원 1988. 12. 13. 선고 87다카1112 판결은 이 구별을 알지 못하고 증거방법의 제한은 항상 법정지법에 의할 사항이라고 보았다. 부당한 판결이다. 장준혁(2006), 320 이하 참조.
170) 장준혁(2006), 269 이하.
171) 오스트리아 판례도 동지. 장준혁(2006), 337 참조.
172) 장준혁(2006), 338 참조.
173) "종의처분에 허용되는 방식들을 피상속인의 연령, 국적 또는 기타의 인적특성의 관계에서 제한하는 규정들은 방식에 속하는 것으로 본다."고 규정한다. 이호정(1987), 118의 번역임(순한글로 바꾸어 인용함).

는 것을 말한다. 2001년 개정 전에는 "取消"라고 표현하였지만 철회를 규정하는 것으로 해석되고 있었다.[174] 2001년 개정시 한국의 동시대적 법률용어체계에 맞게 다듬었다.[175]

유언의 철회는 원래의 유언으로부터 독립된 법률행위이다. 그 준거법은 원래의 유언과 따로 정해진다. 國私 §50 ②는 이 점을 분명히 한다. 그래서 준거법결정의 기준시로 '유언시'에 대응하는 것은 '철회시'이다. 이 점을 제외하면 유언의 철회에 대해서도 國私 §50 ①과 ③의 규율이 그대로 적용되는 것이 원칙이다. 그래서 유언자가 '유언의 철회'를 하든, 상충하는 내용의 유언을 하여 철회간주효를 이끌어내려 하든, 동일한 준거법으로 규율받게 된다.

'유언철회의 철회'는 선행하는 '유언철회'로부터도 독립된 법률행위이므로, '유언철회의 철회'시를 기준으로 國私 §50 ①과 ③의 규율을 따르는 것이 타당할 것이다. 즉, 선행 유언철회의 준거법의 적용범위에 속하는 것이 아니라, 독립적으로 준거법 결정의 대상이 되어야 한다. 유언철회의 철회의 준거법 결정의 기준시에 대해서도 國私 §50 ②를 확대적용 내지 유추적용하여야 한다.

(2) 유언철회의 실질

유언철회의 실질은 유언시가 아니라 유언철회의 법률행위가 행해진 때의 본국법에 의한다(國私 §50 ②).[176] 유언철회의 실질에 속하는 문제는 철회능력,[177] 철회의 의사표시의 하자,[178] 철회의 효과(효력),[179] 철회의 효력발생시기,[180] 유언철회의 구속력 등이다. '철회의 효과'라 함은, 선행유언을 철회시키는 효력을 말한다. 이것은 '철회되는 유언'의 실질준거법에 의할 사항이 아니다. 선행유언의 철회가능성(구속력)은 선행유언의 실질준거법이 정할 사항이지만, 선행유언

---

174) 김용한 외, 371; 이호정, 439.

175) 일본에서는 상대방 있는 의사표시가 상대방에게 도달하기 전에 거두어들이는 것은 철회라고 하고, 그것이 상대방에게 도달하여 효력이 발생한 후에 표의자가 임의로 소급적으로 소멸시키는 것은 취소라고 한다(이 두 가지를 용어상 구별하는 것은 특이한 것이 아니며 오히려 양자를 용어상 구별하지 않는 한국이 특이하다). 예: 日民 §521(계약의 청약의 "취소"). 물론 후자가 의사표시의 하자를 이유로 거두어들이는 "취소"와도 구별되도록 제3의 용어를 만들면 좋겠으나, 일본법은 그렇게까지는 하지 않고 있다. 이러한 용어체계 하에서 1898년 일본 법례 §27 ②는 유언의 "取消"라는 표현을 사용했다. 그러나 한국에서는 의사표시를 표의자가 임의로 소급적으로 소멸시키는 것은 모두 "철회"라고 부르게 되었다.

176) 國私 §50 ②가 유언의 철회에 관하여 규정한 부분은 2001년 개정 전(涉私 §27 ②)의 규정내용을 그대로 유지한 것이다. 단지 유언의 "取消"에서 "철회"로 표현이 바뀌었을 뿐이다.

177) 김용한 외, 372; 김진, 301; 이호정, 439; 서희원, 336. 볼프는 사인처분의 실질을 상속준거법에 맡기면서 사인처분능력은 따로 연결하는데, 사인처분의 철회에 대해서도 그렇게 한다. Wolff, 229.

178) 김용한 외, 372; 김진, 301; 이호정, 439; 서희원, 336.

179) 김진, 301; 서희원, 336("[철회]의 효과").

180) 김용한 외, 372; 서희원, 336.

을 실제로 철회시키는 것은 철회라는 법률행위이므로, '철회의 효과'는 '철회'의 실질준거법에 의해야 한다.

(3) 유언철회의 방식

유언철회의 방식에 대해서는 두 가지 논점이 있다.

첫째, 유언철회의 방식은 항상 國私 §50 ②에 의해 유언철회의 실질과 마찬가지로 연결되는지, 아니면 유언철회의 방식도 유언의 방식과 마찬가지로 선택적으로 연결되는지 문제된다. 후자로 해석하는 것이 통설이며[181] 타당하다.[182] 즉, 國私 §50 ③은 유언철회의 방식에 대해서도 적용 내지 유추적용된다. 國私 §50 ③의 확대적용이라고 할 수 있다.[183] 유언철회의 방식에 대해 ③ i, ii를 적용 내지 유추적용함에 있어서는 '유언시' 대신 '유언의 철회시'를 기준으로 하여야 한다.

유언과 유언철회를 그 방식준거법을 정함에 있어 달리 취급할 이유가 없음은 다음의 두 가지 경우를 비교해 봄으로써 명쾌해진다. 하나는 유언자가 제1의 유언을 하고 이를 철회한 상태로 사망하여 법정상속에 따르는 경우이다. 다른 하나는 법정상속과 다른 내용을 정하는 제1의 유언을 한 뒤, 법정상속과 동일한 내용으로 되돌리는 취지의 제2의 유언을 하고, 두 유언이 상호모순되어 제1유언이 철회간주되는 경우이다. 유언자가 제1유언을 철회한 경우와, 제1유언과 모순되는 제2유언을 하여 제1유언이 철회간주되게 한 경우를, '방식의 선택적 연결'과 관련하여 달리 취급할 이유가 없다. 유언철회의 방식을 유언의 방식처럼 복수의 법에 선택적으로 연결하지 않는다면, 첫 번째 경우에는 두 번째 경우에 비해 유언자의 의사를 실현시키는 일에 국제사법이 소극적으로 임하는 결과가 되는데, 이는 부당하다.

한편, '철회되는 유언'의 방식준거법이 정하는 '철회의 방식'에 따라서도 철회할 수 있는지 문제된다. 헤이그유언방식협약은 이를 제한적으로 인정한다. 즉, Art. 2(2)는 '철회되는 유언의 방식준거법 중 그 방식요건이 충족된 법'에도 선택적으로 연결된다고 규정한다. 이에 의하면, '철회되는 유언'의 방식의 선택적 준거법이라 하더라도, '철회되는 유언'이 실제로 그 요건을 충족하지 못한

---

181) 이미 2001년 개정 전에 통설이었다. 김용한 외, 371; 김진, 301; 이호정, 439. 서희원, 306.

182) 헤이그유언방식협약 Art. 2(1)은 동지로 규정한다. 즉, "유언적 처분(testamentary disposition, disposition testamentaire)"의 방식에 대해 Art. 1에서 규정한 다음, Art. 2(1)에서 "제1조는 선행 유언적 처분의 철회하는 유언적 처분에 적용된다."고 규정한다.

183) 동지: 서희원, 306('유언으로 하는 철회'의 방식에 대해서도 國私 §50 ③의 전신인 涉私 §27 ③이 적용된다는 취지로 서술함).

것이면, 철회의 방식준거법이 될 수 없다. 여기에서 한 걸음 더 나아가, 유언철회의 방식은 '철회되는 유언'의 '행위지법'에 따라도 된다고 규정하는 입법례도 있다. 일본에서 헤이그유언방식협약에 의거하여 1944년에 제정한 '유언의 방식의 준거법에 관한 법률' §3와, 유럽상속규정의 시행 전의 독일 민법시행법 Art. 26 ②이 그러하다.

(4) 철회간주 내지 법정철회

선후 유언의 내용상 모순, 선행유언의 후행 생전처분과의 충돌, 유언장이나 유증목적물의 파훼 등의 경우에, 법률의 규정에 의하여 선행 유언이 철회된 것으로 처리(가령 간주)할지의 문제가 있다. 이것을 어느 법에 의하여 규율할지 문제된다.

한국과 일본의 통설은, 이 문제는 유언으로써 한 법률행위와 관련하여 비로소 의미를 가지고, 유언 자체의 문제로서 통일적으로 다룰 필요가 없으므로, 유언 자체의 문제가 아니라 유언으로써 한 법률행위 내지 그에 의하여 성립한 법률관계의 문제로 다루어 그 준거법(상속준거법 등)에 의해야 한다고 해석한다.[184]

그러나 어떤 행위가 유언의 철회간주(법정철회)의 사유가 되는지는 국제사법상 유언철회의 문제에 포함되어 國私 §50 ②이 정하는 준거법에 의한다고 해석함이 타당하다. 즉, 유언자가 법률행위를 했느냐 사실행위를 했느냐, 또 기존 유언을 철회하고 새 유언을 했느냐, 아니면 기존 유언을 법정철회되는 것으로 생각하고 '기존 유언 철회' 없이 새 유언을 했느냐에 따라 유언철회의 준거법이 달라져서는 안 된다. 유언자가 유언철회의 준거법에 따라 법정철회사유에 해당하는 사실행위를 하면서 그것이 법정철회사유가 되리라고 믿었을 수 있다. 그 신뢰도 보호가치 있다. 그래서 가령 유언자가 유언장을 찢은 후 본국법을 변경하고 사망했다면, 유언장 파훼가 유언철회에 해당하는지는 '사망시'의 본국법(國私 §49 ①)이나 유언자가 상속준거법으로 선택한 법(國私 §49 ②)이 아니라, '유언장 파훼시'의 본국법(國私 §50 ②)에 의해 판단되어야 한다.

여기에서 주의할 점이 있다.

첫째, 철회에 의해서든 철회간주에 의해서든, 사후적으로 유언의 효력이 복멸될 수 있는지의 문제가 있다. 이것은 '철회되는 유언'의 구속력의 문제로

184) 황산덕 외, 200(321); 김용한 외, 371; 김진, 301; 서희원 336; 신창선 외, 393. 이호정, 439도 이와 다른 견해를 밝히지 않는다. 일본의 학설 인용은 이호정, 439.

서, '철회되는 유언' 자체의 실질준거법에 의한다.

둘째, 철회간주에 대해서는 방식준거법 결정은 문제되지 않는다. 법정철회이지, 법률행위에 의한 것이 아니기 때문이다.

셋째, 유효하게 성립한 후행 생전행위나 유언의 내용과의 충돌을 이유로 철회간주되려면, 그 생전행위나 유언이, 실질적으로든 방식상으로든, 유효하게 성립해야 한다. 이것은 각기 그 행위의 준거법에 의한다.

2. 유언의 변경

유언의 변경은 독립된 연결대상이 되지 못하고 원래의 유언의 준거법이 그 유언의 변경도 규율한다고 할지, 아니면 유언의 변경 자체가 독립된 연결대상인지 문제된다. 2001년 개정 전에는 涉私 §27이 유언의 변경을 언급하지 않아,[185] 이 문제가 해석에 맡겨져 있었다. 그러나 2001년 개정으로 國私 §50 ②에서 유언의 철회와 변경을 나란히 규정함으로써 이 문제가 입법적으로 해결되었다. 국제사법적으로는 유언의 변경도 원래의 유언과 별개의 단위법률관계로 취급하여 유언변경 자체의 준거법을 정하며, 그 구체적 기준도 따로 정하여야 함이 분명해졌다.

유언의 변경의 실질은 유언시가 아니라 유언변경시의 본국법에 의한다(國私 §50 ②). 그리고 유언변경의 방식은 유언변경시나 사망시의 국적국법(國私 §50 ③ i), 유언변경시나 사망시의 상거소지법(ii), 유언변경의 행위지법(iii) 중 어느 것에 의해도 무방하고, 부동산에 관한 유언의 변경의 방식은 유언변경시의 부동산소재지법(iv)에 의해도 무방하다.

유언의 변경의 실질이라 함은, 유언의 변경이라는 법률행위의 실질적으로 유효한 성립과 효력(유언변경의 효력발생시기, 유언변경 자체의 구속력)을 말한다. 그러나 유언의 변경에 의해 선행 유언의 내용이 변경되는 것은 '유언의 변경'의 문제가 아니다. 선행 유언의 변경이 허용되는지는 선행 유언의 구속력의 문제로서 그 실질준거법에 의한다. 다음으로, 선행 유언에서 한 법률행위의 내용이 어떻게 변경되는지는 유언으로써 하는 법률행위(예: 유언집행자의 지정, 유증 등)의 내용(법률효과)의 문제로서, 그 법률행위 내지 그것이 속하는 법률관계의 준거법(예: 상속준거법)에 의한다.

---

185) 일본 법적용통칙법 §37은 여전히 그렇다.

V. 공동유언과 상속계약

1. 개념

사인처분에는 1인의 유언자가 단독으로 하는 유언 외에, 상속계약을 비롯한 공동유언이 있다. 2인 이상이 동일한 증서로 하는 유언을 공동유언(gemeinschaftliche Testament)이라 한다.[186] 2인 이상이 단순히 한 장의 서류로 유언을 하는 것을 넘어, 그들 간에 구속력이 있는 유언을 하는 경우를 가리켜 상속계약(Erbvertrag, pacte successoral, succession agreement, agreement as to succession) 내지 좀 더 넓게 상호적 유언(mutual wills)[187]이라 한다. 상속계약과 기타의 상호적 유언에는 공동유언의 일종으로 다룰 수 있는 논점도 있고(예: 공동유언 금지), 그렇지 않은 고유의 논점도 있다(예: 상속계약의 구속력). 공동유언이 공동유언자들을 구속하는 경우에는 상호적 유언이라 하여, 상속계약과 마찬가지로 검토되어야 한다. 공동유언에 공통된 논점은 공동유언이라는 개념 하에 논의하고, 상속계약 내지 상호적 유언에 고유한 논점은 상속계약 내지 상호적 유언의 개념 하에 논의하기로 한다.

상속계약에는 피상속인의 생전에 체결되는 상속포기계약도 포함된다.[188] 상속계약에는 일방적(편면적)인 것과 쌍방적(양면적)인 것이 있다.[189] 일방적 상속계약에서는 일방 계약당사자만이 피상속인이다. 쌍방적 상속계약은 피상속인이 2명이며, 상호적으로 상속인 내지 상속분의 지정을 하거나 유증을 하는 것이 대부분이다.[190] 쌍방적 상속계약은 부부간에 부부재산계약이나 화해계약(Abfindungsvertrag)과 결부하여 체결하는 경우도 있는데, 그런 경우에도 사인처분, 상속, 부부재산제, 계약을 구별하는 단위법률관계 획정은 달라지지 않는다.[191]

---

186) 横山潤, 313. 상속계약도 공동유언의 내용이 될 수 있다.

187) 상속계약과 상호적 유언의 개념을 어떻게 파악할지에 관해서는 학설과 입법례가 나뉜다. 상속계약과 기타의 형태의 공동유언을 통칭하여 상호적 유언(相互的 遺言)이라고 하기도 한다. 예: Frimston, 75. 헤이그상속협약 Art. 8은 유언의 방식에 의하지 않고 서면으로 체결한 것도 상속계약의 정의에 포함시킨다("서면으로 작성된 또는 상호적 유언에서 나오는 합의"). 물론 헤이그상속협약은 유언 일반의 방식도, 상속계약의 방식도 다루지 않으므로, 체약국의 국내법으로 된 국제사법규정이 정한 '상속계약의 방식준거법'이 상속계약에 대해서도 유언방식을 요구하면 그렇게 된다.

188) Wolff, 228.

189) 헤이그상속협약 Art. 8은 이 점을 명시하고, 일방적 상속계약(Art. 9)과 쌍방적 상속계약(Art. 10)에 대하여 따로 규정한다. 유럽상속규정에는 상속계약의 정의규정은 없지만, 일방적 상속계약(Art. 25(1))과 쌍방적 상속계약(Art. 25(2))을 따로 규정하여, 둘 다 상속계약임을 전제한다.

190) Wolff, 228.

191) Wolff, 228.

쌍방적 상속계약에서 각 피상속인에 대한 부분별로 연결대상을 나누는 것도, 상호적 관계에 있는 두 의무의 준거법을 따로 정하게 되므로, 인정하기 곤란하다.[192] 유언능력(정확히는 사인처분능력)은 공동유언 뿐만 아니라 상속계약에서도 각 당사자별로 준거법을 정하여야 함은 물론이나, 공동유언을 상속계약처럼 하나의 법률행위로 다룰지, 아니면 복수의 법률행위가 함께 행해진 것으로 다룰지에 대해서는 견해가 나뉠 수 있다.

2. 입법례

헤이그유언방식협약은 문언상 "유언"만을 적용대상으로 한다. 공동유언에 대해서도 규정한다(Art. 4). 체약국들이 보조를 같이하여 그 외의 형태의 사인처분에도 이 조약이 유추적용되게 하는 것은 조약의 엄격해석원칙상 곤란하다.[193] 그래서 상속계약 전체가 하나의 단위법률관계로 다루어지는 한, 헤이그유언방식협약이 적용되지 않는다.

國私 §50에 대응하는 독일 민법시행법의 규정은 Art. 26인데, "사인처분"이라는 표제 하에서 유언(letztwillige Verfügung)[194]을 중심으로 규정한다. 이는 독일도 비준한 헤이그유언방식협약에 기초한 것인데, 이 협약이 적용되는 사안에서는 구 민법시행법 Art. 26은 뒤로 물러난다. Art. 26 ①에서는 "종의처분(유언)은, 그것이 여러 사람에 의하여 동일문서로 이루어졌더라도" 달리 취급되지 않는다고 규정하고, ④에서는 유언에 관한 규정(Art. 26 ①-③)이 "기타의 사인처분(andere Verfügungen von Todes wegen)"에 "준용"된다고 규정한다. 그래서 독일 민법시행법 Art. 26이 공동유언과 상속계약 양쪽에 적용 내지 준용되었다. EGBGB의 국제상속법 규정이 1986년 개정으로 일신되기 전부터 독일의 통설[195]과 판례[196]는, 단독으로 하는 유언과 상속계약을 묶어 "사인처분(Verfügungen von Todes wegen)"이라 하여 동일하게 다루었다.

스위스 국제사법은 사인처분 일반에 대해 규정하면서 상속계약 처리의 세부적 기준까지 규정한다. 유언 외의 사인처분의 '방식'에 대해서는, 스위스에서

192) 헤이그상속협약(Arts. 8~12)과 유럽상속규정(Art. 25)도 쌍방적 상속계약을 각 피상속인에 관한 부분별로 나누는 세분화(dépeçage)는 인정하지 않는다.
193) 결론에서 동지: Looschelders, Art. 26 Rn. 5. 다만, 개별 체약국이 국내법의 흠결보충의 차원에서 그렇게 하는 것은 무방하다.
194) 이호정(1987), 118은 직역하면 종의처분(終意處分)이고, 유언이라고 의역해도 무방하다고 한다.
195) Wolff, 228 등.
196) RGZ 8, 145(Wolff, 228에서 재인용).

발효하여 있는 헤이그유언방식협약을 준용한다(Art. 93 ②). 사인처분능력에 대해서는 유언과 유언 외의 것을 구별하지 않고 처분시의 처분자의 주소지법, 상거소지법 또는 국적국법[197]에 의한다(Art. 94). 한편, 상속과 유언에 관한 준거법 결정규정의 체계 내에는 유언 자체의 실질에 대한 일반적 규정은 따로 없는데, 상속계약과 관련해서는 Art. 95 ①－③에서 이에 대해 규정한다. 상속계약의 실질은 계약체결시의 피상속인의 주소지법에 따르되(①), 피상속인이 상속계약에서 그의 본국법을 준거법으로 선택하는 것을 일정한 제한 하에 인정한다(②). 상호적 사인처분이 실질적으로 유효한 것이 되려면 각 처분자의 주소지법에 합치해야 하고, 공통의 본국법을 선택(당사자자치)한 경우에는 그 법에 "합치하여야 한다"(③).[198]

3. 준거법의 결정: 國私 §50의 적용 또는 유추적용과 단위법률관계의 획정

(1) 공동유언의 준거법

國私 §50에는 공동유언에 대한 특칙이 없이 "유언" 일반에 대하여 규정한다. 상속계약에 대한 별도의 규정도 없다. 國私 §50은 좁은 의미의 유언만이 아니라 널리 사인처분에 적용될 수 있어, 공동유언에도 적용될 수 있는 규정이지만, 國私 §50을 적용할지 유추적용할지는 國私 §50의 규정으로부터의 차별화 필요성 여하에 따라 달라진다. 헤이그유언방식협약과 같이 공동유언에 대한 특칙을 두어 해결하는 방법도 있으나, 그렇게 하지 않는 한, 國私 §50을 적용 내지 유추적용하면서 해석론상의 차별화를 꾀하여야 한다. 단위법률관계의 범위 획정에 관해서는 두 가지 해석방안을 생각해 볼 수 있다.

먼저, 공동유언 전체를 하나의 단위법률관계로 삼는 방법이 있다. 이렇게 하면, 유언에 관한 연결규칙을 어떻게 적용 내지 유추적용할지 문제된다. 특히, 선택적 연결주의를 확대할지, 중첩적 연결주의를 따를지가 문제이다. 실질적 성립·유효성, 효력(구속력 등)에 한하여 공동유언 전체를 하나의 단위법률관계로 하면서, 쌍방 당사자의 사인처분에 관한 준거법을 중첩적용하는 방법을 해석론으로도 고려해 볼 수 있다.

다음으로, 상속계약은 그 자체가 하나의 단위법률관계이지만, 공동유언은

197) 그래서 국적이 복수인 경우에는 각 국적을 기준으로 정해지는 속인법 중 어느 하나가 정하는 사인처분능력을 충족하면 충분하다.
198) 이호정(1990), 25의 조문번역 참조.

각 유언자 별로 별개의 단위법률관계라고 하는 방법이 있다. 실질사법에서는 상속계약을 공동유언의 일종으로 볼 수도 있지만, 국제사법적으로는 상속계약과 공동유언을 항상 별개의 사인처분 유형으로 구별하는 것이다. 이렇게 공동유언자 각인의 유언을 별개의 단위법률관계로 삼으면, '공동유언' 형태로 행해진 각인의 유언 간에 조정(적응) 문제가 남는다. 1인의 사인처분으로는 유효한 성립이 부정되고 다른 1인의 사인처분만으로는 유효하게 성립하는 결과도 인정할 것인가? '공동유언은 당사자 1인의 단독의 유언으로서 유효하게 성립할 수는 없다'는 실질법적 해결을 국제사법 내에서 채용(그런 해결이 §50에 내포되어 있는 것으로 해석)하는 해결방법을 생각해 볼 수 있다.

(2) 상속계약에서의 단위법률관계의 획정과 준거법 결정

상속계약에 대해서는 國私 §50을 확대적용하거나 유추적용함이 타당할 것이다. 상속계약도 유언(종의처분)의 일종임은 당연하나, 해석과정에서 연결기준을 차별화하려면 법률의 흠결이 있다고 보고 國私 §50을 유추적용하는 길을 가야 한다.

능력 외의 실질 문제에 관해서는, 상속계약·공동유언 전체가 하나의 단위법률관계로 되는지, 피상속인별로 나누는지 문제된다. 그리고 전자로 할 때 연결기준이 어떻게 되는지, 특히 각 계약당사자의 본국법을 중첩적용할지, 아니면 배분적으로 적용한 후 조정(적응)을 거칠지 문제된다.

유럽상속규정은 일방당사자로부터의 상속만 다루는 상속계약이냐, 쌍방으로부터의 상속을 다루는 상속계약이냐를 먼저 따진다. 전자이면 유언의 허부(금지 여부), 실질적 유효성, 구속력을 통일적으로 '피상속인이 될 당사자'의 상속계약시 상속준거법에 맡긴다(Art. 25(1)). 후자이면, 상속계약의 허부에 관해서는 두 사람의 법을 중첩적용하고, 실질적 유효성과 구속력에 관해서는 각 당사자별로 그를 피상속인으로 하는 상속의 '상속계약시 준거법'을 적용한다(Art. 25(2)).

방식에 관해서는 계약당사자가 복수인 만큼 선택적 준거법이 늘어나도록 할지, 아니면 당사자별로 연결점(國私 §50 ③ i과 ii가 규정하는 본국법과 상거소지법, iii이 규정하는 행위지법, iv가 규정하는 부동산소재지법)이 상이한 한도에서는 중첩적 연결주의를 따르를지 문제된다. 후자는 國私 §50 ③이 규정하는 하나의 연결기준이 당사자별로 상이한 국가에 소재할 때에 한하여 중첩적 연결주의를 따르는 해결방법이다.

(3) 사인처분능력

유언능력은 단순한 공동유언 뿐만 아니라 상속계약에서도 각 당사자별로 따져야 한다.

4. 법률관계의 성질결정

(1) 사인처분 자체의 실질과 사인행위로 한 법률행위의 구별

공동유언과 상속계약에 관해서도 종의처분 자체의 실질과, 종의처분으로 한 법률행위 내지 그로써 성립하는 법률관계의 실질(예: 상속)을 구별해야 한다.

그래서 공동유언이나 상속계약을 한 후 국적이 변경된 경우에,—입법론적으로는 國私 §50 ①과 ② 자체에 대해서도 사망시를 기준으로 정해지는 상속준거법에도 선택적으로 연결하는 것이 타당하지만—사망시의 본국법(國私 §49 ①)이나 선정준거법(國私 §49 ②)이 아니라, 공동유언 · 상속계약시(國私 §50 ①) 또는 그 철회 · 변경시의 본국법(國私 §50 ②)에 의해 공동유언 · 상속계약 자체의 실질이 규율된다.

(2) 실질목적의 공동유언 · 상속계약 금지와 방식목적의 공동유언 · 상속계약 금지의 구별

공동유언은 독일법에서는 부부가 할 수 있고, 오스트리아법에서는 부부가, 그리고 약혼자들이 할 수 있다. 그러나 프랑스와 로망스법권의 대부분의 국가(이탈리아, 스페인, 포르투갈, 벨기에, 네덜란드 등)에서는 공동유언은 금지된다.[199] 후자의 법제가 유언의 방식으로 공동유언이라는 방식을 인정하는 않는 취지, 즉 '유언방식에 관한 규율'로서의 의미를 내포한다는 점에는 대체로 의문이 없다. 그러나 반드시 그런 실질법적 규율만 담고 있는 것은 아니다. 공동유언의 금지가, 유언의 방식에 대한 규율을 넘어, 공동유언의 구속력을 부정하는 '유언 자체의 실질에 관한 법규'이기도 한지, 아니면 공동유언으로 한 상속에 관한 사인처분(예: 상속인과 상속분의 지정, 상속포기)의 허부에 관한 법규이기도 한지 문제된다.

실질적 금지법규인지 방식법규인지는 공동유언을 금지하는 입법목적에 따라 구별되어야 한다.[200] "유언의사결정의 자유의 보장"이나[201] "사후적인 구속성의 불인정",[202] 즉 "자유로운 철회의 보장"[203]과 같은 "실질목적"을 추구하

199) Wolff, 230.
200) Wolff, 230. 동지: 이호정, 437.
201) 이호정, 437(순한글로 바꾸어 인용함). Wolff, 230은 이것을 방식목적으로 분류한다.
202) 이호정, 437(순한글로 바꾸어 인용).

는 것은 유언의 실질적 금지(유언 자체의 실질적 유효성)에 관한 법규로 다루어야 한다.[204] 이탈리아의 공동유언 금지는 일방 공동유언자의 사망 후에도 타방 공동유언자가 단독으로 자유롭게 자신의 유언을 철회할 수 있도록 보장하는 입법목적을 추구하는 것이고 이는 실질목적에 해당한다.[205] 그러나 "유언의 명료성의 확보"나 "유언자의 신중을 촉구하는 경고"와 같은 "방식목적"을 추구하는 것이면 방식법규로 분류해야 한다.[206] 프랑스와 네덜란드의 공동유언 금지는 방식목적만을 추구하는 것으로 분류된다.[207] 프랑스의 공동유언 금지는 유언 작성에 있어 (공동유언자로부터) 부당한 영향을 받을 위험으로부터 유언자를 보호하는 방식목적을 추구하는 것, 즉 방식법규로 성질결정되고 있다.[208]

유언자의 본국법의 공동유언 금지가 방식목적만을 추구하면, 國私 §50 ③이 정하는 다른 선택적 준거법이 공동유언을 허용하는 한, 공동유언이 허용된다. 반대로, 유언자의 본국법상의 공동유언 금지가 실질목적만을 위한 것이거나 실질목적과 방식목적을 함께 추구하는 것이면, 공동유언은 금지된다.[209]

(3) 상속계약의 구속력

실질사법상의 원칙은 유언의 구속력을 부정하여, 유언자가 철회하거나 변경할 수 있게 하는 것이 일반적이다. 다만 상속계약이나 기타의 상호적 유언의 구속력에 대해서는 실질법의 입법례가 나뉜다.

유언의 방식에 대한 규율로서 상속계약 기타 상호적 유언의 허부에 대해 규율하는 것과, 상속계약의 구속력을 인정하느냐에 초점을 둔 규율의 구별이 반드시 명쾌한 것은 아니다. 전자의 경우에는 국제사법적으로도 유언의 방식 문제로 규율된다.[210] 후자의 경우에는 국제사법상으로도 상속계약의 구속력 문제만 존재한다. 여기에서 논의대상은 후자이다.

상속계약이나 공동유언을 인정하는 국가들은 대개 상속계약의 구속력을 인정한다(독일, 오스트리아, 덴마크, 스웨덴).[211] 그러나 많은 국가들은 공동유언을

---

203) Wolff, 230.
204) 이호정, 437. 이와 달리 橫山潤, 307은 "유언자의 진의확보"를 방식목적의 대표적인 것으로 드나, 의문이다.
205) Wolff, 230; 이호정, 437.
206) 이호정, 437.
207) 이호정, 437.
208) Wolff, 230.
209) Wolff, 230. 이설로 橫山潤, 313은 공동유언의 허부와 허용요건을 항상 유언의 실질 문제로만 분류하나, 의문이다.
210) 헤이그유언방식협약도 같다(Art. 4).
211) 注國私(2), 37(林貴美), 216. 국가 목록도 이에 따름.

고유의 유언방식으로 인정하지 않고, 그 구속력도 인정하지 않는다(일본, 프랑스, 네덜란드, 이탈리아, 스위스).[212] 그래서 상속계약의 구속력와 관련하여 유언의 구속력에 관하여 준거법을 결정할 실익이 있는 경우가 자주 생긴다.

상속계약의 구속력의 준거법결정 기준에 대해서는 입법례와 학설이 나뉜다. 한국의 유력설은 상속계약의 구속력을 유언 자체의 실질준거법의 사항적 적용범위에 포함시킨다.[213] 일본에서는 학설이 나뉜다. 제1설은 상속계약의 구속력을 항상 유언(상속계약) 자체의 실질준거법에 맡긴다. 제2설은 항상 '유언(상속계약)에 포함된 법률행위'의 준거법에 연결한다. 제3설은 경우를 나눈다. 유언(상속계약)에서 다루는 법률관계(예: 상속)와 밀접불가분의 관계가 있는 상속계약이면, 유언(그 상속계약)으로써 한 법률행위의 준거법(예: 상속포기계약의 준거법, 즉 상속준거법)에 의한다. 유언(상속계약)으로 다루는 법률관계와 아무런 관계 없이 일반적·통칙적인 차원에서 문제되는 것이면, 유언(상속계약) 자체의 실질준거법에 의하게 한다.[214] 제2설과 제3설은 상속계약 자체의 실질과 상속계약으로써 행한 법률행위의 구별을 흐리게 하므로 부당하다. 유럽상속규정은 재산상속과 관련해서만 규정을 두는데, 상속계약의 구속력을 항상 유언(종의처분) 자체의 실질 문제로 취급한다. 상속계약이 일방 계약당사자로부터의 상속에 관한 것이면, '그가 상속계약 체결시 사망한다면 상속준거법이 될 법'에 따르게 한다(Art. 25(1)). 쌍방으로부터의 상속에 관한 것이면 '각 당사자가 상속계약 체결시 사망한다면 상속준거법이 될 법' 중 보다 밀접한 관련성 있는 법에 따르게 한다(Art. 25(2) 2).

그런데 이 중 어느 입장을 따르든, 상속계약의 당사자들이 행위지법에 따라 상속계약의 구속력이 인정되리라고 기대한 것을 보호하는 문제가 남는다. 상속계약의 구속력에 관한 실질법규 중 방식법규와 유언 자체의 실질에 관한 법규를 구별하기도 까다로우므로, 당사자들이 만연히 후자의 문제를 무시하고 행위지법에 따라 상속계약을 체결하는 경우가 종종 있을 것이다. 이 문제를 어떻게 해결해야 하는가? 한국의 유력설은 상속계약 당사자의 신뢰보호를 위해 예외를 인정한다. 즉, 상속계약의 구속력은 원칙적으로 유언 자체의 실질의 준거법에 따르지만, 유언자가 유언자의 본국법에 의해 구속력이 부정됨을 모른 채 행위지법의 방식에 따라 상속계약을 했다면, 유언자의 본국법이 구속력을

212) 注國私(2), 37(林貴美), 216. 국가 목록도 이에 따름.
213) 이호정, 438.
214) 注國私(2), 37(林貴美), 216의 학설 정리에 따름.

부정하더라도 행위지법에 따라 구속력을 긍정한다.[215] 이 학설에 따르면, 상속계약의 구속력이 인정되지 않는 나라의 국민들도, 상속계약의 구속력이 인정되는 국가(예: 독일)에서 독일법 방식으로 상속계약을 하면 그 구속력이 인정될 경우가 많을 것이다. 한편, 유럽상속규정처럼 유언 자체의 실질에 대해 본국법주의 대신 상거소지법주의를 따르면,[216] 위 문제가 조금은 줄어들 것이다. 적어도 일방 당사자의 상거소지인 국가에서 상속계약을 체결하는 경우가 일반적일 것이므로, '속인법과 행위지법의 괴리'가 줄어드는 효과가 있어, 공동유언자의 신뢰보호 문제가 완화될 것이다.[217] 그리고 두 사람이 본국법을 달리하면서 상속계약을 체결하는 일은 흔하더라도, 두 사람이 상거소를 달리하면서 상속계약을 체결하는 일은 비교적 드물 것이므로, 당사자가 잘 모르거나 유의하지 않은 법(본국을 떠나 사는 사람은 자신의 본국법에 정통하지 않은 경우가 많을 것이다)에 의해 불의의 타격을 입는 일도 비교적 적을 것이다.

Ⅵ. 유언의 검인

유언의 검인은 유언의 실행절차의 일부로서 행해진다.[218] 유언검인의 국제비송관할에 관해서는 유언자의 최후상거소지국, 최후주소지국, 유언서의 소재지국, 유산의 소재지국 등의 관할이 주장되고 있다.[219]

유언에 대한 검인의 요부 및 효과에 대해서는, 유언으로써 행해지는 법률행위와 밀접한 관계가 있으므로, 유언으로써 행해지는 각 법률행위의 준거법에 의한다는 견해가 있다.[220] 그러나 정확히 말하면, 일정한 방식에 의한 유언이 방식상 적법한 것으로 인정받기 위해 검인이 필요한지는 유언의 방식의 문제이고,[221] 유언으로써 한 법률행위(예: 유증)의 실행을 위해 유언검인이 필요한지

215) 이호정, 438 f.

216) Art. 25(2) 1은 상속계약의 구속력이 인정되려면 '상속계약 체결시 그 당사자들이 사망했다면 그들 각각에 대해 상속준거법이 되었을 법들'을 모두 충족해야 한다고 규정한다. 상속준거법은 피상속인의 사망시 상거소지법인 것이 원칙이므로(Art. 21(1)), 결국 상속계약의 구속력이 인정되려면 그 당사자들의 상속계약 체결시 상거소지법들에 의해 상속계약의 구속력이 인정되어야 하는 경우가 많을 것이다.

217) Frimston, 75 참조.

218) 유언의 성립절차의 일부로서 법관 등이 방식상 또는 실질·형식상의 유효한 성립을 확인하는 것은 유언의 방식에 속한다.

219) 서희원, 337의 주 11의 학설 소개.

220) 서희원, 337.

221) 櫻田嘉章, 346.

는 그 법률행위의 준거법(예: 상속준거법)에 의할 문제라고 생각된다. 또, 유언의 검인절차에서 유언의 실질적 성립·유효요건의 충족 여부를 판단할 때에는 유언 자체의 실질의 준거법을 적용하여 판단하고,[222] 유언의 방식요건 준수를 심사하는 경우에는 유언의 방식의 준거법을 적용하여 심사해야 할 것으로 생각된다. 한편, 유언검인의 절차는 법정지법에 의한다.[223]

유언의 검인의 주체도 실체준거법에 의한다. 즉, 유언 자체가 방식상 유효하게 성립한 것으로 인정되기 위해 검인이 요구되는 경우에는 유언의 방식준거법에 의하고, 유언의 내용으로써 한 법률행위의 실행을 위해 유언검인이 요구되는 경우에는 그 법률행위의 준거법에 의해야 할 것으로 생각된다. 이 때 '실체준거법 소속국은, 타국 법원은 실체준거법이 정하는 유언검인을 수행하기에 부적합한지(그 사무는 자국법원만이 할 수 있는 것인지) 여부를 정한다. 이것은 유언검인의 실행지국법이 정할 문제가 아니다.[224]

유언검인을 행하는 국가는 준거 절차법규가 없다는 이유로 유언의 검인을 거절해서는 안 된다.[225] 오히려 자신의 절차법을 실체준거법에 맞게 적절히 변용시켜 적응시켜야 한다.

Ⅶ. 몇 가지 총론적 논점

1. 시제적(時際的) 국제사법

유언의 준거법을 정할 때, 유언성립시의 국제사법규칙에 따를지, 유언의 효력발생시의 국제사법규칙에 따를지 문제된다.[226] 이 논점이 문제된 판결례는 보이지 않는다.[227]

---

222) *Ibid.*
223) 서희원, 337.
224) 이호정, 266 참조.
225) *Ibid.*
226) 이론적으로는, 유언시(내지 효력발생시)와 재판시 사이에 국가분할이 있었을 때, 언제(재판시 또는 법률관계 성립시)를 기준으로 법정지'국'을 확정할지의 문제도 제기된다. 이것은 어느 국가의 국제사법에 의하느냐의 문제이다. 어느 시점에 존재한 국제사법규정에 의하느냐(시제 국제사법)의 문제보다 논리적으로 앞서는 문제이다. 어느 국가의 국제사법에 의할지 정한 다음, 그 국가의 시제 국제사법(경과규정)에 따라야 한다. 그런데 의용법례의 효력이 재조선미육군사령부군정청 법령 제21호(1945. 11. 2.)와 1948년 건국헌법 §100에 의해 유지되고, 1962년 섭외사법에 의해서도 비소급적으로 개정되었을 뿐이어서, 논의의 실익이 보이지 않는다.
227) 서울동부지방법원 2004. 5. 14. 선고 2001가합5720 판결에서는 유언시와 사망시가 모두 2001. 7. 1. 전이어서, 2001년 개정 전 涉私 §27이 적용됨에 의문의 여지가 없었다. 서울가정법원 2011. 9. 27.자 2009느합153, 2011느합27 심판(미공간, 석광현(2016), 123 f.에 요지 수록)에서는 유언시

논의의 실익은 1912년 3월의 국제사법규칙 현대화의 시간적 적용범위, 그리고 2001년의 방식준거법의 선택적 연결 확대의 시간적 적용범위에 있다. 유언의 효력발생시의 저촉규정에 의해야 한다는 견해도 논리적으로 성립가능하다. 國私 2001. 4. 7. 개정법률 부칙 ② 本은 "이 법 시행전에 생긴 사항"은 개정 전 법에 의한다고 하는데, 법률행위에 의한 법률관계는 법률행위가 발효해야 비로소 완전히 성립하기 때문이다. 그러나 유언의 성립시를 기준으로 하는 편이 나아 보인다. 유언이 성립한 후에는 사망 등으로 효력발생하는 일만 남아있다. 게다가, 유언자가 유언, 그 철회, 변경이 유효하게 성립했는지를 사망 전에 미리 확인하고, 새로 유언을 하는 등으로 대응할 수 있으려면, 유언성립시를 기준으로 준거법결정을 확정해 줄 필요가 있다.[228)]

2. 국제사법은 섭외적 사안에만 개입하는가

통설은 국제적 요소가 있는 사안에만 국제사법을 개입시킨다. 그러나 순수한 국내적 사안에도 국제사법이 적용된다는 소수설이 타당하다. 통설로는 적절한 국제사법적 규율을 할 수 없다(상세는 國私 제49조 註釋 VI. 2.).

가령 유언자가 외국 국적도, 외국 상거소도, 외국 소재 재산도 없는 등 순수한 국내적 상황에서 싱가폴로의 이주를 계획하면서 싱가폴법에 따라 유언했다 하자. 그 후 싱가폴로 이주하여 그곳에서 살다가 사망했다 하자.

소수설에 따르면, 그가 한국인으로서 한국에 살면서 했던 유언에도 國私 §50 ③이 적용됨은 당연하다. 순수한 국내적 법률관계이든, 섭외적 법률관계이든, 국제사법은 항상 개입하기 때문이다. 그래서 그는 그 유언이 방식상 유효임을 확신하면서 싱가폴에서의 삶을 마무리할 수 있다.

그러나 통설은 불필요한 문제를 낳는다. 그가 순수한 한국적 상황에서 싱가폴법에 따라 한 유언에는 국제사법이 적용되지 않는가? 그래서 國私 §50 ③ ii 후단에 따라 싱가폴법이 선택적 준거법이 될 수 없는 상태에서 한 유언이어서 방식상 무효인가? 아니면 원래는 방식상 무효였던 유언이라도, 법률관계에 외국적 요소가 생기면 방식상 유효로 바뀐다고 해야 하는가? 전자로 해결하면

와 사망시가 모두 2001. 7. 1. 이후였다.

228) 제1의 유언을 한 후, 이와 상충하는 제2의 유언을 하였는데, 제2의 유언이 방식상 부적법하여 무효라면, 유언자는 제1의 유언을 철회, 변경하거나 제1의 유언과 상충하는 제3의 유언을 해야 한다. 또, 제1의 유언을 한 후 이를 철회 혹은 변경하는 의사표시를 했는데, 그 의사표시가 방식상 부적법하여 무효라면, 유언자는 제1의 유언을 철회하거나 변경하는 의사표시를 새로 하거나, 제1의 유언과 상충하는 유언을 새로 해야 한다.

가혹하다. 후자로 해결하려면 통설을 따르려다가 불필요하게 설명이 복잡해진 것이 된다. 또 전자와 후자 중 어느 쪽으로 해석될지의 불확실성이 생긴다.

3. 국제사법의 강행성과 준거외국법의 직권조사의무

국제사법은 강행법이다(통설). 해석상 발견되는 국제사법규칙, 반정규칙, 공서조항 등 모든 국제사법규칙은 당사자가 원용하지 않더라도 적용되어야 한다. 다만 준거법이 될 만한 실질법(외국법 포함)의 내용이 모두 같음이 분명히 확인되면, 준거법 결정에 관한 까다로운 쟁점의 판단은 생략할 수 있다(상세는 國私 제49조 註釋 VI. 3.). 예컨대 유언 자체의 실질준거법이나 상속준거법의 어떤 법규가, '일정한 상황 하에서 또는 일정한 자에서의 유언의 금지'를 정한 것인지, 아니면 '일정한 상황 하에서 또는 일정한 자에서의 유증의 금지'를 정한 것인지의 판단도, 이를 어떻게 성질결정하든 구체적 사안의 결론이 같다면, 생략할 수 있다.

준거외국법의 내용과 준거외국법 소속국의 국제사법이 한국법으로 반정하는지의 확인도 법원 기타 관청의 직무에 속한다. 다만 판사는 당사자에게 준거외국법 조사에 협력을 요구할 수 있다(國私 §5). 한편, 준거법 결정과 준거외국법의 내용에 대해서도 당사자의 변론권이 인정됨은 당연하다. 그러므로 직권주의에 의하는 절차라 하여, 판사가 당사자의 변론권을 가로막고 준거법 결정과 준거외국법의 내용에 관한 자신의 생각을 강행할 수는 없다. 다만, 준거외국법의 조사도 재판에 필요한 한도에서 하면 된다(상세는 國私 제49조 註釋 VI. 3.). 그래서 國私 §50 ③이 규정하는 선택적 준거법 중 한 개가 정하는 하나의 유언방식이 충족되면, 더 이상 國私 §50 ③의 준거법 결정, 내용의 조사, 적용을 할 필요가 없다. 물론, 상급심에서 다투어질 가능성을 감안하여, 다른 선택적 방식(다른 선택적 준거법이 정하는 방식 포함)도 충족되었는지 판단해도 무방할 것이다. 반대로, 어떤 유언을 방식상 무효로 판단하려면 國私 §50 ③가 규정하는 각각의 선택적 준거법이 정하는 모든 방식이 불충족되었음을 확인해야 한다.[229] 유언방식의 준거법 소속국의 국제사법이 §50 ③ 각호에 규정되지 않은 법으로 반

229) 國私 §50 ③의 적용누락으로 준거외국법 적용을 간과하여 '결론에 영향을 미친 위법'이 된 오판례로, 서울가법 2011. 9. 27.자 2009느합153, 2011느합27 심판(미공간, 석광현(2016), 123 f.에 요지 수록)이 있다. 유언자는 유언 및 사망시 한국 국적자였고, 유언 및 사망시의 상거소지와 유언지는 일본이었다. 그래서 일본법과 한국법의 유언방식들 중 어느 것도 준수되지 않아야만 방식상 무효이다. 사안의 유언은 일본법의 유언방식 중 하나를 준수했다. 그런데 서울가정법원은 준거법 결정을 거치지 않고 만연히 한국법만을 적용하고, 유언 및 사망시 상거소지법이자 유언지법인 일본법 적용을 누락했다. 오판으로 결론이 뒤집혔다. 이상은 석광현(2016), 124의 지적이다.

정(직접반정이나 전정)하는 경우에 그 법도 유언방식의 선택적 준거법으로 추가되는지의 논점도, 그렇게 선택적 준거법을 늘림으로써 비로소 유언의 방식상 유효성을 인정할 수 있는 경우에 한하여 판단하면 된다.

4. 국적과 본국법의 확정

國私 제49조 註釋 VI. 4. 참조

5. 상거소의 확정

國私 제49조 註釋 VI. 5. 참조

6. 선결문제

유언능력과 유언의 성립은 선결문제와 본문제의 관계에 있지 않다. 유언의 (실질적·형식적으로) 유효한 성립 문제와 효력 문제도 마찬가지이다. 각각의 문제는 모두 법정지 국제사법의 해당 규정에 따라 준거법이 정해진다.

7. 유언성립에 대한 관청의 협력 등 공법적 요소

유언 자체의 실질이나 유언방식의 준거법이 공법적 요소를 포함하더라도, 사법관계(私法關係)의 준거법으로 지정된 이상, 상관하지 않고 적용해야 한다. 그러므로 유언방식에 법관, 법원공무원, 변호사, 공증인 등의 협력을 정한 규정도 그대로 적용해야 한다. 일정한 서식을 요구하는 법규도 같다.[230]

다만, 실체법규가 관청이나 변호사, 공증인 등의 협력을 정하는 경우, 자국(준거법소속국)의 관청, 변호사, 공증인의 전속적 업무로 정한 취지인지, 아닌지 가려내어야 한다. 전자이면, 행위지에서만, 재외국민이면 행위지 및 관할 재외공관에서만 그런 협력이 제공될 수 있다.

유언방식의 준거법의 하나인 외국법이 정하는 대로 공정증서 유언을 했으면 그것으로 충분하다.[231] 그런데 보다 근래의 등기선례로서, 외국에서 외국법의 방식으로 행해진 유언은 유언방식 준수와 별도로 아뽀스띠유(약식인증)[232]을

230) 반대설: 신창선 외, 241.
231) 등기선례 제8－203호(2005. 4. 7.)(참조선례 V 제332항).
232) 헤이그국제사법회의의 '외국공문서에 대한 인증의 요구를 폐지하는 협약'(Convention of 5 October 1961 Abolishing the Requirement of Legalisation for Foreign Public Documents)(약칭 Apostille Convention, 공증불요협약)(대한민국은 2006. 10. 25. 비준서 기탁, 2007. 7. 14. 발효)에 의해 도입된 약식인증을 말한다.

받아야만 한국의 관청에 제출할 수 있고, 외국법이 정하는 대로 공정증서로 작성된 경우에도 같다는 부동산등기선례가 있다.[233] 아뽀스띠유협약(헤이그공증불요협약) 발효를 계기로 등기실무가 바뀐 듯하다. 그러나 이는 國私 §50 ③을 뛰어넘는 초법률적 실무로서 부당하다. 게다가, 아뽀스띠유협약은 외국공문서에 대한 공증의 부담을 덜기 위해 도입된 것인데, 공정증서로 한 유언에 대해서도 아뽀스띠유를 요구하는 것은 아뽀스띠유협약의 취지에 역행하는 것으로서 부당하다.

한편, 외국에서 공정증서 외의 적법한 방식으로 한(유언방식 준거법들 중 하나가 인정하는 방식들 중 하나를 충족하는) 유언에 대해 아뽀스띠유를 요구하거나, 외국어로 한 유언에 대해 번역문 제출을 요구하는 것(위 등기 선례)은 유언서 검인의 절차의 일부로서 가능하다.

8. 국제적 강행법규

법률관계의 준거법 즉 실체준거법(lex causae)(법률관계로부터 출발하여 지정된 법) 여하에도 불구하고 자신의 장소적 적용의지를 관철하여 사안에 적용되고자 하는 법규를 국제적 강행법규(필요적, 절대적 강행법규)라 한다. 유언 자체의 실질이나 방식의 준거법이 외국법인 경우에도, 법정지법 내에 국제적 강행법규가 있으면 사안에 특별연결되어야 한다(國私 §7). 준거법소속국 아닌 외국, 즉 제3국의 그것도 특별연결할지는 학설에 맡겨져 있다.

개별 실체법규가 국제적 강행법규인지 여부와 특별연결의 기준은 해석에 맡겨져 있는 경우가 많다. 국제적 강행법규를 가려내고 그에 고유한 특별연결규칙을 해석, 적용하여 사안에 특별연결하는 것도 준거법판단의 일부이다. 당사자의 변론을 거쳐 법관이 직권으로 판단해야 한다.

9. 법률회피와 공서양속

연결점의 의도적 설정이 법률회피로 평가되려면, 정상적 상황에서 준거법이 되었을 법규의 법률효과를 피하려는 의도로, 비정상적 방법으로 연결점을 설정했어야 한다. 법률회피는 경미한 것은 용인되어야 한다. 그러나 심각한 것은 법적 의미부여가 거절되어야 한다. 이는 그 연결점의 법률효과(그 연결점에 의한 준거법결정)가 부정됨을 말한다. 결국, 법률회피를 어디까지 묵인할지는 개별

233) 부동산등기선례 제201809-5호(2018. 9. 18.)

저촉규정의 해석에서 찾아야 한다.[234] 법률회피 법리의 상세는 國私 제49조 註釋 VI. 8. 참조.

유언(또는 그 철회나 변경) 자체의 실질의 준거법 결정에서도 법률회피가 문제될 수 있다. 예컨대 유언능력, 유언금지, 유언의 구속력(가령 상속계약의 구속력)에 관한 본국법의 규율을 피할 의도로 국적(國私 §50 ①)을 변경하거나, 외국인이 한국으로 상거소를 옮겨 한국법으로의 반정되도록(國私 §9 ①) 하는 일이 있을 수 있다. 유언자가 한국에 상거소를 둔 외국인이고 한국법으로 반정될 상황인데, 유언능력이나 유언금지에 대한 한국법의 규율을 피하려고 외국으로 상거소를 옮기는 일도 있을 수 있다.

유언방식의 준거법 결정에 관해서는 법률회피가 문제될 여지가 좁아 보인다. 國私 §50 ③은 유언을 방식상 유효하게 하기 위해, 그 연결의 정당성 근거에 편차가 있더라도, 다양한 곳의 방식에 따를 수 있게 허용하는 취지이기 때문이다. 특히, 國私 §50 ③ iii의 입법의사는 유언지를 어떤 이유로든 임의로 정할 수 있게 허용하는 것이고, 간단한 유언방식을 찾아 유언지를 임의로 정해도 무방하다는 취지로 해석해야 할 것이다. 유언지법에의 연결이 그렇게 해석되므로, 유언시의 국적이나 상거소(國私 §50 ③ i 前, ii 前)를 의도적으로 정하여 그곳의 방식에 따랐다 하여, 연결점 설정의 의도를 문제삼기는 어려워 보인다. 또, 사망시의 국적, 상거소, 부동산소재지(國私 §50 ③ i 後, ii 後, iv)에 의하는 것은 속인법 적용에 대한 이익, 상속준거법 내지 상속재산이전의 준거법과의 일치 등을 고려한 것이므로, 준거실질법의 일정한 규율내용을 피하려고 했더라도 법률회피를 문제삼을 여지는 별로 없어 보인다. 게다가, 國私 §50 ③에서 법률회피가 되려면, 정상적 상황이라면 선택적 준거법이 될 모든 법들을 회피하는, 즉 그 법들이 정하는 유언방식들 중 가장 간단한 것보다도 더 간단한 방식을 구하여 연결점을 설정했어야 하는데, 그런 사안 자체가 드물 것이다.

유언의 준거법도 국제사법적 공서위반을 이유로 제한될 수 있다(國私 §10). 먼저 유언(또는 그 철회나 변경) 자체의 실질에 관해서는, 유언능력, 유언금지, 유언의 구속력, 법정철회(철회간주)의 방법 등 다양한 내용에 관해 대한 준거외국법의 규율내용이 문제될 수 있다. 예컨대, 상속계약의 구속력을 인정할지, 아니면 그것도 단순히 2인의 유언이 한 장의 유언장으로 작성된 것으로 파악하여

234) 국제사법에서 법률회피의 용인 여부는 국제사법적 이익에 의해 정해진다. 즉, "저촉법규의 해석이 결정한다." 이호정, 198(순한글로 바꾸어 인용).

각 유언자가 임의로 자신의 유언을 철회할 수 있게 허용할지에 관한 준거외국법의 규율을 받아들일 수 있느냐가 문제될 수 있다. 한편, 유언의 방식준거법의 적용에 관해서는, 공서조항의 통제가능성이 없지 않으나, 그것이 실제로 문제될 가능성은 낮아 보인다. 國私 §10의 상세는 國私 제49조 註釋 VI. 9. 참조.

10. 시제사법(時際私法)

준거실질법이 개정되거나, 해석이나 사법적 법형성에 의해 소급적으로 바뀌는 경우에, 개정법률이 소급적용되느냐의 문제가 있다. 이것은 실질법의 시간적 적용범위, 즉 시제사법의 문제이다.

시제사법은 실질법 소속국이 정하며, 국제사법은 시제사법에 개입하지 않는 것이 원칙이다. 원칙적으로 준거법이 스스로 정한 시제사법적 규율에 따라야 하고, 소급적 개정에도 따라야 한다.[235] 유언 자체의 실질, 유언의 철회와 변경, 방식에 대해서도 같다. 즉, 연결의 기준시에 존재한 연결소에 따라 준거법을 지정한 후에는, 준거실질법 소속국이 그 실질법의 시간적 적용범위를 정하는 데 따라야 한다.[236] 다만, 유언의 효력이 발생한 후 실질법이 소급적으로 바뀌어 심각한 결과가 빚어지면, 그 소급효는 공서위반으로 배척되어야 한다.[237] 유언 성립후 효력발생 전에 실질법이 소급적으로 바뀐 경우에도, 특히 유언의 방식이 소급적으로 엄격해진 경우에는, 그 소급효 부분을 공서위반으로 평가할 여지가 있다.

235) Kropholler, §27 II 1, 189 f.

236) 반대설로 안춘수, 327은 國私 §50 ③ i 前, ii 前, iii이 '유언성립시'의 실질법을 직접 가리킨다고 해석한다. 즉, 이 국제사법규정들은 이 문제를 실질법 내의 시제사법에 맡기지 않고, 시제적 실질사법(시제사법) 문제에 직접 개입한다고 해석한다. 이 한도에서는 실질사법의 소급적 개정을 무시하고 '국제사법 내의 시제사법적 해결'로서 '유언시'에 존재한 내용대로 고정(동결)된 실질법을 직접 지시한다는 것이다. 안춘수는 그 해석의 근거로 國私 §50 ③의 문언을 들 뿐이다. 그러나 이렇게 '국제사법 내의 실질사법적 해결'의 일종으로서 '국제사법 내의 시제사법적 해결'을 하는 것은 해석의 한계를 넘을 뿐 아니라, 법정책적으로 명백히 부당하다. 국제사법의 임무는 어느 곳의 법이 적용될지 정하는 것인데(國私 §1), 유독 여기에서 돌연히 시제사법적 규율을 하려면 특별한 정당화 근거가 필요하다. 그런데 이런 해결은 오히려 당사자의 정당한 기대와 "유언에 유리하게"의 원칙에 어긋나고, 국제적 판단일치를 해친다. 시제사법적 이익을 적절히 고려한 것도 되지 못한다. 가령 방식요건이 완화되고 '아직 효력발생하지 않은 유언에도 소급적용'되도록 실질법이 개정되면, 구법상의 유언방식 불준수(예컨대 서명이나 주소 누락)를 확인하고 새로 유언하려던 유언자는 그럴 필요가 없다고 믿을 것이다. 이런 신뢰는 정당하므로 보호되어야 한다. 유언방식이 국적국이나 상거소지국의 것이라 하여 다를 것이 없다. 또, 유독 한국 국제사법만 이례적 해결을 하면, 국제적 판단일치가 깨어진다.

237) Kropholler, §27 II 1, 189 f.

Ⅷ. 준국제사법

준국제적 관계에서도 유언의 준거법이 문제될 수 있다. 즉, 남한의 유언법과 북한의 유언법 중 어느 것이 적용될지 문제될 수 있다. 이 판단은 준국제사법에 의해 이루어진다. 법률관계의 준거법이 남한법이냐 북한법이냐는 '국제사법'에서 國私 §3 ③을 제외한 나머지 조문들을 유추적용함으로써 정한다.[238]

이 과정에서 '국적'을 연결점으로 하는 저촉규칙을 유추적용할 때에는, 남한적(南韓籍)과 북한적(北韓籍)을 연결점으로 하는 것으로 수정하여 유추적용해야 한다. 국제사법 유추설을 주장하는 기존 문헌은, 국적을 연결소로 하는 국제사법규정을 준국제사법에 유추적용할 때에는 주소, 상거소, 거소 등을 연결점으로 바꿔넣어, 남한법의 지정이든 북한법의 지정이든 마찬가지로 다루어야 한다고 주장한다.[239] 그러나 남한적은 대한민국 국적법에 의한 국적(남한 국적)에 의해 정해지고, 북한적은 북한에 상거소가 있는 것을 기준으로 정함이 타당할 것이다. 대한민국은 좁은 의미의 대한민국이면서 넓은 의미의 대한민국도 부분적으로 겸하는 이중적 지위를 가지므로, 자신의 국적법에 의해 남한적도 정할 수 있다. 실제로 대한민국 국적법은 남한적을 정하는 법률이다. 그러므로 이를 따르는 것이 일관될 뿐 아니라, 미완성의 민족국가의 현실에도 맞는다. 한편, 북한법질서는 다수의 한국인의 독립운동을 배반하여 사실상 분방으로서 분리독립한 이탈자적 존재이다. 북한법질서는 '형성중인 대한민국'의 헌법질서와 양립불가능한, 그 존재 자체가 반국가적인 존재이므로, 북한 국적법의 적용결과를 승인할 수 없다. 결국 북한적(北韓籍)은 대한민국법에 의해 정의되어야 하고, 북한의 이탈자적 지위에 맞게 정의되어야 한다. 즉, '넓은 의미의 대한민국 국민'으로서 북한정권의 사실상 지배 하에 놓여 있는(구체적으로 북한지역에 상거소가 있는) 자를 북한인이라고 함이 타당하다. 그리고 북한정권의 억압적 지배를 탈출하여 남한으로 온 자는 준국제적 난민에 해당하므로, 준국제사법적으로는 남한인으로 취급해야 한다.[240]

유언(또는 그 변경, 철회) 자체의 실질준거법으로 북한법을 지정했을 때, 북

---

238) 한편, 남북한간의 준국제사법 문제는 외국이 '넓은 의미의 대한민국'을 장소적 불통일법국으로서 바라볼 때처럼 다루어, 백지상태에서 최밀접관련을 탐구해야 한다는 견해도 주장되고 있다(§3 ③ 유추설).

239) 國私 제49조 註釋 VII. 3. (2) (가) 참조.

240) 이상의 상세는 國私 제49조 註釋 VII. 3. (4) 참조.

한의 국제·준국제사법이 남한법을 반정(反定)하면, 이를 받아들여 남한법을 적용해야 한다(國私 §9의 유추적용). 즉, 북한이 대한민국을 외국으로 취급하여 대외민사관계법을 실효적으로 적용하는 입장이거나, 동법을 준국제사법 문제에 실효적으로 유추적용하는 입장이라면, 유언에 관해서도 남한법으로의 직접반정이 있을 수 있다.

북한 대외민사관계법도 유언과 유언철회(조문은 "취소"라 함)의 실질은 國私 §50 ①, ②와 같이 유언자의 본국법에 맡기므로(§46 ①[241]), 이에 관해서는 반정 가능성이 없다. 그런데 대외민사관계법 §47은 "다른 나라에 거주하고 있는 우리 나라 공민의……유언에 대하여서는 거주하고 있는 나라의 법을 적용할수 있다."고 규정한다. "적용할 수 있다"는 문언을 문리해석하면, §47의 적용 여부는 법관에 재량에 맡겨지는데, 이것은 법적 안정성을 해친다. 이 점을 고려하면, 외국 거주 북한공민이 한 유언 자체의 실질에 관해서는 본국법(§46 ①)과 주소지법(§47) 중 유언의 유효한 성립에 유리한 법을 적용하는(선택적 연결 또는 보정적 연결) 취지로 풀이할 여지가 있다. 실제로 이런 취지라면, 그리고 북한이 대한민국을 외국으로 취급하거나 §47을 준국제사법에 유추적용하는 입장이라면, §47이나 그 유추적용에 의해 남한법으로 직접반정되는 경우가 있을 수 있다. 즉, 유언자가 북한인이고 그의 주소가 남한에 있는 경우, '남한법에 의해 유효하게 성립한 것으로 인정된다면 남한법에 의할 수 있다'는 취지로 남한법을 직접반정하게 된다. 이것은 받아들여야 한다(國私 §9 ①의 유추적용).

유언방식에 관해서는, 직접반정에 의해 國私 §50 ③의 방식준거법 목록의 인위적 한정(특히 주소지법의 적용가능성을 축출하는 부분)이 해소될 수 있는 여지가 있다. 대외민사관계법 §46 ②는 유언과 유언철회의 방식을 내국법,[242] 유언지국법, 유언자 "거주"지국법,[243] 부동산소재지국법[244]에 선택적으로 연결한다.[245] 전술한 대로(Ⅲ. 7.) 國私 §9 ② iv의 '목적론적 감축(축소해석)'을 인정하여, 주소

---

241) "유언과 유언취소에 대하여서는 유언자의 본국법을 적용한다."

242) 문면상으로 보면, 북한이 법정지라는 점 외에는 아무런 연결소의 매개도 없이, 북한법을 택일적 준거법의 하나로 지정하는 취지로 보인다. 만약 이런 취지라면, 이 부분은 합리성을 잃은 것이다. 그런데 이런 비합리적이고 이례적인 규정이 있는 것을 보면, 과연 대외민사관계법 §46이 북한에서 실효적으로 적용되고 있는 규정인지 의심스러워 보이기도 한다.

243) 주소지법의 의미이다. 연결점의 기준시는 명시하지 않는다.

244) 부동산에 관한 유언에 한정되는 취지일 듯하나, 그 규정취지의 확인을 요한다.

245) "유언과 유언취소의 방식은 조선민주주의인민공화국 법, 유언행위가 있은 나라의 법, 유언자가 거주하고 있는 나라의 법, 부동산이 있는 나라의 법에 따라 갖춘 경우에도 효력을 가진다."

지법이 유언방식의 택일적 준거법 중 하나가 될 수 있도록 하는 직접반정을 받아들이는 것이 타당할 것이다.[246)]

준국제사법의 세부논점에 관해서는 國私 제49조 註釋 VII. 참조.

246) 북한 대외민사관계법 §46 ②가 말하는 주소("거주"하는 곳)는 북한법이 정하는 주소 취득·상실요건에 따라 취득되고 상실된다. 주소에 대한 북한법상의 규율내용은 알기 어려우나, 외국인(예: 미국 국적의 한국계 선교사)이 남한에 주소를 취득하고 북한을 방문했다가 구금된 경우, 남한 주소는 유지된다고 판단될 가능성이 있어 보인다. 그가 북한에서 남한법의 방식에 따라 유언(가령 자필유언)했다면 방식상 유효하다고 해야 한다. 國私 §50 ③ iii이 지정하는 유언지의 저촉법규(북한 대외민사관계법 §46 ②)는 주소지법도 택일적 준거법의 하나로 지정하기 때문이다. 물론 그는 남한에 상거소를 두고 있었지만, 주소가 상거소보다 상실되기 어려운 것이 보통이므로, 주소지법에의 선택적 연결을 허용할 실익이 있다.

남북 주민 사이의 가족관계와 상속 등에 관한 특례법

제1장 총칙

제1조(목적)

이 법은 남한주민과 북한주민 사이의 가족관계와 상속 · 유증 및 이와 관련된 사항을 규정함으로써 남한주민과 북한주민 사이의 가족관계와 상속 · 유증 등에 관한 법률관계의 안정을 도모하고, 북한주민이 상속이나 유증 등으로 소유하게 된 남한 내 재산의 효율적인 관리에 이바지함을 목적으로 한다.

제2조(법 적용의 기본원칙)

이 법을 해석 · 적용할 때에는 남한과 북한의 관계가 국가 사이의 관계가 아닌 평화적 통일을 지향하는 과정에서 잠정적으로 형성되는 특수관계임을 고려하여야 한다.

제3조(정의)

이 법에서 사용하는 용어의 뜻은 다음과 같다.

1. "남한"이란 군사분계선 이남지역을 말하고, "북한"이란 군사분계선 이북지역을 말한다.
2. "남한주민"이란 남한지역에 거주하는 주민을 말하고, "북한주민"이란 북한지역에 거주하는 주민을 말한다.
3. "분단의 종료"란 남북한이 법률적 또는 사실적으로 하나의 국가체제를 형성한 상태를 말한다.
4. "자유로운 왕래"란 남북한 사이에 서신과 통신의 왕래가 완전히 자유롭게 허용되고, 상호 방문에 있어 외국에 비하여 특별한 제한이 없어진 경우를 말한다.
5. "남북이산"이란 그 사유와 경위를 불문하고 가족이 남한과 북한으로 흩어져 있는 것을 말한다.

■ **참고문헌**: 석광현(2015), "남북한 주민 간 법률관계의 올바른 규율 − 광의의 준국제사법규칙과 실질법의 특례를 중심으로", 국제사법연구 21−2; 신영호(1998), "남북한 가족법의 저촉과 그 해결", 가족법연구 12, 55; 동(2010), "북한 주민에 대한 한국민사법의 적용", 저스티스 121; 오수근(1998), "남북한간의 국제사법적 문제", 국제사법연구 3; 최성경(2012), "남북주민의 가족관계와 상속", 가족법연구 26−1.

Ⅰ. 특별입법의 필요성

1. 이른바 남북한특수관계론

헌 §3은 이른바 영토조항을 두어, 한반도와 그 부속도서 전체를 대한민국의 영토로 한다. 군사분계선 이북지역, 즉 "북한"(南北特 §3 i) 역시 대한민국의 영토에 속하는 한반도의 일부이므로 북한지역에도 "대한민국의 주권이 미치고, 이와 부딪히는 어떠한 국가단체나 주권을 법리상 인정할 수 없"다. 그리하여 북한주민도 우리 국적법상 국적취득의 요건을 충족하는 한 "대한민국 국적을 취득하고 이를 유지"한다. 반면 북한 내지 북한정부는 헌법상 불법단체 또는 국가보안법상 반국가단체일 뿐이다.[1] 그러나 다른 한편 남북분단 이래 현재에 이르기까지 북한지역에 대한민국의 실효적 지배가 미치지 아니하고, 북한지역에 그 나름의 독자적인 정치적 실체와 사실상의 법체계가 존재한다는 점을 부정할 수는 없다. 헌 §4도 이른바 평화통일조항을 두어 현실적인 분단 상황을 인정하는 전제 하에 북한에게 대화와 협력의 동반자로서의 지위를 부여하고 있다. 그러한 이상 북한의 실체를 존중하여야 하는 국면도 생길 수밖에 없다. 학설은 이러한 상황을 이른바 남북한특수관계론으로 설명한다. 즉, 북한에는 반국가단체와 대화·협력의 상대라는 이중적 지위가 있고, 규범적으로는 북한지역도 대한민국의 일부이나 현실적으로는 북한도 국제사회에서 독립된 주권국가로 인정받고 활동하고 있어 한반도에는 사실상 두 개의 국가가 존재한다는 것이다.[2] 그리하여 남한과 북한의 관계는 남한만이 존재하고 북한지역은

1) 대법원 1996. 11. 12. 선고 96누1221 판결.
2) 김승대, "남북한간 특수관계의 법적 성격에 관한 고찰", 법조 44−3, 1995, 10 이하; 양영희,

단순한 미수복지역에 불과한 관계도, 완전한 국가 대 국가 관계도 아닌, 평화통일을 지향하는 과정에서 잠정적으로 형성된 특수관계라고 한다. 이는 1991. 12. 13. 체결되어 1992. 2. 19. 발효된 '남북 사이의 화해와 불가침 및 교류협력에 관한 합의서'에서 선언된 바이고,[3] 2005. 12. 29. 제정된 남북관계발전에 관한 법률 §3 I에서 입법적으로 수용된 이래 남북교류협력에 관한 법률, 남북관계발전에 관한 법률, 북한이탈주민의 보호 및 정착지원에 관한 법률, 남북협력기금법, 개성공업지구 지원에 관한 법률 등 남북한 간의 관계를 규율하는 여러 법률의 기초를 이루고 있는 기본인식이기도 하다. 헌법재판소와 대법원의 입장도 같다.[4]

이러한 북한 내지 북한주민의 이중적 지위는 남북한주민 사이의 가족관계 및 상속 문제에도 투영되게 마련이다. 대한민국 국민 사이, 대한민국 국민과 외국인 사이에 가족관계나 상속 문제가 생길 수 있는 것처럼 남북한주민 사이에서도 가족관계나 상속 문제가 생길 수 있다. 그러나 국제사법·국제민사소송법에 따라 재판관할을 배분하고 남북한 법 중 어느 하나를 적용하기에는 대한민국의 입장에서 북한이 국가가 아니라는 점이 문제가 된다. 그렇다고 대한민국법을 그대로 적용하면 분단 이후 수십 년간 북한법의 실효적 지배 하에서 생활관계를 형성해온 북한주민의 현실과 이익을 지나치게 무시할 위험이 있다. 또한 북한주민은 대한민국 국민으로서 사법(私法)관계에서도 남한주민과 평등하게 보호되어야 하나, 다른 한편 반국가단체에 의하여 사실상 지배당하고 있는 대상이기도 하므로, 일정한 통제가 필요하다고 볼 수도 있다.

2. 장기간의 분단

남북한주민 사이의 가족관계 및 상속 문제는 다른 측면에서도 특별한 배려가 필요하다.

남북한은 1947년 분단 및 1953년 정전 이래 수십 년간 개인 간 교류가 차단되어 있었다. 남북한주민 간 가족관계 및 상속 문제가 이론적으로는 존재하

"북한의 법적 지위", 통일사법정책연구 1, 2006, 1 이하; 이주현, "남북한 특수관계의 의미", 남북교류와 관련한 법적 문제점 1, 2002, 11 이하; 이효원, 남북교류협력의 규범체계, 2006; 제성호, 남북한 특수관계론, 1995 등.

3) 헌법재판소 1997. 1. 16. 선고 92헌바6 결정 등; 대법원 1999. 7. 23. 선고 98두14525 판결은 법적 구속력 없는 공동성명 또는 신사협정에 준한다고 한다. 이효원, "남북합의서의 법적 성격과 효력", 북한법연구 7, 2004, 297 이하.

4) 대법원 2004. 11. 12. 선고 2004도4044 판결; 헌법재판소 2005. 6. 30. 선고 2005헌바114 결정 등 다수.

였으나 현실적으로는 제기되지 아니한 까닭이 여기에 있다. 그러나 1992년 '남북 사이의 화해와 불가침 및 교류협력에 관한 합의서'와 교류협력분야 부속합의서를 통하여 '이산가족의 자유로운 서신거래와 왕래, 상봉 및 방문을 실시하고 자유의사에 의한 재결합 실현'을 합의한 이래 공식적 교류가 증가하고 있고, 근래에는 북한이탈주민이 늘고 있을 뿐 아니라 여러 경로를 통한 비공식적 교류도 비약적으로 증가하였다. 그리하여 남북한주민 간 가족관계 및 상속 문제가 현실화되기 시작하였다.

문제는 이처럼 근래 교류가 이루어지기까지 남북한 사이에는 수십 년간 교류가 법적·사실적으로 불가능한 기간이 존재하였고, 지금까지 매우 곤란한 상황이라는 점이다. 북한은 오랫동안 외국보다 접근하기 어려운 곳이었고, 지금도 그렇다. 이는 남한주민에 대하여는 북한에 있는 가족과의 가족관계나 상속 문제가 현실적이지 아니하다고 여기고 이를 무시한 채 법률관계를 형성할 유인을 제공하였다. 다른 한편 북한주민의 입장에서는 오랫동안 권리를 행사하는 것을 사실상 기대할 수 없었고 지금도 원활하게 행사하기는 어려운 형편이다. 이러한, 어느 쪽도 탓하기 어려운 특수한 사정에 대한 배려는 일반사법의 원칙에 의해서는 도모되기 어렵고, 그에 대한 특별입법을 필요로 하는 것이다.

3. 본법의 제정이유

남북 주민 사이의 가족관계와 상속 등에 관한 특례법은 남북한주민 사이의 가족관계와 상속·유증 등에 관하여 위와 같은 특수성을 고려하여 그 법률관계의 안정을 도모하고 북한주민이 상속 등으로 소유하게 된 남한 내 재산을 효율적으로 관리할 수 있게 하기 위하여 2012년 제정되었다(南北特 §1).

가족관계와 상속은 기본적으로 사법(私法)의 규율대상이다. 그러나 민사법적 측면에서 북한에 하나의 국가로서의 실체를 인정하고 국제사법을 정면에서 적용한다 하더라도, 분단 상황을 고려할 때 현행 법령의 해석을 통해서는 적절하게 해결하기 어려운 문제가 여럿 있다.[5] 북한이 우리의 입장에서 국가가 아니어서 국제사법을 적용할 수 없다고 보는 경우에는 그러한 측면에서도 별도의 규율이 필요하다. 위 법의 목적은 이러한 이른바 남북한특수관계로 인하여 남북한주민 사이의 가족관계 및 상속을 규율하는 데 필요하게 된 여러 장치를 마련하는 데 있다. 南北特 §2도 남북한특수관계론이 남북가족특례법을 해석,

5) 이러한 이유로 특별입법이 필요하다고 주장하는 것으로 신영호(1998), 55; 동(2010), 389 이하.

적용할 때에 고려되어야 함을 선언하여 이를 확인하고 있다.

Ⅱ. 규율범위

南北特 §1만 읽어보면 남북가족특례법이 남한주민과 북한주민 사이의 가족관계와 상속 등에 관한 문제를 포괄적으로 규율하는 기본법인 것처럼 보일 수 있다. 이때 쉽게 예상할 수 있는 내용은 이러한 문제에 적용할 준국제사법 및 준국제민사소송법 규정과 실질사법적 수정, 그리고 그 밖에 필요한 규제일 것이다. 실제로 남북 주민 사이의 가족관계와 상속 등에 관한 특례법은 이러한 내용 중 상당수를 다룬다. 南北特 §§6~12는 몇몇 친족상속법 규정을 특히 남한주민과 북한주민 사이에서 문제가 되는 경우에 대하여 수정하는 실질법적 예외 규정이고, 南北特 §§4, 5는 재판관할에 관한 규정, 南北特 §§13~23은 북한주민의 남한지역 내 재산을 관리하여 북한주민의 재산권을 보호함과 동시에 일정한 통제를 가하는 규정이다. 그러나 남북 주민 사이의 가족관계와 상속 등에 관한 특례법에는 준국제사법적 규정은 포함되어 있지 아니하고, 준국제민사소송법적 규정도 재판관할에 관한 것을 제외하면 많지 아니하다. 그리하여 규정 자체로 문제되는 여러 분쟁을 포괄하지 못한 채 상당한 공백을 남기고 있다.[6)]

그러나 그럼에도 불구하고 남북 주민 사이의 가족관계와 상속 등에 관한 특례법이 성격상 일정한 준국제사법적 규율을 전제함은 물론이다. 南北特 §3에서 "남한"과 "북한"(南北特 §3 i), "남한주민"과 "북한주민"(南北特 §3 ii)을 정의하고 있는 것도 그러한 규율대상의 확정과 관계되어 있다. 그 해석에 대하여는 南北特 §§4, 5 註釋에서 다룬다. 南北特 §3 iii의 "분단의 종료"와 南北特 §3 iv의 "자유로운 왕래"는 南北特 §§8, 9와만, 南北特 §3 v의 "남북이산"은 南北特 §§10, 11와만 관계하므로 각 해당 규정 註釋에서 다룬다.

남북한주민 간의 가족관계에 관한 것임에도 남북 주민 사이의 가족관계와 상속 등에 관한 특례법이 아닌 다른 법에 규정을 둔 예도 있다. 대표적인 예로 북한이탈주민의 가족관계등록부 창설과 특히 이혼에 관한 북한이탈주민의 보호 및 정착지원에 관한 법률 §§19, 19-2를 들 수 있다. 그중 §19-2에 관하여는 南北特 §§6, 7 註釋 III에서 다룬다. 이 규정은 그 내용상으로는 대부분 南北

6) 종래 입법론으로도 준국제사법적 접근을 원칙으로 하되 실질법적 수정을 가하여야 한다는 것이 통설이었다. 우선, 석광현(2015), 343 이하; 오수근(1998), 559 이하. 이효원, 남북교류협력의 규범체계, 2006, 275~276.

特 §1의 규율대상에 속하는 것이지만, 이 법보다 먼저 제정된 북한이탈주민의 보호 및 정착지원에 관한 법률에서 규율하는 바람에 이 법에서는 제외되었다. 그리하여 이 법의 적용대상을 정함에 있어서도 북한이탈주민을 제외하는 경우가 있게 되었는데, 입법론적으로는 비판이 없지 아니하다. 즉, 북한이탈주민의 보호 및 정착지원에 관한 법률 중 가족관계에 관한 규정은 이 법에 통합하여 규정함이 바람직하였다는 것이다.[7)]

---

7) 최성경(2012), 179~180.

제 2 장 관할

제4조(재판관할)

① 이 법이 적용되거나 그와 관련된 사건에서 법원은 당사자 또는 분쟁이 된 사안이 남한과 실질적 관련이 있는 경우에 재판관할을 가진다. 이 경우 법원은 재판관할 배분의 이념에 부합하는 합리적인 원칙에 따라 실질적 관련의 유무를 판단하여야 한다.

② 법원은 국내법의 관할 규정을 참작하여 재판관할의 유무를 판단하되, 제1항의 취지 및 제2조의 기본원칙을 고려하여야 한다.

③ 제1항 및 제2항에 따라 재판관할을 가지는 법원에 사실상의 장애로 인하여 제소(提訴)할 수 없는 경우에는 대법원이 있는 곳의 관할법원에 소를 제기할 수 있다.

제5조[가정법원의 관할] ① 이 법이 적용되는 사건으로서 「가사소송법」 제2조에 따른 가정법원의 전속관할에 속하는 사건은 가정법원의 전속관할로 하며, 각 사건의 관할에 관하여는 「가사소송법」의 각 해당 규정을 적용한다.

② 제11조제1항에 따른 상속회복청구 사건은 가정법원 합의부의 전속관할로 하며, 「가사소송법」에 따른 다류(類) 가사소송사건의 절차에 따라 심리·재판한다.

③ 제13조에 따른 북한주민의 재산관리인의 선임 · 변경에 관한 사건은 북한주민의 재산소재지에 있는 가정법원의 전속관할로 한다.

▮**참고문헌**: 석광현(2015), "남북한 주민 간 법률관계의 올바른 규율 — 광의의 준국제사법규칙과 실질법의 특례를 중심으로", 국제사법연구 21-2; 신한미(2006), "북한이탈주민의 이혼소송", 통일사법정책연구 1; 오수근(1998), "남북한간의 국제사법적 문제", 국제사법연구 3; 이은정(2010), "북한주민의 상속권", 가족법연구 24-1; 임복규(2011), "'남북 주민 사이의 가족관계와 상속 등에 관한 특례법' 중 상속관련 규정에 대한 고찰", 통일과 사법 1; 임성권(2007), "북한주민과 관련한 가사분쟁의 특수문제", 남북한 사이의 사법적 법률관계; 장준혁(2009), "탈북자의 이혼의 준국제관할", 민판 31; 정구태(2013), "북한주민의 혼인·친자·상속관계소송에 관한 제문제", 고려법학 70; 정상규(2004), "탈북자 이혼사건에 관한 연구", 사법논집 38; 조의연(2006), "남북한 간의 관할권과 준거법 결정기준", 통일사법정책연구 1; 최성경(2012), "남북주민의 가족관계와 상속", 가족법연구 26-1; 한명섭(2011), "북한주민 제기 소송의 소송중지특례법 제정을 촉구하며", 법률신문 3907.

Ⅰ. 남북한 간 재판관할권

1. 의의

南北特 §4는 '이 법이 적용되거나 그와 관련된 사건에서' 재판관할의 배분에 관하여 규정한다.

먼저, 南北特 §4 I, II은 재판관할 배분의 원칙을 선언한다. 대한민국 법원은 '남한'과 실질적 관련이 있는 때에 한하여 재판관할권을 가지는데, 실질적 관련이 있는지 여부는 재판관할 배분의 이념을 고려하되, 국내법의 관할 규정을 참작하고, 남북한특수관계를 고려하여 판단하여야 한다는 것이다. 이 규정은 구조적으로 國私 §2 I, II에 대응한다. 국제사법은 '외국적 요소가 있는 법률관계에서'(國私 §1) '대한민국'과 실질적 관련이 있는 경우 우리 법원이 '국제재판관할'을 가지는데, 이때 실질적 관련 유무는 국제재판관할 배분의 이념을 고려하되, 국내법의 관할 규정을 참작하고, 국제재판관할의 특수성을 고려하여야 한다고 한다(國私 §2 I, II). 여기에서 '국제재판관할'을 '재판관할'로, '국제재판관할'의 특수성을 '남북한특수관계'로, '대한민국'을 '남한'으로, '외국적 요소가 있는 법률관계'를 '이 법이 적용되는 사건'으로 대치한 것이 위 규정이다. 즉 위 규정은, 남북한의 관계가 국가와 국가의 관계가 아닌 이상 국제사법, 국제민사소송법이 적용되지는 아니함을 전제로, 그럼에도 불구하고 북한지역과 북한주민은 단지 대한민국과 그 국민에 불과하고 남북한 간 민사분쟁에는 일종의 준(準)섭외적 요소조차 없어 우리 민사소송법과 가사소송법의 관할규정을 그대로 적용하면 된다는 접근을 따르지 아니할 것임을 분명히 하고, 여기에 준국제

민사소송법적 해결을 채택함을 밝힌 것이다.[1]

한편, 南北特 §4 III은 보충적 재판관할 규정이다.

2. 재판관할권 배분의 원칙

南北特 §4 I, II의 원칙 규정부터 본다.

첫째, 이 규정은 '이 법이 적용되거나 그와 관련된 사건'에 한하여 적용된다(南北特 §4 I). 구체적으로는 '남한주민과 북한주민 사이의 가족관계와 상속·유증 및 이와 관련된 사항'을 말한다(南北特 §1 참조).

이 표현은 國私 §1의 '외국적 요소'에 대응하는 것인데, 북한지역도 대한민국의 영토이고 북한주민도 대한민국의 국민인 이상 외국적 요소를 인정할 수 없으므로[2] 북한주민과의 법률관계에 대하여는 '외국'과 '외국인'이 개입한다고 할 수 없다.[3] 그 결과 국제사법에서 연결점(connecting factor; Anknüpfungspunkt)으로 쓰이는 상거소(常居所), 행위지, 소재지, 결과발생지 등 장소와 당사자의 국적(國籍)을[4] 모두 그대로 쓸 수 없게 된다. 북한지역 내 장소를 외국이라고 할 수 없고, 북한주민의 국적을 북한국적이라고 할 수 없기 때문이다. 그리하여 대한민국의 일부이지만 군사분계선 이남지역을 "남한", 이북지역을 "북한"으로 하여 장소를 구분하고(南北特 §3 i 참조), 남한에 거주하는 주민을 "남한주민", 북한에 거주하는 주민을 "북한주민"으로(南北特 §3 ii) 하여 국적 대신 상거소지를 기준으로 인적 연결점을 재정의한 다음, 남한주민과 북한주민 사이의 가족관계 및 상속 문제로 준국제사법적 성격을 표현한 것이다. 재판대상에 외국적인 요소가 있는 경우 국제재판관할이 문제되는 것처럼[5] 재판대상에 남북한 간 준국제사법적 요소가 있는 경우 이 규정이 적용되는 것은 당연하다.

한 가지 주의할 점은, 국적 대신 상거소를 기준으로 삼은 결과 북한주민이었다 하더라도, 또 다른 이유로 북한국적을 갖고 있다 하더라도, 북한을 이탈하여 남한에 들어오거나 제3국에 있으면 南北特 §4 I, II과 관련하여서는 북한주

1) 석광현(2015), 350. 용어에 관하여는 조의연(2006), 34.
2) 이 점이 논리 필연적인 것은 아니다. 국적법이 아닌 국제사법적 맥락에서 북한에 국가로서의 실체를 그대로 부여하는 것도 가능하기 때문이다. 통일 전 동독이 서독 주민에 대하여 그렇게 접근하였다. 반면 서독은 동독 주민에 대하여 본법과 같은 방식으로 접근하였다. 이주현, "동·서독 간의 민사분쟁 해결방식", 남북교류와 관련한 법적 문제점 3, 2004, 21 이하.
3) '외국적 요소'에 대하여는 석광현, 국제사법 해설, 2013, 51.
4) 연결점 일반에 대하여는 석광현(주 3), 32 이하.
5) 석광현, 국제민사소송법, 2012, 1.

민의 지위를 갖지 아니한다는 점이다. 이때에는 민사소송법의 관할규정이나 국제민사소송법의 원칙이 적용된다.

南北特 §4 I, II은 남한주민과 북한주민의 법률관계 일체에 적용되지는 아니한다. 단지 그들 사이의 가족관계와 상속 문제 및 그와 관련된 사건에 한하여 적용된다. 가족관계라 함은 민법 제4편에서 규정하는 법률관계 일체를, 상속·유증은 민법 제5편에서 규정하는 법률관계를 가리킨다. 이 규정은 國私 §1의 '외국적 요소'에 대응하는 것이므로 그 적용범위를 南北特 §§6~17이 적용되는 사건으로 제한할 필요는 없다. 본법에 실질법 규정이 없는 남북한주민 사이의 이혼, 친생부인, 부양청구, 상속재산분할청구, 유류분반환청구에 대하여도 이 규정을 적용함이 타당하다.[6] 나아가 같은 규정은 '그와 관련된 사건'에 우리 법원의 재판관할을 확장한다. 이는 國私 §2에서는 볼 수 없는 확장인데, 家訴 §§14 I, II에 의하여 병합사건의 관련재판적을 인정하는 경우, 즉 '여러 개의 가사소송사건 또는 가사소송사건과 가사비송사건의 청구의 원인이 동일한 사실관계에 기초하거나 1개의 청구의 당부가 다른 청구의 당부의 전제가 되는 경우' 외에 혼인관계나 친자관계를 원인으로 한 손해배상청구, 부당이득반환청구, 이를 전제한 사해행위취소청구 등 민사소송대상이지만 가족관계나 상속과 밀접한 관련이 있는 경우를 가리킨다고 본다.[7]

둘째, 南北特 §4 I, II에서 '법원'은 대한민국 법원을 말한다.

즉, 위 규정은 북한법원의 재판관할권에 대하여는 규정하지 아니한다. 단지 대한민국 법원이 스스로 재판관할권의 행사를 제한하는 것을 근거지울 뿐

---

6) 이렇게 보더라도 재산법상의 분쟁에 대하여는 여전히 재판관할 규정이 없는 것이 된다. 그러나 南北特 §4 I, II의 내용이 보편적 타당성을 가지고 있고 충분히 유연한 것임에 비추어볼 때 재산법상의 소라 하여 그 취지를 유추하지 못할 까닭은 없다. 南北特 §4가 가족관계와 상속 문제로 적용을 제한한 것은 재산분쟁에 관한 포괄적 입법이 이루어지지 아니한 상황에서 우선 가족관계와 상속 문제만을 다루는 법을 제정하고 그 기회에 재판관할을 규정하였기 때문이지, 그 경우에만 그러한 기준이 타당하다고 본 것은 아니다. 본법 제정 전 남북한 간 민사분쟁의 재판관할과 준거법에 관한 논의도 일반적으로 위 규정과 같은 결론을 지지해왔다. 가령 조의연(2006), 34 이하. 다만, 남북한이 2000. 12. 16. 체결한 '남북 사이의 투자보장에 관한 합의서', '남북 사이의 소득에 대한 이중과세방지 합의서', '남북 사이의 상사분쟁 해결절차에 관한 합의서', '남북 사이의 청산결제에 관한 합의서'와 2003. 10. 12. '남북 사이의 상사분쟁 해결절차에 관한 합의서'의 후속합의로 체결한 '남북상사중재위원회 구성 · 운영에 관한 합의서'에서 분쟁해결절차를 따로 정한 때에는 그에 따른다. 김유성, "북한 개방정책의 법적 문제점 및 개선방안에 관한 소고 – 북한의 개성공단 등 분쟁해결정책을 중심으로", 통일과 사법 1, 2011, 38 이하; 이규호, "민사분쟁해결절차에 관한 남북한간 법률통합", 법조 547, 2002, 151 이하.

7) 국제재판관할 일반에서 관련성을 근거로 병합청구의 관할을 인정할 때에는 소송목적이 되는 권리나 의무가 공통되거나 사실상 또는 법률상 같은 원인으로부터 발생한 것이라는 등 견련성이 있어야 한다는 주장으로 석광현(주 5), 134 참조.

이다.[8] 원칙적으로 대한민국 법원의 재판권은 그 주권이 미치는 범위에 상응하여 대한민국 전역(全域)과 대한민국 국민 전부에 대하여 미친다. 여기에 북한과 북한주민이 포함됨은 물론이다. 그럼에도 불구하고 위 규정은 남북한특수관계론의 취지에 따라 재판관할권의 행사를 당사자 또는 분쟁이 된 사안이 "남한"과 실질적 관련이 있는 경우로 제한한다. 이때 "남한"은 한반도와 그 부속도서를 영토로 하는 규범적 실체로서의 대한민국(헌 §4) 중 실효적 지배가 이루어지고 있는 군사분계선 이남지역을 가리킨다(南北特 §3 i). 물론 현실적으로 북한주민 사이의 분쟁에 관하여 대한민국 법원에 소가 제기되는 일을 생각하기 어려운 이상 위 규정에 의하여 재판관할권의 행사가 제한되는 예는 많지 아니할 것이고, 이 점에서 실천적으로 큰 의미가 있는 규정은 아니다. 다만 이념적으로는 북한지역을 대한민국의 영토로, 북한주민을 대한민국 국민으로 봄에도 불구하고 법률 규정으로 재판관할권 행사의 자제를 정하였다는 점에서 의미가 가볍지 아니하다.

그렇다면 구체적인 관할배분의 기준은 무엇인가.

南北特 §4 I, II은 남한과 실질적 관련이 있어야 한다고 하면서도, 국내법의 관할 규정을 참작하되, 재판관할 배분의 이념에 부합하는 합리적인 원칙과 남북한특수관계를 고려하여야 한다고 한다. 이는 국제재판관할에 관한 판례·통설인 이른바 수정역추지설(修訂逆推知說)을 남북한 관계에 원용한 것이다.[9] 즉 원칙적으로 민사소송법과 가사소송법의 관할규정에 의하여 남한에 관할이 있을 때에는 재판관할권을 행사하되, 그러한 결론이 남북한특수관계에 비추어 부당하다고 볼 만한 사정이 있을 때에는 재판관할권을 행사하지 아니한다는 취지이다. 이 규정이 제정되기 전부터 남북한 간 민사분쟁에 관하여는 이러한 준국제민사소송법적 접근이 타당하다는 견해가 유력하였고, 하급심 재판례 중에도 이를 따른 예가 있었는데, 이를 받아들여 입법하였다.[10] 다만, 위 규정은 여

---

8) 석광현(2015), 352. 참고로 대법원 2016. 8. 30. 선고 2015다255265 판결은, 개성공업지구 현지기업 사이의 임대차계약 종료를 원인으로 하는 건물인도청구 사건에서 대한민국 법원은 당연히 "재판관할권을 가진다 할 것이고, 이는 소송의 목적물이 개성공업지구 내에 있는 건물 등이라고 하여 달리 볼 것이 아니"라고 한다.

9) 국제재판관할에 관한 것으로 대법원 1992. 7. 2. 선고 91다41897 판결 이래 다수. 그러나 그대로 원용하여 규정한 것은 아니고, 약간의 수정이 가해졌다. 석광현(주 5), 83 이하 참조. 그러나 이후 판례는 오히려 사안별 분석(case-by-case analysis)을 통하여 개별적으로 국제재판관할을 정하는 경향을 보이고 있다. 석광현(2015), 349~350.

10) 일반적으로 석광현(2015), 373 이하; 조의연(2006), 42, 법률행위와 불법행위에 관하여는 김명기, "남·북한간 교역의 사법관계에의 적용법에 관한 연구", 통상법률 21, 1998, 50 이하, 불법행위소송은 윤상도, "남북한 주민 사이의 불법행위로 인한 손해배상사건의 법적 문제", 통일사법

전히 대한민국 법원의 관할을 정하는 규정이므로, 구체적인 사건에서 적용되는 토지관할, 사물관할, 심급관할 등은 대한민국 법을 그대로 적용함이 원칙이다. 그러나 구체적으로는 – 국제가사소송 및 가사비송관할에서 그러한 것처럼[11] – 여러 쟁점이 불명확한 상태이다. 몇 가지 문제되는 예에 관하여는 아래 III. 1. 참조.

3. 보충적 재판관할권 및 토지관할

南北特 §4 III은 南北特 §4 I, II에 따라 재판관할을 가지는 법원에 사실상의 장애로 인하여 제소할 수 없는 경우 대법원이 있는 곳의 관할법원에 소를 제기할 수 있다고 규정한다. 입법예고된 법안 단계에서는 南北特 §4 I, II는 현행법과 같았으나 南北特 §4 III은 "남한 주민이 북한 주민을 상대로 제1항에 규정된 소를 제기하고자 하는 경우, 사실상의 장애로 인하여 전2항에 따라 재판관할을 가지는 북한법원에 제소할 수 없는 때에는 대법원이 있는 곳의 관할법원에 소를 제기할 수 있다"고 하고 있었다. 그러나 실제로 제정된 법에서는 북한법원을 법률상 정면에서 규정하는 것을 피하여 南北特 §4 III에서는 "북한법원"이라는 표현 대신에 "재판관할을 가지는 법원"이라는 표현으로 우회하였다.

이 규정은 문언상으로는 그 의미가 잘 통하지 아니한다. 南北特 §4 I, II은 남한과 실질적 관련이 있는 경우 대한민국 법원의 재판관할에 대하여만 규정하고 있는데, 대한민국 법원에 제소하는데 사실상 장애가 있는 경우는 생각할 수 없기 때문이다. 본래의 취지는 '南北特 §4 I, II에 따라 우리 법원의 재판관할이 부정되는 결과 북한 법원에 제소하는 수밖에 없는 경우에'[12] 사실상 장애로 북한법원에 제소할 수 없다면 특정 대한민국 법원이 보충적 재판관할권을 갖는데, 그때 보충적 토지관할은 대법원이 있는 곳의 관할법원(서울가정법원, 서울중앙지방법원이 된다)이 가진다는 것이다.[13] 이러한 규정은 남북분단으로 북한

정책연구 1, 2006, 142 이하, 가족관계와 상속 분쟁에 관하여는 신한미(2006), 90; 임복규(2011), 310 이하; 임성권(2007), 53~54; 장준혁(2009), 638 이하; 정구태(2013), 287~288, 301 각 참조. 또한 서울가정법원 2010. 12. 1. 선고 2009드단14534 판결.

11) 국제가사소송 및 가사비송관할에 관하여는 석광현(2015), 140 이하.

12) 이러한 측면에서 최성경(2012), 176이 위와 같은 수정으로 '북한 법원의 관할을 배제하였다'고 설명하는 것은 오해의 소지가 있다. 위 규정은 문언에서 북한 법원을 삭제하였을 뿐 묵시적으로 북한 법원에(만) 재판관할이 인정되는 경우가 있을 수 있음을 전제하고 있고, 그것이 南北特 §4의 취지이기도 하기 때문이다.

13) 같은 취지로 임복규(2011), 314. 이러한 점에서 문언을 수정할 필요가 있다는 지적으로 석광현(2015), 351~352.

법원에 제소하는 것이 곤란한 현실에서 실효적 권리구제를 위하여 둔 것으로, 적어도 남한주민이 원고인 경우에는 아직까지는 그가 북한법원에 제소하는데 '사실상 장애가 있'다고 봄이 상당하므로 결과적으로 늘 대한민국 법원의 재판관할권의 행사를 인정하는 셈이 된다. 이 점에서 이 규정은 대한민국 국민을 보호하기 위하여 南北特 §4 I, II에 대하여 예외를 설정하였다고 볼 수 있다. 문제는 이러한 예외가 북한주민 사이의 법적 분쟁이나 북한주민이었으나 남한주민은 아닌 자와 북한주민 사이의 법적 분쟁에도 확장될 것인가 하는 점인데, 현재로서는 분명하다고 할 수 없다.

4. [보론(補論)] 북한 법원 판결의 대한민국에서의 효력

南北特 §4 I, II는 대한민국의 재판관할권만 규정한다. 즉, 이른바 심리관할, 직접관할에 관한 규정이다. 그러나 南北特 §4 III은 묵시적으로 북한 법원이 재판관할권을 가지는 경우를 전제하고 있고, 南北特 §4 I, II도 논리적으로 직접 규율하지 아니하는 경우에는 북한 법원이 재판관할권을 가짐을 전제한다.[14) 문제는 북한 법원의 판결의 효력도 인정하는 것인가 하는 점이다. 가령 북한 법원에서 적법하게 후혼이 해소된다면 중혼의 흠이 치유되는가. 입법 예고된 법안 §5는 '북한판결의 효력'이라는 표제 하에 '북한주민 사이의 가족관계에 관한 북한법원의 확정판결의 남한에서의 효력에 대하여는 §2의 기본원칙을 고려하여 그 목적과 취지에 반하지 않는 범위 내에서 民訴 §217의 규정을 준용한다. 다만 民訴 §217 iv는 제외한다'고 규정하여 상호보증(남북한 사이에는 아직까지 존재하지 아니한다)을 제외한 외국판결의 승인요건을 이에 원용하고 있었다. 이 규정은 南北特 §4 III이 수정된 것과 같은 이유에서 삭제되었으나, 실제 문제가 제기된다면 이와 같이 처리하는 수밖에 없을 것이다. 그렇게 보지 아니하면 대한민국 법원의 재판관할권을 스스로 제한한 것 자체를 설명할 수 없기 때문이다. 북한 법원의 재판관할권(승인관할, 간접관할)에 대하여는 앞서 언급한 대한민국 법원의 재판관할권에 관한 규칙이 적용된다.[15)

14) 같은 취지로 석광현(2015), 352. 또한 이효원, 남북교류협력의 규범체계, 2006, 271 이하.
15) 국제민사소송법에서 판례, 통설이다. 석광현(주 5), 357.

Ⅱ. 남북한주민 간 가족관계 및 상속 문제의 준거법

1. 기본적인 접근방법

南北特 §§6~12는 남북한주민 간 가족관계와 상속 문제에 관하여 일정한 실질법적 내용을 규정하고 있다. 그러나 그 내용은 남북한주민 간 가족관계와 상속 문제 전반을 규율하는 것이 아니라 일정한 실질법을 전제로 문제되는 몇몇 쟁점에 관하여 특례를 인정하는 형태로 되어 있다. 제3장의 표제도 '남북 주민 사이의 가족관계에 관한 특례'이다. 그렇다면 본법의 특례가 전제하는 원칙으로서의 실질법은 무엇인가.

북한지역도 대한민국의 영토이고 북한주민도 대한민국 국민이므로 당연히 우리 법, 가령 민법이 적용된다는 접근도 생각할 수는 있다. 그러나 이는 南北特 §2의 남북한특수관계론과 南北特 §4의 재판관할 배분의 이념과 잘 조화되지 아니할 뿐 아니라, 특히 南北特 §6 III, §7 III이 법률요건으로서 '북한주민이 북한에서 다시 혼인한 경우'를 들고 있다는 점에서 받아들이기 어렵다. 북한주민이 북한에서 대한민국 민법과 가족관계등록 등에 관한 법률에 따라 혼인하는 것은 사실상 불가능하므로, 이는 북한법에 따른 혼인을 가리키는 것인데, 그 사법적 효력을 부정하면서 그러한 혼인을 한 경우 대한민국법상 유효한 전혼(前婚)의 효력에 영향을 미치게 하지는 아니할 것이기 때문이다. 이 규정은 북한법에 따른 혼인의 효력을, 그리하여 북한법이 실질법이 되는 경우가 있음을 전제하고 있는 것이다.[16]

이와 관련하여 종래부터 학설은 준국제사법적 접근을 취하여, 국제사법의 준거법지정에 관한 규칙들을 남북한 관계에 원용하고 있다. 다만, 한 가지 문제는 국제사법이 본국법을 준거법으로 정하고 있는 경우가 있는데, 분단국가의 경우 상대방 국민에 자국 국적을 부여하고, 상대방의 국적을 인정하지 아니할 수 있어, 국적이 연결점으로 적합하지 아니할 수 있다는 점이다. 이는 국제사법과 준국제사법이 차이가 생기는 대표적인 부분인데, 학설은 일반적으로 국적 대신 상거소지를 연결점으로 대체하는 방법으로 해결하여야 한다고 한다. 통일 전 서독의 입장이기도 하다.[17] 입법예고된 법안 §5 I에서는 '준거법'이라는 표

---

16) 정상규(2004), 637은 북한법에 따른 혼인을 무효로 보는 경우 이혼이 아닌 혼인무효소송에 의하여 가족관계등록을 말소하여야 한다고 한다.

17) 오수근(1998), 566; 조의연(2006), 42. 신한미(2006), 93; 윤상도(주 10), 146 이하; 임성권(2007), 650 이하; 정구태(2013), 288 이하도 비슷하다. 이에 대하여 북한의 사실상의 국적도 연

제 하에 '이 법이 적용되거나 그와 관련된 법률관계'에 대하여는 '南北特 §2의 기본원칙을 고려하여' 국제사법을 준용하되, 국적이 연결점인 경우 상거소지를 국적으로 본다는 취지의 규정이 있었다. 이 규정은 아마도 북한법의 적용을 지시하는 내용을 직접 규정하는 것을 피하기 위하여 삭제된 듯한데, 그렇다고 결과가 달라지는 것은 아니다. 이미 南北特 §§2, 4에서 남북한 간 민사적 법률관계에 대하여 준국제사법, 준국제민사소송법적인 방식으로 해결하겠다는 입법적 결단과 이때 국적 대신에 '남한주민'과 '북한주민'이라는 거주지, 즉 상거소지를 기준으로 삼겠다는 점을 밝히고 있으므로, 이 점으로부터도 같은 결론을 끌어낼 수 있기 때문이다.[18]

참고로 북한도 남한도 아닌 제3국에서 남북한주민 사이의 가족관계나 상속 문제의 준거법이 문제되는 경우에도, 그 제3국이 남한 또는 북한을 승인하였는지 여부와 관계없이 국제사법적인 방식으로 준거법이 결정될 가능성이 높다.[19]

2. 구체적인 준거법 결정

이러한 관점에서 남북한주민 사이의 가족관계 및 상속 문제에 관한 준거법이 어떻게 결정되는지를 본다. 현행 국제사법에 관하여는 주해친족 중 국제친족법과 주해상속 중 국제상속법에서 상세히 다루므로, 여기에서는 남북한주민 사이의 가족관계 및 상속 문제에 원용할 때에 주의할 점 몇 가지만 살펴보는 것으로 한다.

친족과 상속에 관한 國私 §36 이하 중 몇몇 규정은 언제나 현재의 국제사법을 적용한다. 가령 國私 §39는 이혼의 준거법에 관하여 이른바 변경주의를 취하면서 단서에서 대한민국에 상거소가 있는 대한민국 국민인 경우 이혼은 대한민국 법에 의한다고 규정하여 이른바 내국인보호조항을 두고 있는바,[20] 남한주민과 북한주민의 이혼은 늘 위 단서요건을 충족하므로 대한민국 법의 적용을 받는다. 그러나 대개의 규정은 혼인 당시(國私 §36),[21] 자녀의 출생 당시

결점으로 쓸 수 있다는 견해로, 이효원(주 14), 278.

18) 이미 본법 제정 전 서울가정법원 2010. 12. 1. 선고 2009드단14534 판결이 국제사법 규정을 유추하여 준거법을 결정한 바 있다. 위 초안 삭제에 대하여 비판적인 견해로, 석광현(2015), 359~360.

19) 특히 재일동포의 가족관계 및 상속 문제의 - 일본에서의 - 준거법 결정에 관하여는 정구태 · 이홍민, "재일동포의 상속에 있어서 준거법 결정에 관한 고찰", 가족법연구 25-1, 2011, 55 이하; 정인섭, "북한의 신대외민사법 시행과 재일교포와 가족법 문제 - 북일수교 후 일본에서의 취급 예상", 서울대 법학 37-2, 1996 참조.

20) 석광현(주 3) 467~470.

21) 혼인의 성립에 관한 규정인데, 중혼을 포함한 혼인장애사유의 준거법도 규율한다. 석광현(주

(國私 §§40, 41 I),[22] 인지 당시(國私 §41 II), 피상속인의 사망 당시(國私 §49 I),[23] 유언 당시(國私 §50 I)를[24] 기준으로 한다. 그런데 2001년 국제사법은 소급적용되지 아니하므로(부칙 §2 본문) 이러한 경우 곧바로 국제사법을 유추하여서는 안 되고 위 각 사건이 발생한 시점의 저촉법, 가령 섭외사법이나 法例를 적용하여야 함에 유의할 필요가 있다.[25]

또한 위 규정 중 상당수는 각 혼인 당사자의 본국법(國私 §36), 혼인 중 출생자의 출생 당시 부부 중 일방의 본국법(國私 §40 I), 모의 본국법(國私 §41 I 본문), 인지자의 본국법(國私 §41 II), 피상속인의 본국법(國私 §49 I), 유언자의 본국법(國私 §50 I)을 준거법으로 지정하는데, 남북한주민 사이의 법률관계에서 이들 '본국법'은 모두 상거소지법으로 고쳐 읽을 필요가 있다. 가령 상거소지가 북한인 두 사람이 북한에서 혼인한 뒤 그 일방이 북한을 이탈하여 남한에 온 경우 그의 혼인의 효력은 혼인 당시 북한법에 따라 판단되어야 한다.[26]

한편 입법예고된 법안 §5 II는 "이 법에 따라 북한법을 적용해야 하는 경우에 당해 법률관계에 적용할 북한법의 내용을 알 수 없거나 또는 북한법에 따르면 남한법이 적용되어야 하는 때에는 남한법(준거법의 지정에 관한 법규를 제외한다)에 의한다"고 규정하고 있었다. 그중 후단, 즉 북한법에 따르면 남한법이 적용되어야 하는 때에는 남한의 준국제사법이 아닌 실질법이 적용되어야 한다는 것은 이른바 반정(反定; renvoi)은 인정하고 전정(轉定)은 부정하는 國私 §9 I의 원칙을[27] 남북한 관계에 받아들이겠다는 뜻이다. 이 규정은 북한법이 준거법이 되는 경우가 있음을 정면에서 밝히는 것을 피한 결과 입법에 이르지 못하였으나 국제사법을 유추하는 한 같은 결론을 인정함이 옳다.

그러나 준거법이 북한법으로 지정되었는데, 그 북한법을 적용한 결과가 우리의 공서(公序)에 명백히 반할 때에는 북한법을 적용하지 아니한다(國私 §10 유추). 입법예고된 법안 §5 III은 "이 법에 따라 북한법을 적용해야 하는 경우 그 규정의 적용이 남한의 선량한 풍속 기타 사회질서에 명백히 위반되는 때에는

---

3), 446~448.

22) 혼인 중 및 혼인 외 친자관계에 관한 규정이다.

23) 상속에 관한 규정이다.

24) 유증을 포함한 유언에 관한 규정이다.

25) 정구태(2013), 288 이하 참조.

26) 북한에서의 혼인의 유효성을 전제로 북한이탈주민의 남한에서의 이혼을 인정한 예로 서울가정법원 2004. 2. 6. 선고 2003드단58877 판결; 서울가정법원 2007. 8. 23. 선고 2004드단63067 판결. 상세한 분석으로 정상규(2004), 637 이하.

27) 석광현(주 3), 159 이하.

이를 적용하지 아니한다"고 함으로써 이 점을 명시하고 있었는데, 이 규정 또한 위와 같은 이유로 입법되지 못하였다. 그러나 준국제사법적 공서가 적용되어야 한다는 데는 이론(異論)의 여지가 없다.

끝으로 위 법안 §5 II 중 전단, 즉 "이 법에 따라 북한법을 적용해야 하는 경우에 당해 법률관계에 적용할 북한법의 내용을 알 수 없"을 때에는 "남한법(준거법의 지정에 관한 법규를 제외한다)에 의한다"는 부분은 이미 판례가 국제사법에서 인정하고 있는, 외국의 준거법의 내용이 불명(不明)인 때에는 조리에 터잡아 재판을 하여야 하는데, 그 경우 우리 법을 적용할 수 있다는 법리를[28] 명문화한 것이다. 이 규정 또한 앞서와 같은 사정으로 이 법에 들어오지 아니하였지만 국제사법에서 같은 법리가 판례로 확립되어 있는 이상 남북한주민 사이의 가족관계 및 상속 문제와 관련하여 북한법이 준거법으로 지정되었으나 그 내용을 알 수 없을 때에도 대한민국 법을 적용하여야 함은 당연하다.

Ⅲ. 남북한주민 간 가족관계 및 상속 문제에 관한 절차법

1. 관할법원 : 南北特 §5

남북한주민 간 가족관계 및 상속 문제에 관하여 대한민국 법원에 재판관할권이 있는 경우 민사소송, 가사소송, 가사비송절차에 대하여는 법정지법(lex fori)인 대한민국 법, 즉 민사소송법과 가사소송법이 적용된다. 南北特 §5 I이 가사소송법이 적용되는 사건의 경우 家訴 §2에 따른 가정법원의 전속관할에 속하는 사건은 가정법원의 전속관할로 하고, 각 사건의 관할에 관하여는 가사소송법의 각 해당 규정을 적용한다고 하는 것은 이러한 당연한 법리를 확인한 데 지나지 아니한다.

한 가지 문제는 이때 민사소송의 대상인지, 가사소송의 대상인지, 가사비송의 대상인지를 어떠한 기준으로 구분할 것인가 하는 점이다. 가사사건의 경우 나라마다 특유의 절차가 있어 생기는 문제인데, 기본적으로는 절차법에 속하므로 법정지법인 대한민국 법에 의하여야 한다. 南北特 §5 I도 그러한 뜻이라고 이해된다.[29]

---

28) 대법원 2000. 6. 9. 선고 98다35037 판결 등 다수. 국제사법 제정 당시에도 비슷한 규정을 입법하는 안이 논의된 바 있는데, 법원이 너무 안이하게 한국법을 적용하도록 조장할 위험이 있다하여 결국 포함되지 아니하였다. 석광현(주 3), 130.

29) 이러한 문제로 인하여 가사사건에서는 준거법과 국제재판관할을 가급적 일치시키려는 경향

또 다른 문제는 가사소송법에 의하면 제1차적 재판적(裁判籍)이 북한지역일 때, 즉 제1차적 토지관할이 북한지역을 관할하는 법원에 있을 때 어떻게 할 것인가 하는 점이다. 이러한 경우 수정역추지설을 적용하면 남북한 간 재판관할권 배분의 기준에도 영향을 미치게 되는 것이다. 가령 혼인관계소송인데 부부가 마지막으로 같은 주소지를 가진 곳이 북한지역이고 그가 여전히 북한지역에 있는 경우(家訴 §22 ii),[30] 친생부인의 소인데 자녀가 북한지역에 있거나(家訴 §26 I), 인지청구의 소인데 그 상대방인 부 또는 모가 북한지역에 있는 경우(家訴 §26 II), 상속에 관한 가사비송사건인데 상속개시지, 즉 피상속인의 최후주소지가 북한지역인 경우(家訴 §44 vi), 관할법원도 북한법원이고 따라서 나아가 아예 대한민국 법원의 재판관할권이 부정되어야 하는 것인가 하는 문제이다. 그러나 그렇게 볼 것은 아니고, 남북한 사이의 특수관계(南北特 §2)에 비추어 '당사자 또는 관계인의 주소, 거소(居所) 또는 마지막 주소에 따라 관할이 정하여지는 경우에 그 주소, 거소 또는 마지막 주소가 국내에 없거나 이를 알 수 없을 때에는 대법원이 있는 곳의 가정법원이 관할한다'고 규정한 家訴 §13 II를 유추, 남한과 실질적 관련이 있는 이상 – 또는 南北特 §4 III을 적용하여 – 대한민국 법원의 재판관할권을 인정하고, 서울가정법원 및 서울중앙지방법원에 토지관할이 있다고 봄이 상당하다.[31]

한편, 이 규정의 진정한 의미는 그에 대한 예외를 정한 南北特 §5 II, III에 있는데, 이들은 각각 南北特 §11 I과 南北特 §13의 관할규정에 해당하므로, 각 해당 조항의 註釋에서 보기로 한다.

2. 기타 절차상 문제 : 특히 소송위임, 송달, 소송절차의 중지 여부

절차에 관하여는 법정지(法庭地)법(lex fori)을 적용하므로 특별한 문제가 생기지 아니한다. 가령 당사자능력 등은 우리 법에 따라 판단하면 족하다.[32] 다만, 가사소송법상 가사소송 및 가사비송에 대하여 인정되는 특례 중에는 그것이 절차에 관한 것인지 아니면 실체와 밀접한 관련을 갖는 것인지 성질결정(Qualifikation)이 필요한 쟁점도 있음에 유의하여야 한다.[33]

이 있다고 한다. 김원태, "섭외가사소송절차에 관한 연구", 부산대 법학연구 40-1, 1999, 389.

30) 부부가 현재 같은 가정법원의 관할 구역 내에 보통재판적이 있는 경우(家訴 §22 i)는 아예 본법의 적용대상이 아니다.

31) 탈북자 이혼소송에 관하여 같은 취지로 정상규(2004), 627.

32) 정상규(2004), 627 이하. 국제민사소송법에서 같은 문제에 관하여 같은 결론으로, 석광현(주 5), 157 이하.

남북한주민 간 소송절차에서 현실적으로 가장 문제되는 것은 소송위임과 송달이다.

먼저 소송위임을 본다. 대한민국 법원에 북한주민이 출석하는 것은 사실상 불가능하므로 소송은 소송대리인을 통하여 진행되게 마련이다. 특히 북한주민이 원고가 되어 하는 소송은 그러한 방법으로 진행하는 수밖에 없다. 이를 위해서는 소송위임이 필요하다. 소송위임 자체는 방식이 필요하지 아니하므로 북한주민이라 하더라도 의사를 전달할 방법이 있는 한 할 수 있고, 별 문제가 없다. 문제는 소송위임사실을 어떻게 증명할 것인가 하는 점이고, 실제로도 자주 다투어지는 바이다. 수소법원은 위임을 증명하는 서면이 사문서일 때에는 공증인 기타 공증업무를 행하는 자의 인증을 받을 것을 명할 수 있으나(民訴 §89), 북한주민이 제시하는 공민증 등 서류의 진위 여부와 위임의 진정 여부는 반드시 공증의 방법으로 증명하여야 하는 것은 아니다. 실제로 재판실무상으로는 상당한 방법으로 증명하는 것을 허용함으로써 이 문제를 해결하고 있다.[34)]

또 하나 문제는 송달이다. 북한주민에게 소송대리인이 있다면 그에게 송달하면 될 것이나 특히 북한주민이 피고가 되는 소송, 즉 북한주민을 상대방으로 하는 소송에서는 그러한 방법이 없다. 북한주민이 원고인 소송에서도 어떠한 사유로 소송대리권이 소멸하면 같은 문제가 생긴다. 북한은 외국이 아니고, 북한과 사이에 민사사법공조가 이루어지고 있는 것도 아니다. 그러므로 현실적으로는 공시송달(民訴 §§191, 194)에 의하는 수밖에 없다. 실제로 북한주민을 피고로 하는 소송은 대개 공시송달의 방법으로 진행되고 있다.[35)] 당초 입법예고된 법안 §6에는 '남북한 사법공조'라는 표제 하에 '남북한 사이의 사법공조의 내용과 절차에 관하여는 §2의 기본원칙을 고려하여 이 법과 민사소송법, 국제민사사법공조법의 목적과 취지에 반하지 않는 범위내에서 해당하는 법률을 준

---

33) 가령 협의이혼의 허부와 재판상 이혼 중 조정, 화해의 허부는 실체법과 밀접한 관련이 있어 준거법을 따라야 한다. 또한 친생추정과 친생부인의 제소기간은 실체법과 밀접한 관련이 있으므로 준거법상 기간의 제한 없는 친생부인이 가능하고 별도의 절차를 마련하지 아니하고 있는 경우에는 친생자관계존부확인의 소에 의하여야 한다. 반면 사후인지에 검사를 관여시킬지 여부나 친생자관계존부확인의 소라는 특별한 절차를 마련할지 여부는 절차 문제이므로 법정지법에 따른다. 강봉수, "섭외가사사건의 제문제", 재판자료 34, 1986, 297, 301~303, 307, 312~313.

34) 이은정(2010), 156; 임복규(2011), 325~326(상속관계소송에서 유전자감식을 받게 한 예, 공민증, 위임장, 위임장을 작성하는 모습 등을 촬영한 동영상을 이용한 예 등을 소개한다).

35) 이은정(2010), 164~165; 임복규(2011), 327 이하. 이것이 공시송달 사유에 해당하는가 하는 점에 대하여는 논란의 소지가 있다. 실제로 양안개방(兩岸開放) 전 타이완(중화민국) 법원은 대륙(중화인민공화국) 거주자와의 소송에서 공시송달을 허용하지 아니하였다. 그러나 현실적으로 다른 방법이 없는 상황에서 공시송달을 불허하는 것은 재판 자체를 거부하는 것과 같다. 상세한 분석으로 정상규(2004), 631 이하.

용한다'는 규정이 있었고, 이는 향후 남북한 사법공조가 이루어질 경우 기준으로 삼아야 할 원칙적인 규정만을 두어 다른 분단국가의 예에서와 같이 외교경로가 아닌 통일 관련 부처나 반관반민 단체 등을 통하여 사법공조가 이루어질 가능성에 대비하려고 하였으나,[36] 결국 입법되지 못하였다.

끝으로 북한주민을 상대방으로 하는 소송의 경우 그의 소송관여권 보장을 위하여 소송절차를 중지(民訴 §246)하여야 하는가 하는 문제가 있는데, 민사소송법상 소송절차를 중지할지 여부는 법원의 재량에 맡겨져 있으므로, 중지하여야 하는 것은 아니고, 가까운 시일 내 남북한 사이의 교통이 회복되리라고 볼 만한 사정이 없는 한 중지하는 것이 합리적이라고 하기도 어려울 것이다.[37] 결국 대다수의 사안에서 북한주민의 현실적 관여 없이 제1심 패소 판결이 선고되는 것을 피할 수 없다.

36) 임복규(2011), 329~330.

37) 정상규(2004), 629 이하. 반면 양안개방(兩岸開放) 전 타이완(중화민국) 법원은 대륙(중화인민공화국) 거주자와의 소송에서 소송절차를 중지하여야 한다는 입장이었다. 이는 타이완 민사소송법이 우리 민사소송법과 달리 소송수행에 장애사유가 생겼을 때 소송절차를 반드시 중지하도록 규정하고 있는 것과 관계가 있다고 한다. 그밖에 소송절차를 중지하도록 특별법을 제정하여야 한다는 주장으로, 한명섭(2011), 12.

제 3 장 남북 주민 사이의 가족관계에 관한 특례

제6조(중혼에 관한 특례)

① 1953년 7월 27일 한국 군사정전에 관한 협정(이하 "정전협정"이라 한다)이 체결되기 전에 혼인하여 북한에 배우자를 둔 사람이 그 혼인이 해소되지 아니한 상태에서 남한에서 다시 혼인을 한 경우에는 중혼이 성립한다.

② 제1항의 사유로 중혼이 성립한 경우에는 「민법」 제816조제1호와 제818조에도 불구하고 중혼을 사유로 혼인의 취소를 청구할 수 없다. 다만, 후혼(後婚) 배우자 쌍방 사이에 중혼취소에 대한 합의가 이루어진 경우에는 그러하지 아니하다.

③ 제1항의 사유로 중혼이 성립한 경우로서 북한에 거주하는 전혼(前婚)의 배우자도 다시 혼인을 한 경우에는 부부 쌍방에 대하여 중혼이 성립한 때에 전혼은 소멸한 것으로 본다.

④ 정전협정이 체결되기 전에 혼인하여 남한에 배우자를 둔 사람이 그 혼인이 해소되지 아니한 상태에서 북한에서 다시 혼인을 한 경우에도 제1항부터 제3항까지의 규정을 준용한다.

제7조(실종선고의 취소에 따른 혼인의 효력에 관한 특례)

① 정전협정이 체결되기 전에 혼인하여 북한에 배우자를 둔 사람이 그 배우자에 대하여 실종선고를 받고 남한에서 다시 혼인을 한 경우에는 실종선고가 취소되더라도 전혼은 부활하지 아니한다. 다만, 혼인 당사자의 일방 또는 쌍방이 실종선고 당시 북한에 있는 배우자의 생존 사실을 알고 있었던 경우에는 전혼이 부활하여 중혼이 성립한다.

② 제1항 단서의 사유로 중혼이 성립한 경우 그 취소 청구에 관하여는 제6조제2항을 준용한다.

③ 제1항 단서의 사유로 중혼이 성립한 경우로서 북한에 거주하는 전혼의 배우자도 다시 혼인을 한 경우에는 실종선고가 취소되더라도 전혼은 부활하지 아니한다.

참고문헌: 권순한(2000), "남북한 가족법의 통합과 법률문제", 연세법학연구 7-1; 김상용(2011), "남북주민 사이의 중혼 등 가족관계 문제해결 - '남북한주민사이의 가족관계와 상속 등에 관한 특례법안' 입법 취지와 해설", 법무사 523; 문흥안(2007), "가족법상 북한이탈주민의 남한사회 정착 기원방안에 관한 연구 - 이혼의 특례를 중심으로 -", 가족법연구 21-3; 석광현(2015), "남북한 주민 간 법률관계의 올바른 규율 - 광의의 준국제사법규칙과 실질법의 특례를 중심으로", 국제사법연구 21-2; 신영호(1997), "대량탈북사태와 사법적 대응", 법제연구 12; 신한미(2006), "북한이탈주민의 이혼소송", 통일사법정책연구 1; 소재선(1993), "이산가족의 재결합에 따른 가족법상의 제문제", 가족법연구 10; 오수근(1998), "남북한간의 국제사법적 문제", 국제사법연구 3; 이은정(2001), "남북교류에 따른 가족법 대응방안: 이산가족의 재결합을 중심으로", 가족법연구 15-2; 동(2010), "북한주민의 상속권", 가족법연구 24-1; 임복규(2011), "'남북 주민 사이의 가족관계와 상속 등에 관한 특례법' 중 상속관련 규정에 대한 고찰", 통일과 사법 1; 임성권(2006), "북한주민과 관련한 가사분쟁의 특수문제", 국제사법연구 12; 동(2004), "탈북자의 이혼 청구에 있어서 국제사법적 문제-서울가정법원 2004. 2. 6. 선고 2003드단58877 판결-", 국제사법연구 10; 장준혁(2009), "탈북자의 이혼의 준국제관할", 민판 31; 정구태(2013), "북한주민의 혼인·친자·상속관계소송에 관한 제문제", 고려법학 70; 정범석(1972), "통일과 가족관계, 통일연구 1; 정상규(2004), "탈북자 이혼사건에 관한 연구", 사법논집 38; 조미경(2002), "이산가족 중혼문제에 관한 연구 -독일의 최근판례를 참고한 저촉법적·실질법적 접근-", 가족법연구 16-2; 최금숙(2011), "북한이탈주민의 결혼 및 이혼에 관한 법적 고찰", 이화여대 법학논집 15-3; 최달곤(2000), "남북이산가족 재결합에 따르는 법적 문제점", 북한학연구 창간호; 최성경(2012), "남북주민의 가족관계와 상속", 가족법연구 26-1.

Ⅰ. 의의

1. 규정목적

南北特 §§6, 7는 남북한주민 사이의 혼인관계, 특히 그 청산을 규율한다. 남북분단으로 인하여 부부가 남북으로 떨어져 있게 되면 다시 혼인공동생활을 회복하는 것이 사실상 불가능해진다. 이때 남한주민인 부부 일방으로서는 북한주민인 상대방과의 혼인관계를 청산할 필요가 생길 수 있다. 무엇보다도 그가

남한지역에서 다른 남한주민과 혼인공동생활을 하고자 할 때에는 북한주민인 배우자와의 전혼(前婚)을 해소하여야 한다[중혼(重婚)금지, §810]. 그런데 남북분단은 남북한주민 사이의 혼인관계를 해소, 청산할 필요뿐 아니라 그것을 곤란하게 하는 사정이기도 하다. 특별입법이 필요한 까닭이다.

2. 적용범위

南北特 §§6, 7는 남북한주민 사이의 혼인에 대하여 적용된다. 현재 혼인의 일방 당사자가 남한주민, 상대방 당사자가 북한주민이어야 한다. 이들이 남한과 북한으로 헤어져 지내게 된 경위는 묻지 아니한다. 그러나 혼인이 유효한 것이어야 함은 물론이다.

나아가 그러한 남북한주민 사이의 혼인, 즉 전혼(前婚)은 '1953년 7월 27일 정전협정'이 체결되기 전에 성립하였어야 한다. 이러한 적용범위의 제한은 북한이탈주민의 보호 및 정착지원에 관한 법률(이하 북한이탈주민보호법) §19-2와 관련되어 있다. 북한이탈주민보호법 §19-2는 북한이탈주민이 같은 법 §19에 따라 남한에서 가족관계등록을 창설한 경우 북한을 이탈하지 아니한 배우자를 상대로 재판상 이혼을 할 수 있게 해준다. 중혼(重婚)은 금지되어 있으므로, 북한에서의 혼인이 유효하다고 보는 한 북한이탈주민이 남한에서 재혼하려면 북한주민인 배우자와의 전혼(前婚)을 해소하여야 한다.[1] 그런데 상대방 배우자가 북한에 있다면 그와의 협의이혼도, 재판상 이혼도 사실상 장애에 부딪힌다. 그리하여 같은 규정은 가족관계등록을 창설하면서 배우자를 기재하였고[2] 그 배우자가 아직 북한에 있다고 보이는 경우에 재판상 이혼을 허용하면서, 그 토지관할을 서울가정법원에 부여하며, 특히 공시송달의 방법으로 소장 등을 송달할 수 있게 한다. 같은 법률은 공시송달의 요건은 충족된 것으로 간주하는 취지이나, 그 자체 별도의 (당연의) 재판상 이혼사유를 추가하는 것은 아니다. 그리하여 재판상 이혼사유를 별도의 심사하여야 하는데, 재판상 이혼사유의 해석과 관련하여 남북분단과 북한이탈주민의 특수성을 고려할 필요가 있음은 물론이다. 재판실무상으로는 §840의 재판상 이혼사유, 특히 vi를 적용,[3] 이혼청구의

---

1) 북한에서 북한법에 따라 이루어진 북한주민 사이의 혼인의 효력 유무의 판단방법에 관하여는 정구태(2013), 288 이하; 정상규(2004), 639 이하 참조.

2) 이러한 기재는, 북한법상 혼인을 유효하다고 보는 한, 보고적 성격을 갖는다. 정상규(2004), 636~643.

3) 가령 서울가정법원 2007. 6. 22. 선고 2004드단77721 판결 참조. 이는 위 규정 제정 전의 서울가정법원 2004. 2. 6. 선고 2003드단58877 판결에서도 나타났던 판단방식이다. 이러한 판단은 국

당부를 판단하고 있고, 대체로 청구를 너그럽게 인용하고 있다.[4)]

이에 비하여 南北特 §§6, 7는 남북분단 또는 정전 전에 혼인하였다가 남북분단이나 한국전쟁으로 헤어진 이른바 이산가족(離散家族)에 대하여 적용된다. 즉, 남북한주민 사이의 혼인이 문제되는 경우를 이산가족과 탈북으로 나누어, 전자(前者)에 대하여는 이미 실종선고에 의하여서든 북한에 배우자가 있다는 점을 숨겨서든 중혼을 하였을 가능성이 높으므로 그에 대한 대책을 마련하고, 후자(後者)의 경우에는 정식으로 이혼하고 재혼할 기회를 준 것이다. 그러나 후자의 경우에도 북한에 배우자가 있음을 숨기고 재혼하였는데 그것이 중혼으로 취소대상이 된다면 남한의 후혼배우자에게는 가혹할 수 있으므로 입법론적으로는 이와 같은 제한이 부당하다는 견해도 있다.[5)] 타당한 비판이라고 본다.

Ⅱ. 중혼(重婚) 일반

1. 남한주민 간 또는 북한주민 간 후혼(後婚)의 보호

정전협정 전 혼인한 부부가 이산가족이 된 경우 남한주민인 부부 일방이 남한에서 혼인을 하면 ― 이에 대하여는 당연히 민법이 적용된다 ― 중혼이 된

제사법을 유추하는 한 남북한주민 사이의 재판상 이혼에 관하여는 ― 내국인보호조항으로 인하여 ― 대한민국 법, 즉 우리 민법이 적용된다는 점에서 일응 수긍할 수 있다. 그러나 나아가 위 이혼특례규정이 당연히 대한민국 법을 준거법으로 정한 것인지, 그리고 북한이탈주민의 경우 ― 자신이 북한을 이탈하여 혼인관계의 파탄을 초래한 것임에도 ― §840 vi의 이혼사유가 인정된다고 할 수 있는 것인지 등 몇몇 검토할 문제를 남기고 있다. 석광현, 국제사법 해설, 2013, 474. 북한이탈주민의 이혼에 관하여는 또한 문흥안(2007); 정상규(2004), 644 이하, 특히 647 이하; 최금숙(2011), 646. 또한 신한미(2006)도 참조.

4) 석광현(2015), 366 이하도 대체로 같은 취지이나, 國私 §39 단서의 내국인조항으로 인하여 거의 항상 대한민국 법이 준거법이 된다는 결론에 대하여는 다소 유보적이다. 반면 남북한 주민 사이의 이혼에 國私 §39 단서의 내국인조항을 유추하면 늘 대한민국 법이 준거법이 되어 부당하므로 그 적용을 배제하여야 한다는 견해로 임성권(2004), 421, 실질법적으로 파탄주의이혼사유를 추가하고 증명방법과 관련하여 자유심증주의의 예외를 인정한 것이라는 견해로, 장준혁(2009), 650. 다만, 석광현, 같은 글, 370은 위 특례는 종합적으로 다소 무리한 입법이었다고 평가하고 있고, 임성권(2006), 208은 위 특례는 우선 당장의 불편한 내용만을 해결하는 것이고, 재판상 이혼의 상대방이 나중에 남한지역에 들어와 이를 다투는 경우는 미해결로 남은 것이라고까지 주장하고 있다.

5) 최성경(2012), 180. 이 규정의 적용범위를 이처럼 제한한 것은 북한이탈주민의 경우 남한에서 가족관계등록을 창설하는 과정에서 북한 배우자를 숨길 수 있고, 그 결과 중혼이 될 수도 있으나, 그러한 경우 후혼을 보호할 이유가 없기 때문이라고 한다. 김상용(2011), 43. 그러나 이 경우 북한이탈주민인 후혼당사자는 별론, 그 상대방인 남한주민도 보호할 필요가 없는지는 의문이다. 남북분단이 계속되는 한 북한이탈주민과 혼인한 당사자로서는 북한에서의 혼인 유무가 문제되지 아니하리라고 여길 수 있고, 그러한 신뢰의 보호가치가 반드시 이산가족과 혼인한 당사자의 신뢰의 보호가치보다 낮다고 볼 만한 근거가 없기 때문이다.

다.[6] 南北特 §6 I은 이를 확인한 것으로, 독자적인 규범적 의의는 없고 南北特 §6 II, III, IV의 전제일 뿐이다.

이처럼 중혼이 성립하는 경우 후혼은 불법적이고(§810), 기간제한 없이 취소할 수 있다(§§816 i, 818). 그러나 이는 후혼배우자에게는 뜻밖의 일일뿐 아니라, 남북분단으로 인하여 전혼(前婚)의 회복도, 그 적법한 해소도 기대할 수 없게 된 상황에서 헌법과 민법이 요구하는 일부일처제(一夫一妻制)에 기반한 혼인관념이 반드시 후혼을 불법화할 것을 요구한다고 볼 수 없다는 점에서 후혼당사자에게 지나친 것이기도 하다. 南北特 §6 II 본문은 그리하여 이러한 경우 §§816 i, 818에도 불구하고 중혼을 이유로 혼인의 취소를 구할 수 없다고 한다. 이러한 사정은 중혼취소청구에 대한 항변사유에 해당하므로, 중혼의 취소를 막으려는 후혼당사자에게 증명책임이 있다. 항변이 받아들여지는 경우에는 취소청구를 기각하여야 할 것이다.

그러나 후혼당사자가 후혼을 중혼을 이유로 취소하고자 한다면 굳이 이를 부정할 까닭은 없다. 그리하여 南北特 §6 II 단서는 후혼당사자 사이에 중혼취소에 대한 합의가 이루어진 때에는 그러하지 아니하다고 규정하고 있다. 이와 같은 합의는, 가족법상 법률행위에서 종종 그러하듯, 진의(眞意)에 의한 것이어야 하고, 그렇지 아니할 때에는 효력이 없다고 봄이 상당하다.

종래부터 이러한 상황에 대하여 입법론으로 후혼(後婚)을 보호하여야 하고, 원칙적으로 그 취소를 허용하여서는 안 된다는 점에 대하여는 대체로 의견이 일치되고 있었다.[7] 이 규정은 이러한 종래의 입법론을 규정화한 셈이다.

한편, 南北特 §6 IV는 같은 법리가 이산가족 중 북한주민인 부부 일방이 북한에서 혼인을 한 경우에도 적용됨을 선언한다. 즉, 북한주민들 사이의 혼인을 중혼으로 취소할 수 없게 되는 것이다. 그러나 북한주민들 사이의 혼인이 준국제사법적 관점에서 우리의 입법관할권에 속하는지, 그리고 위 규정이 그러한 규율을 의도한 것인지 의문이다. 북한법상 이러한 혼인이 중혼으로 무효가 되었을 때 이 규정을 근거로 그 효력을 부인할 수 있을지도 분명하지는 아니하다.[8]

---

6) 석광현(2015), 361~362; 이은정(2001), 171.

7) 권순한(2000), 205; 소재선(1993), 512 이하; 신영호(1997), 126; 최달곤(2000), 322~323. 나아가 민법과 국제사법의 해석으로 이러한 결론을 도출하려는 시도도 있다. 가령 조미경(2002), 77 이하.

8) 참고로 북한 가족법상 중혼은 혼인무효사유이고, 이는 재판상으로 주장하여야 한다고 한다. 이은정(2001), 171.

2. 남북한주민 간 전혼(前婚)의 보호

남한에서 후혼을 하였다 하여 전혼이 당연히 해소될 까닭은 없다. 南北特 §6 I이 확인한 바와 같이 이때 전혼은 유효하게 존속하며, 중혼상태가 계속된다. 다만, 중혼이 된 경우 전혼배우자로서는 재판상 이혼을 구하여 전혼을 해소하고, 그리하여 중혼상태를 해소할 수 있다. 일반적으로는 §840 i의 이혼사유가 생긴다고 보나[주해친족 §§840, 841, 842 註釋 다. II. 2. (1) (사) 참조] 이산가족의 경우에는 §840 vi의 이혼사유도 생각할 수 있을 것이다. 문제는 남북분단으로 전혼배우자가 실제 이혼을 할 것을 기대할 수 없다는 점이다. 그리하여 南北特 §6 III은 남한주민인 배우자도 재혼하고 북한주민인 배우자도 재혼한 경우에는 쌍방이 전혼을 해소할 의사가 있는 것으로 보아 부부 쌍방이 재혼한 때에 전혼이 법률상 당연히 소멸하는 것으로 하였다. 전혼을 굳이 보호할 필요가 없을 때에 한하여 중혼을 해소하고자 한 것이므로, 이 예외가 적용되기 위해서는 각각의 재혼이 유효하여야 함은 물론이다.

종래 전혼(前婚)의 운명에 대하여는 입법론으로도 논란이 있었다. 한 견해는 후혼 보호를 위하여 일방이라도 재혼하였고 재혼 당시 그 상대방이 전혼의 존재에 대하여 선의인 때에는 전혼이 소멸하는 것으로 하여야 한다고 하였다.[9] 원칙적으로 쌍방이 재혼한 때에 한하여 전혼이 소멸하되, 일방만 재혼한 때에도 배우자의 사망이나 이혼 등으로 후혼이 해소되었고 전혼 당사자가 재결합할 의사가 있을 때에는 전혼을 부활시킬 수 있게 하자는 견해도 있었다.[10] 이에 대하여 어느 경우든 전혼이 부활하고, 전혼의 효과를 신의칙상 제한하여 부양관계과 상속 등에 한하여 부부 및 인척관계를 인정하고 그 밖의 신분관계는 배제하는 방향으로 해결하여야 한다는 견해와,[11] 전·후혼의 당사자가 어느 한 혼인을 선택하고 의사가 일치할 때에는 나머지 혼인을 취소시키고 그렇지 아니하면 원칙적으로 전혼을 취소하되 자녀의 존부 등을 고려하여 법원이 어느 쪽을 취소할지를 정할 수 있게 하여야 한다는 견해도 있었다.[12] 南北特 §6 III은 쌍방 모두 재혼한 때에 한하여 전혼의 해소를 인정하는 입장을 취함으로써 후혼 당사자가 전혼에 대하여 선의라 하더라도 그러한 신뢰는 보호하지 아니

---

9) 신영호(1997), 126. 이러한 견해는 과거부터 주장되었던 것이다. 가령 정범석(1972), 87.
10) 소재선(1993), 512.
11) 권순한(2000), 205; 이은정(2001), 174~176도 대체로 비슷하다.
12) 최달곤(2000), 322~323.

할 것임을 분명히 하였다.

전혼이 위와 같은 요건에 해당하여 당연히 해소되거나 재판상 이혼 등으로 해소되면 중혼 상태가 소멸한다. 그러나 당연 해소의 요건도 충족하지 아니하고 이혼도 이루어지지 아니하면 중혼 상태로 전혼이 존속한다. 종래 학설로는 이때에도 후혼이 유효하게 성립한 이상 전혼이 완전한 효력을 가지지는 아니한다는 견해가 유력하였다. 즉 동거의무(§826 참조) 등은 원칙적으로 배제되고 부양과 상속관계에서만 혼인의 효력이 유지된다고 보아야 한다는 것이다.[13] 南北特 §6는 효과에 대해서는 별다른 예외를 규정하지 아니하고 있으나, 그와 같이 해석함이 상당할 것이다.

한편, 南北特 §6 III은 북한주민인 부부 일방의 재혼과 남한주민인 타방의 재혼의 선후를 묻지 아니한다. 이 한도에서 南北特 §6 IV는 당연한 것을 확인한, 불필요한 규정이다.

Ⅲ. 실종선고의 취소로 인한 중혼

1. 실종선고 후 한 혼인에 대한 실종선고 취소와 전혼(前婚)의 운명

그밖에 정전협정 전 혼인한 부부가 이산가족이 된 경우 남한주민인 부부 일방이 북한주민인 상대방과의 혼인을 해소하고 재혼하였을 수도 있다. 그러한 혼인해소방법으로는 부재선고 등에 관한 특별조치법에 의한 부재선고를 생각할 수 있다. 북한에 거주하다가 월남한 사람의 호적은 군정법령 제179호에 의하여 편제한 가(假)호적으로서 북한('미수복지구')에서 월남하지 못한 가족('잔류자')도 전원 취적(就籍)하게 하였고, 잔류자의 신분사항란에 '미수복지구거주'로 기재하게 하였다. 그 결과 잔류자는 종래의 주소나 거소를 떠나 행방불명인 자, 즉 부재자가 아닌 것이 되어 원칙적으로 실종선고에 의한 혼인 해소가 불가능하였다.[14] 不在特措 §2 I은 이러한 잔류자에 대하여는 부재선고 심판을 받을 수 있게 하였고, 부재선고심판이 확정되면 '혼인에 관하여는 실종선고를 받은 것으로' 보았다(不在特措 §4). 그 결과 혼인은 사망으로 해소되었다(§28). 나아가 같은 법은 1970. 1. 17.까지 한시적으로 이와 같은 경우 아예 실종선고를 받을 수도 있게 하고 있었다.[15] 또한 실종선고는 재판이므로 부재선고 등에 관한 특

13) 권순한(2000), 205; 신영호(1997), 126; 이은정(2001), 174~175.
14) 가사[II], 440~442; 신한미(2007), 685~686.

별조치법에 의하지 아니하여 사유가 인정되지 아니하더라도 어떻게든 실종선고가 확정되면 같은 효과가 생길 수 있다. 문제는 그의 배우자가 아직 생존해 있고, 이러한 실종선고가 취소되었을 때이다. 不在特措 §5 I은 부재선고를 받은 사람이 사망한 사실이 증명되었거나 군사분계선 이북지역이 아닌 곳에 거주하고 있는 사실이 증명된 경우에 한하여 취소할 수 있도록 하므로 본법의 적용대상이면서 동시에 不在特措 §4에 의하여 부재선고심판을 받은 자가 그 선고를 취소하는 경우란 생각하기가 어렵다. 즉, 중혼 문제는 생기지 아니한다.[16] 그러나 통상의 실종선고로 사망한 것으로 간주된 때에는 생존한 사실을 증명하여 실종선고를 취소시킬 수 있을 것이다(§29 I 본문).

문제는 실종선고가 취소되었을 때 전혼(前婚)이 소급하여 부활하는가 하는 점이다. 상대방이 재혼하지 아니한 때에는 부활한다는 데 다툼이 없다. 그러나 재혼한 때에는 §29 I 단서의 적용과 관련하여 복잡한 견해의 대립이 있다. 한 견해는 이 규정은 가족법상 법률관계에 적용되지 아니하고 언제나 전혼이 부활하여 중혼이 된다고 한다. 그러나 통설은 후혼 당사자 쌍방이 선의인 때에 한하여 §29 I 단서를 적용하여 전혼이 부활하지 아니한다고 한다. 중혼에 관한 가족관계등록사무 처리지침(등록예규 155호)도 같은 태도를 취하고 있는데, 일응 쌍방이 선의인 것으로 추정하여 전혼관계를 자동으로 부활시키지는 아니하되, 후혼 당사자 일방 또는 쌍방이 악의임이 증명된 때에 한하여 등록부정정절차를 거쳐 전혼관계를 부활시키는 것으로 하고 있다. 주해친족법 離婚 前註 I. 1. 나. 참조. 南北特 §7 I은 기본적으로 이러한 태도를 따른 것인데, 약간의 변형이 있다. 실종선고가 취소되어도 전혼은 원칙적으로 부활하지 아니하되, 예외적으로 일방 또는 쌍방이 악의이면 전혼을 부활시킨다는 점은 통설 및 위 등록예규의 태도와 같으나, 후혼 당사자의 선·악의 판단의 기준시점을 §29 I 단서의 선·악의 판단의 기준시점인 행위시,[17] 즉 후혼성립시 대신 실종선고시로 하고 있는 것이다. 결과적으로 후혼 당사자가 전혼 배우자의 실종선고 당시 모두 선의였던 경우에는 실종선고가 취소되어도 전혼이 부활하지 아니하나, 실종

---

15) 북한이탈주민의 보호 및 정착지원에 관한 법률 §19-2가 제정된 이상 不在特 §4에 의한 실종선고를 통하여 재판상 이혼을 거치지 아니하고 북한주민인 배우자와의 혼인을 해소하는 것은 허용되어서는 안 된다. 신한미(2007), 687 이하. 현행법상으로는 북한이탈주민이 북한에 있는 배우자를 대신하여 취적신고를 할 수 없어 不在特 §4의 요건을 충족하지 못한다고 보면 될 것이다. 입법론적으로는 이 규정을 폐지함이 타당하다. 이은정(2001), 169.

16) 이은정(2001) 171.

17) 주석민총(1), 제4판, 2010, 439(이용운).

선고 당시 일방이라도 악의였던 경우에는 전혼이 부활하여 중혼이 성립한다. 그러나 이 시점에는 아직 후혼 당사자 쌍방이 확정되어 있지 아니할 수도 있고, 그 기준시를 실종선고시로 하여야 할 특별한 사정도 없다는 점에서 입법론적으로는 의문이다.

그 밖에 실종선고 당시 후혼 당사자 쌍방 또는 그 일방이 전혼 배우자의 생존 사실을 알고 있었다 하더라도 북한에 거주하는 전혼의 배우자가 다시 혼인을 한 경우에는 실종선고의 취소에도 불구하고 전혼이 부활하지 아니하고(南北特 §7 III), 따라서 중혼이 되지 아니한다. 그 취지는 南北特 §6 III과 같다.

2. 남한주민 간 후혼(後婚)의 보호

실종선고의 취소로 인한 중혼(重婚)에 관한 한 南北特 §7 I의 규율은 대체로 종래의 법리와 일치한다. 그러므로 이 규정의 진정한 의미는 그로 인하여 중혼이 발생한 경우 南北特 §7 II에서 南北特 §6 II을 준용하여 원칙적으로 후혼의 취소를 배제한 데 있다. 즉, 정전협정 전 북한에 배우자를 둔 사람이 그 배우자에 대한 실종선고를 받고 남한에서 다시 혼인을 하였다가 실종선고가 취소된 경우 전혼이 부활하여 중혼이 되더라도 후혼 당사자 사이에 후혼해소에 관한 합의가 이루어지지 아니하는 한 남한주민간 후혼을 취소할 수는 없게 된다.[18] 그 의의와 해석에 대하여는 위의 II. 1. 참조.

3. [보론(補論)] 북한주민 간 후혼(後婚)의 보호 배제

한편, 南北特 §7에는 南北特 §6 IV과 같은 규정이 없다. 그렇다면 정전협정이 체결되기 전에 혼인한 부부가 일방은 북한에, 다른 일방은 남한에 거주하였고, 남한에 거주하는 일방이 북한에 거주하는 배우자에 대하여 실종선고를 받았으나 자신은 다시 혼인하지 아니하였는데, 북한에 거주하는 배우자는 다시 혼인한 경우에는 어떻게 되는가. 이때 적어도 후혼당사자 중 일방(실종자)은 악의이므로 실종선고가 취소되면 통설에 따를 때 전혼이 부활하여 북한주민간의 후혼이 중혼이 되게 마련이다. 이 점은 다른 경우와 다를 바 없지만, 중요한 것은 南北特 §6 IV과 같은 규정을 두지 아니한 결과 南北特 §7 II이 준용되지 아니한다는 것이다. 이 점에서 南北特 §6의 규율과 다른데, 이처럼 달리 규율한 까닭은 분명하지 아니하다.

---

18) 김상용(주 5), 45~46.

제8조(친생자관계존재확인의 소에 관한 특례)

① 혼인 중의 자(子)로 출생한 북한주민(북한주민이었던 사람을 포함한다)이 남한주민인 아버지 또는 어머니의 가족관계등록부에 기록되어 있지 아니한 경우에는 「민법」 제865조제1항에 따라 소를 제기할 수 있는 사람이 친생자관계존재확인의 소를 제기할 수 있다.

② 제1항의 소(訴)는 「민법」 제865조제2항에도 불구하고 분단의 종료, 자유로운 왕래, 그 밖의 사유로 인하여 소의 제기에 장애사유가 없어진 날부터 2년 내에 제기할 수 있다.

③ 혼인 중의 자로 출생한 남한주민이 자신의 가족관계등록부에 북한주민(북한주민이었던 사람을 포함한다)인 아버지 또는 어머니가 기록되어 있지 아니한 경우 그 친생자관계존재확인의 소의 제기에 관하여는 제1항 및 제2항을 준용한다.

제9조[인지청구의 소에 관한 특례] ① 혼인 외의 자(子)로 출생한 북한주민(북한주민이었던 사람을 포함한다)과 그 직계비속 또는 그 법정대리인은 남한주민인 아버지 또는 어머니를 상대로 하여 인지청구의 소를 제기할 수 있다.

② 제1항의 소(訴)는 「민법」 제864조에도 불구하고 분단의 종료, 자유로운 왕래, 그 밖의 사유로 인하여 소의 제기에 장애사유가 없어진 날부터 2년 내에 제기할 수 있다.

③ 혼인 외의 자로 출생한 남한주민과 그 직계비속 또는 법정대리인이 북한주민(북한주민이었던 사람을 포함한다)인 아버지 또는 어머니를 상대로 하여 인지청구의 소를 제기하는 경우에도 제1항 및 제2항을 준용한다.

참고문헌: 김상용(2011), “남북주민 사이의 중혼 등 가족관계 문제해결 – ‘남북한주민사이의 가족관계와 상속 등에 관한 특례법안’ 입법 취지와 해설”, 법무사 523; 최금숙·안소영(2011), “남북 주민의 가족관계와 북한주민의 상속권 –「남북 주민 사이의 가족관계와 상속 등에 관한 특례법안」 검토를 중심으로–”, 이화여대 법학논집 16–2; 최성경(2012), “남북주민의 가족관계와 상속”, 가족법연구 26–1.

I. 적용범위

南北特 §§8, 9는 남북한주민 사이의 친자관계를 규율한다. 적용범위는 부 또는 모와 그 자녀가 현재 한쪽은 남한주민, 다른 한쪽은 북한주민인 경우 일체이고(南北特 §§8, 9 각 I, III), 南北特 §§6, 7과 달리 출생시점 등에 따른 제한은 없다. 그러므로 북한이탈주민과 남한주민 사이의 친자관계에 대하여도 이 규정이 적용된다.[1]

남북한주민 사이의 친자관계도 준국제사법 원칙에 따라 지정된 준거법에 따라 결정된다. 南北特 §§4, 5 註釋 II. 참조.[2] 친생추정은 물론, 친생부인의 소의 제소기간 및 제소권자와 같은 규율도 실체법과 밀접한 관련이 있으므로 준국제사법 원칙에 따라 지정된 준거법에 의함이 옳다. 다만, 준거법상 기간제한 없이 친생부인이 가능하고 별도의 절차를 마련하고 있지 아니한 때에는 친생자관계존부확인의 소에 의하여야 할 것이다. 그 밖에 인지의 요건이나 강제인지의 허부 등도 지정된 준거법을 따른다. 반면 사후인지에 검사를 관여시킬 것인지 여부나 친생자관계존부확인의 소라는 특별한 절차를 마련할지 여부 등은 절차의 문제이므로 법정지(法庭地)법(lex fori)에 의하여야 한다.[3] 南北特 §§8, 9는 이러한 실질법적 규율에 대한 특칙은 아니라고 이해된다. 즉 친생자관계존재확인의 소나 인지청구의 소는 친생부인의 소와 달리 당사자 쌍방이 생존 중일 때에는 기간의 제한이 없다. 그러한 점에서 사후에 소를 제기하는 것을 허용하되 그 기간을 제한하는 것 또한 기본적으로 절차적인 사항으로 법정지법에 따라야 한다. 南北特 §§8, 9는 대한민국 법원에 위 소를 제기하는 경우 제소기간에 관하여만 특칙을 둔 것으로, 지정된 준거법에 따를 때 친생자관계존재확인의 소나 인지청구의 소 자체가 허용되지 아니하는 경우에까지 적용되는 것은 아니다.

---

1) 최성경(2012), 183~184. '북한주민이었던 사람'이 이를 가리킨다. 또한 김상용(2011), 46도 참조.

2) 김상용(2011), 46, 48; 최금숙·안소영(2011), 79~81은 이 경우 실질법과 재판관할에 대하여 별 의문 없이 우리 민법에 따라 친생자관계존재확인의 소 또는 인지청구의 소 등이 가능하다는 취지로 보이나, 의문이다.

3) 강봉수, "섭외가사사건의 제문제", 재판자료 34, 1986, 301~303, 307, 312~323.

Ⅱ. 규율내용

南北特 §§8, 9는 각각 혼인 중의 자녀와 그 아버지 또는 어머니 사이의 관계에서 친생자관계존재확인의 소, 혼인 외의 자녀와 그 아버지 또는 어머니 사이의 관계에서 인지청구의 소가 가능함을 선언하고, 그 제소기간을 연장한다. 앞서 설명한 바와 같이 이 규정이 준거법에 의하여 친생자관계존재확인의 소 또는 인지청구의 소가 허용되는지를 정하는 것은 아니므로 이 규정이 확인하는 바는 혼인 중의 자녀와 그 아버지, 어머니 사이의 관계는 친생자관계존재확인의, 혼인 외의 자녀와 그 아버지, 어머니 사이의 관계는 인지의 대상으로 구분된다는 점뿐이다. 일반적으로 혼인 중의 자녀와 아버지 사이의 관계는 친생추정에 의하여 성립하므로(§844) 그것이 가족관계등록부에 나타나 있지 아니하다면 친생자관계존재확인의 소의 대상이 될 것이고, 혼인 외의 자녀와 아버지 사이의 관계는 인지(認知, §855 이하)에 의하여 성립하며, 아버지가 인지하지 아니하는 경우 자녀는 아버지를 상대로 인지청구의 소(§863)를 제기할 수 있다. 자녀와 어머니의 관계는 혼인 중, 혼인 외를 묻지 아니하고 출산사실로 성립하고, 그것이 가족관계등록부에 나타나 있지 아니할 때 어떤 소에 의하여야 하는지에 관하여는 다툼이 있는데, 南北特 §§8, 9는 이에 대하여 혼인 중인 경우에는 친생자관계존재확인의 소, 혼인 외인 경우에는 인지(§855 참조)에 의하여야 함을 전제하고 있는 셈이다.[4] 아직 가족관계등록부가 존재하지 아니한다면 南北特 §§8, 9에 의하여 확정판결을 받아 가족관계등록부를 창설하는 것도 가능하다.[5]

§865 II는 친생자관계존재확인의 소에 대하여 당사자 일방이 사망한 경우 그 사망을 안 날부터 2년내에 검사를 상대로 소를 제기할 수 있다고 규정하고, §864는 인지청구의 소에 대하여 부 또는 모가 사망한 때에는 그 사망을 안 날부터 2년내에 검사를 상대로 소를 제기할 수 있다고 규정한다. 그러나 이러한 규정은 사망을 알아도 적기에 친생자관계존재확인의 소나 인지청구의 소를 제기하기 어렵거나 불가능한 북한주민에게는 가혹할 수 있다. 南北特 §§8, 9 각 II은 이때 그 제소기간의 만기를 '분단의 종료, 자유로운 왕래, 그 밖의 사유로 인하여 소의 제기에 장애사유가 없어진 날부터 2년 내'로 연장하고 있다.[6]

---

4) 이러한 이해로 §865 註釋 II. 가.
5) 김상용(2011), 47.
6) 이러한 제소기간의 연장은 위 각 소의 상대방인 아버지 또는 어머니가 사망하지 아니한 때에는 적용되지 아니한다. 최성경(2011), 184~185면 참조. 같은 문헌은 그러한 전제 하에 위 규정

여기에서 분단의 종료란 남북한이 법률적 또는 사실적으로 하나의 국가체제를 형성한 상태를 가리키고, 자유로운 왕래란 남북한 사이에 서신과 통신의 왕래가 완전히 자유롭게 허용되고, 상호 방문에 있어 외국에 비하여 특별한 제한이 없어진 경우를 가리킨다(南北特 §3 iii, iv). 문제는 어떠한 경우가 '그 밖의 사유'인가 하는 점인데, 이는 결국 '소의 제기에 장애사유가 없어'졌다는 것이 무엇을 의미하는가 하는 점과 관계되어 있다. 친생자관계존재확인이나 인지를 위하여 반드시 분단이 종료되거나 자유로이 왕래할 수 있어 원고 자신이 법정에 출석할 수 있어야만 하는 것은 아니지만 혈액형이나 유전자검사 등을 거쳐야 하는 경우가 많으므로 현실적으로 그러한 가능성이 확보되지 아니하여 위 소를 제기하지 못하였거나 하지 아니하였다면 아직 제소기간 내라고 봄이 상당할 것이다. 반면 북한에 거주하던 혼인 중의 자녀가 탈북하여 남한에 입국한 때에는 '그 밖의 사유'가 인정될 수 있다.[7]

한편, 南北特 §§8, 9 각 III은 이 규정을 자녀인 남한주민과 그 직계비속 또는 법정대리인이 북한주민(북한주민이었던 사람을 포함한다)인 아버지 또는 어머니를 상대로 소를 제기하는 경우에도 준용한다. 법정지(法庭地)가 남한인 경우 원고의 법원에의 접근에는 문제가 없어도 피고에 대하여 위와 같은 검사 등이 곤란하여 별 실효성이 없을 것으로 여겨 소를 제기하지 아니한 때에는 그 제소기간을 연장하여 줄 필요가 있기 때문이다. 반면 법정지(法庭地)가 북한인 경우에 위 규정의 효력이 미칠 수 있을지는 의문이다.[8]

이 다소 오해의 소지가 있다면서 그 문언의 수정을 제안한다.

7) 김상용(2011), 48.

8) 김상용(2011), 48도 南北特 §4 III에 따라 보충적 관할권이 인정되는 경우에 한하여 이 규정이 적용된다는 취지로 보인다.

제 4 장 남북 주민 사이의 상속 등에 관한 특례

제10조(상속재산반환청구에 관한 특례)

① 남북이산 후 이 법 공포일 전에 실종선고(「부재선고에 관한 특별조치법」에 따른 부재선고를 포함한다)를 받은 북한주민에 대하여 실종선고의 취소심판이 확정된 경우 실종선고의 취소심판을 받은 사람은 실종선고를 직접원인으로 하여 재산을 취득한 자(그의 상속인을 포함한다)를 상대로 그 재산의 반환을 청구할 수 있다.

② 제1항의 경우 반환청구의 상대방이 선의(善意)인 경우에는 그 받은 이익이 현존하는 한도에서 반환할 의무가 있고, 악의(惡意)인 경우에는 그 받은 이익 중에서 이 법 공포일 당시에 현존하는 이익에 이자를 붙여서 반환하고 손해가 있으면 이를 배상하여야 한다.

③ 제1항의 사유로 실종선고가 취소된 경우에는 「민법」 제29조제1항 단서에도 불구하고 그 실종선고의 취소는 이 법 공포일 전까지 한 행위와 이 법 공포일부터 실종선고 취소심판의 확정 전까지 선의로 한 행위의 효력에 영향을 미치지 아니한다.

④ 남북이산 후 이 법 공포일 전에 실종선고(「부재선고에 관한 특별조치법」에 따른 부재선고를 포함한다) 외의 사유로 사망으로 처리된 북한주민이 생존하고 있는 경우 그 생존자는 사망처리를 직접원인으로 하여 재산을 취득한 자(그의 상속인을 포함한다)를 상대로 그 재산의 반환을 청구할 수 있다.

⑤ 제4항에 따른 재산의 반환 청구에 관하여는 제2항 및 제3항을 준용한다. 이 경우 제3항 중 "실종선고 취소심판의 확정"은 "상속재산의 반환청구"로 본다.

▌**참고문헌**: 임복규(2011), "'남북 주민 사이의 가족관계와 상속 등에 관한 특례법' 중 상속관련 규정에 대한 고찰", 통일과 사법 1; 신영호(2011), "남북 이산가족 사이의 상속관련 문제해결 – '남북한주민사이의 가족관계와 상속 등에 관한 특례법안' 입법 취지와 해설", 법무사 524; 최금숙·안소영(2011), "남북 주민의 가족관계와 북한주민의 상속권 –「남북 주민 사이의 가족관계와 상속 등에 관한 특례법안」 검토를 중심으로–", 이화여대 법학논집 16–2; 최성경(2012), "남북주민의 가족관계와 상속", 가족법연구 26–1.

Ⅰ. 실종선고의 취소로 인한 반환관계

1. 적용범위

南北特 §10 I, II, III은 남북이산 후 남북 주민 사이의 가족관계와 상속 등에 관한 특례법 공포일, 즉 2012. 2. 10. 전에 실종선고를 받은 북한주민에 대하여 실종선고 취소가 있었던 경우 재산관계의 청산에 관한 특례를 규정하고 있다. 북한주민에 대한 실종선고의 취소로 인하여 생기는 상속재산반환관계를 규율하는 것이므로 피상속인은 북한주민이어야 한다. 또한 '남북이산' 후, 즉 '그 사유와 경위를 불문하고 가족이 남한과 북한으로 흩어져 있'게 된 경우에 한하여 적용되므로(南北特 §3 v) 상속인 중 남한주민이 있어야 한다. '남북이산'은 이처럼 피상속인과 상속인이 남한과 북한에 각각 거주하는 상황 일체를 가리킨다. 그 사유와 경위는 묻지 아니하므로 한국전쟁으로 인하여 이산가족이 된 경우 이외에 분단 후 납북(拉北)되거나 자진 월북하여 이산가족이 된 경우도 포함한다.[1] 북한주민에 대하여 대한민국 법원에서 실종선고를 하는 것은 일반적으로 대한민국에 그의 재산이 있거나 대한민국 법에 의하여야 하는 법률관계가 있기 때문이고, 그러한 경우 대한민국 내에서의 법률관계에 대하여는 민법이 적용될 수 있음을 전제(國私 §12 참조)로, 실질법적 수정을 가하였다고 이해된다.

다만, 南北特 §10은 실종자가 생존하면서 직접 재산반환을 구하는 경우를 규율할 뿐이고 실종선고가 취소되었다 하더라도 그 사유가 실종선고와 다른 때에 사망하였다는 점일 때에는 적용되지 아니한다. 이러한 사안은 북한의 상속인과 남한의 상속인 사이 또는 남한의 상속인들 사이의 상속회복청구의 문제이기 때문이다.[2]

---

1) 이 점을 명시하지 아니한 법안에 대하여 납북이나 자진 월북으로 인한 경우를 포함하고자 한다면 그 점을 명시한 정의규정을 두어야 한다는 입법론으로, 임복규(2011), 341.
2) 신영호(2011), 36~37; 임복규(2011), 334; 최성경(2012), 189.

2. 규율내용

북한주민에 대하여 남한에서 실종선고가 이루어진 경우 남한 내의 재산에 대하여는 상속이 이루어진다.[3] 그러므로 그 취소의 법률효과에 대하여도 대한민국 법이 적용된다.

§29 I 단서는 실종선고의 취소가 '실종선고후 그 취소전에 선의로 한 행위의 효력에 영향을 미치지 아니한다'고 정하고, §29 II은 '실종선고의 취소가 있을 때에 실종의 선고를 직접원인으로 하여 재산을 취득한 자가 선의인 경우에는 그 받은 이익이 현존하는 한도에서 반환할 의무가 있고 악의인 경우에는 그 받은 이익에 이자를 붙여서 반환하고 손해가 있으면 이를 배상하여야 한다'고 정한다. 주로 문제되는 것은 ― 南北特 §7와 관련하여 다룬 혼인의 해소를 제외하면 ― 상속이다. 실종자의 재산이 실종자가 사망한 것으로 봄에 따라 그 상속인에게 승계되고, 그에 따라 상속인이 그 재산을 처분할 수 있게 되는 것이다. §29 I 단서는 이때 그의 처분이 실종선고 후 그 취소 전 선의로 이루어진 때에는 실종자의 재산을 취득한 제3자 및 그 전득자에 대하여는 사망의 효과의 소급적 소멸이 미치지 아니함을 의미하고, §29 II은 그러한 경우에도 실종선고를 직접원인으로 하여 재산을 취득한 자, 가령 상속인 자신은 선의인 경우에는 현존이익을, 악의인 경우에는 악의인 때부터 받은 이익에 이자를 붙인 것을 반환하여야 하고, 손해가 있으면 손해배상도 하여야 함을 규정한다.[4] 이 규정은 실종선고 취소로 인한 반환청구권 일체, 가령 물권적 청구권(§213 등)이나 부당이득반환청구권(§741 이하)에 미친다.

이에 대하여 南北特 §10 III은 북한주민에 대한 실종선고의 취소의 효력이 '이 법 공포일 전까지 한 행위와 이 법 공포일부터 실종선고 취소심판의 확정 전까지 선의로 한 행위'에 대하여 영향을 주지 아니한다고 함으로써 제3자의 보호범위를 넓히고 있다. '이 법 공포일부터 취소심판의 확정 전까지 선의로 한 행위'에 대하여 실종선고의 취소의 효력이 미치지 아니함은 이미 §29 I 단서의 해석상으로도 당연한 것이지만,[5] 같은 규정은 이 법 공포일 전에 한 행위에 대

---

3) 國私 §12 참조. 실종선고는 주소지의 법률관계를 정리하기 위한 것이다. 주석민총(1), 제4판, 2010, 430(이용운).

4) 구체적인 해석론상의 논의에 대하여는 이용운(주 3), 438 이하 참조.

5) §29 I 단서의 '취소전'은 취소심판 확정 전을 의미한다. 신영호(2011), 36. 이에 대하여 이러한 표현이 적당하지 아니하고 §29 I 단서와 같이 '실종선고 후 그 취소 전'으로 하여야 한다는 주장으로, 최성경(2012), 191. 그러나 그 근거는 밝히지 아니하고 있다.

하여는 악의였다 하더라도 그 효력에 영향을 미치지 못하게 하고 있기 때문이다. 또한 南北特 §10 II은 이러한 경우에 '반환청구의 상대방이 선의인 경우에는 그 받은 이익이 현존하는 한도에서 반환할 의무가 있고, 악의인 경우에는 그 받은 이익 중에서 이 법 공포일 당시에 현존하는 이익에 이자를 붙여서 반환하고 손해가 있으면 이를 배상'하여야 한다고 함으로써, 반환의무자, 가령 상속인이 악의라 하더라도 이 법 공포일 이전에 이득이 소멸한 때에는 그 범위에서 반환의무를 면해주는 특혜를 준다.[6] 이와 같은 특혜는 북한에 가족이 살아있다는 것을 알고 있었다 하더라도 장기간 분단으로 인하여 그가 살아 돌아와 자신의 재산을 관리할 수 있으리라고 기대하기 어려운 상황이었고, 전후 관련 제도와 법령의 미비로 사실과 다른 사망신고가 다수 행해졌으며, 그러한 일련의 처리에는 분단이라는 불가피한 사정으로 인한 측면도 있는데, 이제와 전부 반환하게 하면 남한주민의 신뢰를 해치고 남한주민인 상속인에게 가혹하므로, 악의자의 이익도 보호할 필요가 있다고 보아 부여된 것이다.[7]

제3자의 경우 선의인지 악의인지는 '행위'시를 기준으로 판단하여야 한다. 그러나 상속인 등의 반환의무의 경우 악의가 된 때의 현존이익을 기준으로 위 규정을 적용하여야 한다.[8]

나아가 南北特 §10 I은 이때 실종선고에 「부재선고에 관한 특별조치법」에 따른 부재선고가 포함되고,[9] 실종선고를 직접원인으로 하여 재산을 취득한 자에 그의 상속인이 포함된다는 점을 명시하고 있다. 이는 종래의 통설에 따른 것으로, 확인적 성격을 갖는데 그친다.[10]

한편, 남북 주민 사이의 가족관계와 상속 등에 관한 특례법 제정 당시에

---

6) 입법론적으로 악의의 수익자의 반환범위 제한에 비판적인 것으로, 임복규(2011), 341~342.

7) 신영호(2011), 37~38; 임복규(2011), 337; 최금숙·안소영(2011), 83~84; 최성경(2012), 189~190. 입법 당시에는 특혜 부여의 기준을 특례법 제정시로 할지, 특례법 시행시로 할지, 아니면 반환청구시로 할지 논란이 되었으나, 특례남용을 방지하기 위하여 제정시로 하였다.

8) 임복규(2011), 37은 악의 여부는 실종선고시를 기준으로 판단하여야 하고, 실종선고 후 이산가족상봉 등으로 생존사실을 알게 된 경우에는 악의라고 할 수 없다고 하나, 의문이다.

9) 다만, 부재선고에 관한 특별조치법상의 부재선고의 취소는 부재선고를 받은 사람이 사망하였거나 그가 군사분계선 이북 지역이 아닌 곳에 거주하고 있는 사실이 증명된 경우와 위 법이 정하는 '잔류자'(가족관계등록부에 군사분계선 이북 지역에 거주하는 것으로 표시된 자)가 거주하는 군사분계선 이북 지역이 그 이남 지역의 행정구역으로 편입된 경우에 한하여 가능하므로(不在特措 §5), 부재선고를 받고 북한에 거주하고 있는 상속인의 경우 생존사실을 증명하더라도 부재선고를 취소할 수 없다. 이와 같은 규율이 북한주민의 상속권을 침해한다는 비판으로, 최금숙, "북한이탈주민의 상속권 보호를 위한 고찰", 가족법연구 15－1, 2001, 312.

10) 이에 대하여 실종자의 상속인의 상속인을 제외하는 안을 고려하여야 한다는 취지로, 최성경(2012), 191~192.

이러한 상속재산반환에 대하여 별도의 절차를 두는 문제와 소멸시효의 특례를 규정하는 문제도 논의되었으나, 그러한 특례는 두지 아니하기로 하였다.[11]

Ⅱ. 그 밖에 사실과 달리 사망처리된 사람이 생존하고 있음이 밝혀진 경우의 반환관계

南北特 §10 Ⅳ, Ⅴ은 위 규정을 실종선고 및 그와 동일한 효력을 갖는 부재선고에 의하지 아니하고 사실상 사망처리된 경우에 준용한다. 이때에는 권리변동이 아예 존재하지 아니하고 §29 Ⅰ 단서의 적용도 없으나, 허위의 사망신고 등에 의하여 상속이 개시된 것과 같은 외관이 작출된 경우에도 남한주민인 상속인 및 그와 거래한 제3자를 보호할 필요는 같다는 점에 착안하여 비슷한 규율을 가하기로 한 것이다. 다만, 이 경우에는 실종선고의 취소와 같은 절차가 존재하지 아니하므로 상속재산 반환청구가 있을 때를 기준으로 삼았다.

이 규정의 적용대상이 되는 경우, 실체법상으로는 사망처리되었을 뿐인 사람의 소유이나 공부상 소유자가 사망한 것으로 기재되었다는 이유로 사실상 상속되거나 처분된 재산에 관하여, 실체법상의 소유자인 사망처리된 사람의 재산권이 이 법의 시행으로 인하여 상실되거나 제한된다. 이 규정도 물권적 청구권(§213 등)이나 부당이득반환청구권(§741 이하)에 대한 특칙이고, 불법행위를 원인으로 하는 손해배상청구에도 영향을 미친다.[12]

11) 신영호(2011), 36, 38~39; 임복규(2011), 333, 337~338, 342. 소멸시효의 특례를 두지 아니한 데 대하여는 두 문헌 다 비판적이다.
12) 신영호(2011), 37; 임복규(2011), 335; 최금숙·안소영(2011), 84.

제11조(상속회복청구에 관한 특례)

① 남북이산으로 인하여 피상속인인 남한주민으로부터 상속을 받지 못한 북한주민(북한주민이었던 사람을 포함한다) 또는 그 법정대리인은 「민법」 제999조제1항에 따라 상속회복청구를 할 수 있다. 이 경우 다른 공동상속인이 이미 분할, 그 밖의 처분을 한 경우에는 그 상속분에 상당한 가액으로 지급할 것을 청구할 수 있다.

② 제1항의 경우에 공동상속인 중에 상당한 기간 동거 · 간호, 그 밖의 방법으로 피상속인을 특별히 부양하거나 피상속인의 재산의 유지 또는 증가에 특별히 기여한 사람이 있을 때에는 상속개시 당시의 피상속인의 재산의 가액에서 공동상속인의 협의로 정한 그 사람의 기여분을 공제한 것을 상속재산으로 보고 상속회복청구권자의 상속분을 산정한다.

③ 제2항에 따른 협의가 되지 아니하거나 협의할 수 없는 경우에는 가정법원은 제2항에 규정된 기여자의 청구에 따라 기여의 시기 · 방법 및 정도와 상속재산의 액, 그 밖의 사정을 참작하여 기여분을 정한다.

④ 제2항 및 제3항에 따른 기여분은 상속이 개시된 때의 피상속인의 재산가액에서 유증의 가액을 공제한 액을 넘지 못한다.

참고문헌: 권순한(2000), "남북한 가족법의 통합과 법률문제", 연세법학연구 7−1; 김상훈(2016), "북한주민의 상속회복청구권 행사와 제척기간", 가족법연구 30−3; 신영호(2011), "남북 이산가족 사이의 상속관련 문제해결 − '남북한주민사이의 가족관계와 상속 등에 관한 특례법안' 입법 취지와 해설", 법무사 524; 소재선(1993), "이산가족의 재결합에 따른 가족법상의 제문제", 가족법연구 10; 이은정(2010), "북한주민의 상속권", 가족법연구 24−1; 이인호(2011), "북한 거주 상속인에게 상속회복청구권 제척기간의 연장특례를 인정하는 것에 대한 헌법적 평가", 통일과 법률 8; 임복규(2011), "'남북 주민 사이의 가족관계와 상속 등에 관한 특례법' 중 상속관련 규정에 대한 고찰", 통일과 사법 1; 전경근(2015), "북한주민의 상속에 관한 제 문제", 아주법학 8−4; 정구태(2015), "북한 주민의 상속회복청구권 행사와 제척기간 −서울남부지방법원 2014.1.21. 선고 2011가단83213 판결−", 아주법학 8−1; 동(2017), "북한주민의 상속회복청구권 행사와 제척기간−대법원 2016.10.19. 선고 2014다46648 전원합의체 판결", 김상훈 외 2016년 가족법 주요 판례 10선; 최금숙 · 안소영(2011), "남북 주민의 가족관계와 북한주민의 상속권 −「남북 주민 사이의 가족관계와 상속 등에 관한 특례법안」 검토를 중심으로−",

이화여대 법학논집 16-2; 최성경(2012), "남북주민의 가족관계와 상속", 가족법연구 26-1; 동(2017), "북한주민의 상속회복청구권과 제척기간-대법원 2016.10.19. 선고 2014다46648 전원합의체 판결", 법조 721.

Ⅰ. 북한주민의 상속권

피상속인이 남한주민인 이상 준국제사법의 원칙에 따라 상속관계에 관하여는 민법이 적용되어야 한다(國私 §49 참조). 본조도 같은 전제하에 남북이산으로 피상속인인 남한주민으로부터 사실상 상속을 받지 못한 북한주민에게 상속회복청구권을 인정하면서, 그에 관하여 약간의 특례를 규정하여 실질법적 수정을 가한다.

한 가지 주의할 점은 본조가 북한주민에게도 남한주민의, 남한 내 재산에 대한 상속권을 우리 민법에 따라 그대로 인정함을 전제하고 있다는 것이다. 물론 별도의 명문 규정이 없는 한 상속인이 북한주민이라 하여 그의 상속권이 부정되지는 아니한다. 그러나 남북한 사이의 특수관계와 분단상황의 장기화·고착화로 인하여 북한주민의 상속권을 전면적으로 인정하는 것이 부적절하다는 주장이 있고, 입법론적으로는 북한주민에게 남한 내 재한에 대한 상속권을 부정하거나, 상속분에 대한 특례를 두어야 한다는 주장도 유력하게 제기되고 있었다.[1] 본조는 상속권 및 상속분과 관련하여서 특별취급을 하지는 아니할 것임을 전제하나,[2] 이는 위 논란에 대한 종국적 입법적 결단이라기보다는, 당장 남한 내의 재산에 대하여 북한주민인 상속인이 소송위임 등으로 그 재산권을 행사하려고 하는 과정에서 제기되는 문제를 규율하기 위한 잠정적 결정이었다.[3] 즉, 북한주민의 남한 내 재산의 상속이 전면적으로 문제되는 상황을 염두에 두었다기

---

1) 학설은 입법론적으로 상속권을 부정하는 데 대하여는 소극적이었으나, 상속분에 관하여는 제한함이 타당하다거나 남한 내 부동산 소유 및 상속한도에 제한을 두어야 한다거나 가액반환만 구할 수 있게 하여야 한다는 견해도 유력하였다. 권순한(2000), 207; 소재선(1993), 513~516; 이효원, 남북교류협력의 규범체계, 2006, 233; 제성호, "남북이산가족의 재결합에 따른 법적 문제점과 해결 방안", 통일원 91, 1991, 25. 이상의 논의를 개관한 것으로는 이은정(2010), 149 이하; 신영호(2011), 39 이하. 타이완의 경우에는 약간의 제한을 두었으나, 독일의 경우에는 별다른 제한 없이 상속권을 인정하였다.

2) 최성경(2012), 194~195. 판례도 북한주민의 상속권을 인정한다. 대법원 1982. 12. 28. 선고 81다451, 453 판결.

3) 신영호(2011), 35은 특례법이 가족·신분관계와 달리 상속문제에 대하여는 분단의 해소, 자유왕래 등 미래상황을 염두에 두어 해결하기보다는 이를 장래의 과제로 남기고 단계적 해결을 도모하고 있다고 한다.

보다는 교류협력의 증가로 인하여 부분적으로 문제되고 있는 현 상황에 대한 대응에 가깝다는 것이다.

Ⅱ. 북한주민의 상속회복청구권

1. 본조의 규율내용

피상속인이 남한주민인 이상 상속에 관하여는 대한민국 법이 적용되므로(國私 §49 참조) 상속인에게는 상속회복청구권에 관한 §999 및 가액지급청구권에 관한 §1014, 기여분에 관한 §1008-2 등이 적용됨이 원칙일 것이다. 본조 I 제1문은 상속회복청구권에 관한 §999 I에, 본조 I 제2문은 가액지급청구권에 관한 §1014에, 본조 II, III, IV은 각 기여분에 관한 §1008-2 I, II, III에 상응하는 규율을 가하고 있고, 그러한 점에서 확인적이다.

문제가 되는 것은 다음 넷이다.

첫째, 南北特 §5 II은 본조 I에 따른 상속회복청구 사건을 가정법원 합의부 관할사건으로 하고, 다류 가사소송사건으로 규정한다. 본래 §1014의 가액지급청구 사건은 가정법원이 관할하는 상속재산분할심판 사건의 일종이지만, 상속회복청구 사건은 일반법원 관할사건인데, 이 원칙을 변경하여 가정법원으로 통일한 것이다. 이는 뒤에 보는 기여분 주장을 고려하기 위한 절차적 조치로 이해된다. 관할의 성격은 전속관할이다. 그러므로 북한주민이 남한주민을 상대로 상속재산회복청구를 한 때에는 일반법원은 가정법원으로 사건을 이송하여야 한다.

둘째, 본조 I 제2문은 §1014가 '상속개시후의 인지 또는 재판의 확정에 의하여 공동상속인이 된 자가 상속재산의 분할을 청구할 경우에 다른 공동상속인이 이미 분할 기타 처분을 한 때에'에 가액지급청구를 인정하는 것과 달리, '다른 공동상속인이 이미 분할, 그 밖의 처분을 한 경우' 상속회복청구를 가액지급청구의 방법으로 구할 수 있다고 한다. 그중 §1014가 상속재산분할의 일종으로 규정된 것과 달리 상속회복청구의 일종으로 규정되어 있는 것은 §1014도 상속회복청구와 상속재산분할청구로서의 성질을 겸유한다는 판례·통설을 반영한 결과라고 보인다.[4] §1014에서와 달리 '상속개시후의 인지 또는 재판의 확정에 의하여 공동상속인이 된 자'라는 한정이 붙지 아니한 것은 북한에 있는

4) 최성경(2012), 195~196.

상속인을 제외한 심판분할이 이루어질 가능성을 염두에 둔 것인데,[5] 그렇다고 하여 명문의 규정이나 입법자료상의 단서도 없이 북한주민인 상속인에게 원물반환과 가액지급 사이의 선택권이 주어진다고 읽을 수는 없다. 원물반환이 가능한 때에는 원물반환을 구하여야 한다.[6]

셋째, 상속재산분할 또는 §1014의 가액지급청구에 한하여 기여분청구를 할 수 있게 한 §1008-2 IV를 준용하지 아니하고 오히려 본조 II에서 '제1항의 경우에 … 상속회복청구권자의 상속분을 산정한다'고 하여, 마치 본조 I 제1문의 상속회복청구에서도 기여분 주장이 인정되는 것처럼 읽힌다.[7] 南北特 §5 II에서 상속회복청구 사건의 관할을 가정법원으로 옮긴 것도 이를 위함이라고 이해된다. 그러나 본조 II, III은 모두 공동상속인 중 1인의 다른 공동상속인에 대한 기여분 청구를 상정하고 있는데, 본조 I 제1문의 상속회복청구에서 공동

---

5) 북한주민인 공동상속인이 누구인지 알려져 있을 때에는 不在特措 §2의 '잔류자'(가족관계등록부에 군사분계선 이북 지역에 거주하는 것으로 표시된 사람)라면 부재자 재산관리인을 선임하여 상속재산분할을 하여야 하고(그렇게 하지 아니하면 분할이 무효가 된다. 대법원 1971. 10. 22. 선고 71다1636 판결; 대법원 1982. 12. 28. 선고 81다451, 453 판결. 따라서 가정법원으로서는 그러한 심판분할을 허용할 수 없다), 실종선고를 받았다면 그를 제외하고 협의분할 또는 심판분할을 할 수 있다. 우선 최금숙·안소영(2011), 81. 그러나 북한주민인 공동상속인이 존재하였다는 점은 알려져 있으나 분할시 현재 생존 중인지, 사망하였다면 언제 사망하였는지, 그 법정상속인은 누구인지 등이 전혀 알려져 있지 아니하고 또한 알 수도 없는 경우 그들을 제외하고 분할할 수 있는지는 반드시 분명하지 아니하다. 그러한 분할이 가능하고 유효하다는 취지로 신영호(2011), 41(왕래나 연락도 안 되는 현 상황에서는 남한주민인 상속인만으로 분할을 하고 북한주민인 상속인은 후에 상속회복청구권 등으로 권리를 행사할 수 있다고 한다). 이와 관련하여 서울가정법원 2004. 5. 20.자 98느합1969, 2000느합25 심판은 "재북 상속인들이 현재 생존하고 있는지 여부, 사망하였다면 그 사망 시기가 심판외1의 사망일 전인지 후인지, 그들의 상속인이 존재하는지 여부 등을 확인할 자료가 전혀 없"으므로 "재북 상속인들을 고려한다면, 도저히 상속인을 확정할 방법이 없고, 따라서 상속재산분할이 불가능하게 되어 이 사건 상속재산을 현재의 불확정한 상태대로 둘 수밖에 없"다면서 "우선 재북 상속인들을 제외한 채 상속재산분할을 함이 상당하고, 재북 상속인들 또는 그들의 상속인은 후에 상속회복청구권 등의 방법으로 그 권리를 회복하는 수밖에 없다(상속회복청구권의 경우 제척기간이 있어, 권리 구제가 불가능할 여지도 있는바, 필요하다면 특별법의 제정 등을 통하여 해결하는 수밖에 없을 것이다)"고 한다.

6) 최성경(2012), 194 이하. 이에 대하여 임복규(2011), 345은 상속재산이 부동산 등 원물인 경우에 북한주민이 이를 관리하거나 처분·환가하는 데 불편이 있으므로 북한주민이 상속회복의 소를 제기한 경우에는 가액반환을 청구할 수 있도록 선택권을 주었다고 한다. 그리하여 가령 북한주민이 피상속인의 가족관계등록부에 자녀로 등재되어 있는 경우에도 분할 기타 처분이 있었던 경우에는 가액지급을 구할 수 있다고 한다. 그러나 북한주민이 가족관계등록부에 자녀로 등재되어 있는 한 그를 제외하고 협의 또는 심판분할을 할 수는 없고, 그러한 경우에도 분할 기타 처분이 유효하다는 전제 하에 가액지급으로 해결하려는 명확한 입법의도가 있었는지도 의문이다. 그러한 경우에도 위 규정을 적용한다면 후순위상속인의 처분은 제외하고 공동상속인의 처분에 대하여만 규정을 둔 것도 설명하기 어렵다.

7) 위 규정을 위와 같이 상속회복청구에서도 기여분 주장이 가능하다는 취지라고 해석하는 견해로는, 임복규(2011), 346~347; 최금숙·안소영(2011), 86; 최성경(2012), 197. 같은 문헌이 인용하고 있는 신영호(2011), 42~43도 상속회복청구에 대하여도 기여분을 주장할 여지를 열어주어야 한다는 취지로 보인다.

상속인의 다른 공동상속인에 대한 청구는 사안유형의 일부에 불과하고 전형적 사안유형이 아니라는 점에서[8] 의문이 없지 아니하다. 상속회복청구는 원물반환을 원칙으로 하는데 그 절차 내에서 기여분을 어떠한 방법으로 관철시킬지도 문제이다. 입법의도는 상속회복청구에서도 기여분 주장을 할 수 있게 하는 것이었을지 모르나, 해석상으로는 상속재산분할 및 §1014의 가액지급청구절차에서 기여분을 주장할 수 있다는 취지로 읽어야 하리라고 본다.

넷째, 본조는 §1008-2를 준용하는 대신 기여분에 관하여 민법과 같은 내용을 다시 규정하는 방법을 취하였고, 이 법 부칙 §2는 '이 법은 이 법 시행 전에 이 법에서 규율하는 내용과 관련된 법률에 따라 생긴 효력에 영향을 미치지 아니한다. 다만, 이 법 시행 당시 남한주민과 북한주민 사이에 가족관계 또는 상속·유증 등에 관한 소송이 법원에 계속 중인 사건에 관하여는 이 법을 적용한다'고 규정하여 이는 기여분을 도입한 1991년 개정 민법 부칙 §12 I이 '이 법 시행일 전에 개시된 상속에 관하여는 이 법 시행일 후에도 구법의 규정을 적용한다'고 한 것과 차이를 보이고 있다. 그리하여 1991년 전 상속이 개시되었어도 상속재산분할이나 §1014의 가액지급청구가 이 법 시행 후 이루어지는 경우에는 기여분을 주장할 여지가 있게 되었다. 장기간의 분단과 남북한에 떨어져 있는 상속인의 서로 다른 이해관계를 고려한 특례이다.[9]

2. 제척기간

본조는 상속회복청구권에 관한 §999 I은 준용하면서도 그 법률효과에 관한 핵심규정인 §999 II, 즉 제척기간에 관한 규정은 직접 준용하고 있지 아니하다. 학설로는 §999 II이 당연히 적용된다는 견해와[10] 적어도 §999 II 후단의 10

---

8) 실제로 상속회복청구에서도 기여분이 인정되어야 한다고 주장하는 이들도 남한에 있는 상속인이 북한에 있는 상속인에 대하여 후순위상속인인 경우는 논의하지 아니하고 양자가 공동상속인 관계에 있는 경우만을 논하는 경향을 보인다. 가령 신영호(2011), 43; 임복규(2011), 346~347; 최성경(2012), 197. 그러나 본조의 문언상 본조 I 제1문의 사안유형 중 공동상속인의 공동상속인에 대한 상속회복청구만을 떼어내어 기여분 청구를 허용하는 식의 해석이 가능한지도 의문이거니와, 그러한 사안유형의 경우 이후 상속재산분할절차에서 기여분을 주장할 수 있으므로 상속회복청구에 대하여 기여분을 주장할 수 있게 할 근거가 없다. 공동상속인의 공동상속인에 대한 상속회복청구는 고유필수적 공동소송이 아닌데 그러한 절차에서 공동상속인 전원과 상속재산 전부에 대하여 정하여야 할 기여분을 정하는 것이 가능하고 또 바람직한 것인지도 의문이다. 임복규(2011), 348도 상속회복청구는 일반민사소송 사항이라는 점을 들면서 병합이 가능한지에 대하여는 의문을 제기하고 있다.

9) 신영호(2011), 43; 임복규(2011), 347.

10) 전경근(2015), 29; 최성경(2017), 568 이하. 또한 권영준, "2016년 민법 판례 동향", 민사법학 78, 2017, 545~547.

년의 장기제척기간은 적용되지 아니한다는 견해가[11] 대립한다. 앞의 견해는 이 법의 다른 규정들과 달리 상속회복청구권의 제척기간에 대하여는 특례를 두지 아니하고 있으므로 원칙으로 돌아가 §999 II의 제척기간이 적용되어야 하고, 이 법 초안이 제척기간에 대하여 반환범위 제한과 제3자 보호 규정 및 시효취득 제한 등의 특례를 두고 있었던 것과 달리 이들을 모두 입법하지 아니하였으므로 §999 II에 의하여 거래의 안전을 배려할 필요가 있으며, 입법자가 상속회복청구권의 제척기간의 특례를 두는 안에 대하여 소급입법에 의한 재산권 박탈 논란과 상호주의 논란을 고려하여 특례를 두지 아니한 이상 §999 II를 적용할 것을 의도하였다고 주장한다. 이에 대하여 뒤의 견해는 명문 규정 없이 제척기간 만료로 인한 상속권 소멸을 인정하는 것은 재산권 제한에 관한 법률유보원칙에 반하고, 참칭상속인을 보호할 필요도 없다고 한다. 다만 뒤의 견해 중에는 적극적으로 3년의 단기제척기간의 적용을 긍정하면서 그 기산점에 §166 I을 유추하여 '북한주민이 남한에 입국함으로써 상속회복청구권을 행사할 수 있는 때'부터 3년의 제척기간이 기산한다는 것도 있다.

대법원의 다수의견은 2016. 10. 19. 선고 2014다46648 전원합의체 판결에서, 이 법의 다른 규정과 달리 상속회복청구권에 관하여는 제척기간의 특례를 두지 아니하였는바, 이 경우에도 남북분단의 장기화·고착화로 북한주민의 권리행사에 상당한 장애가 있음을 충분히 예측할 수 있었음에도 특례를 두지 아니한 것은 입법적 선택이 이루어진 것으로 보아야 하고, 북한주민을 배려할 필요가 있다 하더라도 구체적이고 명확한 규정에 의하여 여러 당사자의 이해관계를 합리적으로 조정할 수 있는 제도 보완이 수반되어야 하므로 입법에 의한 통일적 처리가 필요하고 법률해석으로 해결할 수 없다고 하였다. 그러므로 南北特 §11 I은 피상속인인 남한주민으로부터 상속을 받지 못한 북한주민의 상속회복청구에 관한 법률관계에 관하여도 §999 II의 제척기간이 적용됨을 전제로 한 규정이고, 따라서 남한주민과 마찬가지로 북한주민의 경우에도 다른 특별한 사정이 없는 한 상속권이 침해된 날부터 10년이 경과하면 §999 II에 의하여 상속회복청구권이 소멸한다는 것이다(적용긍정설). 이에 대하여 5인의 대법관의 반대의견은, 북한을 이탈하여 남한에 입국한 사람에 대해서까지 이와 같이 해석하는 것은 제척기간에 내재된 전제에 부합하지 아니하고 남북한주민이 단일민

11) 김상훈(2016), 507 이하(이 견해는 전단의 3년의 단기제척기간의 유추 내지 적용 여부에 대하여는 명시적으로 논하지 아니한다); 정구태(2015), 221 이하; 동(2017), 80 이하.

족으로서의 공감대를 형성하고 평화적 통일의 기반을 다져야 한다는 헌법정신에도 부합하지 아니한다면서, 南北特 §11 I은 제척기간의 연장에 관하여 법률해석에 맡겨둔 규정으로 법률의 흠결이 존재하는바, 가장 유사한 취지의 규정, 즉 §166을 유추하여 남북이산으로 인하여 피상속인인 남한주민으로부터 상속을 받지 못한 북한주민이었던 사람은 남한의 참칭상속인에 의하여 상속권이 침해되어 10년이 경과한 경우에도 민법상 상속회복청구권의 제척기간이 연장되어 남한에 입국한 때부터 3년 내에 상속회복청구를 할 수 있다고 하였다.

북한주민의 상속회복청구권을 인정할지, 인정한다면 어느 범위에서 인정할지는 이 법 제정 당시부터 격렬한 논쟁의 대상이었는데, 일단 소급입법에 의한 재산권 박탈과 상호주의의 문제를 고려하여 따로 특례를 두지 아니하기로 「잠정적」으로 해결하였다. 문제는 이러한 「잠정적」 해결이 해석에 어떠한 여지를 주는가 하는 점이다. 우선 §999 I을 준용하는 한 그 제척기간규정으로 기본적으로 §999 I의 부속규정인 §999 II도 준용된다는 해석은 이미 문언상으로도 가능하다. 즉, §999 II가 준용되는지 여부는 해석에 맡겨져 있고 문언상 어느 한 쪽으로 결론을 내릴 수는 없는 것이다. 다만, 부분적 준용배제나 기간의 연장 등에 관하여 법관에게 수권(授權)하는 규정이 없는 한 §999 II를 전부 준용하는 것과 전부 준용하지 아니하는 것 사이에서 선택하여야 하고 §999 II 중 앞부분은 준용하고 뒷부분은 준용하지 아니하는 식의 해결이야말로 문언의 한계를 넘는 해석이다. 그런데 상속회복청구권의 제척기간제한과 제척기간 도과로 인한 반사적 권리취득·상실의 이론적 당부는 별론으로 하고, 그러한 제도를 둔 현행법 하에서 북한주민이 상속회복청구권자인 경우에 한하여 그러한 제한에서 아예 벗어나게 하는 것은 평등의 원칙에 반하고 균형을 잃은 것이어서 허용되지 아니한다. 종래의 입법론도 북한주민의 상속회복청구에 한하여 §999 II의 기간을 연장하자는 취지였지 아예 그러한 제한을 폐지하자는 취지는 아니었다. 그렇다면 그러한 특례를 두지 아니한 현행법에서 남는 선택지는 §999 II을 준용하는 것뿐이다.[12)]

물론 대법원의 반대의견처럼 준용을 전제로 북한주민의 상속회복청구의 특수성을 고려하여 위 제척기간의 기산점, 중지 등에 관하여 해석상 배려하는 것은 가능하다고 보인다. 무엇보다도 3년의 단기제척기간의 경우 현실적 권리

12) 법 해석의 결과가 그러하다면 규정이 있는 셈이므로, 규정 없는 재산권 침해라는 비판도 부당하다.

행사가능성을 전제하고 있다는 점에서 그러한 배려가 필요하다고 여겨진다. 그러나 10년의 장기제척기간은 현실적 권리행사가능성을 전제한 것이 아니고, 상속분쟁의 특수성에 비추어볼 때 이미 남한주민인 상속인의 상속회복청구에서도 상속인 측의 책임 없는 권리상실을 감수하고 있다.[13] 그러므로 이 경우에 북한주민이었다는 점만으로 §166의 유추나[14] 신의칙 · 권리남용금지 등에 의하여 제척기간을 사실상 연장하는 것은 법의 흠(Lücke)을 메우는 작업이 아니라 법 자체를 수정하는 작업이다. 나아가 남북분단의 장기화 · 고착화는 북한주민의 권리행사의 기대가능성만 없애는 것이 아니라 남한 내에 형성된 사실상태의 존중의 필요성도 강력하게 제기하는 양면적 성격을 갖는다. 이러한 상충하는 이익 사이에서 어떠한 타협점을 찾을 것인지는 기본적으로 해석의 한계를 넘는, 입법의 과제이다.

한편 이 법 제정 이전부터 제정 과정을 거쳐 현재에 이르기까지 '분단의 종류, 자유로운 왕래, 그 밖의 특별한 사유가 발생한 날 이전에 민법 제999조 제2항에서 정한 기간이 이미 경과하였거나 위 사유가 발생한 날 당시 위 기간이 3년 미만 남아 있는 경우에는 위 사유가 발생한 날로부터 3년간 상속회복청구권을 행사할 수 있다'는 등 상속회복청구권의 제척기간을 연장하여야 한다는 입법론이 지속적으로 주장되고 있다. 이들 안은 그 한도에서 상속재산반환의무자가 상속회복청구권의 제척기간 만료 이외에 시효취득을 주장하는 것도 차단하는 것으로 규정하고, 이와 평행하게 유류분반환청구권의 소멸시효도 연장하여 북한의 상속인의 상속권을 실질적으로 보호한다. 그 대신 이들 안은 본래의 제척기간이 경과한 뒤에는 이 법 제정 당시에 현존하는 한도에서 이득반환을 구할 수 있다거나, 제3자에 대하여는 반환을 구할 수 없다는 등의 추가적인 제한을 부과하고, 상속재산을 반환하는 남한주민은 가치유지 및 증가비용의 상환을 구할 수 있다고 한다.[15] 이러한 입법안에 대하여는 소급입법에 의한 재산권 박탈이고 상호주의에 반한다는 비판도 있으나 상속회복청구권의 제척기간의

13) §999 II과 상속회복청구권 일반의 제도목적 및 그 정당성에 대하여는 의문이 제기되고 있다. 다만 그러한 측면이 북한주민의 상속회복청구 사건에 대하여 §999 II의 적용을 부정하는 논거가 될 수는 없다고 여겨진다. §999 II 일반에서 그러하듯 이는 입법론의 문제이기 때문이다.

14) 다만 유추와 관련하여서는 여기에서 문제되는 남북분단이 §166이 규정하는 법률상 장애와 비슷한 것인지도 문제될 수 있다. 시효법에서 사실상 장애는 원칙적으로 시효남용 법리에 의하여 고려되고 있다.

15) 신영호(2011), 44 이하; 임복규(2011), 348 이하; 최금숙 · 안소영(2011), 88. 또한 이은정(2010), 167 이하도 참조. 최성경(2012), 199 이하는 상속회복청구권의 제척기간의 연장에는 찬성하나 유류분반환청구권의 소멸시효의 연장에는 반대한다.

도과의 반사적 효력에 의한 재산권 취득이 헌법이 보호하는 재산권인지 의문이다.[16] 입법정책적으로는 적극적으로 검토할 필요가 있다고 보인다.[17]

---

16) 같은 의문을 제기하는 것으로 이인호(2011), 109 이하.

17) 나아가 이인호(2011), 103 이하는 현행법 해석상으로도 제척기간이나 시효가 완성되지 아니하였음을 전제로 위 입법은 소급입법이 아니고 확인적 입법으로 허용된다고 주장한다.

第12條(상속의 단순승인 간주에 대한 특례)

상속개시 당시 북한주민(북한주민이었던 사람을 포함한다)인 상속인이 분단으로 인하여 「민법」 제1019조제1항의 기간 내에 한정승인 또는 포기를 하지 못한 경우에는 「민법」 제1026조제2호에도 불구하고 상속으로 인하여 취득할 재산의 한도에서 피상속인의 채무와 유증을 변제할 책임이 있다.

Ⅰ. 규정목적

북한주민의 남한 내 재산에 대한 상속을 인정한다면(南北特 §11 註釋 I. 참조) 상속개시 당시 피상속인이 남한주민이라는 등으로 대한민국 법이 적용되는 경우(國私 §49 참조) 북한에 있는 상속인으로서는 사실상 §1019 I의 기간 내에 상속의 승인·포기를 할 수 없어 일반적으로 단순승인으로 의제되게 마련이다. 이때 특히 상속재산이 채무초과라면 북한주민에게는 §1019 III의 특별한정승인을 할 가능성이 있을 것이지만, 그러한 구제는 북한주민이 채무초과사실을 알고 있었으나 남북분단으로 인하여 한정승인이나 포기를 하지 못한 경우에는 별 소용이 없다. 본조는 이러한 경우를 구제하기 위하여 둔 특칙이다.[1)]

Ⅱ. 규율내용

본조는 상속개시 당시 상속재산이 남한에 있고 상속인은 북한주민이거나 북한주민이었던 자(북한이탈주민 포함)이며, §1019 I의 기간 내에 한정승인 또는 포기를 하지 못하였는데 그 이유가 분단으로 인하여 상속인이 한정승인 또는 포기를 하는 것이 사실상 불가능하였다는 점에 있는 경우에 적용된다. 특별한

1) 신영호, "남북 이산가족 사이의 상속관련 문제해결 – '남북한주민사이의 가족관계와 상속 등에 관한 특례법안' 입법 취지와 해설", 법무사 524, 2011, 43 이하; 임복규, "'남북 주민 사이의 가족관계와 상속 등에 관한 특례법' 중 상속관련 규정에 대한 고찰", 통일과 사법 1, 2011, 349; 최금숙·안소영, "남북 주민의 가족관계와 북한주민의 상속권 –「남북 주민 사이의 가족관계와 상속 등에 관한 특례법안」 검토를 중심으로–", 이화여대 법학논집 16–2, 2011, 87.

정승인과의 균형상 상속인이 채무초과사실을 알고 있었으나 분단으로 인하여 한정승인 또는 포기를 할 수 없었던 경우는 물론, 분단으로 인하여 채무초과사실, 나아가 상속개시 및 자신이 상속인이 된 사실도 알지 못한 경우에도 본조를 적용함이 옳을 것이다. 피상속인은 남한주민인 것이 보통이겠으나, 이미 수차례의 상속이 이루어졌다면 피상속인이 북한주민인 경우도 얼마든지 상정할 수 있다. 본조는 문언상으로는 그러한 경우에도 적용되는 것처럼 보이는데, 이때 북한주민인 피상속인의 상속에 관하여는 북한법이 적용될 가능성이 있다는 점에서(國私 §49 참조) 논란의 소지도 있다.

본조가 적용되는 경우에는 북한주민인 상속인은 상속으로 인하여 취득할 재산의 한도에서 피상속인의 채무와 유증을 변제할 책임이 있다. 한정승인의 효과만을 인정한다는 취지이다.[2)]

한 가지 문제는 시적 적용범위이다. 부칙 §2 본문은 '이 법은 이 법 시행 전에 이 법에서 규율하는 내용과 관련된 법률에 따라 생긴 효력에 영향을 미치지 아니한다'고 규정한다. 이를 이 법 시행일 당시 이미 §1019 I의 기간이 도과한 때에는 본조가 적용되지 아니한다고 해석하는 경우에는 매우 많은 수의 상속사건에서 본조의 적용이 배제될 터인데, 본조의 입법목적에 비추어볼 때 합리적이라고 할 수 없다. 한정승인의 효과는 결국 북한주민인 상속인의 고유재산에 대한 공취(攻取)를 막는 것이고, 북한주민이 분단으로 인하여 한정승인 또는 포기를 할 수 없었던 경우에는 남한 내에 고유재산을 취득할 가능성도 없게 마련이며, 재산이 혼융하는 일도 없게 마련이므로 일반적으로 소급적용하여도 무방하리라고 생각된다.

---

2) 신영호(주 1), 43~44; 임복규(주 1), 349; 최금숙·안소영(주 1), 87. 한편, 북한 가족법 §51는 별도의 조치가 없는 한 원칙적으로 한정승인을 한 것으로 보므로, 위 규정은 북한의 실질법에 따른 처리와 일치시켰다는 측면도 있다. 최성경, "남북주민의 가족관계와 상속", 가족법연구 26-1, 2012, 198.

제 5 장 북한주민의 상속 · 수증재산 등의 관리

제13조(재산관리인의 선임 등)

① 북한주민이 상속 · 유증 또는 제10조제1항 및 제4항에 규정된 사유로 남한 내 재산에 관한 권리를 취득한 경우에는 그 권리의 취득이 확정된 날부터 1개월 이내에 법원에 그 북한주민의 남한 내 재산(상속 · 유증 받은 재산 등의 과실 또는 대가로 얻은 재산을 포함하며, 이하 "상속 · 유증재산등"이라 한다)을 관리할 재산관리인의 선임을 청구하여야 한다.

② 북한주민이 제1항에 따라 재산관리인의 선임을 청구하지 아니하거나 청구할 수 없는 경우에는 「민법」 제777조에 따른 친족, 그 밖의 이해관계인 또는 검사가 법원에 재산관리인의 선임을 청구할 수 있다.

③ 북한주민에 대하여 유증을 한 유언자는 법원에 재산관리인의 선임을 청구할 수 있다. 이 경우 제1항 및 제2항은 적용하지 아니한다.

④ 재산관리인이 사임하거나 사망한 경우에 재산관리인의 선임에 관하여는 제1항 및 제2항을 준용한다. 이 경우 제1항 중 "그 권리의 취득이 확정된 날"은 "재산관리인이 사임하거나 사망한 날"로 본다.

⑤ 재산관리인이 다음 각 호의 어느 하나에 해당하는 경우에는 북한주민, 「민법」 제777조에 따른 친족, 그 밖의 이해관계인이나 검사는 법원에 재산관리인의 변경을 청구할 수 있다.

1. 재산관리인이 제16조에 따른 결격사유에 해당하게 된 경우
2. 재산관리인이 상속 · 유증재산등을 부적당한 방법으로 관리하여 이를 위태롭게 하였거나 위태롭게 할 우려가 명백한 경우
3. 재산관리인이 이 법에 규정된 의무를 해태(懈怠)한 경우
4. 그 밖에 제1호부터 제3호까지에 준하는 사유가 있는 경우

⑥ 법원은 제1항부터 제4항까지의 규정에 따른 청구가 있는 경우에는 상속 · 유증재산등의 관리에 적절한 재산관리인을 선임하여야 하며, 제5항에 따른 청구가 있는 경우에는 상속 · 유증재산등의 관리에 적절한 재산관리인으로 변경할 수 있다.

제14조(재산관리인의 주의의무 등)

제13조에 따라 선임 또는 변경된 재산관리인(이하 "재산관리인"이라 한다)의 주의의무에 관하여는 「민법」 제681조를 준용하고, 재산관리인의 담보제공과 보수에 관하여는 「민법」 제26조제1항 및 제2항을 준용한다.

제15조(재산관리인을 통하지 아니한 법률행위의 효력)

재산관리인을 통하지 아니하고 상속·유증재산등에 관하여 한 법률행위는 무효로 한다. 다만, 제19조에 따라 법무부장관의 허가를 받은 경우에는 그러하지 아니하다.

제16조(재산관리인의 결격사유)

재산관리인으로 선임될 수 있는 사람은 남한주민으로서 다음 각 호의 어느 하나에 해당하지 아니하는 사람이어야 한다.

1. 미성년자·피성년후견인·피한정후견인
2. 회생절차개시결정, 개인회생절차개시결정 또는 파산선고를 받은 사람
3. 자격정지 이상의 형의 선고를 받고 그 형기(刑期) 중에 있는 사람
4. 상속·유증재산등을 취득한 북한주민에 대하여 소송을 하였거나 하고 있는 사람 또는 그 배우자와 직계혈족

제17조(재산관리인의 신고의무 등)

① 재산관리인은 선임된 날부터 1개월 이내에 북한주민의 성명, 주소, 상속·유증재산등의 목록, 그 밖에 대통령령으로 정하는 사항을 법무부장관에게 신고하여야 한다.

② 사임한 재산관리인 또는 제13조제5항 및 제6항에 따라 변경된 재산관리인은 사임 또는 변경된 날부터 1개월 이내에 그 사임사실 등 대통령령으로 정하는 사항을 법무부장관에게 신고하여야 한다.

③ 재산관리인은 대통령령으로 정하는 바에 따라 상속·유증재산등의 변동 사항을 알 수 있도록 재산목록을 작성·보존하여야 하며, 그 변동 사항을 법무부장관에게 신고하여야 한다.

④ 법무부장관은 재산관리인의 재산관리 상황을 확인할 필요가 있거나 상속·유증재산등의 관리·보존에 필요한 경우에는 재산관리인에게 관련 자료의 제출 요구 등 필요한 조치를 명할 수 있다.

⑤ 제1항부터 제4항까지의 경우에 그 비용은 상속·유증재산등으로 지급한다.

제18조(재산관리인의 권한)

① 재산관리인이 「민법」 제118조에 규정한 권한을 넘는 행위를 하려는 때에는 대통령령으로 정하는 바에 따라 사전에 법무부장관의 허가를 받아야 한다.

② 제1항에 따른 허가를 받지 아니한 처분이나 계약은 무효로 한다.

제19조(북한주민의 직접 사용 · 관리 등)

① 상속 · 유증재산등을 재산소유자인 북한주민으로 하여금 직접 사용 · 관리하게 하려는 자는 대통령령으로 정하는 바에 따라 사전에 법무부장관의 허가를 받아야 한다. 허가를 받은 사항 중 대통령령으로 정하는 중요 내용을 변경할 때에도 또한 같다.

② 법무부장관은 다음 각 호의 어느 하나에 해당하는 경우에는 그 목적에 필요한 한도에서 제1항에 따른 허가를 할 수 있다. 다만, 대한민국의 국가안전보장, 질서유지 및 공공복리를 저해할 우려가 있는 경우로서 대통령령으로 정하는 경우에는 그러하지 아니하다.

1. 소유자 또는 「민법」 제777조에 따른 친족의 생계에 필요한 개인적 소비를 위한 경우
2. 소유자 또는 「민법」 제777조에 따른 친족의 질병치료를 위한 경우
3. 그 밖에 제1호 및 제2호에 준하는 경우로서 대통령령으로 정하는 경우

③ 법무부장관은 제1항에 따른 허가를 하는 경우에 국가안전보장, 질서유지 및 공공복리를 고려하여 대통령령으로 정하는 바에 따라 조건을 붙일 수 있다.

④ 법무부장관은 제1항에 따른 허가를 하는 경우에 대통령령으로 정하는 바에 따라 허가대상이 되는 재산권의 종류, 사용 · 관리의 방법, 재산의 가액 등에 관하여 일정한 범위를 정하여 포괄적으로 허가할 수 있다.

⑤ 법무부장관은 다음 각 호의 어느 하나에 해당하는 경우에는 제1항에 따른 허가를 취소할 수 있다. 다만, 제1호에 해당하는 경우에는 그 허가를 취소하여야 한다.

1. 거짓이나 그 밖의 부정한 방법으로 허가받은 경우
2. 제3항에 따른 조건을 위반한 경우

3. 그 밖에 국가안전보장, 질서유지 및 공공복리를 위하여 필요한 경우로서 대통령령으로 정하는 경우

제20조(협조 요청 등)

① 법무부장관은 북한주민의 상속·유증재산등의 취득 및 변경 여부, 상속·유증재산등을 취득한 북한주민의 인적사항 등을 확인하기 위하여 필요한 경우에는 관계 행정기관이나 단체 또는 개인에게 사실 확인 및 관련 자료의 제공 등의 협조를 요청할 수 있다. 이 경우 협조 요청을 받은 관계 행정기관이나 단체 또는 개인은 특별한 사정이 없는 한 협조하여야 한다.

② 법무부장관은 재산관리인이 신고하거나 법무부장관이 허가한 사항 및 제1항에 따라 알게 된 사항을 대통령령으로 정하는 바에 따라 통일부장관에게 통보하여야 한다.

제21조(상속·유증재산등을 취득한 북한주민의 등록대장)

① 법무부장관은 다음 각 호의 사항을 등록·관리하기 위하여 대통령령으로 정하는 바에 따라 북한주민의 등록대장(이하 "북한주민등록대장"이라 한다)을 작성·보존하여야 한다.

1. 상속·유증재산등을 취득한 북한주민에 관한 인적사항
2. 북한주민의 상속·유증재산등의 취득에 관한 사항
3. 그 밖에 상속·유증재산등의 효율적 관리를 위하여 필요한 사항으로서 대통령령으로 정하는 사항

② 법무부장관은 제17조부터 제19조까지의 규정에 따라 신고받은 사항, 신고 후의 변동 사항 및 허가한 사항을 북한주민등록대장에 등록·관리하여야 한다.

③ 법무부장관은 북한주민등록대장에 등록된 북한주민에 대하여는 대통령령으로 정하는 바에 따라 개인별로 고유한 등록번호(이하 "북한주민등록번호"라 한다)를 부여하여야 한다.

④ 북한주민이 남한 내 부동산을 등기하는 경우에 북한주민등록번호는 「부동산등기법」 제49조에 따라 부여된 부동산등기용등록번호로 본다.

Ⅰ. 규정목적

북한주민의 남한 내 재산에 대한 상속을 인정한다 하더라도(南北特 §11 註釋 I. 참조) 그가 북한에 있는 한 상속재산을 직접 관리하기는 어려울 수 있다. 또한 그가 상속재산을 직접 관리할 수 있다 하더라도 북한은 사유재산이 거의 인정되지 아니하는데다가 정치적으로 독재국가에 가깝고 대한민국과 적대관계에 있기도 하므로 무제한적인 재산권 행사의 허용은 위험할 수 있다. 이에 南北特 §§13~21은 북한주민이 상속, 유증 등으로 취득한 재산에 대하여 일종의 부재자재산관리를 강제하면서 일정한 특칙을 두어 북한주민의 상속재산에 대한 권리를 보호함과 동시에 남북한관계의 특수성을 반영하여 일정한 제약을 가한다.[1]

Ⅱ. 규율내용

1. 적용범위

南北特 §§13~21은 북한주민이 상속·유증 또는 제10조제1항 및 제4항에 규정된 사유로 남한 내 재산에 관한 권리를 취득한 경우에 적용된다(南北特 §13 I). 재산취득의 원인이 상속, 유증, 실종선고의 취소, 사실에 반하는 사망처리가 이루어졌음이 드러난 경우 등에 해당하여야 한다. 상속이나 유증은 피상속인의 사망시에, 실종선고의 취소는 취소심판확정시에 '취득'하였다고 보아야 한다. 사실에 반하는 사망처리가 이루어진 때에는 원칙적으로 권리변동이 없었던 것이므로 그 권리자가 북한주민이 된 때부터 이 규정의 적용을 받는다.

북한주민이 남한주민과 사이의 계약이나 증여 등으로 남한 내 재산을 취득하는 경우에는 '남한과 북한의 왕래 · 접촉 · 교역 · 협력사업 및 통신 역무의 제공 등 남한과 북한 간의 상호교류와 협력을 목적으로 하는 행위'에 해당하여

1) 우선 유욱, "북한주민의 남한 내 상속재산 등 관리방안 – '남북주민 사이의 가족관계와 상속 등에 관한 특례법안' 입법취지와 해설", 법무사 525, 2011, 44.

남북교류협력에 관한 법률이 적용되고, 이 법의 적용을 받지 아니한다.[2)]

2. 재산관리인의 선임

이 경우 북한주민은 '그 권리의 취득이 확정된 날부터 1개월 이내에 법원에 그 북한주민의 남한 내 재산(상속·유증 받은 재산 등의 과실 또는 대가로 얻은 재산을 포함하며, 이하 "상속·유증재산등"이라 한다)을 관리할 재산관리인의 선임을 청구하여야 한다'(南北特 §13 I). 권리의 취득이 확정된 날은 사망의 경우 사망시, 실종선고 취소의 경우 취소심판확정시, 사실에 반하는 사망처리의 경우 그 사망처리가 사실에 반하는 것이었음이 객관적으로 명백해진 때를 가리킨다. 위 기간 내에 신고하지 아니한 북한주민인 상속인 등에 대하여는 과태료가 부과될 수 있다(南北特 §23 I i). 다만 북한주민이 재산관리인의 선임을 청구하지 아니하거나 청구할 수 없는 경우에는 §777에 따른 친족, 그 밖의 이해관계인 또는 검사가 법원에 재산관리인의 선임을 청구할 수 있다(南北特 §13 II). 이때 재산관리인의 법적 성격은 법원에 의하여 선임된 부재자재산관리인이고, 실제로 부재자재산관리인에 대한 것과 대체로 같은 규율을 가하고 있다. 다만, 재산관리인은 남한주민이어야 하고(南北特 §16), 선임된 재산관리인으로 하여금 법무부장관에게 일정한 사항을 신고하도록 할 뿐만 아니라, 각종 감독권한도 가정법원이 아닌 법무부장관이 행사한다는 점(南北特 §§17, 18)에 차이가 있다. 법무부장관은 북한주민의 인적 사항을 확인하기 위한 협조요청권을 가지고, 북한주민의 상속재산 등의 등록대장을 작성·관리하게 되어 있다(南北特 §§20, 21). 재산관리 제도에는 주민의 남한 내 재산보호 이외에 북한주민의 남한 내 재산이 북한으로 반출되어 가는 것을 규제하려는 목적도 있으므로,[3)] 재산관리인의 선임은 가정법원이 관장하더라도 그 밖의 관리·감독에 관하여는 법무부장관을 주무관청으로 한 것이다.[4)]

재산관리인이 법무부장관의 허가를 받지 아니하고 권한을 넘는 행위를 한 경우 그 행위가 법률행위인 때에는 무효가 된다. 나아가 법률행위인지 사실행위인지를 묻지 아니하고 권한을 넘은 행위를 한 재산관리인에 대하여 형사처

2) 유욱(주 1), 45.
3) 상속재산인 물품 등을 북한으로 반출하는 경우에는 남북교류협력에 관한 법률 §13에 의하여 통일부장관의 승인이 필요하다. 이은정, "북한주민의 상속권 -특별법 제정 논의를 중심으로-", 가족법연구 24-1, 2010, 159~160.
4) 유욱(주 1), 49.

벌이 과해질 수 있다(南北特 §22 II i). 재산목록을 작성·보존하지 아니하거나 거짓으로 작성하거나 그 변동 사항을 신고하지 아니하거나 거짓으로 신고한 때에도 형사처벌의 대상이 된다(南北特 §22 II ii, iii). 이 또한 민법상 재산관리인과의 차이점이다.

입법론으로는 북한주민의 남한 내 상속재산을 관리하기 위하여 신탁청을 설치하자는 견해도[5] 있었으나, 이 법은 그러한 제안은 채택하지 아니하였다. 그 밖에 특히 재산이 현금인 경우에는 북한주민 명의로 금융계좌를 개설할 수 있도록 금융실명제의 특례를 인정하여야 한다는 지적도 있다.[6]

3. 직접적 재산관리의 제한

좀 더 중요한 것은, 이처럼 재산관리인이 선임된 이상 북한주민의 재산에 대한 관리처분권이 제한된다는 것이다. 북한주민인 권리자가 '재산관리인을 통하지 아니하고 상속·유증재산등에 관하여 한 법률행위는 무효'이고(南北特 §15 본문), 따라서 그가 선임한 임의대리인을 통한 법률행위도 당연 무효가 된다.[7] 북한주민인 권리자는 원칙적으로 남한 내 상속재산 등을 직접 관리하거나 사용할 수도 없다(南北特 §19 I 참조). 다만, 북한주민인 권리자가 남한 내 상속재산 등의 관리·사용에 관하여 법무부장관의 허가를 받은 때에는 관리·사용이 가능하고, 그 범위 내에서 그 재산에 관한 법률행위도 유효하게 할 수 있다(南北特 §§19, 15 단서).

---

5) 최금숙, "북한주민의 상속권보호를 위한 고찰", 가족법연구 15－1, 2001, 309~332. 국가가 관리회사를 세워 북한 반출이 가능해질 때까지는 관리회사에서 신탁적으로 관리하여야 한다는 권순한, "남북한 가족법의 통합과 법률문제", 연세법학연구 7－1, 2000, 207도 비슷하다.

6) 박동진, "북한 주민의 남한내 현금 상속재산의 관리제도", 통일과 법률 25, 2016, 1 이하.

7) 법안 단계에서는 북한주민이 재산관리인을 선임 또는 개임하는 것을 허용하고 있었으나[유욱(주 1), 46~47 참조], 입법되지 아니하였다.

제 6 장 벌칙 및 과태료

제22조(벌칙)

① 다음 각 호의 어느 하나에 해당하는 자는 5년 이하의 징역 또는 5천만원 이하의 벌금에 처한다.

1. 제19조제1항에 따른 허가(변경허가를 포함한다)를 받지 아니하고 재산을 북한주민으로 하여금 직접 사용·관리하게 한 자
2. 거짓이나 그 밖의 부정한 방법으로 제19조제1항에 따른 북한주민의 직접 사용·관리를 허가(변경허가를 포함한다)받은 자

② 다음 각 호의 어느 하나에 해당하는 자는 3년 이하의 징역 또는 3천만원 이하의 벌금에 처한다.

1. 제18조제1항을 위반하여 법무부장관의 허가를 받지 아니하고 권한을 넘는 행위를 한 자
2. 제19조제3항에 따른 허가 조건을 위반한 자

③ 제1항의 미수범은 처벌한다.

제23조(과태료)

① 다음 각 호의 어느 하나에 해당하는 자에게는 1천만원 이하의 과태료를 부과한다.

1. 제17조제1항 및 제2항의 기간 내에 신고를 하지 아니하거나 거짓으로 신고한 자
2. 제17조제3항에 따라 재산목록을 작성·보존하지 아니하거나 거짓으로 재산목록을 작성한 자
3. 제17조제3항에 따라 상속·유증재산등의 변동 사항을 신고하지 아니하거나 거짓으로 신고한 자
4. 제17조제4항에 따른 법무부장관의 조치명령에 따르지 아니한 자

② 제1항에 따른 과태료는 대통령령으로 정하는 바에 따라 법무부장관이 부과·징수한다.

판례색인

*명조체는 제1권의 색인, **고딕체**는 제2권의 색인입니다.

[대법원]

[색인 2] 판례색인

[고등법원]

[지방법원]

[헌법재판소]

[조선고등법원]

[네덜란드판례]

[독일판례]

[영국판례]

[오스트리아판례]

[일본판례]

[프랑스판례]

사항색인

[ㅇ]

공저자 약력

편집대표 윤진수

서울대학교 법과대학 졸업(1977)
서울대학교 법학박사(1993)
사법연수원 수료(1979)
육군 법무관(1979~1982)
서울민사지방법원, 서울형사지방법원, 서울가정법원, 전주지방법원 정주지원, 광주고등법원, 서울고등법원 판사(1982~1993)
헌법재판소 헌법연구관(1990~1992)
대법원 재판연구관(1992~1995)
전주지방법원 부장판사(1993~1995)
수원지방법원 부장판사(1995~1997)
서울대학교 법과대학 조교수, 부교수, 교수, 법학전문대학원 교수(1997~)

이동진

서울대학교 법과대학 졸업(2000)
서울대학교 법학박사(2011)
사법연수원 수료(2003)
공군 법무관(2003~2006)
서울중앙지방법원, 서울북부지방법원 판사(2006~2009)
서울대학교 법과대학 · 법학전문대학원 조교수, 부교수, 교수(2009~)

이봉민

서울대학교 법과대학 졸업(2005)
서울대학교 법과대학 박사과정 수료(2014)
사법연수원 수료(2007)
육군 법무관(2007~2010)
서울동부지방법원, 서울중앙지방법원, 대전지방법원, 수원지방법원 안산지원 판사(2010~2018)
수원고등법원 판사(2019~)

장준혁

서울대학교 법과대학 졸업(1991)
서울대학교 법학박사(2002)
사법연수원 수료(1994)
육군 법무관(1994~1997)
김 · 장 · 리 법률사무소 변호사(2000~2003)
경희대학교 법과대학 전임강사, 조교수(2003~2007)
성균관대학교 법과대학 · 법학전문대학원 부교수, 교수(2007~)

최준규

서울대학교 법과대학 졸업(2003)
서울대학교 법학박사(2012)
사법연수원 수료(2005)
해군 법무관(2005~2008)
서울중앙지방법원, 서울동부지방법원 판사(2008~2012)
한양대학교 법학전문대학원 조교수, 부교수(2012~2017)
서울대학교 법학전문대학원 조교수, 부교수(2017~)

현소혜

서울대학교 법과대학 졸업(1998)
서울대학교 법학박사(2009)
사법연수원 수료(2006)
헌법재판소 헌법연구관보(2006~2007)
홍익대학교 법과대학 조교수(2007~2012)
서강대학교 법학전문대학원 조교수, 부교수(2012~2014)
성균관대학교 법학전문대학원 부교수(2015~)

주해상속법 제 2 권

초판발행 2019년 4월 20일

편집대표 윤진수
공저자 윤진수 · 이동진 · 이봉민 · 장준혁 · 최준규 · 현소혜
펴낸이 안종만 · 안상준

편 집 한두희
기획/마케팅 조성호
표지디자인 박현정
제 작 우인도 · 고철민

펴낸곳 (주) 박영사
서울특별시 종로구 새문안로3길 36, 1601
등록 1959. 3. 11. 제300-1959-1호(倫)
전 화 02)733-6771
f a x 02)736-4818
e-mail pys@pybook.co.kr
homepage www.pybook.co.kr
ISBN 979-11-303-3398-4 94360
979-11-303-3396-0 (세트)

정 가 40,000원